Michael Kittner

Arbeitsrecht und Geschichte

Michael Kittner

Arbeitsrecht und Geschichte

Entdeckungen | Erfahrungen | Einsichten

BUND
VERLAG

Bibliografische Information der Deutschen Nationalbibliothek
Die Deutsche Nationalbibliothek verzeichnet diese Publikation in der Deutschen Nationalbibliografie; detaillierte bibliografische Daten sind im Internet über *http://dnb.d-nb.de* abrufbar.

Umschlag: Neil McBeath, Stuttgart
Satz: Dörlemann Satz, Lemförde
Druck: CPI books GmbH, Birkstraße 10, 25917 Leck

ISBN 978-3-7663-7505-6

kontakt@bund-verlag.de
www.bund-verlag.de

Vorwort

»*Einer Reihe meiner Arbeiten liegt die Auffassung zugrunde, dass rechtshistorische Erkenntnisse das Verständnis des geltenden Rechts erleichtern können, ja mitunter geradezu erst ermöglichen: Rechtsgeschichte kann insofern eine Gegenwartsbedeutung haben.*«[1] Dieser bescheidensten aller möglichen Rechtfertigungen für eine Arbeit wie die vorliegende, von *Reinhard Zimmermann* schließe ich mich vorbehaltslos an. Allerdings: »*Wir haben keine Rechtsgeschichte der Arbeit.*« Diese Feststellung *Hugo Sinzheimers*[2] von vor 100 Jahren gilt immer noch. Ausgenommen Überblicksartikel und Arbeiten zu einzelnen Sachgebieten und Zeiträumen gibt es keine Gesamtdarstellung. Zudem ist die Aufgabe seit *Sinzheimers* Zeit um ein Vielfaches umfangreicher und komplexer geworden. Für eine angemessene Gesamtdarstellung dürfte man heute vermutlich nicht wenige Bände von einer größeren Zahl von Einzelautoren und -autorinnen veranschlagen müssen.
Gleichzeitig wächst der Bedarf an historischer Einordnung dieser gewaltigen und hochdifferenzierten Stoffmassen. Statt zu resignieren und auf künftige Akteure zu hoffen, will dieses Buch gewissermaßen Trittsteine in unwegsames Gelände legen, in der Hoffnung auf Orientierung wenigstens hinsichtlich der wichtigsten Sachverhalte. In dieser Hinsicht hat die allgemeine Geschichtswissenschaft inzwischen neue Instrumente zur Bewältigung des Phänomens der historischen Zeit hervorgebracht, vor allem das von *Lucian Hölscher* sogenannte Konzept der »Zeitfiguren« (Kap. 6).[3] Die mit ihnen mögliche Akzentsetzung erlaubt es überhaupt erst, sich der ungeheuren Materialfülle in der Absicht zu nähern, ihre Essenz in ein einziges Buch fassen.
Ich habe seit 1965 als Jurist für die deutschen Gewerkschaften gearbeitet. Das macht mich für eine Vielzahl von Ereignissen seit dieser Zeit zum historischen Akteur, mindestens zu einem sehr nahen Zeitzeugen. Das ermöglicht einerseits sonst nicht bekannte Informationen, setzt mich andererseits besonderen

1 *Zimmermann*, Gegenwartsbedeutung, Rechtsgeschichte 3, 2003, S. 66.
2 *Sinzheimer*, Grundzüge des Arbeitsrechts, 1. Aufl. 1920, S. VI.
3 *Hölscher*, Zeitgärten. Zeitfiguren in der Geschichte der Neuzeit, 2020.

Objektivitätserwartungen aus. Ich enthalte mich weitergehender Bemerkungen darüber, sondern überlasse das Urteil den Leserinnen und Lesern.

Ein Buch wie dieses, über nicht weniger als das ganze Arbeitsrecht zu allen Zeiten, von einem einzigen Autor, könnte nicht nur als kühnes Vorhaben erscheinen – es ist es! Wenn überhaupt, ist es nur möglich im Diskurs mit Vielen über viele Einzelheiten. Davon ist mir reichlich zuteilgeworden von einer großen Zahl von Kolleginnen und Kollegen, Freundinnen und Freunden. So geht mein Dank an Pascal Annerfelt, Gerd Bender, Rudolf Buschmann, Wolfgang Däubler, Olaf Deinert, Yoko Hashimoto, Thomas Klebe, Andreas Kranig, Klaus Lang, Klaus Lörcher, Kay Ohl, Heide Pfarr, Ralf Pieper, Ulrich Preis, Franz Segbers, Jürgen Treber, Manfred Weiss und Bertram Zwanziger. Sie haben mir selbstlos ihre Zeit und Expertise geschenkt, ohne Rücksicht darauf, ob das, was ich daraus machen würde, mit ihrer eigenen Meinung übereinstimmte.

So wie dieses Buch inhaltlich nicht möglich geworden wäre ohne das »Netz« dieser – ich darf sagen: »meiner« – Community, so hätte es technisch nicht entstehen können ohne Unterstützung durch die Mitarbeiterinnen und Mitarbeiter der Zentralbibliothek der IG Metall. Johannes Raddatz, Dirk Schildt, Jessica Sotzek und Anna Valderrano haben mich ein Jahr lang mit größter Effizienz und Empathie unterstützt. Das gilt auch für Jessica Vogelsang, die als Lektorin nicht nur den so wichtigen »letzten Meter« unfallfrei bewältigt hat. Sie hat mich bei diesem Vorhaben unter großem Zeitdruck auch »unterwegs« mit Gelassenheit und Nachsicht für den nie abreißenden Strom der »Nachträge« begleitet.

Die allerwichtigste »conditio sine qua non« kam von meinen Verlegern. Jürgen Scholl und, anfangs noch dabei, Rainer Jöde, haben nicht nur entschieden, dieses Buch in das Programm des Bund-Verlags aufzunehmen. Sie haben vor allem den entscheidenden Impuls gesetzt, der mein letztes Zögern überwand, ob ich mir dieses große Projekt wirklich zutrauen sollte.

Schließlich geht Dank an die Hans-Böckler-Stiftung und das Hugo-Sinzheimer Institut, Claudia Bogedan und Ernesto Klengel, für die keinesfalls triviale Anschubhilfe.

Diese lange Liste zeigt: Ich war während des letzten Jahres bei der intensiven Arbeit keineswegs allein, sondern durfte die hilfreiche Gemeinschaft so Vieler genießen. Ihnen allen danke ich von Herzen.

Hanau, im Januar 2025

Michael Kittner

Inhaltsverzeichnis

Abkürzungsverzeichnis

a. a. O.	am angegebenen Ort
ABl.	Amtsblatt
Abs.	Absatz
AcP	Archiv für civilistische Praxis
ADHG	Allgemeines Deutsches Handelsgesetzbuch
AFG	Arbeitsförderungsgesetz
AiB	Arbeitsrecht im Betrieb (Zeitschrift)
AktG	Aktiengesetz
ALR	Allgemeines Landrecht für die Preußischen Staaten
AOG	Gesetz zur Ordnung der nationalen Arbeit
ArbG	Arbeitsgericht
ArbGG	Arbeitsgerichtsgesetz
ArbSchG	Arbeitsschutzgesetz
ArbZG	Arbeitszeitgesetz
ARS	Arbeitsrechts-Sammlung (RAG)
Art.	Artikel
ASO	Arbeits- und Sozialordnung
Aufl.	Auflage
AÜG	Arbeitnehmerüberlassungsgesetz
AuR	Arbeit und Recht (Zeitschrift)
AZO	Arbeitszeitordnung
BAG	Bundesarbeitsgericht
BAGE	Entscheidungen des BAG
BArbB.	Bundesarbeitsblatt
BB	Betriebsberater (Zeitschrift)
Bd.	Band
BDA	Bundesvereinigung der Deutschen Arbeitgeberverbände
BDI	Bundesverband der Deutschen Industrie e. V.
BDSG	Bundesdatenschutzgesetz
Bensh.	Bensheimer Sammlung (RAG)
BeschFG	Beschäftigungsförderungsgesetz

BetrVG	Betriebsverfassungsgesetz
BGB	Bürgerliches Gesetzbuch
BGBl.	Bundesgesetzblatt
BGL	Betriebsgewerkschaftsleitung
BPersVG	Bundespersonalvertretungsgesetz
BR	Betriebsrat/Bundesrat
BRG	Betriebsrätegesetz
BSG	Bundessozialgericht
BSGE	Entscheidungen des BSG
BT	Bundestag
BUrlG	Bundesurlaubsgesetz
BVerfG	Bundesverfassungsgericht
BVerfGE	Entscheidungen des BVerfG
CDA	Christlich demokratische Arbeitnehmerschaft
DAF	Deutsche Arbeitsfront
DB	Der Betrieb (Zeitschrift)
DDR	Deutsche Demokratische Republik
DGB	Deutscher Gewerkschaftsbund
DINTA	Deutsches Institut für technische Arbeitsschulung
DRDA	Das Recht der Arbeit (Zeitschrift)
Drucks.	Drucksache
DSGVO	Datenschutz-Grundverordnung
EAG	Europäische Atomgemeinschaft
EBR	Europäischer Betriebsrat
EBRG	Gesetz über Europäische Betriebsräte
EG	Europäische Gemeinschaft
EGBGB	Einführungsgesetz zum BGB
EGRM	Europäischer Gerichtshof für Menschenrechte
Einl.	Einleitung
EMRK	Europäische Menschenrechtskonvention
ErfK	Erfurter Kommentar
ESC	Europäische Sozialcharta
EU	Europäische Union
EuGH	Europäischer Gerichtshof
EWG	Europäische Wirtschaftsgemeinschaft
f./ff.	folgende
Fn.	Fußnote
FS	Festschrift
GewO	Gewerbeordnung
GG	Grundgesetz
GmbH	Gesellschaft mit beschränkter Haftung

HGB	Handelsgesetzbuch
Hrsg.	Herausgeber
IAB	Institut für Arbeitsmarkt- und Berufsforschung
ILO	International Labour Organisation
JZ	Juristenzeitung
Kap.	Kapitel
KI	Künstliche Intelligenz
KJ	Kritische Justiz (Zeitschrift)
KPD	Kommunistische Partei Deutschlands
KRG	Kontrollratsgesetz
KSchG	Kündigungsschutzgesetz
LAG	Landesarbeitsgericht
LG	Landgericht
MiLoG	Mindestlohngesetz
MitbestG	Mitbestimmungsgesetz
MontanMbG	Montan-Mitbestimmungsgesetz
MuSchG	Gesetz zum Schutz von Müttern bei der Arbeit (Mutterschutzgesetz)
NJW	Neue Juristische Wochenschrift
Nr.	Nummer/n
NS	Nationalsozialismus
NSDAP	Nationalsozialistische Deutsche Arbeiterpartei
NZA	Neue Zeitschrift für Arbeitsrecht
o. Ä.	oder Ähnliches/Ähnlichem
OHL	Oberste Heeresleitung
o.J.	ohne Jahr
Prot.	Protokoll
Quellen	Quellen zur Geschichte der deutschen Gewerkschaftsbewegung im 20. Jahrhundert
RAG	Reichsarbeitsgericht
RAGE	Entscheidungen des RAG
RArbBl.	Reichsarbeitsblatt
RdA	Recht der Arbeit (Zeitschrift)
RDI	Reichsverband der Deutschen Industrie
REFA	Reichsausschuss für Arbeitszeitermittlung
RG	Reichsgericht
RGBl.	Reichsgesetzblatt
RGZ	Entscheidungen des RG in Zivilsachen
Rn.	Randnummer/n
Rspr.	Rechtsprechung
RVO	Reichsversicherungsordnung

S.	Seite/n
s. o.	siehe oben
s. u.	siehe unten
SA	Sturmabteilung
SE	Societas Europeana
SED	Sozialistische Einheitspartei Deutschlands
SGB	Sozialgesetzbuch
SMAD	Sowjetische Militäradministration in Deutschland
sog.	sogenannte/n
SR	Soziales Recht (Zeitschrift)
TVG	Tarifvertragsgesetz
TVVO	Tarifvertrags-Verordnung
TzBfG	Teilzeit- und Befristungsgesetz
u. a.	unter anderem
UNO	Vereinte Nationen
UVG	Unfallversicherungsgesetz
vgl.	vergleiche
VO	Verordnung
WRV	Weimarer Reichsverfassung
WSI	Wirtschafts- und Sozialwissenschaftliches Institut
z. B.	zum Beispiel
z. T.	zum Teil
ZfA	Zeitschrift für Arbeitsrecht
zit.	zitiert

I. Grundfragen und Grundlagen

»What are the common wages of labour, depends everywhere upon the contract usually made between those two parties, whose interests are by no means the same. The workmen desire to get as much, the masters to give as little as possible. The former rare disposed to combine in order to raise, the latter to lower the wages of labour.«
(Adam Smith, The Wealth of Nations, 1776)

»Es handelte sich immer nur um zwei Ziele: möglichst hohen Lohn und möglichst kurze Arbeitszeit.«
(Friedrich Wilhelm Stahl, Das Deutsche Handwerk, 1874)

1. Seit wann gibt es Arbeitsrecht?

»*Trittsteine im unwegsamen Gelände*« einer bislang nicht geschriebenen, aber vermutlich mehrbändigen Gesamtgeschichte des Arbeitsrechts? Das verlangt einige begriffliche und methodische Vorbemerkungen.[1] Deshalb möchte auch ich mit der gängigsten Frage beginnen, die in jedem Lehrbuch des Arbeitsrechts im Rahmen – regelmäßig kurzer – rechtsgeschichtlicher Vorbemerkungen gestellt wird: Seit wann gibt es Arbeitsrecht?
Auch wenn wir zu ihrer Beantwortung nicht in Thomas Manns »tiefen Brunnen der Geschichte« hinabsteigen müssen, sehr weit zurück geht es doch, »*bis in die ältesten uns zugänglichen Zeiten*«.[2] Allgemein herrscht Einigkeit, dass es in allen antiken Hochkulturen, in welchem Umfang auch immer, rechtliche Regelungen über die Leistung freier, aber abhängiger Arbeit im Rahmen eines Vertrages

1 Zum Stellenwert von Dogmengeschichte, Entwicklungsgeschichte des Rechts, Evolutions- und Systemtheorie vgl. *Vesting*, Rechtstheorie, 2. Aufl. 2015, S. 149ff.
2 *Hueck/Nipperdey*, Lehrbuch des Arbeitsrechts, 7. Aufl., 1. Bd., 1963, S. 6 (im Folgenden zit. als »*Hueck/Nipperdey*«).

gegeben hat. Davon ist die – neben der Sklaverei praktisch nahezu bedeutungslose – römische »Dienstmiete« (»locatio cunductio operarum«)[3] der nächstliegende Vorläufer und Ideengeber für die spätere deutsche Entwicklung.[4] Dies fächerte sich ab der frühen Neuzeit auf in eine Vielzahl von Regelungen für den fundamental gleichen Tatbestand abhängiger Arbeit in unterschiedlichen Lebenszusammenhängen (Landarbeit, städtisches Handwerk, Bergbau, Haushalte, siehe Kap. 2). War das aber bereits »richtiges« Arbeitsrecht?

Diese Frage hatte man sich naturgemäß bereits im Zuge der Etablierung des neuen Rechtsgebiets »Arbeitsrecht« seit den 1920er Jahren gestellt und recht bündig beantwortet: »*Ein Arbeitsrecht im heutigen Sinne, also ein Sonderrecht der Lohnarbeit verrichtenden Berufsstände, ist dagegen ein Kind des letzten Jahrhunderts, dessen Entstehung auf bestimmte, erst damals auftauchende Wirtschaftsformen zurückzuführen ist, und von dem frühe Spuren finden zu wollen daher zwecklos ist.*«[5] Dieses für die damalige Sicht repräsentative Dictum Kaskels geriet – jedenfalls in seiner Absolutheit – ins Wanken, sobald man sich die angeblich arbeitsrechtslosen Zeiten genauer betrachtete: Da wurde sichtbar, dass es in der Breite der verschiedenen Berufstätigkeiten ein ausgeprägtes »vorindustrielles Arbeitsrecht« gegeben hatte.[6] Was nun?

Zu der sich damit aufdrängenden Vorstellung eines »zeitlosen« Arbeitsrechts setzte Franz Mestitz[7] in seiner bis dahin tiefgründigsten Gesamtanalyse der Arbeitsrechtsgeschichte den entscheidenden Kontrapunkt: »*Wir meinen daher, dass man den ›Beginn eines Arbeitsrechts‹ sinnvoll erst mit der Geschichte des Kapitalismus ansetzen kann.*«[8] Er begründet das vor allem mit der seit Ende des 19. Jahrhunderts dramatisch gestiegenen gesellschaftlichen Bedeutung der abhängigen Arbeit: Sie sei »*sozialtypisch*« in dem Sinne geworden, dass sie zur maßgebenden Voraussetzung der in der Gesellschaft herrschenden Produktionsweise geworden sei. Durch das Gewicht der »sozialen Frage« in einer auf kapitalistischer Produktionsweise beruhenden Gesellschaft werde die Regelung der Arbeitsbeziehungen zu einem integralen Bestandteil der Rechtsordnung. In dieser Hinsicht sei das Arbeitsrecht »*eine Antwort auf die entscheidende Existenzfrage der Gesellschaft:*

---

3 Daneben gab es noch die »locatio conductio operis«, die dem Werkvertrag entsprach (vgl. *Lotmar*, Der Arbeitsvertrag, Bd. 2, 1908, S. 920ff.).

4 Vgl. *Mayer-Maly*, Römische Grundlagen des modernen Arbeitsrechts, RdA 1967, 281.

5 *Kaskel*, Arbeitsrecht, 3. Aufl. 1928, S. 5.

6 Vgl. *Mayer-Maly*, Vorindustrielles Arbeitsrecht, RdA 1975, 59; *Ebel*, Gewerbliches Arbeitsvertragsrecht im deutschen Mittelalter, 1943; *ders.*, Quellen zur Geschichte des deutschen Arbeitsrechts, 1964; *Ogris*, Geschichte des Arbeitsrechts vom Mittelalter bis in das 19. Jahrhundert, RdA 1967, 286; *Schröder*, Zur Arbeitsverfassung des Spätmittelalters, 1984.

7 Vgl. *Ludyga*, Franz Mestitz (1904–1994), AuR 2024, G 13.

8 *Mestitz*, Zur Wirkungsgeschichte des Arbeitsrechts, in Steindl, Hrsg., Wege zur Arbeitsrechtsgeschichte, 1984, S. 7.

Auch durch Arbeitsrecht wird letztlich der die Gesellschaft beherrschende Klassenkonflikt in dem oder jenem Sinne entschieden oder vertagt oder aber zwar nicht endgültig, aber vorläufig und zeitweilig unterdrückt«.[9]

In der Sache selbst lag Mestitz ungeachtet seiner marxistischen Diktion auf einer Linie mit der von Mainstream-Arbeitsrechtlern seit je vertretenen Sicht. Wenn auch moderater, »bürgerlicher«, sagten z. B. Alfred Hueck und Hans Carl Nipperdey nichts anderes: »*Denn ein Arbeitsrecht in diesem Sinne (= Sonderrecht der abhängigen Arbeitnehmer) konnte erst entstehen, nachdem sich ein besonderer Stand abhängiger Lohnarbeiter entwickelt hatte und nachdem das Bedürfnis hervorgetreten war, für seine besonderen Verhältnisse auch besondere Rechtsnormen zu schaffen.*«[10]

Gleich ob als »Klasse« oder als »Stand«: Dem historisch neuen, massenhaften Auftreten von Arbeitern wird für das Arbeitsrecht gewissermaßen ein Umschlag von Quantität in Qualität zugeschrieben. Das wird inzwischen auch von denen akzeptiert, die von einer die unterschiedlichen Produktionsweisen überspannenden Kontinuität des Arbeitsrechts ausgehen. Ihr Protagonist Mayer-Maly löste diesen – nur vordergründigen – Dissens dahingehend auf, dass er zwischen dem Arbeitsvertrag als »*juristischer Struktur*« und dem Arbeitsverhältnis als »*Institution der Rechtsordnung*« unterschied. Letztere wird – mit Mestitz – als Produkt der industriellen Revolution gesehen, während das auf Vertrag beruhende Arbeitsverhältnis Teil einer »*viel älteren Struktur*« sei.

Diesen Stand der – in ihrer Substanz doch vor allem der Begriffsklärung dienenden – Diskussion nutzte Gerd Bender[11] als bislang Einziger zum Anschluss an übergreifende gesellschaftstheoretische Fragestellungen. Funktionierende industrielle Lohnarbeit sei im Laufe des 19. Jahrhunderts zur zentralen Erhaltungsbedingung eines florierenden Wirtschaftens geworden. Deshalb verkörpere sie zugleich »[...] *ein eminentes Störpotential.* [...] *Effektivierung und Befriedung der Lohnarbeit bilden unter diesen Bedingungen ein permanentes Basisproblem von Gesellschaftssteuerung im allgemeinen und rechtsförmiger Steuerung im besonderen.*« Arbeitsbezogene juridische Regulation rücke damit ins Zentrum sozialintegrativer Organisationskonzepte und werde zu einem »*Medium der Transformation des frühliberalen Marktkonzepts in organisiert-kapitalistische Netzwerke.*« Bei alledem geht Bender von einem kategorialen Unterschied zwischen industrieller und vorindustrieller Lohnarbeit aus; letztere sei »*nicht nur ein quantitatives minus, sondern* [...] *ein qualitatives aliud.*«

Sind wir also so schlau wie zuvor, nur auf einem höheren Erkenntnisniveau? Die für unsere weitere Arbeit offenkundig bedeutende Antwort ist nicht einfach »Ja«

9 A. a. O., S. 5.
10 *Hueck/Nipperdey*, S. 7.
11 *Bender*, Vorindustrielles Arbeitsrecht?, Rechtshistorisches Journal 4, 1985, S. 45, 47.

oder »Nein«. Vielmehr möchte ich Benders Systematisierungsbemühungen, die bislang von niemandem ernsthaft aufgegriffen oder weitergeführt worden sind, zum Anlass für drei grundlegende Fragen nehmen:

1. Was ist eigentlich »Arbeitsrecht«?
2. Was ist die arbeitsrechtsspezifische Besonderheit des »modernen« Arbeitsrechts?
3. Gibt es Dimensionen von Geschichte jenseits einer bloßen Chronologie – also »Arbeitsrecht in der Zeit« anstatt konventioneller »Arbeitsrechtsgeschichte«?

Diesen drei Fragen widmen sich die nächsten Grundsatz-Kapitel. Dabei drängt sich bereits jetzt die für das Schlusskapitel reservierte Frage auf: Was bedeutet die Zuschreibung der »Geburt des Arbeitsrechts« aus der »sozialen Frage« des 19. Jahrhunderts für seine Analyse heute (und vor allem auch morgen, Kap. 40)?

2. Was ist »Arbeitsrecht«?

Streng und beim Wort genommen könnten wir von »Arbeitsrecht« erst ab dem Moment sprechen, als es im amtlichen Sprachgebrauch auftauchte. Das wäre die Weimarer Reichsverfassung vom 14. August 1919, in der es als Gegenstand der Gesetzgebungszuständigkeit des Reichs genannt wird (Art. 7 Nr. 9; neben dem »bürgerlichen Recht« in Nr. 1).

In der rechtswissenschaftlichen Diskussion begann sich dieser Begriff immerhin schon vorher, um die Jahrhundertwende einzubürgern.[1] Und natürlich handelte es sich bei alledem, was sich über die Jahrhunderte für die Regulierung der abhängiger freier Arbeit zugrunde liegenden Beziehungen entwickelt hatte, um »Arbeitsrecht« nicht dem Wort sondern der Sache nach, eben »avant la lettre«.

Dazu kommt mit unterschiedlich langem informellen Vorlauf die seither selbstverständlich gewordene Eigenart des Arbeitsrechts, dass Regulierung nicht notwendigerweise nur staatliche Normsetzung bedeutet. Seit Mitte des 19. Jahrhunderts treten »Betriebsordnungen« o. Ä. (Kap. 23) und – bis 1918/20 noch ohne rechtliche Formierung – »Tarif«-Vereinbarungen von Arbeitgebern (einzelnen und Verbänden) und Gewerkschaften (Kap. 22) hinzu. Das ließ – nicht nur für Historiker und Gesellschaftstheoretiker – die Systeme der Gesellschaftssteuerung

1 Zur Verwendung der Begriffe »Arbeitsvertrag«, »Arbeiterrecht« und »Arbeitsrecht« vgl. *Rückert*, »Frei« und »sozial«: Arbeitsvertrags-Konzeptionen um 1900 zwischen Liberalismen und Sozialismen, ZfA 1992, 225. Lehrbücher des Arbeitsrechts gab es erst ab den 1920er Jahren (Übersicht bei *Däubler/Kittner*, Geschichte und Zukunft der Betriebsverfassung, 2. Aufl. 2022, Fn. 451, im folgenden zit. als »*Däubler/Kittner*, Betriebsverfassung«).

zu »*ziemlich komplizierten Angelegenheiten*«[2] werden. Dazu kam eine Vielzahl verhaltenssteuernder informeller Mechanismen: Von nicht-schriftlichen Arrangements zwischen Meistern und Gesellenvereinigungen bis zu betrieblichen »Regelungsabreden« von heute (Kap. 23).

Für das alles haben neuere Gesellschaftstheorien sehr passende Klammerbegriffe bzw. gemeinsame Überschriften gefunden, etwa den der »normativen Ordnung« (auch im Plural), in unserem Falle den der abhängigen Arbeit.[3] Und als Produkt dieser Normenvielfalt lässt sich von einem »Arbeitsmarktregime« sprechen.[4] Das hilft in jedem Falle, um begriffliche Missverständnisse zu vermeiden. Ganz besonders erleichtert es den vergleichenden Umgang mit Phänomenen in ganz verschiedenen Zeitaltern.

Dies vorausgeschickt, haben wir es mit einem durch die Zeitläufte hindurch quantitativ anwachsenden, inhaltlich zur schieren Unübersichtlichkeit differenzierten Korpus von »Normen« zu tun. Seine erste Grobstrukturierung folgt durchaus einer Einteilung nach den tradierten Großepochen: Am Beginn steht die erwähnte römische »locatio conductio operarum«, als »Dienstmietvertrag« freier römischer Bürger die große Ausnahme, auch im gesellschaftlichen Wertekanon.[5] Dass sie heute noch mehr als eine Fußnote erfordert, liegt daran, dass ihre Vertragskonzeption über das »gemeine Recht« bis in die Vorarbeiten zum BGB rezipiert worden ist.

Der römischen Zeit folgte ein jahrhundertelanges sog. Mittelalter mit abhängiger Arbeit vollkommen überwiegend in der Landwirtschaft, in Strukturen nicht weit weg von Sklaverei – für unseren Kontext also eine wahrhaft »finstere« Epoche.

Bewegung kommt in das Bild mit dem Aufstieg und der Emanzipation der Städte und dem Bergbau. Es entsteht eine Vielzahl unterschiedlichster abhängiger Tätigkeiten gegen Entgelt.[6] Davon ragen zahlenmäßig und nach ihrer ökonomischen Bedeutung drei Bereiche heraus: Als bei weitem größter bis weit ins 19. Jahrhundert das Gesinde in der Landwirtschaft, die Gesellen im städtischen Handwerk und die Knappen im Bergbau.[7] Die Regulierung der dortigen Beschäftigungsverhältnisse erfolgt durchweg dezentral: nach gewohnheitsmäßig,

---

2 *Osterhammel*, Die Verwandlung der Welt, 2009, S. 906.

3 Vgl. *Forst/Günther*, Hrsg., Die Herausbildung normativer Ordnungen, 2011.

4 Vgl. *Bender*, Duale Autonomie: Zur Rechtsgeschichte des Arbeitsmarktregimes, Rechtsgeschichte, Bd. 30, 2022, S. 148.

5 Vgl. *Nippel*, Erwerbsarbeit in der Antike, in Kocka/Offe, Hrsg., Geschichte und Zukunft der Arbeit, 2000, S. 54.

6 Übersicht bei *Rückert*, Historisch-kritischer Kommentar zum BGB, Band III Schuldrecht: Besonderer Teil §§ 433–853, 2013, vor § 611, Rn. 17 (im Folgenden zit. »*Rückert*, BGB«).

7 Dazu kamen das Hausgesinde, Tagelöhner der unterschiedlichsten Art und als durch die Zeiten stets besondere Gruppe die Seeleute (für sie gelten bis heute Sondervorschriften, z. B. §§ 114–116 BetrVG).

teils aus römischen Vertragsgrundsätzen abgeleitetem »gemeinem Recht«, in Zunftordnungen auf Stadtebene und aufgrund bergrechtlicher Satzungen. Darin finden wir teils denkbar »modern« anmutende Vorschriften über beinahe alles, was bei entgeltlicher Arbeit von Interesse sein kann.[8] Die falsch gestellte Frage, warum das alles noch kein »richtiges« Arbeitsrecht gewesen sein soll, rührt dabei daher, dass sie alle Teil einer je eigenen »Ordnung« waren, in der die Menschen von damals jeweils verortet waren. Daneben treten, gehäuft ab dem 18. Jahrhundert, die Arbeitsverhältnisse der Manufaktur- und Heimarbeiter in neuen, zunächst unregulierten Gewerben (»Freimeister«, »Fabrik-Privilegien«), den Geburtsstätten der zukünftigen Industrien.[9]

Das zentrale Phänomen dieser ganzen Phase und wohl auch eine Hauptursache für seine mangelnde Beachtung als gleichwertiger Teil unserer Arbeitsrechtsgeschichte ist die durchweg schlechte Quellenlage. Wohl kennen wir örtliche Regelungen zu praktisch allen auch heute noch interessierenden Arbeitsvertragsinhalten. Aber es fehlt eine flächendeckende Bestandsaufnahme. Was aber insbesondere fehlt, beruht nicht auf einer schlechten Quellenlage, sondern ist die Folge eines immanenten Handicaps jeder Geschichtsschreibung über die Zunftzeit: die durchgängige Nicht-Schriftlichkeit der Gesellenbewegung als »Schwurvereinigungen« und das systemische Interesse von Zunftmeistern sowohl innerhalb der Zunft als auch gegenüber den Städten, nichts über den Anteil einer Gesellenvereinigung am Zustandekommen einer Arbeitssatzung o. Ä. verlauten zu lassen.[10] Wir haben aber eine hohe Evidenz in Bezug auf zwei zentrale Sachverhalte: Es ist unbestritten, dass der reichsweit durchgesetzte »blaue Montag« ein summiertes Produkt der auf der Ebene der jeweiligen städtischen Zunft agierenden Gesellenvereinigungen war.[11] Und deren Konflikt- und Durchsetzungsfähigkeit wird – abgesehen von einzelnen gut dokumentierten Konflikten – mit dem kriminal-soziologischen Grundsatz »Wo Rauch, da ist Feuer« belegt: Von einer ersten »Reichspolizeyordnung« 1531 bis zur »Reichszunftordnung« 1731 versuchten die Städte vergebens sich ihrer mit Hilfe der Reichsgesetzgebung

8 Vgl. *Mayer-Maly*, Vorindustrielles Arbeitsrecht, RdA 1975, 59; *Ogris*, Geschichte des Arbeitsrechts vom Mittelalter bis in das 19. Jahrhundert, RdA 1967, 286; *Keiser*, Status und Vertrag als Strukturelemente der Arbeitsrechtsgeschichte seit dem Mittelalter, in FS Kittner, 2021, S. 201 ff.

9 Vgl. *Kaufhold*, Gewerbefreiheit und gewerbliche Entwicklung in Deutschland im 19. Jahrhundert, Blätter für deutsche Landesgeschichte 118, 1982, S. 73; *Kittner*, Arbeitskampf, 2005, S. 135 (im Folgenden zit. »*Kittner*, Arbeitskampf«).

10 Dazu kommt, dass die wenigen Dokumente über Verhalten der Gesellenvereinigungen ausschließlich aus der Feder von Meistern oder Städten stammen, die bestrebt waren, die Gesellen als vielfach zum Trinken neigende, pöbelhafte Figuren dastehen zu lassen – so als würde die Geschichte der modernen Gewerkschaften ausschließlich auf der Grundlage sporadischer Artikel in (arbeitgebernahen) Wirtschaftszeitungen beruhen.

11 Vgl. *Kittner*, Arbeitskampf, S. 120 f.

durch das Verbot von Koalitions- und Arbeitskampfmaßnahmen zu erwehren (Kap. 26).[12]

Dazu gehört eine Bemerkung zur Situation im Bergbau, einem für die Gesamtgeschichtsschreibung (vor allem auch zum Arbeitsrecht) sträflich vernachlässigten Wirtschaftsbereich. Denn dort arbeiteten ab 1500 etwa 100000 Bergarbeiter.[13] Das entsprach den etwa 450000 Bergarbeitern um 1890 und auf heutige Strukturen hochgerechnet den etwa 1,6 Mio. Arbeitnehmern in der Automobilproduktion – also das, was man heute eine Schlüsselindustrie nennt. Und hinzu kam, für unseren Zusammenhang besonders wichtig, die durchgängige Existenz von Großbetrieben. Es gab solche mit bis zu 1000 Beschäftigten! Dass sie bis heute durchweg »unter dem Radar« der Arbeitsrechtshistoriker bleiben, mag dem Umstand geschuldet sein, dass es dort auf den ersten Blick wenig von Vertragsfreiheit, aber viel von bergbau-typischer Autokratie zu sehen gab. Aber: Wir sehen jedenfalls ganz von Anfang an soziale Sicherungssysteme mit »Knappschaften« als Beteiligten oder gar Träger, ein Ausfluss der Tatsache, dass hier zwar streng beaufsichtigte, aber doch rare Spezialisten tätig waren. Außerdem gab es eine sozial-paternalistische dauerhafte Staatsintervention im Namen des sog. Direktionsprinzips, aufgrund dessen der jeweilige Territorialstaat viele betriebliche Einzelheiten, auch hinsichtlich der Arbeitsverhältnisse, regelte.[14]

Was aber erst auf den zweiten Blick hinzukam, war die informelle Aushandlungsmacht dieser formal total gegängelten Bergarbeiter. Denn sie profitierten von einer zeitlosen Eigenschaft jedes Großbetriebs: seiner Komplexität. Sie hatte zur Folge, dass der Bergbauunternehmer, wie unwillig oder verdeckt auch immer, für einen effektiven Betriebsablauf in einem bestimmten Ausmaß auf die Kooperationsbereitschaft der Belegschaft angewiesen war. Es gibt einen berühmten Spruch zum passiven Widerstand der Bergleute gegen die Besetzung des Ruhrgebiets durch Frankreich im Jahr 1923, der diese Situation drastisch charakterisiert: »*Mit Bajonetten kann man keine Kohle graben*«. Für den Bergbau der alten Zeit gibt es dazu ein sprechendes Beispiel:[15] Im Jahr 1712, also etwa zum gleichen Zeitpunkt, als in Wien Schuhmachergesellen für die bloße Streikteilnahe gehenkt wurden, kam es in Hüttenberg zu einem Streik, den die Knappen erfolgreich

---

12 Vgl. *Kittner*, Arbeitskampf, S. 91ff. Das Ende der Gesellenvereinigungen als durchsetzungsstarke Organisationen kam erst mit der »Mediatisierung« der vormals freien Reichsstädte durch die Liquidierung des »Heiligen Römischen Reichs Deutscher Nation« 1806 und das spätere Verbot der Zünfte in den einzelnen Staaten des Deutschen Bundes (Kap. 26).

13 Vgl. *Kittner*, Arbeitskampf, S. 79ff.

14 Vgl. *Fischer*, Die Stellung der preußischen Bergrechtsreform von 1851 bis 1865, in ders., Hrsg., Wirtschaft und Gesellschaft im Zeitalter der Industrialisierung, 1972, S. 148ff.; *Kittner*, Arbeitskampf, S. 345ff.

15 Vgl. *Kittner*, Arbeitskampf, S. 82f., 111ff.

sogar mit einer vom Kaiser selbst ratifizierten, durchaus tarifvertragsähnlichen Vereinbarung abschließen konnten.

1. Haben auf vielseitiges Zusprechen der Gewerken bewilligt, zu jeder Postzeit (= Lohntag, M. K.) den in Arbeit habenden Knappen jedem einen halben Vierling Weizen, ingleichen einen halben Vierling Roggen, es gehe das Getreide in höherem oder niederem Werte, nebst zwei Gulden Gelds in Landes gangbarer Münz, wie auch hinlänglich Pulver zur erforderlichen Sprengung der Steinwände und sechs Pfund Unschlitt zu geben.
2. Sind die Knappen an Samstagen und anderen hohen Feierabenden der von hoher geistlicher Obrigkeit aufgesetzten und gebotenen Feiertagen, ungeachtet des Artikels 49 der Bergordnung vom Jahre 1567 gebietet, zu arbeiten nicht schuldig.
3. Hingegen hat die Knappengesellschaft sich mit Einwilligung der Gewerkschaften bedungen, die folgenden spezifizierten Tage, als nämlich im Februar den Tag des St. Blasius, im April den heiligen Drei-Nagel-Tag, im Juni den St. Veitstag, im Juli St. Margarethentag im November aber Allerseelen, St. Leonhard, St. Martin, St. Clementen- und Katharinatag, ohne des Tages zuvor früher Feierabend zu machen, zu feiern, in allen übrigen Feiertagen solle sie nicht denn Gottes Gewalt von der Arbeit verhindern noch abhalten.
4. Sind die Knappengesellen an Arbeitstagen verbunden, ihre Schichten zu acht Stunden getreulich zu verrichten, die Erze gut zu scheiden, die Gewerken dürfen auch andere auswärtige, mit Paß versehene Knappen aufnehmen, und ein Hutmann kann mit Konsens der Gewerken und bergrichterlicher Vorstellung, ohne daß er zehn Knappen unter sich habe, einen Jungen aufnehmen.
5. Wann ein Gewerke zu rechnen verlangt, ist der Knappe schuldig zu verrechnen, hingegen auch der Gewerke auf Verlangen und Begehren des Knappen.

Von einem als solchem völlig aus dem Rahmen fallenden Dokument der Verhandlungsmacht einer Bergbaubelegschaft abgesehen, dürften stille, möglicherweise nur ganz bescheidene Arrangements die Regel gewesen sein. Diese Zustände änderten sich dramatisch mit der Mitte des 19. Jahrhunderts erfolgenden Deregulierung des Bergbaus (Kap. 3).

Damit ist das erste Mal der moderne Zentralstaat[16] angesprochen, der in unserem Zusammenhang allerdings schon hundert Jahre früher auf den Plan tritt, und zwar wie später beim Bergbau mit dem Ziel der Deregulierung des »verzopften« Zunftwesens zugunsten der neu entstehenden Gewerbe. Als Teil der Freiheit der dort tätigen Unternehmer von allen zünftigen Bindungen sollten diese auch gegenüber den für sie tätigen Personen keinen Beschränkungen unterliegen: Das »Allgemeine Landrecht für die Preußischen Staaten« (ALR) von 1794 regelte »*die Verhältnisse zwischen dem Fabrikunternehmer und den Fabrikanten* [= den Selbstständigen] *nach dem Inhalte des unter ihnen stehenden Contracts, und den über dergleichen Contracte sprechenden Gesetze*« (derartige Gesetze gab es freilich nicht). Und die für Fabrikarbeiter geltenden Vorschriften waren hinsichtlich der Essentials eines Arbeitsverhältnisses (Lohn, Arbeitszeit und Kündigung) vollständig disponibel. Dazu galt das Arbeitsverhältnis eines Arbeiters im Zweifel auf nur einen Tag abgeschlossen.[17] Die Arbeitsbedingungen der Handwerksgesellen bleiben dagegen weitgehend reguliert; teilweise neu durch das ALR, teilweise aufgrund der lokalen Zunftordnung. Mit diesem Nebeneinander von Arbeitsverhältnissen aus verschiedenen Epochen macht das ALR sinnfällig, dass das deutsche Arbeitsrecht ohne geradlinige Tradition auskommen muss.[18] Es liefert vielmehr das wohl aussagekräftigste Beispiel für die »Gleichzeitigkeit von Ungleichzeitigem« (Kap. 6).

Dieser Zustand wurde mit den sog. Stein-Hardenberg'schen Reformen[19] beendet durch Aufhebung des Zunftzwangs, Einführung der Gewerbefreiheit und Freiheit zur Gestaltung der Arbeitsbedingungen für jedes Gewerbe. 1845 wurde das Credo der unbeschränkten Arbeitsvertragsfreiheit in der Preußischen Gewerbeordnung denkbar schnörkellos formuliert:

16 In dieser Hinsicht beschränke ich mich für die Zeit vor Gründung des Kaiserreichs 1971 auf Preußen, zum einen wegen seiner Größe und seines sozio-ökonomischen Gewichts, zum anderen wegen der direkten Anknüpfung des neuen Reichs an preußische Strukturen und Einrichtungen.

17 Das sollte bis Anfang des 20. Jahrhunderts die Regel bleiben (vgl. *Kittner/Klengel*, Die Entstehung des Kündigungsschutzgesetzes, 2022, S. 23; im Folgenden zit. »*Kittner/Klengel*, Kündigungsschutzgesetz«).

18 Vgl. *Brand*, Das geleugnete Erbe, in Rückert, Hrsg., Arbeit und Recht seit 1800, 2014, S. 133.

19 Gesetz über die polizeilichen Verhältnisse der Gewerbe, in Bezug auf das Edikt vom 2ten November 1810, wegen Einführung der allgemeinen Gewerbesteuer vom 7. 9. 1811 (Gesetzessammlung Nr. 51).

§ 105 Preußische GewO 1845

Die Festsetzung der Verhältnisse zwischen den selbständig Gewerbetreibenden und den gewerblichen Arbeitern ist Gegenstand freier Übereinkunft.

Die Substanz dieser Vorschrift wurde fortgeführt in § 105 der GewO 1869 für den Norddeutschen Bund (und anschließend inhaltsgleich für das Kaiserreich). Die nunmehr ungebundene Vertragsfreiheit bedeutete de facto, und hier sprechen wir erstmals ein fundamentales Geltungsproblem des Arbeitsrechts an, die nahezu in sein Belieben gestellte Dispositionsfreiheit des Unternehmers.

Diese Befreiung aus alten Bindungen führte für ein Jahrhundert zu einem Zustand ungebundener unternehmerischer Freiheit mit zwei kleinen Ausnahmen, einmal für Arbeitende ganz unten und zum anderen am oberen Rand: Am 9. März 1839 erging das »Preußische Regulativ über die Beschäftigung jugendlicher Arbeiter in Fabriken«. Mit ihm wurde erstmals durch staatliche Norm strikt in die bis dahin unbeschränkte Freiheit der Unternehmer bei der Rekrutierung ihrer Arbeiter eingegriffen – und zwar vordergründig nicht zum Schutz dieser Jugendlichen selbst sondern aus staatspolitischer Sorge um deren Schulbesuch. Am anderen Ende des Arbeitnehmerspektrums gab es erste – freilich abdingbare – arbeitsvertragliche Schutzvorschriften für enge Mitarbeiter in den Kontoren der Unternehmer, die Handelsgehilfen, im »Allgemeinen Deutschen Handelsgesetzbuch« von 1861: nach kurzer Wartezeit eine sechswöchige Kündigungsfrist und eine Entgeltfortzahlung im Krankheitsfall für sechs Wochen.[20]

In diesem deregulierten Jahrhundert wurden nach und nach die Grundlagen unserer »Arbeitsverfassung« in sich teils überschneidenden, teils parallelen Strängen gelegt:

- die Herausbildung betrieblicher Sozialeinrichtungen als Ausgangspunkt sowohl für Sozialversicherungskassen als auch
- betriebliche Arbeiterausschüsse mit unterschiedlichster Durchsetzungs- und Gestaltungsmacht,

20 Vgl. *Roth*, 150 Jahre Recht des Handlungsgehilfen, RdA 2012, 1; *Ramrath*, Entwicklung des Rechts der Handlungsgehilfen von den Kodifikationen bis zum Entwurf eines Arbeitsvertragsgesetzes, in FS für Sandrock, 1995, S. 255ff. Die Initiative zu diesem in allen Staaten des Deutschen Bundes gleichlautenden Gesetz kam aus Bayern, wobei Bismarck, damals Bevollmächtigter Preußens im Bund, entgegen der Weisung seiner Regierung nicht dagegen stimmte. Das ADHG wurde 1869 vom Norddeutschen Bund und 1871 vom Deutschen Reich übernommen. Seine arbeitsrechtlichen Vorschriften wurden weitgehend inhaltsgleich in das HGB von 1897 übernommen.

- die überbetriebliche Interessenvertretung durch mit der GewO von 1869 legalisierte Gewerkschaften und bis 1918 formal nicht wirksame Tarifverträge,
- substanzielle Arbeits- und Vertragsschutzvorschriften für Arbeiter in der Gewerbeordnung (kulminierend im »Arbeiterschutzgesetz« von 1891).

Der »Rubikon« in dieser Hinsicht war die Änderung der Gewerbeordnung im Jahr 1878.[21] Die dort gefundene Fassung des § 105 signalisierte nun ganz offiziell das Ende der unbeschränkten Vertragsfreiheit als Prinzip:

§ 105 GewO 1878

Die Festsetzung der Verhältnisse zwischen selbständigen Gewerbetreibenden und ihren Gesellen, Gehülfen und Lehrlingen ist, vorbehaltlich der durch Reichsgesetz begründeten Beschränkungen (Hervorhebung durch mich, M.K.) Gegenstand freier Übereinkunft.

Dazu bemerkte der führende Kommentar von Landmann: »*Aus dem Vorbehalt dieser Beschränkungen der Freiheit des Arbeitsvertrags und dem Zwecke der Arbeiterschutzgesetze ergibt sich, daß auf die zum Schutze der Arbeiter getroffenen Bestimmungen seitens derselben nicht verzichtet werden kann, außer wenn das Gesetz eine besondere Klausel in dieser Richtung enthält, wie z. B. in § 122*« (das betraf die Länge der beiderseitigen Kündigungsfrist).[22] Dieses Regel-Ausnahme-Verhältnis von einseitig zwingendem und dispositivem Recht dominiert bis heute das gesamte Arbeitsrecht.[23]

Im Fluss der Ereignisse ragen in jeder Hinsicht die Jahre 1889 bis 1891 heraus: 1889 erschütterte der erste große Bergarbeiterstreik Staatsmacht und Unternehmer.[24] In die Diskussion darüber, wie darauf zu reagieren sei, fiel die Thronbesteigung von Wilhelm II. und der mit beidem zusammenhängende Sturz Bismarcks und anschließend kam es zu einer kurzen reformerischen Phase der »neuen Politik«, die im von Berlepsch betriebenen »Gesetz betreffend Abänderung der Gewerbeordnung« (Arbeiterschutzgesetz) vom 1. Juni 1891 ihren Höhepunkt

21 In Großbritannien gab es den vergleichbaren »Moral and Health of Apprentices Act« bereits im Jahr 1802.

22 *Landmann*, Kommentar zur Gewerbeordnung für das Deutsche Reich, Bd. 2, 6. Aufl. 1912, § 105 Anm. 3d.

23 Vgl. Deinert/Wenckebach/Zwanziger-*Deinert*, Hrsg., Arbeitsrecht, 11. Aufl. 2024, § 10 Rn. 45 (im Folgenden zit. »Deinert/Wenckebach/Zwanziger-*Bearbeiter*«). Beim BGB verfuhr man entgegengesetzt: Zu den §§ 611 ff. wurde nichts gesagt, aber § 619 besagte: »*Die dem Dienstberechtigten nach den §§ 617, 618 obliegenden Verpflichtungen können nicht in voraus durch Vertrag aufgehoben oder beschränkt werden.*«

24 Vgl. *Kittner*, Arbeitskampf, S. 351 ff.

fand.[25] Im Zusammenhang damit kam es im März 1890 zu der von Wilhelm II. initiierten ersten internationalen Arbeiterschutzkonferenz in Berlin.[26] Sie brachte zwar keine unmittelbaren Ergebnisse, war jedoch in zweierlei Hinsicht wichtig: Sie konnte überhaupt nur stattfinden, weil sich in ihr die bis dahin schon in allen industrialisierten Ländern Europas im Gange befindlichen Entwicklungen bündelten.[27] Und sie schuf ein Grundverständnis für die Notwendigkeit internationalen Arbeiterschutzes, auf dem dann die Gründung der »Internationalen Arbeitsorganisation« im Kontext des Versailler Vertrages so reibungslos vonstattengehen konnte (Kap. 20).

Zu diesem neuen »Arbeitsrecht« kamen Institutionen zu seiner Durchsetzung (Gerichte und Behörden), die ihrerseits für ein sich zunehmend verdichtendes Netz von Referenz- und Leitentscheidungen sorgten. Zudem bewirkte eine am Ende des 19. Jahrhunderts immer intensiver werdende wissenschaftliche Diskussion eine, naturgemäß nicht messbare, Einfluss-Kulisse. Das alles ereignete sich in einem von Eric Hobsbawm so bezeichneten *»langen 19. Jahrhundert«*,[28] das für unseren Zusammenhang vor allem durch seine Unübersichtlichkeit geprägt war. Denn es gab keine unmittelbare Aufeinanderfolge von zünftigem Handwerk und moderner Manufaktur, auch nicht hinsichtlich ihrer Regulierung/Nichtregulierung, sie existierten vielmehr etwa 100 Jahre nebeneinander. Und in den neuen unregulierten Gewerken wurden dieselben betrieblichen Arbeiter-Selbsthilfe-Einrichtungen zum Ausgangspunkt für zwei gänzlich unterschiedliche Sozialstaatsstränge: Betriebsverfassung und gesetzliche Sozialversicherung (Kap. 27). Dazu, wohlgemerkt, über Jahrhunderte in seiner Betriebsform unverändert, aber drastisch wechselnd reguliert/unreguliert der Bergbau. Diese Arbeitsmarktverfassung des »langen Jahrhunderts« ist als Gesamtgebilde geradezu paradigmatisch für die »Gleichzeitigkeit von Ungleichzeitigem« (Kap. 6). Darin liegt wohl einer der Hauptgründe dafür, dass es bis heute für eine historische Betrachtung so schwer fällt, lange und gemeinsame Traditionslinien des Arbeitsrechts zu ziehen.

Einzelheiten dieses Prozesses müssen den je einschlägigen Sachthemen vorbehalten bleiben. Für den großen Überblick ist an dieser Stelle festzuhalten: Alles erfolgte im Kontext des autoritären Preußen-Deutschland, geprägt vom Über-

25 RGBl. 261.

26 Vgl. *Brinkmann*, Der Anfang des internationalen Arbeitsrechts – Die Berliner Internationale Arbeitsschutzkonferenz von 1890 als Vorläufer der Internationalen Arbeitsorganisation, in Bundesministerium für Arbeit und Sozialordnung/BDA/DGB, Hrsg., Weltfriede durch soziale Gerechtigkeit. 75 Jahre Internationale Arbeitsorganisation, 1994, S. 14ff.; *Kern*, Zur Wirkungsgeschichte der Arbeitsschutzkonferenz in Berlin, ZfA 1991, 323.

27 Vgl. *Brinkmann*, Der Anfang des internationalen Arbeitsrechts, a. a. O., S. 14ff.

28 *Hobsbawm*, Das lange 19. Jahrhundert, 3 Bde., Neuauflage 2022.

«Vater« Bismarck, nach dem zwar plakativen, aber immer noch zutreffenden Motto »Zuckerbrot und Peitsche« (zutreffender umgekehrt). Neben dem bis zuletzt erbittert geführten Kampf gegen Sozialdemokratie und Gewerkschaften stand das Kaiserreich insbesondere im internationalen Vergleich für bemerkenswerte sozialstaatliche Innovationen. Es erwies sich als »Inkubator« all dessen, was im 20. Jahrhundert zur vollen Ausprägung gelangen sollte[29] (hier hat die missverständliche Rede von der »Modernität des Kaiserreichs« ihren Ursprung: »modern« waren die in seinem Kontext entwickelten Ideen, nicht aber seine Praxis[30]).

Zu den als »modern« wahrgenommenen Ingredienzien des Kaiserreichs gehörte auf jeden Fall eine nahezu unbeschränkte Wirtschaftsfreiheit (die Gegenleistung Bismarcks an das Bürgertum für dessen Duldung eines demokratisch nicht eingehegten Königtums). Deren sinnfälligster Ausdruck war die Schaffung des 1900 in Kraft getretenen Bürgerlichen Gesetzbuchs (mit Vorarbeiten in einer »1. Kommission« schon seit 1874, intensiv jedoch ab den 1890er Jahren). Sein Verhältnis zum Arbeitsrecht sollte ein für dessen systematische Grundlagen bis heute bestimmender prägender Faktor werden. Denn, um es kurz zu machen: Für die Geschichte des Arbeitsrechts ist dieses BGB vor allem ein Nicht-Ereignis, denn der »Dienstvertrag« des BGB ließ das Arbeitsverhältnis und seine aus Macht-Asymmetrie geborene Besonderheit weitestgehend ungeregelt. Es handelte sich um ein individualistisches Privatrecht für als Gleiche gedachte Privatleute ohne Vorkehrungen zum Schutz des Schwächeren. Dies beließ man – unverändert – in den gewerbe- und handelsrechtlichen Vorschriften für Arbeiter und Handelsgehilfen.[31]

Hinsichtlich des generellen Fortgangs des Arbeitsrechts markiert das Kodifikationsdefizit des BGB den Auftakt für eine Schlussperiode gesetzgeberischer Stagnation für die restliche Lebensdauer des Kaiserreichs (und des »langen Jahrhunderts«). Keines der vielen im Reichstag diskutierten Reformprojekte konnte bis zum Ende des Weltkriegs realisiert werden. Dafür lieferten dessen Bedürfnisse den Anstoß zu überraschenden Initiativen und Koalitionen mit Wirkungen

29 Vgl. *Bender*, Im Kaiserreich. Arbeitsrechtliche Impressionen, in Festschrift für Kittner, 2021, S. 63; *ders.*, Strukturen des kollektiven Arbeitsrechts vor 1914, in Steindl, Hrsg., Wege in die Arbeitsrechtsgeschichte, 1984, S. 251; *Ramm*, Die Arbeitsverfassung des Kaiserreichs, in Festschrift für Walter Mallmann, 1978, S. 191.

30 Vgl. *Kittner*, Was heißt hier modern? Das Kaiserreich und die Arbeiterbewegung, Merkur 2021, Heft 871, S. 92; *Richter*, Aufbruch in die Moderne. Reform und Massenpolitisierung im Kaiserreich, 2021. *Richter* schließt von der Tatsache, dass im Kaiserreich »moderne« Gebilde wie z. B. Gewerkschaften möglich wurden, auf die »Modernität« des Kaiserreichs als solchem.

31 Vgl. die instruktive Zusammenstellung der 1912 geltenden Normtexte zum »Arbeiterschutz« von *Jastrow*.

über sein Ende hinaus (insbesondere zum Hilfsdienstgesetz siehe Kap. 27). Das in diesem Zusammenhang eindrücklichste Beispiel dafür, wie weit die damaligen Machteliten bereit waren, den Arbeitern und Gewerkschaften entgegenzukommen, lieferte der kurz vor Kriegsende konzipierte Entwurf eines Gesetzes über Arbeiterausschüsse, eine Art »Betriebsrätegesetz light« (Kap. 27).[32]

Als der Krieg verloren war, ging es bekanntlich blitzschnell:[33] Der Proklamation der Republik durch den Rat der Volksbeauftragten am 8. November folgte am 15. November das »Stinnes-Legien-Abkommen«,[34] das auf einen Schlag all das, was bislang nur in Umrissen als Konzeption bzw. Forderung im Raum stand, Wirklichkeit werden ließ: Anerkennung der Gewerkschaften, Tarifvertrag und Arbeiterausschüsse – die essentialia einer neuen Arbeitsverfassung (eine nun ausdrücklich so genannte Arbeitsgerichtsbarkeit kam 1927 hinzu, siehe Kap. 28).[35]

Viel mehr muss an dieser Stelle über diese zwar überaus ereignisreiche, aber nur 14 Jahre währende Kurz-Epoche nicht vermeldet werden (außer vielleicht der Hinweis auf die Zwangsschlichtung als eine der Schwäche von Ökonomie wie Gewerkschaften geschuldete Besonderheit während dieser Zeit, siehe Kap. 26). Für eine Gesamtbetrachtung der Arbeitsrechtsentwicklung gilt vielmehr das für die zu Ende gehende Kaiserzeit Gesagte in gesteigertem Maße: Es wurden zwar alle Ingredienzien einer »modernen« Arbeitsverfassung Gesetzeswirklichkeit, doch nur auf dem brüchigen Boden einer Zwischenkriegsgesellschaft und ohne die Chance, sich zu dauerhafter Praxis zu verfestigen. Das sollte erst nach dem Zweiten Weltkrieg, endgültig ab 1949 in der Bundesrepublik Deutschland möglich sein.

Dabei wurde zum ersten Mal, und zwar drastisch zum Negativen, die »*Abhängigkeit des Arbeitsrechts von der Wirtschaft*« sichtbar, wie es Hugo Sinzheimer resignierend im Jahr 1933 feststellen musste.[36]

---

32 Vgl. *Däubler/Kittner*, Betriebsverfassung, 2. Aufl. 2022, S. 174ff.

33 Bereits im April 1919 legte der Arbeitsminister, Gustav Bauer, eine über 360 Seiten umfassende »Denkschrift für die Nationalversammlung« mit dem Titel »Arbeitsrecht und Arbeitsschutz« über sozialpolitische Maßnahmen seit 9. November 1918 vor.

34 Vgl. *Kittner*, Klassenkompromiss zur Unzeit? Stinnes-Legien-Abkommen 1918, Soziales Recht 2019, 118.

35 Vgl. *Bepler*, Arbeitsrecht: Eine Errungenschaft der Weimarer Republik, in Düwell/Haase, Arbeit und Recht im gesellschaftlichen Wandel, 2023, S. 73ff.; *Nörr*, Grundlinien des Arbeitsrechts der Weimarer Republik, ZfA 1986, 403; *Preller*, Sozialpolitik in der Weimarer Republik, 1949 (Neudruck 1978); *Ramm*, Die Arbeitsverfassung der Weimarer Republik, in Gamillscheg u. a., Hrsg., In memoriam Sir Otto Kahn-Freund, 1980, S. 225ff.

36 *Sinzheimer*, Die Krisis des Arbeitsrechts, Arbeitsrecht 1933, Sp. 1ff., in Kahn-Freund/Ramm, Hrsg., Hugo Sinzheimer, Arbeitsrecht und Rechtssoziologie, Gesammelte Aufsätze und Reden, 1976, Bd. I, S. 135, 137 (fortan zit. als Sinzheimer I oder II).

Dazwischen bzw. daneben sehen wir die beiden Diktaturen auf deutschem Boden: Zunächst den Nationalsozialismus und dann im Osten den Sowjetkommunismus als große Brüche und zeitlich befristete Anomalien der deutschen Geschichte (Kap. 12, 15). Dazu kam eine unübersichtliche Nachkriegszeit mit einerseits dominanten Besatzungsmächten und andererseits einer dezentral auf Länderebene stattfindenden Ereignisgeschichte.

Für die Bundesrepublik als den inzwischen längsten zusammenhängenden Abschnitt deutscher Geschichte gibt es vorerst ebenfalls erstaunlich wenig zu berichten. Zusammengefasst könnte es heißen: Es wurden all die Elemente der Arbeitsverfassung dauerhaft mit Leben erfüllt, mit denen die Weimarer Republik hoffnungsvoll begonnen hatte, für die ihre Lebensdauer aber zu kurz war:

- Der staatliche Gesetzgeber war außerordentlich produktiv; die Zahl der Arbeitsgesetze wuchs und wächst unaufhörlich.[37]
- Gleiches gilt für das Tarifvertragssystem, das nach Wegfall der Zwangsschlichtung und unter einem für Gewerkschaften sehr liberalen Arbeitskampfrecht (Kap. 26) regelrecht aufblühte (inzwischen allerdings mit dem zunehmenden Problem seiner schwindenden Reichweite kämpft, Kap. 22, 40).
- Auch auf betrieblicher Ebene sind Betriebsräte fest etabliert, ebenso wie bei den Tarifverträgen aber mit rückläufiger Tendenz (Kap. 27).
- Die Arbeitsgerichtsbarkeit hat inzwischen einen festen Platz nicht nur zur unerlässlichen Streitentscheidung in Einzelfällen sondern als Produzent von handlungsleitendem »Richterrecht« (Kap. 25, 28).
- Dazu kommt Input aus neuen Ebenen: National durchdringt das Verfassungsrecht des Grundgesetzes inzwischen das Arbeitsrecht in der ganzen Breite (Kap. 17) und international gewinnt vor allem das Recht der Europäischen Union an Bedeutung, nicht zu unterschätzen auch das Arbeitsvölkerrecht von UNO, ILO und Europarat (Kap. 20, 21).
- Schließlich sei daran erinnert, dass dieses Arbeitsrecht auch die Sondersituation einer Pandemie (»Covid-19«) effektiv bewältigt hat, sei es durch schnelle ad-hoc-Gesetzgebung, sei es durch die Rechtsprechung.[38]

Das alles ist gemeint, wenn wir von »Arbeitsrecht« oder »normativer Ordnung der abhängigen Arbeit« sprechen – ein schier unüberschbares Universum. Wie soll das unter einen Hut gebracht werden?

---

37 Die Seitenzahl der Gesetzessammlung »Kittner, Arbeits- und Sozialordnung« hat sich mit ihren arbeitsrechtlichen Inhalten von der ersten Auflage im Jahre 1975 bis heute mehr als verdoppelt.

38 Vgl. *Däubler*, Arbeitsrecht in Zeiten der Corona-Krise. Rechte und Pflichten im Ausnahmezustand, 2020; *Deinert/Kittner*, Arbeits- und Sozialrecht: Rückblick 2021, Ausblick 2022, Sonderbeilage zu AuR 3/2021; *Küttner*, Personalbuch, 2023, Stichwort »Covid-19«; *Schlegel*, Corona-Gesetzgebung, 2022.

Andererseits, und das wird in späteren Zeiten sicher noch deutlicher wahrgenommen, ereignete sich das alles in einer alles in allem möglicherweise glücklichsten Periode der deutschen Geschichte – 70 Jahre ohne Krieg und, aufs Ganze gesehen, stabiler wirtschaftlicher Prosperität! Es spricht alles dafür, dass in diesen Zeiten auch für das deutsche Arbeitsrecht der berühmte Spruch von John F. Kennedy gilt: »*Die Flut hebt alle Boote*« – die gegenüber Weimar positive Variante der »Abhängigkeit des Arbeitsrechts von der Wirtschaft«. (Für die Zeitgenossen aufregender wahrgenommen, insgesamt aber moderat, verliefen die zwei »Aufreger« dieser 70 Jahre: die »68er«-Bewegung und die Wiedervereinigung 1989/90. Beide hinterließen zwar Spuren im Arbeitsrecht, aber doch keine grundstürzenden, Kap. 8).

3. Was war das Neue am »richtigen« Arbeitsrecht?

Wäre man gehalten, aus diesem sehr kurzen Überblick über die historische Gesamtheit von »Arbeitsrecht« das Allerwesentlichste herauszustellen, würde man – wen wundert's – bei den Änderungen landen, die für die Antwort auf die Frage nach dem »Beginn« des modernen Arbeitsrechts stehen: All das, was um die Jahrhundertwende am Ende des Kaiserreichs gedanklich vorgeprägt und mit der Novemberrevolution 1918 aus der Taufe gehoben wurde (Kap. 2). Die bis heute vorherrschende Zusammenfassung haben Alfred Hueck und Hans Carl Nipperdey schon im Jahr 1963 geliefert: »*Zur Beseitigung dieser Mißstände* [= aus der Industrialisierung des 19. Jahrhunderts, M. K.] *sind im wesentlichen zwei Wege beschritten worden: der des staatlichen Eingriffs im Wege der Gesetzgebung und der der Selbsthilfe der Beteiligten. Beides zusammen hat zur Ausbildung des modernen Arbeitsrechts geführt.*«[1] Wobei unter »Selbsthilfe« durchweg die Bildung von Gewerkschaften ab der zweiten Hälfte des 19. Jahrhunderts gemeint ist.

Alle diese Erklärungen hinsichtlich der Entstehung des »modernen« Arbeitsrechts leiden unter einem für ein rechts-historisches Projekt essenziellen Defizit: Sie erklären diesen Vorgang sozial-historisch, lassen aber das genuin *juristisch Neue* im Unklaren. Das ist aber genau der Punkt, auf den es ankommt, um das Recht zu dieser Zeit in Beziehung zu setzen zu wesentlich älteren Zuständen. Erst recht gilt das, wenn es um die Verlängerung dieser langen Linien in die Zukunft geht.

In dieser Hinsicht haben wir eine überraschend einfache, historiografisch allerdings gar nicht »moderne« Antwort: Für das »Neue« im modernen Arbeits-

1 *Hueck/Nipperdey*, S. 9.

recht steht ein Name, als Ideengeber, gar als »Erfinder«, ebenso wie als Erklärer: Hugo Sinzheimer.[2] Dem Wirken einflussreicher Persönlichkeiten ist eines der »Zeitfiguren«-Kapitel gewidmet und in ihm wird Sinzheimer naturgemäß gebührend gewürdigt. Er gehört aber schon hierher, ganz an den Anfang, da es um Grundlegendes geht. Dazu lasse ich zwei seiner herausragenden Schüler zu Wort kommen, beide nach ihrer Emigration 1933 zu wissenschaftlichem Weltruhm gelangt: Ernst Fraenkel, den Begründer der modernen Politikwissenschaft, und Otto Kahn-Freund, als »Sir Otto«, Repräsentant des modernen britischen Arbeitsrechts nach 1945.

Fraenkel stellte in einer Gedenkvorlesung der Universität Frankfurt am Main und der dortigen Akademie der Arbeit 1958 fest, dass von Sinzheimer *»durch die Entdeckung und Entwicklung eines autonomen* [Hervorhebung im Original] *kollektiven Arbeitsrechts der Eisblock gesprengt wurde, der bisher den arbeitenden Menschen von dem Recht getrennt hatte, das seine Arbeit zu regeln berufen war.* [...] *Die juristische Entdeckung des Tarifvertrages stellte eine der wichtigsten theoretischen Grundlagen des Einbaus der Arbeiterbewegung in den Staat dar.«*[3] Die darin liegende Überwindung der zweidimensionalen Welt des BGB-Vertrages, eine *»Großtat im Bereich des Rechts«*, ist heute *»Bestandteil eines gemeinsamen Sozialrechts der westlichen Welt.«*[4] Dafür fand Otto Kahn-Freund die nun ihrerseits kanonisch gewordenen Worte: *»für das Arbeitsrecht eine kopernikanische Umwälzung«*.[5] (Dass das keineswegs im Mittelpunkt der meisten Grundrisse und Lehrbücher des Arbeitsrechts in Deutschland stand und steht, ist ein Kapitel für sich. Nicht zuletzt mag es daran liegen, wie dessen Mainstream die Emigranten des Jahres 1933 und ihre Ideen »verdaut«, will sagen: verdrängt, hat.)

An diese Stelle gehört allerdings auch die historische Tatsache, dass das nicht die allgemeine Sicht war und ist. Dieser Einbruch in die Welt des liberalen BGB-Vertragsrechts wurde nicht von allen als Aufbruch in die arbeitsrechtliche Moderne begrüßt. Beinahe nahtlos nach der gesetzlichen Anerkennung des Tarifvertrags begann der Kampf gegen ihn und es dauerte gerade 25 Jahre bis eine Allianz aus Schwerindustriellen, Großgrundbesitzern und Rechtspolitikern die Republik nicht zuletzt wegen des Tarifvertrags zugrunde gerichtet hatte (Kap. 7).

---

2 Vgl. *Blanke*, Soziales Recht oder kollektive Autonomie? Hugo Sinzheimer im Kontext nach 1900, 2005; *Kubo*, Hugo Sinzheimer – Vater des deutschen Arbeitsrechts, 1996; *Kempen*, Hugo Sinzheimer, 2017.

3 *Fraenkel*, Hugo Sinzheimer, JZ 1958, 457, 460.

4 A. a. O., 458, 459.

5 *Kahn-Freund*, Hugo Sinzheimer (1875–1914), in Sinzheimer I, S. 10; vgl. auch *Fraenkel*, JZ 1958, 459. Der italienische Rechtshistoriker Paolo Grossi bezeichnet Sinzheimer als *»einzigartigen deutschen Juristen«*, dessen Konzeption *»für den bürgerlichen Rechtsindividualismus* [...] *Ketzerei«* war (*Grossi*, Das Recht in der Europäischen Geschichte, 2010, S. 196f.).

Das war die ultimativ-radikale Variante. Bei den Diskussionen um die Details des neuen Tarifrechts gab es eine starke Gruppe bürgerlicher Arbeitsrechtler, die das neue Recht akzeptierten und loyal anwandten,[6] doch seine kollektiven Elemente tunlichst in den Hintergrund treten lassen wollten.[7] Aber es gibt bis heute eine starke Strömung, für die nach wie vor das BGB das »A und O« auch des arbeitsrechtlichen Universums darstellt, in dem der Tarifvertrag im Grunde eine rechtfertigungsbedürftige Ausnahme ist. So ist der Tarifvertrag für Reinhard Richardi, ein herausragender Protagonist dieser Sicht, ein »*Instrument der Fremdbestimmung*«.[8] Clemens Höpfner formuliert es differenzierter, aber in der Konsequenz nicht viel anders: »*Der Tarifvertrag war nach dieser Konzeption daher Selbstbestimmung nur aus der Sicht der Tarifgebundenen, während es sich aus der Sicht der Normunterworfenen um einen Fall der Fremdbestimmung handelte*«[9] Mit anderen Worten: Der Arbeitnehmer wäre, wenn das für die Vergangenheit denn überhaupt zugestanden wird, von einer »Fremdbestimmung« in die nächste gefallen! Dieser auf den Kopf gestellte Antagonismus »Fremdbestimmung vs. Selbstbestimmung« ist gewissermaßen die unsichtbare Überschrift der seit dem Auftreten Sinzheimers in die Welt getretenen »Urfehde«: der Kampf um Legitimität und Reichweite des »Kollektiven«, den wir in unzähligen einzelnen »Gefechten« um rechtliche Einzelfragen bis heute erleben (z. B. hinsichtlich von Instrumenten zur Steigerung der Tarifbindung, Kap. 22, 40). Dieses ganze Buch zeugt davon.

Hugo Sinzheimer ist für uns nicht nur die als »Erfinder« zentrale historische Figur, sondern als Wissenschaftler in seiner Zeit auch der geborene Erklärer dessen, dem er selbst als Geburtshelfer gedient hatte. Das Schlüsseldokument dafür ist sein 1921 erschienener »Grundriß des Arbeitsrechts«, das erste in einer in diesem Jahrzehnt entstehenden Reihe von Lehrbüchern dieses neuen Rechts-

---

6 Ich verweise nur auf die später dargestellte Haltung Nipperdeys zum Günstigkeitsprinzip (Kap. 22).

7 Vgl. *Syrovatka*, Der leise Paradigmenwechsel im Tarifrecht Industrielle Beziehungen, 3/2023, S. 5ff.

8 *Richardi*, Arbeitsrecht als Teil freiheitlicher Ordnung, 2002, S. 29; stellvertretend für eine Vielzahl von Äußerungen in diese Richtung *Picker*, Die Regelung der »Arbeits- und Wirtschaftsbedingungen« – Vertragspraxis oder Kampfprinzip?, ZfA 1986, 1999; *ders.*, Vom individualautonomen Kollektivvertrag zum kollektivautonomen Tarifvertrag – Privatautonomie und Korporatismus im frühen deutschen Kollektivarbeitsrecht, ZfA 2007, 129; vgl. auch *Rückert*, »Frei« und »sozial«: Arbeitsvertrags-Konzeptionen um 1900 zwischen Liberalismus und Sozialismen, ZfA 1992, 225.

9 *Höpfner*, Die Legitimation der Tarifautonomie, in Höpfner/Lesch/Schneider/Vogel, Hrsg., Tarifautonomie und Tarifgeltung, 2021, S. 45, 97 (fortan zit. als »*Höpfner*, Legitimation«).

gebiets, in den Worten Fraenkels[10] »*das Buch, an dem wir alle das Arbeitsrecht gelernt haben*«.

Dieses Buch ist für uns Heutige vor allem deshalb so faszinierend, weil man diesem Pionier des neuen Rechts geradezu beim Denken zusehen kann, wie er sich – nach Vorarbeiten 1914[11] und 1919[12] – tastend um dessen noch im Ungefähren liegende Grundprinzipien bemüht: »*Wenn auf irgendeinem Rechtsgebiete, so ist hier die in unserer Zeit bisher nur schüchtern angedeutete synoptische Methode angebracht, das Recht eines einheitlichen Lebenstatbestandes als geschlossenen Ausdruck verschiedenfacher, auf einen Brennpunkt gerichteter Rechtselemente zu sehen und darzustellen.*«[13] Seine Schrift erschien zu einem Zeitpunkt, an dem das, was allgemein als Produkt der »sozialen Frage« am Ende des 19. Jahrhunderts angesehen wird, gerade eben – als direktes Resultat der Novemberrevolution – gesetzgeberisch »in trockene Tücher« gebracht worden war: Der Tarifvertrag hatte seine legislative Grundlage als »unmittelbar und zwingend« wirkendes Instrument mit der Tarifvertragsverordnung vom 23. Dezember 1918 erhalten und seit dem Betriebsrätegesetz vom 4. Februar 1920 konnten Betriebsräte mit einer umfassenden Aufgabenpalette, u. a. dem Abschluss von Betriebsvereinbarungen, operieren.[14]

Für eine erste Einordnung dieser neuen »Arbeitsverfassung« gibt es keinen interessanteren Gewährsmann als gerade Sinzheimer, der die zentralen rechtlichen Ingredienzien für den Tarifvertrag geliefert hatte. Er stand wie kein anderer für das Neue an dem sich zu diesem Zeitpunkt konstituierenden »Arbeitsrecht« und er enttäuscht uns nicht, denn seine Schrift enthält in wenigen Worten dessen Kernelemente. Das Allerzentralste ist sein Ausgangspunkt bei dem, was von Anfang an (und bis zur heutigen Definition des »Arbeitnehmers«, Kap. 35) die Grundlage jeden »Arbeitsrechts« ist: die »Abhängigkeit« des Arbeitnehmers vom Arbeitgeber. Sinzheimers Grundannahme war, dass die durch den Arbeitsvertrag vermittelte, auf dem Eigentum des Unternehmers beruhende Herrschaft über Sachen niemals zur unbegrenzten Herrschaft über Menschen führen dürfe. Die Aufgabe des Arbeitsrechts sah er immer als Beitrag zum Schutz der elementaren

---

10 A. a. O., 461.

11 *Sinzheimer*, Über den Grundgedanken und die Möglichkeit eines einheitlichen Arbeitsrechts für Deutschland, in Sinzheimer I, S. 35.

12 *Sinzheimer*, Die Neuordnung des Arbeitsrechts, in Sinzheimer I, S. 62.

13 *Sinzheimer*, Grundriss des Arbeitsrechts, 1921, S. VI. Als damals noch zentrales Problemfeld bei der Konturierung des neuen »Arbeitsrechts« beschäftigte Sinzheimer vor allem auch dessen Zuordnung zwischen öffentlichem und Privatrecht (a. a. O., V).

14 Das war beileibe noch nicht mit effektiven Mitbestimmungsrechten wie im Betriebsverfassungsrecht der Bundesrepublik verbunden und auch die rechtlichen Wirkungen einer Betriebsvereinbarung waren noch ungeklärt (vgl. *Däubler/Kittner*, Betriebsverfassung, S. 186 ff.). Aber es legte den Grundstein für eine breite betriebliche Praxis (siehe Kap. 23, 27).

Freiheit des Arbeitnehmers als Menschen. Dahinter stand immer auch das plakative Diktum von Karl Marx über die Eigenart der im Arbeitsvertrag zugesagten menschlichen Arbeitskraft, die »*keinen Behälter hat als menschliches Fleisch und Blut*«.[15]

Für die rechtstechnische Umsetzung des daraus folgenden Programms zum Schutze der Arbeitnehmerfreiheit schaut sich Sinzheimer die moderne Arbeitswelt seiner Zeit genau an und identifiziert den »*Beruf als soziale(n) Lebenskreis*«. Und daraus wiederum leitet er die Erkenntnis ab, dass es einen die Bipolarität eines BGB-Vertrages übersteigenden Gehalt von Arbeitsbeziehungen gibt – eine weitere »Entdeckung« säkularen Zuschnitts! Diese »Dritte Dimension« sieht er in zwei ganz unterschiedlichen Kategorien verwirklicht: die Konkurrenz auf dem Arbeitsmarkt und den Arbeitsvollzug im Betrieb:

»*Die Gestaltung der Lohn- und Arbeitsbedingungen hängt nicht nur von dem Einzelwillen des Arbeitgebers und Arbeitnehmers ab, sondern von der sozialen Lage aller Berufsangehörigen. Drängen Arbeitnehmer zu niedrigeren Löhnen, so werden bald die anderen Arbeitnehmer diesem Drängen folgen, wenn sie sich behaupten wollen. Arbeiten Betriebe mit niedrigeren Löhnen, so werden bald andere Betriebe, die höhere Löhne bezahlen, anfangen, sie abzubauen, wollen sie der Konkurrenz nicht unterliegen. In solchen Beziehungen ist das Berufsinteresse an der Arbeit begründet. Und dieses Gesetz des »sozialen Zusammenhangs wirkt bis in die Zellen des Wirtschaftslebens, die Betriebe hinein. Auch in ihnen sind die besonderen Arbeitsverhältnisse nicht durch individuelle Abmachungen, sondern durch die soziale Gesamtform des Betriebes bestimmt. Die vielen Angelegenheiten des Arbeitslebens, die Pausen, die Lage der Arbeitszeiten, die Überstunden, der Urlaub können nicht besonders für den Einzelnen, sondern müssen im ganzen für den Betrieb festgesetzt werden. Daraus ergibt sich: Die Beziehungen, welche dem Arbeitsrecht zugrunde liegen, sind Individualbeziehungen und Sozialbeziehungen* [Hervorhebung im Original]«.[16]

Diese Seite der Arbeitsbeziehungen wird nun operativ durch die neuen, gerade erst legislativ geschaffenen Instrumente gestaltet, die von den kollektiven Trägern jener Sozialbeziehungen geschaffen werden: »*Tarifsatzungen*« und »*Betriebsvereinbarungen*«, die Sinzheimer »*autonomes Recht*« nennt (dazu eingehend Kap. 22, 23). Jetzt schon sei angemerkt, dass hier der Grund für das heute so prägende Bild von der »Mehr-Ebenen-Ordnung« gelegt wurde (Kap. 16).[17]

---

15 *Marx/Engels*, Werke (MEW), Bd. 6, S. 399.

16 A. a. O., S. 8f.

17 Vgl. *Bender*, Duale Autonomie. Zur Rechtsgeschichte des Arbeitsmarktregimes, Rechtsgeschichte, Nr. 30, 2022, S. 148ff.

Das alles sah Sinzheimer als Element des viel größeren auf der zeitgenössischen Tagesordnung stehenden Programms der »*Befreiung der Arbeit*«, an der die Arbeitnehmer selbst teilhaben: »*In immer höherem Maße ist der Arbeitnehmer zur Mitwirkung bei der Gestaltung der Lebensverhältnisse berufen, die für sein Schicksal bestimmend sind. Koalitionen, Arbeitsgenossenschaften und paritätische Vertretungskörper setzen dem Individualwillen des Eigentums einen Sozialwillen der Arbeit entgegen, der ein Diktat des ersten ausschließt.*« Damit legte er die theoretische Grundlage dessen, was später als »Mitbestimmung« gesetzlich anerkannte werden sollte (Kap. 27).[18]

Mit diesem Text lieferte Sinzheimer das Scharnier zwischen »alter« und »neuer« Zeit. Dabei ist es gerade nicht so, dass er kanonischen Rang für alle besäße. Im Gegenteil: Hinsichtlich dessen, was aus damaliger Sicht noch zu tun sei, muss man ihn eher als Hinweis auf den sich von da an auftuenden »battleground« des weiteren Ringens um das Arbeitsrecht verstehen. Denn mit dem Hinweis auf die anstehende Politik einer »Befreiung der Arbeit« war natürlich schon damals klar, dass das nicht ohne schwere Konflikte abgehen würde. Schon damals galt wie heute die eingangs zitierte zeitlose Analyse des Nullsummenspiels zwischen Arbeitgebern und Arbeitnehmern durch Adam Smith. Und diese Grundpolarität wurde – bis auf seltene Ausnahmen z. B. in einer Pandemie – praktisch seit der »Stunde Null« der Weimarer Republik nahtlos durch ihre jeweiligen Verfechter in der politischen Arena durchexerziert (von Ausnahmen abgesehen, in denen ein gemeinsames arbeitstechnisches Interesse überwog).

Was aber als Frage empirischer Evidenz von niemandem mehr geleugnet werden konnte, war die Erkenntnis der Bedeutung des »Kollektivs« für die Gestaltung der Arbeitsbeziehungen, das neben (oder »über«) die individuellen Vertragsparteien tritt, als Objekt wie als Träger der dazu benötigten neuen normativen Ordnung. Das war und ist bis heute für alle schwer verdaulich, die die natürliche Heimat für die Kodifikation auch des Arbeitsrechts im BGB sehen (Kap. 4).

Sinzheimer selbst hat dieses fundamentale Anderssein des Arbeitsrechts in seiner Antrittsvorlesung im Exil in Amsterdam am 6. November 1933, gewissermaßen als Resümee seines bisherigen Lebenswerks[19] auf den Punkt gebracht: »*Der Arbeiter ist persönlich abhängig. Da ihm die eigenen Arbeitsmittel fehlen, ist er der Leitung dessen unterworfen, dem die Verfügung über diese Mittel zusteht. Daraus erklärt sich die Daseinsordnung, die das Arbeitsrecht enthält. Sie kann nicht dieselbe sein wie die des bürgerlichen Rechts. Das bürgerliche Recht setzt in seiner Daseinsform den Menschen als ein freies Wesen voraus. Die Daseinsordnung des*

18 Vgl. *Fraenkel*, Hugo Sinzheimer, JZ 1958, 458.

19 1932, noch in der Frankfurter Heimat, hatte er die »*Eigenart des bürgerlichen Rechts im Gegensatz zu(r) Eigenart des Arbeitsrechts*« dargestellt (vgl. *Sinzheimer*, Das Weltbild des bürgerlichen Rechts, in Sinzheimer II, S. 313).

Arbeitsrechts findet ihn als abhängigen Menschen vor. Wir sehen, wie diese Verschiedenheit in der rechtlichen Auffassung des Menschen auch zu einem völligen Wandel seiner Daseinsformen in den Arbeitsgesetzgebungen aller Kulturländer geführt hat«[20] – ein wichtiger Hinweis auch auf die Ubiquität der Entwicklungen, deren deutsche Variante hier behandelt wird.

Für das alles hatte Sinzheimer nur wenige Jahre vorher (1928), in einem programmatischen Artikel zum Start einer neuen, in Österreich erscheinenden Zeitschrift »Soziales Recht« eine plakative Zusammenfassung geliefert: »*Der neue Begriff des Menschen führt zu einem neuen Recht. Das neue Recht ist das soziale Recht* [Hervorhebung im Original]. *Das soziale Recht erfasst den Menschen nicht als Person, sondern als soziales Wesen.*«[21] Der aus diesem Begriff »soziales Recht« erwachsende Klärungs- und Abgrenzungsbedarf führt unmittelbar in die großen Zusammenhänge der Sozialgeschichte des »langen« 19. Jahrhunderts (Kap. 4). Bezogen auf den arbeitsrechtsgeschichtlichen Kontext im engeren Sinne liefern die von Sinzheimer formulierten Erkenntnisse indes noch etwas ganz anderes, für diese Untersuchung denkbar Nützliches: Kategorien zur angemessenen Bewertung der »alten Zeiten«, die sich auf den ersten Blick wie ein »aliud« gegenüber dem modernen Arbeitsrecht ausnehmen konnten. Das gilt für die von Sinzheimer apostrophierte Bedeutung des Arbeitsmarktes wie das Binnenleben eines Betriebs. In Kürze: Selbstverständlich waren alle derartigen Phänomene in einem Bergbaubetrieb mit mehreren hundert Arbeitern zu allen Zeiten relevant – auch wenn darüber und etwaige informelle Arrangements keine externe Publizität herrschte. Und dort, wo es an Komplexität durch Betriebsgröße mangelte, wie im städtischen Handwerk, lieferte die jeweilige Meisterzunft auf ihre zeitgenössische Weise »Kollektivität«. Das, was Sinzheimer als schädliche Folgen nach unten ungebremster Arbeitnehmerkonkurrenz beschreibt, hat aus damaliger Meistersicht von der anderen Seite her zu städtischen Kartellen für Höchstlöhne geführt. Und die Gesellen haben, nach einiger Zeit auch organisiert, gegenzuhalten versucht (beziehungsweise kann man die Dinge auch so sehen, dass die »Höchstlohn-Kartell-Politik« der Meisterzünfte der schlagende Beweis für die Arbeitsmarktmacht der Gesellen war). Mit solchen Instrumenten versehen, kann ganz unprätentiös über das »Arbeitsrecht von früher« gesprochen werden, in der klaren Erkenntnis, dass dies in gänzlich anderen Ordnungskategorien erfolgte als im modernen Staat seit 1900 (zu dem darin zum Ausdruck kommenden »Kontext-Problem« Kap. 6).

---

20 *Sinzheimer*, Das Problem des Menschen im Recht, in Sinzheimer II, S. 53, 59f.

21 *Sinzheimer*, Der Wandel im Weltbild des Juristen, in Sinzheimer II, S. 42, 43; zu dieser Zeitschrift *Kocher*, Die historische Zeitschrift »Soziales Recht«– 1928–1934, SR 2013, 53.

4. »Soziales Recht« – Produkt einer fundamentalen BGB-Kritik

Aufmerksamen Lesern und Leserinnen kann die irritierend-vielfältige Wortwahl nicht entgangen sein, derer sich die historischen Akteure wie auch ihre prominenten Interpreten bedienen: Sinzheimer selbst sah die Summe seiner das Arbeitsrecht betreffenden Reformvorschläge unter der Überschrift »soziales Recht«[1], Fraenkel spricht von dessen »*Bedeutung für die moderne Sozialrechtsordnung*« und davon, dass sein Tarifvertragskonzept »*Bestandteil eines gemeinen Sozialrechts der westlichen Welt*« sei.[2] Gleichzeitig gibt es mit den Sozialversicherungsgesetzen von 1883 bis 1889 ganz praktisches nationales »Sozialrecht« (Kap. 33). Das bedarf der Klärung, denn hier liegen nichts weniger als die Wurzeln von bis heute andauernden Deutungskontroversen.

Hugo Sinzheimer stand zwar prominent für das »Neue« am Arbeitsrecht. Er stand aber nicht allein. In seinem Denken kulminierte vielmehr eine Entwicklung, von der das »lange 19. Jahrhundert« geprägt war: die »soziale Frage«. Um ihre Lösung war nahezu die ganze geisteswissenschaftliche Elite dieser Zeit bemüht. Wenn es so etwas gab, wie ein Jahrhundertthema, dann war es das »Soziale«, die »Arbeiterfrage«.

Angefangen hatte das 19. Jahrhundert mit der Hinterlassenschaft des vorangegangenen: dem Verlust von tradierten Beschäftigungsverhältnissen aufgrund des Wandels von einer agrarisch geprägten Gesellschaftsordnung zur neuen kapitalistischen, sich sukzessive industrialisierenden und differenzierenden Produktionsweise. Diese Transformation führte während der Frühindustrialisierung zum »Pauperismus«[3] mit den Folgen von »Vormärz« und der Revolution von 1848 in ganz Europa.[4] Im Vordergrund stand dabei zunächst die Sorge um »Arbeit, Wohnung und Brot« statt um eine menschengerechte Gestaltung der Arbeit.[5] Für die sich in dieser Hinsicht quantitativ und qualitativ zuspitzende »Arbeiterfrage« folgte ab 1850 mit Hochindustrialisierung, Gründerkrise und

1 Vgl. *Sinzheimer*, a. a. O.; *Seifert*, Von der Person zum Menschen im Recht – zum Begriff des sozialen Rechts bei Hugo Sinzheimer, SR 2011, 62f.

2 *Fraenkel*, Hugo Sinzheimer, JZ 1958, 458, 459.

3 Vgl. *Köllmann*, Bevölkerung und Arbeitskräftepotential in Deutschland 1815–1865. Ein Beitrag zur Analyse der Problematik des »Pauperismus«, in ders., Bevölkerung in der industriellen Revolution, 1974.

4 Vgl. *Clark*, Frühling der Revolution. Europa 1848/49 und der Kampf für eine neue Welt, 2023.

5 Vgl. *Tennstedt*, Vom Proleten zum Industriearbeiter. Arbeiterbewegung und Sozialpolitik in Deutschland 1800 bis 1914, 1983, S. 188ff.; *Sachße/Tennstedt*, Geschichte der Armenfürsorge in Deutschland. Band 1: Vom Spätmittelalter bis zum 1. Weltkrieg, 2. Aufl. 1998, S. 21ff.

Imperialismus mehr als ein halbes Jahrhundert mit unzähligen sich teils völlig widersprechenden, teils überschneidenden teils sich ergänzenden Lösungsversuchen, sprich: Regulierungs-Konzepten. Sie können hier nicht einmal andeutungsweise dargestellt werden. An dieser Stelle sollen lediglich nochmals an die drei Hauptstränge erinnert werden, die in der Geburtsurkunde des Neuen, dem Stinnes-Legien-Abkommen von 1918 mündeten:

- die Staatsintervention mittels Arbeitsschutzgesetzgebung und Sozialversicherung,[6]
- die lange Geschichte betrieblicher Sozialeinrichtungen und Interessenvertretungen sowie
- die von den, sich seit Mitte des 19. Jahrhunderts entwickelnden Gewerkschaften bewirkten Tarifverträge.

Für all das hatte es lange kein gemeinsames politisches Konzept gegeben. Vielmehr hatten die geborenen Träger des Neuen, die Gewerkschaften, noch bis gegen Ende des Kaiserreichs nicht auf Verbesserungen im System gesetzt, sondern dessen Abschaffung im Zuge des »*großen Kladderadatschs*«[7] propagiert (sie bekannten sich erst 1900 offiziell zum Tarifvertrag und 1911 zu Arbeiterausschüssen).[8] Die Arbeitgeber wiederum, jedenfalls die bedeutendsten und einflussreichsten, propagierten bis zum Kriegsbeginn eine entschiedene »Herr-im-Hause«-Politik und lehnten jedes Entgegenkommen gegenüber den Gewerkschaften kategorisch ab. In dieser Hinsicht gibt es wohl kein eindeutigeres Dokument als den letzten Geschäftsbericht des Hauptgeschäftsführers des »Centralverbands deutscher Industrieller«, Axel-Henry Bueck, vor dem Weltkrieg im Jahre 1911: »*Gewöhnen Sie sich an den Gedanken, dass Ihnen ein furchtbarer Kampf aufgezwungen wird, ... und daß das Ergebnis dieses Kampfes die Niederwerfung und Zertrümmerung der sozialdemokratischen und der ihnen ähnlichen Gewerkschaften sein muß.*«[9] Parallel führten in der politischen Arena zunehmende Wahlerfolge der Sozialdemokraten nicht etwa dazu, dass die Entscheidungsträger um den Kaiser auf diese zugegangen wären. Vielmehr gab es, neben diversen Unterdrückungsmaßnahmen, ein unverhohlenes Liebäugeln mit einem Staatsstreich.[10] Das war kein Umfeld für »sozial«-orientierte Reformen, weshalb auch bis zum Krieg alle

---

6 In diesen Kontext *Bismarck*'scher Sozialpolitik für die »kleinen Leute« gehörten auch das »Gesetz, betreffend den Wucher« vom 31.5.1881 (RGBl. 109) und das »Abzahlungsgesetz« vom 16.5.1894 (RGBl. 450; vgl. *Tenfelde*, in Borsdorf, Hrsg., Geschichte der deutschen Gewerkschaften von den Anfängen bis 1945, 1990, S. 154ff.).

7 Vgl. *Richter*, Sozialdemokratische Zukunftsbilder – frei nach Bebel, 1891.

8 *Kittner/Däubler*, Betriebsverfassung, S. 56, 123.

9 BDI, Hrsg., Der Weg zum industriellen Spitzenverband, 1956, S. 40.

10 Vgl. *Zechlin*, Staatstreichpläne Bismarcks und Wilhelm II., 1929.

in seine solche Richtung zielenden Initiativen im Reichstag versandeten (z. B. zu Vereinsrecht oder Arbeitskammern).[11]

Eine große rechtspolitische Reform gab es aber doch: die Schaffung des »Bürgerlichen Gesetzbuchs«, wofür die Planungen seit Ende der 1870erJahre begonnen hatten. Und sie brachte nolens-volens das »Soziale« auf die gesetzgeberische Agenda, weil es zu klären galt, ob in die anstehende Kodifizierung des Vertragsrechts auch das für die »einfachen« Arbeitnehmer einbezogen werden sollte. Dazu gab es bis zur Veröffentlichung des Gesetzes im Reichsgesetzblatt am 24. August 1896 eine außerordentlich umfassende und intensive politische sowie wissenschaftliche Diskussion, die hier auch nicht ansatzweise nachgezeichnet werden kann.[12] In unserem Zusammenhang sind vor allem die Erwägungen interessant, warum das Arbeitsrecht als solches nicht in das BGB aufgenommen wurde, vielmehr nur einige rudimentäre Regelungen mit sozialem Gehalt beschlossen wurden und was die Kernpunkte der daran geübten Kritik waren. Das wird direkt zu der bis heute wirkungsmächtigen Kategorie des »sozialen Rechts« führen.

Zuallererst gilt es festzuhalten, dass die Entscheidung, das »Arbeitsrecht« (zunächst) außen vor zu lassen, weniger politisch-ideologische, sondern vor allem gesetzgeberisch-praktische Gründe hatte: Zum einen war noch umstritten, ob jedenfalls Teile des bis dahin »Arbeiterrecht« genannten Arbeitsschutzrechts, so wie das neue Sozialversicherungsrecht, nicht zum öffentlichen Recht gehörten. Und zum anderen hielt man es nicht für machbar, in einem überschaubaren Zeitraum auch die in vielen Spezialgesetzen vor allem für Arbeiter, Handlungsgehilfen und Gesinde enthaltenen arbeitsrechtlichen Regelungen zu vereinheitlichen. Demgemäß verabschiedete der Reichstag das BGB ohne substanzielle Berücksichtigung von arbeitnehmerbezogenen Inhalten (s. u.), sprach aber zugleich in einer Entschließung die Erwartung aus, dass Verträge, *»durchwelche Jemand sich verpflichtet, einen Teil seiner geistigen und körperlichen Arbeitskraft für die häusliche Gemeinschaft, ein wirthschaftliches oder gewerbliches Unternehmen eines Anderen gegen einen vereinbarten Lohn zu verwenden,* [...] *für das Deutsche Reich*

11 Zu erinnern sei daran, dass unter der Geltung der Reichsverfassung die numerisch vorhandene Mehrheit von Sozialdemokraten, Zentrum und Fortschritt/Freisinn (1912 zusammen über 60 %) eben keine »Gestaltungsmehrheit« war (auf Reichstagsinitiativen konnten keine Gesetze zustande kommen, sondern es mussten solche von Kaiser oder Reichsregierung abgewartet werden). Andererseits gab es eine stabile »Abwehrmehrheit« des Reichstags (z. B. hatte die »Zuchthausvorlage« der Regierung, eine drastische Attacke gegen das Streikrecht, im Jahre 1899 keine Chance, vgl. *Kittner*, Arbeitskampf, S. 291).

12 Vgl. eingehend *Rückert*, BGB, Vor § 611 und zu § 611.

baldthunlichst einheitlich geregelt werden«[13] (wozu es nach Ablehnung durch den Bundesrat 1900/01 bis heute nicht gekommen ist, Kap. 38).

Das änderte aber nichts daran, dass die Nicht-Einbeziehung des Arbeitsrechts und die mangelhafte Berücksichtigung von Arbeitnehmerbelangen sich heftiger Kritik ausgesetzt sah – im Reichstag vor allem von Abgeordneten der SPD und außerhalb vor allem von zwei prominenten Wissenschaftlern, Otto von Gierke sowie Anton Menger. Von ihnen sollten die direkten Linien zu Hugo Sinzheimer und dem Arbeitsrecht der Zukunft führen.

Wenn wir von »Abgeordneten der SPD« sprechen, so waren das gerade einmal zwei »Fachpolitiker«, Karl Frohme und Albert Stadthagen, davon nur letzterer ein Jurist, von dem wohl auch die juristische Substanz der SPD-Positionen kam.[14] Und beide standen von vorne herein auf verlorenem Posten. Denn Sozialdemokraten waren von den Vorarbeiten in der ersten, 1874 eingesetzten und bis 1888 arbeitenden Expertenkommission, in der alle wesentlichen Entscheidungen für das spätere Gesetz fielen, schon wegen der Geltung des Sozialistengesetzes ausgeschlossen. Auch in der sog. 2. Kommission von 1891–1895 waren weder die Interessen des Mittelstands noch der Arbeiter vertreten.[15] So konnten Frohme und Stadthagen ihre Vorstellungen[16] erst 1896, als für die Mehrheit schon alles gelaufen galt, in einer Kommission des Reichstags und anschließend als Än-

13 Reichstagsbeschluss vom 11. 12. 1896, Stenographische Berichte über die Verhandlungen des Deutschen Reichstags, 9. Legislaturperiode, IV Session 1895/96, Bd. CXLVII, 3846 (zit. bei *Rückert*, BGB, § 611 Rn. 49). Die SPD stimmte als einzige Partei geschlossen gegen das ganze Gesetz.

14 *Frohme* war gelernter Maschinenbauer und Redakteur sozialdemokratischer Zeitschriften, *Stadthagen* war Rechtsanwalt in Berlin und bis 1897 der einzige Jurist in der SPD-Reichstagsfraktion. Von ihm erschien 1895 und später insgesamt in vier Auflagen »Das Arbeiterrecht. Rechte und Pflichten des Arbeiters in Deutschland aus dem gewerblichen Arbeitsvertrag und aus den Unfall-, Kranken- und Invalidenversicherungs-Gesetzen« – eine »Bibel der Sozialpolitik« (vgl. *Czitrich-Stahl*, Artur Stadthaben – Anwalt der Armen und Rechtslehrer der Arbeiterbewegung, 2011; *Kocher*, Das BGB von 1896/1900: Regelungen gegen Bauschwindler?, AuR 2015, G 1, 3).

15 Das hat *Philip Lotmar* sogleich als schweres Handicap für die Akzeptanz des künftigen Gesetzes kritisiert (Der Dienstvertrag des zweiten Entwurfs eines bürgerlichen Gesetzbuches für das Deutsche Reich, 1895, S. 73, wieder abgedruckt in *Rückert*, Hrsg., Philip Lotmar, Schriften zu Arbeitsrecht, Zivilrecht und Rechtsphilosophie, 1992, S. 171; vgl. auch *Schröder/Thiessen*, Rechtsgeschichte, 12. Aufl. 2021, Rn. 597 ff.).

16 *Frohme* und *Stadthagen* konnten in der Auseinandersetzung um das BGB naturgemäß nur situativ in Form von Änderungsanträgen zu den Mehrheitsvorschlägen im Reichstag operieren. Sie agierten aber nicht im luftleeren Raum, sondern bewegten sich im Rahmen des programmatischen Hintergrunds des »Erfurter Programms« von 1890. Dort forderte die SPD »*zum Schutze der Arbeiterklasse* [...] *eine wirksame nationale und internationale Arbeiterschutzgesetzgebung*«, vor allem mit Arbeitszeitbegrenzungen, einem Verbot des Trucksystems und einer Sicherstellung des Koalitionsrechts.

derungsanträge noch in der 2. und 3. Lesung im Plenum einbringen.[17] Sie sind für uns heute vor allem deshalb interessant, weil sie zeigen, was zum damaligen Zeitpunkt konzeptionell über das Mehrheits-BGB-Modell hinaus möglich war, und weil sie die Tiefe der später durch Sinzheimer auf den Weg gebrachten »kopernikanischen Zeitenwende« sinnfällig werden lassen.

Die SPD-Anträge zielten im Einzelnen – unter grundsätzlicher Betonung dass das ganze Gesetz »unsozial« sei – insbesondere auf folgendes:[18]

- Definition des Arbeitsvertrages,
- Einbeziehung von Gesinde und Heimarbeit,
- Ungültigkeit von Arbeitsleistungsabreden entgegen Verbotsgesetzen, öffentlicher Ordnung oder guten Sitten,
- Anspruch gegen praktische Profiteure von Arbeitsleistungen, ohne direkten Vertrag,
- Begrenzung von Lohnabzügen, Begrenzung der Erwerbsanrechnung bei § 615 Satz 2,
- spezielle Beendigungsregelung für Akkordverträge,
- paritätisch gleiche Kündigungsfristen,
- Maximalbindung von einem statt fünf Jahren für Arbeitnehmer,
- spezielle außerordentliche Kündigungsgründe sowie
- die Verhütung von Missbrauch von Werkverträgen durch »Bauschwindler«.[19]

Das waren allesamt unspektakuläre sozialpolitische Verbesserungen, ohne jede systemsprengende Tendenz, also klassische »reformistische« Alltagsarbeit der Sozialdemokraten im Reichstag. Damit erging es ihnen wie immer in dieser Zeit: Die allermeisten dieser Anträge wurden abgelehnt, überwiegend mit dem formalen Argument, dass diese Materie in die Spezialgesetzgebung zum Arbeiterschutz gehöre. Nur in wenigen Punkten bemühte sich die Mehrheit um den berühmten »*Tropfen sozialistischen Öls*« (in den Worten Otto von Gierke's, dazu sogleich). Hier ist vor allem § 618 zu nennen, mit dem die allgemeine Schutzverpflichtung für Arbeiter des § 120a GewO in das BGB übernommen wurde.[20]

Wenn hier nüchtern Bilanz gezogen wird, könnte man zu einem denkbar unspektakulären Befund kommen: Angesichts der gesamten Zeitumstände konnte niemand erwarten, dass ausgerechnet die Kodifikation des »bürgerlichen« Rechts dazu genutzt werden würde, um die Lage der Arbeiter substanziell zu

17 Frohme und Stadthagen berichteten über ihre Aktivitäten zum BGB regelmäßig im »Vorwärts« (publiziert in *Vornbaum*, Die Sozialdemokratie und die Entstehung des Bürgerlichen Gesetzbuches, 2. Aufl. 1997; vgl. auch *Wolters*, Die Zentrumspartei und die Entstehung des BGB, 2001).

18 Vgl. *Rückert*, BGB, § 611 Rn. 44, 75, 80.

19 Vgl. *Kocher*, Das BGB von 1896/1900: Regelungen gegen Bauschwindler?, AuR 2015, G 1.

20 Vgl. *Rückert*, BGB, § 611 Rn. 40.

verbessern. Verschlechtert wurde sie aber auch nicht. Im Gegenteil: Es gab einige, nicht nur kosmetische Verbesserungen. Nicht so viele, wie es sich die SPD gewünscht hätte – aber immerhin! Es wurden keine systempolitisch neuen Gräben aufgerissen oder alte vertieft und weitergehende Verbesserungen wurden vertagt. Aber nochmals: In der Zeit der Verhandlungen über das BGB gab es noch kein Tarifvertragskonzept à la Sinzheimer, Tarifverträge und Arbeiterausschüsse wurden überwiegend noch als »Harmonieduselei« und Ablenkung vom Klassenkampf abgelehnt. Was hätte es in dieser Hinsicht zum BGB mehr zu fordern gegeben, als in den SPD-Anträgen im Reichstag niedergelegt?
Ungeachtet dessen, lieferten aber genau diese parlamentarischen Verhandlungen den Anlass zu Brücken für die »Zeit danach«. Die Anstöße kamen freilich von außerhalb der parlamentarischen Arena. Von dort wurde eine Kritik formuliert, für deren fundamentale Wucht die parlamentarische Schlachtordnung eigentlich keinen Anlass geboten hatte, mit ideen-politischer Wirkung ganz außer Verhältnis zu ihrer praktischen Erfolglosigkeit. Sie kam von Wissenschaftlern mit denkbar weit voneinander entfernten Weltanschauungen: Anton Menger mit einem sozialistischen Ansatz und Otto von Gierke aus der Sicht einer gemeinschaftsfixierten »Germanen-Idylle«.
Anton Menger,[21] ein »katheder-sozialistischer«[22] Wiener Wissenschaftler, hatte mit zwei Büchern zur Arbeiterfrage Furore gemacht: 1886 »Das Recht auf den vollen Arbeitsertrag in geschichtlicher Darstellung« und 1890 »Das Bürgerliche Gesetzbuch und die besitzlosen Volksklassen« (bis 1908 in 5. Auflage); allein schon der Titel des zweiten geriet zu einem zeitlosen Slogan für BGB-Kritik. Eine seiner Hauptforderungen war, entsprechend dem ersten Buchtitel, *»dass jedem Arbeiter sein voller Arbeitsertrag, jedes Bedürfnis nach Maßgabe der vorhandenen Mittel volle Befriedigung zuteil wird.«*[23] Außerdem forderte er ein »Recht auf Arbeit«.[24] Das Vertragsrecht im BGB dürfe nicht von der *»völlig verschieden sozialen Lage«*[25] absehen, denn: *»Man weiss eben heute, dass es keine größere Ungleichheit*

---

21 Vgl. *Kästner*, Anton Menger (1841–1906), Leben und Werk, 1974.

22 So bezeichnete man bürgerliche, sozial orientierter Wissenschaftler (neben Menger z. B. Ludwig Schmoller und Lujo Brentano), die von ihren liberal gesinnten Konkurrenten dieses abfällig gemeinte Etikett verpasst erhalten hatten. Den Begriff hatte der Ökonom Heinrich Bernhard Oppenheim erfunden (vgl. *Oppenheim*, Kathedersozialismus, 1872). Das erfolgte unter dem Beifall von »links«, wo man ihnen nicht zu viel, sondern zu wenig »soziales« Engagement vorhielt, gesteigert durch die Verbitterung über ihren Versuch eines Mittelwegs zwischen (preußischem) »Liberalismus« und »Klassenkampf«. Im Hintergrund wirken dabei die auf diesem Felde wirkenden bürgerlichen Sozialreformorganisationen »Verein für Socialpolitik« und »Verein für Sozialreform«.

23 Das Recht auf den vollen Arbeitsertrag, S. 1 f.

24 A. a. O., S. 14 f.

25 Das Bürgerliche Gesetzbuch und die besitzlosen Volksklassen, 5. Aufl. 1908, S. 19.

gibt, als das Ungleiche gleich zu behandeln.«[26] Seine größte Langzeitwirkung erzielte Menger jedoch mit seiner Kritik am späteren § 850 BGB, der das Eigentum an Arbeitsergebnissen dem Unternehmer und nicht dem unmittelbar produzierenden Arbeiter zusprach. Sie hat sicher viele Illusionen auf der »Linken« dahingehend befördert, dass Verstaatlichung/Vergesellschaftung der Produktionsmittel gewissermaßen von selbst das Problem des Arbeitnehmerschutzes erledigen würde.[27] Dieser Argumentationsstrang liegt ersichtlich auch der späteren Sinzheimer-Kritik an dem Automatismus »Eigentum führt zu Macht über Arbeitnehmer« (mit) zugrunde (Kap. 3). Menger fällte jedenfalls im Jahre 1900 folgendes Urteil über das BGB: »*Schwerlich hätte ich in alter und neuer Zeit ein Gesetzbuch finden können, welches die besitzenden Klassen so einseitig begünstigt und diese Begünstigung so unumwunden zu erkennen gibt, wie den deutschen Entwurf.«*[28]
Die zweite kritische Stimme kam von Otto von Gierke, einem der angesehensten Rechtswissenschaftler seiner Zeit.[29] Sie blieb zwar gänzlich erfolglos, von ihr gingen aber weichenstellende historische Wirkungen aus. Gierkes Ausgangspunkt war ein gänzlich anderer als der Mengers, nämlich der schon zeitgenössisch völlig anachronistische Wunsch zur Wiederherstellung einer »germanischen Volksgemeinschaft«, mit »Anführern und Gefolgsleuten«, verbunden in »wechselseitiger Treue«. Dieser idealisierten Vergangenheit stellte Gierke in einem berühmt gewordenen Vortrag am 5. April 1889 in Wien über »Die soziale Aufgabe des Privatrechts« das Modell einer unregulierten kapitalistischen Marktwirtschaft gegenüber: »*Schrankenlose Vertragsfreiheit zerstört sich selbst. Eine furchtbare Waffe in der Hand des Starken, ein stumpfes Schwert in der Hand des Schwachen, wird sie zum Mittel der Unterdrückung des Einen durch den Anderen, der schonungslosen Ausbeutung geistiger und wirtschaftlicher Übermacht*«.[30] Daraus leitet er folgende Erwartung an das zu kodifizierende BGB ab: »*Wir brauchen auch ein Privatrecht, in welchem trotz aller Heilighaltung der unantastbaren Sphäre des Individuums der Gedanke der Gemeinschaft lebt und webt. Schroff ausgedrückt: in unserem öffentlichen Recht muss ein Hauch des naturrechtlichen Freiheitstraumes*

26 A. a. O., S. 30.

27 *Sinzheimer* hat dies bereits ganz früh als Irrweg bezeichnet: »*Andererseits wird, arbeitsrechtlich gesehen, das Problem auch nicht gelöst durch eine Ersetzung des Privateigentums an den Produktionsmitteln durch reines Staatseigentum*« (Grundriss, S. 57).

28 Vorrede zur 1. Auflage, 1900, S. III.

29 Vgl. *Rückert*, 100 Jahre Gierke, 1841–1921 – Abschiede von der Welt der Schlafwandler, Rechtswissenschaft, Heft 3, 2021, S. 291.

30 *Gierke*, Die soziale Aufgabe des Privatrechts, 1889, S. 23 (wiederabgedruckt in Wolf, Hrsg., Quellenbuch zur Geschichte der deutschen Rechtswissenschaft, 1949, S. 478 ff.; aus dem gleichen Jahr *Gierke*, Der Entwurf eines Bürgerlichen Gesetzbuchs und das Deutsche Recht, 1889; vgl. *Oexle*, Otto von Gierkes »Rechtsgeschichte der deutschen Genossenschaft«, in Hammerstein, Hrsg., Deutsche Geschichtswissenschaft um 1900, 1988, S. 283).

wehen und unser Privatrecht muss ein Tropfen sozialistischen Öls durchsickern.«[31] Und: »*Unser Privatrecht wird soziales sein, oder es wird nicht sein.*«[32]
Diese kanonisch gewordenen Sätze saßen und trafen – mit Langzeitwirkungen. Auch wenn Verteidiger des BGB-Systems nicht müde wurden und werden, den – übrigens auch rechtsgeschichtlich – unhaltbaren Bezugspunkt des Gierke-Verdikts zu reklamieren und dessen Missbrauch durch die Nationalsozialisten in Stellung zu bringen,[33] war seine Grundanalyse schlagend evident. Franz Wieacker, führender konservativer Rechtshistoriker, brachte das in seiner »Privatrechtsgeschichte der Neuzeit« dazu im Kontext einer positiven Würdigung Mengers auf eine nahezu mathematisch-logische Formel: »*Bei ungleichen Startbedingungen bringt die privatrechtliche Gestaltungsfreiheit als blosse Gestaltungschance auf die Dauer die Individuen mit der geringeren Chance in wirtschaftliche Unfreiheit.*«[34] Und auch der Topos des »sozialen Rechts« war nicht mehr aus der Welt zu schaffen. Es sollte mit der Jahrhundertwende Fahrt aufnehmen, als Teil einer säkularen Bewegung zur »Materialisierung« des Privatrechts (s. u.).[35] Für den Arbeitsvertrag gilt seither als ausgemacht, dass der »freie Arbeitsvertrag« als Mittel zur »*richtigen Gestaltung des Sozialablaufs*«[36] Korrektive der unterschiedlichsten Art bedarf.[37]
In dieser Hinsicht gab es nicht nur eine ideengeschichtliche Koinzidenz, sondern eine handfeste Linie, ausgehend direkt von Gierke. Sie ergab sich vor allem aus dessen Vorstellung, dass das Recht sich aus dezentralen gesellschaftlichen Konfigurationen entwickele. Sinzheimer bekannte sich 1922, also in direktem Konnex mit seinem »Grundriss des Arbeitsrechts«, in einem Aufsatz über »*Otto von Gierkes Bedeutung für das Arbeitsrecht*«[38] ausdrücklich zu dieser Genealogie. Gierke habe erkannt, wovon er auch im »Grundriss« ausging (Kap. 3), dass das Arbeitsverhältnis sich nicht in einem *personenrechtlichen Verhältnis individueller*

---

31 A. a. O., S. 10.

32 A. a. O., S. 34.

33 Prononciert *Rückert*, der von einem »Zerrbild« vom BGB bezüglich seiner sozialen Schieflage spricht (§ 611 Rn. 83; vgl. auch *ders.*, 100 Jahre Gierke, a. a. O., S. 298 ff.).

34 *Wieacker*, Privatrechtsgeschichte der Neuzeit, 2. Aufl. 1967, S. 457.

35 *Wieacker* konstatiert eine säkulare Bewegung hin zu einer »*ethischen Aufladung des Privatrechts*« und im Vertragsrecht eine »*Rückkehr zum materiellen Äquivalenzprinzip*« (a. a. O., S. 540 f.).

36 *Schmidt-Rimpler*, Zum Problem der Geschäftsgrundlage, in FS Nipperdey 1955, S. 1, 8 f.

37 Vgl. *Kittner*, Der freie Arbeitsvertrag. Grenzen und Gefährdungen seiner Leistungsfähigkeit, in FS Kissel, 1994, S. 497.

38 Arbeitsrecht 1922, 1 ff.; wiederabgedruckt in *Sinzheimer*, Schriften I, S. 402; vgl. auch *Jobs*, Otto von Gierke und das moderne Arbeitsrecht, Diss. Frankfurt a. M. 1968. *Oexle* sieht u. a. »die Ideen der Betriebsverfassung im modernen Arbeitsrecht« abgeleitet (Otto von Gierkes »Rechtsgeschichte der deutschen Genossenschaft«, in Hammerstein, Hrsg., Deutsche Geschichtswissenschaft um 1900, 1988, S. 201).

Art« erschöpfe, sondern es mit Eintritt in den Betrieb zu einer »eigentümlichen Gemeinschaft« komme, die *»rechtlich durch den Arbeitsvertrag nicht erschöpft wird.«* Darin liege die *»Wurzel zur Erkenntnis eines auch für das heutige Arbeitsrecht maßgebenden Entwicklungsprinzips.«* Und dann das Bekenntnis: *»Das Wesen des Tarifvertrags hat sich uns erst erschlossen, als wir ihn als Rechtsquelle erkannten. Diese Erkenntnis gewannen wir hauptsächlich aus Gierkes autonomen Bildungsformen des Rechts, die seiner ›Geschichte der deutschen Genossenschaft‹ zugrunde liegt. Dort sahen wir das stufenweise Wachsen des Rechts, unabhängig vom Staate, in Genossenschaften aller Art, zwischen freien Verbänden und Herrschaftsverbänden vollzogen und deren Urkunden in Hofrechten, Zunftsatzungen, Landfriedensbünden usw. niedergelegt sind«* (eine auf ganz andere Zeiten zielende, aber strukturell gleiche Beschreibung unserer aktuellen »Viel-Ebenen-Ordnung« der Arbeitsbeziehungen, Kap. 16). Und Sinzheimer schließt: *»Ein neues Arbeitsrecht wird sozial oder es wird nicht sein«* – eine Paraphrase als Hommage! Deshalb hält es Ernst Fraenkel *»schwerlich (für) eine Übertreibung, Hugo Sinzheimer als den Testamentsvollstrecker der sozialrechtlichen Gedankenwelt Otto von Gierkes zu bezeichnen«.*[39] Es verwundert nicht, dass Gierke selbst Sinzheimers 1916 erschienenes Werk »Ein Arbeitstarifgesetz – Die Idee der sozialen Selbstbestimmung im Recht« sehr positiv besprochen und dessen Bedeutung für die moderne Sozialrechtsordnung als erster klar herausgestellt hat.[40]

Sinzheimer selbst hat sich danach nicht weiter um eine Konzeptualisierung dieses »sozialen Rechts« bemüht.[41] Lediglich 1928, bei Gelegenheit der Gründung einer Österreichischen Zeitschrift gleichen Namens,[42] raffte er sich zu einigen, allerdings recht wolkigen Bemerkungen zum daraus folgenden Prinzip »Der Mensch als Mittelpunkt« auf. Da muss ihn bereits die erste Ernüchterung über das Schicksal dieses neuen Rechts nach dem Neuanfang 1918/19 befallen haben. In dieser Hinsicht lieferten die kurzen zwölf (!) Jahre der Weimarer Republik ein Wechselbad der Gefühle: Nach dessen legislativer Realisierung in Tarifvertrags-Verordnung, Weimarer Reichsverfassung und Betriebsrätegesetz waren die offen gebliebenen Fragen ungelöst, vor allem die wirtschaftslenkenden Räte

39 JZ 1958, 459.

40 Vgl. *Gierke*, Die Zukunft des Tarifvertragsrechts, Archiv der Sozialwissenschaft und Sozialpolitik, Bd. 42, 1917, S. 315.

41 1936, bereits im Exil, verfasste er einen diesbezüglich appetit-machenden Artikel »Eine Theorie des sozialen Rechts« (Schriften II, S. 164). Allein es handelte sich »nur« um die Rezension eines Buches von Georges Gurvitch, L'Idée du Droit social von 1931. Sinzheimer kritisiert daran im Kern die Fixierung Gurvitch's auf autonome gesellschaftliche Bewegungen und die Vernachlässigung der staatlichen Komponente des »droit social« (vgl. dazu auch *Eichenhofer*, Soziales Recht – Bemerkungen zur Begriffsgeschichte, SR 2012, 76). Eigene Konzeptionen oder gar eine geschlossene Theorie dazu entwickelt er bei dieser Gelegenheit nicht (vgl. *Seifert*, SR 2011, 62, 65).

42 Vgl. *Kocher*, Die historische »Zeitschrift für soziales Recht«, SR 2013, 53.

betreffend. Das Tarifvertragssystem hatte in Zeiten von Hyperinflation und Massenarbeitslosigkeit keine Chance; es musste bald mehr schlecht als recht mit der Zwangsschlichtung gestützt werden (Kap. 26). Und schließlich das Ende 1933, was für Sinzheimer die Flucht vor den Nationalsozialisten ins holländische Exil zur Konsequenz hatte.[43]

Sein Part war zwar mit der Konstituierung der Weimarer Arbeitsverfassung abgeschlossen, aber danach begann eine breite Bewegung zur »Materialisierung des Rechts«,[44] in Deutschland prominent vertreten etwa durch Gustav Radbruch.[45] Das bedeutete eine »*Entwicklung vom bürgerlich-liberalen zum sozialen Rechtsstaat*«[46] und mündete im aktuellen Verfassungsverständnis von sozialstaatlichen Schutzpflichten angesichts einer zwischen Arbeitgeber und Arbeitnehmer typischerweise »gestörten Vertragsparität« (Kap. 17).

Schließlich muss aber nochmals die Entstehungszeit des BGB aufgerufen werden. Denn das Gierke/Sinzheimersche Sozialrechts-Konzept war schon zeitgenössisch nicht ohne Widerspruch geblieben. Er kam von bemerkenswerter Stelle: Philip Lotmar, Sozialdemokrat wie Sinzheimer, war noch vor diesem als Pionier einer wissenschaftlichen Erschließung des Arbeitsrechts als Rechtssystem tätig, ist aber in das geschichtliche Gedächtnis vor allem auch als ein berühmten »Verlierer« eingegangen, in seinem Falle gegenüber Sinzheimer hinsichtlich der gesetzlichen Konzeption des Tarifvertrages. Er hielt nichts von dessen bzw. Gierkes Idee eines »sozialen Rechts«: »*Das Privatrecht hat zur Verwirklichung der aufgestellten Postulate alles zu tun, was es vermag, unrichtig ist es, deshalb von ›sozialem Privatrecht‹ zu sprechen, alles Recht ist ›soziales Recht‹*«.[47] Damit wird er zum Ahnherrn einer Position, die sich bis heute nicht mit der inzwischen zum Verfassungsstandard gewordenen Konzept des Arbeitsrechts als Reaktion auf (modern gesprochen) eine »gestörte Vertragsparität« anfreunden kann. Aus dieser Sicht müssten sich »*frei und sozial vertragen*«.[48] Auch für diese nach wie vor virulente Position reichen die Wurzeln bis an diese Jahrhundertwende. In der Auseinandersetzung um das heute geltende Recht ist sie allgegenwärtig mit der These, arbeitsrechtliche Eingriffe in die Unternehmerfreiheit hätten sich per se als Ausnahme von der Regel einer unregulierten Privatautonomie zu rechtfertigen.

---

43 Vgl. *Kempen*, Hugo Sinzheimer, 2017.

44 Vgl. *Wieacker*, Geschichte des Privatrechts, 2. Aufl. 1967.

45 Der Mensch im Recht, 3. Aufl. 1957 (dazu *Eichenhofer*, SR 2012, 80ff.).

46 *Wieacker*, Geschichte des Privatrechts, S. 539.

47 Zeitschrift für schweizerisches Recht 1902, 697, wiederabgedruckt in *Lotmar*, Schriften, S. XV.

48 *Rückert*, in Lotmar, Schriften, S. XVI.

5. »Solidarität«

Beginnen wir mit einem Paradox:
Kein anderer Begriff steht so sehr für die Rolle der Industriearbeiterschaft im 19. Jahrhundert, deren Aufstieg ja nach allgemeiner Ansicht den Startschuss für unser modernes Arbeitsrecht gegeben hat, wie der der »Solidarität«. Franz Mestitz, der »linke« Protagonist dieser Erzählung, beobachtet dabei einen Lernprozess der Arbeiter: »*In ihm lernten sie ihre Klassenlage erkennen und erfuhren, dass gemeinsames Planen und Handeln erforderlich sei und dass dies durch eigene solidarische Aktion und Organisation ermöglicht wird* [Hervorhebung im Original].«[1] Dem steht eine frappierende Defizitanzeige in den Inhaltsverzeichnissen der bedeutendsten Lehrbücher des Arbeitsrechts gegenüber: Weder im »Arbeitsvertrag« von Lotmar von 1902 noch in der der 7. Auflage von »Hueck/Nipperdey« im Jahre 1963 noch in der berühmten Sammlung historischer Texte von Ramm[2] findet sich das Wort »Solidarität« und auch in der zweiten, stark erweiterten Auflage der Sinzheimer'schen »Grundzügen des Arbeitsrechts« von 1927 steht nicht mehr als »*Solidarität (im Arbeitsverhältnis).*« Und wie zur Bestätigung gab es unter Arbeitsrechtlern nur ein kurzes Diskussionsintermezzo zwischen Franz Gamillscheg[3] einerseits und Heide Pfarr und mir[4] auf der anderen Seite im Kontext der »68er«-Zeit. Wie kann das sein? Sollte »Solidarität« also doch entgegen der landläufigen Vermutung in unserer Geschichte doch nur am Rande etwas zu suchen haben?
Die Antwort ist komplexer. Sie wird durch einen Blick in die Begriffsgeschichte vorbereitet:[5] Nach römischem Recht musste aufgrund einer »obligatio in solidum« (von »solidus«: ganz, vollständig) jedes Mitglied für die Gesamtheit (meist eine Familie) der bestehenden Schulden aufkommen, so wie umgekehrt die Gemeinschaft für die gesamten Schulden jedes Einzelnen haftet. Solidarität wirkt hier in beide Richtungen nach der seither geläufigen Maxime »Einer für alle und alle für einen«.
Heide Pfarr und ich haben – so wie viele vor uns – daraus ein Alleinstellungsmerkmal für die Arbeiterbewegung abgeleitet, was in kleiner juristischer Münze auf eine bevorzugte Rechtsstellung der Gewerkschaften unter Berufung auf einen so verstandenen Art. 9 Abs. 3 GG hinauslief. Unverkennbar speiste sich diese Argumentationsfigur auch aus den berühmten Worten von Karl Marx in seinem Text »Das Elend der Philosophie« von 1847: »*Die ökonomischen Verhältnisse*

1 Zur Wirkungsgeschichte des Arbeitsrechts, a. a. O., S. 15.
2 Vgl. *Ramm*, Arbeitsrecht und Politik. Quellentexte 1918–1933, 1966.
3 Vgl. *Gamillscheg*, Solidarität als Rechtsbegriff, Festschrift für Fechner, 1973, 1973, S. 135.
4 Vgl. *Pfarr/Kittner*, Solidarität im Arbeitsrecht, RdA 1974, 284.
5 Vgl. *Brand*, Solidarität und Identität, Rechtsgeschichte 6, 2006, S. 40, 42; *Höffe*, Der Sinn von Solidarität, Neue Gesellschaft/Frankfurter Hefte, 5/2021.

haben zuerst die Masse der Bevölkerung in Arbeiter verwandelt. Die Herrschaft des Kapitals hat für diese Masse eine gemeinsame Situation, gemeinsame Interessen geschaffen. So ist diese Masse bereits eine Klasse gegenüber dem Kapital, aber noch nicht für sich selbst. In dem Kampf, den wir nur in einigen Phasen gekennzeichnet haben, findet sich diese Masse zusammen, konstituiert sie sich als Klasse für sich selbst. Die Interessen, welche sie verteidigt, werden Klasseninteressen.«[6]
Das mag man – ausgehend von der Situation im 19. Jahrhundert – heute noch richtig finden oder nicht: Es ändert allerdings nichts daran, dass auch andere Akteure bzw. »Klassen für sich« in anderen Konstellationen zu »Solidarität« fähig sind. Das zeigt schon die hier verschiedentlich angesprochene Frühphase der normativen Ordnung abhängiger Arbeit: Die »Büchsen« der Handwerksgesellen dienten als Grundformen von Versicherungen der Absicherung elementarer Lebensrisiken. Gleichzeitig bilden sie das Rückgrat einer Schwurgemeinschaft im Konflikt mit den Meistern. Diese Form der Selbstorganisation war der Wurzelgrund, aus denen die Arbeitsverfassung des 19. Jahrhunderts erwuchs. Und nochmals: Aus ihm entwickelten sich die zwei unterschiedlichen Stränge des »Sozialen Rechts«: die Arbeiterausschüsse/Betriebsräte einerseits und die künftigen gesetzlichen Sozialversicherungen, die den speziellen Gesetzmäßigkeiten der Versicherungs-»Solidarität« folgten.[7]
Seit Mitte des 19. Jahrhunderts machte der Begriff »Solidarität« eine atemberaubende Karriere in Gesellschaftstheorie, Soziologie, Politik- und Rechtswissenschaft. Ihm widmeten sich so gut wie alle Berühmtheiten ihres jeweiligen Fachs für nahezu alle Lebenssituationen, in denen die einen für die anderen einstehen – von der Familie bis zum Verhältnis des Staates zu seinen Bürgern (und umgekehrt, z.B. in Form des Wehrdienstes).[8] Und auch vor den Schranken des Nationalstaats gab es kein Halten.[9] Kurzum: »*Solidarität ist ein Wieselwort von gallertartiger Konsistenz*« – so lautete das Fazit des großen Sozialrechtshistorikers Michael Stolleis.[10] Konsequenterweise empfahl er den Verzicht auf seine Verwendung: »*Dieses Wort bildet keine Realität mehr ab, und als Appell ist es verbraucht.*«

---

6 MEW Bd. 4, S. 181.

7 Vgl. *Stolleis*, Geschichte des Sozialrechts in Deutschland, 2003; *Benda-Beckmann*, »Nicht mehr« und »noch nichts« – Umkehrungen von Tradition und Modernität auf der Suche nach der passenden Solidarität für soziale Sicherung, Rechtsgeschichte, Bd. 5, 2004, S. 29.

8 Im Jahre 1998 erschien eine 20-seitige Auswahlbibliografie und bis heute dürfte die gleiche Menge an Literatur hinzugekommen sein (vgl. *Arndt*, in Bayertz, Hrsg., Solidarität – Begriff und Problem, 1998, S. 495).

9 Vgl. *Brunkhorst*, Solidarität unter Fremden, 2015; *Beckert u.a.*, Hrsg., Transnationale Solidarität, 2004; *Graser*, Grenzenlose Solidarität?, Rechtsgeschichte, Bd. 5, 2004, S. 29.

10 »Wer Solidarität sagt, will etwas haben«, Rechtsgeschichte, Bd. 5, 2005, S. 49.

Soll man davor kapitulieren? Natürlich nicht, denn mag dieser Begriff auch untauglich sein für die Zukunft, so hat er doch eine Geschichte und zwar eine ziemlich aussagekräftige im Zusammenhang mit dem Eintritt der Industriearbeiter in die Geschichte, ihren Kämpfen und dem im Zusammenhang damit entstehenden Arbeitsrecht (Kap. 1). Wir müssen nur eng bei diesem Thema als Ausgangs- und Bezugspunkt bleiben. Insofern weist Gerd Bender, der Moderator der beiden Solidaritäts-Schwerpunktbände der »Rechtsgeschichte« den Weg, als er den direkten Kontakt zu unseren »Ahnvätern« herstellt: »*Rechtshistorikern ist das Thema der Solidarität* [...] *alt vertraut. Die Frage des sozialen Defizits jeder Privatrechtskodifikation, die uns das 19. Jahrhundert hinterlassen hat, gehört zu den Königsthemen der Disziplin, seit Menger und Gierke mit den rechtstheoretischen Protagonisten des BGB die Klingen kreuzten. Und vor allem die Diskurse des Arbeits-, Sozial- und Verfassungsrechts, aber beileibe nicht nur sie, haben sich seit jenen Tagen in eindringlicher Weise mit den Konsequenzen beschäftigt, die sich aus der Integration kollektiver und solidaristischer Elemente in die Rechtsstrukturen für das Recht selbst und für seine innergesellschaftliche Umwelt ergeben haben.*«[11]
Damit öffnet sich der Blick auf einen ganz speziellen historischen Strang, freilich gerade nicht unter der expliziten Bezeichnung »Solidarität« – eine spezifische Eigenart dieser Thematik (wie wir es zugespitzt am eigentlichen Arbeitsrecht sehen können, dazu sogleich). Denn Bender sieht »Solidarität« stellvertretend für viele nahezu synonym für die Entwicklung des modernen »Wohlfahrtsstaates« mit dessen zwei Komponenten Umverteilung und Regierbarkeit (neudeutsch: »Governance«). Dazu gehört eine gelingende Integration der Arbeiterschaft, d.h. ihre Abkehr von »revolutionären« Endzielen zugunsten »reformistischer« Verbesserungen im System: »*Ohne Anschlussmöglichkeiten an solidarischen Selbstbeschreibungen der Individual- und Kollektivpersonen wäre die Genese dieses Wohlfahrtsstaates schwerlich vorstellbar und sein Erhalt über säkulare Fristen hinweg zumindest erschwert.*« Das führt über das zu kurze Experiment der Weimarer Republik, die 12 Jahre dauernde Katastrophe des Nationalsozialismus und die 40 Jahre währende kommunistische »Abirrung« in Ostdeutschland in den nunmehr 75-jährigen Sozialstaat der Bundesrepublik. Den Pfad dieser Groß-Erzählung, zu der ebenfalls Bibliotheken gefüllt worden sind, muss und will ich an dieser Stelle verlassen (zum Sozialstaatsprinzip des Grundgesetzes siehe Kap. 17).
Vielmehr soll es in diesem Kapitel noch um die operativ-juristische, »bodenständige« Seite dieses Prozesses gehen mit der Frage: Wie hat sich der Gedanke der Solidarität (zunächst die der Arbeitnehmer, dann aber auch die der Arbeitgeber) im jeweils geltenden Recht niedergeschlagen? Die Antwort müsste, um es zu

11 *Bender*, Solidarität!. Rechtsgeschichte, Bd. 5, 2004, S. 12; vgl. auch *ders.*, Regieren durch Solidarität?, a.a.O., S. 13.

wiederholen, mager bis negativ ausfallen, wenn man sie anhand von Stichwortverzeichnissen, heißt: mit dem Suchbegriff »Solidarität« zu geben versuchte. In der Sache war das aber natürlich der zentrale Inhalt des Ringens um die Koalitionsfreiheit, also das Recht und die Möglichkeit der Arbeitnehmer, sich zur Praktizierung von »Solidarität« eigene Organisationen zu schaffen. Hier sollte sich der zentrale »Kampfplatz« entwickeln, auf dem bis zum Ende des Kaiserreichs die »Schlacht« um die Praktizierbarkeit von »Solidarität« abspielen sollte.

In dieser Hinsicht setzte Preußen mit einem Vereinigungsverbot (formal für Arbeiter und Arbeitgeber gleichermaßen) in der GewO von 1845 ein Zeichen, als es weit und breit weder Arbeiter in großer Zahl noch Streiks gab (Kap. 26). Es wurde ein Vierteljahrhundert später mit der GewO des Norddeutschen Bundes von 1869 aufgehoben – zeitgleich mit der Gründung der Gewerkschaften 1868/69. Dabei handelte es im internationalen Vergleich um eine Phase der »Duldung« (nach »Repression« und vor vollständiger »Anerkennung«). Die Initiative dazu ging ab 1862 von den Abgeordneten Julius Faucher und Wilhelm Adolf Lette von der Fortschrittspartei aus.[12] Im Vorfeld der Reichsgründung übernahm Bismarck diese Initiative, weil er das Zukunftspotenzial der Arbeiter erkannte und sie »mit an Bord« haben wollte. Aber es wäre nicht der Bismarck gewesen, als man ihn kennt, wenn er dies ohne »Notausgang« getan hätte.

Nach dem Vorbild von Sachsen und Großbritannien ließ er Koalitionsfreiheit nur mit Sicherungen zu:

§ 152 GewO 1869

(1) Alle Verbote und Strafbestimmungen gegen Gewerbetreibende, gewerbliche Gehülfen, Gesellen oder Fabrikarbeiter wegen Verabredungen und Vereinigungen zum Behufe der Erlangung günstiger Lohn- und Arbeitsbedingungen, insbesondere mittelst Einstellung der Arbeit oder Entlassung der Arbeiter, werden aufgehoben

(2) Jedem Teilnehmer steht der Rücktritt von solchen Vereinigungen und Verabredungen frei, und es findet aus letzteren weder Klage noch Einrede statt.

§ 153 GewO 1869

Wer andere durch Anwendung körperlichen Zwanges, durch Drohungen, durch Ehrverletzung oder durch Verrufserklärung bestimmt oder zu be-

12 Vgl. *Kittner*, Arbeitskampf, S. 208ff. Lette war bereits am Gesetzentwurf für Arbeiterausschüsse in der Paulskirche 1849 beteiligt (vgl. *Däubler/Kittner*, Betriebsverfassung, S. 74).

stimmen versucht, an solchen Verabredungen (§ 152) Theil zu nehmen, oder ihnen Folge zu leisten, oder Andere durch gleiche Mittel hindert oder zu hindern versucht, von solchen Verabredungen zurückzutreten, wird mit Gefängniß bis zu drei Monaten bestraft, sofern nach dem allgemeinen Strafgesetz nicht eine härtere Strafe eintritt.

Diese zwei Paragrafen hatten für die gesamte Dauer des Kaiserreichs eine unglaubliche, nachgerade strukturprägende Wirkung für die Beziehungen der Arbeiterschaft zum System, wie sie bei ihrer Schaffung wohl niemand konkret vorhergesehen hat (mit großer Wahrscheinlichkeit auch Bismarck nicht, denn trotz der Vorbilder in England und auch in Sachsen gab es hierzu keine praktischen Erfahrungen). Die zunehmend deutlicher werdende Funktion der beiden Vorschriften war, die formal gewährte Koalitionsfreiheit praktisch ins Leere laufen zu lassen, verknüpft mit weiteren rechtlichen Möglichkeiten, die ausschließlich darauf abzielten, praktizierte Solidarität, insbesondere in Arbeitskämpfen, zu konterkarieren. Gestützt darauf, inszenierte der Machtapparat des Kaiserreichs eine von ganz oben verfügte Repressionspraxis durch Polizei, Staatsanwälte und Gerichte.[13]

Die beiden genannten Vorschriften setzten dazu an zwei ganz verschiedenen Punkten an: § 152 Abs. 2 GewO verweigerte den neuen Gewerkschaften eine zivilrechtliche Existenz. Seine Konsequenz war ganz praktisch, dass sie z. B. rückständige Beiträge nicht einklagen und auch Streikbrecher nicht ausschließen konnten. Dazu kamen Restriktionen des Vereinsrechts, die sie dazu zwangen, ihr Vermögen durch Treuhänder zu halten. Das hatte freilich zur Folge, dass Gewerkschaften nicht zu Schadensersatz wegen Streikaktivitäten herangezogen werden konnten.[14]

Nicht zuletzt, weil an dieser Front kein wirklich effektives Instrument gegen die Gewerkschaften zur Verfügung stand, verlegte sich das Kaiserreich recht bald und mit Verbissenheit auf strafrechtliche Repressalien. Dazu diente dezidiert § 153 GewO. Die Raffinesse dieser Vorschrift fällt selbst einem juristisch geschulten Auge nicht sogleich auf. Denn sie stellte Vorschriften unter Strafe, die nur Arbeiter bei gewerkschaftlicher Betätigung treffen konnten, vor allem im Streik (Unternehmer waren formal auch einbezogen, waren aber strukturell nicht davon betroffen). Deshalb bedeutete es – anders als heute – nichts Gutes, wenn Gerichte möglichst viele Aktivitäten unter »Lohn- und Arbeitsbedingungen« im Sinne dieser Vorschrift subsummierten. Außerdem war die Mindeststrafe immer

13 Eingehend *Kittner*, Arbeitskampf, S. 261 ff.

14 Vgl. *Kittner*, Arbeitskampf, S. 274 ff. Bis heute wird z. B. das Vermögen der IG Metall durch ihre Vorstandsmitglieder als Treuhänder in einer IGMET GmbH gehalten.

Gefängnis ohne die Möglichkeit einer Geldstrafe (was im Normalfall bei derartigen Delikten die übliche Gerichtspraxis war).
Im Zentrum der Strafverfolgung nach § 153 GewO stand der Konflikt um die sog. »Arbeitswilligen«, sprich: »Streikbrecher«. Ihrem Schutz widmeten sich die Obrigkeiten des Kaiserreichs nahezu obsessiv.[15] Obgleich davon das eigentliche Streikgeschehen nicht berührt wurde, versprach man sich davon dennoch eine wirksame Streikbekämpfung.[16] Das führte zu einer das ganze Kaiserreich hindurch praktizierten justiziellen Verfolgungswelle mit über 10 000 Anklagen und 6000 Verurteilungen. Über sie gibt es zwei zeitgenössische »Weißbücher«, eines aus 1899 von Carl Legien,[17] dem Vorsitzenden der Generalkommission der freien Gewerkschaften, das andere aus 1914 von Siegfried Nestriepke.[18] Beide Bücher dokumentierten anhand einer Vielzahl von Fällen ein Justizsystem, das mit abstoßender Gehässigkeit und absichtsvoller Parteilichkeit agierte.[19]
Zwar zeigt die Kriminalstatistik, dass die Verurteilungen mit der Zeit weniger wurden.[20] Aber das war keine Folge eines nachlassenden Verfolgungsdrucks, sondern einer zunehmenden Professionalisierung der gewerkschaftlichen Streikpraxis. Eine retardierende Wirkung ging von ihm offenkundig nicht aus. Stattdessen trug die Gerichtspraxis zu § 153 GewO zur dauerhaften Vergiftung des Klimas zwischen Gewerkschaften und dem wilhelminischen Staat insgesamt bei.[21] Wie borniert die Herrschenden in dieser Hinsicht waren, zeigte sich nicht zuletzt daran, dass man mit der Aufhebung des § 153 GewO bis kurz vor Kriegsende 1918 wartete.[22] Bis dahin hatte man dieses provokative Instrument durchaus als Hinweis darauf hochgehalten, weil man so demonstrieren konnte, dass Zu-

15 Neben § 153 GewO dienten diesem Zweck auch lokale Polizeiverordnungen gegen Streikposten (vgl. *Kittner*, Arbeitskampf, S. 303).

16 Die staatlichen Aktivitäten wurden flankiert durch ein breites Anti-Streik-Instrumentarium der Arbeitgeber, einschließlich professioneller Streikbruch-Unternehmer (eingehend *Kittner*, Arbeitskampf, S. 318ff.).

17 Vgl. *Legien*, Das Koalitionsrecht der deutschen Arbeiter. Theorie und Praxis, 1899.

18 Vgl. *Nestriepke*, Das Koalitionsrecht in Deutschland. Gesetze und Praxis, 1914. Nestriepke war ein Journalist und später Theaterintendant, der u. a. eine dreibändige Gewerkschaftsgeschichte verfasste (Die Gewerkschaftsbewegung, 2. Aufl. 1922/23).

19 Mit weiteren Beispielen über Legien und Nestriepke hinaus *Saul*, Staat, Industrie, Arbeiterbewegung im Kaiserreich, 1974.

20 Vgl. *Kittner*, Arbeitskampf, S. 300.

21 Das besorgten die Unternehmer mit anderen Mitteln (»gelbe« Werkvereine, Arbeitsnachweise mit schwarzen Listen, Aussperrungen). So waren bis Kriegsbeginn die ganze Scherindustrie (Kohle, Stahl) und die Zukunftsindustrien (Chemie, Elektro, Maschinenbau) praktisch »gewerkschaftsfrei« und hatten keine Tarifverträge (vgl. *Kittner*, Arbeitskampf, S. 376).

22 Vgl. *Kittner*, »Der § 153 der Gewerbeordnung wird aufgehoben«, AuR 2018, G 9 (das war der wohl kürzeste Text eines Gesetzes in der deutschen Rechtsgeschichte). § 152 mit seinem antigewerkschaftlichen Absatz 2 wurde nie förmlich aufgehoben, sondern vom

geständnisse an die Gewerkschaften, wie das Hilfsdienstgesetz, nach Kriegsende wieder zurückgenommen werden könnten (was die ausdrückliche Erwartung der Unternehmer war, Kap. 13).

Nach dem abrupten Ende der »Hängepartie« während des Ersten Weltkriegs hinsichtlich der Regulierung der Arbeitsbeziehungen durch die Novemberrevolution 1918 feierte das Solidaritätsprinzip seinen vollständigen Durchbruch. Auf der Grundlage des Stinnes-Legien-Abkommens kamen alle seine Ausprägungen in das Reichsgesetzblatt. Der Dreiklang von verfassungsmäßiger Verbürgung von Koalitionsfreiheit[23] und Räten, Tarifvertragsverordnung und Betriebsrätegesetz bescherte auf dem Papier ein Gesamtsystem kodifizierter »Solidarität«. Allein, eine echte »Nachhaltigkeit« war dem allem, wie wir wissen, nicht beschieden. Nach Anfangsjahren im »Chaos«[24] wurde diese neue Arbeitsverfassung zermahlen durch Hyperinflation, Weltwirtschaftskrise und Massenarbeitslosigkeit. Schließlich erlag die Republik nach nur 14 Jahren[25] ihren Gegnern.

In dieser kurzen Zeit gab es nicht genug Gelegenheiten zur Entfaltung einer breiteren arbeitsrechtlichen Praxis – bis auf eine Konstellation, die es allerdings in sich hatte: die Haftung für mittelbare Arbeitskampffolgen. Darauf bezog sich die einzige Nennung von »Solidarität« im Sinzheimer'schen Lehrbuch von 1927. Ausgangspunkt war der berühmte Fall eines Streiks bei der Kieler Straßenbahn, aufgrund dessen das Straßenbahnpersonal wegen eines Streiks im unternehmenseigenen Kraftwerk nicht arbeiten konnte. Das Reichsgericht (RG) bürdete diesen Arbeitnehmern das Lohnrisiko auf, weil sie in einer neuen, auch durch das BRG beförderten Konzeption einer sozialen Arbeits- und Betriebsgemeinschaft für derartige Risiken haften müssten (Kap. 26).[26] Das »Wort »Solidarität« tauchte in dieser Entscheidung nicht auf, aber klar war, dass die Arbeitnehmer

RG erst am 2.7.1925 als mit der Weimarer Reichsverfassung unvereinbar für unwirksam erklärt (RGZ 111, 199).

23 In der Entscheidung zur Aufhebung des § 152 GewO hatte das RG betont, dass die Verbürgung der Koalitionsfreiheit durch Art. 165 die Befugnis enthalten müsse, *»sie wirksam auszugestalten und zur rechtlichen Geltung zu bringen«* (RG 2.7.1925, RGZ 111, 199, 202).

24 *Sinzheimer* formulierte diesen berühmten Satz im Jahr 1921: *»Wir leben im Chaos«* (Grundriss des Arbeitsrechts, S. VII).

25 Wir dürfen bei aller Faszination von der überbordenden Ereignisfülle dieser Zeit nicht vergessen, dass die Weimarer Republik sogar nur kürzer existierte, als die Bundeskanzler *Adenauer*, *Kohl* und *Merkel* jeweils regierten.

26 RG 6.2.1923, RGZ 106, 272; hierzu *Kittner*, 50 Urteile. Arbeitsgerichte schreiben Rechtsgeschichte, 3. Aufl. 2023, S. 35. Diese Entscheidung wurde zum Ausgangspunkt einer intensiven rechtswissenschaftlichen Diskussion (mit anderen Kategorien bis heute, Kap. 26). Rechtsgeschichtlich berühmt wurde vor allem die Kritik von *Otto Kahn-Freund*, damals ein junger Arbeitsrichter, der u.a. wegen dieser hier begründeten »Betriebsgemeinschafts«-Idee dem das später aufgreifende RAG den Vorwurf faschistischen Denkens machte (vgl. *Kahn-Freund*, Das soziale Ideal des Reichsarbeitsgerichts, 1931,

hier in einem geradezu klassischen römisch-rechtlichen Sinne zu einer »solidarischen« Haftung herangezogen wurden. Das wies Sinzheimer unmittelbar nach der RG-Entscheidung zurück:[27] »*Allerdings besteht heute eine ›Solidarität‹ der Arbeitnehmer im Betrieb. Sie sind durch das BRG zu einer in sich verbundenen Einheit zusammengeschlossen, die die Aufgabe hat, die gemeinsamen Interessen der Arbeitnehmerschaft dem Arbeitgeber gegenüber zu vertreten.*« Aber diese Aufgabe sei begrenzt. Sie beziehe sich nur auf die »*Mitwirkung bei der Gewaltausübung des Arbeitgebers im Betrieb*« und berühre die schuldrechtliche Stellung des Arbeitnehmers in keiner Weise – die klassische Inanspruchnahme von »Solidarität« nur für deren aktive Interessenvertretung (ganz im Marx'schen Sinne, wie bei Pfarr/Kittner, s. o.). Bender allerdings spricht von der Betriebsverfassung mit durchaus kritischem Unterton als einer »*Zwangssolidarität auf Betriebsebene*«.[28]
Diese betriebsbezogene Dimension wurde dann bald verlassen. Alle künftigen Fälle handelten von betriebsübergreifenden Zusammenhängen: Beim Streik in einem Betrieb fiel in einem anderen – durchweg wegen Energiemangels – die Arbeit aus. Hier machte das seit 1927 existierende Reichsarbeitsgericht (RAG) in ständiger Rechtsprechung[29] die Risikotragung davon abhängig, aus wessen »Sphäre« die Lieferunterbrechung herrührte; das waren bei Streiks[30] dann die Arbeitnehmer, die eine betriebs- und branchenübergreifende Solidarhaftung treffe.
Ab 1933 war es mit alledem zu Ende (Kap. 12). Wegen der zu kurzen Zeit war es insbesondere dem RAG nicht möglich, eine konsistente Rechtsprechung zu entwickeln. Vieles, was kritikwürdig erschien, mochte bei einem ungestörten Fortgang der Entwicklung korrigiert worden sein.[31] Für die Betriebsrisikolehre galt das nicht. Sie wurde in der Bundesrepublik vom neu gegründeten BAG nahtlos fortgeführt. Auf der »großen Bühne« lief auf dem Papier alles so wie nach 1918 (allerdings ohne die Zwangsschlichtung, Kap. 26). Es wurden die nahezu identischen gesetzlichen Grundlagen geschaffen: Art. 9 Abs. 3 des Grundgesetzes (GG), nunmehr mit der Fundierung und Einbettung in Art. 1 und 20 (Sozial-

---

wiederabgedruckt in *Ramm*, Hrsg., Arbeitsrecht und Politik, S. 149; dazu relativierend in späterer Zeit *Kahn-Freund* selbst, Interview, KJ 1981, 183, 194).

27 *Sinzheimer*, Grundzüge des Arbeitsrechts, 2. Aufl. 1927, S. 169.

28 Vgl. *Bender*, Regieren durch Solidarität, Rechtsgeschichte Bd. 5, S. 13, Fn. 14.

29 Seit RAG 20.6.1928, Bens. 3, 116 (die lange Liste von Folgeentscheidungen bei *Kahn-Freund*, Das soziale Ideal, a. a. O., Fn. 40).

30 Bei Aussperrungen hätten konsequenterweise die Arbeitgeber das Lohnrisiko tragen müssen. Das ist aber so nie entschieden worden. In der einzigen bis 1933 zu einer solchen Fallkonstellation ergangenen Entscheidung des LG Elberfeld vom 4.4.1928 wurde der einer Aussperrung vorangegangene Streik als mittelbar ursächlich für den Lohnausfall verantwortlich gemacht (Bens. 3, LAG Nr. 38).

31 Das deutete sich z. B. in der Betriebsverfassung an (vgl. *Däubler/Kittner*, Betriebsverfassung, S. 219 f.).

staatsprinzip, Kap. 17), das Tarifvertragsgesetz (TVG) und das Betriebsverfassungsgesetz (BetrVG). Dieser Arbeitsverfassung war nun im Gegensatz zu Weimar eine glücklichere Zukunft beschieden. Davon wird zu allen Einzelkomplexen in diesem Buch die Rede sein.

Für den gerade hier behandelten Kontext hieß das: Wir blicken auf eine sich seit 70 Jahren breit entwickelnde Rechtsprechung des BAG zum kollektiven Arbeitsrecht mit vielen Konstellationen, in denen der Gedanke der »Solidarität« eine Rolle spielt (nunmehr auch der Arbeitgeber).[32] Dabei ist die rechtliche Qualität dieses Topos nie ganz klar gewesen – ob es sich um ein *»Rechtsprinzip«* oder nur um ein *»soziologisches Phänomen«* handele, das zur Unterstützung einer aus anderen Kriterien gewonnenen Entscheidung herangezogen wird.[33] Jedenfalls konnte Kritik daran nicht aus bleiben: Für konservative Autoren rückte die Verwendung von »Solidarität« das BAG *»in die Nähe klassenkämpferischen Denkens«*.[34] Von »links« wurde ihm vorgeworfen, dass es die Arbeitnehmer nur als *»Klasse an sich«* werte, ihnen aber die Anerkennung als *»Klasse für sich«* verweigere.[35]

Die Hauptanwendungsfälle betrafen – wenig verwunderlich – das Tarif- und Arbeitskampfrecht (Kap. 22, 26). Dabei sieht das TVG, demzufolge Tarifverträge nur für Gewerkschaftsmitglieder gelten (§ 3 Abs. 1), selbst schon für bestimmte Fälle eine Art »Zwangssolidarität« vor, indem Tarifverträge über betriebliche und betriebsverfassungsrechtliche Fragen für alle Arbeitnehmer des Betriebs ungeachtet ihrer Gewerkschaftsmitgliedschaft gelten. Ansonsten gibt es seit den 60er Jahren einen großen Streitpunkt im Tarifrecht, der sich, wenn auch nur mittelbar, im Kern um das Solidaritätsproblem dreht: die Zulässigkeit von sog. Differenzierungsklauseln, mit denen Arbeitgeber davon abgehalten werden sollen, unorganisierten Arbeitnehmern die gleichen Leistungen zu gewähren wie Gewerkschaftsmitgliedern (Kap. 22).

Im Arbeitskampfrecht wurde »Solidarität« zugunsten von Arbeitnehmern nur im Falle eines gewerkschaftlichen Streiks berücksichtigt, nicht aber, um die Beteiligung an einem »wilden Streik« zu rechtfertigen.[36] Andererseits wurde den »wild« Streikenden die Gemeinsamkeit ihres Handelns für eine gesamtschuldnerische Haftung für die Streikschäden zugerechnet.[37] Auch sonst hielt das BAG

---

32 So hat sich gelegentlich auch das BSG das »Solidaritäts«-Argument zu eigen gemacht (vgl. BSG 9.7.1963, BSGE 19, 230).

33 Beide Begriffe werden verwandt bei BAG 26.7.1957, AP § 615 BGB Betriebsrisiko Nr. 3.

34 *Wiedemann*, RdA 1969; ebenso *Biedenkopf*, Die Betriebsrisikolehre als Beispiel richterlicher Rechtsfortbildung, 1970, S. 18f.; *Richardi*, Die Entscheidung des Großen Senats des Bundesarbeitsgerichts vom 21. April 1971, RdA 1971, 334.

35 *Pfarr/Kittner*, RdA 1974, 286f., unter Bezug auf *Marx*, MEW 4, 181.

36 Vgl. BAG 21.1.1969, AP Art. 9 GG Nr. 41.

37 Vgl. BAG 6.12.1963 und 20.12.1963, AP Art. 9 GG Arbeitskampf Nrn. 31, 32.

in Haftungsfragen weite Solidaritäts-Bande für relevant (zwischen Arbeitern und Angestellten[38] sowie zwischen Angehörigen verschiedener Gewerkschaften[39]). Im Falle eines gewerkschaftlichen Streiks legitimierte der Solidaritätsgedanke die Beteiligung von Außenseitern am Streik[40] sowie ihre Einbeziehung in Maßregelungsklauseln.[41] Die Gewerkschaft müsse in der Lage sein, sich »*auch tarifrechtlich um die mit dem Streik solidarischen oder vom Streik betroffenen Außenseiter zu kümmern.*« Die Streikenden wiederum seien wegen der Solidarität untereinander und namentlich in einem Betrieb nicht verpflichtet, direkte Streikarbeit zu leisten.[42]

Von Beginn der bundesrepublikanischen Zeitrechnung an war eine Streikform umstritten, die unser Problem schon in seinem Namen indizierte, ein Solidaritäts- bzw. Sympathiestreik. Mit ihm sollte aus »Solidarität« ein fremder Streik unterstützt werden. Derartige Streiks wurden vom BAG zunächst generell verboten, weil es den Streikenden nicht um einen eigenen Tarifvertrag ginge.[43] Nach Aufgabe der »Kernbereichs«-Rechtsprechung des Bundesverfassungsgerichts (Kap. 17) änderte das BAG[44] seine Haltung und ließ Solidaritätsstreiks für den Regelfall zu (unter der vermeintlich weniger provokanten Bezeichnung »Unterstützungsstreiks« – was allerdings nichts an der prompten Kritik arbeitgebernaher Wissenschaftler änderte, Kap. 26).

Kampfstrategisch hochbedeutsam war die Rechtfertigung der Einbeziehung von nicht organisierten Arbeitnehmern in eine Aussperrung: »*Sie (können) auch ohne Streikbereitschaft aus Gründen der Solidarität ausgesperrt werden*«.[45] Wenn eine Gewerkschaft recht bald fast alle ihre Mitglieder in einem umkämpften Tarifgebiet in den Streik einbezieht, liegt darin dann der einzige Effekt einer Aussperrung. Das BAG hat auch die Einbeziehung von Schwangeren und Wöchnerinnen in eine Aussperrung gebilligt: »*Sie teilen* […] *trotz ihrer besonderen arbeitsrechtlichen Stellung solidarisch die rechtliche und wirtschaftliche Lage der Belegschaft im Arbeitskampf*«.[46] Die Aussperrung-Rechtsprechung befasste sich dann auch erstmals mit der »Solidarität der Arbeitgeber«. Sie diente als Hauptargument dafür, dass ein Arbeitgeberverband in der Lage sein müsse, einem Schwerpunktstreik der Gewerkschaft etwas Wirksames entgegenzusetzen.[47] Auch wurde einem Au-

38 Vgl. BAG 26.7.1957, AP § 615 BGB Betriebsrisiko Nr. 3
39 Vgl. BAG 8.2.1957, AP § 615 BGB Betriebsrisiko Nr. 2.
40 Vgl. BAG 26.7.1957 und 24.1.1958, AP § 615 BGB Betriebsrisiko, Nr. 3, 4.
41 Vgl. BAG 29.11.1967, AP Art. 9 GG Nr. 13.
42 Vgl. BAG 26.7.1957, AP § 615 BGB Betriebsrisiko Nr. 3.
43 Vgl. BAG 22.9.2009, BAGE 132, 134.
44 Vgl. BAG 22.9.2009, BAGE 123, 134.
45 BAG 29.11.1967, AP Art. 9 GG Nr. 13.
46 BAG 25.1.1963, AP Art. 9 GG Arbeitskampf Nr. 24.
47 Vgl. BAG 10.6.1980, BAGE 33, 140; 33, 185.

ßenseiter-Arbeitgeber erlaubt, sich – so wie Arbeitnehmern bei einem gewerkschaftlichen Streik –einem Verbandarbeitskampf im Wege eines »Kampfbündnisses« anzuschließen.[48]
Schließlich hat das BAG – wie schon gesagt – die Betriebsrisikorechtsprechung des RAG zunächst unverändert weitergeführt.[49] Danach rückte es in verschiedenen Fallkonstellationen mehr und mehr von der auf dem »Solidaritäts«-Gedanken beruhenden Sphärentheorie ab[50] und entwickelte schließlich in dem Gesamtkomplex der Aussperrungs-Entscheidungen am 22. Dezember 1980[51] die seither geltende Doktrin vom »Arbeitskampfrisiko«. Sie stellt nicht mehr auf die antagonistischen »Sphären« von Arbeitgebern und Arbeitnehmern ab, sondern auf die Verteilung von Kampfchancen unter Paritäts-Gesichtspunkten (Kap. 26). Zurückgespiegelt auf die alte Rechtsprechung, hat das die Begrenzung des Kreises der von Entgeltausfall Betroffenen auf die Mitglieder der kampfführenden Gewerkschaft zur Folge. Im Übrigen hat die Arbeitskampfrealität gezeigt, dass das eigentliche kampfstrategische Problem in der nachgelagerten Frage des Kurzarbeitergelds seitens der Bundesanstalt bzw. -agentur für Arbeit liegt (Kap. 26). Das alles sind bis heute disparate Einzelbefunde. Eine kohärente Gesamtanalyse zur »Solidarität im Arbeitsrecht« gibt es aber nicht.[52]

---

48 Diese Wortwahl erfolgte eher beiläufig durch das BVerfG im Rahmen einer Grundsatzentenscheidung über die Aussperrungsrechtsprechung des BAG (26.6.1991, BVerfGE 84, 212, 225; hierzu *Häuser*, Der »Außenseiter«-Arbeitgeber im Verbandsarbeitskampf, in FS Kissel, 1994, S. 297).

49 Vgl. BAG 8.2.1957, BAGE 3, 346.

50 Vgl. BAG 26.10.1971, BAGE 23, 512.

51 BAGE 34, 331.

52 Heide Pfarr und ich hatten sie im Jahre 1974 angekündigt, haben das aber nicht verwirklicht (vgl. RdA 1974, 295 Fn. 153).

II. Arbeitsrecht in der Zeit

Eigentlich sollte »Zeit« kein Problem sein in einem Geschichtswerk mit der Abfolge von Ereignissen aus der Vergangenheit in die Zukunft. Aber genau da gibt es offenbar schon die ersten schwerwiegenden Probleme, wie unsere Frage nach dem Beginn des »richtigen« Arbeitsrechts gezeigt hat (Kap. 1, 2). Wir haben es zu tun mit einem Nebeneinander von Normierungen aus ganz unterschiedlichen Epochen und die Regelung des gleichen Sachverhalts wird erst in einer anderen »Zeitzone« zu »richtigem« Arbeitsrecht. Um es kurz zu machen: Da steht es um das Arbeitsrecht nicht anders als um die anderen Sujets von Geschichtsschreibung. Es ist längst zum Standard geworden, normative Ordnungen in ihrem »*Lebenskontext*« zu lesen.[1] Eines der geläufigsten Beispiele ist die Auffüllung »harmloser« Generalklauseln mit NS-Inhalten,[2] wovon auch in diesem Buch die Rede sein wird (Kap. 12).

6. »Zeitfiguren«

Bei der Analyse des gesamten historischen Materials hat man schon lange Abschied genommen von einer wohlgeordneten Abfolge in sich geschlossener »Zeitgärten«[1], wo »Epochen« einander nach dem Grundprinzip des »Fortschritts« ablösen.[2] Eine solche idyllisierende, teleologisch wohlgeordnete Sicht auf die Geschichte hat sich schon seit langem erledigt. Vielmehr sind in der Ge-

1 *Rückert*, Wozu Rechtsgeschichte?, Rechtsgeschichte 3, 2003, S. 58, 61.

2 Vgl. *Rüthers*, Die unbegrenzte Auslegung. Zum Wandel der Privatrechtsordnung im Nationalsozialismus, 1968.

1 Das Bild eines historischen Universums mit sich aneinanderreihenden »Gärten« stammt von dem Bischofs- und Prinzenerzieher Jaques Bénigne Bossuet (Einleitung in die allgemeine Geschichte der Welt bis auf Kaiser Karl den Großen, deutsche Übersetzung Leipzig 1757; dazu *Hölscher*, Zeitfiguren, S. 9).

2 Vgl. *Hölscher*, Zeitgärten, S. 9ff.

schichtswissenschaft Vorstellungen entwickelt worden, die die geschichtliche Zeit selbst zum Gegenstand der Betrachtung machen, um qualitative Unterschiede über den bloßen abzählbaren Zeitablauf hinaus greifbar machen zu können: *»Die Geschichte ist vielleicht doch nicht dazu verurteilt, nur eingefriedete Gärten zu erforschen.«*[3]
Eine grundstürzend neue Sicht bot der französische Historiker Fernand Braudel mit seinem Konzept der *»longue durée«*, mit dem unterschiedliche Veränderungsgeschwindigkeiten der Geschichte wahrnehmbar und darstellbar werden sollten – etwa so wie bei den in der Wirtschaftswissenschaft behandelten 40 bis 60 Jahre währenden *»langen Wellen der Konjunktur«* (Nicolaj Kondratjew,[4] Joseph Schumpeter[5]) im Verhältnis zu den »kürzeren« Konjunkturzyklen.[6] Braudel benutzte die »longue-durée« Metapher für die Geschichte des Mittelmeerraumes mit seiner Geologie als langfristig wirkender Determinante gegenüber dem generellen wirtschaftlichen Auf und Ab.[7] Damit wollte er sich, im Sinne des – ebenfalls französischen – Nationalökonomen Francois Simiand absetzen, von den von diesem sogenannten drei »Stammesgötzen« der Historiker: dem »Götzen Politik«, dem »Götzen Individuum« und dem »Götzen Chronologie«[8] (wir werden sehen, dass sie, ihres »Götzen«-Status entkleidet, als Teilelemente unverzichtbar sind, s. u.).
Was vermag nun »longue durée«, bezogen auf das Arbeitsrecht?[9] Das trifft mitten in die Schwierigkeiten der Fragestellung nach dem Einsetzen des »richtigen«

3 *Braudel*, Das Mittelmeer und die mediterrane Welt in der Epoche Philipps II., 1946, KBd. 1, S. 21.
4 Vgl. *Kondratjew*, Die langen Wellen der Konjunktur, Archiv für Sozialwissenschaft und Sozialpolitik, Bd. 56, 1926, S. 573.
5 Vgl. *Schumpeter*, Konjunkturzyklen. Eine theoretische und statistische Analyse des kapitalistischen Prozesses, 1961.
6 Dazu gibt es eine unübersehbare wirtschaftswissenschaftliche Literatur (zur Einführung vgl. *Metz*, Nikolaj Kondratieff, Die Langen Wellen der Konjunktur und die Dynamik des Kapitalismus, in Themenportal Europäische Geschichte, 2010, *www.europa.clio-online.de/essay/id/fdae-1521*).
7 Vgl. *Braudel*, Geschichte und Sozialwissenschaft. Die longue durée, in Honegger, Hrsg., M. Bloch, F. Braudel, L. Febvre u. a. Schrift und Materie der Geschichte. Vorschläge zur systematischen Aneignung historischer Prozesse, 1977, S. 47.
8 Vgl. *Simiand*, Methode historique et sciences sociales, Revue de Synthèse Historique, 6, 1902, S. 1 ff.; vgl. *Burke*, Die Geschichte der »Annales«. Die Entstehung der neuen Geschichtsschreibung, 2004, S. 17 f. Dort auch ein Glossar der von Braudel und seinen Mitstreitern (vor allem Lucien Febvre, Marc Bloch, George Duby, Jaques Le Goff) benutzen und seither gebräuchlich gewordenen Begriffe.
9 Vgl. die dezidiert unter dem Gesichtspunkt der »longue durée« angelegte zivilrechtliche Studie von *Mohnhaupt*, Privilegien als Sonderrecht in europäischen Rechtsordnungen, Studien zur europäischen Rechtsgeschichte 343, 2024.

Arbeitsrechts (Kap. 2). Denn ihm sind zwei zeitlose Phänomene eigen, gewissermaßen seine tektonischen Elemente:

- das in den einleitenden Zitaten von Smith und Stahl angesprochene ewige Null-Summen-Spiel um Lohn und Arbeitszeit

und, was bezogen sowohl auf Gesellen im zünftigen Handwerk wie auf Knappen im alten Bergbau durchweg übersehen wird,

- die gewissermaßen natürliche Neigung von abhängig Beschäftigten, wenn mehrere/viele von ihnen in der gleichen Lage sind, ihre Interessen als Vertragspartei kollektiv wahrzunehmen.

Über diesem immergleichen Grund gilt es die wechselnden »Kurzkonjunkturen« auszumachen. Dabei scheidet der »Götze Chronologie« auch aus einem fachlich immanenten Grund aus. Denn schon der alleroberflächlichste Augenschein zeigt, dass es nicht »die« Geschichte des Arbeitsrechts gibt. Denn hier, wie in den allermeisten Lebenszusammenhängen, haben wir es nicht mit einer Geschichte im Singular sondern einer Pluralität vieler Geschichten zu tun. Um ihnen allen in ihren je einzelnen Gesetzmäßigkeiten gerecht zu werden, müsste man mit Thomas Nipperdeys Anforderungen an die Geschichtsschreibung im Zeichen der »Vielfalt« folgendes erfüllen: »*Die vielen, vielen Vergangenheiten werden nicht in einem Projekt oder einer Perspektive vereinheitlicht, sondern sie gelten in den Perspektiven der vielen Vorgeschichte.*«[10] Aber das, ein Blick auf das Inhaltsverzeichnis dieses Buches zeigt es, wäre eine »mission impossible«.

So gilt es Kategorien, Blickwinkel zu finden, die »Einheit <u>und</u> Vielfalt« (Nipperdey) nachvollziehbar und verstehbar macht. Hier erscheinen insbesondere von Reinhart Kosellek für eine allgemeine Geschichtsbetrachtung entwickelte Kriterien nützlich. Er entwickelte die Vorstellung von »*Zeitschichten*«, mit dem die »*Pluralität der Zeiten*« zu einem Hauptthema der Geschichtswissenschaft gemacht wurde.[11] Auch der Fall des Preußischen ALR – als Paradebeispiel einer »Gleichzeitigkeit des Ungleichzeitigen« hat in einer solchen Sicht nichts Befremdliches mehr.[12] Und eine solche Betrachtungsweise wird erst recht interessant, wenn es um die Entwicklungslinien für die Zukunft geht. Muss und kann das immer so weitergehen? Ich mache bereits jetzt darauf aufmerksam, dass das Konzept des »Betriebes«, an den z. B. Sinzheimer seinen Bedarf an neuem »autonomen« Recht festmacht (Kap. 3), an seine Grenzen gekommen sein könnte (Kap. 35).

---

10 *Nipperdey*, Einheit und Vielfalt in der neueren Geschichte, in ders., Kann Geschichte objektiv sein?, 2013, S. 299.

11 Vgl. *Kosellek*, Zeitschichten, 2003 (6. Aufl. 2021).

12 Diese Kategorie geht zurück auf *Ernst Bloch*, der sie für die Gegensätzlichkeit zwischen allgemeinem zivilisatorischen Fortschritt und insbesondere der NS-Barbarei benutzte (vgl. *Bloch*, Erbschaft dieser Zeit, 1935).

Produktiv wird eine solche nicht-lineare Sicht auf die historische Zeit mit dem insbesondere von Lucian Hölscher entwickelten Konzept der *»Zeitfiguren«*. Damit werden die großformatigen Bilder Koselleks herunter gebrochen auf *»temporale Grundbausteine«*.[13] Sie kommen wie gerufen, um die so unzugänglich und nicht bezwingbar erscheinende Menge der Informationen über die »normative Ordnung der abhängigen Arbeit in der Zeit« zu bändigen. Sie eröffnen verschiedene Sichtachsen auf das historische Geschehen und machen die unübersehbare Fülle der Informationen über die »langweilige« Erzählung entlang einer linear-gerichteten Chronologie erheblich besser handhab- und verstehbar. Damit wird Rechtsgeschichte so etwas wie *»Rechtsvergleichung in der Dimension der Zeit«*.[14]

Das bezieht sich nicht nur auf die jeweils einschlägigen Normen und Fakten einschließlich »Mängelanzeigen« hinsichtlich Forschungsdefiziten zu sog. Rechtstatsachen. Die Nutzung solcher »Zeitfiguren« ermöglicht einen neuen Blick auf bislang so nicht gesehene Verbindungen, Kausalzusammenhänge und subjektive Vorstellungen der historischen Akteure; im Gerichtsgebrauch würde man von »inneren Tatsachen« sprechen (die zumeist eo ipso, manchmal auch absichtsvoll nicht offen zutage liegen[15]).

Natürlich sind die von Hölscher für die »große« Geschichte vorgeschlagenen Kategorien nicht umstandslos anwendbar auf unsere zusätzlich eigenen fachlichen Gesetzmäßigkeiten folgende Materie. Aber, wie man sogleich sehen wird, lassen sie sich doch unschwer fortentwickeln. So werden folgende Kategorien den »Zweiten Allgemeinen Teil« dieses Buches strukturieren:

- »Der große Augenblick«: Hotspots der Arbeitsrechtsentwicklung (Kap. 7);
- »Pfadabhängigkeit«: Weichenstellungen (Kap. 8);
- »Die vergangene Zukunft«: Nicht realisierte Konzepte und Visionen (Kap. 9);
- »Geschichtsbrüche«: Anomalien (Kap. 10);
- »Fortschritt«: Gibt es den im Null-Summenspiel des Arbeitslebens? (Kap. 11);
- »Rückschritt«: Deregulierung (Kap. 12);
- »Die große Persönlichkeit«: Akteure (Kap. 13).

Das war's aber noch nicht! All diese verschiedenen Sichtachsen vermitteln zwar einen schon recht plastischen Eindruck des Arbeitsrechts, aber nur »im Großen und Ganzen«. Es fehlen die Teilgeschichten mit jeweils ganz besonderer Eigengesetzlichkeit und Entwicklung, mit ihren *»vielen Vorgeschichten«* (Nipperdey).

---

13 *Hölscher*, Zeitgärten, S. 17.

14 *Mestitz*, Zur Wirkungsgeschichte des Arbeitsrechts, in Steindl, Hrsg., Wege zur Arbeitsrechtsgeschichte, 1984, S. 2; vgl. *Noll*, Gesetzgebungslehre, 1973, S. 88.

15 Ernesto Klengel und ich haben bei der Erforschung der Entstehung des Kündigungsschutzgesetzes feststellen müssen, dass alle daran Beteiligten – aus unterschiedlichen Gründen – absichtsvoll zur Verschleierung der relevanten Fakten beigetragen haben (vgl. *Kittner/Klengel*, Kündigungsschutzgesetz, S. 229ff.).

Das sollen die immer noch nur die wichtigsten Sachbereiche umfassenden »Besonderen Teile« dieses Buches liefern.
Aus alledem erhoffe ich mir ein vertieftes Verständnis dessen, *»wie es wirklich gewesen ist.«*[16] Mit der Nutzung des berühmten (vielfach missdeuteten) Ranke-Diktums bekenne ich mich zu einem »Historismus« in strengem Wortsinne, denn »Geschichte« existiert nur als Unikat. Man mag es drehen und wenden wie man will: Alle historischen Fakten haben sich schlichtweg nur einmal und nur in einer Ausfertigung ereignet. Nur hatten niemals alle Menschen die gleiche Kenntnis davon, bzw. Kenntnis von allen Tatsachen. Meine Aufgabe als Historiker begreife ich – anspruchsvoll und bescheiden in einem – darin, ein möglichst vollständiges »Protokoll« dieser Vergangenheit zu fertigen. Darüber hinaus gehende Deutungen und Geschichtsphilosophie sind nicht Sache dieses Buches. Wenn seine Erkenntnisse sich dafür als nützlich erweisen sollten, umso besser!

7. Der »große Augenblick«

Aller Strukturgeschichte ungeachtet, kommt die Geschichtsschreibung praktisch jedes Lebenszusammenhangs nicht ohne die Zeitfigur des »großen Augenblicks« aus. Sie entwirft den geschichtlichen Verlauf *»von einem bestimmten geschichtlichen Punkt aus, der als starker Eingriff in den Ablauf der Ereignisse deren Ablauf entscheidend bestimmt oder oft auch vollkommen wendet.«*[1] Mit ihm wird das Kontinuum des chronologischen Geschichtsverlaufs gesprengt und die Vorhersehbarkeit künftigen Geschehens in Frage gestellt.
Was als Konzept so eingängig erscheint, hat seine Tücken: So steht z. B. die Schlacht bei Waterloo als geradezu synonym für das Ende Napoleons. Indes: Aber fing das nicht schon vorher an, jeweils in Form eines »Anfangs vom Ende«, mit dem fehlgeschlagenen Russlandfeldzug oder der Völkerschlacht bei Leipzig? Oder kann in diesem Kontext nur ein zwar wichtiges aber im Gesamtzusammenhang kleines Einzelereignis den Anspruch des »großen Augenblicks« für sich beanspruchen: das überraschende und schlachtentscheidende Eingreifen des preußischen Feldherrn Blücher?
Solche Abgrenzungsprobleme haben wir in unserer Geschichte nicht. Auf sie bezogen, kann kein Zweifel bestehen an drei Ereignissen im Zeitalter des Kapitalismus, die eine solche Qualität hinsichtlich inhaltlicher Bedeutung und Folgenträchtigkeit aufweisen (die sehr lange dauernde Zeit des zünftigen Wirtschaf-

16 *Ranke*, Sämtliche Werke, Bd. 33/34, 1885, S. 231.

1 *Hölscher*, Zeitgärten, S. 257.

tens war denkbar arm an spektakulären Einzelaktionen, selbst hinsichtlich ihres Endes, Kap. 9). Das waren die Novemberrevolution 1918 und die Ernennung Adolf Hitlers zum Reichskanzler 1933. Alle beiden hatten – im Kontext der dramatischen Veränderung für die ganze Gesellschaft – vor allem auch eine jeweils tiefgreifende Umgestaltung der Arbeitsverfassung zur Folge. Zum Teil zielten sie genau darauf ab. Und mehr noch: Sie standen in einem ursächlichen Nexus, der das Scharnier bildete zwischen dem »langen« 19. und dem beginnenden 20. Jahrhundert. 1933 war der »actus contrarius« zu 1918. Das bedarf der Erklärung.
Die Novemberrevolution ist nur zu verstehen mit ihrem Vorlauf. Das ist trivial, gewinnt aber gesteigertes Interesse, wenn dessen lange Dauer und seine massiven Fortwirkungen über 1918 hinaus in den Blick genommen werden.
Diese Geschichte setzt nämlich noch im Vorfeld der Reichsgründung mit der Aufhebung des Koalitionsverbots durch die §§ 152, 153 der GewO des Norddeutschen Bundes im Jahre 1869 ein.[2] Denn praktisch unmittelbar nach der Freigabe von Gewerkschaftsgründungen und einer ersten »Streikwelle« ab dem Jahr 1872 setzten Roll-back-Aktivitäten von Politik und Arbeitgebern ein, die über eine Reihe fehlgeschlagener Gesetzesvorhaben, das »Sozialistengesetz« von 1878 bis 1890, polizeiliche und vereinsrechtliche Schikanen und einer zunehmend repressiver werdenden Rechtsprechung bis zum Beginn des Ersten Weltkriegs mit unverminderter Hartnäckigkeit anhielten (Kap. 2).[3] Die ökonomisch dominanten Unternehmen der Schwerindustrie und der Zukunftsbranchen Chemie, Elektro und Maschinenbau hielten ihre Betriebe »gewerkschaftsfrei« und lehnten den Abschluss von Tarifverträgen kategorisch ab. Zumal vor dem Hintergrund der Wahlerfolge der Parteien der späteren »Weimarer Koalition« (SPD, Zentrum und Linksliberale), die in den Jahren vor dem Krieg stabile Reichstagsmehrheiten errangen, erschien eine Lösung dieses Fundamentalkonflikts unvorstellbar. Er wurde durch den Weltkrieg nur suspendiert, mit Zugeständnissen an die Gewerkschaften, die diese auch nach Kriegsende beibehalten wissen wollten, wovon aber die Arbeitgeber nichts wissen wollten (zu den Arbeiterausschüssen aufgrund des »Hilfsdienstgesetzes« siehe Kap. 27).
Dieses »neutralisierte Rennen« wurde durch die seit Mitte 1918 unübersehbar gewordene Kriegsniederlage beendet, deren Begleiterscheinungen – Versorgungsmängel und Vertrauensverluste – die *»größte aller Revolutionen«* auslösten.[4] Dabei kam mehreres zusammen: Die herrschenden Mächte kollabierten widerstands- und lautlos, und an ihre Stelle traten im ganzen Land Arbeiter- und

2 §§ 152, 153 wurden nach Gründung des Deutschen Reichs unverändert in dessen GewO übernommen.
3 Eingehend beschrieben in *Kittner*, Arbeitskampf, S. 255ff.
4 So der Chefredakteur des liberalen »Berliner Tageblattes«, Theodor Wolf, schon am 10.11.1918 (vgl. *Gerwarth*, Die größte aller Revolutionen, 2018).

Soldatenräte, zunächst ohne kohärente Vorstellungen über eine Neugestaltung der Gesellschaft. Aber: Weil es nun einmal *Arbeiter*-Räte waren,[5] konnte nicht ausbleiben, dass die seit der Oktoberrevolution 1917 in Russland populäre, obgleich diffus gebliebene Räte-Idee die Köpfe beherrschte.[6] Für einen Moment stand die »soziale Frage« im Mittelpunkt aller auch staatspolitischen Fragen, wie es weitergehen sollte.

Freilich handelte es sich bei den Hauptbeteiligten an dieser Revolution nicht um voraussetzungslos von der Gunst des Augenblicks an die Spitze getragene, nach allen Seiten offene Personen. Vielmehr war es so, dass das aktive Personal der Räte von den lokalen Gliederungen der sozialdemokratischen Parteien und Gewerkschaften gestellt wurde,[7] die die Gelegenheit sahen, ihre im Kaiserreich unerfüllt gebliebenen Vorstellungen auf die Tagesordnung zu setzen. Daraus konnten die Spitzen der Gewerkschaften das Mandat ableiten, unverzüglich nach der Proklamation der Republik durch den »Rat der Volksbeauftragen« am 10. November 1918[8] Verhandlungen mit den Spitzenverbänden der Wirtschaft über eine Neuordnung der Arbeitsverfassung aufzunehmen. Das Resultat lag schon am 15. November 1918 vor, das »Arbeitsgemeinschaftsabkommen« bzw., nach den Verhandlungsführern[9], »Stinnes-Legien-Abkommen«.[10] Es enthielt alle Elemente einer neuen Arbeitsverfassung: Anerkennung von

- Gewerkschaften,
- Tarifverträgen und
- Arbeiterausschüssen.

Dazu kam der Verzicht der Arbeitgeber auf »gelbe« Werksvereine (als im allerletzten Moment, nur schweren Herzens gegebene Zusage), die Verabredung auf eine gemeinsame sozial-partnerschaftliche Verwaltung der Wirtschaft, eben die »Zentralarbeitsgemeinschaft«, sowie, als besondere »Trophäe« der Gewerkschaften, die Einführung des Acht-Stunden-Tages.

---

5 Die Soldaten, vor allem die Matrosen, spielten ihre wichtige Rolle vor allem in der Anfangszeit als Multiplikatoren des Revolutionsgedankens auf ihrem Weg von der Front nach Hause in alle Regionen Deutschlands.

6 Vgl. *Kolb*, Die Arbeiterräte in der deutschen Innenpolitik 1918–1919, 1962; *von Oertzen*, Betriebsräte in der Novemberrevolution, 2. Aufl. 1976.

7 Bemerkenswert ist, dass die Mitglieder der in allen größeren Betrieben vorhandenen Arbeiterräte offenbar keine Rolle in den Revolutionsräten spielten (vgl. *Däubler/Kittner*, Betriebsverfassung, S. 163) – ein Ausdruck der Tatsache, dass die Basis der Gewerkschaftsorganisation damals nicht der Betrieb, sondern der Wohnort war (vgl. *Nipperdey*, Deutsche Geschichte 1866–1918, Bd. 1, 1990, S. 323).

8 RGBl. 1918, 1303.

9 Hugo Stinnes war der führende Schwerindustrielle der damaligen Zeit und Carl Legien der Vorsitzende der Generalkommission der freien Gewerkschaften, später des ADGB.

10 Vgl. *Kittner*, Klassenkompromiss zur Unzeit – Stinnes-Legien-Abkommen 1918, SR 2019, 118; *Krüger*, Das Stinnes-Legien-Abkommen 1918–1924, 2018.

Schon einen Monat später wurde geklärt, dass das alles in einer parlamentarischen Demokratie realisiert werden sollte. Der »Allgemeine Kongreß der Arbeiter- und Soldatenräte« beschloss am 18. Dezember 1918 mit großer Mehrheit, den Weg für die Wahl einer Nationalversammlung freizumachen.[11] Und schon am 23. Dezember 1918 erließ der aus den Gewerkschaften kommende Arbeitsminister Gustav Bauer die TarifvertragsVO mit der erstmaligen Kodifizierung des Tarifvertrags als »unmittelbar und zwingend« geltendes autonomes Recht und Arbeiter- und Angestelltenausschüssen als vor allem der Umsetzung der Tarifverträge dienende, den Gewerkschaften nach- und untergeordnete Institution. Die Arbeiterräte erzwangen jedoch in einer »zweiten Revolution im Frühjahr 1919 ein regelrechtes »Betriebsrätegesetz«, das am 9. Februar 1920 in Kraft trat, der formale Beginn des fortan so bezeichneten »dualen Systems« der Interessenvertretung (Kap. 9).

Das alles konzedierten die Arbeitgeber, weil sie in Sorge waren, die Gewerkschaften könnten, getrieben von ihrer die Betriebe beherrschenden Arbeiter-Basis, sich für eine »Sozialisierung« der Wirtschaft entscheiden (immerhin stand als erster Punkt der Proklamation des Rats der Volksbeauftragen im Reichsgesetzblatt, dass die neue Regierung sich zur Aufgabe gesetzt habe, *»das sozialistische Programm zu verwirklichen«*). Jedenfalls war unübersehbar, dass die Arbeitgeberzusagen nur der aktuellen Not geschuldet waren und ihre Revision für die große Mehrheit der Unternehmer praktisch gleich nach der Unterschrift unter das Abkommen auf der Tagesordnung stand.[12] Deren Verwirklichung wurde zum »basso continuo« der Weimarer Republik.

Dies ist nicht der Ort, um die grundsätzliche Frage, was alles ursächlich für den Nationalsozialismus war, zu erörtern. Aber eines ist völlig gewiss: Der Wunsch der bedeutendsten Unternehmerfraktion sich aus den Fesseln des Tarifvertragssystems zu lösen, war einer der zentralen Stränge der zum Ende der Weimarer Republik führenden Ursachenkette. Eine Art Startschuss gab der Haupt-

---

11 Allgemeiner Kongreß der Arbeiter- und Soldatenräte, Kongressbericht, 1919, Wiederabdruck 1972, Sp. 176. Die Wahlen zur Nationalversammlung fanden am 19.1.1919 statt (vgl. *Däubler/Kittner*, Betriebsverfassung, S. 162f.). Über diese turbulente Phase gibt es, nicht verwunderlich, eine überaus intensive historische Debatte, allerdings mit einer nahezu grotesken Neigung zur kontrafaktischen Ventilierung dessen, was »man« hätte anders machen können; insbesondere die »Versäumnisse« bis »Verbrechen« der SPD werden gegeißelt. Dabei geht z.B. unter, was Kahn-Freund nüchtern unter außenpolitischen Aspekten feststellt: *»Die Hinwendung zu einer Rätediktatur hätte den unmittelbaren Weitermarsch der Entente-Truppen zur Folge gehabt«* (KJ 1981, 183, 193).

12 Im Falle des Acht-Stunden-Tages hatten sich die Arbeitgeber das bereits in einem von Ernst Borsig und Carl Legien unterzeichneten Separatabkommen für den Fall zusichern lassen, dass es dazu keine internationalen Vereinbarungen »für alle Kulturländer« geben würde (vgl. *Kittner*, Klassenkompromiss zur Unzeit – Stinnes-Legien-Abkommen 1918, SR 2019, 119).

geschäftsführer des »Vereins Deutscher Eisen- und Stahlindustrieller«, Jakob Reichert, in einem Vortrag am 30. Dezember 1918 bei rheinisch-westfälischen Handelskammern, in dem er seiner Klientel die Situation vor Kriegsbeginn in Erinnerung rief und ihnen damit drastisch vor Augen führte, was sie alles durch die Revolution verloren hatten: »*Stärker als die internationalen Organisationen der Arbeiterklasse waren meines Erachtens die des Kapitals. Mächtiger waren auch die Organisationen der Unternehmer im Inlande als die der Arbeiter und Angestellten. Diese Tatsache war für die Haltung der Industriellen gegenüber Organisationen der Arbeiter bestimmend. Sie konnten gestützt auf die mächtigen Verbände der Wirtschafts- und der Arbeitgeberpolitik es vielfach ablehnen, mit den Organisationen der anderen Seite zu paktieren. Bei Lohnkämpfen waren die Industriellen fast stets im Vorteil.*«[13] Dieses verlorene Paradies wollten sie wieder zurück.
Einen ersten dramatischen Lakmus-Test lieferte der Kapp-Lüttwitz-Putsch von 1920: Außer den Chemie-Industriellen weigerten sich alle anderen, den Putsch ausdrücklich zu verurteilen (die Chemie-Industriellen waren auch die einzigen, die in Weimar ihre tarif-feindliche Haltung ablegten; alle anderen Industriebereiche außer Holz und Bau lehnten den freiwilligen Abschluss von Tarifverträgen ab und nahmen nur Zwangstarife durch Schlichterspruch hin[14]). Das Präsidium des »Reichsverbands der Deutschen Industrie« (RDI) verweigerte eine eigene Stellungnahme und auch eine solche der »Zentralarbeitsgemeinschaft« und verständigte sich auf die Position, »*dass wir uns zwischen den beiden Regierungen neutral halten sollten.*«[15] Vor diesem Hintergrund gewinnen die arbeits- und sozialpolitischen Stationen der Weimarer Republik, die hier eine vertiefte Behandlung im Kontext der jeweiligen Sachthemen erfahren werden, ihre Qualität als die eines »Kreuzwegs«.
Für den Augenblick seien sie als Wegmarken hin zum 30. Januar 1933 nur kurz benannt:[16]

- Widerstand gegen durch Schlichterspruch »oktroyierte« Lohnerhöhungen;
- Bruch der herrschenden Unternehmerfraktion mit der Republik in der sog. Silverberg-Kontroverse 1926;
- Beseitigung des Ein-Mann-Schlichterspruchs durch das Reichsarbeitsgericht nach dem Ruhreisenstreik 1928;
- Hinausdrängen der SPD aus der Reichsregierung 1931; Präsidialkabinette Brüning, Papen; Schleicher; »Preußenschlag« 1932;
- »Auflockerung« der Tarifverträge durch Notverordnungen.

---

13 Abgedruckt in *Peters/Gorr*, Hrsg., Anerkennung und Repression. Dokumente zur Tarifpolitik in der Metallindustrie 1918–1945, 2009, S. 149.

14 Vgl. *Kittner*, Arbeitskampf, S. 472f.

15 Vgl. *Kittner*, Arbeitskampf, S. 422.

16 Eingehend *Kittner*, Arbeitskampf, S. 468ff.

Aus dieser Zeit haben wir ein Dokument, das auf atemberaubende Weise geradezu ein Klon des Schlachtrufs von Axel-Henry Bueck aus dem Jahre 1911 ist, ein Brief des führenden Schwerindustriellen der Zeit, des Generaldirektors der Gutehoffnungshütte, Paul Reusch, an den Präsidenten des RDI, Ludwig Kastl: »*Die Industrie war bisher zu feige, den Kampf mit den Gewerkschaften mit aller Schärfe aufzunehmen. Das ganze Unheil, das über uns gekommen ist, ist nicht zum geringsten Teil auf die Gewerkschaften zurückzuführen, von denen sich seit Revolutionstage alle Regierungen mehr oder weniger beeinflussen ließen und die im Hintergrund tatsächlich regiert haben. Wir haben den Fehler gemacht, in der Vergangenheit die Regierungen zu bekämpfen, statt dass wir die Gewerkschaften mit aller Schärfe bekämpft haben und sollten aus diesem Fehler nunmehr die entsprechenden Schlussfolgerungen ziehen.*«[17]

Das waren starke und drohende Worte, ein Beleg, das sich der Wind endgültig gedreht hatte. Jetzt fehlte nur noch die Klarheit darüber, wie der jetzt anstehende Kampf gegen die Gewerkschaften praktisch aussehen sollte. Es waren wiederum die Schwerindustriellen, die sich, diesmal in aller Offenheit dazu bekannten, dass die Lösung aller Probleme aus ihrer Sicht in der Beseitigung der Demokratie selbst liege. »Arbeit Nordwest«, ihr wichtigster Arbeitgeberverband bekannte in seinem letzten Geschäftsbericht 1932: »*dass sich* [...] *das Lebensgesetz eines demokratischen Staatswesens, demokratisch im Sinne formaler Parteiendemokratie, also des Staatskollektivismus, zu dem Lebensgesetz persönlich und verantwortlich geleisteter Wirtschaftsführung verhält wie Feuer und Wasser.*« Folglich erteilte »Arbeitnordwest« eine »*Absage an ein entartetes und verfälschtes System.*«

Diese Lösung brachte der »starke Mann« in einer autoritären Rechtsregierung. Adolf Hitler bediente die an der Arbeits-»Front« an ihn herangetragenen Forderungen, und zwar mit einer Schnelligkeit und Rigidität, wie man das möglicherweise so gar nicht erwartet hatte. Noch in den ersten 100 Tagen seiner Herrschaft schaltete er Betriebsräte und Gewerkschaften komplett aus (Kap. 12), und zwar in der für den von Ernst Fraenkel beschriebenen »Doppelstaat« typischen Weise als Kombination von gesetzförmigen und offen kriminellen Aktionen: Als erstes terrorisierten SA-Verbände die seit Anfang 1933 laufenden Betriebsratswahlen, die dann mit Gesetz vom 4. April 1933[18] zunächst bis zum 10. September 1933 verschoben wurden. Dieses Gesetz ermöglichte auch die Entlassung politisch unliebsamer Betriebsräte.[19] Die Gewerkschaften wiederum wurden in einem

---

17 Abgedruckt in *Peters/Gorr*, Hrsg., Anerkennung und Repression, S. 419f.

18 RGBl. I 161. Die Wahlen waren bereits Ende 1931 noch von Brüning/Hindenburg verschoben worden (RGB. I 753). Mit Gesetz vom 26.9.1933 (RGBl. I 667) wurden die Wahlen ein weiteres Mal auf Ende 1933 verschoben – bis es dann nichts mehr zu wählen gab (vgl. *Däubler/Kittner*, Betriebsverfassung, S. 273, 281).

19 Vgl. *Däubler/Kittner*, Betriebsverfassung, S. 279ff.; *Milert/Tschirbs*, Zerschlagung der Mitbestimmung 1933, 2013.

großangelegten, überraschenden Coup der SA am 2. Mai 1933 zerschlagen – eine vollkommen gesetzwidrige Gewaltaktion, bei der die Polizei statt die Täter zu verfolgen die Überfallenen in ihre Arrestzellen einsperrte und nicht vor Misshandlungen und auch Ermordung schützte. Der nächste Akt erfolgte wieder in den Formen des Rechts: Mit dem »Gesetz über Treuhänder der Arbeit« vom 19. Mai 1933[20] ersetzte diese neue Einrichtung das bisherige Tarifvertragssystem: »*Bis zur Neuordnung der Sozialverfassung regeln die Treuhänder der Arbeit an Stelle der Vereinigungen von Arbeitnehmern, einzelner Arbeitgeber oder der Vereinigungen von Arbeitgebern rechtsverbindlich für die beteiligten Personen die Bedingungen für den Abschluß von Arbeitsverträgen*« (§ 2). Kein weiteres Jahr später gab es dann das neue nationalsozialistische Arbeitsrecht mit dem »Gesetz zur Ordnung der nationalen Arbeit« vom 20. Januar 1934.[21]

Das war das Ende des »neuen Arbeitsrechts« von 1918ff. Eine tiefere Zäsur hat es in diesem Lebensbereich nie gegeben – es sei denn, man betrachtet die Welt durch die Brille der damaligen Arbeitgeber, für die dieses Ereignis nichts anderes war als die »Korrektur« des »Unglücks« von 1918 (allerdings wurden ihre Verbände zugleich »Opfer« dieser Rückabwicklung, denn mit dem Verschwinden der Gewerkschaften wurden sie folgerichtig funktionslos und lösten sich bis zum Ende des Jahres 1933 auf; ihre Funktionäre kamen in der »Deutschen Arbeitsfront« und den diversen Institutionen der NS-Wirtschaftsverwaltung unter). So ist die Arbeitsverfassung integraler Teil dessen, was jedenfalls für Deutschland zu Recht als größter »Geschichtsbruch« bezeichnet wird – eine der markantesten »Zeitfiguren« in deren gängigen Registern.[22]

Die dunkelste Zeit der deutschen Geschichte endete nach gut 12 Jahren mit dem Selbstmord Adolf Hitlers am 30. April 1945 und formal der bedingungslosen Kapitulation der deutschen Wehrmacht am 8. Mai 1945. Wenn es um Geschichtsschreibung im Allgemeinen ginge, wäre dies mit Sicherheit der dritte »große Moment« in der deutschen Geschichte des 20. Jahrhunderts. Für die Arbeitsverfassung allerdings erscheint eine solche Hervorhebung als übertrieben. Denn, anders als 1918/19 und 1933, wo die jeweilige Neuordnung binnen weniger Monate etabliert wurde, ließen sich die alliierten Siegermächte, die die unumschränkte Staatsmacht in Deutschland ausübten, erhebliche Zeit mit einer Beseitigung oder Änderung von NS-Gesetzen (Kap. 13).

Je länger das alles zurück liegt, desto deutlicher wird die Periodisierung der deutschen Geschichte: eine etwa 30 Jahre währende Periode von »Beschleunigung und Apokalypse« (so eine weitere der von Hölscher benannten Zeitfiguren) zwischen den beiden langen Perioden des Kaiserreichs und der Bundesrepublik.

---

20 RGBl. I 285.

21 RGBl. I 45.

22 Vgl. *Hölscher*, Zeitgärten, S. 263ff.

Dies gehört offensichtlich zu den spezifischen tragischen Folgen der unterbliebenen Modernisierung des als Demokratie wie Sozialstaat »verspäteten« Kaiserreichs – ein hoher Preis für die vergleichsweise entspannten, nun schon 80 Jahre »Nachkriegszeit«.

8. Hotspots der Arbeitsrechtsgeschichte

Diese Kategorie einer Zeitfigur fehlt in den Registern der allgemeinen Geschichtswissenschaft. Sie ergibt sich aus den Eigenarten des Faches »Arbeitsrecht« bezogen auf die kapitalistische Epoche. Inzwischen ist uns eine Langzeitbetrachtung seit Mitte des 19. Jahrhunderts möglich und dabei springt, ohne dass man in eine vorzeitige Bewertung eintreten müsste, eines geradezu ins Auge: dass diese Materie nicht irgendwie, auf der langen Zeitachse verteilt, in die Welt gekommen ist, sondern dass es herausgehobene Punkte gibt, an denen entweder sehr bedeutende Entscheidungen oder auffällige quantitative Häufungen zu beobachten sind. Und auch das kann schon im Voraus gesagt werden: Sie korrelieren mit herausgehobenen Punkten der allgemeinen Geschichtsentwicklung. Ich nenne sie »Hotspots« der Arbeitsrechtsgeschichte. Dass unsere beiden »großen Augenblicke« obenan dazu gehören, versteht sich, aber es sind natürlich erheblich mehr – allerdings sind es so viele, wie man meinen könnte, auch wieder nicht.
Ganz vorweg stellt sich die Frage, ob nicht die beiden berühmten, lange vor dem wirklichen Einsetzen der Industrialisierung erfolgten, aber aus unterschiedlichen Gründen berühmten Normierungsakte hier am Beginn unserer Liste auftauchen sollten: das Regulativ zur Kinderarbeit 1839 und das Koalitionsverbot von 1845. Ich möchte ihnen diese »Ehre« nicht erweisen, aus unterschiedlichen Gründen. Das »Regulativ« erfolgt so lange Zeit vor der eigentlichen Arbeitsrechts-Epoche, was auch damit zu tun hat, dass es dabei nicht vorrangig um den Schutz der jugendlichen Arbeiter ging (oder, wie die populäre Erzählung besagt, ihre Militärtauglichkeit), sondern vor allem um deren Schulpflicht.[1] Und das preußische Koalitionsverbot ist eine ganz und gar virtuelle Angelegenheit, denn es wurde erlassen, als weder Koalitionen noch Streiks auch nur ansatzweise ein Problem darstellten, aus nahezu wahnhafter »Kommunisten«-Furcht in der Reaktions-Zeit des Deutschen Bundes.[2]

1 Vgl. *Pieper*, Das preußische »Regulativ über die Beschäftigung jugendlicher Arbeiter in Fabriken« von 1839, AuR 2022, G 9. Mit § 136 GewO 1845 wurde die Rücksicht auf den Schulbesuch auf alle »Gesellen, Gehülfen und Lehrlinge« erstreckt.

2 Vgl. *Kittner*, Arbeitskampf, S. 182 ff.

Unmittelbar nach »Regulativ« und Koalitionsverbot folgt ein historisches Groß-Ereignis, in dessen Kontext man durchaus auch Arbeitsrechtliches hätte erwarten können, die Revolution von 1848[3] – allerdings nur mit einem Negativbefund. Die Ergebnisse der Paulskirche waren, bezogen auf die Demokratie im staatlichen Bereich, zwar nur virtuell geblieben, lieferten aber immerhin Muster für künftige reale Veränderungen. Für das Arbeitsleben – besser: für Arbeiter – hatte dieses bürgerliche Revolutionsparlament (dem auch nur ein Arbeiter angehörte) dagegen nichts übrig. Das zeigte sich mit äußerster Klarheit darin, dass sich dort, als es um die Herstellung von Vereinigungsfreiheit ging, keine Hand dafür rührte, diese auch auf Arbeiterkoalitionen zu erstrecken; niemand forderte die Aufhebung der Koalitionsverbote des § 145 der preußischen Gewerbeordnung.[4] Und auch der Mitbestimmung nahm sich die Paulskirchenmehrheit nicht an. Immerhin kam es zu einem Minderheitsvotum im Volkswirtschaftlichen Ausschuss für die Einführung von »Fabrikausschüssen«, der vom Jalousien-Fabrikanten Carl Degenkolb[5] mit Unterstützung des preußischen Sozialreformers Adolf Lette[6] betrieben wurde (zur weiteren Entwicklung der Arbeiterausschuss-Idee siehe Kap. 27).[7]

Nota bene: Wir befinden uns in der Frühphase der Industrialisierung, noch ehe Arbeiter-Probleme für ein Reichsparlament wirklich drängend erschienen. Aber selbst da bedurfte es einer Revolution, um sie selbst in diesem bescheidenen Ausmaß auf der großen Bühne zu thematisieren. Damit ist aber auch schon der Ton gesetzt, in dem sich Derartiges für die Zukunft ereignen sollte: Für substanzielle

---

3 So wie generell für die Entstehung des »neuen Arbeitsrechts« (Kap. 1), handelte es sich auch hierbei um ein gesamteuropäisches Phänomen (vgl. *Clark*, Frühling der Revolution. Europa 1848/49 und der Kampf für eine neue Welt, 2023).

4 Die Paulskirche erwies sich in dieser Hinsicht als getreue Nachfahrin des französischen Revolutionsparlaments, das mit der »Loi Le Chapelier« alle Verabredungen und Arbeitsniederlegungen von Handwerkern, Arbeitern und Tagelöhnern gegen die Freiheit der Industrie und der Arbeit verboten hatte (Art. 8; vgl. *Kittner*, Arbeitskampf, S. 159 f.). Man war sehr erstaunt, dass Spiros Simitis, der sich als einziger in Deutschland mit diesem Gesetz befasst hatte, daran nichts auszusetzen fand (vgl. *Simitis*, Die »Loi Le Chapelier«: Bemerkungen zur Geschichte und möglichen Wiederentdeckung des Individuums, KJ 1989, 157).

5 Er hatte in seinem eigenen Unternehmen einen Arbeiterausschuss eingeführt und darüber auch publiziert: »Entwurf einer Fabrik-Gewerbeordnung. Dem Volkswirthschaftlichen Ausschusse von seinem Mitglied Carl Degenkolb«, 1848 (Kap. 11; vgl. *Däubler/Kittner*, Betriebsverfassung, S. 72 ff.).

6 Er wird uns wieder als erster Antragsteller zur Herstellung der Koalitionsfreiheit im Reichstag des Norddeutschen Bundes begegnen (s. u.).

7 Vgl. *Däubler/Kittner*, Betriebsverfassung, S. 74 ff). 1848 gab es erstmals eine derartige Forderung aus Kreisen der Arbeiter selbst, von solchen der Fabrik von August Borsig in Berlin (a. a. O., S. 69 f.).

arbeitsrechtliche Normierungen bedurfte es außergewöhnlicher Umstände (um es sehr zurückhaltend zu formulieren).

Der kursorische Überblick zur bisherigen Arbeitsrechtsgeschichte hat die bekannte Vielzahl an Normierungen in den verschiedenen Epochen der deutschen Geschichte erwiesen. Schon der erste Blick zeigt: Weder haben sie alle das gleiche Gewicht, noch sind sie auf der Zeitachse gleichmäßig verteilt. Was ihre Bedeutung anbelangt, möchte ich zwei Kriterien gelten lassen:

- die Eigenschaft als Teil des »neuen« kollektiven Arbeitsrechts Tarifrecht/Arbeitskampf und Mitbestimmung sowie
- eine herausragende quantitative und qualitative Bedeutung für das »klassische« Arbeitsschutz- und Vertragsrecht, wobei das Kündigungsrecht eine Schlüsselstellung einnimmt.[8]

Die Auswertung des gesamten Materials führt zu folgendem Ergebnis: Es gibt eine Kette von 11 »Hotspots« staatlicher Regulierung der Arbeitsbeziehungen seit Beginn des Kaiserreichs:

Hotspots der Arbeitsrechtsgeschichte

Jahr	Normen	Regulierungsgegenstand	Kontext
1869	§§ 152, 152 GewO des Nordd. Bundes	Aufhebung des Koalitionsverbots	Vorabend der Reicheinigung unter Kriegsdrohung
1878 ff.	Sozialistengesetz, Sozialversicherung	Bekämpfung sozialdemokratischer Partei und Gewerkschaften, Renten-, Unfall- und Krankenversicherung	Kampf Bismarck/Kaiser gegen die Sozialdemokratie
1889/1891	Arbeiterschutzgesetz	Regelungen zu Arbeitsschutz und Arbeitsvertrag, erstmalige Würdigung von Arbeiterausschüssen	Bergarbeiterstreik 1889, als nationale Bedrohung sogar der Kriegsfähigkeit wahrgenommen, Auslöser für Bismarcks Sturz
1916	HilfsdienstG	Arbeitskräftelenkung, obligatorische Arbeiterausschüsse	Zugeständnisse an die Arbeiterschaft im Rahmen der sog. Hindenburg-Offensive

8 Speziell dazu *Kittner*, Wenn ein Wunsch frei wäre im Arbeitsrecht, AuR 2024, 1.

Arbeitsrecht in der Zeit

Jahr	Normen	Regulierungsgegenstand	Kontext
1918 ff.	TarifvertragsVO, BRG, SchlichtungsVO	Anerkennung der Gewerkschaften, Rechtsgrundlagen für Tarifvertrag und Betriebsvereinbarung, Zwangsschlichtung	Früchte der Revolution, Arbeitgeberzugeständnisse aus Furcht vor Sozialisierung, Schlichtung als Folgen des Nachkriegs-»Chaos«
1933/34	TreuhänderG AOG	NS-Arbeitsverfassung unter Aufhebung aller Elemente des bisherigen kollektiven Arbeitsrechts	Zerschlagung der Gewerkschaften Beseitigung des Kollektivvertrags-Systems der Weimarer Republik
1945 ff.	Aufhebung NS-Gesetze Kontrollrats- und Ländergesetze	Rudimentäre und zersplitterte arbeitsrechtliche Landschaft	Neuanfang nach Ende des NS, Anknüpfung an Weimar
1945 ff.	West: TVG (1948), GG, KSchG, BetrVG, LAGe/BAG zum Arbeitskampfrecht	»Sozialrecht« wie in Weimar, mit Neuem: KSchG, Arbeitskampfrecht à la Nipperdey	Abkehr vom NS, Etablierung der westdeutschen Nachkriegsgesellschaft
1949 ff.	Ost: Gesetzbuch der Arbeit	Arbeitsrecht als Produktivitätsförderung in der sozialistischen Wirtschaftsordnung	Etablierung der DDR als Satellit der UdSSR
1968 ff.	BetrVG 1972, ArbSichG 1974, MitbestG 1976, BAG zu AGB	Substanzielle Verbesserung der betrieblichen und der Unternehmensmitbestimmung sowie des Arbeitsschutzes, Intervention in »Freiwilligkeits«-Reservate	Nutzung der gesellschaftlichen Aufbruchsstimmung, »Sozialliberale« Öffnung der FDP
1985/86	BeschFG, § 116 AFG	Zulassung sachgrundloser Befristung entgegen BAG-GS, Änderung Streikparagraf wegen Arbeitskampf IGM 1984	Roll-back Politik, die z.T. schon mit den »Wende«-Papieren von Albrecht (CDU) und Lambsdorff (FDP) angekündigt waren

Jahr	Normen	Regulierungsgegenstand	Kontext
1989/80	»Sozialunion«, Einigungs-Vertrag	Arbeitslosigkeit und Systemwechsel im Osten »Schleichende Deregulierung«	Zusammenbruch der DDR, Wiedervereinigung

Man kann es ohne große Analyse-Anstrengungen erkennen: So gut wie alle Stationen stehen in kausalem Zusammenhang mit »Krieg« – wirklichem Krieg nach außen – und großem gesellschaftlichen Konflikt bzw. Umbruch im Inneren. Warum das so ist, liegt auch offen zutage: Ich rufe nur das Dictum von Adam Smith zur Eigenschaft der Arbeitsbeziehungen als »Nullsummenspiel« in Erinnerung. Hochaggregiert auf die ganze Gesellschaft ergibt das den sozialen Großkonflikt, dessentwegen wir ja überhaupt von einem säkular neuen Arbeitsrecht reden. Wie könnte es sein, dass Arbeitgeber, die prima vista immer etwas zu »geben« haben, dies freiwillig tun? Da hilft alles Reden von »Modernisierung« und »Effektivierung« der Wirtschaft nicht: Es ist einfach naheliegend, dass der einzelne Arbeitgeber, seine Verbände und die sie unterstützenden politischen Parteien jede Regulierung ablehnen, die »mehr kostet«. Dass sich das (oder mindestens vieles) aus zeitlichem Abstand auf volkswirtschaftlichem Umweg doch rechnet, zählt für die politische Auseinandersetzung um das einzelne Vorhaben nicht. Das macht das arbeitsrechtspolitische Geschäft auf Dauer und bis heute unvermeidlich so »zäh« (Kap. 40) und Fortschritte von Disruptionen, teils gewaltigsten Ausmaßes, abhängig. Stets sehen wir im Hintergrund der jeweiligen Regulierung eine politische Kosten-Nutzen-Rechnung der Unternehmer, was eine Nicht-Gewährung des ungeliebten »Fortschritts« sie alternativ kosten würde.
Die allermeisten dieser Stationen sind in dieser Hinsicht selbsterklärend, jedoch möchte ich sowohl zu den ersten als auch den letzten hier schon einige Bemerkungen machen (insgesamt werden alle mit ihrem genuin fachlichen Gehalt nochmals bei den Kapiteln über die wichtigsten Einzelbereiche aufgerufen).
Gleich die allererste Station sieht nach einem eigentlich harmlosen Modernisierungsschritt aus, mit dem Deutschland lediglich den Anschluss an die in Bezug auf die Koalitionsfreiheit weiter fortgeschrittenen Referenz-Nationen Frankreich und Großbritannien fand.[9] Das würde indes dem Kalkül Bismarcks als dem dafür Verantwortlichen bei weitem nicht gerecht. Denn vorangegangen waren im Reichstag des Norddeutschen Bundes dahingehende Anträge der liberalen Abgeordneten Faucher und Lette seit 1862. Ihre parlamentarische Behandlung

9 Aufhebung der Koalitionsverbote in Großbritannien 1824 und in Frankreich 1864 (vgl. *Kittner*, Arbeitskampf, S. 399).

hatte Bismarck jeweils auf dem Verfahrensweg hintertrieben, bis er am Vorabend des von ihm zumindest erwarteten Kriegs mit Frankreich zu dem Entschluss kam, die Arbeiter soweit wie möglich mit »ins Boot« zu holen. Also übernahm er – mit den beschriebenen »Widerhaken« (Kap. 5) – dieses Vorhaben und ließ die neue Koalitionsfreiheit im Jahr 1869 beschließen. Auch bei diesem Komplex springt seine »Virtualität« im aktuellen historischen Moment ins Auge, denn bei der Verabschiedung des Gesetzes wurden die deutschen Gewerkschaften gerade gegründet. Es liegt auch nahe, dass gerade sein nur prophylaktischer Charakter Irrtümer darüber begünstigt hat, welche tatsächlichen Folgen es haben würde.
Der zweite »Hotspot« ist ein vielbeschriebener, mehraktiger Vorgang: die »Kriegserklärung« an die Sozialdemokratie mit dem »Gesetz gegen die gemeingefährlichen Bestrebungen der Sozialdemokratie« vom 21. Oktober 1878 und die nachfolgende »Kaiserliche Botschaft« vom 17. November 1881, als Anstoß zu dem als Versöhnungsangebot an die Arbeiter gedachten Sozialversicherungsgesetz (Kap. 33). Wenn es um den Kampf gegen die organisierte Arbeiterschaft ging, gab es in der deutschen Geschichte eine Steigerung nur mit dem Nationalsozialismus (Kap. 12).
Dazu einige Bemerkungen zu der so langen wie im Vergleich ereignisarmen Geschichte der Bundesrepublik (der längsten zusammenhängenden Periode moderner Staatlichkeit in Deutschland). Nach meinen Kriterien gehören in die Liste der »Hotspots« nach der Gründungsgesetzgebung und -rechtsprechung drei Ereignisblöcke von ganz unterschiedlichem Zuschnitt: Die »1968er«-Bewegung und ihre Folgen, die »Deregulierungsphase der Regierung Kohl/Genscher und die Wiedervereinigung im Jahr 1990.
Über die »1968er«-Bewegung – als zeitgleiches länderübergreifendes Phänomen vergleichbar mit »1848« – ist unendlich viel geschrieben worden.[10] Auch wenn direkte Kausalitäten nicht wirklich greifbar sind, ist der Zusammenhang zur Aufbruch- und Reformperiode der 1970er Jahre in Deutschland mit Folgen für das Arbeitsrecht unverkennbar.[11] Dafür stand das »Mehr Demokratie wagen« von Willy Brandt 1972 mit dem für eine Koalitionsregierung mit der FDP[12] überraschenden Ausbau der Mitbestimmung (BetrVG 1972 und MitbestG 1976, Kap. 17) und des Arbeitsschutzes (Kap. 29). Dem folgte eine signifikante Zunahme von Betriebs-

10 Vgl. *Brentzel*, 1968 – Bilanz eines Aufbruchs, 2018; *Kraushaar*, Achtundsechzig: Eine Bilanz, 2008.

11 Vgl. *Kempen*, Zeitgenössisches zu den Auswirkungen der »68er-Bewegung« auf das Arbeitsrecht, Kritische Vierteljahresschrift für Gesetzgebung und Rechtswissenschaft 2009, 152.

12 Die Kausalitätssuche führt zu deren »Freiburger Thesen« von 1971, mit denen sich diese bis dahin nationalliberale Wirtschaftspartei zu einem »sozialen Liberalismus« hin öffnete (vgl. *Flach/Maihofer/Scheel*, Die Freiburger Thesen der Liberalen, 1972).

ratsräten: um mehr als 40 % von1972 bis 1978![13] In dieser Zeit setzt auch die Neukonturierung der Rechtsprechung von BVerfG und BAG zur Arbeitsverfassung ein, vor allem die Hinwendung zu einer materiellen Paritätsbetrachtung sowohl im Arbeitskampf- als auch im Arbeitsvertragsrecht (Kap. 17, 24).[14]

Die »Deregulierungs«-Phase, die durchaus auch als Gegenbewegung zu den Ergebnissen der Reformjahre seit 1972 gesehen werden kann, begann mit dem wuchtigen Doppelschlag der Regierung Kohl/Genscher zunächst zum Kündigungsschutzrecht mit dem Beschäftigungsförderungsgesetz 1985 (Kap. 10) und dann der Änderung des »Streikparagrafen« 116 AFG 1986 (Kap. 26). Man muss das nicht als »Krieg« gegen Arbeitnehmer und Gewerkschaften begreifen, aber in einem demokratischen Kontext hat es nie einen tiefer gehenden Eingriff in bestehende Arbeitnehmerrechte gegeben. Dass das keine situationsbedingten »Ausrutscher« waren, demonstrierte die CDU/CSU im Jahr 2005, als sie das Programm der BDA zum Abbau von arbeitsrechtlichem Schutz vollständig in Gesetzgebungsanträge und Wahlkampfprogrammatik übernahm. Das sollte auf spektakuläre Weise erfolglos bleiben (Kap 10).

Es bleibt die Vereinigung der beiden deutschen Staaten im Jahr 1990. Gibt es in deren Umfeld nichts, was es in unser »Ranking« gebracht hätte? Das sieht auf den ersten Blick so aus, denn diese Vereinigung vollzog sich nicht als solche unter »Gleichen«, sondern schon formal als Beitritt der DDR in die Bundesrepublik gem. Art. 23 GG (ohne eine neue Verfassung gem. dem alten Art. 143 GG). So wie die wirtschaftliche Ordnung im Ganzen, hatte auch das »Arbeitsrecht« der DDR keine Chance (zu dessen Ausnahme-Charakter siehe Kap. 15). Der »Vertrag über die Schaffung einer »Währungs-, Wirtschafts- und Sozialunion« vom 18. Mai 1990[15] hatte als Element der zu schaffenden »Sozialunion« eine »*der Sozialen Marktwirtschaft entsprechende Arbeitsrechtsordnung*« (Kap. I Art. 1 Abs. 4) ausgegeben und für die zentralen Bereiche der Arbeitsverfassung die Geltung des bundesrepublikanischen Rechts festgelegt:

Kapitel IV. Art. 17

In der DDR gelten Koalitionsfreiheit, Tarifautonomie, Arbeitskampfrecht, Betriebsverfassung, Unternehmensmitbestimmung und Kündigungsschutz entsprechend dem Recht der Bundesrepublik Deutschland; näheres ergibt sich aus dem Gemeinsamen Protokoll über die Leitsätze und den Anlagen II und III.

---

13 Vgl. Die Quelle 1976, 122; 1979, 347; *Däubler/Kittner*, Betriebsverfassung, S. 561.

14 Die Tatsache, dass jemand wie ich ab 1972 in einer Gewerkschaft wie der IG Metall einen so großen Gestaltungsspielraum erhielt, hat sicher auch etwas Zeittypisches.

15 BGBl. II 537.

Dieses Gemeinsame Protokoll wiederum enthielt eine rechtsstrukturell einzigartige Festlegung, indem es die bundesrepublikanische Arbeitsverfassung komprimiert, wie sie sich vor allem aus der Rechtsprechung des BVerfG und des BAG ergeben hatte, als eine Art Leitlinie für die künftige Gesetzgebung zusammenfasste:

III. Sozialunion

1. Jedermann hat das Recht, zur Wahrung und Förderung der Arbeits- und Wirtschaftsbedingungen Vereinigungen zu bilden, bestehenden Vereinigungen beizutreten, aus solchen Vereinigungen auszutreten und ihnen fernzubleiben. Ferner wird das Recht gewährleistet, sich in den Koalitionen zu betätigen. Alle Abreden, die diese Rechte einschränken, sind unwirksam. Gewerkschaften und Arbeitgeberverbände sind in ihrer Bildung, ihrer Existenz, ihrer organisatorischen Autonomie und ihrer koalitionsgemäßen Betätigung geschützt.
2. Tariffähige Gewerkschaften und Arbeitgeberverbände müssen frei gebildet, gegnerfrei, auf überbetrieblicher Grundlage organisiert und unabhängig sein sowie das geltende Tarifrecht als für sich verbindlich anerkennen; ferner müssen sie in der Lage sein, durch Ausüben von Druck auf den Tarifpartner zu einem Tarifabschluß zu kommen.
3. Löhne und sonstige Arbeitsbedingungen werden nicht vom Staat, sondern durch freie Vereinbarungen von Gewerkschaften, Arbeitgeberverbänden und Arbeitgebern festgelegt.

Damit wurde der Stand des diesbezüglichen Richterrechts auf dem Umweg über einen völkerrechtlichen Vertrag gewissermaßen in den Willen des Gesetzgebers aufgenommen.[16]

Der Einigungsvertrag vom 18. September 1990[17] übertrug dann das gesamt westdeutsche Arbeitsrecht mit für jedes Gesetz spezifischen Übergangsvorschriften auf die »Neuen Bundesländer«[18] und begnügte sich im Übrigen mit Kodifikationsaufträgen für die Zukunft:[19]

---

16 Das konnte man auch hinsichtlich des in Kap. IV Art. 17 genannten Arbeitskampfrechts so sehen.

17 BGBl. II 885.

18 Anlage 1 B Geschäftsbereich des Bundesministers für Arbeit und Sozialordnung.

19 Von diesen Aufträgen wurde nur der Frauenarbeitsschutz im Zuge des neukonzipierten Arbeitszeitgesetzes vom 6. September 1994 (BGBl. I 1170) teilweise neu geregelt. Das Vorhaben eines Arbeitsvertragsgesetzes wurde nicht aufgegriffen (Kap. 38).

Art. 30 Arbeit und Soziales

(1) Es ist Aufgabe des gesamtdeutschen Gesetzgebers,
1. das Arbeitsvertragsrecht sowie das öffentlich-rechtliche Arbeitszeitrecht einschließlich der Zulässigkeit von Sonn- und Feiertagsarbeit und den besonderen Frauenarbeitsschutz möglichst bald einheitlich neu zu kodifizieren,
2. den öffentlich-rechtlichen Arbeitsschutz in Übereinstimmung mit dem Recht der Europäischen Gemeinschaften und dem damit konformen Teil des Arbeitsschutzrechts der Deutschen Demokratischen Republik zeitgemäß neu zu regeln.

Während so im Bereich der »alten« Bundesrepublik alles beim Alten blieb, konnte der Umbruch für die Arbeitnehmer im Osten nicht größer sein: aus der kommunistischen Planwirtschaft (Kap. 15) in die Marktwirtschaft, für viele von ihnen zunächst – oder endgültig – in die Arbeitslosigkeit und für die weiterbeschäftigten – als eine besondere Art der »Deregulierung« (Kap. 10) – eine Unternehmenslandschaft mit signifikant niedriger Tarifbindung (Kap. 22) und Betriebsratsabdeckung (Kap. 27).
In der von da an gemeinsamen Zeit hat es zwar eine Vielzahl von geringer dimensionierten arbeitsrechtlichen Änderungen gegeben – ein weiterer arbeitsrechtlicher »Hotspot« blieb aus (es sei denn, man zählte das Intermezzo der Corona-Pandemie dazu). Angesichts des martialischen gemeinsamen Nenners (Krieg und Kriegsfolgen) könnte allerdings durchaus die Bemerkung naheliegen: Wie gut, dass es keine Umstände gibt, die zur größeren Umgestaltung des Arbeitsrechts Anlass geben! Das macht die Frage nach seiner sachnotwendigen Fortentwicklung in »friedlichen« Zeiten nicht weniger spannend.

9. »Pfadabhängigkeit«: Weichenstellungen

Die spannendste Frage aller Geschichtsschreibung ist die nach dem »Warum?« Was sind die Faktoren, aufgrund derer die Entwicklung so verlief, wie sie verlief? Das ist insbesondere relevant, um die Differenzen zu anderen, mit Deutschland vergleichbaren Nationen zu erklären (Kap. 19). Dies nachzuvollziehen, dienen gleich mehrere sehr geläufige Zeitfiguren: obenan das aussagekräftige Bild der »Weichenstellung« als einer historischen Situation, in der von (mindestens) zwei Möglichkeiten der Weiterentwicklung die Entscheidung für eine fiel. Daran schließt sich eine »Pfadabhängigkeit« alles Folgenden (ein den Naturwissenschaften entlehntes Bild).[1] Das alles hilft, die historischen Situationen herauszufinden, an denen sich Derartiges ereignet hat, sagt aber noch nichts darüber aus, *warum* der Zug in die eine Richtung weiterfuhr und nicht in die andere. Zu Klarheit hierüber gehört, sich in die Köpfe der in der jeweiligen historischen Situation Handelnden hineinzuversetzen, dem nachzugehen, welche Alternativen sie vor sich sahen (was insbesondere auch heißt, nicht Wirklichkeit gewordenen Zukunftsentwürfe wieder aufzurufen).[2]

Für unser Thema liegt auf der Hand, welchen zwei Weichenstellungen unsere Aufmerksamkeit vor allem zu gelten hat, den beiden geradezu im Weltmaßstab als »deutsche Spezialitäten« geltenden Eigenarten unserer Arbeitsverfassung:

- der Trennung von Arbeits- und Sozialrecht[3] sowie
- der »dualen« Arbeitnehmer-Interessenvertretung durch Gewerkschaften und Betriebsräte (Kap. 27).[4]

In beiden Fällen scheint es einfach, das historische Ereignis und die dahin führende Ursachenkette festmachen zu können: Im ersten Fall die »Kaiserliche Botschaft« des Jahres 1881 als Bestandteil des »Zuckerbrot- und Peitsche-Konzepts« von Bismarck im Kampf gegen die Sozialdemokratie (Kap. 33) und im zweiten Fall die legislativen Akte der TarifvertragsVO und des Betriebsrätegesetzes als Folgen der Revolution von 1918 (Kap. 8).

1 *Beyer*, Pfadabhängigkeit, Staatslexikon online, *https://www.staatslexikon-online.de/Lexikon/Pfadabh%C3%A4ngigkeit.*

2 Dem widmet sich inzwischen ein eigener Zweig der Geschichtswissenschaft (vgl. *Hölscher*, Zukunft und Historische Zukunftsforschung, in Jaeger/Liebsch, Hrsg., Handbuch der Kulturforschung, Bd. 1, 2011, S. 401).

3 Die Geschichte der gesetzlichen Sozialversicherung kann und soll hier nicht vertieft werden (vgl. *Stolleis*, Geschichte des Sozialrechts in Deutschland, 2003; *Tennstedt*, Private Vorsorge und sozialstaatliche Intervention – Ein Rückblick auf die historischen Diskussionen zur Begründung des deutschen Sozialstaats, WSI-Mitteilungen 2001, 478). Es sei aber auf eine systemische Folge der Doppelung der Schutzsysteme hingewiesen: Abgrenzungen, Konkurrenzen und Überschneidungen. Diese gemeinsamen und Schnittstellenprobleme von Arbeits- und Sozialrecht wurden erst verhältnismäßig spät analysiert und systematisiert (vgl. *Fuchs*, Zivilrecht und Sozialrecht, 1992; *Deinert*, Privatrechtsgestaltung durch Sozialrecht, 2007; *Eichenhofer*, Sozialrecht und Privatrecht, Vierteljahresschrift für Sozialrecht 1990, 161; *von Maydell*, Zum Verhältnis von Arbeitsrecht und Sozialrecht, in FS Kissel, 1994, S. 761 ff.). Die prominentesten derartigen Fälle in der Geschichte betrafen – und betreffen – die Rolle der Kurzarbeit in der Weltwirtschaftskrise 1929 und der Covid-Pandemie 2020 (Kap. 31), das Kurzarbeitergeld in Arbeitskämpfen (Kap 26), das Verhältnis von Arbeitsvermittlung und »Leiharbeit« (Kap. 36) und die Beachtung des Sozialrechts in Auflösungs- und Abwicklungsverträgen (Kap. 31; zur Gesamtheit der diesbezüglichen Konstellationen vgl. *Deinert*, Sozialrecht. Handbuch für die betriebliche Praxis, 2025).

4 Vgl. *Bender*, Betriebsrat und Gewerkschaft. Zur Historizität dezentrierter Arbeitspolitik, in Stolleis/Streeck, Hrsg., Aktuelle Fragen zu politischer und rechtlicher Steuerung im Kontext der Globalisierung, 2007, S. 247 ff.

Das ist in beiden Fällen offensichtlich richtig, greift aber nicht weit genug aus, wie denn dem »Weichensteller«-Bild die Tendenz zur Simplifizierung komplexerer Zusammenhänge innewohnt. In beiden Fällen setzt die Erklärung sehr viel weiter in der Vergangenheit an, und zwar bemerkenswerterweise beim gleichen Sachverhalt. Denn weder hat Bismarck die Sozialversicherung aus dem Nichts geschaffen, noch die Weimarer Republik das Doppelphänomen Gewerkschaft/Betriebsrat. In beiden Fällen gab es Strukturen mit einer weit zurückreichenden Tradition.

Im Falle der Sozialversicherung liegen die Dinge einfach: Da ist mit Händen zu greifen, dass Bismarck nichts Neues schuf, sondern an die zahlreichen lokalen und betrieblichen Kassen anknüpfen konnte, deren Vereinheitlichung ganz ohne die Sozialismus-Bekämpfungs-Komponente als Akt der »Modernisierung« im neu geschaffenen Einheitsstaat gelten konnte. Dass das aber als zu ordnender »Wildwuchs« existierte, war dem Vorbild der alten Zunft- und Bergbauordnung geschuldet. Deren Existenz und Ende war zugleich zentral für die Erklärung der Herausbildung der deutschen Gewerkschaften *neben* den vorhandenen Arbeiterausschüssen.

Hier erklärt der Vergleich der deutschen mit der englischen und französischen Entwicklung alles, wobei das alles Entscheidende der Unterschied des »Heiligen Römischen Reichs Deutscher Nation« zu diesen beiden anderen Staaten war: England und Frankreich waren Zentralstaaten mit ungeteilter Königsmacht in allen Landesteilen, Deutschland dagegen ein Konglomerat von staatsrechtlich selbstständigen Reichsteilen. Das heißt, das eine freie Reichstadt umgebende Territorium (meist das eines Landesherrn) war für diese Ausland. Und das wiederum bedeutete: In einer Stadt streikende Gesellen konnten für die Dauer des Streiks vor die Tore der Stadt ziehen und waren für die Stadtherren und deren Polizei unerreichbar (und die Territorialherren hatten kein Interesse an einer Unterstützung der Städte). Daraus und aus der Praxis des Wanderns zwischen den Städten zogen die Gesellenvereinigungen ihre über mehrere Jahrhunderte währende Machtstellung (Kap. 26).

Ganz anders in den beiden großen Nachbar- und Referenzländern. In England wurden die Gesellen vor allem durch die elisabethanische Gesetzgebung zur Sesshaftigkeit gezwungen, was ihre Macht während des Zunftsystems naturgemäß gegenüber den deutschen Kollegen stark einschränkte.[5] Nach dessen ökonomischen Ende aber waren ihre Vereinigungen, ganz im Unterschied zur deutschen Situation, ganz einfach da als Vorläufer der Gewerkschaften, die organisch aus diesen weiterwuchsen – ohne jeden Bedarf nach eigenen Institutio-

5 Vgl. *Kittner*, Arbeitskampf, S. 168ff.

nen neben diesen.[6] In Frankreich war alles ganz anders, jedoch mit ähnlichen Spätfolgen: Dort waren Gesellenvereinigungen während der ganzen Königszeit weitestgehend illegal und mussten damit zurechtkommen. Und die Revolution von 1789 verschärfte solche Verbote sogar für alle Arbeitnehmer mit der »Loi Le Chapelier«. Auch hier gab es für die gleichwohl einsetzende Phase der Gewerkschaftslegalisierung keinen Grund für zwei unterschiedliche Strukturen.[7] Es kam gewissermaßen automatisch zu einer erst rudimentären, dann elaborierteren Tarifvertragspraxis in Form von Arrangements mit sei es verstetigten, sei es ad-hoc-Arbeitnehmer-Zusammenschlüssen (auf betrieblicher wie überbetrieblicher Ebene).[8]

In Deutschland wurde die bis Ende des 18. Jahrhunderts so eindrucksvolle, ökonomisch allerdings bedrohte Stärke der Gesellenvereinigung mit einem Schlag zunichtegemacht: Mit der Umkehr des berühmten Wortes von Thomas Nipperdey zu Beginn seiner »Deutschen Geschichte« hieß es vielmehr: *»Am Ende war Napoleon«*. Denn er hatte die Auflösung des »Heiligen Römischen Reichs Deutscher Nation« verfügt, die dann mit dem berühmten »Reichsdeputationshauptschluß« von 1803 erfolgte. Mit ihm wurden die bis dahin unabhängigen Reichsstädte bis auf wenige Ausnahmen[9] »mediatisiert«, d.h. staatsrechtlich in die umliegenden Territorialherrschaften eingegliedert. Mit diesem Wegfall ihrer bisherigen Schlüsselkomponente kam die ökonomisch ohnehin bedrohte Gesellenmacht abrupt an ihr Ende. Anders als etwa in England gab es keine organische Weiterentwicklung hin zu »modernen« Gewerkschaften. Stattdessen entstanden in Deutschland unregulierte »Manufakturen« u.Ä., in denen sich aus der Natur der Sache heraus, d.h. wenn eine Mehrzahl von Arbeitnehmern »adressiert« war, eine Struktur kollektiver Selbsthilfe herausbildete – betriebliche Sozialeinrichtungen als Vorläufer von Sozialkassen ebenso wie von Arbeiterausschüssen. D. h., Bismarck wie die Novemberrevolution von 1918 handelten in schon lange vorgeprägten Strukturen.

Sie sind auch verantwortlich für eine weitere Weichenstellung der deutschen Arbeitsgeschichte, von der wiederum eine massive eigene Pfad-Determination ausging: die Gründung der Gewerkschaften. Denn zwei ihrer daraus folgenden Eigenschaften wurden entscheidend für zentrale Ereignisse der folgenden Sozial- wie Arbeitsrechtsgeschichte:

---

6 Vgl. *Brentano*, Die Arbeitergilden der Gegenwart, Bd. 1, Zur Geschichte der englischen Gewerkschaften, 1871; *Webb/Webb*, The History of Trade Unions, 1894 (deutsch von R. Bernstein 1906).

7 *Kittner*, Arbeitskampf, S. 155ff.

8 Vgl. *Rudischhauser*, Geregelte Verhältnisse. Eine Geschichte des Tarifvertragsrechts in Deutschland und Frankreich (1890–1918/19), 2017.

9 Bremen, Frankfurt am Main, Hamburg, Lübeck.

- Die Gewerkschaften wurden nicht von Arbeitern aus den Betrieben, sondern von Vertretern der politischen Parteien gegründet.[10]
- Wegen des zeitlichen Kontextes zur Reichsgründung 1871 traten sie, anders als praktisch in allen anderen Industrieländern, schon als nationalstaatlich zentralisierte Organisationen in die Welt.

Das letztere gab ihnen, möglicherweise bis heute, einen klaren Modernisierungsvorsprung. Allerdings war diese Großdimension für eine flexible und effektive Tarifpolitik eher hinderlich (Kap. 22). Der Parteigründungsaspekt sollte für die Gewerkschaften dagegen überwiegend nur Nachteile mit sich bringen. Ihre organisatorische wie politische Verankerung im Wohnort statt im Betrieb bedeutete ein immanentes Handicap für die Beziehung zwischen »Apparat« und »Basis« und damit eine Belastung für flexible Mobilisierungserfordernisse.[11] Das und die parteipolitische Zersplitterung in drei »Richtungsgewerkschaften« führte zwangsläufig zur Schwächung gegenüber Arbeitgebern und Politik. Dies sollte erst nach 1945 mit dem Konzept der »Einheitsgewerkschaft« überwunden werden.

Damit zu den Alternativen, aus denen nichts geworden ist. Ihre Zahl ist für unseren Zusammenhang bemerkenswert umfangreich und geht, wie wir schon im Falle der »großen Momente« gesehen haben (Kap. 7), in die höchsten Sphären system-politischer Entscheidungen. Ganz generell geht es dabei immer um eine Struktur, mit deren Hilfe oder von der aus Einfluss auf die Arbeitsbeziehungen über Tarifvertrag und Betriebsvereinbarung hinaus genommen werden soll.

Das war zu allererst das weite Feld der sog. »Kammern«. Sie waren in der zweiten Hälfte des 19. Jahrhunderts in allen möglichen Variationen Gegenstand der Debatten über die »Arbeiterfrage«. So standen zur Auswahl »Fabrikräte«, »Gewerbeausschüsse«, »Arbeitskammern«, »Arbeiterkammern«, »Wirtschaftskammern« und vieles mehr.[12] Sie alle einte das Bemühen, eine gesetzlich verankerte Institution zur Vertretung von Arbeitnehmer-Interessen zu schaffen, sei es, dass es noch lange gar keine Gewerkschaften gab (z. B. beim Degenkolb-Modell der 1848er-Revolution), sei es, dass sie nach deren Aufkommen als Konkurrenz zu diesen konzipiert wurden. Schließlich – gegen Ende des Ersten Weltkriegs – fanden auch die Gewerkschaften Gefallen an einem solchen Vorhaben und die Regierung brachte mit ihrer grundsätzlichen Zustimmung im April 1918 einen Gesetzentwurf über »Arbeitskammern« im Reichstag ein.[13] Daraus wurde nichts,

---

10 Das lange Vakuum vom Ende der Zunftsverfassung an zeigt, wie wenig Gewerkschaftsgründung vom »Punkt Null« aus ein Selbstläufer ist.

11 Sehr drastisch für den »Deutschen Metallarbeiter-Verband« in der Weimarer Republik *Swiniartzki*, Der Deutsche Metallarbeiter-Verband 1891–1933, 2017, S. 413.

12 Vgl. *Däubler/Kittner*, Betriebsverfassung, S. 78 ff.

13 Regierungsentwurf, Reichstag, 13. Legislaturperiode, 11. Session 1913/18, Drucks. Nr. 1490.

aber nicht, weil man davon abgerückt wäre, sondern weil dieses »kleine« Kammer-Projekt überholt wurde von der »ganz großen« Lösung der Räte aufgrund von Art. 165 der Weimarer Reichsverfassung – und als aus dieser nichts wurde, kam niemand darauf zurück.[14] Ganz anders verlief die Entwicklung in Österreich: Dort kam es nach dem Übergang zur Demokratie ohne Revolution zur Einführung der Kammern.[15] In Deutschland wurde die Forderung nach deren Einführung von den Gewerkschaften auch nach 1945 nicht wieder aufgegriffen; im Gegenteil sie lehnten deren Einführung als mögliche Konkurrenz ab.[16]
Ehe der Grund für das Scheitern der »großen Lösung« angesprochen wird, dürfen zwei für Deutschland im Allgemeinen wie seine Arbeitsverfassung im Besonderen essenziellen Weichenstellungen nicht übersehen werden: die Entscheidung des zentralen Kongresses der Arbeiter- und Soldatenräte für eine parlamentarische Demokratie im Dezember 1918 (Kap. 2) und das Scheitern des Spartakus-Aufstands Anfang Januar 1919.[17] Damit war die weitere Entwicklung in die Hände des Parlaments, des am 19. Januar 1919 gewählten Reichstags, gelegt.
Diese Wahl erwies sich als der wahre »game-changer«. Denn sie brachte ein Ergebnis, das sich für die Zukunft (und jedenfalls bis heute) geradezu als »Tektonik« von Wahlen für Deutschland erweisen sollte: Es gab keine »linke Mehrheit«! Die beiden sozialdemokratischen Parteien zusammen mit dem Zentrum bedurften zur parlamentarischen Mehrheit mindestens eine weitere »bürgerliche« Partei (so wie bereits für eine Mehrheit im Kaiserreichs-Parlament).

Reichstagswahl 1919 – Stimmanteile in %

SPD	DDP	Zentrum	DNVP	USPD	DVP	BVP	Sonst.
37,9	18,6	15,9	10,3	7,6	4,4	3,8	1,6

Quelle: *Falter*, Wahlen und Abstimmungen in der Weimarer Republik, 1986

14 1919 wurde lediglich in Bremen eine Arbeitskammer eingerichtet, sowie – unter Völkerbundaufsicht – 1925 im Saarland.

15 Vgl. *Cerny*, Österreich, in Däubler/Kittner, Betriebsverfassung, S. 684ff.

16 Das BVerfG akzeptierte jedenfalls die bestehenden Arbeitskammern in Bremen und im Saarland (vgl. BVerfG 18.12.1974, BVerfGE 38, 281; Anm. *Kittner*, AP Art. 9 GG Nr. 23). Interessanterweise liegt der gewerkschaftliche Organisationsgrad in beiden Bundesländern höher als in vergleichbaren anderen (vgl. *Löhrlein*, Mitgliederzahlen, in Kittner, Hrsg., Gewerkschaftsjahrbuch 1984, S. 67).

17 Es bleibt bemerkenswert, wie sehr das Andenken hieran vom Entsetzen über den Mord an Rosa Luxemburg und Karl Liebknecht überdeckt wird. Irgendwie ist sehr in den Hintergrund getreten, dass mit ihrer Aktion freie Wahlen zugunsten einer am russischen Modell orientierten Rätediktatur verhindert werden sollten.

Damit war das Schicksal des »sozialistischen Programms« aus dem Aufruf des Rats der Volksbeauftragen (was immer es enthalten mochte) erledigt. Schon der Regierungsentwurf eines Betriebsrätegesetzes wurde unter dem Einfluss der Deutschen Demokratischen Partei als verlängertem Arm der Arbeitgeber kräftig »abgespeckt«. Diese Grundkonstellation sollte so in der Weimarer Republik bleiben, bis die SPD 1930 sogar ganz aus der Regierung gedrängt wurde. Eine Neuauflage der Nachkriegsforderung nach Wirtschaftsdemokratie mit dem sog. WTB-Plan Anfang des Jahres 1932 blieb, auch für dessen Verfasser[18] sicher nicht überraschend, ohne jegliche Resonanz.
Dieser Vorgang sollte sich mit der ersten Bundestagswahl nach dem Zweiten Weltkrieg im Jahr 1949 wiederholen: Obwohl die Sozialdemokraten fest auf ihre parlamentarische Mehrheit im Parlament des neuen (West-)Staates gebaut hatten, mussten sie konsterniert das Gleiche wie 1919 feststellen: Es gab keine Mehrheit für sie![19] Und auch im neuen Staat sollte das so bleiben, im günstigsten Fall blieben Regierungen – ob mit oder ohne sozialdemokratischem Kanzler – unter Beteiligung von CDU/CSU oder FDP.

Bundestagswahl 1949 – Stimmanteile

SPD	CDU	CSU	FDP	Sonstige
29,2	25,2	5,8	11,9	27,9

Bundestagswahl 1949 – Stimmanteile Sonstige mit Bundestagsmandaten

KPD	Parteilos	BP	DP	Zentrum	WAV	DKP/DRP	SSW
5,7	4,8	4,2	4,0	3,1	3,1	2,9	0,3

Quelle: *https://www.bundeswahlleiterin.de*

18 Das waren die gewerkschaftsnahen Wissenschaftler Wladimir Woytinsky, Fritz Tarnow und Fritz Baade (vgl. *Grotkopp*, Der WTB-Plan der Arbeitsbeschaffung, in Bombach u. a., Hrsg., Der Keynsianismus II, 1976, S. 172; *Büttner*, Politische Alternativen zur Brüning'schen Deflationspolitik, Vierteljahresschrift für Zeitgeschichte Nr. 37/1989, S. 209).

19 Im Vertrauen auf die sicher geglaubte künftige Mehrheit verzichteten sie auf viele Festlegungen zur Arbeits- und Sozialverfassung in der künftigen Verfassung. Das bleibt bei aller Zurückhaltung hinsichtlich retrospektiver Urteile merkwürdig angesichts der ja aus freien Wahlen zustande gekommenen Mehrheit im Länderrat des »Vereinigen Wirtschaftsgebiets«.

1949 war es noch schlimmer gekommen. Die erste Regierung Adenauer entschied – in dieser Frage sogar getrieben von FDP und DP – dezidiert gegen jede Form von Wirtschaftsdemokratie.[20] Mit dem Betriebsverfassungsgesetz 1952 wurde eine paritätische Unternehmens-Mitbestimmung, so wie sie noch für die Montanindustrie 1951 konzediert worden war, abgelehnt (Kap. 27).[21] Das gab Anlass, für diesen zweiten Nachkriegs-Neuanfang von einer »verhinderten Neuordnung« zu sprechen, mit der Neuauflage einer kontrafaktischen Diskussion, wie schon zu 1918, was SPD und Gewerkschaften in dieser Hinsicht alles versäumt hätten.[22] Beide blieben zwar noch eine Zeitlang bei ihren Forderungen nach Wirtschaftsdemokratie und insbesondere paritätischer Mitbestimmung, in der weiteren Geschichte der Bundesrepublik gab es jedoch nie mehr eine realistische Chance auf deren Verwirklichung (zu dem von einer sozial-liberal gestimmten FDP ermöglichten MitbestG 1976 siehe Kap. 27). Die Gewerkschaften hielten zwar (bis heute) die Forderung nach einer paritätischen Mitbestimmung entsprechend dem Montan-Modell aufrecht, legten ihr Hauptaugenmerk aber darauf, Vorkehrungen gegen eine »Flucht aus der Mitbestimmung« (nach dem MitbestG 1976), z. B. durch Umwandlung in eine SE oder Sitzverlegung, zu fordern.

Im Anschluss an die Entscheidung gegen Wirtschaftsdemokratie und paritätische Mitbestimmung kam es zu einer weiteren Weichenstellung, die, obwohl von eminenter Bedeutung für die künftige Arbeitsverfassung, als solche völlig unter dem Radar geblieben ist: hinsichtlich des Verhältnisses zwischen Tarifvertragsparteien und Staat. Wenn je der Begriff des »unsichtbaren Augenblicks«[23] in unserem Kontext angebracht sein könnte, dann hier. Ich selbst habe über den entsprechenden Vorgang öfter und eingehend publiziert, ohne dass mir seine dahin gehende Bedeutung aufgegangen wäre: Es handelt sich um den Streik der IG Metall in Schleswig-Holstein 1956/57 um die Lohnfortzahlung im Krankheitsfalle für Arbeiter. Er ist berühmt geworden als erster langanhaltender und

---

20 In drei Ländern war es vor Gründung der Bundesrepublik zu einem Vorspiel dazu gekommen: In Bremen, Hessen und NRW standen Betriebsverfassungsgesetze auf der Tagesordnung (die eine Mitbestimmung des Betriebsrats in wirtschaftlichen Angelegenheiten vorsahen, in Hessen wurde es sogar verabschiedet). Diese wurden von den Besatzungsmächten verhindert, vorgeblich, um eine »Präjudizierung« des späteren Bundesgesetzgebers zu vermeiden. Das wurde nicht zu Unrecht als »Präjudizierung durch Nicht-Präjudizierung« bezeichnet (vgl. *Däubler/Kittner*, Betriebsverfassung, S. 336 ff.).

21 Der gewerkschaftliche Protest mit dem sog. Zeitungsstreik war erkennbar halbherzig (vgl. *Kittner*, Arbeitskampf, S. 598 ff.).

22 Vgl. *Schmidt*, Die verhinderte Neuordnung 1945–1952, 1970; *Huster u. a.*, Determinanten der westdeutschen Restauration 1945–1955, 1973.

23 Vgl. *Raulff*, Der unsichtbare Augenblick. Zeitkonzepte in der Geschichte, 1999, S. 50 ff. Raulff meint vor allem im Zeitfluss praktisch nicht bemerkte, weil sehr schnell vorübergehende Ereignisse.

erfolgreicher Streik der neugegründeten IG Metall in der Fläche und auch wegen seines Nachspiels vor Gericht (die IG Metall wurde wegen einer Fristverletzung bei der Urabstimmung zu einem hohen Schadensersatz verurteilt).[24] Und er wurde gewürdigt wegen des daraus erwachsenden Bedeutungsgewinns für die IG Metall als innenpolitischer Akteur.[25]

Was aber bislang nicht gesehen wurde, ist, was es seither nie mehr gab: einen Arbeitskampf um eine vergleichbare Forderung. Um das richtig einordnen zu können, muss nochmals auf die Vorgeschichte dieses Streiks zurückgeblendet werden, in die Zeit nach der Niederlage der Gewerkschaften in der Frage der Neuordnung der Wirtschaft mit der Entscheidung für das BetrVG 1952. Das hatte sie ins Mark getroffen und geradezu desorientiert. Für *alle* Gewerkschaftsfunktionäre war es ausgemacht gewesen, dass es nach der Kriegsniederlage des Nationalsozialismus und der von einer breiten Mehrheit übereinstimmend gesehenen Diskreditierung des Kapitalismus[26] zu einer wie auch immer gestalteten »Demokratisierung der Wirtschaft« kommen würde, mit sich selbst an entscheidenden Positionen.[27] Dafür waren sie sogar bereit gewesen, auch die Autonomie des Tarifsystems zu opfern.[28] Was tun also, nachdem aus dem alles nichts wurde?

In dieser Situation wies Otto Brenner, der damalige erste Vorsitzende der IG Metall, den Weg. Er propagierte ein »Aktionsprogramm«, mit dem die Gewerkschaften alles bündeln sollten, was sie aus eigener Kraft für eine Neuordnung der Wirtschaft und zur Interessenvertretung auf die Beine stellen würden. Dieses Programm wurde 1955 beschlossen und zielte auf das nunmehr für machbar Angesehene, auf Reformen im Kapitalismus: Arbeitszeitverkürzung, gerechter Anteil am Sozialprodukt durch aktive Lohnpolitik, bessere soziale Sicherheit, gesicherte Mitbestimmung und verbesserter Arbeitsschutz. Die IG Metall ging

---

24 Vgl. *Kittner*, Arbeitskampf, S. 633.

25 Vgl. *Kittner*, Handlungs- und Konfliktfähigkeit von DMV und IG Metall, in Hofmann/Benner, Hrsg., Geschichte der IG Metall, 201, S. 101, 174.

26 Zu erinnern ist an das Ahlener Programm der CDU vom 3.2.1947: »*CDU überwindet den Kapitalismus*«.

27 Ich habe dazu als Zeitzeuge eine Anekdote: Im Jahre 1961 (!) besuchte ich als Student ein Gewerkschaftsseminar über »Demokratisierung der Wirtschaft«. Referent war der für dieses Thema berühmte Fritz Vilmar, damals Bildungsreferent der IG Metall und später Politologieprofessor (zu einem Nachruf auf ihn AuR 2016, 114f.). Er stellte das neu zu organisierende Wirtschaftssystem der Bundesrepublik in Form von wohlabgestimmten Fluss- und Kästchendiagrammen dar, was in mir (wie in allen anderen Seminarteilnehmern auch) geradezu ein »Erweckungserlebnis« auslöste: Ja, so musste eine funktionierende und gerechte Wirtschaft aussehen! Als ich dann selbst ein Referat darüber bei einer befreundeten Studentengruppe hielt (mit kritischen Nachfragen, wie das funktionieren sollte), wurde mir schlagartig »mulmig«.

28 Vgl. *Kittner*, Arbeitskampf, S. 563.

danach gleich selbst mit gutem Beispiel voran. Im von der prosperierenden Werftenindustrie geprägten Schleswig-Holstein legte sie nahezu die ganze Forderungspalette des »Aktionsprogramms« als Tarifforderungen vor. Wenn man ihre damaligen Vorstandsprotokolle liest, kann man sich nur wundern über das dabei herrschende Ausmaß von Optimismus und Naivität. Erst nach längeren Verhandlungen spitzte sich das auf das eine Thema »Lohnfortzahlung« zu. Das Ergebnis war ein erster tarifpolitischer Schritt auf dem Weg zu einer vollständigen Lösung, und er wurde zu einem sozialpolitischen Erfolg in der Breite, nachdem der Gesetzgeber das Thema mit dem »Gesetz zur Verbesserung der wirtschaftlichen Sicherung der »Arbeiter im Krankheitsfalle« vom 26. Juni 1957[29] aufgegriffen hatte (mit einer endgültigen Regelung im »Lohnfortzahlungsgesetz« 1969).

Und nun kommt das Interessante: Über das alles hat es in der IG Metall keine »Manöverkritik« gegeben, niemand hat mehr darüber gesprochen (außer in der Erinnerungskultur das Hohelied über den ruhmreichen Arbeitskampf). Aber stillschweigend waren sich alle Entscheidungsträger darüber einig, ein solches Wagnis kein zweites Mal einzugehen. Mit der – freilich ganz anders gearteten – Ausnahme des kurzen Arbeitskampfs um »Humanisierung der Arbeit« im Jahr 1973 in Baden-Württemberg, konzentrierte sich die IG Metall mit arbeitskampfträchtigen Konflikten auf Entgelt und Arbeitszeit (im weitesten Sinne, Kap. 22). Themen, die man zwar auch tarifpolitisch angehen könnte, die aber nach allgemeinem Verständnis Sache des Gesetzgebers waren, ließ man in dieser Sphäre. Auf der anderen Seite, in der Politik, wurde ebenfalls nicht darüber gesprochen, aber: Es wird bis heute sehr genau registriert, was Gewerkschaften notfalls sich selbst »vor die Brust nehmen« könnten. Hier liegt sicherlich ein, wenn gleich nicht handfest qualifizierbarer Hintergrund für das Zustandekommen bestimmter arbeitsrechtlicher Regelungen

10. »Fortschritt«/»Rückschritt« – Regulierung/Deregulierung

»Fortschritt« und »Entwicklung« dürften zu den wohl meistgebrauchten Zeitfiguren der neueren Geschichtsschreibung gehören. Ihr beschränkter Nutzen ist allerdings inzwischen auch Gemeingut, denn da man einen »Fortschritt« als solchen immer nur im Nachhinein feststellen kann, läuft man immer Gefahr, einem in der Vergangenheit noch offenen Geschichtsprozess eine von heute aus

29 BGBl. I 649.

definierte teleologische Richtung zu unterschieben.[1] Außerdem haben die gesellschaftlichen Katastrophen des 20. Jahrhunderts für Ernüchterung gesorgt. Für das Arbeitsrecht speziell gibt es ein kategoriales, fach-immanentes Problem: Was sollte man sich unter »Fortschritt« vorstellen? Vor allem: aus wessen Sicht?
Insofern gilt es in Erinnerung zur rufen, dass arbeitsrechtliche Normierung immer und in erster Linie Intervention in das von Adam Smith beschriebene Null-Summen-Spiel zwischen Arbeitgebern und Arbeitnehmern bedeutet: Was den einen gegeben wird, wird den anderen genommen. Deshalb ist »Arbeitsrecht« immer zugleich Resultat eines Verteilungskonflikts. Zwar ist unbestritten, dass aus späterer und höherer Warte solche Interventionsergebnisse Vorteile für alle bringen können (»Produktivitätsfortschritt«, »Transaktionskostensenkung« etc.), aber das befriedet eine aktuelle Entscheidungssituation typischerweise nicht. Und das wiederum heißt: Mit jeder Intervention zugunsten der Arbeitnehmer oder aus ihrer Selbsthilfe heraus ist eine Gegenreaktion der Arbeitgeber zu gewärtigen, ihr Wunsch nach Revision – »Regulierung« oder »Deregulierung« in modernen Termini.
In einer überschlägigen »Erfolgsbilanz« im Ringen um arbeitsrechtliche Regulierung scheinen, wenn die Katastrophe des Nationalsozialismus ausgeblendet wird, die Ergebnisse der aneinandergereihten »Hotspots« kräftig auf das Konto der Arbeitnehmerseite zu Buche geschlagen zu haben. In der Tat wird niemand bestreiten können, dass Deutschland in dieser Hinsicht im internationalen Vergleich einen vorderen Platz einnimmt. Angesichts dessen ist es nicht verwunderlich, dass die Arbeitgeber nicht gesonnen waren und sind, das – aus ihrer Sicht – jeweils Preisgegebene für immer abzuschreiben. Bei nüchterner Betrachtung kann also die Sehnsucht nach »Reconquista« oder, weniger martialisch, »Deregulierung«, als stets mitlaufender Schatten des arbeitsrechtlichen »Fortschritts« niemanden überraschen.
Zweimal haben sich die daraus folgenden Konflikte auf die »große« Gesamtgeschichte ausgewirkt, beim verbissenen und letztlich erfolglosen Kampf des Kaiserreichs gegen Sozialdemokratie und Gewerkschaften sowie beim unter anderem daraus resultierenden Feldzug gegen die Weimarer Republik und ihr kollektives Arbeitsrecht, von der »Auflockerung« der Tarifverträge zur Beseitigung des ganzen Tarifvertragssystems (Kap. 22). In der diesbezüglich neu geordneten, »beruhigten« Bundesrepublik blieben derartige Entwicklungen auf punktuelle – allerdings schwerwiegende – Eingriffe beschränkt. Erfolglose weitere Versuche indizieren jedoch, dass, wie bei temporär inaktiven Vulkanen, unter geeigneten

1 Vgl. *Hölscher*, Zeitfiguren, S. 234ff.; *Ritter*, Fortschritt, in Historisches Wörterbuch der Philosophie, Bd. 2, 1972, S. 1031ff.; *Wieland*, Entwicklung, in Brunner u. a., Hrsg., 1972, Geschichtliche Grundbegriffe, Bd. 2, S. 199.

Rahmenbedingungen jederzeit ein »Ausbruch« erfolgen kann. Darauf werde ich sogleich zu sprechen kommen.

Zuvor möchte ich noch auf die Gründe für das im europäischen Vergleich so besondere Verhalten der Machteliten im Wilhelminischen Kaiserreich eingehen, denn auch dieses hängt im letzten mit den Faktoren zusammen, die die »longue durée« des deutschen Arbeitsrechts determinieren. Unmittelbar relevant waren zunächst die Beweggründe, warum sowohl Bismarck als auch die Arbeitgeber einer Aufhebung des Koalitionsverbots (Kap. 26) zugestimmt hatten. Bei Bismarck ist an erster Stelle sein fundamentales innenpolitisches Kalkül im Vorfeld der Reichseinigung in Anschlag zu nehmen, auch die erst am Horizont der Geschichte auftauchende Arbeiterschaft mit ins Boot zu holen, gewissermaßen als »Hoffnungswert«. Diese wollte er durchaus, auch im Sinne eines »sozialen Königtums«, gewinnen. Außerdem glaubte er, dass mit der Einräumung der Koalitionsfreiheit bei den Arbeitern die Einsicht in wirtschaftliche Zusammenhänge wachsen und die Streikneigung eher abnehmen werde. Mit dieser Einschätzung lag er auf einer Linie mit den Arbeitgebern und dem Mainstream der Ökonomen. Sie alle hatten England als »benchmark« vor Augen, und es war allen klar, dass die Gewährung der Koalitionsfreiheit in einer ersten Phase durchaus Streiks zur Folge haben würde. Aber man erwartete, so wie in England, recht bald eine »vernünftige« Konsolidierung.[2]

Das alles erwies sich als großer und tragischer Irrtum – nicht so sehr hinsichtlich der prognostizierten Ereignisse, sondern der eigenen Geduld. Tatsächlich kam es unmittelbar nach Ende des deutsch-französischen Kriegs in den Jahren 1870/71 zu einer auffälligen Häufung von Streiks, deren Ursachen in »Gründerkrach« und »Gründerkrise« von 1873 liegen. Streiks nahmen in dieser Zeit auch in anderen Ländern zu, sodass man von einer ersten Streikwelle von europäischer Dimension sprechen kann.[3] Über eine Mitursächlichkeit der Aufhebung des Streikverbots kann man nur spekulieren.

Wie dem auch sei: Die Reaktion von Regierung, konservativen und liberalen Parteien und vor allem Arbeitgebern war blankes Unverständnis. Schon im selben Jahr des »Gründerkrachs«, 1873, gab es die erste rechtspolitische Reaktion: die sog. Kontraktbruchnovelle; mit ihr sollten Streiks ohne Einhaltung der Kündigungsfrist verhindert werden. Sie fand zwar keine parlamentarische Mehrheit, steht aber für den Auftakt der beschriebenen »Roll-back-Politik« des Kaiserreichs.[4]

Es bleibt die Frage: Wie konnte das passieren? Die Antwort findet man unschwer beim Vergleich mit England. Dort gab es eben eine ungebrochene Tradition von

2 Eingehend *Kittner*, Arbeitskampf, S. 220 ff.
3 Vgl. *Kittner*, Arbeitskampf, S. 256.
4 Vgl. *Kittner*, Arbeitskampf, S. 258 ff.

Konflikt und Kompromiss zwischen überwiegend seit zig Jahren vor Ort (ko-) operierender Organisationen. Sie hatten – natürlich auch nicht ohne Turbulenzen und Verletzungen – das wichtigste Prinzip aller Kollektivverhandlungen verinnerlicht: »Man sieht sich immer ein zweites Mal«. Eine solche pragmatische Haltung konnte nicht im Handumdrehen, gewissermaßen aus der Retorte, entstehen. Für die deutschen Arbeitgeber der damaligen Zeit – durchweg das, was wir heute große Mittelständler nennen würden – war die Konfrontation mit streikenden Arbeitern dagegen geradezu ein Kulturschock, und sie ließen alle guten Vorsätze »vor Tische« fahren und setzten fortan auf Repression.
Dass die doch sonst so realitätstüchtigen Arbeitgeber von den »gemütlichen« Patriarchen der ersten Jahrhunderthälfte zu militanten »Herrn-im-Hause«-Arbeitgebern mutierten, wurde ihnen sicher auch leicht gemacht durch die politischen Rahmenbedingungen. Sie fanden mit ihrem nun einsetzenden Kampf gegen die Gewerkschaften den direkten Anschluss an die von Bismarck seit 1871 geradezu als Staatsraison betriebene Niederhaltung der Sozialdemokratie. In diesem Ziel waren sich Regierung, bürgerliche Parteien und Arbeitgeber einig; das trug das Sozialistengesetz mehr als zehn Jahre lang. Das war kein Umfeld für gelassenes sozialpolitisches Experimentieren. Auch insoweit war kein größerer Kontrast zum moderaten konstitutionellen Königreich England denkbar.
Diese eigentümliche Vor-Modernität des Wilhelminischen Kaiserreichs sollte sich als die zentrale Hypothek der infolge der Novemberrevolution 1918 entstandenen Weimarer Republik erweisen. Und der Kampf der vormodern gebliebenen Arbeitgeber gegen die neue Arbeitsverfassung erwies sich gleichzeitig als eine der Haupttriebkräfte für die Zerstörung der Republik insgesamt (Kap. 7).
Nach 1945 war dann alles anders als nach 1918. Die militärische Niederlage war umfassend; es gab keinen Nährboden für eine neuerliche »Dolchstoßlegende«. Die alten Eliten waren verschwunden oder vollständig diskreditiert. Das galt insbesondere für den für die Machtübergabe an Hitler und die Kriegsführung mitverantwortlichen Teil der Arbeitgeber. Im Gegenteil – der größte Teil von ihnen war entschieden für einen Neuanfang mit freien Gewerkschaften und Betriebsräten (Kap. 14).[5] Das heißt: Wir sehen die Arbeitgeber in dieser »Stunde Null« frei von revisionistischen Hintergedanken und Vorbehalten (von fundamentalen Erwartungen an ein »pflegeleichtes« Funktionieren des Tarifvertragssystems abgesehen).
Dafür hatten sie auf den ersten Blick auch ohne Revolution Anlass zur Sorge, vergleichbar denen von 1918. Denn nach Ende von Nationalsozialismus und Krieg erschienen »Sozialisierung« oder »Demokratisierung der Wirtschaft« als durch-

5 Zur Ausschaltung des harten Kerns der alten schwerindustriellen Seilschaften in NRW vgl. *Mallmann*, Arbeit-Nordwest und METALL NRW. Kontinuität oder Diskontinuität, AuR 2017, G 17.

aus realistische Perspektiven. Also sah es für sie zunächst so aus, als ginge es erneut darum, das »Allerschlimmste« zu verhindern. Aber das schien nur so! Die Lage war für sie nicht im Entferntesten so bedrohlich wie im Jahre 1918. Denn, wie wir gesehen haben, sorgten die Alliierten dafür, dass es in der unübersichtlichen unmittelbaren Nachkriegszeit zu keinen unliebsamen »Präjudizierungen« kam (Kap. 9). Und dann sorgte das Wahlergebnis von 1949 für klare Verhältnisses. So mussten die Arbeitgeber sich zunächst nur darum kümmern, dass die diversen Neuanfänge aus ihrer Sicht nicht zu weitgehend ausfielen.
In dieser frühen Phase der Bundesrepublik spielte ihnen die merkwürdige Mischung aus Sorglosigkeit und Naivität bei den Gewerkschaften in die Hände. Diese wähnten sich den Höhen der Wirtschaftsdemokratie nahe, und die Fixierung auf dieses große, übergeordnete Ziel, hatte, wie schon nach 1918, dieselbe fatale Folge: eine ausgesprochene Geringschätzung des arbeitsrechtlichen »Kleingedruckten«, weil man im Stillen der Überzeugung war, dass man Derartiges gegenüber nach sozialen Gesichtspunkten gelenkten Unternehmen nicht nötig haben werde (zur Vernachlässigung der Streikrechtskodifikation im Grundgesetz siehe Kap. 17; zum KSchG siehe Kap. 31). So konnte sich die Bilanz aus Sicht der Arbeitgeber nach der ersten und zweiten Legislaturperiode der Bundesrepublik sehen lassen:[6]

- die »Demokratisierung der Wirtschaft« aufs Ganze abgewehrt,
- die paritätische Mitbestimmung auf die Montanindustrie eingegrenzt (Kap. 27),
- ein für sie moderates Betriebsverfassungsgesetz (Kap. 27) und
- nur bescheidene arbeitsrechtliche Neuerungen (z. B. das durch den Arbeitskampf in Schleswig-Holstein bewirkte Arbeiterkrankheitsgesetz, Kap. 9.

Jedenfalls hatten sie nach dieser konstitutiven Phase der Bundesrepublik, gegen Ende der 1950er Jahre, keinen Anlass irgendetwas rückgängig machen zu wollen. Mit Ausnahme einer Entscheidung, aber nicht aus Bonn, sondern aus Kassel: Dort hatte der Große Senat des BAG am 12. Oktober 1960 unter Vorsitz von Nipperdey (Kap. 11) entschieden, dass sachgrundlose Befristungen von Arbeitsverhältnissen als Umgehung des Kündigungsschutzgesetzes unzulässig seien.[7] Dieses Urteil war völlig unerwartet,[8] denn das Nachkriegs-»Wirtschaftswunder« war gerade ins Rollen gekommen, mit der historisch niedrigsten Arbeitslosenquote

6 Ich beschränke mich hier auf das Arbeitsrecht und klammere die von den Arbeitgeberverbänden heftig kritisierte und gegen Wirtschaftsminister Ludwig Erhard und die FDP beschlossene Rentenreform von 1956 mit dem Kernelement der »dynamischen Rente« aus (vgl. *Lingen*, Inkrafttreten des Gesetzes über die Reform der Rentenversicherung für Arbeiter und Angestellte).

7 Vgl. BAG-GS 12. 10. 1960, BGE 10, 65 (vgl. *Kittner*, 50 Urteile, S. 99ff.).

8 Während der Ressortabstimmung über den Regierungsentwurf des KSchG hatte der dafür zuständige Ministerialdirektor Herschel zur Beschwichtigung von Gegnern des

von 1,3 %,[9] und in der Privatwirtschaft suchte man dringend Arbeitskräfte, statt darauf zu sinnen, wie man sie so leicht wie möglich wieder loswerden könnte. Obwohl der Sachverhalt also in aktuellen Zeitumständen ein rein akademischer war, war den Arbeitgebern die arbeitsmarkt-strategische Bedeutung völlig klar. Die Korrektur dieser Entscheidung fand sicherlich ihren Platz auf ihrer inoffiziellen Agenda für den geeigneten Zeitpunkt.

Diese »guten Zeiten« aus der Sicht der Arbeitgeber kamen mit dem Aus der Phase der bürgerlichen Nachkriegskoalitionen und dem Eintritt der SPD in die erste Große Koalition 1965 ebenfalls an ihr Ende. Es folgten zwei Legislaturperioden mit einer der ersten sichtbaren Nachkriegsrezessionen, dem »Geist von 1968« und einer Koalition der SPD mit der bis dahin verlässlich Arbeitgeberinteressen vertretenden FDP. Länger allerdings als bis 1982 konnte deren sozial-liberaler Flügel den wirtschafts-liberalen nicht bei der Stange halten.

Aus deren Reihen kam denn auch, vor dem Hintergrund schwerer ökonomischer Rezessionen, der erste öffentliche Anstoß zum Wechsel der Koalition, dem schnell prominente Politiker aus den Reihen der Union beisprangen. Es entstanden Thesenpapiere, die alsbald die Bezeichnung »Wendeschriften« erhielten, in denen das Thema »Arbeitskosten« eine zentrale Rolle einnahm.[10] Das wichtigste war die des FDP-Wirtschaftspolitikers Otto Graf Lambsdorff,[11] »Konzept für eine Politik zur Überwindung der Wachstumsschwäche und zur Bekämpfung der Arbeitslosigkeit« vom 14. September 1982 – einen Monat vor dem konstruktiven Misstrauensvotum, mit dem Helmut Kohl zum Bundeskanzler einer neuen bürgerlichen Koalition aus Union und FDP gewählt wurde.[12] Ihr folgte die »Analyse der wichtigsten Ursachen der Arbeitslosigkeit und Vorschläge zur Eindämmung« des Leiters der CDU-Arbeitsgruppe »Arbeit und Soziales«, Heimo George, vom 13. Juli 1983[13] und in die gleiche Richtung zielende Thesen des niedersächsischen Ministerpräsidenten und stellvertretenden CDU-Vorsitzenden Ernst Albrecht vom August 1983.[14] Ihr gemeinsamer Nenner war der Abbau von Arbeitnehmerschutzrechten und Sozialleistungen mit der Erwartung, dass

---

Gesetzes noch erklärt, dass das geplante Gesetz »*dem Abschluß befristeter Arbeitsverträge nicht entgegensteht*« (*Kittner/Klengel*, Kündigungsschutzgesetz, 2022, S. 192, Kap. 31).

9 Vgl. Bundesagentur für Arbeit, Arbeitslose und Arbeitslosenquoten – Deutschland und Länder (Zeitreihe Jahreszahlen ab 1950), 2020.

10 Vgl. *Jürß*, Sozialpolitische Konzeptionen in der Bundesrepublik Deutschland seit 1982, 1997, S. 43 ff.; *Bickenich*, Der Spiegel 38/1983; vgl. auch *Bobke/Unterhinninghofen*, Arbeitsrecht, in Kittner, Hrsg., Gewerkschaftsjahrbuch 1984, S. 397 (fortan zit. »*Bearbeiter*-Gewerkschaftsjahrbuch«).

11 Er war Vorstandsmitglied eines Versicherungsunternehmens.

12 Handelsblatt 14. 9. 1982; dazu *Zachert*, KJ 1984, 186.

13 CDU/CSU Pressedienst 13. 7. 1983; Handelsblatt 9. 8. 1983; George war auch Vorsitzender des CDU-Wirtschaftsrates und im privaten Beruf Manager bei Siemens.

14 Handelsblatt 27. 8. 1983.

dies die Arbeitgeber zur Schaffung neuer Arbeitsplätze anregen würde, wozu alle drei regelrechte »Proskriptionslisten« vorlegten. Von George kam dabei – soweit ersichtlich erstmals aus derart prominenten Munde – der Vorschlag von Öffnungsklauseln in Tarifverträgen zur Unterschreitung von Tarifbedingungen, z. B. hinsichtlich der Lohnfortzahlung im Krankheitsfalle.

Von solchen Ideen beseelt, die von Kohl zur »geistig-moralischen Wende« veredelt wurden, war die folgende Gesetzgebung der neuen Koalition. Ihr zentraler erster Akt war das »Beschäftigungsförderungsgesetz 1985«, das sich weitestgehend auf individualrechtliche Aspekte beschränkte.[15] Ihm folgen mit etwas Abstand tiefgreifende Eingriffe in das kollektive Arbeitsrecht. Davon waren Änderungen des BetrVG und die Einführung des Sprecherausschussgesetzes sicher Teil der grundsätzlich geplanten arbeitsrechtlichen Vorhaben der Koalition. Der einschneidendste betraf das Arbeitskampfrecht und entsprang einer zeitlichen Koinzidenz mit einem aktuellen Ereignis.

Während der Diskussion über einen »15-Punkte-Katalog« des CDU-Arbeitsministers Norbert Blüm vom Januar 1984, als Auftakt zum späteren BeschFG,[16] ereignete sich der Arbeitskampf in der Metallindustrie um die 35-Stunden-Woche. In ihn geriet das Kurzarbeitergeld an mittelbar betroffene Arbeitnehmer gemäß § 116 AFG zum strategischen Streitpunkt. Nachdem der Präsident der Bundesanstalt für Arbeit, Heinrich Franke, dessen Leistung versagt hatte und danach die Sozialgerichte diese Frage zugunsten der IG Metall entschieden, änderte die Regierung Kohl/Genscher das Gesetz, nach heftigen Auseinandersetzungen, im Sinne der Arbeitgeber, mit dem »Gesetz zur Sicherung der Neutralität der Bundesanstalt für Arbeit bei Arbeitskämpfen« vom 25. Mai 1986 (der nächste »sprechende« Gesetzesname).[17] Diesen Komplex werde ich an der Stelle darstellen, wo er der Sache nach angesiedelt ist, bei der Entwicklung des Arbeitskampfrechts (Kap. 26). An dieser Stelle hat er aber seinen Platz als einer der massivsten Eingriffe in das Streikrecht in dessen gesamter Geschichte.

Zurück zum BeschFG 1985: Es ging nicht ganz so weit wie die »Wende-Papiere«, griff aber unter Berufung auf »Beschäftigungsförderung« durch »Flexibilisie-

15 BGBl. I 710. Mit seinem plakativ-provokativen Namen stand das Gesetz wohl auch am Anfang einer bis heute geübten Praxis, den Gesetzesnamen als »Marketingtool« für seine Popularisierung einzusetzen. Ihm folgten vier weitere Gesetze mit dem gleichen Namen (vgl. *Buschmann*, Geschichte der Beschäftigungsförderungsgesetze, AuR 2017, G 17).

16 Der Minister hatte – gewissermaßen in Vollzug der »Wendepapiere« – einen Katalog von 15 Maßnahmen als Diskussionsgrundlage vorgelegt, um den Arbeitsmarkt *»gelenkiger«* zu machen (Handelsblatt 31. 1. 1984; vgl. *Bobke/Unterhinninghofen*-Gewerkschaftsjahrbuch 1985, S. 468). Der DGB hatte das sofort energisch kritisiert (Handelsblatt 1. 2. und 26. 4. 1984), während die Arbeitgeber das begrüßten, aber teilweise noch weitergehenden Abbau von *»beschäftigungshemmenden«* Vorschriften verlangten (Handelsblatt 17./18. 2. und 2. 5. 1984).

17 BGBl. I 740.

rung« auf vielen Feldern tief in Arbeitnehmerrechte ein. Im Rückblick erwies es sich als Auftakt für zwei Deregulierungs-Dekaden:[18]

- 16 Jahre Kohl/Genscher mit insgesamt vier »Beschäftigungsförderungs«-Gesetzen,[19] sowie
- sieben Jahre rot-grüner Regierung unter Gerhard Schröder mit Eingriffen in die Rentenversicherung (»Riester-Rente«) und vor allem mit der »Agenda 2010«.
- Dem schloss sich ein, nicht zuletzt wegen umfangreicher und tiefgehender Deregulierungspläne, erfolgloser Wahlkampf von Angela Merkel 2005 an.

Das BeschFG 1985 war ersichtlich als »großer Wurf« angelegt. Die Union-FDP-Koalition verwirklichte in der Mitte ihrer ersten Legislaturperiode so viele Vorhaben wie möglich aus den »Wendeschriften«, vor allem zu Teilzeitarbeit, Arbeitnehmerüberlassung, Sozialplänen, Kündigungsschutz (Ausweitung der Kleinbetriebsklausel) und befristeten Arbeitsverträgen.[20] Dies wurde begleitet durch intensive Debatten, als Paradebeispiel für den Kampf um die öffentliche Meinung. Sie erschöpfte sich nicht in dem – erwartbaren – Pro und Contra von Arbeitgeberverbänden und Gewerkschaften und ihnen nahestehender Wissenschaftler,[21] sondern die Regierung setzte zur Unterstützung ihrer über das 1985er Gesetz hinaus reichenden Pläne eine – entsprechend besetzte – »Deregulierungskommission« ein.[22]

Das damals und bis heute umstrittenste Element des BeschFG 1985 war die Zulassung sachgrundlos befristeter Arbeitsverträge. Sie sollte zunächst nur bis zum 1. Januar 1990 gelten, wurde dann aber mit dem »Beschäftigungsförderungsgesetz 1990« zunächst bis 1995 verlängert,[23] dann aber mit dem Beschäftigungsför-

---

18 *Büchtemann*, »Deregulierung« des Arbeitsmarktes: Begriffsbestimmung und sozialstaatliche Implikationen, in ders. u. a., Hrsg., Mehr Arbeit durch weniger Recht?, 1990, S. 229; *Däubler*, Deregulierung und Flexibilisierung im Arbeitsrecht, WSI-Mitteilungen 1988, 449; *Walwei*, Flexibilisierung und Regulierung des Beschäftigungssystems, MittAB 1996, 219.

19 Die beiden nächstfolgenden Gesetze verlängerten jeweils die Zulassung sachgrundloser Befristungen (s. u.), das vierte vom 25. 9. 1996 (BGBl. I 1476) brachte neben einer weiteren Ausdehnung dieser Möglichkeit vor allem eine Lockerung des Kündigungsschutzes (vgl. *Buschmann*, AuR 2017, G 19 f.).

20 Vgl. *Buschmann*, a. a. O.; *Bobke/Unterhinninghofen*-Gewerkschaftsjahrbuch 1985, S. 469 ff.

21 Protagonisten für Pro: *Soltwedel*, Mehr Markt am Arbeitsmarkt. Ein Plädoyer für weniger Arbeitsmarktpolitik, 1984; Kronberger Kreis, Mehr Markt im Arbeitsrecht, 1986; für Contra: *Däubler*, Deregulierung und Flexibilisierung im Arbeitsrecht, WSI-Mitteilungen 1988, 449; *Zachert*, Die Zerstörung des Normalarbeitsverhältnisses, AuR 1988, 129.

22 Vgl. Deregulierungskommission, Marktöffnung und Wettbewerb, 1991.

23 BGBl. I 2406.

derungsgesetz 1996[24] entfristet. Speziell deswegen nannte der »große alte Mann« des deutschen Arbeitsrechts, Wilhelm Herschel (Kap. 11), das Gesetz kurz vor seinem Tode »*Eine Gefährdung der Rechtskultur*«.[25]

Das BeschFG hat eine Reihe von empirischen Untersuchungen ausgelöst, die der Frage nachgegangen sind, ob die vom Gesetz in Aussicht gestellten Beschäftigungseffekte tatsächlich eingetreten sind. Der Befund war insbesondere für die Zulassung sachgrundloser Befristungen recht negativ.[26] Ungeachtet dessen, verteidigten die Arbeitgeber gerade dieses Flexibilisierungswerkzeug mit größter Hartnäckigkeit. In der 19. Wahlperiode von 2017 bis 2021 hatte sich damalige Große Koalition mit einer schon im Koalitionsvertrag ungewöhnlich detaillierten Ausformulierung auf eine Einschränkung sachgrundloser Befristungen geeinigt. Gleichwohl »bearbeitete« die BDA die CDU/CSU mit nicht nachlassender Hartnäckigkeit, womit sie offenbar erfolgreich war, denn ein kurz vor Ende der Legislaturperiode vorgelegter Referenten-Entwurf[27] verschwand ohne jegliche öffentliche Kommunikation darüber wieder in der Schublade. Und anschießend verzichteten die potenziellen Betreiber dieses Vorhabens, SPD und Grüne, mit stillschweigender Billigung durch die Gewerkschaften[28] darauf, es für die nächste Bundestagswahl wieder auf ihre Agenda zu nehmen.

Aber nochmals zurück in die letzte Phase der Regierung Kohl/Genscher: Sie war geprägt durch das sowohl überraschendste als auch einschneidendste Ereignis in der Geschichte der Bundesrepublik, die (Wieder-)Vereinigung 1990. Diese insgesamt zu würdigen, ist hier nicht der Ort. Ihre unmittelbarste Folge war die erneute Kanzlerschaft Helmut Kohls, der nach allen Wahlvorhersagen die Bundestagwahl sonst mit großer Wahrscheinlichkeit verloren haben würde. Für das Arbeitsrecht gab es aus westdeutscher Sicht nichts Neues: Wegen der Art der Vereinigung – Beitritt der DDR in die Bundesrepublik – gab es im »alten« Westen keine Änderungen (Kap. 8). Was den Deregulierungspfad angeht, so hatte die

---

24 BGBl. I 1786. Dieses Gesetz brachte nochmals einen kräftigen Deregulierungsschub beim Kündigungsschutz- und Betriebsverfassungsrecht (vgl. *Buschmann*, AuR 2017, G 20).

25 AuR 1985, 265.

26 Vgl. *Büchtemann/Höland*, Befristete Arbeitsverhältnisse nach dem Beschäftigungsförderungsgesetz (BeschFG 1985), 1989; *Bielenski*, Deregulierung des Rechts befristeter Arbeitsverhältnisse. Enttäuschte Hoffnungen, unbegründete Befürchtungen, WSI-Mitteilungen 1997, 532; zu einem europäischen Vergleich *Walwei*, MittAB 1993, 584; ebenso zu anderen Aspekten der Beschäftigungsförderungsgesetze *Emmerich/Walwei/Zika*, Beschäftigungswirkungen aktueller rechtspolitischer Interventionen im Bereich des Sozial-, Arbeits- und Steuerrechts, WSI-Mitteilungen 1997, 561.

27 Vgl. *Deinert/Kittner*, Die arbeitsrechtliche Bilanz der Großen Koalition 2018–2021, RdA 2021, 257, 266.

28 Vgl. *Kittner*, »Mehr Fortschritt wagen« – Auch im Arbeitsrecht?, AuR 2022, 1.

Regierung mit der Bewältigung der Einigungsfolgen hinreichend zu tun, um ihn zu diesem Zeitpunkt offen weiterzuverfolgen.
Er gewann wieder an Aktualität als Folge der Einigung, oder besser: ihrer wirtschaftlichen Folgen, und zwar zunächst auf einem anderen Feld als der staatlichen Gesetzgebung, der Tarifpolitik. Denn es stellte sich recht schnell heraus, dass vor den »blühenden Landschaften«, die Helmut Kohl 1990 versprochen hatte, ein tiefes »Tal der Tränen« lag. Die Wirtschaft in der ehemaligen DDR kollabierte mit großer Geschwindigkeit, was für Kenner der Materie keine Überraschung war.[29] Dies hatte unmittelbare Auswirkungen auf das Beschäftigungs- und in der Folge das Tarifvertragssystem.
Am dramatischsten entwickelten sich die Dinge in der Metallindustrie.[30] Dort hatten sich die rasch neugebildeten regionalen Arbeitgeberverbände mit der IG Metall schon 1990 auf Entgelttarifverträge verständigt, denen denkbar optimistische Annahmen zugrunde lagen. Als diese nicht eintraten, kündigten die Arbeitgeber diese Tarifverträge fristlos – ein in der Tarifvertrags-Geschichte beispielloser Vorgang. Dagegen rief die IG Metall zum Streik, dem ersten dieser Art unter den neuen Bedingungen. Und dieser Arbeitskampf drehte sich alsbald, neben der zu klärenden künftigen Entgelthöhe, vor allem um eine strategische Frage – weshalb dieser Vorgang hier abgehandelt wird: eine »Öffnungsklausel« im Tarifvertrag für Abweichungen durch die Betriebsparteien.
Diese Art der »Deregulierung im Tarifvertragssystem« begann zu jener Zeit auch in den alten Bundesländern diskutiert zu werden, und es war kein Geheimnis, dass die Arbeitgeber die Tarifgebiete in den neuen Bundesländern als eine Art Labor betrachteten, wo man derartiges ausprobieren und wegen der offenkundigen Schwäche der Gewerkschaften auch pilotmäßig durchsetzen konnte. Allein, sie scheiterten damit an etwas, mit dem sie nicht gerechnet hatten: die Arbeitgeber-Ost erwiesen sich als noch schwächer als die dortige Gewerkschaft. Sie mussten sich deshalb auf einen vor dem Hintergrund ihrer strategischen Hoffnungen

29 Hierzu eine Insider-Zeitzeugen-Beobachtung: Ich war zu diesem Zeitpunkt Mitglied des Aufsichtsrates der AEG, deren Fabriken bei Kriegsende zum überwiegenden Teil in der späteren DDR lagen (weshalb die AEG anders als der große Konkurrent Siemens) nach dem Kriege mit geliehenem Geld wieder anfangen musste. Sofort nach dem Fall der Mauer ließ das Unternehmen den Zustand dieser in der DDR weitestgehend fortgeführten Betriebe untersuchen. Das Ergebnis war niederschmetternd: Keiner war wirtschaftlich überlebensfähig und, noch schlimmer, sie standen durchweg auf derart kontaminierten Boden, dass auch die Grundstücke weniger als nichts wert waren. Die Konsequenz war: Man hielt alles unter der Decke und versuchte jeden Eindruck zu vermeiden, als sei man an Restitution interessiert.

30 Zum Folgenden *Kittner*, Arbeitskampf, S. 689 ff.; *Gesamtmetall*, Hrsg., 125 Jahre Gesamtmetall, Bd. 2, 2015, S. 132 ff., mit ungewöhnlich anschaulichem Bericht über die Verhandlungen zur Beendigung des Arbeitskampfes, S. 143 ff.

lediglich gesichtswahrenden[31] Kompromiss einlassen, sog. Härteklauseln, bei denen in einem zweistufigen Verfahren zunächst – gerichtlich überprüfbar – ein »Härtefall« als Anlass für eine betriebliche Abweichung festgestellt werden musste; diese aber verblieb in der freien Entscheidung der Tarifvertragsparteien.[32] Danach war dieses Thema tarifpolitisch auch im Westen für eine Zeitlang erledigt, bis es 2004 für ganz Deutschland mit dem »Pforzheimer Abkommen« zu einem bis heute haltenden Kompromiss gebracht wurde (Kap. 22).

Für das Arbeitsrecht hatte die deutsche Einigung im Übrigen auf Umwegen noch handfeste Auswirkungen, und zwar über die sich sukzessive einstellenden, aus ihr erwachsenden wirtschaftlichen Belastungen. Denn an das »Konjunkturfeuer« aus den Restrukturierungsinvestitionen im Osten schloss sich eine Phase der Wachstumsschwäche mit steigender Arbeitslosigkeit an; die Rede war von Deutschland als »*kranker Mann Europas*«.[33] Da dies die Gewerkschaften nicht nur in den neuen Bundesländern in Bedrängnis brachte, versuchte die IG Metall einen »Befreiungsschlag« mit der Propagierung eines »Bündnisses für Arbeit« zwischen Gewerkschaften, Arbeitgeberverbänden und Regierung.[34] Diese Initiative verlief nach ersten Gesprächen beim Bundeskanzler zwar erfolglos, hatte aber eine so nicht intendierte, ja kontraproduktive Nebenfolge: Die Chiffre »Bündnis für Arbeit« wurde benutzt, um betriebliche Abweichungen vom

31 In seinem Geschäftsbericht spricht Gesamtmetall selbst von einer »*Mogelpackung*«, a. a. O., S. 147. Eine Folge wurde freilich erst nach und nach deutlich: Viele ostdeutsche Unternehmen zogen es danach vor, überhaupt nicht in den Arbeitgeberverband einzutreten.

32 Auch dazu der Insider-Zeitzeuge: Wegen der großen Bedeutung dieser Frage für die IG Metall führte ich diesen Teil der Verhandlungen in Dresden beim dortigen Ministerpräsidenten, Kurt Biedenkopf, der von beiden Seiten als Mediator dazu gebeten worden war. Er war wegen seiner früheren fachwissenschaftlichen Befassung mit Fragen der Tarifautonomie der denkbar geeignetste Vermittler. Ich hatte mich zuvor mit dem in Frankfurt gebliebenen 1. Vorsitzenden der IG Metall, Franz Steinkühler, über unsere »roten Linien« besprochen und konnte deshalb vorschlagen, die Verhandlungen im kleinen Kreis bei Biedenkopf ohne Rückkopplung mit eigenen Kommissionen zu führen. Dabei habe ich eine Verhandlungssituation wie nie vorher und nie nachher erlebt: Mein Gegenüber, der beinharte und hochprofessionelle Hauptgeschäftsführer von Gesamtmetall, Dieter Kirchner, stand ersichtlich unter der dringenden Erwartung seiner ostdeutschen Verbände, die Sache um jeden Preis an diesem Tag zu Ende zu bringen. Und so ließ er sich auf die ihm gar nicht genehme Lösung mit vielen auch regelungstechnischen Unklarheiten zulasten der Arbeitgeberseite ein, die es mit ihm unten normalen West-Bedingungen niemals gegeben hätte.

33 Vgl. *Sinn*, Der kranke Mann Europas: Diagnose und Therapie eines Kathedersozialisten, 2003.

34 Vgl. *Lang*, Zukunftsdiskurse als Gesellschaftspolitik, in Hofmann/Benner, Hrsg., Geschichte der IG Metall, S. 405, 425 f.; *Arlt/Nehls*, Bündnis für Arbeit: Konstruktion, Kritik, Karriere, 1999; *Urban*, Beschäftigungsbündnis oder Standortpakt. Das »Bündnis für Arbeit« auf dem Prüfstand, 2000.

Tarifvertrag ohne oder gar gegen den Willen der Gewerkschaft im Namen der »Beschäftigungssicherung« zu ermöglichen. In den Worten von Thomas Dieterich, zu dieser Zeit Präsident des BAG: »*Der Zeitgeist verlangte, Gewerkschaften möglichst rauszuhalten, Rechtmäßigkeit hin oder her. Der Betriebsrat ist eben oft ein viel bequemerer Verhandlungspartner als die Gewerkschaft.*«[35] Er bezog sich damit auf eine Praxis betriebliche Vereinbarungen unter offenem Verstoß gegen Tarifverträge, die flankiert wurden von Versuchen, das bereits in der Weimarer Republik allgemein abgelehnte Konstrukt, wonach die Beschäftigung zu untertariflichen Bedingungen stets günstiger sei, als arbeitslos zu sein, wiederzubeleben (Kap. 22).

Nachdem das BAG in seiner Burda-Entscheidung der Umdefinition des Günstigkeitsprinzips einen Riegel vorgeschoben hatte (Kap. 22), trat die Politik auf den Plan, zunächst mit einem überraschenden Hauptakteur, dem damaligen SPD-Kanzler, Gerhard Schröder. Die von ihm seit 1998 geführte rot-grüne Koalition hatte zunächst einige (aber nicht alle) Änderungen des letzten Kohl'schen BeschFG rückgängig gemacht[36] und 2001 auch noch das »Betriebsverfassungsreformgesetz« verabschiedet (Kap. 27). In dieser Phase hatte Schröder auch die unter Kohl ergebnislos betriebene Bündnis-Idee nochmals aufgegriffen und 2000 mit BDA und DGB ein »Bündnis für Arbeit, Ausbildung und Wettbewerbsfähigkeit« verabredet.[37] Dies verlief jedoch ergebnislos im Sande. Danach setzte sich zunächst die BDA ausdrücklich vom Schein einer »Bündnis«-Partnerschaft ab und legte 2002 »*9 Thesen für eine moderne Arbeitsmarktverfassung*« vor (unter dem Slogan »*Wir entfesseln den Arbeitsmarkt*«).[38] Schließlich kam der Paukenschlag der »Agenda 2010«, vielfach ein »*Big Bang*« genannt. Am 14. März 2003 kündigte Gerhard Schröder vor allem einen drastischen Umbau der Arbeitsförderung an und ließ auch das Arbeitsrecht nicht aus.[39] Insbesondere verlangte er von den Tarifvertragsparteien die Vereinbarung von »Bündnissen für Arbeit« und drohte gesetzliche Vorkehrungen dafür an.[40]

Resultate erfolgten für die Arbeitnehmerüberlassung im ersten von vier »Gesetzen für moderne Dienstleistungen am Arbeitsmarkt« (der Titel ein Musterbeispiel des inzwischen obligatorischen »Gesetzes-Marketings«) vom 23. Dezember

---

35 *Dieterich*, Ein Richterleben, 2016, S. 248.

36 Gesetz zu Korrekturen in der Sozialversicherung und zur Sicherung der Arbeitnehmerrechte vom 10.12.1998 (BGBl. I 3843; vgl. *Buschmann*, Rot-grüne Arbeitsrechtsbilanz, AuR 2005, 298ff.).

37 Sozialpolitische Umschau Nr. 51 vom 6.3.2000.

38 Zu einer breit angelegten Konkretisierung vgl. *Bauer*, NZA 2002, 1001; *ders*, Ein arbeitsrechtlicher Wunschkatalog, NZA 2005, 1046.

39 Bundestag, Plenarprotokoll 15/32, S. 2479ff. (vgl. *Wallwei*, Agenda 2010 und Arbeitsmarkt: Eine Bilanz, Aus Politik und Zeitgeschichte 2017, Heft 26, S. 25ff.).

40 Bundestag, a.a.O., 2487.

2002[41] und durch das »Gesetz zu Reformen am Arbeitsmarkt« vom 24. Dezember 2003 (sie wurden allgemein nur noch als »Hartz-Gesetze« bezeichnet, nach dem Vorsitzenden der dafür tätigen Kommission, dem VW Arbeitsdirektor, Peter Hartz).[42] Ziel dieser Maßnahmen war erklärtermaßen, die Arbeitsnachfrage durch Arbeitsflexibilität und die damit verbundene Kostensenkung zu beleben.[43] Mit ihnen wurde die Deregulierungspolitik der Kohl-Genscher-Ära geradlinig weitergetrieben durch folgendes arbeitsrechtliches Maßnahmenpaket:

Arbeitsrechtliche Deregulierung durch »Agenda 2010«

Gesetz	Maßnahmen
KSchG	Anhebung des Schwellenwerts für die Anwendbarkeit des KSchG von fünf auf zehn Arbeitnehmer, Einschränkung der Sozialauswahl und ihrer gerichtlichen Überprüfbarkeit, Erstreckung der dreiwöchigen Klagefrist auf alle Kündigungsarten und -gründe
TzBfG	Erleichterte und längerdauernde (vier Jahre) Befristung für Existenzgründer
AÜG	Aufhebung des Befristungsverbots, des Synchronisationsverbots und von Beschränkungen bei der Überlassungsdauer; zwar Einführung eines »Equal-Pay«-Gebots für Leiharbeitnehmer gegenüber Stammbelegschaften, aber mit Abweichungsmöglichkeit durch Tarifverträge.[44]

Der führende Arbeitsrechtler dieser Zeit, Ullrich Preis, kommentierte das lakonisch: »*Die Agenda 2010 ist bis auf wenige Ausnahmen Kohl von 1996.*«[45]
In diesem Meinungsklima und sicher ermutigt davon, dass ausgerechnet eine rot-grüne Regierung so weit zu gehen bereit war, gingen BDA und BDI in die Offensive. Sie legten im Jahr 2003 in einer gemeinsamen Denkschrift unter dem Titel »Bürokratie abbauen – Mehr Wertschöpfung und Arbeitsplätze« einen umfangreichen Katalog von teils sehr weit gehenden Deregulierungsmaßnahmen vor, sicher nicht ohne Absicht mit dem Arbeitsrecht an erster Stelle. Dieser

41 BGBl. I 4607.
42 BGBl. I 3002.
43 Vgl. *Jacobi/Kluve*, Before and after the Hartz-Reforms: The Performance of Active Labour Market Policy, Zeitschrift für Arbeitsmarktforschung 2007, 45ff.
44 Das wurde zum Einfalltor für Dumping-Tarifverträge durch »gelbe«, sog. christliche Gewerkschaften (vgl. *Ulber/Ulber*, AÜG, 6. Aufl. 2023, § 8 Rn. 7ff.).
45 AuR 2003, 428; vgl. *Buschmann*, Rot-grüne Arbeitsrechtsbilanz, AuR 2005, 298.

gemeinsame Auftritt war ein Ausrufezeichen nach einem halben Jahrhundert »rheinischer Kapitalismus«. Dem folgte eine fundamentale Zäsur bei der Union unter der Führung der seit 2000 amtierenden CDU-Vorsitzenden, Angela Merkel. Am 18. Juni 2005 beschloss die unionsgeführte Bundesratsmehrheit einen umfassenden, an das Arbeitgebermemorandum angelehnten Antrag zum Abbau von Arbeitnehmerrechten, der als nichts anderes denn als fundamentale Kampfansage an Arbeitnehmer und Gewerkschaften begriffen werden konnte.[46] Ihm schloss sich die CDU/CSU-Fraktion im Bundestag am 5. November 2003 an.[47] Schließlich übernahm die Union diese Positionen in ihr Bundestagswahlprogramm.[48]

Deregulierungsforderungen CDU/CSU 2005

Gesetz	CDU/CSU
TVG	10 % Entgeltabschlag für neu eingestellte Arbeitslose möglich, bei Günstigkeitsvergleich möglich unter folgenden Voraussetzungen: • Beschäftigungsaussichten sind gut. • Betriebsrat und 2/3 der Belegschaft stimmen zu.
BetrVG	Betriebsratsgröße und Freistellungen reduziert, Abweichungen vom Tarifvertrag bei »Bündnis für Arbeit«, Betriebs- statt Unternehmensbezug bei Größe für personelle Einzelmaßnahmen und Betriebsänderungen, enge Zeitvorgabe für Interessenausgleich
KSchG	Vereinfachung Sozialauswahl Nichtangreifbarkeit einer Namensliste aufgrund Interessenausgleich, Vorab-Verzicht auf Kündigungsschutz gegen Abfindung, Frist für Kündigungsschutzklage für alle Kündigungsgründe, Anhebung der Schwelle für Kleinbetriebe bei Neueinstellungen, vier Jahre Nichtgeltung des Kündigungsschutzes bei Neugründungen

46 BT-Drucks. 15/1182. Sie ließ dem eine Initiative zur Rück-»Integrierung« der Arbeitsgerichtsbarkeit in die ordentliche Gerichtsbarkeit folgen (Stellungnahme des Deutschen Arbeitsgerichtsverbandes dagegen AuR 2004, 99). Dem lag ebenfalls ein »Positionspapier der BDA zur Neuordnung der Sozial- und Arbeitsgerichtsbarkeit« vom 26.1.2004 zugrunde (vgl. *Rieble*, Hrsg., Zukunft der Arbeitsgerichtsbarkeit, 2005; *Wolf/Balders*, Neuordnung der Arbeitsgerichtsbarkeit, Arbeit und Arbeitsrecht 2005, 86). Beide Initiativen scheiterten angesichts der Mehrheitsverhältnisse erwartungsgemäß im Bundestag).

47 BT-Drucks. 15/1889.

48 Vgl. CDU/CSU, Regierungsprogramm 2005–2009 (vgl. *Deinert/Kittner*, Die arbeitsrechtliche Bilanz der Großen Koalition 2005–2009, RdA 2009, 265, 269f.).

Gesetz	CDU/CSU
TzBfG	Erleichterter Wechsel in Teilzeit, nur anteilige Berücksichtigung von Teilzeitbeschäftigten bei der Berechnung von arbeitsrechtlichen Schwellengrößen, keine sachgrundlose Befristung bei engem sachlichen Zusammenhang mit Vorbeschäftigung
AÜG	»Equal pay« nach 12 Monaten
JArbSchG	Verlängerung der verbotsfreien Arbeitszeit
BGB	Widerspruchsfrist gegen Betriebsübergang sechs Monate

All das wurde nicht Wirklichkeit. Die Union »verlor« die Bundestagswahl zwar nicht in dem Sinne, dass sie nicht stärkste Kraft im Bundestag wurde. Aber sie verfehlte eine ausreichende Stimmenzahl, um mit der FDP eine bürgerliche, »schwarz-gelbe« Regierung bilden zu können, die Basis für die Realisierung ihres marktradikalen Programms.[49] Die Wahlforscher gingen auf der Suche nach einer Begründung für diesen überraschenden Wahlausgang zwar davon aus, dass die Wähler das Wahlprogramm der Union nicht im Detail wahrgenommen haben. Zusammen mit den Steuerthesen des (von Schröder abfällig so genannten) »*Professors aus Heidelberg*«, Paul Kirchhoff, habe es aber einen die Wahl (mit)entscheidenden »*Eindruck sozialer Kälte*« hinterlassen.[50] Die Bürger hätten »*gegen die sich ausbreitende Macht einer primär betriebswirtschaftlich-kaufmännischen Sichtweise*« votiert.[51]

Bei der Union hinterließ diese Abfuhr einen tiefen, bis heute nachwirkenden Eindruck. Ihre Wahlprogramme verzichteten für alle nächstfolgende Wahlen auf nur irgendwie offen aggressive Deregulierungsforderungen.[52] Dass solche deshalb für alle Zukunft vom Tisch sind, wäre allerdings illusorisch: Der besagte Vulkan bleibt tief unten aktiv. Die beiden Unternehmerspitzenverbände BDI und BDA hielten diese Agenda jedenfalls auf »kleinerer Flamme« und unter dem anderen harmloser klingenden Schlagwort »Bürokratieabbau« am Leben.[53] Von

49 Vgl. *Deinert/Kittner*, RdA 2009, 267f.

50 *Jung/Wolf*, Der Wählerwille erzwingt die Große Koalition, Aus Politik und Zeitgeschichte 2005, Heft 51–52, S. 3, 5f.

51 *Korte*, Was entschied die Bundestagswahl 2005?, Aus Politik und Zeitgeschichte 2005, Heft 51–52, S. 12, 16.

52 Vgl. *Deinert/Kittner*, Die arbeitsrechtliche Bilanz der schwarz-gelben Koalition 2009–2013, RdA 2013, 257; 2017, 342; 2021, 257. In einer kleinen Runde, an der ich teilgenommen habe, hat der damalige DGB-Vorsitzende berichtet, Angela Merkel habe ihm versichert, dass sie nie wieder in dieser Weise gegen Arbeitnehmer und Gewerkschaften antreten werde.

den vielen Einzelforderungen zum Arbeitsrecht richtete sich aber nur etwa eine Handvoll tatsächlich auf eine Verbesserung bürokratischer Abläufe (z. B. ein Verfahren zum Kündigungsschutz von Schwerbehinderten aus einer Hand). Alle anderen zielten auf den Abbau vorhandenen Arbeitnehmerschutzes.
Eine Frage ist aber noch offen: Was passiert mit dem Deregulierungswunsch, solange er nicht gesetzlich befriedigt wird? Wird er zurückgestellt, bis sich die entsprechende politische Gelegenheit ergibt? Oder gibt es Selbsthilfe? Damit ist ein Problem angesprochen, das es im Grunde gibt, seit es arbeitsrechtliche Normierung gibt: die Absicht von Arbeitgebern, deren Bindungen zu entgehen, wie eben bei der »Steuer-Vermeidung«. Prominente Beispiele sind viele Konstruktionen, mit denen verschleiert werden soll, dass ein abhängig Beschäftigter Arbeitnehmer ist (»Scheinselbstständigkeit« u. Ä., Kap. 33), »Tarifflucht« in vielen Varianten, bis hin zur sog. OT-Mitgliedschaft (Kap. 22) oder die »Flucht aus der Mitbestimmung« (Kap. 27). Sie begleiten die Geschichte der Regulierung wie ein mitlaufender Schatten und haben, deren zunehmender Dichte geschuldet, in der jüngsten Zeit kräftig zugenommen. Man könnte von »Deregulierung light« sprechen, weshalb zumindest die Erwähnung an dieser Stelle nötig erscheint.

11. »Die große Persönlichkeit«: Akteure

Das Treitschke-Diktum »Männer machen Geschichte« hat ausgedient. Aber Strukturgeschichte ohne »Männer« bzw. »Persönlichkeiten« gibt es ebenso wenig. Also auch hier: Die Mischung macht es!
Wie alle andere Geschichte, ist auch die des Arbeitsrechts nicht vorstellbar ohne die handelnden Personen, nach Karl Popper: »*Institutionen handeln nicht, sondern nur Individuen in oder für Institutionen.*«[1] Die ganz überwiegende Zahl dieser Personen sehen wir dabei als »Kinder ihrer Zeit«, d. h. Menschen, die mit Bezug zu dem Sachthema das tun, was die Umstände erwarten lassen, im Rahmen der realistischen Spannbreite der zeitgenössisch vertretenen Positionen. Aber es gibt auch solche, deren herausragender Beitrag nicht weggedacht werden kann, ohne dass die Dinge im Großen sich so ereignet hätten, wie sie es taten.

53 Vgl. BDI/BDA, Bürokratie abbauen – Mehr Wertschöpfung und Arbeitsplätze, BDI-Drucksachen Nr. 409, 2008; BDA, Bürokratieabbau entschlossen vorantreiben. BDA-Vorschläge für ein Bürokratieentlastungsgesetz IV, Dezember 2023.

1 *Popper*, Die Logik der Sozialwissenschaften, in Adorno u. a., Der Positivismusstreit in der deutschen Soziologie, 1972, S. 103, 122.

Eine derartige Klassifizierung ist naturgemäß heikel, aber ich versuche es trotzdem. Nach meiner ersten Umschreibung erscheint mir als das aussagekräftigste Kriterium für die »große Persönlichkeit« in unserem Zusammenhang ihre Urheberschaft bzw. maßgebliche Beteiligung an den zentralen »Weichenstellungen« für die seither eingeschlagenen »Pfade« unserer normativen Ordnung der abhängigen Arbeit (Kap. 9). Mit diesem Maßstab gibt es für mich keinen Zweifel: Das sind Bismarck, Sinzheimer und Nipperdey. Was andere, immer noch bedeutende Persönlichkeiten mit großem und durchaus auch fortwirkendem Einfluss angeht, komme ich auf 30 bis 40 Personen.[2] Sind das, bezogen auf eine Zeitspanne von etwa 150 Jahren, viele oder wenige? Wir werden sehen.
Damit zunächst zu den drei ganz »Großen«.
Bismarck steht obenan – chronologisch ohnehin – aus zwei Gründen: einmal wegen der Einführung der gesetzlichen Sozialversicherung, allgemein als Grundlage unseres heutigen Wohlfahrtsstaates angesehen, in einer Form, aufgrund derer seither Arbeits- und Sozialrecht eine getrennte Entwicklung genommen haben. Der zweite Grund hängt eng mit dem ersten zusammen. Denn Bismarck tat das nicht aus Menschenfreundlichkeit, sondern in der Form von zwei Komponenten der von ihm veranlassten »Kaiserlichen Botschaft« vom November 1881: *»dass die Heilung der sozialen Schäden nicht ausschließlich im Wege der Repression sozialdemokratischer Ausschreitungen, sondern gleichmäßig auf dem der positiven Förderung der Arbeiter zu suchen sein werde.«* Wenn allgemein von einer Politik von »Zuckerbrot und Peitsche« gesprochen wird, so verfehlt das Bismarcks Herangehensweise um ein Entscheidendes: Bei ihm kam zuerst die »Peitsche« des Sozialistengesetzes vom 21. Oktober 1878[3] und dann das »Zuckerbrot« der Sozialversicherungsgesetze, die freilich diesen Zweck für die Zeitgenossen verfehlte. Dafür waren die zu Anfang gewährten Leistungen einfach zu unattraktiv (bei einem Renteneintrittsalter von 70 Jahren mussten fast nie Renten ausbezahlt werden).
So hat er hier seinen herausragenden Platz auch wegen seiner Hauptverantwortung für ein wegen des Kampfes gegen Sozialdemokratie und Gewerkschaften reformunfähiges Kaiserreich mit den beschriebenen Spätfolgen (Kap. 7). Die wohl folgenreichsten Weichenstellungen nicht nur der deutschen Geschichte insgesamt, sondern gerade auch auf unserem Gebiet sind aufs engste mit seinem Namen verbunden. Es ist im Übrigen eine Ironie der Geschichte, dass auch sein eigenes Schicksal eng mit der sozialen Frage und dem Arbeitsrecht verknüpft

---

2 Diese Personen sind lange ausschließlich Männer. Frauen werden in der arbeitsrechtlichen Community prominent erst ab Ende des 20. Jahrhunderts als Richterinnen und Professorinnen (z. B. Marie Luise Hilger und Heide Pfarr, vgl. *Kittner*, 50 Urteile, S. 17 f.).

3 Gesetz gegen die gemeingefährlichen Bestrebungen der Sozialdemokratie vom 21. 10. 1878, RGBl. 351.

war, denn der letzte Anstoß für seinen Sturz resultierte aus dem Konflikt mit dem neuen, jungen Kaiser, Wilhelm II., über die Arbeiterschutzgesetzgebung nach dem großen Bergarbeiterstreik von 1889 (Kap. 8).[4]

Persönlich war er im Übrigen als preußischer Großgrundbesitzer ein ungeniert auf seine Interessen bedachter Unternehmer. Sein Konzept der Sozialversicherung, speziell das der Unfallversicherung speiste sich nicht zuletzt aus dem persönlichen Antrieb, dass er seine Klassengenossen und sich vor zu weitgehender Haftung gegenüber den eigenen Arbeitnehmern schützen wollte. Eine Verteilung des Risikos durch staatliche Versicherung und ggf. Letzthaftung erschien als das Mittel der Wahl, aber direkte Eingriffe in die Arbeitsbeziehungen durch Arbeiterschutzgesetzgebung lehnte er zeitlebens ab.[5]

Insbesondere polemisierte er bei jeder Gelegenheit gegen jede Form der Arbeitszeitbeschränkung als »*Arbeiterzwang*«. Noch in seiner Autobiographie hielt er dazu fest: »*Es widerstrebte meiner Überzeugung und Erfahrung, in die Unabhängigkeit des Arbeiters einzugreifen wie durch ein gesetzliches Verbot, seine und der Seinigen Arbeitskräfte nach eigenem Ermessen zu verwerten.*«[6]

Hugo Sinzheimers[7] prominente Stellung ist, wenn auch aus anderen Gründen, ebenfalls offenkundig. Denn wenn (nicht nur) unsere Analyse seiner Schlüsselstellung für das moderne Arbeitsrecht zutrifft, kann das gar nicht anders sein. Natürlich liegt es nahe, dass ohne ihn irgendwann später ein anderer kluger Kopf auch auf sein Konzept des Tarifvertrags als autonomes Recht mit unmittelbarer und zwingender Wirkung gekommen wäre. Aber es war nun einmal er, der es als erster »erfunden« hat, und Ernst Fraenkel hat dies zu Recht als »*kopernikanische Wende*« für das Arbeitsrecht bezeichnet. Darüber hinaus vereinigte Sinzheimer in seiner Person alle Eigenschaften, die ihn auch ohne seine Pioniertat als einen der einflussreichsten Arbeitsrechtler seiner Zeit auf unsere Liste geführt hätte: Er war Rechtsanwalt, Wissenschaftler und Politiker – in jeder dieser Tätigkeiten herausragend und in der Kombination ganz einzigartig.

Als Anwalt verkörperte er die frühe Spezies des »Arbeitnehmer«-Anwalts, einschließlich hochrangiger Beratungsaktivitäten auf der Ebene der Gewerkschafts-

---

4 Vgl. *Däubler/Kittner*, Betriebsverfassung, S. 105.

5 Vgl. *Ayaß*, Bismarck und der Arbeiterschutz. Otto von Bismarcks Ablehnung des gesetzlichen Arbeiterschutzes, Vierteljahrschrift für Sozial- und Wirtschaftsgeschichte Nr. 89 2002, S. 400ff.

6 *Bismarck*, Die Gesammelten Werke, Bd. 15, Erinnerung und Gedanke, 1932, S. 489.

7 Die erste Sinzheimer-Biografie in Deutschland war eine Übersetzung von Peter Hanau aus dem Japanischen (vgl. *Kubo*, Hugo Sinzheimer – Vater des deutschen Arbeitsrechts, Schriftenreihe der Otto-Brenner-Stiftung, Nr. 60, 1995; danach insbesondere *Kempen*, Hugo Sinzheimer, Architekt des kollektiven Arbeitsrechts und Verfassungspolitiker, 2017; *Blanke*, Soziales Recht oder kollektive Privatautonomie. Hugo Sinzheimer im Kontext nach 1900, 2005; *Mestitz*, Hugo Sinzheimer und das Arbeitsrecht – einst und jetzt, ZNR 1993, 35).

vorstände (insbesondere des Deutschen Metallarbeiter-Verbandes).[8] Als Wissenschaftler brillierte er im Arbeits- und Verfassungsrecht nicht weniger als in den neuen Disziplinen der Rechtssoziologie und Rechtstheorie.[9] Und daneben seine Lehrtätigkeit: Er war sowohl in der gewerkschaftlichen Bildungsarbeit als auch als Professor an der Universität Frankfurt tätig, die er vor der Auflösung durch die USPD-beeinflusste Landesregierung zu bewahren half (um im Gegenzug die Gründung der »Akademie der Arbeit« und ihre Verankerung in der Universität zu erlangen).[10] Und als Politiker war er ganz unten und ganz oben tätig: In der Stadt Frankfurt, wo er gleich nach der Novemberrevolution für ein halbes Jahr Polizeipräsident war, und dann gleich in der verfassungsgebenden Nationalversammlung, wo er die Artikel über die Koalitionsfreiheit (Art. 159) und die Räte (Art. 165) maßgeblich mit beeinflusste (unser heutiger Art. 9 Abs. 3 GG entspricht nahezu wörtlich dem damaligen Art. 159). Auch auf diesem Feld schuf er Bleibendes bis heute.

Bismarck und Sinzheimer, sie könnten unterschiedlicher nicht sein, und doch verbindet sie aus großer Distanz in der »longue durée« des Arbeitsrechts erheblich mehr, als es erscheint. Denn beide haben Neues mit Lebenskraft bis heute geschaffen – aber nicht aus dem Nichts; sie waren keine »creatores ex nihilo«! Vielmehr schöpften sie aus dem Urgrund allen Arbeitsrechts seit seinen Anfängen: den vor Ort entwickelten Lösungen für kollektive Phänomene. Das waren auf der einen Seite betriebliche und lokale Kassen aller Art, auf der anderen Seite erst standardisierte Arbeitsverträge, dann kollektive »arrangements« unter welcher Bezeichnung auch immer. Sie waren da und heischten nach Lösungen im Sinne von Ordnung und Rechtssicherheit und: Sie lieferten das Rohmaterial für Politiker und Juristen.

Der dritte »Große« ist Hans Carl Nipperdey. Er war seit seiner Dissertation prominent an vielen zentralen wissenschaftlichen Debatten des Arbeitsrechts beteiligt (vor allem auch mit dem schon in der Weimarer Republik erfolgreichen und einflussreichen Lehrbuch zusammen mit Alfred Hueck – »Hueck/Nipperdey«).

8 Berthold Huber, der frühere 1. Vorsitzende der IG Metall, schilderte anlässlich der Gründung des »Hugo-Sinzheimer-Instituts« eindringlich daraus erwachsende praktische Konfliktsituationen (vgl. *Huber*, Hugo Sinzheimer und wir, AuR 2010, 280).

9 Vgl. neben seinen Schriften zum Tarifvertrag die beiden von Thilo Ramm und Otto Kahn-Freund herausgegebenen Bände »Arbeitsrecht und Rechtssoziologie« (Schriftenreihe der Otto-Brenner-Stiftung, 1976; darin besonders seine Antrittsvorlesung an der Universität von Amsterdam nach dem Gang ins holländische Exil 1933 »Das Problem des Menschen im Recht«, Bd. 2, S. 53).

10 Zu den für die damalige Universität schändlichen Umständen seiner Vertreibung durch die Nationalsozialisten im Jahre 1933 vgl. *Simitis*, Einleitung, in Hugo Sinzheimer. Gedächtnisveranstaltung zum 100. Geburtstag, Schriftenreihe der Otto-Brenner-Stiftung, Nr. 7, 1977, S. 9ff.

Und er war als Person und fachlichem Wirken geradezu die Verkörperung des Arbeitsrechts im 20. Jahrhundert, im Guten wie im Schlechten:[11]

- Mit seiner Dissertation noch im Kaiserreich »erledigte« er die unselige Rechtsprechung des RG, wonach Streiks für Tarifforderungen als strafbare Erpressungen angesehen werden konnten.[12]
- In der Weimarer Republik wurde er zu einem führenden bürgerlichen Rechtswissenschaftler, der einen großen Anteil an der dogmatischen Konturierung des neuen Rechtsgebiets hatte. Er scheute keine Kontroverse (z. B. in der Frage der Zulassung von Rechtsanwälten an den Arbeitsgerichten, Kap. 28), sprach sich aber entschieden für ein funktionierendes Tarifvertragssystem ohne Zwangsschlichtung aus. Von ihm kam die entschiedenste Absage an die in Weimar und später wieder in der Bundesrepublik lancierte Perversion des Günstigkeitsprinzips, wonach Arbeit zu untertariflichen Bedingungen günstiger sei als arbeitslos zu sein (Kap. 22).
- Im Nationalsozialismus gehörte er zu den Professoren, die an prominenter Stelle (z. B. mit dem Kommentar zum AOG) »mitmachten, um Schlimmeres zu verhüten« (Kap. 12).
- Nach dem Krieg beteiligte er sich von Beginn an für über fünf Jahre am Neuaufbau einer sozialstaatlichen Arbeitsverfassung als Chefberater des ersten DGB-Vorsitzenden Hans Böckler. In dieser Eigenschaft kamen alle wesentlichen gewerkschaftlichen Impulse für eine neue Arbeitsverfassung von ihm. Als Wichtigstes: Ihm war zu verdanken, dass das wiedererrichtete Tarifvertragssystems weitestgehend frei von Staatsintervention blieb (Kap. 22, 31).
- 1952 wechselte er die Fronten und legte mit seinem Gutachten zum »Zeitungsstreik« für die Arbeitgeber die Grundlagen für das bis heute wirksame Richterrecht zum Arbeitskampf (Kap. 26).
- Mit der Neugründung des BAG im Jahr 1954 wurde er dessen erster Präsident und übte dort maßgeblichen Einfluss auf das Arbeitsrecht des neuen Staates aus (weitgehend »konservativ« im Kollektiven, zum Individualarbeitsrecht

11 Vgl. *Kittner/Klengel*, Entstehung des Kündigungsschutzgesetzes, 2022, S. 54ff.; *Preis*, Hans Carl Nipperdey – mythische Leitfigur des herrschenden deutschen Arbeitsrechts, AuR 2016, G 9; *Hollstein*, Hans Carl Nipperdey (1895–1968) – Kölner Rechtswissenschaftler, Präsident des BAG und juristisches Chamäleon?, in Augsberg/Funke, Hrsg., Kölner Juristen im 20 Jahrhundert, 2012, S. 197ff.; *Rückert*, Nipperdey, Hans Carl, in Deutsche Biographie, Bd. 9, 1999; *Hansen/Tennstedt*, Hrsg., Biographisches Lexikon zur Geschichte der deutschen Sozialpolitik 1871–1945, 2018, S. 140ff.; »Nipperdey«, in Deutsche Biographie, *https://www.deutsche-biographie.desfz72094.html.*

12 Vgl. *Nipperdey*, Grenzlinien der Erpressung durch Drohung unter besonderer Berücksichtigung der modernen Arbeitskämpfe, 1917.

aber mit aufsehenerregenden »fortschrittlichen« Entscheidungen, z. B. zur Lohngleichheit[13] und zum Verbot der sachgrundlosen Befristung[14]).

Abgesehen von den beiden säkularen Figuren Bismarck und Sinzheimer, gibt es im deutschen Arbeitsrecht keine Einzelperson mit einer solchen Epoche-übergreifenden Präsenz (Kap. 8) wie Nipperdey. Insofern gehört er in diesem Gesamttableau zwar (auch) zur Gruppe der Wissenschaftler, ist aber unter diesen nicht nur wegen seiner Jahre als BAG-Präsident, sondern auch seiner »Macher«-Qualitäten ganz unvergleichlich.

Damit sind wir beim übrigen »Personal« unserer Geschichte. Wer waren die Männer, die das deutsche Arbeitsrecht zu dem machten, wie es heute existiert (wie gesagt: Frauen waren sehr lange nicht führend beteiligt)? Ich versuche es zunächst mit einer Strukturierung anhand der typischen Rollen, in denen sie wirkten: Praktiker in Betrieben und Verbänden, Politiker (Minister und Parlamentarier), Regierungsbeamte, Richter und Wissenschaftler. Und schließe die Frage an: Aus welcher Gruppe kamen die wichtigsten Beiträge?

Diese Fragen sind vertrackter, als ein erster Eindruck vermuten ließe. Denn einerseits kann kein Zweifel daran bestehen, dass dies die Akteure aus dem staatlichen Bereich sein dürften, wenn es um die Herstellung von »Normen« geht. Aber andererseits kam alles »Rohmaterial« aus der gesellschaftlichen Praxis für das neue »autonome Recht«, von dem Gierke und Sinzheimer ausgingen. Nur: Die unzähligen Arbeitsordnungen und Kollektivverträge mit den an vielen Orten zugleich entwickelten gestalterischen Novitäten sind für uns Wurzelgrund ohne Namen und Gesichter. Und auch als alles ab dem Ende des 19. Jahrhunderts in »arbeitsrechtliche« Konturen gebracht zu werden begann, geschah dies weitestgehend ohne Männer »aus der Praxis«.

Ich glaube, es gibt dafür Gründe, und zwar selbsterklärend diametral entgegengesetzt: Die Arbeitgeber gestalteten ihr »Arbeitsrecht« mit ihren Arbeitsordnungen für sich allein, sie brauchten keine darüber hinaus gehende konzeptionelle Deutung und weiterführende Normierung. Die Gewerkschaften, als erste »sprechfähige« Protagonisten der Arbeitnehmer, nicht einmal von diesen selbst ins Leben gerufen, sondern von den politischen Parteien, hatten lange genug damit zu tun, »über die Runden zu kommen«. Die bedeutendsten von ihnen, die »freien« Gewerkschaften, standen im Übrigen Arbeiterausschüssen und Tarifverträgen bis Anfang des 20. Jahrhunderts reserviert gegenüber (um das Mindeste zu sagen). Und auch als die Frage einer juristischen Gestaltung der Tarifverträge fachlich spruchreif wurde, gingen führende Gewerkschafter aus ja nicht unbegründetem Misstrauen gegen den Staat eher auf Distanz, statt kodifikatorisch

13 Vgl. *Kittner*, 50 Urteile, S. 81 ff.
14 Vgl. *Kittner*, 50 Urteile, S. 99 ff.

mitzugestalten (Kap. 22). Zu nachträglicher, ahistorischer Idealisierung unter einem »Anti-Verrechtlichungs«-Label der 1968er Jahre besteht kein Anlass.[15]
Bei den Arbeitgebern hat es aber fast über die ganze Dauer des 19. Jahrhunderts hinweg Protagonisten mit weit vor der Zeit und über ihre Zeitgenossen hinausragenden Impulsen für die Gestaltung der Arbeitsbeziehungen gegeben, denen die Geschichtsschreibung, wie ich meine, bei weitem nicht die gebührende Aufmerksamkeit geschenkt hat. Es sind Friedrich Harkort, Carl Degenkolb, Heinrich Freese und Ernst Abbe. Alle vier haben nach der Maxime gelebt: »Tue Gutes und rede darüber«:
Harkort (1793–1880) hat sich als erster der neuen, in der Deregulierungsphase vom Ende des 18. Jahrhundert entstandenen Industriellengeneration zu den Rechten der Arbeiter bekannt. In seiner »Mechanischen Werkstatt« in Schönthal bei Wetter an der Ruhr gab es eine Fabrikkrankenkasse mit weitgehenden Beteiligungsrechten der Arbeiter. Er publizierte eine Schrift, mit der er die Achtung der menschlichen Persönlichkeit auch gegenüber den »*arbeitenden Classen*« einforderte.[16] Carl Degenkolb (1796–1862) war ein Textilfabrikant in Eilenburg in Sachsen, der in seinem Betrieb eine Fabrikordnung mit sehr weitgehenden Arbeitnehmerrechten eingeführt hatte (dabei auch einen Fabrikausschuss). Diese eigenen Erfahrungen brachte er als Abgeordneter in einen (Minderheiten-) Gesetzentwurf in den »Volkswirthschaftlichen Ausschuss« des Paulskirchenparlaments ein[17] (zusammen mit Paul Lette, dem preußischen Sozialreformer, Kap. 8).[18] Heinrich Freese (1853–1944) hatte in seiner Jalousienfabrik in Berlin ein Konzept der »Konstitutionellen Fabrik« mit einem Arbeiterausschuss verwirklicht, worüber er ein berühmt gewordenes Buch veröffentlichte.[19] Er führte nach und nach den Acht-Stunden-Tag ein und beteiligte sich am Tarifvertrag des für ihn zuständigen Arbeitgeberverbandes. Freese wurde in den Ausschuss zur Beratung über das »Arbeiterschutzgesetz« von 1891 berufen, konnte dort aber gegen die Konservative Fraktion um Stumm nichts ausrichten. Schließlich gehört Ernst Abbe (1840–1905) in diese Ahnengalerie.[20] Er hatte das ihm gehörende Unternehmen »Carl Zeiss« in Jena in eine Stiftung mit weitgehender Arbeiterselbst-

15 Vgl. *Blanke*, Die Entdeckung des Arbeitsrechts durch die Gewerkschaften, AuR 1994, 113; dagegen scharf *Ramm*, Gewerkschaften und Arbeitsrecht während des Kaiserreichs – Zu Blankes »Entdeckungen«, ZfA 1995, 581.

16 *Harkort*, Bemerkungen über die Hindernisse der Civilisation und Emancipation der unteren Classen, 1844 (Neudruck, 1919, hrsg. *Ziehen*).

17 Vgl. *Degenkolb*, Entwurf einer Fabrik-Gewerbeordnung. Dem Volkswirthschaftlichen Ausschusse von seinem Mitglied Carl Degenkolb, o. J. (1848).

18 Lette beantragte ab 1862 zusammen mit Julius Faucher (beide Fortschrittspartei) im Reichstag des Norddeutschen Bundes als erster und nachher beharrlich die Aufhebung des Koalitionsverbots, vgl. *Kittner*, Arbeitskampf, S. 227 ff.).

19 *Freese*, Die konstitutionelle Fabrik, 1909.

20 Vgl. *Klemm/Knoepffler*, Hrsg., Ernst Abbe als Unternehmer und Sozialreformer, 2007.

verwaltung eingebracht und mit der Stiftungsurkunde eine moderne Arbeitsverfassung geschaffen (dabei auch das erste Beispiel eines Kündigungsschutzes mit Abfindungsregelung und Urlaubsansprüchen sowie der Acht-Stunden-Tag).[21]
Dies ist ein Personenkreis, der nahezu unvermeidlich zu einem Schattendasein in Bezug auf öffentliche Aufmerksamkeit verurteilt ist: Von ihren »Standesgenossen« sind Lobreden nicht zu erwarten, und Chronisten von »links« pflegen derartiges philanthropisches Engagement nicht zu honorieren (ähnlich erging es den »Kathedersozialisten«). Sollte es aber je so etwas wie eine »Hall of Fame« für Personen mit bleibenden Verdiensten um die Gestaltung der Arbeitsbeziehungen geben, so gebührte diesen vier Pionieren ohne Zweifel ein Platz ganz am Anfang.[22]
In ihrer Zeit waren sie allerdings klar in der Minderheit geblieben, bis sich das Blatt 1918 wendete. Bis dahin dominierte das strukturprägende Gegenmodell des nach dem Prinzip »Der Herr im Hause bin ich« agierenden Unternehmers. Sein bekanntester Repräsentant, mit großer konservativer Wirksamkeit auf unserem Feld war Carl Ferdinand von Stumm-Halberg (1836–1901) als saarländischer Stahlunternehmer »König von Saarabien« genannt. Er trat, ebenso wie sein vielfach in einem Atemzug genannter Unternehmerkollege Alfred Krupp, vehement gegen jede Form einer die Alleinherrschaft der Unternehmer schmälernden Arbeiter-Gesetzgebung ein. In dieser Hinsicht wurde er zum bevorzugten Berater Bismarcks, zuletzt bei der Aufarbeitung des Bergarbeiterstreiks von 1889 und der sich anschließenden Arbeiterschutzgesetzgebung.[23]
Dieses Ereignis lenkt nun den Scheinwerfer auf die wohl einflussreichste Personengruppe für unser Thema: die Angehörigen der Ministerialbürokratie. Von den seltenen weichenstellenden Augenblicken abgesehen, in den ein großes Ereignis die grundlegende Richtung vorgibt (wie 1918 und 1933, Kap. 7) oder ein sachkundiger Minister eine Sache zur »Chefsache« macht, kommen nicht nur viele fachkundige Anregungen aus diesem Kreis, sondern liegt die rechtstechnische Detailarbeit vor allem dort. Dazu kam im autoritären zuerst preußischen, dann wilhelminischen Obrigkeitsstaat die gerade auf unserem Gebiet nicht seltene, »aufgeklärte« sozialreformerische Einstellung führender Beamter. Je nach Gunst (oder Ungunst) der Umstände konnten sie entweder mit dem zuständigen Minister arbeiten oder waren auf eine allerdings nur bis zu einem bestimmten Punkt mögliche Opposition im Apparat beschränkt. Hier haben wir freilich durchgängig das Problem, dass wir nur über die Personen aus der ersten Ebene

21 Vgl. *Kittner/Klengel*, Kündigungsschutzgesetz, S. 24.
22 Dazu gehörte bei einem Blick über die Grenze mit Sicherheit auch der berühmteste der britischen Arbeitgeber-Pioniere Robert Owen (1771–1858, vgl. *Ahlheim*, Ex Machina. Die Gestaltung der Utopie in der Arbeitswelt des britischen Frühsozialisten Robert Owen, Historische Zeitschrift Bd. 311, 2020, S. 37ff.).
23 Vgl. *Däubler/Kittner*, Betriebsverfassung, S. 83ff.

unter dem Minister gut informiert sind, nicht dagegen über die darunter.[24] Von dort kamen – funktionsentsprechend für Außenstehende nicht erkennbar – viele konzeptionelle Impulse. Es gibt allerdings nicht wenige, die sich durch ihr fachliterarisches Wirken einen großen Namen gemacht haben, z. B. Georg Flatow,[25] Günter Steinmann,[26] Gerd Engels[27] und Rudolf Anzinger;[28] auch Hellmuth Wißmann, späterer Präsident des BAG, war zuvor Referatsleiter für Arbeitsrecht.[29]
Am Anfang der inzwischen langen Reihe bedeutender prägender Ministerialbeamter stand Theodor Lohmann (1831–1905). Er war seit 1871 Regierungsrat im preußischen Handelsministerium und ab 1981 auch Referent im Reichsamt des Inneren (damals auch für die Arbeiterfrage zuständig). Er arbeitete mit Bismarck an der Schaffung der Unfallversicherung; aufgrund unüberbrückbarer Differenzen überwarf er sich aber mit diesem im Oktober 1883, blieb jedoch im preußischen Dienst. In dieser Funktion wurde er – dafür planmäßig reaktiviert vom Reform-Minister Berlepsch (näher unten) – zum entscheidenden Mann für das »Arbeiterschutzgesetz« von 1891.[30] Sein Ende kam fast unmittelbar nach getaner Arbeit, nachdem Wilhelm II. die Lust an einer arbeiterfreundlichen Politik verloren hatte und auf seine lebenslang aggressive Haltung gegen Sozialdemokratie und Gewerkschaften abschwenkte. In dem davon geprägten Regierungsapparat war kein Platz für abweichende, nach vorne orientierte Positionen.
Die Gelegenheit dazu kam aus dramatischem Anlass, dem Ersten Weltkrieg, und fiel – eben kriegsbedingt – völlig aus der Reihe: Denn die für die weitere Zeit strukturbestimmenden Neuerung entstand unter der Ägide eines früheren Werbemanagers und eines Universitätsassistenten – und beide mit Generälen als Auftraggeber! Wie das? Die Bedürfnisse der zunehmend erfolgloseren Kriegsführung (Kap. 15) hatten zur Einrichtung einer »Abteilung Zurückstellung –

---

24 Eine große Ausnahme bildet die Arbeit von Rüdiger Hachtmann über das Reichsarbeitsministerium 1918–1945 (Vom Wilhelminismus zur Neuen Staatlichkeit des Nationalsozialismus. Das Reichsarbeitsministerium 1918–1945, 2 Bände, 2023). Die von Nützenadel herausgegebene Arbeit über das »Reichsarbeitsministerium im Nationalsozialismus (2017) ist dagegen für das Arbeitsrecht völlig wertlos: Ihr entgeht sogar der in drei Regimes tätige Georg Steinmann.

25 Kommentar zum BRG (Kap. 27).

26 Kommentar zum KSchG zusammen mit Wilhelm Herschel (vgl. *Kittner/Klengel*, Kündigungsschutzgesetz, S. 81 ff.).

27 Mitautor im BetrVG-Kommentar »Fitting« zum BetrVG (Kap. 27).

28 Kommentar zum Arbeitszeitgesetz (zusammen mit Wolfgang Koberski). Von 2002 bis 2008 war Anzinger unter mehreren SPD-Ministern Staatsekretär im Bundesarbeitsministerium.

29 Auch er kommentierte ein bedeutendes Gesetz: das MitbestG 1976 (Kap. 27).

30 Vgl. *Tennstedt*, Sozialreform als Mission. Anmerkungen zum politischen Handeln Theodor Lohmanns, in Kocka/Puhle/Tenfelde, Hrsg., Von der Arbeiterbewegung zum modernen Sozialstaat, 1994, S. 538 ff.; *Zitt*, Zwischen innerer Mission und staatlicher Sozialpolitik. Der protestantische Sozialreformer Theodor Lohmann (1831–1905), 1997.

Sichler« im Kriegsministerium geführt, unter Leitung eben eines Richard Sichler, vormals Werbemanager bei »Kathreiner's Malz-Kaffe«. Er war zusammen mit seinem engsten Mitarbeiter Joachim Tiburtius verantwortlich für die Einführung obligatorischer Arbeiterausschüsse in kriegswichtigen Unternehmen.[31] Beide wurden von den Unternehmern zunehmend misstrauisch beäugt; sie gehören zu den unbekanntesten »silent heroes« unserer Geschichte![32]
Aus anderen – sehr unerfreulichen – Gründen weitestgehend im Dunkel der Geschichte geblieben sind die im zunächst noch Reichsamt des Inneren, dann ab 1918/19 im Arbeitsministerium für den Übergang von Kaiserreich auf Republik Verantwortlichen. Ein Grund dafür ist die mangelnde Aufarbeitung der internen Quellen der Ministerien gerade für die Umbruchzeit zwischen Kaiserzeit und Republik.[33] Z. B. wissen wir nicht, wer für den Entwurf eines »Gesetzes über Arbeiterausschüsse und Angestelltenausschüsse in gewerblichen Betrieben«[34] verantwortlich war, den das Reichswirtschaftsamt noch im Herbst 1918 in den Regierungsumlauf brachte. Das ist eine denkbar spannende Frage, denn dieser Vorgang passt nicht zu dem Bild einer überwiegenden »*wilhelminischen Grundierung*«[35] der Bürokratie. Wir kennen dagegen die »Macher« des neuen Arbeitsrechts, die Mitarbeiter des für Betriebsrätegesetz, SchlichtungsVO und Arbeitsgerichtsgesetz zuständigen Referats: Friedrich Sitzler, Johannes Feig und Georg Flatow. Alle drei betätigten sich fachwissenschaftlich mit erfolgreichen Kommentaren zum BRG, Feig und Sitzler zusammen und Flatow allein (ab der 13. Auflage 1931 unter Beteiligung von Kahn-Freund). Ihr Schicksal im Nationalsozialismus beleuchtet im Nachhinein ihre Bedeutung für die Implementierung der Republik: Noch 1933 wechselte Sitzler zur Internationalen Arbeitsorganisation (ILO) nach Genf. Flatow wurde im selben Jahr aus dem preußischen Ministerium für Handel und Verkehr, in das er 1923 gewechselt war, entlassen und Feig 1935 aus dem Dienst entlassen. Flatow wurde 1944 in Auschwitz ermordet.[36]

---

31 Vgl. *Däubler/Kittner*, Betriebsverfassung, S. 130 ff.

32 Beide publizierten ihre Arbeit nach dem Krieg (vgl. *Sichler/Tiburtius*, Die Arbeiterfrage eine Kernfrage des Weltkriegs, 1925).

33 Die große Untersuchung von Rüdiger Hachtmann über die Geschichte des Reichsarbeitsministeriums setzt – leider – erst unmittelbar danach ein (vgl. *Hachtmann*, Vom Wilhelminismus zur Neuen Staatlichkeit des Nationalsozialismus. Das Reichsarbeitsministerium 1918–1945, Bd. 1, 2023 – fortan zit. »Reichsarbeitsministerium«).

34 Vgl. *Däubler/Kittner*, Betriebsverfassung, S. 174.

35 Vgl. *Hachtmann*, Reichsarbeitsministerium, S. 38.

36 Vgl. *Hachtmann*, Reichsarbeitsministerium, S. 560 und 604 f.; siehe auch *Hansen/Tennstedt*, Biographisches Lexikon zur Geschichte der deutschen Sozialpolitik 1871 bis 1945, Bd. 2: Sozialpolitiker in der Weimarer Republik und im Nationalsozialismus 1919 bis 1945, 2018, S. XXVI, 50 f.

Ungeachtet dieser Säuberungen baute das nationalsozialistische Regime nicht auf die Loyalität des verbleibenden Personals. Speziell für das Arbeitsrecht holte man – noch auf Vorschlag des Ministers Hugenberg – einen Spezialisten von außen, um »*an der Neugestaltung des sozialen (!) Rechts*« mitzuwirken: den früheren Justiziar des Zechenverbandes, Werner Mansfeld.[37] Er selbst sagte dazu vor dem Nürnberger Tribunal im Jahr 1947, dass »*die neue Staatsführung nach Auflösung der Gewerkschaften ein völlig neues Arbeitsrecht schaffen (musste). Vornehmlich zur Lösung dieser Aufgabe wurde ich im Mai 1933 in das Ministerium berufen.*«[38] Mansfeld lieferte umgehend, schon 1934 die neue Arbeitsverfassung mit dem Kernstück des »Gesetzes für die Ordnung der nationalen Arbeit« (Kap. 12), zu dem er selbst mit anderen Autoren eine Art amtlichen Kommentar verfasste. Einer dieser Mitarbeiter wird uns noch begegnen, als spezifischer Teil der Kohorte der für das NS-Regime tätigen Arbeitsrechtsjuristen, die später in der Bundesrepublik eine zweite Karriere machen sollten: Georg Steinmann. Von ihm soll vertiefend im Kontext einer Gesamtbetrachtung der NS-kontaminierten Arbeitsrechtler die Rede sein (Kap. 12).

Nach 1945 – und ich rede hier nur vom Westen Deutschlands – waren die Dinge zunächst sehr unübersichtlich. Die Administration war dezentral in den Ländern und dort auf drei Besatzungszonen verteilt. Aber bald schälte sich eine Hierarchie dergestalt heraus, dass die maßgeblichen Impulse aus der britischen Zone kamen, aus dem Sitz der dortigen Zonenverwaltung in Lemgo.[39] Der oberste für Arbeitsrecht zuständige Beamte war Wilhelm Herschel, ein früherer, den christlichen Gewerkschaften verbundener Arbeitsrechtsprofessor (mit NS-Vergangenheit als Wissenschaftler, Kap. 12).[40] Er wurde dies auch in der Bi-Zonen-Verwaltung und als Ministerialdirektor im späteren Bundesarbeitsministerium. Er hatte dort im Rahmen der großen Grundsatzentscheidungen (keine Mitbestimmung und nur eine moderate Betriebsverfassung) »unter« einem blassen Minister Storch (s. u.) praktisch freie Hand und wurde so in der Breite aller damals entstehenden arbeitsrechtlichen Gesetze der »Architekt« der Nachkriegs-Arbeitsverfassung. Für seinen Einfluss zentral war sicher auch die enge Beziehung zu den Gewerkschaften, aber anders als das »Gewerkschaftsstaats«-Phantasien nahelegen: Er

---

37 Vgl. *Felz*, Werner Mansfeld: Ein perfektes Exemplar der nihilistischen Nachkriegsordnung?, AuR 2021, G 1; *Hachtmann*, Reichsarbeitsministerium, S. 560ff.

38 Zit. bei *Milert/Tschirbs*, Die andere Interessenvertretung. Betriebliche Interessenvertretung in Deutschland 164 bis 2008, 2. Aufl. 2015, S. 246.

39 Von dort, genauer: aus Köln, kam auch das Personal für den künftigen westdeutschen Staat: Konrad Adenauer in der Politik, Hans Böckler für die Gewerkschaften und – deutlich später, Hans Carl Nipperdey für das Bundesarbeitsgericht.

40 Vgl. *Kittner/Klengel*, Kündigungsschutzgesetz, S. 52ff.; *Höland*, Biografien und Argumentationsmuster (Arbeits-)Rechtswissenschaft vor und nach 1945 am Beispiel der Universität Halle, KJ 2013, 427.

empfing keine Impulse, gar Direktiven von den Gewerkschaften, sondern es war umgekehrt. Herschel – in den Anfängen als »*Kollege Herschel*« Teilnehmer an internen DGB-Sitzungen – sagte den Gewerkschaften »wo es lang ging«.[41] Als Pensionär hat Wilhelm Herschel von 1970 bis 1978 die Arbeitsgesetzbuchkommission der Bundesregierung geleitet (Kap. 38) – für alle Teilnehmer eine intellektuelle und persönliche Bereicherung.[42]
Diese starke Stellung »erbte« gewissermaßen sein Nachfolger, Karl Fitting.[43] Er, ein Verfolgter im NS-Regime, war als junger Regierungsrat aus Bayern zu Herschels Mitarbeitergruppe gestoßen. Zuvor war er bereits als Vertreter der amerikanischen Zone an den Verhandlungen über das TVG beteiligt gewesen. Als Herschels Nachfolger machte er keinen Hehl seiner Nähe zur SPD. Er hatte demgemäß seine große Zeit mit der Schaffung des BetrVG 1972 und dem MitbestG. Auch er war gewohnt, der SPD-Bundestagsfraktion und auch den Sozialpolitikern in den Gewerkschaften nahezu vorzugeben, wo die Grenzen des für sie Möglichen verliefen. Das wurde im Ringen um das Mitbestimmungsgesetz in den Jahren 1975 bis 1976 auf eine harte Probe gestellt.[44] Schon sehr früh hatte er das BetrVG 1952 kommentiert (anfangs mit Walter Kraegeloh, einem Richter aus der rheinland-pfälzischen Arbeitsgerichtbarkeit). Daraus wurde der bis heute unter seinem Namen von anderen Autoren und Autorinnen fortgeführte »Fitting«, ein führender Kommentar zur Anwendung des BetrVG.
Der Nachfolger Fittings, Otfried Wlotzke, konnte eine solche Position nicht bewahren. In seine Amtszeit fiel die Wende zur Kohl/Genscher-Regierung, nun mit Norbert Blüm als Vollstrecker einer in die andere Richtung gehenden Politik (Kap. 10). Er soll hier aber gleichwohl seinen Platz haben, für einen Aspekt, zu dem Wilhelm Herschel den Grund gelegt hatte: die konzeptionelle Zusammenfassung des Arbeitsschutzrechts (Kap. 30). Dieser war in den vergangenen 100 Jahren punktuell, aus jeweils gegebenem aktuellem Anlass, zu einem immer

---

41 Vgl. *Kittner/Klengel*, a. a. O.

42 Herschel bestach dabei durch ein unfassbar großes Wissen und ein unglaubliches Gedächtnis. Er hat alle Sitzungen mit unprätentiösem Humor geleitet und dabei in vier Jahren keine Anekdote zweimal erzählt. Als Mitglied dieser Kommission habe ich leider – zu meiner heutigen großen Scham und Betrübnis – in keiner Weise seine historische Bedeutung und Größe vor Augen gehabt.

43 Vgl. *Wißmann*, Ein mutiges Leben, 13.2.2013, Mitbest 1–2/2013 = SR 2013, 68.

44 In dieser Auseinandersetzung habe ich mich intensiv für eine harte Haltung der IG Metall engagiert und bin dabei häufig mit Karl Fitting aneinander geraten (Kap. 27). Lange nach seinem Tod veranstaltete das HSI eine Gedenkveranstaltung an ihn, bei der Hellmut Wißmann referierte (s. o.). Beim Essen danach traf ich eine seiner Töchter. Sie sagte zu mir (nahezu wörtlich): »*Das ist ja schön, dass ich Sie auch einmal persönlich kennenlernen kann. Denn sie waren regelmäßiger Gast an unserem Esstisch, wenn unser Vater über sie schimpfte, weil er so viel Ärger mit Ihnen hatte.*« Das war er von seinen »Kollegen« sonst nicht gewohnt.

detailreicheren Flickenteppich ausgebaut worden. Herschel unternahm es als erster, ihn in einen dogmatisch kohärenten Gesamtzusammenhang zu stellen.[45] Und Wlotzke, der dafür ein ausgesprochenes Faible entwickelte, baute Herschels Gedanken aus.[46] Nach ihm kam kein Nachfolger/keine Nachfolgerin, der oder die hier erwähnt werden müsste.[47]

Jetzt aber die Frage nach den politischen Chefs dieser bedeutenden Ministerialbeamten, den Arbeitsministern. Ihre Auswahl präsentiert sich ganz einfach: überall da, wo wir »große Momente« und »Hotspots« der Arbeitsrechtsgeschichte ausmachen, finden wir Minister, die aus der langen Reihe ihrer Amtskollegen herausragen:

- Hans von Berlepsch (Amtszeit 1890–1896)[48] als Gestalter im kurzen Zeitfenster des »Neuen Kurses« Wilhelms II. (Kap. 2);[49] 1890 leitete er die Internationale Arbeiterschutzkonferenz in Berlin. Nach seinem Ausscheiden aus dem Amt wurde Berlepsch als Vorsitzender der »Gesellschaft für soziale Reform« zu einem der schärfsten Kritiker der arbeiterfeindlichen amtlichen Politik.[50]
- Gustav Bauer (13. November 1919 - 20. Juni 1919)[51] und Alexander Schlicke (20. Juni 1919 - 8. Juni 1920)[52] als »Vollstrecker« der Novemberrevolution mit TVVO und BRG (Kap. 22, 27);

45 Vgl. *Herschel*, Arbeitsschutz im sozialen Rechtsstaat, BArbBl. 1955, 571; *ders.*, Zur Dogmatik des Arbeitsschutzrechts, RdA 1978, 69.

46 Vgl. *Wlotzke*, Arbeitnehmerschutzrecht, in Münchener Handbuch zum Arbeitsrecht: Bd. 2: Individualarbeitsrecht II, 1993, S. 1367ff.; *ders.*, Das neue Arbeitsschutzgesetz – zeitgemäßes Grundlagengesetz für den betrieblichen Arbeitsschutz, NJW 1995, 1017.

47 Zur Illustration des danach, mit dem Minister Blüm, einziehenden Geistes: Ein Freund von mir war zu dieser Zeit oberster Beamter für Arbeitsrecht in einem kleinen Bundesland. Er war daran interessiert, in das Bundesarbeitsministerium zu wechseln, und in dem Bewerbungsgespräch fragte ihn eine Person aus dessen oberster Leitungsebene, warum er das wolle. Als er dann sagte, er wolle dort konzeptionell arbeiten, erhielt er zur Antwort: »*Was, konzeptionell arbeiten wollen Sie?*« und ein lautes abfälliges Lachen. Aus dem Wechsel wurde danach nichts.

48 Im Kaiserreich gab es noch kein »Arbeitsministerium« (das sollte es erst nach einem »Reichsarbeitsamt« ab Oktober 1918 als Folge der Novemberrevolution geben [vgl. *Hachtmann*, Reichsarbeitsministerium I, S. 69]. Das Arbeitsrecht war damals ressortiert im Handelsministerium).

49 Vgl. *Däubler/Kittner*, Betriebsverfassung, S. 105ff.; *von Berlepsch*, »Neuer Kurs« im Kaiserreich? Die Arbeiterpolitik des Freiherrn v. Berlepsch, 1987.

50 Vgl. *von Berlepsch*, Die Gesellschaft für soziale Reform und der Sozialstaat: Zur Vorgeschichte der Gründung der »Sozialen Praxis« 1807 und der »Gesellschaft für soziale Reform« 1901, Sozialer Fortschritt 1989, 74.

51 Vgl. *Hachtmann*, Reichsarbeitsministerium I, S. 135ff.

52 Vgl. *Führer*, Alexander Schlicke (26. März 1863 - 2. Februar 1926), in Hofmann/Benner, Hrsg., Geschichte der IG Metall, 2019, S. 571 (fortan zit. »*Bearbeiter*-Geschichte der IG Metall«).

- Heinrich Brauns (1920–1928) ist wegen seiner für die Weimarer Republik auffallend langen Amtszeit in verschiedenen Regierungen als »*ewiger Heinrich*« in die Geschichte eingegangen; er steht für die staatliche Lohnpolitik mit Hilfe der Zwangsschlichtung aber auch für das ArbGG als »Schlussstein« der neuen Arbeitsverfassung, war aber auch schon an der Schaffung der TVVO als Staatsekretär beteiligt;
- Rudolf Wissell (1928–1930); er steht hier nicht wegen herausragender Erfolge. Die waren ihm in der tragisch scheiternden Regierung Müller versagt (insbesondere mit Entwürfen zu einem »Arbeitsschutzgesetz«, Kap. 30). Er war einer der angesehensten aus der gewerkschaftlichen Rechtsschutzarbeit kommenden Männer »der ersten Stunde« 1918/19 (Kap. 28);
- Adam Stegerwald (1930–1933); ist der erste in der Reihe früherer Gewerkschafter, die in dieses Amt geholt wurden, um »Grausamkeiten« gegenüber Arbeitnehmern besser zu legitimieren, in seinem Fall die »Auflockerung der Tarifverträge« im Rahmen der Deflationspolitik der Regierung Brüning (Kap. 22);
- Franz Seldte (1933–1945)[53] war in der Weimarer Republik Anführer des »Stahlhelm« und wurde bereits im ersten Präsidialkabinett (Hitler/Hugenberg/Seldte) 1933 Arbeitsminister; er galt indes wegen der zunehmenden Dominanz von Partei- gegenüber Regierungsstrukturen als »Scheinriese« (Kap. 12);
- Anton Storch (1949–1957), nachdem er »Direktor für Arbeit« in der Bi-Zone gewesen war, wurde er der erste Arbeitsminister der Bundesrepublik; von »oben« (Adenauer) nicht ernst genommen und nach »unten«, im eigenen Hause jedenfalls für das Arbeitsrecht unbedeutend (Herschel);
- Hans Katzer (1965–1969) unterlag als CDA-Vorsitzender in der Unions-internen Auseinandersetzung um paritätische Mitbestimmung und stand in der Großen Koalition für die Einführung des »Arbeitsförderungsgesetzes«;
- Walter Arendt (1969–1976); stand als vormaliger Vorsitzender der Bergbaugewerkschaft für die Großreformen der 1968-Dekade: BetrVG 1972, ArbeitssicherheitsG 1973, Gesetz über betriebliche Altersversorgung 1974 und MitbestG 1976;
- Norbert Blüm, war zwar kein Gewerkschaftsfunktionär, kehrte aber als Vorsitzender der Christlich-Demokratischen Arbeitnehmerschaft (CDA) demonstrativ seine Mitgliedschaft in der IG Metall aus jungen Jahren heraus; ihm fiel die Exekution des BeschFG 1985 und die Änderung des § 116 AFG zu (Kap. 10).[54] Als »Kompensation« ermöglichte Helmut Kohl ihm die Einfüh-

53 Vgl. *Hachtmann*, Reichsarbeitsministerium, S. 448ff.

54 Auch hierzu eine Zeitzeugen-Erinnerung: Ich, der ich an der vordersten Front gegen die Änderung des § 116 aktiv gewesen war (Kap. 26), hatte innerhalb der IG Metall einen

rung der Pflegeversicherung (eine Kombination wie im Kaiserreich: weniger Arbeitnehmerrechte gegen Sozialversicherung, Kap. 10, 33);
- Walter Riester (1998–2002) wurde als 2. Vorsitzender der IG Metall zu Eingriffen in die Rentenversicherung geholt (»Riester-Rente«, Kap. 10).[55]

Die spannende Frage lautet nun: Welchen Einfluss auf den Lauf der Dinge hatten diese Minister, was war ihr konkreter Beitrag zur Gestaltung des Arbeitsrechts? Der überwiegende Teil von ihnen kam aus den Gewerkschaften, die der Union angehörenden waren dort in der »Christlich demokratischen Arbeitnehmerschaft« (CDA) tätig; nicht selten wurden sie als »Feigenblatt« ins Kabinett geholt, oder schlimmer noch (in den Fällen Stegerwald, Blüm und Riester), um sozialpolitische »Grausamkeiten« gegen Arbeitnehmer und Gewerkschaften legitimatorisch abzusichern. Eines aber war bei ihnen allen gleich: Ersichtlich lag keiner der hier beschriebenen großen Entscheidungen eine eigene Agenda der jeweiligen Arbeitsminister zugrunde, die im Übrigen sämtlich zwar ausgewiesene Sozialpolitiker waren, aber keine spezifische fachliche Verbindung zu arbeitsrechtlichen Themen in ihr Amt mitbrachten.

Damit komme ich zu einem mit jedem Schritt zurück in der Verursacherkette nicht kleiner, sondern größer werdenden Rätsel. Denn woher bezogen Minister ihre Impulse? Das war stets die Regierung als Ganzes, mit dem jeweiligen Regierungschef als exekutiv Höchstverantwortlichem, demokratietheoretisch in letzter Instanz natürlich das Parlament (im Falle Berlepsch der Kaiser).

Doch auch das führt – abgesehen von Bismarck, für den alle hier wesentlichen Entscheidungen Chefsache waren – in die Sackgasse. In keinem weiteren Fall sehen wir den jeweiligen Reichs- oder Bundeskanzler mit eigenen Vorgaben seine Minister anweisen. Wenn wir danach demokratietheoretisch unabweisbar nach dem Parlament fragen, wird es noch mysteriöser. Denn dort gab es bei genauem Hinsehen keine Fachleute für arbeitsrechtliche Impulse. Sinzheimer war im Grunde der letzte ausgewiesene Arbeitsrechtler, noch dazu mit politischem Gewicht (und das auch nur in der kurzen Spanne der Verfassunggebenden Versammlung). Wenn wir von den SPD-Reichstagsabgeordneten absehen, die sich seit der Diskussion um das BGB unermüdlich, aber erfolglos Anträge zu Arbeitnehmerthemen formulierten (Kap. 4), findet man nur sozialpolitische Allrounder, die sich je nach Neigung auch arbeitsrechtliche Themen vornahmen.

---

wenig vergnüglichen Kampf zu führen, um die vielen Forderungen nach einem in der Öffentlichkeit nur kontraproduktiven Gewerkschaftsausschluss Blüms abzuwehren.

55 Für Eingeweihte war der Zusammenhang früh klar: Der noch wahlkämpfende Gerhard Schröder wählte im Falle Riesters einen besonderen Auftritt: Bereits einige Monate vor der Bundestagswahl 1998 benannte er Riester als künftigen Arbeitsminister. Als ich dies beim Frühstück im Radio hörte, sagte ich zu meiner Frau: »*Der wird geholt, um die Rentenversicherung abzubauen.*«

Wo kam und kommt also das konkrete Arbeitsrecht her? Es bleiben nur die praktischen Gestalter des Arbeitslebens, Arbeitgeberverbände und Gewerkschaften (einzelne Unternehmer und Betriebsräte scheiden eher aus). In dieser Beziehung geht es nicht vorrangig um handelnde Personen, sondern um das Produkt ihres gemeinsamen Tuns: Es gibt nicht wenige Bereiche, in denen tarifvertragliche Lösungen vom Gesetzgeber aufgegriffen und verallgemeinert wurden (besonders spektakulär die Lohnfortzahlung im Krankheitsfall und der Urlaub). Dabei traten und treten Einzelpersonen in den Hintergrund. Sie handelten in zwar lager-typischen, aber kongruenten Strukturen: Die Verhandlungsführer waren auf der einen Seite an dieser speziellen Art von Politik interessierte Unternehmer, auf der anderen Seite hauptamtliche Gewerkschaftsführer mit eben dafür ausgelegten führenden Qualifikationen. Für die Sachthemen hatten und haben beide Seiten juristische Fachleute, allerdings mit einem markanten Unterschied: Für die Arbeitgeber waren schon ganz früh nur Volljuristen tätig, viele davon promoviert. Für die Gewerkschaften arbeiteten nur Autodidakten, meist über die Rechtsschutzaktivitäten qualifiziert.[56] Das war so bis Ende der 1970er Jahre.[57] Sie operierten, wenn überhaupt, nur äußerst zurückhaltend als öffentlich wirkende »Influencer«.[58] Das änderte sich ab den 1970er Jahren.[59]

---

56 Vgl. *Buschmann*, Geschichte des zentralen gewerkschaftlichen Rechtsschutzes, AuR 2018, G 13.

57 Das war sicherlich der Hauptgrund dafür, dass ich 1972 im Alter von nur 30 Jahren Justitiar (so damals noch) der IG Metall werden konnte. Zu diesem Zeitpunkt waren bei allen deutschen Einzelgewerkschaften und dem DGB zusammen nur etwa 10 Volljuristen beschäftigt.

58 In der Geschichte gab es nur zwei Ausnahmen: Clemens Nörpel, der führende Arbeitsrechtler des ADGB in der Weimarer Republik (vgl. *Unterhinninghofen*, Der Arbeitsrechtler Clemens Nörpel – vom ADGB zur DAF, AuR, 2018, G 1, und Otto Kunze, der erste »Chefjustitiar« des DGB 1971 (zu seinem öffentlichen Wirken vgl. *Ballerstedt/Friesenhahn/von Nell-Breuning*, Recht und Rechtsleben in der sozialen Demokratie, FS für Kunze, 1969). Kunze war nach seiner Pensionierung Vorsitzender der Unternehmensrechtskommission der Bundesregierung.

59 Dies führt zu dem heikelsten Spagat zwischen Zeitzeugen und Autor, denn damit begann mein dann etwa 25 Jahre währendes Wirken als Justiziar der IG Metall, Geschäftsführer der Otto-Brenner-Stiftung und Universitätsprofessor. Ich hatte dabei das einzigartige Privileg, nicht nur Berater, sondern bei allen wichtigen Ereignissen dieser Zeit Teil der Entscheidungsstrukturen der IG Metall zu sein. Hinsichtlich der äußeren Abläufe ist alles dokumentiert in den offiziellen Geschäftsberichten der IG Metall für diese Zeiträume. An dafür geeigneten Stellen dieses Buches werde mich dazu als »Zeitzeuge« zu Wort melden. Bei einer Bewertung kann ich natürlich nicht zurückhaltend genug sein. Aber, als früher engagierter, aber talentloser Fußballer, kann ich der Versuchung nicht widerstehen, die Herausgeber der Festschrift zu meinem 80sten Geburtstag zu zitieren: Kittner habe »*den gewerkschaftlichen Justiziar ganz neu definiert* [...] *wie Frank Beckenbauer den Libero im Fußball*« (*Deinert/Klebe/Pieper/Schmidt/Wankel*, Hrsg., Arbeit, Recht, Politik, Geschichte, FS Kittner, 2021, S. 6).

So bleibt als Zwischenfazit: Die Impulse für Neues im Arbeitsrecht kamen aus dem »Zeitgeist«, dem, was sich den politischen Entscheidern als »Gebot der Stunde« darstellte. Das war von Station zu Station, bei jedem »Hotspot« anders gelagert, mal im Sinne der Arbeitgeber, mal im Sinne der Gewerkschaften (Kap. 16). Das führt in äußerster Schematisierung für die Zeit nach 1918 zu folgendem Tableau von »Hotspots«, Arbeitsministern und politischer Tendenz:

Jahr	Ereignis	Minister	Richtung
1918	Stinnes-Legien-Abkommen	Bauer/Schlicke	Revolution Abwehr Sozialisierung
1931	»Lockerung« Tarifverträge	Stegerwald	Deflationspolitik Brüning
1933	Ende von Betriebsräten und Gewerkschaften	Seldte	Machtergreifung NS
1952	Wiederanfang ohne Wirtschaftsdemokratie	Storch	Restauration ohne Wirtschaftsdemokratie
1972/76	Ausbau Mitbestimmung	Arendt	1968er Reformen
2002	Agenda 2010	Riester	Deregulierung betriebliche »Bündnisse für Arbeit«

Bei der Präsentation der herausragenden Köpfe fehlen zwei Berufsgruppen: Richter und Wissenschaftler. Ich äußere mich zu beiden kürzer, als man vermuten möchte. Hinsichtlich der Richter gilt zunächst der allgemeine Vorbehalt, dass sie alle in den Obergerichten, die in Frage kommen, im Kollektiv des Kollegialgerichts mit drei (BAG; BSG), acht (BVerfG) bis zu 17 (EuGH) Richterinnen und Richter entscheiden. Für den Normalfall tritt die einzelne Richterin, der einzelne Richter für die Öffentlichkeit nicht in Erscheinung.[60] Es ist auch nicht möglich, ihnen gewissermaßen die Qualität einer »Kollektiv-Persönlichkeit« unter dem Konstrukt einer *»epistemischen Gemeinschaft«* zuzuschreiben (eingehend Kap. 25).[61]

Aber natürlich gibt es Persönlichkeiten, die herausstechen, an deren persönlichen Gestaltungswillen und prägendem Einfluss kein Zweifel besteht. Das gilt unbe-

60 Es hat z. B. bis ins Jahr 2023 gedauert, bis dem Wirken des ersten Reichsarbeitsgerichtspräsidenten, Friedrich Oegg, eine literarische Würdigung zuteilwurde (vgl. *Kranig*, AuR, 2023, G 9).

61 So der Versuch von *Rehder*, Rechtsprechung als Politik, 2011; vgl. *Däubler*, AuR 2012, 360.

stritten für zwei Präsidenten des BAG (jeweils Vorsitzende des ersten Senats): Hans Carl Nipperdey und Thomas Dieterich, beide jeweils Präsident des BAG, Dieterich auch Bundesverfassungsrichter. Der eine war führend daran beteiligt, das Arbeitsrecht nach 1945 neu zu implementieren, der andere steht für seine verfassungsrechtliche Aufladung ab den 1970er Jahren (Kap. 17) und lieferte dazu – was durchaus ungewöhnlich war und ist – eine seiner richterlichen Tätigkeit gewidmete Autobiografie.[62] Für beide gilt aber die für jede Art von Richterrecht zu machende Einschränkung, dass alle ihre Entscheidungen jederzeit vom Parlament durch Gesetzesänderung korrigiert werden können (z. B. hinsichtlich der sachgrundlosen Befristung und der Tarifeinheit, Kap. 22, 31).

Die Rechtswissenschaftler haben seit der ersten Konturierung einer speziell dem Arbeitsverhältnis gewidmeten Fachdiskussion am Ende des 19. Jahrhunderts einen schier unübersehbaren Korpus wissenschaftlicher Schriften produziert, viele davon zur Vorbereitung, Beeinflussung und Begleitung der zu neuem Arbeitsrecht führenden politische Entscheidungen. Und vieles ist unbestreitbar in diese eingeflossen.[63] Aber eines ist auch unübersehbar: So selbstverständlich parlamentarische Entscheidungen zu jeder Zeit von wissenschaftlichen Vorklärungen Nutzen gezogen haben, so ist doch unübersehbar, dass noch nie eine arbeitsrechtlich bedeutsame Entscheidung von Regierung und Parlament getroffen wurde, *weil* sie aus der Wissenschaft gefordert worden war. Für unser Thema haben wir gleich zu Beginn als drastisches Beispiel die vergeblichen Versuche Gierkes, des angesehensten Rechtswissenschaftlers seiner Zeit, gesehen, auf die Gestaltung des BGB einzuwirken (Kap. 4). Das gilt vor allem für den seit 1860 tagenden »Deutschen Juristentag«, dessen Vorschläge von der Politik mit schöner Regelmäßigkeit ignoriert wurden.[64] So ist es erst recht nicht verwunderlich, dass z. B. Entwürfe von »Professorengruppen« mit Entwürfen zu einem Arbeitskampfgesetz erfolglos blieben (Kap. 26; zur – noch näher liegenden – Erfolglosigkeit einer Intervention von »links'« zum Arbeitszeitrecht siehe Kap. 29).

Das hat der Intensität des Ringens um die »öffentliche Meinung« in diesem speziellen Fachgebiet jedoch keinen Abbruch getan. Das Diktum Hegels »*Die öffentliche Meinung verdient daher ebenso geachtet als verachtet zu werden*«[65] dürfte – abgeschwächt – auch für den Kampf um die »herrschende Meinung« im Arbeitsrecht zu gelten: Man weiß, so wie bei der Werbung, nicht genau,

62 Vgl. *Dieterich*, Ein Richterleben, 2016.

63 Zuletzt z. B. das literarische Wirken von Ulrich Preis als Vorlage für die Kodifikation Allgemeiner Geschäftsbedingungen in den §§ 305 ff. BGB mit der Schuldrechtsmodernisierung 2001 (Kap. 24).

64 Vgl. *Weiss*, Arbeitsrecht als Gegenstand der Beratungen des Deutschen Juristentags, in Busse, Hrsg., 150 Jahre Deutscher Juristentag, 2010, S. 371 ff.

65 *Hegel*, Grundlinien der Philosophie des Rechts, 1820, § 318.

welche konkrete Wirkung ein solcher Einsatz hat, das Bedürfnis danach ist jedoch evident.[66]

Wenn man also für die Eingangsfrage zu einer zusammenfassenden Antwort gelangen wollte, so müsste sie wohl im übertragenen Sinne der von Bismarck gerne verwendeten Metapher ausfallen: »Unda fert, nec regitur.«[67] Es determinierten eher Strukturen als konkrete Menschen und wir finden keine »Masterminds« hinter den politischen Strukturen. Wenn es aber um die beteiligten Personengruppen geht, so dürfte diejenige mit dem größten »impact« die der leitenden Ministerialbeamten gewesen sein, von Theodor Lohmann bis Karl Fitting.

Beschließen möchte ich diese Reihe mit einer Person wegen ihres nicht primär auf das Arbeitsrecht bezogenen Wirkens, aber doch von unschätzbaren Auswirkungen auf dieses: Spiros Simitis[68] war prägend an der Weichenstellung dafür beteiligt, Arbeitnehmerrechte im Zeitalter der »3. industriellen Revolution« mit Datenverarbeitung, Informationstechnologie und inzwischen Künstlicher Intelligenz (KI) »wetterfest« zu machen. Er nimmt damit für die Rechtsentwicklung eine Rolle als »Erfinder« ebenso ein wie Hugo Sinzheimer. Auf Simitis geht das heutige Datenschutzrecht als erste Antwort auf technologisch überhaupt erst möglich gewordene Gefährdungen zurück. Ausgehend von seiner Schrift »Rechtliche Anwendungsmöglichkeiten kybernetischer Systeme« aus dem Jahr 1966 hat er 1971 das weltweit erste Datenschutzgesetz in Hessen konzipiert, und er war dort von 1975 bis 1991 Datenschutzbeauftragter – als »role model«. Dieses neue Recht betraf Menschen in allen Lebenslagen und war nicht speziell auf das Arbeitsrecht ausgerichtet, aber dessen Effizienz war ersichtlich durch die neuen Technologien besonders gefährdet. Und so steht Simitis für die Entwicklung rechtlicher Instrumente, um arbeitsrechtlichen Schutz auch unter den Bedingungen dieser neuen Technologie-Epoche nicht leerlaufen zu lassen (Kap. 32).

---

66 Zur Vermachtung des arbeitsrechtlichen Diskurses vgl. *Buschmann*, Über den arbeitsrechtlichen Diskurs, in FS Kittner, 2021, S. 110 ff. In diesem Kontext sind die Gründung zweier arbeitsrechtswissenschaftlicher Institute in den letzten Jahrzehnten zu sehen: Das Zentrum für Arbeitsbeziehungen und Arbeitsrecht, München (2003, Chemie- und Metallarbeitgeber) und das Hugo-Sinzheimer-Institut für Arbeitsrecht (2010, IG Metall; vgl. *Huber*, Hugo Sinzheimer und wir. Warum ein arbeitsrechtliches Institut unter seinem Namen hier und heute, AuR 2010).

67 »*Die Welle trägt, aber lässt sich nicht regieren.*«

68 Simitis' (1934–2023) Arbeitsschwerpunkte waren neben dem Datenschutz das Familien- und Arbeitsrecht. Er zählte »*zu den Gelehrten, die die Geschichte der Bundesrepublik geprägt haben*« (*Prantl*, Der Pfadfinder des globalen Datenschutzes, Süddeutsche Zeitung 20. 3. 2023). Simitis war z. B. Vorsitzender der »High-Level-Expertenkommission« zur Schaffung der Europäischen Grundrechtecharta 1998/99 und des Deutschen Ethikrates 2001–2005 (vgl. *Spiecker/Weiss*, Hrsg., Spiros Simitis – sein Vermächtnis, 2024; zu Nachrufen auf ihn vgl. *Weiss*, SR 2023, 125; *Kittner*, AuR 2023, 262).

In dieser Hinsicht darf die zentrale Rolle des Bundesverfassungsgerichts nicht untergehen. Denn es lieferte dem neuerfundenen Datenschutz die angemessenen verfassungsrechtlichen Grundlagen und in der Folgezeit für die Sicherung von Bürgerrechten in der neuen Welt der Computer und (heute) von Internet und »Künstlicher Intelligenz«. Im »Volkszählungsurteil« vom 5. Dezember 1983[69] entwickelte es das Konzept des »informationellen Selbstbestimmungsrechts« (Kap. 17). Die an dieser »Erfindung« eines neuen Grundrechts beteiligten Richter sollten als Weichen stellende Entscheider nicht untergehen.[70]

69 BVerfGE 65, 1.

70 Dabei denkt man unvermeidlich als erstes an den damaligen Präsidenten des Bundesverfassungsgerichts, Ernst Benda, als Vorsitzenden des zuständigen ersten Senats. Es ist zugegeben heikel, den Vorsitzenden eines Kollegialgerichts so exponiert für eine Entscheidung des ganzen Senats in Anspruch zu nehmen. Man geht aber gewiss nicht fehl in der Annahme, dass es in einer derart fundamentalen Sache entscheidend auf den Präsidenten ankam. Benda (1932–2009) war Innenminister in der Großen Koalition von 1968/69 und als solcher für die Notstandsgesetze zuständig. In dieser Rolle wurde er zur bevorzugten »Hassperson« aller »Linken« und »Liberalen« (die es wenig bis gar nicht honorierten, dass er die Sache in Verhandlungen mit dem Fraktionsvorsitzenden der SPD, Helmut Schmidt, zu einem guten Ende brachte – einschließlich Sicherung des Streikrechts und Kodifizierung eines Widerstandsrechts, Kap. 17). Danach wurde er Präsident des Bundesverfassungsgerichts von 1971–1983. Nach dem Ausscheiden aus dem Gericht erstattete er u. a. für die IG Metall ein Rechtsgutachten in dem Streit um die Verfassungsmäßigkeit der Änderung des § 116 AFG (Kap. 26). Bei den Verhandlungen hierüber erklärte er mir, warum er zu dem allein schon in der Übernahme dieser Aufgabe liegende Statement bereit war: Aus Sorge um die innere Balance unseres Sozialstaates, die er durch eine übermäßige Schwächung der IG Metall als gefährdet ansah.

III. Geschichtsbrüche des 20. Jahrhunderts

»Überraschungen« hat es in der Geschichte immer gegeben. Aber erst die Summe der Katastrophen des 20. Jahrhunderts – Erster und Zweiter Weltkrieg und die Folgen – hat den »Geschichtsbruch« als Zeitfigur von eigener Qualität hervorgebracht. Hölscher beschreibt das so: »*In der Geschichtsschreibung ist seither in vielerlei Sinn von Geschichtsbrüchen die Rede. Wenn etwas Unerwartetes eintrat, wenn bisher geltende Regeln außer Kraft gesetzt wurden, wenn eine kollektive Katastrophe eingetreten war, eine neue Epoche begann.*«[1]

Dazu fehlt aber ein, erst aus der Distanz einer Rückschau erkennbar, beiden Weltkriegen und Diktaturen – fast tröstliches – Gemeinsames: ihre Endlichkeit im Fluss der Geschichte. Das gibt ihrer Darstellung die Qualität eines »Exkurses« innerhalb dieses Buches. Das von den Nazis proklamierte »Dritte Reich« währte nur 12 Jahre, und auch die DDR existierte mit ihren 40 Jahren nicht so lange wie der kurzlebigste Kreuzfahrerstaat.[2] Kann man also die normativen Ordnungen dieser Zeiten als in sich geschlossene Ausnahmen von der Regel eher vernachlässigen?

Dem steht eine fundamentale Frage gegenüber: Gibt es dem Grundphänomen abhängiger Arbeit inhärente Gesetzmäßigkeiten, an denen auch Diktaturen – welcher Couleur auch immer – nicht vorbeikommen? Das wird besonders virulent an den zwei kritischen Punkten: Was ändern die neuen Machthaber und was lassen sie als nützlich oder unvermeidlich weiterbestehen? Genauso wichtig sind die spiegelbildlichen Fragen in Bezug auf ihr Ende: Was geht mit ihnen unter und was besteht weiter? Dazu kommt noch die emotional aufgeladene Frage: Wie verhielten sich die Akteure des Arbeitsrechts beim Übergang in die und nach dem Ende der Diktatur? Das beschäftigt uns im Falle der Folgen des NS-Regimes bis heute, als schon ferne Geschichte hinsichtlich der Kräfte, die die Arbeitsverfassung der frühen Bundesrepublik formierten (Kap. 12).

1 *Hölscher*, Zeitgärten, S. 263.
2 Die Grafschaft Edessa von 1098 bis 1144.

Last but not least: Wenn die thematische Regie schon das NS-Regime und den DDR-Sowjetkommunismus als zeitlich begrenzte Ausnahmen zusammenbringt, drängt es sich auf, nach zwischen ihnen bestehenden Unterschieden und Gemeinsamkeiten zu schauen.[3] Das ist für unser Themengebiet besonders relevant, denn beide stellten »Arbeiter« rhetorisch an die Spitze ihrer ideologischen Selbstbeschreibungen:

- Die NSDAP gerierte sich schon dem Namen nach als »Arbeiter«-Partei, und es sind unzählige Beteuerungen Hitlers in diese Richtung überliefert; so bei der Feier zum 1. Mai 1933, mit dem die Nazis die deutschen Gewerkschaften folgenreich in die Irre und ihr Verderben führten: »*Ehret die Arbeit und achtet den Arbeiter.*«[4]
- Die Sowjetkommunisten in der DDR wiederum verankerten die Hommage an die »Arbeiter« – nach Ende ihrer »Mimikry« mit der demokratisch erscheinenden ersten Verfassung 1949 in, nach dem Mauerbau 1961, befestigt gewähnten Umständen – in Art. 1 ihrer Verfassung von 1968: »*Die Deutsche Demokratische Republik ist die politische Organisation der Werktätigen in Stadt und Land unter Führung der Arbeiterklasse und ihrer marxistisch-leninistischen Partei.*«

Man muss keinen tiefschürfenden Regime-Vergleich anstellen, um die Realitätsferne, besser: Verlogenheit dieser Rhetorik zu erkennen. Es wird jedenfalls deutlich, vor welchen sehr ähnlichen Problemen Nationalsozialisten wie Sowjetkommunisten bei der Konstruktion ihrer Arbeitsverfassung standen: Die Arbeiter sollten produktiv arbeiten, sie sollten sich wohlfühlen – aber sie sollten nichts zu sagen haben. Es ist daher nicht überraschend, zu welch ähnlichen Lösungen beide Regimes griffen.[5]

---

3 *Bender/Kiesow/Simon*, Hrsg., Die andere Seite des Wirtschaftens. Steuerung in den Diktaturen des 20. Jahrhunderts, 2006.

4 Vgl. *Wildt*, Der Begriff der Arbeit bei Hitler, in Buggeln/Wildt, Hrsg., Arbeit im Nationalsozialismus, S. 15.

5 Vgl. *Hachtmann*, Arbeitsverfassungen. Drittes Reich, DDR und Bundesrepublik im Vergleich, in Hockerts, Hrsg., Drei Wege deutscher Sozialstaatlichkeit, S. 27ff.; *ders.*, Überlegungen zur Vergleichbarkeit von Deutscher Arbeitsfront und Freiem Deutschen Gewerkschaftsbund, in Heydemann/Oberreuter, Hrsg., Diktaturen in Deutschland – Vergleichsaspekte, 2003, S. 148ff.

12. Nationalsozialismus

12.1 Machtübernahme und »dual state«

Die Literatur zum Nationalsozialismus ist – umgekehrt proportional zu dessen Dauer – unüberschaubar. Auch über die Arbeitsverfassung jener Zeit ist viel und gründlich geschrieben worden, nach der fundamentalen Arbeit von Timothy Mason[1] vor allem die Untersuchungen von Andreas Kranig[2] und Rüdiger Hachtmann.[3] Im Zuschnitt dieses Buches wäre dazu selbst ein knapper »Readers Digest« nicht möglich. Das Hauptaugenmerk gilt daher dem, was ich gerade mit dem Stichwort »Kontinuität im Umbruch« angerissen habe.

Dafür gibt es sogar einen dezidiert juristischen »Lakmustest«: Das »Kontrollratsgesetz Nr. 1 betreffend die Aufhebung von NS-Recht« vom 20. September 1945[4] (erst ein halbes Jahr nach der Kapitulation Deutschlands) hob genau 25 Gesetze auf, mit denen in den Augen der Alliierten die nationalsozialistische Herrschaft befestigt worden war. Alle anderen Rechtsvorschriften ließen sie zunächst in Kraft. Und davon hoben sie einige wenige noch selbst auf (z. B. das AOG am 30. November 1946). Das Schicksal des Restes überließen sie den beiden deutschen Staaten zur unmittelbaren Nachkriegszeit, Kap. 14). Für die Bundesrepublik bestimmte dann Art. 123 Abs. 1 GG, dass solches Recht fort gilt, »*soweit es dem Grundgesetz nicht widerspricht.*«

Damit hatte sich die Nachkriegsgesellschaft mit der Kontinuitätsfrage zumindest als handfestes rechts-operatives Problem herumzuschlagen. Das gibt mehr

1 Vgl. *Mason*, Arbeiterklasse und Volksgemeinschaft. Dokumente und Materialien zur deutschen Arbeiterpolitik 1936–1939, 1975.

2 Vgl. *Kranig*, Lockung und Zwang. Zur Arbeitsverfassung im »Dritten Reich«, 1983 (im folgenden zit. »Lockung«); *ders.*, Arbeitsrecht im NS-Staat. Texte und Dokumente, 1984 (im Folgenden: *Kranig*, Lockung); *ders.*, Arbeitsrecht im NS-Staat. Texte und Dokumente, 1984; *ders.*, Das Gesetz zur Ordnung der nationalen Arbeit (AOG). Grundgesetz der nationalsozialistischen Arbeitsverfassung, in Steindl, Hrsg., Wege zur Arbeitsrechtsgeschichte, 1984, S. 441.

3 Vgl. *Hachtmann*, Industriearbeit im »Dritten Reich«, 1989; *ders.*, Die rechtliche Regelung der Arbeitsbeziehungen im Dritten Reich, in Gosewinkel, Hrsg., Wirtschaftskontrolle und Recht im Nationalsozialismus, 2004, S. 135; *ders.*, Atomisierung, Entmündigung, Zwangsorganisation. Arbeitsrecht und Arbeitsverfassung im Dritten Reich, in Justizministerium des Landes NRW, Hrsg., Weichenstellungen im Arbeits- und Sozialrecht der Bundesrepublik, 2013, S. 64, 78 ff.; *ders.*, Vom Wilhelminismus zur Neuen Staatlichkeit des Nationalsozialismus. Das Reichsarbeitsministerium 1918 1945, 2023.

4 Es wurde erst durch das Erste Gesetz zur Aufhebung des Besatzungsrechts vom 30. 5. 1956 (BGBl. I 437) außer Kraft gesetzt (jedoch ohne die Wirkung der Wiederauflebung der aufgehobenen Gesetze; für die DDR war das durch Beschluss des Ministerrats der UdSSR über die Auflösung der Hohen Kommission der Sowjetunion in Deutschland vom 20. 9. 1955 erfolgt).

als einen Fingerzeig darauf, welche Historiker-Aufgabe darin liegt, dieses Kontinuum abzuschichten gegen inhaltliche und verbale NS-Spezifika. Und ich möchte gleich an dieser Stelle mit dem Hinweis auf einige dieser Gesetze die Notwendigkeit ansprechen, das Kontinuum auch »nach hinten« einzubeziehen. Die »Arbeitszeitordnung« von 1938[5] ist eines der bekanntesten Beispiele für ein langlebiges NS-Gesetz: Sie wurde nach Bestätigung durch das BVerfG[6] erst 1994 durch das Arbeitszeitgesetz abgelöst (Kap. 30). Die AZO war aber kein genuines NS-Gesetz, sondern ging (nach einer Zwischenlösung von 1934) auf die Arbeitszeitverordnung vom 21. Dezember 1923 zurück.[7] Auch das wegen seiner rasse-hygienischen und mutterschaftspolitischen Begründung »kontaminierte« Mutterschutzgesetz vom 17. Mai 1942[8] hatte Vorläufer in Weimar: das »Gesetz über die Beschäftigung vor und nach der Niederkunft« vom 16. Juli 1927.[9] Das gleiche gilt für den Jugendarbeitsschutz[10] und den Heimarbeiterschutz.[11] In dessen Fall ist die Begründung des Regierungsentwurfs für das Heimarbeitsgesetz vom 14. März 1951[12] interessant: Danach waren die NS-Gesetze *»eine allerdings den Rechtsformen des nationalsozialistischen Staates angepaßte, im übrigen aber durchweg brauchbare Grundlage für eine wirksame Regelung des Arbeitsschutzes, des öffentlichen Gefahrenschutzes, der Entgeltfestsetzung und der Entgeltüberwachung in der Heimarbeit.«*[13]
Das gleiche Phänomen – eine vermeintliche NS-Besonderheit als Fortsetzung von Vorangegangenem – werden wir sogleich bei allen Einzelthemen ausmachen können (s. u.). Das macht die handlungsleitende Frage unausweichlich: Waren das nur Ausnahmen oder Beispiele für (vieles) andere?
Das Schlüsselthema der Arbeitsverfassung, für Hitler »die Gewerkschaftsfrage«,[14] war Kernbestandteil der »Machtergreifung« im Wortsinne (auch die Sowjetunion schaltete freigewählte Betriebsräte aus, sobald das möglich war, und brachten

5 RGBl. I 447.
6 Vgl. BVerfG 3. 5. 1967, BVerfGE 22, 1, 20 f.
7 RGBl. I 1249.
8 RGBl. I 321; vgl. *Hachtmann*, »[...] artgemäßer Arbeitseinsatz der jetzigen und zukünftigen Mütter unseres Volkes« – industrielle Erwerbstätigkeit von Frauen 1933 bis 1945 im Spannungsfeld von Rassismus, Biologismus und Klassen, in Röhr/Berlekamp, Hrsg., »Neuordnung Europas«, 1996, S. 231 ff.
9 RGBl. I 184.
10 Jugendarbeitsschutzgesetz vom 30. 4. 1938, RGBl. I 437; Gesetz vom 30. 3. 1903, RGBl. 113.
11 Heimarbeitsgesetz vom 23. 3. 1934 (RGBl. I 214; Neufassung vom 30. 10. 1939 (RGBl. I 2145); Heimarbeiterlohngesetz vom 27. 6. 1923 (RGBl. I 467); Hausarbeitsgesetz vom 20. 12. 1911 (RGBl. 976).
12 BGBl. I 191.
13 RegE vom 15. 9. 1950, BT-Drucks. 1/1357, S. 17/18.
14 Vgl. Mein Kampf, Kommentierte Ausgabe, 2016, Band 2, S. 1511 ff.

den FDGB unter die Herrschaft der SED, Kap. 14). In dieser extrem kurzen Phase handelten die Nationalsozialisten skrupellos, überraschend, schnell und effektiv (ihr Markenzeichen), bei der Eroberung der Staatsmacht, wie im Arbeitsleben (Kap. 7).[15]

Sofort, nachdem Hitler im ersten Vierteljahr seiner Herrschaft die Weichen im Staat gestellt hatte, nahm er sich die Gewerkschaften vor. Hierzu gab es keine feststehenden Pläne, sondern es wurde improvisiert. Anfang April 1933 erteilte er Robert Ley, dem späteren DAF-Führer, den Auftrag zur Zerschlagung der Gewerkschaften und zu deren Übernahme. Das erfolgte schon am 2. Mai 1933 nach Feiern am zum gesetzlichen Feiertag erhobenen 1. Mai 1933,[16] an denen sich die Gewerkschaften noch arglos-naiv beteiligt hatten.[17] Mit dieser Aktion, mit einem Vorläufer in der SA-Mobbing-Kampagne gegen die Betriebsratswahlen im Frühjahr,[18] hatte sich der NS-Staat geradezu paradigmatisch als »dual state« gezeigt: vom Regierungschef persönlich in Auftrag gegebene tausendfache Verbrechen!

Bereits in der Woche nach Zerschlagung der Gewerkschaften, am 6. Mai 1933, kündigte Robert Ley die Gründung der »Deutschen Arbeitsfront« an, die wenige Tage später auf einem Kongress am 10. Mai 1933 vollzogen wurde. Sie sollte das mit dem Wegfall der Gewerkschaften entstandene Vakuum füllen. Freilich war ihr von Hitler nicht deren Nachfolge hinsichtlich der Gestaltung der Arbeitsbedingungen zugedacht. Denn nur eine weitere Woche später wurde, zunächst als Provisorium, mit dem »Gesetz über Treuhänder der Arbeit« vom 19. Mai 1933[19] eine neue Institution geschaffen. Sie sollte an Stelle der bisherigen Tarifvertragsparteien »*rechtsverbindlich* […] *die Bedingungen für den Abschluß von Arbeitsverträgen*« regeln (und dazu Richtlinien für Betriebsordnungen).[20] Die nun funktionslos gewordenen Arbeitgeberverbände lösten sich zum Jahresende auf.[21] Und schon zu Jahresbeginn 1934 folgte mit dem »Gesetz zur Ordnung

15 Zum folgenden *Kittner*, Arbeitskampf, S. 505ff.; *Michalka*, Hrsg., Die nationalsozialistische Machtergreifung, 1984.

16 Der 1. Mai blieb nach 1945 in beiden Teilen Deutschlands ein gesetzlicher Feiertag.

17 Vgl. *Beier*, Das Lehrstück von 1. und 2. Mai 1933, 1975.

18 Vgl. *Milert/Tschirbs*, Zerschlagung der Mitbestimmung 1933, 2013.

19 Gesetz über Treuhänder der Arbeit vom 19.5.1933, RGBl. I 285 (vgl. *Eden*, Die Verwaltung einer Utopie. Die Treuhänder der Arbeit zwischen Betriebs- und Volksgemeinschaft 1933–1945, 2020).

20 Einen guten und bequem zugängigen Eindruck von der Tätigkeit der Treuhänder erlauben die in Polen ins Internet gestellten Tätigkeitsberichte für den Bezirk Schlesien (*https://sbc.org.pl/dlibra/publication/107354*).

21 Vgl. *Mallmann*, 100 Jahre Gesamtmetall. Perspektiven aus Tradition 1890–1990, 2. Aufl. 2015, S. 227. Es blieben aber eine ganze Reihe von Unternehmerorganisationen erhalten, z. T. als parastaatliche Einrichtungen (»Reichsgruppe Industrie«, »Reichswirtschaftskammer«). Als »alte Kameraden« des aufgelösten Arbeitgeberverbands »Arbeitnord-

der nationalen Arbeit« vom 22. Januar 1934[22] (vorläufig, s. u.) die abschließende Normierung der neuen Arbeitsverfassung (unter Verstetigung der dann bis 1945 fungierenden »Treuhänder«). Der Krieg ab 1939 brachte dann nochmals fundamentale Veränderungen, die gesondert für beide Weltkriege zusammen dargestellt werden (Kap. 15).

Eroberung und Befestigung der Macht 1933

Datum 1933/34	**Staat**	**Arbeit**
31.1.	Hitler Reichskanzler	
27.2.	Reichstagsbrand	
28.2.	VO zum Schutz von Volk und Staat	
5.3.	Reichstagswahl	
24.3.	Ermächtigungsgesetz	
31.3.	Gleichschaltung der Länder	
4.4.		Gesetz über Betriebsvertretungen
7.4.	Gesetz zur »Wiederherstellung des Berufsbeamtentums«	
19.4.		1. Mai »Feiertag der nationalen Arbeit«
2.5.		Zerschlagung der Gewerkschaften
10.5.		Gründung DAF
19.5.		Gesetz »Treuhänder der Arbeit«
14.7.	Gesetz zur Alleinstellung der NSDAP	
31.12.		Auflösung der Arbeitgeberverbände
22.1.1934		Gesetz zur Ordnung der nationalen Arbeit

west« nach 1945 eine neue Arbeitgeberorganisation gründeten, residierten sie noch in denselben Büroräumen wie vor 1933 (vgl. *Mallmann*, Arbeit-Nordwest und METALL NRW, Kontinuität oder Diskkontinuität, AuR 2017, G 7).

22 RGBl. I 45.

Mit dieser Kompetenzzuweisung an die »Treuhänder« platzten die Träume der DAF von der Übernahme des vormaligen Tarifgeschäfts; es wurde nichts aus einer Art »NS-Super-Gewerkschaft.«[23] Statt dessen öffnete sie sich bald für Einzelmitgliedschaften, über die dann auch Arbeitgeber Mitglied wurden. Die DAF mutierte zu einer Allround-Organisation für *»Arbeiter der Stirn und Faust«* ohne eigentliches Vorbild. Die DAF hatte gegen Ende des NS-Regimes 22 Mio. Mitglieder und organisierte u. a. die überaus populäre »Kraft-durch-Freude«-Bewegung.[24] Bei einem (Diktatur-)Systemvergleich mit der DDR fällt ihre strukturelle Ähnlichkeit mit dem FDGB auf (Kap. 14).[25]

Die Gewerkschaften wurden anschließend nie verboten. Gleichwohl wurde ihr Vermögen auf die DAF übertragen, was vom RAG gebilligt wurde.[26] Auch Streiks wurden nicht ausdrücklich verboten. Das war angesichts des Gestapo/SS-Repressionsapparats auch nicht nötig.[27] Bemerkenswert ist aber ein Urteil des »Sozialen Ehrengerichts Mitteldeutschland« vom 19. November 1935 zu einer Arbeitsniederlegung von Landarbeiterinnen: *»Im nationalsozialistischen Staat sind Arbeitskämpfe undenkbar. Zwar sind sie nicht ausdrücklich verboten. Ihre Unzulässigkeit ergibt sich jedoch aus dem AOG, das die Gemeinschaftsarbeit zum gemeinen Nutzen von Volk und Staat in den Vordergrund stellt«*[28] (eine nahezu wörtliche Paraphrase sollte für die DDR geliefert werden, Kap. 15).

Hätten wir es mit einem »normalen« Staatswesen zu tun, könnte man sich nun an die Darstellung seiner »normativen Ordnung« machen. Allein schon diese Begrifflichkeit lässt einen zögern. Das NS-System ist nicht nur wegen des Holocausts unvergleichlich, es entzieht sich gerade bei einer »Rechts«-Geschichte den dafür gängigen Kategorien. Deshalb bedarf die Vorstellung der neuen NS-Arbeitsverfassung Vorbemerkungen, gewissermaßen als »Warnhinweise«:

(1) Das Recht stand zwar auf dem Papier der amtlichen Verlautbarungen und es wurde auch millionenfach nach ihm verfahren. Aber: Das Regime konnte auch anders! Es konnte jeden Fall mit Gestapo, SS und KZ außerhalb rechtsförmiger Verfahren »lösen«. Dieser ubiquitäre Staatsterrorismus war allgegenwärtig, ins-

---

23 Erst recht gab es keine Zukunft für die »Nationalsozialistische Betriebszellen-Organisation« (NSBO), die als destabilisierende Krawallmacher in der Weimarer Republik gedient hatten (vgl. *Mai*, Die nationalsozialistische Betriebszellen-Organisation, Vierteljahreshefte für Zeitgeschichte 1983, 573).

24 Vgl. *Hachtmann*, Die Deutsche Arbeitsfront, 2022.

25 Vgl. *Hachtmann*, Arbeitsverfassungen. Drittes Reich, DDR und Bundesrepublik im Vergleich, in Hockerts, Hrsg., Drei Wege deutscher Sozialstaatlichkeit, S. 27ff.; *ders.*, Überlegungen zur Vergleichbarkeit von Deutscher Arbeitsfront und Freiem Deutschen Gewerkschaftsbund, in Heydemann/Oberreuter, Hrsg., Diktaturen in Deutschland – Vergleichsaspekte, 2003, S. 148ff.

26 Vgl. RAG 28.12.1934, Bens. 20, 102.

27 Eingehend *Kittner*, Arbeitskampf, S. 532ff.

28 ARS 26, 193.

besondere als Bedrohung für Arbeitnehmer. So ist die Bestandsaufnahme Martin Beckers, dass »*eines der wirksamsten Mittel zur Disziplinierung der Arbeitnehmer die Kündigungsmöglichkeit für den Arbeitgeber* [war]«,[29] höchsten die halbe Wahrheit. Dieses tägliche »Leben am Abgrund«, im Ausnahmezustand der NS-Diktatur, ist für uns Heutige, die das nicht persönlich erlebt haben, nicht wirklich nachvollziehbar. Dieses immer präsente »Grundrauschen« muss bei allen Betrachtungen mit in Rechnung gestellt werden.

(2) Dazu kommt eine zweite Eigenheit dieses Regimes, die alles rechtliche Räsonieren auf der Grundlage von NS-Recht kontaminiert: die Auflösung rechtsstaatlicher Verbindlichkeit. Das fing ganz oben an mit der berühmt-berüchtigten Maxime von Carl Schmitt »*Der Führer schützt das Recht vor dem schlimmsten Missbrauch, wenn er im Augenblick der Gefahr kraft seines Führertums als oberster Gerichtsherr unmittelbar Recht schafft.*«[30] Aus diesem Geiste erwuchs seine Forderung nach »*Denken in konkreten Ordnungen*« anstelle eines als »*jüdische Eigenart*« bezeichneten Strebens nach formaler Rechtssicherheit[31] und ganz praktisch seine Erwartung, dass jede Rechtsauslegung im nationalsozialistischen Sinne erfolgen müsse.[32] Das mündete in Ideologemen wie »Betriebsgemeinschaft«, »Volksgemeinschaft« und »gesundes Volksempfinden«. Der Eintritt in eine »Betriebsgemeinschaft« ersetzte den Abschluss eines Arbeitsvertrages im Sinne der insbesondere von Wolfgang Sieber entwickelten »Eingliederungstheorie«.[33] Dazu kam, dass scheinbar harmlose Generalklauseln mit NS-affinem Gedankengut aufgefüllt und umgewidmet wurden.[34] Das hieß: Niemand konnte in einem Rechtsstreit sicher sein, dass nicht in diesem Sinne geurteilt wurde. Im Übrigen konnte man am Scheitern aller Anläufe auch im NS-Staat zu einer Art Arbeitsgesetzbuch sehen, dass Hitler zunehmend das Interesse an Selbstbindung durch rechtsförmige Gesellschaftsgestaltung verlor (Kap. 38). Das führt zu Rüdiger Hachtmanns Fazit: »*Das NS-Arbeitsrecht (war) eine Sackgasse, weil es integraler Teil eines politischen Systems war, das auf Selbstzerstörung angelegt war.*«[35]

---

29 Vgl. *Becker*, Die Betriebs- und Volksgemeinschaft als Grundlage des »neuen« NS-Arbeitsrechts, in Buggeln/Wildt, Hrsg., Arbeit im Nationalsozialismus, 2004, 107.

30 *Schmitt*, Der Führer schützt das Recht, Deutsche Juristenzeitung 1934, Sp. 1945, 1946.

31 Vgl. *Schmitt*, Über die drei Arten des rechtswissenschaftlichen Denkens, 1934; ebenso *Larenz*, Deutsche Rechtserneuerung und Rechtsphilosophie, 1934, S. 40.

32 *Schmitt*, Nationalsozialismus und Rechtsstaat, Juristische Wochenschrift 1934, 713, 717.

33 Vgl. *Siebert*, Das Arbeitsverhältnis in der Ordnung der nationalen Arbeit, 1935; *ders.*, Die deutsche Arbeitsverfassung, 1942; *ders.*, Die Begründung des Arbeitsverhältnisses, deutsches Arbeitsrecht 1937, 310.

34 *Rüthers*, Die unbegrenzte Auslegung, 1. Aufl. 1968 (9. Aufl. 2022).

35 *Hachtmann*, Die rechtliche Regelung der Arbeitsbeziehungen im »Dritten Reich«, in Gosewinkel, Hrsg., Wirtschaftskontrolle und Recht im Nationalsozialismus, 2004, S. 135, 155.

(3) In der zweiten Hälfte des NS-Regimes brachte der Krieg eine ganz eigene Gesetzlichkeit (wenn das Wort überhaupt angebracht ist) ab 1939 (mit kriegsvorbereitenden Aktivitäten wie Vierjahresplan und Arbeitsbuch ab 1936). Es determinierte in der zweiten Hälfte des Regimes alles zivile Leben und dessen Regeln. Das äußerte sich in zweifacher Hinsicht: Der außerrechtliche Terror verschärfte sich, insbesondere seit sich abzeichnete, dass der Krieg nicht mehr zu gewinnen war. Und dazu wurde das Wirtschaftsleben geradezu überzogen mit einer Vielzahl von Sonder- und Ausnahmeregungen von verschiedenen Institutionen, vor allem im Rahmen der Vierjahrespläne. Diesen Teil des NS-Systems werde ich gemeinsam mit den entsprechenden Problemlösungen im Ersten Weltkrieg behandeln (Kap. 13).
(4) Schließlich das, was die negative Einzigartigkeit des Nationalsozialismus ausmachte: seine zunächst Ausgrenzungs- dann Vernichtungspolitik gegen Juden und als »Zigeuner« bezeichnete Bevölkerungsgruppen. Für sie wurde ab 1938 ein gesetzliches Sonderarbeitsrecht geschaffen, aufgrund dessen sie als rechtlose Sklaven behandelt wurden.[36] Dazu kamen Regelungen für den Einsatz von Kriegsgefangenen als Zwangsarbeiter (Kap. 15).

12.2 Neue Arbeitsverfassung: AOG

Mit diesen Vorbehalten nun zu den Einzelheiten der NS-Arbeitsverfassung.[37] Ihre Grundlage war das »Gesetz zur Ordnung der nationalen Arbeit« (AOG) vom 20. Januar 1934.[38] Hitler selbst hatte dieses sehr kurzfristig geschaffene arbeitsrechtliche »Grundgesetz« nur als etwas Vorläufiges betrachtet und deshalb vage Formulierungen empfohlen.[39] Angesichts der dann durch den Krieg veränderten Prioritäten blieb es – unabhängig von kriegsbedingten Interventionen – bis zum Ende des Regimes im Kern unverändert.
Das AOG lieferte das Programm für alles neue NS-Arbeitsrecht:

§ 1

Im Betriebe arbeiten der Unternehmer als Führer des Betriebs, die Angestellten und Arbeiter als Gefolgschaft gemeinsam zur Förderung des Betriebszwecks und zum gemeinen Nutzen von Volk und Staat.

36 Vgl. *Hueck/Nipperdey/Dietz*, AOG, 4. Aufl. 1943, Anhang, S. 962 ff.
37 Vgl. *Ramm*, Nationalsozialismus und Arbeitsrecht, KJ 1968, 108; *Kranig*, Lockung und Zwang. Zur Arbeitsverfassung im »Dritten Reich«, 1983; Arbeitsrecht im NS-Staat. Texte und Dokumente, 1984.
38 RBGl. I 45.
39 Vgl. *Hachtmann*, Die rechtliche Regelung der Arbeitsbeziehungen im »Dritten Reich«, a. a. O., S. 147.

§ 2

(1) Der Führer des Betriebs entscheidet der Gefolgschaft gegenüber in allen betrieblichen Angelegenheiten, soweit sie durch dieses Gesetz geregelt werden.
(2) Er hat für das Wohl der Gefolgschaft zu sorgen. Diese hat ihm die in der Betriebsgemeinschaft begründete Treue zu halten.

Aus diesem Geist wurde ein System von Führung und Gehorsam etabliert. Das bisherige autonome Arbeitsrecht wurde durch »Tarifordnung« und »Betriebsordnung« ersetzt, und der Kündigungsschutz in ein individualrechtliches Verfahren überführt; das sonstige Individualarbeits- und Arbeitsschutzrecht aus der Weimarer Zeit blieb formal unverändert.[40] Das führte zu einer inhaltlichen Dreiteilung, die, abzüglich der Gewerkschaften und Betriebsräte, an eine dem Weimarer System formal entsprechenden Mehr-Ebenen-Ordnung entsprach; die Frage des »Personals« soll gesondert behandelt werden (s. u. 7).
Das Schlüsselwort des NS-Arbeitsrechts war »Gemeinschaft«.[41] Als »Betriebsgemeinschaft« wurde sie in § 1 AOG ausdrücklich genannt. In diesem »*lebendigen Organismus*« sollte »*jeder an seinem Platze*« seine Arbeit leisten.[42] Damit sollten – bei unangefochtenem Entscheidungsrecht des Arbeitgebers – Interessengegensätze im Betrieb eingeebnet werden. Ebenso verfuhr man mit Klassengegensätzen auf einer höheren Ebene: »*Unternehmer und Gefolgschaft arbeiten aber zugleich auch ›zum allgemeinen Nutzen von Volk und Staat‹. Die Betriebszwecke haben sich also in die Belange des Staatsvolkes hinzufügen, der lebendige Organismus des Betriebes ist ein Teil des größeren Organismus Volk und Staat, die Betriebsgemeinschaft also ein Teil der Volksgemeinschaft*« [Hervorhebung im Original].[43] In diesen Worten Mansfelds ist die gesamte arbeitsrechtliche Ideologie des NS-Arbeitsrechts komprimiert; aus ihnen speisten sich alle Auslegungen des

40 Das bedeutete aus der Sicht der Arbeitgeber, die (jedenfalls mit) geholfen hatten, Hitler an die Macht zu bringen, eine denkbar gemischte Bilanz. Denn sie hatten zwar ihr zentrales Anliegen, die Ergebnisse der Novemberrevolution 1918 rückgängig zu machen, vollständig erreicht: Sie waren Gewerkschaften, Betriebsräte und Tarifverträge wieder losgeworden (das hatte ihnen Hitler als erstes beschert), aber sie hatten fortan den NS-Staat mit im Boot, einen unbequemeren und vor allem dysfunktionaleren Partner, wie sie recht bald feststellen mussten (dazu kam mit zunehmender Lästigkeit die DAF).

41 Zum folgenden eingehend *Rüthers*, Arbeitsrecht und Ideologie, in Die Arbeitsgerichtsbarkeit. Festschrift zum 100jährigen Bestehen des Deutschen Arbeitsgerichtsverbandes, 1994, S. 39ff.

42 *Mansfeld u. a.*, AOG, S. 99.

43 A. a. O.

geschriebenen Rechts und alle dem Regime dienenden Rechtschöpfungen.[44] Diese Gemeinschaftsideologie war zugleich eine Absage an das verhasste Vertragsdenken eines bürgerlich-liberalen Individualismus. Da der Gemeinschaftsbegriff sich (nur) auf »Volk« und »Rasse« bezog, kamen nur »Volksgenossen« in den Genuss arbeitsrechtlichen Schutzes. D. h., für »Fremdrassige« galten abgestufte Sonderrechte, bis hin zu völliger Schutzlosigkeit (Kap. 15).

Bereits an dieser Stelle muss der Hinweis gegeben werden, dass das alles keine »vom Himmel gefallene« Kopfgeburt nationalsozialistischer Ideologen war. Vielmehr hatten solche Gedanken tiefe Wurzeln, prominent bis zurück zu Gierke (Kap. 4)[45] und »modernisiert« durch den Weltkriegs-Mythos von »Frontgemeinschaft«. Sie waren in der Weimarer Republik weit verbreitet. So erklärte der erste Präsident des Reichsarbeitsgerichts, Friedrich Oegg, bei Gelegenheit eines Besuchs des Reichsarbeitsministers, Heinrich Brauns (Kap. 11) und Reichsjustizministers, Oskar Hergt, am 19. November 1927, den »*Gemeinschaftsgedanken*« zum Fixpunkt für die Fortentwicklung des Arbeitsrechts.[46] Er habe zum Inhalt, die wirtschaftliche Unternehmertätigkeit und die abhängige Beschäftigung im Betrieb auf gemeinsame Ziele auszurichten, letzten Endes auf den wirtschaftlichen Nutzen des Unternehmens und das Gedeihen der gesamten Volkswirtschaft. Das wurde zum »basso continuo« der Rechtsprechung zum Betriebsrätegesetz (Kap. 27). Wenn das RAG im Jahr 1928 davon sprach, dass der Arbeiter »*nicht mehr bloßes Werkzeug des Unternehmers, sondern ein lebendiges Glied der zwischen diesem und der Arbeitnehmerschaft bestehenden Arbeitsgemeinschaft*« sei, so war der Weg zur späteren NS-Terminologie nicht mehr weit.[47] Und schließlich darf nicht übersehen werden, dass sich der ADGB selbst noch am 9. April 1933, als letzte verzweifelte Anpassungsaktion, bereit erklärt hatte, »*die von den Gewerkschaften in jahrzehntelanger Wirksamkeit geschaffene Selbstverwaltungsorganisation der Arbeitskraft in den Dienst des neuen Staates zu stellen* [...] *und an*

44 Vgl. *Becker*, Die Betriebs- und Volksgemeinschaft als Grundlage des »neuen« NS-Arbeitsrechts, in Buggeln/Wildt, Hrsg., Arbeit im Nationalsozialismus, 2004, 107.

45 Vgl. *Jobs*, Die Bedeutung Otto von Gierkes für die Kennzeichnung des Arbeitsverhältnisses als personenbedingtes Gemeinschaftsverhältnis, ZfA 1972, 305.

46 Vgl. *Kranig*, Der erste Präsident des Reichsarbeitsgerichts, Friedrich Oegg, ein unbeschriebenes Blatt? AuR 2023, G 9.

47 RAG 20.6.1928, Bens. 3, 116, 120. Folgerichtig kritisierte das der junge Otto Kahn-Freund wegen seiner Nähe zum italienischen Faschismus (vgl. *Kahn-Freund*, Das soziale Ideal des Reichsarbeitsgerichts, Abhandlungen zum Arbeitsrecht, Heft 7, 1931, wiederabgedruckt in *Ramm*, Hrsg., Quellentexte 1918–1933, S. 149ff.; einen daraus abzulesenden persönlichen Vorwurf gegenüber den damaligen Richtern erklärte Kahn-Freund in einem Interview im Jahr 1981 als falsch [KJ 1981, 241ff.]; ähnlich *Neumann*, Die politische und soziale Bedeutung der arbeitsgerichtlichen Rechtsprechung, 1929, wiederabgedruckt bei *Ramm*, a.a.O., S. 113ff.).

dem von der Regierung geplanten berufsständischen Aufbau der deutschen Wirtschaft« mitzuwirken.[48]
Jetzt schon gesagt: Diesem Vorlauf in der Weimarer Republik sollte eine entsprechende Nachwirkung in der Bundesrepublik entsprechen, im »wording« des Betriebsverfassungsrechts, mit Kategorien wie »personenrechtliches Gemeinschaftsverhältnis«, »Fürsorge« und »Treue« – getragen von »Fachpersonal« mit entsprechender Kontinuität, s. u. Das alles kommt auf unnachahmliche Weise zum Ausdruck in einer kurzen Passage des 1959 in 6. Auflage (nach der 3. bis 5. von 1932) erschienenen Lehrbuchs »Hueck/Nipperdey, Arbeitsrecht«, verfasst von Alfred Hueck:

»Die Treuepflicht war in § 2 Abs. 2 AOG ausdrücklich anerkannt, allerdings in besonderer Ausrichtung auf den Führer des Betriebes. Unter Abstreifung dieses besonderen Gesichtspunktes hat sich dann § 2 Abs. 2 mehr und mehr zu einer allgemeinen Generalklausel des Arbeitsrechts entwickelt. Da die Treuepflicht als solche nichts mit nationalsozialistischen Gedankengängen zu tun hat, vielmehr in Wissenschaft und Rechtspraxis auch schon vor 1933 immer stärker Anerkennung gefunden hatte (vgl. RAG 15, 561; ... Zitate von Titze, Kaskel-Dersch, Hueck-Nipperdey, Nikisch), so ist durch die Aufhebung des AOG in ihrer Geltung nichts geändert worden (vgl. Hueck, Der Treuegedanke im modernen Privatrecht, 1947).«

12.3 »Tarifordnung«

Formal setzte die neue »Sozialverfassung« mit der Einsetzung der »Treuhänder der Arbeit« ein.[49] Das Gesetz vom 19. Mai 1933 bestimmte:

(1) Bis zur Neuordnung der Sozialverfassung regeln die Treuhänder an Stelle der Vereinigungen von Arbeitnehmern, einzelner Arbeitgeber oder der Vereinigungen von Arbeitgebern rechtsverbindlich für die beteiligen Personen die Bedingungen für den Abschluß von Arbeitsverträgen. [...]
(2) Auch im übrigen sorgen die Treuhänder für die Aufrechterhaltung des Arbeitsfriedens.

48 Vgl. Quellen, Bd. 4, 1988, S. 881 f.
49 Vgl. *Eden*, Die Verwaltung einer Utopie. Die Treuhänder der Arbeit zwischen Betriebs- und Volksgemeinschaft 1933–1945, 2020.

Nachdem die »Vereinigungen von Arbeitnehmern« zwei Wochen zuvor ausgelöscht worden waren, wurde damit das künftige »Tarifgeschäft« formal auf die »Treuhänder« übertragen – und zwar anstelle beider früherer Beteiligter. Mit Gesetz vom 20. Juli 1933[50] wurden ihnen die »Restaufgaben der Schlichtungsstellen« zugewiesen. Dieses Gesetz ist kurz und unscheinbar und liefert doch eine erste, zentrale Erklärung für diesen Teil der »Machtergreifung.«

Denn immer noch verblüfft, wie reibungs- und geräuschlos die »Gewerkschaftsaktion« vor sich gegangen war. Aus keinem Betrieb in Deutschland ist irgendeine Form des Protestes berichtet worden. Widerstandsaktionen blieben selten[51] und wurden völlig in den Untergrund gedrängt.[52] Arbeitsniederlegungen konnten organisiert ohnehin nicht mehr stattfinden; selbst kleinere, nur Stunden dauernde Protestaktionen aus innerbetrieblichen Anlässen gab es ab 1937 praktisch nicht mehr.[53] Dafür gibt es mehrere Erklärungen. Eine liegt sicher in der immer schon geringen betrieblichen Verankerung der Gewerkschaften im Kaiserreich wie in der Weimarer Republik[54] und ihrer Auszehrung durch die Arbeitslosigkeit (1932 waren nur etwa 8 % der Arbeitnehmer im Betrieb gewerkschaftlich organisiert).[55] Dazu kam die Demoralisierung und Hoffnungslosigkeit der Arbeitnehmer nach Weltwirtschaftskrise und Massenarbeitslosigkeit – der Wurzelgrund für den Aufstieg der Nationalsozialisten einerseits und der Hintergrund für die Hinnahme der hier zu verhandelnden arbeitsrechtlichen »Grausamkeiten« wegen der danach offenkundigen Besserung der Arbeitsmarktsituation.

Ein oft übersehener Grund dafür, warum die Einsetzung der »Treuhänder der Arbeit« gar nicht als so tiefer »Bruch« erschien, lag in der Sache selbst. Denn der Unterschied zu den Schlichtungsstellen aus der Endphase der Weimarer Republik war jedenfalls im Ergebnis gar nicht so groß, wie man annehmen sollte. Diese hatten zuletzt als ganz direkter Hebel des Staates zur Lohnfestsetzung gedient; die Gewerkschaften waren zwar noch physisch durch Beisitzer vorhanden, hatten aber keinerlei Einfluss mehr – auch in den Augen ihrer Mitglieder. Und als die Lohnfestsetzung ganz ohne sie erfolgte, vermisste niemand sie (jedenfalls zunächst).

---

50 RGBl. I 520.

51 Vgl. *Däubler*, Der »Mössinger Generalstreik« vom 31.1.1933 – praktiziertes Widerstandsrecht?, AuR 2017, G 21.

52 Vgl. *Schneider*, Unterm Hakenkreuz. Arbeiter und Arbeiterbewegung 1933–1939, 1999; *Peukert*, Lage der Arbeiter und der gewerkschaftliche Widerstand im Dritten Reich, in Borsdorf, Hrsg., Geschichte der deutschen Gewerkschaften, 1987, S. 447.

53 Vgl. *Morsch*, Streiks im »Dritten Reich«, Vierteljahresschrift für Zeitgeschichte 1988, 649; *Kittner*, Arbeitskampf, S. 530ff.

54 Vgl. *Swintarski*, Der Deutsche Metallarbeiter-Verband 1891–1933, S. 412.

55 Vgl. *Kittner*, Arbeitskampf, S. 464.

Mit u.a. dieser Kompetenz wurde die Institution der »Treuhänder« ab Anfang 1934 mit dem AOG verstetigt. Und das hieß: Die Festsetzung der Löhne lag fortan in letzter Instanz beim Staat. Es ist durchaus zweifelhaft, ob diese Konsequenz wirklich allen Arbeitgebern bewusst war, als sie auf die Beseitigung des Tarifsystems der Weimarer Republik hinarbeiteten. Den größten Teil der Treuhänder machten zwar frühere Arbeitgeberverbandsfunktionäre aus,[56] aber das änderte nichts am strukturellen Problem als solchem. Es wurde in der Praxis der »Treuhänder« zudem überschattet durch die Rivalität mit der DAF. Diese war unentwegt bemüht, Kontrolle über die »Treuhänder« zu erlangen, stand aber ihrerseits vor der im Grunde unlösbaren Aufgabe, dass sie Arbeitgeber- und Arbeitnehmerinteressen gleichermaßen zu vertreten hatte. Das führte zu permanenten, für das NS-System in vielen Bereichen beobachtbaren »Revierkämpfen«.[57]
Es verwundert jedenfalls nicht, dass bei den Unternehmern die Sehnsucht nach der Rückkehr zu so etwas wie »Tarifautonomie« wuchs. Hierzu hat Rüdiger Hachtmann ein Schlüsseldokument vorgestellt, eine Besprechung von Unternehmensvertretern mit Beamten des Arbeitsministeriums am 10. Juni 1940.[58] Dieses hatte auf Anweisung Hitlers zu einer Besprechung über die »*endgültige Lösung der sozialen Frage*« nach dem »*Endsieg*« eingeladen. Die Teilnehmerliste liest sich wie ein »Who is Who« der deutschen Industrie und das Fazit lautete: Das jetzige System funktioniert nicht: »*Es kann nur ein Übergangszustand sein, dass der Arbeitsvertrag vom Staat bestimmt wird. [...] Vertreter der Gefolgschaft und von zuständigen Wirtschaftsorganisationen bevollmächtigte Vertreter der Unternehmen würden sich dann zusammensetzen und die sozialen Fragen gemeinsam lösen*«. Das zentrale Problem einer solchen »Tarifautonomie der Zukunft« blieb aber – zumal in einer offiziellen Veranstaltung solchen Zuschnitts – ungeklärt. Wie sollten die »Vertreter der Gefolgschaft« aussehen? Einerseits wollte man »authentische« Arbeitnehmervertreter, aber zu energisch sollten sie keinesfalls auftreten, keinesfalls »klassenkämpferisch« – was aber? Diese Frage wurde im NS nicht mehr geklärt, weil es nicht zum »Endsieg« kam. Klar aber war, dass dieses Unbehagen mit dem NS-Tarifsystem das Verlangen nach Rückkehr zu einem

---

56 Vgl. *Kranig*, Lockung, S. 170; zu den Biografien aller Treuhänder *Hachtmann*, Atomisierung, Entmündigung, Zwangsorganisation. Arbeitsrecht und Arbeitsverfassung im Dritten Reich, in Justizministerium des Lands NRW, Weichenstellungen im Arbeits- und Sozialecht der Bundesrepublik, 2013, S. 64, 86ff.

57 Vgl. *Hachtmann*, Reichsarbeitsministerium und Deutsche Arbeitsfront: Dauerkonflikt und informelle Kooperation, in Nützenadel, Hrsg., Das Reichsarbeitsministerium im Nationalsozialismus, 2017, S. 137ff.; zur Gesamtdarstellung.

58 Vgl. *Hachtmann*, Die Krise der nationalsozialistischen Arbeitsverfassung – Pläne zur Änderung der Tarifgestaltung 1936–1945, KJ 1984, 281. Die Niederschrift ist abgedruckt in Jahrbuch Soziale Bewegungen 1984, S. 175f.

vom Staat unabhängigen Tarifvertragssystem wachsen ließ – ein wesentlicher Grund für dessen rasche Akzeptanz nach Kriegsende.[59]

Für unsere Kernfrage »Bruch und/oder Kontinuität« lieferte das System der »Tarifordnungen« – in ihrer Uneinheitlichkeit für das Ganze typische bemerkenswerte Befunde. Zunächst musste das Regime der Macht des Faktischen Tribut zollen. Eigentlich wollte man schnellstmöglich tabula rasa machen. Deshalb sah § 72 AOG vor, dass alle Tarifverträge bis zum 30. April 1934 außer Kraft treten sollten; ihre Weitergeltung musste von den »Treuhändern« ausdrücklich verfügt werden. Da aber schon bei den Beratungen zum Gesetz klar war, dass das das Wirtschaftsleben in ein Chaos stürzen würde, verfügte der Reichsarbeitsminister noch am 28. März 1934,[60] dass die Tarifverträge fortgalten, es sei denn, die »Treuhänder« beendeten sie. Damit verband er die Erwartung, dass nur für eine gewisse Übergangszeit so verfahren werden solle; danach solle es zu Neugestaltungen durch die »Treuhänder« kommen.

Damit ging es jedoch auch nicht so schnell. Nach einer Anordnung des Arbeitsministeriums im Jahr 1937[61] wurden die als Tarifordnungen weitergeltenden Tarifverträge gesichtet und in amtliche Verzeichnisse aufgenommen.[62] Diese Bestandaufnahme ergab, dass mehr als drei Jahre nach Inkrafttreten des AOG noch ca. 3900 Tarifverträge weitergalten und nur 3090 Tarifordnungen neu erlassen worden waren.[63] Selbst während des Kriegs galten noch Tarifverträge aus der Weimarer Republik.[64] Dabei war zu beobachten, dass mehr größere räumliche Einheiten gebildet wurden, was das Interesse des Regimes an Zentralisierung belegt. Ungeklärt bleibt (was auch für die neu erlassenen »Betriebsordnungen« jener Zeit gilt, s. u.), wie viel dieser Tarifordnungen genuin nationalsozialistische Inhalte hatten, und wie viel »normales« Tarifrecht. Dazu gibt es keine empirischen Befunde. Aber die starke Vermutung geht dahin, dass dessen Anteil gegenüber dem arbeitstechnisch Nötigen gar nicht so hoch sein konnte.

In dieser Hinsicht wird man aber zweckmäßigerweise unterscheiden: Tarifordnungen über die Lohnhöhe und solche über Lohnfindung und sonstige Arbeitsbedingungen, also etwa entsprechend der heutigen Einteilung in Entgelttarif-

---

59 *Hachtmann*, Wiederbelebung von Tarifparteien oder Militarisierung der Arbeit, in Führer, Hrsg., Tarifbeziehungen und Tarifpolitik in Deutschland im historischen Wandel, 2004, 114, 131 ff.

60 RArbBl. I 58 (abgedruckt in *Mansfeld. u. a.*, AOG, 1934, S. 559).

61 Anordnung vom 28. 6. 1937, RArbBl. I 164.

62 Das Reichsverzeichnis mit Stand vom 1. 7. 1937 wurde in einer Beilage zum RArbBl. 1937, Nr. 19, publiziert. Die weitergeltenden Bezirks- und Ortstarife wurden in den Mitteilungsblättern der einzelne Treuhänder veröffentlicht.

63 *Seldte*, Aufgaben und Tätigkeit der Reichstreuhänder der Arbeit, Zeitschrift der Akademie des Deutschen Rechts 1937, 613.

64 Vgl. *Kranig*, Lockung, S. 183.

verträge hier und Mantel- und Rahmentarifverträge da.[65] Die ersteren waren es, von der unter der großen Überschrift »Lohnpolitik des Dritten Reiches« die Rede ist – ein ganz besonderes Unterkapitel der Literatur zur NS-Zeit.[66] Sie nahm Fahrt auf mit den Vorbereitungen zum Krieg und wurde während seines Verlaufs zu einem zentralen Faktor der nationalsozialistischen Arbeitspolitik (Kap. 13). Für die ganze übrige Tarifpolitik muss zunächst betont werden, dass es dazu keine flächendeckende Dokumentation gibt. Wir kennen aber eine Vielzahl von einzelnen Tarifordnungen, die doch den Schluss zulassen: Es gab eine große Kontinuität und zwar sowohl von der Weimarer Republik zum Nationalsozialismus als auch von diesem zur Bundesrepublik.[67] Das betraf insbesondere Fragen der Lohnfindung mit Hilfe moderner, aus den USA kommender Methoden der Leistungsbewertung, die in Deutschland vom 1924 gegründeten »Reichsausschuss für Arbeitszeitermittlung« (REFA) verbreitet wurden.[68] Das prominenteste und bedeutendste Beispiel ist der Lohngruppenkatalog für die Eisen- und Metallindustrie (LKEM), der acht nach der Tätigkeit definierte Lohngruppen enthielt und in Gemeinschaftsarbeit der DAF und der Reichsgruppe Industrie unter Rücksprache mit dem Reichsarbeitsministerium im März 1942 fertiggestellt wurde.[69] Diese Aktivitäten standen in einem engen ideologischen Zusammenhang mit einer zeitgenössischen »Werkgemeinschafts«-Idee, mit Anschlussfähigkeit an US-amerikanische, tayloristisch-fordistische Managementsysteme.[70] Der Popularisierung und Umsetzung von Gedanken dieser Art diente das von der DAF

---

65 Vgl. *Lang/Schaumburg*, Handbuch Tarifvertrag, 2020, S. 191ff.

66 Vgl. *Siegel*, Lohnpolitik im nationalsozialistischen Deutschland, in Sachse u. a., Hrsg., Angst, Belohnung, Zucht und Ordnung. Herrschaftsmechanismen im Nationalsozialismus, 1982, S. 54ff.; *dies.*, Die gekaufte Arbeiterklasse? – Lohnpolitik im nationalsozialistischen Deutschland, Gewerkschaftliche Monatshefte 1984, 533.

67 Vgl. *Lang/Schaumburg*, Handbuch Tarifvertrag, S. 100ff.

68 Vgl. *Hachtmann*, »Die Begründer der amerikanischen Technik sind fast lauter schwäbisch-alemannische Menschen«: Nazi-Deutschland, der Blick auf die USA und die »Amerikanisierung« der industriellen Produktionsstrukturen im Dritten Reich, in Lüdke u. a., Hrsg., Amerikanisierung: Traum und Alptraum im Deutschland des 20. Jahrhunderts, 1996, S. 61ff.; *ders.*, Fordismus und Sklavenarbeit: Thesen zur betrieblichen Rationalisierungsbewegung 1941–1944, Potsdamer Bulletin für Zeithistorische Studien 2008, S. 21ff.

69 Vgl. *Kranig*, Lockung, S. 66ff. Die NS-Führung hatte bei allen Fragen der Lohngestaltung selbstverständlich den Aspekt von Profitabilität im Sinne. Im September 1942 stellte der Generalbevollmächtigte für den Arbeitseinsatz, Sauckel, fest, dass aufgrund des LKEM in einzelnen Betrieben Leistungssteigerungen von 20 % und mehr erzielt wurden (a. a. O.).

70 Vgl. *Hachtmann*, Fordismus und Sklavenarbeit. Thesen zur betrieblichen Rationalisierungsbewegung 1941 bis 1944, in Potsdamer Bulletin für Zeithistorische Studien, Nr. 43/44, 2008, S. 21ff.

übernommene »Deutsche Institut für technische Arbeitsschulung« (DINTA).[71] Der ganze Arbeitsbewertungs-Komplex wurde nach Ende des NS-Regimes weitgehend nahtlos in der Bunderepublik weitergeführt, wovon die einschlägige Literatur für Arbeitsbewertungspraktiker zeugt.[72]
Die Kontinuität von NS- auf Nachkriegszeit war aber bei weitem nicht auf diese technischen Lohngestaltungsregeln beschränkt. Bis in die 1950er Jahre galten die Tarifordnungen in großem Umfang weiter, und wo es nun »Tarifverträge« gab, da war nicht selten nur das Rubrum ausgetauscht worden. In Bezug auf die Metallwirtschaft (Industrie und Handwerk) haben wir die Zahlen für 1950/51:[73]

Tarifordnungen/Tarifverträge Metallwirtschaft

	Zahl Arbeiter	Zahl Angestellte	Erfasste Personen
TV	29	8	855996
TO	10	13	1502714

Hinsichtlich dieser Materie, entwickelt als Herzstück des »Kollektivismus« des Weimarer Tarifvertragssystems, können wir besonders ausgeprägt sehen, wie technische und organisatorische Erfordernisse der modernen Industrieproduktion systemunabhängig ihre regulatorische Bahn finden. Und wir brauchen diesen Gedanken nur etwas weiter zu denken, unter Einbezug der einstweilen ausgeklammerten »Lohnpolitik« durch die Treuhänder, dann liefert er eine steuerungs-theoretisch elementare Erkenntnis: Selbst eine so zentralistisch angelegte Diktatur wie der »Führer«-Staat konnte die Löhne nicht zentral regeln (geradezu ein Charakteristikum der späteren Vierjahrespläne waren die unzähligen Ausnahmen von zentralen Vorgaben, Kap. 15; wir werden das als Kernproblem auch in der heutigen Tarifpolitik wiederfinden, Kap. 22). Eine Gesellschaft von der Größe und Komplexität Deutschlands kommt nicht ohne »Zwischenebenen« aus; in heutigen Kategorien reden wir von einem »Mehr-Ebenen-System« (Kap. 16).

71 Vgl. *Hachtmann*, Atomisierung, Entmündigung, Zwangsorganisation. Arbeitsrecht und Arbeitsverfassung im Dritten Reich, in Justizministerium des Landes NRW, Hrsg., Weichenstellungen im Arbeits- und Sozialrecht der Bundesrepublik, 2013, S. 64, 78ff.

72 Vgl. *Brengel*, Die Bewertung der Arbeit, 1942; *Euler/Stevens*, Arbeitsbewertung als Hilfsmittel zur gerechten Entlohnung, Zeitschrift für Arbeitswissenschaft 1948, Heft 2; *dies.*, Die analytische Arbeitsbewertung, 1. Aufl. 1951; zu einem aus den gleichen Quellen schöpfendem Buch von Gewerkschaftern vgl. *Wagner/Wenig*, Arbeitsschwierigkeit und Lohn, 1952. Die analytische Arbeitsbewertung, 1. Aufl. 1951.

73 Quellen, Bd. 10, S. 103, Fn. 16.

12.4 »Betriebsordnung«

Wenn unter »Betriebsverfassung« die Regelung von kollektiven, aus der Tatsache der Beschäftigung einer Mehrzahl von Arbeitnehmern in einem Betrieb resultierenden Fragen verstanden wird, dann kann man davon seit dem »Arbeiterschutzgesetz« von 1891 reden (Kap. 2). Derartiges enthielt auch das AOG, allerdings auf einem noch niedrigeren Niveau als im Kaiserreich: Der Betriebsführer konnte eine »Betriebsordnung« nach eigenem Gutdünken erlassen, ohne vorherige Konsultation mit einer betrieblichen Arbeitnehmervertretung. Selbst damit aber hatte das NS-System ein größeres Problem als das Kaiserreich mit den »Arbeiterausschüssen«. Damals wurden diese hingenommen, wie sie sich eben gebildet hatten. Das AOG hatte in dieser Hinsicht mehr Vorsorge getroffen. Nachdem man glaubte, nicht ganz ohne Repräsentanz der Arbeitnehmer auskommen zu können, hatte man sich ein merkwürdiges Konstrukt ausgedacht: der »Betriebsführer« suchte sich ihm genehme Personen als »Vertrauensleute« aus und musste dann die »Gefolgschaft« in geheimer Abstimmung dazu Stellung nehmen lassen. Billigte die Gefolgschaft die Liste nicht, konnte der »Treuhänder« Vertrauensmänner berufen (§ 9 Abs. 1 und 2).

Selbst das ging schief. Denn bei den ersten derartigen Abstimmungen gab es so viele Gegenstimmen, dass das nicht zu kaschieren war.[74] Deshalb wurden die nächsten turnusmäßigen Wahlen mehrfach verschoben. Schließlich war es an Hitler selbst, sich zwischen zwei unangenehmen Alternativen zu entscheiden: Entweder rufschädigende Wahlergebnisse zu riskieren oder das Odium auf sich zu nehmen, dass die Arbeiter nun gar keine Repräsentanz in den Betrieben mehr hätten. Hitler entschied sich für das Letztere.[75] Dieser Vorgang bestätigte im Übrigen, was seit den letzten Betriebsratswahlen eindrucksvoll dokumentiert wurde: Das NS-Regime hatte – worüber die Apathie gegenüber dem Untergang der Gewerkschaften hinwegtäuschen könnte – keinen Rückhalt bei den Arbeitnehmern. In den letzten Betriebsratswahlen vom Anfang 1933 errangen die freien Gewerkschaften trotz massiver Einschüchterungsaktionen der SA einen eindrucksvollen Wahlerfolg in 1387 ausgezählten Betrieben:

---

74 Zum folgenden vgl. *Däubler/Kittner*, Betriebsverfassung, S. 293ff.

75 Die juristische Verarbeitung dieser Entscheidung war »dual-state«-mäßig: »*§ 91 Abs. 1 und die ihn ergänzenden Vorschriften* [...] *sind heute, nachdem das Gesetz über die Verlängerung der Amtsdauer der Vertrauensräte vom 1. April 1938 diese bis auf weiteres verlängert hat, ohne Bedeutung.* [...] *Die Berufung der Vertrauensräte richtet sich gegenwärtig ausschließlich nach den Bedürfnissen des einzelnen Betriebes*« (*Hueck/Nipperdey/Dietz*, AOG, 4. Aufl., 1943, § 9 Anm. 1, Hervorhebung im Original).

Betriebsratswahlen April 1933

	Freie	Christliche	Hirsch-Dun.	RGO	Syndikalisten
Mandate	6777	693	55	450	3
v. H.	73,4	7,6	0,6	4,9	–

Quelle: Gewerkschafts-Zeitung vom 29.4.1934

Für den weiteren Gang der Dinge im NS-System nicht unwichtig war dabei sicher die völlige Erfolglosigkeit der NSBO; ihre wenigen Geländegewinne kamen wohl vor allem von den Kommunisten. Dieser so offenkundige Offenbarungseid machte es leicht, sie nach Gründung der DAF ganz schnell von der Bühne verschwinden zu lassen.

Hinsichtlich der Inhalte der im Nationalsozialismus erlassenen »Betriebsordnungen« gilt das für »Tarifordnungen« Gesagte in gesteigertem Maße: Wir wissen einfach zu wenig; vor allem gibt es keine repräsentativen Erkenntnisse.[76] Hier wird es so sein, wie generell in der – ebenfalls nicht in der Breite und repräsentativ erforscht – betrieblichen Wirklichkeit während der NS-Zeit. Es hat ein Kontinuum in der ganzen Bandbreite der Möglichkeiten gegeben – vom überzeugten nationalsozialistischen Unternehmer, der alle neuen Möglichkeiten zur Unterdrückung seiner Belegschaft nutzte, über den unpolitischen »Entrepreneur«, der seine Geschäfte in Ruhe weiterbetreiben wollte, bis auch zu Systemgegnern, die ihre Belegschaft so weit wie möglich zu schützen bedacht waren.

Soweit Einzelbeispiele von NS-spezifischen »Betriebsordnungen« bekannt sind, liefen sie auf zwei Elemente hinaus: einen Ausbau der Disziplinargewalt und vor allem die Schaffung eigener Kündigungsgründe – letzteres vor allem eine Reminiszenz an das Kaiserreich und die Bemühungen bei der Schaffung des Betriebsrätegesetzes 1920, dem einen Riegel vorzuschieben (Kap. 27).

Für die Betriebsverfassung gilt im Übrigen das Gleiche wie für das Tarifvertragssystem: Mit zunehmender Dauer des NS-Regimes war bei vielen Arbeitgebern die Einsicht gewachsen, welchen Wert starke, vom Vertrauen der Belegschaften getragene Betriebsräte für eine effektive Unternehmensführung hatten. Mit deren Abschaffung waren zugleich die Sensoren für die Stimmung der Arbeit-

76 Einen allerersten Aufschlag zur Erforschung der Welt der »Betriebsordnungen« jeder Art macht ein Projekt des Max-Planck-Instituts für Rechtsgeschichte und Rechtstheorie« in Frankfurt über »nichtstaatliches Recht der Wirtschaft in der Metallindustrie« (vgl. *Wolf u. a.*, Neue Ansätze in der Arbeitsrechtsgeschichte, Rechtsgeschichte 30, 2022, S. 199ff.).

nehmer und für mögliche Konfliktherde verloren gegangen.[77] Stattdessen sahen sich die Arbeitgeber unentwegt in »*Konflikten ohne Regelungsmechanismus.*«[78]

12.5 Individualarbeitsrecht und Arbeitsschutz

Nach den Feststellungen zu den Inhalten von Betriebs- und Tarifordnungen im Verhältnis zu Betriebsvereinbarungen und Tarifverträgen nicht mehr überraschend: Beim Individualarbeitsrecht und beim Arbeitsschutz gab es größte Kontinuität gegenüber dem Vorgefundenen, die sich – jedenfalls im Westen – lange über 1945 hinaus erstrecken sollte (s. o.). § 65 AOG hob nur die Gesetze über die kollektive Arbeitsverfassung der Weimarer Republik auf. Und nicht nur das: Im Laufe der Jahre kamen weitere Gesetze hinzu (s. u.).
Was den Bestand des im BGB, HGB und GewO verankerte Arbeitsvertragsrechts angeht, so ließ das Regime formal zwar alles beim Alten. Allerdings behalf man sich mit NS-typischen Auslegungskunststücken, Musterbeispiele für das, was ich »Auflösung der Rechtsstaatlichkeit« genannt habe: Rechtswissenschaft und Gerichte gingen davon aus, dass, auch wenn das AOG diese Normen ausdrücklich nicht aufgehoben hatte, die durch es aufgestellten Grundsätze sie verdrängt, bzw. »*stillschweigend außer Kraft gesetzt*« hätten. Wegen des »*personenrechtlichen Charakters des Arbeitsverhältnisses*« habe das AOG das BGB in dieser Hinsicht überlagert.[79] Dazu trat die entsprechende Nutzung von Generalklauseln.
Dabei erkennen wir beim staatlichen Gesetzgeber das gleiche Muster wie bei den Tarifverträgen: Ein Teil der Regelungen erfolgte insbesondere mit Blick auf die Befestigung der nationalsozialistischen Herrschaft und ihrer Zurichtung auf den Krieg. Ein anderer Teil war schlichtweg Arbeitnehmerschutz, wie man ihn in einer Industriegesellschaft auf dem Entwicklungsstand Deutschlands unabhängig von ihrer politischen Verfassung erwarten würde (die schon angesprochenen Gesetze zum Mutter-, Jugendarbeits- und Heimarbeiterschutz, dazu kamen Verbesserungen beim Arbeitnehmererfinderrecht[80]). Nicht selten gingen beide Aspekte ineinander über, z. B., wenn § 28 AZO im Jahre 1938 im Vorgriff auf

77 Vgl. *Hachtmann*, Industriearbeit im »Dritten Reich«, 1989, S. 309.

78 *Plumpe*, Unternehmerverbände und industrielle Interessenpolitik seit 1870, in Köllmann u. a., Hrsg., Das Ruhrgebiet im Industriezeitalter, 1990, S. 655, 720.

79 Vgl. *Hueck*, Deutsches Arbeitsrecht, 1928, S. 66f.

80 Vgl. VO über die Behandlung von Erfindungen von Gefolgschaftsmitgliedern vom 12. 7. 1942 (RGBl. I 466) und Richtlinien für die Vergütung von Erfindungen von Gefolgschaftsmitgliedern (RAnz Nr. 70 vom 25. 3. 1943). Auch diese Regelungen galten nach 1945 weiter und wurden erst 1957 durch das Arbeitnehmererfindungsgesetz abgelöst (BAG 1. 11. 1956, AP § 2 ArbNErfG Nr. 4). Wilhelm Herschel nannte sie »*sachlich und praktikabel. Sie waren nur mit einigen nationalsozialistischen Ornamenten ausgestattet*« (RdA 1983, 265, 266).

Kriegsbedürfnisse eine unbeschränkte Ausnahmeermächtigung für Arbeiten zuließ, »*die im öffentlichen Interesse dringend nötig werden*«.
Ein Rechtsgebiet, das alle Facetten in sich vereinigte, war das Kündigungsschutzrecht (eingehend Kap. 31):[81]

- Es knüpfte nach Wegfall der Betriebsratsmitbestimmung als individualrechtliche Regelung nahezu wörtlich an die Weimarer Regelung an.
- Indem es nicht mehr von der Existenz eines Betriebsrats abhängig war, brachte es »Kündigungsschutz« für erheblich mehr Arbeitnehmer (in Betrieben ohne Betriebsrat).
- Materiell wurde es unter Berufung auf die »Betriebsgemeinschaft sogar intensiviert; Mansfeld stellte – nicht unberechtigt – die Behauptung auf: »*Der neue Kündigungsschutz des einzelnen Betriebsangehörigen geht über den Kündigungsschutz hinaus, den das Betriebsrätegesetz gewährt hat.*«[82]
- Die NS-Aufladung seiner Generalklauseln erlaubte einerseits NS-begründete Willkürentscheidungen; das führte z. B. in Kündigungsfällen dazu, dass der »wichtige Grund« des § 626 BGB und »Verhältnisse des Betriebs« des in dieser Hinsicht gegenüber § 86 BRG unveränderten § 56 AOG zu abstoßendem NS-Unrecht genutzt werden konnten.[83]
- Das erfolgte ausgiebig gegenüber Regimegegnern aus allen politischen Richtungen. Hier brachte das Jahr 1938 mit der »Verordnung zur Ausschaltung der Juden aus dem deutschen Wirtschaftsleben« vom 12. November 1939[84] eine entscheidende Verschärfung. Obwohl es in dieser VO nur um »Betriebsführer« ging und § 56 AOG für jüdische Arbeitnehmer nicht außer Kraft gesetzt worden war, wurde die Kündigung eines Juden immer als »betriebsbedingt« angesehen: Es »*gehört kein Jude mehr in einen deutschen Betrieb, zumindest hat er kein Recht, auf Weiterbeschäftigung zu klagen, wenn es der Unternehmer für notwendig hält, ihn zu entfernen, sei es nur aus der verstecktesten Stelle im Betrieb*«.[85]
- Diese so abstoßende Seite des NS-Kündigungsschutzrechts stand bislang im Vordergrund der Betrachtung.[86] Das verzerrt die Dinge allerdings dramatisch: Das Handbuch des Kündigungsschutzrechts von 1941, das einzige zu jener Zeit, stellt zu seinem ganz überwiegenden Teil völlig »normale« Kündigungsfälle vor, wie sie in jedem heutigen Kommentar zum KSchG abgehandelt

---

81 Eingehend *Kittner/Klengel*, Kündigungsschutzgesetz, 2022, S. 32ff.
82 *Mansfeld u. a.*, AOG, Einleitung, S. 30.
83 Vgl. *Kranig*, Lockung, S. 66ff.
84 RGBl. I 1580.
85 Vgl. *Kiefer*, Unbillige Härte und Betriebsbedingtheit nach § 56 AOG, 1941, S. 128.
86 Vgl. *Mayer-Maly*, Die Arbeitsgerichtsbarkeit und der Nationalsozialismus; in Die Arbeitsgerichtsbarkeit. Festschrift zum 100jährigen Bestehen des Deutschen Arbeitsgerichtsverbandes, 1994, S. 89ff.

werden würden. Darin gibt es Lösungen zu einzelnen Fallkonstellationen betriebsbedingter Kündigungen, die arbeitnehmerfreundlicher sind, als sie heute der 2. Senat des BAG zugesteht.[87] Die Aussagen zu »Juden« und anderen »politischen« Fällen werden mit nur acht Seiten gegenüber 115 für den »Rest« eher beiläufig abgehandelt: Es gibt keine plakativere Demonstration des Doppelgesichts des NS-Arbeitsrechts! Dem entspricht die Beobachtung von Kranig, dass der Alltag der Arbeitsgerichte im Nationalsozialismus von überraschender »Normalität« der Fälle geprägt war.[88]

Insbesondere der technikaffine Arbeitsschutz[89] bestach mit seiner – auf den ersten Blick – ingenieursmäßigen politischen Abstinenz, wenngleich natürlich der Gedanke allgegenwärtig war, dass nur gesunde Arbeiter sowohl zu effektiver Arbeit fähig wären, als auch taugliche Soldaten abgäben.[90] Das gilt sowohl für den technischen wie für den sozialen Arbeitsschutz. Hier ist vor allem des »Gesetz über gesundheitsschädliche und feuergefährliche Arbeitsstoffe« vom 25. März 1939[91] zu nennen. Es hatte, vergleichbar der AZO, noch bis in die 1970er Jahre hinein Bestand, bis es durch die ArbeitsstoffVO von 1971 bzw. die heutige GefahrstoffVO abgelöst wurde. Auf seiner Grundlage wurden die VO über die Verwendung von Methanol in Lacken und Anstreichmitteln vom 6. August 1942[92] und über das Verbot der Verwendung von Arsen und arsenhaltigen Stoffen in Reinigungsmitteln vom 30. Januar 1945 (!)[93] erlassen. Auch das Recht der Unfallversicherung verlief in den schon vor 1933 vorgezeichneten Bahnen.[94] Dabei wurden die Zahl der entschädigungspflichtigen Berufskrankheiten von 22 auf 36 erhöht[95] und der Präventionsgedanke verstärkt.[96] Im Jahre 1941 wurde im – freilich immer schwächer werdenden (Kap. 13) – Reichsarbeitsministerium noch an einem Gesetzentwurf zum Betriebsschutz mit folgender Überlegung

87 Vgl. *Kittner*, Entwicklungslinien der Rechtsprechung zur »Unternehmerentscheidung« – nur noch Rechtsgeschichte?, in Festschrift für Preis, 2021, 615, 619.

88 Vgl. *Kranig*, Treue gegen Fürsorge. Arbeitsrichter unter dem Nationalsozialismus, in Diestelkamp/Stolleis, Hrsg., Justizalltag im Dritten Reich, 1988, S. 63f.

89 Vgl. Deutsche Gesetzliche Unfallversicherung (DGUV), Hrsg., Die Jahre des dritten Reichs, in 125 Jahre gesetzliche Unfallversicherung, 2010, S. 52ff.

90 Vgl. *Pieper*, Das Arbeitsschutzrecht in der deutschen und europäischen Arbeits- und Sozialordnung, 1998, S. 90ff.

91 RGBl. I 581.

92 RGBl. I 498.

93 RGBl. I 31.

94 Vgl. *Wickenhagen*, Geschichte der gewerblichen Unfallversicherung, 1980, Bd. I, S. 250ff., 260ff. und 266ff.

95 Vgl. *Pieper*, a.a.O., S. 91.

96 Vgl. Richtlinien über die Gemeinschaftsarbeit bei der Durchführung des Unfallschutzes vom 17.4.1939, RArbBl. III, 190 (vgl. *Kranig*, Arbeitsrecht im NS-Staat, S. 140ff.).

gearbeitet: »*Das Betriebsschutzgesetz muß die Möglichkeit geben, die* *Hersteller und Verkäufer* [Hervorhebung im Original] *bestimmter Maschinen bindend zu verpflichten, nur solche Maschinen und Einrichtungen zu liefern, die den Anforderungen des Betriebsschutzes genügen.*« (Kap. 30)[97] Für einen solchen Gedanken boten die Kriegsumstände – schon in der Weimarer Republik gab es erste Anläufe – jedoch keinen fruchtbaren Boden; das Betriebsschutzgesetz wurde nicht weiterverfolgt[98] (die Idee eines »Maschinenschutzgesetzes« kam erneut in den 1960er Jahren auf, mit dem »Gesetz über technische Arbeitsmittel«, dem Vorläufer des heutigen »Produktsicherheitsgesetz« auch erfolgreich).

Bei einer Gesamtbilanz dieses geschriebenen Arbeits- und Arbeitsschutzrechts werden zwei Aspekte klar:

- Selbst ein so totales Regime wie das des Nationalsozialismus kommt nicht ohne Zugeständnisse gegenüber den Arbeitnehmern aus. Wenn ihnen schon die Organe zu ihrer Interessenvertretung genommen werden, muss der Staat Kompensatorisches »liefern«.
- Und er muss sich darum kümmern, dass »der Laden läuft«, d.h. für eine effiziente Industrieproduktion zumal angesichts der ständig steigenden Anforderungen des Kriegs sorgen. Das erfordert technischen und sozialen Arbeitsschutz.

Schließlich gehört zum Gesamttableau der »normativen Ordnung« die Tätigkeit der Gerichte.[99] Ihre Praxis der Einzelfallentscheidung mit Hilfe weiter, NS-affizierter Generalklauseln kam den Bedürfnissen des Regimes strukturell völlig zupass. Dabei kann man beobachten (eine systematische Untersuchung fehlt), wie aus der Weimarer Zeit stammende, standhaft gebliebene Richter noch eine Zeit lang Recht nach »normalen« zivilrechtlichen Maßstäben sprachen (wie der erste RAG-Präsident, Oegg, s.o.).

In dieser Hinsicht kann man ein regelrechtes »Cluster« von Entscheidungen ausmachen, deren Gemeinsamkeit in zwei Aspekten liegt:

- Inhaltlich geht es jeweils darum, in von Gesetz und kollektiven Ordnungen frei gelassenen Bereichen der autonomen Gestaltungsmacht des Arbeitgebers Grenzen zu ziehen.
- Als geschichtliches Phänomen zeichnen sich alle diese Entscheidungen dadurch aus, dass sie – mit neuem »wording« – in der Bundesrepublik teils nahtlos fortgeführt wurden.

---

97 *Kremer*, Zur Neuordnung des Betriebsschutzes, RArbBl. V, 1942, 251; vgl. auch *Mansfeld*, Arbeitsschutz und Vierjahresplan, RArbBl. III, 1939, 68.

98 *Kranig*, Arbeitsrecht im NS-Staat, S. 141.

99 Vgl. *Kranig*, Treue gegen Fürsorge. Arbeitsrichter unter dem Nationalsozialismus, in Diestelkamp/Stolleis, Hrsg., Justizalltag im Dritten Reich, 1988, S. 63ff.

Herausragende Beispiele sind etwa die Rechtsprechung zur Gleichbehandlung,[100] betrieblichen Übung,[101] Beschränkung der Arbeitnehmerhaftung,[102] zu »Kettenarbeitsverträgen«[103] und der Unverfallbarkeit von Betriebsrentenzusagen.[104] Dabei ist häufig zu beobachten, dass das Gericht seine Ergebnisse auch ohne Bezug auf das AOG hätte gewinnen können, es aber vorzog, den neuen Terminus der Arbeitgeber-»Fürsorge« zu bemühen. Diese durchaus ansehnliche Spruchpraxis sollte nach dem verlorenen Kriege als Referenz für die Vertretbarkeit des »Mitmachens um Schlimmeres zu verhindern« dienen (s. sogleich den Fall Hueck). Eine solche Haltung ließ sich mit zunehmender Befestigung des Regimes immer weniger durchhalten, und es rückten regime-treue Richter nach. Die alte Richtergeneration sorgte aber noch eine gewisse Zeit, im Wesentlichen bis Kriegsbeginn, für Urteile, die sich um Arbeitnehmerschutz mit »normalen« zivilrechtlichen Gerechtigkeitstopoi bemühte.

Das Gesicht der »Nazi-Justiz« prägten aber zunehmend Fälle, in denen unter Nutzung der neuen Generalklausel-Maßstäbe vor allem Regimegegner sanktioniert wurden. Das betraf insbesondere Kündigungen.[105] Sie alle sind schlimm, aber schlimmer ist das nicht Gesagte: Für alle, die dort als Opfer der Justiz erscheinen, war die justizförmige Erledigung ihres Falles in Wahrheit das bei weitem geringste Übel. Denn wegen der gleichen oder geringerer Vorwürfe wurden andere ohne Federlesens ins KZ verschleppt.

Nicht nur diese immer mitzudenkende Relativierung macht eine Gesamtbilanz »der« Rechtsprechung im NS-Staat so schwer. Wir wissen auch nicht, welchen Anteil nicht NS-kontaminierte Fälle am gesamten Gerichtsgeschehen einnahmen.

Eines ist aber für die Gesamtheit aller »normativen Ordnungen« offenkundig: Die Rechtspraxis im Nationalsozialismus war in einem hohen Maße, wahrscheinlich mehrheitlich, durch »normales«, nicht NS-affiziertes Recht geprägt, vielfach noch aus der Weimarer Zeit oder mit Vorläufern von dort, das zu allermeist noch in der Bundesrepublik Geltung behielt. Es könnte daher sein, dass im Arbeitsrecht mehr von »Kontinuität« gesprochen werden muss als von »Bruch«.

---

100 RAG 19.1.1938, ARS 33, 172.

101 Vgl. RAG 10.4.1940, ARS 39, 252; 18.1.1940, 40, 195. Bei dieser überzeitlich begründbaren Rechtsfigur freilich die NS-Kategorie der »konkreten Ordnung des Betriebes« als naheliegende Hauptbegründung (vgl. *Deneke*, Die konkrete Ordnung des Betriebes als Rechtsquelle, Deutsches Arbeitsrecht 1940, 141; *Reuss/Siebert*, Die konkrete Ordnung des Betriebs, 3. Aufl. 1943).

102 Vgl. RAG 18.12.1940, Bens. 41, 55 (*Kittner*, 50 Urteile, S. 93).

103 Vgl. RAG 5.1.198, Bens. 32, 174 (*Kittner*, 50 Urteile, S. 100).

104 RAG 23.8.1939, Bens. 37, 71 (vgl. *Zwanziger*, Betriebsrentenanwartschaften werden unverfallbar, SR 2024, 41).

105 Vgl. *Mayer-Maly*, Arbeitsrecht: Arbeitsgerichtsbarkeit und Nationalsozialismus, in Säcker, Hrsg., Recht und Rechtslehre im Nationalsozialismus, 1992, S. 125ff.

Dieser durchaus nicht geläufige Befund macht wahrscheinlich einen Blick auf die Verhältnisse in den anderen großen Industrienationen in jener Zeit nötig (Großbritannien, Frankreich, USA wie auch den »Sonderfall« der Sowjetunion). Was aber jedenfalls gesagt werden kann: Diese Gleichzeitigkeit von zeitlosem, »normalem« Arbeitsrecht, dem tiefen Meer, und dem (durchaus hohen) Wellengang des nach 12 Jahren wieder untergehenden NS-Rechts liefert eines der sinnfälligsten Beispiele für ein »longue-durée-Konzept« à la Braudel (Kap. 6). Es könnte auch sein, dass hier ein Schlüssel zur Erklärung des so rätselhaften Opportunismus der beteiligten Juristen-Elite liegt.

12.6 Funktionsverlust der Gerichte

Es ist bis jetzt viel vom Recht im NS-System und von der Rolle der Gerichte im Sinne des Beitrags vor allem des RAG zu seiner Formierung die Rede gewesen. Es fehlt ein Blick auf die »Kundschaft«, d.h. vor allem die Arbeitnehmer (und abgestuft natürlich auch die Arbeitgeber), für die die Weimarer Republik eine Fortentwicklung der Gewerbe- und Kaufmannsgerichte zu einer eigenen Arbeitsgerichtsbarkeit gebracht hatte. Diese blieb zwar als solche bestehen,[106] erlitt aber einen dramatischen Funktionsverlust: Gegenüber 1931 verringerten sich die Streitfälle bei den Arbeitsgerichten bis 1938 von 441 243 auf 151 577 und bis 1940 auf 82 506 (minus 80 %).[107] Dafür gab es zwei Hauptgründe: Mit der Verschlechterung der materiellen Rechtslage sanken die Erfolgsaussichten für Arbeitnehmer. Und wo sie nicht selbst resignierten, brachten sie die DAF-Rechtsberatungsstellen von Klagen ab, die zu diesem Zweck den Arbeitsgerichten vorgeschaltet wurden.[108] Ihr Auftrag war *»nicht der Streit bzw. die Interessenlage des Einzelnen, sondern die Gemeinschaftssicherung«*.[109] Demgemäß konnte der Leiter

106 Gleich mit Schaffung des AOG hatte das Regime in diesem sog. Ehrengerichte vorgesehen, mit denen auf Antrag eines Treuhänders »*gröbliche Verletzungen der durch die Betriebsgemeinschaft begründeten sozialen Verpflichtungen*« geahndet werden konnten (§§ 35, 36 AOG). Dieses 1934 für alle Fälle ersonnene Repressionsinstrument blieb weitgehend funktionslos. Das Regime verfügte über hinreichend außerrechtliche Möglichkeiten (zu den »Konfliktkommissionen« als »gesellschaftliche Gerichte« der DDR, die nicht zuletzt auch eine Pranger-Funktion hatten, Kap. 15).

107 Vgl. *Hachtmann*, Die rechtliche Regelung der Arbeitsbeziehungen im Dritten Reich, in Gosewinkel, Hrsg., Wirtschaftskontrolle und Recht in der nationalsozialistischen Diktatur, 2005, S. 135, 143.

108 Vgl. *Hellwig* (Leiter des Amtes für Rechtsberatungsstellen in der DAF), Die Stellung der Rechtsberatungsstellen der Deutschen Arbeitsfront, Soziale Praxis 1939, Sp. 770; *Kranig*, Lockung, S. 205 f.

109 So die Feststellung des Reichswirtschaftsministers (Schmitt) und Reichsarbeitsministers (Seldte) gegenüber der Staatskanzlei anlässlich der Schaffung des AOG (vgl. *Hachtmann*, Die rechtliche Regelung ..., a. a. O. Fn. 19).

des DAF-Presseamtes 1942 bilanzieren, dass »*der eigentliche arbeitsgerichtliche Prozeß immer mehr an Bedeutung einbüßt.*«[110]

12.7 Personal

Diese ganz neue Arbeitsverfassung brauchte natürlich das dafür erforderliche juristische Fachpersonal und es hatte keine Mühe, solches zu gewinnen. Vor allem die Juristen der Arbeitgeberverbände wechselten in Regierungsstellen, zur DAF oder in die halbstaatlichen Verbände der Wirtschaft (am prominentesten Otto Grauert von »Arbeitnordwest« ins preußische Innenministerium zu Hermann Göring; Werner Mansfeld vom Zechenverband in das Arbeitsministerium; Gerhard Erdmann vom Reichsverband der deutschen Arbeitgeberverbände zur Reichswirtschaftskammer). Im Reichsarbeitsministerium wurden die wichtigsten für die Weimarer Arbeitsverfassung verantwortlichen Beamten entlassen (Kap. 11).[111] Für die Richterschaft wurden nach und nach linientreue Juristen rekrutiert.[112] Eine solche Personalpolitik ist bei allen Regimewechseln so und über die Nennung besonders herausragender Persönlichkeiten hinaus, bedürfte ein solcher Vorgang keiner vertieften Behandlung. Aber unser Fall liegt besonders: Diese Diktatur dauerte nur 12 Jahre und danach waren alle Beteiligten in ihren besten beruflichen Jahren. Sie wollten im neuen Staat wieder im alten Beruf arbeiten und es gelang ihnen auch ganz überwiegend. Das macht sie unter dem Gesichtspunkt der Kontinuität so interessant. Und auch bei ihnen, wie bei den Regulierungsinhalten, stehen wir vor Kontinuitätslinien nach hinten: Die wichtigsten in Frage kommenden Personen waren bereits in der Weimarer Zeit als Arbeitsrechtler tätig.

Das wirft für sie wie für die übrige Gesellschaft die Frage nach dem Verhalten im Jahr 1933 auf. Sie alle standen vor zwei existenziellen Fragen: Soll ich bleiben oder muss ich weggehen? Und für die, die blieben, stand die Entscheidung zwischen Mitmachen oder Abstinenz.

Die erste Frage wurde entlang der »Hauptlinie« der politischen Verortung in der Weimarer Republik getroffen: Der überwiegende Teil der »Linken« verließ Deutschland und ging ins Exil in die Niederlande (Hugo Sinzheimer), nach Großbritannien (Otto Kahn-Freund, Franz Neumann) oder in die USA (Ernst Fraenkel, Karl Korsch). Nur Erwin Jacobi und Hermann Dersch, die wegen ihrer jüdischen Vorfahren aus der Universität entlassen worden waren, blieben

110 *Scheunemann*, Die Rechtsberatung der Deutschen Arbeitsfront, in Der Vierjahresplan 6/1942, S. 382.

111 Dazu kam der zunächst freiberuflich tätige Heinz Potthoff, der erst 1928 ins Ministerium gekommen war. Er lebte bis zu seinem Tode 1945 in Berlin.

112 Vgl. *Linder*, The Supreme Labour Court in Nazi-Germany. A Jurisprudential Analysis, 1987.

in Deutschland; Dersch kehrte nach 1945 in die Universität zurück und wurde noch Präsident des LAG Berlin; Jacobi wurde nicht mehr als Arbeitsrechtler aktiv, sondern Rektor in Leipzig. Die Übrigen kamen jedenfalls als Arbeitsrechtler nicht mehr aus dem Exil nach Deutschland zurück; ihr Fehlen sollte zu einem bestimmenden Faktor für das Nachkriegsarbeitsrecht im Westen Deutschlands werden (Kap. 44).

Alle anderen angesehenen Arbeitsrechtler (Hans Carl Nipperdey, Alfred Hueck, Alfred Nikisch, Rolf Dietz, Erich Molitor, Wilhelm Herschel, Schnorr von Carlosfeld, Wolfgang Siebert, Hort Neumann-Duisberg, Erich Fechner) blieben in Deutschland. Und: Sie »machten alle mit« – als wissenschaftliche Autoren und Gesetzes-Kommentatoren, als Mitglieder der »Akademie für Deutsches Recht« oder als Mitautoren der beiden Arbeitsgesetzbuch-Entwürfe. Dazu gibt es zu allen wichtigen Beteiligten punktuelle biografische Informationen; eine zusammenfassende Gruppen-Biografie fehlt indes. Dazu jetzt schon im Vorgriff: Alle diese Personen sollten nach 1945 als »Arbeitsrechtskartell« das Nachkriegsarbeitsrecht (mit)prägen und für die dann »herrschende Meinung« sorgen.[113]

Aber warum taten sie das? Sie alle waren vor 1933 »bürgerliche« Rechtswissenschaftler, denen keine aktive Förderung des Nationalsozialismus vorzuwerfen war. Dann hatten sie sich zu entscheiden. Dabei fällt auf, dass sie sich (außer Wolfgang Siebert) nicht als »glühende« Anhänger des Regimes hervortaten. Sie waren zwar Mitglied in den verschiedenen NS-Vorfeldorganisationen (z. B. im »Rechtswahrerbund«; RWB), aber mit Ausnahme Molitors – aus unterschiedlichen Gründen – nicht in der NSDAP (Alfred Hueck wurde 1942 von der Gestapo zu einem Aufnahmeantrag gezwungen; es kam aber zu keiner Mitgliedschaft).[114] Das ist nie für sich thematisiert worden, aber: Könnte das ein »Vorsorge«-Opportunismus hinter dem »Mitmach«-Opportunismus sein?

Bei aller nach und nach kritischeren Bewertung ihres Verhaltens fällt auf, wie leicht man ihnen auch noch ex post durchgehen lässt, dass es für sie irgendwie als keine realistische Handlungsalternative erschien, schlichtweg *nicht mitzumachen*, mit der dann freilich großen Wahrscheinlichkeit, auch nicht mehr als Universitätsprofessor tätig sein zu können – für einen deutschen Professor undenkbar![115] Für sie ging es nur um plausible Gründe für das Mitmachen. Wenn

113 Vgl. *Wahsner*, Das Arbeitsrechtskartell – Die Restauration des kapitalistischen Arbeitsrechts in Westdeutschland nach 1945, KJ 1974, 369, 377.

114 Die Ablehnung der Mitgliedschaft in einer NS-Organisation bezeichnete das RAG als Grund für eine Kündigung (RAG 25. 5. 1938, Bens. 32, 97).

115 An dieser Stelle erlaube ich mir eine familien-biografische Anekdote, die auch als Widmung für meinen Vater ganz am Anfang dieses Buchs stehen könnte: Er war 1933 24 Jahre alt und nach Arbeitslosigkeit und Gelegenheitsarbeiten endlich bei den »Breslauer Neuesten Nachrichten« als Annoncen-Akquisiteur tätig (wie Leopold Bloom in »Ulysses«). Weil er in den Jahren zuvor als einfacher christlicher Gewerkschafter aktiv

»Nichtmitmachen« um den Preis des Ausscheidens aus der Wissenschaft ausschied, blieb als Rechtfertigung Nr. 1: »Schlimmeres verhüten«.
Besser als ein Referat ihrer Beweggründe erscheinen mir Eigenzeugnisse der beiden für die Nachkriegsentwicklung bedeutendsten Figuren: Hans Carl Nipperdey (Kap. 11) und Alfred Hueck. Zunächst Nipperdey, der durch kritische Artikel von Wolfgang Abendroth[116] und Erich Bührig[117] aus der Reserve gelockt worden war:

»Aus der Zitierung einzelner Sätze aus früheren Arbeiten von mir könnte ein mich und mein Wirken nicht kennender Leser unrichtige Schlüsse ziehen. Für diese Leser erkläre ich, daß ich den Nazismus zu jeder Zeit verabscheut und nach besten Kräften leidenschaftlich bekämpft habe, wie er auch mich in steigendem Maße verfolgt hat. Ich habe dafür ein lückenloses Beweismaterial aus dem In- und Ausland, daß die seinerzeit zuständigen alliierten und deutschen Stellen veranlaßt haben, mich für nicht betroffen zu erklären. Die gewerkschaftlichen Leser interessiert es vielleicht, daß Hans Böckler »aus seiner genauen Kenntnis meiner Person, meiner Tätigkeit und meiner Veröffentlichungen in der Nazizeit« meine Feindschaft gegenüber dem Nazismus urkundlich ausdrücklich besonders hervorgehoben und mich sofort um die juristische Mitarbeit bei der Wiederaufrichtung der Gewerkschaften und bei ihren arbeitsrechtlichen Plänen gebeten hat. Wer in der Diktaturzeit hier im Lande für Recht und Gerechtigkeit, für rechtstaatliches Denken, gegen die beabsichtigte Zerschlagung des BGB und seine Auflösung in nazistische Einzelgesetze, für ein soziales Tarifrecht – um nur einiges zu nennen – wirken wollte, mußte sich, wie jeder Kenner weiß, beim Kampfe tarnen. Er mußte ab und zu eine im Zusammenhang des Gewollten praktisch unschädliche Naziphrase – die allerdings vielfach noch von Nazizensoren einfach vergröbert und verfälscht wurde – zum Schein wiederholen, um überhaupt schreiben zu dürfen. Selbst dabei war ich aber, wie meine gleichgesinnten Freunde, so sparsam wie möglich. Wer zwischen den Zeilen zu lesen verstand, erkannte Distanzierung und Ironie. Der Kampf war nicht immer vergeblich.«

Quelle: *Nipperdey*, AuR 1959, 340.

---

gegen die Nationalsozialisten gekämpft hatte, veranlassten diese gleich nach der Machtübernahme seine Kündigung. Jeder frühere Universitätsprofessor hätte seine (oder eine vergleichbare) Stelle einnehmen können.

116 Vgl. *Abendroth*, Innergewerkschaftliche Willensbildung, Urabstimmung und »Kampfmaßnahme«, AuR 1959, 261.

117 Vgl. *Bührig*, Irrationale Momente in der Rechtsprechung des BAG, AuR 1959, 268.

Noch näher an die übergreifenden fachlichen Zusammenhänge bringt uns Alfred Hueck, der einerseits bestimmt kein überzeugter NS-Parteigänger war, andererseits in der Bundesrepublik dadurch auffiel, dass er hartnäckig an »Fürsorge« und »Treue« als Kernelementen des Arbeitsvertragsrechts festhielt, die er ja bereits – im Einklang mit dem RAG[118] – in Weimar entwickelt hatte.[119]

»Dagegen traten auf dem Gebiet des Individualarbeitsrechts keine grundsätzlichen Änderungen ein. Wohl aber haben Wissenschaft und Rechtsprechung unter Führung des RAG in stiller, konsequenter Arbeit, wenig gestört vom Nationalsozialismus, den weiteren Ausbau eines sozial fortschrittlichen Arbeitsvertragsrechts in erheblichem Umfang gefördert; als Beispiele seien das Urlaubsrecht, das Pensionsrecht, das Gratifikationsrecht, die Regeln über das Betriebsrisiko und vor allem die Ausgestaltung der Fürsorgepflicht des Arbeitgebers und der Treuepflicht des Arbeitnehmers hervorgehoben. In diesem Zusammenhang ist der vom Arbeitsrechtsausschuß der Akademie für Deutsches Recht ausgearbeitete und 1938 veröffentlichte Entwurf eines Gesetzes über das Arbeitsverhältnis zu nennen, der zwar nicht Gesetz wurde, aber doch die Rechtsprechung stark beeinflußt hat. Er beruhte ganz auf der Auffassung des Arbeitsverhältnisses als eines personenrechtlichen, von den Grundsätzen der Treue und Fürsorge beherrschten Gemeinschaftsverhältnisses. Auch das Arbeiterschutzrecht wurde weiter ausgebaut, vor allem wurde der Jugend- und Mutterschutz verstärkt und das Recht der Heimarbeiter neu geregelt.«

Quelle: *Hueck/Nipperdey*, Arbeitsrecht, Bd. I, 7. Aufl. 1967, S. 21.

Hueck steht damit durchaus für die ganze Kohorte (im soziologischen Sinne) seiner Zeitgenossen in vergleichbarer Lage. Aber abzüglich seiner Beschönigungsrhetorik beschreibt er die Situation im Ergebnis weitestgehend zutreffend. Es ist ausgiebig deutlich geworden, in welch breitem Umfang das Arbeitsrecht von Kontinuität geprägt war. Hier liegt möglicherweise auch eine Erklärung für die so unerklärlichen Biografien der allermeisten deutschen Arbeitsrechtler dieser Zeit: Von unauffälligen »bürgerlichen« Wissenschaftlern in der Weimarer Republik über NS-Verstrickte aller Schattierungen zurück zu wieder »bürgerlichen« Wissenschaftlern der ersten Stunde. Denn für sie – und nicht nur für sie – stellte sich das NS-System nicht nur als die mörderische, für Diktatur, Weltkrieg und Holocaust verantwortliche Monstrosität dar, sondern als »Betreiber« einer zeitgenössisch relativ normalen Industriegesellschaft. Und gerade das individuelle Arbeitsrecht mit seiner breiten Kontinuität zur Weimarer Republik bot für eine

118 Vgl. RAG 2.7.1932, Bensh. 5, 560 mit Anm. *Hueck*.
119 *Hueck/Nipperdey*, Arbeitsrecht, Bd. I, 7. Aufl. 1967, S. 197ff., 262ff.

solche Sicht der Dinge besonders viele Ansatzpunkte. War es ein Rechtsgebiet, das es Opportunisten besonders leicht machte?

13. Arbeitsrecht im Krieg

Wie immer man zu dem Dictum vom »Krieg als Vater aller Dinge« stehen mag, für das Arbeitsrecht haben sich die aus Kriegsniederlagen resultierenden Erschütterungen als Katalysatoren für tiefgreifende Umwälzungen, insbesondere im Anschluss an die beiden Weltkriege, erwiesen (Kap. 7, 8). Aber auch die Kriegszeiten selbst brachten je eigene Arbeitsrechtsentwicklungen mit sich – zum Teil sehr ähnliche, den materiellen Ansprüchen der Kriegswirtschaft entsprechende, zum Teil völlig verschiedene, vor allem dem einzigartigen Charakter des NS-Regimes geschuldete. In jedem Fall waren es situationsgebundene Regulierungen, die mit ihrem Anlass, dem Krieg, ohne Folgewirkungen für die weitere Arbeitsrechtsentwicklung, wieder vergingen (die große Ausnahme waren die mit dem Hilfsdienstgesetz von 1916 geschaffenen Arbeiterausschüsse, Kap. 27). Deshalb werde ich sie hier nur sehr knapp referieren.
Gemeinsam hatten beide Kriege eines: die auch im weltgeschichtlichen Maßstab neuartige Involvierung der Gesellschaft als Ganzes in die Kriegsführung. Sie beanspruchten die Leistungsfähigkeit der gesamten Volkswirtschaft und – ganz praktisch – des gesamten industriellen Produktionskomplexes unter Einschluss aller menschlichen Ressourcen, nicht nur auf den Schlachtfeldern, sondern auch in den Fabriken. Das machte die Verfügbarkeit von Menschen für das Militär, die Produktion von Kriegsgütern und die Versorgung zu einem Kardinalproblem der Kriegführung. Die Lösung für dieses Problem erfolgte in den beiden Weltkriegen, bei scheinbar ähnlicher Herangehensweise, unterschiedlich, und zwar unter zwei Gesichtspunkten: dem Verhältnis gegenüber den Arbeitern und gegenüber dem Krieg.

13.1 Erster Weltkrieg

Der Erste Weltkrieg begann – wie wir heute wissen – in einer Endphase verhärteter innenpolitischer Konfrontation, von der es zunächst den Anschein hatte, als würde sie bei Kriegsbeginn sogar noch verschärft werden. Denn in den Wehrbereichskommandos lagen seit etwa 1910 für den Kriegsfall Verhaftungslisten führender Gewerkschafter vor.[1] Deshalb hatten Vertreter der Generalkommission der Gewerkschaften vor dem 1. August 1914 das Reichsamt des Inneren

1 Vgl. *Nipperdey*, Deutsche Geschichte 1866–1918, Bd. II, S. 781.

aufgesucht, um derartigen Maßnahmen der Regierung vorzubeugen. Dort sicherte man den Gewerkschaftern den Verzicht auf jedwede Repression unter der Voraussetzung zu, dass sie ihrerseits keine »Schwierigkeiten« machten. Dem lag – in drastischer Abkehr von der bisherigen Freund-Feind-Konstellation im Kaiserreich – die Einschätzung der Regierung zugrunde, die sich danach vor allem das Militär zu eigen machte, dass ohne den guten Willen der deutschen Industriearbeiter der Krieg nicht zu gewinnen sei, und dass man dazu den Einfluss der Gewerkschaftsführer benötige – hier liegt der erste große Unterschied zum NS-Regime.

Der zweite lag im gänzlich verschiedenen »approach« von Kaiserreich einerseits und NS-Regime andererseits zum Krieg als solchem. Für die Verursachung des Ersten Weltkriegs hat Christopher Clark das intensiv diskutierte Bild von den »Schlafwandlern« geprägt.[2] Dabei kann seine Berechtigung hinsichtlich des »Ob« auf sich beruhen, vollkommen treffend ist es aber für die Einschätzung der Folgen, vor allem die voraussichtliche Dauer des Kriegs. Nahezu alle Beteiligten auf allen Seiten glaubten nämlich an eine kurze Kriegsdauer. Als sich das nach den blutigen Stellungskämpfen an der Somme als Irrtum erwies, musste improvisiert werden. Das konnte den Nationalsozialisten nicht passieren: Hitler wollte von Anfang seiner Kanzlerschaft an den Krieg; das war die »raison d'etre« des Nationalsozialismus. Er traf sich mit einer Wehrmachtsführung, die sich im Grunde seit »Versailles« auf eine Revanche – in welcher konkreten Gestalt auch immer – eingestellt hatte. Und das hieß für unser Thema sehr konkret, dass man den Ablauf des Ersten Weltkrieg genau studierte, um »beim nächsten Mal« die vorgeblich »gemachten Fehler« zu vermeiden. Davon sollte auch das »Arbeitsrecht im Krieg« geprägt werden.

Als sich der Erste Weltkrieg im Sommer des Jahres 1916 festgefahren hatte, versuchte die Oberste Heeresleitung (OHL) das Blatt mit einer letzten Mobilisierung aller Kräfte zu wenden. Im sog. Hindenburgplan schlug sie im Oktober eine drastische Steigerung der Produktion und eine Mobilisierung aller Arbeitskräfte vor, einschließlich einer Arbeitspflicht aller Männer und sogar der Dienstverpflichtung von Frauen.[3] Ein solches Projekt war ohne Beteiligung des Reichstags nicht zu verwirklichen, woraus in äußerst kurzer Zeit nach Verhandlungen mit allen Beteiligten (OHL, Regierung, Parteien, Arbeitgeber, Gewerkschaften) das »Gesetz über den vaterländischen Hilfsdienst« vom 5. Dezember 1916 (HDG) entstand.[4] Dass die Gewerkschaften und die Parteien der späteren »Weimarer

---

2 Vgl. *Clark*, Die Schlafwandler: Wie Europa in den Ersten Weltkrieg zog, 2012 (deutsch 2013).

3 Zum folgenden *Däubler/Kittner*, Betriebsverfassung, S. 133ff.

4 RGBl. 1333 (vgl. *Wroblewski*, Das Gesetz über den Vaterländischen Hilfsdienst, AuR 2018, G 21; *Bender*, Vom Hilfsdienstgesetz zum Betriebsrätegesetz, in Mohnhaupt,

Koalition« (SPD, Zentrum und Freiheitliche) dabei einen verhältnismäßig großen Einfluss nehmen konnten, lag auf der Hand (zu den Arbeiterausschüssen als »kollaterale« Weichenstellung auch für die Zeit nach dem Krieg, Kap. 27). Von den rigiden Arbeitspflichtvorstellungen der OHL blieb nur die grundsätzliche Verpflichtung der Arbeitnehmer in kriegswichtigen Betrieben, den Arbeitsplatz nicht zu wechseln. Um das doch zu können, brauchten sie eine »Arbeitswechselbescheinigung« des Arbeitgebers. Wurde diese verweigert, konnte ihn ein paritätisch mit Arbeitgeber- und Arbeitnehmervertretern besetzter Ausschuss beim Vorliegen eines »wichtigen Grundes« erteilen. Und als solcher galt von Gesetzes wegen »*eine angemessene Verbesserung im vaterländischen Hilfsdienst.*« (§ 9 Abs. 3 HDG). Das entfaltete nun, wie unschwer vorhersehbar, geradezu eine kontraproduktive Sogwirkung in Richtung auf den Arbeitsplatzwechsel (die Gewerkschaften sahen das im Übrigen auch nicht ohne Sorge, denn dieser Mechanismus eröffnete Arbeitnehmern an ihren Strukturen vorbei die individuell realisierbare Chance auf Lohnerhöhungen). Jedenfalls erwies sich die eigentliche Zielsetzung des HDG, eine Lenkung des Arbeitskräfteeinsatzes für Kriegszwecke, als Fehlschlag (eine Erhöhung des Arbeitskräftepotenzials konnte von derartigen Maßnahmen ohnehin nicht erwartet werden).[5]

13.2 Zweiter Weltkrieg

Das alles gedachten die Nationalsozialisten und das Militär anders zu machen. Das Wichtigste: Sie hatten Gewerkschaften und Betriebsräte frühzeitig ausgeschaltet (Kap. 12). Eine dem Kaiserreich vergleichbare Sorge um die Kooperationswilligkeit der Arbeiter trieb sie nicht um. In dieser Hinsicht profitierten sie in ungeahntem Ausmaß von den Wirkungen der Beseitigung der Massenarbeitslosigkeit, ihrem »*Sieg in der Arbeitsschlacht*«.[6] Und auch wenn sie später sogar zu Lohnstopp und Höchstlöhnen griffen (s. u.), achteten sie auf sonstige sozialpolitische Wohltaten (s. o.; im Übrigen war es, zumal mit zunehmender Kriegsdauer, ein Wert an sich, nicht an die Front zu müssen, sondern zu Hause, wenn auch schlecht bezahlt, arbeiten zu »dürfen«; der stets gegenwärtige Staatsterror tat ein Übriges).

Mit dieser gegenüber dem Kaiserreich diametral anderen Herangehensweise begannen die Nationalsozialisten ihre Kriegsvorbereitungen auch auf dem Arbeits-

---

Hrsg., Revolution, Reform, Restaueration, 1988). Das Gesetz sollte »*binnen eines Monats nach Friedensschluß*« wieder außer Kraft treten (§ 20).

5 Das konnte nur durch Freistellung von Arbeitern von der Wehrpflicht erfolgen (Freistellungen 1916: 0,74 Mio.; 1918: 1,2 Mio.; vgl. *Nipperdey*, Deutsche Geschichte, Bd. I, S. 796).

6 *Kranig*, Arbeitsrecht im NS-Staat, S. 103.

markt schon bald nach der »Machtübernahme«.[7] Aus Arbeitnehmern sollten, in den Worten von Robert Ley, »*Soldaten der Arbeit*« werden.[8] Die ersten diesbezüglichen Lenkungsakte waren das »Gesetz zur Regelung des Arbeitseinsatzes« vom 15. Mai 1934[9]und die »Anordnung über die Verteilung von Arbeitskräften« vom 28. August 1934.[10] Dann folgten das »Gesetz über die Einführung eines Arbeitsbuches« vom 26. Februar 1935[11] und das Reichsarbeitsdienstgesetz vom 26. Juni 1935.[12] Daraufhin folgte eine für den weiteren Verlauf des NS-Regimes weichenstellende Entscheidung Hitlers mit der »1. Durchführungsverordnung zum Vierjahresplan« vom 18. Oktober 1936.[13] Mit der dafür eingerichteten Institution wurde ein erster »Nebengesetzgeber« des Dritten Reichs geschaffen, auf den wesentliche Befugnisse des Reichsarbeitsministeriums übertragen wurden (von einem »zweiten Nebengesetzgeber« spricht man in Bezug auf die Einrichtung des »Ministerrats für die Reichsverteidigung« 1939 und dem dritten mit der Ernennung des Gauführers Fritz Sauckel zum »Generalbevollmächtigten für den Arbeitseinsatz« am 21. März 1942).[14] Sie alle hatten fortan Kompetenzen zum Erlass von Vorschriften in Bezug auf den Arbeitseinsatz, was zu einem bis zum Kriegsende vollkommen unübersichtlichen Flickenteppich von Einzelregungen führte; Hachtmann spricht von einem »systemlosen Zerfall«.[15]

Auf dem Weg dahin gleich zu Kriegsbeginn kam es aber noch zu zwei »Leuchttürmen« des Kriegsarbeitsrechts aus der Zentrale: die »Verordnung über die Beschränkung des Arbeitsplatzwechsels« vom 1. September 1939[16] und die »Kriegswirtschaftsverordnung vom 4. September 1939.[17] Die erste machte fortan die Begründung und Beendigung von Arbeitsverhältnissen von der Zustimmung des Arbeitsamtes abhängig (sie sollte bis zum Inkrafttreten des KSchG 1951 gelten, Kap. 14); die zweite schuf für die Treuhänder eine Handhabe gegen

7 Eine Chronologie aller derartigen Rechtsakte von 1933 bis 1945 bei *Kranig*, Arbeitsrecht im NS-Staat, S. 191 ff.

8 Vgl. *Hachtmann*, Die rechtliche Regelung der Arbeitsbeziehungen im Dritten Reich, in Cosewinkel, Hrsg., Wirtschaftskontrolle und Recht in der nationalsozialistischen Diktatur, S. 135, 148.

9 RGBl. I 381.

10 RGBl. I 786.

11 RGBl. I 311. Diese Einrichtung diente zur administrativen Erfassung der Arbeitnehmer zum Zwecke ihres künftigen kriegsrelevanten Einsatzes. Derartiges hatte es im Kaiserreich für jugendliche Arbeiter gegeben (§ 107 GewO). In der Zeit der Zünfte hatte die »Reichszunftordnung« von 1731 zur Eindämmung der Gesellenmacht Arbeitsbücher unter der Bezeichnung »Kundschaft« vorgeschrieben (vgl. *Kittner*, Arbeitskampf, S. 113 f.

12 RGBl. I 769.

13 RGBl. I 887.

14 RGBl. I 179 (vgl. *Kranig*, Arbeitsrecht im NS-Staat, S. 120).

15 A. a. O., S. 152.

16 RGBl. I 1685.

17 RGBl. I 1609.

betriebliche Lohnerhöhungen vorzugehen, die aus dem Wettbewerb von Rüstungsunternehmen um Arbeitskräfte resultierten.[18]

Das alles war aber nur die eine Seite der Medaille des NS-Kriegs-Arbeitsrechts. Aller dabei im Gegensatz zum Kaiserreich eingesetzter Zwang hätte nämlich keinesfalls ausgereicht, um den aus dem Krieg resultierenden Arbeitskräftebedarf zu decken. Dazu ließ sich das NS-Regime etwas Eigenes, genuin Nationalsozialistisches einfallen: den Einsatz von Zwangsarbeitern.[19] Auch dieses besondere Kapitel der NS-Verbrechen kann hier nicht vertieft werden. Es muss ein Hinweis auf die Größenordnungen und die rechtlichen Eckdaten reichen.

Der derzeitige Forschungsstand spricht von insgesamt 13 Mio. Menschen von 1939 bis 1945 und davon auf dem Höhepunkt im August 1944 sechs Mio. zivile Zwangsarbeiterinnen und Zwangsarbeiter im Deutschen Reich. Das bedeutete für die Rüstungsindustrie, dass durchschnittlich über 25 % aller Arbeitnehmer Zwangsarbeiter waren, in einzelnen Abteilungen bis zu 60 %. Dazu nochmals im Vergleich die Zahlen der »Zurückgestellten« im Ersten Weltkrieg: 1,2 Mio. im Jahr 1918. Daraus wird klar, im welchem Ausmaß die ganze Kriegsführung von diesem Zwangsarbeitereinsatz abhängig war. Eine denkbar »schlachtentscheidende« Folge war, im Unterschied zum Ersten Weltkrieg, dass die Versorgung der Zivilbevölkerung bis zuletzt in ausreichendem Umfang möglich war (man spricht davon, dass die deutsche Bevölkerung im Ersten Weltkrieg *im* Krieg hungerte, im Zweiten *danach* – mit wichtigen Konsequenzen, Kap. 14). Für unser Thema folgt daraus, in Form einer Null-Summen-Konstellation der besonderen Art, dass das (überraschend) große Ausmaß an »Normal«-Arbeitsbeziehungen auf andere Weise gar nicht möglich gewesen wäre. Man muss es so deutlich sagen: Die Personengruppe, die vom Einsatz der Zwangsarbeiter am unmittelbarsten profitierte, waren die deutschen Arbeitnehmer – eine makabre Variante des »zeitlosen« Antagonismus zwischen Stamm- und Randbelegschaften (Kap. 36).

Für diesen Zwangsarbeitereinsatz schufen sich die Nationalsozialisten ab 1941 ein eigenes rechtliches Instrumentarium für »Juden«, als »Zigeuner« bezeichnete Bevölkerungsgruppen und »fremdvölkische« Arbeiter, die auf deren weitestgehende Entrechtung hinausliefen:[20]

---

18 Vgl. *Siegel*, Die gekaufte Arbeiterklasse? – Lohnpolitik im nationalsozialistischen Deutschland, Gewerkschaftliche Monatshefte 1984, 533.

19 *Pohl/Sebta*, Hrsg., Zwangsarbeit in Hitlers Europa. Besatzung – Arbeit – Folgen, 2017; *Herbert*, Fremdarbeiter. Politik und Praxis des »Ausländer-Einsatzes« in der Kriegswirtschaft des Dritten Reiches, 1985; *Spoerer*, Zwangsarbeiter unter dem Hakenkreuz, 2001; *von Plato//Leh/Thonfeld*, Hrsg., Hitlers Sklaven. Lebensgeschichtliche Analysen zur Zwangsarbeit im internationalen Vergleich, 2008; *Unterhinninghofen*, NS-Zwangsarbeit und Entschädigung, SR 2020, 188; umfassende Literaturnachweise unter: *https://www.zwangsarbeit-archiv.de/buecher_medien/literatur/index.html.*

20 Abgedruckt bei *Hueck/Nipperdey/Dietz*, AOG, 4. Aufl. 1943, S. 949ff.

Verordnung über die Beschäftigung von »Juden« vom 3. Oktober 1941:[21]

§ 1

Juden, die in Arbeit eingesetzt sind, stehen in einem Beschäftigungsverhältnis eigener Art.

Anordnung über die arbeitsrechtliche Behandlung der polnischen Beschäftigten vom 5. Oktober 1941:[22]

Vorspruch

Infolge der Eingliederung der deutschen Ostgebiete in den Verband des Deutschen Reichs und infolge des Einsatzes polnischer Arbeitskräfte im Reichsgebiet ist es notwendig geworden, den im Gebiete des Deutschen Reichs tätigen polnischen Beschäftigten eine besondere Stellung im Arbeitsleben des deutschen Volkes zuzuweisen, um einen ungestörten Ablauf der Aufgaben des Vierjahresplans zu gewährleisten. Es wäre überdies mit dem gesunden Volksempfinden nicht vereinbar, würden sie ebenfalls an dem sozialen Fortschritt des neuen Deutschlands unbeschränkt teilnehmen

Verordnung zur Durchführung der Verordnung über die Beschäftigung von »Juden« vom 31. Oktober 1941:[23]

§ 1

Der Jude kann als Artfremder nicht Mitglied einer deutschen Betriebsgemeinschaft sein, die sich auf dem Grundsatz der gegenseitigen Treuepflicht aller im Betriebs Schaffenden aufbaut.

Verordnung über die Besteuerung und die arbeitsrechtliche Behandlung der Arbeitskräfte aus den neu besetzten Ostgebieten vom 20. Januar 1942:[24]

---

21 RGBl. I 675.
22 RArbBl. 448.
23 RGBl. I 675.
24 RGBl. I 41.

§ 7

Arbeitskräfte aus den neu besetzten Ostgebieten, die durch die Arbeitseinsatzverwaltung innerhalb des Deutschen Reichs eingesetzt sind, stehen in einem Beschäftigungsverhältnis eigener Art.

Anordnung über die Beschäftigung von »Zigeunern« vom 13. März 1942:[25]

§ 1

Die für Juden erlassenen Sondervorschriften auf dem Gebiete des Sozialrechts finden in ihrer jeweiligen Fassung auf Zigeuner entsprechende Anwendung.

Die Arbeitsbedingungen und Unterbringung der Zwangsarbeiter waren schrecklich (»Vernichtung durch Arbeit«). Viele überlebten diesen Einsatz nicht oder wurden in Konzentrationslagern ermordet.[26]

14. Nachkriegszeit im Westen

Das nationalsozialistische Deutschland kapitulierte am 8. Mai 1945 bedingungslos. Das führte zu einer einzigartigen staatsrechtlichen Situation: Die Alliierten übernahmen mit der »Berliner Erklärung« am 5. Juni 1945 an Stelle des Deutschen Reichs uneingeschränkt die Regierungsgewalt.

Damit begann eine Nachkriegszeit von etwa vier Jahren Dauer – eine präzedenzlose Übergangszeit von vollkommener Fremdbestimmung über stufenweise dezentral angelegte Wiederzulassung deutscher Selbstbestimmung bis zur Wiederherstellung einer vollständigen Staatlichkeit mit der Bundesrepublik Deutschland im Westen und der DDR im Osten (Kap. 15).[1] Dazu gab es in der allerersten

25 RGBl. I 138.

26 Vgl. *Herbert*, Fremdarbeiter. Politik und Praxis des »Ausländer-Einsatzes« in der Kriegswirtschaft des Dritten Reiches 1985; *Spoerer*, Zwangsarbeit unter dem Hakenkreuz. Ausländische Zivilarbeiter, Kriegsgefangene und Häftlinge im Deutschen Reich und im besetzten Europa, 2001; *Schminck-Gustavus*, Hungern für Hitler. Erinnerungen polnischer Zwangsarbeiter im Deutschen Reich 1940–1945, 1984.

1 Vgl. *Küster*, Von der beschränkten zur vollen Souveränität Deutschlands, Aus Politik und Zeitgeschehen, 17/2005, S. 3 ff.

Anfangszeit noch einige Vorgaben durch alle vier Alliierten gemeinsam. Danach spielte die Musik in deren jeweiligen Besatzungszonen und dort in den bald gegründeten Bundesländern. Schließlich kam es zu einer Vorstufe der Bundesrepublik mit dem Zusammenschluss der amerikanischen und britischen Zone zum »Vereinigten Wirtschaftsgebiet« (»Bizone«), dem sich dann, noch kurz vor Gründung der Bundesrepublik, die französische Zone anschloss.
Diese Zeit war einerseits charakterisiert durch die mit ihr vergehenden Provisorien, andererseits erfolgten in ihr auch Weichenstellungen mit Langzeitwirkungen für die spätere Bundesrepublik. Dabei können zwei Problembereiche identifiziert werden:

- die Bewältigung des unmittelbaren Nachkriegsalltags, der von größter materieller Not für die ganze Bevölkerung gekennzeichnet war (man denke in diesem Zusammenhang an etwa 8 Mio. Flüchtlinge aus dem Osten), und
- der Aufbau neuer institutioneller Strukturen (in chronologischer Reihung Betriebsräte, Gewerkschaften, Arbeitgeberverbände, Tarifverträge, Arbeitsgerichte). Beides stand in einem Zusammenhang.

Mit der Kapitulation am 8. Mai 1945 trat etwas ein, wofür das Zivilprozessrecht eine Formel für alle Eventualitäten hat: ein »Stillstand der Rechtspflege« (§ 245 ZPO).[2] Das US-Militär hatte im Voraus, in Vorwegnahme des Sieges, mit zwei Gesetzen vom 18. September 1944 sowohl alle deutschen Gerichte als auch die Tätigkeit der Arbeitsgerichte und den größten Teil der Arbeitsverwaltung (insbesondere die Reichstreuhänder) geschlossen.[3] Das Land lebte unter adhoc-Anordnungen der Besatzungsmächte. Zunächst wurde die mit KRG Nr. 4 vom 30. Oktober 1945 wiedereingeführte ordentliche Gerichtsbarkeit auch für Arbeitsrechtssachen zuständig. Dann wurde mit dem Kontrollratsgesetz Nr. 21 vom 30. März 1946 wieder eine Arbeitsgerichtsbarkeit eingerichtet, die nach dem ArbGG von 1926 verfahren sollte.[4] Die danach in allen Ländern eingerichteten Arbeitsgerichte und Landesarbeitsgerichte mussten überall zunächst mit dem weitergeltenden NS-Recht zurechtkommen (Kap. 12). Dafür hatten sie von den

2 Zum folgenden vgl. *Ascher*, Die Anwendung nationalsozialistischen Arbeitsrechts in der amerikanischen Besatzungszone, 2018 (fortan zit.: »*Ascher*, Anwendung«); *Diestelkamp/Jung*, Die Justiz in den Westzonen und der frühen Bundesrepublik, Archiv für Politik und Zeitgeschichte, Bd. 13–14, 189, S. 19ff.; *Etzel*, die Aufhebung von nationalsozialistischen Gesetzen durch den Alliierten Kontrollrat, 1945–1948, 1992; *Streich*, Die Entwicklung des Arbeitsrechts in der amerikanischen Besatzungszone unter Berücksichtigung der Bizone, 1973; *Richardi*, Kontinuität und Wandel im Arbeitseben während der Besatzungszeit, RdA 2011, 31.

3 Vgl. *Ascher*, Anwendung, S. 3.

4 Vgl. *Müller*, Zur Geschichte der Arbeitsgerichtsbarkeit seit 1945, in Die Arbeitsgerichtsbarkeit, Festschrift zum 100jährigen Bestehen des Arbeitsgerichtstags, 1994, S. 105ff. (fortan zit.: »FS 100 Jahre Arbeitsgerichtsverband«).

Alliierten keine Vorgaben erhalten. Lediglich in der amerikanischen Zone gab es eine Art interner Vorgabe, wonach man diese Gesetze nicht im nationalsozialistischen Geiste auslegen durfte und Ziele und Zwecke des NS-Gesetzgebers außer Betracht zu bleiben hatten (inhaltlich eine Vorwegnahme des Art. 143 GG).[5]
Da alle Länder eigene Gerichtsbarkeiten eingerichtet hatten und es noch kein oberstes Arbeitsgericht gab, führte dies zu denkbar verworrenen Zuständen mit einer Vielzahl divergierender Entscheidungen. Dabei gab es vor allem zum AOG (das dann aber am 30. November 1946 durch das Kontrollratsgesetz Nr. 40 aufgehoben wurde) sowie zur Arbeitsrechts-ÄnderungsVO vom 1. September 1939 die meiste Unklarheit. Die ArbeitsplatzwechselVO und die beiden Arbeitsschutzgesetze, Jugendarbeitsschutzgesetz und Mutterschutzgesetz, ließ man überwiegend unbeanstandet.[6] Danach gab es insbesondere beim Kündigungsschutz in der britischen Zone Probleme, wo nach Ende des AOG keine Betriebsverfassungsgesetze mit einer entsprechenden Nachfolgeregelung geschaffen wurden (Kap. 27): »*In wenigen arbeitsrechtlichen Fragen bestand nach dem Zweiten Weltkrieg ein solches Durcheinander wie beim individuellen Kündigungsschutz*«.[7] Diese Unklarheiten endeten im Grunde erst mit den entsprechenden Nachfolgeregelungen in der Bundesrepublik (HeimkehrerG 1950; KSchG 1951; MuSchG 1952; JArbSchG 1960).
Bei weitem vorrangiger war der allgemeine politische und ökonomische Wiederaufbau. Er vollzog sich unter völlig anderen Rahmenbedingungen als der von 1919. Denn dieses Mal war alles anders:

- Die militärische Niederlage war objektiv und subjektiv vollkommen. Es gab keinen Mythos eines »im Felde unbesiegten« Heeres, der die neue Ordnung mit einer »Dolchstoßlegende« destabilisieren konnte.
- Die alten demokratiefeindlichen Eliten gab es nicht mehr. Die ostelbischen Großgrundbesitzer hatten ihre angestammten Territorien verloren und der Kern der Schwerindustrie an Rhein und Ruhr war »unter Kuratel« gestellt.
- Für die Frage der Souveränität galt: das alleinige Sagen hatten auf unbestimmbare Zeit die Alliierten.
- Deren anfängliche Vier-Mächte-Verantwortung wurde vom Ost-West-Konflikt abgelöst mit einer entsprechenden Positionierung in Richtung der künftigen beiden deutschen Teilstaaten.
- Daraus resultierten »rote Linien« für die künftige westdeutsche Arbeitsverfassung in einer infolge der US-Hegemonie geprägten »westlichen Welt« (denn bei aller formalen Gleichordnung bestimmten die USA das Geschehen in ihrer Hemisphäre).

---

5 Vgl. *Ascher*, Anwendung, S. 6.
6 Vgl. *Ascher*, Anwendung, S. 225 ff.
7 *Weller*, Arbeitslosigkeit und Arbeitsrecht, 1969, S. 130; vgl. *Kittner/Klengel*, Kündigungsschutzgesetz, S. 49 ff.

In diesem großen Rahmen spielte sich die gesamte deutsche Nachkriegsgeschichte ab.[8] Die westlichen Besatzungsmächte ließen sich dabei von zwei zentralen Politikzielen leiten, einem inhaltlichen und einem prozeduralen (zu Ostdeutschland sogleich Kap. 15):

- Ungeachtet der Divergenzen in Einzelfragen waren sie gewillt den Deutschen alle Elemente der Arbeitsverfassung von 1918ff. wieder zu geben, also: Gewerkschaften und Arbeitgeberverbände in einem freien Tarifvertragssystem, Betriebsräte, Arbeitsgerichte. Nicht zulassen wollten sie, wogegen Großbritannien sich erfolglos sträubte, Eingriffe in den Kern der unternehmerischen Freiheit.
- Das wollten sie nicht selbst entscheiden, sondern dem künftigen westdeutschen Staat überlassen. Die Sprachregelung lautete, man solle auf Länderebene »nichts präjudizieren«.

Mit diesen Vorgaben und bei allen Schritten von der Genehmigung der Besatzungsmächte abhängig, wurde die Nachkriegsordnung in vier legislativen Etappen geschaffen: Länderverfassungen, Landesgesetze, Gesetze des »Vereinigten Wirtschaftsgebiets« und das vom Parlamentarischen Rat beschlossene Grundgesetz.[9] Soweit sie das Arbeitsrecht betrafen, standen sie alle gewissermaßen unter einer »auflösenden Bedingung«: Es musste jedem klar sein, dass der über kurz oder lang kommende neue Zentralstaat wieder eine zentrale Gesetzgebungszuständigkeit für Arbeits- und Sozialversicherungsrecht bekommen würde, so wie schon die Weimarer Republik durch Art. 7 Nr. 9 der Reichsverfassung (zum bis zum BVerfG getragenen Streit um die Gültigkeit der vielen Landesurlaubsgesetze siehe Kap. 18). Das Gleiche galt natürlich auch für die Länderverfassungen, bei denen auch klar war, dass die meisten der dortigen Festlegungen zur Arbeitsverfassung alsbald durch Bundesverfassungsrecht überholt werden würden.[10]
Nicht so drastisch und schnell wie 1918, stellte sich, als allem Arbeitsrecht vorgelagert, auch nach 1945 die Frage nach einer »Sozialisierung«. Während 1918

8 Kontrafaktische Literatur darüber, was die Deutschen und insbesondere natürlich die SPD (wie schon 1918) hätten besser machen können und sollen, muss sich daran messen lassen, wie sie die realen Spielräume angemessen würdigt (vgl. *Huster u. a.*, Determinanten der westdeutschen Restauration, 1945–1949, 1973; *Schmidt*, die verhinderte Neuordnung, 1945–1952, 1973; *Schmidt/Fichter*, Der erzwungene Kapitalismus, 1971).

9 Das Grundgesetz wurde mit Schreiben der Militärgouverneure der drei Westzonen vom 12.5.1949 an den Präsidenten des Parlamentarischen Rates, Konrad Adenauer, genehmigt (deutscher Text: Amtsblatt der Militärregierung – Deutschland – Britische Zone, Ausgabe Nr. 35, 10.9.1949, Teil 2 B).

10 Hierzu übermittelte der DGB für die britische Zone »Arbeitsrechtliche Grundsätze des DGB« vom 8.8.1947 an die Ministerpräsidenten der Länder, die von Nipperdey für Hans Böckler entworfen worden waren. Diese Initiative blieb erfolglos (vgl. *Kittner/Klengel*, Kündigungsschutzgesetz, S. 54, 279ff.).

davon geprägt war, dass die Arbeitgeber sie während der Novemberrevolution als reale Drohung vor sich sahen und sich deshalb auf das Arbeitsgemeinschafts-Abkommen einließen (Kap. 7), ging es nach diesem Kriegsende für alle Beteiligten ums bloße Überleben. Vor allen weitergehenden Überlegungen setzte man überall auf Selbsthilfe, was sich vor allem in der raschen Bildung von Betriebsräten und Aktivitäten zur Gründung von Gewerkschaften äußerte (Kap. 27). Im Laufe des Jahres 1946 ging man dann daran, Verfassungen für die neu gegründeten Länder zu schaffen. Dabei gab es durchweg Initiativen zur Aufnahme von Sozialisierungsartikeln, meist nach dem Vorbild der Weimarer Reichsverfassung. Das entsprach einem verbreiteten Impuls der Mehrheit der Bevölkerung, eingedenk vor allen der Rolle der Schwerindustrie bei der Machtübergabe an Hitler und ihrer Integration in den Krieg. Hieraus speiste sich etwa das berühmte »Ahlener Programm« der CDU vom 3. Februar 1947 mit seiner Forderung nach einer *»gemeinwirtschaftlichen Ordnung«*.[11] Zu dieser Frage gingen die Meinungen bei allen Beteiligten auseinander, grob gesprochen etwa folgendermaßen:

- In Deutschland waren SPD und KPD (mit Modifikationen) dafür, die CDU war zwischen »linkem« und »rechtem« Flügel gespalten, die kleinen bürgerlichen Parteien (FDP, DP) waren dagegen.
- Bei den USA überwog einerseits die klare Ablehnung aufgrund ihres liberalen Wirtschaftsverständnisses, andererseits gab es starke Stimmen, die dies unter Respektierung demokratischer Entscheidungen dem deutschen Volk selbst überlassen wollten.
- In Großbritannien betrieb die gerade gewählte Labour-Regierung unter Clement Attlee gerade selbst eine massive Verstaatlichungs-Politik und wollte dies auch für Deutschland.
- Frankreich hatte vorrangig Sicherheitsinteressen im Sinn, woraus eine Ablehnung einer in deutscher Staatshand konzentrierten Schwerindustrie resultierte.

Das führte bis zur Gründung der Bundesrepublik zu intensiven und verschlungenen Diskussionen und Konflikten auf allen Ebenen und zwischen allen Akteuren, mit regionalen Schwerpunkten bezogen auf Bergbau und Stahlindustrie in NRW und in Hessen, dort sogar mit einer vom Militärgouverneur Clay erzwungenen Volksabstimmung über den Sozialisierungsartikel in der Landesverfassung.[12] Das alles kann und muss hier nicht vertieft werden, denn das Ergebnis war überall gleich: Die Alliierten (d. h. vor allem die USA und auf deren Druck auch Großbritannien) setzten durch, dass es jedenfalls im Bergbau und der Stahl-

11 Vgl. *John*, Ahlener Programm und Bonner Republik, 1997.

12 Diese Abstimmung erfolgte am 1. 12. 1946 über die Verfassung insgesamt und gesondert den Sozialisierungsartikel 41. Die Verfassung erhielt eine Zustimmung von 76,4 %, Einzelartikel 72 %.

industrie keine Sozialisierung auf Länderebene vor Gründung der Bundesrepublik gab; entsprechende Gesetze wurden suspendiert.[13] Den Briten wurde aber zugestanden, die Stahlindustrie in NRW unter Treuhänderschaft zu stellen und dort eine qualifizierte Mitbestimmung einzuführen, die Grundlage für die dann in der Bundesrepublik weitergeführte Montanmitbestimmung (Kap. 27). Und nicht zu vergessen, die Westdeutschen konnten Art. 15 in das Grundgesetz aufnehmen, auf dessen Grundlage eine »Vergesellschaftung« möglich ist (Kap. 17). Danach stand aber seit 1949 bis heute niemand der Sinn. Insofern traf der Befund von Hans-Hermann Hartwich von der »Präjudizierung durch Verbot der Präjudizierung« zu. Ob er das aber heute noch mit dem bedauernden Unterton von damals sagen würde, könnte man nach den zwischenzeitig gemachten Erfahrungen mit dem »realen Sozialismus« (und auch Großbritannien) durchaus in Frage stellen.

Die Konstellation »Die Deutschen wollen etwas beschließen, aber die Besatzungsmächte vertrösten sie auf den künftigen zentralen (West-)Staat« sollte sich auf arbeitsrechtlichem Gebiet noch zweimal wiederholen, einmal auf Länderebene, das zweite Mal im Vereinigten Wirtschaftsgebiet.

Dabei ging es zunächst erneut um die Macht in der Wirtschaft, zwar »einige Nummern kleiner« als die Sozialisierungsfrage, aber doch die »roten Linien« einer kapitalistischen Ökonomie streifend: die wirtschaftliche Mitbestimmung von Betriebsräten. Eine solche sollte in einer Reihe von Betriebsverfassungsgesetzen der Länder eingeführt werden; der spektakulärste Fall war das Gesetz in Hessen 31. Mai 1948.[14] Entsprechende Bestimmungen wurden in der amerikanischen Zone (neben Hessen noch Württemberg-Baden) mit der Begründung suspendiert, eine derart schwerwiegende Frage solle dem künftigen Bundesgesetzgeber vorbehalten bleiben; in Bremen[15] verzichtete die Bürgerschaft nach Intervention der amerikanischen Behörden auf eine solche Beschlussfassung. Für Südwürttemberg-Hohenzollern allerdings genehmigte Frankreich ein solches Gesetz (freilich mit einer deutlich weniger weitreichenden Mitbestimmung). Auch dieses Mal ging es nur um eine Vertagung; angesichts der sich verändernden

---

13 *Hartwich*, Sozialstaatspostulat und gesellschaftlicher status quo, 2. Aufl. 1977; *Steininger*, Reform und Realität. Ruhrfrage und Sozialisierung im Kontext anglo-amerikanischer Deutschlandpolitik 1947/48, Vierteljahreshefte für Zeitgeschichte 1979, S. 167ff.; *Winter*, Sozialisierung in Hessen 1946–1955, KJ 1974, 157; *Heiden*, Sozialisierungspolitik in Hessen 1946–1967. Vom doppelten Scheitern deutscher Traditionssozialisten und amerikanischer Industriereformer, 1997. Nur in Hessen kam es zu einer Mini-Sozialisierung im Wesentlichen nur noch eines Teils der Buderus-Werke, die dann durch den Verkauf der Staatsanteile an den alten Eigentümer im Jahre 1967 rückgängig gemacht wurde.

14 Vgl. *Däubler/Kittner*, Betriebsverfassung, S. 336ff.

15 Eigentlich gehörte Bremen zur britischen Zone, wurde aber wegen der Bedeutung des Hafens von den USA verwaltet. Das ist für unseren Fall deshalb relevant, weil Großbritannien in seiner Zone keine Betriebsverfassungsgesetze zugelassen hatte (Kap. 27).

politischen Stimmung und Mehrheiten bewirkte die alliierte Intervention freilich eine solche auf den »Sankt-Nimmerleinstag«.
Eine weitere Aktivität im Sinne der obigen Konstellation zeitigte keine politische Aufregung und es gab deswegen auch keine Bitternis wegen verhinderten sozialen Fortschritts. Deren Hintergrund lieferte der 1947 erfolgte Zusammenschluss der amerikanischen und britischen Zone zum »Vereinigten Wirtschaftsgebiet« (»Bizone«). Dieses, nur mittelbar durch Vertreter der Landtage demokratisch legitimierte Gebilde, konnte zwar Gesetze verabschieden, aber auch diese bedurften noch der Zustimmung der Besatzungsmächte. Sie wurde zwar überwiegend erteilt, aber eben auch in etwa einem Viertel der Fälle versagt (genauer: in 40 von 171 Fällen).[16] Die für das Wirtschafts- und Arbeitsleben bedeutendsten von den Alliierten genehmigten Beschlüsse betrafen das Gesetz über die Währungsreform vom 24. Juni 1948,[17] das Gesetz über die Aufhebung des Lohnstopps vom 3. November 1948[18] und das Tarifvertragsgesetz vom 9. April 1949.[19] Andere wichtige arbeitsrechtliche Gesetze, wie das MuSchG und das KSchG, wurden dagegen nicht mehr genehmigt. Das KSchG wurde noch »auf den letzten Drücker«, am 8. August 1949, eine Woche vor der ersten Bundestagswahl, vom Wirtschaftsrat verabschiedet, obgleich klar war, dass die Militärregierung es nicht mehr genehmigen würde. Diese Entscheidung erging denn auch am 8. August 1949, vier Tage nach der Bundestagswahl. Der Grund für dieses eigentlich unverständliche Manöver lag offensichtlich darin, dass der dafür im Direktorium für Arbeit zuständige Wilhelm Herschel sich ein positives Präjudiz für die nun anstehenden Beratungen im Bundestag sichern wollte (Kap. 31).
Zu der Aura des Halb- und Unfertigen passte schließlich ein in jeder Wortbedeutung merkwürdiges Ereignis dieser Zeit, das ungeachtet seiner historischen Bedeutung so ganz aus dem kollektiven Gedächtnis (z. B. auch der Gewerkschaften) verschwunden ist, aber auch von den professionellen Historikern mit verblüffender Missachtung gestraft wird: der Generalstreik von 1948 (Kap. 26).

16 Vgl. *Nelleßen-Strauch*, Der Frankfurter Wirtschaftsrat, o. J., *http://www.kas.de/db_files/dokumnete/7dokument_doc_pdf_818_1.pdf.*
17 WiGBl. 59.
18 WiGBl. 117.
19 WiGBl. 55, 68.

15. Sowjetkommunismus im Osten

Die Entwicklung im Osten Deutschlands ist zum einen kausal offenkundig eine Folge des Zweiten Weltkriegs, insofern gehört sie in diesen Abschnitt. Aber sie tut dies auch als eine »Anomalität« von eigener Gesetzmäßigkeit. Denn die für sie Verantwortlichen wollten dezidiert mit der Vergangenheit brechen und etwas »völlig Neues« schaffen. Das ist ihnen auch gelungen; es ist aber auch mit ihnen nach vier Jahrzehnten untergegangen. Wir haben es also grosso modo mit einer in sich abgeschlossenen Epoche zu tun, einem in sich ruhenden geschichtlichen Fall.[1] Das könnte dazu verleiten, ihn in einer langen Zeitreihe eher zu vernachlässigen. Obwohl es also, diametral anders als im Fall des Nationalsozialismus, kein Kontinuitätsproblem »nach hinten« und »nach vorne« gibt (Kap. 13), interessiert der Fall des Sowjetkommunismus auf deutschem Boden aus zwei anderen Gründen: Er liefert Anschauungsmaterial zu überzeitlichen, systemunabhängigen Gestaltungskategorien für die Organisation abhängiger Arbeit. Dabei ist, zweitens, natürlich ein vergleichender Blick darauf interessant, wie die vorangegangene Diktatur das gelöst hatte.

Der Zugang zu den SBZ/DDR-Problemen ist freilich ein anderer als zum NS. Denn, wer jetzt als Erwachsener im vorgerückten Alter dazu schreibt, hat beides: das Miterleben als Zeitgenosse und eine historische Distanz, die nunmehr schon fast so lang ist, wie das Phänomen »DDR« existiert hat. Das ist nicht nur eine subjektive Arabeske, sondern erlaubt historiografisch relevante Neubewertungen. Deshalb rufe ich die Erinnerung darüber auf, wie Bernd Rüthers etwa im Jahre 1970 in Kontakt zum Deutschen Gewerkschaftsbund kam, um sich über den von ihm betreuten arbeitsrechtlichen Teil des »Berichts zur Lage der Nation« (im folgenden »Bericht«) auszutauschen. Ich kann heute sagen, das das, was später in diesem Bericht geschrieben stand, getreulich dem Wahrnehmungshorizont eines sich um Unvoreingenommenheit bemühten westdeutschen Fachpublikums entsprach.[2] Das vor Augen und innerlich gewissermaßen einen Schritt zurücktretend, wird man dieses Dokument zunächst mit einer gewissen Irritation, dann doch mit einer neuen Erkenntnis lesen: Denn, was da über die DDR geschrieben

1 Zur Gesamtgeschichte des Arbeitsrechts der DDR gibt es bislang nur die sehr material- und substanzhaltige Arbeit von *Achim Seifert*, Annäherungen an die Geschichte des Arbeitsrechts der DDR, in Schmidt-Recla/Seifert, Hrsg., Das Recht der DDR als Gegenstand der Rechtsgeschichte, 2024, S. 139ff. (im Folgenden zit. »*Seifert*, Annähe rungen«). Zur Anfangszeit *Heilmann*, Das Arbeitsrecht in der Sowjetischen Besatzungszone (1945–1949), Diss. Bremen 1973; zur Ersetzung der Betriebsräte durch die BGL eingehend *Däubler/Kittner*, Betriebsverfassung, S. 410ff.

2 Vgl. BT-Drucksache VI/3080 vom 8.2.1972; vgl. auch *Rüthers*, Arbeitsrecht und politisches System, 1972.

stand, »stimmte« auf den ersten Blick, aber es entsprach doch nicht der Wahrheit. Wie das?
Der Bericht ist als Dokument des guten Willens zu verstehen, um gemäß der von Willy Brandt initiierten »Neuen Ostpolitik« Entspannung durch Information zu befördern. Dazu wurde folgende Darstellungstechnik gewählt: Die Autoren beschrieben nüchtern und ohne Wertungen die beiden Arbeitsverfassungen parallel entsprechend den für die westdeutschen Institutionen üblichen Kategorien: Individualarbeitsrecht, kollektives Arbeitsrecht mit Gewerkschaften, Arbeitgeberverbänden und Tarifverträgen sowie Institutionen der Arbeitsverwaltung und Arbeitsgerichte.
Da nun fällt – heute entschieden mehr als damals (wenn überhaupt) – der höflich-unbeholfene Ton auf, in dem man sich bemüht, die ostdeutschen Institutionen als irgendwie gleichartiges und gleichwertiges Pendant vorzustellen. Dass dies irgendwie befremdlich klang, lag aber nicht an den Autoren und Autorinnen, sondern daran, dass diese eben etwas Anderes waren – kein »simile«, sondern ein »aliud«. In dieser Hinsicht haben wir uns alle bis zu einem gewissen Grad getäuscht bzw. täuschen lassen. Erst der Zugang zur Realität mit dem Crash der DDR-Strukturen nach 1989 hat die Augen wirklich geöffnet.
An dieser Stelle will ich nochmals eine Anekdote einschieben: Im Frühjahr 1989, nach dem Mauerfall aber noch vor dem Ende der DDR begann dort sofort die Neukonstitution der Gewerkschaften. Dabei war es in allen Wirtschaftsbereichen gängige Praxis, dass die Gewerkschaften der Bundesrepublik in den für sie in Frage kommenden Wirtschaftsbereichen unterstützend tätig wurden. Für die Metallindustrie hatte die IG Metall dafür ein System der Patenschaft westdeutscher Bezirke für bestimmte ostdeutsche Regionen eingerichtet. Nach einem auf diese Weise zustande gekommenen Besuch des damaligen Stuttgarter Bezirksleiters, Walter Riester (des späteren Arbeitsministers, Kap. 11), berichtete dieser im Vorstand der IG Metall von einem Besuch in einem Großbetrieb von vielen Tausend Arbeitnehmern. Bei dem Rundgang zusammen mit einer Gruppe der dortigen »Honoratioren« habe ihn ein Arbeiter beiseite genommen und gefragt: *»Kollege Riester, wer ist der Mann da?«* (er kannte Riester offenbar aus dem Fernsehen). Und er, Riester, habe geantwortet: *»Das ist doch Euer Gewerkschaftsvorsitzender.«* In der Tat handelte es sich um den Vorsitzenden der Betriebsgewerkschaftsleitung (BGL)!
Natürlich war allen damals Beteiligten irgendwie bewusst, dass die Gewerkschaften der DDR keine »richtigen« Gewerkschaften waren, aber irgendwie eben doch »Gewerkschaften«. Dass es sich in Wahrheit um »Zombie«-Organisation handelte, wollte sich niemand wirklich klarmachen. An solcher Art »subkutaner« Fehlwahrnehmung litt die Analyse der DDR und ihrer Arbeitsverfassung lange, vielfach noch bis heute.

Um das zu verstehen und auch das, was als »Arbeitsrecht der DDR« im Bericht vorgestellt worden war, muss man so wie im Westen auf die Anfänge gleich nach Kriegsende schauen. Für den Westen Deutschlands ist die Einbindung in den »Westen« als Schlüsselfaktor für alle weitere Entwicklung ausgemacht worden (Kap. 14). Das galt natürlich auch für den Osten. Dort allerdings nach »östlichen« Gesetzmäßigkeiten. Und hier gilt es hellhörig zu werden bei einem beliebten Narrativ der Art: »Jede Besatzungsmacht gestaltet eben ihre Besatzungszone(n) nach eigenen Vorgaben.« Das ist richtig, aber die daraus folgenden strukturellen Unterschiede sollten nicht untergehen: Im Westen bedeutete das eben – bei allen »roten Linien« – die Überlassung der wirtschaftlichen Systementscheidung an den demokratischen Souverän des künftigen West-Staates (einschließlich, um dies nochmals zu betonen, eines Vergesellschaftungs-Artikels im Grundgesetz). Die darauf folgende Westbindung war das Resultat aus Erfolg der Demokratie und wirtschaftlichem Aufschwung (Marshall-Plan und »Wirtschaftswunder«).

Die Vorgabe »Jeder gestaltet seinen Sektor nach eigenen Vorgaben« hieß für den Osten jedoch nichts anderes als den Austausch der Diktatur. Denn es war der Plan Stalins, die von seinen Armeen eroberten Territorien in ein neues Imperium mit Moskau als Zentrale und einem System wie in der Sowjetunion einzugliedern. Deren Kernelemente waren

- die Verstaatlichung aller Produktionsmittel,
- die Diktatur einer sowjetkommunistischen Partei unter Einschluss
- der Staatssicherheitsorgane.

Das machte den späteren Staat im Osten, die DDR, auf die ihr eigene Weise zu einem Doppelstaat im Sinne Ernst Fraenkels mit seiner – in den Worten von Michael Stolleis – »*Parallelität von regelgeleiteter Ordnung und irregulärer Maßnahme*«.[3] Wenn man so will, bedeutete das dem Konzept nach einen noch gewaltigeren »Behemoth« (Neumann) als der Nationalsozialismus. Ein derartiges System für den von der Sowjetunion besetzten Osten Deutschlands zu implementieren, war der Auftrag Stalins an die »Gruppe Ulbricht«, die noch vor der Kapitulation der deutschen Wehrmacht am 30. April 1945 nach Berlin kam (neben zwei anderen Regionalgruppen). Damit waren sie erfolgreich und das hieß für die Arbeitsverfassung, dass nach sowjetrussischem Vorbild[4] ein Gebilde etabliert wurde, in dem

- die abhängig Beschäftigten alle denselben Arbeitgeber, nämlich den Staat, hatten,

3 *Stolleis*, Sozialistische Gesetzlichkeit, 2009, S. 38f.

4 Zum Vorbildcharakter des sowjetrussischen Arbeitsrechts vgl. *Seifert*, Annäherungen, S. 155ff.

- mit dem wiederum sie selbst in ihrer Gesamtheit identisch sein sollten,
- was in der Praxis durch die ubiquitär agierende Einheitspartei exekutiert wurde.

Das war ersichtlich mit »Arbeitsrecht« im herkömmlichen Sinne inkompatibel, verbunden mit folgenden Konsequenzen:

- Der Arbeitsvertrag diente nicht dem Austausch rechtlich autonomer Individuen auf dem Arbeitsmarkt, sondern war Lenkungsinstrument der Planwirtschaft.
- Darin hatten freie Gewerkschaften keinen Platz, sondern Gebilde mit deren Namen dienten der Partei als »Transmissionsriemen« zur »Erziehung« der Werktätigen.
- Ebenfalls unvereinbar mit diesem Sowjetmodell waren aus freien und geheimen Wahlen hervorgegangene Betriebsräte.

Diese Substanz der ostdeutschen Arbeitsverfassung in ihrer vollen Tragweite macht erklärlich, warum eine voraussetzungslose Synopse wie die des Berichts zur Lage der Nation in die Irre führen musste. Das als Ausgangspunkt im Auge, entfaltet sich die Geschichte der SBZ und dann der DDR mit innerer Logik (einschließlich ihres notwendigen Scheiterns im Kontext der weltwirtschaftlichen Entwicklung).

Für alles Weitere gibt es nichts Aussagekräftigeres als die von Wolfgang Leonhard berichtete Äußerung Walter Ulbrichts: »*Es ist doch ganz klar: Es muss alles demokratisch aussehen, aber wir müssen alles in der Hand haben.*«[5] Wann immer man bei dem Versuch einer Einordnung von Vorgängen in der frühen SBZ und auch noch der DDR Zweifel haben mochte, dieses Ulbricht-Diktum half immer auf die richtige Spur. Auf die künftige Arbeitsverfassung von SBZ/DDR bezogen, hieß dies: Die Kommunisten benutzten die hergebrachten Formen der Interessenvertretung, um sie nach und nach in ihrem Sinne umzumodeln (so wie die Nationalsozialisten mit dem unverändert belassenen bürgerlichen Recht, Kap. 12). Dabei bezogen sie sich agitatorisch auf die Traditionen der Arbeiterbewegung, mit sich selbst als deren treuesten Hütern. Das, zusammen mit der Aura der Sieger über den »Faschismus«, begeisterte zig-Tausende, die sich mit aufrechtem Engagement an den Aufbau einer neuen Gesellschaft machten. Viele von ihnen hatten Gefängnis und Lager im Nationalsozialismus hinter sich.

Sie sollten recht schnell ernüchtert werden. Denn als erstes – und hier haben wir die erste Parallele zu den Nationalsozialisten – machten sich die Kommunisten an die Beseitigung freigewählter Betriebsräte (Kap. 12).[6] Denn das Risiko der ge-

---

5 *Leonhard*, Die Revolution entläßt ihre Kinder, 1954, S. 294.

6 Vgl. *Suckut*, Die Betriebsrätebewegung in der Sowjetisch besetzten Zone Deutschlands und Groß-Berlin 1945–1948, 1978; *Kleßmann*, Betriebsräte und Gewerkschaften in Deutschland 1945–1952, in Winkler, Hrsg., Weichenstellung in Nachkriegsdeutschland 1945–1953, 1979; *Kittner*, Arbeitskampf, S. 575ff.; *Däubler/Kittner*, Betriebsverfassung, S. 415ff.

heimen Wahl bedeutete für Diktaturen jeglicher Couleur ein nie kontrollierbares Risiko. Nun hatten sich in Ostdeutschland so wie im Westen in allen größeren Betrieben sofort nach Kriegsende Betriebsräte konstituiert. Sie waren der sowjetischen Militärverwaltung zwar sofort ein Dorn im Auge, da sie aber Wichtigeres zu tun hatte, ließ sie sie zunächst gewähren. Aber bereits am 1. Juli 1945 veröffentlichte die »Sowjetische Militäradministration in Deutschland« (SMAD) eine Richtlinie, die das Ende der Betriebsräte einzuläuten schien: »*Von dem Zeitpunkt an, an dem eine betriebliche Gewerkschaft gebildet ist, hat jede Tätigkeit der vorher geschaffenen Betriebsräte und antifaschistischen Betriebskomitees aufzuhören*«.
Das erwies sich als kompletter Fehlschlag, denn die inzwischen gebildeten Betriebsräte ignorierten diese Weisung vollkommen. Die SMAD zog es vor, das stillschweigend hinzunehmen. Sie ließ sogar noch in Thüringen ein Betriebsrätegesetz vom 10. Oktober 1945 zu, wozu Walter Ulbricht nichts Besseres einfiel, als dass Betriebsräte sich bei ihrer Tätigkeit »*auf ein altes Gewohnheitsrecht aus der Zeit der Weimarer Republik stützen*« könnten.[7] Ein wichtiger Grund dürfte die Großwetterlage auf Viermächteebene gewesen sein, denn zu diesem Zeitpunkt hing die Sowjetunion noch der Vorstellung an, auch in den Westen hinein wirken zu können. Da hätte sich die Auflösung von Betriebsräten nicht gut gemacht. So kam es zum Kontrollratsgesetz Nr. 22 vom 10. April 1946, mit dem die Bildung von Betriebsräten in allen Besatzungszonen zugelassen wurde (Kap. 27).
Daraufhin wurden in allen Betrieben der SBZ Betriebsräte gebildet und die Wahlen gerieten zum Alptraum für die Kommunisten (ähnlich wie die letzten freien Betriebsratswahlen nach Machtübernahme der Nationalsozialisten, Kap. 12): In diesen letzten freien Betriebsratswahlen im Jahr 1948 errangen nicht-kommunistische Kandidaten über die Hälfte aller Stimmen. Diesem Fremdkörper im System machte die SED unmittelbar danach mit den »Bitterfelder Beschlüssen« vom 25. und 26. November 1948 ein Ende. Danach mussten – ganz im Geiste der SMAD-Richtlinie von 1945 – Betriebsräte in solchen Betrieben aufgelöst werden, in denen die Belegschaft zu 80 % und mehr im FDGB organisiert war. Schließlich bestimmte das 1950 geschaffene »Gesetzbuch der Arbeit«:

§ 6 Gesetzbuch der Arbeit

Die Betriebsgewerkschaftsleitung ist die Vertretung der Arbeiter und Angestellten im Betrieb.

7 Vgl. *Däubler/Kittner*, Betriebsverfassung, S. 411.

Das mochte sich auf dem Papier geradezu als Steigerung von Arbeitnehmereinfluss ausnehmen, etwa nach Art britischer »shop stewards«, die der ganzen Welt als Inbegriff einer tat- und schlagkräftigen Interessenvertretung galten. Die offizielle Begründung für diesen Schritt ging allerdings dahin, dass die Betriebsräte oft »*nur die Interessen ihres Betriebes*« und nicht die »*der gesamten Arbeiterklasse*« sähen; demgegenüber sei die Übertragung der Mitbestimmungsrechte an die Gewerkschaften eine »*Weiterentwicklung des Mitbestimmungsrechts der Werktätigen*«.[8]

Nur eben: Die Gewerkschaft war zu diesem Zeitpunkt schon lange keine Institution zur autonomen Interessenvertretung mehr, sondern eine willfährige »Massenorganisation« im SED-Kosmos. Ihre »Kaperung« vollzog sich parallel zur Machtergreifung der Kommunisten in der »Sozialistischen Einheitspartei«. Auch ihr Ende als Gewerkschaft im Wortsinne kam 1948 mit den »Bitterfelder Beschlüssen«. Darin bekannte sich der FDGB ausdrücklich zu seiner dienenden Rolle in der sozialistischen Planwirtschaft. 1950 wurde das in der FDGB-Satzung formalisiert:

> Der Freie Deutsche Gewerkschaftsbund (FDGB) erblickt in der Sozialistischen Einheitspartei die Partei der Arbeiterklasse; sie ist ihr bewußter organisierter Vortrupp.

Das bedeutete für die folgenden 40 Jahre DDR: Die »Gewerkschaft« diente nicht mehr vornehmlich der Interessenvertretung der Arbeitnehmer, sondern deren »Erziehung«. Aber auch das stand mehr auf dem Papier. In der Praxis mutierte der FDGB im Wesentlichen zu einer Art Serviceeinrichtung, die – wie die DAF (Kap. 12) – vor allem die Sozialversicherung sowie Urlaube und Kuren organsierte.[9]

Nach der SED-Ideologie brauchten sie in Wahrheit auch keine Gewerkschaft mehr, denn sie saßen ja auch auf der anderen Seite des Tisches, als virtuelle (Mit-)Eigentümer ihres Betriebs. Dieser Argumentation fiel dann – durchaus folgerichtig – das Streikrecht zum Opfer. Dieses war noch in der DDR-Verfassung von 1949 nahezu wortgleich mit westdeutschen Gewerkschaftsforderungen geregelt:

---

8 *Schneider*, Geschichte des Arbeitsrechts der Deutschen Demokratischen Republik, 1957, S. 32.

9 Vgl. *Seifert*, Annäherungen, S. 134ff.; *Hachtmann*, Arbeitsverfassung, in Hockerts, Hrsg., Drei Wege der Sozialstaatlichkeit. NS-Diktatur, Bundesrepublik und DDR im Vergleich, 1998, S. 27, 36ff.

> **Artikel 14**
>
> (1) Das Recht, Vereinigungen zur Förderung der Lohn- und Arbeitsbedingungen zu bilde, ist für jedermann gewährleistet. Alle Abreden und Maßnahmen, welche diese Freiheit einschränken oder zu behindern suchen, sind rechtswidrig und verboten.
> (2) Das Streikrecht der Gewerkschaften ist gewährleistet.

Das war allerdings schon zum Zeitpunkt seiner Verabschiedung eine »Mogelpackung«. Denn bereits 1947 hatte der FDGB eine »Streikordnung« in seine Satzung aufgenommen, die Streiks nur noch gegen private Unternehmer vorsah:

> Der Streik ist die schärfste Waffe der Gewerkschaftsbewegung zur Vertretung der Interessen zur Besserung der wirtschaftlichen und sozialen Lage der Werktätigen, wie sie sich aus den Grundsätzen und Forderungen des FDGB ergeben. Das Streikrecht wird von der Gewerkschaftsbewegung im Kampf gegen das kapitalistische Unternehmertum und die Begleiterscheinungen der kapitalistischen Verhältnisse angewandt.

Deshalb war es nur folgerichtig, dass das Streikrecht 1961 nicht mehr in das neue »Gesetzbuch der Arbeit« aufgenommen wurde. Der FDGB-Funktionär Otto Lehmann lieferte dazu die klassisch gewordene Begründung: »*Die Arbeiterklasse in der Deutschen Demokratischen Republik ist Besitzer der Produktionsmittel, sie übt die Macht aus, sie schafft sich ihre Gesetze, wie zum Beispiel das sozialistische Arbeitsgesetzbuch. Wollte die Arbeiterklasse unter diesen Bedingungen streiken, würde sich das gegen ureigensten Interessen richten. Unsere Arbeiter wissen ohnehin, dass ihnen nur das zur Verfügung steht, was sie sich selbst erarbeitet haben. Wir brauchen keinen Passus über das Streikrecht aufzunehmen, weil wir keinen Gegner haben, gegen den wir dieses Streikrecht in Anspruch nehmen müssen*«.[10] Die Ähnlichkeit mit der Argumentation des »Sozialen Ehrengerichts Mitteldeutschland« zur »Undenkbarkeit« von Streiks im NS-System ist nicht zu übersehen (Kap. 12). Im Jahr 1968 wurde der Streikrechtsartikel dann bei einer Verfassungsänderung aus anderen Gründen stillschweigend entfernt.
Das bedeutete im Ergebnis: Die Arbeitnehmer der DDR besaßen keine Institutionen der kollektiven Interessenvertretung (mehr). Anders als die Nationalsozialisten hatten die Kommunisten allerdings Institutionen mit deren Fassade installiert, die freilich unverhohlen als Agentur der Staatspartei auftraten.

10 »Die Tribüne« vom 19.11.1960.

Bemerkenswert ist nun allerdings, dass auch diese allmächtige Institution nicht »durchregierte«. So wie im Nationalsozialismus Tarif- und Betriebsordnungen als dezentrale Normierungsebenen etabliert wurden (Kap. 12), baute die SED Mittel- und Unterinstanzen ein, mit denen ihre Wirtschaftsplanung von unten her realitätshaltigere Inputs erhalten sollte: Branchen- und Betriebskollektivverträge. Formale Grundlage war die VO über Kollektivverträge vom 8. Juni 1950.[11] Diese »Verträge« wurden zwischen Kombinats- bzw. Betriebsleitungen einerseits und FDGB-Gliederungen[12] bis hinunter zu BGL andererseits geschlossen – dem Anschein nach etwas wie Tarifverträge und Betriebsvereinbarungen. Eine weitere Parallele zum Nationalsozialismus: Für diese »Kollektivverträge« galt kein Günstigkeitsprinzip (»*Der Arbeitsvertrag muß den gesetzlichen Bestimmungen und den Rahmenkollektivverträgen entsprechen*«, § 26 Gesetzbuch der Arbeit); sie legten also, wie dies durch die »KriegswirtschaftsVO« von 1939 ermöglicht wurde, nicht nur Mindest- sondern auch Höchstlöhne fest.[13] In diesem Rahmen drehte sich die gesamte DDR-Wirtschafts- und Sozialgeschichte um die Lohnfrage, schwankend zwischen Nivellierungsphasen und Differenzierungsbemühungen nach dem »Leistungsgedanken« (immer vor dem Hintergrund der schlechten Versorgungslage). Dabei kamen unvermeidlich auch die im Nationalsozialismus (weiter)entwickelten Arbeitsbewertungstechniken, wenn auch unter anderen Bezeichnungen, zur Anwendung.[14]

Alle derartigen »Kollektivverträge« litten an einem fundamentalen Geburtsfehler: Angesichts der Parteiabhängigkeit der »Gewerkschaften« waren sie nur Elemente eines großen In-sich-Geschäfts, denn die Akteure beider Vertragsseiten erhielten ihre Direktiven letztlich aus derselben Zentrale – in »Verhandlungen« zwischen SED und FDGB auf oberster Ebene. Damit mochte die SED täuschen wen auch immer, vor allem aber täuschte sie sich selbst. Denn solche Pseudo-Kollektivverträge boten nicht nur aus Vertragsgesichtspunkten keine »Richtigkeitsgewähr«, sie lieferten auch keine validen Basisdaten für die Wirtschaftsplanung – einer von vielen deren Sargnägel.[15]

---

11 GVBl. 493.

12 Auch als Einzelgewerkschaften firmierende Einheiten, wie z. B. »IG Metall« waren nur Abteilungen des FDGB.

13 Vgl. *Pätzold/Seidel*, Bei der Festlegung von Lohnformen die sozialistische Gesetzlichkeit einhalten, Arbeit und Arbeitsrecht 1963, Heft 6, S. 133; *Mampel*, Arbeitsverfassung und Arbeitsrecht in Mitteldeutschland, 1966, S. 53, 206.

14 Vgl. *Hübner*, Das Tarifsystem der DDR zwischen Gesellschaftspolitik und Sozialkonflikt, in Führer, Hrsg., Tarifbeziehungen und Tarifpolitik in Deutschland im historischen Wandel, 2004, S. 247 ff.; s. auch *Hinke*, Tarif-, Lohn- und Leistungspolitik in Ostdeutschland, 2022.

15 Systemtypisches gab es auch im Bereich des Verfahrensrechts. Einerseits wurden die 1946 von der SMAD wieder eingerichteten Arbeitsgerichte 1953 wieder zugunsten von Fachkammern an den Kreisgerichten abgeschafft; ein Oberstes Gericht in Arbeitssachen

In diesem staatssozialistischen Rahmen gab es in der DDR ein, dem Anschein nach, völlig »normales« Individualarbeitsrecht. Schon das erste von der noch provisorischen Volkskammer beschlossene »Gesetz der Arbeit zur Förderung und Pflege der Arbeitskräfte, zur Steigerung der Arbeitsproduktivität und zur weiteren Verbesserung der materiellen und kulturellen Lage der Arbeiter und Angestellten« vom 19. April 1950 zeigt allerdings dessen Hauptintention: Es ging nicht um die Regelung von Vertragsbedingungen, sondern um den Einsatz von Arbeitskräften aus der Sicht der Wirtschaftsplanung. Das Arbeitsrechts-Lehrbuch von Fritjof Kunz und Wera Thiel – das partei-offizielle Lehrbuch der DDR – stellte einleitend fest, dass das Arbeitsrecht geeignet sei, die Arbeiterklasse bei der Lösung ihrer historischen Aufgaben aktiv zu unterstützen, »*weil es auf die Leitung, Organisation und unmittelbare Durchführung des Produktionsprozesses durch Beeinflussung der Beziehungen der Werktätigen untereinander und des Handelns jedes einzelnen gerichtet ist.*« Die vom Arbeitsrecht angestrebten Ziele bestünden vor allem darin, »*alle arbeitsrechtlichen Möglichkeiten zur Erhöhung der Rationalität und Effektivität der Arbeit, zur besseren Durchsetzung des Leistungsprinzips, zur Gewährleistung einer hohen sozialen Sicherheit, zur Entwicklung der sozialistischen Demokratie sowie zur Entfaltung der Persönlichkeit zu nutzen*«.[16] Mit anderen Worten: »Social engineering« im Rahmen der von der Justizministerin, Hilde Benjamin, als zentrale Maxime für das Rechtswesen verkündeten »*sozialistischen Gesetzlichkeit*«.[17]

Das Gesetz von 1950 wurde fortgeführt und ausgebaut mit dem »Gesetzbuch der Arbeit« vom 12. April 1961. Dieses Gesetz entfaltete die sozialistische Arbeitsver-

existierte nicht (vgl. *Mampel*, Arbeitsverfassung und Arbeitsrecht in Mitteldeutschland, S. 520). Andererseits wurden im Rahmen der sog. gesellschaftlichen Gerichtsbarkeit »Konfliktkommissionen« in den Betrieben geschaffen. Sie standen zwar alle ebenfalls unter der Kontrolle der SED aufgrund einer Bestellung durch Betriebsleitungen und BGL. Allerdings blieben sie qualitativ und quantitativ hinter den in sie gesetzten Erwartungen zurück. Zuletzt wurden sie überwiegend zur Durchsetzung von Disziplinarmaßnahmen gegen Arbeiter genutzt (wie die »Ehrengerichtsbarkeit im NS, Kap. 12), was aber angesichts des zunehmenden Niedergangs immer weniger durchsetzbar wurde (vgl. *Brüning*, Die Konfliktkommissionen in der DDR, 2016; *Schmidt/Kohte*, Konfliktkommissionen in der DDR, Zeitschrift für Rechtssoziologie 1996, 11/1996). Außerdem versuchte man, Vertrauensleute des FDGB als »Kummerkasten« in den Betrieben tätig werden zu lassen. Das wurde ebenfalls nur wenig angenommen. Allerdings gab es die Beobachtung, dass vor allem Frauen das Amt übernehmen (vgl. *Hürtgen*, Zwischen Disziplinierung und Partizipation. Vertrauensleute des FDGB, 1995).

16 *Kunz/Thiel*, Hrsg., Arbeitsrecht. Lehrbuch, 1984, S. 26. Es handelte sich um ein »*Autorenkollektiv unter Leitung von*« Kunz und Thiel.

17 Vgl. *Mollnau*, Sozialistische Gesetzlichkeit in der DDR, in Bender/Falk, Hrsg., Sozialistische Gesetzlichkeit, 1999, S. 59ff. Benjamin propagierte in dieser Hinsicht die »*Einheit von strikter Einhaltung der Gesetze und Parteilichkeit ihrer Anwendung*« – mehr als eine Paraphrase der Techniken des NS (Kap. 12).

fassung in, im Wesentlichen bis zum Ende der DDR geltenden Details.[18] Es enthält alles auch zu individuellen Arbeitsbeziehungen, was seit dem ersten Anlauf in der Weimarer Republik Gegenstand von Kodifikationsbemühungen war: Regelungen über Eingehung und Ende eines Arbeitsvertrages, Lohn und Leistung, Modalitäten der Arbeitserbringung usw.[19] Dem aber war eine Präambel vorangestellt, die im Grunde schon alles über die Realität zum Ausdruck brachte:

> Die gemeinsame bewußte Arbeit aller Werktätigen nach einheitlichem Plan, der auf der Übereinstimmung der gesellschaftlichen und der persönlichen Interessen beruht, ist die Hauptquelle der Kraft und Macht des sozialistischen Staates. Durch den demokratischen Zentralismus wird die Einheit zwischen der zentralen staatlichen Leitung der gesellschaftlichen Arbeit und der schöpferischen Tätigkeit der Massen verwirklicht. Das führt zur immer aktiveren Teilnahme der Werktätigen an der Leitung der Wirtschaft und des Staates. »Plane mit, arbeite mit, regiere mit!« – dieser Grundsatz wird von den Werktätigen immer umfassender und besser verwirklicht. So entwickelt und vervollkommnet sich die sozialistische Demokratie.

Dem folgten Abschnitte mit folgenden Überschriften:

- Der sozialistische Wettbewerb;
- die sozialistische Gemeinschaftsarbeit;
- die Ständigen Produktionsberatungen;
- die Ökonomischen Konferenzen;
- die Neuererbewegung.

Und erst danach folgten Vorschriften über den Arbeitsvertrag. Ich setze diese Zitate bewusst relativ ausführlich, weil sie einen geradezu sinnlichen Eindruck davon transportieren, dass es sich dabei nicht um Arbeitnehmer<u>schutz</u>recht handelte, sondern um die Regulierung des Arbeits<u>einsatzes</u>.[20] Die der Vertragsdurchführung gewidmeten Vorschriften wiederum waren nicht nur Arbeits-

---

18 Eine literarisch-kritische arbeitsrechtliche Diskussion wie in der Bundesrepublik gab es in der DDR nicht (zur Arbeitsrechtswissenschaft in der DDR *Seifert*, Annäherungen, S. 157ff.). Dort dominierte das quasi-amtliche Lehrbuch von Kunz und Thiel.

19 Eine völlig aus dem Rahmen des Arbeitsvertragsrechts fallende Komponente des DDR-Arbeitsrechts war ein subjektives »Recht auf Arbeit« (§ 2 Abs. 1 Gesetzbuch der Arbeit 1961). Die DDR dürfte dies stets eingelöst haben, freilich um einen hohen Preis, voran eine niedrige Arbeitsproduktivität (zum »Recht auf Arbeit« als Politikziel im Rahmen des Sozialstaatsprinzips des GG siehe Kap. 17).

20 Vgl. *Seifert*, Annäherungen, S. 144ff.; vgl. auch *Däubler/Kittner*, Betriebsverfassung, S. 426ff.

rechtstechnik auf der Höhe einer Industriegesellschaft in der zweiten Hälfte des 20. Jahrhunderts; auch für sie reicht die bloße Lektüre um ihrer Nicht-Vergleichbarkeit mit einem freiheitlichen Arbeitsrecht gewahr zu werden:

§ 20

(2) Durch den Arbeitsvertrag verpflichtet sich der Werktätige, die Arbeitsaufgaben des vereinbarten Arbeitsbereiches zu erfüllen, die sozialistische Arbeitsdisziplin einzuhalten, insbesondere das sozialistische Eigentum zu schützen und zu mehren, sowie die Regeln, der kameradschaftlichen Zusammenarbeit und gegenseitigen sozialistischen Hilfe zu achten; der Betrieb verpflichtet sich, dem Werktätigen Arbeitsaufgaben des vereinbarten Arbeitsbereiches zu übertragen und ihm Lohn nach seiner Leistung zu zahlen, alle Bedingungen für eine hohe Arbeitsleistung zu schaffen und ihm die schöpferische Teilnahme an der Ausarbeitung und Erfüllung des Planes und an der Leitung des Betriebes zu ermöglichen.

§ 39

(1) Für die Arbeit und den Lohn der Werktätigen gilt das sozialistische Grundprinzip »Jeder nach seinen Fähigkeiten, jedem nach seiner Leistung«. Der Arbeitslohn wird nach dem ökonomischen Gesetz der Verteilung nach der Arbeitsleistung festgesetzt. Er ist darauf gerichtet, die Produktivkräfte allseitig zu entwickeln, die Arbeitsproduktivität maximal zu steigern und das Volkseinkommen planmäßig zu erhöhen. Er trägt zur Entwicklung des sozialistischen Bewußtseins und der sozialistischen Gemeinschaftsarbeit bei.
(2) Die Steigerung der Arbeitsproduktivität und die Erhöhung des Volkseinkommens sind die Voraussetzung für die Erhöhung des Lohnes und die Befriedigung der ständig wachsenden Bedürfnisse der Werktätigen.

§ 106

(1) Die sozialistische Arbeitsdisziplin äußert sich im bewußten Handeln der Werktätigen zur Durchsetzung der gemeinschaftlichen Interessen aller Werktätigen in der sozialistischen Gesellschaft. Sie beruht auf der grundsätzlichen Übereinstimmung der Interessen der Gesellschaft und des Einzelnen und umschließt die kameradschaftliche Zusammenarbeit, die gegenseitige Hilfe und Achtung sowie die gewissenhafte Erfüllung aller Arbeitsaufgaben zur Verwirklichung der Betriebspläne. Sie ist eine entscheidende Grundlage der sozialistischen Organisation der Arbeit.

Direkt ins Auge springt die strukturelle Ähnlichkeit zum tragenden Prinzip des NS-Arbeitsrechts: »*gemeinschaftliche Interessen*« bei »*grundsätzlicher Übereinstimmung der Interessen der Gesellschaft*« hier und »*Volksgemeinschaft*« da (Kap. 12)!

Damit allerdings waren sie bereits 1953 an ihre Grenzen geraten. Bei zugegeben schlechteren Startbedingungen, die Sowjetunion hatte ihre Demontagen weitergeführt, statt ihre Besatzungszone zu unterstützen wie im Westen, hatten die SBZ und dann die DDR unentwegt mit wirtschaftlichen Problemen zu kämpfen. Diese reichte die SED weiter an die Betriebe mit unentwegten Appellen und Druck zur Erhöhung der Leistungsvorgaben (»Normen«). Dabei wandte sie eine perfide Methode an: »Aktivisten« erzielten an hierfür präparierten Arbeitsplätzen in sog. Höchstleistungsschichten Leistungen, die unter normalen Bedingungen nicht möglich gewesen wären. Das »role model« war der russische Bergmann Aleksej Stachanow, dem in der DDR der Hauer Adolf Hennecke entsprach (das Pendant bei den Frauen hieß Frida Hockauf). Ihre Leistungen wurden den Arbeitern als die neue »Normal«-Leistung vorgehalten. Das löste tiefe Verbitterung aus.[21]

Zur gesellschaftlichen »Explosion« kam es am 17. Mai 1953 mit Versuch der SED, die »Normen« für die Bauarbeiter in Berlin zu erhöhen. Deren Streik weitete sich rasch zu einem wirklichen Volksaufstand im ganzen Gebiet der DDR aus.[22] Nach allgemeiner Ansicht hätte die SED das ohne das Eingreifen der Sowjetunion nicht überlebt. Danach machte die SED-Führung zwar einen großen Bogen um die materielle Befindlichkeit der Arbeiter, sie konnte diese aber bis zum Ende nicht mehr für sich gewinnen. Im Gegenteil, als einer der Hauptgründe im eigenen Land für die Implosion des SED-Regimes wird die nicht mehr zu stoppende Erosion des wirtschaftlichen Niedergangs einschließlich einer vollkommenen Apathie der »Werktätige« genannten Arbeitnehmer – eine spezielle Ironie der Geschichte.

Nach der (Wieder-)Vereinigung mit der Bundesrepublik blieb nichts von der Arbeitsverfassung der DDR (Kap. 8). Vielmehr dominierte das Wirken der Treuhandanstalt mit speziellen arbeitsrechtlichen Herausforderungen. Denn die Abwicklung der DDR-Wirtschaft führte zu einem hohen Bedarf an Sozialplänen und Beschäftigungsgesellschaften.[23] Was die Juristen der DDR anging, gab es,

---

21 Vgl. *Hinke*, Tarif-, Lohn- und Leistungspolitik in Ostdeutschland, S. 206ff. Die SED hätte gewarnt sein können: Derartiges Unternehmerverhalten barg immer schon größten Zündstoff. So wurden die großen Bergarbeiterstreiks am Ende des 19. Jahrhunderts zum großen Teil durch Lohndrückermethoden wie das »Nullen« von Förderwagen der Bergleute ausgelöst (vgl. *Kittner*, Arbeitskampf, S. 348).

22 Vgl. *Kowalczuk*, 17.6.1953: Volksaufstand in der DDR, 2003; *Kittner*, Arbeitskampf, S. 581ff.

23 Vgl. *Däubler*, Treuhandanstalt, AiB 1990, 503; *Kohte*, Der Einfluß der Treuhandanstalt auf die Gestaltung der arbeits- und sozialrechtlichen Verhältnisse, 1997; *Meyer*, Restruk-

anders als beim Übergang vom NS-System auf die Bundesrepublik (Kap. 12), weniger Probleme hinsichtlich personeller Kontinuitäten.[24] Dazu waren die Rechtssysteme zu verschieden. Vielmehr blieben wegen des nahezu vollständigen Personal-Austausches in Gerichten und Universitäten tiefgreifende Verletzungen und Kränkungen.[25]

turierung der ostdeutschen Unternehmen. Die Sozialplanrichtlinie der Treuhandanstalt, 1996.

24 Vgl. *Rüthers*, Die Wende-Experten, Zur Ideologieanfälligkeit geistiger Berufe am Beispiel der Juristen, 2. Aufl. 1995.

25 Vgl. *Markovits*, Die Abwicklung. Ein Tagebuch zum Ende der DDR-Justiz, 1993; *dies.*, Diener zweier Herren, 2020; *Rottleuthner*, Rezensionsessay zu Inga Markovits, Diener zweier Herren, Zeitschrift für Rechtssoziologie 2022, 134; *Markovits* Antwort auf Hubert Rottleuthner, Zeitschrift für Rechtssoziologie 2022, 139.

IV. Normative Ordnung der abhängigen Arbeit

Die Struktur dieses Buchs will es, dass der Leser und die Leserin bis jetzt zwar von einer – man kann getrost sagen: riesigen – Menge an mit den Zeiten wechselnden Rechtsvorschriften zur Kenntnis nehmen durfte, ihm und ihr aber der Blick aufs »Große und Ganze« vorenthalten wurde. Das wird aber auch so bleiben müssen. Denn damit spreche ich geradezu **das** Spezifikum dieser Materie an, ihre Differenziertheit in chronologisch-vertikaler wie in fachlich/hierarchisch-horizontaler Sicht.

16. »Verrechtlichung« in einer Mehr-Ebenen-Ordnung

Wir haben den Staat in seinen vielfältigen regelungstechnischen Ausprägungen: nationalstaatliches Recht (Gesetze, Verordnungen, Satzungen u. ä. gesetzliche Einrichtungen, insbesondere Sozialversicherung), dazu internationales Recht aus vier Rechtskreisen: UNO, ILO, Europarat und EU auf der einen sowie das »autonome« Recht der Tarifvertrags- und Betriebsparteien auf der anderen Seite. Alles zusammen genommen ist »Arbeitsrecht« und steht als »Regulierungs-Kosmos« – potenziell – hinter jedem einzelnen Arbeitsvertrag.[1]
Es wäre ein Wunder, hätten nicht schon die schiere Menge und Vielfalt Fragen aufgeworfen. Der Zeitpunkt dafür war ebenfalls naheliegend: Diese Diskussion über ein »Übermaß des Rechts« begann just da, als die gesellschaftlichen Zu-

1 Diese Vielfalt und Komplexität bringt insbesondere verallgemeinernde ökonomische Analysen schnell an ihre Grenzen (vgl. *Eger/Weise*, Die Entstehung des deutschen Arbeitsrechts aus ökonomisch-evolutorischer Perspektive, AuR 1998, 385; *Walwei*, Ökonomische Analyse arbeitsrechtlicher Regelungen, in Kleinhenz, Hrsg., IAB-Kompendium Arbeitsmarkt- und Berufsforschung, BeitrAB 250, 2002, S. 95ff.; *Kittner*, Arbeitsmarkt und Recht – Eine Einführung, in ders., Hrsg., Arbeitsmarkt – ökonomische, soziale und rechtliche Grundlagen, 1982, S. 11ff.).

stände nach den Umbrüchen der ersten Hälfte des 20. Jahrhunderts »gesettelt« erschienen und die Zeit für Kontemplation gekommen war. Auch dürften die ersten Abnutzungserscheinungen einer bis Mitte der 1960er Jahre scheinbar ungebrochenen Nachkriegskonjunktur eine Rolle spielen (es gab den Zusammenbruch des Weltwährungssystems 1971 und die erste »Ölkrise« 1973). In diesem Kontext spielten auch das Um- und Aufbruchsklima im Gefolge der »1968er Bewegung«, ihr Zerfall und die Reaktion darauf eine Rolle.
Die fundamentalen Aufschläge kamen von den »Celebrities« dieser Zeit: Niklas Luhmann und Jürgen Habermas. Sie setzten zur Zeit der Götterdämmerung der sozialliberalen Koalition den Ton hinsichtlich der von ihnen konstatierten »Normenflut« (nicht nur im Arbeitsrecht, sondern hinsichtlich aller sozialstaatlicher Leistungen sowie des durch neue Technologien evozierten Bedarfs). Dabei sah Luhmann eine fürsorglich-etatistische Selbstüberforderung des »*Wohlfahrtsstaats*«,[2] während sich Habermas[3] um eine »*innere Kolonisierung*« durch die Regulierung von informell geregelten Sphären der Lebenswelt sorgte. Damit wurde eine akademische Diskussion über das Problem der »Verrechtlichung« ausgelöst.[4]
Diese zeitigte ernüchternde Ergebnisse: Simitis[5] (speziell für das Arbeitsrecht) und Teubner[6] (generell für »wohlfahrtstaatliche« Regulierungen) führten vor, dass das »große, Ganze« doch nichts anderes war, als die Summe seiner Teile; und alle Teilelemente dieses Mosaiks hatten ihre spezielle sozialstaatliche Begründung (bis hin zur verfassungsrechtlichen Verpflichtung dazu): »*Das Phänomen der Verrechtlichung als solches ist als Teilaspekt sozialstaatlicher Entwicklung nicht durch Entrechtlichungsstrategien rückgängig zu machen.*«[7] So ging der Ratschlag in zwei Richtungen: Zum einen gelte es, jede einzelne Regulierung auf ihre spezifische Sachgerechtigkeit und zu vermeidende Nebenwirkungen hin zu untersuchen und gegebenenfalls Abhilfe zu schaffen. Zum anderen müsse das Heil in »*Prozeduralisierung*« gesucht werden, wozu »*rechtliche Strukturvorgaben für gesellschaftliche Selbstregulierung*« nötig seien.[8] Diese »Verrechtlichungs«-Analyse geriet zu einem Hohelied auf das vorgefundene System dezentraler Rechtsgestaltung durch Tarifvertrag und Mitbestimmung. Nach einem solchen

2 Vgl. *Luhmann*, Politische Theorie im Wohlfahrtsstaat, 1981, S. 152.
3 Vgl. *Habermas*, Theorie des kommunikativen Handelns, 1981, S. 539f.
4 Vgl. *Zacher/Simitis/Kübler/Hopt/Teubner*, Verrechtlichung von Wirtschaft, Arbeit und sozialer Solidarität, 1984.
5 Vgl. *Simitis*, Zur Verrechtlichung der Arbeitsbeziehungen, a. a. O., S. 73ff. (im Folgenden zit. »*Simitis*«, Verrechtlichung«).
6 Vgl. *Teubner*, Verrechtlichung – Begriffe, Merkmale, Grenzen, Auswege, in Zacher u. a., a. a. O., S. 289ff.
7 *Teubner*, a. a. O., S. 325f.
8 *Teubner*, a. a. O., S. 334.

Praxis-Check flaute die Welle generalisierender Kritik à la Luhmann und Habermas ab.

Solche »Verrechtlichungs«-Reflexionen gab es im Übrigen nicht nur unter hochrangigen Akademikern. Die Erinnerung an die Zeitumstände ihrer Entstehung lassen es als wenig überraschend erscheinen, dass eine solche Infragestellung der Regulierung als solcher auch bei den von der Thematik unmittelbar Betroffenen erfolgte – mit naturgemäß diametral verschiedenen Ansätzen und Ausrichtungen:

So fanden die Arbeitgeber, dass es nach 30 Jahren bundesrepublikanischer Regulierung, zumal nach den sozialliberalen Neuerungen seit 1969, nunmehr genug sei: Sie starteten 1982, ebenfalls im Kontext des Regierungswechsels, ihre erste große Deregulierungs-Kampagne (Kap. 10). Etwa ein Jahrzehnt früher hatten sich die Gewerkschaften erstmals in ihrer Geschichte um ein instrumentell-distanziertes Verhältnis zu dem sie betreffenden Recht bemüht (statt dieses nur ohnmächtig als »Klassenrecht« zu verdammen). Ausgehend von der Doppelbedrohung aus Aussperrung und »kalter Aussperrung« und dem Dilemma einer Gewerkschaft angesichts einer kurzen Phase nichtgewerkschaftlich organisierter Arbeitsniederlegungen (»wilde Streiks«) begann die IG Metall mit ihrer Tagung »Streik und Aussperrung« 1973 das, was ihr 1. Vorsitzender, Eugen Loderer, »*Politisierung des Arbeitskampfrechts*« nannte: »*Aus einer akademischen muß wieder eine politische Diskussion werden*« (Kap. 26).[9] Als der für diese Initiative maßgeblich Verantwortliche, hatte ich allerdings schon damals abgelehnt, die dabei zu führende Diskussion in einen Antagonismus der Art »Verrechtlichung: ja oder nein« einzuzwängen: »*In Wahrheit geht es aber nicht um ›Verrechtlichung‹ hier und ›rechtsfreie Räume‹ dort, sondern um ein ›besseres‹ bzw. ›schlechteres‹ Recht.*«[10]

Daran gab es Kritik »von links«: Für sie stand »Verrechtlichung« als Chiffre dafür, dass sich Gewerkschaften zu sehr in rechtliche Bindungen eingelassen hätten, wodurch sie von einer »konfliktorischen« Interessenvertretung abgehalten würden (bis hin zur Kritik an der Einhaltung einer tariflichen Friedenspflicht, die sich in die Strukturen einer »korporativen« Gewerkschaftspolitik einfüge).[11] Der Begriff »Verrechtlichung« erhielt einen pejorativen Beiklang mit der sug-

---

9 *Eugen Loderer*, 1. Vorsitzender der IG Metall, in Kittner, Hrsg., Streik und Aussperrung, Protokoll der wissenschaftlichen Veranstaltung der Industriegewerkschaft Metall vom 13. bis 15. September 1973 in München, 1974, S. 22.

10 *Kittner/Breinlinger*, Gewerkschaften und Recht, Zeitschrift für Rechtssoziologie 1981, 53, 58.

11 Vgl. *Erd*, Verrechtlichung industrieller Konflikte, 1978, S. 232; *Däubler*, Gewerkschaften und Arbeitsrecht, Zeitschrift für Rechtssoziologie 1981, 80; *Unterseher*, Funktion des gewerkschaftlichen Legalismus, KJ 1970, 140; *Moritz*, Begrenzung gewerkschaftlicher Politik, in Voigt, Hrsg., Verrechtlichung, 1980.

gestiven Unterstellung, es hätte so etwas wie einen »Naturzustand« gegeben, zu dem man zurückkehren sollte.[12] Auch diese Diskussion ebbte bald wieder ab. Ein Grund dafür könnte sein, dass sowohl die tarifpolitische Realität (der Arbeitskampf in der Metallindustrie 1984 um die 35-Stunden-Woche) und die Bewegung im Arbeitskampfrecht (Aussperrung, »kalte« Aussperrung, Warnstreiks) sie als »Glasperlenspiel« blass aussehen ließ (Kap. 26).

Unausgesprochenes Vorbild solcher De-Legalisierungs-Vorstellungen war, zumindest bis zum Ende der 1970er Jahre, bevor die »Thatcher-Ära« begann, die Situation in Großbritannien, wo rechtlich ungebundene Gewerkschaften jederzeit ihnen günstig erscheinende Umstände zu einem Streik nutzen konnten. Die Weihen für einen solchen Vergleich schien der inzwischen weltberühmte, im angelsächsischen Rechtskosmos beheimatete Otto Kahn-Freund mit seinem Bonmot zu liefern: »*Es ist ein schwerer Fehler, die Bedeutung des Arbeitsrechts für die Regelung der Arbeitsbeziehungen zu überschätzen.*«[13] Nur – er selbst legte in der umfassenden Schrift »Labour and the Law« (»Arbeit und Recht«) über das britische Arbeitsrechtsystem ein überzeugendes Zeugnis davon ab, dass man sie auch nicht *unter*schätzen sollte.[14] Der genaue Blick zeigt nämlich, dass es sich hier in Wahrheit nur um eine *anders* regulierte Arbeitswelt handelte,[15] z. B. mit einem seit dem »Trade Bords Act« von 1909 geltenden Mindestlohn zur Flankierung und Absicherung des so »luftigen«, bindungslosen Kollektivertragssystems.[16]

Das britische Beispiel lässt uns den Blick nochmals zurück lenken auf eine Situation, in der das eine reale Option auch für Deutschland zu sein schien: die Diskussion vor dem Ersten Weltkrieg über die damals noch offene Frage einer rechtlichen Regelung von Tarifverträgen (Kap. 22). Dazu hatten sich die Gewerkschaften bis zum Ende des Kaiserreichs ablehnend verhalten.[17] Ihre beiden Spezialisten, Adolf Brauns, der spätere Arbeitsminister (Kap. 11) und Theodor

12 Zur ausführlichen Kritik *Simitis*, Verrechtlichung, S. 122ff.

13 *Kahn-Freund*, Die »englische Krankheit«, Der Gewerkschafter 2/1972, 20. Diesen eigentlich für Zeitpunkt und Ort recht merkwürdigen Artikel hatte Kahn-Freund auf meine Bitte hin geschrieben. Er diente – so mit Kahn-Freund ausdrücklich besprochen – der Unterstützung für den von mir ins Auge gefassten unverkrampften Umgang mit dem Phänomen »wilde Streiks« in Deutschland. Der entscheidende Schritt kam dann ein Jahr später mit dem Referat des IG Metall-Vorsitzenden, Eugen Loderer, auf der Veranstaltung »Streik und Aussperrung« (Kap. 26).

14 Vgl. *Kahn-Freund*, Arbeit und Recht (übersetzt von Franz Mestitz), 1979.

15 Zur Universalität von Arbeitsmarkt-Regulierungs-Regimes vgl. *Simitis*, Verrechtlichung, S. 78ff.

16 1975 wurde die Mindestlohngesetzgebung deutlich ausgeweitet (vgl. *Kahn-Freund*, a. a. O., S. 158ff.

17 Vgl. *Martiny*, Integration oder Konfrontation? Studien zur Geschichte der sozialdemokratischen Rechts- und Verfassungspolitik, 1976, S. 72ff.

Leipart, der spätere ADGB-Vorsitzende, lehnten eine solche 1908[18] und 1912[19] ab, weil sie dem Staat misstrauten, vielmehr setzten sie auf die *»Kräftigung und Ausbreitung unserer Organisationen.«*[20] Die Revolutionsregierung stellte die Weichen dann in die andere Richtung – mit Gustav Bauer als schnellentschlossenem Entscheider (Kap. 22). Und das heißt: Tarifverträge gehören als Normen mit staatlich verliehener Autorität zum festen Bestandteil der Arbeitsverfassung. Die darin liegende staatsentlastende Funktion wurde schon sehr früh gesehen: *»Die Organe der Selbsthilfe können mancherlei leisten, was der Staat mit seinen Mitteln gar nicht oder nur unvollkommen zu erreichen vermag.«*[21]

Ab hier kann man auch für diesen Lebensbereich im formellen Sinne von einem auf Dezentralisierung und Subsidiarität setzenden »Mehr-Ebenen-System« der Gesellschaftssteuerung sprechen. Gerd Bender beschreibt diesen Augenblick der Weichenstellung: *»Dort wo Tarifverträge Geltung erlangten, verfügte das ökonomische System jener Vorkriegsgesellschaft über einen Mechanismus der Selbstregulierung* [...]. *Die Anreicherung des ökonomischen Systems durch Tarifautonomie schuf die Möglichkeit einer subsysteminternen Politik«.*[22] Damit wurde die Tarifautonomie zu einem der wichtigsten Teilsysteme der *»regulierten Selbstregulierung«* des ökonomisch-technischen Komplexes[23] – aber innerhalb des Unterkomplexes »abhängige Arbeit« nur eine von – wie in Überschriften vermittelt – vielen Regelungsebenen. Sie zusammen bilden den mit der Zeit immer mehr angewachsenen Normen-Kosmos des arbeitsrechtlichen »Mehr-Ebenen-Systems«, ohne das seit der vorletzten Jahrhundertwende keine Gesellschaftsformation mehr auskommt (auch nicht die beiden Diktaturen mit ihren Totalitätsansprüchen, Kap. 12, 14).

In dieser Hinsicht ist die Regelung der Arbeitsbedingungen ein herausragendes Beispiel von »Governance«, wie man heute die Fertigkeit zum *»Regieren in komplexen Regelsystemen«* nennt.[24] Das ist eine Eigenart moderner Gesellschaften und prägt im Grunde alle gesellschaftlichen Bereiche und die auf sie bezogenen

18 Vgl. *Braun*, Die Tarifverträge und die deutschen Gewerkschaften, 1908.

19 Vgl. *Leipart*, Die gesetzliche Regelung der Tarifverträge, 1912.

20 *Braun*, a. a. O., S. 82.

21 *Heinemann*, Die soziale Kraft der Koalition, in Bozi/Heinemann, Hrsg., Recht, Verwaltung und Politik im Neuen Deutschland, 1916, S. 17. Im NS wuchs im Laufe der Zeit das Unbehagen an der Tätigkeit der staatlichen »Treuhänder der Arbeit« und es begann eine Diskussion über die Rückkehr zu einem wie auch immer gearteten staatsfreien »Tarifvertragssystem« (Kap. 12).

22 *Bender*, Zäsurenzeit. Reflexionen zur Tarifautonomie, in FS Simon, 2005, S. 1, 6.

23 Vgl. *Bender*, Regulierte Selbstregulierung. Der Fall Tarifautonomie, in Vec/Hütt/Freund, Hrsg., Selbstorganisation, 2006, S. 355ff.

24 Vgl. *Benz/Dose*, Hrsg., Governance – Regieren in komplexen Regelsystemen, 2. Aufl. 2010.

Rechtgebiete.[25] Dabei ragen die Arbeitsbeziehungen durch die Menge und Komplexität der sie normierenden Ebenen heraus:
- betriebliche Regeln (einseitige Arbeitgeberanordnung, Formularverträge, betriebliche Übung, Betriebsvereinbarung),
- Tarifverträge (Firmen/Verbände),
- Satzungen und Richtlinien der Sozialversicherungskörperschaften,
- nationales Gesetzesrecht (Gesetz, Verordnung),
- nationales Richterrecht,
- Verfassung (Grundgesetz),
- internationales und supranationales Recht (UNO, ILO, Europarat, EU).

Das wäre alles immer noch relativ einfach, wenn zwischen diesen Ebenen eine der beiden einfachen Regel gälte: (1) »Der Ober sticht den Unter«, nach der vermeintlichen Bedeutung der Regelungsebene, oder (2) »Sachnähe siegt« – die demokratisch wie effizienzmäßig scheinbar einfachste Lösung. Das geht ersichtlich nicht. Es gibt Abgrenzungs- und Abschichtungsregeln für jede Einzelkonstellation nach eigenen Gesetzmäßigkeiten. Der Große Senat des BAG hat einmal zur Klärung des Verhältnisses einer Betriebsvereinbarung zu einer einseitigen Gesamtzusage des Arbeitgebers vom Bedarf nach einer »Kollisionsnorm« gesprochen.[26] Solche Kollisionsregeln sind im Laufe der Zeit für alle typischen, innerhalb der langen Liste gebildeten Konkurrenz-Konstellationen entwickelt worden; ihre Gesamtheit könnte man als »Kollisions-Regime« bezeichnen (eingehend dazu Kap. 23).

Kollisionsnormen im Mehr-Ebenen-System der Arbeitsverfassung

	Regelungspaar	**Kollisionsregel**
1	Einzelvertrag – Gesetz	(einseitig, zweiseitig) zwingend oder dispositiv (Kap. 2)
2	Einzelvertrag – Tarifvertrag	Günstigkeitsprinzip (Kap. 22)
3	Einzelvertrag – Betriebsvereinbarung	Gültigkeits- vs. Ordnungsprinzip (Kap. 22, 23)
4	Betriebliche Regelung – Tarifvertrag	Tarifvorbehalt und -sperre Öffnungsklausel (Kap. 22, 23)
5	Tarifvertrag – Gesetz	zwingend oder tarifdispositiv, »Normsetzungsprärogative« (Kap. 18)
6	Tarifvertrag – Richterrecht	zwingend oder dispositiv (Kap. 22)

25 Vgl. *Collin*, Privat-staatliche Regelungsstrukturen im frühen Industrie- und Sozialstaat, 2016.

26 Vgl. BAG-GS 16.9.1986, BAGE 43.

	Regelungspaar	Kollisionsregel
7	GG – Unterverfassungsrecht	Grundrechtsschutz, Schutzplicht (Kap. 17)
8	EU-Recht – Nationales Recht	unmittelbare/mittelbare Geltung Subsidiarität (Kap. 18)
9	EU-Recht – nationale Tarifverträge	Intervention vs. Tarifautonomie und Subsidiarität (Kap. 18)

Das alles hat inzwischen eine Vielfalt und Komplexität von Normen- und Auslegungsregeln erreicht, von der sich vermutlich die allermeisten Gesellschaftstheoretiker oder Historiker keine Vorstellung machen konnten und können. Aber nicht nur sie: Es erscheint realistisch, dass es nur wenige Juristen in Deutschland gibt, die z. B. alle Verästelungen des EU-Rechts in Wechselwirkung mit dem einschlägigen nationalen Recht beherrschen. Um dieses Gesamtgebilde zu beschreiben, kommt mir die berühmte Formel von Samuel Pufendorf für die komplizierte Binnengliederung des »Heiligen Römischen Reichs Deutscher Nation« in den Sinn: »*irregulärer und einem Monstrum ähnlicher Körper*« (»irregulare aliquod corpus et monstro simile«).[27] Wir würden heute nicht mehr sagen »irregulär« sondern »beispiellos«, ihm aber im Übrigen zustimmen.

Und freilich: anders als Pufendorf oder den »Celebrities« helfen Personalabteilungen, Betriebsräten oder Rechtsanwälten kein analytisches Erschrecken oder Rufe nach »Entrechtlichung«. Vielmehr zeigt z. B. eine einfache Anwendungshilfe für einen arbeitsrechtlichen Anspruch, dass eine derartige Komplexität unentrinnbar, »unser Schicksal« ist (wobei überall da, wo »Gesetz« steht, seine vielen nationalen, supranationalen und internationalen Facetten mitzudenken sind):[28]

27 Vgl. *Pufendorf*, Die Verfassung des deutschen Reiches. Übersetzung, Anmerkung und Nachwort von Horst Denzer, 1976, S. 96f.

28 Diese Unausweichlichkeit zunehmender Regulierung hat Luhmann gerade gegenüber dem »Kolonisierungs«-Topos von Habermas später eingeräumt (vgl. *Luhmann*, Das Recht der Gesellschaft, 1995, S. 294ff.).

Arbeitsrechtlicher Anspruch

Frage	Bemerkung
1. Anwendung des Arbeitsrechts	• Eine Vertragsbeziehung muss dadurch gekennzeichnet sein, dass eine Seite als Arbeitnehmer abhängige Arbeit verrichtet, d. h. in die Arbeitsorganisation des Arbeitgebers eingegliedert ist (§ 611a BGB). • Bei einem geringeren Grad arbeitsrechtlicher Abhängigkeit können Vorschriften für eine arbeitnehmerähnliche Person zur Anwendung kommen.
2. Inhalt des Arbeitsvertrages	• Für die Rechtsbeziehungen ist in erster Linie der bestehende Arbeitsvertrag maßgebend. • Zu klären ist jedoch, ob nicht zwingende Vorschriften einer Betriebsvereinbarung/Dienstvereinbarung, eines Tarifvertrags oder eines Gesetzes entgegenstehen.
3. Geltung einer Betriebsvereinbarung/ Dienstvereinbarung	• Es gilt eine für das Arbeitsverhältnis einschlägige Betriebsvereinbarung/Dienstvereinbarung. • Eine abweichende arbeitsvertragliche Regelung geht vor, wenn sie für den Arbeitnehmer günstiger ist. • Ein Tarifvertrag und ein Gesetz gehen immer vor, es sei denn, sie enthalten eine Öffnungsklausel zugunsten der Betriebsparteien.
4. Geltung eines Tarifvertrags (Geltungsbereich)	• Es gilt ein für das Arbeitsverhältnis einschlägiger Tarifvertrag. – Der Tarifvertrag gilt aufgrund Gewerkschaftsmitgliedschaft und Tarifbindung des Arbeitgebers. – Der Tarifvertrag gilt kraft ausdrücklicher Bezugnahme im individuellen Arbeitsvertrag. – Der Tarifvertrag gilt kraft Allgemeinverbindlicherklärung. • Eine abweichende arbeitsvertragliche Regelung geht vor, wenn sie für den Arbeitnehmer günstiger ist. • Eine Betriebsvereinbarung/Dienstvereinbarung geht vor, wenn der Tarifvertrag eine Öffnungsklausel enthält. • Ein Gesetz geht vor, wenn es ausnahmsweise nicht tarifdispositiv ist.
5. Geltung eines Gesetzes	• Es gilt ein einschlägiges Gesetz. • Eine abweichende arbeitsvertragliche Regelung geht vor, wenn sie für den Arbeitnehmer günstiger ist. • Das Gesetz kann Abweichungen durch Tarifvertrag oder Betriebs- bzw. Dienstvereinbarung zulassen.
6. Rechtsverlust	Ein an sich bestehendes Recht kann verloren gehen durch • Erfüllung • Aufrechnung • Vergleich • Verzicht • Verwirkung, oder wegen eines Zurückbehaltungsrechts (zunächst) nicht durchsetzbar sein.

Frage	Bemerkung
7. Frist	Für die Geltendmachung von Ansprüchen bestehen Fristen: • Ausschlussfrist – tarifvertraglich – einzelvertraglich (insbesondere Bezugnahme auf Tarifvertrag) • Verjährung • Frist für gerichtliche Geltendmachung (z. B. § 4 KSchG)
8. Streitigkeiten	Zuständigkeit des Arbeitsgerichts

Quelle: *Kittner*, Arbeits- und Sozialordnung, S. 25f.

17. Verfassung und Arbeitsrecht

Am Beginn dieser Analyse steht eine Fehlanzeige: Die Verfassung des Kaiserreichs von 1871 kannte kein Arbeitsrecht und auch keine Grundrechte (außer vielleicht das Recht der wirtschaftlichen Freizügigkeit, Art. 3).[1] Die Gesetzgebungszuständigkeit für Fragen im Zusammenhang mit dem Arbeitsleben wurde als Teil derjenigen für den »Gewerbebetrieb« (Art. 4) gesehen. Inhaltlich kamen von dieser Seite keine Impulse. Für die Ebene »Staat« im »Mehr-Ebenen-System« des Arbeitsrechts wurde das Jahr 1919 (der Tarifvertrag wurde 1918 und das Betriebsverfassungsgesetz 1920 normiert) wesentlich. Und zwar mit zwei Regulierungen »oberhalb« des nationalstaatlichen – ab diesem Zeitpunkt muss man sagen: »einfachen« – Gesetzes: die Gründung der »Internationalen Arbeitsorganisation« (ILO) als Teil des Versailler Friedensvertrages vom 28. Juni 1919[2] und (nur wenige Seiten später im selben Reichsgesetzblatt) die »Verfassung für das Deutsche Reich« vom 11. August 1919 (WRV).[3] Beide müssen – immer natürlich eingedenk ihres spezifisch limitierten Einflusses (s. u. 17.1; Kap. 20) – fortan mitgedacht werden, wenn nach regulierender staatlicher Intervention gefragt wird (die Ereignisse von 1919 werden eingerahmt vom der Schaffung der TarifvertragsVO 1918, Kap. 22, und dem Betriebsrätegesetz von 1920, Kap. 27).

1 Auch die ohnehin nur virtuell gebliebene Paulskirchenverfassung hatte keine arbeitsrechtlich relevanten Inhalte. Insbesondere kannte sie keine Koalitionsfreiheit, sondern nur die allgemeine Vereinigungsfreiheit (»§ 162. Die Deutschen haben das Recht, Vereine zu bilden. Dieses Recht soll durch keine vorbeugende Maßregel beschränkt werden.«).

2 RGBl. 1919, 687, 1271.

3 RGBl. 1919, 1383.

17.1 Weimarer Reichsverfassung

Die Weimarer Reichsverfassung war ein unmittelbares »Kind der Revolution«. Nachdem der »Allgemeine Kongreß der Arbeiter- und Soldatenräte« in Berlin am 18. Dezember 1918 sich für eine parlamentarische Demokratie entscheiden hatte,[4] wurde nach Niederschlagung des sog. Spartakusaufstandes am 19. Januar 1919[5] die Nationalversammlung gewählt. Ihr vornehmster Zweck war die Schaffung einer neuen Verfassung. In diese Nationalversammlung wurde auch Hugo Sinzheimer gewählt, der sich zu diesem Zeitpunkt bereits einen Namen mit seinen Schriften zum Tarifvertrag gemacht hatte (Kap. 3, 4). Er war damals auch Frankfurter Lokalpolitiker, aktuell vom dortigen Arbeiter- und Soldatenrat eingesetzter Polizeipräsident. Mit seiner fachwissenschaftlichen Kompetenz wurde er zur führenden Figur für die Formulierung der Verfassungsbestimmungen über die Arbeitsverfassung.

Die Beratungen über die Verfassung wurden unmittelbar nach der Wahl zur Nationalversammlung aufgenommen.[6] Ihnen lag ein erster amtlicher Entwurf zugrunde, der im Auftrag des Rates der Volksbeauftragten vom Staatsekretär im Reichsamt des Inneren und Staatrechtsprofessor Hugo Preuß erarbeitet worden war und schon am 20. Januar 1919 im Reichsanzeiger veröffentlicht wurde. Die Versammlung trat am 9. Februar in Weimar zusammen (woher die spätere Namengebung der Verfassung der Republik rührte) und beschloss den endgültigen Text am 31. Juli. Sie wurde am 11. August verkündet und trat gem. Art. 181 WRV[7] am 14. August 1919 in Kraft.[8]

Diese Verfassung war in vielerlei Hinsicht anders als ihre Vorgängerin, die noch unter Bismarck geschaffene Reichsverfassung vom 16. April 1871.[9] Für unser Thema brachte sie drei Neuerungen: eine klare Zuständigkeitsregelung, einen Grundrechtskatalog und sozialwirtschaftliche Festlegungen als direkter Ausfluss der revolutionären Erwartung.

Erstmals wurde eine Reichszuständigkeit für das Arbeitsrecht festgelegt:

4 Vgl. *Kolb*, Die Arbeiterräte in der deutschen Innenpolitik 1918–1919, 1982, S. 199; *von Oertzen*, Betriebsräte in der Novemberrevolution, 2. Aufl. 1976.

5 Vgl. *Weipert*, Die Zweite Revolution. Rätebewegung in Berlin 1919/1920, 2015.

6 Zum Gang der Beratungen *Anschütz*, Die Verfassung des Deutschen Reichs. Kommentar, 14. Aufl.1933, Einl. S. 16ff. (im Folgenden zit. »*Anschütz*, WRV«).

7 Vgl. *Anschütz*, WRV, Art. 181, Anm.

8 Vgl. *Di Fabio*, Die Weimarer Verfassung. Aufbruch und Scheitern, 2018; *Kühne*, Die Entstehung der Weimarer Reichsverfassung. Grundlagen und anfänglicher Geltung, 2018; *Gusy*, Die Weimarer Reichsverfassung, 1997.

9 RGBl. 63.

Art. 7

Das Reich hat die Zuständigkeit über:
[...]
9. das Arbeitsrecht, die Versicherung und den Schutz der Arbeiter und Angestellten sowie den Arbeitsnachweis;
[...]

Dann gab es erstmals einen breiten Grundrechtekatalog. Diese hatten zwar noch nicht die Rechtsqualität wie später im GG (s. u. 17.2), aber durch sie bekam das neue Staatsgebilde doch einen eigenen Charakter.[10]
Die für die Arbeitsverfassung zentralen Regelungen waren Art. 159 und Art. 165, beide maßgeblich von Sinzheimer in den Ausschussberatungen mitgeprägt.[11] Das kam ganz gut im nicht realisiert gewordenen Entwurf zu einem Art. 107 zum Ausdruck: »*Die Grundrechte und Grundpflichten bilden Richtschnur und Schranke für die Gesetzgebung, die Verwaltung und die Rechtspflege im Reich und in den Ländern*« (eine Formulierung, die im Rückblick eine deutliche Linie hin zur Lüth-Entscheidung des BVerfG aufscheinen lässt, s. u. 17.2).[12]

Art. 159

Die Vereinigungsfreiheit zur Wahrung und Förderung der Arbeits- und Wirtschaftsbedingungen ist für jedermann und für alle Berufe gewährleistet. Alle Abreden und Maßnahmen, welche diese Freiheit einzuschränken oder zu behindern suchen, sind rechtswidrig.

Art. 165

(1) Die Arbeiter und Angestellten sind dazu berufen, gleichberechtigt in Gemeinschaft mit den Unternehmern an der Regelung der Lohn- und Arbeitsbedingungen sowie an der gesamten wirtschaftlichen Entwicklung der produktiven Kräfte mitzuwirken. Die beiderseitigen Organisationen werden anerkannt.

---

10 Vgl. *Nipperdey*, Hrsg., Die Grundrechte und Grundpflichten der Reichsverfassung. Kommentar zum 2. Teil der Reichsverfassung. 3. Bd., Art. 149–165 und »Zur Ideengeschichte der Grundrechte«, 1930.

11 Der Wortlaut des Art. 159 war bereits nahe an der Endfassung im ersten Preuß-Entwurf enthalten.

12 Vgl. *Anschütz*, WRV, Grundreche und Grundpflichten der Deutschen, S. 453.

(2) Die Arbeiter und Angestellten erhalten zur Wahrnehmung ihrer sozialen und wirtschaftlichen Interessen gesetzliche Vertretungen in Betriebsarbeiterräten sowie nach Wirtschaftsgebieten gegliederten Bezirksarbeiterräten und in einem Reichswirtschaftsrat.
[...]

Beide Artikel sollten die Ergebnisse von Revolution und Stinnes-Legien-Abkommen verfassungsrechtlich gewissermaßen »in trockene Tücher« bringen. Das gelang hinsichtlich der Koalitionsfreiheit leidlich, Art. 165 ging dagegen weitestgehend ins Leere.

Art. 159 sicherte die Existenz der Koalitionen und die Tarifautonomie (die der Arbeitgeber selbstverständlich auch, Art. 165 Abs. 1 Satz 2). Das sollte sich – von der NS-Zeit abgesehen – als Fixpunkt der künftigen Rechtsentwicklung erweisen (s. u.). Aber schon beim wichtigsten Anwendungsfall der Koalitions*betätigung* erwies sich der neue Grundrechtsschutz als löchrig: Nach allgemeiner Meinung, auch der von Sinzheimer, bewirkte Art. 159 kein »Recht auf Streik« im Sinne einer Streikberechtigung gegenüber arbeitsvertraglichen Pflichten (das sollte es erst ab 1955 geben, Kap. 26). Dafür hatte Art. 159 in Satz 2 eine direkt wirkende Komponente, eine Besonderheit gegenüber dem sonst nur gegenüber dem Staat wirkenden liberalen Grundrechts-Konzept.[13] Diese Regelung hatte immerhin zur Folge, dass das Reichsgericht im Jahr 1925 den noch aus dem Kaiserreich überkommenen § 152 GewO als unwirksam behandelte (Kap. 5).[14] Darüber hinaus sind aber aus der Weimarer Zeit keine darauf basierenden Rechtsakte bekannt. Das lag offensichtlich auch an der Schwäche der Gewerkschaften, die in ihrem Kerngeschäft, der Tarifpolitik, im Korsett der Zwangsschlichtung gefangen, und auch sonst in den Betrieben nur sehr schwach präsent waren (Kap. 22).

Noch schlechter war es um den »Räteartikel« 165 bestellt. Er war von vorneherein darauf angelegt durch weitere Rechtsakte konkretisiert zu werden. Der damals führende Kommentar von Anschütz bezeichnete ihn deshalb als »*durchgängig nur Gesetzgebungsprogramm, also Zukunftsrecht*«.[15] Das führte angesichts der parlamentarischen Mehrheitsverhältnisse dazu, dass das gesamte Räteprogramm nicht über die unterste Ebene, das Betriebsrätegesetz von 1920, hinaus verwirklicht wurde. Damit blieb eine zentrale Programmatik des Revolutions-Projekts uneingelöst. Auch das BRG bliebt ein konzeptioneller Torso, denn viele seiner

13 Vgl. *Neumann*, Die soziale Bedeutung der Grundrechte in der Weimarer Verfassung, Die Arbeit 1930, 571.
14 Vgl. RG 2.7.1925, RGZ 111, 199.
15 *Anschütz*, WRV, Art. 165 Anm. 1.

Bestimmungen waren auf eine Einbettung der Betriebsverfassung in ein umfassendes Rätesystem angelegt und nur so in sich schlüssig (Kap. 27).
Auch wenn dieses Rätekonzept nur Vision geblieben war, enthielt es doch ein überzeitliches Element, das für die Zukunft des Tarifvertrags wichtig war: sein Bekenntnis zur Tarif*autonomie* auch innerhalb solcher, von »höheren« gemeinschaftlichen Zielen bestimmten Strukturen. Anschütz zitierte diesbezüglich Sinzheimers Ausführungen in der Nationalversammlung wörtlich in seinem Kommentar: »*Man ist sich darüber einig gewesen, dass es nach wie vor Aufgabe der freien Berufsverbände ist und sein soll, die Arbeits- und Lohnbedingungen durch Tarifverträge und eventuell durch Arbeitsgemeinschaften zu regeln. Arbeiterräte und Wirtschaftsräte eignen sich ihrer Natur nach zur vertraglichen Festsetzung der Arbeits- und Lohnbedingungen nicht.*«[16] Diese Erkenntnis sollte wieder wichtig werden, als es um die Neueinrichtung des Tarifwesens nach 1945 ging.
Die Weimarer Reichsverfassung ist nie aufgehoben worden: Die Nationalsozialisten entkernten und entwerteten sie vollständig, fassten aber keinen förmlichen Beschluss zu ihrer Aufhebung. Nach dem Zweiten Weltkrieg beließen es sowohl die Alliierten als auch die spätere Bundesrepublik bei diesem Schwebezustand.[17]

17.2 Grundgesetz

Mit dem »Grundgesetz für die Bundesrepublik Deutschland« vom 23. Mai 1949[18] begann verfassungsrechtlich eine neue Zeitrechnung. Hier ist nicht der Ort, Grundgesetz und Weimarer Verfassung insgesamt miteinander zu vergleichen[19] oder auch die Wirkungen der einen auf die andere.[20] Das ist vor allem auch deshalb schwierig, weil es in der Weimarer Republik kein Verfassungsgericht gab, das uns eine verbindliche Lesart des Verfassungsverständnisses hinterlassen hätte. Wir müssten uns dafür mit vereinzelten Reichsgerichtsentscheidungen und dem überlieferten Meinungsspektrum der Staatsrechtswissenschaft begnügen.

16 *Anschütz*, WRV, Art. 165 Anm. 3.

17 Vgl. *Di Fabio*, a. a. O., S. 245. Einzelne Bestimmungen, z. B. über die Amtshaftung (Art. 131) wurden weiter angewandt.

18 BGBl. I 1.

19 Vgl. *Eichenhofer*, Hrsg., 80 Jahre Weimarer Reichsverfassung – Was ist geblieben?, 1999; *von Lewinski*, Weimarer Reichsverfassung und Grundgesetz als Gesellen- und Meisterstück, Juristische Schulung 2009, 505.

20 Vgl. *Gusy*, Die Weimarer Verfassung und ihre Wirkung auf das Grundgesetz, ZNR 2010, 208.

Für unser Feld treten die Unterschiede allerdings verhältnismäßig klar zutage. Sie betrafen die Gesetzgebungszuständigkeit und zwei zentrale aufeinander wirkende Elemente des Grundgesetzes.
Hinsichtlich der Zuständigkeit folgte das Grundgesetz der Tradition, das Arbeitsrecht dem Zentralstaat zuzuweisen. Allerdings wurde dabei die neue Möglichkeit der konkurrierenden Gesetzgebung benutzt, wonach die Länder zuständig sind, solange der Bund nicht tätig wird (Art. 70 GG):

Art. 74

Die konkurrierende Gesetzgebung erstreckt sich auf folgende Gebiete:
[...]
12. das Arbeitsrecht einschließlich der Betriebsverfassung und der Arbeitsvermittlung sowie der Sozialversicherung einschließlich der Arbeitslosenversicherung;
[...]

Das hat im Laufe der Zeit zu einer nahezu flächendeckenden Abdeckung aller Bereiche des Arbeitsrechts durch Bundesgesetze geführt.
Ein politisch brisanter Fall war das Verbot der Aussperrung in Art. 29 Abs. 5 der Hessischen Verfassung (»Die Aussperrung ist rechtswidrig«). Obwohl hierzu kein Bundesgesetz verabschiedet worden ist, hat das BAG seine anderslautende Rechtsprechung als entgegenstehendes Bundesrecht behandelt und das hessische Verbot für ungültig erklärt.[21]
Damit begann ein neues verfassungsrechtliches Zeitalter für alle Lebensbereiche, ganz besonders aber für die abhängige Arbeit, und zwar in allen Aspekten der Arbeitsverfassung:

- »Mehr-Ebenen-System (1),
- »Sozialstaatsprinzip« (2),
- Koalitionsfreiheit/Tarifautonomie/»Kernbereich« (3),
- Arbeitskampf (4),
- Mitbestimmung (5),
- Arbeitsschutz (6),
- Arbeitsvertragsrecht (7) und
- Gerichtsverfahren (8).

Das GG ist seit 1949 insgesamt durch 67 Gesetze und dabei 237 Einzeländerungen modifiziert worden. Davon betrafen den Grundrechtsabschnitt (Art. 1 bis 19) nur 7 Gesetze mit der Änderung von Grundrechten in 16 Fällen. Das

21 Vgl. BAG 26.4.1988, BAGE 58, 138.

Arbeitsleben war dabei nur einmal tangiert, das aber schwerwiegend: Im Zuge der Notstandsgesetzgebung des Jahres 1968 wurde Art. 9 Abs. 3 Satz 3 eingefügt, mit welchem Arbeitskämpfe, die zur Wahrung und Förderung der Arbeits- und Wirtschaftsbedingungen geführt werden, »notstandsfest« gemacht wurden. Außerdem wurde durch Art. 20 Abs. 4 ein Widerstandsrecht gegen die Beseitigung der Verfassungsordnung eingeführt. Dieses Notstandsrecht kam bislang nicht zur Anwendung, und es gibt dazu keine Rechtsprechung. Die vom BVerfG für die Arbeitsverfassung entwickelten Grundsätze beruhen auf dem von Anfang an geltenden Text des Grundgesetzes.

(1) Grundrechte als »*verfassungsrechtliche Grundentscheidung*«

Während die Grundrechte in Weimar nur eine schwache Wirkung zeitigten, insbesondere gegenüber dem Gesetzgeber, standen sie im Grundgesetz an der Spitze der neuen Verfassung mit der klaren Ansage:

> **Art. 1**
>
> ...
>
> (3) Die nachfolgenden Grundrechte binden Gesetzgebung, vollziehende Gewalt und Rechtsprechung als unmittelbar geltendes Recht.

Das sollte erhebliche Folgen haben. Sie kündigten sich mit einer sogleich nach Inkrafttreten des Grundgesetzes von allen hochrangigen Verfassungsrechtlern geführten Diskussion über die »Drittwirkung der Grundrechte« an. Diese Frage wurde durch eine der berühmtesten Entscheidungen des BVerfG, das »Lüth-Urteil« vom 15. Januar 1958, geklärt.[22, 23] Zugrunde lag ein zivilrechtliches Unterlassungsurteil aus Hamburg gegen den dortigen Senatsdirektor Erich Lüth, der zum Boykott eines Filmes des Nazi-Filmregisseurs Veit Harlan aufgerufen hatte. Das BVerfG hob diese Entscheidung auf, weil die Unterlassungsverfügung Lüth in seinem Grundrecht der Meinungsfreiheit verletzt habe.

> *»Die Grundrechte sind in erster Linie Abwehrrechte des Bürgers gegen den Staat; in den Grundrechtsbestimmungen des Grundgesetzes verkörpert sich aber auch eine objektive Wertordnung, die als verfassungsrechtliche Grundentscheidung für alle Bereiche des Rechts gilt. [...] Im bürgerlichen Recht entfaltet sich der Rechtsgehalt der Grundrechte mittelbar durch die privat-*

22 BVerfGE 7, 198.

23 Vorangegangen war eine Entscheidung vom 18.12.1953 (BVerfGE 3, 225), mit der das BVerfG Art. 3 Abs. 2 GG zur unmittelbar wirkenden Norm erklärt hatte.

rechtlichen Vorschriften. Er ergreift vor allem Bestimmungen zwingenden Charakters und ist für den Richter besonders realisierbar durch die Generalklauseln.«

Die Konsequenz war dramatisch:

»Der Richter hat kraft Verfassungsgebots zu prüfen, ob die von ihm anzuwendenden materiellen zivilrechtlichen Vorschriften in der beschriebenen Weise grundrechtlich beeinflußt sind [...] Verfehlt er diese Maßstäbe und beruht sein Urteil auf der Außerachtlassung dieses verfassungsrechtlichen Einflusses auf die zivilrechtlichen Normen, so verstößt er nicht nur gegen objektives Verfassungsrecht, indem er den Gehalt der Grundrechtsnorm (als objektiver Norm) verkennt, er verletzt vielmehr als Träger öffentlicher Gewalt durch sein Urteil das Grundrecht, auf dessen Beachtung auch durch die rechtsprechende Gewalt der Bürger einen verfassungsrechtlichen Anspruch hat. Gegen ein solches Urteil kann – unbeschadet der Bekämpfung des Rechtsfehlers im bürgerlich-rechtlichen Instanzenzug – das Bundesverfassungsgericht im Wege der Verfassungsbeschwerde angerufen werden.«

Damit stand das Grundgesetz gewissermaßen immer im Hintergrund jedes zivilrechtlichen Verfahrens. Anders als das zumindest in der Praxis weitestehend unverbindliche Recht der Weimarer Verfassung, gewann es auch für das Arbeitsleben eine völlig andere Dimension und Bedeutung. Es war zwar nicht »*kurz und dunkel,*« wie Napoleon I. das Ideal einer Verfassung aus Autokraten-Sicht beschrieben haben soll, aber doch in hohem Maße auslegungsbedürftig. Jedes einigermaßen wichtige Problem erschloss sich nicht aus dem Wortlaut des Grundgesetzes, sondern musste und konnte in letzter Instanz vom Bundesverfassungsgericht entschieden und geklärt werden. Diese Judikate sind seither die Richtschnur für jede/n Rechtsanwender/in. Sie füllen inzwischen 164 Bände der »amtlichen Sammlung« bis zum Jahr 2022. Dabei ist der Wortlaut des Grundgesetzes für die Entwicklung der Verfassungsrechtsgeschichte der Bundesrepublik immer mehr in den Hintergrund getreten und es hat sich ein Richterrecht besonderer Art herausgebildet. Das hat mich dazu veranlasst, hier die Kernaussagen der Leitentscheidungen wie in einem angelsächsischen »Case book« im Wortlaut wiederzugeben.

Wenn man auf ihre nun 75jährige Geschichte[24] zurückblickt, fällt eine deutliche Periodisierung auf:

24 Vgl. *Kittner*, 70 Jahre Grundgesetz, AuR 2019, 297.

- eine erste Phase der Formulierung abstrakter, von für die Praxis nicht unmittelbar einschlägiger Prinzipien, ausgehend von eher randständigen Fällen und
- ab Beginn der 1990er Jahre zu zentralen Problemen der Arbeitsverfassung, beginnend mit der Billigung der Aussperrungsrechtsprechung des BAG und dem Handelsvertreter-Fall zur »gestörten Vertragsparität« (s. u.).[25]

(2) Sozialstaatsprinzip

Das Grundgesetz gewann nicht nur eine neuartige Wirkungsmacht über die in der Lüth-Entscheidung anerkannte Drittwirkung der Grundrechte, diese wurde auch noch verstärkt durch eine weitere, besonders auf die Situation am Arbeitsmarkt zielende Komponente: das Staatsziel »Sozialstaatsprinzip.«[26]

Diese ideengeschichtlich vor allem auf Vorstellungen von Lorenz vom Stein im 19. Jahrhundert[27] und Hermann Heller[28] in der Weimarer Republik zurück gehende Rechtsfigur war kein besonderes Thema der Beratungen über die neue Verfassung im Konvent von Herrenchiemsee und im Parlamentarischen Rat.[29] Allerdings stand allen Beteiligten das Scheitern des »Zukunftsrechts« der Weimarer Reichsverfassung hinsichtlich der sozial-wirtschaftlichen Festlegungen, insbesondere der Räteartikel deutlich vor Augen. Das hatte die meisten neugebildeten Länder nicht davon abgehalten, hier eher noch mehr zu tun – von »sozialen Grundrechten« über wirtschaftliche und soziale Institutionen und Lenkungsstrukturen aller Art bis zur »Sozialisierung« (Kap. 14). Hartwich sprach von einem *»verwirrenden Angebot an Bekenntnissen, Verbürgungen und Phrasen«*.[30] Darauf wollte man sich bei der neuen bundesstaatlichen Verfassung nicht einlassen. Ohne größere Diskussion darüber brachte Carlo Schmid (SPD) hierzu als Konsens im Parlamentarischen Rat zum Ausdruck: *»Verzicht auf den*

---

25 Vgl. *Kittner*, Die Rechtsprechung des BVerfG zu Tarifautonomie und Arbeitskampf, in Festschrift für Renate Jaeger, 2010, S. 483, 490.

26 Vgl. *Benda*, Der soziale Rechtsstaat, in Banda/Maihofer/Vogel, Hrsg., Handbuch des Verfassungsrechts, 2. Aufl. 1994, § 17 (S. 719ff.); *Hartwich*, Sozialstaatspostulat und gesellschaftlicher Status quo, 2. Aufl. 1977; *Kempen*, Sozialstaatsprinzip und Wirtschaftsordnung, 1976; *Schiek*, Sozialstaatsprinzip, in Denninger u. a., Hrsg., Alternativkommentar zum GG, 3. Aufl. 2001, Art. 20 Abs. 1–3 V.

27 Vgl. *Böckenförde*, Lorenz vom Stein als Theoretiker der Bewegung von Staat und Gesellschaft zum Sozialstaat, in ders., Staat, Gesellschaft, Freiheit, 1976, S. 146ff.

28 Vgl. *Heller*, Rechtsstaat oder Diktatur, 1929; dazu *Kempen*, a. a. O., S. 20; *Scholle*, Ein Begründer des sozialen Rechtsstaats, SR 2024, 35ff.

29 Zur Entstehungsgeschichte *Sörgel*, Konsensus und Interessen. Eine Studie zur Entstehung des Grundgesetzes für die Bundesrepublik Deutschland, 1969; *Weber*, in Die verfassungsrechtlichen Grenzen sozialstaatlicher Forderungen, Der Staat, Heft 1/1965, S. 409ff; *Hartwich*, Sozialstaatspostulat und gesellschaftlicher status quo, 2. Aufl. 1977 (zit. im folgenden »*Hartwich*, Sozialstaatspostulat«); *Hohmann-Dennhardt*, Der Sozialstaat – ein Auslaufmodell?, AuR 2006, 136.

30 *Hartwich*, Sozialstaatspostulat, S. 32.

Gedanken der sozialwirtschaftlichen Ordnung. Damit bin ich sehr einverstanden. Die Landtage haben zum Teil die Vermessenheit oder den Mut besessen, in ihre Verfassungen hineinzuschreiben, wie die sozialwirtschaftliche Struktur der kommenden Zeit sein wird. [...] *Das schaffen wir nicht. Wir begnügen uns, in diesen Dingen die Bundeskompetenz anzusprechen.*«[31]

Allerdings sollte der neue Staat doch schon möglichst verbindliche oberste Leitlinien erhalten. Kodifiziert werden sollte das in Weiterführung von Gedanken der vorangegangenen Länderverfassungen als »›*Ideal der sozialen Demokratie‹ in den Formen des Rechtsstaats,*« wie es das BVerfG später ausdrückte.[32] Auch hierfür stammt die zentrale Begründung aus dem Munde von Carlo Schmid, als Vorsitzender des Hauptausschusses in der zweiten Lesung des Grundgesetzes am 6. Mai 1949: »*Der Hauptausschuß schlägt Ihnen den Namen ›Bundesrepublik Deutschland‹ vor. In diesem Namen kommt zum Ausdruck, daß ein Gemeinwesen bundesstaatlichen Charakters geschaffen werden soll, dessen Wesensgehalt das demokratische und soziale Pathos der republikanischen Tradition bestimmt: nämlich einmal der Satz, dass alle Staatsgewalt vom Volke ausgeht, weiter die Begrenzung der Staatsgewalt durch die verfassungsmäßig festgelegten Rechte der Einzelpersonen, die Gleichheit aller vor dem Gesetz und der Mut zu den sozialen Konsequenzen, die sich aus den Postulaten der Demokratie ergeben* [Hervorhebung durch mich, M. K.].«[33] Das schlug sich nieder in der Beschlussfassung über ein Bündel von Staatszielen des Art. 20 Abs. 1: »demokratischer und sozialer Bundesstaat«, sowie – in Art. 28 Abs. 1 über die Homogenisierung der Ordnungen in Bund und Ländern – erweitert zu »republikanischer, demokratischer und sozialer Rechtsstaat.« Und daraus wurde als eines der verfassungskräftigen Staatsziele das »Sozialstaatsprinzip«. In ihm gehen, bei Lichte besehen, all jene Einzelthemen auf, die gemeinhin unter der Überschrift »Soziale Grundrechte« rubriziert werden (»Recht auf Arbeit«, Recht auf Bildung« usw.).[34]

Dieses Sozialstaatsprinzip sollte ein Obersatz zur Klärung aller Einzelfragen des »Sozialen« werden, eine Art Schutzschirm für die »Arbeiterfrage« im Nachkriegsdeutschland (bis heute). Allerdings goss das BVerfG bereits in einer der ersten Entscheidungen nach seiner Gründung kräftig Wasser in den Wein:[35]

---

31 Parlamentarischer Rat, Stenographischer Bericht über die 12 Sitzungen der Vollversammlung des Parlamentarischen Rates, 1949, S. 44.

32 BVerfG 17.8.1965, BVerfGE 5, 85, 198.

33 Parlamentarischer Rat, a. a. O., S. 172.

34 Das ist letztlich die Quintessenz einer Bestandsaufnahme von *Klein*, Soziale Grundrechte des Grundgesetzes, AuR 2024, 85; aus einer optimistischen sozial-liberalen Sicht: *Böckenförde/Jekewitz/Ramm*, Hrsg., Soziale Grundrechte, 1981.

35 BVerfG 19.12.1951, BVerfGE 1, 97, 105.

»Wenn auch die Wendung vom »sozialen Bundesstaat« nicht in den Grundrechten sondern in Art. 20 des Grundgesetzes (Bund und Länder) steht, so enthält sie doch ein Bekenntnis zum Sozialstaat, das bei der Auslegung des Grundgesetzes wie bei der Auslegung anderer Gesetze von entscheidender Bedeutung sein kann. Das Wesentliche zur Verwirklichung des Sozialstaates aber kann nur der Gesetzgeber tun; er ist gewiß verfassungsrechtlich zu sozialer Aktivität, insbesondere dazu verpflichtet, sich um einen erträglichen Ausgleich der widerstreitenden Interessen und um die Herstellung erträglicher Lebensbedingungen für alle die zu bemühen, die durch die Folgen des Hitlerregimes in Not geraten sind. Aber nur wenn der Gesetzgeber diese Pflicht willkürlich, d. h. ohne sachlichen Grund versäumte, könnte möglicherweise dem Einzelnen hieraus ein mit der Verfassungsbeschwerde verfolgbarer Anspruch erwachsen.«

Seine erste und fundamentale Konturierung erfuhr es im Urteil des BVerfG zum Verbot der KPD vom 17. August 1956,[36] in dem das Gericht gehalten war, die Essenz der verfassungsrechtlichen Ordnung der Bundesrepublik zu formulieren, deren gewaltsame Beseitigung die KPD anstrebte. Dabei spielte die Situation der Arbeitnehmer und deren Verbesserung naturgemäß eine wichtige Rolle, standen doch die von der KPD propagierten Ziele einer »Befreiung der Arbeiterklasse« und der »Diktatur des Proletariats« im Mittelpunkt des Verfahrens. Folgerichtig nutzte das BVerfG die Gelegenheit zu erstmaligen grundlegenden Aussagen zum Sozialstaatsprinzip (ich sortiere sie in einer anderen Reihenfolge als im Urteil):

»Darüber hinaus entnimmt die freiheitliche demokratische Grundordnung dem Gedanken der Würde und Freiheit des Menschen die Aufgabe, auch im Verhältnis der Bürger untereinander für Gerechtigkeit und Menschlichkeit zu sorgen. Dazu gehört, daß eine Ausnutzung des einen durch den anderen verhindert wird. Allerdings lehnt die freiheitliche Demokratie es ab, den wirtschaftlichen Tatbestand der Lohnarbeit im Dienste privater Unternehmer als solchen allgemein als Ausbeutung zu kennzeichnen. Sie sieht es aber als ihre Aufgabe an, wirkliche Ausbeutung, nämlich Ausnutzung der Arbeitskraft zu unwürdigen Bedingungen und unzureichendem Lohn zu unterbinden. Vorzüglich darum ist das Sozialstaatsprinzip zum Verfassungsgrundsatz erhoben worden; es soll schädliche Auswirkungen schrankenloser Freiheit verhindern und die Gleichheit fortschreitend bis zu dem vernünftigerweise zu fordernden Maße verwirklichen.

36 BVerfGE 5, 85.

[…]
Um seiner Würde willen muß ihm [dem Menschen, M. K.] *eine möglichst weitgehende Entfaltung seiner Persönlichkeit gesichert werden. Für den politisch-sozialen Bereich bedeutet das, daß es nicht genügt, wenn eine Obrigkeit sich bemüht, noch so gut für das Wohl von »Untertanen« zu sorgen; der Einzelne soll vielmehr in möglichst weitem Umfange verantwortlich auch an den Entscheidungen für die Gesamtheit mitwirken.*
[…]
Wenn als ein leitendes Prinzip aller staatlichen Maßnahmen der Fortschritt zu »sozialer Gerechtigkeit« aufgestellt wird, eine Forderung, die im Grundgesetz mit seiner starken Betonung des »Sozialstaats« noch einen besonderen Akzent erhalten hat, so ist auch das ein der konkreten Ausgestaltung in hohem Maße fähiges und bedürftiges Prinzip. Was jeweils praktisch zu geschehen hat, wird also in ständiger Auseinandersetzung aller an der Gestaltung des sozialen Lebens beteiligten Menschen und Gruppen ermittelt.«

Diese Sätze waren und blieben die grundlegende Definition des Sozialstaatsprinzips. Das erschien vielversprechend und verlockend für alle, die im Grundgesetz eine verfassungsrechtliche Grundlage für »sozial-egalitäre« Entwicklungen sehen wollten, z. B. mit der Konstruktion von »Teilhaberechten« oder »sozialen Grundrechten« – im Ergebnis also doch die Art von »sozialwirtschaftlicher Ordnung«, die Carlo Schmid gerade nicht formuliert haben wollte.[37] Thilo Ramm ging so weit, dass er dem Sozialstaatsprinzip ein »*Verbot des sozialen Rückschritts*« entnahm.[38] Die prosaische Wahrheit war schon in der ersten Entscheidung vorgezeichnet, als das BVerfG das Sozialstaatsprinzip zur vom Gesetzgeber mit großem Beurteilungsspielraum zu entscheidenden Angelegenheit erklärt hatte: Aus ihm konnten eigene Ansprüche der Bürger nicht abgeleitet werden; das war Sache des Gesetzgebers und der Gerichte (Kap. 25). Das »Sozialstaatsprinzip« diente vielmehr[39] in der Folgezeit als ergänzende Begründung für eine Entscheidung mit »sozialer« Tendenz, mit einer dafür üblichen Floskel, z. B. »Art. 3 GG in Verbindung dem Sozialstaatsgebot«. Allerdings, und das wiederum sollte man nicht unterschätzen, diente es auch als Legitimationsgrundlage für staatliche

37 In diesem Lichte sehe ich meine Kommentierung des »Sozialstaatsprinzips« im damaligen »Alternativkommentar« (vgl. *Kittner*, Sozialstaatsprinzip, in Alternativkommentar zum GG, 1. Aufl. 1984, Art. 20 Abs. 1–3, IV).

38 *Ramm*, Der Arbeitskampf und die Gesellschaftsordnung des Grundgesetzes, 1965, S. 158; hierzu schon kritisch *Bieback*, Europäische Grundrechte-Zeitschrift 1985, 667.

39 Vgl. *Kittner*, Die Rolle der Gerichte bei der Implementierung des Sozialstaatsprinzips, in FS Urban, 2021, S. 224ff.

Interventionen zum Ausgleich von Ungleichheitslagen, z. B. in der Handelsvertreter-Entscheidung:[40]

> *»Gesetzliche Vorschriften, die sozialem und wirtschaftlichem Ungleichgewicht entgegenwirken, verwirklichen hier die objektiven Grundentscheidungen des Grundrechtsabschnitts und damit zugleich das grundgesetzliche Sozialstaatsprinzip (Art. 20 Abs. 1, Art. 28 Abs. 1 GG).«*

(3) Koalitionsfreiheit, Tarifautonomie, »Kernbereich«

Das Grundgesetz enthielt – selbstverständlich – auch eine Vorschrift über die Koalitionsfreiheit, als in der Verfassung selbst angelegte Selbsthilfe-Komponente des Sozialstaatsprinzips.[41] Art. 9 Abs. 3 entsprach – bis auf sprachliche Präzisierungen – nahezu wörtlich Art. 159 WRV; eine ausdrückliche Regelung des Streikrechts unterblieb (Kap. 26):

> *Das Recht, zur Wahrung und Förderung der Arbeits- und Wirtschaftsbedingungen Vereinigungen zu bilden, ist für jedermann und für alle Berufe gewährleistet. Abreden, die dieses Recht einschränken oder zu behindern suchen, sind nichtig, hierauf gerichtete Maßnahmen sind rechtwidrig.*

Hierzu gab es schon bald eine grundlegende Entscheidung des BVerfG, freilich nicht zu einem Zentralproblem des Koalitionsrechts, sondern nur um zu klären, ob die »Vereinigung der Wirtschaft e. V., Arbeitgebervertretung, Bamberg« ein tariffähiger Arbeitgeberverband war, der einen Hutmachermeister vor dem Arbeitsgericht vertreten durfte. Diesen so wenig prominenten Fall nutzte das BVerfG zu einer Art Grundsatzerklärung zu Koalitionsfreiheit und Tarifautonomie:[42]

---

40 BVerfG 7. 2. 1990, BVerfGE 81, 242, 255.

41 Zum Wesen, der verfassungsrechtlichen Herleitung, der Reichweite usw. der Koalitionsfreiheit und ihrer wichtigsten Ausprägung, der Tarifautonomie, ist unendlich viel geschrieben worden. Das kann hier nicht einmal andeutungsweise referiert, gar eingeordnet werden. Einen guten Zugang liefern eine ältere und eine jüngst erschienene Publikation (*Hinz*, Tarifhoheit und Verfassungsrecht, 1969; *Syrovatka*, Der leise Paradigmenwechsel im Tarifrecht, Industrielle Beziehungen 30, 2023, S. 5 ff.; vgl. auch *Zweigert/Martiny*, Gewerkschaften und Grundgesetz, in FS Vetter, Gewerkschaften und Grundgesetz, 1977, S. 109 ff.).

42 BVerfG 18. 11. 1954, BVerfGE 4, 96, 106.

»Das Grundrecht der Koalitionsfreiheit betrifft nicht nur den Zusammenschluß als solchen, sondern den Zusammenschluß zu einem bestimmten Gesamtzweck, nämlich zu einer aktiven Wahrnehmung der Arbeitgeber- (Arbeitnehmer-) Interessen. Dies bedeutet zugleich, daß frei gebildete Organisationen auf die Gestaltung der Löhne und Arbeitsbedingungen Einfluß nehmen, insbesondere zu diesem Zweck Gesamtvereinbarungen treffen können. Die historische Entwicklung hat dazu geführt, daß solche Vereinbarungen in Gestalt geschützter Tarifverträge mit Normativcharakter und Unabdingbarkeit abgeschlossen werden. Wenn also die in Art. 9 Abs. 3 GG garantierte Koalitionsfreiheit nicht ihres historisch gewordenen Sinnes beraubt werden soll, so muß im Grundrecht des Art. 9 Abs. 3 GG ein verfassungsrechtlich geschützter Kernbereich auch in der Richtung liegen, daß ein Tarifvertragssystem im Sinne des modernen Arbeitsrechts staatlicherseits überhaupt bereitzustellen ist und daß Partner dieser Tarifverträge notwendig frei gebildete Koalitionen sind.«

Das wirkte wie in Stein gemeißelt, ein beeindruckendes Bekenntnis zu einem Neuanfang des Koalitionswesens auf sicherem Grund nach dem Fiasko in Weimar. Diesen großen Worten folgte allerdings Verblüffendes. Das BVerfG nutzte das Wort »Kernbereich«, um aus einem *Minimum* ein *Maximum* zu machen: In der Hutmacher-Entscheidung hatte es verfügt, dass den Koalitionen wenigstens der »Kernbereich« eines Tarifvertragssystems als Instrument zur Verfügung gestellt werden muss. Im Jahr 1965 sprach es davon, dass die Koalitionsfreiheit selbst überhaupt *nur* in einem »Kernbereich« geschützt sei:[43]

»Art. 9 Abs. 3 GG schützt auch bei der Personalvertretung nur einen Kernbereich der Koalitionsbetätigung (vgl. BVerfGE 4, 96, 106; 17, 319ff.; 18, 18, 27).«

Das wirklich Atemberaubende an diesem Zitat war: Alle Zitate des Gerichts betrafen Entscheidungen, in denen das gerade nicht gesagt wurde! Dieser fundamentale Schwenk fiel beim ersten Mal wohl nur deshalb nicht auf, weil das BVerfG im Jahr 1981 einem Beschwerdeführer recht gab (einem Personalratsvorsitzenden, dem die Verteilung von Flugblättern zur Personalratswahl während der Arbeitszeit verboten worden war). Daraus wurde dann eine »ständige Rechtsprechung« mit folgender routinemäßiger Floskel:[44]

43 Vgl. BVerfG 30.11.1965, BVerfGE 19, 303.
44 BVerfG 17.2.1981, BVerfGE 57, 220.

»Nach der Rechtsprechung des Bundesverfassungsgerichts ist den Koalitionen (Gewerkschaften) nur ein »Kernbereich« koalitionsmäßiger Tätigkeit verfassungsrechtlich garantiert, d. h. diejenigen Tätigkeiten, für die sie gegründet sind und die für die Erhaltung und Sicherung ihrer Existenz als unerläßlich betrachtet werden müssen.«

Damit wurde die eigentlich als Grundrecht ohne Gesetzesvorbehalt besonders geschützte Koalitionsfreiheit zu einer »Restgröße« herabgestuft – ein Unikum unter den Grundrechten.[45] Unter dieser Vorgabe wurden alle weiteren großen Entscheidungen zur Arbeitsverfassung getroffen: zur Aussperrungsrechtsprechung, zum MitbestG und zu § 116 AFG (s. u.). Erst mit einer Entscheidung vom 14. November 1995 gab das BVerfG – mit Jürgen Kühling als Berichterstatter[46] – diese Rechtsprechung auf (mit der gesichtswahrenden Begründung, dass alles auf Missverständnissen beruhe):[47]

»Die Mitgliederwerbung ist auch nicht, wie das Bundesarbeitsgericht meint, nur in dem Maße grundrechtlich geschützt, in dem sie für die Erhaltung und die Sicherung des Bestandes der Gewerkschaft unerläßlich ist. Der Grundrechtsschutz erstreckt sich vielmehr auf alle Verhaltensweisen, die koalitionsspezifisch sind. Ob eine koalitionsspezifische Betätigung für die Wahrnehmung der Koalitionsfreiheit unerläßlich ist, kann demgegenüber erst bei Einschränkungen dieser Freiheit Bedeutung erlangen. Insoweit gilt für Art. 9 Abs. 3 GG nichts anderes als für die übrigen Grundrechte.«

---

45 1971 habe ich – für lange Zeit als einziger – die »Kernbereichs«-Rechtsprechung des BVerfG zum ersten Mal einer fundamentalen Kritik unterzogen (vgl. *Gester/Kittner*, Personalratsamt und Koalitionsfreiheit, RdA 1971; zu diesem Aufsatz hatte sich mein damaliger Chef, der Justitiar des DGB, als Co-Autor aufgedrängt, wegen der »Bedeutung« des Themas, ohne selbst etwas dazu beigetragen zu haben – das gab es also nicht nur in der alten »Ordinarien-Universität«). Dieser Aufsatz blieb ohne jedes Echo. Als dann später das BVerfG seine Rechtsprechung geändert hatte, ohne ihn zu zitieren, habe ich den Berichterstatter, Jürgen Kühling, darauf angesprochen. Er erwiderte mir, dass er das nun auch schade finde, aber unter einer Überschrift »Personalratsamt« hätte man derartig Fundamentales nicht gesucht. Soll ich nun stolz sein, dass sich das von mir als richtig Erkannte letztlich doch durchgesetzt hat, oder mich als »verkannter Wissenschaftler« grämen? (zum Thema »Kampf um die herrschende Meinung«, Kap. 44).

46 Die Verfassungsbeschwerde wurde von Wolfgang Däubler vertreten.

47 BVerfGE 93, 352 (vgl. *Heilmann*, Koalitionsfreiheit als normales Grundrecht: Gedanken zum Beschluss des BVerfG vom 14.11.1996, AuR 1996, 121).

Seither wird die Koalitionsfreiheit als »normales« Grundrecht behandelt. Das heißt freilich nicht, dass es nicht auch weiterhin Beschränkungen unterliegt, z. B. aus den immer verfügbaren »Rechten anderer«. Aber dafür ist seit 1995 die Ausgangslage eine andere. So hat z. B. das BAG seine Rechtsprechung zur Zulässigkeit von Solidaritätsstreiks ausdrücklich wegen der Änderung der »Kernbereichs«-Rechtsprechung des BVerfG selbst geändert (Kap. 26):[48]

> *»Geschützt ist damit aber auch das Recht der Vereinigungen selbst, durch spezifisch koalitionsmäßige Betätigung die in Art. 9 Abs. 3 GG genannten Zwecke zu verfolgen (vgl. BVerfGE 50, 290 <367> m. w. N.). Die Wahl der Mittel, die die Koalitionen zur Erreichung dieses Zwecks für geeignet halten, überläßt Art. 9 Abs. 3 GG grundsätzlich ihnen selbst. Das Grundrecht schützt als koalitionsmäßige Betätigung auch Arbeitskampfmaßnahmen, die auf den Abschluß von Tarifverträgen gerichtet sind.«*

(4) Arbeitskampf

Die wichtigste Art der Koalitionsbetätigung sind zweifelsfrei Arbeitskampfmaßnahmen, vor allem der Streik. Die Auseinandersetzung über ihre rechtlichen Grundlagen und Grenzen lief seit je parallel zu ihrer Praktizierung. Die Involvierung der verfassungsrechtlichen Ebene ist allerdings erst jüngeren Datums. Bis Ende der 1970er Jahre bewegte sie die Argumentation in rein arbeits-/zivilrechtlichen Bahnen. Das galt insbesondere für die beiden Entscheidungen des Großen Senats des BAG von 1955 und noch 1971 (Kap. 26). Das änderte sich mit der Entscheidung des BAG über die Zulässigkeit der Aussperrung vom 10. Juni 1980, in der es den sich bis dahin gebildeten Konsens festhielt:[49]

> *Heute besteht Einigkeit darüber, dass das Streikrecht einen notwendigen Bestandteil der freiheitlichen Kampf- und Ausgleichsordnung darstellt, die durch Art. 9 Abs. 3 GG im Kern gewährleistet ist [...]. Ohne das Druckmittel des Streiks könnte die Tarifautonomie nicht wirksam werden.*
> *Bei diesem Interessengegensatz wären Tarifverhandlungen ohne das Recht auf Streik nicht mehr als »kollektives Betteln«.*

---

48 Vgl. BAG 22. 9. 2009, BAGE 132, 140.

49 BAGE 33, 140, 151.

Seither und insbesondere seit das BVerfG[50] diese Rechtsprechung des BAG gebilligt hatte, ist die Diskussion über das Arbeitskampfrecht durchweg verfassungsrechtlich geprägt (Kap. 26).

(5) Mitbestimmung

Auch die zweite Säule des »dualen« Systems der Interessenvertretung, die Mitbestimmung, erfuhr ihre verfassungsrechtlichen Weihen. Da es sich hierbei um staatliches Recht handelte, das in der jeweiligen historischen Situation gegen den Widerstand der Arbeitgeber beschlossen wurde, war die Schlachtordnung vorgegeben: Die Arbeitgeber behaupteten dessen Verfassungswidrigkeit und es kam zu Entscheidungen des BVerfG.

Den Anlass lieferten die Reformgesetze der 1970er Jahre: das BetrVG 1972 und das MitbestG 1976 (Kap. 27). Beim BetrVG blieb es bei Interventionen im Verlaufe des Gesetzgebungsprozesses durch Rechtsgutachten für die BDA und deren Versuch, eine größere Zahl von Arbeitsrechtsprofessoren zu abgestimmtem Auftreten gegen das Gesetz zu bewegen.[51] Gegen das schließlich verabschiedete Gesetz wurde nichts unternommen.[52]

Anders dagegen im Falle des Mitbestimmungsgesetzes 1976. Hier strengten die Arbeitgeber, koordiniert durch die BDA, eins der spektakulärsten Verfahren in der Geschichte des BVerfG an (es klagten neun Großunternehmen, darunter Bosch, Daimler und Hoechst, und 29 Arbeitgeberverbände). Sie legten ein als »Kölner Gutachten« bekannt gewordenes Rechtsgutachten der Professoren Badura, Rittner und Rüthers vor. Die Bundesregierung stützte sich auf ein – ebenfalls prominentes – Gutachten von Kübler, Schmidt und Simitis (»Frankfurter Gutachten«). Dieses Gerichtsverfahren zeichnete sich durch eine »schiefe Schlachtordnung« besonderer Art aus: Niemand, auch nicht die Antragsteller, erwartete ernsthaft, dass die Klagen Erfolg haben würden. Das eigentliche Prozessziel ging dahin, dass das Gericht sagen würde »bis hierhin und nicht weiter« – dass es, mit anderen Worten feststellen würde, dass eine unterparitätische Mitbestimmung à la MitbestG 1976 (gerade) noch verfassungsgemäß sei, eine darüberhinausgehende nicht. Und so war niemand im Gerichtssaal über das Urteil überrascht (die Verfassungsmäßigkeit des MitbestG 1976 wurde bestätigt,

---

50 Vgl. BVerfG 26.6.1991, BVerfGE 84, 212.

51 Vgl. *Däubler/Kittner*, Betriebsverfassung, S. 437f.

52 Es kam nur zu einem Gerichtsverfahren gegen einen Einigungsstellenspruch über die Arbeitszeiten in einem Kaufhaus wegen der Verletzung der Unternehmerfreiheit dieses Kaufhauses. Der Antrag wurde vom BAG abgewiesen (BAG 31.8.1982, BAGE 40, 107) und die Verfassungsbeschwerde dagegen nicht zur Entscheidung angenommen mit der Begründung, dass es »*keinen Grundsatz der Mitbestimmungsfreiheit unternehmerischer Entscheidungen*« gebe (BVerfG-Kammer 18.12.1985, NZA 1986, 199; vgl. *Kittner*, 50 Urteile, S. 205ff.).

die Verfassungsbeschwerden abgewiesen). Das Gericht hatte zwar, in Kenntnis solcher Erwartungen, in den schriftlichen Urteilsgründen strikt betont, dass Prüfungsgegenstand nur die angegriffenen Bestimmungen des MitbestG seien: »*ob andere Regelungen einer Mitbestimmung der Arbeitnehmer mit dem Grundgesetz vereinbar wären, ist nicht zu entscheiden.*« Der Satz aber, dem die geballte Aufmerksamkeit galt und der auf entsprechenden Zwischentöne analysiert wurde, lautete:[53]

»Wie weit die Befugnis des Gesetzgebers zur Inhaltsbestimmung und Schrankenbestimmung des Eigentums bei Organisationsmaßnahmen sozialordnender Art reicht, bedarf keiner abschließenden Festlegung. Der Gesetzgeber hält sich jedenfalls dann innerhalb der Grenzen zulässiger Inhaltsbestimmung und Schrankenbestimmung, wenn die Mitbestimmung der Arbeitnehmer nicht dazu führt, daß über das im Unternehmen investierte Kapital gegen den Willen aller Anteilseigner entschieden werden kann, wenn diese nicht auf Grund der Mitbestimmung die Kontrolle über die Führungsauswahl im Unternehmen verlieren und wenn ihnen das Letztentscheidungsrecht belassen wird. Das ist, wie gezeigt, nach dem Mitbestimmungsgesetz der Fall.«

Ob diese Sache überhaupt nochmals spruchreif wird, ist nach der Entwicklung der mitbestimmungspolitischen Situation zunehmend in eine nicht absehbare Zukunft vertagt (Kap. 27).

(6) Gleichheit, Diskriminierungsverbote

Eine zentrale Rolle im Arbeitsleben spielt der Gleichheitsgrundsatz des Art. 3 Abs. 1 und 2 und die Diskriminierungsverbote des Art. 3 Abs. 3 GG. Sehr früh hat dabei das BVerfG[54] in seiner Entscheidung zur Aufhebung des bisherigen bürgerlichen Ehe- und Familienrechts die Gleichbehandlung von Frau und Mann in Abs. 2 als bindendes Recht deklariert.

---

53 Ich habe eine gute (schlechte) persönliche Erinnerung daran, denn ich war bei der Entscheidungsverkündung neben deren 2. Vorsitzenden Mayr als Vertreter der IG Metall beteiligt. Mein allererstes Gefühl war eine große Enttäuschung. Ich hielt es für möglich, dass das Gericht eine weitergehende Mitbestimmung verbaut hätte, äußerte aber natürlich gegenüber den Medien in den sofort abverlangten Statements Optimismus (vgl. *Kittner*, Zur verfassungsrechtlichen Zukunft von Reformpolitik, Mitbestimmung und Gewerkschaftsfreiheit. Bemerkungen nach dem Mitbestimmungsurteil des Bundesverfassungsgerichts, Gewerkschaftliche Monatshefte 1979, 20).

54 BVerfG 18.12.1953, BVerfGE 3, 225.

> *»Art. 3 Abs. 2 GG ist eine echte Rechtsnorm. Es enthält wie Art. 3 Abs. 3 GG eine Konkretisierung des allgemeinen Gleichheitssatzes.«*

Das wurde kurz danach für die Frage der Lohngleichheit zwischen Frau und Mann durch das BAG konkretisiert (Kap. 39).
Die Substanz des Art. 3 GG wurde auf vielfältige Weise in das Arbeitsrecht implementiert. Dem »arbeitsrechtlichen Gleichbehandlungsgrundsatz« wird sogar eine Art gewohnheitsrechtlicher Geltung zu gesprochen.[55] Er fand seine gesetzliche Konkretisierung in § 75 BetrVG (und den entsprechenden Vorschriften in den Personalvertretungsgesetzen) sowie im Allgemeinen Gleichbehandlungsgesetz vom 14. August 2006. Diskriminierungsverbote standen auch ganz zu Beginn der EG-Arbeitsrechtsgestaltung; heute sind sie Bestandteil von Art. 21 der Grundrechte-Charta der EU (Kap. 21).
1994 wurde im Rahmen der »Großen Verfassungsreform«[56] im Nachgang zur Wiedervereinigung Art. 3 Abs. 2 Satz 2 eingefügt, mit dem Maßnahmen der »Frauenförderung« abgesichert werden sollten:

> **Art. 3 Abs. 2**
>
> […] Der Staat fördert die tatsächliche Durchsetzung der Gleichberechtigung von Frauen und Männern und wirkt auf die Beseitigung bestehender Nachteile hin.

(7) Arbeitsvertragsrecht

Fortlaufende Aktualität hat aber, man darf in einem auf sehr lange Zeiträume zielenden Buch wohl so sagen, die jüngste »Erfindung« des BVerfG, seine Rechtsprechung zu einer »Schutzpflicht« des Staates für ein Wirksamwerden der Grundrechte im Falle einer »gestörten Vertragsparität«.[57] Hierüber berichtet der damals als Berichterstatter tätige Thomas Dieterich in seiner Autobiografie aus-

---

55 Vgl. ErfK-*Schmidt*, § 10 Rn. 29; Deinert/Wenckebach/Zwanziger-*Deinert*, Arbeitsrecht, § 10 Rn. 23. Zu den Ironien der Geschichte gehört es, dass der Gleichbehandlungsgrundsatz erstmals vom RAG 1938 im Zusammenhang mit Leistungen der betrieblichen Altersvorsorge entwickelt wurde (vgl. RAG 19. 1. 1938, Bensh. 33, 172; Kap. 12).

56 Vgl. Gesetz zur Änderung des Grundgesetzes vom 27. 10. 1994, BGBl. I 3146.

57 Dieser Begriff geht zurück auf die grundlegende Entscheidung des 3. Senats des BAG zur Unverfallbarkeit von Betriebsrenten unter dem Vorsitz von Hermann Stumpf und der Berichterstatterin Marie-Luise Hilger vom 10. 3. 1972 (BAGE 24, 177; vgl. *Kittner*, 50 Urteile, S. 114).

führlich.[58] Der Ausgangsfall betraf einen selbstständigen Handelsvertreter, der eine Vertrag unterschrieben hatte, aufgrund dessen er im Falle einer selbst verschuldeten Vertragsbeendigung weiter an ein Wettbewerbsverbot gebunden sein sollte, aber den Anspruch auf eine Wettbewerbsentschädigung verlor.[59] Die Zivilgerichte beurteilten diese Abrede zwar als sehr unvorteilhaft für den Vertreter, aber er sei sie aus freien Stücken in Kenntnis der Risiken eingegangen und bleibe nun daran gebunden, unter dem Motto »Vertrag ist Vertrag«.
Das akzeptierte das BVerfG zwar als Ausgangspunkt für jeden Vertrag, Jedoch gebe es Schranken der Privatautonomie, die aus ihrem ureigenen Prinzip der Selbstbestimmung resultierten. Dazu formulierte es folgende, fortan für das Vertragsrecht kanonischen Sätze:

> *»Solche Schranken sind unentbehrlich, weil Privatautonomie auf dem Prinzip der Selbstbestimmung beruht, also voraussetzt, daß auch die Bedingungen freier Selbstbestimmung tatsächlich gegeben sind. Hat einer der Vertragsteile ein so starkes Übergewicht, daß er vertragliche Regelungen faktisch einseitig setzen kann, bewirkt dies für den anderen Vertragsteil Fremdbestimmung. Wo es an einem annähernden Kräftegleichgewicht der Beteiligten fehlt, ist mit den Mitteln des Vertragsrechts allein kein sachgerechter Ausgleich der Interessen zu gewährleisten. Wenn bei einer solchen Sachlage über grundrechtlich verbürgte Positionen verfügt wird, müssen staatliche Regelungen ausgleichend eingreifen, um den Grundrechtsschutz zu sichern. Gesetzliche Vorschriften, die sozialem und wirtschaftlichem Ungleichgewicht entgegenwirken, verwirklichen hier die objektiven Grundentscheidungen des Grundrechtsabschnitts und damit zugleich das grundgesetzliche Sozialstaatsprinzip (Art. 20 Abs. 1, Art. 28 Abs. 1 GG).* […]
> *Selbst wenn der Gesetzgeber davon absieht, zwingendes Vertragsrecht für bestimmte Lebensbereiche oder für spezielle Vertragsformen zu schaffen, bedeutet das keineswegs, daß die Vertragspraxis dem freien Spiel der Kräfte unbegrenzt ausgesetzt wäre. Vielmehr greifen dann ergänzend solche zivilrechtlichen Generalklauseln ein, die als Übermaßverbote wirken, vor allem die §§ 138, 242, 315 BGB. Gerade bei der Konkretisierung und Anwendung dieser Generalklauseln sind die Grundrechte zu beachten.«*

---

58 Vgl. *Dieterich*, Ein Richterleben, 2016, S. 193ff. Offenkundig spielte dabei die personelle Verbindung von Dieterich zu Marie-Luise Hilger eine wichtige Rolle. Er gilt als akademischer »Schüler« von ihr (Kap. 24).

59 Vgl. BVerfG 7.2.1990, BVerfGE 81, 242. Der bei BVerfG in diesem Fall als Berichterstatter tätige Thomas Dieterich schildert das Zustandekommen dieser Entscheidung in seiner Autobiografie (vgl. *Dieterich*, Ein Richterleben, S. 193ff.; hierzu auch *Kittner*, 50 Urteile, S. 154ff.).

Kurz nach diesem Handelsvertreter-Fall hatte das BVerfG über einen der bis dahin gängigen Bürgschafts-Verträge von Banken zu entscheiden, in denen mittellose Personen sich als Bürgen für teils sehr hohe Geldbeträge verpflichte hatten. Diese Praxis beendete das BVerfG – ebenfalls mit Dieterich als Berichterstatter – mit einer Folge-Entscheidung vom 19. Oktober 1993 und einem nochmals zugespitzten Dictum:[60]

> *»Ist aber der Inhalt des Vertrages für eine Seite ungewöhnlich belastend und als Interessenausgleich offensichtlich unangemessen, so dürfen sich die Gerichte nicht mit der Feststellung begnügen: »Vertrag ist Vertrag«. Sie müssen vielmehr klären, ob die Regelung eine Folge strukturell ungleicher Verhandlungsstärke ist, und gegebenenfalls im Rahmen der Generalklauseln des geltenden Zivilrechts korrigierend eingreifen.«*

Mit dieser Rechtsprechung wurde gewissermaßen der Kritik von Gierke und Menger an der fehlenden Berücksichtigung von Ungleichgewichtslagen durch das BGB über 100 Jahre später Rechnung getragen.

(8) Arbeitsschutz

Sehr unkompliziert entwickelte sich die verfassungsrechtliche Situation hinsichtlich des Arbeitsschutzes, als des klassischen Arbeitnehmerschutzrechts. Hier stand die fundamentale Legitimation des Staates zum Tätigwerden als solche nie in Zweifel; es ging immer »nur« um Fragen von Dringlichkeit, Zweckmäßigkeit und Verhältnismäßigkeit. Nach den Handelsvertreter- und Bürgschafts-Entscheidungen war es nur eine Frage der Konsequenz, das neu entwickelte Schutzpflichtkonzept auch auf das Recht auf körperliche Unversehrtheit zu erstrecken. Das erfolgte in der Entscheidung des BVerfG vom 28. Januar 1992 zum Nachtarbeitsverbot für Frauen:[61]

> *»Der Gesetzgeber ist verpflichtet, den Schutz der Arbeitnehmer vor den schädlichen Folgen der Nachtarbeit neu zu regeln. Eine solche Regelung ist notwendig, um dem objektiven Gehalt der Grundrechte, insbesondere des Rechts auf körperliche Unversehrtheit (Art. 2 Abs. 2 Satz 2 GG), Genüge zu tun. Eine Schutzpflicht des Staates besteht gerade im Hinblick auf dieses Grundrecht.«*

---

60 BVerfGE 89, 214.
61 BVerfGE 85, 191.

Diese Festlegung hat man sich seither als verfassungsrechtlichen Hintergrund jeder Art von Arbeitsschutz mitzudenken.

(9) Informationelle Selbstbestimmung: Datenschutz und neue Technologien

Nach Anlass und Gegenstand nicht dem Arbeitsrecht zugehörig war die Entscheidung des BVerfG zum Volkszählungsgesetz vom 15. Dezember 1983.[62] Mit ihr entwickelte das Gericht das bis dahin so nicht bekannte und benannte »Recht auf informationelle Selbstbestimmung« als Ausfluss des allgemeinen Persönlichkeitsrechts (Art. 2 Abs. 1 GG) und der Würde des Menschen (Art. 1 Abs. 1 GG).

> *»Individuelle Selbstbestimmung setzt aber – auch unter den Bedingungen moderner Informationsverarbeitungstechnologien – voraus, daß dem Einzelnen Entscheidungsfreiheit über vorzunehmende oder zu unterlassende Handlungen einschließlich der Möglichkeit gegeben ist, sich auch entsprechend dieser Entscheidung tatsächlich zu verhalten. Wer nicht mit hinreichender Sicherheit überschauen kann, welche ihn betreffende Informationen in bestimmten Bereichen seiner sozialen Umwelt bekannt sind, und wer das Wissen möglicher Kommunikationspartner nicht einigermaßen abzuschätzen vermag, kann in seiner Freiheit wesentlich gehemmt werden, aus eigener Selbstbestimmung zu planen oder zu entscheiden. Mit dem Recht auf informationelle Selbstbestimmung wären eine Gesellschaftsordnung und eine diese ermöglichende Rechtsordnung nicht vereinbar, in der Bürger nicht mehr wissen können, wer was wann und bei welcher Gelegenheit über sie weiß.«*

Diese Entscheidung entfaltete danach eine weit über seinen unmittelbaren Anlass und das Thema »Datenschutz« hinausgehende Wirkung. Es wurde zu so etwas wie der »magna charta« des Zeitalters der Informationstechnologien (Kap. 32).

(10) Gerichtsverfahren

Schließlich darf nicht untergehen, dass das Grundgesetz, anders als die Weimarer Verfassung, in Art. 96 Abs. 1 GG (heute: Art. 95) selbst etwas zur Arbeitsgerichtsbarkeit regelte:

62 BVerfGE 65, 1.

Für das Gebiet der ordentlichen, der Verwaltungs-, der Finanz-, der Arbeits- und Sozialgerichtsbarkeit sind obere Bundesgerichte zu errichten.

Die Einrichtung eines eigenen Obergerichtes für das Arbeitsrecht war etwas Besonderes; das gibt es weltweit nur in wenigen Ausnahmenfällen (etwa Brasilien, Israel, Kap. 28). Die Formulierung in Art. 95 GG garantiert, dass auch die Arbeitsgerichtsbarkeit in ihrer Gänze verfassungsfest ist, und somit etwa die Eingliederung der ersten und zweiten Instanz in die sogenannte ordentliche Gerichtbarkeit unzulässig wäre. Derartige Erwägungen hatten eine eminent praktische Rolle während der Deregulierungsphase der Kohl/Genscher-Regierung gespielt (Kap. 10).

(11) Religionsgemeinschaften

Schließlich muss noch eine – man kann ruhig sagen – Abnormalität des deutschen Verfassungsrechts mit massiver Wirkung auf einen bestimmten Sektor des Arbeitsrechts wenigstens angesprochen werden: die über den Grundrechtsschutz der Religionsfreiheit des Art. 4 GG hinaus gehende Sonderregelung für Religionsgemeinschaften. Über Art. 140 GG ist u. a. Art. 147 der Weimarer Reichsverfassung Bestandteil des Grundgesetzes. Und dieser bestimmt in Abs. 1 Satz 1:

Jede Religionsgemeinschaft ordnet und verwaltet ihre Angelegenheiten selbständig innerhalb der Schranken des für alle geltenden Gesetzes.

Daraus ist – mit Billigung durch das BVerfG[63] – ein »Arbeitsrecht mit Abschlägen« für die (noch) etwa 1,6 Mio. Arbeitnehmer bei Kirchen und deren Einrichtungen geworden (Kap. 37).

---

63 Vgl. BVerfG 4. 6. 1985, BVerfGE 70, 13.

18. Arbeitsrecht in Gesetzesform: Bundesrecht und Landesrecht

Wenn im Kontext einer Gesamtsicht aller »normativen Ordnungen« der abhängigen Arbeit von »Gesetz« die Rede ist, geht eine durchgängige Unterstellung dahin, es handele sich um eine zentralstaatliche Regelung. Das bedeutete Reichsgesetze im Sinne der Verfassungen von 1871 und 1919, die dem Reich die Gesetzgebungskompetenz für arbeitsrechtliche Fragen zugewiesen hatten (s. o.). Das Grundgesetz wies die Zuständigkeit für das Arbeitsrecht ebenfalls dem Bund zu, allerdings nur als »konkurrierende« (Art. 74 Abs. 1 Nr. 12 GG). Das hieß: Die Zuständigkeit liegt zunächst bei den Ländern, aber solange und soweit als der Bund von seiner Zuständigkeit keinen Gebrauch macht. Das hat in der nunmehr über 75-jährigen Geschichte der Bundesrepublik dazu geführt, dass bis auf wenige Ausnahmen (z. B. Bildungsurlaub) alles Arbeitsrecht Bundesrecht ist.
Das war naturgemäß nur einmal anders: in der unmittelbaren Nachkriegszeit, als es nur Landesrecht gab (Kap. 14). Damals hatten nahezu alle Länder eigene Urlaubsgesetze verabschiedet, die nach Gründung der Bundesrepublik durch das Bundesurlaubsgesetz vom 8. Januar 1963[1] abgelöst wurden. Für die Zeit davor hatte das BAG unter dem Vorsitz von Hans Carl Nipperdey, nach dessen eigener und Alfred Huecks literarischer Vorarbeit,[2] die Zuständigkeit der Länder mit dem Argument bestritten, das Arbeitsrecht sei Bestandteil des bürgerlichen Rechts und der Urlaubsanspruch bestehe schon nach §§ 618 und 242 BGB; damit könnten die Länder nach dem sog. Kodifikationsprinzip aufgrund des EGBGB nicht mehr tätig werden.[3] Das hat das BVerfG mit einer bemerkenswerten Begründung zurückgewiesen:[4]

> *»Das Arbeitsrecht wird nicht vom bürgerlich-rechtlichen Kodifikationsprinzip (Art. 3, 55, 218 EGBGB) erfaßt, denn es hat sich als Ganzes – einschließlich seiner Privatrechtsnormen – im Laufe der letzten Jahrzehnte zu einem selbständigen und eigenständigen Rechtsgebiet entwickelt, das neben dem bürgerlichen Recht steht.«*

Dieses Thema hat sich als Rechtsproblem im Geschichtsablauf erledigt. Es bleibt aber anekdotisch amüsant, wie das arbeitsrechtlich doch eigentlich weniger be-

---

1 BGBl. I 2; vgl. *Leinemann/Linck*, Urlaubrecht, 2. Aufl. 2001, Einl. Rn. 11 ff.

2 Vgl. *Nipperdey*, Bundesprivatrecht und Länderprivatrecht, NJW 1951, 897; *Hueck*, Die Rechtseinheit im deutschen Arbeitsrecht, 1951, S. 9 ff.

3 Vgl. BAG 20. 4. 1956, BAGE 3, 23.

4 BVerfG 22. 4. 1958, BVerfGE 7, 342.

wanderte Verfassungsgericht dem »Großmeister« des Arbeitsrechts eine rechthistorische »Lektion« erteilte.

Ein immer virulentes Problem stellt dagegen das Verhältnis des Gesetzesrechts zum Tarifvertrag dar. Theoretisch könnte nahezu die gesamte dem »Arbeitsrecht« zugehörige Materie sowohl durch Gesetz als durch Tarifvertrag geregelt werden. Daraus könnte ein ernsthaftes Problem erwachsen. Das ist es aber aufgrund der faktischen Zurückhaltung beider Seiten im Laufe der Geschichte (bislang) nicht geworden (zur Weichenstellung nach dem Schleswig-Holstein-Streik siehe Kap. 9).

Als hartes Rechtsproblem musste diese Frage erstmals anlässlich des Gesetzes über befristete Arbeitsverträge mit wissenschaftlichem Personal an Hochschulen und Forschungseinrichtungen (Hochschulfristvertragsgesetz[5] vom 14. Juni 1985) entschieden werden. Dieses Gesetz griff direkt in geltende Tarifverträge ein und auf die Verfassungsbeschwerde der betroffenen Gewerkschaften (ÖTV, GEW) entwickelte das BVerfG[6] zum ersten Mal Grundsätze zur Lösung des Konflikts zwischen staatlicher und tariflicher Regelungsmacht:

»Die Koalitionsfreiheit ist zwar vorbehaltlos gewährleistet. Das bedeutet aber nicht, daß dem Gesetzgeber jede Regelung im Schutzbereich dieses Grundrechts verwehrt wäre. Soweit das Verhältnis der Tarifvertragsparteien zueinander berührt wird, die beide den Schutz des Art. 9 Abs. 3 GG genießen, bedarf die Koalitionsfreiheit der gesetzlichen Ausgestaltung (vgl. BVerfGE 84, 212 <228>). Aber auch im übrigen ist dem Gesetzgeber die Regelung von Fragen, die Gegenstand von Tarifverträgen sein können, nicht von vornherein entzogen. Art. 9 Abs. 3 GG verleiht den Tarifvertragsparteien in diesem Bereich zwar ein Normsetzungsrecht, aber kein Normsetzungsmonopol. Das ergibt sich bereits aus der Gesetzgebungszuständigkeit des Art. 74 Abs. 1 Nr. 12 GG. Eine gesetzliche Regelung in dem Bereich, der auch Tarifverträgen offensteht, kommt jedenfalls dann in Betracht, wenn der Gesetzgeber sich dabei auf Grundrechte Dritter oder andere mit Verfassungsrang ausgestattete Rechte stützen kann (vgl. BVerfGE 84, 212 <228>) und den Grundsatz der Verhältnismäßigkeit wahrt.

Der Grundrechtsschutz ist nicht für alle koalitionsmäßigen Betätigungen gleich intensiv. Die Wirkkraft des Grundrechts nimmt vielmehr in dem Maße zu, in dem eine Materie aus Sachgründen am besten von den Tarifvertragsparteien geregelt werden kann, weil sie nach der dem Art. 9 Abs. 3 GG zugrundeliegenden Vorstellung des Verfassungsgebers die gegenseitigen Interessen angemessener zum Ausgleich bringen können als der Staat. Das gilt vor

5 BGBl. I 1065.

6 BVerfG 24.4.1996, BVerfGE 94, 268.

allem für die Festsetzung der Löhne und der anderen materiellen Arbeitsbedingungen. Die sachliche Nähe einer Materie im Bereich von Arbeits- und Wirtschaftsbedingungen zur Tarifautonomie wird äußerlich an dem Umfang erkennbar, in dem die Tarifvertragsparteien in der Praxis von ihrer Regelungsmacht Gebrauch machen.«

Die daran orientierte Verhältnismäßigkeitsprüfung fiel im zu entscheidenden Fall zugunsten des staatlichen Gesetzgebers aus – bemerkenswerterweise unter zusätzlicher Abstützung auf das Sozialstaatsgebot (Kap. 17) wegen des hohen Schutzguts der Beschäftigungsförderung. Mit den gleichen Erwägungen rechtfertigte das BVerfG eine Lohnabstandklausel bei Arbeitsbeschaffungsmaßnahmen.[7] Diese Rechtsprechung wurde insbesondere vom früheren Bundesverfassungsrichter und Präsidenten des BAG, Thomas Dieterich, kritisiert. Die Überbetonung einer Einschätzungsprärogative des Gesetzgebers zulasten derjenigen der Tarifvertragsparteien drohe, die Gewährleistung der Tarifautonomie substanzlos werden zu lassen.[8]
Bis auf wenige Ausnahmefälle ist das Verhältnis von Gesetzesrecht und Tarifvertrag vor allem auch deshalb nie zu einem verbreiteten Rechtsproblem geworden, weil sich die Tarifvertragsparteien weitestgehend auf ihre ureigenen Themen »Entgelt« und »Arbeitszeit« beschränkt haben (Kap. 22). Im Übrigen benutzt der Gesetzgeber zunehmend die Technik gesetzlicher Öffnungsklauseln (z. B. § 7 Abs. 1 ArbZG und § 13 Abs. 1 BUrlG).

19. Arbeitsrecht im internationalen Kontext

19.1 Nationale »Pfade« vs. Internationalisierung

Die Antwort auf die Frage nach dem Beginn des Arbeitsrechts ist einhellig: die Transformation der Landwirtschaft und der Aufstieg der »freien« Lohnarbeit im Zuge der Industrialisierung im 19. Jahrhundert. Infolgedessen entstand »modernes Arbeitsrecht« (Kap. 1). Das war, mit unterschiedlicher Intensität und Qualität, ein weltweites Phänomen.[1] Kann man darüber sinnvoll mit Bezug auf

7 BVerfG 27.4.1999, BVerfGE 100, 271 – abweichende Meinung *Kühling*, 294.
8 Vgl. *Dieterich*, Bundesverfassungsrecht und Tarifautonomie, AuR 2001, 390, 392.

1 Vgl. *Osterhammel*, Die Entstehung der Welt. Eine Geschichte des 19. Jahrhunderts, 2009, S. 1005ff.; vgl. auch *Bayly*, Die Geburt der modernen Welt. Eine Globalgeschichte, 1780–1914, 2006.

nur ein Land reden (und forschen)? Müssten wir uns nicht auch hinsichtlich des Arbeitsrechts mit der Frage einer Abdankung der National- zugunsten einer Universalgeschichte befassen? Ich habe mich für einen Mittelweg entschieden.
Die Begründung für die fundamentale Berechtigung, ja Notwendigkeit, der Geschichte (zunächst) einer Nation liefert die Universalgeschichte mittelbar selbst: Das große Buch von Jürgen Osterhammel über die »Verwandlung der Welt« im 19. Jahrhundert präsentiert ein großes Spektrum materieller und immaterieller Lebensumstände (hinsichtlich Staat, Wirtschaft, Wohnen, Kultur, Religion etc.), die aufgrund geheimnisvoller Koinzidenz (oder Kausalität?) in eben diesem 19. Jahrhundert zur gleichen Zeit auftraten und der Welt im 20. Jahrhundert ein deutlich »uniformeres« Gesicht verschafften. Für die abhängige Arbeit bleiben in diesem Panorama nur zwei (von 1300) Seiten mit den so knappen wie zutreffenden Hinweisen auf »*die Möglichkeit von Tarifverhandlungen (collective bargaining)*« und die Sozialversicherung. In dieser Hinsicht bestand nach Osterhammel »*während der zwei oder drei Jahrzehnte vor dem Ersten Weltkrieg in den industrialisierten Ländern Europas ein gewisser Grundkonsens.*« Dieses Ungleichgewicht ist nun allerdings keinesfalls sein Versäumnis. Alles, was darüber hinaus geht, ist in allen Ländern anders! Das gilt ganz besonders für die Interessenvertretung im Betrieb, die man als dritte der Antworten auf die »soziale Frage« erwarten durfte. »Arbeitsrecht mit internationalem Bezug« verlangt deshalb im Kern stets Bewältigung seiner nationalen *Vielfalt*.
Dabei hilft nichts besser herauszufinden, was am eigene Recht so besonders, eben anders ist, als sein Vergleich mit anderen Ländern: Rechtsvergleich als Hilfe zur Selbsterkenntnis. Das gilt ganz besonders für Momente, in denen Weichen für die Zukunft gestellt, »Pfadabhängigkeiten« begründet werden. Wir haben bereits eine Reihe davon gesehen:

- die Unterschiedlichkeit der Gesellenbewegungen in Deutschland, England und Frankreich und deren Auswirkung auf betriebliche Interessenvertretung wie Gewerkschaften (Kap. 9);
- die Entscheidung für (Deutschland) oder gegen (Großbritannien) eine »Verrechtlichung« des Tarifvertrages (Kap. 22);
- der Systemwechsel ohne oder mit Revolution vom Kaiserreich zur Republik in Österreich und Deutschland in Bezug auf die Einführung von Arbeiterkammern;[2]
- nicht zu vergessen, die große Systementscheidung zwischen Ost und West nach 1945 (Kap. 14). Sie ist allerdings als einzige in dieser Reihe 1990 rückgängig gemacht worden (Kap. 8).

Aus allen diesen Konstellationen lässt sich eine zentrale Erkenntnis ableiten: Gerade die Regulierung der Arbeitsbeziehungen ist so wesentlich mit der jeweiligen

2 Vgl. *Cerny*, Österreich, in Däubler/Kittner, Betriebsverfassung, S. 655, 684ff.

Nationalgeschichte verwoben, dass sie besonders resistent gegenüber technokratischem Nivellierungs-Input ist. Das gilt ganz besonders für nationale Traditionen von Gewerkschaften und betrieblichen Interessenvertretungen, worauf vor allem Otto Kahn-Freund immer wieder hingewiesen hat.[3] Das führt zu einem Paradox: Die »moderne« Arbeitswelt wird weltweit zwar immer uniformer, die Angleichung der Instrumente zu ihrer Bewältigung ist aber nicht anders vorstellbar als durch langsame Überformung der nationalen Besonderheiten. Ein markantes Beispiel ist die zähe Durchsetzung der als deutsche Eigenart wahrgenommenen Mitbestimmung durch Betriebsräte und Vertreter im Aufsichtsrat in der EU (Kap. 27).

19.2 Transfer von Ideen und Institutionen

Unterschiede reizen nicht nur zum Vergleichen, sondern es ist eines der ältesten Phänomene aller Weltgeschichte, dass sich erfolgreiche Problem-Lösungen in allen Lebensbereichen nach dem »best-practice«-Prinzip über die Grenzen hinaus durchgesetzt haben. Warum nicht auch im Arbeitsrecht? Im Hinblick auf die Tatsache der dort spezifischen Pfadabhängigkeiten ist das »im laufenden Betrieb« ganz und gar unwahrscheinlich. Hier ist eine Zweiteilung offenkundig: bei den »klassischen«, pfadabhängigen Themen müssen besondere Umstände vorliegen, die für die Bereitschaft sorgen, die Begrenzung durch das eigene Herkommen zu überwinden. Sehr viel einfacher sind neue, grenzüberschreitende Lösungen bei technologieabhängigem, d. h. traditions*un*abhängigem Arbeitsrecht. Wobei es noch zu unterscheiden gilt zwischen den Transferrichtungen: von »außen« nach Deutschland und von diesem »in die Welt«.

Bei dem, was ich technologie-affines Arbeitsrecht nennen möchte, liegen die Dinge, nicht verwunderlich, unkompliziert kosmopolitisch:

- Das ist am sinnfälligsten bei dem allerelementarsten Regulierungsproblem auf betrieblicher Ebene, den Lohnfindungssystemen. Hier hatte der französische Ingenieur Charles Bedaux, ausgehend vom amerikanischen »Taylorismus«[4] bereits während des Ersten Weltkriegs, das nach ihm benannte Arbeitsbewertungssystem geschaffen.[5] Es wurde in Deutschland durch REFA-Systeme[6] der Arbeitsbewertung und Leistungsentlohnung weiter entwickelt, die wiederum – wenig verwunderlich – eine hohe System-Indifferenz im Wechsel von

3 Vgl. *Kahn-Freund*, Arbeit und Recht, 1979, S. XV.

4 Vgl. *Lederer*, Die ökonomische und soziale Bedeutung des Taylorsystems (1914), in ders., Kapitalismus, Klassenstruktur und Probleme der Demokratie in Deutschland, neu hrsg. von Kocka, 1979, S. 83 ff.

5 Vgl. *Erker*, Das Bedaux-System. Neue Aspekte der historischen Rationalisierungsforschung, Zeitschrift für Unternehmensgeschichte 1, 1999 Heft 2, S. 83 ff.

6 REFA = Reichsausschuß für Arbeitszeitermittlung (1924).

Weimarer Republik zu Nationalsozialismus und dann der Bundesrepublik bewiesen (Kap. 12; zur DDR Kap. 15).

- Der zweite Komplex ist der Arbeitsschutz, der, nach Beitritt der nordischen Länder in die EG, im Gefolge der Harmonisierung von Anforderungen an Maschinen (Binnenmarkt), von dort via EG-Gesetzgebung (»Soziale Dimension«) seit dem Ende der 1980er Jahre das betriebliche Arbeitsschutzrecht in Deutschland und der ganzen EG auf ein ganz neues Niveau brachte (Kap. 29).
- Schließlich der Datenschutz und, als Produkt des aktuellen Technologie-Schubes, die »Künstliche Intelligenz« (KI). Hier haben wir einen Typ Recht, das zunächst den Menschen ganz unabhängig von der abhängigen Arbeit schützt, dort aber besonderen Anforderungen unterliegt und entsprechende Ausprägungen erfährt. Das in die 1970er Jahr zurückreichende Datenschutzrecht auf der Grundlage des Volkszählungsurteils des BVerfG (Kap. 17) ist eine deutsche, man darf das Wort durchaus gebrauchen: »Erfindung« – oder genauer, auf der Linie des kosmopolitischen Ansatzes, eines in Griechenland geborenen, sich später in der Welt zu Hause fühlenden deutschen Rechtswissenschaftlers, Spiros Simitis (Kap. 11).

Hinsichtlich des »klassischen« Arbeitsrechts haben wir wegen der engen Bindung an die nationalen »Pfade« die genau umgekehrte Situation: das »Schmoren im eigenen Saft«. Es besteht wenig Bereitschaft, etwas aus dem Ausland zu importieren. Ganz zu Beginn unserer Geschichte des 19. Jahrhunderts haben wir in dieser Hinsicht ein besonders drastisches Beispiel: Das wegen des völligen Fehlens von Arbeitskämpfen auf den ersten Blick unverständliche Koalitionsverbot 1845 in Preußen (Kap. 26) wurde nicht zuletzt wegen des abschreckenden Blicks in das benachbarte Ausland betrieben. Ihn lieferte eine populäre Broschüre aus dem Jahre 1840:[7] »*Ein Wort zur Zeit der Arbeiter-Koalitionen*« aus dem Jahr 1840 wider: »*In zwei großen europäischen Nachbarstaaten haben sich bereits drohende Vorboten des bevorstehenden Kampfes gezeigt, eines Kampfes der missleiteten rohen Masse ohne Intelligenz gegen ihre vermeintlichen Zwangsherren, der Armuth gegen den Reichthum. Wir haben Beispiele seiner zerstörenden Folgen von der einfachen Koalition der Handwerker und Fabrikarbeiter Behufs Erhöhung ihrer Löhne, bis zur offenen, mit Mord und Brandstiftung gepaarten Revolte.*«

Damit Regelungen aus dem Ausland zum Vorbild genommen werden, bedarf es ungewöhnlicher historischer Situationen, in denen die Offenheit dazu vorhanden ist (zum Ausnahmefall Japan s. u.).

Solche Gelegenheiten gab es aber auch in der deutschen Geschichte:

- Die erste betraf die Entscheidung Preußens über die Aufhebung des Koalitionsverbots; hier sahen wir tragische Missverständnisse bei der Interpretation des britischen Beispiels. Genau anders herum: Während man die Vorgänge

7 Vgl. *Quentin*, Ein Wort zur Zeit der Arbeiter-Koalitionen, 1840.

im Ausland 1845 für übertrieben schlimm hielt, unterschätzte man sie 1869 (Kap. 26).

- Die zweite, eher noch intensiver, betraf die Diskussion nach der Jahrhundertwende um die gesetzliche Regelung des Tarifvertrages. »Von-England-Lernen« bzw. »Lessons from England« waren zu dieser Gelegenheit etablierte wissenschaftliche und literarische Praxis.[8] Die letztliche Entscheidung über die Kodifizierung des Tarifvertrags fiel aber zwischen national entwickelten Alternativen (Kap. 22).
- Schließlich gab es die zwei Ausnahmesituationen der verlorenen Weltkriege, mit der jeweils naheliegenden Möglichkeit, dass die Sieger den Versuch des Oktrois eigener Arbeitsrechtsstrukturen machten. Das war nach dem Ersten Weltkrieg ganz und gar nicht der Fall; man ließ die Deutschen ihren Neuanfang mit dem Stinnes-Legien-Abkommen nach eigenen Vorstellungen organisieren (Kap. 2). Anders nach dem Zweiten Weltkrieg: Da versuchten die Alliierten in ihren Besatzungszonen zunächst eigene Vorstellungen durchzusetzen. Doch recht bald mischten sich die Westmächte hier gar nicht mehr ein, während die Sowjetunion zunächst die SBZ und dann die DDR strikt nach dem eigenen Vorbild formte (Kap. 14, 15).

Das Resümee fällt bescheiden aus. Bei Lichte betrachtet, hat man nur einmal bewusst auf das Ausland als Vorbild geschaut, Preußen hinsichtlich der Aufhebung des Koalitionsverbots – und das ging schief! Diese Fokussierung auf sich selbst hielt bis heute an. Aktuell ist eine Übernahme ausländischer Elemente höchstens in homöopathischen Dosen via europäischer Angleichung zu beobachten (Kap. 19).

Bleibt schließlich die Wirkung deutschen Arbeitsrechts auf andere Länder. Diesbezüglich muss erneut an die notorische Pfadabhängigkeit von Arbeitsrecht (und zwar weltweit), an die Prägung durch die jeweilige Nationalgeschichte erinnert werden, was solcher Art von Export prinzipiell entgegensteht. So ist es doch bemerkenswert, dass in einer Welt, die so viele kulturelle Elemente des »westlichen«, zumal des US-amerikanischen Lebensstils übernommen hat, es – außer Kanada (aber auch nur in Teilen)[9] kein Land gibt, das den ein Unikat gebliebenen »Wagner Act«[10] übernommen hätte (selbst Japan hat die amerikanischen Einflüsse »japanisiert«, s. u.).[11]

8 Vgl. *Rudischhauser*, Geregelte Verhältnisse, S. 243 ff.

9 Das Oberste Gericht von Kanada hat allerdings, als für die USA nahezu irreale Abweichung, aus Vereinigungsfreiheit ein Grundrecht auf Streik entwickelt (*vgl. https://decisions.scc-csc.ca/scc:csc/scc/en/item/14610/index.do*).

10 Vgl. *Kohler*, Der Wagner Act, AuR 2017, G 9.

11 Nicht einmal die aus dem Imperium der Sowjetunion entlassenen mittel/osteuropäischen Länder, deren Rekonstruktion stark US-amerikanisch beeinflusst war, haben ihn kopiert. In dieser Hinsicht ist z. B. verständlich, auf welch geringe Gegenliebe die Erwar-

Eines allerdings wurde zum Export-Schlager, bis heute: das Konzept des Tarifvertrags von Hugo Sinzheimer, was ja einen Teil seiner exzeptionellen Stellung ausmacht. Ernst Fraenkel bezeichnete 1958 das deutsche Tarifvertragskonzept als »Bestandteil eines gemeinen Sozialrechts der westlichen Welt«.[12] Und Otto Kahn-Freund, spricht – immerhin 1976, nach seinem zweiten Arbeitsrechtler-Leben in Großbritannien – von dem *»grundlegenden und nachhaltigen Einfluß, den Sinzheimer auf die Rechtsentwicklung in Deutschland und Europa gehabt hat«* und dass *»Sinzheimers Ideen über ›Autonomie‹ im Arbeitsrecht Teil des Gemeingutes der Juristen in Europa geworden«* seien.[13] Ohne dass das je dokumentiert, geschweige denn systematisiert worden wäre, ist doch allgemein bekannt, dass man Sinzheimer auf der ganzen Welt nicht nur zur Kenntnis sondern auch zum Vorbild genommen hatte. Das gilt insbesondere für Südamerika, aber auch in Europa wurde er breit rezipiert.[14]

Auf besonders großen Widerhall stieß Sinzheimer und mit ihm das deutsche Arbeitsrecht insgesamt in Japan, der großen Ausnahme hinsichtlich der Übernahme-Aversität großer Industrieländer hinsichtlich des Arbeitsrechts. Seit der (erzwungenen) Öffnung des Landes durch die sog. Meji-Restauration im Jahr 1868 hat sich das japanische Recht unter einem besonders starken Einfluss von außen entwickelt: *»Japan betreibt seit jeher einen starken Rechtsimport.«*[15] Das äußerte sich vor allem im Zivilrecht, wo nach anfänglicher Orientierung nach

---

tung der deutschen Gewerkschaften gestoßen ist, andere europäische Länder würden ihr Modell der »dualen Interessenvertretung« umstandslos und freudig übernehmen wollen. Das war nicht so, und die Implementation der nun europarechtlich fundierten Einrichtungen des »Europäischen Betriebsrats« und der »Europäischen Aktiengesellschaft« mit Arbeitnehmervertretern verlief denkbar zäh (s. u.). Nach deren Einführung waren allerdings die Arbeitnehmervertreter aus Ländern, in denen es Derartiges nicht gab, allen Berichten zufolge denkbar positiv gestimmt.

12 *Fraenkel*, Hugo Sinzheimer, JZ 1958, 457, 459.

13 *Kahn-Freund*, Hugo Sinzheimer (1875–1914), in Sinzheimer, Arbeitsrecht und Rechtssoziologie, Bd. 1, S. 2, 10.

14 Vgl. die Beiträge auf der Konferenz des Max-Planck-Instituts für Rechtsgeschichte und Rechtstheorie »Founders and Shapers of Labour Law. National and Transnational Perspektives« am 3./4. 9. 2024 (Publikation geplant): Südamerika: Niederlande: *Knegt*, Hugo Sinzheimers Influence in the Netherlands; Norwegen: *Skonberg*, Paal Berg and Norwegian Labour Law; Argentinien: The impact of German Exiles on Labour Law in Argentina: *Vita/Lobato*, The Case of Ernsto Karz ans Ernesto Krotoschin; vgl. auch *Vita*, Between Weimar and Buenos Aires: Ernesto Katz and Hugo Sinzheimer in Argentine Labor Law, Revista de Historia del Derecho, Nr. 56, 2018.

15 *Nishitani*, Altes Europa – neues Amerika? Die Entwicklung des japanischen Arbeitsrechts unter dem Einfluss des deutschen und amerikanischen Rechts, RdA 2005, 354; vgl. auch *Wada*, Einfluss fremder Rechtsordnungen auf das japanische Arbeitsrecht, in Düwell/Haase, Hrsg., Arbeit und Recht im gesellschaftlichen Wandel, 25 Jahre Gesellschaften für Arbeitsrecht in Deutschland und Japan, 2023, S. 88; *Maruschke*, Einführung in das japanische Recht, 2009, S. 27ff.

Frankreich (»Code Civil«) das in Deutschland geplante BGB zum unmittelbaren Vorbild für das neue bürgerliche Recht genommen wurde. Deshalb war es nicht verwunderlich, dass auch das gerade dort so intensiv diskutierte Arbeitsrecht in Japan rezipiert wurde; viele japanische Arbeitsrechtler studierten während der Weimarer Republik in Deutschland.

Von Anfang an beobachtete man in Japan sehr aufmerksam, welche Probleme in Deutschland bestanden, die Unabdingbarkeit des Tarifvertrags durch Auslegung des BGB zu begründen. Da war es nicht verwunderlich, dass sich die besondere Aufmerksamkeit auf Hugo Sinzheimer richtete.[16] Ausdruck dessen ist z. B., dass die weltweit erste Biografie Sinzheimers aus der Feder eines japanischen Autors kam: Keiji Kubo, Professor an der Universität Kobe.[17] Darin dokumentiert er dessen breite Rezeption in der japanischen Arbeitsrechtswissenschaft z. B. mit dem Nachwort der Übersetzer der 2. Auflage der »Grundzüge des Arbeitsrechts« aus dem Jahr 1955:[18] »*Der Name Sinzheimer ist bereits vor dem Zweiten Weltkrieg zusammen mit dem vorliegenden Buch bekannt gemacht worden* [...]. *Der Einfluß der Gesamtsystematik einer auf der Lehre von der abhängigen Arbeit aufbauenden Arbeitsrechtslehre Sinzheimer ist heute aus dem japanischen Arbeitsrecht nicht mehr wegzudenken.*« Und Sonda Hideharu, einer der Pioniere des japanischen Arbeitsrechts, der in Deutschland bei Walter Kaskel studiert hatte, führte seinem 1965 erschienenen Buch »Arbeitsrechtliche Probleme in Japan« unter dem Kapitel »*Rückblick auf Sinzheimers Methodenlehre*« aus: »*Es ist ja weithin bekannt, daß früher in Japan der Begriff Arbeitsrechtswissenschaftler mit dem Namen Sinzheimer identifiziert wurde, dass dieser als höchste Autorität der deutschen Arbeitsrechtswissenschaft fast vergöttert wurde und es wird fast als selbstverständlich angesehen, dass heute Nipperdey als wirkliche Größe hinzugekommen ist und das Interesse der japanischen Wissenschaftler auf sich zieht.*«[19]

Nach dem Zweiten Weltkrieg kam es zu einem starken Einfluss des US-amerikanischen Arbeitsrechts, das freilich die älteren Strukturen nicht völlig ablöste.

---

16 Seinen ersten legislativen Niederschlag hätte das schon 1925 aufgrund Art. 12 des ersten Entwurfs eines Gewerkschaftsgesetzes finden sollen: »*Teile des Arbeitsvertrags, die von den im Tarifvertrag geregelten Arbeitsbedingungen abweichen, sind unwirksam.*« Das wurde aber nicht realisiert, weil es zu diesem Zeitpunkt in Japan noch gar keine Tarifverträge gab. Das 1945 verabschiedete »alte Gewerkschaftsgesetz« enthielt dann eine entsprechende Vorschrift, was bis heute Grundlage des japanischen Tarifvertragssystems ist (Art. 16 Gewerkschaftsgesetz 1949, vgl. *Nishitani*, Altes Europa – neues Amerika? Die Entwicklung des japanischen Arbeitsrechts unter dem Einfluß des deutschen und amerikanischen Rechts, RdA 2005, 354).

17 Vgl. *Kubo*, Hugo Sinzheimer – Vater des deutschen Arbeitsrechts, 1995 (hrsg. von Peter Hanau; im Folgenden zit. »*Kubo*, Sinzheimer«).

18 Naraski Ichiro, und Tadenuma Kenichi, zwei angesehene Universitätsprofessoren (vgl. *Kubo*, a. a. O., S. 213).

19 In *Kubo*, Sinzheimer, S. 215.

Satohi Nishitani bilanziert vielmehr: »*Das moderne japanische Arbeitsrecht nach dem Zweiten Weltkrieg wurde also als Mischsystem zwischen dem deutschen und amerikanischen Arbeitsrecht geboren.*«[20]
Von der Ausnahme-Persönlichkeit Sinzheimers,[21] Sonderfällen wie Japan und den einzelnen bilateralen Highlights abgesehen, verwirklicht sich »Internationalität« in entsprechenden Organisationen: UNO, ILO und Europarat sind die Plattformen für »Arbeitsvölkerrecht«,[22] die fünfte Dimension des Mehr-Ebenen-Systems »Arbeitsrecht«. Dazu kommt als der zunehmend bedeutendste regionale Sonderfall das Recht der »Europäischen Union« (als dann sogar sechste Dimension). Die Geschichte all dieser Institutionen kann und soll hier nicht behandelt werden.[23] Im Rahmen einer nationalen Geschichte, und um den Rahmen dieses Buches nicht zu sprengen, behandle ich hier nur die unerlässlichen Schnittstellen und den »impact« der internationalen Vorgaben auf das deutsche Recht.[24]

19.3 Kollision verschiedener Rechtsordnungen (»Kollisionsrecht«)

Seit den Anfängen der Industrialisierung hat es, jedenfalls zwischen unmittelbar benachbarten Nationen, grenzüberschreitende Kontakte mit arbeitsrechtlicher Relevanz gegeben.[25] Klassisch bis heute: ein Arbeitnehmer arbeitet vorübergehend im Ausland und es erhebt sich die Frage, welches Arbeitsrecht gilt.

---

20 RdA 2005, 354.

21 Es gibt weder für Japan noch für andere Länder eine systematische Aufarbeitung seines Einflusses auf das jeweilige nationale Arbeitsrecht. Das stellt ein großes Desiderat des Arbeitsrechts dar. Feststehen dürfte jedenfalls, dass seine Person und Wirken zum wirklich weltumspannenden Phänomen geworden sind: »Sinzheimer« als »global brand«!

22 Vgl. *Schubert*, Arbeitsvölkerrecht, 2017; *Schlachter/Heuschmid/Ulber*, Hrsg., Arbeitsvölkerrecht, 2019; *Sutterer-Kipping*, in Deinert/Wenckebach/Zwanziger, Hrsg., Arbeitsrecht, 11. Aufl. 2024, § 8 Arbeitsvölkerrecht; *Däubler/Zimmer*, Hrsg., Arbeitsvölkerrecht, FS Klaus Lörcher, 2013.

23 Formal ist für das Wirksamwerden der internationalen Normen in Deutschland gesorgt. Sofern nicht der seltene Ausnahmetatbestand einer direkten Wirkung gegeben ist oder der deutsche Gesetzgeber das nationale Recht ausdrücklich angepasst hat, erfolgt das aufgrund des Prinzips der »Völkerrechtsfreundlichkeit«. Dazu hat das BVerfG bereits am 26. 3. 1957 (BVerfGE 6, 309) entschieden, dass »*die deutschen Staatsorgane die die Bundesrepublik verpflichtenden Völkerrechtsnormen zu befolgen und Verletzungen nach Möglichkeit zu unterlassen*« haben. Diese Verpflichtung zur »völkerrechtsfreundlichen Auslegung« hat das BVerfG am 12. 6. 2018 auch auf die Verfassungsinterpretation erstreckt (BVerfGE, 148, 296).

24 Besonders verlockend wäre der Blick auf die Geschichte der ILO, zu deren Vorgeschichte.

25 Die älteste Regelung grenzüberschreitender Sachverhalte auch für arbeitsrechtliche Frage in Europa ist die »Rheinschifffahrtsakte« (»Mannheimer Akte«) vom 17. 10. 1868 (vgl. *Däubler*, Supranationales Recht seit dem 19. Jahrhundert? Die Rheinschifffahrt und ihre Regeln, Neue Juristische Online Zeitschrift 2021).

Dafür hat es zunächst noch keine ausdrücklichen Regelungen gegeben. Für viele Jahrzehnte hat dazu das »Einführungsgesetz zum BGB« (EGBG), das vorrangig Übergangsprobleme bei der Vereinheitlichung des Rechts der vielen deutschen Länder lösen sollte, auch dafür eine sehr allgemeine Antwort gegeben (unter Änderung des einschlägigen Artikels). Dabei wurde nach dem Grundsatz des »ordre public« geregelt, wann ausländisches Recht *nicht anwendbar* war:

Art. 30 EGBGB (Fassung von 1886):[26]

Die Anwendung eines ausländischen Rechts ist ausgeschlossen, wenn die Anwendung gegen die guten Sitten oder gegen den Zweck eines deutschen Gesetzes verstoßen würde.

Auf dieser Grundlage mussten von den Gerichten mit Zuarbeit durch die Wissenschaft allgemeine Grundsätze entwickelt werden. So operierte das RAG bereits 1929 mit dem Grundsatz der »Ausstrahlung« des Betriebes, um zu begründen, dass das für diesen anzuwendende Recht auch bei einer vorübergehenden Entsendung eines Arbeitnehmers gilt.[27] Das wurde auch für Tarifverträge angenommen.[28] Für die Betriebsverfassung wurde das »Territorialitätsprinzip« entwickelt; es sollte nur für Betriebe auf deutschem Boden gelten.[29]
Dieses Kollisionsrecht fristete noch in den ersten Jahren der Bundesrepublik ein regelrechtes Nischendasein: Alfred Hueck widmete ihm in seinem umfangreichen ersten Band des »Hueck/Nipperdey« von 1963 nur eine knapp halbe Druckseite und verwies auf die »*einschlägige Sonderliteratur*«,[30] namentlich das Buch von Franz Gamillscheg »Internationales Arbeitsrecht« von 1959. Dieses Buch wurde für Jahrzehnte so etwas wie die »Bibel« für dieses Rechtsgebiet (mit Gamillscheg als »Papst«),[31] bis endlich für das individuelle Arbeitsvertrags-

26 RGBl. 604. Diese Vorschrift wurde im Laufe der Zeit mehrfach geändert, bis zu ihrer letzten Fassung vor der Ablösung durch ROM I: »Art. 6 Öffentliche Ordnung (ordre public). Eine Rechtsnorm eines anderen Staates ist nicht anzuwenden, wenn ihre Anwendung zu einem Ergebnis führt, das mit wesentlichen Grundsätzen des deutschen Rechts offensichtlich unvereinbar ist. Sie ist insbesondere nicht anzuwenden, wenn die Anwendung mit den Grundrechten unvereinbar ist« (BGBl. I, 1994, 2494).

27 Vgl. RAG 23.11.1929, Bens. 8, 291.

28 Vgl. RAG 28.5.1932, Bens. 15, 307.

29 Vgl. RAG 1.4.1931, Bens. 12, 111.

30 *Hueck/Nipperdey*, 7. Aufl. 1963, S. 105.

31 Gamillscheg hat sein Leben lang an Material für eine zweite Auflage gearbeitet, diese aber krankheitshalber nicht bewerkstelligen können. Er hat dem Nach-Nachfolger auf seinem Lehrstuhl, Olaf Deinert, das gesamte Material übergeben mit der Bitte, ein neues Buch zu schreiben (vgl. *Deinert*, Internationales Arbeitsrecht, S. VII).

recht mit dem »Gesetz zur Neuregelung des Internationalen Privatrechts« vom 25. Juli 1986[32] auf der Grundlage des Europäischen Schuldvertragsübereinkommens[33] eine erste ausdrückliche Regelung auch für das Arbeitsrecht geschaffen wurde. Sie wurde 2008 abgelöst durch die sog. ROM-I-Verordnung der EG, die das Arbeitskollisionsrecht innerhalb (nun) der EU einheitlich regelt (als sog. »*loi uniforme*«).[34] Dazu sollten Nicht-Spezialisten sich im Grunde nur fünf Punkte merken:

- Wenn nichts anderes vereinbart wird, gilt das Recht des Arbeitsorts (»lex loci laboris«).
- Nach dem Prinzip der Vertragsfreiheit können die Parteien des Arbeitsvertrags das anzuwendende Recht (»Vertragsstatut«) abweichend davon frei wählen,
- aber nur, soweit dadurch nicht von der lex loci laboris zuungunsten des Arbeitnehmers abgewichen wird (»Günstigkeitsprinzip«).
- Es gilt aber immer das zwingende Recht am Arbeitsort.
- Darüber hinaus gibt es – wie auch sonst für die Vertragsfreiheit – Grenzen durch den »ordre public«.

Für das kollektive Arbeitsrecht, insbesondere für Tarifverträge und Betriebsvereinbarungen gibt nach wie vor kein kodifiziertes Recht. Hier gelten die von Wissenschaft und Rechtsprechung entwickelten Grundsätze.[35]

---

32 BGBl. I 1142. Vorausgegangen war das »Schuldvertragsübereinkommen« der EG-Staaten vom 16. 9. 1980 (vgl. *Deinert*, Neues Internationales Arbeitsvertragsrecht, RdA 2009, 144).

33 Übereinkommen über das auf vertragliche Schuldverhältnisse anwendbare Recht vom 19. 6. 1980, ABl. Nr. L 266/1; in der Bundesrepublik ratifiziert durch Gesetz vom 25. 7. 1986, BGBl. II 809.

34 Verordnung (EG) Nr. 963/208 des Europäischen Parlaments und des Rates vom 17. 6. 2008 über das auf vertragliche Schuldverhältnisse anzuwendende Recht (ROM I; vgl. Kittner-*Deinert*, ASO, Nr. 14a).

35 *Sutterer-Kipping*-Arbeitsrecht, § 9 Rn. 30ff.; ausführlich *Deinert*, Internationales Arbeitsrecht, §§ 15ff.

20. »Arbeitsvölkerrecht« von UNO, ILO und Europarat

»Arbeitsvölkerrecht« ist Arbeitsrecht auf überstaatlicher Ebene, erzeugt von staatsübergreifend wirkenden Akteuren. Jenseits aller definitorischen Finessen sind das im Wesentlichen Staaten oder Staatenverbünde, und nochmals konkreter: UNO, ILO, Europarat und als Gebilde von neuartiger Rechtsqualität die EG bzw. EU (Kap. 21).[1]

Diese Institutionen sind – ebenfalls ganz kursorisch – Kinder von zwei Nachweltkriegs-Zeiten. Die UNO als Nachfolgerin des Völkerbundes, und die ILO als Weltorganisation in deren Kontext, gegründet als Bestandteil des Versailler Friedensvertrages von 1919, und wiederbegründet noch 1944 mit der »Erklärung von Philadelphia«. Der Europarat ist als Regionalorganisation im UN-Kontext im Jahr 1949 gegründet worden. Sie alle beruhen auf dem gleichen Nachkriegsimpetus: Bessere Voraussetzungen für künftigen Frieden durch Kooperation der Völker nach außen und Achtung der Menschenrechte und Verbesserung der sozialen Wohlfahrt nach innen. Davon sind die der abhängigen Arbeit dienenden Instrumente und Institutionen geradezu »beseelt«.

Insofern ähneln sich, nicht verwunderlich, deren Strukturen und Aufbau. Wir haben als Basis (oder an der Spitze, wie man will) die von der UNO-Vollversammlung am 10. Dezember 1948 einstimmig verabschiedete »Allgemeine Erklärung der Menschenrechte« die neben allgemeinen Gleichheits- und Freiheitsrechten auch wirtschaftliche und soziale Rechte enthält (Art. 22 bis 25), die 1966 durch zwei Menschenrechtspakte operationalisiert wurden: den »Internationalen Pakt über bürgerliche und politische Rechte« (UN-Zivilpakt) und den »Internationalen Pakt über wirtschaftliche, soziale und kulturelle Rechte« (UN-Sozialpakt).[2] Sie wurden im UNO-Rechtskreis weiter konkretisiert durch eine große Zahl von »Abkommen«, »Übereinkommen«, »Konventionen« o. ä. Für die abhängige Arbeit, also im Wirkungskreis des »Sozialpakts«, kommt die ILO ins Spiel. Sie hat seit ihrer Gründung 190 Abkommen und 206 Empfehlungen verabschiedet, manche mit recht ähnlichem Inhalt wie der Sozialpakt, die meisten aber viel detaillierter.

Daneben haben sich in vielen Weltregionen regionale Gruppierungen gebildet, in Europa nach dem Zweiten Weltkrieg mit dem »Europarat«. In seinem Bereich gibt es eine vergleichbare Struktur wie bei der UNO: mit der »Europäischen Menschenrechtskonvention« vom 4. November 1950[3] für die klassischen bürger-

1 Vgl. *Heuschmid/Schlachter/Ulber*, Hrsg., Arbeitsvölkerrecht, 2019; *Däubler/Zimmer*, Hrsg., Arbeitsvölkerrecht, FS Lörcher, 2013; *Sutterer-Kipping*-Arbeitsrecht, § 8 Rn. 1.

2 BGBl. II 1973, 1534.

3 BGBl. II 1952, 685.

lich-liberalen Grundrechte und die »Europäische Sozialcharta« vom 16. Oktober 1961[4] als sozialem Gegenstück.

<table>
<tr><td></td><td colspan="3">Allgemeine Erklärung der Menschenrechte</td></tr>
<tr><td></td><td>Zivil</td><td colspan="2">Sozial</td></tr>
<tr><td>UN</td><td>Internationaler Pakt über bürgerliche und politische Rechte (UN-Zivilpakt)</td><td>Internationaler Pakt über wirtschaftliche, soziale und kulturelle Rechte</td><td>ILO-Übereinkommen

ILO-Empfehlungen</td></tr>
<tr><td>Europarat</td><td>Europäische Menschenrechtskonvention</td><td colspan="2">Europäische Sozialcharta</td></tr>
</table>

Dazu kommen noch völkerrechtliche Rechtsquellen der unterschiedlichsten Provenienz: Leitsätze der OECD, Globale Rahmenvereinbarungen (»International Framework Agreements«), Verhaltenskodices (»Codes of Conduct«), Bilaterale Handelsverträge mit »Sozialklauseln« u. ä.[5] Dieses komplexe Geflecht mit so vielen Regelungen ist zwar Bestandteil jeder Arbeitsrechtsgeschichte,[6] führt aber unvermeidlich in ein Paradox: Seine schiere Überfülle steht in diametralem Kontrast zu seiner praktischen Relevanz. Wenn man nämlich, mit dem Ansatz dieses Buches, fragt, welche deutschen rechtlichen Normierungen im *Einzelnen* und *praktisch* auf Vorgaben aus dieser Sphäre zurückgehen, wird die Antwort sich im Promille-Bereich bewegen (Dokumentationen dessen oder gar Untersuchungen dazu gibt es erstaunlicherweise nicht). Dafür gibt es zwei elementare Gründe:

(1) Der einfachste, formale lautet: »Arbeitsvölkerrecht« wirkt bis auf verschwindend wenige Ausnahmefälle nicht unmittelbar in den Nationalstaaten; es bedarf der ausdrücklichen Übernahme durch diese.[7]

Beim Blick zurück nach Weimar ist die Sache einfach: Die Reichsverfassung sah für eine innerstaatliche Geltung von Völkerrecht nichts vor. Hugo Sinzheimer, der als einer der ersten in die zweite Auflage seiner »Grundzüge des Arbeitsrechts« ein Kapitel »IV. über das internationale Arbeitsrecht« aufgenommen hatte, bilanzierte die Situation nach Gründung der ILO illusionslos: »*Das internationale Arbeitsrecht ist hiernach kein überstaatliches Recht, dem die Staaten unmittelbar unterworfen wären. Durch den Friedensvertrag ist keine neue Quelle*

4 BGBl. II 1964, 1261.

5 Vgl. *Sutterer/Kipping*-Arbeitsrecht, § 8 Rn. 88f.

6 Vgl. *Hepple*, Labour Laws and Global Trade, 2005; *Schlachter*, Der Einfluss des Arbeitsvölkerrechts auf das nationale Recht – aktuelle Perspektiven, Soziales Recht 2017, 111.

7 Vgl. *Sutterer-Kipping*-Arbeitsrecht, § 8 Rn. 2a.

für internationales Arbeitsrecht geschaffen. Zur Quellenlehre ist daher das heutige internationale Arbeitsrecht nur insofern zu rechnen, als es die bestehenden Quellen in ihrer Wirksamkeit steigert, ohne selbst eine Rechtsquelle zu sein.«[8] Deshalb spielten internationale Aspekte im Arbeitsrecht der Weimarer Republik auch keine Rolle.

Auf den ersten Blick mochte es scheinen, als würde sich das mit Gründung der Bundesrepublik gründlich ändern. Denn das Grundgesetz ging in dieser Hinsicht erheblich weiter als die WRV:

- Die bundesdeutsche Rechtsordnung wurde auf internationale Menschenrechtsstandards verpflichtet (Art. 1 Abs. 2 GG).
- »Allgemeine Regeln des Völkerrechts« wurden einfachen Gesetzen übergeordnet, zum Bestandteil des Bundesrechts (Art. 25 GG).
- Und sehr früh, bereits 1957, entwickelte das BVerfG das Prinzip der »Völkerrechtsfreundlichkeit«. Danach haben »*die deutschen Staatsorgane die die Bundesrepublik verpflichtenden Völkerrechtsnormen zu befolgen und Verletzungen nach Möglichkeit zu unterlassen*«.[9]

Ausgehend davon hat das BVerfG in ständiger Rechtsprechung eine Verpflichtung zur völkerrechtsfreundlichen Auslegung allen binnenstaatlichen Rechts, auch des Grundgesetzes selbst, abgeleitet:[10]

> *»Die Bestimmungen des Grundgesetzes sind völkerrechtsfreundlich auszulegen. Die Europäische Menschenrechtskonvention steht zwar innerstaatlich im Rang eines Bundesgesetzes und damit unter dem Grundgesetz. Sie ist jedoch bei der Auslegung der Grundrechte und rechtsstaatlichen Grundsätze des Grundgesetzes heranzuziehen. Dies gilt auch für die Auslegung der Europäischen Menschenrechtskonvention durch den Europäischen Gerichtshof für Menschenrechte. Diese Bedeutung der Europäischen Menschenrechtskonvention und damit auch der Rechtsprechung des Europäischen Gerichtshofs für Menschenrechte beruht auf der Völkerrechtsfreundlichkeit des Grundgesetzes und seiner inhaltlichen Ausrichtung auf die Menschenrechte. Eine Heranziehung als Auslegungshilfe verlangt allerdings keine schematische Parallelisierung beziehungsweise vollständige Harmonisierung der Aussagen des Grundgesetzes mit denen der Europäischen Menschenrechtskonvention, sondern ein Aufnehmen ihrer Wertungen.«*

8 *Sinzheimer*, Grundzüge des Arbeitsrechts, 2. Aufl. 1927, S. 56.
9 BVerfG 26.3.1957, BVerfGE 6, 309.
10 BVerfG 15.12.2015, BVerfGE, 141, 1.

Das war nun zwar erheblich mehr als in Weimar, aber der Rubikon wurde nicht überschritten: Art. 59 Abs. 2 GG, der sich mit der Gesetzgebung über völkerrechtliche Verträge befasst, wird allgemein dahingehend ausgelegt, dass völkerrechtliche Normen auf dem Rang einfacher Bundesgesetze angesiedelt sind, unterhalb des Grundgesetzes. Daraus hat das BVerfG[11] mit einer gewissen Unerbittlichkeit abgeleitet, dass man von ihnen »sehenden Auges« auch abweichen kann:

»Aus Art. 59 Abs. 2 Satz 1 GG folgt, dass völkerrechtlichen Verträgen, soweit sie nicht in den Anwendungsbereich einer anderen, spezielleren Öffnungsklausel – insbesondere Art. 23 bis 25 GG – fallen, innerstaatlich der Rang eines einfachen (Bundes-)Gesetzes zukommt.
Art. 59 Abs. 2 Satz 1 GG schränkt die Geltung des lex-posterior-Grundsatzes für völkerrechtliche Verträge nicht ein. Spätere Gesetzgeber müssen – entsprechend dem durch die Wahl zum Ausdruck gebrachten Willen des Volkes – innerhalb der vom Grundgesetz vorgegebenen Grenzen Rechtsetzungsakte früherer Gesetzgeber revidieren können.
Die Verfassungswidrigkeit völkerrechtswidriger Gesetze lässt sich nicht unter Rückgriff auf den ungeschriebenen Grundsatz der Völkerrechtsfreundlichkeit des Grundgesetzes begründen. Dieser Grundsatz hat zwar Verfassungsrang, beinhaltet jedoch keine verfassungsrechtliche Pflicht zur uneingeschränkten Befolgung aller völkerrechtlichen Normen.
Aus dem Rechtsstaatsprinzip kann ein (begrenzter) Vorrang des Völkervertragsrechts vor dem (einfachen) Gesetz oder eine Einschränkung des lex-posterior-Grundsatzes nicht abgeleitet werden.«

Damit lässt sich die verfassungsrechtliche Lage in Deutschland mit einfachen Worten so zusammenfassen: Man bemüht sich, so gut es irgend geht, um eine Harmonisierung unseres Rechs mit den internationalen Vorgaben: Wenn es aber »hart auf hart« kommt, behält man sich vor, davon abzuweichen.

(2) Diese formale Inferiorität des Völkerrechts korrespondiert mit seiner auch faktisch geringen Relevanz. Das resultiert aus der Eigenart dieser Vorgaben als Produkt einer Völkergemeinschaft mit einer Vielzahl denkbar heterogener Beteiligter. Das liegt schon bei UNO, ILO und Europarat offen zutage (ist aber inzwischen auch im engeren europäischen Rahmen EU der Fall, Kap. 21).

---

11 A. a. O., Leitsätze 1 bis 4.

Institution	**UNO**	**ILO**	**Europarat**	**EU**
Mitgliederzahl	193	187	46	27

Daraus folgt eine einfache, geradezu arithmetische Wahrheit: Der gemeinsame Nenner kann bezogen auf das Ziel eines für alle gleichen arbeitsrechtlichen Schutzniveaus nicht allzu hoch sein. In einer solchen Konstellation ist es logisch, dass Deutschland als wirtschaftlich hoch entwickeltes Land mit hohen Sozialstandards nicht im Fokus von internationalen Mindestnormen steht. Derartiges gab es allenfalls am Ende der beiden Weltkriege, in den Gründungsphasen der internationalen Organisationen, als sich Deutschland für kurze historische Momente »unten« befand. Diese Situationen, wie auch die Zeit unmittelbar nach dem Zusammenbruch des Sowjetkommunismus ließen sich im Übrigen generell als »Schubphasen« ausmachen, in denen eine erhöhte Kooperationsbereitschaft auf allen Seiten bestand. In einer solchen Grundstruktur war es ganz logisch, dass deutsches Recht eher selten auf Grund von Vorgaben aus dem Arbeitsvölkerrecht »nach oben« korrigiert werden musste. Das hat für die ganz überwiegende Zahl der internationalen Übereinkommen zur Folge, dass die Bundesrepublik Deutschland keine Probleme hinsichtlich ihrer Ratifizierung hatte.[12] Andererseits gibt es eine Reihe von Abkommen, die Deutschland nicht ratifiziert hat, z. B. Nr. 1, 14, 30, 47, 106, 171 und 175 zur Arbeitszeit und Nr. 95, 131 und 173 zum Lohn, sowie eine nicht unerhebliche Anzahl weiterer Übereinkommen wie z. B. Nr. 158 zum Kündigungsschutz.[13]

Dabei kann man differenzieren in Minimumstandards für Arbeitnehmerschutz und eher »politische« Fälle und Probleme des Koalitionsrechts. Bei den ersteren finden sich natürlich immer Einzelfragen, wo es zu solchen Abweichungen kommt, wie sie Klaus Lörcher in seinen diesbezüglichen Bestandaufnahmen immer wieder dokumentiert.[14] Aber das sind, strukturbedingt, nur einzelne »Ausreißer«, die am Gesamtbefund nichts ändern: zuletzt etwa das Monitum, dass bei

12 Zwei spektakuläre Ausnahmen gibt es hinsichtlich der »Europäischen Sozialcharta«: Von ihr hat die Bundesrepublik eine Reihe von Vorschriften nicht ratifiziert und ist damit prophylaktisch Konflikten aus dem Weg gegangen (Aufzählung bei *Sutterer-Kipping*-Arbeitsrecht, § 8 Rn. 115). Außerdem hat die Bundesrepublik ein »Protokoll über ein fakultatives Kontrollbeschwerdeverfahren« aus dem Jahr 1995 bis heute nicht ratifiziert, das die Einleitung von Beschwerdeverfahren durch Arbeitgeberverbände, Gewerkschaften und Nichtregierungsorganisationen vorsieht (vgl. *Lörcher*, Eine neue Etappe zum Schutz der sozialen Grundrechte – das Beschwerdeprotokoll zur Europäischen Sozialcharta, AuR 1996, 48).

13 Dies bedeutet aber nicht, dass ggf. andere internationale Verpflichtungen wie z. B. aus dem Internationalen Pakt über wirtschaftliche, soziale und kulturelle Rechte oder aus der Europäischen Sozialcharta bestehen.

14 Vgl. *Lörcher*, Wo deutsches Arbeitsrecht die Europäische Sozialcharta verletzt, AuR 2024, 234; *ders.*, Eine peinliche Leerstelle: Aktuelle völkerrechtliche Vertragsverlet-

Kündigungen wegen Geschlechtsdiskriminierung die Höhe der Abfindung gem. § 10 KSchG gedeckelt ist (Verstoß gegen Art. 3 Abs. 3 ESC), oder dass für einzelne Berufe die Ausbildungsvergütung am Ende der Ausbildungszeit zu niedrig ist (Verstoß gegen Art. 7 Abs. 5 ESC).

In der zweiten Kategorie hat es dagegen – bis heute und anhaltend – regelmäßig Konflikte wegen des Arbeitskampfrechts gegeben, hinsichtlich dessen Deutschland Besonderheiten gegenüber anderen Ländern aufweist, bei denen es eher naheliegt, dass sie von internationalen Vorgaben abweichen. Das betrifft vor allem die Eingrenzung des Streikrechts auf Gewerkschaften für tarifvertragliche Ziele mit der Folge des Verbots sog. wilder Streiks und »politischen« Streiks sowie dem Verbot des Beamtenstreiks (Kap. 26). Damit haben sich im Laufe der Jahre die für die jeweiligen Rechtkreise eingerichteten Überprüfungsinstanzen immer wieder befasst – meist zugunsten größerer Streikfreiheit.[15] Das BAG lässt inzwischen zwar keine Zweifel daran, dass die internationalen Vorgaben für seine Entscheidungsfindung zu berücksichtigen sein, doch hat es bislang noch kein Beispiel für darauf basierende Kurskorrekturen gegeben.[16]

Einen starken Rückschlag nicht nur in der Sache, sondern generell für die Reichweite von Arbeitsvölkerrecht gegenüber nationalen Besonderheiten bedeutete die ganz aktuelle Entscheidung des Europäischen Gerichtshofs für Menschrechte vom 14. Dezember 2023, die dem deutschen Verbot des Beamtenstreiks den Weiterbestand trotz entgegenstehenden Völkerrechts gewährte.[17] Darüber hinaus gab es immer wieder »Aufreger«, in denen internationale Kontrollgremien der Bundesrepublik Vertragsverstöße vorgehalten haben: hinsichtlich eines sogenannten »Berufsverbots«-Falles,[18] der »Fall Heinisch«, in dem der Europäische Gerichtshof für Menschenrechte anders als das BVerfG die Kündigung

zungen der Bundesrepublik im Arbeitsrecht, AuR 2019, 359; zu weiteren Einzelfällen *Schlachter*, Soziales Recht 2017, 111.

15 Vgl. *Sutterer-Kipping*-Arbeitsrecht, § 8 Rn. 49ff., 121; *Lörcher*, »Politischer Streik« und »Proteststreik« im Arbeitsvölkerrecht, in FS Kittner, 2021, S. 256ff.

16 Zur möglichen Abweichung von der Doktrin des tariflich regelbaren Streikziels vgl. BAG 10.12.2002, BAGE 104, 155; zur Zulässigkeit von Solidaritätsstreiks BAG 19.6.2007, BAGE 123, 144 (Kap. 26).

17 Vgl. *Lörcher*, Rollback zum Streikrecht? EGMR sieht Verbot des Beamtenstreiks bei Lehrkräften als konventionskonform an, AuR 2024, 253. Mit dieser Entscheidung ist der EGMR wieder von der in der Sache Demir und Baykara eingeschlagenen Linie abgewichen (vgl. *Lörcher*, Soziale Menschenrechte im individuellen Arbeitsrecht nach Demir und Baykara, AuR 2011, 107).

18 Der EGRM entschied mit 10:9 Stimmen, dass die Entlassung aus dem öffentlichen Dienst wegen Aktivitäten für die DKP als Verstoß gegen das Rechts auf freie Meinungsäußerung und die Vereinigungsfreiheit gem. Art. 10 und 11 der europäischen Menschenrechts-Charta unzulässig war (EGMR 26.9.1995, NZW 1996, 375). Der Begriff »Berufsverbot« wurde benutzt, wenn es um Lehrer bzw. Lehrerinnen ging, die deshalb nicht im öffentlichen Schuldienst arbeiten konnten.

einer Whistleblowerin als Verstoß gegen deren Meinungsfreiheit verwarf,[19] oder die abweichende Behandlung von Loyalitätspflichten kirchlicher Arbeitnehmer durch den EGMR gegenüber deutschen Gerichten.[20]

Die Geschichte des Arbeitsvölkerrechts und die Rolle Deutschlands darin wird allerdings erst recht verständlich, wenn man an seine Anfänge zurückgeht, zu den Motiven, warum es Derartiges überhaupt gibt. Es waren immer zwei, unlöslich ineinander verwobene Beweggründe:

- das sozialpolitische Motiv, arbeitenden Menschen zu besseren, menschenwürdigen Arbeitsbedingungen zu verhelfen, und
- dadurch eine Konkurrenz durch »unfaire« Arbeitskosten zu unterbinden.[21]

Dazu liefern Sozialreformer unter den Arbeitgebern in der ersten Hälfte des 19. Jahrhunderts beredete Zeugnisse. Nach dem berühmten Robert Owen war dies vor allem Charles Hindley, ein britischer Unternehmer und Abgeordneter, von dem die zeitlos-bemerkenswerte Begründung für die Forderung nach internationalem Arbeiterschutz stammt: Der internationale Wettbewerb zwinge die britischen Unternehmer sonst zu für das Wohl und die Gesundheit der Arbeiter zu langen Arbeitszeiten![22]

Hierfür liefert die Situation unmittelbar nach dem Ersten Weltkrieg bei Gründung der Internationalen Arbeitsorganisation 1919 ein plastisches Beispiel – mit Deutschland »unten«: Am 15. Mai 1919 schrieb der britische Vorsitzende des sozialpolitischen Ausschusses der Friedenskonferenz, George Barnes, an den Sekretär der Konferenz, den französischen Diplomaten Paul Eugene Dutasta, dass eine Reihe von Mitgliedern dieses Ausschusses die Ansicht verträte, *»eine frühe Zulassung der Deutschen* [zur ILO, M. K.] *sei wünschenswert, damit Deutschland unter die gleichen sozialpolitischen Verpflichtungen komme, wie andere fortschrittliche Industrienationen.«*[23] In der Diskussion hierüber lieferten sich die Arbeitgeber und Gewerkschaften aus Frankreich einen bemerkenswerten, öffentlich

19 Vgl. EUGMR 21.7.2011, NZA 2011, 1269 (*Kittner*, 50 Urteile, S. 179ff.).

20 Vgl. EGMR 23.9.2010, AuR 2011, 307 (*Kittner*, 50 Urteile, S. 131ff.).

21 Vgl. *Sengenberger*, Für konstruktiven Wettbewerb – Zur Rolle internationaler Arbeitsstandards in der Weltwirtschaft, in Bundesministerium für Arbeit und Sozialordnung/BDA/DGB, Hrsg, Weltfriede durch Gerechtigkeit. 75 Jahre Internationale Arbeitsorganisation, 1994, S. 55, 58 (im Folgenden zit. als »75 Jahre IAO«).

22 Vgl. *Brinkmann*, Der Anfang des internationalen Arbeitsrechts, 75 Jahre IAO, S. 13, 15. Andererseits gibt es die berühmte Rede des auch als Historiker bekannten britischen Abgeordneten Thomas Babington Macauly, der dazu aufrief, sich nicht von der Konkurrenz der so viel länger arbeitenden jungen Leute in Deutschland schrecken zu lassen (deutsche Übersetzung bei *Düwell*, 10 Jahre gesetzliches Verbot der Kinderarbeit in Deutschland, AuR 1989, 233).

23 Internationale Arbeitskonferenz, 1. Tagung, 1919, Record of Proceding, S. 15 (abgedruckt und übersetzt von *Erdmann*, Deutschlands Mitgliedschaft in der IAO – ein Reflex seiner Geschichte 1919–1933–1951, in 75 Jahre IAO, S. 27, 29).

ausgetragenen Streit: Der Arbeitgebervertreter, Guerin, befürwortete die Aufnahme Deutschlands als solche schon unter dem Gesichtspunkt des wirtschaftlichen Wettbewerbs, allerdings sprach er sich gegen deren frühen Zeitpunkt aus. Dem widersprach der Gewerkschaftsvertreter, Léon Jouhaux, aus eben diesen Gründen: Er wies darauf hin, »*dass die deutschen Arbeiter weit länger als 8 Stunden pro Tag arbeiteten und befürchtete sich hieraus ergebende Wettbewerbsnachteile für Frankreich.*«[24] Deutlicher als hier ist das Dilemma bei der Schaffung internationaler Arbeitsrechtsstandards nie formuliert worden.
Diese Offenherzigkeit war freilich der historischen Einzigartigkeit der Situation geschuldet: Man sprach in Abwesenheit Deutschlands. Eine solche Konstellation war und ist die absolute Ausnahme bei Verhandlungen über völkerrechtliche Verträge. Und in derartigen Normal-Konstellationen war und ist das Konkurrenzproblem im Zusammenhang mit Normen zum Arbeitnehmerschutz der sprichwörtliche »Elefant im Raum« – jeder sieht ihn, aber niemand spricht über ihn.
Dieses Grundproblem allen Arbeitsvölkerrechts hatte einen – ja, man kann sagen: dramatischen – Anteil am Schicksal der Arbeitsverfassung in Deutschland nach der Novemberrevolution und in gewisser Weise für das der Weimarer Republik insgesamt. Während die Siegermächte noch von einem Konkurrenzvorsprung Deutschlands wegen längerer Arbeitszeiten ausgingen, war allerdings in Deutschland bereits der Acht-Stunden-Tag im Stinnes-Legien-Abkommen verabredet, als inhaltliche »Trophäe« der Gewerkschaften neben all den institutionellen Erfolgen (Kap. 29). Die Arbeitgeber hatten allerdings ein Neben-Abkommen durchgesetzt, unterzeichnet von Carl Legien und Ernst Borsig, in dem die Parteien den Rat der Volksbeauftragten ersuchten, den Acht-Stunden-Tag in die Friedensverhandlungen einzubringen, »*weil die Vereinbarung dauerhaft nur durchgeführt werden kann, wenn der Achtstundentag für alle Kulturländer durch internationale Vereinbarungen festgesetzt wird*«.[25]
Damit lag der »schwarze Peter« bei der im Versailler Vertrag neu geschaffenen Internationalen Arbeitsorganisation. In Deutschland freilich gerieten die Gewerkschaften in Erklärungsnot. Sie hatten nämlich, um den Erfolg ihrer Verhandlungen nicht zu schmälern, nicht oder nur unzureichend über den Zusatzvertrag informiert. Und so musste das Bemühen der Arbeitgeber, den Acht-Stunden-Tag wieder rückgängig zu machen, als bösartige Verletzung des Stinnes-Legien-Abkommens erscheinen. Das baldige Ende der mit ihm vereinbarten Arbeitsgemeinschaft war unvermeidlich.

24 *Erdmann*, a. a. O., S. 30.
25 Abgedruckt bei Gesamtmetall, Hrsg., Das Stinnes-Legien-Abkommen 1918–1924, 2018, S. 139.

International schien zunächst alles nach Plan zu laufen. Schon in der ersten Tagung vom 29. Oktober 1918 bis zum 27. Januar 1919 wurde im Rahmen der ILO das »Übereinkommen über die Begrenzung der Arbeitszeit in gewerblichen Betrieben auf acht Stunden täglich und achtundvierzig Stunden wöchentlich« (»Washingtoner Abkommen«) vereinbart.[26] Doch kam es nicht zur Ratifizierung (Kap. 29).

Nach diesem traurigen Auftakt spielte die ILO bezüglich der Arbeitsbeziehungen in Deutschland keine bedeutende Rolle (nicht zuletzt wegen der Verknüpfung mit dem verhassten Vertrag von Versailles). Erst die Machtübernahme durch die Nationalsozialisten brachte Turbulenzen: Eine ihrer ersten Maßnahmen war die Zerschlagung der Gewerkschaften und die Etablierung der »Deutschen Arbeitsfront« (DAF, Kap. 12). Prompt versuchten sie, diese im internationalen Kontext als legitime NS-Variante von »Gewerkschaft« zu etablieren. Den von Robert Ley erteilten Auftrag dazu verweigerte der in Genf weilende deutsche Vertreter, Wilhelm Leuschner. Er wurde nach seiner Rückkehr in die Heimat gemaßregelt, schloss sich später der Bewegung des »20. Juli« an und wurde am 29. September 1944 hingerichtet. Das NS-Regime sah ein, dass seine Bemühungen um Aufnahme der DAF aussichtlos waren, und trat Ende 1933 aus Völkerbund und ILO aus.

Mit dem Ende des Zweiten Weltkriegs etablierte sich mit der »Erklärung von Philadelphia« vom 10. Mai 1944[27] eine Praxis der ILO, in der Deutschland bald als sehr aktiver Teil der »ersten« sich für die Entwicklung der »Dritten Welt« engagierte.[28] Das erfolgte nach einem über die Jahrzehnte eingeschliffenem Muster: Die »entwickelten« Länder unterstützten die »unterentwickelten« beim »nation building«, und dabei beim Aufbau einer Arbeitsverfassung durch Vermittlung der ILO und deren Expertise auf der Grundlage der ILO-Übereinkommen. Und dies wiederum erfolgte in der immergleichen Gemengelage von aufrichtigem Engagement für die »Ärmsten der Armen« unter den Arbeitnehmern und dem Bemühen um Ausschaltung von Konkurrenz durch »Lohndumping« mit – teils uneingestandenen – Koalitionen von Staaten, Unternehmern und Arbeitnehmern auf beiden Seiten.

26 Vgl. Internationale Arbeitsorganisation, Übereinkommen und Empfehlungen 1919–1966, 1966, S. 1 ff.

27 Vgl. *Pieper*, Die »Erklärung von Philadelphia« (1944) – Vision für eine globale Arbeits- und Sozialordnung am Ausgang des 2. Weltkriegs, AuR, 2016, G 5.

28 Zunächst musste die Tatsache der Teilung Deutschlands bewältigt werden. Nach Aufnahme der DDR in die Uno gab es gleichwohl Probleme hinsichtlich der ILO. Die DDR konnte nicht sicher sein, dass ein förmlicher Aufnahmeantrag dort eine Mehrheit finden würde (wegen der in Zweifel gezogenen Unabhängigkeit des FDGB). Also beließ man es beim einfachen »Mitmachen«, denn Voraussetzung einer ILO-Mitgliedschaft war nur die grundlegende UNO-Mitgliedschaft. Das Problem erledigte sich wenige Jahre danach durch den Kollaps des Sowjetreichs und die Wiedervereinigung Deutschlands.

Eine der fallspezifisch auffälligsten und exponiertesten solcher Operationen unter deutscher Beteiligung betraf die »14 Punkte-Minimum-Standards« für die Metallindustrie in Südafrika im Jahr 1988. Dieses Land wurde wegen seiner rassistischen »Apartheid«-Politik praktisch von der ganzen Welt kritisiert. Investitionen dort standen in denkbar schlechtem Licht, und viele Länder praktizierten einen Wirtschaftsboykott (der freilich, wie immer in solchen Fällen, häufig durch Strohmann-Konstruktionen unterlaufen wurde). Deutsche Unternehmen waren damals verbreitet in Südafrika vertreten und ihre Präsenz dort war entsprechend umstritten. Gleichzeitig gerieten die dortigen Arbeitsbedingungen in die Kritik, denn die Unternehmen nutzten eine einzigartige Kombination von Apartheid, Sicherheits- und repressivem Arbeitsrecht. In dieser Lage wurde die IG Metall von ihren südafrikanischen Kollegen um Hilfe angegangen[29] und in der Folge entwickelten sie und der Südafrikarat des Internationalen Metallgewerkschaftsbundes unter Beteiligung der südafrikanischen Gewerkschaften einen 14-Punkte-Katalog mit Mindestarbeitsbedingungen auf der Grundlage von ILO-Standards.[30] Auf seiner Grundlage kam es bei den südafrikanischen Tochtergesellschaften aller führenden Unternehmen der Metallindustrie (BMW, Bosch, Siemens, VW) zu *rechtsverbindlichen* »Agreements« über die betrieblichen Arbeitsbedingungen. Das unterschied diese Initiative von den vorangegangenen unzähligen Absichtserklärungen und Solidaritätsdeklarationen und diente als Vorbild für spätere »codes of conduct«;[31] das möge ihre gewiss überproportionale Berücksichtigung in diesem Kontext rechtfertigen. Sie hatte zwar kurzfristig eine große, auch internationale Publizität, verblasste aber im großen Strom der Ereignisse, weil unmittelbar nach der lokalen Implikation der »14 Punkte« die Apartheid in Südafrika endete und Nelson Mandela zurückkehrte. Von diesem Zeitpunkt an verloren diese – zumal nur auf eine Branche bezogenen – Standards

---

29 Dies ist eine unvermeidlich persönliche Geschichte, aber ich glaube verantworten zu können, sie hier einzubringen. Ausgangspunkt war, dass der damalige Vorsitzende der IG Metall, Franz Steinkühler, zu Beschwerden von südafrikanischen Arbeitern von Daimler vom Management des Unternehmens zu hören bekam, man behandle die Arbeiter dort »*nach Recht und Gesetz*«. Das brachte mich als Justiziar der IG Metall auf den Plan, und ich entwickelte zusammen mit Marita Körner, damals Assistentin von Spiros Simitis, und Albert Schunk, dem Auslandschef der IG Metall, einen Katalog mit Mindestarbeitsbedingungen, zu deren Einhaltung die Unternehmen verpflichtet werden sollten (vgl. *Kittner/Körner-Dammann/Schunk*, Arbeit unter dem Apartheidsystem, 1989; *Kittner*, Arbeitsbeziehungen in Südafrika, Gewerkschaftliche Monatshefte 1988, 490).

30 Vgl. *Kittner*, Arbeitsbeziehungen in Südafrika und die Forderungen nach Mindeststandard in deutschen Tochterunternehmen, Gewerkschaftliche Monatshefte 1988, 490.

31 Vgl. *Körner-Dammann*, Bedeutung und faktische Wirkung von ILO-Standards. Dargestellt am Beispiel Südafrikas 1991.

natürlich ihre Funktion[32] zugunsten eines nun mit Hilfe von ILO-Experten ins Werk gesetzten neuen Arbeitsrechts.[33]
Über alle diesen »positiven« Inhalte des Arbeitsvölkerrechts im Sinne der Förderung von Mindestschutz darf nicht übersehen werden, dass auch auf dieser Ebenen eine Gegenbewegung unter der Überschrift »Deregulierung (Kap. 10) existiert. Das sind all die Vorgaben internationaler Geldgeber durch »Memoranden« u. ä. zum Abbau von Sozialstandards zur »Sanierung« von Empfängerländern (z. B. im Falle Griechenlands). Wolfgang Däubler nannte das »*Anti-Arbeitsrecht*«.[34]
Eine nicht unerhebliche Rolle spielten die Übereinkommen Nr. 87 und 98 über die Vereinigungsfreiheit, denn obwohl es dort im Wortlaut nicht angesprochen ist, haben der Sachverständigenausschuss der ILO und der Ausschuss für Vereinigungsfreiheit ihnen die Garantie des Streikrechts entnommen.[35] Für Deutsch-

32 Das »14-Punkte«-Projekt war auch ein gutes Beispiel für den zwiespältigen Charakter derartiger Interventionen von außen. Es war während seiner Entwicklung mit den südafrikanischen Gewerkschaften starker Kritik und auch Obstruktion des ANC ausgesetzt, der in der letzten Phase des Apartheids-Systems nichts von »Appeasement« jeder Art wissen wollte. Dazu kam Gegenwind mit nationalistischer Stoßrichtung. So versuchte der damalige Vorsitzende der Bergarbeitergewerkschaft, Cyril Ramaphosa, der heutige Präsident Südafrikas, diese Initiative zu konterkarieren. Unmittelbar vor dem Abschluss für die Metallindustrie verkündete er öffentlichkeitswirksam, zum Schutz der Arbeiter brauche man keine ausländische Einmischung; er habe mit den Bergbauunternehmern einen besseren Katalog von Mindestarbeitsbedingungen vereinbart. Ich war zu dieser Zeit vor Ort, konnte ihn daher in seinem Büro aufsuchen, wo er mir nach einiger Auseinandersetzung schließlich den Text zeigte. Tatsächlich enthielt er nur Absichtserklärungen und keine einklagbaren Rechte. Das wirkt bis heute nach: Noch 2018 kam ein Artikel über die Entwicklung des südafrikanischen Arbeitsrechts in der Zeitschrift »Arbeit und Recht« nicht zustande, weil der ins Auge gefasste Autor, ein berühmter südafrikanischer Arbeitsrechtsprofessor, der als ANC-Aktivist im Exil gewesen war, sich weigerte, die »14 Punkte« in seine Darstellung aufzunehmen.

33 Eine zentrale Rolle dabei spielte der zunächst von der IG Metall um Rat bemühte und dann von der ILO beauftragte deutsche Arbeitsrechtler Manfred Weiss. Er war über viele Jahrzehnte – neben Rolf Birk und Wolfgang Däubler – als ILO-Experte in vielen Ländern der Welt (erst im »Süden«, nach 1989 in Mittel- und Osteuropa) beim Aufbau neuer Arbeitsrechtstrukturen tätig. In Südafrika hat ihm die gesamte Arbeitsrechts-Community eine eigene Festschrift gewidmet (vgl. *Olivier/Smit/Kalula*, Hrsg., Liber Amicorum Manfred Weiss, 2021).

34 Vgl. *Däubler*, Die Entwicklung des Arbeitsvölkerrechts, in Heuschmid/Schlachter/Ulber, Hrsg., Arbeitsvölkerrecht, S. 5 ff., 16.

35 Vgl. ILO-Digest 1985; ILO-General-Survey (C 87, 98, 141, 1994; vgl. Däubler *Lörcher*, Arbeitskampfrecht, § 10 Rn. 43 ff. Diese Auslegung ist in den letzten Jahren zunehmend von den Arbeitgebern bestritten worden, so dass der Verwaltungsrat der ILO auf Antrag der Arbeitnehmergruppe am 10. 11. 2023 beschlossen hat, den Internationalen Gerichtshof anzurufen (vgl. *Tietje/Ulber*, Das völkerrechtliche Streikrecht vor dem IGH, *verfassungsblog.de*).

land bedeutsam waren die Feststellungen, dass ein völliges Verbot des Beamtenstreiks gegen das ILO Abkommen verstoßen würde (anders als der EGMR für die Europäische Sozialcharta, s. o.)[36] und dass Demonstrationen während der Arbeitszeit wegen der Änderung des § 116 AFG (Kap. 26) zulässig waren.[37]

21. Europäische Wirtschaftsgemeinschaft/Gemeinschaft/Union

21.1 Der Integrationsprozess

Mit dem europäischen Integrationsprozess, der 1951 mit der sog. »Montan-Union« begann und sich über die Europäische Wirtschaftsgemeinschaft (EWG), und die Europäische Gemeinschaft (EG) fortsetzte, entstand für deren Mitgliedstaaten, und somit für die Bundesrepublik Deutschland und die bundesdeutsche Rechtsordnung, eine neue ökonomische, politische und rechtliche Dimension. Dieses beispiellose und einzigartige Konstrukt hat mit der Entwicklung zur »Europäischen Union« eine derartige Verdichtung seiner Binnenstrukturen erfahren, dass sich deren Wirkungen ausmachen wie eine zusätzliche Dimension binnenstaatlicher Bindung. Dazu hatte das Grundgesetz von Anfang an mit dem sog. Integrationsartikel 24 GG die Grundlagen zur Umwandlung der Bundesrepublik von einem »geschlossenen« zu einem »offenen« Nationalstaat geschaffen.[1]

Art. 24

(1) Der Bund kann durch Gesetz Hoheitsrechte auf zwischenstaatliche Einrichtungen übertragen.

Auf dieser Grundlage beteiligte sich erst die Bundesrepublik, ab 1990 das wiedervereinigte Deutschland, an einer immer umfassenderen als auch dichteren europäischen Integration mit den fünf wesentlichen Etappen:

---

36 Vgl. ILO-Report Nr. 277, Vol. LXXIV, 1991, Series B, Nr. 1, Rn. 24 ff (vgl. Däubler-*Lörcher*, Arbeitskampfrecht, § 10 Rn. 50).

37 Vgl. ILO, Committee of Experts on the Application and Recommendations (Deutschland); DGB, Pressemitteilung Nr. 163 vom 14.5.1987; gegen LAG Rheinland-Pfalz 5.3.1986, NZA 1986, 264.

1 Vgl. BVerfG 23.6.1981, BVerfGE 58, 1, 41.

- Gründung der »Europäischen Gemeinschaft für Kohle und Stahl« (EGKS, Vertrag von Paris 1951);
- Gründung der »Europäischen Wirtschaftsgemeinschaft« (EWG) und der »Europäischen Atomgemeinschaft« (EAG) (Römische Verträge, 1957);
- »Einheitlichen Europäischen Akte« vom 29. Juni 1987[2] mit der erstmaligen Zuständigkeit für sozialpolitische Gesetzgebung;
- Gründung der »Europäischen Gemeinschaft« (EG, Vertrag von Maastricht, 1992)[3] und
- Gründung der »Europäischen Union« (EU, Vertrag von Lissabon, 2007).[4]

Dieser Weg begann mit einer rein wettbewerbspolitisch motivierten Harmonisierung durch den EWG-Vertrag der folgerichtig auf den »vier Grundfreiheiten« (freier Warenverkehr, freier Personenverkehr, Dienstleistungsfreiheit und freier Kapitalverkehr) beruhte.[5] Sie dominierten lange Zeit alle anderen, insbesondere sozialen Europarechtsprobleme. In dieser Hinsicht bekannten sich die Gründungsmitglieder zu einem geradezu idealistisch anmutenden marktwirtschaftlichen Optimismus:

Art. 117 EWG-Vertrag

Die Mitgliedstaaten sind sich über die Notwendigkeit einig, auf eine Verbesserung der Lebens- und Arbeitsbedingungen der Arbeitskräfte hinzuwirken und dadurch auf dem Wege des Fortschritts ihre Angleichung zu ermöglichen. Sie sind der Auffassung, daß sich eine solche Entwicklung sowohl aus dem eine Abstimmung der Sozialordnungen begünstigenden Wirken des Gemeinsamen Marktes als auch aus den in diesem Vertrag vorgesehenen Verfahren sowie aus der Angleichung ihrer Rechts- und Verwaltungsvorschriften ergeben wird.

Eine echte Kompetenz der EG zur Verbesserung der Arbeits- und Lebensbedingungen brachte erst die »Einheitliche Europäische Akte«, was insbesondere das europäische Arbeitsschutzrecht ermöglichte (s. u. 4):

2 ABl. L 169 vom 29.6.1987.
3 ABl. C 191 vom 29.7.1992, 90.
4 ABl. C 306 vom 17.12.2007, 1.
5 Vgl. *Seifert*, Die Bedeutung des Arbeitsrechts bei der Entstehung der Europäischen Gemeinschaften, AuR 205, G 9.

Art. 118a EWG-Vertrag

(1) Die Mitgliedstaaten bemühen sich, die Verbesserung insbesondere der Arbeitsumwelt zu fördern, um die Sicherheit und die Gesundheit der Arbeitnehmer zu schützen, und setzen sich die Harmonisierung der in diesem Bereich bestehenden Bedingungen bei gleichzeitigem Fortschritt zum Ziel.

Es folgten die »Gemeinschaftscharta der Sozialen Grundrechte der Arbeitnehmer« von 1989 und das »Protokoll über Sozialpolitik« als Bestandteil des Vertrages vom Maastricht,[6] das 1997 in den Vertrag von Amsterdam übernommen wurde. Schließlich wurde 2007 in Lissabon die »soziale Marktwirtschaft« zum Ziel der EU erklärt (Art. 3 Abs. 3 EU-Vertrag) und die »Charta der Grundrechte der Europäischen Union«[7]zum Inhalt des Vertrages. 2017 bekannten sich die Mitgliedstaaten auf Initiative der Kommission zu einer »Europäischen Säule sozialer Rechte« (European Pillar of Social Rights), mit der umfassende Reformen der europäischen Arbeitsmärkte und Sozialsysteme angestoßen werden sollten.[8] Deutschland hat auf diese Art auch verfassungsrechtlich den Weg für weitere europäische Integration geebnet. Im Zusammenhang mit der Ratifizierung des Vertrags von Maastricht erhielt der durch die deutsche Einigung funktionslos gewordene Art. 23 GG seinen bis heute geltenden Inhalt als »Europaartikel«:[9]

Art. 23 GG

(1) Zur Verwirklichung eines vereinten Europas wirkt die Bundesrepublik Deutschland bei der Entwicklung der Europäischen Union mit, die demokratischen, rechtsstaatlichen, sozialen und föderativen Grundsätzen und dem Grundsatz der Subsidiarität verpflichtet ist und einen diesem Grundgesetz im wesentlichen vergleichbaren Grundrechtsschutz gewährleistet. Der Bund kann hierzu durch Gesetz mit Zustimmung des Bundesrates Hoheitsrechte übertragen.

---

6 Das war wegen der Blockade durch Großbritannien nötig.

7 ABl. C 303 vom 14.12.2007, 1 (vgl. *Hanau*, Die Europäische Grundrechtecharta, NZA 2019, 1ff.; *Wißmann*, Europäisches Arbeitsrecht – Sockel oder Deckel?, RdA 20115, 301ff.).

8 Vgl. Mitteilung der Kommission an das Europäische Parlament, den Rat, den europäischen Wirtschafts- und Sozialausschuss und den Ausschuss der Regionen: Einleitung einer Konsultation über eine europäische Säule sozialer Rechte – COM/2016/0127final vom 8.3.2019 (vgl. *Deinert*, Die europäische Säule sozialer Rechte. Rechtsnatur und Implikationen für das nationale Arbeitsrecht, DRDA 2022, 282).

9 BGBl. II 1992, 2086. Bis dahin hatte Art. 23 die – dann auch gewählte – Möglichkeit einer Wiedervereinigung durch Beitritt der ostdeutschen Länder geregelt.

Auf dieser Grundlage hat sich die »Europäische Union« zu einer Organisation entwickelt, die eigene, von den Mitgliedstaaten übertragene Hoheitsrechte besitzt, mit selbstständiger Rechtssetzungskompetenz und einer eigenständigen Unionsgerichtsbarkeit – ein neuartiges Mittelding zwischen Staatenbund und Bundesstaat. So ist neben dem »Primärrecht« der grundlegenden Verträge auch eine große Zahl von Vorschriften auf dem Gebiet des Arbeitsrechts entstanden (»Sekundärrecht«), die es quantitativ mit der eines gewachsenen Nationalstaats aufnehmen könnte. Dabei wirken das Primärrecht und Verordnungen unmittelbar für die Bürger, Richtlinien wirken mittelbar durch entsprechende Rechtsetzungsakte der Mitgliedstaaten. Allerdings verlangt der EuGH von den nationalen Gerichten, dass sie das nationale Recht so weit wie möglich im Sinne von einschlägigen Richtlinien auslegen.[10]

Die aktuelle Sammlung europäischer Rechtsakte auf dem Gebiet des Arbeitsrechts von Olaf Deinert und Jürgen Treber präsentiert etwa 70 Verordnungen und Richtlinien, die heute diese Materie in Deutschland (mit)gestalten. Die Geschichte des europäischen Arbeitsrechts[11] ist damit gleichzeitig eine »deutsche« Geschichte. Sie gehört integral zum Inhalt dieses Buches.

Das wirft ein konzeptionelles und ein quantitatives Problem auf: Wegen ihres spezifischen, supranationalen Charakters kann das EU-Arbeitsrecht nicht unter »Internationales« präsentiert werden. Seine eigene Gesamtgeschichte kann hier ebenfalls nicht dargestellt werden. Das würde ein weiteres Buch verlangen. Vielmehr werde ich versuchen, im Sinne der Gesamtsicht einer »longue durée« die großen Linien der Auswirkungen von europäischem Recht seit der EWG auf das deutsche Arbeitsrecht in dem Sinne zu behandeln, dass gezeigt wird, wie das eine durch das andere verändert wurde, einschließlich (wenn möglich) der dazu führenden Triebkräfte. Dabei geht es um die nationale Seite der von Claudia Schubert so genannten »*regionalen global governance*«, des Zusammenspiels von europäischem und nationalem Arbeitsrecht.[12]

Dazu ist es als erstes nötig, nochmals genauer anzusehen, worüber wir reden: Die aktuell ca. 70 Rechtsakte des gesamten EU-Arbeitsrechts-Korpus betreffen *nicht* die Kernelemente des Arbeitsrechts (weder in Deutschland noch in den anderen EU-Mitgliedsländern). Das ist einmal Ausfluss der fundamental beschränkten Zuständigkeit zunächst der EG dann der EU:

10 EuGH 5.10.2004, C 397/01 bis C 397/01 (Pfeiffer u. a.).

11 Vgl. *Mayer*-Arbeitsrecht, § 7; *Kocher*, Europäisches Arbeitsrecht, 2. Aufl. 2020; *Preis/Sagan*, Europäisches Arbeitsrecht, 2. Aufl. 2019; *Schlachter/Heinig*, Europäisches Arbeits- und Sozialrecht, 2016; *Thüsing*, Europäisches Arbeitsrecht, 3. Aufl. 2017.

12 Vgl. *Schubert*, Europäisches Arbeitsrecht als Teil einer Wirtschafts-, Währungs- und Werteunion zwischen Harmonisierung und Subsidiarität, RdA 2025, 282.

Art. 153 AEUV (vorher Art. 137 EGV)

(5) Dieser Artikel gilt nicht für das Arbeitsentgelt, das Koalitionsrecht, das Streikrecht sowie das Aussperrungsrecht.

Zu dieser Restriktion auf legislativem Felde kommt eine praktische Abstinenz im kollektiven Arbeitsrecht: Es gibt keine Tarifverträge auf europäischer Ebene. Das ist Sache der nationalen Sozialpartner (und wird es nach allen Anzeichen noch auf unabsehbar lange Zeit bleiben).[13] Außerdem hat sich die EU im Bereich der Mitbestimmung damit begnügt, ergänzende Regelungen für grenzüberschreitende Unternehmen zu schaffen (Europäischer Betriebsrat, Europäische Aktiengesellschaft, s. u. 5). Damit steht fest: Die europäische Ebene ist bislang ganz überwiegend Teilbereichen des Individualarbeitsrechts vorbehalten geblieben – keinesfalls unbedeutenden, aber eben doch eher an den Rändern als im Zentrum.

Gerade für einen Rückblick über eine lange Distanz ist es wichtig, dem Geschehen nicht etwa nachträglich einen »Masterplan«, unterzuschieben. Die Einzelakte ergaben sich jeweils aus dem situativ politisch und wirtschaftlich Machbaren.[14] Deshalb liefert die Entstehungsgeschichte kein in sich stimmiges Gesamtdesign. Sie wurde vielmehr von zwei paarweisen Kategorien determiniert: quantitativ »Wachstum« und »Verdichtung«, qualitativ vom »Binnenmarkt« zum »sozialen Europa«. In diesem Gesamtzusammenhang ist das, was wir heute »Europäisches Arbeitsrecht« nennen, eine Momentaufnahme ohne fachlich-logische Kohärenz.

Die allergrundlegendste – wenn man so will: primitivste – Erklärung für das Werden dieses »Flickenteppichs« liefert der Blick auf die Beteiligten im Strom der Zeit: von den sechs Gründungsnationen zu den 27 Mitgliedstaaten von heute. Ihr ständiges Wachsen ist dem Primärrecht der Union selbst sogar im Form eines institutionalisierten Aufnahmeprocederes eingeschrieben (Art. 49 AEUV). Die Entwicklung seit 1951 kann – auch geopolitisch – nicht anders als eine »Erfolgsgeschichte« genannt werden (mit dem »Brexit« als einzigem Rückschritt zwischendurch).

---

13 Dass die Sozialpartner auf europäischer Ebene nicht als Tarifvertragsparteien tätig werden, sondern nach der Art internationaler Lobbyorganisationen, reduziert die Effektivität des seit der EEA vorgesehenen »Sozialen Dialogs« (nunmehr Art. 154 EU-Arbeitsweisevertrag) zusätzlich. Diese Einrichtung hat nur wenig nennenswerte Ergebnisse hervorgebracht: die in der Sache von der Kommission initiierten Vorschläge für die Teilzeitrichtlinie und den Elternurlaub (vgl. *Deinert,* Sozialer Dialog und europäische Kollektivverträge, in Mosler, Hrsg., 50 Jahre Arbeitsverfassungsgesetz, 2024, S. 519 ff.).

14 Vgl. *Schubert,* a. a. O.

Beitritte zu den europäischen Gemeinschaften/der Europäischen Union

Jahr	Gründung/ Erweiterung	Länder
1951	Gründung Montan-Union	Frankreich, Deutschland, Belgien, Niederlande, Luxemburg, Italien
1957	Gründung EWG	Frankreich, Deutschland, Belgien, Niederlande, Luxemburg, Italien
1973	Norderweiterung I*	Dänemark (zuvor EFTA), Irland, Großbritannien (zuvor EFTA)
1981	Süderweiterung I	Griechenland
1986	Süderweiterung II	Portugal (zuvor EFTA), Spanien
1995	Norderweiterung (EFTA-Staaten) II*	Finnland, Österreich, Schweden
2004	Osterweiterung I	Estland, Lettland, Litauen, Polen, Tschechien, Slowakei, Ungarn, Slowenien, Malta, Republik Zypern
2007	Osterweiterung II	Bulgarien, Rumänien
2013	Osterweiterung III	Kroatien
2020	»Brexit«	Austritt Großbritannien (auch aus der EFTA)

In Norwegen (weiterhin Mitglied der EFTA) wurde der Beitritt durch Volksabstimmung abgelehnt. Island, Liechtenstein und die Schweiz als Nicht-EU-Staaten gehören der EFTA an.

In dieser Geschichte eines, bis in die 2000er Jahre, exponentiellen Wachstums mit regelrechten »Beitrittsschüben« liegt auch schon ein Gutteil der Erklärung für die Hand in Hand damit gehende Rechtsentwicklung: Immer mehr Mitgliedstaaten in einer auch aus geostrategischen Gründen näher zusammenrückenden Gemeinschaft bzw. Union verlangen soziale Binnenregulierung statt bloßer Wettbewerbsordnung. Der regulatorische Bedarf wird durch das permanente Hinzutreten neuer Mitglieder zusätzlich erhöht. Er wird aber zunehmend schwieriger zu befriedigen, da die ökonomische und soziale Homogenität der Gemeinschaft/ Union rapide abnimmt. Was bei Gründung der EWG ein Arrangement zwischen relativ Gleichen war, ist spätesten seit der ersten Ost-Erweiterung zu einer Quadratur des Kreises geworden – nicht viel anders als bei der Suche nach einem gemeinsamen Nenner in ILO und Europarat.

Deshalb wird, je mehr Zeit vergeht, immer deutlicher, dass ein gemeinsamer »Fortschritt« wenn nicht eine Illusion so doch ein Projekt mit denkbar weiter Perspektive ist. Manfred Weiss, der herausragende deutsch-internationale Arbeitsrechtler, formuliert das zurückhaltend, aber letztlich unerbittlich: »*In view of the heterogeneus interests of the 27 Member States it may well be doubted wether a comprehensive regulation on this level can be expected*«.[15] Das setzt dem vorerst letzten offiziellen Versuch, der Arbeitsrechtsentwicklung mit der »Proklamation der Europäischen Säule Sozialer Rechte« im Jahr 2017 einen neuen Schub zu verleihen, enge Grenzen. Da es sich letztlich nur um einen »*politischen Oberbegriff*« handelt,[16] unterliegt sie harten Gesetzmäßigkeiten der Mehrheitsfindung in der EU.

Das alles vor Augen, ist es ein lohnendes Gedankenspiel, zu fragen, ob die folgenden bedeutendsten arbeitsrechtlichen europäischen Regulierungen »viel« oder »wenig« sind.

21.2 Eine von vier Grundfreiheiten: Freizügigkeit

Dass zur Herstellung einer Wirtschaftseinheit neben der Freiheit von Unternehmen und Kapital die Freizügigkeit der Arbeitnehmer gehört, liegt auf der Hand. Sie wurde in der Reihung – wahrscheinlich der besseren Optik halber – sogar als erste der »vier Grundfreiheiten« im Vertrag selbst geregelt (heute Art. 45 AEUV):

Art. 48

(1) Spätestens bis zum Ende der Übergangszeit wird innerhalb der Gemeinschaft die Freizügigkeit der Arbeitnehmer hergestellt.
(2) Sie umfaßt die Abschaffung jeder auf der Staatsangehörigkeit beruhenden unterschiedlichen Behandlung der Arbeitnehmer der Mitgliedstaaten in bezug auf Beschäftigung, Entlohnung und sonstige Arbeitsbedingungen.

Die Arbeitnehmerfreizügigkeit, eine Kombination aus freier Wahl des Arbeitsplatzes und Diskriminierungsverbot, wurde 1968 – immerhin erst 10 Jahre nach der Gründung der Gemeinschaft – durch die Verordnung über die Freizügigkeit der Arbeitnehmer (VO-EWG Nr. 1612/68) und die ergänzende Richtlinie zur Aufhebung der Aufenthalts- und Reisebeschränkungen (Richtlinie 68/360/EWG) konkretisiert. Seither ist dieses Recht immer weiter verfeinert worden und durch Regelungen für Familienangehörige, zum Aufenthaltsrecht, zur Berufsausbildung, zur sozialen Sicherheit und im Steuerrecht sowie für Drittstaaten-

---

15 *Weiss*, Re-Inventing Labour Law?, in Davidov/Langille, Hrsg., The Idea of Labour Law, 2011, 43 (wiederabgedruckt in Manfred Weiss, A Legal Scholar without Borders, 2022, S. 91).

16 *Lörcher*, Die Europäische Säule Sozialer Rechte – Rechtsfortschritt oder Alibi?, AuR 2017, 387, 391.

angehörige ergänzt worden.[17] Die letzte zusammenfassende Regelung erfolgte mit der »Freizügigkeitsrichtlinie« von 2004.[18]
Seine erste, fundamentale Bewährungsprobe erwartete man für das Konzept der Arbeitnehmerfreizügigkeit mit den Süderweiterungen der Gemeinschaft. Denn da kamen nun Hoch- und Niedriglohnländer in einem Binnenmarkt ohne die Schranken des Ausländerrechts zusammen. Dass es dabei um Standortkonkurrenz über Lohnkosten kommen würde, lag in der Natur der Sache und war auch politisch gewollt; aber die Niedriglohnländer sollten ihr Lohnniveau nicht auch noch durch mobile Arbeitnehmer exportieren können. Also wurde 1996 die »Entsenderichtlinie« beschlossen, die, kurzgefasst, für aus dem Ausland entsandte Arbeitnehmer die am Arbeitsort geltenden Arbeitsbedingungen vorschrieb (einschließlich des für den Arbeitsort geltenden Mindestlohns).[19]
In der europäischen Dimension blieb dies ein Randphänomen: Die Untersuchungen der EU-Kommission ergaben, dass nur etwa 5 % der Arbeitnehmer von der Freizügigkeit Gebrauch machten und machen (vor allem Grenzgänger, Saisonarbeiter und hochqualifizierte Arbeitskräfte).[20] »Wanderarbeitnehmer« wollen die Menschen nur ungern werden. So hat die Entsenderichtlinie ihre Wirkung vor allem im Transportgewerbe entfaltet. In Deutschland hat sie aber noch ganz anders gewirkt: als Initialzündung für eine generelle nationale Mindestlohngesetzgebung (Kap. 22.13).

21.3 Lohngleichheit von Männern und Frauen; Diskriminierungsverbote

Die zweite gleich mit Gründung der EWG auf den Weg gebrachte am Arbeitnehmer orientierte Aktivität war das Bekenntnis zur Lohngleichheit zwischen Männern und Frauen:

Art. 119 EWG-Vertrag

Jeder Mitgliedstaat wird während der ersten Stufe den Grundsatz des gleichen Entgelts für Männer und Frauen bei gleicher Arbeit anwenden und in der Folge beibehalten.

---

17 Übersicht bei *Mayer*-Arbeitsrecht, § 7 Rn. 42 ff.; *Preis/Sagan*, Europäisches Arbeitsrecht, 2. Aufl. 2019; *Kocher*, Europäisches Arbeitsrecht, 2. Aufl. 2020.

18 L 158/77/EG, ABl. L 255/22 (vgl. *Deinert/Treber*, EuASO, S. 529).

19 Richtlinie 1996/71/EG, ABl. EG 1997 L 18/1 (vgl. *Deinert/Treber*, EuASO, S. 319). Die Entsenderichtlinie wurde 2014 novelliert (Richtlinie 2014/67/EU ABl. L 159/11; vgl. *Deinert/Treber*, EuASO, S. 380).

20 European Commission, Annual Report on Intra-EU Labour Mobility, 2021, 2023. Destatis, EU citizens work in other countries 2022, *destatis.de*.

Dass dieser Aspekt der für die damalige Zeit nachrangig behandelten Gender-Problematik im Arbeitsleben (Kap. 39) gleich am Beginn des Europa-Projekts Vertragsrang erhielt, verdankt er der klassischen völkerrechtlichen Konstellation: Frankreich, als dominantes Gründungsmitglied, hatte selbst eine verhältnismäßig hohe Frauenbeschäftigung und ein verhältnismäßig rigides Anti-Antidiskriminierungsrecht. Also setzte es das Gleiche zum Schutze der eigenen Industrie für Europa durch. Gleichviel – einer guten Idee muss auch ein triviales Motiv keinen Abbruch tun![21]

Diese Lohngleichheitsvorgabe wurde zu einer der wirkungsmächtigsten Triebkräfte für die Entwicklung der nationalen Arbeitsverfassungen der Mitgliedstaaten. Dabei spielte der EuGH eine maßgebliche Rolle. Ich werde auf ihn noch speziell bei der Erörterung der Bedeutung von Richterrecht für das Arbeitsrecht eingehen (Kap. 25). Aber dass sie im Verhältnis zu nationalen Gerichten zwangsläufig noch höher ist, folgt aus der Konstruktion eines Gebildes wie der EWG/EG/EU selbst: Zum einen sind Gemeinschaftsnormen als Kompromissprodukt so vieler heterogener Beteiligter zwangsläufig »schwammiger«, also auslegungsbedürftiger. Und die legislative Korrektur einer Gerichtsentscheidung – die auch im Nationalstaat zu den Seltenheiten gehört – dürfte auf Gemeinschafts-/Unionsebene praktisch so gut wie ausgeschlossen sein (derartiges ist auch bislang in der EU nicht vorgekommen).

Dass der EuGH auf dem Felde der Lohngleichheit so wichtig werden sollte, lag, wie generell im Verhältnis zwischen Gerichten und Legislative, an deren Untätigkeit in Europa. Der Vertragsvorgabe war nämlich noch länger als im Fall der Arbeitnehmerfreizügigkeit nichts gefolgt: Erst 1975 und 1976 wurden die erste Richtlinien zur Lohngleichheit und Gleichbehandlung von Männern und Frauen im Arbeitsleben beschlossen.[22] Unmittelbar danach, als Umsetzungsschritte auf nationaler Ebenen noch in weitere Ferne lagen, statuierte der EuGH im Fall »Defrenne II«, dass das Lohngleichheitsgebot des Art. 119 EWG-Vertrags eine unmittelbare Wirkung auf die nationalen Rechtsordnungen hat (einschließlich für das Verhältnis zwischen Privaten). Danach folgten seine berühmten Entscheidungen zur mittelbaren Diskriminierung (»Jenkins«,[23] »Bilka«[24], Kap. 39). Mit der »Mangold«-Entscheidung zur Altersdiskriminierung[25] setzte der EuGH darüber hinaus

21 Wie man heute weiß, unterlagen die französischen Verhandler einer Selbsttäuschung: Tatsächlich gab es in Frankreich den gleichen »gender wage gap« wie z. B. in Deutschland oder Italien.

22 Richtlinie 75/117/EWG vom 10.9.1975, ABl. L 45; Richtlinie 75/207/EWG vom 14.2.1976, ABl. L 039.

23 EuGH 31.3.1981, Sammlung 1981, 911.

24 EuGH 13.5.1986, Sammlung 1986, 1607 (vgl. *Kittner*, 50 Urteile, S. 139ff.).

25 EuGH 22.11.2005, Sammlung 2005, I 998 (vgl. *Kittner*, 50 Urteile, S. 173).

ein wichtiges Zeichen sowohl auf europäische Ebene, wo in den Jahren 2000 und 2006 weitere Richtlinien zu Diskriminierungsverboten erlassen wurden.[26]

21.4 Arbeitsschutz

Dieser historisch älteste Bereich des Arbeitnehmerschutzes war zwar schon sehr bald nach Gründung der EWG Gegenstand von Harmonisierungsbemühungen.[27] Das lag wegen seiner engen Bindung an die technische Seite des Produktionsprozesses nahe, weil man sich hier traditionell leichter über die Ausschaltung von Wettbewerbsverzerrungen verständigen konnte (und machte den Arbeitsschutz als ideologiefern auch so resistent gegenüber den drastischen Regimewechseln in Deutschland, Kap. 12). Gleichwohl nahm seine Behandlung durch die EWG erst ab Beginn der 1980er Jahre Fahrt auf, zum einen aufgrund des Binnenmarktkonzepts zum anderen unter dem Einfluss der am Beitritt interessierten skandinavischen Länder mit gut ausgebauten Arbeitsschutzsystemen und des ILO-Übereinkommens Nr. 155 über Arbeitsschutz und Arbeitsumwelt vom 22. Juni 1981.[28]
Bald, nachdem die Art. 100a und 118a durch die »Einheitliche Europäische Akte« in den EWG-Vertrag eingefügt worden waren, wurden 1989 die beiden für die folgende Entwicklung grundlegenden Richtlinien verabschiedet: zur technischen Seite der Produktsicherheit (Binnenmarkt) die »Maschinenrichtlinie«[29] und für den betrieblichen Arbeitsschutz die »Rahmenrichtlinie Arbeitsschutz.«[30] Sie läuteten eine neue Epoche für den betrieblichen Arbeitsschutz in Deutschland ein, dessen Rechtsentwicklung seither eng den europäischen Vorgaben durch eine große Zahl von Einzelrichtlinien auf dem Gebiet von Art. 118a EWGV (aktuell Art. 153 Abs. 1 Buchst. a AEUV) folgt (Kap. 30).
Einen eigenen Schwerpunkt des europäischen Arbeitsschutzrechts bildet so wie im nationalen Recht seit jeher das Arbeitszeitrecht (Kap. 29). Den Anfang machte 1969 eine Verordnung zur Harmonisierung von Schutzvorschriften im Straßenverkehr (die freilich noch vorrangig mit der Sicherheit des Straßenverkehrs be-

26 Vgl. Richtlinie zur Anwendung des Gleichbehandlungsgrundsatzes ohne Unterschied der Rasse oder der ethnischen Herkunft vom 29.6.2000, ABl. L180; Richtlinie zur Festlegung eines allgemeinen Rahmens für die Verwirklichung der Gleichbehandlung in Beschäftigung und Beruf vom 27.11.2000, ABl. L 303; Richtlinie zur Verwirklichung des Grundsatzes der Chancengleichheit von Männern und Frauen in Arbeits- und Beschäftigungsfragen (Neufassung) vom 5.7.2006, ABl. L 204/23.

27 Vgl. *Pieper*, Das Arbeitsschutzrecht in der deutschen und europäischen Arbeits und Sozialordnung, 1988, S. 251 ff.

28 Das Übereinkommen ist in Deutschland bis heute nicht ratifiziert (vgl. *Pieper*, Arbeitsschutzrecht, 7. Aufl. 2022, Einl. Rn. 13.

29 Richtlinie 89/392/EWG vom 14.6.1989, ABl. L 183/9.

30 Richtlinie 89/85/EWG vom 22.6.1989, ABl. L 183/I.

gründet wurden).[31] Danach kam es 1993 nach größeren Komplikationen mit Großbritannien und der Einfügung von Art. 118a in den EU-Vertrag (alter Fassung) zur ersten Richtlinie mit wöchentlichen Höchstarbeitszeiten und Mindestruhezeiten.[32] Seit 2003 ist der europäische Arbeitszeitschutz durch die »Richtlinie über bestimmte Aspekte der Arbeitszeitgestaltung (Arbeitszeitrichtlinie)«[33] auf alle Wirtschaftsbereiche erstreckt (für Seeleute gibt es seit 1999 eine eigene Arbeitszeitrichtlinie[34]). Diese Richtlinie wurde im deutschen Recht durch das Arbeitszeitgesetz umgesetzt.[35] In der Arbeitszeitrichtlinie wird auch ein bezahlter Mindesturlaub als Teil des Arbeits- und Gesundheitsschutzes vorgeschrieben, wozu es eine deutsche Regelung schon lange vorher, seit 1963, im BUrlG gab.[36] Im Verhältnis beider gab es jahrelang keinerlei Probleme, bis aus einem EuGH-Verfahren im Jahr 2009[37] die Notwendigkeit erwuchs, die seitherige Rechtsprechung in Deutschland zur (Nicht-)Übertagung nicht genommenen Urlaubs in einer Reihe von Einzelpunkten zu ändern.[38] Das hat ungewohnte Turbulenzen im Verhältnis zur europäischen Ebene ausgelöst, denn die deutsche Arbeitsrechtspraxis ist nicht darin geübt, das eigene Recht an supranationale Vorgaben anzupassen (Kap. 20).

21.5 Arbeitnehmerbeteiligung im Betrieb und Unternehmen

Die Mitbestimmung im Betrieb und in Unternehmen ist bereits national fundamental umstritten (Kap. 27). In Deutschland bedurfte es der Erschütterungen des großen Bergarbeiterstreiks 1889 für den allerersten minimalen Schritt, dann der Niederlagen in zwei Weltkriegen und der Aufbruchsstimmung der »68er«-Bewegung für substanzielle Veränderungen. Wie sollte sich auf diesem Feld in

31 Verordnung (EWG) 543/69 vom 25.3.1969, ABl. L 77/49.

32 Richtlinie 93/104/EG vom 23.11.1993, ABl. L 307/18. Die Richtlinie wurde nach Klage Großbritanniens vom EuGH weitestgehend bestätigt (EuGH 12.11.1996, Europäische Zeitschrift für Wirtschaftsrecht 1996, 751).

33 Richtlinie 2003/88/EG vom 4.11.2003, ABl. L 167/33

34 Richtlinie 1999/63/EG vom 21.6.1999, ABl. L 167/33.

35 Eine offene Frage im Verhältnis zwischen EU und Deutschland besteht hinsichtlich der Arbeitszeiterfassung. Dazu hatte der EuGH ein explizites Kontrollverfahren verlangt (EuGH 14.5.2019, NZA 2019, 683), worauf das BAG eine entsprechende Pflicht des Arbeitgebers durch richtlinienkonforme Auslegung aus § 3 Abs. 2 Nr. 1 ArbSchG ableitete (BAG 13.9.2022, NZA 22, 1616). Diese Entscheidung hat große Kritik bei den Arbeitgebern ausgelöst und das Bundesarbeitsministerium hat einen Referenten-Entwurf zur Änderung des ArbZG vorgelegt (*Ulber*, Arbeitszeiterfassung als Pflicht der Arbeitgeber, NZA 2019, 677; Kittner-*Deinert*, ASO, ArbSchG, Einl. II 5).

36 Allerdings musste der Urlaub um eine Woche auf seither vier Wochen verlängert werden – der seltene Fall einer drastischen materiellen Verbesserung durch internationale Vorgaben.

37 EuGH 20.1.2009 – »Schultz-Hoff«, NZA 09, 135.

38 Vgl. *Gallner*, Arbeitszeit- und Urlaubsrecht europäisch gedacht, SR 2020, 45.

Europa etwas bewegen? Hier kam zur prinzipiellen Abwehrhaltung der Arbeitgeber die große Unterschiedlichkeit der nationalen Strukturen und damit insbesondere auch der Haltung der Gewerkschaften hinzu. Entsprechend schwierig und zäh mussten Harmonisierungsbemühungen verlaufen (dass es auf diesem Feld überhaupt Kompensationen für die durch die Schaffung der Gemeinschaften erleichterte internationale Tätigkeit der Unternehmen geben müsse, war immerhin Konsens).[39]

Sie begannen für beide Bereiche – Unternehmen und Betriebe – in den 1970er Jahren und zeitigten 1983 den ersten Vorschlag einer »Richtlinie des Rates über die Unterrichtung und Anhörung der Arbeitnehmer von Unternehmen mit komplexer, insbesondere transnationaler Struktur«, der sog. Vredeling-Richtlinie (benannt nach dem dafür zuständigen Kommissar).[40] Er scheiterte und es dauerte weitere 10 Jahre, bis es 1994 zur Verabschiedung der ersten »Richtlinie über die Einsetzung eines Europäischen Betriebsrats oder die Schaffung eines Verfahrens zur Unterrichtung und Anhörung der Arbeitnehmer in gemeinschaftsweit operierenden Unternehmen und Unternehmensgruppen« kam.[41] Sie wurde nach Intervention des Europäischen Parlaments im Jahr 2009 durch die jetzige »EBR-Richtlinie« ersetzt.[42] Auf ihr beruht das dann in Deutschland verabschiedete Gesetz über europäische Betriebsräte von 2011 (Kap. 27).

Die Verhandlungen über die Mitbestimmung im Aufsichtsrat verliefen eher noch schwieriger, weil sie verquickt waren mit der Suche nach einer neuen europäischen Gesellschaftsform, der »Europäischen Aktiengesellschaft (»Societas Europeana« – »SE«).[43] Der Durchbruch gelang hier auf der Grundlage eines Sachverständigenberichts »European Systems of Workers Involvement«, des sog. Davignon-Berichts von 1997.[44] Er schlug vor, die Mitbestimmungsfrage durch Verhandlungen im Unternehmen zu klären und, wenn es zu keiner Einigung käme sollte, eine Auffanglösung vorzuschreiben, die sich am höchsten Mitbestimmungsniveau der beteiligen Unternehmen orientieren sollte. Auf dieser

---

39 Vgl. *Schubert*, Europäisches Arbeitsrecht als Teil einer Wirtschafts-, Währungs- und Werteunion – zwischen Harmonierung und Subsidiarität, RdA 2025 (erscheint demnächst).

40 Vgl. *Hanau*, Neuer Anlauf zur mitbestimmten SE, RdA 1984, 157ff.

41 Richtlinie 94/45/EWG vom 22.9.1994, ABl. C 254/64.

42 Richtlinie 2009/38/EG vom 6.5.2009, ABl. L 122/28.

43 Vgl. bereits *Lyon-Caen*, Beitrag zu den Möglichkeiten der Vertretung der Interessen der Arbeitnehmer in der Europäischen Aktiengesellschaft, 1970.

44 Vgl. BR-Drucks. 572/97 (Unterrichtung der Bundesregierung). Etienne Davignon war ein belgischer Manager und Politiker, Vizepräsident der Europäischen Kommission von 1981 bis 1985. Er war schon einmal im Jahr 1970 als Ausschussvorsitzender der politischen Direktoren der EWG beteiligt an einem ersten »Davignon-Bericht« zur politischen Einigung der EWG.

Grundlage kam es auf dem Gipfeltreffen in Nizza im Dezember 2000 zu einer Einigung. Dieser »Kompromiss von Nizza« wurde ermöglicht, indem Spanien ein opt-out-Recht zugestanden wurde. Danach wurde das Problem mit zwei Rechtsgrundlagen gelöst: der »Verordnung über das Statut der europäischen Gesellschaft (SE)«[45] und der »Richtlinie zur Ergänzung des Statuts der Europäischen Gesellschaft hinsichtlich der Beteiligung der Arbeitnehmer (Beteiligungsrichtlinie)«.[46] Auf dieser Grundlage wurde in Deutschland das »Gesetz über die Beteiligung der Arbeitnehmer in einer Europäischen Gesellschaft (SE-Beteiligungsgesetz – SEBG)« vom 22. Dezember 2004 verabschiedet (Kap. 27).[47] Es enthält neben den Regelungen über die Aufsichtsratsbeteiligung auch die Einrichtung eines SE-Betriebsrats (§ 23). Damit gibt es zwei Arten europäischer Betriebsräte: solche aufgrund von Vereinbarungen nach dem EBGR und solche von Gesetzes wegen nach dem SEBG (Kap. 27).

Schließlich wurde 2002 eine Richtlinie über die Konsultationsrechte der nationalen Interessenvertretungen erlassen (»Konsultationsrichtlinie«).[48] Sie bedurfte in Deutschland wegen der vorhandenen Regelungen im BetrVG und den Personalvertretungsgesetzen keiner Umsetzungsakte.[49]

21.6 Arbeitsbedingungen

Europäisches Recht zu Arbeitsbedingungen im Allgemeinen gibt es so gut wie keine. Das ist im Hinblick auf die Harmonisierungsresistenz der nationalen Arbeitsrechte in ihrem Kernbereich nicht verwunderlich. So findet man eigentlich nur drei Richtlinien, die man unter dieser Überschrift zusammenfassen könnte: die Richtlinie über bestimmte Aspekte der Arbeitszeitgestaltung 1993,[50] die Transparenzrichtlinie 2019[51] als Nachfolgerin der Nachweisrichtlinie 1991[52] und als jüngste die Richtlinie zur Verbesserung der Arbeitsbedingungen in der Plattformarbeit.[53]

45 Verordnung 217/2001/EG vom 8.10.2001, Abl. L 294/1.

46 Richtlinie 2001/86/EG vom 8.10.2001, ABl. L 294/22.

47 BGBl. I, 3675, 3686.

48 Richtlinie 2002/14/EG vom 11.3.2002, ABl. L 263/1.

49 Vgl. *Deinert/Treber*, EuASO, Nr. 71; *Klocke*, Die Richtlinie 2002/14/EG und die betriebliche Standortsicherung, AuR 2024, 95.

50 Richtlinie 93/104/EWG vom 23.11.1993, ABl. L 307/18. Diese Richtlinie kann auch unter »Arbeitsschutz« eingeordnet werden. Auf sie und Folgerichtlinien sind z. B. viele Entscheidungen des EuGH zur Übertragung von Urlaubsansprüchen gestützt worden (vgl. ASO-*Deinert*, Nr. 17 Bundesurlaubsgesetz, Einl. III).

51 Richtlinie (EU) 2019/1152 vom 20.6.2019, ABl. L 186/105. Dieser Richtlinie ist der vergebliche Versuch der Sozialpartner zu einer Einigung vorangegangen (vgl. *Deinert/Treber*, EuASO, S. 805).

52 Richtlinie 91/593/EWG vom 14.10.1991, ABl. L 288/33.

53 Bei Drucklegung noch nicht im Amtsblatt veröffentlicht.

Dazu kommen Richtlinien, die in der Hauptsache einer anderen Thematik gewidmet sind, die aber auch für Arbeitsbeziehungen relevant sind: die Insolvenzschutzrichtlinie 2008,[54] die Geheimnisschutzrichtlinie 2016,[55] die Whistleblowing-Richtlinie 2019[56] und die Richtlinie zur Vereinbarkeit von Beruf und Privatleben für Eltern und pflegende Angehörige 2019.[57] Das ergibt ein insgesamt doch reichlich disparates Bild.

21.7 Bestandsschutz

Auch das Recht zum Bestandsschutz von Arbeitsverhältnissen, vor allem das eigentliche »Kündigungsschutzrecht«, ist als nationale Domäne auf europäischer Ebene nicht angefasst worden, obwohl eine europäische Kompetenz dazu gem. Art. 153 AEUV gegeben wäre (Kap. 31). Nur in zwei Randbereichen hat es sehr früh Harmonisierungsaktivitäten gegeben, durch die

- Massenentlassungsrichtlinie 1975[58] und die
- Betriebsübergangsrichtlinie 1977.[59]

Umso bemerkenswerter ist, dass sich ausgerechnet in diesem Bereich der erste »shitstorm« – wenn der Begriff für die alte analoge Zeit gestattet sei – der Arbeitsrechtsgeschichte ereignet: der Fall »Christel Schmidt«. Der EuGH hatte auf Vorlage des LAG Schleswig-Holstein zu entscheiden, ob die Ausgliederung auch nur einer Putzfrau, eben Frau Schmidt, bei der »Spar- und Leihkasse der früheren Ämter Bordesholm, Kiel und Cronshagen« auf eine Gebäudereinigungsfirma als Betriebsübergang im Sinne der Richtlinie von 1977 zu bewerten sei.[60] Als er das bejahte, brach in Deutschland ein Sturm der Entrüstung seitens der Arbeitgeberverbände und ihnen nahe stehender Wissenschaftler los. Es kam der

54 Richtlinie 2008/94/EG vom 22.10.2008, ABl. L 283/36.

55 Richtlinie (EU) 2016/943 vom 8.6.2016, ABl. L 157/1.

56 Richtlinie (EU) 2019/1937, vom 23.10.2019, ABl. L 305/17 (vgl. *Colneric/Gerdemann*, Die Umsetzung der Whistleblower-Richtlinie in deutsches Recht, HSI-Schriftenreihe Nr. 34, 2020).

57 Richtlinie (EU) 2019/1158 vom 20.6.2019, ABl. L 188/79.

58 In Deutschland wird die Materie durch §§ 17 bis 22 KSchG geregelt.

59 Richtlinie 77/187/EWG vom 14.2.1977, ABl. L 61/26. In Deutschland wurde die Richtlinie umgesetzt durch Einfügung von § 613a in das BGB (vgl. ASO-*Deinert*, Nr. 14 BGB Einl. II 4).

60 Vgl. EuGH 14.4.1994, Sammlung 1994, I – 1311; den an dieser Entscheidung beteiligten deutschen Richter, Manfred Zuleeg, kostete das eine zweite Amtszeit. Die für die Vorlage des LAG-Schleswig-Holstein verantwortliche Richterin, Ninon Colneric, wurde später selbst Richterin am EuGH (vgl. *Kittner*, 50 Urteile, S. 167ff.).

Vorwurf: »*Der EuGH im Arbeitsrecht – die schwarze Serie geht weiter.*«[61] Abgesehen von der generellen Polemik gegen unliebsame Urteile, war die Wucht der Kritik doch im Hinblick auf die Befindlichkeit gegenüber supranationalem Recht bemerkenswert. Man war offenbar fassungslos darüber, sich einmal selbst in der passiven Rolle des durch ausländische Gerichtsintervention zur Korrektur »nach oben« Gezwungenen zu sehen.

21.8 Atypische Beschäftigung

Auf den ersten Blick wirkt es paradox: Die intensivsten europäischen Vorgaben für Vertragsinhalte erfolgen bei den sogenannten »atypischen« Arbeitsverhältnissen: befristete Arbeit, Teilzeitarbeit und Leiharbeit (Kap. 36). Die Entstehungsgeschichte der dafür erlassenen Richtlinien war, dem Oberbegriff entsprechend, ebenfalls untypisch: Sowohl die Teilzeit- als auch die Befristungsrichtlinie gehen zurück auf im Rahmen des »Sozialen Dialogs« geschlossene Sozialpartnervereinbarungen der »Union of Industrial and Employers Confederations of Europe«, des »Europäischen Verbands der öffentlichen Arbeitgeber und Unternehmen« sowie des Europäischen Gewerkschaftsbundes« in den Jahren 1997 (Teilzeit) und 1999 (Befristung).[62] Beide Richtlinien wurden in Deutschland in einem Gesetz, dem »Teilzeit- und Befristungsgesetz« vom 21. Dezember 2000[63] umgesetzt. Die Leiharbeitsrichtlinie war dagegen die sprichwörtlich »schwere Geburt«; sie hatte einen Vorlauf von über 20 Jahren.[64] Den deutschen historischen Kontext des Gesamtkomplexes werde ich im Kapitel über »Flexibilisierung« mit dem – problematischen – Kontrastbegriff »Normalarbeitsverhältnis« behandeln (Kap. 36). Als allerjüngste ist – zusammen mit der KI-Richtlinie (s. u. 21.9) – die »Richtlinie über Arbeitsbedingungen in der Plattformarbeit« hinzugekommen.[65]

61 *Junker*, NJW 1994, 2527. Eine vergleichbare Aufregung zeitigte die Entscheidung des EuGH in Sachen »Mangold« zum Verbot der Altersdiskriminierung (EuGH 22.11.2005, Sammlung 2005, I-9981; vgl. *Kittner*, 50 Urteile, S. 173ff.).

62 Vgl. *Deinert/Treber*, EuASO, S. 757 und 786.

63 BGBl. I 1966.

64 Vgl. *Deinert/Treber*, EuASO, S. 786.

65 Sie war bei Drucklegung dieses Buches noch nicht im Amtsblatt verkündet (endgültiger Text: *https://data.consilium.europa.eu/doc/document/ST-7212-2024-ADD-1/en/pdf*; vgl. *Krause*, Auf dem Wege zur unionsrechtlichen Regelung von Plattformtätigkeiten. Die Kommissionsinitiative zur Plattformarbeit, NZA 2022, 521; *Hiessl*, Statusfragen in der Plattformarbeit. Europäisches Arbeitnehmer- und Arbeitgeberkonzept auf dem Prüfstand, Soziales Recht 2024, 128). Ob es sich bei Plattformarbeit wirklich nur um Randbereiche abhängiger Beschäftigung handeln wird, könnte fraglich sein. Die EU schätzt, dass ca. 43 Mio. Menschen in Europa betroffen sein könnten.

Bei einer Gesamtbetrachtung aller dieser Richtlinien könnte sich das eingangs sogenannte Paradox auflösen: Dass es hier überhaupt zu einer europäischen Einigung kommen konnte, bei Teilzeit und Befristung sogar zwischen den Sozialpartnern, dürfte daran gelegen haben, dass sich in diesen Bereichen noch keine sehr tief eingewurzelten nationalen Traditionen entwickelt hatten (das deutsche Befristungsrecht war als »Deregulierungs«-Produkt ohnehin stark umstritten, Kap. 10).
Darüber hinaus hat die Kommission in der Grauzone der »Solo-Selbstständigen« mit einem »weichen« Rechtsakt etwas zum Schutz dieses gegenüber Arbeitnehmern nicht scharf abgegrenzten Personenkreises getan: Sie hat am 30. September 2022 »Leitlinien zur Anwendung des EU-Wettbewerbsrechts auf Tarifverträge über die Arbeitsbedingungen von Solo-Selbstständigen«[66] erlassen, aufgrund derer sie von kartellrechtlichem Einschreiten gegen Tarifverträge für Solo-Selbstständige mit schwacher Verhandlungsmacht absieht (zur nationalen Rechtslage siehe Kap. 33).[67]

21.9 Mindestlohn

Eine erstaunliche Besonderheit ist die Richtlinie vom 19. Oktober 2022 über angemessene Mindestlöhne in der Europäischen Union (Mindestlohnrichtlinie).[68] Mit ihr sollen »*zur Verbesserung der Lebens- und Arbeitsbedingungen und der sozialen Aufwärtskonvergenz in der Union* [...] *Mindestanforderungen und Verfahrenspflichten für die Angemessenheit der gesetzlichen Mindestlöhne festgelegt und der effektive Zugang der Arbeitnehmer zum Mindestlohnschutz verbessert*« werden (zum nationalen Mindestlohn siehe Kap. 22.13).
Die Richtlinie regelt zwei grundlegend verschiedene Tatbestände: Regularien zur Festlegung von Mindestlöhnen und Vorkehrungen zur Erhöhung der Tarifbindung. Sie betont zwar die Autonomie der Mitgliedstaaten hinsichtlich der »Angemessenheit« von Mindestlöhnen, setzt diese aber durch die Formulierung einer Regelannahme unter einen informellen Handlungsdruck.

21.10 Datenschutz und Künstliche Intelligenz

Beide Themen betreffen »junge« Rechtsgebiete, was nach dem Gesagten vergleichsweise geringeren Widerstand gegen eine europäische Harmonisierung

66 Mitteilung der Kommission 2022/C 374/02.
67 Vgl. *Schwarz-Vomhof/Streuter*, Die Entwicklung der rechtlichen Rahmenbedingungen für Tarifverträge mit Solo-Selbständigen, AuR 2023, 421.
68 Richtlinie (EU) 2022/2041, ABl. L 275/33; vgl. *Ahmed/Streuter*, »Tarifvertragsstärkungsrichtlinie« – Die EU-Mindestlohnrichtlinie als Weckruf für die Stärkung der Tarifbindung in Deutschland, AuR 2024, 281.

ausgelöst haben dürfte. Darüber könnte man hinsichtlich des Datenschutzes ins Grübeln kommen, denn die »Datenschutzgrundverordnung« (DSGVO) von 2016[69] hatte seit dem Anstoß durch die Datenschutzkonvention des Europarates vom 28. Januar 1981[70] und dem Zwischenschritt der Datenschutzrichtlinie von 1995[71] einen Vorlauf von 35 Jahren. Nach vielen gescheiterten Bemühungen in der EG – darunter der vergebliche Versuch einer Sozialpartner-Vereinbarung zum Arbeitnehmerdatenschutz (eher das Normale in diesem Format) – kam es erst 2016 zu dieser in allen Mitgliedstaaten direkt wirkenden Regelung (allerdings mit »Öffnungsklauseln« für nationale Abweichungen). Die Verordnung über Künstliche Intelligenz vom 13. Juni 2024[72] benötigte nur fünf Jahre von den ersten Konzeptionen bis zur Verabschiedung. Mit beiden Akten nimmt die EU weltweit eine Vorreiterrolle ein (Kap. 32).

21.11 Grundrechte

Die Geltung und der Schutz der Grundrechte in der EG bzw. EU ist einerseits natürlich juristisch von hochrangiger Bedeutung und es sind auch Bibliotheken dazu publiziert worden. Andererseits liegen die Dinge aus der Sicht eines deutschen Bürgers im Ergebnis sehr einfach: Er hatte immer den vollen Grundrechtsschutz mindestens auf dem Niveau des Grundgesetzes gehabt und hat – in der Praxis kaum wahrnehmbar – im Laufe der Zeit zusätzlichen Schutz durch europäische Gewährleistungen hinzubekommen (Kap. 17).

Am Anfang stand eine EWG ohne Grundrechtsgewährleistung. Bereits 1969 entschied allerdings der EuGH in der Sache »Stauder«,[73] dass er verpflichtet sei, den Schutz der »*in den allgemeinen Grundätzen der Gemeinschaftsrechtsordnung* […] *enthaltenen Grundrechte*« zu gewährleisten. Dann allerdings trat das deutsche BVerfG auf den Plan, womit eine bis heute nicht enden wollende Konkurrenz beider oberster Gerichte einsetzte. Im »Solange I« genannten Verfahren, nahm es für sich die Zuständigkeit in Anspruch, die Geltung der deutschen Grundrechte gegenüber sekundärem Gemeinschaftsrecht zu prüfen, »*solange*« das Gemeinschaftsrecht keinen Grundrechtskatalog enthalte, der dem deutschen Grundgesetz entspricht.[74] In der »Solange II«-Entscheidung des Jahres 1986 ak-

---

69 Verordnung (EU) 2016/679 vom 27.4.2016, ABl. L 119/1.

70 Vgl. Gesetz vom 13.3.1985, BGBl. II 538.

71 Richtlinie 1995/46/EG vom 23.11.1995, Abl. L 281/31.

72 Verordnung (EU) 2024/1689 vom 13.6.2024, ABl. L 144; vgl. *Däubler*, Die KI-Verordnung der Europäischen Union: Überblick und Konsequenz im Arbeitsrecht, Soziales Recht 2024, 110; *Günther/Gerigk/Berger*, Die europarechtliche Regulierung von KI im arbeitsrechtlichen Kontext, NZA 2024, 234.

73 EuGH 12.11.1969, NJW 1970, 1016 = Deutsches Verwaltungsblatt 1970, 612.

74 Vgl. BVerfG 29.5.1974, BVerfGE 37, 271.

zeptierte es den nun auf der europäischen Ebene erreichten Schutzstandard und verzichtete gegenüber Gemeinschaftsakten auf Kontrolle, »*solange* [der EuGH] *einen wirksamen Schutz der Grundrechte gegenüber der Hoheitsgewalt der Gemeinschaft generell gewährleistet*«.[75] Dazu lieferte ab 1992 der Vertrag von Maastricht die Grundlage, mit dem in Art. 6 Abs. 1 EUV geregelt wurde, dass die Menschenrechte einer der Grundsätze der Union seien. Der Vertrag von Lissabon brachte schließlich die »Charta der Grundrechte der Europäischen Union«, die seither gem. Art. 6 Abs. 1 des EU-Vertrages verbindlich gilt. Damit hat die Union nach innen einen, gemessen an den nationalen Verfassungen, insbesondere am Grundgesetz, vollwertigen Grundrechtsschutz, freilich nur zur Kontrolle eigener Handlungen und für die Mitgliedstaaten bei Durchführung des Rechts der Union (Art. 51 Abs. 1 GR-Charta).[76]

Das BVerfG wiederum prüft im Geltungsbereich unionsrechtlich vollständig vereinheitlichter Regelungen Grundrechtsverletzungen nur am Maßstab der Grundrechts-Charta.[77]

21.12 Europäischer Gerichtshof

Der Europäische Gerichtshof wurde bereits 1952 mit dem EGKS-Vertrag gegründet und nahm seine Arbeit 1953 auf. Seither hat er in 25 723 Verfahren entschieden (einschließlich des Gerichts 1. Instanz und des Gerichts für den öffentlichen Dienst sind es 45 482 Verfahren). Im Durchschnitt werden 800 Fälle in jedem Jahr neu anhängig.[78] Wie viele davon arbeitsrechtlicher Natur sind, ist unbekannt. Aber es sind so viele, dass die Grenzen einer Gesamtdarstellung offen zutage liegen.[79] So werde ich mich damit begnügen, die Rolle des EuGH im Konzert der Gerichte im Kapitel über »Richterrecht« zu würdigen (Kap. 21).

75 BVerfG 22.10.1986, BVerfGE 73, 339.

76 Vgl. *Riedel*, Die Grundrechtsprüfung durch den EuGH, 2020; *Krebber*, Die Bedeutung der Grundrechtecharta und der EMRK für das deutsche Individualarbeitsrecht, Europäische Zeitschrift für Arbeitsrecht 2013, 188ff.

77 Vgl. BVerfG 6.11.2019, BVerfGE 152, 216 – »Recht auf Vergessen« I und II.

78 EuGH, Der Gerichtshof in Zahlen, *https://curia.europa.eu/jcms/jcms/P_80908/de/*.

79 Vgl. *Joussen*, Auswirkungen der Rechtsprechung des EuGH auf das deutsche Arbeitsrecht, RdA 2015, 305ff.; *Voßkuhle*, Menschenrechtsschutz durch die europäischen Verfassungsgerichte, RdA 2015, 336ff.; Kittner-*Deinert*, ASO, GG Nr. 20, Einl. III 5).

22. Autonomes Recht I: Tarifverträge

22.1 Was bedeutet »autonomes Recht«?

»Staatliches Recht« wird im Singular bezeichnet. Offensichtlich ist, dass dies seit jeher die Summe der historisch gewachsenen Gesetze und Verordnungen meint. Die für die abhängige Arbeit einschlägigen sind für uns »das Arbeitsrecht«. Und die für den »Alltagsgebrauch« erforderlichen passen immer noch in ein einziges Buch. Beim »autonomen Recht« (hier: Tarifverträge und betriebliche Regelungen) geht das nicht. Der Grund ist einfach: Es gibt zu viele Einzelregelungen.

Das gilt zum einen für Tarifverträge. Schon nach der allerersten Konsolidierung vor dem Ersten Weltkrieg wurden 11 000 Tarifverträge für das Deutsche Reich gezählt, die ca. 1,6 Mio. Arbeitnehmer erfassten (knapp 20 %).[1] Ende 2023 waren 87 041 Tarifverträge im Tarifregister beim Bundesarbeitsminister eingetragen, die für über 20 Mio. Arbeitnehmer galten (etwa 50 %).[2]

Dazu kommt die betriebliche Ebene: Nach übereinstimmenden Schätzungen – eine amtliche Zahl existiert nicht – wurden zuletzt etwa 40 000 Betriebsräte gewählt[3] (etwa genauso viele wie in der Weimarer Republik).[4] Selbst unter Berücksichtigung der Tatsache, dass die Zahl der Tarifvertragsparteien als autonome »Gesetzgeber« geringer ist als die der Tarifverträge, ist das wohl immer noch erheblich mehr an Dezentralisierung als im deutschen Staatsaufbau mit 16 Bundesländern und knapp 11 000 Kommunen.

Das hat freilich Konsequenzen für eine Darstellung wie die vorliegende: Es gibt nicht *die* Geschichte des tariflichen Arbeitsrechts, sondern zigtausende Geschicht*en*, und man müsste strenggenommen ebenso viele Bücher darüber schreiben. Das geht nicht, und das will auch niemand. Aber wie dann?

1 Vgl. *Ullmann*, Tarifverträge und Tarifpolitik in Deutschland bis 1914, S. 227.

2 Vgl. Tarifregister BMA, *https://search.app/vR7mjVWremddyxgF6;* destatis, Tarifbindung der Arbeitnehmer, *www.destatis.de/DE/Themen/Arbeit/Arbeitsmarkt/Qualitaet-Arbeit/Dimension-5/tarifbindung-arbeitnehmer.html.* Von 1949 bis 2023 gab es insgesamt 461 111 eingetragene Tarifverträge.

3 *Ellguth/Kohaut*, Tarifbindung und betriebliche Interessenvertretung. Ergebnisse aus dem IAB-Betriebspanel 2021, WSI-Mitteilungen 2022, 328; Kittner-*Deinert*, ASO, BetrVG Nr. 12, Einl. III 2.

4 Vgl. *Däubler/Kittner*, Betriebsverfassung, S. 229.

22.2 Von unregulierten Anfängen zum Tarifrecht von heute

So wenig wie es einen datierbaren Anfang des Arbeitsrechts gibt (Kap. 1), so wenig können wir einen solchen für Tarifverträge ausmachen. Denn auch sie gab es bereits »avant la lettre«. Kollektive Abreden zwischen Gesellenvereinigungen und Handwerksmeistern sind seit dem 14. Jahrhundert bekannt. Als erstes solcher »*tarifvertragsähnlichen Gebilde*«[5] gilt ein Vertrag zwischen Weberknechten in Speyer und ihren Meistern über feste Lohnsätze, der von »*zunftmeistere*« und »*gezunft gemeinlichen*« unterzeichnet worden war.[6] Es besteht kein Zweifel daran, dass Derartiges über Jahrhunderte, solange es Zünfte gab, gelebte Praxis war – freilich mit dem Manko für Historiker, dass nur Einzelfälle zufällig schriftlich überliefert sind. Das liegt zum einen daran, dass die Gesellenvereinigungen schriftlose Schwurgemeinschaften waren, von denen also nichts Derartiges zu erwarten war. Die Meisterzünfte und Stadtregierungen wiederum taten alles dafür, nicht deutlich werden zu lassen, dass hinter einer Zunftordnung oder Stadtsatzung mit Normen zum Arbeitsvollzug eine Verabredung mit den Gesellen lag. Das markanteste Beispiel ist der »blaue Montag«, eine offenkundige arbeitszeitpolitische Errungenschaft der Gesellenbewegung, wovon jegliches Zeugnis seiner Einführung peinlichst vermieden wurde, wir offiziell (z. B. in »Reichsabschieden«) später aber viel von Bemühungen zu seiner Wieder-Abschaffung hören.[7]
Ohne Aufhebens davon zu machen oder gar eine darauf zielende Programmatik zu konstruieren (von wem auch?), wurde diese Praxis von den sich ab der Mitte des 19. Jahrhunderts bildenden neuen Arbeitnehmervereinigungen, den später so genannten Gewerkschaften, aufgegriffen. Dabei lag es in der Natur der Sache, dass die Drucker zu Vorreitern wurden, die organisatorisch fast nahtlos an ihre zünftigen Vorgänger anknüpfen konnten. Sie begannen in den 1840er Jahren an verschiedenen Orten mit Forderungen nach »Tarifen«, d. h. lokal gleichlautenden Vertragsinhalten. Im Hinblick darauf nicht überraschend, beteiligten sich die Drucker als einzige relevante Arbeitnehmergruppe an der 1848er Revolution. In deren Kontext hatten sie bereits im August 1848 – vergeblich – für einen »nationalen Tarif« gestreikt.[8] Mit diesem Vorlauf verständigten sich 1873 die Buchdruckergewerkschaft und der Arbeitgeberverband der Buchdrucker auf

5 *Zimmermann*, Tarifvertrag, in Handwörterbuch der Staatswissenschaften, Bd. 7, 3. Aufl. 1911; *Imle*, Der Tarifvertrag zwischen Arbeitgebern und Arbeitnehmern in Deutschland, 1907; *Mamroth*, Gewerblicher Konstitutionalismus, 1911; *Ullmann*, Tarifverträge und Tarifpolitik in Deutschland bis 1914, 1977, S. 23.

6 Abgedruckt bei *Ebel*, Quellen zur Geschichte des deutschen Arbeitsrechts bis (1849), 1964, S. 29.

7 Vgl. *Kittner*, Arbeitskampf, S. 24, 120f.

8 Vgl. *Kittner*, Arbeitskampf, S. 200f.

den »Ersten allgemeinen Tarifvertrag« als ersten reichsweiten Tarifvertrag, wobei sie ergänzend zum eigentlichen Vertragsinhalt für dessen Laufzeit eine Friedenspflicht und Schlichtungsmodalitäten verabredeten.[9] Danach kam es allmählich in allen anderen Wirtschaftsbereichen zu Tarifverträgen, vor allem in der Bauwirtschaft und bei der Holz- und Metallverarbeitung (s. u. 22.5).

Auf den ersten Blick konnte sich das als »Erfolgsgeschichte« ausnehmen, und das war es unter Berücksichtigung der widrigen Umstände ganz gewiss auch. Aber es gab Limitierungen und Gegenkräfte, die diesem »Projekt« am Vorabend des Ersten Weltkriegs keine rosige Zukunft in Aussicht stellten: Der Tarifvertrag hatte eine branchenweite Bedeutung vor allem für Druck- und Bauwirtschaft; darüber hinaus war er eine Angelegenheit für kleine und mittlere Unternehmen. Die gesamte Schwerindustrie und die neuen Industrien (Chemie, Elektro, Maschinenbau) lehnten Gewerkschaften und Tarifverträge ab und bekämpften sie. Außerdem »*schwebte (er) juristisch in der Luft*«,[10] denn das BGB bot keine Lösung für die mit ihm aufgeworfenen Fragen. Zwischenzeitig war seine Existenz sogar gänzlich bedroht, denn das Reichsgericht verstieg sich 1903 sogar dazu, ihn als unzulässige »Verabredung« im Sinne des § 153 GewO zu verbieten (Kap. 10, 24). Erst eine durch und durch ungewöhnliche Allianz von Sozialdemokraten, Zentrum, nahezu allen bürgerlichen Parlamentariern im Reichstag und der Reichsregierung konnte es davon abbringen.[11] Im Übrigen behandelte ein zivilrechtlicher Senat des RG den Tarifvertrag ab 1910 zwar als vollgültigen Vertrag – aber nur, um die Haftung eines Gewerkschaftsvorsitzenden für einen tarifwidrigen Streik begründen zu können.[12] Dabei, und dies blieb eine Feststellung im Grunde bis heute, ging das RG davon aus, dass während der Laufdauer nur eine »relative« Friedenspflicht herrsche, also ein Kampfverbot nur für in einem Tarifvertrag geregelte Angelegenheiten und nicht darüber hinaus (also keine »absolute« Frie-

---

9 Vgl. *Beier*, Schwarze Kunst und Klassenkampf, Bd. 1, Vom Geheimbund zum königlich-preußischen Gewerkverein 1830–1890, 1966; *Burkhardt*, Ein Kampf ums Menschenrecht. Hundert Jahre Tarifpolitik der IG Druck und Papier und ihrer Vorgängerorganisationen seit dem Jahr 1873. Stuttgart 1974; Verband der Deutschen Buchdrucker, Fünfzig Jahre deutsche gewerkschaftliche Arbeit mit einer Vorgeschichte, hrsg. vom Vorstand des Verbandes der Deutschen Buchdrucker, Bd. 1, 1916. Dieser Druckertarifvertrag war als Reichstarifvertrag völlig untypisch. In den Anfängen dominierten in allen anderen Branchen kleinteilige auf einzelne Firmen und Orte begrenzte Vereinbarungen. Lediglich in der Bauwirtschaft erzwangen die Arbeitgeber in einem deshalb geführten Arbeitskampf im Jahre 1910 eine frühe Zentralisierung (vgl. *Kittner*, Arbeitskampf, S. 340).

10 *Köppe*, Die neueste Entwicklung des Arbeitstarifvertrages in Deutschland, in Jahrbücher für Nationalökonomie Statistik, III. Folge, 38. Bd. 1909, S. 354.

11 Vgl. RG 30. 4. 1903, RGSt. 36, 236; Korrektur durch RG 18. 6. 1907, RGSt. 40, 226; vgl. *Kittner*, Arbeitskampf, S. 308.

12 Vgl. RG 20. 1. 1910, RGZ 73, 92; *Kittner*, 50 Urteile, S. 40ff.

denspflicht).[13] Abgesehen davon, kam es im Kaiserreich zu keiner höchstrichterliche Klärung.[14]

Vor diesem Hintergrund lief ab etwa 1905 eine breite Diskussion um die gesetzliche Regelung des Tarifvertrags unter Beteiligung aller, die damit zu tun hatten: Regierung und Beamtenschaft, Politiker, Arbeitgeber und ihre Verbände, Gewerkschaften, Wissenschaftler, Gewerberichter.[15] Im Jahr 1905 gab es eine erste große öffentliche Diskussion auf einem Verbandstag der Gewerberichter.[16] Dort stellte Hugo Sinzheimer, der sich zwar als Arbeitsrechtler spezialisiert aber bis dahin nichts zum Tarifvertrag publiziert hatte, erstmals seine Thesen vor. 1907 und 1908 fasste er sie in der zweibändigen Schrift »Der korporative Arbeitsnormenvertrag. Eine privatrechtliche Untersuchung« zusammen; 1916 folgte »Ein Arbeitstarifgesetz. Die Idee der sozialen Selbstbestimmung im Recht«. Dazu gab es Initiativen und Debatten im Reichstag (getragen vor allem vom Zentrum, aber auch von den Nationalliberalen und Freisinnigen) und einer Befassung durch den Deutschen Juristentag 1908,[17] der eine Resolution zur gesetzlichen Regelung des Tarifwesens beschloss.[18]

Es ist sicher nicht zu hoch gegriffen, diese Debatte einen wissenschaftlichen und politischen Höhepunkt der deutschen Arbeitsrechtsgeschichte zu nennen.[19] In ihr kamen alle nur denkbaren und praktisch relevanten Probleme und Modelle

---

13 Dass es während der Laufdauer des Tarifvertrags eine Friedenspflicht geben müsse (ggf. als stillschweigend vereinbart), war die Meinung aller zeitgenössisch relevanten Rechtswissenschaftler (vgl. *Sinzheimer*, Der korporative Arbeitsnormenvertrag, Bd. 2, 1908, S. 164; *Dreschers*, Die Entwicklung des Rechts des Tarifvertrags in Deutschland, 1994, S. 54ff.). Die TVVO enthielt dazu so wie später das TVG keine Regelung. Lediglich der nicht realisierte Gesetzentwurf von 1921 (s.u.) schrieb ausdrücklich vor, dass »*jede Kampfmaßregel zu unterlassen (ist), die gegen den Bestand des Tarifvertrages oder einzelner Bestimmungen gerichtet ist*« (*Dreschers*, a.a.O., S. 234).

14 Zur Frage der Unabdingbarkeit eines Tarifvertrags durch den Arbeitsvertrag ergingen widersprüchliche Entscheidungen (z.B. durch zwei Kammern des Berlin Gewerbegerichts, Reichsarbeitsblatt 1908, 707; vgl. *Dreschers*, a.a.O., S. 49ff.).

15 Zum Folgenden eingehend *Rudischhauser*, Geregelte Verhältnisse, S. 614ff.; vgl. *Köppe*, Der Arbeitstarifvertrag als Gesetzgebungsproblem. Eine sozialpolitische Studie, 1908.

16 Vgl. Das Gewerbe- und Kaufmannsgericht, Zeitschrift, 1905/06, Verbandsbeilage zu Nr. 1; *Rudischhauser*, Geregelte Verhältnisse, S. 617.

17 Vgl. *Höpfner*, Die Legitimation der Tarifautonomie, in Höpfner/Lesch/Schneider/Vogel, Hrsg., Tarifautonomie und Tarifgeltung, 2021 (im Folgenden: »*Höpfner*, Legitimation«), S. 103.

18 Vgl. *Olshausen*, Der Deutsche Juristentag, 1910, S. 57, 164; *Dersch*, Der Juristentag und das Arbeitsrecht, Neue Zeitschrift für Arbeitsrecht 19221, Sp. 245–260.

19 Zwar hat es durchaus auch in der Bundesrepublik formal vergleichbar institutionalisierte Diskussionen gegeben, insbesondere auch auf Juristentagen (Kap. 44). Sie haben sich aber nie mehr so dicht am »wirklichen Leben« bewegt wie damals.

einer gesetzlichen Regelung der Tarifverträge zur Sprache, mit drei großen Weichenstellungen:[20]

(1) Soll der Tarifvertrag eine private Angelegenheit von Arbeitgebern und Gewerkschaften bleiben (»Koalitionsmodell«) oder soll das als öffentliche Angelegenheit durch den Staat durch Zwangszusammenschluss der beiden (»Korporationsmodell«) erfolgen? Ein starker Verfechter dieser zweiten Möglichkeit war der (zuletzt in München tätige) Ökonomieprofessor Lujo Brentano,[21] der neben seinen zahlreichen Beiträgen zur arbeitsrechtlichen Debatte vor allem für die Kenntnis der englischen Gewerkschaften in Deutschland gesorgt hatte.[22] Er machte auf der Jahrestagung 1906 des »Vereins für Socialpolitik« den Vorschlag, Arbeitgeber und Gewerkschaften zu einer Zwangskorporation zusammenzuschließen, die dann für Tarifverträge für alle Arbeitnehmer zu sorgen hätten.[23] Im Januar 1918 schien es so, als gäbe es dazu die Zustimmung alle Gewerkschaften, aber die christlichen scherten in letzter Minute aus, weil sie fürchteten, in diesen Zwangskorporationen zu kurz zu kommen.[24] Deshalb verfolgte Brentano diesen Vorschlag nicht weiter, der aber, als vor Kriegsende große Einigkeit für die Schaffung von Arbeitskammern bestand, durchaus Realisierungschancen hätte haben können.

(2) Danach war zu klären, ob die durch den Tarifvertrag aufgeworfenen Rechtsfragen mit den Mitteln des vorhandenen bürgerlichen Rechts gelöst werden könnten. Protagonist dieser Bemühungen war Philipp Lotmar, der noch vor Sinzheimer bedeutendste Arbeitsrechtler seiner Zeit (Kap. 3).[25] Die Gegenmeinung, vor allem Hugo Sinzheimer, hielt eine eigene gesetzliche Grundlage für dieses neue Rechtsinstitut für nötig. Dabei gingen beiden Seiten gleichermaßen davon aus, dass sich ein Tarifvertrag auf die Verbandsmitglieder der Tarifvertragsparteien bezieht; für Außenseiter konnte eine wie auch immer konstruierte

---

20 Vgl. *Schulten*, Zur Aktualität historischer Debatten im Kontext der Tarifvertragsordnung von 1918, Sozialer Fortschritt 2018, 849ff.; zu noch weiteren Optionen *Höpfner*, Legitimation, S. 45, 77ff.

21 Vgl. *Bender*, Ordnungssuche. Notizen zu Lujo Brentano und seiner Zeit, AuR 2024, G 17.

22 Vgl. *Brentano*, Die Arbeitergilden der Gegenwart. Zur Geschichte (Kritik) der englischen Gewerkvereine, 2 Bde., 1871/72; vgl. *Bender*, Ordnungssuche. Notizen zu Lujo Brentano und seiner Zeit, AuR 2024, G 17.

23 Vgl. *Brentano*, Das Arbeitsverhältnis in den privaten Riesenbetrieben. Einleitender Vortrag, in: Verhandlungen des Vereins für Socialpolitik, 1906, S. 146f.; *ders.*, Auf dem Weg zum gesetzlichen Lohnminimum, in: Syndikalismus und Lohnminimum. Zwei Vorträge, 1913, S. 31ff.
Dazu *Preller*, Sozialpolitik in der Weimarer Republik, 1949, S. 256; *Bender*, AuR 2024, G 20.

24 Vgl. *Rudischhauser*, Geregelte Verhältnisse, S. 640f.

25 Vgl. *Lotmar*, Der Arbeitsvertrag, Bd. 1, 1902, S. 797ff.

Allgemeinverbindlichkeit sorgen. Das war eine fundamental andere Grundlage des Tarifvertragssystems als in Frankreich, wo zeitgleich die gleiche Diskussion lief.[26] Dort ging es immer um die Geltung für alle Arbeitnehmer über den Kreis der Gewerkschaftsmitglieder hinaus (»erga omnes«).[27]
(3) Die dritte Option war – wie so häufig in der Politik – die zwischen »Tun« und »Nichtstun«. Obwohl sich nahezu alle Fachleute darin einig waren, das »etwas getan« werden müsse, ergriff die Reichsregierung keine Initiative (wovon, um nochmals daran zu erinnern, nach der damaligen Verfassungslage jede Gesetzgebung abhängig war).[28] Den Ausschlag dazu gab, auch aus heutiger Sicht gut nachvollziehbar, dass von den beiden praktisch Hauptbetroffenen, Arbeitgebern und Gewerkschaften günstigstenfalls zwiespältige Signale kamen: Bei den Arbeitgebern gab es zwar Zustimmung seitens der hier schon vorangeschrittenen Branchen (Bau und Druck); die »bekannten Verdächtigen« (Schwerindustrie, moderne Großindustrie) lehnten zu diesem Zeitpunkt Tarifverträge ohnehin von vorne herein ab. Und die Gewerkschaften, die gerade erst ihre Fundamentalbedenken gegen den Tarifvertrag abgelegt hatten, zögerten aus Bedenken wegen künftiger Inhaftungnahme (Kap. 16).
So kam es zu einer gesetzlichen Regelung des Tarifvertrages erst nach der Novemberrevolution und dem Stinnes-Legien-Abkommen mit der »Verordnung über Tarifverträge, Arbeiter- und Angestelltenausschüsse und Schlichtung von Arbeitsstreitigkeiten« vom 23. Dezember 1918.[29] Die zentrale Vorschrift lautete:

§ 1

(1) Sind die Bedingungen für den Abschluß von Arbeitsverträgen zwischen Vereinigungen von Arbeitnehmern und einzelnen Arbeitgebern oder Vereinigungen von Arbeitgebern durch schriftlichen Vertrag geregelt (Tarifvertrag), so sind Arbeitsverträge zwischen den beteiligten Personen

26 Vgl. *Rudischhauser*, Geregelte Verhältnisse, S. 804ff.; zu einem rechtsvergleichenden Überblick vgl. *Kamanabrou*, Hrsg., Erga-Omnes-Wirkung von Tarifverträgen, 2011.

27 Das hat vor allem damit zu tun, dass die französischen Gewerkschaften typischerweise nur wenige Mitglieder hatten und mehr auch nicht zum Erfolg eines Streiks brauchten; Streikkassen und Streikunterstützung für die Mitglieder gab es in Frankreich nie (vgl. *Rudischhauser*, Geregelte Verhältnisse, S. 271). Gleichwohl konnten sie – die genügende Popularität einer Forderung unterstellt – immer auf eine ad hoc hohe Streikbeteiligung bauen). Deswegen ist dieses Konzept auch nicht als Rezept z.B. für Deutschland exportierbar.

28 Zur Ablehnung durch den Staatssekretär Bethmann-Hollweg im Jahre 1909 vgl. *Rudischhauser*, Geregelte Verhältnisse, S. 632.

29 RGBl. 1456 (vgl. *Hainke*, Vorgeschichte und Entstehung der Tarifvertragsverordnung, 1987; *Höpfner*, 100 Jahre Tarifvertragsverordnung. Ein Meilenstein in der deutschen Arbeitsrechtsgeschichte, ZfA 2019, 108ff.).

insoweit unwirksam, als sie von der tariflichen Regelung abweichen. Abweichende Vereinbarungen sind jedoch wirksam, soweit sie im Tarifvertrage grundsätzlich zugelassen sind, oder soweit sie eine Änderung der Arbeitsbedingungen zugunsten des Arbeitnehmers enthalten und im Tarifvertrag nicht ausdrücklich ausgeschlossen sind. An die Stelle unwirksamer Vereinbarungen treten die entsprechenden Bestimmungen des Tarifvertrags.

Mit dieser »Tarifvertragsverordnung« (TVVO), wie sie künftig heißen sollte, machte sich der Rat der Volksbeauftragten das Konzept zu eigen: von freien Tarifvertragsparteien für ihre Mitglieder geschlossene unabdingbare Tarifverträge; Außenstehende konnten im Bedarfsfalle durch Allgemeinverbindlichkeitserklärung einbezogen werden (§§ 2–5). Dieses Konzept gilt seither unverändert, für die Zeit nach 1945 aufgrund des TVG von 1949 (s. u.). 1919 erhielt es mit der Weimarer Reichsverfassung seine verfassungsrechtlichen Weihen, von Nipperdey 1932 mit starken Worten bekräftigt: »*Das Unabdingbarkeitsprinzip – im Grundsatz – nicht in der Einzelausgestaltung – ist in Art. 165 I 2*[30] *zum verfassungsrechtlichen* [Hervorhebung im Original, M. K.] *Satz erhoben. Eine Verweisung des Tarifrechts in das bürgerliche Recht, das die Unabdingbarkeit nicht kennt, verstößt gegen die Verfassung.*«[31]

Die TVVO wurde in denkbar kurzer Zeit im seit Oktober 1918 bestehenden »Reichsarbeitsamt« unter Leistung der früheren Gewerkschaftsfunktionäre Gustav Bauer (später Arbeitsminister und Reichskanzler) und Heinrich Brauns (später Arbeitsminister, Kap. 11) vorbereitet. Über die dafür praktisch Tätigen, sicher dieselben Beamten, die z. B. im Sommer des Jahres 1918 die Gesetzentwürfe über Arbeitskammern und Arbeiterausschüsse vorbereitet hatten, ist leider nichts bekannt.[32] Die TVVO war als Provisorium gedacht und enthielt nur das Nötigste, um Tarifverträgen eine gesetzliche Grundlage zu verschaffen. Zu vielen Einzelheiten, z. B. über Befristung, Kündigung, Friedenspflicht und Haftung, wurde nichts gesagt; das blieb der freien Vereinbarung der Tarifvertragsparteien überlassen. Folgerichtig wurde die TVVO sofort als mangelhaft und schlecht formuliert kritisiert, z. B. auf der Hauptversammlung der »Gesellschaft für Sozialreform« im Januar 1919.[33] Ungeachtet dessen, blieb sie während

30 Dort hieß es: »*Die beiderseitigen Organisationen und ihre Vereinbarungen werden anerkannt.*«

31 *Hueck/Nipperdey*, Lehrbuch des Arbeitsrechts, Bd. 2, 3.–5. Aufl. 1932, S. 39.

32 Vgl. *Hachtmann*, Vom Wihelminismus zur Neuen Staatlichkeit des Nationalsozialismus. Das Reichsarbeitsministerium 1918–1945, Bd. 1, 2023, S. 134 ff.

33 Vgl. Die Zukunft der Sozialreform. Koalitionsrecht – Tarifrecht. Bericht über die Verhandlungen der außerordentlichen Hauptversammlung der Gesellschaft für Sozial-

der gesamten Dauer der Weimarer Republik als Grundlage der Tarifvertragspraxis in Kraft.

Die zweite Grundlage des Tarifwesens wurde, so gar nicht intendiert, die zunehmend dominanter werdende Zwangsschlichtung mit den Demobilmachungs-Verordnungen und schließlich der SchlichtungsVO von 1923 als Rechtsgrundlage (Kap. 26). Dieser staatliche Zugriff auf das Tarifvertragssystem ließ dessen rechtspraktische Probleme in den Hintergrund treten (ebenso, wenn nicht sogar stärker, beim Arbeitskampfrecht, Kap. 26). Deshalb ist es in dieser Zeit zu keinem kohärent durchgebildeten Tarifrecht gekommen. Knut Nörr sieht in seiner Generalsicht des Arbeitsrechts der Weimarer Republik die Rechtsprechung »*nicht zielbewußt, sondern mit einer unsicheren Mischung von Bereitschaft und Zurückhaltung*« agieren.[34]

Die beiden wichtigsten Weimar-spezifischen RAG-Entscheidungen betrafen denn auch Fragen der Tariffähigkeit wirtschaftsfriedlicher (»gelber«) Arbeitnehmervereinigungen (vom RAG bejaht)[35] und »gewollter Tarifunfähigkeit« von Arbeitgeberverbänden (verneint), um der Verbindlichkeit eines staatlichen Schlichtungsspruchs zu entgehen.[36] Otto Kahn-Freund hat beide in der berühmten Schrift »Das soziale Ideal des Reichsarbeitsgerichts« als Deformationserscheinungen eines freiheitlichen, konfliktorischen Kollektivvertragssystem in Richtung »faschistischer« Strukturen kritisiert.[37]

Während die Tarifvertrags- und Schlichtungspraxis alsbald nach Etablierung der neuen staatlichen Strukturen einsetzte, begannen zeitgleich Bemühungen zu endgültigen gesetzlichen Lösungen für das Tarifrecht. Die Plattform dafür bot die Tätigkeit des gleich nach der Revolution, im April 1919, eingesetzten »Ausschusses für ein einheitliches Arbeitsrecht« (Kap. 38). Er hatte einen Unterausschuss eingerichtet, der auf der Grundlage eines Vorentwurfs von Hugo Sinzheimer Anfang 1921 den Entwurf eines »Arbeitstarifgesetzes« vorlegte, der im Reichsarbeitsblatt veröffentlicht wurde.[38] Dies war die erste Gelegenheit, bei der sich der noch nicht 30jährige Hans Carl Nipperdey, noch vor seiner ersten Berufung als Universitätsprofessor, in einer wichtigen rechtspolitischen Debatte maßgebend beteiligte. Er publizierte 1924 eine kritische Schrift zum Ausschuss-

reform in Berlin am 29. und 30. Januar 1919, Schriften der Gesellschaft, Heft 64, 1919, S. 70ff.

34 Nörr, Grundlinien des Arbeitsrechts der Weimarer Republik, ZfA 1986, 403, 415.

35 Übersicht mit Kritik am RAG bei Hueck/Nipperdey, a.a.O., S. 169 Fn. 33; zum »Pommerschen Landbund«, RAG 29.9.1928, Bens. 4, 294.

36 RAG 10.4.1929, Bens. 5, 537 und 543.

37 Wiederabdruck bei *Ramm*, Hrsg., Arbeitsrecht und Quellentexte 1918–1933, S. 164ff., zur späteren Relativierung eines subjektiven Vorwurfs gegen die Richter des RAG vgl. KJ 1981, 183, 194.

38 Vgl. RArbBl. 1921, Amtlicher Teil, S. 491.

entwurf mit einem eigenen Gesetzentwurf.[39] Diese Bemühungen versandeten mit dem Ende des Arbeitsrechtsausschusses im selben Jahr. Sie wurden nochmals im Kontext der Arbeit in der »Deutsch-österreichischen Arbeitsgemeinschaft« aufgenommen.[40] Auf deren Veranlassung erstellten Julius Georg Lautner und Nipperdey ein »Gutachten über die Möglichkeiten eines gemeinsamen deutschen und österreichischen Tarifgesetzes«.[41] Auch dieser Anlauf scheiterte mit dem letzten deutsch-österreichischen Projekt unter demokratischen Vorzeichen. Die TVVO wurde schließlich zusammen mit den übrigen Gesetzen zum kollektiven Arbeitsrecht mit dem AOG 1934 aufgehoben (Kap. 12).

Nach 1945 gab es den allseitigen Willen, erneut ein freiheitliches Tarifvertragssystem »minus Zwangsschlichtung« zu errichten (nach den frustrierenden Erfahrungen mit dem System der NS-Treuhänder auch seitens der Arbeitgeber, Kap. 12).[42] Alle Beteiligten konnten (und mussten) dafür auf die tarifrechtliche Diskussion der Weimarer Zeit zurückgreifen.[43]

Umso erstaunlicher war, dass es starke Bestrebungen gab, das neue System mit starken staatsorientierten »Sicherungen« zu versehen. Dass dies nicht Wirklichkeit geworden ist, wenn man alle Einzelstationen des verwickelten Gesamtprozesses hin zum fertigen Gesetz Revue passieren lässt, ist im Wesentlichen Hans Carl Nipperdey (Kap. 11) zu verdanken. Dazu in Kürze das Wichtigste:[44] Ihren Ausgang nahmen die Arbeiten an einem Tarifvertragsgesetz – so wie andere Arbeitsrechtsfragen auch (Kap. 31) – in der britischen Zone mit Anton Storch als Direktor und Wilhelm Herschel als eigentlichen »spiritus rector«. Sie kulminierten in einem Referentenentwurf, dem sog. Lemgoer Entwurf, vom Januar 1948. Er war geprägt von erstaunlich viel Staatsorientierung, getragen offenbar von tiefem Misstrauen in die künftigen Tarifvertragsparteien. So war u. a. folgendes vorgesehen:

- die Abhängigkeit der Wirksamkeit der Tarifverträge von der Eintragung in das staatliche Tarifregister (»konstitutive Wirkung«),
- ein materielles Überprüfungsrecht der Arbeitsverwaltung und

39 Vgl. *Nipperdey*, Beiträge zum Tarifrecht, 1924; zu seiner eigenen Darstellung dieser Episode vgl. *Hueck/Nipperdey*, Lehrbuch, Bd. 2, S. 38.

40 Vgl. *Garscha*, Die Deutsch-österreichische Arbeitsgemeinschaft, 1984.

41 Vgl. *Hueck/Nipperdey*, a. a. O.; *Sitzler/Hawelka*, Hrsg., Grundfragen einer Tarifrechtsreform in Deutschland und Österreich, 1932 (mit Beiträgen von Feig, Goldschmidt, Hawelka, Potthoff und Sitzler).

42 Vgl. eingehend *Höpfner*, Legitimation, 124 ff.

43 Bei aller Unfertigkeit waren dabei in verhältnismäßig kurzer Zeit viele auch später wichtig bleibende Argumentationsfiguren entwickelt worden (vgl. etwa die 400 Seiten zum Tarifrecht im »Hueck/Nipperdey« des Jahres 1932).

44 Vgl. *Nautz*, Die Durchsetzung der Tarifautonomie in Westdeutschland, 1985, S. 71 ff.; *Dreschers*, Die Entwicklung des Rechts des Tarifvertrags in Deutschland, 1994, S. 102 ff.; *Herschel*, Zur Entstehung des Tarifvertragsgesetzes, ZfA 1973, 183.

- die Möglichkeit der Allgemeinverbindlicherklärung auch ohne Antrag einer Tarifvertragspartei (s. u. 22.1).[45]

Das stieß auf breite Kritik, bis hin zu den Besatzungsmächten. Eine Schlüsselrolle kam hier den Gewerkschaften zu. Sie schwankten auch. Für sie stand zu jener Zeit im Mittelpunkt ihres Trachtens eine wie auch immer geartete »Wirtschaftsdemokratie«, und sie waren geneigt, ein künftiges Tarifvertragssystem den Imperativen aus deren Sphären unterzuordnen. Erst Nipperdey brachte sie davon ab in einer entscheidenden gemeinsamen Sitzung der arbeitsrechtlichen, sozialpolitischen und wirtschaftspolitischen Ausschüsse des DGB der britischen Zone am 10. März 1948:[46] »*Professor Nipperdey hält es für verkehrt, einen Gegensatz zwischen Tarifhoheit und Wirtschaftslenkung zu konstruieren. Er tritt für einen freien Tarifvertrag ein. Eine Beschränkung der Vertragsautonomie hält Professor Nipperdey für gefährlich.*«

Als man aber nach der »großen Politik« zum unscheinbaren anschließenden Tagesordnungspunkt »Stellungnahme zu dem Entwurf des Zentralamtes für Arbeit für eine Tarifordnung« schritt, wurde die Sache nach einer kurzen Einleitung und nur einem belanglosen Diskussionsbeitrag an den Arbeitsrechtsausschuss verwiesen – und dieser beauftragte Nipperdey mit der Ausarbeitung eines gewerkschaftlichen Entwurfs eines Tarifvertragsgesetzes. Der von ihm in Zusammenarbeit mit den gewerkschaftlichen Arbeitsrechtlern erarbeitete Entwurf eines Tarifvertragsgesetzes wurde vom Gewerkschaftsrat der amerikanischen und britischen Zone an die Verwaltung für Arbeit übersandt. Dann ging es sehr schnell. Die SPD-Fraktion im Wirtschaftsrat brachte den Gewerkschaftsentwurf in Übereinstimmung mit den Arbeitgebern nahezu wortgleich als eigenen Initiativantrag ein und nahm so der Verwaltung für Arbeit das Gesetz des Handelns aus der Hand. Bereits am 9. und 10. November 1948 wurde das Gesetz in zweiter und dritter Lesung einstimmig verabschiedet.

Dieses neue Tarifvertragsgesetz[47] knüpfte mit seinem zentralen Inhalt an die Weimarer Tarifvertragsverordnung an, die zwingende und unmittelbare Wirkung des Tarifvertrages mit dem Günstigkeitsprinzip gegenüber einzelvertraglichen Abreden:

---

45 Die Lemgoer Arbeitsverwaltung liebäugelte sogar noch mit der erneuten Möglichkeit einer Zwangsschlichtung (vgl. *Kittner*, Arbeitskampf, S. 630; *Mühlbradt/Lutz*, Der Zwang zur Sozialpartnerschaft, 1969, S. 6).

46 Vgl. Quellen, Bd. 7, S. 571; zum folgenden eingehend *Kittner*, Arbeitskampf, S. 561 ff.

47 Gesetz vom 9. 4. 1949, WiGBl. 1949, 55, 68. Das Gesetz wurde 1953 ausdrücklich auf das Gebiet der früheren Länder Baden und Württemberg-Hohenzollern erstreckt (Gesetz vom 23. 4. 1953, BGBl. I 156). Dort hatte es noch Landesregelungen über Tarifverträge und zum Lohnstopp gegeben (zur Weitergeltung der badischen Schlichtungsregelung siehe Kap. 26).

§ 1 Inhalt und Form des Tarifvertrags

(1) Der Tarifvertrag regelt die Rechte und Pflichten der Tarifvertragsparteien und enthält Rechtsnormen, die den Inhalt, den Abschluß und die Beendigung von Arbeitsverhältnissen sowie betriebliche und betriebsverfassungsrechtliche Fragen regeln können.

§ 4 Wirkung der Rechtsnormen

(1) Die Rechtsnormen des Tarifvertrags, die den Abschluß oder die Beendigung des Arbeitsverhältnisses ordnen, gelten unmittelbar und zwingend zwischen den beiderseits Tarifgebundenen, die unter den Geltungsbereich des Tarifvertrags fallen
[...]
(3) Abweichende Abmachungen sind nur zulässig, soweit sie durch den Tarifvertrag gestattet sind oder eine Änderung der Regelungen zugunsten des Arbeitnehmers enthalten.

Um diese Kernvorschriften herum wurden über die TVVO hinaus nicht allzu viele Einzelheiten geregelt. Was 1918 noch als Mangel aufgrund der hastigen Entstehung der TVVO angesehen wurde, praktizierte man nunmehr konzeptionell: die Überlassung vieler Einzelheiten an die Tarifvertragsparteien und die künftige Rechtsprechung.[48] Das verschaffte die nötige Flexibilität, um mit den unveränderten Kernformulierungen des TVG seit 1948 bis heute auszukommen. Die Folge war freilich, dass das Tarifrecht der Bundesrepublik trotz der vorgeblichen Ableitung jeweils aus dem Gesetz durch und durch Richterrecht wurde (ähnlich wie bei der anderen vergleichbaren Kernvorschrift des Arbeitsrecht, § 1 KSchG, Kap. 31). Zur Illustration: Die Ausführungen allein zu § 1 und § 4 TVG in den Kommentaren von Däubler und Kempen/Zachert nehmen jeweils über 800 Seiten ein (für das ganze Gesetz sind es jeweils etwa 1700 Seiten). Das alles kann hier nicht einmal komprimiert dargestellt werden. Aber auch um das Ausmaß richterlicher Gestaltungsdimension vorzuführen, stelle ich eine Chronologie der wichtigsten BAG-Entscheidungen zum Tarifrecht vor:

48 Vgl. *Herschel*, Zur Entstehung des Tarifvertragsgesetzes, ZfA 1973, 183ff.; *Nautz*, Die Durchsetzung der Tarifautonomie in Westdeutschland: das TVG vom 9. April 199, 1985; *ders.*, Die Entstehung des Tarifvertragsgesetzes. Historische, politische und juristische Hintergründe, WSI-Mitteilungen 1999, 437ff.

Grundsatzentscheidungen des BAG zum Tarifrecht

Datum	Fundstelle	Gegenstand
6.7.1956	BAGE 3, 55	Tariffähigkeit einer Gewerkschaft
29.3.1957	BAGE 4, 37	Tarifeinheit I
19.1.1962	BAGE 12, 184	Gewerkschaftseigenschaft
29.11.1967	BAGE 20, 175	Differenzierungsklausel
14.2.1968	BAGE 20, 308	Effektivklausel
17.2.1970	BAGE 22, 295	Verbindlichkeit des DGB-Schiedsverfahrens
20.4.1999	BAGE 91, 210	Unterlassungsanspruch der Gewerkschaft gegen tarifwidrige Betriebsvereinbarung, Günstigkeitsprinzip
28.3.2006	BAGE 117, 308	Tarifeinheit II
10.12.2002	BAGE 104, 155	Friedenspflicht
27.5.2004	BAGE 111, 8	Grundrechtsbindung
21.9.2016	NZA-Beilage 1/17	Allgemeinverbindlicherklärung
22.2.2023	NZA 2023, 638	Gleichbehandlung

Wenn man diese Liste Revue passieren lässt, wird deutlich, welcher regulatorische Flexibilitätsgewinn in der Überlassung dieser Themen an die Rechtsprechung lag. Kaum auszumalen, welche politischen Kraftakte in den jeweiligen Regierungskoalitionen zu all diesen Einzelfragen nötig geworden wären – Ausgang ungewiss!

22.3 Tarifvertragsinhalte I: Entgelt und Arbeitszeit

Was bedeutet also »Tarifvertrag« im regulatorischen Gesamttableau? Man könnte sich damit begnügen, die »wichtigsten«, weil größten Flächentarifverträge der ökonomisch bedeutendsten Wirtschaftsbereiche darzustellen. Doch bereits das öffnet ein Panorama von großer Vielfalt:
Der *öffentliche Dienst* ist in doppelter Hinsicht besonders: Er hat zwar Tarifverträge für eine große Zahl von Arbeitnehmern vor allem beim Bund, den Ländern und den Kommunen; ein Teil seiner Beschäftigten sind jedoch Beamte, für die die Arbeitsbedingungen durch Gesetz festgelegt werden – weltweit eine deutsche Spezialität (zum Streikverbot für sie Kap. 26; auch für Mitarbeiter der Kirchen gibt es ganz überwiegend keine Tarifverträge, Kap. 37). Aber auch die Tarifverträge weichen von der allgemeinen Tarifvertragspraxis ab. Denn im öffentlichen Dienst dominiert der Normierungswille des Staates, der für die im Behördenauf-

bau jeweils als »Arbeitgeber« fungierenden Funktionsträger detail-orientierte, durch Rechnungshöfe überprüfbare Vorgaben schaffen möchte. Während in der Privatwirtschaft die Arbeitgeber sich so viel wie möglich Freiraum und Flexibilität über das Minimum des im Tarifvertrag Aufgeschriebenen hinaus bewahren wollen, sollen die öffentlichen »Arbeitgeber«-Funktionsträger weitestgehend selbst »an die Kette gelegt« werden. So gibt es dort praktisch keine übertariflichen Entgeltbestandteile.[49] Für den öffentlichen Dienst verhandeln auf Arbeitnehmerseite ganz überwiegend die Gewerkschaft ver.di und in jüngster Zeit auch der Deutsche Beamtenbund. Dazu kommt für Ärzte der »Marburger Bund«.

Der größte Tarifbereich des privaten Sektors firmiert unter »*Metall- und Elektroindustrie*«; das umfasst aber völlig unterschiedliche Branchen (darunter neben Automobil-, Maschinenbau und Elektroindustrie z. B. Büromaschinen, optische Geräte oder Luft- und Raumfahrzeuge). Dort verhandeln die IG Metall mit bezirklichen Gliederungen und regionale Arbeitgeberverbände unter dem Dach von »Gesamtmetall«. Die »Metallindustrie«, wie es abkürzend heißt, ist wegen ihrer Größe und ökonomischen Bedeutung immer so etwas wie Vorreiter und Trendsetter. Dort hat sich bis zur Jahrtausendwende das überwiegende (80 %) Arbeitskampfgeschehen abgespielt (Kap. 26). Freilich stoßen genau deshalb dort Innovationen auf besondere Schwierigkeiten (zu Arbeitskonflikten siehe Kap. 26).

Diesbezüglich als Gegenpol sieht sich seit langem die *Chemische Industrie*. Dort gab es in der Weimarer Republik als einziger der technologisch neuen Industriebereiche freiwillige Tarifverhandlungen und -abschlüsse. Dort wird seit dem Arbeitskampf im Jahr 1971[50] auch in der Bundesrepublik eine demonstrative »Sozialpartnerschaft« gepflegt, von Arbeitgebern und Politik als Gegenmodell zur deutlich konfliktorischeren Metallindustrie.

Diese Rolle hatte in den ersten Jahren die *Bauwirtschaft* gespielt (mit dem Gewerkschaftsvorsitzeden Georg – »Schorsch« – Leber als wirtschaftsfriedliches Gegenbild zum kämpferischen Otto Brenner der IG Metall). Diese Branche wird wegen der Zersplitterung der Arbeitgeberseite und einer unsteten Beschäftigungssituation von »Gemeinsamen Einrichtungen« auf der Grundlage von als allgemeinverbindlich erklärten Tarifverträgen dominiert – in dieser Hinsicht eine Ausnahme in allen übrigen Tarifbereichen.

In kleinen Branchen, die in der frühen Tarifgeschichte von deutlich größerer Bedeutung waren, sind die Gewerkschaften als selbstständige Einheiten weggefallen, weil sie sich größeren Industriegewerkschaften angeschlossen haben:

---

49 Im Streit um eine übertarifliche Zulage Berlin im Jahr 2020 aus der Tarifgemeinschaft der Länder ausgeschlossen (vgl. »Tarifgemeinschaft beschließt Ausschluss Berlins«, FAZnet 26. 10. 2020.

50 Vgl. *Kittner*, Arbeitskampf, S. 670.

»*Holz und Kunststoff*« und »*Textil*« gingen zur IG Metall, »*Gartenbau, Landwirtschaft und Forsten*« zur IG BAU und Leder sowie »*Bergbau, Energie*« zur IG Chemie, Papier, Keramik (nunmehr »IG Bergbau, Chemie, Energie«. Diese übernehmenden Gewerkschaften haben deren Tarifverträge nach den überkommenen Grundsätzen fortgeführt. Selbstständig geblieben sind nur noch wenige kleinere Gewerkschaften mit Tarifverträgen für ihr Organisationsgebiet: »*Erziehung und Wissenschaft*« und »*Nahrung, Genuß, Gaststätten*«. Bei der *Bahn* hat sich in den letzten 20 Jahren die früher elitär-berufsständische Lokführergewerkschaft (GdL) zu einer ernstzunehmenden Konkurrentin der EVG (»Europäische Verkehrsgewerkschaft«, früher »Gewerkschaft der Eisenbahner Deutschlands«) entwickelt (Kap. 26). Ähnlich hat sich im Luftverkehr eine Reihe kleiner Spezialistengewerkschaften entwickelt (z. B. »Vereinigung Cockpit« für Piloten und »UFO« für Flugbegleiter).[51]

---

51 Das Auftreten der teils äußerst militanten Spezialistengewerkschaften bei der Bahn und im Flugverkehr hat zum Aufflammen des Themas »Tarifeinheit« geführt. Das ist, des öffentlichen und fachwissenschaftlichen Aufhebens ungeachtet, keineswegs ein Zentralproblem des Tarifrechts, ja eigentlich ein eher peinliches Rand-Thema (zum Folgenden eingehend Berg/Kocher/Schumann-*Berg*, § 3a TVG, Rn. 1 ff.; *Kittner*, 50 Urteile, S. 253 ff.). Seinen Ausgang nahm es mit der »Erfindung« dieser Rechtsfigur durch Nipperdey, der, wie Klaus Bepler im Archiv und Dirk Neumann aus der Erinnerung herausgefunden bzw. berichtet haben, dazu als Senatsvorsitzender das Berichterstatter-Votum bei einem gar nicht passenden Fall »umschrieb«, weil Vorstandmitglieder des DGB ihm ihre Sorgen wegen möglicher kommunistischer Kleingewerkschaften unterbreitet hatten (vgl. *Bepler* in Däubler/Bepler, Das neue Tarifeinheitsrecht, 2016, Rn. 7). Das Nipperdey'sche Konzept kam zur »Tarifeinheit«, d. h. der Geltung nur eines Tarifvertrags im Betrieb, durch ein »Spezialitätsprinzip«, wonach der »sachnähere« Tarifvertrag vorgehen sollte. Das ermöglichte u. a. die Verdrängung von Branchentarifverträgen durch Firmentarifverträge, die teilweise von eigens dazu gegründeten »gelben« Gewerkschaften abgeschlossen wurden. Der vierte Senat des BAG beendete dies im Jahr 2010 unter Berufung auf eine diesmal wirklich »herrschende Meinung« in der Literatur (mit der wohl längsten Zitatenkette in der Geschichte der deutschen Obergerichte mit etwa 60 Autorinnen und Autoren; vgl. BAG 27. 1. 2020, NZA 2010, 645; 7. 7. 2010, BAGE 135, 80). Der geänderten Rechtsprechung zufolge wären die verschiedenen Tarifverträge nebeneinander anzuwenden gewesen. Das rief eine Koalition aus BDA und DGB auf den Plan, die eine gesetzliche Wiedereinführung der »Tarifeinheit« forderte, was mit dem »Tarifeinheitsgesetz« vom 3. 7. 2015 (BGBl. I 1130) geschah. Es wurde vom BVerfG nur mit Auflagen für eine verfassungskonforme Auslegung akzeptiert (vgl. BVerfG 11. 7. 2017, BVerfGE 146, 71). Die »Nachbesserung« erfolgte mit Gesetz vom 18. 12. 2018 (BGBl. I 2651). Und nun das Ärgernis: Die ganze Aufregung ging und geht im Wesentlichen nur um Auseinandersetzungen der Lokführergewerkschaft mit der Mehrheitsgewerkschaft bei der »Deutschen Bahn« und – allerdings deutlich geräuschloser – in Bezug auf das Kabinenpersonal zwischen ver.di und UFO bei der Lufthansa – beides bei staatlichen bzw. staatlich kontrollierten Konzernen! Der dritte größere Fall von Tarifkollision betraf das Verhältnis von ver.di zum »Marburger Bund« der Ärzte, das auch ohne Gesetz zivil und geräuschlos geklärt werden konnte.

Dann kommt das weite Feld der *privaten Dienstleistungen*, für die seit dem Jahr 2000 auf Arbeitnehmerseite nur mehr eine Gewerkschaft zuständig ist (»Vereinigte Dienstleistungsgewerkschaft« – ver.di). Sie umfasst zahlreiche, tarifpolitisch weitgehend autonom und nach ganz unterschiedlichen Kriterien operierende Bereiche.

Schließlich gab und gibt es in allen Organisationsbereichen *Firmentarifverträge*. Zu Beginn der Tarifpraxis waren sie naturgemäß in der Überzahl, um dann mit der Herausbildung größeren Einheiten abzunehmen. Seit der Jahrtausendwende steigt ihre Zahl wieder mit dem Trend zur Dezentralisierung und einer »Flucht aus den Verbänden« auf Arbeitgeberseite (s. u. 22.5). Dabei entspricht die Vielfalt der Vertragstypen der großen Bandbreite der beteiligten Unternehmen (quantitativ z. B. von Volkswagen bis zu Start-ups; qualitativ genuine Tarifverträge oder Anerkennungstarife für aus einem Verband angehörende Unternehmen). Wie sollte also eine repräsentative Auswahl aussehen?

Für einen längeren historischen Rückblick kommt hinzu: Im Kaiserreich und in der Weimarer Republik mussten diese Zahlen vervielfacht werden, denn es gab in jedem Bereich drei weltanschaulich unterschiedliche Gewerkschaften (»Freie« = sozialdemokratische, »christliche« und »liberale« = »Hirsch-Duncker'sche«). Zwar fanden sie sich nicht selten zu Tarifgemeinschaften zusammen, aber die Regel war das nicht. Dazu kam, dass in vielen Bereichen Angestelltengewerkschaften mit jeweils eigenen Tarifverträgen existierten.

Kurzum »Tarifvertrag« gibt es für eine Gesamtbetrachtung nur im Plural. Das ist geradezu konstitutiv für ihn als Instrument dezentraler Gesellschaftssteuerung. Es sieht so aus, als wäre es geradezu kategorial unmöglich, gemeinsame Nenner oder hinreichend große Schnittmengen zu finden. Denn nach § 6 TVG sollen zwar alle in der Bundesrepublik seit ihrer Gründung geschlossenen Tarifverträge im Tarifregister beim Bundesarbeitsminister dokumentiert sein,[52] es gibt – abgesehen von der jeweils uferlosen Spezialliteratur zu »Lohnpolitik« und »Arbeitszeit« – keine systematische Erfassung und Auswertung nach ihren Inhalten (in der Weimarer Republik wurden nur für allgemeinverbindlich erklärte Tarifverträge in ein öffentliches Register eingetragen; für alle anderen ist es eine Frage von Zufallsfunden, denn es gibt bis auf wenige Reste keine Gewerkschafts- und Arbeitgeberarchive mehr). Allein der Blick auf die Inhaltsübersicht im »Handbuch Tarifvertrag« von Klaus Lang und Stefan Schaumburg für den Organisationsbereich der IG Metall (Metall- und Elektro, Stahl, Holz, Textil) könnte einen verzweifeln lassen. Mir kommt die bekannte Formel von Donald Rumsfelds Kategorie des »known unknown« in den Sinn – etwas, wovon man weiß, dass es das

52 Hinsichtlich Firmentarifverträgen erfolgt dies erfahrungsgemäß nicht immer.

gibt, das man aber nicht kennt.[53] Wie soll also die Position »Tarifverträge« – Inbegriff der säkular neuen Qualität des Arbeitsrechts – innerhalb der Gesamtheit unserer »normativen Ordnung« beschrieben werden?
Die Antwort erweist sich als überraschend einfach, wenn die Frage präziser entsprechend dem Anliegen dieses Buches formuliert wird: Welcher *Teil des Arbeitsrechts* ist denn überhaupt in Tarifverträgen geregelt? Hierfür nun bedarf es keiner aufwendigen Feldforschung und Evaluierung, sondern nur eines einigermaßen vorinformierten Rundblicks. Er zeigt für die Privatwirtschaft[54] von den Anfängen bis heute ein sehr eindeutiges Bild:

- Ganz überwiegend regeln die Tarifverträge Entgeltfragen in allen denkbaren Konstellationen (Entgelt in jeder Form – von Einmalzahlungen, Sozialplänen bis Betriebsrenten, seine Höhe und Bestimmungskriterien, Zahlung trotz Nichtleistung, z. B. bei kurzfristiger Freistellung, im Krankheitsfalle oder bei altersbedingter Leistungsminderung usw.).
- An zweiter Stelle kommen Fragen der Arbeitszeit (inkl. Urlaub), ihrer Dauer und Verteilung, für den Normalfall und in Sondersituationen (Altersteilzeit, Mehr- und Kurzarbeit, Pausen, Freizeiten).
- Dann folgen mit weitem Abstand arbeitsrechtliche Einzelfragen. Die beiden zugleich verbreitetsten und bedeutendsten sind Kündigungsbeschränkungen für ältere und/oder langjährig beschäftigte Arbeitnehmer und Ausschlussfristen, mit denen wegen der – angeblichen – Sondersituation des Arbeitslebens die generellen Verjährungsfristen des BAG drastisch verkürzt werden.[55]
- Und natürlich gibt es eine Vielfalt von Themen darüber hinaus (z. B. zum demografischen Wandel, zur Vereinbarkeit von Beruf und Familie, zur Übernahme von Auszubildenden oder Besetzungsregeln).[56] Sie aber prägen nicht »das« Tarifgeschehen.
- Von der Möglichkeit zu Tarifverträgen über »betriebsverfassungsrechtliche Fragen« gem. § 1 Abs. 1 TVG ist noch unter dem BetrVG 1952 rege Gebrauch gemacht worden. Nachdem diese Praxis mit dem BetrVG 1972 aufgegriffen

53 Rumsfelds andere Kategorien, beim Versuch einer Antwort auf geheime Massenvernichtungswaffen im Irak auszuweichen, waren: »known knowns« und »unknown unknowns«.

54 Vgl. *Lang/Schaumburg*, Handbuch Tarifvertrag, 2022.

55 Vgl. *Oechslen*-Arbeitsrecht, § 14 Rn. 50 ff.

56 Der immer wieder wegen seiner Inhalte zur »Humanisierung der Arbeit« gerühmte »Lohnrahmentarifvertrag II« von 1973 in der Metallindustrie Nordwürttemberg/Nordbaden enthält neben der Kündigungsbeschränkung für ältere Arbeitnehmer ausschließlich Fragen von Entgeltfindung und -sicherung sowie Arbeitszeit (vgl. IG Metall, Geschäftsbericht 1971–1973, S. 177; *Ohl/Steinkühler*, »Der Kampf um die Steinkühlerpause« – Fragen an Franz Steinkühler, AuR 2016, G 13). Dieser Tarifvertrag, dem ein nur wenige Tage währender Streik zugrunde lag, wurde in der Metallindustrie in keinem anderen Tarifgebiet übernommen.

worden war, ist es unter diesem Gesetz ruhig geworden. Das gilt auch hinsichtlich einer tarifvertraglichen Erweiterung der Mitbestimmung.[57]

Mit anderen Worten: Die Tarifvertragspraxis drehte und dreht sich um das für abhängige Arbeit konstitutive Verhältnis von »Lohn und Leistung«, wobei die Frage der Arbeitszeit wiederum von Beginn an unter dem Aspekt des Gesundheitsschutzes für Arbeiter in Regulierungsfokus des Staats geraten war. Die autonome Regelung von Entgelt und jedenfalls der Dauer der Normalarbeitszeit in diesen 87 000 Tarifverträgen ist heute konstitutiv für die ganze Volkswirtschaft.

Beide Elemente sorgten für permanente Dramatik. Die tarifliche Lohnpolitik lieferte die Basisdaten für all das, was auf der Makroebene als »Lohnquote« in dem »Konflikt zwischen Lohn- und Geldpolitik« Regierung und Zentralbank bewegt.[58] Und auf der Mikroebene, bei den Betroffenen selbst, handelte es sich stets um Konflikte mit »open end«, ohne rechenhafte oder gar »gerechte« Verteilungsregeln.

Im ganz langen Zeitablauf war die Entgeltgestaltung (früher wurde nur von dem der Arbeiter gesprochen, dem »Lohn«) für den Normalfall eine solche der Tarifvertragsparteien. Davon wurde dreimal in der deutschen Geschichte abgewichen:

- durch die Zwangsschlichtung von Weimar (Kap. 26),
- während der NS-Wirtschaft (Kap. 12) und
- durch die Planwirtschaft der DDR (Kap. 15).

Alle diese drei Epochen nahmen kein gutes Ende, gewiss nicht wegen der dabei praktizierten staatlichen Lohnpolitik. Aber deren Unzulänglichkeiten und Grenzen wurden jeweils sehr deutlich, im Falle »DDR« hatte die nicht funktionierende Wirtschaft aber jedenfalls einen entscheidenden Anteil an deren Untergang. Diese drastischen Beispiele vor Augen, wird das Hohelied der Systemtheorie gut nachvollziehbar, wenn sie die Verarbeitung des Verteilungskonflikts in einem freien Tarifvertragssystem geradezu als »Lebensversicherung« einer modernen Industriegesellschaft feiert.[59]

Damit könnte es bei einer Langzeitbetrachtung sein Bewenden haben. Aber seit jüngerer Zeit, in der Abteilung »Zeitgeschichte«, ist eine gegenläufige Entwicklung anzuzeigen: das Aufkommen einer staatlichen Mindestlohnpolitik (eingehend u. 22.13)[60]

57 Vgl. *Däubler/Kittner*, Betriebsverfassung, S. 435.

58 Vgl. *Lesch*, Die deutsche Lohnpolitik zwischen Inflation und Stagnation: Drohen Zielkonflikte mit der Geldpolitik?, IW-Trends 2/204.

59 Vgl. *Bender*, Regulierung durch Selbstregulierung, in Vec/Hütt/Freund, Hrsg., Selbstorganisation, 2006, S. 355 ff.

60 Eine unterste Auffanglinie durch staatliches Gesetz gab es immer durch die Sittenwidrigkeit von Lohnwucher gem. § 138 Abs. 2 BGB, wenn die Arbeitsleistung »in auffälligem Missverhältnis zur Leistung« stand (vgl. BAG 10.10.1990, NZA 1991, 264).

Bei der zweiten zentralen Komponente der Tarifinhalte, der Arbeitszeit, gab es neben dem jeweils aktuellen Verteilungskonflikt immer auch eine fundamentale Dimension:[61] Der Acht-Stunden-Tag[62] galt für die Gewerkschaften als die emotionalste »Trophäe« der Novemberrevolution und der Konflikt um seine Rückgängigmachung ließ die Arbeitsgemeinschaft zwischen Arbeitgeberverbänden und Gewerkschaften zerbrechen – als »Anfang vom Ende« der gesamten Republik.

Auch in der Bundesrepublik stand die Frage der Arbeitszeit bald wieder ganz oben in der Agenda der Gewerkschaften. Nach dem bald einsetzenden »Wirtschaftswunder« starteten sie 1956 mit einer überaus populären und erfolgreichen Kampagne zur Fünf-Tage-Woche unter dem Slogan »Samstags gehört Vati mir«.[63] Dabei wurde auch die Senkung der Anfang der 1950er Jahre noch bei etwa 48 Stunden liegenden wöchentlichen Arbeitszeit auf 40 Stunden angestrebt. Das konnten sie bis Mitte der 1960er Jahre ohne Arbeitskämpfe durchsetzen. Dann aber zogen die Arbeitgeber »rote Linien« zu allen Arten von Arbeitszeitverkürzung. 1965 verabschiedete die BDA dazu einen »*Katalog der zu koordinierenden lohn- und tarifpolitischen Fragen*«,[64] der alsbald von den Gewerkschaften als »*Tabu-Katalog*« geradezu dämonisiert wurde. Das gab allen großen Tarifbewegungen zur Arbeitszeitverkürzung eine fundamentale Note und mündete 1984 in den größten Arbeitskampf der Bundesrepublik um die 35-Stunden-Woche (Kap. 26)[65]

Für unsere Darstellung klären sich auf diese Weise die Fronten: Es wird hier *keine* Geschichte der Lohnpolitik und zur Arbeitszeit geben. Die säkularen Highlights der tariflichen Arbeitszeitpolitik werden im Kapitel zum staatlichen Arbeitszeitrecht behandelt werden (Kap. 29). An dieser Stelle kann es mit den »sonstigen« Tarifvertragsinhalten zum allgemeinen Arbeitsrecht (s. u. 22.4), zur Flexibilität der Tarifverträge (s. u. 22.5–10) und der Tarifgeltung (s. u. 22.6) sein Bewenden haben (dazu kommen noch Tarifvertragssurrogate wie Allgemeinverbindlichkeit und Mindestlohn, s. u. 22.13).

Zum »Kampf um den Tarifvertrag« nur noch so viel: Bis 1918 war dies ein Kampf auf zwei Ebenen, in dem es um die Fernhaltung der Arbeiter von der Macht im

---

61 *Schneider*, Streit um Arbeitszeit. Geschichte des Kampfes um Arbeitszeitverkürzung in Deutschland, 1984.

62 Zum Unterschied zwischen Arbeitszeitberechnung auf wöchentlicher und täglicher Basis s. Kap. 29.

63 Vgl. *Futh*, Der DGB entdeckt die Kampagne. Der Kampf um den arbeitsfreien Samstag, Zeitschrift für historische Studien, Heft II, 2016.

64 Dokumentiert in »Frankfurter Rundschau« vom 26. 1. 1979 und »Die Zeit« vom 26. 1. 1979.

65 *Kittner/Hlava*, »Zieht Eure Kittel aus und geht nach Hause« – Erinnerungen an den Arbeitskampf 1984 um die 35-Stunden-Woche, AuR 2121, G 13.

Staat und in den Unternehmen ging.[66] Nach dem so drastischen wie kurzlebigen Erfolg der Novemberrevolution mündete der als eine Art »Reconquista« auch um den Tarifvertrag geführte Kampf in der Zerstörung dieses neuen Staates. Erst nach dem furchtbaren Intermezzo des Nationalsozialismus scheint dieser ganz fundamentale »Konflikt um den Tarifvertrag« befriedet. Es sieht so aus, als stünde – aufs Ganze und beim Gros der deutschen Unternehmen – der Tarifvertrag als solcher außer Streit, und es ginge tatsächlich »nur« noch um Verteilungskonflikte im Einzelnen. Nicht zu übersehen ist freilich, dass der alte Grundsatzstreit um die »Lockerung der Tarifverträge« sich in Krisenzeiten durchaus wieder bemerkbar gemacht (mit Stichworten wie »Bündnis für Arbeit« und »gesetzliche Öffnungsklauseln«, s.u. 22.4).

22.4 Tarifvertragsinhalte II: Sonstige Arbeitsvertragsinhalte

Eingangs habe ich kurz davon gesprochen, dass Tarifvertragsinhalte ganz überwiegend Entgelt und Arbeitszeit seien, sonstige Arbeitsvertragsinhalte dagegen eher nicht. Und nun möchte ich das belegen mit nur vier (!) Beispielen – ein methodisch auf den ersten Blick kühnes Unterfangen. Ich lade aber zur empirischen Vertiefung ein. Eigentlich sind es nur zwei Beispiele: der als solcher wohl berühmteste »Erste allgemeine Tarifvertrag« für die Drucker aus dem Jahr 1873[67] und die Tarifverträge für das historisch und zeitgeschichtlich – aus anderen Gründen – herausragende Tarifgebiet der Metall- und Elektroindustrie Baden-Württemberg aus den Jahren 1928, 1950 und 2024. Die Aussagekraft der dort abgeschlossenen Manteltarifverträge resultiert vor allem auch daraus, dass *beide* Tarifvertragsparteien in der jeweiligen historischen Situation ganz oben hinsichtlich Durchsetzungsmacht und Professionalität rangierten. Das heißt gerade für die Zeitreihe aus der Metallindustrie: Die jeweiligen Tarifverträge vermitteln einen ziemlich guten Eindruck davon, was

66 Vgl. *Kittner*, Was heißt hier modern? Das Kaiserreich und die Arbeiterbewegung, Merkur Nr. 871, 2021, S. 92ff.

67 Vgl. *Beier*, Schwarze Kunst und Klassenkampf, Bd. 1, Vom Geheimbund zum königlich-preußischen Gewerkverein 1830–1890, 1966; *Burkhardt*, Ein Kampf ums Menschenrecht. Hundert Jahre Tarifpolitik der IG Druck und Papier und ihrer Vorgängerorganisationen seit dem Jahr 1873. Stuttgart 1974; Verband der Deutschen Buchdrucker, Fünfzig Jahre deutsche gewerkschaftliche Arbeit mit einer Vorgeschichte, hrsg. vom Vorstand des Verbandes der Deutschen Buchdrucker, Bd. 1, 1916. Dieser Druckertarifvertrag war als Reichstarifvertrag völlig untypisch. In den Anfängen dominierten in allen anderen Branchen kleinteilige auf einzelne Firmen und Orte begrenzte Vereinbarungen. Lediglich in der Bauwirtschaft erzwangen die Arbeitgeber in einem deshalb geführten Arbeitskampf im Jahre 1910 eine frühe Zentralisierung (vgl. *Kittner*, Arbeitskampf, S. 340).

- Gewerkschaften für regelungsbedürftig und durchsetzbar hielten und
- Arbeitgeber – im Regelfall ohne Arbeitskampf – zuzugestehen willens waren, wobei
- für beide Seiten unausgesprochene Geschäftsgrundlage war, dass um derartige Inhalte kein Arbeitskampf geführt würde.

Ich fange an mit dem Druckertarifvertrag von 1873. Dass es gerade dort zum ersten »Tarifvertrag« in der deutschen Geschichte kam, ist nicht verwunderlich, denn die Drucker waren wegen ihrer nahezu ungebrochenen Kontinuität mit den Gesellenvereinigungen der alten Zunftzeit ganz früh auf dem Plan, als es galt, »Gewerkschaften« in der neuen, kapitalistisch-marktwirtschaftlichen Zeit zu formieren. Dieser Tarifvertrag enthielt 30 Paragrafen, davon 28 mit äußerster Detailliertheit Vorschriften zur Entlohnung (wovon ich einen beispielhalber abdrucke); der letzte enthielt acht Absätze mit unsystematischen Festlegungen zu Arbeitszeit, Bezahlungsmodalitäten, Überstundenzuschlägen und Kündigungsfristen. § 29 wies den ganzen Vertrag als im Einzelfall disponibel aus:

Der erste allgemeine Tarif (1873)

...

§ 2. Satzpreise. Deutscher Satz in Fractur-Schrift pro 1000 Buchstaben:

Petit-, Borgis- und Corpus-Regel	30	Pf.	Reichsmünze
Colonel-Regel	34	"	"
Monpareille-Regel	36	"	"
Perl-Regel	45	"	"
Cicero-Regel	32	"	"
Mittel-Regel	34	"	"

Bei Antiqua-Schrift erhöhen sich vorstehende Preise um 10 Procent.

Deutscher Satz mit Accenten wird um 10 Procent, Romanisch (Französisch,
Italienisch, Spanisch, Portugiesisch, Lateinisch ec.), Holländisch, Englisch, Skandinavisch, Alt- und Plattdeutsch um 16 2/3 Procent, Satz in vorstehend genannten Sprachen mit außergewöhnlichen Accenten, Slavisch und Ungarisch um 20 Procent, außer dem Aufschlag für Antiqua, Russisch und Griechisch um 50 Procent erhöht.

Bei Exemplaren in nicht deutscher Sprache findet ein fünfprocentiger Aufschlag von
vorstehenden Preisen statt. Exemplar wird als Manuscript betrachtet, wenn mehr als ein Achtel des Bogens Geschriebenes darin enthalten ist.

Hebräischer oder sonstiger orientalischer Satz werden nach besonderer Uebereinkunft berechnet.

[...]

§ 29.

[...]
Im Uebrigen sind alle im vorliegenden Tarife enthaltenen Bestimmungen maßgebend. Sie können in Bezug auf d i e s e n Abschnitt modificirt werden durch Privatverträge oder Ortsgebrauch.

III. Allgemeine Bestimmungen.

§ 30. Die tägliche Arbeitszeit ist eine zehnstündige, incl. eine Viertelstunde Frühstück und eine Viertelstunde Vesper.
Gleichwie jeder Gehilfe das Recht auf volle Beschäftigung und auf Entschädigung der Zeitversäumniß bei unzureichender Arbeit hat, ebenso ist er verpflichtet, seinerseits die Arbeitszeit pünktlich einzuhalten. Er haftet für die Brauchbarkeit der von ihm geleisteten Arbeit.
Das Minimum des gewissen Geldes ist 19 ½ Mark.
Die Entschädigung für Extrastunden, wenn solche vom Principal verlangt werden,
beträgt für im gewissen Gelde stehende Gehilfen außer dem nach ihrem Gehalte sich ergebenden Verdienste und für berechnende Gehilfen außer ihrem tarifmäßigen Verdienste bis 9 Uhr Abends 15 Pf., von 9–11 Uhr Abends 25 Pf. pro Stunde, nach 11 Uhr Abends sowie an Sonn- und hohen Feiertagen tritt doppelte Bezahlung ein.
Behufs Normirung der Entschädigungen vom Gehilfen nicht verschuldeter Zeitversäumnisse ist der wöchentliche Durchschnittsverdienst des betr. Gehilfen maßgebend.
Das Auszahlen des Arbeitslohnes geschieht wöchentlich, die Abrechnung hat zwei
Tage vor dem Zahltage stattzufinden.
Die gegenseitige Aufkündigungszeit ist eine vierzehntägige, wenn nicht ein anderes Uebereinkommen stattgefunden hat. Die Aufkündigung kann nur Sonnabends geschehen; ist der Sonnabend ein Feiertag, so gilt dafür der vorhergehende Arbeitstag.
Etwaige Localzuschläge bleiben der Vereinbarung der resp. Ortsvereine überlassen und sind auf den Gesamtwochenverdienst zu legen.

Quelle: *https://www.gewerkschaftsgeschichte.de/downloads/e_01_tarifvertrag_buchdrucker.pdf*

Dieser erste Drucker-Tarifvertrag sollte sich, im Rückblick durchaus überraschend, als role-model für die gesamte Tarifvertragspraxis seither erweisen (natürlich mit zeitgenössisch entsprechenden Einzelthemen und unterschiedlicher interner Gewichtung): fast ausschließlich Entgelt und Arbeitszeit und dazu eine Mikro-Dosis »Sonstiges« (im vorliegenden Fall die regelmäßig auftauchende Kündigungsfrist).

Genau so sah das erste »Kollektivabkommen für die Metallindustrie Württemberg/Hohenzollern« vom 4. Juli 1928[68] aus (der Begriff »Mantel«-Tarifvertrag stammt aus der Zeit nach 1945): Er enthielt viele und detaillierte Regelungen zur Entlohnung (Zeit- und Stücklohn) und zur Arbeitszeit, und dazu die kurzen Paragrafen zur Gestellung von Werkzeugen durch den Arbeitgeber, seine Pflicht zur Reinigung, Lüftung und Beheizung der Arbeitsräume und über Kündigungsfristen (letzteres eine Konstante in vielen Tarifverträgen im allen Branchen). Dazu gab es eine Ermächtigungsklausel für den Betriebsrat hinsichtlich umfangreicherer Mehrarbeit. Nicht viel anders sah der erste Nachkriegstarifvertrag für das im Kern deckungsgleiche Gebiet von Nordwürttemberg/Nordbaden vom 18. Dezember 1953[69] aus. Zum Arbeitsrecht enthielt er drei Vorschriften: so wie beim Vorgänger über Arbeitsräume und Kündigungsfristen, sowie eine über die gesetzliche Verjährungsregelung hinausgehende Ausschlussklausel für die Geltendmachung von Ansprüchen aus dem Arbeitsverhältnis. Dafür gab es nun mehr Ermächtigungsklauseln für den Betriebsrat: wie bereits in Weimar bei bestimmten Arten von Mehrarbeit, zur Verteilung der Arbeitszeit und der Einführung von (damals noch nicht so genannten) »Brückentagen«, sowie die (nur konsultative) Beteiligung einer »Akkordkommission« des Betriebsrats.

Dieser »General«-Tarifvertrag wurde im Laufe der Jahre immer weiter angereichert; ihm zur Seite kam ein »Lohnrahmentarifvertrag« (um den es den berühmten Streik zur »Humanisierung der Arbeit« 1973 gegeben hatte) und die Zusammenführung der Entlohnung von Arbeitern und Angestellten in einer ERA genannten Neuregelung (»Entgelt-Rahmen-Abkommen«) im Jahr 2003. Zusammen mit dem Manteltarifvertrag – nunmehr für ganz Baden-Württemberg vom 10. Dezember 2021[70] – erscheint ein veritables kleines »Arbeitsgesetzbuch« für diesen regionalen Industriebereich zustande gekommen zu sein. Auf den ersten Blick sieht es so aus, als hätten auch die allgemeinen arbeitsrechtlichen Vorschriften kräftig zugenommen:

68 Friedrich-Ebert-Stiftung, Bibliothek A 93-3259.

69 Tarifregister beim Bundesminister für Arbeit und Soziales.

70 Tarifregister beim Bundesminister für Arbeit und Soziales.

Arbeitsrecht neben Entgelt und Arbeitszeit im MTV Metallindustrie Baden-Württemberg 2024

§§	Inhalt	Bedeutung
2.2	Erstattung von Vorstellungskosten	geltendes Recht
2.4	Rückgabe von Unterlagen	geltendes Recht
2.5	Wiedereinstellung nach Zeiten der Kindererziehung	eigener Anspruch
2.6	Unterbrechungen bei Berechnung der Betriebszugehörigkeit	eigene Regelung
3.1	Inhalte des Arbeitsvertrags	weniger als geltendes Recht (NachwG)
3.4	Probezeit	eigene Regelung
4	Menschengerechte Gestaltung der Arbeit	geltendes Recht (§ 618 BGB)
41	Unterstützung der Angehörigen im Todesfall	eigener Anspruch
42	Beschränkung der Arbeitnehmerhaftung	geltendes Recht
43.2	Besonderer Kündigungsschutz für ältere und länger Beschäftigte	eigener Anspruch
43.3	Kündigungsfristen	jeweils ein Monat mehr als gesetzliche Staffel (§ 622 BGB)
44	Freistellung zur Arbeitssuche	geltendes Recht
45	Zeugnis	geltendes Recht
46	Ausschlussfristen	eigene Regelung

Dazu sind seit 2021 für neuere Entwicklungen eigene Tarifverträge außerhalb des Manteltarifvertrags hinzugekommen: ein TV zur betrieblichen Qualifizierung 2015 und ein Rahmen-TV für freiwillige Betriebsvereinbarungen über mobiles Arbeiten 2021.

Das Gesamtergebnis bleibt aber: Es gibt nur eine substanziell bedeutende über das geltende Gesetzesrecht hinaus gehende Regelung, nämlich den Ausschluss der ordentlichen Kündigung für ältere Arbeitnehmer. Alle sonstigen arbeitsrechtlichen Inhalte betreffen Nebensächliches (außer den neuen Komplex der Qualifizierung) und bestehen zum großen Teil in der Wiedergabe des geltenden Rechts (ebenso in anderen großen Industrietarifverträgen, z. B. für die chemische Industrie).

Es sieht demnach so aus, dass das Arbeitsrecht über die Regelung von Entgelt und Arbeitszeit – beides im weitesten Sinne – hinaus eher keine Sache von Tarifverträgen ist. In dieser Hinsicht üben die Tarifvertragsparteien eine bemerkenswerte Zurückhaltung – eine Bestätigung der These von der traumatischen Erfahrung des Schleswig-Holstein-Streiks der IG Metall um die Lohnfortzahlung und der daraus folgenden – unausgesprochenen – Selbstbeschränkung (Kap. 9).

22.5 Flexibilität der Tarifverträge: Grundprobleme

Das elementarste Problem des »unabdingbaren« Tarifvertrages, das ihm unvermeidlich anhaftet, resultiert aus dem ihn konstituierenden Paradox: Im Tarifvertrag verpflichten sich Arbeitgeber dazu, dass sie in Zukunft das nicht machen dürfen, was ihnen die Umstände nahelegen, ja möglicherweise abverlangen. Konkret: Die Geschäfte laufen schlechter und man möchte die Arbeitskosten senken – doch weil man sich auf einen Tarifvertrag eingelassen hat, ist das nicht möglich. Das beschwört nicht selten die anders nicht besser beschreibbare Situation herauf: »Wasch mir den Pelz, aber mach mich nicht nass«. Das heißt: Niemand will den Tarifvertrag deshalb als solchen aufgeben, die Institution wird ja von Arbeitgebern nicht zuletzt deshalb geschätzt, weil sie Kalkulationssicherheit bietet und als unlauter empfundener Wettbewerb zurückgedrängt werden soll. Aber im Einzelfall möchte man selbst »ausbüchsen«. Aus diesem Dilemma resultiert eine seit der Schaffung der TVVO bis heute reichende Kette von Problemlagen und -lösungen, die man sämtlich unter »Flexibilität« oder – inhaltsgleich – »Flexibilisierung« der Tarifverträge rubrizieren kann (in der Weimarer Republik sprach man von »Elastizität«).[71]

Zweckmäßigerweise unterscheidet man folgende Problemlagen s. u. 22.6–10):

- Konkretisierung durch die Betriebsparteien;
- Abweichungen »nach oben«: übertarifliche Leistungen;
- einvernehmliche Abweichungen »nach unten«;
- erzwungene Abweichung »nach unten« I: Missbrauch des Günstigkeitsprinzips;
- erzwungene Abweichung »nach unten« II: »Lockerung«/»Öffnung« des Tarifvertrages.

Diese verschiedenen Konstellationen sind zum Teil noch ineinander verwoben und nur durch komplizierte juristische Kategorien erklärbar, was den gesamten Problemkomplex zum Musterbeispiel für eine nur begrenzte Bewältigung durch in dieser Hinsicht nicht geschulte Sozial- und Politikwissenschaftler macht.

71 *Hueck/Nipperdey*, Arbeitsrecht, 3.–5. Aufl. 1932, S. 53.

22.6 Konkretisierung durch die Betriebsparteien

Allen für eine Vielzahl von Arbeitgebern geltenden Tarifverträgen (»Flächentarifverträge«) ist eine unvermeidliche Problematik eigen: Der für eine große Betriebsvielfalt geltende Tarifvertrag passt nicht für jede betriebliche Situation. »One size fits all« ist die Ausnahme und nicht die Regel. Also geht es nicht um Abweichungen vom Tarifvertrag, sondern um Passgenauigkeit für den konkreten Betrieb. Hierfür bot sich wie von selbst eine Lösung über die inzwischen ebenfalls etablierte Institution der betrieblichen Interessenvertretung an, zum Zeitpunkt der Schaffung der TVVO noch der Arbeiterausschuss, danach der Betriebsrat. Rechtlich war das keine Sache des Tarifrechts, denn die Tarifvertragsparteien delegierten ja gewissermaßen nur einen Teil ihrer Regelungsmacht nach unten. Es ging also darum, die Regelungssperre für die Betriebsparteien partiell[72] aufzuheben, die durch § 78 Nr. 2 BRG, später durch §§ 56 und 59 BetrVG 1952 bzw. §§ 87 Abs. 1 Eingangssatz und 77 Abs. 3 BetrVG 1972 zum Schutz des Tarifvertrags und zur Abgrenzung der jeweiligen Sphären festgelegt worden war.

In der Weimarer Republik wurde davon noch nur sehr sparsam Gebrauch gemacht. Das beruhte auf dem aus der Konkurrenz mit der Rätebewegung erwachsenen fundamentalen Misstrauen der Gewerkschaften gegen Betriebsräte, das – zum Schaden für beide – mehr zu einem Neben- statt Miteinander führte. Diese Beziehung ist bislang nur ganz schwach erforscht.[73] Z. B. habe ich zum ersten Mal im Jahr 2020 eine exemplarische Auflistung von Öffnungsklauseln für Betriebsräte in Manteltarifverträgen der Chemie- und Metallindustrie vorgestellt.[74] Da findet sich zwar eine nicht ganz unerhebliche Zahl von Delegations- bzw. Ermächtigungsnormen, aber hauptsächlich in Randbereichen und nicht im Zentrum der betrieblichen Lohnpolitik. Der für die konkrete Lohnhöhe entscheidende Akt der Eingruppierung war so ständig in der Hand der Arbeitgeber geblieben.

Dieses Verhältnis hat sich im Laufe der Bundesrepublik zunehmend gebessert und gefestigt – nunmehr zum Nutzen sowohl für Gewerkschaften als auch Betriebsräte. Inzwischen ist es ein empirisch gefestigter Befund, dass Betriebsrats-

---

72 Die Tarifvertragsparteien können sich ihrer Regelungsbefugnis nicht durch Übertragung auf Dritte entäußern, auch nicht durch vollständige Überlassung an die Betriebsparteien (vgl. BAG 9.7.1980, BAGE 34, 42; Däubler-*Däubler*, TVG, 5. Aufl. 2022, Einl. 145f.).

73 Vgl. *Plumpe*, Tarifsystem und innerbetriebliche Konflikte in der Weimarer Republik, in Führer, Hrsg., Tarifbeziehungen und Tarifpolitik in Deutschland im historischen Wandel, 2004, S. 26ff. Im Wesentlichen handelt es sich um die zwei Arbeiten von *Plumpe*, Betriebliche Mitbestimmung in der Weimarer Republik, 1999, und *Welskopp*, Arbeit und Macht im Hüttenwerk 1994. Dieses Feld ist ein besonders drastisches Beispiel für die Defizite sozialwissenschaftlicher und sozialhistorischer Forschung im Umgang mit »juristisch« strukturierten Sachverhalten.

74 *Däubler/Kittner*, Betriebsverfassung, S. 238ff.

neugründungen wesentlich auf gewerkschaftliche Unterstützung angewiesen sind und umgekehrt, dass gewerkschaftliches »organizing« ganz stark von der Existenz eines Betriebsrats abhängig ist.[75] Allerdings gilt auch für diese Epoche das Gleiche wie für die Weimarer Zeit: Dies ist kein Feld, auf dem sozialwissenschaftliche und sozialhistorische Forschung sehr konkret geworden wäre. Und auch die Sozialpartner selbst haben das bislang nicht zu vertiefter Selbstreflexion genutzt. Hierzu erneut meine Beobachtung im Rahmen der Arbeit an der »Geschichte der Betriebsverfassung« (mit Wolfgang Däubler): Ich habe die IG Metall-Bezirksleitung Stuttgart um eine Aufstellung aller Öffnungsklauseln für Betriebsräte in den Tarifverträgen für Baden-Württemberg gebeten. Sie hat sie dann zum ersten Mal auch für sich selbst erstellt mit einem überraschend umfangreichen Ergebnis:[76]

Tarifliche Öffnungsklauseln in der Metall- und Elektroindustrie NW/NB

Manteltarifvertrag

1. Generalklausel des § 1.2.1
   »Der Tarifvertrag regelt die Mindestbedingungen der Arbeitsverhältnisse. Ergänzende Bestimmungen können durch Betriebsvereinbarung zwischen Arbeitgeber und Betriebsrat vereinbart werden. Derartige Bestimmungen können – auch in Einzelteilen – nicht zuungunsten von Beschäftigten vom Tarifvertrag abweichen.«[77]
2. Arbeitszeit
   - Erhöhung der 40 Stunden-Quote auf 30 % bzw. 50 % unter bestimmten Voraussetzungen (§ 7.1.6.1 und 7.1.6.2)
   - Einbeziehung des Samstags in die Verteilung der regelmäßigen Arbeitszeit (§ 7.5.2)
   - Verteilung der Arbeitszeit mit Regelungen zu Beginn und Ende der Ausgleichszeiträume (§ 7.5.3)
   - Einführung von flexible Arbeitszeitkonten (§ 7.7.1)
   - Auszahlung von Zeitguthaben (§ 7.7.1.5.2)
   - Einführung von Langzeitkonten (§ 7.7.2)
   - Führen der Langzeitkonten in Geld statt Zeit (§ 7.7.2.1)
   - Vor- oder nacharbeiten von 3,5 Stunden an Heilig Abend und Silvester statt Absenkung der Sonderzahlung (§ 7.10.2)
   - Ausgleich der Mehrarbeit durch Freizeit (§ 8.1.2.5)

---

75 Vgl. *Ellguth/Kohaut*, Tarifbindung und betriebliche Interessenvertretung – Ergebnisse aus dem IAB-Betriebspanel 2020, 2021.

76 Eine Nachfrage ergab, dass das in anderen Bezirken der Metallindustrie ähnlich ist.

77 Das LAG Baden-Württemberg hält das für eine Wiederholung des § 4 Abs. 3 TVG (6.8.2004 – 9 Sa 95/03).

3. Tarifliche Freistellungstage
   - Ausweitung des Anspruch Wahlmöglichkeit (Freistellungstage statt tarifliches Zusatzgeld) auf den ganzen Betrieb, bestimmte Beschäftigtengruppen oder Abteilungen/Bereiche, z. B. auch auf Vollkonti-Schicht-Beschäftigte (§ 7.14.4)
4. Monatsentgelt
   - Ergänzende Einzelheiten zu den Bestandteilen des Monatsentgelts (§ 11.3.2.4)
   - bargeldlose Zahlung (§ 11.9.2)

TV Qualifizierung

- Einzelheiten des Verfahrens eines Qualifizierungsgesprächs (§ 3.1)
- Volumen und Höhe der Förderung einer Qualifizierungsteilzeit (§ 5.2)

TV Flexible Übergänge (ATZ)

- Generalklausel (»insbesondere«): Regelungen zur Altersteilzeit (§ 3.3
- Verwendung der Mittel für tarifliche Altersteilzeit für andere insgesamt wertgleiche Zwecke für eine demographieorientierte Personalpolitik (§ 14.2)
- Ausweitung der ATZ über sechs Jahre hinaus (§ 2.3)
- Auszahlung zeitabhängigen variablen Entgeltbestandteile (§ 5.1)
- Zeitanteilige Auszahlung der Sonderzahlungen (§ 5.3)

TV Mobiles Arbeiten

- Einführung (§ 3.1)

Urlaubsabkommen, TV Tarifliches Zusatzgeld, TV Sonderzahlung

- Veränderung des Auszahlungszeitpunkts (§ 4.5 UA, § 3.2 TV T-ZUG, § 3.1 TV SoZ)

TV Leiharbeit

- Einsatz von Leiharbeitnehmern (§ 3.1)
- Entfallen Übernahmeanspruchs (vgl. § 4.1)

TV Beschäftigungssicherung

- Absenkung der Arbeitszeit auf bis zu 30 Stunden ohne Entgeltausgleich (§ 3.1)
- Ausschluss des Übernahmeanspruchs für Ausgebildete (vgl. § 4.3)

TV Kurzarbeit

- Abgesenkter Zuschuss zum KuG (§ 3)
- Absenkung der Arbeitszeit bis 28 Stunden – tarifliche Kurzarbeit (§ 4)

Erst wenn man die Gesamtheit dieser »Betriebsverfassung im Tarifvertrag« in den Blick nimmt, wird der epochale Unterschied gegenüber der Weimarer Republik deutlich: damals eine schwache Verankerung von Gewerkschaften und Tarifverträgen in den Betrieben, heute eine enge Verzahnung, ohne die große Flächentarifverträge gar nicht mit Leben gefüllt werden könnten.[78]

22.7 Abweichungen »nach oben«: übertarifliche Leistungen

Das zweite im Tarifvertrag selbst angelegte Flexibilitäts-Ventil ist die Möglichkeit von ihm »zugunsten« der Arbeitnehmer abzuweichen, das »Günstigkeitsprinzip« (§§ 1 Abs. 2 TVVO; 4 Abs. 3 TVG). Das ist elementar für ein freiheitliches Tarifvertragssystem und scheint selbstverständlich. Es gilt aber daran zu erinnern, dass es in den noch unregulierten Anfängen des Tarifvertrags zunächst noch eine allseitige Disponibilität gegeben hatte (s. o. 22.3), und dass die beiden totalitären

78 Vgl. *Däubler/Kittner*, Betriebsverfassung, S. 395ff. Eine herausragend spektakuläre »Öffnungsklausel« wurde nach dem Arbeitskampf in der Metallindustrie 1984 um die 35-Stunden-Woche vereinbart: der sog. Leber-Kompromiss): Es galt eine 38,5-Stunden-Woche, jedoch nur im Betriebsdurchschnitt; die individuelle Arbeitszeitdauer musste durch die Betriebsparteien festgelegt werden. Dieses Ergebnis wurde sogar als Modell der Zukunft interpretiert (vgl. *Hartmann*, Reflexives Recht am Ende? Zum Eindringen materialen Rechts in die Tarifautonomie, Zeitschrift für Soziologie, 1987, Heft 1, S. 16ff.). Es war indes nur der Ausweg aus einem sonst nicht lösbaren Großkonflikt, mit der letztlich nicht haltbaren Konstruktion, dass ein Teil der Belegschaft länger arbeiten muss, damit der andere in den Genuss einer Arbeitszeitverkürzung kommt. Deshalb wurde es 1990 wieder aufgegeben zugunsten einer Quotenlösung (ein bestimmter Teil der Belegschaft aufgrund individueller Vereinbarungen länger arbeiten durfte). Der Konflikt wurde im Übrigen entschärft durch Verlängerung der Ausgleichzeiträume für die Schwankungen der wöchentlichen Arbeitszeit (vgl. *Ohl*, Geschichte der IG Metall, S. 229ff.).

Systeme in Deutschland in ihren »Tarifordnungen« nur Höchstlöhne kannten (Kap. 12, 15).[79]
Auch die TVVO hatte noch zugelassen, dass »abweichende Vereinbarungen« zugunsten der Arbeitnehmer im Tarifvertrag selbst ausgeschlossen wurden, d. h. tarifvertraglich Höchstlöhne festgelegt wurden (§ 1 Abs. 1 Satz 2, s. o.). Davon ist auch Gebrauch gemacht worden, aber nur dann, wenn Arbeitgeber darauf bestanden, um sich vor individuellen Forderungen nach Zusatzleistungen zu schützen. Die Gewerkschaften hatten freilich kein Interesse an derartigen Klauseln und so sind nur wenige durch einschlägige RAG-Entscheidungen bekannt geworden.[80]
Die Möglichkeit zu »übertariflichen« Arbeitsbedingungen (meist geht es um Entgelt) begleitet die Tarifvertragspraxis seit ihrer (formalen) Konsolidierung in den 1920er Jahren mit einem Phänomen, das vor allem die Lohn-Ökonomie thematisiert: die sog. Lohndrift. Das ist die systematische Gewährung von Leistungen über den Tarifvertrag hinaus. Das lieferte eine Pufferzone für betriebliche Schwankungen und hatte damit stets eine Entlastungsfunktion für das Tarifvertragssystem. Den Gewerkschaften musste das ein Dorn im Auge sein, denn in diesem Umfang fehlte es an tariflichem Schutz für ihre Mitglieder. Dem entsprechend gab es sowohl in der Weimarer Republik als auch der Bundesrepublik Bemühungen, diesen übertariflichen Bereich so klein wie möglich zu halten bzw. wo nichtvermeidbar, ihm »Korsettstangen« einzuziehen.

Lohndrift 1927–1931

Branche	Effektivlöhne über Tarif (Überverdienst)
Textil	
• Zeitlohn	10 %
• Akkordlohn	17–27 %
Chemie	15–33 %
Einsen- und Stahl	19–71 %

Quelle: *Plumpe*, Tarifsystem und innerbetriebliche Konflikte in der Weimarer Republik

Diese gewaltige Dimension in bedeutenden Industriebranchen ist ein klarer Indikator für die Schwäche der Gewerkschaften in der Weimarer Republik. Auch die staatliche Schlichtung konnte (oder wollte) an diese Freiräume nicht heran. Das juristische Arsenal der Gewerkschaften auf diesem Feld war bescheiden. Das RAG hatte zwar (anders als später das BAG, s. u.) sog. Effektivklauseln in Tarif-

79 Vgl. *Hueck/Nipperdey*, Arbeitsrecht, 3.–5.-Aufl. 1932, S. 259.
80 Vgl. RAG 30. 8. 1928, Bens. 4, 176; 21. 2. 1931, Bensh. 12, 11; 30. 9. 1931 Bensh. 13, 184.

verträgen zugelassen, die das volle Wirksamwerden von Tariflohnerhöhungen auf Effektivverdienste sicherstellen sollten. Aber solche Klauseln wollten erst einmal in Tarifverhandlungen durchgesetzt werden und die Schlichter sahen das nicht als ihre Aufgabe an. Und auf der betrieblichen Ebene fehlten die Hebel für Betriebsräte auf diesem Feld. Es gab keine Mitbestimmungsrechte bei der Lohngestaltung und die Öffnungsklauseln in den Tarifverträgen sahen Derartiges nicht vor (diese Hebel fehlten den Betriebsräten sogar auch bei der tariflichen Lohnregelung, denn die Gestaltung der Akkordsätze lag mitbestimmungsfrei allein in der Hand der Arbeitgeber – einer der meist verkannten Gründe für die damals schwache Verankerung der Gewerkschaften in den Betrieben).[81]

In der Bundesrepublik ging die Entwicklung der Lohndrift bruchlos weiter. Auch hier gab und gibt es bis heute eine stattliche Differenz zwischen tariflichen und übertariflichen Entgelten. Dabei ist interessant, dass es keine Zahlen zu den absoluten Größen gibt. Sie schwanken nach Schätzungen der Lohnexperten beim Institut der Deutschen Wirtschaft und beim Institut für Makroökonomie zwischen 2 und 10 %. Bekannt sind aus Erhebungen der Bundesbank und des Statistischen Bundesamts lediglich die Veränderungsraten. Sie zeigen immerhin, dass es sich um ein Phänomen von praktischem Gewicht handelt.

Tarifverdienste, Bruttoverdienste und Lohndrift
(Deutschland, alle Wirtschaftsbereiche auf Stundenbasis; Index 2010=100)

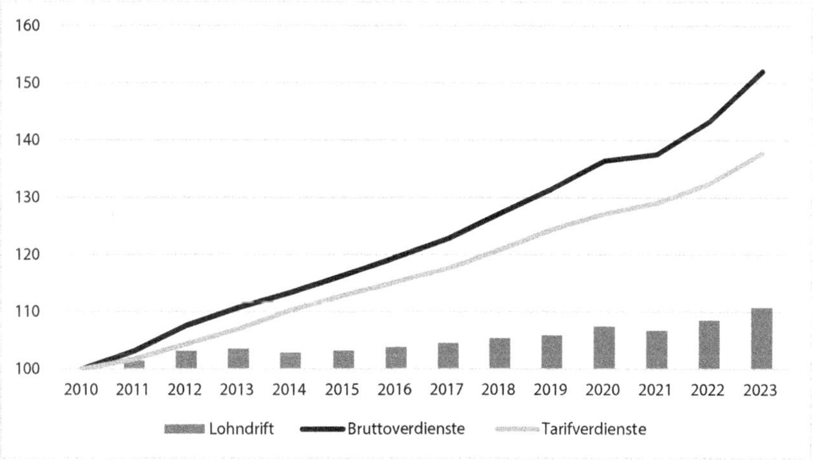

Quelle: IW

81 Vgl. *Däubler/Kittner*, Betriebsverfassung, S. 257.

Hier gab es nach den ersten Aufschwungjahren, als Frucht des »Wirtschaftswunders«, zunächst ein Intermezzo aus der gegenteiligen Richtung: In den Gewerkschafen artikulierte sich eine Bewegung unter dem Slogan »betriebsnahe Tarifpolitik«, die sich zum Ziel gesetzt hatte, die Verteilungsspielräume in den mit dem Flächentarifvertrag nicht erreichbaren profitableren Betrieben auszuschöpfen. Dazu sollte es Öffnungsklauseln für betriebsbezogene Ergänzungstarifverträge geben, die erforderlichenfalls auch sollten erstreikt werden können. Mit diesem Konzept, das vor allem von »linken« Gruppierungen« in der IG Chemie, Papier, Keramik und der IG Metall propagiert wurde,[82] war vor allem auch die Hoffnung auf sonst nicht mögliche Mitgliedermobilisierung verbunden.[83] Offen zutage lag aber auch das Entsolidarisierungsrisiko, denn wenn kampfstarke Belegschaften davon ausgehen durften, dass sie jederzeit zu einem als unbefriedigend empfundenen Flächentarifvertrag »nachlegen« konnten, blieb nicht ohne Folgen für deren Engagement in Bezug auf den »Basis«-Vertrag. Deshalb waren solche Vorstellungen in den Gewerkschaften nicht mehrheitsfähig (die Arbeitgeber lehnten sie ohnehin ab).[84]

Unabhängig davon ging auch in der Bundesrepublik der Kampf um den übertariflichen Raum weiter. Die Rechtsprechung knüpfte zunächst an die des RAG an. In mehreren Entscheidungen, zuletzt unter Vorsitz des späteren Präsidenten, Gerhard Müller, billigte das BAG zunächst Effektivklauseln[85] in beiden Varianten, als

82 Vgl. *Vilmar*, Industrielle Demokratie in Westeuropa, 1975.

83 Vgl. *Salm*, Betriebsnahe Tarifpolitik, Sozialer Fortschritt 1958, 246ff. Salm war ein für Tarifpolitik zuständiges Vorstandmitglied der IG Metall, dort aber als erklärter Kommunist in der klaren Minderheit (vgl. *Kittner*, Geschichte der IG Metall, S. 159, Fn. 66).

84 Definitiv an sein Ende kam vor allem auch als unkalkulierbares Risiko das Konzept der »betriebsnahen Tarifpolitik« mit dem Streik in der chemischen Industrie 1971 (vgl. *Unterhinninghofen*, Vor fünfzig Jahren: Streik in der chemischen Industrie 1971, AuR 2021, G 5; *Kittner*, Arbeitskampf, S. 670ff.). Dieser im Wesentlichen um eine Lohnerhöhung gehende Streik war für die IG Chemie, Papier, Keramik ein völliges Fiasko, weil er ohne die Beschäftigten in den Betrieben der »großen Drei« (Bayer, BASF und Hoechst) nur in kleineren Betrieben geführt wurde und dort nach dem Konzept eines »aktiven tariflosen Zustands«. Darunter verstand man nach den jeweiligen betrieblichen Einschätzungen ohne Urabstimmung begonnene Streikaktionen. Das führte dazu, dass in den meisten Betrieben nur Minderheiten streikten mit der Folge eines Fehlschlags des Gesamtstreiks. Auch wenn das nicht direkt vergleichbar war, wurde damit doch die grundsätzliche Vorstellung, Streikaktionen aus der Hand des Gewerkschaftsvorstands in die Hand betrieblicher Aktivisten zu geben, vollkommen diskreditiert. Für die IG CPK geriet dieser Streik zur Wegscheide: Seither praktizierte sie, von den Chemie-Arbeitgebern sorgsam kultiviert, eine dezidierte und demonstrative Politik der »Sozialpartnerschaft«. Die Praxis des »aktiven tariflosen Zustands« wurde im Übrigen vom ArbG Düsseldorf am 21.8.1971 als arbeitskampfrechtlich unzulässig bewertet, weil es einem unbestimmten Personenkreis überlassen geblieben war, zum Streik aufzurufen (Der Betriebsrat 1973, 171).

85 Vgl. *Kittner*, 50 Urteile, S. 277ff.

- begrenzte Effektivklauseln, die lediglich eine Aufsaugung übertariflicher Entgeltbestandteile anlässlich einer Tariflohnerhöhung ausschließen sollten, und
- Effektivgarantieklauseln, die den Bestand einer übertariflichen Entlohnung tariflich sichern sollten.[86]

Danach erklärte der erste Senat des BAG unter Vorsitz von Nipperdey Effektivgarantieklauseln für unzulässig, weil es ihnen an der Schriftform für die ja im Tarifvertrag nicht bezifferten übertariflichen Entgeltbestandteile mangele.[87] Gegen begrenzte Effektivklauseln hatte Nipperdey nichts einzuwenden; er begründete dies ausführlich auch mit sozialpolitischen Notwendigkeiten in seinem Lehrbuch.[88] Lange nachdem er aus dem Gericht ausgeschieden war, wandten sich die Richter des vierten Senats ausdrücklich gegen ihn und verboten in einer Entscheidung vom 14. Februar 1968[89] auch diese Variante von Effektivklauseln. Die praktische Folge war, dass es seither keine Effektivklauseln mehr gab.

Die Gewerkschaften mussten sich anderweitig behelfen. Ihnen kam zugute, dass übertarifliche Leistungen ja nicht einfach so, willkürlich und als »Nasenprämien« gezahlt wurden, sondern Unternehmen praktisch gar nicht anders konnten, als selbstgeschaffene betriebliche Regularien einzuhalten. Hier setzten einerseits die Gewerkschaften selbst mit ihrer Tarifpolitik an, indem sie mit der Lohngestaltung zunehmend auch den Sonderzahlungsbereich einbezogen (mit Beteiligungsrechten für Betriebsräte). Zum anderen half nun das BAG auf andere Weise, mit Entscheidungen mehrerer Senate auf zwei ganz unterschiedlichen Feldern: der Erweiterung der Beteiligungsrechte des Betriebsrats im Bereich der freiwilligen Leistungen und der Kontrolle von Allgemeinen Geschäftsbedingungen (AGB; Kap. 24).

22.8 Einvernehmliche Abweichung nach unten

Ausdrücklich war durch § 1 TVVO ermöglicht worden, dass ein Tarifvertrag Abweichungen nach unten durch Individualabrede gestatten kann. Das gleiche gilt gem. § 4 Abs. 3 Satz 1 TVG. Von dieser Möglichkeit ist in der Praxis weder in der Weimarer Republik noch in der Bundesrepublik in nennenswertem Umfang Gebrauch gemacht worden. Beispiele waren Lohnabschläge wegen Leistungsminderungen.[90]

86 Vgl. BAG 1.3.1956, BAGE 2, 297.
87 Vgl. BAG 13.5.1957, BAGE 6, 31.
88 Vgl. *Hueck/Nipperdey*, Arbeitsrecht, Bd. II, 1. Halbbd., 7. Aufl. 19, S. 599ff.
89 BAGE 20, 308.
90 Vgl. RAG 16.10.1929, Bens. 7, 184; *Hueck/Nipperdey*, 3.–5. Aufl., Bd. 2, S. 256f.; Däubler-*Deinert*, TVG, 5. Aufl. 2022, § 4 Rn. 553.

22.9 Erzwungene Abweichung »nach unten« I: Missbrauch des Günstigkeitsprinzips

Recht bald nach Praktizierung des neuen Tarifrechts kamen »Schlaumeier« auf einen bei unbefangener Lektüre des Gesetzestextes doch eher fernliegenden Gedanken: Weniger zu verdienen sei »günstiger« als gar nichts, wenn man nämlich ohne die Lohnsenkung arbeitslos würde. Damit sollte Arbeitgebern die Möglichkeit eröffnet werden, Lohnsenkungen unter dem Druck von Entlassungen durchzusetzen (sei es direkt gegenüber den Arbeitnehmern, sei es mit Hilfe des Betriebsrats). Und in der Tat fand sich 1924 ein Gericht, das das billigte. Das stieß aber auf allgemeine Ablehnung, voran durch das Reichsarbeitsgericht.[91] Ebenso lehnte die gesamte Arbeitsrechtswissenschaft – von »links« bis »rechts« – diese Konstruktion ab.[92] Ich zitiere hier stellvertretend Hans Carl *Nipperdey* wegen seiner zeitlos gültigen, technokratisch kühlen Beschreibung der Funktionsbedingungen des Tarifvertrags: »*Untertariflicher Lohn (ohne arbeitsvertragliche Kompensation) ist immer zuungunsten des Arbeitnehmers vereinbart. Ob die Arbeitnehmer ohne Arbeitsvertrag nichts oder nur Erwerbslosenrente beziehen würde, ist etwas völlig Außerrechtliches, das für das Unabdingbarkeitsprinzip nicht in Betracht kommen kann,* [...] *denn der Sinn und Zweck des Unabdingbarkeitsprinzips liegt gerade in der kollektiven Festlegung der Arbeitsbedingungen auch für Krisenzeiten, in dem Unabhängigmachen der Arbeitsbedingungen von Konjunkturschwankungen. Können die Löhne nicht durchgehalten werden, so müssen die Tarifvertragsparteien ihre Tarifverträge ändern oder von vorneherein Ausnahmen für besondere Fälle vorsehen. Keinesfalls kommt aber eine Durchbrechung des Unabdingbarkeitsprinzips durch Einzelabmachungen in Frage.*«[93]

Damit war für die weitere Dauer der Weimarer Republik dieses Schlupfloch zur »Lockerung« der Tarifverträge versperrt. Der Weg führte nurmehr über die brachiale Lösung von Notverordnungen (s. u. 22.10).

Auch in der Bundesrepublik war dies für lange Konsens.[94] Er wurde kurzzeitig in Frage gestellt im Kontext der Deregulierungsbewegung seit den 1980er Jahre mit ihren »Bündnissen für Arbeit«, betrieblichen Vereinbarungen unter Verletzung des Tarifvertrages (z. B. bei der Fa. Viessmann[95], Kap. 10). Allerdings war dieses »Revival« zu abenteuerlich, als dass auch Arbeitsrechtler des arbeitgebernahen Mainstreams es sich zu eigen gemacht hätten. Das blieb einem Außen-

91 Vgl. RAG 4. 1. 1928, Bens. 2, 1; 25. 9. 1929, Bensh. 3, 127.

92 Vgl. *Hueck/Nipperdey*, Arbeitsrecht, 3.–5. Aufl., Bd. II, 1. Halbbd., 1967, S. 599 ff.

93 A. a. O.; vgl. auch *Sinzheimer*, Grundzüge des Arbeitsrechts, 2. Aufl. 1927, S. 262 ff.; *Sinzheimer*, Der Tarifvertrag als Rechtsquelle, AuR 1928, 1 (teilweise abgedruckt in AuR 1996, 438).

94 Vgl. *Hueck/Nipperdey*, Arbeitsrecht, Bd, 1. Halbbd., S. 607.

95 Vgl. ArbG Marburg 7. 8. 1996, BB 1996, 2198 und 2202.

seiter vorbehalten, Klaus Adomeit, der sichtlich die damit gewonnene Publizität genoss.[96] Das hätte man an sich ignorieren können, jedoch gab es dabei einen für die Technik des Meinungskampfes (Kap. 44) bemerkenswerten Begleitumstand: Die Arbeitgeber hüteten sich selbstverständlich, sich derartige Thesen ausdrücklich zu eigen zu machen, aber immerhin publizierten sie Adomeits Ideen in einer Broschüre als »interessanten« Diskussionsbeitrag, gewissermaßen als Versuchsballon. Auch trugen ihre Vertreter zu einem Votum des Deutschen Juristentags 1996 in diesem Sinne bei.[97] Dem »Spuk ein Ende« bereitete schließlich das BAG im Jahre 1999 mit seiner Entscheidung im Falle »Burda« unter Vorsitz von Thomas Dieterich.[98] In dieser Entscheidung, in der es vorrangig um tarifwidrige betriebliche Regelungen ging, erklärte das BAG den Vergleich von »Arbeitslosigkeit versus Tariflohn« als *»methodisch unmöglich (›Äpfel mit Birnen‹)«*. Seither ist es wieder ruhig an diesem Frontabschnitt des ewigen Kampfs um den Tarifvertrag.

22.10 Erzwungene Abweichung »nach unten« II: »Lockerung«/»Öffnung« des Tarifvertrages

Es bleibt noch die Konstellation, dass Arbeitgebern die Möglichkeit eröffnet wird, gegen den Willen der Gewerkschaft vom Tarifvertrag abzuweichen. Sie wurde im Laufe der Geschichte zweimal aktuell: das eine Mal als denkbar dramatischer Teil der Zerstörung der Weimarer Republik, das andere als zumindest projektierter Bestandteil der Deregulierungsbewegung der 1980er Jahre (Kap. 10).
In der Weimarer Republik hatte deren wirtschaftlicher Niedergang natürlich auch das Tarifvertragssystem erfasst und zwar unter der Generalstoßrichtung des Kampfs der Unternehmer gegen das in ihren Augen überhöhte Lohnniveau aufgrund der staatlichen Schlichtungspraxis.[99] Damit hatten sie zunächst auch

96 Vgl. *Adomeit*, Das Günstigkeitsprinzip – neu verstanden, NJW 1984, 26; *ders.*, Grenzen der Tarifautonomie – neu gezogen, NJW 1984, 594.

97 Vgl. AuR 1996, 44; dazu krit. *Buschmann*, Quo vadis Juristentag?, AuR 1996, 439.

98 Vgl. BAG 20.4.1999 – 1 ABR 72/98, BAGE 91, 210 (vgl. *Kittner*, 50 Urteile, S. 237 ff.).

99 Diese Position der Arbeitgeber wurde Ende der 1970er Jahre zum Gegenstand einer spektakulären Kontroverse: Der Wirtschaftshistoriker Knut Borchardt vertrat die These, dass die Wirtschaft gegen Ende der Weimarer Republik vor allem deshalb krank gewesen sei, weil *»auch die seinerzeit gesetzlich vorgesehene Zwangsschlichtung die Tariflöhne in weitere Höhen trieb«* (*Borchardt*, Zwangslagen und Handlungsspielräume in der großen Weltwirtschaftskrise der frühen dreißiger Jahre, in ders., Hrsg., Handlungsspielräume der Weltpolitik, 1979). Dem wurde zwar von vielen Seiten widersprochen (exemplarisch *Holtfrerich*, Zu hohe Löhne in der Weimarer Republik? Bemerkungen zur Borchardt-These, Geschichte und Gesellschaft 1982, 122; *Krohn*, »Ökonomische Zwangslagen« und das Scheitern der Weimarer Republik. Zu Knut Borchardts Analysen der deutschen Wirtschaft in den zwanziger Jahren, Geschichte und Gesellschaft 1982, 415). Mir ist

Erfolg, denn nach Ausscheiden der SPD aus der Regierung begann die Regierung von Heinrich Brüning, exekutiert durch den Arbeitsminister, Adam Stegerwald (Kap. 11), mit einer Politik der Lohnsenkung auf dem Weg der staatlichen Zwangsschlichtung (die nun in die umgekehrte Richtung operierte).[100] Das reichte den Arbeitgebern aber nicht. Ihre Vertreter im Wirtschaftsbeirat der Reichsregierung forderten im Jahr 1931, dass sich der Inhalt der Tarifverträge mehr als bisher der wirtschaftlichen Entwicklung anpassen müsse und: »*Bei dieser Auflockerung der Tarifverträge sind örtliche Verschiedenheiten, zeitliche Änderungen und betriebliche Unterschiede, die Leistungsunterschiede der verschiedenen Arbeiterkategorien insbesondere zu berücksichtigen.*«[101] »Arbeitnordwest« forderte gesetzliche Vorkehrungen, *daß die einzelnen Betriebe durch Vereinbarung mit ihren Belegschaften die Tariflöhne um einen gewissen Prozentsatz unterschreiten dürfen*«.[102]

Dem kam Brüning mit einer ersten Notverordnung vom 8. Dezember 1931[103] nicht nur nach, sondern verfügte die für richtig gehaltene Lohnkürzung gleich selbst (freilich in einer merkwürdigen Konstruktion, die das Ganze letztlich noch als – wenn auch vom Staat oktroyiertes – Produkt der Tarifvertragsparteien selbst aussehen lassen sollte):

Verordnung des Reichspräsidenten zur Sicherung von Wirtschaft und Finanzen und zum Schutze des inneren Friedens vom 8. Dezember 1931

Sechster Teil: Arbeitsrechtliche Vorschriften – Kapitel I

§ 2

(1) Falls die Lohn- und Gehaltssätze eines am Tage des Inkrafttretens dieses Kapitels laufenden Tarifvertrags höher liegen als die des entsprechenden Tarifvertrags für den 10. Februar 1927, gelten mit Wirkung vom

---

beim Schreiben dieses Textes der Widerspruch zur Höhe der Effektivlöhne gerade in der Eisen- und Stahlindustrie aufgefallen (s. o. 22.7), deren Sprachrohr »Arbeitnordwest« sich exponiert an der Zerstörung der Republik beteiligt hatte (Kap. 2).

100 Den Startschuss gab ein berühmt gewordener Schlichtungsspruch von Bad Oeynhausen vom 26. 5. 1930 für die Eisen- und Stahlindustrie im Bereich von »Arbeitnordwest« (vgl. *Kittner*, Arbeitskampf, S. 488). In diese Phase fällt auch ein Arbeitskampf 1930 in der Berliner Metallindustrie, in dem Hugo Sinzheimer als Beisitzer für den DMV einer moderaten Lohnsenkung zustimmte, um dafür eine deutlich größere gegen seine Stimme abzuwenden. Dafür geriet er in einen bitteren Konflikt mit »seiner« Gewerkschaft (eingehend *Huber*, Hugo Sinzheimer und wir, AuR 2010, 280, 282).

101 Vgl. *Kittner*, Arbeitskampf, S. 491 f.

102 Vgl. unter der Hauptüberschrift »*Befreiung vom starren Tarifzwang*« Deutsche Arbeitgeberzeitung –Zentralblatt für den deutschen Arbeitgeber« vom 12. 6. 1931.

103 RGBl. I 699.

1 Januar 1932 die niedrigeren Lohn- und Gehaltssätze dieses Tarifvertrags als in dem laufenden Tarifvertrag vereinbart.
[…]

§ 3

(1) Die auf Grund der Vorschriften des § 2 vom 1. Januar 1932 ab geltenden Lohn- und Gehaltssätze haben die Tarifvertragsparteien bis zum 19. Dezember 1931 in einem Nachtrag zum Tarifvertrag schriftlich festzulegen.

Auch das reichte nicht. Die Regierung Franz vom Papens erließ aufgrund einer weiteren Notverordnung des Reichspräsidenten[104] die »Verordnung zur Vermehrung und Erhaltung der Arbeitsgelegenheit« vom 5. September 1932.[105] Sie erlaubte *»ohne Änderung des Arbeitsvertrages«* die Unterschreitung der tariflichen Lohnsätze: um 10 % bei Vermehrung der Arbeiterzahl um 5 % und um bis zu 50 % bei Vermehrung um 25 %. Der Erfolg war bescheiden: Die Regierung sprach von etwa 75 000 Neueinstellungen aufgrund der »Lockerung« der Tarifverträge, die Gewerkschaften nur von etwa 42 000. Aber schlimmer noch: Es beklagten sich viele Arbeitgeber öffentlich darüber, dass derart ermöglichte Lohnsenkungen den Wettbewerb verzerrten. Und, da den Gewerkschaften mit einer zweiten Verordnung Streiks gegen die erste Verordnung verboten worden waren,[106] kam es zu wilden Streiks. Das heißt: Schon die nur sehr kurze Zeit unter der Verordnung hatte gereicht, ihre destruktive Wirkung deutlich werden zu lassen; umgekehrt wurde sie zur plakativen Bestätigung der segensreichen Wirkung des Tarifvertrags für alle Tarifgebundenen. Dass die auf Papen folgende Regierung von Kurt Schleicher die Notverordnung zum 31. Dezember 1932 auslaufen ließ,[107] mochte man als letzten Versuch werten, das Ruder nochmals herumzureißen. Das war aber zu spät.
Nach Wiedererrichtung des Tarifvertragssystems gab es im Gebiet der »alten« Bundesrepublik nicht den geringsten Ansatz für derartige Eingriffe in laufende Tarifverträge. Den Anlass zur Wiederbelebung des »Lockerungs«-Projekts gaben

104 VO des Reichspräsidenten 14.6.1932, RGBl. I 273, 283.
105 RGBl. I 433.
106 VO 3.10.1932, RGBl. I, 493: »§ 1 Die Erfüllung des Arbeitsvertrags nach Maßgabe der Verordnung vom 5. September 1932 gilt als dem Tarifvertrag entsprechend. Kampfmaßnahmen einer Tarifvertragspartei gegen die Durchführung der Verordnung durch eine andere Tarifvertragspartei oder eines ihrer Mitglieder gelten als Verletzung des Tarifvertrags«.
107 VO 14.12.1932, RGBl. I 545.

die wirtschaftlichen Verwerfungen in Ostdeutschland nach der Wiedervereinigung. Es wurde darum sogar ein Arbeitskampf ausgetragen, der erste große in der ostdeutschen Industrie – aus Sicht der Arbeitgeber zu diesem spezifischen Punkt vergeblich (Kap. 10). Es dauerte dann noch weitere 10 Jahre, bis diese Frage wieder auf die politische Agenda kam. Erneut wurde sie begraben, dieses Mal mit dem Fehlschlag der CDU/CSU in der Wahl 2005 (Kap. 10).
Damit war jedoch das Problem als solches nicht aus der Welt. Insbesondere in der Metallindustrie wurde nachgerade systemische Kritik an der Höhe und Rigidität der Tariflöhne geübt, unter Verweis auf eine scheinbare Trivialität: »*Das Tarifniveau ist hoch und muss von den Unternehmen im internationalen Wettbewerb erwirtschaftet werden*«.[108] Hintergrund war ein starker Druck auf die Arbeitgeberverbände, die sich einer zunehmenden Absetzbewegung ihrer (potenziellen) Mitglieder ausgesetzt sahen. Der IG Metall wurde jedenfalls unmissverständlich vor Augen geführt, dass Tarifverträge nur nach dem Prinzip funktionieren: »It takes two to tango«). Darauf reagierte sie im Jahr 2004 mit dem »Pforzheimer Modell«.[109] Mit diesem vom späteren Vorsitzenden der IG Metall, Berthold Huber, auf den Weg gebrachten und von seinem Nachfolger, dem späteren 1. Vorsitzenden, Jörg Hofmann, abgeschlossenen Tarifvertrag im Tarifgebiet Baden-Württemberg wurde ein Mechanismus etabliert, der von da an ständige Praxis in der Metallindustrie wurde: Es konnten Öffnungen der bezirklichen Tarifverträge vorgenommen werden, aber nur von den Tarifvertragsparteien selbst durch betriebsbezogene Ergänzungstarifverträge.[110]

§ 2 Sicherung und Schaffung von Arbeitsplätzen

Ziel dieser Vereinbarung ist es, am Standort Deutschland bestehende Arbeitsplätze zu sichern und neue Arbeitsplätze zu schaffen. Dies verlangt den Erhalt und die Verbesserung der Wettbewerbsfähigkeit, der Innovationsfähigkeit und der Investitionsbedingungen. Die Tarifvertragsparteien bekennen sich zu diesen Zielen und zu ihrer Aufgabe, den Rahmen für mehr Beschäftigung in Deutschland zu gestalten.
Die Betriebsparteien prüfen, ob die Maßnahmen im Rahmen der geltenden Bestimmungen ausgeschöpft sind, um Beschäftigung zu sichern und zu

108 Präsident und Hauptgeschäftsführer von Gesamtmetall, *Dulger/Zander*, in Gesamtmetall, Hrsg., Das Stinnes-Legien-Abkommen 1918–1924, 2018, Vorwort, S. 5.

109 Vgl. *Ohl*-Geschichte der IG Metall, S. 256f.; IG Metall, Beteiligungsorientierte Erfahrungen mit zehn Jahren Pforzheimer Abkommen, Mitbestimmungs- und Beteiligungskongress der IG Metall 2014, Forum 3 A.

110 Vgl. *Haipeter*, Flexibilität unter Kontrolle? Entwicklungen und Herausforderungen der Tarifabweichungen in der Metall- und Elektroindustrie, Zeitschrift für Arbeit, Organisation und Management, 27 (4), 2020.

fördern. Die Tarifvertragsparteien beraten auf deren Wunsch die Betriebsparteien, welche Möglichkeiten hierzu im Rahmen der Tarifverträge bestehen.
Ist es unter Abwägung der sozialen und wirtschaftlichen Folgen erforderlich, durch abweichende Tarifregelung eine nachhaltige Verbesserung der Beschäftigungsentwicklung zu sichern, so werden die Tarifvertragsparteien nach gemeinsamer Prüfung mit den Betriebsparteien ergänzende Tarifregelungen vereinbaren oder es wird einvernehmlich befristet von tariflichen Mindeststandards abgewichen (z. B. Kürzung von Sonderzahlungen, Stundung von Ansprüchen, Erhöhung oder Absenkung der Arbeitszeit mit oder ohne vollen Lohnausgleich (soweit nicht durch den Tarifvertrag zur Beschäftigungssicherung geregelt)).
Voraussetzung hierfür ist eine umfassende Information mit den dazugehörigen Unterlagen. Die beteiligten Personen sind analog BetrVG zur Vertraulichkeit verpflichtet.
In die Gesamtbeurteilung sollen eventuelle Auswirkungen auf den Wettbewerb und die Beschäftigung in der Branche und der Region, soweit es um Betriebe gleicher Tarifzugehörigkeit geht, einfließen.

Die IG Metall hat dies intern gekoppelt an ad hoc gebildete betriebliche Tarifkommissionen und Abstimmungen der Belegschaften – wenn auch im defensiven Modus, so doch eine aktuelle Variante von »betriebsnaher Tarifpolitik«. Eine erste Auswertung hat ergeben, dass 58,6 % aller Abweichungen Regelungen zur Arbeitszeitverlängerung enthielten.[111] Bis zur Stunde hat dieses Modell zur Zufriedenheit beider Seiten funktioniert.

22.11 Tarifbindung

Die Bindung an einen Tarifvertrag ist im Grundsatz freiwillig (mit der – seltenen – Ausnahme einer Erstreckung auf »Außenseiter« durch Allgemeinverbindlichkeitserklärung). Das ist konstitutiv für das deutsche Tarifvertragssystem seit Anbeginn. Für die Zeit seiner gesetzlichen Regelung erfolgte die Weichenstellung gegen ein System der Zwangsmitgliedschaft, wie es Lujo Brentano vorgeschlagen hatte, unmittelbar nach der Novemberrevolution (s. o. 22.2). Das bot Chancen, barg aber auch Risiken. Die Chancen sind offenkundig: eine demokratische Substruktur unterhalb der staatlichen Ebene, eine gesellschaftsstabilisierende Mög-

111 Vgl. *Haipeter*, Tarifabweichungen und Flächentarifvertrag – Eine Analyse der Regulierungspraxis in der Metall- und Elektroindustrie, 2009.

lichkeit der Selbstregierung. Das Risiko liegt in den objektiven und subjektiven Grenzen dieser Freiwilligkeit.

»Tarifbindung« kommt zustande durch beiderseitige Bindung an einen Tarifvertrag, im Falle des Flächentarifvertrags durch Mitgliedschaft des Arbeitgebers in einem Arbeitgeberverband, des Arbeitnehmers in einer Gewerkschaft (§ 3 Abs. 1 TVG).[112] Danach fangen aber schon die Darstellungsprobleme an, weil es hierzu Erhebungen durch das »Institut für Arbeitsmarkt und Berufsforschung« (IAB) der Bundesagentur für Arbeit erst seit 1999 und des Statistischen Bundesamts seit 2010 gibt. Für die Zeit davor müssen methodisch recht inkonsistente Erhebungen einzelner Wissenschaftler sowie der Arbeitgeberverbände und Gewerkschaften zusammengeführt werden.[113] Daraus ergibt sich aber ein recht eindeutiges Bild.

Bis zum Ersten Weltkrieg war der Tarifvertrag ein Minderheitenphänomen außerhalb der Schwerindustrie und der technologisch neuen Industrien (Chemie, Elektro, Maschinenbau): Die insgesamt knapp 1,4 Mio. von einem Tarifvertrag erfassten Arbeitnehmer im Jahr 1913 machten nur etwa 15 % aller Arbeitnehmer aus.[114] Außerdem gab es Tarifverträge ganz überwiegend nur in Klein- und Mittelbetrieben (im Gegensatz zu heute, wo es, nicht zuletzt wegen des Vorhandenseins von Betriebsräten[115]) Tarifverträge eher in Großbetrieben gibt:

Tarifbindung und Betriebsgröße: Kaiserreich 1913 – Bundesrepublik 2017

	bis 100 Arbeitnehmer	**über 200/500 Arbeitnehmer**
Kaiserreich 1923	83,8 %	über 200: 8 %
Bundesrepublik 2017	17 %	über 500: 74 %

Quellen: *Ullmann*, Tarifverträge; *Ellgut/Kohaut*, WSI-Mitteilungen 2017, 283

112 Nach § 1 Abs. 2 TVVO gab es die Möglichkeit einer »Berufung« auf den Tarifvertrag. Damit konnte im individuellen Arbeitsvertrag eine tarifrechtliche Geltung des Tarifvertrages mit normativer Wirkung herbeigeführt werden (vgl. *Hueck/Nipperdey*, Arbeitsrecht, 3.–5. Aufl. 1932, S. 214f.). Nach dem TVG geht das nicht mehr (zur individualrechtlichen Bezugnahme auf den Tarifvertrag s. u. 13-5).

113 Eingehend *Lesch/Schneider/Vogel*, Struktur und Entwicklung der Tarifbindung in Höpfner/Lech/Schneider/Vogel, Hrsg., Tarifautonomie und Tarifgeltung, 2021, S. 30ff.

114 Vgl. *Ullmann*, Tarifverträge und Tarifpolitik in Deutschland bis 1914, S. 221ff.

115 Vgl. *Ellgut/Kohaut*, Tarifbindung und betriebliche Interessenvertretung – Ergebnisse aus dem IAB-Betriebspanel 2020, 2021.

In der Weimarer Republik nahm das Tarifvertragssystem als freiwillige Veranstaltung zunächst einen stürmischen Aufschwung, mündete dann aber ab Mitte der zwanziger Jahre in der Zwangsschlichtung. Demgemäß haben statistische Daten zur Tarifbindung keinerlei Aussagekraft: So weist die Reichsstatistik für 1931 12 Mio. von einem Tarifvertrag erfasste Arbeitnehmer aus, während zu diesem Zeitpunkt nur noch unter 10 % der Vollzeitbeschäftigten Gewerkschaftsmitglied waren (die größte Gewerkschaft der DMV, zählte nur noch etwa 200 000 in den Betrieben vollarbeitende Mitglieder).[116]
Für den Wiederbeginn nach dem Krieg lässt die statistische Genauigkeit ebenfalls zu wünschen übrig. Aber der Grundsatz ist klar: Auf beiden Seiten gab es hohe Organisationsgrade (im Sinne von Anteil der Verbandsmitglieder an der Gesamtzahl der Arbeitgeber/Arbeitnehmer): bei den Arbeitgebern bei 80 %, bei den Gewerkschaften etwa 46 % (dabei überschätzt ein derartiger »Bruttoorganisationsgrad« die Reichweite der Gewerkschaften insofern, als er auch Rentner und Arbeitslose enthält).[117] Das führte zu einer entsprechend hohen Tarifbindung (im Sinne von: Arbeitnehmern in tarifgebundenen Betrieben). In der Metall- und Elektroindustrie lag der Tarifbindungsgrad bei 80 %, 1984 noch bei über 77 %.[118]
Über die Tarifbindung ist unabhängig von statistischen Problemen eines klar: Sie ist seit den 1950er Jahren drastisch gesunken. Die seit Ende der 1990er Jahre vorliegenden Erhebungen des IAB (»Betriebs-Panel«) zeigen ein kontinuierliches Absinken der Tarifbindung (in Ostdeutschland mit gleichbleibendem Abstand nach unten).[119] 1999 waren in Deutschland 62 % der Arbeitnehmer in branchentarifgebundenen Betrieben beschäftigt, 2020 noch 43 % (Firmentarifverträge gleichbleibend 8 %). In der Metall- und Elektroindustrie waren es 56 %.[120]

116 Vgl. *Kittner*, Arbeitskampf, S. 462 ff.

117 Vgl. *Lesch u.a.*, Tarifbindung, S. 35 ff.; *Löhrlein*, Gewerkschaftsjahrbuch 1984, 1985, S. 37 ff.; *Bayer/Streeck/Treu*, Die westdeutsche Gewerkschaftsbewegung in Zahlen – Ein Datenhandbuch zur organisatorischen Entwicklung ausgewählter Industrie- und Berufsverbände 1960–1975.

118 Vgl. *Lesch u.a.*, Tarifbindung, S. 41.

119 Vgl. *Kohaut*, Entwicklung der Tarifbindung, IAB-Stellungnahme 3/2021; *Lesch u.a.*, Tarifbindung, S. 42. *Hassel*, (1999): The Erosion of the German System of Industrial Relations, British Journal of Industrial Relations 37, 1999, S. 483 ff.

120 Ungeachtet der sinkenden Tarifbindung lagen z.B. die Mitgliederzahlen der IG Metall aufs Ganze stabil bei um 2,1 bis 2,2 Mio. Dahinter verbirgt sich eine große Dynamik: Nur um die natürliche Fluktuation bei den Mitgliedern durch Tod, Austritte und Arbeitswechsel auszugleichen, muss die IG Metall jährlich über 100 000 neue Mitglieder aufnehmen (vgl. IG Metall, Jahrespressekonferenz 2024, 25.1.2024, *www.igmetall.de*).

Entwicklung der Tarifbindung der Betriebe, 1999–2020, in Prozent

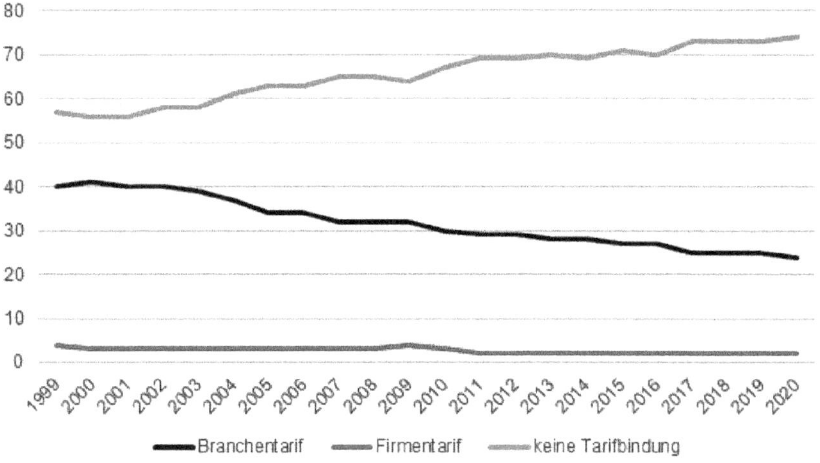

Quelle: *Kohaut*, IAB-Stellungnahme 3/2021

Diese Zahlen schließen eine wichtige Untergruppe ein: Arbeitnehmer, für die ein Tarifvertrag nicht qua originärer Verbandsmitgliedschaft (auf beiden Seiten) gilt, sondern durch individualvertragliche Erstreckung. Das belegt eine – jedenfalls noch – verhaltensprägende Wirkung des Tarifvertrags.

Tarifbindung 2020

Tarifbindung durch	Branchen TV	FirmenTV	Orientierung am TV	Keine TV-Bindung
Anteil in %	43	8	20	29

Quelle: *Ellguth/Kohaut*, Tarifbindung und betriebliche Interessenvertretung – Ergebnisse aus dem IAB-Betriebspanel 2020, 2021

Bei den Arbeitgebern, vor allem in der Metallindustrie, setzte mit dem Jahr 2005 eine neue Entwicklung ein: Seit diesem Zeitpunkt gibt es vor allem in der Metall- und Elektroindustrie sog. OT-Mitgliedschaften, d.h. die Arbeitgeberverbände nehmen Mitglieder ohne Tarifbindung auf.[121] Derartiges hat das BAG als zu-

121 Man unterscheidet das »Aufteilungsmodell« und das »Stufenmodell«. Beim ersten gibt es je einen Verband mit und einen ohne Tarifbindung, beim zweiten OT-Mitglieder in einem tarifwilligen Verband. Ausgangs- und Schwerpunkt dieser Entwicklung liegt in Bayern, wo die Zahl der OT-Mitgliedschaften überproportional hoch ist (etwa die Hälfte der Tarif-Mitglieder). Man nimmt an, dass die Ursache im aus Arbeitgebersicht

lässig angesehen.[122] 2020 übertraf die Mitgliederzahl in den OT-Verbänden der Metall- und Elektroindustrie bereits die in den Tarifträgerverbänden.[123] Diese Arbeitgeber sind für die Gewerkschaften als Tarifpartner nur über den erneuten Abschluss eines Firmentarifvertrages zu erreichen.[124]

Betriebe mit OT-Mitgliedschaft

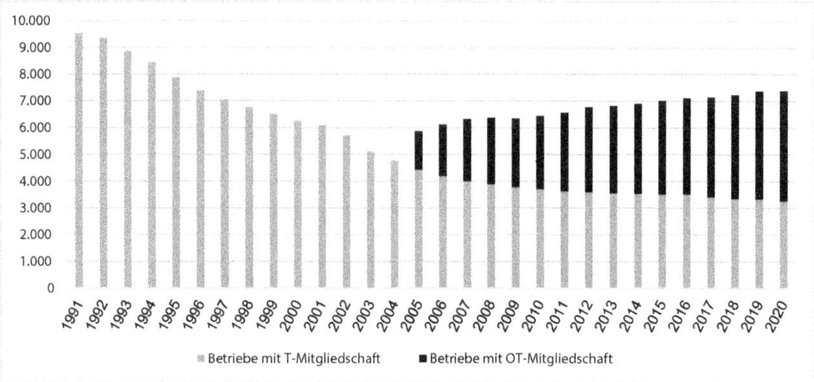

Quelle: *Höpfner/Lech/Schneider/Vogel*, Hrsg., Tarifautonomie und Tarifgeltung

Diese Befunde zur Tarifbindung bedürfen der Ergänzung um die – gleichfalls sinkenden – Zahlen zur Existenz von Betriebsräten, was im Ergebnis zur Zunahme von »blinden Flecken« der Interessenvertretung geführt hat (Kap. 40).

22.12 Stärkung der Tarifbindung: Differenzierungsklauseln und »Tariftreue«-Gesetze

Die Frage der Tarifbindung ist ersichtlich existenziell. Ihr ist aber im Grunde bis nach der Jahrtausendwende keine spezifische Aufmerksamkeit zuteilgeworden. Bei den Arbeitgebern war es irgendwie eine Selbstverständlichkeit Verbandsmitglied zu sein. Die Gewerkschaften wiederum setzten auf Freiwilligkeit des Beitritts als Voraussetzung für die Kampfwilligkeit ihrer Mitglieder. So kam es

verlorenen Arbeitskampf des Jahres 1995 liegt, als die Unzufriedenheit mit dem Flächentarifvertrag stark zunahm (vgl. *Kittner*, Geschichte der IG Metall, S. 216).

122 Vgl. BAG 23.10.1996, BAGE 84, 238 (vgl. *Deinert*, Zur Zulässigkeit von OT-Mitgliedschaften in Arbeitgeberverbänden, AuR 2006, 217). Diese Entwicklung erinnert an das Phänomen der »gewollten Tarifunfähigkeit« in der Weimarer Republik (vgl. *Hueck/Nipperdey*, Arbeitsrecht, 3.–5. Aufl., S. 172ff.).

123 Vgl. *Lesch u. a.*, Tarifbindung, S. 42.

124 Zu den Problemen dabei vgl. *Kittner*, Geschichte der IG Metall, S. 216ff.

ihnen nie in den Sinn, eine Mitgliedschaft etwa durch »Absperrungs-« oder »Organisationsklauseln« nach dem Vorbild britischer »closed-shop«-Vereinbarungen zu erzwingen. Solche wäre auch schon nach der vorherrschenden Interpretation der Weimarer Reichsverfassung unzulässig gewesen.[125] Allerdings gab es in der Weimarer Republik schon sog. Tarifausschlussklauseln, mit denen Arbeitgeber davon abgehalten werden sollten, bestimmte Leistungen an Außenseiter zu gewähren.[126]

In den frühen Jahren der Bundesrepublik gab es um diese »sanfte« Varianten von Vorteilsregelungen für Gewerkschaftsmitglieder oder »Differenzierungsklauseln«, wie sie nun hießen, einen arbeitsrechtlich spektakulären Konflikt. Eigentlich standen solche Klauseln erneut nicht hoch im Kurs; sie wurden nur bei einigen kleinen Gewerkschaften propagiert, vor allem durch die Gewerkschaft Textil, Bekleidung. Große Gewerkschaften, insbesondere die IG Metall, lehnten sie, durchaus mit abfälligem Unterton, ab, weil man glaubte, auf derart geworbene Mitglieder in einem Arbeitskampf nicht bauen zu können.[127] Nachdem die Gewerkschaft Textil, Bekleidung 1965 zur Durchsetzung einer solchen Differenzierungsklausel gestreikt hatte, wurde deren Zulässigkeit vor die Arbeitsgerichte getragen. Dort entschied schließlich der Große Senat des BAG am 29. November 1967,[128] dass solche Klauseln unzulässig seien. Danach wurde es um sie ruhig. Erst um die Jahrtausendwende kam wieder Bewegung in dieser Frage. Auch im Organisationsbereich der IG Metall kam es zu sog. Sanierungstarifverträgen, mit denen Gewerkschaftsmitgliedern Sondervorteile zugesprochen wurden. Das erfolgte z. B. auf dem Umweg über Vereine oder Gemeinsame Einrichtungen, die Leistungen nur an Gewerkschaftsmitglieder ausschütteten. Derartiges wurde nun vom BAG gebilligt.[129] 2021 legte eine Gruppe von Wissenschaftlern unter der Leitung von Olaf Deinert den Entwurf eines »Differenzierungsklauselgesetzes« vor.[130]

125 Vgl. *Anschütz*, Die Verfassung des Deutschen Reichs, 11. Aufl. 1929, Art. 159 Anm. 4.

126 Vgl. *Gamillscheg*, Differenzierung nach der Gewerkschaftszugehörigkeit, BB 1967, 45 ff. Franz Gamillscheg erzählte später Freunden, in dieser Sache habe er sein erstes bezahltes Rechtsgutachten gefertigt (für den DGB). Über die Niederlage bei Gericht – noch dazu unter Vorsitz von Nipperdey – habe er sich so gegrämt, dass er das nie wieder getan habe.

127 Auf dem 7. Ordentlichen Gewerkschaftstag der IG Metall 1962 wurde ein darauf zielender Antrag ohne Widerspruch in offener Akklamation verworfen (vgl. Protokoll, S. 335 und 598).

128 BAGE 20, 175 (zum ganzen Komplex vgl. *Kittner*, 50 Urteile, S. 269 ff.).

129 Vgl. BAG 15.4.2015, BAGE 131, 253. Das BVerfG billigte diese Rechtsprechung (BVerfG-Kammer 14.11.2018 – 1 BvR 1278/15).

130 Abgedruckt in AuR 2021, 310; vgl. auch *Waltermann*, Differenzierungsklauseln im Tarifvertrag in der auf Mitgliedschaft aufbauenden Tarifautonomie, HSI-Schriftenreihe Nr. 15, 2016.

Einen besonderen – vorläufigen – Schlusspunkt setzten die Tarifvertragsparteien in der chemischen Industrie im Jahr 2024: Sie vereinbarten einen freien Tag nur für Gewerkschaftsmitglieder als Anerkennung für deren ehrenamtliches Engagement.[131]

Der inzwischen allgemein als bedrohlich empfundene Rückgang der Tarifbindung hat eine breite Diskussion über dagegen wirkende rechtliche Instrumente ausgelöst; sogar auf dem Deutschen Juristentag im Jahr 2014 war das ein Hauptthema mit Referaten und Gutachten von Klaus Bepler, Olaf Deinert und Richard Giesen.[132] Ob solchen Bemühungen Erfolg beschieden sein wird, steht dahin. Das liegt zum einen an der offenen Frage der Effizienz aller dabei gemachten Vorschläge, zum anderen aber ist völlig offen, wie die Arbeitgeber, gegen die letztlich nichts realisierbar ist, sich in dieser Angelegenheit verhalten. Denn hier stehen sie vor ihrem immerwährenden Dilemma bezüglich des Tarifvertrags: Den Tarifvertag als Institution zu stärken wird nicht ohne Stärkung der Gewerkschaften gehen. Aber soll man das in Kauf nehmen?

Daneben gab es einen zweiten Komplex, in dem mit rechtlichen Mitteln Einfluss auf – zumindest – die Stabilisierung der Tarifbindung genommen werden soll, sog. Tariftreue-Regelungen bei der Vergabe öffentlicher Aufträge (vor allem aber nicht nur in der Bauwirtschaft).[133] Hier gibt es eine inzwischen endlose – auch rechtliche – Geschichte auf vielen Ebenen mit immer noch offenem Ende: Nachdem alle Bundesländer außer Bayern derartige Gesetze verabschiedet hatten, wurde das Berliner Gesetz zunächst vom BVerfG gebilligt.[134] Dann aber erklärte der EuGH in der Sache »Rüffert« Tariftreuegesetze für europarechtswidrig, als Verstoß gegen die Dienstleistungsfreiheit des EG-Vertrages (als Teil des sog. Laval-Quartetts, Kap. 21).[135] Diese Entscheidung ist inzwischen obsolet: Sowohl mit der Europäischen Grundrechte-Charta als auch der Vergabe-Richtlinie[136] gibt es neue Rechtsgrundlagen, die eine Berücksichtigung sozialer Kriterien bei der Auftragsvergabe erlauben. Das berücksichtigt der EuGH inzwischen.[137] Vor diesem Hintergrund hatte die »Ampel«-Koalition ein neues Bundestariftreuegesetz

131 Vgl. »Handelsblatt« 27. 6. 2024.

132 Die arbeitsrechtliche Abteilung verzichtete mit den Stimmen der Arbeitgeber- und Gewerkschaftsjuristen darauf, Vorschläge durch Abstimmung zu machen (vgl. *Lorenz*, Juristentag will auch künftig im Arbeitsrecht tagen, *www.lto.de*, Kap. 44).

133 Zu diesem Komplex eingehend *Kocher*, Tariftreuegesetze, Vergabe-Mindestlöhne und Landesmindestlohngesetze, in Berg/Kocher/Schumann, Hrsg., Tarifvertragsgesetz und Arbeitskampfrecht, Anhang 3.

134 Vgl. BVerfG 11. 7. 2006, 116, 202.

135 Vgl. EuGH 3. 4. 2008, ECLI:EU:C2008:189.

136 Richtlinie 2014/23EG, ABl. L 94/1.

137 Vgl. EuGH 17. 11. 2015, C-115/14, ECLI:EU:C2015:760 – RegioPost.

geplant, das aber nicht mehr verwirklicht wurde.[138] Auch dieses Vorhaben steht eher unter dem Vorzeichen des »Prinzips Hoffnung«, denn empirische Befunde zu den erwartbaren Auswirkungen auf das Tarifvertragssystem gibt es nicht.

22.13 Staatliche Intervention beim Ausfall von Tarifverträgen

In der idealen Arbeitsverfassung mit dem wohlgefügten Gebäude »normativer Ordnungen« (Kap. 16) spielt der auf Selbstbestimmung beruhende Tarifvertrag eine Schlüsselrolle – als kollektiver Schutz für die individuell Schwächeren und wegen seines ausgleichenden ökonomischen und politischen Nutzens. Was aber, wenn er als Regulierungsinstrument von Arbeitsbeziehungen ausfällt? Und dies nicht nur im Einzelfall, sondern systemisch? Die Rechtsordnung hat dafür Vorkehrungen vielerlei Art getroffen, die erste davon, nämlich die Allgemeinverbindlicherklärung (1), zugleich mit der Anerkennung des Tarifvertrages. Weiterhin von Bedeutung sind die Zwangsschlichtung (2), der Mindestlohn (3) sowie der Schutz vor Lohnwucher (4). Dazu kommt die Bezugnahme auf Tarifverträge durch Allgemeine Vertragsbedingungen (5). Vorweg ist anzumerken, dass sich derartige Tarifvertragssurrogate zu einer eigenen Welt auf der Rückseite des Tarifvertragssystems entwickelt haben: So war bereits 2013 die Rede von einem »Dschungel der Mindestlöhne«.[139]

(1) Allgemeinverbindlicherklärung

Mit der Entscheidung für ein auf freiwilliger Verbandsmitgliedschaft beruhendes Tarifvertragssystem war klar, dass es zu einem »Außenseiterproblem« kommen musste.[140] Allein der Blick auf die Tariflandschaft im Jahr 1918 zeigte, dass der Tarifvertrag zur Zeit seiner gesetzlichen Anerkennung ein Minderheitenphänomen war, das erkennbar »Anschubhilfe« benötigte. Davor konnte auch Hugo Sinzheimer die Augen nicht verschließen, was nicht wenige seiner Äußerungen erklärt, die – in die Richtung Brentanos zielend – eine auf den ersten Blick überraschende Staatsnähe auch seines neuen Systems zu belegen schienen. Vor diesem Hintergrund verständlich, forderte insbesondere Sinzheimer die »Allgemeinverbindlicherklärung« (AVE) der zu schaffenden Tarifverträge: Es entspreche dem *»Expansionsdrange des Tarifvertrages, seine Bestimmungen allgemein mit den*

138 Vgl. *Deinert/Kittner*, Die arbeitsrechtliche Bilanz der Ampel-Koalition 2021–2025, RdA 2025, 1.

139 Vgl. *Sittard*, Im Dschungel der Mindestlöhne, RdA 2013, 301.

140 Zum Folgenden vgl. *Wonneberger*, Die Funktion der Allgemeinverbindlichkeit von Tarifverträgen, 1992, S. 3 ff.; *Höpfner*, Die Legitimation der Tarifautonomie, in Höpfner u. a., Tarifautonomie und Tarifgeltung, S. 45, 114 ff.

Mitteln des wirtschaftlichen Kampfes auf Outsiders zu übertragen«.[141] Zuvor hatte auch schon Philipp Lotmar im Jahr 1902 derartiges für den Fall gefordert, dass der Tarifvertrag von jeweils drei Vierteln der Arbeitgeber und Arbeitnehmer geschlossen worden sei.[142] Das deutete bereits früh auf einen breiten Konsens in dieser Frage.[143]

Die TVVO vom 23. Dezember 1918 regelte sie – obwohl insgesamt nur als Provisorium gedacht – ungewöhnlich detailliert. Die Schlüsselbestimmungen lauteten:

§ 2 (Allgemeinverbindlichkeit) 1918

Das Reichsarbeitsamt kann Tarifverträge, die für die Gestaltung der Arbeitsbedingungen des Berufskreises in dem Tarifgebiet überwiegende Bedeutung erlangt haben, für allgemein verbindlich erklären. [...]

§ 3

Die Erklärung des Reichsarbeitsamts nach § 2 erfolgt nur auf Antrag. Antragsberechtigt sind jede Vertragspartei des Tarifvertrags sowie Vereinigungen von Arbeitgebern und Arbeitnehmern, deren Mitglieder durch die Erklärung des Reichsabreitsamts betroffen werden würden.

Der Zweck der Allgemeinverbindlichkeit wurde vom RG in der Unterbindung von »Schmutzkonkurrenz« gesehen. Es gelte zu »*verhindern, daß nicht organisierte Arbeiter durch deren Unterbietung die organisierten schädigen.*«[144] Außerdem wurde von Rechtswissenschaftlern ein weiterer, weitergehender Grund für die Allgemeinverbindlichkeit ins Feld geführt, die »*allgemeine Gefahr unangemessener Lohn- und Arbeitsbedingungen*« für nicht tarifgebundene Arbeitnehmer[145] – der direkte Verweis auf ein Motiv staatlicher Mindestlohnpolitik. Jedenfalls war unverkennbar, dass man sich mit der Allgemeinverbindlichkeit auf den Staatskorporatismus à la Brentano zubewegte, eine »*Brücke zwischen*

141 *Sinzheimer*, Rechtsfragen des Arbeitstarifvertrags, 1913, S. 18; vgl. auch *ders.*, Begründung zum Entwurf eines Arbeitstarifgesetzes, RArbBl. 1921, S. 491, 493.

142 Vgl. *Lotmar*, Schweizerisches Arbeitsvertragsrecht. Forderungen an den Gesetzgeber, 1902, in Gesammelte Schriften, hrsg. von Rehbinder, 1991, S. 43ff.

143 Vgl. *Hueck*, Allgemeinverbindlichkeit von Tarifverträgen, DB 1949, 431.

144 RG 30.6.1925, RGZ 111, 166, 175.

145 *Jacobi*, Grundlehren des Arbeitsrechts, 1927, S. 97; vgl. auch *Kaskel*, Arbeitsrecht, 3. Aufl. 1927, S. 45.

staatlicher und kollektiver Lösung«.[146] Dazu passte, dass die Hürden für eine AVE nicht allzu hoch waren: es genügte – anders als später in der Bundesrepublik – der Antrag einer Tarifvertragspartei allein, bei nicht allzu strengen inhaltlichen Anforderungen.[147] Dies sollte in der Weimarer Republik aber bald gegenüber der alles überwölbenden Zwangsschlichtung in den Hintergrund treten (s. u. 2).

Bei der Neuerrichtung des Tarifvertragssystems nach 1945 (oben 22.2) stand außer Streit, dass es ebenfalls wieder eine Allgemeinverbindlichkeit geben sollte.[148] Jedoch erstreckte sich der Konflikt der Arbeitsverwaltung (Storch und Herschel, Kap. 11) mit dem »Rest der Welt« über den Einfluss des Staates auch hierauf:[149] Die Verwaltung sah darin ein Instrument der Mindestlohnfestsetzung in Branchen ohne starke Gewerkschaften und wollte, ohne Bindung an ein Mindest-Quorum von 50 % der Tarifgebundenen eine Allgemeinverbindlichkeit bereits, wenn die »soziale Ordnung« dies erfordere. Das wurde von Arbeitgebern wie Gewerkschaften und der Militärregierung abgelehnt, und es kam zu der bis 2014 geltenden Fassung:

§ 5 Allgemeinverbindlichkeit (1949)

(1) Der Direktor der Verwaltung für Arbeit kann einen Tarifvertrag im Einvernehmen mit einem aus je drei Vertretern der Spitzenorganisationen der Arbeitgeber und Arbeitnehmer bestehenden Ausschuß auf Antrag einer Tarifvertragspartei für allgemein verbindlich erklären wenn

1. die tarifgebundenen Arbeitgeber nicht weniger als 50 vom Hundert der unter den Geltungsbereich des Tarifvertrags fallenden Arbeitnehmer beschäftigen und
2. die Allgemeinverbindlicherklärung im öffentlichen Interesse geboten erscheint.

---

146 *Gamillscheg*, Überlegungen zur Allgemeinverbindlichkeit des Tarifvertrages, FS Kim Bae-Hyung, 1995, S. 35, 37.

147 Nach Inkrafttreten der TVVO setzte eine Diskussion über die Rechtnatur der AVE ein, die vom RAG im Sinne der sog. Vertragstheorie entschieden wurde (RAG 6. 12. 1930, Bensh. 11, 273). Danach behielt der Tarifvertrag seinen rechtsgeschäftlichen Charakter, seine Rechtsnormen wurden auf die nicht tarifgebundenen Arbeitgeber und Arbeitnehmer erstreckt. Das wurde auch in der Bundesrepublik so gesehen (vgl. BVerfG 24. 5. 1977, BVerfGE 44, 322, 348 f.).

148 Das Grundprinzip der Tarifgeltung nur für Mitglieder der Koalitionen stand nie zur Diskussion. Niemand dachte an die Einführung eines »erga omnes«-Konzepts (vgl. *Kamanabrou*, Erga-Omnes-Wirkung von Tarifverträgen, 2011). Allerdings gab es eine vorsichtige Öffnung in diese Richtung mit der Einführung von Tarifnormen über »betriebliche« und »betriebsverfassungsrechtliche Fragen« (§ 1 Abs. 1 TVG).

149 Vgl. eingehend *Höpfner*, Die Legitimation der Tarifautonomie, S. 124 ff.; *Nautz*, Die Durchsetzung der Tarifautonomie in Westdeutschland, S. 129 ff.

Bei der Abhängigkeit von beiden Tarifvertragsparteien und einem starken Quorum von Tarifgebundenen war gegen die Tarifvertragsparteien keine Allgemeinverbindlichkeit möglich (auch wenn der Antrag nur von einer Partei kommen musste). Doch die Entwicklung lief anders, als es Storch befürchtet hatte. Die rasche wirtschaftliche Erholung und das anschließende »Wirtschaftswunder« brachte jeden Gedanken an Staatsintervention bei den Löhnen zum Verschwinden (zum Leerlaufen des kurz danach verabschiedeten Gesetzes über Mindestarbeitsbedingungen s. u. 3).[150]
Die Praxis der – vom BVerfG[151] als verfassungsmäßig anerkannten – AVE nahm rasch Konturen an. Sie blieb bis zum Anfang der 2000er Jahre auf ca. 1 Mio. Arbeitnehmer beschränkt mit einem klaren Schwerpunkt in der Bauwirtschaft und ihr verbundenen Gewerben (und dort vor allem für die zahlreichen Gemeinsamen Einrichtungen).[152] Bald sah es so aus, als sei gerade diese Branche mit vielen kleinen und kleinsten Unternehmen und einer unsteten Beschäftigungslage prädestiniert für dieses Instrument.
Nach Jahrzehnten einer störungsfreien Praxis kam Bewegung in diese Struktur aufgrund der Osterweiterung der EG/EU. Danach operierten verstärkt osteuropäische Bauunternehmen auf westeuropäischen Märkten, und zwar durch Entsendung eigener Arbeitnehmer, die hier zu osteuropäischen Löhnen arbeiteten (mehr als 20% der deutschen Arbeitnehmer im Jahr 2008).[153] Das BAG ging in diesen Fällen davon aus, dass ausländisches Recht Anwendung finde und dies auch zur Nicht-Anwendbarkeit allgemeinverbindlicher Tarifverträge führe.[154] Hierauf reagierten sowohl die EG als auch der nationale Gesetzgeber. In Europa wurde 1996 die »Entsende-Richtlinie« beschlossen (Kap. 21) und auf ihrer Grundlage kam es in Deutschland zum »Gesetz über zwingende Arbeitsbedingungen bei grenzüberschreitenden Dienstleistungen (Arbeitnehmer-Entsendegesetz – AEntG)« vom 26. Februar 1996.[155] Es erlaubte die Einführung von Mindestarbeitsbedingungen für aus dem Ausland entsandte Arbeitnehmer im Wege der AVE. Auch diese Möglichkeit kam bald an ihre Grenzen, nachdem die BDA zunehmend ihre Zustimmung zu derartigen Erklärungen verweigert hatte

---

150 Das staatliche Zutun wiederum erklärte das BVerfG als notwendig für die demokratische Legitimation gegenüber den Außenseitern (BVerfG 24. 5. 1977, BVerfGE 44, 322).

151 Vgl. BVerfG 24. 5. 1977, BVerfGE 44, 322. Das BVerfG sprach ebenso, so wie das RG, von »Schmutzkonkurrenz« und »Lohndrückerei«.

152 Detaillierte Auflistung bei Berg/Kocher/Schumann-*Kocher*, Tarifvertragsgesetz und Arbeitskampfrecht, § 5 TVG Rn. 12; Däubler-*Lakies*, TVG, § 5 Rn. 14. Das Bundesarbeitsministerium führt ein Verzeichnis der allgemeinverbindlich erklärten Tarifverträge.

153 Vgl. Kittner-*Deinert*, ASO, Arbeitnehmer-Entsendegesetz, Nr. 31a, Einl. I).

154 BAG 4.1977, BAGE 29, 138.

155 BGBl. I 227.

(BDA und DGB hatten aufgrund der Konstruktion des § 5 TVG jeweils eine Veto-Position). Das führte zu einer fundamentalen Weichenstellung: Durch das »Gesetz zu Korrekturen in der Sozialversicherung und zur Sicherung der Arbeitnehmerrechte« vom 19. Dezember 1998[156] wurde die Möglichkeit eröffnet, neben AVE Mindestlöhne durch Rechtsverordnung festzusetzen (§ 1 Abs. 3a AentG). Das war der Startschuss für eine neue Mindestlohn-Ära, kulminierend im »Tarifautonomiestärkungsgesetz« vom 11. August 2014[157] (s. u. 3).
Auch für die AVE brachte dieses Gesetz eine fundamentale Änderung. Das 50 %-Quorum, das in der Praxis der Bauwirtschaft zunehmend Probleme bereitete, wurde aufgegeben zugunsten eines in anderen Ländern gebräuchlichen Konzepts der »Repräsentativität« des Tarifvertrags, verbunden mit der Notwendigkeit eines gemeinsamen Antrags der Tarifvertragsparteien:[158]

§ 5 Allgemeinverbindlichkeit (2014)

(1) Das Bundesministerium für Arbeit und Soziales kann einen Tarifvertrag im Einvernehmen mit einem aus je drei Vertretern der Spitzenorganisationen der Arbeitgeber und der Arbeitnehmer bestehenden Ausschuss (Tarifausschuss) auf gemeinsamen Antrag der Tarifvertragsparteien gemeinverbindlich erklären, wenn die Allgemeinverbindlicherklärung im öffentlichen Interesse geboten erscheint. Die Allgemeinverbindlicherklärung erscheint in der Regel im öffentlichen Interesse geboten, wenn
1. der Tarifvertrag in seinem Geltungsbereich für die Gestaltung der Arbeitsbedingungen überwiegende Bedeutung erlangt hat oder
2. die Absicherung der Wirksamkeit der tarifvertraglichen Normsetzung gegen Folgen wirtschaftlicher Fehlentwicklung eine Allgemeinverbindlicherklärung verlangt.

Der Hintergrund dafür lag in den inzwischen in der Bauwirtschaft eingetretenen Veränderungen. Dort war die Einheit des Arbeitgeberlagers aufgebrochen und die Berechnung der 50 %-Quote in Streit geraten. In der Folge erklärte das BAG 2016 und 2017 einige AVE aus verschiedenen Gründen für unwirksam.[159] Um die unübersehbaren Folgen vor allem für die »SOKA BAU« zu verhüten, beschloss der Bundestag in großer Eile noch im Frühjahr 2017 das »Gesetz zur Sicherung der Sozialkassenverfahren im Baugewerbe (Sozialkassenverfahrenssicherungs-

156 BGBl. I 3843.
157 BGBl. I 1348.
158 Daneben brachte ein neuer Abs. 1a Rechtsklarheit für Gemeinsame Einrichtungen.
159 Vgl. 21.9.2016, BAGE 156, 231; 25.1.2017, 10 ABR 34/15. Verfassungsbeschwerden dagegen blieben erfolglos (vgl. BVerfG 10.1.2020, NZA 2020, 253).

gesetz – SoKaSiG)« vom 16. Mai 2017[160] und im Herbst das »Gesetz zur Sicherung der tarifvertraglichen Sozialkassenverfahren und zur Änderung des Arbeitsgerichtsgesetzes« vom 1. September 2017[161] – beide mit Rückwirkung.[162]

(2) Zwangsschlichtung

An dieser Stelle müssen wir zurück zum Stand der AVE in der Weimarer Republik. Es ist schon gesagt worden: Ihr war dort nur ein Schattendasein bestimmt. Schon bald, nachdem das erste »Chaos« der Nachkriegszeit (Sinzheimer) sich gelegt hatte, hielt dort eine, in einem demokratischen Staat wohl nicht mehr steigerungsfähige Staatsintervention Einzug: die Zwangsschlichtung. Ich werde diese im Zusammenhang des Arbeitskampf-Kapitels behandeln (Kap. 26). Für den Kontext des Themas »Staatsintervention« im Allgemeinen sei an dieser Stelle lediglich angemerkt, dass sie für alle Späteren vor allem als abschreckendes Beispiel dient, als etwas, das sich nie wiederholen dürfe. Wenn ich mich mit dem staatlichen Mindestlohn befasse, werde ich sogleich darauf eingehen, ob die »schiefe Ebene« auf dem Weg dahin nicht doch bereits betreten wurde.

(3) Staatlicher Mindestlohn

In Anbetracht des bislang Dargestellten ist es kein Wunder, dass bei der Wiedererrichtung des Tarifvertragssystems niemandem der Sinn nach staatlicher Beteiligung an der Lohnfestsetzung über die Allgemeinverbindlicherklärung hinaus stand. So war es doch erstaunlich, dass die von Konrad Adenauer geführte Bundestagsmehrheit 1952 auf Initiative der SPD-Bundestagsfraktion und nach einer Resolution des Bundesrates ein »Gesetz über die Festlegung vom Mindestarbeitsbedingungen« vom 11. Januar 1952[163] beschloss.[164] Nipperdey widmete ihm in der ersten Auflage des »Hueck/Nipperdey« nach 1945 nur eine – allerdings ganzseitige – Fußnote,[165] nicht ohne zu betonen, dass das Gesetz »*keinen Ersatz für eine Zwangsschlichtung*« schaffe. Außerdem warnte er: »*Es darf nicht zu einer neuen staatlichen Lohnfestsetzung führen*«.

Dazu kam es auch nicht. Über 60 Jahre lang wurde von diesem Gesetz kein Gebrauch gemacht (auch nicht nach seiner grundlegenden Änderung durch die

---

160 BGBl. I 1210

161 BGBl. I 3356.

162 Das wurde vom BAG als verfassungsgemäß angesehen (vgl. BAG 21.3.2018, BAGE 162, 166). Eine Verfassungsbeschwerde dagegen wurde nicht angenommen (vgl. BVerfG 5.2.2020, NZA 2020, 253).

163 BGBl. I 17.

164 Vgl. *Herschel*, Festsetzung von Mindestarbeitsbedingungen, BArbBl. 1952, 36; *Fitting*, Das Gesetz über die Festsetzung von Mindestarbeitsbedingungen, RdA 1952, 5.

165 Vgl. *Hueck/Nipperdey*, Arbeitsrecht, Bd. 2, 6. Aufl. 1957, S. 171, Fn. 32.

»Große Koalition« 2009).[166] Lediglich in der Nische der Heimarbeit (Kap. 36) gab es eine bereichsspezifische Form der staatlichen Entgeltregulierung: die »bindenden Festsetzungen« der Heimarbeitssausschüsse mit Zustimmung der Arbeitsbehörde gem. § 19 HAG. Sie wurden vom BVerfG[167] für verfassungsgemäß befunden, das in seiner Entscheidung allerdings die Nachrangigkeit dieses Instruments gegenüber dem in den Arbeitsbeziehungen wegen Art. 9 Abs. 3 GG immer vorgehenden Tarifvertrags betonte.
Die Kehrwende kam, wie schon dargestellt, mit der Ausweitung des AVE-Konzepts für aus dem Ausland entsandte Arbeitnehmer durch Rechtsverordnungen im Jahr 1996. Nachdem die 2009 erfolgte Ausweitung auf die gesamte Wirtschaft durch Änderung des Mindestarbeitsbedingungengesetzes zunächst ohne Resonanz geblieben war, kam es zu einem ersten Bereichs-Mindestlohn ohne Auslandbezug. Im Zuge der Umsetzung der Leiharbeitsrichtlinie (Kap. 21) wurde mit dem »ersten Gesetz zur Änderung des Arbeitnehmerüberlassungsgesetzes – Verhinderung von Missbräuchen der Arbeitnehmerüberlassung« vom 28. April 2011[168] die Möglichkeit von »Lohnuntergrenzen« in der Leiharbeit eingeführt:

§ 3a Lohnuntergrenze (AÜG 2011)

Gewerkschaften und Vereinigungen von Arbeitgebern, die zumindest auch für ihre jeweiligen in der Arbeitnehmerüberlassung tätigen Mitglieder zuständig sind (vorschlagsberechtigte Tarifvertragsparteien) und bundesweit tarifliche Mindeststundenentgelte im Bereich der Arbeitnehmerüberlassung miteinander vereinbart haben, können dem Bundesministerium für Arbeit und Soziales gemeinsam vorschlagen, diese als Lohnuntergrenze in einer Rechtsverordnung verbindlich festzusetzen; […]

Auf Grundlage dieses § 3a sind inzwischen sechs Rechtsverordnungen über die Lohnuntergrenze in der Arbeitnehmerüberlassung erlassen worden.[169]

---

166 Vgl. Erstes (!) Gesetz zur Änderung des Gesetzes über die Festlegung von Mindestarbeitsbedingungen vom 22. 4. 2009, BGBl. I 818.

167 BVerfG 27. 7. 1973, BVerfGE 34, 307.

168 BGBl. I 642.

169 Vgl. Erste Verordnung über eine Lohnuntergrenze in der Arbeitnehmerüberlassung vom 21. 12. 2012 (LohnUGAÜV, BAnz. -011, Nr. 195, S. 4608). Zuletzt Sechste Verordnung über eine Lohnuntergrenze in der Arbeitnehmerüberlassung vom 23. 10. 2024 (BGBl I Nr. 333). Zur Konkurrenz mit dem allgemeinen Mindestlohn vgl. *Ulber/Ulber*, AÜG, § 3a Rn. 2; dort auch zur Verfassungsmäßigkeit und Vereinbarkeit mit Unions-Recht Rn. 6ff. und 9f.

Eine neue Etappe setzte ein mit dem »Gesetz zur Regelung eines allgemeinen Mindestlohns (Mindestlohngesetz – MiLoG) vom 11. August 2014.[170] Hintergrund des Gesetzes waren offen zutage getretene Defizite in der tarifautonomen Gestaltung der Arbeitsbedingungen. Die Gewerkschaften waren offensichtlich nicht mehr in der Lage, in der ganzen Breite des Wirtschaftslebens den Beschäftigten angemessene Mindestlöhne auf tariflichem Wege zu sichern.

§ 1 Mindestlohn

(1) Jede Arbeitnehmerin und jeder Arbeitnehmer hat Anspruch auf Zahlung eines Arbeitsentgelts mindestens in Höhe des Mindestlohns durch den Arbeitgeber.
(2) Die Höhe des Mindestlohns beträgt ab dem 1. Januar 2015 brutto 8,50 Euro brutto je Zeitstunde. Die Höhe des Mindestlohns kann auf Vorschlag einer Kommission der Tarifpartner (Mindestlohnkommission) durch Rechtsverordnung der Bundesregierung geändert werden.

§ 5 Stimmberechtigte Mitglieder

(1) Die Bundesregierung beruft je drei stimmberechtigte Mitglieder auf Vorschlag der Spitzenorganisationen der Arbeitgeber und der Arbeitnehmer aus Kreisen der Vereinigungen von Arbeitgebern und Gewerkschaften.

Dieses Gesetz hat mit seiner Einführung für ca. 3,7 Mio. Arbeitnehmer höhere Lohnansprüche gebracht.[171] Das BVerfG hat noch nicht über seine Verfassungsmäßigkeit entschieden; Verfassungsbeschwerden dagegen wurden von ihm nicht angenommen, weil der Rechtsweg vor den Fachgerichten nicht erschöpft war.[172]

---

170 BGBl. I 1348 (vgl. *Bayreuther*, Der gesetzliche Mindestlohn, NZA 2014, 865; *Däubler*, Der gesetzliche Mindestlohn – doch eine unendliche Geschichte?, NJW 2014, 1924; *Franzen*, Das Gesetz zur Regelung des allgemeinen Mindestlohns, Jahrbuch des Arbeitsrechts 52, 2015, S. 67ff.; *Wank*, Der Mindestlohn, RdA 2015, 88.

171 Vgl. *Deter*, Bericht aus Berlin, AuR 2015, 314. Mit dem »Berufsbildungsmodernisierungsgesetz« von 12.12.2019 (BGBl. I 2522) wurden für die bislang schon im Gesetz als »angemessen« vorgeschriebenen Ausbildungsvergütungen bezifferte Untergrenzen eingeführt (vgl. *Lakies/Malottke*, BBiG, 7. Aufl. 2021, Rn. 47ff.).

172 Vgl. BVerfG 25.6.2015, NZA 2015, 864; vgl. *Fischer-Lescano/Preis/Ulber*, Verfassungsmäßigkeit des Mindestlohns, 2015. Das BAG geht von der Verfassungsmäßigkeit des Gesetzes aus, denn es hat es dem BVerfG nicht gem. Art. 100 GG vorgelegt (zur Praxis unter dem Gesetz vgl. *Schreiner/Sura*, Zehn Jahre Mindestlohngesetz, NZA 2025, 18; *Fechner*, Mindestlöhne: Rechtsentwicklung und Rechtsprechung, AuR 2025, 24).

Das MiLoG war heftig umstritten, verbunden mit einer eindeutigen Schlachtordnung: Die Arbeitgeber konnten naturgemäß wegen der daraus resultierenden Kostenerhöhungen nicht erfreut sein; sie kritisierten es aber vornehmlich ordnungspolitisch-verfassungsrechtlich. Die Gewerkschaften wiederum befürworteten das Gesetz – soweit sie öffentlich überhaupt etwas dazu sagten. Denn das war das im Grunde Bedrückende, dass über diesen neuen Weg als Ganzen gar keine Diskussion geführt wurde. Denn Skeptiker wollten den Anschein vermeiden, sie würden Kolleginnen und Kollegen, die das Gesetz für nötig hielten, in den Rücken fallen. Und wer wollte den Betroffenen die Lohnerhöhung nicht gönnen?[173] Allein der damalige Vorsitzende der IG Metall, Berthold Huber, äußerte, als ein allgemeiner gesetzlicher Mindestlohn noch nur am Horizont zu erahnen war, vorsichtige Skepsis: »*Ein Mittel, das Gegenstand erregter politischer Auseinandersetzung ist, erscheint derzeit praktisch alternativlos: ein wie auch immer verordneter staatlicher Mindestlohn. Ich muß zwar einräumen, daß ein solcher auch für Handwerksbereiche gilt, für die die IG Metall zuständig ist, und für viele andere Wirtschaftsbereiche fällt mir nichts Besseres ein. Gleichwohl kann ich gerade bei einer Gelegenheit, in der Hugo Sinzheimers Erfahrungen im Mittelpunkt stehen, eine bestimmte Sorge nicht unterdrücken. Denn zu sehr drängt sich der Vergleich von Mindestlöhnen heute mit Zwangstarifverträgen der Weimarer Zeit auf. Der Gedanke und die praktische Gewöhnung an die autonome Gestaltung von Arbeitsbedingungen müssen so weit wie möglich unbeschädigt bleiben*«.[174]
Weiter zugespitzt wurde das neue Konzept im Bundestagswahlkampf 2021: Der Spitzenkandidat der SPD, Olaf Scholz, propagierte einen Mindestlohn von 12 Euro als Wahlversprechen.[175] Und als er – überraschend – aus der Wahl als (relativer) Sieger hervorging, setzte die daraufhin gebildete Ampelkoalition aus SPD, Grünen und FDP dieses Versprechen auf ordnungspolitisch hochproblematische Weise um: Die 12 Euro wurden durch Gesetz vom 28. Juni 2022[176] unter Übergehung der dafür eingesetzten Mindestlohnkommission in § 1 Abs. 2

173 Ich erlaube mir an dieser Stelle die sehr traditionelle Frage, warum diesen »armen« Menschen nicht zugemutet werden kann, Mitglied einer Gewerkschaft zu werden. Außerdem versetze ich mich immer in die Haut eines »organizers«, für den der Mindestlohn die Aufgabe sicher nicht einfacher gemacht hat, sie vom Gewerkschaftseintritt zu überzeugen. Andererseits gibt es Berichte aus dem Bereich der Gewerkschaft NGG, dass sich das Tarifgeschäft durch die Erhöhung »belebt« hat, weil Arbeitgeber Wert darauf legten, nicht nur nach dem Mindestlohn zu bezahlen, sondern Strukturen beizubehalten, die auf dem Mindestlohn aufbauen, wie früher auf die niedrigste Lohngruppe (*https://www.lebensmittelzeitung.net/handel/karriere/gewerkschaft-ngg-mindestlohn-sorgt-fuer-positive-entwicklung-167469*). Über die Entwicklung der Mitgliederzahlen der Gewerkschaften bei dem vom Mindestlohn erfassten Personenkreis ist nicht bekannt (Kap. 40).

174 *Huber*, Hugo Sinzheimer und wir, AuR 2010, 280, 284.

175 Vgl. *Deinert/Kittner*, Die arbeitsrechtliche Bilanz der Ampel-Koalition, RdA 2025, 1.

176 BGBl. I 969.

MiLoG festgeschrieben.[177] Dieses Vorgehen wurde von der BDA unter Berufung auf Gutachten, die es als verfassungswidrig bezeichneten,[178] heftig kritisiert. Die Gegenposition wurde u. a. von DGB-Juristinnen eingenommen.[179]
Auch wenn es sich nicht vielen erschlossen hatte: Hier wurde ein Rubikon überschritten. Und für den Fortgang stand das Schiller-Wort vom »Fluch der bösen Tat, die immer Böses muss gebären«. Denn der Kanzler glaubte mit einer so erfolgreichen Aktion weiter punkten zu können. In einem Fernsehinterview am Mai 2024 verlangte er die Erhöhung des Mindestlohns auf 14 und in einem zweiten Schritt auf 15 Euro: »*Natürlich müssen diejenigen, die hart arbeiten und wenig verdienen, bessere Löhne haben.*« Er finde, »*dass jemand, der sich anstrengt, ordentlich behandelt werden muss – und ein ordentlicher Lohn gehört dazu*«, sagte Scholz weiter. Selbst mit diesen Beträgen falle es schwer, das Leben zu bestreiten: »*Und ehrlicherweise, 14 oder 15 Euro sind auch nicht die Welt. Da kann man auch nicht weit kommen.*«[180] Soll das die Zukunft sein: der Bundeskanzler der Bundesrepublik Deutschland im öffentlichen »bargaining« um die konkrete Höhe von Mindestlöhnen (Kap. 41)? Ich glaube, dass man das Fragezeichen hinter dem Bild von der »schiefen Ebene« wohl streichen muss.

(4) Verbot des »Lohnwuchers«

Schließlich gibt es auch – wie in der Finanzwirtschaft – ein Auffangnetz »of last resort«: das fundamentale Kriterium der »Sittenwidrigkeit« einer Entgeltvereinbarung. Sie wurde als »Lohnwucher« bereits durch § 138 Abs. 2 BGB verboten, der seit seiner Schaffung bis heute im Kern unverändert geblieben ist. Bei der Suche nach den Ursprüngen dieser Rechtsfigur geraten wir in die gleiche historische Zeitzone, in der wir die Anfänge freier abhängiger Arbeit ausgemacht haben. Im römischen Recht gab es dafür die Kategorien der »laesio enormis«, des groben Missverhältnisses zwischen Leistung und Gegenleistung[181] und – ins

177 Zuletzt wurde er auf 12,41 Euro und ab dem 1. 1. 2025 auf 12,82 Euro angehoben (VO vom 24. 11. 2023, BGBl. I 321). Zur selben Zeit hat die EU ihre Mindestlohnrichtlinie erlassen (Kap. 21; vgl. *Rudkowski*, Europäische Rechtsetzung zum Mindestlohn, ZfA 2024, 601).

178 Vgl. *Schorkopf*, Verfassungsrechtlicher Vertrauensschutz und das Mindestlohnerhöhungsgesetz, ZfA 2022, 308; *Giesen*, Staatslohn statt Tariflohn, ZfA 2022, 364, Vgl. auch *Jöris*, Zwischen Kooperation und Konflikt, ZfA 2024, 245.

179 Vgl. *Klapp/Nielebock*, Der gesetzliche Mindestlohn – gestern, heute, morgen, AuR 2022, 369; vgl. auch *Bayreuther*, Mindestlohnerhöhung durch Gesetz und Tarifautonomie, SR 2023, 42.

180 *https://www.tagesschau.de/inland/innenpolitik/scholz-mindestlohn-aufschlag-forderung-100.html*; der Arbeitsminister, Heil, begründete die konkrete Höhe der geforderten Mindestlohnerhöhung mit den Vorgaben aus den Erwägungsgründen zur Richtlinie (Kap. 22.13).

181 Vgl. *Armgardt*, Zur Dogmengeschichte der laesio enormis – eine historische und rechtsvergleichende Betrachtung, in Riesenhuber/Karakostas, Hrsg., Inhaltskontrolle im na-

Positive gewendet – das Leitbild des »iustum pretium,[182] des »gerechten Preises«. Diese Vorstellungen beherrschten, mit christlichen Vorstellungen angereichert, die Diskurse zur Vertragsethik des Mittelalters und der frühen Neuzeit.[183] Verbindlichkeit gewann dies durch die Entlohnungspraxis in den verschiedenen »Ordnungen«, in denen abhängige Arbeit erbracht wurde, am sinnfälligsten im Begriff der »Nahrung«, dem auskömmlichen Lebensunterhalt für alle. Danach blieb die Frage des »gerechten Lohnes« immer ein Zentralthema ethischer Wirtschaftsdiskurse.[184] Justiziabel, im Sinne von Einklagbarkeit vor Gericht, war das alles freilich nicht.[185]

Das stand auch nicht auf der Tagesordnung, nachdem der mit Rechtsqualität ausgestattete Tarifvertrag auf den Plan getreten war, und erst recht nicht nach seiner flächendeckenden Verbreitung durch Praxis von Zwangsschlichtung und Allgemeinverbindlichkeit. Damit blieben rechtliche Bemühungen, »Hungerlöhne«[186] zu unterbinden, auf Ausnahmefälle beschränkt, weniger allerdings im Hinblick auf eine krass zu geringe Lohnhöhe, sondern wegen unangemessener Risikoverteilung (z. B. bei der Mankotragung).[187] Immerhin sah auch der Entwurf eines Arbeitsvertragsgesetzes von1923 eine ausdrückliche Regelung für Fälle von »Lohnwucher« vor (später auch der Entwurf des Arbeitsvertragsgesetzes von 1938 (Kap. 38).

Nach 1945 liefen die Dinge – wie bekannt – noch besser. Das BVerfG hatte 1956 in seinem KPD-Urteil die Aufgabe der freiheitlichen Demokratie herausgestellt, *»wirkliche Ausbeutung, nämlich Ausnutzung der Arbeitskraft zu unwürdigen Bedingungen und unzureichendem Lohn zu unterbinden.«*[188] Das erfolgte aufs Ganze

tionalen und Europäischen Privatrecht, 2009, § 2. *Pennitz*, Zu Ursprung und Zweck der sog. laesio enormis, Zeitschrift der Savigny-Stiftung für Rechtsgeschichte Bd. 138, Heft 1 2021, S. 379 ff.; *Schulze*, Die laesio enormis in der deutschen Privatrechtsgeschichte, 1973, S. 5; *Mayer-Maly*, Renaissance der laesio enormis, FS Larenz, 1983, S. 395 ff.

182 Vgl. Lohn- und Preisgerechtigkeit. Historische Rückblicke und aktuelle Perspektiven unter besonderer Berücksichtigung der christlichen Soziallehren, 2008; *Kaser*, Römisches Privatrecht, 14. Aufl. 2005.

183 Vgl. *Trusen*, Spätmittelalterliche Jurisprudenz und Wirtschaftsethik dargestellt an Wiener Gutachten des 14. Jahrhunderts, Vierteljahresschrift für Sozial- und Wirtschaftsgeschichte 1961, Beiheft 43.

184 Vgl. *Hantel*, Philosophische Grundlagen des gerechten Preises – Gerechter Preis als Ausdruck vertraglicher Austauschgerechtigkeit, Diss. Berlin 2025 (im Erscheinen).

185 In diesem Bereich müsste unter allen Rahmenbedingungen ohnehin mit einer großen Dunkelziffer gerechnet werden, denn es liegt nahe, dass die Betroffenen gerade in den schlimmsten Fällen gerade nicht diejenigen sind, die ein Gericht in Anspruch nehmen würden.

186 So der Begriff bei *Hueck/Nipperdey*, Arbeitsrecht, 7. Aufl. 1963, S. 195.

187 Vgl. RAG 2.11.1929, Bensh. 7, 319.

188 BVerfGE 5, 85.

so erfolgreich mit dem Tarifvertragssystem, dass das Gesetz über Mindestarbeitsbedingungen über 60 Jahre lang nicht zum Einsatz kam (s. o.). Umso weniger gab es Bedarf für den Wucherparagrafen 138 BGB.[189] So tauchte das Stichwort »Lohnwucher« in den Verzeichnissen aller in der »Arbeitsrechtlichen Praxis« (AP) veröffentlichten Gerichtsentscheidungen bis zum Jahr 1970 kein einziges Mal auf.

»Lohnwucher« wurde zum Thema erst Ende der 1990er Jahre. Helga Spindler sprach von ihm als »neuem Rechtsproblem«.[190] Von da an häuften sich Publikationen[191] zu diesem Thema und es gelangte auch an die Gerichte. Den Einstieg dazu fanden interessanterweise nicht die Arbeitsgerichte, sondern der BGH in Auslegung des § 291 StGB.[192] Ihm folgte dann die Arbeitsgerichtsbarkeit, wobei es jeweils um drei Komponenten ging:

- ein »auffälliges Missverhältnis« zwischen Lohn und Leistung; sie wurde in der Regel angenommen beim Unterschreiten von 2/3 des entsprechenden Tariflohns;[193]
- einer »verwerflichen Gesinnung« des Arbeitgebers für die eine tatsächliche Vermutung spreche, wenn das Entgelt unter der Hälfte liegt;[194]
- und schließlich die gem. § 612 Abs. 2 BGB »übliche Vergütung« anstelle der nichtigen Vereinbarung; das sollte regelmäßig mindesten die tarifliche Vergütung sein.[195] Das bedeutet, dass das Rechtssystem diese als die gerechten Ergebnisse der Lohnbildung ansieht – der Tariflohn als »gerechter Lohn«

Ein Mengenproblem sind derartige Lohnwucherfälle freilich nie geworden. Ob diese Rechtsfigur nach der Intensivierung der Mindestlohnpolitik überhaupt noch eine Relevanz haben wird, ist offen.[196] Für unseren Gesamtzusammenhang wichtig ist jedenfalls die Tatsache, dass die Aufgreifkriterien des Wuchertatbestands sich weitgehend an den Ergebnissen des Tarifvertragssystems orientieren – ein Beleg für dessen systemprägende Wirksamkeit.

---

189 Inzwischen war Lohnwucher, neben anderen Wuchertatbeständen, auch nach § 291 StGB strafbar (vgl. *Laufen*, Der Wucher, (§ 291 Abs. 1 Satz1 StGB), 2004.

190 Vgl. *Spindler*, Lohnwucher – ein neues Rechtsproblem, AuR 1999, 296.

191 Vgl. *Franke*, Lohnwucher – auch ein arbeitsrechtliches Problem, 2003; *Böggemann*, Arbeitsrechtliche Rechtsprechung zum Lohnwucher, NZA 2011, 493; *Henssler/Sittard*, Flexibler Mindestlohn durch Konkretisierung des Sittenwidrigkeitstatbestands, RdA 2007, 159; insgesamt ErfK-Preis, § 612 Rn. 3ff.

192 BGHSt 22.4.1997, NJW 1997, 2314 = AuR 1997, 453 mit Anm. *Reinecke*.

193 Vgl. BAG 22.4.2009, NZA 2009, 978.

194 Vgl. BAG 16.5.2012, NZA 2012, 974.

195 BAG 26.5.1993, NZA 1993, 1049. Ist eine übertarifliche Vergütung üblich, ist diese maßgeblich (vgl. BAG a. a. O.).

196 Vgl. ErfK-*Peis*, § 612 BGB Rn. 3c.

(5) Bezug auf den Tarifvertrag

Strenggenommen, gehört die letzte Kategorie von »Tarifvertragssurrogaten«, wie ich sie genannt habe, nicht hierher. Denn sie ist nicht durch staatliche Geltungsanordnung sondern aufgrund massenhafter privater Praxis: die »Inbezugnahme« von Tarifverträgen durch Einzelarbeitsvertrag.[197] Nachdem das TVG die Möglichkeit der TVVO zu seiner Erstreckung durch »Berufung auf den Tarifvertrag« (s. o. 22.2) nicht übernommen hatte, konnte die rechtliche Geltung des Tarifvertrags für Außenseiter nur durch Aufnahme in den Arbeitsvertrag erfolgen (vorausgesetzt, es lag keine Allgemeinverbindlicherklärung vor). Das ist inzwischen eine so weit verbreitete Praxis, dass sie unter dem hier vertretenen weiten Konzept von »normativen Ordnungen« als ein besonderer Fall durchgehen könnte. Das gilt umso mehr, als nach der Lebenserfahrung (eine valide Empirie hierzu gibt es nicht) derartige Vertragsinhalte üblicherweise Bestandteil Allgemeiner Arbeitsbedingungen sind.[198] Für eine solche Vertragsgestaltung gibt es zwei typischerweise zu unterscheidende Anlässe: ein tarifgebundener Arbeitgeber gewährt seinen nicht in einer Gewerkschaft organisierten Arbeitnehmern die gleichen Ansprüche wie den Gewerkschaftsmitgliedern (»Gleichstellungsabrede«), und ein nicht tarifgebundener Arbeitgeber orientiert sich am Branchentarifvertrag – ein weiterer Beleg für eine – nach wie vor – verhaltensprägende Wirkung des Tarifvertragssystems auf die Personalwirtschaft ganzer Branchen.[199]

23. Autonomes Recht II: Betriebliche Regelungen

Die »unterste« Ebene des Regulierungssystems, die Sach- und Beteiligtennächste ist der Betrieb. Um ihn als Nukleus bildete sich das »neue« Arbeitsrecht mit zwei neuen Herausforderungen: Arbeitgeber mussten lernen, eine Vielzahl von Personen zum betrieblichen Arbeitszweck zu koordinieren, und die Arbeitnehmer mussten sich der Herausforderung stellen, im Kollektiv unter kontinuierlicher

---

197 Ein nochmals besonderer Fall ist die seit der Einfügung des § 613a ins BGB im Jahre 1972 mögliche Weitergeltung eines Tarifvertrages nach einem Betriebsübergang beim Erwerber als nunmehr individualvertraglicher Vertragsbestandteil (§ 613a Abs. 1 Satz 2 BGB).

198 Wird ein Tarifvertrag als Ganzer übernommen, führt das gem. § 310 Abs. 2 BGB zur Freistellung von einer Klauselüberprüfung nach den §§ 305 ff. BGB; anders sieht das bei der Übernahme nur einzelner Teile des Tarifvertrags (vgl. ErfK-*Preis*, §§ 305–319, Rn. 13 ff.).

199 Vgl. *Ellguth/Kohaut*, Tarifbindung und betriebliche Interessenvertretung, WSI-Mitteilungen 2020, 278; *Lesch/Schneider/Vogel*, Tarifbindung, in Höpfner/Lesch/Schneider/Vogel, Tarifautonomie und Tarifgeltung, S. 30 ff.

Fremdkontrolle zu arbeiten (die allermeisten mit dem ungewohnten Hintergrund einer Vorbeschäftigung in der Landwirtschaft oder in kleinen zünftigen Handwerksbetrieben). Auf Seite der Arbeitnehmer erwuchsen daraus – in Anknüpfung an Traditionen der Gesellenbewegung – Strukturen betrieblicher Selbsthilfe und später die gewerkschaftlichen Anfänge (Kap. 2).

23.1 »Hausgesetze« und Arbeitsordnungen

Die Arbeitgeber der Manufakturen bzw. Fabriken des ausgehenden 18. und beginnenden 19. Jahrhunderts begegneten ihren Arbeitnehmern nunmehr frei von zünftigen Bindungen, auf der Grundlage einer unregulierten Vertragsfreiheit. Dass nutzten sie – nach allem, was man weiß[1] – durchweg auf die gleiche Weise: Sie erließen »Fabrikordnungen«, »Arbeitsordnungen«, »Reglements« oder »Hausgesetze« über alles Mögliche rund um den Arbeitsvollzug mit immergleichen Kernelementen. Dafür möge das »Hausgesetz« der Fa. »Carl Gottlieb Haubold« in Chemnitz von 1834[2] als Beispiel dienen:

Hausgesetz für die mechanischen Werkstätten Haubold, C. G. Haubold AG, Maschinenfabrik, Chemnitz

§ 1

Wer in Arbeit tritt, hat sich von dem Augenblick seines Eintritts an nach folgenden Gesetz zu richten.

1 Die Welt der »Arbeitsordnungen« bzw. »Hausgesetze« ist weitestgehend unbekannt (vgl. *Kleeis*, Die Arbeitsordnung in den gewerblichen Betrieben Deutschlands, 1914). Man weiß, dass es da etwas gibt, aber es ist unerforscht; auf einer Landkarte des Normierungs-Universums wären solche weißen Flecken bezeichnet worden mit »hinc sunt leones« (»hier wohnen die Drachen«). Das Max-Planck-Institut für Rechtsgeschichte und Rechtstheorie hat dazu ein empirisches Projekt begonnen, mit dem derartiges »nichtstaatliches Recht der Wirtschaft« modellmäßig für die Metallindustrie der Region Sachsen auch digital dokumentiert werden soll (vgl. *Ebbertz/Spendrin/Vesper/Wolf*, Neue Ansätze in der Arbeitsrechtsgeschichte. Ein digitales Quelleneditionsprojekt am Max-Planck-Institut für Rechtsgeschichte und Rechtstheorie, Rechtsgeschichte, Nr. 30, 2022). Die ersten Ergebnisse zeigen, wie sehr die ganze Überlieferung auf Zufallsfunden in öffentlichen und Firmenarchiven beruht und dass erhebliche Mittel nötig wären, um eine auch nur annähernd repräsentative Übersicht zu gewinnen.

2 Abgedruckt bei *Forberger*, Die industrielle Revolution in Sachsen 1800–1861, Bd. 2 Erster Halbbd., Die Revolution der Produktivkräfte in Sachsen 1831–1861, 1999, S. 220. Die Einführung der Hauboldschen Ordnung hatte dort einen Streik ausgelöst (so wie im Falle des Waldenburger Bergbaus, Kap. 26).

§ 2

Während des zweiten Michaelis und Ostern ablaufenden Jahres wird wöchentlich 72 volle Stunden gearbeitet. Montags von früh 7 bis Abends 8 Uhr, Sonnabends von früh 6 bis Abends 5 Uhr, alle übrigen Arbeitstage von früh 6 bis Abends 8 Uhr.

§ 3

Während des zwischen Ostern und Michaelis ablaufenden Halbjahres wird wöchentlich 72 volle Stunden gearbeitet, und zwar Montag von früh 6 bis Abends 7 Uhr, Sonnabends von früh 5 bis Abends 5 Uhr, die übrigen Arbeitstage von früh 5 bis Abends 7 Uhr.

§ 4

Wenn jemand außerstande wäre, seine Arbeit wie es sich gehört anfangen und bis zur bestimmten Zeit fortführen zu können, hat er dies auf dem Comtoire mit der Bemerkung wie lang und aus welchen Gründen er bei der Arbeit fehlte, anzuzeigen. Wer diese Vorschrift nicht befolgt, ist des Lohnes auf denjenigen Theil des Tages, an welchem er gearbeitet hat, verlustig. Im Wiederholungsfall verliert er ein volles Tageslohn.

§ 5

Niemand darf bei Verlust des Lohnes auf einen Tag einen Jemand in der Werkstatt führen, ohne im Comtoir vorher die Erlaubnis dazu erhalten zu haben.

§ 6

Jeder hat sorgfältig auf das ihm anvertraute Werkzeug Acht zu geben und die gehörige Aufmerksamkeit bei dessen Gebrauch anzuwenden, wenn davon etwas zerbricht, so ist solches binnen 24 Stunden auf dem Comtoir abzugeben, ohne Verschulden des Arbeiters abhanden gekommenes aber zu melden und ein brauchbares Stück dagegen in Empfang zu nehmen. Findet sich bei der wöchentlich einmal stattfindenden Untersuchung zerbrochenes Handwerkszeug oder ergibt sich, daß dem gleich gänzlich abhanden gekommen ist, ohne daß es vorher gehörig gemeldet worden, so muß es der betreffende Arbeiter nach seinem wahren Wert vergüten.

§ 7

Niemand darf Niemandem von seinem Handwerkszeug etwas wegnehmen, ohne diesem vorher zu sagen, wozu und wie lange er es haben will. Hat ein Arbeiter demgemäß Handwerkszeug erborgt, so muß er es nach gemachtem Gebrauch dem rechtmäßigen Inhaber an Ort und Stelle zurückbringen, solches weiter zu verborgen ist verboten. Wer dem entgegen Handwerkszeug eines andern ohne Erlaubnis an sich nimmt, das Erborgte 24 Stunden lang unbenutzt bei sich liegen läßt, oder solches weiter verborgt, ist des Lohnes auf einen Tag verlustig.

§ 8

Bei Übernahme von rohen Materialien, wie von Handwerkszeug, hat jeder zu untersuchen, ob das, was er übernimmt, gesund und tauglich ist, im entgegengesetzten Fall aber solches sofort zurückzugeben. Sollte ein Arbeiter erst während der Arbeit die Unbrauchbarkeit der Materialien bemerken, unterläßt er das eine oder andere, so hat er den Verlust des Lohns auf einen Tag zu gewärtigen.

§ 9

Wer unbrauchbare Arbeit liefert, hat dafür einige Vergütung oder Arbeitslohn nicht in Anspruch zu nehmen. Es steht aber auch dem Fabrikunternehmer frei, von ihm Ersatz des verursachten Schadens zu verlangen.

§ 10

Läge es aber außer der Schuld des Arbeiters, daß etwas bräche oder sonst zur Verarbeitung untauglich wurde, so ist solches sofort dem Vorsteher anzuzeigen. Wer dies binnen 24 Stunden nach Vorfall unterläßt, hat aus eigenen Mitteln Ersatz des entstehenden Schadens zu leisten.

§ 11

Niemand darf sich nach Verlust eines Wochenlohnes rohe Materialien, welche er bedarf, selbst entnehmen.

§ 12

Niemand ist es erlaubt, ohne vorherige Erlaubnis, welche jedoch nur älteren Personen und mit Rücksicht auf besondere Umstände erteilt wird, Tabak zu rauchen.

§ 13

Es hat sich jeder allezeit und besonders auch während des Frühstücks, Mittagessens und der Arbeit anständig und ordentlich zu betragen. Wer sich dem Trunk ergibt, andere zur Unzufriedenheit anleitet und in der Arbeit stört oder sich den Vorschriften seines Vorstehers widersetzt, ist des Lohnes von einem Tag und im Wiederholungsfall von mehreren Tagen verlustig, hat auch bei ferneren Ungebührnissen der Art sofortige Entlassung aus der Arbeit ohne alle Aufkündigung oder Vergütung zu gewärtigen und sich gefallen zu lassen. Letzteres findet unbedingt dann statt, wenn ein Arbeiter sich Entwendungen zu Schulden kommen läßt.

§ 14

Jeder Arbeiter ist verbunden, Contraventionen gegen dieses Hausgesetz dem Fabrikunternehmer anzuzeigen. Wenn er von Entwendungen Kenntniß erlangt und den Täter anzeigt, dann wird ihm nach Maßgabe des entwendeten Gegenstandes und dem Ermessen des Fabrikunternehmers eine Entlohnung von … Groschen bis 5 Neugroschen zu Teil werden.

§ 15

Jeder zünftige Arbeiter in der Fabrik ist verbunden, auf Verlangen des betreffenden Handwerks die gewöhnlichen Auflagen der Handwerkskasse sich von seinem Verdienst abziehen zu lassen, der Beitrag wird von dem Fabrikunternehmer der fraglichen Kasse zugerechnet.

§ 16

Sämtliche Fabrikarbeiter sind verbunden, wenn in der Stadt oder deren nächsten Umgebung Feuer ausbricht, sich zur Hilfeleistung sofort dabei einzufinden und den Anweisungen des Fabrikunternehmers oder dessen Stellvertreters daselbst Folge zu leisten.

§ 17

Jeder neu antretende Arbeiter ist verpflichtet, 14 Tage zu arbeiten, ehe ein Tageslohn bestimmt wird. Während dieser Zeit kann er beliebig seine Entlassung nehmen, muß sich jedoch in diesem Fall mit demjenigen Lohn begnügen, welchen der Fabrikunternehmer für angemessen erachtet.

§ 18

Bleibt jemand länger als 14 Tage in Arbeit, so kann er späterhin nur nach 14. Tages zuvor erfolgter Aufkündigung die Arbeit verlassen, so wie der Fabrikunternehmer gehalten ist, ihm
8 Tage zuvor aufzukündigen oder wenn er ihn aus einer anderen als der in § 13 genannten Ursache entlassen will, außer dem Betrag seines Verdienstes noch einen Wochenlohn bei seiner Entlassung auszuzahlen, in welchem letzten Falle es einer vorherigen Aufkündigung nicht bedürfen sollte.

§ 19

Sollten zwischen dem Fabrikunternehmer und dem Arbeiter über Vollziehung dieses Hausgesetzes Schwierigkeiten entstehen, so werden solche durch den Stadtrath zu Chemnitz auf dem polizeilichen Wege nach kurzer Erörterung der Sache ohne allen Aufenthalt, den vorliegenden Bestimmungen entsprechend entschieden, und es hat sich bei dieser Entscheidung sowohl der Fabrikunternehmer als auch der betreffende Arbeiter unbedingt zu beruhigen und beide sind demselben nachzugehen verbunden.

§ 20

Jeder Arbeiter hat bei Antritt der Arbeit in der Werkstatt oder im Maschinen-Haus sich zur Einhaltung und Befolgung dieses Hausgesetzes durch seine Mannesunterschrift zu verpflichten. In allen Arbeitsstellen und dem Comtoir sind diese Hausgesetze zur Nachricht anzuschlagen.

So oder sehr ähnlich kann man sich Regelungen in *allen* Manufakturen dieser Zeit bis zum Ende des 19. Jahrhunderts vorstellen. Die Summe all dieser einzelnen fabrikspezifischen Regelungen war »*das Arbeitsrecht*« in allen deutschen Territorien, bis mit den Gewerbeordnungen der Jahre 1869 bzw. 1891 die (nach dem »Regulativ« über die Kinderarbeit von 1839) ersten größeren staatlichen Interventionen in diesen Bereich erfolgten (Kap. 2).

Die unbeschränkte Vertragsfreiheit aufgrund des neuen Gewerberechts führte dazu, dass die Arbeitgeber das Verhältnis gegenüber den Arbeitnehmern vollkommen einseitig diktieren konnten.[3] Das brachten sie – in aller Unschuld – auch in ihrer Wortwahl zum Ausdruck: ein »Hausgesetz«. Es wurde, formal ein Ergebnis »freier Übereinkunft«, nach zeitgenössischen Recht mit der Arbeitsaufnahme als Vertragsinhalt fingiert.[4] Juristisch gesprochen: Der Arbeitgeber konnte qua eigener Setzung all das, woran ihm lag, als Vertragsinhalt oktroyieren. Jedenfalls für Arbeitnehmer galt die so viel zitierte Maxime des amerikanischen Richters Henry Sumner Maine »from Status ton contract« nicht, mit der er den epochalen Umschwung von der »alten« Zeit mit ihren feudalen und ständischen Bindungen auf die vertragsbasierte Neuzeit charakterisiert hatte.[5] Für sie »galt« ab Arbeitsbeginn das »Hausgesetz« o. ä. der jeweiligen Firma; dort war ihr »Status«: »Fabrikarbeiter, über den oder seine Einzelheiten es nichts zu verhandeln gab (das ist übrigens heute unter der Praxis vorformulierter »Allgemeiner Arbeitsbedingungen« nicht anders, Kap. 24).
Inhaltlich waren diese Arbeitsordnungen durch zwei große Gruppen von Vorschriften gekennzeichnet:

- neutrale Regelungen über Zustandekommen und Beendigung des Arbeitsvertrages, Entlohnung, Arbeitszeit, Arbeitsvollzug und
- Verhaltenspflichten und Sanktionen.

Vor allem die zweite Gruppe steht im Mittelpunkt der sozialhistorischen Forschung. Sie gelten als Dokumentation eines umfassenden Anspruchs der Arbeitgeber zur Einflussnahme auf das Leben der Beschäftigten über den bloßen Arbeitsvollzug hinaus. Vor allem die teils ausufernden Strafkataloge demonstrierten den unumschränkten Machtanspruch der Fabrikherren gegenüber den Arbeitern.[6] Man spricht in dieser Hinsicht von einer »Hausgerichtsbarkeit« in direkter Nachfolge an die Haus- und Patrimonialgerichtsbarkeit früherer Zei-

3 Es gab auch Fälle, dass aus freien Stücken öffentliche Stellen als Streitschlichter einbezogen wurden (wie im Fall Haubold, § 19 des Hausgesetzes). Ein völlig ungeklärter Aspekt besteht darin, dass es deutlich vor dem Aufkommen der genannten Ordnungen in vielen Manufakturen betriebliche Kassen mit Arbeiterselbst- oder -mitverwaltung gegeben hatte, deren Arbeitervertreter teilweise Disziplinarbefugnisse z. B. bei Krankheitssimulationen und Eigentumsdelikten übertragen bekommen hatten (vgl. *Däubler/Kittner*, Betriebsverfassung, S. 51).

4 Vgl. *Landmann*, Gewerbeordnung, 6. Aufl. 1912, § 134a, Anm. 1.

5 Vgl. *Schmidt*, Henry Maine's »Modern Law«: From Status to Contract and Back again?, The American Journal of Comparative Law, 2017, Vol. 65, Nr. 1, S. 145ff.

6 Vgl. *Ebbertz u. a.*, a. a. O.; *Flohr*, Arbeiter nach Maß. Die Disziplinierung der Fabrikarbeiterschaft während der Industrialisierung Deutschland im Spiegel von Arbeitsordnungen, 1981; *Lüdtke*, Eigen-Sinn. Fabrikalltag, Arbeitererfahrungen und Politik vom Kaiserreich bis in den Faschismus, 1993; *Machtan*, Zum Innenleben deutscher Fabriken im 19. Jahrhundert, Archiv für Sozialgeschichte 21, S. 179ff.

ten,[7] nicht selten flankiert durch obrigkeitliche Repressionsmaßnahmen, etwa gegen vorzeitiges Verlassen einer Arbeitsstelle bzw. die Verleitung dazu (»Abwerbung«).[8] In neuerer Zeit ist die Rede von »Betriebsjustiz«.[9]

An dieser Stelle gilt es eine heikle, aber unumgängliche Präzisierung vorzunehmen. Die Praxis dieser Arbeitsordnungen liefert zum einen den unbestreitbaren Beweis, wie unbeschränkte Vertragsfreiheit zu unbeschränkter einseitiger Machtausübung und zu bedrückenden Arbeits- und Lebensbedingungen für die Arbeitenden führte. Zum anderen würde die historische Substanz dieses gesamten Vorgangs verfehlt, wenn es bei dieser Demonstration und der – berechtigten – Abscheu gegen solche frühindustriellen Zustände bliebe. Denn bei kühler Betrachtung, ging es um überzeitliche Inhalte von »Arbeitsdisziplin«, die – von niemandem bestritten – auch heute noch den Kern des Arbeitens im »Kollektiv« eines Betriebs ausmachen. Dass etwa Beschädigung der Arbeitsmittel, Diebstahl, Unpünktlichkeit oder Trunkenheit, die damals verbreitetsten sanktionsbewehrten Verhaltensweisen, »nicht gehen«, dürfte außer jeder Diskussion stehen. So wird nach einer Muster-Betriebsordnung des Jahres 2021 in einem gewerkschaftsnahen Handbuch von allen Arbeitnehmern erwartet:[10]

- kollegiales Verhalten und Rücksichtnahme auf die berechtigten Interessen anderer;
- Einhaltung der bestehenden Arbeitszeitregelung;
- unverzügliche Anzeige einer Arbeitsverhinderung;
- effizienter und pfleglicher Umgang mit den Arbeitsmitteln und Einrichtungen des Unternehmens;
- Unterlassen des Rauchens in Betriebsräumen;
- Unterlassen der Einnahme von Alkohol und/oder berauschender Mittel, soweit Arbeitnehmer dadurch sich selbst oder andere gefährden oder ihre Arbeit nicht mehr ordnungsgemäß erledigen können.[11]

---

7 Vgl. *Keiser*, Vertragszwang und Vertragsfreiheit im Recht der Arbeit von der frühen Neuzeit bis in die Moderne, 2013, S. 74ff., 178ff; *Brand*, Untersuchungen zur Entstehung der Arbeitsgerichtsbarkeit in Deutschland, Bd. 1, 1990, S. 213.

8 Vgl. *Keiser*, a. a. O., S. 181ff.

9 Vgl. *Kaiser/Metzger-Pregizer*, Hrsg., Betriebsjustiz. Untersuchungen über die soziale Kontrolle abweichenden Verhaltens in Industriebetrieben, 1976; *Luhmann*, Betriebsjustiz und Rechtsstaat, 1975.

10 Vgl. *Däubler/Klebe/Wedde*, Hrsg., Arbeitshilfen für den Betriebsrat, 5. Aufl., 2021, § 87 Rn. 4.

11 In vielen großen Fabriken, z. B. in der Automobilindustrie, wird im Betrieb Alkoholgenuss kategorisch verboten. Als ich zum ersten Mal bei der Adam Opel AG in den Aufsichtsrat gewählt wurde, wollte ich nach Feststellung des Wahlergebnisses mit meinen Kolleginnen und Kollegen mit einem Bier anstoßen. Das wurde mir mit drastischen Worten abgeschlagen und ich wurde darüber belehrt, dass in einem so großen Betrieb

Und: »*Bei Verstoß gegen die arbeitsrechtlichen Pflichten und/oder gegen die Ordnung des Betriebs sind Ordnungsmaßnahmen, unter Beachtung des Beteiligungsrechts des Betriebsrats, möglich.*« Das ist im modernen Gewand[12] nichts anderes als bei der Fa. Haubold im Jahr 1834 und lenkt den Blick auf die historische Essenz all dieser Arbeitsordnungen: Sie waren nicht nur Ausdruck eines durch die Einräumung schrankenloser Vertragsfreiheit möglich gewordenen unternehmerischen Machtwollens, sondern erfüllten elementare Anforderungen an den Prozess der Transformation einer agrarisch geprägten zu einer industriellen Gesellschaft. All das, was so akribisch als Sanktionstatbestand aufgelistet worden war, betraf Verhaltensweisen, die sich die früheren Landarbeiter für das neue Fabrikarbeiterleben mit seinem fremdbestimmten Arbeitsrhythmus erst abgewöhnen mussten (das ist eine Beobachtung, die nicht nur für das Deutschland des frühen 19. Jahrhunderts zutrifft, sondern in allen Regionen der Welt zu allen Zeiten beim Übergang zur Industriearbeit zu beobachten war und ist).
Diese kühle ex-post-Betrachtung hat freilich nicht den Gang der Geschichte bestimmt. Das war vielmehr die aus ihrer unumschränkten Ermächtigung folgende Machtpolitik der Unternehmer, die das für betriebliche Disziplin Unerlässliche bei Weitem überstieg. Denn ab der Gründung des deutschen Reichs mutierte der im Grunde »gemütliche« patriarchale Fabrikalltag jedenfalls im Kern der Industrie zu dem von beiden Seiten zunehmend existenziell begriffenen Konflikt um die Herrschaft in den Betrieben wie im Staat. In den wichtigsten Betrieben standen sich »Herr-im-Hause«-Unternehmer und Arbeitnehmer gegenüber, für die das mehr und mehr nur Vorgefechte vor dem »großen Kladderadatsch« waren (Kap. 2).
Ein geradezu tragisches Exempel für die Verhärtung der Fronten war der Bergarbeiterstreik 1869/70 im niederschlesischen Waldenberg (Kap. 26). Dort war es unmittelbar nach Aufhebung des Koalitionsverbots in der GewO des Norddeutschen Bundes (die dann unverändert als Reichsrecht weitergalt) zu einem Konflikt zwischen Bergbauunternehmern und Bergleuten über den Inhalt von Arbeitsordnungen gekommen mit den klassischen Beschwerdepunkten: Länge der Arbeitszeit, willkürliche Lohnabzüge, strenge Disziplinarvorschriften.[13] Dieser Konflikt wurden von den Unternehmern geradezu fundamentalistisch angegangen: »*Den Zeitlohn verteidigen oder fordern, heißt dem Kommunismus das Wort reden*«. Sie wollten um keinen Preis das Recht zur einseitigen Festlegung der Arbeitsbedingungen aufgeben: »*Konzessionen oder Vereinbarungen irgend-*

eine »Null-Toleranz«-Politik unumgänglich sei. Das galt z. B. auch im »Kasino« für Vorstands- und Aufsichtsratsmitglieder.

12 So wird aus Höflichkeit nicht mehr ausdrücklich formuliert, dass der Diebstahl von Material o. ä. verboten ist – das ist es aber natürlich auch heute.

13 Eingehend bei *Kittner*, Arbeitskampf, S. 243 ff.

welcher Art sind weder von uns zugestanden worden, noch werden sie in Zukunft in Aussicht gestellt.« Mit dieser Rigidität machten die Unternehmer einen – nunmehr legalen – Streik unausweichlich, ausgerechnet gegenüber den wirtschaftsfriedlichsten der drei Gewerkschaften, den Hirsch-Dunkerschen. Sie setzten sich dann mit Hilfe der Obrigkeiten (Innenminister, Kronprinz, Polizei, Gerichte) so vollständig durch, dass die Gewerkschaft in dieser Region und darüber hinaus nie mehr auf die Füße kam (nachdem sie dieses Resultat erzielt hatten, gewährten die Waldenburger Bergbauunternehmer bescheidene Lohnerhöhungen und Erleichterungen bei den Arbeitsordnungen).

23.2 Erste Regulierung: Arbeiterschutzgesetz 1891

Damit ist ein Schlaglicht geworfen auf das Groß-Klima im Verhältnis zwischen Unternehmer/Regierung und Gewerkschaften für die nächsten Jahre mit dem nächsten Kulminationspunkt des Sozialistengesetzes 1878. Auch wenn dieses 1890 aufgehoben wurde, so änderte das nichts an der verhärteten Situation an der Basis. Das waren die Rahmenbedingungen für die erste substanzielle staatliche Intervention auf diesem Feld durch das »Arbeiterschutzgesetz« (Kap. 27). Es dominierten nun die »Herr-im-Hause«-Unternehmer vom Schlag Stumm und Krupp; die arbeiterfreundliche Fraktion der Verfechter einer »konstitutionellen Fabrik«, wie Freese, wurde in den Hintergrund gedrängt und dem für weitergehende Pläne geholten Reformer Berlepsch Fesseln angelegt. Diese Kreise schafften es, den neuen Kaiser, Wilhelm II., wieder von seinem »neuen Kurs« abzubringen und obligatorische Arbeiterausschüsse aus dem »Arbeiterschutzgesetz« von 1891 fernzuhalten.

Es blieb aber, was als historische Weichenstellung viel zu wenig gewürdigt wird: dass mit ihm, wenn auch nur in ersten Ansätzen, die Statuierung kollektiver Regelungen für den Betrieb dem alleinigen Bestimmungsrecht des Arbeitgebers entzogen wurde durch

- den verpflichtenden Erlass einer Arbeitsordnung für Betriebe mit mindestens 20 Arbeitern,
- die gesetzliche Verpflichtung auf einen Mindestinhalt,
- das Verbot übermäßiger Strafen und
- die Überführung der Verbindlichkeit einer Arbeitsordnung aus der juristischen Grauzone der einseitigen Arbeitgeber-Setzung in eine Rechtsverbindlichkeit durch Gesetzesbefehl. Dazu kamen
- erste Ansätze zur Anerkennung einer kollektiven Arbeitnehmerbeteiligung (eingehend Kap. 27).

Hellsichtige zeitgenössische Unternehmer erkannten, dass damit in der Tat eine »rote Linie« überschritten worden war, und warnten davor, *»dem Teufel der Gleichberechtigung«* auch nur den kleinen Finger zu reichen.[14]

§ 134a

(1) Für jeden Betrieb ist innerhalb viel Wochen nach Inkrafttreten dieses Gesetzes oder nach Eröffnung des Betriebs eine Arbeitsordnung zu erlassen. [...]

§ 134c

(1) Der Inhalt der Arbeitsordnung ist, soweit er den Gesetzen nicht zuwiderläuft, für die Arbeitgeber und Arbeiter rechtsverbindlich. [...]

§ 134d

(1) Vor dem Erlasse der Arbeitsordnung oder eines Nachtrags zu derselben ist den in dem Betrieb oder in den betreffenden Betriebsabteilungen beschäftigten großjährigen Arbeitern Gelegenheit zu geben, sich über den Inhalt derselben zu äußern.
(2) Für Betriebe, für welche ein ständiger Arbeiterausschuß besteht, wird dieser Vorschrift durch Anhörung des Ausschusses über den Inhalt der Arbeitsordnung genügt.

Auf dieser Rechtsgrundlage entwickelte sich die Praxis in den Betrieben bis zum Ende des Kaiserreiches. Dazu kann nur wiederholt werden: Über einzelne, dem Zufallsprinzip folgende Archivfunde hinaus, wissen wir nicht, was da in der Breite tatsächlich ablief. Hier liegt ein großes Forschungsdesiderat. Aber ganz gewiss gab es eine große Bandbreite mit allen denkbaren Varianten: vom intransigenten »Herrn im Hause-Unternehmer« und »Sozialistenfresser«, der, gestützt auf externe Repressionsstrukturen (»schwarze Listen«, Arbeitsnachweise), alles tat, um Arbeiter klein- und sozialdemokratische Bestrebungen aus seinen Betrieben fernzuhalten, bis hin zu moderaten, auf Kooperation setzenden Unternehmern. Freilich hatten es Unternehmer, die sich nicht an die neuen Vorgaben der GewO halten wollten leicht, denn die Gewerbeaufsichtsbehörden, die ohnehin nur

14 Vgl. *Fricke*, Geschichte der Betriebsvertretung in Deutschland, in Bührig, Hrsg., Handbuch der Betriebsverfassung, 1953, S. 58.

schwache Eingriffsbefugnisse hatten (§ 134f GewO), waren durchweg personell schwach ausgestattet (Kap. 30).[15]

23.3 Arbeitsordnungen unter dem BRG 1920

Die wenigen Fallstudien[16] auf diesem Feld zeigen, dass sich in modernen Großbetrieben vor allem der Chemie – unter Fernhaltung der Gewerkschaften – ein System vielfältiger, mit den Betriebsvertretungen der Arbeiter abgestimmter betrieblicher Regularien entwickelte. Das und die vielen verschiedenen Arbeitsordnungen waren die Vorstufen zu den späteren »Betriebsvereinbarungen«. Ihre Stunde schlug mit dem Betriebsrätegesetz von 1920 (Kap. 27) – soweit es sich um andere als Betriebsordnungen handelte, freilich nur indirekt.

Hinsichtlich der Arbeitsordnungen knüpfte das BRG an die weiter geltende GewO an.[17] Es bestand weiterhin die gesetzliche Pflicht zu einer solchen mit einem bestimmten Mindestinhalt sowie der Möglichkeit fakultativer Inhalte, jedoch nun mit der Neuerung, dass ihre Aufstellung voll mitbestimmungspflichtig wurde. Falls Arbeitgeber und Betriebsrat[18] sich nicht einigten, entschied der Schlichtungsausschuss verbindlich (außer hinsichtlich der Dauer der Arbeitszeit, § 75 BRG). Außerdem konnte auch die Festsetzung von Strafen nur gemeinsam von Arbeitgeber und Betriebsrat erfolgen, im Streitfall entschied das Arbeitsgericht (§ 80 Abs. 2 BRG). Auch wenn es natürlich in den ersten Jahren viele Scharmützel um das »Kleingedruckte« des neuen Gesetzes gab,[19] war doch aus diesem Komplex, der für zig Jahre zuvor zur Vergiftung und Verhärtung der Arbeitsbeziehungen sorgte, auf einen Schlag die »Luft raus.«

Das zeigte sich schon gleich bei der Implementierung der neuen Rechtslage zu den Arbeitsordnungen. Gem. § 80 Abs. 3 BRG mussten alle vor dem 1. Januar 1919 geschaffenen Arbeitsordnungen binnen drei Monaten nach Inkrafttreten

15 *Buck-Heilig*, Die Gewerbeaufsicht. Entstehung und Entwicklung, 1989, S. 186ff.

16 Vgl. *Hromadka*, Die Arbeitsordnung im Wandel der Zeit. Dargestellt am Beispiel der Hoechst AG, 1979; *Plumpe*, Betriebliche Mitbestimmung in der Weimarer Republik. Fallstudien zum Ruhrbergbau und zur chemischen Industrie, 1999.

17 Zum folgenden eingehend *Ebbertz*, Arbeitsordnung und Strafbestimmungen – Betriebliche Normenproduktion nach dem Betriebsrätegesetz 1920, AuR 2024, G 5, (im Folgenden »*Ebbertz*, Arbeitsordnung«).

18 Ich verwende nur diesen Oberbegriff. Im BRG wurde differenziert zwischen Betriebsrat, Arbeiter- und Angestelltenrat (vgl. *Däubler/Kittner*, Betriebsverfassung, S. 194ff.). Für den vorliegenden Zusammenhang ist dies irrelevant.

19 Die Arbeitgeber machten zunächst geltend, dass die Mitbestimmung über Strafen nur die generellen Festlegungen betreffe, nicht aber die Verhängung im Einzelfall; die Befugnis dazu liege weiterhin allein beim Arbeitgeber. Dem trat das RAG in einer der ersten Entscheidungen nach seiner Errichtung im Jahr 1927 entgegen (vgl. RAG 26.10.1927, Bens. 1, 25).

des Gesetzes neu erlassen werden. Diese Frist erwies sich ganz schnell als viel zu kurz; sie wurde mit Gesetz vom 12. Mai 1920[20] auf den 1. September verlängert. Danach setzten in allen Wirtschaftsbereichen Bemühungen der Arbeitgeber und Gewerkschaften zur gemeinsamen Festlegung von Musterarbeitsordnungen für ihren Organisationsbereich ein. Schon am 1. Juli 1920 einigten sich der »Gesamtverband Deutscher Metallindustrieller« und alle drei Richtungsgewerkschaften (»Deutscher Metallarbeiter-Verband«, »Christlicher Metallarbeiterverband« und »Gewerkverein deutscher Metallarbeiter«) auf eine »Arbeitsordnung für die Metallindustrie«.[21] Das wirkt verblüffend hinsichtlich des Zeitpunkts, der Beteiligten und des »geräuschlosen« Zustandekommens, denn es lagen gerade turbulente Zeiten auch im Verhältnis zueinander hinter den Beteiligten: Austritt des DMV aus der Zentralarbeitsgemeinschaft 1919 und Kapp-Lüttwitz-Putsch im März 1920. Das spricht für die nurmehr als »technisch« gewertete Behandlung dieser Angelegenheit.

In der Sache wurde in der Metallindustrie die am weitesten verbreitete von zwei Varianten gewählt: eine gemeinsame Empfehlung[22] gegenüber einem verbindlichen Tarifvertrag.[23] Über deren Zustandekommen berichtete der Vorsitzende des DMV, Robert Dißmann, verhältnismäßig ausführlich in der »Betriebsräte-Zeitschrift« des DMV. Daraus wird recht anschaulich, wo die Fronten verliefen: Der DMV wollte nur eine »schlanke« Regelung, beschränkt auf die »Mußbestimmungen« der GewO (acht Paragrafen); alles Übrige sollte Gegenstand von Tarifverträgen werden. Die Arbeitgeber legten dagegen Wert auf möglichst viele Detailregelungen (46 Paragrafen). Der Kompromiss landete mit 32 Paragrafen quantitativ bei den Arbeitgebern, qualitativ setzten sich die Gewerkschaften durch, indem drei große Reizthemen demonstrativ offen und *ungeregelt* blieben:

- teilweise Abbedingungen des § 616 BGB (Lohnfortzahlung bei kurzfristiger Arbeitsversäumnis aus persönlichen Gründen),
- Verbot politischer Aktivitäten im Betrieb und – als große »Trophäe«
- Strafbestimmungen wegen arbeitsvertraglicher Pflichtverletzungen.[24]

20 RGBl. I 961.

21 Betriebsräte-Zeitschrift Nr. 8 vom 1.8.1920, Beilage (*http://library.fes.de/metallzs/betriesbraetezeitschrift/1920/pdf/1920-08-beilage02.pdf*).

22 Die bedeutendste neben der Metallindustrie gab es in der Textilindustrie (vgl. RAG 2.3.1929, Bens. 5, 366, 368). In der Metallindustrie wurden auf der Grundlage des zentralen Abkommens mit nur geringen Abweichungen auch regionale Empfehlungen ausgesprochen (vgl. *Däubler/Kittner*, Betriebsverfassung, S. 209, Fn. 440).

23 Zum rheinisch-westfälischen Bergbau vgl. RAG 4.1.1928, Bensh. 2, 59; 8.12.10.1928, Bensh. 4, 269; 11.12.1929, Bensh. 7, 516; Bensh. 5.2.1930, Bensh. 9, 82.

24 Vgl. *Däubler/Kittner*, Betriebsverfassung, S. 210.

Zur Abrundung veröffentlichte auch der Reichsarbeitsminister am 21. Juli 1920 eine »Musterarbeitsordnung für Arbeiter«.[25] Der ganze Vorgang der Umstellung der Arbeitsordnungen liegt völlig im Dunkel.[26] Allerdings wird man den Muster-Ordnungen der Verbände eine große Wirksamkeit beimessen dürfen, denn das Reichsarbeitsministerium hatte die Vorsitzenden der Schlichtungsausschüsse angewiesen, bei Entscheidungen über das Zustandekommen einer Arbeitsordnung gem. § 75 BRG die Verbandsempfehlung zugrunde zu legen.[27] Die Kenntnis davon dürfte auch die Akteure außerhalb von Schlichtungsverfahren geprägt haben.

Jedenfalls hat das Thema »Betriebliche Ordnung und Betriebsstrafen« danach seine gesellschaftliche Brisanz verloren und sich gewissermaßen »eingereiht« in die breite Palette der vielen Fragen betrieblicher Mitbestimmung mit dem dabei unvermeidlichen »Kampf ums Kleingedruckte«. Nach der »Ehrengerichtsbarkeit« im Nationalsozialismus (Kap. 12) und der »gesellschaftlichen Justiz« in der DDR (Kap. 15) wurden Arbeitsordnungen und betriebliche Sanktionen zunächst gem. § 56 Buchst. a BetrVG 1952 und dann § 87 Abs. 1 Nr. 1 BetrVG Gegenstand der Mitbestimmung. Wie die Kommentierungen zum BetrVG ausweisen, gab und gibt es dabei eine Unzahl von Einzelproblemen. Sie wurden aber seither samt und sonders auf »zivile« Weise in den Kategorien des gewöhnlichen Streits um Reichweite und Modalitäten von Mitbestimmung ausgetragen (Kap. 27), weit weg von der Bitternis des Ringens um Alleinherrschaft im 19. Jahrhundert.

Damit zum größeren und allgemeineren Thema »Betriebsvereinbarung«. Anhand der Entwicklung von Betriebsordnungen konnte man die zweistufige Entwicklung auf der untersten Stufe der Normierungs-Hierarchie sehen: vom einseitig diktierten »Hausgesetz«, über die konsultativ erlassene »Arbeitsordnung« aufgrund der GewO zur mitbestimmten »Vereinbarung« nach dem BRG. Auf dieser Stufe war es nicht bei der Arbeitsordnung geblieben vielmehr hatte das Gesetz eine Vielzahl von Beteiligungsrechten des Betriebsrats geschaffen, die sämtlich auf eines hinausliefen: ein formalisiertes Verhandlungs-Ergebnis als Grundlage für künftiges Verhalten von Arbeitgeber und Arbeitnehmern. Nur einen gemeinsamen Namen dafür hatte das BRG nicht; es war vielmehr die Rede von »Einigung«, »Einverständnis«, »Mitwirkung«, »angenommener Schiedsspruch«, »Arbeitsordnung« oder »Dienstvorschrift«.[28]

25 Zentralblatt für das Deutsche Reich, Nr. 45 vom 9. 8. 1920, 1351.

26 So enthält das schon in der Weimarer Republik angesehene Lehrbuch »Hueck/Nipperdey« zu diesem Komplex keinerlei Ausführungen.

27 Schreiben des Ministerialrats Friedrich Sitzler (eines der BRG-Kommentatoren, Kap. 11) im Auftrag des Arbeitsministers Brauns, an den Zechenverband vom 16. 11. 1920 (Rheinisch-westfälisches Wirtschaftsarchiv, RWWA 130-3060/8; zit. bei *Ebbertz*, Arbeitsordnung, Fn. 33).

28 Vgl. *Flatow/Kahn-Freund*, BRG, 13. Aufl. 1931, S. 305.

Dieser übergreifende Name »Betriebsvereinbarung« wurde aber ganz rasch gefunden und es wurde ebenso zügig eine Rechtsdogmatik dazu entwickelt.[29] Dazu war schon zeitgenössisch klar: »*Das entscheidende Verdienst hat Flatow.*«[30] In der Tat hat der leitende Ministerialbeamte Georg Flatow, einer der Mitschöpfer des BRG (Kap. 11), bereits 1921 mit seiner Schrift »Betriebsvereinbarung und Arbeitsordnung« die Grundlagen für die seitherige rechtliche Einordnung dieser neuen autonomen Rechtsquelle neben dem Tarifvertrag gelegt.[31] Während das BRG dazu geschwiegen hatte, benutzten zwei kurz darauf erlassene Gesetze bzw. Verordnungen den Begriff »Betriebsvereinbarung« eher beiläufig in einem Atemzug mit »Tarifvertrag«: § 7 Abs. 2 Schwerbeschädigtengesetz[32] und § 3 SchlichtungsVO.[33]

Für den Gang der Geschichte und unseren Kontext wesentlich waren dabei nur drei Aspekte:[34]

- Es war unumgänglich geworden, für die Gesamtheit der neuen Befugnisse der Betriebsräte einen praktikablen gemeinsamen Rechtsrahmen zu finden. Dazu wurde der Betriebsvereinbarung eine normative (»unmittelbare«) Wirkung wie dem Tarifvertrag zugesprochen.[35] Dem schloss sich das RAG nach anfänglicher Zurückhaltung ab 1929 an.[36]
- Die auch rechtliche Anerkennung der faktischen Relevanz machte die (negative) Abgrenzung zum Tarifvertrag dringend.
- Nicht mit dem Tarifvertrag gleichgestellt wurde die Betriebsvereinbarung hinsichtlich der Unabdingbarkeit. Rechtsprechung und Lehre ließen – außer im gesetzlich zwingend geregelten Fall der Arbeitsordnung gem. § 134c GewO – Abweichungen durch den Einzelarbeitsvertrag zu.[37] Diese restriktive Position war der bei Schaffung des BRG übereinstimmend betriebenen strikten Unterordnung der Betriebsräte unter die Gewerkschaften geschuldet (Kap. 2, 22,

29 Vgl. *Reichold*, Betriebsverfassung als Sozialprivatrecht, 1995, S. 287ff. (fortan zit. als »*Reichold*, Betriebsverfassung«); *ders.*, Metamorphosen der Betriebsvereinbarung, in Gräfl u. a., Hrsg, 100 Jahre Betriebsverfassungsrecht, 2020, S. 601ff.

30 *Nipperdey*, in Hueck/Nipperdey, Arbeitsrecht, 3.–5. Aufl. 1932, S. 5, Rn. 5.

31 Zusammenfassung seiner Schriften zu dieser Thematik in *Flatow*, Grundzüge des Schlichtungswesens, 1923; zu einem konsolidierten Überblick vgl. *Flatow/Kahn-Freund*, BRG, S. 305ff.

32 Gesetz vom 12. 1. 1923, RGBl. I 57.

33 VO vom 30. 10. 1923, RGBl. I 1043.

34 Zur großen Linie der Rechtsentwicklung der Betriebsverfassung vgl. *Reichold*, Betriebsverfassung, S. 287ff.; *ders.* Metamorphosen der Betriebsvereinbarung, in Gräfl u. a., Hrsg., 100 Jahre Betriebsverfassungsrecht, 2020, S. 601ff.; *Waltermann*, Was kann die Betriebsvereinbarung?, in Gräfl u. a., a. a. O., S. 765ff.

35 Vgl. *Flatow/Kahn-Freund*, a. a. O., S. 317; *Reichold*, Betriebsverfassung, S. 298f.

36 Vgl. RAG 13. 3. 1929, Bens. 6, 85; 17. 1. 1930, Bensh. 11, 118; 1. 11. 1930, Bensh., 10, 407.

37 Vgl. Nachweise bei *Flatow/Kahn-Freund*, a. a. O., S. 319; RAG 22. 1. 1930, Bens. 8, 127.

27). Es wurde erst allmählich klar, dass damit nicht die Tarifverträge geschützt wurden, sondern den Arbeitnehmern im Einzelfall wichtiger Schutz entzogen wurde.[38]

Diese Frage wurde in der Weimarer Republik nicht mehr geklärt. Erstaunlicherweise blieb sie auch nach 1945 zunächst noch offen.

23.4 Betriebsvereinbarung I: BetrVG 1952

Die Zögerlichkeit und Halbherzigkeit einer endgültigen Klärung erklärt sich aus der Existenz des § 30 AOG. Ein Element der NS-»Betriebsverfassung« war eine allein vom Arbeitgeber als »Führer des Betriebs« zu erlassende »Betriebsordnung« (Kap. 12). Für sie schrieb § 30 AOG vor: »Die Bestimmungen der Betriebsordnung sind für die Betriebsangehörigen als Mindestbedingungen rechtsverbindlich.« Daraus wurde die *»unmittelbare zwingende unabdingbare Wirkung der Betriebsordnung für die Betriebsangehörigen«* abgeleitet[39] – mithin all das, was man der Betriebsvereinbarung in der Weimarer Republik aus Rücksicht auf den Tarifvertrag vorenthalten hatte, eine Rücksicht, die es 1934 nicht mehr zu nehmen bedurfte.

Es ist nachvollziehbar, dass man sich nach 1945 scheute, eine NS-Arbeitsordnung mit ihrer einseitig zwingenden Wirkung als Vorläufer solchen neuen Rechts anzusehen. So blieb es zunächst (nur) bei wenigen derartigen Regelungen in Landesbetriebsrätegesetzen (§ 34 Abs. 3 Bremen; § 66 Abs. 1 Württemberg-Hohenzollern). Das BetrVG 1952 hielt sich in dieser Frage bedeckt. In § 52 Abs. 2 BetrVG 1952 wurden lediglich die elementarsten formalen Erfordernisse geregelt:

§ 52 Abs. 2 BetrVG 1952

Die Betriebsvereinbarungen werden durch den Arbeitgeber und Betriebsrat gemeinsam beschlossen. Sie sind schriftlich niederzulegen, von beiden Seiten zu unterzeichnen, durch den Arbeitgeber an geeigneter Stelle im Betrieb auszulegen und in gut leserlichem Zustand zu erhalten.

Nachdem so zwar Existenz und Zustandekommen einer »Betriebsvereinbarung« geklärt waren, nicht aber deren Wirkungen, blieb es der Rechtsprechung überlassen, auch das zu lösen. Sie erledigte das – allerdings in »Trippelschritten«:

38 Das brachte Flatow Anfang der 1930er Jahre zum Umdenken (vgl. a.a.O., S. 320; zur generellen Durchsetzungsschwäche des BRG vgl. *Däubler/Kittner*, Betriebsverfassung, S. 203f.; *Reichold*, Betriebsverfassung, S. 281ff.).

39 Vgl. *Mansfeld u.a.*, AOG, 1934, § 30 Anm. 2a.

Zunächst hatte der Große Senat des BAG die Frage zu klären, ob eine Betriebsvereinbarung »unmittelbar« wirkt.[40] Dazu führte er unter Berufung auf alle zeitgenössischen arbeitsrechtlichen »Größen« aus: »*Soweit eine Betriebsvereinbarung Vorschriften über die Arbeitsverhältnisse oder die Ordnung des Betriebes enthält, hat sie normative Wirkung. Sie schafft objektives Recht. Das ist heute allgemein anerkannt.*« Hinsichtlich der beim Vergleich mit dem BRG wichtigeren Frage der Abdingbarkeit einer Betriebsvereinbarung übte er sich prozedural korrekt, aber für einen Großen Senat unter Nipperdeys Vorsitz erstaunlich, in Zurückhaltung: »*Der Große Senat hatte keine Veranlassung, hier zu der Frage Stellung zu nehmen, ob eine Betriebsvereinbarung auch unabdingbare Wirkung hat*« (vielleicht war hier die Nähe zum dann weniger vermeidbaren Eingehen auf § 30 AOG zu genierlich).
Diese Frage klärte dann der 1. Senat am 5. September 1960[41] im Gewande einer Hilfsargumentation für eine als nicht entscheidungsrelevant erklärte Frage (es ging darum, ob mit Arbeitsvertrag von einer Betriebsvereinbarung über ein Lohnabtretungsverbot abgewichen werden könne): »*Es mag bedenklich erscheinen, wenn das LAG die Auffassung vertritt, die Regelung, die durch Betriebsvereinbarung getroffen war, hätte nicht durch Einzelvertrag* [...] *nachträglich abgeändert werden können, da die Betriebsvereinbarung zwingendes Recht enthalte. Eine solche Ansicht wäre nur dann zutreffend, wenn es sich bei der einzelvertraglichen Regelung um eine für den Arbeitnehmer ungünstigere Regelung handeln würde.*« Ob das der Fall war, ließ das BAG jedoch dahingestellt, weil der fragliche Vertrag gar nicht zustande gekommen sei. Selten wurde eine hochrangige Frage derart »von hinten durch die Brust ins Auge« behandelt.
Die vom BAG auch hier ausgesparte Frage einer Vorläuferqualität des § 30 AOG wurde später in der zeitgenössischen Literatur »hoffähig«. Karl Fitting und seine Mitkommentatoren führten gegen die zwingende Wirkung ablehnende Meinungen ins Feld, dass sie »*die Tatsache, dass die BO nach § 30 unabdingbar war und damit in den Betrieben eine Gewöhnung an diese Rechtswirkung der betrieblichen Regelung entstanden war,*« außer Acht ließen.[42] Nipperdey und Säcker,[43] die diese Vorschrift umstandslos zusammen mit den drei Landesbetriebsrätegesetzen als Vorläuferregelung anerkannten, brachten im Übrigen noch ein interessantes Hilfsargument ein: Das Postulat der »Wirksamkeitsvoraussetzung« hinsichtlich der Mitbestimmung gemäß § 56 BetrVG (Kap. 27) würde konterkariert, wenn

40 Vgl. BAG-GS v. 16.3.1956 – GS 1/55, BAGE 3, 1.
41 Vgl. BAG v. 5.9.1960 – 1 AZR 509/57, AP § 399 BGB Nr. 4.
42 Vgl. *Fitting/Kraegeloh/Auffahrt*, BetrVG, 7. Aufl. 1966, § 52 Rn. 22.
43 Vgl. *Hueck/Nipperdey*, Arbeitsrecht, 2. Bd, 2. Halbbd., 7. Aufl. 1970, S. 1292f. Diese letzte Auflage des »Hueck/Nipperdey« erschien erst nach dem Tod von *Nipperdey*; sie stammte im Wesentlichen aus der Feder von Franz Jürgen Säcker.

eine auf einem Einigungsstellenspruch beruhende Betriebsvereinbarung durch ungünstigere Einzelverträge abbedungen werden könnte.

23.5 Betriebsvereinbarung II: BetrVG 1972

Zum Abschluss kam dieses Kapitel durch das BetrVG 1972. Der seither geltende § 77 Abs. 4 BetrVG bestimmt für Betriebsvereinbarungen kurz und bündig (so wie bereits für Tarifverträge gem. § 4 Abs. 1 TVG):[44]

§ 77 Abs. 4 BetrVG

Betriebsvereinbarungen gelten unmittelbar und zwingend.

Die Begründung des Regierungsentwurfs bemerkte dazu (und zu anderen Neuerungen in dieser Vorschrift) lediglich: »*Dadurch sollen derzeit bestehende Rechtsunklarheiten beseitigt werden.*«[45]

Nachdem so die Betriebsvereinbarung zu einer »vollwertigen« kollektiven Rechtsquelle aufgewertet wurde, musste auch die Abgrenzung – oder besser: Unterordnung – gegenüber dem Tarifvertrag explizit gemacht werden (zuvor unterlag nur der Mitbestimmungsakt als solcher einem Tarifvorbehalt, § 78 Nr. 3 BRG, § 56 Abs. 1 BetrVG 1952).

§ 77 Abs. 3 BetrVG

Arbeitsentgelte und sonstige Arbeitsbedingungen, die durch Tarifvertrag geregelt sind oder üblicherweise geregelt werden, können nicht Gegenstand einer Betriebsvereinbarung sein.

Ungeachtet dieses Hierarchie- und Abgrenzungsproblems war aber die Betriebsvereinbarung eine Rechtsquelle wie jede anderen in dem vielstimmigen Normierungs-Konzert.

Für die seitherige Praxis gilt im Grunde das gleiche wie für das 19. Jahrhundert: Wir wissen, dass es in allen Betrieben mit Betriebsrat Betriebsvereinbarungen gibt. Wie viele das sind, weiß niemand. Es müssen Hunderttausende sein. Das

---

44 Für »Dienstvereinbarungen« aufgrund des Personalvertretungsrechts wurde eine solche Klarstellung nicht vollzogen, jedoch besteht Konsens darüber, dass diese »unmittelbar« und »zwingend« gelten (vgl. *Altvater u.a.*, BPersVG, 11. Aufl. 2023, § 63 Rn. 31f.; zur separaten Regelung der Betriebsverfassung im öffentlichen Dienst vgl. *Däubler/Kittner*, Betriebsverfassung, S. 400ff.).

45 Vgl. BT-Drucks. VI/1786, zu § 77.

gleiche gilt für deren Inhalte – genauso wie für Tarifverträge: Jeder hat seine persönliche Empirie, aber einen mindestens repräsentativen Überblick gibt es nicht.[46] Wenn man so will: Das elementare, betrieblich erzeugte Arbeitsrecht ist die große Unbekannte.

Das gilt ganz besonders für den »Aufreger« in der gesamten Zeit der Bundesrepublik: tarifwidrige Betriebsvereinbarungen. Sie standen im Mittelpunkt der Debatte um »Bündnisse für Arbeit« und einer gesamtpolitisch bedeutsamen Deregulierungsbewegung (Kap. 10). Aber über die zum Anlass für grundlegende Gerichtsentscheidungen gewordenen Fälle »Burda« und »Viessmann« hinaus, weiß man wenig. Ich habe dazu die Verantwortlichen der großen Gewerkschaften gefragt. Sie erklärten mir, dass es dazu auch bei ihnen kein systematisches Wissen gibt. Man beobachte das, sammle aber keine Erkenntnisse. Die generelle Einschätzung gehe dahin, dass mit zunehmendem Abstand von der »Burda«-Entscheidung des BAG das Bewusstsein für die Problematik schwände; es nehme schlichtweg die Unkenntnis der korrekten tarifrechtlichen Lage zu. Im Übrigen achteten Unternehmer, die derartiges vorhätten nunmehr gezielt auf Heimlichkeit. In jedem Fall liegt hier ein weites Feld für – geradezu kriminologische – Feldforschung.

Schon bald nach Schaffung des BetrVG 1952 mit seinen nun erzwingbaren Mitbestimmungsrechten des § 56 wurde deutlich, dass eine Beschränkung der Kooperation von Arbeitgeber und Betriebsrat auf Betriebsvereinbarungen zu eng war. Man erfand die Kategorie der »Regelungsabrede«,[47] auch »Betriebsabsprache« genannt. Das wurde vom BAG, wenn auch nicht terminologisch, so doch der Sache nach gebilligt:[48] »*Besteht aber ein Mitbestimmungsrecht, dann ist eine Einigung der Betriebspartner über Beginn und Ende der neuen täglichen Arbeitszeit erforderlich. Diese Einigung bedarf nicht der strengen Form einer Betriebsvereinbarung i. S. des § 52 Abs. 2 BetrVG. Es genügt, daß der Betriebsrat der Maßnahme des Arbeitgebers erkennbar, wenn auch nur durch schlüssiges Verhalten, zugestimmt hat.*« Seither ist dies ein verbreitetes Instrument der betrieblichen Praxis.[49]

---

46 Näherungsweise Überblicke geben Wolfgang Hromadka (Arbeitsordnung und Arbeitsverfassung, ZfA 1979, 203) und Ulrich Preis in empirischen Stichproben (Grundfragen der Vertragsgestaltung im Arbeitsrecht, 1993, S. 72 ff.). Anhaltspunkte für die praktische Vielfalt liefern Formularhandbücher z. B. *Däubler/Klebe/Wedde*, Hrsg., Arbeitshilfen für den Betriebsrat, 5. Aufl. 2021; *Schaub/Schrader/Straube/Vogelsang*, Arbeitsrechtliches Formular- und Verfahrenshandbuch, 12. Aufl. 2017; für die frühe Bundesrepublik *Worm*, Muster für Arbeitsordnungen, Betriebsvereinbarungen und für die Unterrichtung des Betriebsrats, 1965.

47 Vgl. *Adomeit*, Die Regelungsabrede, 1960; *ders.*, Die Regelungsabrede – nach 40 Jahren, in FS Hanau, 1999, S. 347 ff.

48 Vgl. BAG 15. 12. 1961, 1 AZR 492/59, RdA 1962, 172.

49 Vgl. Däubler/Klebe/Wedde-*Berg*, Hrsg., BetrVG, 18. Aufl. 2022, Rn. 161 ff.; *Fitting*, BetrVG, 32. Aufl., 2024, § 77 Rn. 216 ff.; Richardi *Richardi*, Hrsg., BetrVG, 17. Aufl. 2022, Rn. 224 ff.

23.6 Regelungsabreden

Dieser Akt des Formalisierens von etwas Informellem lenkt den Blick auf ein Phänomen des Betriebs als unterster Regulierungsebene: er ist generell ein Ort vielfältigster informeller »Governance« (Kap. 2, 27).[50] Bis zur Etablierung der »Betriebsvereinbarung« gab es für 150 Jahre die unterschiedlichsten Konstellationen. Danach eroberte das »Formelle« bis zum Kulminationspunkt des BetrVG 1972 mehr und mehr Territorium. Aber: »*Jeder Betriebspraktiker weiß: Keine arbeitsrechtliche Normierung, welche nicht schon einmal ›übersehen‹, umgangen oder bewusst verletzt worden wäre – unilateral durch das Management oder auch im Konsens mit den Beschäftigten und/oder deren Repräsentanten*«.[51] Diese Tendenz verstärkt sich mit der Zunahme flexiblerer wissensbasierter Arbeit und Managementkonzepten, die eine Organisation der Arbeit in Eigenregie vorsehen. Das führt dazu, dass die Reichweite allgemeingültiger, standardisierender Vereinbarungen abnimmt und betriebliche und individuellen Lösungen an Bedeutung gewinnen.[52] Das aber ist vorrangig eine Frage der Industriesoziologie.

24. Regulatorischer Zugriff auf die Arbeitgeberautonomie

Die Kooperation von Arbeitgebern und Gewerkschaften bzw. Betriebsräten hat nichts von einer »Liebesheirat«: Sie ist erzwungen von gesetzlichen Rahmenbedingungen und einem Mix aus ökonomischem Druck, Arbeitsmarktsituation und Managementpragmatik. Also nimmt es nicht wunder, dass Arbeitgeber praktisch im selben Augenblick, da sie sich unter das »Joch« von Tarifverträgen und Betriebsvereinbarungen begeben, danach trachteten, sich darüber hinaus so viel Spielraum zu bewahren, wie nur möglich. Das ist die schon thematisierte »über«- bzw. »außertarifliche« Sphäre.

---

50 Vgl. *Dombois*, Informelle Norm und Interessenvertretung, Leviathan 1980, 375 ff.; *Rosenbaum*, Die Wirkungen des Arbeitsrechts auf die Beziehungen zwischen Arbeitnehmern und Arbeitgeber im Betrieb, Leviathan 1982, 392 ff.

51 *Trinczek*, Betriebliche Regulierung von Arbeit, in Böhle/Voß/Wachter, Hrsg. Handbuch Arbeitssoziologie, 2010, S. 814.

52 Vgl. *Fehre/Mehlis*, Regulierung hochqualifizierter Arbeit in IT- und Biotechnologischen Unternehmen, Institut Arbeit und Wirtschaft, Bremen, Arbeitspapier 17, 2005, S. 6 (*https://search.app/4rdixGAm7hHuDGde7*).

24.1 Der »Kosmos der Freiwilligkeit«

Das BAG hatte 1968 den tarifvertraglichen Weg einer teilweisen Domestizierung des tariffreien Raumes durch Effektivklauseln abgeschnitten (Kap. 22). Damit hatte es jedoch keinesfalls sein Bewenden. Der »Kosmos der Freiwilligkeit« wurde nämlich zunehmend von anderer Seite her Gegenstand eines regulatorischen Zugriffs durch die Arbeitsgerichte. Das erfolgte zunächst mit den Mitteln des »klassischen« Vertragsrechts, mit Vorläufern und ersten frühen Ansätzen schon in der Weimarer Republik und sogar NS-Zeit und danach durch die Kontrolle von »Allgemeinen Arbeitsbedingungen« (s. u. 24.8). Später, nach Schaffung des BetrVG 1972, kamen weitreichende Interventionen mit Hilfe des Betriebsverfassungsrechts hinzu. Am Ende stehen, soviel sei vorweg gesagt, flächendeckende Vorgaben für das nur noch im Ansatz »freie« Agieren der Arbeitgeber – es drängt sich das Bild des »gefesselten Gullivers« auf.

In dieser Hinsicht gibt es eine mit dem BetrVG 1972 bewirkte Zäsur, die in ihrem ganzen Ausmaß erst jetzt, mit einem größeren zeitlichen Abstand, wirklich zu ermessen ist. Ausgangspunkt war – man ist versucht es so drastisch zu sagen – eine »Kastration« des BetrVG 1952 durch das BAG mit Unterstützung des »Arbeitsrechtskartells« (Kap. 23). Es beschränkte nämlich den gegenüber dem BRG in der Tat epochal neuen Mitbestimmungskatalog des § 56 auf »formelle« Arbeitsbedingungen, im Gegensatz zu »materiellen« Arbeitsbedingungen, die mitbestimmungsfrei bleiben sollten.[1] Darunter verstand das BAG solche, die keinen unmittelbaren Einfluss auf den Umfang der Arbeitsleistung des Arbeitnehmers und der Arbeitsvergütung des Arbeitgebers haben. Zwar ging die erklärte Absicht dahin, »Lohnpolitik« generell aus den Betrieben zu verbannen. Aber das BAG – unter Vorsitz von Nipperdey – machte kein Hehl daraus, dass es nur um deren *mitbestimmte* Variante ging: »*Der Charakter der Freiwilligkeit würde dadurch zerstört werden, dass dem Betriebsrat ein Mitbestimmungsrecht im Sinne des § 56 BetrVG eingeräumt werden würde, auf Grund dessen er berechtigt wäre, über Ausgestaltung, Verteilung und Zweck der freiwilligen Leistung auch gegen den Willen des Arbeitgebers eine Betriebsvereinbarung herbeizuführen.*«[2]

Diese Praxis kam mit dem BetrVG 1972 an ihr Ende. Mit ihm wurde der Mitbestimmungskatalog des § 56 BetrVG 1952 so kräftig »aufgebohrt«, dass die alte Unterscheidung zwischen »formellen« und »materiellen« Bedingungen nicht länger aufrechterhalten bleiben konnte. Das betonte bereits der Ausschuss für Arbeits- und Sozialordnung bei der parlamentarischen Beratung des Gesetzent-

---

1 Vgl. BAG 12.10.1955, BAGE 2, 165; 2.12.1960, AP § 56 BetrVG Entlohnung Nr. 1; in diesem Sinne Galperin/Siebert-*Siebert*, BetrVG, 3. Aufl. 1958, Vor § 56 Anm. 18; kritisch *Herschel*, Materielle und formelle Arbeitsbedingungen, AuR 1964, 257; *Fitting/Kraegeloh/Auffarth*, BetrVG, 7. Aufl. 1966, § 56 Rn. 6a.

2 BAG 15.5.1957, RdA 1957, 312.

wurfs[3] und wurde ganz rasch vom BAG bestätigt.[4] Von da an entfaltete die Betriebsverfassung regulatorische Wirkungen, die bei Schaffung des Gesetzes 1972 so gewiss nicht allen Beteiligten der Regierungskoalition vor Augen gestanden haben dürften.

24.2 Freiwilligkeitsvorbehalt

Das allererste Urteil des Reichsarbeitsgerichts zu diesem Komplex – zwei Jahre nach seiner Gründung – befasste sich mit der Frage, ob eine freiwillig gewährte Arbeitgeberleistung einfach wieder »kassiert« werden kann. Damit wurde ein fundamentales Problem der modernen Arbeitsverfassung thematisiert: die Flexibilität des Arbeitgebers hinsichtlich der Lohnzahlung je nach wirtschaftlicher Lage. Im Arbeitsvertrag verpflichtet sich der Arbeitnehmer zur versprochenen Arbeitsleistung, während der Arbeitgeber *»zur Gewährung der vereinbarten Vergütung verpflichtet«* wird (§ 611 Abs. 1 BGB, heute § 611a). Diese Vergütung wiederum entspricht einem wirtschaftlichen Kalkül des Arbeitgebers und kann von ihm, wenn alles nach Plan läuft, durch seine Geschäftstätigkeit refinanziert werden. Was aber tun, wenn die wirtschaftliche Entwicklung so verläuft, dass die Zahlung der vereinbarten Löhne und Gehälter den beabsichtigten Gewinn schmälert oder ins Minus führt? Eine Möglichkeit ist die Kündigung des Arbeitsverhältnisses, eine andere die Änderung der Entgeltzusage. Beides war selbst in den Anfangszeiten des modernen Arbeitsrechts nicht das Mittel der Wahl, weil – ungeachtet der Frage, wie leicht oder schwer das rechtlich möglich wäre – man den damit verbundenen Ärger scheute und ja auch gar nichts gegen eine weitere Zusammenarbeit hatte, nur eben bei geringerer Bezahlung.
Bei einem Blick zurück wird deutlich, warum die Fragestellung erst nach dem Ersten Weltkrieg zu einem verbreiteten Mengenproblem wurde – mit unterschiedlichen Lösungsansätzen bei Arbeitern und Angestellten. Für die Arbeiter stellte sich das Problem »Arbeitgeberflexibilität versus Vertragsstabilität« bis zum Ende des Kaiserreichs im Grunde gar nicht, denn es war ganz üblich, die zweiwöchige Kündigungsfrist des § 122 GewO zugunsten einer eintägigen Kündigungsfrist zu verkürzen (auch durch Tarifverträge).[5] So konnte der Lohn täglich neu festgelegt werden. Als auch für Arbeiter im Laufe der Entwicklung stetigere Arbeitsverhältnisse mit Kündigungsfristen üblich wurden, löste man das Problem durch verbreitete übertarifliche Leistungen, auf die im Bedarfs-

3 Zu BT-Drucks. VI/2729, S. 4.

4 Vgl. BAG 13.3.1973, AP BetrVG 1972 Werkmietwohnungen Nr. 1; zustimmend bereits *Dietz/Richardi*, BetrVG 5. Aufl. 1973, § 87 Rn. 35f.

5 Vgl. *Landmann*, Kommentar zur GewO, 2. Band, 6. Aufl. 1912, § 122 Anm. 2e. Auch die Muster-Arbeitsordnungen der Verbände sahen das vor (Kap. 23).

falle Tariflohnerhöhungen angerechnet wurden. Für Angestellte mit längeren Kündigungsfristen und deutlich geringerer Tarifbindung kam es zum strukturell gleichen Problem, aber mit jeweils individueller Lösung: der Vereinbarung freiwilliger Leistungen, die jederzeit widerrufen werden konnten.

Ein solcher Fall kam 1929 erstmals an das Reichsarbeitsgericht.[6] Er hätte von heute sein können: Eine Bank war 1928 in wirtschaftliche Schwierigkeiten geraten. Bis dahin hatte sie allen ihren Angestellten eine Weihnachtsgratifikation in Höhe eines halben Monatsgehalts gezahlt. Im Sommer 1928 musste die Bank »*in Liquidation treten*« (mehr ist den abgedruckten Gründen des Urteils nicht zu entnehmen) und lehnte die Zahlung aller Gratifikationen ab. Auf deren Zahlung klagten mehrere Angestellte, die unterschiedlich lang bei der Bank beschäftigt waren und in dieser Zeit immer Gratifikationen erhalten hatten.

Das RAG ging zunächst davon aus, »*dass eine Gratifikation, die ohne besondere Zusage gezahlt wird, zunächst den Charakter einer freiwilligen Leistung hat, der ihr auch auf die Dauer damit gewahrt werden kann, dass bei der jedesmaligen Hingabe auf die Freiwilligkeit hingewiesen wird.*« Aber im Fall der beklagten Bank war es so, dass ein solcher Vorbehalt nicht gemacht wurde: »*Anders liegt aber die Sache, wenn sie ohne einen solchen Hinweis eine Reihe von Jahren hindurch regelmäßig ohne weiteres vorbehaltlos ausgezahlt wird. Unter solchen Umständen wird der Angestellte mit Recht in dem Verhalten des Geschäftsherrn die Erklärung seines Willens, eine Zusage dahin erblicken, dass ihm die Gratifikation ein für allemal gewährt werden solle, so lange sein Dienstverhältnis dauert.*« Er werde sie als einen Teil seines vertragsgemäßen Gehalts ansehen, mit ihr rechnen und seine Lebenshaltung danach einrichten. Eine noch weitergehende Bindung sei anzunehmen, »*wenn in seinem Geschäfte die Übung besteht, dass allen Angestellten ausnahmslos, auch den neueigetretenen Gratifikationen schon im ersten Beschäftigungsjahre gewährt werden*«.

Das Reichsarbeitsgericht verstärkte seine Darlegungen noch mit dem Hinweis, dass »*diese Übung in Bankkreisen sehr weit verbreitet ist*« (wer fühlt sich nicht an die Gepflogenheiten der heutigen Bankenwelt erinnert, freilich mit anderen Größenordnungen). Das RAG sprach jedenfalls allen Klägern einen Rechtsanspruch auf die bislang gewährte Gratifikation zu. Ein halbes Jahr später bekräftigte es diese Rechtsauffassung nochmals und formulierte dies erstmals als amtlichen Leitsatz: »*Eine zunächst freiwillige, dann aber eine Reihe von Jahren ohne jeden*

6 RAG 15.6.1929, Bens. 6, 203. Die allererste Entscheidung von einem lokalen Gericht stammt vom Berliner Kaufmannsgericht (27.3.1905, Jahrbuch des Kaufmannsgerichts Berlin, Bd. I 1908, 279). Das überaus detaillierte Lehrbuch von *Lotmar* befasste sich mit diesem Problem nicht einmal ansatzweise (vgl. »Der Arbeitsvertrag«, Bd. 1, 1902).

Vorbehalt regelmäßig gezahlte Gratifikation kann im Wege der stillschweigenden Vereinbarung einen Rechtsanspruch des Arbeitnehmers begründen«.[7]
Die Entscheidung des RAG vom 15. Juni 1929 machte den Auftakt zu einer im Grunde bis heute andauernden Entwicklung und Diskussion um Freiwilligkeitsvorbehalte. Dabei wurde einerseits die Fallbezogenheit der Entscheidung darüber, wann Freiwilligkeit in Bindung umschlagen kann, diskutiert.[8] Andererseits suchte man Kriterien für allgemeingültige Regeln. Diese fand man bald in der Formel, dass eine dreimalige vorbehaltslose Gewährung einer Leistung zum Rechtsanspruch darauf führe.[9] Die Begründungen für das Phänomen der »betrieblichen Übung« schwankten zwischen konkludentem Vertragsschluss und Vertrauensschutz.[10]
Natürlich setzte alsbald eine Gegenbewegung mit der Suche nach »wasserdichten« Vertragsklauseln ein, die das Entstehen einer solchen Übung verhindern sollten/konnten. Und wiederum entwickelte die Rechtsprechung Kriterien, um die damit reklamierte einseitige Gestaltungsmacht zu bändigen – fast so, wie im Sport der Wettlauf zwischen Doping und Dopingbekämpfung! Die inzwischen letzte Runde dieses Ringens wird durch das seit der Schuldrechtsreform von 2002 geltende Recht zur AGB-Kontrolle bestimmt (s. u. 24.8).[11]

24.3 Betriebsrente

Ein ganz besonderer Fall von freiwilligen Leistungen waren Betriebsrenten mit einer spezifischen Problematik: Sie waren üblicherweise so gestaltet, dass Leistungen verloren gingen, wenn ein Arbeitnehmer vor dem Eintritt des Versorgungsfalls aus dem Arbeitsverhältnis ausschied. Dazu hatte es schon im Kaiserreich politische Vorstöße sozialdemokratischer Abgeordneter gegeben, die allerdings erfolglos geblieben waren.[12] Während der Weimarer Republik blieb dies unverändert; das RAG begründete das mit der Vertragsfreiheit.[13] Erstaunlicherweise

7 RAG 16. 9. 1929, RAGE 4, 65.

8 So schon *Hueck* in seiner Anmerkung zur Ausgangsentscheidung (Bens. 6, 205).

9 Erstmals bei BAG 6. 3. 1956, BAGE 2, 302, unter Ablehnung einer Geltung für den öffentlichen Dienst.

10 Vgl. *Preis*, ErfK, 18. Aufl. 2018, § 611a BGB Rn. 220ff.

11 Zuvor war das Arbeitsrecht aus der Geltung des »Gesetzes zur Regelung des Rechts der allgemeinen Geschäftsbedingungen« (AGBG) vom 9. 12. 1976 (BGBl. I 3317) ausgenommen gewesen (§ 23 Abs. 1). Deshalb war dessen Kontrolle durch das BAG schwächer ausgefallen als die des Zivilrechts durch den BGH (vgl. *Preis*, AuR 1994, 139). Heute folgt die Einbeziehung der Betriebsrente aus § 310 Abs. 4 BGB.

12 Vgl. *Zwanziger*, Betriebsrenten werden unverfallbar, Soziales Recht 2024, 41; *ders.*, Arbeit weg – Beitrag weg: Die Diskussion über Werkspensionen im Kaiserreich, AuR 2023, G 5.

13 Vgl. RAG 18. 6. 1930, Bens. 9, 359.

(oder doch nicht, angesichts so vieler Kontinuitäten, Kap. 12) leitete das RAG hier eine Wende im Jahr 1939 ein.[14] Ohne das AOG ausdrücklich zu erwähnen, entwickelte es unter dem Gesichtspunkt der »Treuepflicht« des Arbeitnehmers und der »Fürsorgepflicht« des Arbeitgebers sowie der Interessenlage auf beiden Seiten Kategorien, nach der es ausnahmsweise bei einer Betriebsrentenanwartschaft verblieb, auch wenn das Arbeitsverhältnis vor Eintritt des Versorgungsfalls endete.

Nach Gründung der Bundesrepublik wurde diese Problematik erst wieder Anfang der 1970er Jahre spruchreif. Zu diesem Zeitpunkt zählte man etwa 12 Mio. Arbeitnehmer der Privatwirtschaft mit betrieblicher Altersversorgung (davon 1,5 Mio. Bauarbeiter mit einem entsprechenden Tarifvertrag).[15] Der Sozialbericht der Bundesregierung sprach jedenfalls davon, »*dass die betriebliche Altersversorgung eine Massenerscheinung von großer sozialpolitischer Bedeutung ist, die sich größter Wertschätzung in den Kreisen der Arbeitnehmer erfreut.*«[16] Ganz überwiegend galten bis dahin Klauseln, nach denen erworbene Ansprüche aus einer Versorgungszusage des Arbeitgebers verfallen sollten, wenn das Arbeitsverhältnis vorzeitig beendet wurde. Derartige Klauseln wurden mit Rücksicht auf den Grundsatz der Vertragsfreiheit weder von den Gerichten noch der Literatur beanstandet. Da die Altersversorgung eine freiwillige und zusätzliche Leistung des Arbeitgebers sei, stehe es ihm frei, die Voraussetzungen, unter denen er eine Versorgung gewähren wolle, nach seinem Ermessen festzulegen. Damit machte der 3. Senat des BAG im Jahr 1971 Schluss (sein Vorsitzender, Hermann Stumpf, und die Berichterstatterin, Marie-Luise Hilger, sollten fortan die Protagonisten eines neuen Betriebsrentenrechts werden).[17] Bemerkenswert ist die vertragsrechtliche Analyse des Senats:[18] »*Das Funktionieren der Vertragsfreiheit, bei der ohne Eingriff gesetzlicher Mindestbedingungen ein sachgerechter Ausgleich und die Berücksichtigung beiderseitiger berechtigter Belange im Wege des Aushandelns erfolgt, setzt ein Gleichgewicht der Vertragspartner voraus. Diese Vertragsparität ist im Bereich der betrieblichen Altersversorgung gestört, wenn der Arbeitgeber, wie es der Regel entspricht, durch vertragliche Einheitsregelung oder Gesamtzusage allein die Voraussetzungen bestimmt, unter denen er eine Leistung gewähren will. Der Vertragsinhalt wird in diesen Fällen nicht durch ein Verhandeln zwischen gleich starken Partnern gestaltet, sondern einseitig von einer Partei vorgeschrieben. Der Arbeitnehmer kann nur die angebotenen Bedingungen annehmen, oder er muss auf*

14 Vgl. RAG, 23. 8. 1939, Bens. 37, 71 mit Anm. *Hueck*.

15 *Werner*, Betriebliche Altersversorgung in der sozialpolitischen Diskussion, 1972, S. 11. Im Jahr 2017 gab es 6,9 Mio. Versorgungsberechtigte mit unverfallbaren Anwartschaften und 4 Mio. Rentner (Pensionssicherungsverein, Jahresbericht 2017, S. 10).

16 Vgl. Sozialbericht 1971, Nr. 35.

17 Vgl. *Kittner*, 50 Urteile, S. 111 ff.; *Dieterich*, Ein Richterleben, S. 113.

18 Vgl. BAG 10. 3. 1972, BAGE 24, 177.

die Leistung ganz verzichten. Seine Stellung gestattet ihm nicht, seinen berechtigten Anliegen bei der Ausgestaltung des Vertrages Geltung zu verschaffen.« Das sind erstaunliche Worte, fast 20 Jahre vor der »Handelsvertreter«-Entscheidung des BVerfG (Kap. 17).

Mit diesen Grundsätzen sei die verbreitete Situation hinsichtlich der Betriebsrenten nicht vereinbar. Daraus zog der 3. Senat einen radikalen Schluss: *»Aus den bisherigen Erwägungen ergibt sich, dass der von den beteiligten Rechtsgenossen und dem Gesetzgeber als regelungsbedürftig erkannte Sachverhalt keine gesetzliche Lösung gefunden hat und eine solche auch nicht bevorsteht. Es liegt deshalb eine nachträgliche Regelungslücke im Bereich der arbeitsrechtlichen Schutzgesetzgebung vor. Diese Lücke zu schließen ist wegen der gegebenen Rechtsnot Aufgabe und Pflicht der Gerichte im Rahmen der ihnen obliegenden Rechtsfortbildung. Dies führt dazu, die Unverfallbarkeit der erdienten Versorgungsanwartschaft für die Fälle zu bejahen, in denen der Arbeitnehmer nach mehr als 20-jähriger Betriebszugehörigkeit wegen einer vom Arbeitgeber ausgehenden ordentlichen Kündigung aus dem Betriebe ausscheidet.«*[19]

Nach dem Urteil von 1972 ging es Schlag auf Schlag.[20] Den 3. Senat erreichten in kurzer Zeit Fälle mit den drängendsten anderen vertragsrechtlichen Problemen dieses Lebensbereichs. Er nutzte sie entschlossen zur Fortsetzung seiner rechtsfortbildenden Aktivitäten:

- Am 30. März 1973 ergingen zwei Urteile, mit denen eine Anpassungspflicht des Arbeitgebers wegen zwischenzeitlicher Verteuerung der Lebenshaltungskosten festgelegt wurde.[21]
- Am 17. Mai 1973[22] wurden Widerruf und Kürzung einer Versorgungszusage an »*sachliche Gründe*« gebunden.[23]

Danach konnte der Gesetzgeber nicht länger abseitsstehen. Am 26. November 1973 legte die Bundesregierung einen Gesetzentwurf vor, den sie maßgeblich auch mit der Entscheidung des BAG vom 10. März 1973 begründete.[24] Das

19 Diese Entscheidung war umso beachtlicher, als sich zwischen der Bundesregierung und den Sozialpartnern ein Konsens abzuzeichnen begann, dass das Problem der Unverfallbarkeit von Betriebsrenten nicht arbeitsrechtlich, sondern mit steuerlichen Erleichterungen gelöst werden sollte.

20 Zur Rechtsprechung bis zum Inkrafttreten des BetrAVG im Jahre 1974 (und zu diesem selbst) *Reinecke*, NZA 2004, 753.

21 BAG 30.3.1973, BAGE 25, 146; 3 AZR 34/72, AP BGB § 242 BGB Ruhegehalt – Geldentwertung Nr. 5.

22 BAG 17.5.1973, BAGE 25, 194.

23 Alle vor Inkrafttreten des BetrAVG getroffenen BAG-Entscheidungen wurden von BVerfG gebilligt (vgl. *Reinecke*, NZA 2004, 754ff.).

24 BT-Drucks. 7/1281, S. 19.

»Gesetz zur Verbesserung der betrieblichen Altersversorgung« (BetrAVG) trat schließlich Ende 1974 in Kraft.[25]

Seither sind Betriebsrenten integraler Bestandteil des permanenten Ringens um die Alterssicherung im Gesamtverbund von gesetzlicher Rente und privater Sicherung. Die Tarifvertragsparteien haben bemerkenswerterweise keine Versuche gemacht, materielle Ansprüche auf eine betriebliche Altersvorsorge über die Rentensysteme im öffentlichen Dienst und der Bauwirtschaft hinaus zu machen; sie spielen nur in Einzelfällen, insbesondere in der Luftfahrt und in den Nachfolgeunternehmen der Post eine Rolle (zu dieser generellen Zurückhaltung auf derartigen Gebieten siehe Kap. 9). Vielmehr haben sich insbesondere die Tarifvertragsparteien der Metallindustrie damit begnügt, eine Art organisierten »Mengenrabatt« beim Abschluss privater Verträge anzubieten.

Mit dem »Betriebsrentenstärkungsgesetz« vom 7. August 2017[26] wurde die Möglichkeit eines »Sozialpartnermodells« eingeführt (§ 1 Abs. 2 Nr. 2a BetrAVG). Danach dürfen die Tarifvertragsparteien eine »reine Beitragszusage« als Form der betrieblichen Altersversorgung schaffen, die sich allein nach Ertrag an eine Versorgungseinrichtung abgeführter Beiträge richtet (»pay and forget«). Dabei gibt es nur eine Zuzahlungsverpflichtung des Arbeitgebers zu Eigenleistungen des Arbeitnehmers und keine sonstigen Verpflichtungen. Auf der Grundlage dieses Modells gibt es Tarifverträge von Verdi und der IGBCE.[27] Ein entsprechender Versuch in der IG Metall wurde jedoch jüngst aufgegeben.[28]

24.4 Rückzahlungsklauseln

Rechtsprobleme hinsichtlich Rückzahlungsklauseln sind, historisch gesehen, »Luxusprobleme«. Denn es ging erstmals nicht um Schutz des Arbeitsverhältnisses oder vorenthaltene Leistungen, sondern darum, wie lange ein Arbeitgeber einen abwanderungswilligen Arbeitnehmer an sich binden kann – offenkundig eine Frucht des nach dem Kriege einsetzenden »Wirtschaftswunders«.

Der allererste vom BAG zu entscheidende Fall handelte von einer Stenotypistin, die bei ihrem Arbeitgeber vom 1. April 1948 bis zum 17. Dezember 1952 beschäftigt war. An diesem Tag bat sie um Entlassung zum Jahresende, schied jedoch im

---

25 Vgl. *Zwanziger*, Rechtscharakter der Betriebsrente – historische Entwicklung und aktueller Stand, Soziales Recht 2020, 57.

26 BGBl. I 3214

27 Vgl. *Zwanziger*, Grundzüge des Rechts der betrieblichen Altersversorgung – ein Überblick, Betriebsrat und Recht 2024, 113, 117.

28 Ein entsprechender Vorstoß des baden-württembergischen Bezirksleiters, Roman Zitzelsberger, der sich zuvor vergeblich um den Vorsitz der IG Metall beworben hatte, wurde vom Gewerkschaftstag der IG Metall 2023 mit großer Mehrheit abgelehnt (vgl. IG Metall, 25. ord. Gewerkschaftstag, Tagesprotokoll, 3. Tag).

Einvernehmen mit dem Arbeitgeber sofort aus und trat noch am gleichen Tag bei einer Konkurrenzfirma – welche von einer früheren Angestellten ihres bisherigen Arbeitgebers geleitet wurde – ein, mit der sie bereits vor dem 10. Dezember 1952 in Verhandlung gestanden hatte. Der Fall hätte sich genauso im Jahr 2024 ereignen können – also in heutigem »wording«: Ein Start-up rekrutiert Leute bei der alten Konkurrenz!

Zum Rechtsproblem wurde dieser Fall, weil der Arbeitgeber eine freiwillige Weihnachtsgratifikation gewährte, allerdings nicht an Arbeitnehmer »*in gekündigtem Arbeitsverhältnis*«. Bei der Verteilung der Weihnachtsgratifikation am 10. Dezember 1952 erhielt die Arbeitnehmerin 350 DM, obwohl der Arbeitgeber den Verdacht hegte, sie habe der Konkurrenzfirma Geschäftsgeheimnisse preisgegeben. Dem 2. Senat des BAG zufolge durfte sie das Weihnachtsgeld wegen der Unklarheiten im Einzelfalle behalten, er formulierte aber den ersten Warnhinweis für derartige Fälle: »*Mehr aber, als einen Anreiz zu weiterer Dienstleistung zu geben, konnte mit einer in die Zukunft weisenden Zweckbestimmung der Gratifikation in keinem Falle verbunden werden. Insbesondere konnte nicht das Ziel mit ihr verbunden werden, dass die Klägerin im Endergebnis bei der Beklagten verblieb*«.[29]

Größere Klarheit für die Zukunft brachte der nächste Fall, in dem es erstmals um das Verhältnis der Höhe einer zurückzuzahlenden Gratifikation zur Dauer der damit verbundenen Betriebsbindung ging. Der 5. Senat des BAG hielt es in seiner Entscheidung vom 31. Mai 1960 für zulässig, eine Weihnachtsgratifikation in Höhe eines Monatsgehalts daran zu binden, dass der Arbeitnehmer die erste Kündigungsmöglichkeit zum 31. März des Folgejahres ausließ.

Danach hatte das BAG unvermeidlich über weitere zufällig bei ihm gelandete Fallgestaltungen zu entscheiden[30] – aber dann? Die Frage der Rückzahlung von Weihnachtsgratifikationen war ersichtlich ein Mengenproblem. Gerichtliche Streitigkeiten darüber waren von der Ungewissheit begleitet, dass niemand voraussehen konnte, welche Größenordnungen von Gratifikation einerseits und Bindungsdauer andererseits von den Gerichten akzeptiert werden würden. Da fasste der 5. Senat des BAG sich ein Herz und sorgte mit seiner Entscheidung vom 10. Mai 1962[31] für Klarheit – »ein für alle Mal«. Er »erließ« in einem exemplarischen Akt richterrechtlicher Dezision (Kap. 25) eine Art »mosaischen Dekalogs«:[32]

29 BAG 29.6.1954, BAGE 1, 36.

30 BAG 31.5.1960, BAGE 9, 250.

31 BAG 10.5.1962, BAGE 13, 129.

32 Derartiges hatte der spätere BAG-Präsident Gerhard Müller im zweiten Beschluss des Großen Senats zum Arbeitskampfrecht versucht. Er scheiterte damit vollständig, weil er seinen »Dekalog« fernab von konkret zu entscheidenden Fragen, abstrakt am grünen Tisch konstruiert hatte (Kap. 26). Der 5. Senat des Jahres 1962 löste dagegen praktische Probleme für alle Betroffenen.

Für die Fälle, in denen die Weihnachtsgratifikation einen Monatsbezug nicht übersteigt, wird – sofern nicht die Besonderheiten des Einzelfalles eine andere Beurteilung rechtfertigen – für die Zulässigkeit derartiger Rückzahlungsklauseln folgendes zu gelten haben:

a) Erhält der Arbeitnehmer einen Monatsbezug, und hat er bis zum 31. März des darauffolgenden Jahres nur eine Kündigungsmöglichkeit, wie das z. B. nach § 66 HGB in der Regel für Handlungsgehilfen der Fall ist, dann ist ihm in aller Regel zuzumuten, diese eine Kündigungsmöglichkeit auszulassen, wenn er die Gratifikation behalten will.

b) Erhält der Arbeitnehmer einen Monatsbezug, und hat er bis zum 31. März des darauffolgenden Jahres mehrere Kündigungsmöglichkeiten, dann ist ihm wegen der Höhe der ihm gewährten Weihnachtsgratifikation zuzumuten, den Betrieb erst nach dem 31. März zum nächstzulässigen Kündigungstermin zu verlassen, wenn er die Gratifikation behalten will.

c) Erhält der Arbeitnehmer einen Betrag, der 100 DM übersteigt, jedoch nicht einen Monatsbezug erreicht, so ist ihm regelmäßig zuzumuten, eine Rückzahlungsklausel einzuhalten, die bis zum 31. März des darauffolgenden Jahres reicht.

d) Erhält ein Arbeitnehmer als Weihnachtsgratifikation nur einen Betrag, der 100 DM nicht übersteigt, dann kann damit regelmäßig überhaupt keine Rückzahlungsklausel verbunden werden.

Diese Grundsätze hat das BAG nur auf solche Fälle bezogen, in denen die Weihnachtsgratifikation sich höchstens bis zur Höhe eines Monatsbezugs des Arbeitnehmers beläuft – die »*Normalfälle*« als Mengenprobleme. Fälle, in denen höhere Gratifikationen gewährt werden, blieben als »*nicht typisch*« außen vor. Nach diesen Grundsätzen konnten die beiden Arbeitnehmer des entschiedenen Falles ihre Gratifikationen behalten, weil sie jeweils unter 100 DM lagen.[33]

33 Im Grunde schon bei der Entscheidung absehbar, trug die Festlegung der konkreten Ziffer »100« den Keim ihrer Endlichkeit in sich. Das BAG lehnte dabei stets jede Art von Automatismus ab. Erst mit einer Entscheidung vom 17. März 1982 legte es dann in einem Leitsatz fest: »*Seit 1978 kann mit der Gewährung einer Weihnachtsgratifikation eine Rückzahlungsverpflichtung nur verbunden werden, wenn die Gratifikation mehr als 200 DM beträgt*« (BAGE 38, 178). 2003 wurde der Betrag auf Euro umgestellt und beläuft sich seither auf 100 Euro (BAG 21.5.2003, BAGE 106, 159). In der Entscheidung von 1982 lehnte das BAG zwar eine laufende Indexierung strikt ab, deutete aber in einem obiter dictum an, dass man über eine erneute Änderung reden könne, wenn die weitere Teuerung 50% erreiche. Seither ist aber nichts geschehen, obwohl die Geldentwertung diese Größenordnung inzwischen überschritten hat.

Abgesehen von der Frage der Indexierung hat das BAG mit seinem »Dekret« Beachtliches erreicht. Die Materie erscheint seither für eine ungewöhnlich lange Dauer befriedet. Zentraler Anwendungsbereich sind inzwischen Klauseln zur Rückzahlung von Bildungskosten. Hierfür gibt es keine vergleichbar klaren und schematischen Vorgaben, inzwischen jedoch die Kriterien der AGB-Kontrolle (s. u. 24.8). Das BAG misst deren Zulässigkeit im Lichte des Art. 12 GG daran, ob die Bildungsmaßnahme für den Arbeitnehmer einen geldwerten Vorteil hatte (Erhöhung des Marktwerts seiner Arbeitskraft bezogen auf die Dauer der Bindung) und setzt dazu Dauer und Kosten einer Bildungsmaßnahme in Beziehung.[34] Außerdem ist eine Rückzahlungsklausel unzulässig, wenn die Beendigung des Arbeitsverhältnisses aus der Sphäre des Arbeitgebers herrührt.[35]

24.5 Verteilung freiwilliger Leistungen (»Topftheorie«)

Nach dem energischen vertragsrechtlichen Zugriff hinsichtlich der Unverfallbarkeit von Betriebsrenten (s. o. 24.3), war es wieder der Dritte Senat des BAG, der auch in der Betriebsverfassung den Zugriff auf dieses »Reich der Freiheit« einläutete.[36] Der zugrunde gelegte Fall war denkbar trivial: In einem Unternehmen mit einer betriebliche Altersversorgung beanspruchte der Betriebsrat ein Recht auf Mitbestimmung bei der Form, Ausgestaltung und Verwaltung des dazu eingerichteten Versorgungswerkes und begründete dies mit einem Mitbestimmungsrecht nach § 87 Abs. 1 Nr. 8 BetrVG 1972.

Dazu setzte sich der Senat ausführlich mit der Rechtsprechung unter dem Vorgängergesetz auseinander, für das freiwillige Leistungen jeder Art wegen der Unterscheidung in formelle und materielle Arbeitsbedingungen »*von vorneherein*« ausgeschieden waren. Das war nun anders. Der dritte Senat sah sich vor der Aufgabe, das Freiwilligkeitsprinzip und die Mitbestimmung miteinander zu kombinieren: »*Die Entschließungsfreiheit des Arbeitgebers, ob und in wieweit er zusätzliche Leistungen an die Belegschaft erbringen will, soll durch die Mitbestimmungsrechte des § 87 BetrVG 1972 nicht beschnitten werden.*«

Hier setzte die heute so selbstverständliche Lösung des Senats ein. Er unterschied das materielle Ausmaß der freiwilligen Leistung von ihrer Verteilung:

34 Vgl. BAG 16.3.1994, BAGE 76, 155.

35 BAG 18.11.2008, NZA 2009, 435.

36 Vgl. BAG 12.6.1975, BAGE 27, 194. Dieser Fall wird unter der Überschrift »Erfindung der Topftheorie« eingehend von Thomas Dieterich in seiner Autobiografie beschrieben (Ein Richterleben, 2016, S. 111; vgl. auch *Kittner*, 50 Urteile, S. 194ff.).

»Der Arbeitgeber ist in vierfacher Beziehung frei, nämlich darin,
- *ob er finanzielle Mittel für die betriebliche Altersversorgung zur Verfügung stellen will,*
- *in welchem Umfang er das tun will,*
- *welche Versorgungsform er wählen will und*
- *welchen Arbeitnehmerkreis er versorgen will.«*

Sofern der Arbeitgeber diese Entscheidungen getroffen habe, bestehe im Anschluss aber ein umfassendes Mitbestimmungsrecht einschließlich eines Initiativrechts des Betriebsrats – nach dem Motto »Das erste steht uns frei, beim zweiten sind wir Knechte.«[37]
Recht schnell wurde dieses Modell mit einem Topf verglichen, der zunächst vom Arbeitgeber gefüllt werden müsse, damit der Inhalt dann zusammen mit dem Betriebsrat verteilt werden könne. Daraus wurde in der wissenschaftlichen Diskussion der plakative Begriff der »Topftheorie«.[38] Sie öffnete das Tor für einen ganz neuen Regulierungs-Zugriff auf das Reservat freiwilliger Arbeitgeberleistungen.

24.6 Widerruf freiwilliger Leistungen – Von der »ablösenden Betriebsvereinbarung« zur »betriebsvereinbarungsoffenen Gesamtzusage«

Die »Topftheorie« des dritten Senats bedurfte der Ergänzung um zwei andere Rechtsfiguren, welche erst die Komplexität der angerissenen Lebenssachverhalte erschlossen. Man erinnere sich an den Ausgangsfall: Ein Arbeitgeber stiftet ein Versorgungswerk – für den Normalfall einer solchen Zusage konnte man von einem großen Maß an Rechtsverbindlichkeit gegenüber den Arbeitnehmern ausgehen. Was aber, wenn der Arbeitgeber dran etwas ändern möchte?
Der Große Senat des BAG beschrieb das Problem ganz unverblümt: »*In den Jahren der Hochkonjunktur und der Vollbeschäftigung haben Arbeitgeber zahlreiche Sonderleistungen, vom Essenszuschuss bis zur Altersversorgung, von der Gratifikation bis zum Darlehen zugesagt. Nur in wenigen Fällen wurde die Form der Betriebsvereinbarung gewählt. Häufig kam es zu Gesamtzusagen des Arbeitgebers oder zu individualrechtlichen Verweisungen auf einen vom Arbeitgeber aufgestellten Leistungsplan. Jetzt sollen in vielen Fällen die Sozialleistungen – auch mit Hilfe von Betriebsvereinbarungen – eingeschränkt oder eingestellt werden*«[39] – der Betriebsrat als »Sanierungsgehilfe«?

---

37 Der dritte Senat machte bei dieser Gelegenheit auch darauf aufmerksam, dass es zwei Schranken für die Betriebsparteien gebe: den Tarifvorbehalt des § 87 Abs. 1 BetrVG und die »Grundsätze von Recht und Billigkeit« gegenüber den Arbeitnehmern (BAGE 27, 194, 205).

38 Vgl. *Dieterich*, a. a. O., S. 113, Fn. 1.

39 BAG 16.9.1986, BAGE 53, 42, 46.

Die verschiedenen damit befassten Senate des Bundesarbeitsgerichts wählten für das Problem der »ablösenden Betriebsvereinbarung« zunächst unterschiedliche Lösungen. Der erste und dritte Senat hielten Betriebsvereinbarungen, die in einheitsvertragliche Ansprüche eingriffen, grundsätzlich innerhalb der Grenzen der Billigkeit und ohne Rücksicht auf die Regelungsmaterie für möglich. Die zentrale Begründung lieferte das vom ersten Senat unter Nipperdey für Tarifverträge aus NS-Gedankengut wiederbelebte »Ordnungsprinzip«,[40] nach dem eine Einheitsreglung stets unter dem Vorbehalt stehe, »*dass die bestehende Ordnung dann ihre Geltung verliert, wenn im gleichen Geltungsbereich eine andere Ordnung in Kraft tritt.*«[41] Später wechselte der dritte Senat seine Begründung im Hinblick auf die zunehmende Kritik am »Ordnungsprinzip«:[42] Es bestehe eine Regelungslücke, weil vertragsrechtliche Mittel sich in der Regel als untauglich erwiesen, die vielfältigen individuellen Besitzstände einer neuen kollektiven Regelung sinnvoll anzupassen.[43] Der sechste Senat schließlich ließ einen Eingriff in die durch vertragliche Einheitsregelungen gestalteten Ansprüche durch eine Betriebsvereinbarung nur dann zu, wenn es sich um Angelegenheiten der erzwingbaren Mitbestimmung handelte.[44] In dieser Entscheidung brachte er zum ersten Mal das Konstrukt einer »betriebsvereinbarungsoffenen« Gesamtzusage zur Sprache (die allerdings im konkreten Falle nicht vorlag).

Nach diesem dissonanten Vorlauf erfand der Große Senat – unter der Präsidentschaft von Otto Rudolf Kissel – in seiner Entscheidung vom 16. September 1986 schließlich ein neues Konstrukt: den »kollektiven Günstigkeitsvergleich«. Sein Leitsatz lautete:

> *»Vertraglich begründete Ansprüche der Arbeitnehmer auf Sozialleistungen, die auf eine vom Arbeitgeber gesetzte Einheitsregelung oder eine Gesamtzusage zurückgehen, können durch eine nachfolgende Betriebsvereinbarung in den Grenzen von Recht und Billigkeit beschränkt werden, wenn die Neuregelung insgesamt bei kollektiver Betrachtung nicht ungünstiger ist.«*

40 In der in Bezug genommenen Entscheidung vom 20.12.1957, BAGE 5, 130, berief sich der 1. Senat ganz ungeniert auf Schriften von Nipperdey aus dem Jahr 1936 (»Ordnungsprinzip und Leistungsprinzip«, in FS Lehmann) und von Siebert, zwar mit einer Arbeit aus dem Jahr 1955, aber doch zu einem Thema, zu dem sich dieser als entschiedener NS-Vordenker profiliert hatte (Kap. 12). Nipperdey vertrat das Ordnungsprinzip aber auch noch bis zu seinem Tod (vgl. *Hueck/Nipperdey*, Arbeitsrecht, 7. Aufl. 1967, Bd. II 1. Halbbd. S. 591 ff.; 2. Halbbd. S. 1294 ff.).

41 Vgl. BAG 1.2.1957, BAGE 3, 274; 26.10.1962, AP § 242 BGB Ruhegehalt Nr. 87.

42 Vgl. *Richardi*, Kollektivgewalt und Individualwille bei der Gestaltung des Arbeitsverhältnisses, 1968, S. 390 ff., 397 ff.

43 Vgl. BAG 30.1.1970, BAGE 22, 252.

44 BAG 12.8.1982, BAGE 39, 295.

Als Maßstab für einen solchen kollektiven Günstigkeitsvergleich nannte der Große Senat den »*wirtschaftlichen Wert der Zusagen*«. Es könne nur auf die Vor- oder Nachteile ankommen, die die Neuregelung für die Belegschaft insgesamt zur Folge habe: »*Wenn die Leistungen des Arbeitgebers sich insgesamt nicht verringern oder sogar erweitert werden, steht das Günstigkeitsprinzip einer Ablösung nicht entgegen, auch wenn einzelne Arbeitnehmer dadurch schlechter gestellt werden sollten*«. Dies erlaube auch eine gewissermaßen neutrale, »umstrukturierende« Betriebsvereinbarung. Eine bei Gesamtvergleich ungünstigere Betriebsvereinbarung sei nur möglich, »*soweit der Arbeitgeber wegen eines vorbehaltenen Widerrufs oder Wegfalls der Geschäftsgrundlage die Kürzung oder Streichung der Sozialleistungen verlangen kann*«.
Das waren jedoch »Steine statt Brot« für jeden Arbeitgeber. Die Grundsätze des Großen Senats erlaubten keine verlässliche Voraussage, ob eine geplante Umstrukturierung zulässig sein würde. Hier kam – gewissermaßen durch die Hintertür – erneut der Betriebsrat ins Spiel: Das BAG wies schon sehr früh darauf hin, dass eine rechtssichere Variante darin bestehe, dass »*die Einzelarbeitsverträge unter dem Vorbehalt einer ablösenden Betriebsvereinbarung stehen, sie also ›betriebsvereinbarungsoffen‹ sind.*«[45] Inzwischen hat der 1. Senat des BAG dies für Zusagen in Allgemeinen Arbeitsbedingungen zur Auslegungsregel erklärt[46] – alles in allem ein starkes Argument für eine frühzeitige Einbeziehung des Betriebsrats und Ausweis dafür, welch qualitativen Sprung das BetrVG 1972 für kollektive Kontrollmechanismen gebracht hatte. Der 4. Senat hat dagegen allerdings starke Bedenken, insbesondere wenn eine dynamische Verweisung auf einen Tarifvertrag beendet werden soll.[47] Im Betriebsrentenrecht geht der 3. Senat davon aus, dass derartige Regelungen wegen der langen Bindungsdauer ohnehin als ablösungsoffen zu verstehen seien (sei es durch Betriebsvereinbarung, sei es durch Einheitsregelung).

24.7 Anrechnung übertariflicher Leistungen

Gewissermaßen den Schlussstein der Rechtsprechung zur Betriebsratsbeteiligung bei freiwilligen Arbeitgeberleistungen bildet eine weitere Entscheidung des Großen Senats des BAG – eine späte (teilweise) Abhilfe für ein selbstgeschaffenes Problem: 1990 hatte er es nach vielen Jahren erneut mit dem Problem der Anrechnung von übertariflichen Zulagen zu tun, die das BAG ja 1968 als tarifrecht-

45 BAG 12.8.1982, BAGE 39, 295, 302.

46 BAG 5.3.2013, NZA 2013, 916 (vgl. *Deinert*, in: Deinert/Heuschmid/Zwanziger (Hrsg.), Arbeitsrecht, 10. Aufl. 2019, § 12 Rn. 230).

47 BAG 11.4.2018, NZA 2018, 1273; vgl. *Deinert*, Die laute Rückkehr der ablösenden Betriebsvereinbarung, AuR 2022, 351; *Hanau*, Die ablösende Betriebsvereinbarung – oder: Wie kollektiv ist das kollektive Arbeitsrecht?, NZA 2024, 139.

lich unzulässig erklärt hatte (Kap. 22). Nun eröffneten sich durch das BetrVG 1972 in den Kategorien der »Topftheorie« ganz neue Perspektiven.
Zu entscheiden waren durchschnittliche »Feld-, Wald- und Wiesen-Fälle«: In einem Unternehmen wurden freiwillige Zulagen gewährt und der Arbeitgeber wollte eine Tariflohnerhöhung auf sie anrechnen. Arbeitnehmer und Betriebsrat widersprachen; letzterer begehrte ein Mitbestimmungsrecht hinsichtlich der Neuberechnung. Das hatten mehrere Senate des BAG bis dahin abgelehnt und der erste unter Vorsitz von Rudolf Kissel wollte davon abweichen, weshalb er den Großen Senat anrief.[48] Dieser entschied am 3. Dezember 1991[49] im Kern vollkommen auf der Linie der »Topftheorie«:

> *»Die Anrechnung einer Tariflohnerhöhung auf über-/außertarifliche Zulagen aus Anlass und bis zur Höhe einer Tariflohnerhöhung unterliegt der Mitbestimmung des Betriebsrats, wenn sich dadurch die Verteilungsgrundsätze ändern und darüber hinaus für eine anderweitige Anrechnung bzw. Kürzung ein Regelungsspielraum verbleibt. Ein Regelungsspielraum entfällt, wenn durch Anrechnung bzw. Widerruf das Zulagenvolumen völlig aufgezehrt wird oder die Tariflohnerhöhung vollständig und gleichmäßig auf die über-/außertariflichen Zulagen angerechnet wird.«*

Die technische Befolgung dieser Grundsätze stellte der Große Senat danach in seinem letzten Leitsatz sicher: »*Verletzt der Arbeitgeber das Mitbestimmungsrecht, sind Anrechnungen bzw. Widerruf gegenüber den einzelnen Arbeitnehmern rechtsunwirksam*« – eine drastische Demonstration des Prinzips der »Wirksamkeitsvoraussetzung« (Kap. 27). Das ganze Set an Betriebsratsbeteiligungen von »Topftheorie«, über »ablösende« zu »betriebsvereinbarungsoffenen« Betriebsvereinbarungen bis hin zur »Vorrangtheorie« legte es damit für einen rational handelnden Arbeitgeber nahe, sich im übertariflichen, »freiwilligen« Bezahlungsbereich nicht ohne den Betriebsrat zu bewegen.

24.8 »Die Schlinge zieht sich zu«: Entwicklung des AGB-Rechts im Arbeitsrecht

Der Kreis schließt sich wieder mit dem Vertragsrecht. Ich habe diese Art des Zugriffs auf die Arbeitgeber-Autonomie mit der Entscheidung des 3. Senats zur Unverfallbarkeit von Betriebsrenten verlassen, um, der Chronologie folgend, den dramatischen Umbruch aufgrund des BetrVG 1972 einzuschieben. In einer

48 Zum Verfahren *Kittner*, 50 Urteile, S. 225ff.
49 BAGE 69, 134.

längeren Perspektive wird jedoch sichtbar, dass die sozialpolitische Großtat von Stumpf und Hilger sich in einem viel größeren Rahmen bewegt, aus dem sie auch die argumentative Munition bezogen: der rechtlichen Domestizierung von »Allgemeinen Geschäftsbedingungen« (AGB).
Sie waren schon seit Ende des 19. Jahrhunderts verbreitet.[50] Die rechtswissenschaftliche und rechtspolitische Kritik an der Verdrängung von Vertragsfreiheit und Vertragsgerechtigkeit durch missbräuchliche AGB fand vor dem Zweiten Weltkrieg ihren Höhepunkt in der von Ludwig Raiser 1935[51] veröffentlichten Monografie über »Das Recht der Allgemeinen Geschäftsbedingungen«, deren Auswirkungen auf die rechtspolitische Diskussion bis heute spürbar geblieben sind. Nach 1945[52] blieb es noch lange Sache der Zivilgerichte, durch »AGB-Kontrolle«, wie das fortan genannt wurde, für Abhilfe zu sorgen. Vor allem der BGH entwickelte eine zunehmend dichtere Rechtsprechung auch zu einzelnen Klauseln.[53] Er stützte seine Inhaltskontrolle von AGB nicht mehr allein auf § 138 BGB, sondern zusätzlich und überwiegend auf den Grundsatz von Treu und Glauben (§ 242 BGB). Dabei verlangte er von demjenigen, der AGB aufstellt, dass er wegen der *»einseitigen Inanspruchnahme der Vertragsfreiheit«* schon bei der Aufstellung die Belange der künftigen Vertragspartner ausreichend berücksichtigen müsse.
Aber auch die Arbeitsgerichtsbarkeit zog nach. Wiederum setzte der dritte Senat des BAG (mit dem Duo »Stumpf/Hilger«) im Jahr 1970 den Ton. Er hatte einen Fall zu entscheiden, in dem es darum ging, ob der Arbeitgeber in Exekution einer von ihm allein aufgestellten Regelung für Sondervergütungen im Einzelfall eine Leistungszusage verweigern konnte. Das nahm der Senat zum Anlass für grundsätzliche Erwägungen zum Umgang mit derartigen »vertraglichen »Einheitsregelungen«, wie er sie nannte. Das Resultat war eine geradezu kanonische Argumentation zur Ableitung von gestörter Vertragsparität im Falle vorformulierter Vertragsinhalte (20 Jahre vor dem »Handelsvertreter«-Fall des BVerfG, Kap. 17).[54]

50 Vgl. *Hellwege*, Allgemeine Geschäftsbedingungen, einseitig gestellte Vertragsbedingungen und die allgemeine Rechtsgeschäftslehre, 2010, S. 21 ff.

51 Auf diese Schrift nahm auch die Begründung des Regierungsentwurfs zum AGB-Gesetz von 1975 Bezug (BT-Drucks. 7/3919, S. 10).

52 Das RG ist auf diesem Feld noch NS-unspezifisch tätig geworden. Es betrachtete AGB mehr als eine Art *»fertig bereitliegende Rechtsordnung«*, der sich die Parteien unterwerfen, denn als Bestimmungen, die erst kraft vertraglicher Vereinbarung für den einzelnen Vertrag gelten (RG, Deutsches Recht 1941, S. 1212). Den materiellen Inhalt von AGB überprüfte das Reichsgericht lediglich bei Vorliegen einer – allerdings großzügig angenommenen – Monopolstellung des Anbieters auf Verstöße gegen die guten Sitten (§ 138 BGB; vgl. BT-Drucks. 7/3919, a. a. O.).

53 Beginnend mit BGH 29. 10. 1956, BGHZ 22, 90.

54 BAG 21. 12. 1970, BAGE 23, 160.

»Das geltende Schuldrecht beruht auf dem Gedanken, die Vertragsgerechtigkeit sei in aller Regel dadurch gewährleistet, daß gleichstarke Vertragspartner jeweils in Wahrnehmung der eigenen Interessen im Wege des Aushandelns einen, billigen Ausgleich schaffen. Daher rechtfertigt sich die Vertragsfreiheit. Sieht man von den gesetzlichen Mindestbedingungen zugunsten schwächerer Vertragspartner ab, wird die Entscheidung über den Vertragsinhalt den Beteiligten überlassen, die Vertragsgestaltung bedarf im allgemeinen nicht der gerichtlichen Überprüfung. Anders ist es dann, wenn kein Gleichgewicht der Vertragspartner einen angemessenen Vertragsinhalt gewährleistet, weil entweder die Vertragsparität gestört ist oder eine Vertragspartei aus anderen Gründen allein den Inhalt des Vertragsverhältnisses gestalten kann. Dies ist der Fall bei der sog. vertraglichen Einheitsregelung oder Gesamtzusage, die praktisch nicht zwischen dem Arbeitgeber und den einzelnen Arbeitnehmern vereinbart, sondern vom Arbeitgeber allein erlassen wird, ferner bei der Bestimmung der vertraglichen Leistung durch den Arbeitgeber (§ 315 BGB) und bei solchen Tatbeständen, in denen der Arbeitgeber freiwillige Leistungen unter Ausschluß des Rechtsanspruchs verteilt. In allen drei Fällen werden Leistungen, die der Arbeitnehmer erhält, und damit der Inhalt des Arbeitsverhältnisses, nicht in Vertragsfreiheit unter den Beteiligten abgesprochen. Da deshalb die Vertragsparitat einen Interessenausgleich nicht gewährleisten kann, darf der Arbeitgeber nicht nur seine Interessen verfolgen, vielmehr muß er seinerseits auch den Interessen des Arbeitnehmers angemessen Rechnung tragen. Seine Leistungsbestimmung muß billig und gerecht sein, ob sie dies ist, müssen die Gerichte im Streitfall nachprüfen.«

Damit war im Grunde alles gesagt und die Richtung vorgezeichnet, in die sich die rechtliche Behandlung vorformulierter Vertragsinhalte entwickeln würde. Allerdings trennten sich etwa ab diesem Zeitpunkt auch die Wege: Im allgemeinen Zivilrecht gewann mit dem Aufkommen des Verbraucherschutzgedankens der Gedanke an eine gesetzliche Kontrolle von Allgemeinen Geschäftsbedingungen, des »Kleingedruckten«, rasch an Popularität. Vorrangig mit diesem Anliegen kam es zum »Gesetz zur Regelung der Allgemeinen Geschäftsbedingungen« (AGB-Gesetz) vom 9. Dezember 1976.[55] Das Arbeitsrecht blieb davon aber ausdrücklich ausgenommen (§ 23 Abs. 1 AGB-Gesetz). Die Begründung dafür wirkte naheliegend: »*Auf dem Gebiet des Arbeitsrechts wird ein Schutz des schwächeren Vertragspartners vor unangemessenen Vertragsbedingungen schon heute durch ein dichtes Netz von zwingenden Vorschriften und durch das besondere System der kollektivrechtlichen Vereinbarungen verwirklicht. Soweit auch auf diesem Gebiet*

55 BGBl. I 3317.

noch eine Verbesserung des Schutzes vor unangemessenen Bedingungen erforderlich erscheint, sollten besondere gesetzgeberische Maßnahmen auf dem Gebiet des Arbeitsrechts vorgenommen werden.[56]

Wie wir indes gesehen haben, stimmte das in Bezug auf Tarifverträge für alle anderen Inhalte als Entgelt und Arbeitszeit zu keinem Zeitpunkt (Kap. 22). Zu Arbeitsordnungen gab es praktisch keine gesicherten Erkenntnisse. Erst die empirischen Vorarbeiten von Ulrich Preis eröffneten einige Jahre später den Blick auf eine sehr disparate Realität: Jedenfalls in größeren Unternehmen war es gang und gäbe, dass mit dem Betriebsrat vereinbarte Arbeitsordnungen (Kap. 23) z.T. überlappend die gleichen Gegenstände regelten wie Formulararbeitsverträge und dass sich niemand so recht Gedanken über Abgrenzungen z.B. unter dem Gesichtspunkt des Günstigkeitsprinzips machte.[57] Außerdem setzte sich niemand damit auseinander, dass der formal höhere Schutz für Arbeitnehmer durch Einschaltung des Betriebsrats praktisch viel weniger wert sein könnte, als ein effektives Vertragsrecht.[58] Ulrich Preis konstatierte jedenfalls, dass damit »*die Regelungslücke im Arbeitsvertragsrecht noch vergrößert worden sei*«.[59]

Allerdings ging nicht sehr lange nach Verabschiedung des Gesetzes die Arbeitsgerichtsbarkeit daran, diese »Regelungslücke« selbst, wenn nicht zu schließen, so doch zu verringern. Bahnbrechend ist eine Entscheidung des fünften Senats des BAG, der sich entschloss, passend erscheinende Ergebnisse der BGH-Rechtsprechung zu AGB in »entsprechender Anwendung« zu übernehmen: Es sei »*nicht ausgeschlossen, daß allgemeine Rechtsgedanken, die im AGB-Gesetz ihren Niederschlag gefunden haben, auch für Arbeitsverhältnisse gelten. Dazu gehört insbesondere die bereits vor dem Inkrafttreten des AGBG allgemein anerkannte Unklarheitenregel. Diese gilt auch für Formulararbeitsverträge.*«[60]

In dieser Phase ereignete sich etwas, auf das ich bereits als singulären Vorgang in unserem Gesamtkomplex hingewiesen habe: dass Impulse aus der Wissenschaft einen zentralen Beitrag zu legislativen Aktivitäten liefern. In diesem Fall war es Ulrich Preis, der 1993 eine Habilitationsschrift unter dem Titel »Grundfragen der Vertragsgestaltung im Arbeitsrecht« vorlegte, die im Grunde die ganze Vorarbeit für ein neues AGB-Recht auch für das Arbeitsrecht enthielt, bis hinein in die Details der späteren Klausel-Kodifikation.[61] Er erhielt die Gelegenheit, seine

---

56 BT-Drucks. 7/3919, S. 41.

57 Vgl. *Preis*, Grundfragen der Vertragsgestaltung im Arbeitsrecht, 1993, S. 119ff.

58 Vgl. *Preis*, a.a.O., S. 126.

59 A.a.O., S. 240; ebenso *Richardi*, in Münchener Handbuch zum Arbeitsrecht, Bd. 1, 1. Aufl. 1998, § 14 Rn. 66.

60 BAG 16.10.1991, NZA 1992, 793; 23.5.1984, BAGE 46, 50.

61 Als »Testballon« zur in Arbeit befindlichen Habilitationsschrift vgl. bereits *Preis*, Auslegung und Inhaltskontrolle von Ausschlussfristen in Arbeitsverträgen, ZIP – Zeitschrift für Wirtschaftsrecht 1989, 885.

Vorstellungen in zwei darauf folgende Entwürfe eines Arbeitsvertragsgesetzes einzubringen: den des »Arbeitskreises deutsche Rechtseinheit« für den 59. Deutschen Juristentag 1992 und des Landes Brandenburg 1996 (Kap. 38).[62]

Nachdem alle diese Anläufe zu einem Arbeitsvertragsgesetz ergebnislos geblieben waren, kam als allgemein zivilrechtliche Initiative das Vorhaben auf den Tisch, das AGB-Gesetz in das BGB zu integrieren. Dabei sah der Regierungsentwurf für das spätere »Schuldrechtmodernisierungsgesetz« weiterhin eine Bereichsausnahme für das Arbeitsrecht vor.[63] Jedoch regte der Bundesrat an, diese im Hinblick auf die seitherige BAG-Rechtsprechung aufzugeben,[64] worauf die Bundesregierung in ihrer Gegenäußerung zum Bundesrat erkennen ließ, dass sie in dieser Hinsicht ihre Meinung ändern könnte.[65] Das wiederum erfolgte nahezu unbemerkt in den Ausschussberatungen[66] und statt der bisherigen Bereichsausnahme erhielt das Arbeitsrecht im endgültigen Gesetz vom 26. November 2001[67] folgende Sonderregelung:

§ 310 Abs. 4 BGB

Dieser Abschnitt findet keine Anwendung bei Verträgen auf dem Gebiet des Erb-, Familien- und Gesellschaftsrechts sowie auf Tarifverträge, Betriebs- und Dienstvereinbarungen. Bei der Anwendung auf Arbeitsverträge sind die im Arbeitsrecht geltenden Besonderheiten angemessen zu berücksichtigen; § 305 Abs. 2 und 3 ist nicht anzuwenden. Tarifverträge, Betriebs- und Dienstvereinbarungen stehen Rechtsvorschriften im Sinne von § 307 Abs. 3 gleich.

---

62 Auch der »konkurrierende« Gesetzentwurf des Landes Sachsen enthielt AGB-Formulierungen, die auf den Vorarbeiten von Preis beruhten (vgl. *Preis*, Nachlese der gescheiterten Kodifikationen des Arbeitsvertragsrechts, FS Henssler 2023, S. 483ff.).

63 BT-Drucks. 14/6040.

64 BT-Drucks. 14/6857, Nr. 50, S. 17.

65 A. a. O., S. 53f.

66 Für das Eingehen des Justizministeriums auf die Anregung des Bundesrats war jedenfalls mitursächlich ein Brief von Ulrich Preis aus Juni 2001 an die Justizministerin Herta Däubler-Gmelin, in dem er vor dem Hintergrund seiner eigenen Arbeit dafür warb (dieser Brief müsste sich in den Akten des Ministeriums befinden). Für den weiteren Gang war wiederum die Tatsache nicht unerheblich, dass der Ehemann der Ministerin Wolfgang Däubler war, der sie in dieser Angelegenheit beriet. Jedenfalls wirkte Herta Däubler-Gmelin danach mit dem für diesen arbeitsrechtlichen Aspekt des Gesetzes zuständigen Arbeitsministerium zusammen auf die endgültige Fassung hin. Diese Abläufe in der Zeit der Ausschussberatungen liefen praktisch »unter dem Radar«, sodass es zu keinen eigentlich zu erwartenden Stellungnahmen etwa der BDA oder des BDI kam.

67 BGBl. I. 3138. Das Arbeitsrecht wurde nicht in die Möglichkeit einer Verbandsklage durch das gleichzeitig geschaffene Unterlassungsklagengesetz einbezogen (§ 15 UKlaG).

In den Verhandlungen »hinter den Kulissen« waren die »im Arbeitsrecht geltenden Besonderheiten« von den Arbeitgebern nahestehenden Beteiligten in der Erwartung im Gesetzestext untergebracht worden, das werde sich bremsend auf die Intensität der AGB-Kontrolle auswirken.[68] In der Tat führte das in Einzelfällen zu »Abschlägen« gegenüber den für nicht-arbeitsrechtliche Fälle geltenden Maßstäben, z. B. in Bezug auf die Zulassung von Vertragsstrafen abweichend von § 309 Nr. 6 BGB[69] oder kurze Ausschlussfristen.[70] Andererseits hat es recht bald ein vom fünften Senat des BAG veranlasstes »upgrade« der AGB-Kontrolle für Arbeitnehmer gegeben: Sie wurden als »Verbraucher« i. S. des § 310 Abs. 3 BGB mit der darin geregelten Schutz-Intensivierung behandelt.[71] Alles in allem hat die Verankerung des AGB-Rechts im BGB zu einem deutlichen Aufschwung der Inhaltskontrolle geführt; keine auf den ersten Blick »harmlose« Klausel erscheint vor justiziellem Zugriff sicher.[72]

Ein Beispiel, das Zeitreisende aus dem Jahr 1929 oder 1956, oder auch nicht eingehend fortgebildete Juristen von heute, verwirren dürfte, lieferte der 10. Senat in einer Entscheidung vom 14. September 2011.[73] Er hatte über folgende Klausel zur Sicherung eines Freiwilligkeitsvorbehalts zu befinden:

»Sonstige, in diesem Vertrag nicht vereinbarte Leistungen des Arbeitgebers an den Arbeitnehmer sind freiwillig und jederzeit widerruflich. Auch wenn der Arbeitgeber sie mehrmals und regelmäßig erbringen sollte, erwirbt der Arbeitnehmer dadurch keinen Rechtsanspruch für die Zukunft.«

Diese Klausel ist wegen eines Verstoßes gegen das Transparenzgebot des § 307 Abs. 1 Satz 2 BGB für *unwirksam* befunden worden: »*Bei der Kombination von Freiwilligkeits- und Widerrufsvorbehalt wird vielmehr schon nach dem Vertragstext auch für den um Verständnis bemühten Vertragspartner nicht deutlich, ob nun jegliche zukünftige Bindung ausgeschlossen oder lediglich eine Möglichkeit er-*

68 Vgl. *Thüsing*, Was sind die Besonderheiten des Arbeitsrechts?, NZA 2002, 591; *Stoffels*, Grundfragen der Inhaltskontrolle von Arbeitsverträgen, ZfA 2009, 861; ErfK-*Preis*, §§ 305–310 BGB, Rn. 11; *Callsen*-Arbeitsrecht, 11. Aufl. 2024, § 13 Rn. 178.

69 Vgl. BAG 4.3.2004, BAGE 110, 8.

70 Vgl. BAG 19.3.2014, NZA 2017, 1076. Die Frage, ob »Besonderheiten« im Arbeitsrecht sich auch auf arbeitsrechtliche Praktiken bezieht oder nur normierte Besonderheiten zählen, ist nach wie vor offen (vgl. BAG 25.5.2005, NZA 2005, 1111; 1.3.2006, NZA 2006, 746; vgl. ErfK-*Preis*, §§ 305–310 BGB, Rn. 11).

71 Vgl. BAG 25.5.2005, BAGE 115, 19.

72 Vgl. Kittner-*Deinert*, ASO, 50. Aufl. 2025, BGB, Einl. II 8; *Preis*, Hrsg., Der Arbeitsvertrag. Handbuch der Vertragspraxis und -gestaltung, 6. Aufl. 2020; *Bieder*, in Ulmer/Brandner/Hensen, Hrsg., AGB-Recht, 13. Aufl. 2023, Anhang zu § 310 BGB; *Däubler/Deinert/Walser*, AGB-Kontrolle im Arbeitsrecht, 5. Aufl. 2021.

73 BAGE 139, 281.

öffnet werden soll, sich später wieder von einer vertraglichen Bindung loszusagen. Erfolgen dann noch mehrfache Zahlungen einer bestimmten Leistung ohne weitere Vorbehalte, so ist erst recht nicht mehr erkennbar, ob ein Rechtsbindungswille für die Zukunft ausgeschlossen bleiben soll«. Das hat den prominenten Arbeitgeber-Rechtsanwalt Jobst-Hubertus Bauer zu einer Polemik veranlasst, die die Gesamtproblematik auf den Punkt brachte: »*Nicht mehr und nicht weniger ist der Freiwilligkeitsvorbehalt: Ein Mittel zur Selbstverteidigung des Arbeitgebers zum Schutze seiner Privatautonomie.*«[74]
Eine weitere Dekade später zog Abbo Junker für die Arbeitgeber eine denkbar negative Bilanz: »*Bald ein Vierteljahrhundert organisierte und strukturierte Klauselkontrolle von Arbeitsbedingungen: Das ist auf jeden Fall ein El Dorado für den spitzfindigen Buchstabenjuristen und eine Bonanza für die rechtsberatenden Berufe, nicht nur auf dem Gebiet der Vertragsgestaltung. Unternehmer, vom sprichwörtlichen Bäckermeister Lehmann bis zum Mittelständler, die vor der Frage stehen, ob der von ihnen verwendete Arbeitsvertrag in diesem oder jenem Punkt ›hält‹, werden durch den Wechsel von § 242 BGB zu §§ 305ff. BGB eher verunsichert als beruhigt. Aber das dürfte dem sozialen Gegenspieler ganz recht sein und war, in der Bilanz von über 20 Jahren, wohl auch der tiefere Sinn der Akzentverschiebung.*«[75]

Ulrich Preis konnte diese Entwicklung offenbar bereits zwei Jahre früher zutreffend einschätzen. Er hatte im Jahr 2009 einen Aufsatz mit dem Titel geschrieben: »*Der langsame Tod der Freiwilligkeitsvorbehalte und die Grenzen betrieblicher Übung*«.[76] Wie immer er das heute selbst sehen würde, bei nüchterner Betrachtung ist unverkennbar, dass gegenüber den vielfältigen Möglichkeiten von Arbeitgeber-Alleinherrschaft inzwischen ein breites Arsenal an Korrektiven existiert. Zwar ist nicht zu verkennen, dass die Arbeitgeber dabei den Betriebsrat als »Partner« für Abbaumaßnahmen den sperrigen Anforderungen von Änderungskündigen vorziehen, aber in der Kombination mit gerichtlicher AGB-Kontrolle ist doch insgesamt ein sehr ansehnliches Netz an Vorkehrungen gegen Willkür-Entscheidungen gespannt. Auf dem Papier scheint demnach das Bild vom »gefesselten Gulliver« seine Berechtigung zu haben. Freilich stellt sich in diesem Bereich vor allem wegen des Fehlens einer Verbandsklagemöglichkeit die Frage einer effektiven Rechtsdurchsetzung (Kap. 28).

74 *Bauer/von Medern*, NZA 2012, 894.
75 *Junker*, Demnächst 25 Jahre Klauselkontrolle von Arbeitsbedingungen, ZfA 2024, 449.
76 NZA 2009, 281.

25. Die Rolle der Gerichte

Gehören Gerichte in die Reihe der Rechtsquellen des Gesamtgebildes »Normative Ordnung der abhängigen Arbeit«? Formal ist diese Frage natürlich berechtigt, denn die Gerichte sind zur Entscheidung konkreter Streitfälle eingerichtet worden. In dieser Hinsicht ist die Geschichte der Arbeitsgerichtsbarkeit ein eigenes und besonderes Kapitel der Arbeitsrechtsgeschichte (Kap. 31). Inhaltlich ist diese Frage allein rhetorischer Natur. Jedenfalls seit Bestehen der Bundesrepublik ist es Gemeingut, dass Richter nicht mehr nur »la bouche de la lois« im Geiste Montesquieus sind. Vielmehr wird ihnen über die Auslegung der Gesetze hinaus deren Fortbildung zugebilligt, ja sogar deren Ersetzung, wo es daran mangelt.[1] Franz Gamillscheg schrieb seine berühmten Worte: *»Der Richter ist der wahre Herr des Arbeitsrechts«*[2] und *»Das Richterrecht bleibt unser Schicksal«*[3] im Jahr 1964 – also etwa in der Mitte des Zeitraums seit dem Beginn einer dogmatischen Selbstvergewisserung über unser modernes Arbeitsrecht bis heute. Grund genug für eine erneute Bilanz.

Zunächst einmal lohnt es sich (wie immer), den Kontext des Gamillscheg'schen Befundes wieder aufzurufen: Es war eine erste Bestandsaufnahme zum Wirken der Grundrechte im Arbeitsrecht, einer völlig neuen Problemstellung mit einer Verfassung, die anders als die WRV erstmals eine tatsächliche Verbindlichkeit besaß (Kap. 17) – eine riesige Stoffmenge für das ebenfalls neu geschaffene BVerfG und das BAG, das in Anknüpfung an das RAG nunmehr als echtes oberstes Bundesgericht eingerichtet worden war (Kap. 28). Dabei musste nichts weniger geklärt werden als die Durchdringung der gesamten einfachgesetzlichen Rechtsmaterie mit den verfassungsrechtlichen Anforderungen. Das konnten nur die Gerichte leisten, voran das BVerfG, aber – praktisch in jedem einzelnen Fall – auch das BAG. Und dass dazu nur 15 Jahre nach Schaffung der neuen Verfassung und 10 Jahre nach Errichtung des BAG noch längst nicht alles ausgelotet war, liegt auf der Hand. Und in der Tat sollten die darauf folgenden Jahrzehnte zeigen, dass das BVerfG nahezu alle wesentlichen Sachbereiche des Arbeitsrechts mit wenigstens einer Grundsatzentscheidung ausgeleuchtet und dabei vielfach handfeste Leitplanken eingezogen hat (Kap. 17). Die daraus resultierenden Abstimmungsprozesse zwischen verfassungsrechtlichen Vorgaben und Rechtsvoll-

---

1 Vgl. den Vortrag des BGH-Präsidenten Günter Hirsch, »Die Rechtsprechung – ein Spiegel der Gesellschaft«, 2001 (*http://www.bundesgerichtshof.de/DE/DasGericht/Praesidenten/Hirsch/HirschReden/rede15092001.html?nn=544442*) sowie BAG-Präsident Otto Rudolf Kissel, »Zur Funktion der Rechtsprechung (in Schlachter/Ascheid/Friedrich, Hrsg., FS Kissel, S. 373ff.).

2 *Gamillscheg*, Die Grundrechte im Arbeitsrecht, Archiv für civilistische Praxis, 1964, S. 35, 388.

3 A. a. O., S. 445.

zug durch die Fachgerichtsbarkeit sind im Übrigen immer noch im Gange und voller Baustellen für die Zukunft.[4]

Danach kam die 1964 noch nicht absehbare europäische Dimension (Kap. 21; auch die zunehmende Bedeutung des Arbeitsvölkerrechts war noch undeutlich, Kap. 20). Mit dem EuGH trat hierzu ein richterlicher Akteur mit eigenständigem Wirkungsanspruch auf die Bühne (dazu kommen der EGRM sowie die Auslegungsgremien der ILO, freilich mit eingeschränkter Wirksamkeit, Kap. 20). Weite Bereiche des Arbeitsrechts sind heute nicht mehr ohne die Vorgaben des EuGH zu verstehen bzw. anwendbar. Das unmittelbar praktische Beispiel liefert dieses Buch: Um die Geschichte des Arbeitsrechts in dem hier möglichen Umfang darstellen zu können, mussten unzählige Entscheidungen des BVerfG, des EuGH und des BAG vorgestellt werden: sie alle »sind« das »geltende« Arbeitsrecht.[5]

Man muss sich also darüber im Klaren sein, dass diese »höheren« Ebenen – Verfassung und supra- bzw. internationale Institutionen – praktisch immer nur durch den Mund der entsprechenden Spruchgremien wirken – eine Art »Richterrecht höherer Ordnung«. Diese Dimension ist aber nicht gemeint, wenn die »Macht der Richter« bzw. das »Richterrecht« als solche thematisiert werden. Es geht vielmehr um den Handlungsspielraum der Fachgerichtsbarkeit, im letzten also des BAG, gegenüber Vorgaben des Gesetzgebers bzw. beim Fehlen solcher, d.h. wenn es schlichtweg kein Gesetz gibt, als dessen »Mund« der Richter sich betätigen könnte.

Die damit zusammenhängenden Probleme gibt es praktisch erst als Teil der Geschichte der Bundesrepublik. Im Kaiserreich spielte das zivilrechtliche[6] Arbeitsrecht so gut wie keine Rolle, jedenfalls nicht beim RG, wo es keinen Ansatz dafür gab, dass sich auch nur so etwas wie eine »ständige Rechtsprechung« zu einem Problemkomplex hätte herausbilden können. Das gleiche gilt für die Weimarer Republik im Hinblick auf deren kurze Dauer. Und in den beiden Diktaturen schied dies aus systemimmanenten Gründen ohnehin aus (Kap. 12, 15).

---

4 Vgl. *Baer*, Grundgesetz und Arbeitsrecht: Eckpunkte für schwierige Verhältnisse, RdA 2022, 266.

5 Die Zitierpraxis ist hier dergestalt, dass nur Entscheidungen aufgerufen werden, die zur Sachverhaltsbeschreibung unerlässlich sind.

6 Von – allerdings zentraler – Bedeutung für das Arbeitsrecht waren die Rechtsprechung des RG zum Thema »Streikaufruf als Erpressung« und sein Versuch, Tarifforderungen als Straftat i.S. des § 153 GewO einzuordnen (vgl. *Kittner*, 50 Urteile, S. 29ff.). Die Erpressungsrechtsprechung lief praktisch ins Leere, weil die Gewerkschaften ihr mit zunehmender Professionalisierung auszuweichen lernten. Den anderen Versuch musste das RG nach heftiger Kritik sogar von Seiten der Regierung und weiter bürgerlicher Kreise abbrechen.

Die Bundesrepublik Deutschland erhielt mit der Wiedererrichtung der Arbeitsgerichtsbarkeit und dem BAG ein – anders als in Weimar[7] – »richtiges« eigenes Bundesobergericht. Bei ihm wurde – wie bei allen anderen Bundesobergerichten – ein »Großer Senat« eingerichtet, der u.a. zur »Fortbildung des Rechts« zuständig ist (§ 45 Abs. 2 Satz 2 ArbGG 1953; Kap. 31). Seither gibt es eine intensive Diskussion über Umfang und Grenzen der richterlichen Rechtsfortbildung und – im äußersten Falle – den Richter als »Ersatzgesetzgeber«.[8]

Dabei bestand nie ein Zweifel daran, dass ein Gericht auch da entscheiden muss, wo es gar kein geschriebenes Recht gibt. Das war seit Beginn der Bundesrepublik – und bis heute – der Fall in Bezug auf das Arbeitskampf- und das Koalitionsrecht. Das BVerfG bezeichnete schon in einer seiner frühesten Entscheidungen (zur Gleichberechtigung von Frau und Mann gem. Art. 3 Abs. 2 GG) die *»schöpferische Füllung«* von Gesetzeslücken als *»eine herkömmliche und stets bewältigte richterliche Aufgabe«*.[9] So seien ganze Rechtsinstitute von der Rechtsprechung entwickelt worden (z.B. Wegfall der Geschäftsgrundlage, Verschulden bei Vertragsschluss). Im Soraya-Beschluss,[10] mit dem die Grundlagen für die Anerkennung des allgemeinen Persönlichkeitsrechts erfolgte (Kap. 17), befasste sich das BVerfG ausführlich mit der Notwendigkeit und Legitimation von Richterrecht: *»Richterliche Tätigkeit besteht nicht nur im Erkennen und Aussprechen von Entscheidungen des Gesetzgebers. Die Aufgabe der Rechtsprechung kann es insbesondere erfordern, Wertvorstellungen, die der verfassungsmäßigen Rechtsordnung immanent, aber in den Texten der geschriebenen Gesetze nicht oder nur unvollkommen zum Ausdruck gelangt sind, in einem Akt des bewertenden Erkennens, dem auch willenhafte Elemente nicht fehlen, ans Licht zu bringen und in Entscheidungen zu realisieren.«*

Im Arbeitskampfrecht wurde unmittelbar nach Gründung des BAG klar, dass hierzu die bloße Auslegung der Deliktsvorschriften des BGB (§§ 823, 826) nicht ausreichen würde (wie in Weimar, wo diese Vorschriften wegen der alles überwölbenden Zwangsschlichtung nur eine marginale Rolle gespielt hatten; Kap. 26). So hatte der Große Senat des BAG nach ersten Judikaten, die mit dem von Nipperdey neu definierten »eingerichteten und ausgeübten Gewerbebetrieb« als Schutzobjekt des § 823 BGB operierten,[11] schon 1955, mit seinem ersten Beschluss zum Arbeitskampfrecht, losgelöst davon eine Art »Dekalog«

7 Das »Reichsarbeitsgericht« bestand aus Fachsenaten für Arbeitsrecht beim RG (vgl. §§ 40, 41 ArbGG 1926; Kap. 31).

8 Vgl. *Fischer*, Die Weiterbildung des Rechts durch die Rechtsprechung, Schriftenreihe der Juristischen Studiengesellschaft Karlsruhe, Heft 100, 1971.

9 BVerfG 18.12.1953, BVerfGE 2, 225, 243.

10 BVerfG 14.2.1973, BVerfGE 34, 269.

11 Vgl. die LAG-Entscheidungen zum »Zeitungsstreik« (Kap. 26; *Kittner*, 50 Urteile, S. 289ff.).

des Arbeitskampfrechts dekretiert. 1972 trieb er das – unter Vorsitz des nachfolgenden Präsidenten, Gerhard Müller – mit unverkennbarem Ehrgeiz weiter. Im Koalitionsrecht wiederum musste man von Anfang an mit dem Fehlen einer gesetzlichen Definition des Gewerkschaftsbegriffs zurechtkommen.[12] Dazu kam – wie schon im Zivilrecht seit Schaffung des BGB – die schier uferlose Flut an Einzelfragen, die im gesetzlichen Arbeitsvertragsrecht nicht geregelt waren (z.B. die schon behandelten Rückzahlungsklauseln, freiwillige Gratifikationen, Mankohaftung usw.).

Das waren – und sind – die hauptsächlichen Beispiele, die immer wieder Gegenstand von Diskussionen über Möglichkeiten und Grenzen von Richterrecht waren. Dabei flossen insbesondere im Arbeitskampfrecht viele »Krokodilstränen«, denn unverkennbar ging es keinem der Debattierenden um verfassungspolitische Grundsätze, sondern – ganz trivial – lediglich um die Bekämpfung unliebsamer Ergebnisse der jeweils konkreten Sachentscheidungen.[13] Abgesehen davon, drehte sich die Auseinandersetzung mit dem Phänomen »Richterrecht« im Kern immer um seine verfassungsrechtlichen Grenzen und Möglichkeiten zu seiner Änderung.

Diese Grenzen formulierte das BVerfG denkbar lakonisch im ersten Fall, in dem es sie für überschritten erachtete: »*Unter dem Grundgesetz sind richterlicher Rechtsfortbildung indessen durch den Grundsatz der Rechts- und Gesetzesbindung des Art. 20 Abs. 3 GG Grenzen gezogen. Im vorliegenden Fall sind diese Grenzen eindeutig überschritten.*[14] In einem späteren Fall wurde das BVerfG deutlicher:[15]

»*Eine Interpretation, die als richterliche Rechtsfortbildung den Wortlaut des Gesetzes hintanstellt und sich über den klar erkennbaren Willen des Gesetzgebers hinwegsetzt, greift unzulässig in die Kompetenzen des demokratisch legitimierten Gesetzgebers ein.*«

---

12 Hier gab es sehr früh eine Kontroverse zwischen BAG und BVerfG um die Frage der »Arbeitskampfwilligkeit« der Arbeitnehmervereinigung als Voraussetzung für deren Gewerkschaftseigenschaft. Inzwischen liegen BVerfG und BAG auf einer – zunehmend strenger werdenden – Linie (vgl. *Kittner*, 50 Urteile, S. 260ff.).

13 In Bezug auf das Arbeitskampfrecht wurde schon sehr früh eine Art Verfassungsgrundsatz bemüht, wonach der Gesetzgeber eine derart wichtige Materie selbst regeln müsse (z.B. schon in der – abgewiesenen – Verfassungsbeschwerde gegen den Beschluss des Großen Senats des BAG zum Verbot einer lösenden Aussperrung von Betriebsratsmitgliedern, vgl. BVerfG 19.2.1975, BVerfGE 38, 386). In der Entscheidung über die BAG-Rechtsprechung zur Aussperrung verwarf das BVerfG die Anwendung der sog. »Wesentlichkeitstheorie« auf die hier vorzunehmende Entscheidung zwischen zwei Grundrechtsträgern (BVerfG 26.6.1991, BVerfGE 84, 195).

14 BVerfG 19.10.1983, BVerfGE 65, 182.

15 BVerfG 11.7.1912, BVerfGE 132, 99.

Gestützt darauf, hat das BVerfG in der Geschichte der Bundesrepublik nur zweimal eine Entscheidung des BAG aufgehoben: beim ersten Mal betraf es sogar einen Beschluss dessen Großen Senats, der für in seinen Augen unzureichend berücksichtigte Sozialplanforderungen im Konkurs einen »Rang Nr. Null« erfunden hatte;[16] beim zweiten Mal ging es um eine Entscheidung des 7. Senats, der eine Gesetzesauslegung entgegen dem ausdrücklichen parlamentarischen Willen und gegen den Wortlaut des Gesetzes praktiziert hatte.[17] Das sagt alles: Die Praxis des Richterrechts hat »funktioniert«.

Damit bleibt seine zweite Grenze: der Gesetzgeber selbst, an dem es liegt, ob er bestimmte Rechtssprechungsergebnisse bestehen lassen oder korrigieren möchte. Darauf hat das BVerfG selbst hingewiesen, wenn es betont, dass der Gesetzgeber immer die Möglichkeit habe, *»in unerwünschte Rechtsentwicklungen korrigierend einzugreifen und so im Wechselspiel von Rechtsprechung und Rechtsetzung demokratische Verantwortung wahrzunehmen.«*[18] Das ist in der Geschichte der Bundesrepublik ebenfalls sehr selten erfolgt. Dabei ging es um zwei verschiedene Fallkomplexe: Einmal wurde die Rechtsfortbildung des BAG korrigiert, das andere Mal ging es um unliebsame Gesetzesauslegungen.

Aus der ersten Gruppe ging es zunächst um das unter dem Vorsitz des ersten Präsidenten des BAG, Nipperdey, erfolgte Verbot einer »sachgrundlosen Befristung«. Es wurde durch das »Beschäftigungsförderungsgesetz 1985« aufgehoben (Kap. 10).[19] Der andere Fall betraf die »Tarifeinheit«. Sie war im Jahr 1957 von Nipperdey buchstäblich »erfunden« worden[20] und vom 4. Senat unter Vorsitz von Klaus Bepler, mit Jürgen Treber als Berichterstatter, zurückgenommen

---

16 Vgl. BVerfG 19.10.1983, BVerfGE 65, 182.

17 Vgl. BVerfG 6.6.2018, BVerfGE 149, 126 (vgl. *Kittner*, 50 Urteile, S. 349ff.). Der Vorsitzende Richter des dabei »gerüffelten« Senats rechtfertigte sich anschließend literarisch und kritisierte die Entscheidung des BVerfG seinerseits als methodisch verfehlt (vgl. *Linsenmaier*, »Das Richterrecht bleibt unser Schicksal« –zur Rechtsfortbildung durch das BAG, RdA 2019, 157).

18 BVerfG 11.7.2012, BVerfGE 132, 99.

19 Vgl. *Kittner*, 50 Urteile, S. 99f. und 253ff.

20 Vgl. BAG 29.3.1957, BAGE 4, 37. Klaus Bepler berichtet aus den Gerichtsakten, dass Nipperdey hierzu in einem dazu eigentlich nicht passenden Fall das Votum des Berichterstatters »umgeschrieben« habe (vgl. *Däubler/Bepler*, Das neue Tarifeinheitsgesetz, 2016, Rn. 7). Außerdem teilt er mit, dass der damalige Assistent von Nipperdey, der spätere Vizepräsident des BAG, Dirk Neumann, davon berichtet habe, dass das auf einen Besuch von Vorstandsmitgliedern des DGB bei Nipperdey zurückzuführen gewesen sei; diese hätten das Aufkommen kleiner, linksradikaler Arbeitnehmerorganisationen befürchtet. Eine Ironie der Geschichte wollte es, dass das seit der Jahrtausendwende ein Thema der nun auftretenden kleinen Spezialistengewerkschaften in der Luftfahrt und bei der Bahn werden sollte (Kap. 22, 26).

worden.[21] Diese Entscheidung wurde mit dem »Tarifeinheitsgesetz« vom 3. Juli 2015[22] korrigiert.

Zur zweiten Konstellation gab es nur drei Fälle: zwei unspektakuläre zur Auslegung des § 16 Abs. 2 Nr. 2 BetrAVG[23] und zur Arbeitnehmerüberlassung von Rot-Kreuz-Schwestern[24] und eine der aufregendsten Auseinandersetzungen in der ganzen deutschen Arbeitsrechtsgeschichte, die Korrektur des BSG hinsichtlich seiner Entscheidung über die Zahlung von Kurzarbeitergeld im Arbeitskampf 1984 durch Änderung des § 116 AFG (Kap. 26). Dies verdeutlicht aber die im Einzelfall möglicherweise gewaltigen politischen Kosten eines solchen Korrekturaktes, was wiederum die faktische Bedeutung von »Richterrecht« für den Regelfall unterstreicht.

Mit der zunehmenden Verdichtung der europarechtlichen Impulse hat sich indes als regelmäßige Variante einer Korrektur von Richterrecht »von außen« die notwendige Anpassung an die Rechtsprechung des EuGH erwiesen (Kap. 21). Das erfolgte in den Anfängen ebenfalls mit großem Getöse«, z.B. in den Fällen »Christel Schmidt« (Betriebsübergang) und »Mangold« (Altersdiskriminierung). Die prinzipielle Aufregung über solche Interventionen hat sich inzwischen jedenfalls in der Öffentlichkeit gelegt. Der aktuell virulenteste Sachkomplex, eine Umgestaltung des deutschen Urlaubsrechts, verläuft entspannt in den Bahnen einer professionell geführten Sachdiskussion.

Damit ist jedoch zum ersten Teil der Gamillscheg'schen Dicta eine aktuelle Bilanz möglich: Sein erstes, wonach der Richter der »*wahre Herr des Arbeitsrechts*« sei, würde er selbst so wohl nicht mehr formulieren. 1964 gab es bei weitem noch nicht so viel nationale und europäische Gesetzesvorgaben wie heute.[25] Und außerdem hatte der Gesetzgeber noch nicht ernst gemacht mit der ihm auch damals offenstehenden Möglichkeit der jederzeitigen Änderung. Und die Wirkungszusammenhänge aufgrund des Hinzutretens des »Richterrechts höherer Ordnung« durch BVerfG und EuGH hatten sich noch nicht abgezeichnet.

So bleibt es bei der Frage nach der generellen Bedeutung von Richterrecht. Ist es tatsächlich »*unser Schicksal*«? Das wird man beim inzwischen um ein Vielfaches

21 BAG 7.7.2010, BAGE 135, 80 (vgl. *Kittner*, 50 Urteile, S. 253ff.).

22 BGBl. I 1130.

23 Vgl. BAG 13.12.2016, BAGE 157, 230. Korrektur durch § 30c Abs. 1a BetrAVG (Gesetz vom 24.8.2017, BGBl. I 3214).

24 Das BAG hatte nach Vorlage an den EuGH entschieden, dass auf die Gestellung von Rot-Kreuz-Schwestern Übernehmerüberlassungsrecht anzuwenden sei (BAG 21.2.2017, NZA 2017, 662). Korrektur durch § 2 Abs. 4 Gesetz über das Rote Kreuz (Gesetz vom 12.12.2023, BGBl. I Nr. 359).

25 Z. B. hat sich der Umfang der arbeitsrechtlichen Gesetze in der »Arbeits- und Sozialordnung« von der ersten Auflage 1976 bis zur 50. im Jahr 2025 mehr als verdoppelt und es ist die »Internationale Arbeits- und Sozialordnung« von Olaf Deinert und Jürgen Treber mit 81 Richtlinien und Verordnungen der EU bzw. EG hinzugekommen.

gewachsenen Korpus der höchstrichterlichen Entscheidungen nicht gut verneinen können. Denn, bei Lichte betrachtet, wird nur das als »Recht« in strittigen Fällen praktiziert, was letztlich durch das BAG als solches erklärt worden ist. Das ist nicht nur so in den Fällen der berühmten, auch im Arbeitsrecht geltenden Generalklauseln der §§ 242 und 138 BGB, und der so zentralen, wie zugleich inhaltsarmen Gesetze, wie dem KSchG und dem TVG. Was »Erfurt« (früher: »Kassel«) entschieden hat, galt und gilt fortan als Leitlinie der künftigen Rechtsanwendung.

Dabei fällt es im Einzelnen durchaus schwer, die Grenze zwischen »Richterrecht« und »höchstrichterlicher Auslegung« zu ziehen. Das gilt insbesondere für die vielen vom BAG entwickelten Rechtsfiguren, wie das Betriebsrisiko (Kap. 26) oder die Arbeitnehmerhaftung.[26] Das machte bei der Umgestaltung des BGB durch das Schuldrechtsmodernisierungsgesetz insofern Probleme, als der Bundesrat danach fragte, wie dabei mit den richterlichen Grundsätzen speziell zur Arbeitnehmerhaftung bei betrieblicher Tätigkeit umzugehen sei. Die Bundesregierung verwies diese daraufhin in den Rang bloßer Gesetzesauslegung; sie ergäben sich gem. § 276 Abs. 1 Satz 1 BGB »*aus dem Inhalt des Schuldverhältnisses*«.[27] Daraus erwuchs die Notwendigkeit der Einfügung von § 619a BGB, um die Privilegierung der Arbeitnehmer gegenüber allgemeinen Haftungsgrundsätzen zu »retten«. Das BAG wiederum nutzte diese Vorlage, um seine Rechtsprechung als »*Richterrecht, das nicht abbedungen werden kann*« zu bezeichnen; es sei »*einseitig-zwingendes Arbeitnehmerschutzrecht*«.[28]

Damit begab es sich auf vermintes Gelände, denn bis dahin war es Konsens, dass »Richterrecht« kein Gesetzesrecht sei, das keine vergleichbare Rechtsbindung erzeuge.[29] Damit war das eigentliche »Geheimnis« dieser Art von »Recht« adressiert: »Richterrecht« oder »ständige Rechtsprechung« werden vom BVerfG seit jeher als etwas jederzeitiger Änderung Unterworfenes behandelt: »*Höchstrichterliche Urteile sind kein Gesetzesrecht und erzeugen keine damit vergleichbare Rechtsbindung. Von ihnen abzuweichen, verstößt grundsätzlich nicht gegen Art. 20 Abs. 3 GG. Ihr Geltungsanspruch über den Einzelfall hinaus beruht allein auf der Überzeugungskraft ihrer Gründe sowie der Autorität und den Kompetenzen des Gerichts.*«[30]

26 Dazu wurde zu Anfang der BAG-Rechtsprechung zunächst die Rechtsfigur der »gefahrgeneigten Arbeit« entwickelt, die später zu allgemeinen Haftungsgrundsätzen bei »betrieblicher Tätigkeit« ausgebaut wurden (vgl. BAG 25.9.1957, BAGE 5, 1; 27.9.1994, BAGE 78, 56; vgl. *Kittner*, 50 Urteile, S. 92ff.).

27 BT-Drucks. 14/6857, Anl. 3 zu Nr. 21.

28 BAG 5.2.2004, BAGE 109, 29.

29 BVerfG 19.2.1975, BVerfGE 38, 386, 396.

30 BVerfG 26.6.1991, BVerfGE 84, 212.

Diese wiederum müsse sich auch ein oberstes Gericht ständig erwerben und bewahren. An dieser Stelle hat das BVerfG, seit es sich mit dieser Problematik zu befassen hatte, der ständigen Fachdiskussion einen ungemein hohen Rang eingeräumt. Den in derartigen Verfahren üblichen Hilfseinwand, ein Kläger habe wenigstens auf den Fortbestand einer Rechtsprechung vertrauen dürfen, wies das BVerfG schon früh mit dem Hinweis darauf zurück, er habe nicht damit rechnen können, »*daß die bisherige Rechtsprechung des Bundesarbeitsgerichts immer unverändert blieb. Angesichts der zahlreichen und von namhaften Autoren vertretenen Kritik an der Auffassung des Bundesarbeitsgerichts* [...], *war das Vertrauen der Beschwerdeführerin darauf, daß die Aussperrung von Betriebsratsmitgliedern deren Arbeitsverhältnisse löse, verfassungsrechtlich nicht geschützt.*«[31] Selbst bei Beschlüssen des Großen Senats habe eine anhaltende und erhebliche Kritik dazu geführt, dass der unveränderte Fortbestand dieser Rechtsprechung nicht gesichert erscheinen könne.

Das wiederum lässt das zweite Fazit zu: Die Rolle der Gerichte, insbesondere des BAG, ist und bleibt eine zentrale; das »*Schicksal*« ist sie indes nicht. Der große Tanker ist zwar aufs Ganze eher unbeweglich, er ist jedoch durchaus Kursänderungen zugänglich. Selbstkorrekturen waren, wie alle anderen Varianten, eher selten. Insbesondere beim BVerfG wurden sie gesichtswahrend als Bereinigung von »Missverständnissen« deklariert.[32] Beim BAG kommt die Formulierung »hält der Senat daran nicht fest« dagegen schon öfter vor.[33]

Eine inhaltliche Bilanz des »Richterrechts in Deutschland« ist bislang nicht gezogen worden, und ob dies überhaupt anders möglich ist, als in Form einer Gesamtgeschichte des Arbeitsrechts, ist höchst zweifelhaft. Denn es ginge um nicht weniger als die Analyse von Hunderten von Gerichtsentscheidungen.[34] So nimmt es nicht wunder, dass es bislang nur ausschnittsweise und epochenbezogene Teildarstellungen gibt:

(1) Für das Kaiserreich hat Rainer Schröder eine Untersuchung über einen Vergleich der Rechtsprechung des RG zum Kartellrecht einerseits und dem kollektiven Arbeitsrecht andererseits unternommen.[35] Dabei hat er in Bezug auf das Arbeitsrecht einen frappierenden, aber systemimmanenten Widerspruch zwischen der Liberalität der Zivilrechtssenate und dem geradezu obsessiven Ver-

31 BVerfG 19.2.1975, BVerfGE 38, 386.

32 Wie im Fall der Aufgabe der »Kernbereichs«-Lehre (Kap. 17).

33 Das passeiert häufiger, wenn die Zuständigkeit zwischen den Senaten wechselt.

34 Mit dem Buch »50 Urteile« habe ich den Versuch gemacht, eine Impression der Grundzüge der deutschen Arbeitsverfassung anhand einer Auswahl dieser Entscheidungen zu vermitteln.

35 Vgl. *Schröder*, Die Entwicklung des Kartellrechts und des kollektiven Arbeitsrechts durch die Rechtsprechung des Reichsgerichts vor 1914, 1988.

folgungswahn der Strafsenate herausgearbeitet. Für die Gesamtentwicklung des Arbeitsrechts war dies allerdings ein randständiges Thema.
(2) Die Lebensdauer der Weimarer Republik wiederum war zu kurz, als das sich so etwas wie »Richterrecht« hätte herausbilden können. Geblieben ist die allerdings erst in der 1968er Zeit in der Bundesrepublik populär gewordene Schrift von Otto Kahn-Freund über das »soziale Ideal des Reichsarbeitsgerichts«.[36] Darin analysierte er hellsichtig die vom RAG vor allem im kollektiven Arbeitsrecht praktizierten »Gemeinschafts«-Ideologeme, die eine frappierende Nähe zum italienischen Faschismus aufwiesen. Kahn-Freund begnügte sich jedoch mit den für seine These notwendigen Entscheidungen und ließ möglicherweise »entlastendes Material« unbearbeitet.[37] Eine Gesamtanalyse des »Richterrechts« in der Weimarer Republik enthielt sein Text gerade nicht.
(3) In der Bundesrepublik wurde ein solches Unterfangen mit jedem Jahr rein quantitativ unrealistischer. So datieren die wenigen Versuche, nicht verwunderlich, aus ihren frühen Jahren. Den spektakulärsten unternahm im Jahr 1964 Thilo Ramm. In einer aufsehenerregenden Artikelserie in der »Juristen-Zeitung« untersuchte er die frühe, nicht zu Unrecht dem Einfluss von Nipperdey zugeschriebene Rechtsprechung des BAG auf Kontinuitäten zum nationalsozialistischen Recht.[38] Dabei wurde er – aus naheliegenden Gründen – fündig, insbesondere hinsichtlich Rechtsfiguren wie »Treuepflicht«, »Fürsorgepflicht« und dem »Ordnungsprinzip« und verband dies mit heftigen persönlichen Angriffen gegen Nipperdey wegen dessen NS-Vergangenheit (Kap. 12). Auch das betraf absichtsgemäß nur einen bestimmten Ausschnitt aus der frühen Rechtsprechung des BAG. Was das hauptsächliche Skandalon anbelangt, relativiert sich das allermeiste von Ramms Vorwürfen durch die heutige Erkenntnis der insgesamt großen Kontinuität des zivilen NS-Arbeitsrechts nicht nur in die frühe Bundes-

---

36 *Kahn-Freund*, Das soziale Ideal des Reichsarbeitsgerichts, Abhandlungen zum Arbeitsrecht, Heft 7, 1931 (wiederabgedruckt in *Ramm*, Hrsg., Arbeitsrecht und Politik. Quellentexte 1918 – 1933, 1966, S. 149ff.); in die gleiche Richtung *Fraenkel*, Der Funktionswandel des Arbeitsrechts, Archiv zur Sozialwissenschaft und Sozialpolitik,1932 (*Ramm*, a.a.O., S. 211ff.); *Neumann*, die politische und soziale Bedeutung der arbeitsgerichtlichen Rechtsprechung, 1929 (*Ramm*, a.a.O., S. 113ff.).

37 Z. B. ging er nicht auf Entscheidungen zum Arbeitsvertragsrecht und BRG ein, die auf eine Entwicklung hin zu einem »normalen«, demokratischen und sozialstaatlichen Arbeitsrecht hindeuteten (vgl. *Däubler/Kittner*, Betriebsverfassung, S. 216ff.). Kahn-Freund selbst relativierte seine Aussagen in einem Interview im Jahr 1981 (KJ 1981, 183, 194).

38 Vgl. *Ramm*, Die Rechtsprechung des Bundesarbeitsgerichts, JZ 1964, 498, 546 und 582. Nipperdey wurde sofort von den »Größen der Zunft« in Schutz genommen: dem Bremer LAG-Präsidenten, Hans Galperin, dem Göttinger Professor Franz Gamillscheg und Gerhard Müller, seinem Nachfolger als BAG-Präsident (JZ 1964, 711 und 1965, 47).

republik hinein, sondern auch hinsichtlich seiner Fortführung von bereits in Weimar enthaltenen Zeitströmungen (Kap. 12).

(4) Eine dezidierte Anknüpfung an die Schrift von Kahn-Freund und zugleich die bislang breiteste Rechtsprechungsanalyse lieferte Wolfgang Däubler im Jahr 1973 mit der Schrift »Das soziale Ideal des Bundesarbeitsgerichts«.[39] Dieser Text war entstanden als Referat auf der wissenschaftlichen Veranstaltung »Streik und Aussperrung« der IG Metall im August 1973 (Kap. 31). Es war der Sache nach eine bewusst in der Tradition Kahn-Freunds gehaltene, vor allem kritische Bestandaufnahme der BAG-Rechtsprechung. Däubler konzedierte dabei dem BAG zwar eine größere Flexibilität als dem RAG, zugleich aber insgesamt einen weiterentwickelten Sozialkonservatismus.

(5) Danach, dies hat die bisherige Untersuchung ergeben, bewegte sich das Pendel tatsächlich in eine andere Richtung:

- Die restriktiven Vorgaben des Beschlusses des Großen Senats des BAG zum Arbeitskampfrecht von 1972 wurden aufgeweicht (Kap. 26),
- das Recht zur Aussperrung eingeschränkt, das neue Betriebsverfassungsgesetz von 1972 durch die Rechtsprechung schlagkräftiger gemacht (Kap. 27) und
- die Freiwilligkeits-Sphäre insbesondere beim Formularvertragsrecht immer weiter eingeschränkt (Kap. 24).

Dazu gibt es bislang keine – erst recht nicht analytische – Bestandsaufnahme (zu den sich abzeichnenden Entwicklungs-Trends, Kap. 40).[40]

Am Schluss dieses Kapitels möchte ich noch einen als eher trivial, kaum thematisierten Aspekt jedes Richterrechts ansprechen: dass Richter sich die Fälle nicht aussuchen können, über die sie entscheiden. Es sind die einzelnen Arbeitgeber und Arbeitnehmer, die im Verfahren als Prozessparteien erscheinen. Dahinter stehen im Arbeitsrecht vielfach Arbeitgeberverbände und Gewerkschaften, die das unter rechtlich strategischen Gesichtspunkten behandeln. Derartiges hat in jüngster Zeit als Handlungsoption von Menschenrechtsorganisationen eine besondere Bezeichnung als »strategic litigation« erfahren,[41] ist aber im Arbeitsrecht seit eh und je Praxis. Insbesondere im kollektiven Arbeitsrecht sind es vor allem die Verbände auf beiden Seiten, die die Anrufung der Gerichte in dafür aus ihrer Sicht als geeignet gehaltenen Fällen zu steuern versuchen.[42] Dazu gehört vor allem auch die Entscheidung, welche Fälle *nicht* vor das BAG kommen sollen. Das ist sogar bis zu einem fortgeschrittenen Zeitpunkt im Laufe eines Verfahrens

39 In *Kittner*, Hrsg., Streik und Aussperrung, 1974, S. 411 ff.

40 Die sozialwissenschaftliche Studie von Britta Rehder (»Rechtsprechung als Politik«, 2011) kann das wegen der Aussparung konstitutiver rechtswissenschaftlichen Kategorien nicht leisten.

41 Vgl. *Graser/Helmrich*, Hrsg., Strategic Litigation. Begriff und Praxis, 2019.

42 Zur Anrufung des BVerfG vgl. *Kittner*, Die Rechtsprechung des Bundesverfassungsgerichts zu Tarifautonomie und Arbeitskampf, in FS Jaeger, 2010, S. 483 ff.

möglich, wenn eine Partei – meistens sind es Arbeitgeber – Anhaltspunkte dafür zu haben meint, dass die Sache ungünstig für sie ausgehen könnte. Das schlägt sich für die Öffentlichkeit in lakonischen Pressemitteilungen des BAG nieder, in denen mitgeteilt wird, dass ein Gerichtstermin aufgehoben wird, weil sich die Parteien außergerichtlich geeinigt haben. Dieses Feld bedürfte, soweit Aktenbestände zugängig sind, einer aufwendigen sachkundigen Recherche.

Das Gleiche gilt für die personale Seite jeder Art von Richterrecht. Auch dies ist trivial. Aller historiografischen Grundsatzdebatten à la »Struktur- versus Ereignisgeschichte« ungeachtet, ist es so, dass nicht Institutionen, sondern Menschen Urteile schreiben (Kap. 11). Das erscheint auf den ersten Blick bei Obergerichten nicht zielführend, weil dort die einzelnen Richter als identifizierbare Akteure ungreifbar erscheinen, agieren sie doch in Kollegialgerichten, abgeschirmt durch das Beratungsgeheimnis (§ 43 Deutsches Richtergesetz). Hierzu hat Thomas Dieterich mit seiner Autobiografie auf ungewohnte und erfrischende Weise einen bis dahin so nicht möglichen Einblick eröffnet.[43] Er beglaubigt eine in der Geschichtswissenschaft gar nicht mehr geliebte Tatsache: »Männer[44] machen sehr wohl Geschichte.« Dieterich erzählt von etwas, das jede und jeder in der Arbeitsrechts-Community kennt, worüber aber niemand spricht – was damit auch für jede Art von empirischer Forschung »von außen« schwer erreichbar ist. Ein verallgemeinernder Befund ist allerdings auch unter diesem Vorbehalt möglich: die dominierende Rolle der »Vorsitzenden Richter« (früher »Senatspräsidenten«).[45] Die innere Struktur des BAG ist – wie bei den anderen Bundesobergerichten und früher beim RG und RAG – so, dass jeder Spruchkörper (Senat) einen auf Dauer bestellten Vorsitzenden hat, dem die organisatorische Führung des Senats obliegt, der die Vorberatungen der Berufsrichter leitet und die Sitzungen vorbereitet und leitet sowie – last but not least – eine Bewertung über die Beisitzer abgibt, wenn es darum geht, ob diese ihrerseits Vorsitzende werden. Das gibt ihnen in der Summe bei aller formalen Gleichheit ein natürliches Übergewicht, das – durchaus offen kommuniziert – dazu genutzt wird, für Kontinuität der Rechtsprechung (eine »Linie«) in einzelnen dem Senat zugewiesenen Sachbereichen zu sorgen.

---

43 *Dieterich*, Ein Richterleben, 2016.

44 Frauen gab es nicht beim RG und RAG, ebenso wenig bei der Gründung des BAG. 1955 wurde Anne-Gudrun Meier-Scherling als erste Richterin berufen. Wir haben aber gesehen, welchen Einfluss Marie-Luise Hilger (zusammen mit dem Vorsitzenden Hermann Stumpf) im dritten Senat genommen hat (Kap. 24). 2025 ist mit Imken Gallner bereits die zweite Frau Präsidentin (nach Ingrid Schmidt), und Frauen und Männer sind etwa zur Hälfte vertreten (vgl. *Kittner*, 50 Urteile, S. 17 f.).

45 Vor der Justizreform im Jahr 1972, mit der der Titel »Senatspräsident« abgeschafft wurde (§ 19a DRiG), ließen sich die beiden bis dahin amtierenden BAG-Präsidenten, Nipperdey und Müller, »Chefpräsident« nennen.

Diese Rolle als »erster unter Gleichen« wurde vom BVerfG sogar als normative Rollenerwartung an die Institution eines Vorsitzenden Richters formuliert. Man erwarte von ihm »*einen richtunggebenden Einfluss, durch den eine zusätzliche Gewähr für Güte und Stetigkeit der Rechtsprechung innerhalb der Spruchkörper geboten wird.* [...] *Ein Vorsitzender soll aufgrund seiner Sachkunde, Erfahrung und Menschenkenntnis in der Lage sein, den richtunggebenden Einfluss durch geistige Überzeugungskraft auszuüben.*«[46] Dies haben die Vorsitzenden jedenfalls bis in die jüngste Vergangenheit ganz offen so praktiziert (erst recht noch in den Zeiten, als sie noch »Senatspräsident« hießen).[47] Heute wird man keinen oder keine Vorsitzende/n Richter/in mehr finden, der oder die sich offensiv zu einem solchen Rollenbild bekennen würde.

46 BVerfG-Kammer 23.5.2012, NJW 2012, 2334. Nahezu wörtlich hatte das bereits der Große Senat des BGH im Jahr 1962 für die ordentliche Gerichtsbarkeit formuliert (vgl. BGH 19.6.1962, BGHZ 37, 210).

47 Ein berühmtes Beispiel war etwa Wilfried Hillebrecht, der zunächst als Beisitzer, dann als Vorsitzender, in den 1980er und 1990er Jahren die Rechtsprechung des 2. Senats zum Kündigungsschutzrecht maßgebend geprägt und das öffentlich regelrecht zelebriert hatte. Auf dem Höhepunkt seiner Laufbahn brachte er es fertig, in einer Gerichtsentscheidung für deren Kernaussage nur auf eine eigene Publikation zu verweisen (vgl. BAG 30.4.1987, BAGE 55, 264, 266; *Kittner*, 50 Urteile, S. 15).

V. Instrumentelles

Der Gliederungs-Logik dieses Buches zufolge steht die »normative Ordnung« der abhängigen Arbeit in einem Mehr-Ebenen-System im Mittelpunkt. Darum gruppieren sich Sachthemen unterschiedlichsten Zuschnitts. Drei sind davon als »Meta«-Bereiche abgesetzt, die nicht unmittelbar auf die Gestaltung der Arbeitsbeziehungen einwirken, sondern der Erzeugung von »Tarifvertrag«, »betrieblichen Regelungen« und »Richterrecht« dienen: Arbeitskampf und Schlichtung (Kap. 26), Mitbestimmung (Kap. 27) und Arbeitsgerichtsbarkeit (Kap. 28). Eine solche Strukturierung mag ungewohnt erscheinen, aber jede Art der Gliederung zeitigt unvermeidlich Nebenfolgen – nur eben an anderer Stelle.

26. Arbeitskampf und Schlichtung

»Arbeitskampfrecht« ist ein Wort jüngeren Datums.[1] Erst im Jahr 1932 widmete ihm Nipperdey im zweiten Band der 5. Auflage des »Hueck/Nipperdey« ein Kapitel von 28 Seiten (von insgesamt fast 800). Die im gleichen Jahr erschienene Auflage des »Grundrisses« von Sinzheimer enthielt es noch gar nicht. In der Bundesrepublik dauerte es bis zum Jahr 1969, bis »Recht der Arbeit« diesen Begriff in das Jahresregister aufnahm. Als letztes fand es seinen Platz in der Umgangssprache: Am 28. Januar 1974 notierte der historische Korpus des »Instituts der deutschen Sprache« die erstmalige Verwendung von »Arbeitskampfrecht« in der »Welt«, und zwar ex negativo, als »*Mißbrauch von Institutionen des Arbeitskampfrechts*« im Zusammenhang mit sog. Studentenstreiks.

1 Zum ganzen Kapitel eingehend *Kittner*, Arbeitskampf, 2005.

26.1 Die alte Zeit

Aber natürlich gab es die Regulierung von Arbeitskämpfen und Arbeitskampfmaßnahmen der Sache nach, »avant la lettre«, schon viel früher.[2] Dabei kann man zwei Varianten unterscheiden: die allerfundamentalste drehte sich um die Zulassung der Arbeitnehmervereinigungen als solche mit der Maxime »wenn schon die Vereinigung verboten ist, sind es ihre Aktionen zwangsläufig«; die zweite galt diesen Aktionen als solche. In diesem Schema bewegen sich unsere frühesten Quellen über die Anfänge der Gesellenbewegung in den städtischen Handwerken.[3] Dabei gibt es so gut wie nichts zu Konflikten vor Ort. Besser informiert sind wir über ab Beginn des 15. Jahrhunderts einsetzende Versuche von Gesellen, sich überörtlich zu organisieren. Dem traten vor allem Städtebünde am Oberrhein mit generellen Vereinigungsverboten entgegen (mit einem Erlaubnisvorbehalt des jeweiligen Rates der Stadt). Das prominenteste war ein (titelloser) Beschluss im Jahr 1436, der alsbald als »Straßburger« oder »Rheinische Knechteordnung« in die Geschichte einging.

Bezogen auf die Städte selbst, scheiterte diese Knechteordnung an der Konkurrenz der Städte untereinander, von denen keine bei einem harten Kurs gegen die Gesellen vorangehen wollte. Erfolgreich waren sie aber hinsichtlich der Unterbindung interlokaler Aktivitäten der Gesellen,[4] denn dadurch wurden nicht nur die jeweiligen Meisterzünfte, sondern die Städte selbst herausgefordert. Außerdem war das natürliche Habitat der Gesellen das Handwerk vor Ort. Jedenfalls gelang es den Städten, alle Ansätze zu überregionalen Gesellenverbänden im Keim zu ersticken.

Nicht erfolgreich waren sie dagegen in der Bekämpfung der stadtübergreifenden Konfliktlogistik der Gesellen, die fortan nach dem Motto agierten: »Think global, act local«. Denn diese nutzten die einzigartige Kombination der Strukturen des damaligen Handwerks mit denen des »Heiligen Römischen Reichs Deutscher Nation«. Die Gesellen waren von den Meistern zum Schutze vor deren Kon-

---

2 In meinem Arbeitskampf-Buch habe ich in einem »Prolog« auf das früheste als »Arbeitskampf« dokumentierte Ereignis, eine Arbeitsniederlegung von thebanischen Nekropolenarbeitern im Jahr 1155 vor Christus hingewiesen. Streng arbeitsrechtlich war das kein »Arbeitskampf«, sondern »nur« die Ausübung eines Zurückbehaltungsrechts, weil diese Arbeiter keinen Lohn erhalten hatten (vgl. *Kittner*, Arbeitskampf, S. 10). Dafür gab es im alten Ägypten bereits klare rechtliche Regeln, nach denen dies – so wie bei uns heute – zulässig war, ein Beleg für das Vorhandensein arbeitsrechtlicher Regulierungen in antiken Hochkulturen (Kap. 2).

3 Vgl. *Reininghaus*, Die Entstehung der Gesellengilden im Spätmittelalter, 1981; *Stahl*, Das deutsche Handwerk, 1874; *Wissell*, Des alten Handwerks Recht und Gewohnheit, Bd. 1–3, 2, von Schrepler bearbeitete Aufl. 1971–83.

4 Wie ernst sie dies nahmen, zeigt die Tatsache, dass für derartige Übertretungen sogar die Todesstrafe angedroht wurde (vgl. *Kittner*, Arbeitskampf, S. 60).

kurrenz als künftige Meister zum Wandern von bis zu acht Jahren verpflichtet worden. Daraus erwuchsen dichte reichsweite Netzwerke als logistische Grundlage für effektive »Verrufs«-Aktionen durch »Schmähen«, d.h. Boykottaufrufe in der Sprache des 19. Jahrhundert. Dazu waren die Gesellen umso effektiver in der Lage, als sie vielfach die örtliche Arbeitsvermittlung durch eine Praxis des »Zuschickens« und »Schenkens« monopolisiert hatten, d.h. sie entschieden darüber, zu welchem Meister ein neuzugezogener Geselle gehen konnte, und untermauerten das, indem ihre Vereinigung jedem Neuzugezogenen ein »Geschenk« machte.

Dazu kam, eine weltweite Kuriosität, dass die Gesellen Streiks auf einzigartige Weise durchführen konnten. Sie verließen nämlich – teils mit »klingendem Spiel« – die Stadt und warteten den Erfolg ihres Streiks, den sie mit Boykottaufrufen wirksam unterstützten, in einem Nachbarort ab. Der war, entsprechend der staatsrechtlichen Konstruktionen des »Alten Reichs« für die jeweilige Stadt »Ausland«, wo sie keinen Zugriff hatte. Im Laufe der Zeit kam hinzu, dass die dort zuständigen benachbarten Territorialmächte die Gesellen aus ökonomischen Konkurrenzgründen gegenüber den Städten sogar unterstützten. So kam es zu einer welthistorisch bemerkenswerten Konstellation: die Gesellenvereinigungen erwiesen sich gegenüber den sesshaften Meistern als »grenzüberschreitende« Mächte überlegen.[5]

Gegen diese Praktiken bemühten die Städte schon bald die Institutionen des Reichs.[6] Dort erging im Jahr 1530 eine »Reichspolizeyordnung«, in der an den effektivsten Elementen der Gesellenmacht angesetzt wurde. Es sollte das »Schenken« und »Schmähen« verboten werden. Das hatte erste punktuelle Erfolge. So hob Nürnberg, zu dieser Zeit die größte und mächtigste der freien Reichsstädte, deren Patrizier im Inneren nicht einmal Meisterzünfte duldeten, die Möglichkeiten der Gesellen zum Schenken und zur Arbeitsvermittlung auf. Das schlug dramatisch fehl. Der Nürnberger Rat musste binnen kurzem feststellen, dass die Gesellen »*sich zusammen verbünden und an solche Orte gehen, die solche Ordnung nicht aufgehoben hätten.*«[7] Was das für die übrigen, kleineren Städte bedeutete, wenn schon Nürnberg derart resignieren musste, liegt offen zutage. Es gab nur ein Fazit: Die »Reichspolizeyordnung« war hinsichtlich der Gesellen ein vollkommener Fehlschlag. Das blieb auch so, nachdem sie in Form von »Reichs-

---

5 Vgl. *Kittner*, »Internationales Arbeitsrecht« mit vertauschten Fronten: Der Kampf der Städte und Territorialstaaten im alten deutschen Reich gegen die Gesellenvereinigungen, in Liber Amicorum Manfred Weiss, 2005, S. 597ff.

6 Vgl. *Proesler*, Das gesamtdeutsche Handwerk im Spiegel der Reichsgesetzgebung von 1530 bis 1806, 1954.

7 *Kittner*, Arbeitskampf, S. 93.

abschieden« auf Drängen der Städte in den Jahren 1551, 1559, 1570, 1577 und 1594 wiederholt worden war.[8]

Nach der tiefen Zäsur durch den 30jährigen Krieg wurden die Probleme mit den Gesellen von den Städten erneut auf dem Reichstag 1654 aufgegriffen, dieses Mal im Gewand der allgemeinen Regelung von Handwerksfragen. Nach unendlich vielen Zwischenstationen verabschiedete der Reichstag im Jahr 1672 ein »Gutachten des Reichstags«, mit dem nun erstmals neben dem »Schmähen« und »Auftreiben« auch das »*Aufstehen*«, d.h. der Streik ins Visier genommen wurde.[9] Wenn »*gesellen/aus liederlicher Ursach/und bloßer Halsstarrigkeit von einem oder andern Ort auffzustehen sich verbinden/dieselbe verschreyen und verursachen/daß kein Gesind daselbsten mehr leichtlich arbeiten will/und einander selbsten um derentwillen aufftreiben*«, sollte die Obrigkeit deren Namen öffentlich anschlagen. Solche Gesellen sollten im ganzen Reich für unredlich erklärt werden. Ein Streikverbot war das noch nicht, aber knapp davor.

Nach diesem ersten Aufschlag mit dem »Reichsgutachten« ging es, wie in Reichsangelegenheiten gang und gäbe, nur sehr langsam voran, allerdings mit einer entscheidenden Modifikation gegenüber der Zeit vor dem Krieg: auch den großen Territorialstaaten, bei denen inzwischen eine kräftige gewerbliche Entwicklung eingesetzt hatte, lag nunmehr an einer wirksamen reichseinheitlichen Lösung. Den letzten Anstoß zu der »Reichszunftordnung« von 1731 gab dann Preußen. Anders als in den Vorgängerregelungen standen dieses Mal Arbeitsniederlegungen im Mittelpunkt. Die »Reichszunftordnung« bekräftigte das Verbot des »*zur Gewohnheit wordenen Auftreiben der Gesellen, wie auch derselben ohnvernünfftige Aufstehen und Austreten*« (§ 2). Dann aber, unvermittelt in einer sonstigen »Mißbräuchen« gewidmeten Vorschrift, hieß es ganz unsystematisch:

§ 5 …

Woferne aber, bißheriger Erfahrung nach, die Gesellen unter irgends einem Prätext sich weiter gelüsten liessen, einen Auffstand zu machen, folglich sich zusammen zu rottiren, und entweder an Ort und Stelle noch bleibende, gleichwohl biß ihnen in dieser oder jener vermeyntlichen/Prätension oder Beschwehrde gefügt würde, keine Arbeit mehr zu tun, oder selbst Hauffenweise auszutreten, und was dahin einschlagenden rebellischen Unfugs mehr wäre, dergleichen große Freveier oder Missetäter sollen nicht allein, wie oben § 2 schon erwehnet, mit Gefängnis, Zucht-Haus, Vestungs-

8 Vgl. *Schönlank*, Sociale Kämpfe vor dreihundert Jahre. Altnürnbergische Studien, 1894; *Collin*, Die frühe Arbeitsgerichtsbarkeit – eine Erfolgsgeschichte mit rechtspolitischer Breitenwirkung und rechtspraktischer Vorbildwirkung, in FS Kittner, 2021, S. 118ff.

9 Vgl. *Kittner*, Arbeitskampf, S. 100.

Bau und Galeeren-Straff beleget, sondern auch nach Beschaffenheit der Umstände und hochgetriebener Renitenz, nicht minder würcklich verursachten Unheils am Leben gestrafft werden. …

Das war das erste ausdrückliche Streikverbot in der deutschen Rechtsgeschichte – bewehrt für schwere Fälle sogar mit der Todesstrafe! Sie ist aufgrund dieser »Reichszunftordnung allerdings nie verhängt worden, wie denn auch später nie. Nicht einmal der Nationalsozialismus und die DDR haben diese ultimative Strafe nur wegen einer Streikbeteiligung als solcher in ihr Strafrechtsrepertoire aufgenommen.[10]

Mit dieser Reichszunftordnung hat es wiederum ihre eigene Bewandtnis. Sie war, wie alle »Reichsabschiede« zuvor, kein unmittelbar anwendbares Recht, sondern musste von den Reichsgliedern umgesetzt werden (so wie Richtlinien in der EU, Kap. 21). Und dabei wiederholte sich auf der Ebene der Territorialstaaten das, was zuvor die Städte hatte scheitern lassen: Ausgerechnet die beiden Führungsmächte Preußen und Österreich, die die »Reichszunftordnung« zwar übernommen hatten, nutzen die durch sie eröffneten Möglichkeiten nur halbherzig. Überall da, wo sie die wirtschaftliche Prosperität einer Region wegen der Abwanderungsdrohungen der Gesellen gefährdet sahen, ließen sie sich auf Kompromisse ein. Das gleiche galt verstärkt für die Städte. So hatte auch dieses Gesetz, seines monströsen Inhalts ungeachtet (vielleicht sogar deswegen), keinesfalls die erhoffte Wirkung.

Diese trat aus gänzlich anderen Gründen 35 Jahre später, und zwar ziemlich abrupt, ein. Einer beruhte allerdings auf einem schon seit längerem im Gang befindlichen Prozess: dem schleichenden Niedergang des Handwerks und dem Aufstieg der neuen zunftfreien Gewerbe. Noch vor der förmlichen Aufhebung der Zünfte und der Einführung der Gewerbefreiheit waren um die Jahrhundertwende nur noch etwa eine Hälfte aller gewerblich Tätigen in einem zünftigen Handwerk tätig, die andere in »freien« Gewerben. Damit erodierte zwangsläufig die ökonomische Basis der Gesellenvereinigungen.[11] Dazu kam die Auflösung

10 Als einzige Ausnahme hat der österreichische Kaiser in den Jahren 1715 und 1722 aufgrund von ad-hoc-Dekreten viele Todesstrafen gegen streikende Schuhmachergesellen wegen der bloßen Streikteilnahme exekutieren lassen (vgl. *Kittner*, Arbeitskampf, S. 1905). Darüber habe ich 2008 in Wien bei einem Symposium zum 90. Geburtstag von Franz Prohaska, der mich bei meinem Arbeitskampf-Buch zu der Zunftzeit beraten hatte, einen Vortrag gehalten. Das gesamte Auditorium, die führenden Personen der Wiener Wirtschaftskammer, hatte davon noch nie gehört und war aufrichtig entsetzt.

11 *Engelhardt*, Handwerker in der Industrialisierung, 1984; *Reininghaus*, Die Gesellenvereinigungen am Ende des Alten Reichs, in Engelhardt, Hrsg., Handwerker in der Indus-

des »Alten Reichs« durch den von Napoleon oktroyierten »Reichsdeputationshauptschluß« von 1803 und damit das Ende der Unabhängigkeit der freien Reichstädte. Sie wurden »mediatisiert«, d.h. in die umliegenden Territorialstaaten eingegliedert. Damit entfiel die bisherige zentrale Machtressource der Gesellenvereinigungen.

26.2 Zwischen den Zeiten: Deregulierung und Streikverbot

Sinnfälligster Ausdruck dieser Zäsur sind die Streikzahlen:[12] Für das ganze 18. Jahrhundert waren 641 Streiks dokumentiert worden, davon 19 in den Jahren 1790 bis 1799. Deren Häufung war jedoch nicht Ausdruck von Stärke, sondern eher ein letztes Aufbäumen. Mit dem Jahr 1806, dem Jahr des Vollzugs des »Hauptschlusses«, kam es zu einem abrupten Zusammenbruch der Streikbewegungen. Danach kam – nichts! In dieser Übergangsphase zwischen Zunft und Kapitalismus waren Arbeitnehmer als organisierte Kraft nicht existent. Die alten Strukturen waren weggebrochen, und neue noch nicht geschaffen; Gewerkschaftsgründungen sollten noch mehr als ein halbes Jahrhundert auf sich warten lassen. Das Resultat war das völlige Fehlen von Streiks:

Arbeitsniederlegungen 1811 – 1847

Jahr	Streiks	Jahr	Streiks	Jahr	Streiks	Jahr	Streiks
1811	1	1824	1	1832	1	1842	1
1817	1	1825	1	1834	1	1843	1
1818	1	1826	3	1835	1	1844	8
1820	1	1830	1	1839	1	1846	3
1821	1	1831	1	1840	1	1847	1

Quelle: *Todt/Radanth*, Zur Frühgeschichte der deutschen Gewerkschaftsbewegung 1800 – 1849, 1950.

Diese Zahlen gaben nun wirklich keinen Anlass zur Besorgnis. Trotzdem erließ Preußen im Jahr 1845 das erste förmliche Vereinigungs- und Streikverbot in einem Flächenstaat der Neuzeit. Die Erklärung lieferte keine wirkliche, sondern

trialisierung, 1984, S. 219; *Stürmer*, Herbst des Alten Handwerks. Quellen zur Sozialgeschichte des 18. Jahrhunderts, 1979.

12 Vgl. *Grießinger*, Handwerkerstreiks in Deutschland während des 18. Jahrhunderts, in Engelhardt, Hrsg., Handwerker in der Industrialisierung, S. 407; *Reith/Grießinger/Eggers*, Streikbewegungen deutscher Handwerkergesellen im 18. Jahrhundert, 1992.

eine imaginierte Bedrohungslage, die »Kommunisten«- und »Demagogen«-Furcht, die die deutschen Staaten im »System Metternich« erfasst hatte. Wir konnten auch das erste Mal die Wirksamkeit der Bezugnahme auf das Ausland (England, Frankreich) registrieren (Kap. 19).
Das Ergebnis war das besagte Streikverbot (»Einstellung der Arbeit«).

§ 182

Gehülfen, Gesellen oder Fabrikarbeiter, welche entweder die Gewerbetreibenden selbst, oder die Obrigkeit zu gewissen Handlungen oder Zugeständnissen dadurch zu bestimmen suchen, daß sie die Einstellung der Arbeit [Hervorhebung durch mich, M.K.] oder die Verhinderung derselben bei einzelnen oder mehreren Gewerbetreibenden verabreden, oder zu einer solchen Verabredung Andere auffordern, sollen mit Gefängniß bis zu einem Jahre bestraft werden.
Diese Bestimmung ist auch anzuwenden auf Arbeiter, welche bei Berg- und Hüttenwerken, Landstraßen, Eisenbahnen, Festungsbauten und anderen öffentlichen Anlagen beschäftigt sind.

Damit wurde, und das mag überraschen, die Rechtmäßigkeit von Arbeitsniederlegungen zum zweiten und zugleich zum letzten Mal in einem Gesetz thematisiert (wenn auch im verneinenden Sinne). Bis heute gibt es kein Gesetz zum »Streikrecht«.

26.3 Kaiserreich

Die rechtliche Möglichkeit zum Streiken eröffnete sich mit der Aufhebung des Koalitionsverbots von 1845 durch die GewO 1869 (Kap. 26). Die nicht ausdrücklich formulierte Rechtsgrundlage war danach die allgemeine Handlungsfreiheit; ihre zivilrechtlichen Grenzen ergaben sich aus allgemeinen »Sittenwidrigkeit«-Kriterien, ab Geltung des BGB 1900 aus dessen § 826 BGB.
Dabei gilt es zu betonen: Das Kaiserreich, das von Anfang an auf Kriegsfuß mit Sozialdemokratie und Gewerkschaften stand, dachte nie – nicht einmal im Zusammenhang mit dem »Sozialistengesetz« – daran, die Aufhebung des Koalitionsverbotes wieder rückgängig zu machen, d. h. Streiks ausdrücklich zu verbieten. Diesbezüglich verständigten sich die deutsche und österreichische Regierung schon bald nach der Reichsgründung bei einer gemeinsamen Konferenz vom 7. bis 29. November 1872 ausdrücklich, dass die *»Rücknahme oder Beschränkung der Koalitionsfreiheit ebenso wie eine einseitige legislative Behandlung der Arbeiter oder Arbeitgeber auszuschließen und mit Festhaltung der vollen*

Parität nur den Missbräuchen der Koalitionsfreiheit entgegenzuwirken sei.«[13] Statt dessen wurde die an anderer Stelle ausgiebig behandelte Politik der Streikbe- und -verhinderung auf anderen Wegen praktiziert (Kap. 10).[14]

Diese Janusköpfigkeit des Kaiserreichs prägte denn auch die Rechtsprechung des Reichsgerichts in Arbeitskampfangelegenheiten. Die Strafsenate legten § 153 GewO parteiisch, bis an die Grenze der Rechtsbeugung, gegen streikende Arbeiter und Gewerkschaften aus. Die Zivilsenate dagegen sprachen unbefangen von »*Kämpfen, die der gewerbliche Wettbewerb und in besonderer Schärfe der Interessen- und Klassengegensatz zwischen den Arbeitgebern und Arbeitnehmern im gewerblichen Großbetrieb mit sich bringt*«.[15] In diesem Sinne billigten sie streikenden Arbeitern die gleiche Freiheit wie Unternehmern im Kampf untereinander zu: »*Die in den heutigen gewerblichen Lohnkämpfen von der einen wie von der anderen Seite zur Anwendung gebrachten Maßregeln, wie Streik und Aussperrung, werden gewöhnlich die Bedeutung eines auf den anderen Teil geübten Willenszwanges haben und auf die materielle Schädigung des Gegners, soweit solche mit der zeitweiligen Beeinträchtigung seiner Erwerbslage verknüpft ist, abzielen, ohne daß man deshalb solchen Maßregeln immer den Charakter einer sittlich verwerflichen Handlung beilegen dürfte. Es wird auch hier von der Rechtsordnung wie von der herrschenden sittlichen Anschauung in weitem Maße dem Selbstschutz und den gewerblichen Bestrebungen, das freie Spiel der Kräfte und ihre Betätigung durch genossenschaftliche Selbsthilfe zu regeln, Rechnung getragen, wie dies auf der anderen Seite gegenüber Organisationen geschieht, welche die eigenen Gewerbsgenossen einer Beschränkung der Erwerbsfreiheit in Interesse gemeinschaftlichen Vorgehens mittels gewerblicher Kartelle u. dgl. unterwerfen wollen!«*[16] So ist denn kein Reichsgerichtsurteil bekannt, das einen Streik für rechtswidrig erklärt hätte.[17]

Das war's jedoch nicht! Denn im Kaiserreich spielte neben dem Streik noch ein anderes Kampfmittel eine sehr bedeutende Rolle: der Boykott oder »Verruf«. Und bei diesem verfuhr das RG nicht so gnädig. Es leitete vielmehr eine Wende seiner »Sittenwidrigkeit«-Rechtsprechung ein, die Nachwirkungen bis heute haben sollte, und zwar bemerkenswerterweise wegen einer zu weit gehenden Sperre durch einen – an sich zulässigen – Arbeitgebernachweis. Es verurteilte einen Arbeitgeber zu Schadensersatz, weil eine dauerhafte Sperre in keinem Verhältnis

13 Quellen zur Geschichte der deutschen Sozialpolitik 1867–1914, 1. Abteilung, 1. Bd., 1994, S. 380ff.; 402f.; vgl. *Kittner*, Arbeitskampf, S. 261.

14 Vgl. *Kittner*, Arbeitskampf, S. 255ff.

15 RG 17.3.1904, RGZ 57, 418, 427; vgl. *Schröder*, Die Entwicklung des Kartellrechts und des kollektiven Arbeitsrechts durch die Rechtsprechung des Reichsgerichts vor 1914, 1988.

16 RG 29.5.1902, RGZ 51, 369.

17 Das gilt auch für Streiks zum 1. Mai. Auf diese antworteten freilich die Arbeitgeber mit – ihrerseits auch rechtmäßigen – Strafaussperrungen (vgl. *Kittner*, Arbeitskampf, S. 334).

zu den gegen den Arbeiter erhobenen Vorwürfen gestanden hatte.[18] Damit hatte das Reichsgericht erstmals ein neues und ungeheuer zukunftsträchtiges Element zur Begrenzung von Arbeitskampfmitteln eingeführt: ihre Verhältnismäßigkeit.

Zum Exerzierfeld dieses Verhältnismäßigkeitskriteriums wurde dann allerdings der von Gewerkschaften verhängte Boykott, den das Reichsgericht in einer ganzen Reihe von Fallgestaltungen für rechtswidrig erklärte.[19] Der chronologisch letzte Fall verdient ein besonderes Interesse, weil er eine exemplarisch zukunftsträchtige Konstellation betraf: Im Juli 1910 kam es in einem Berliner Metallbetrieb zum Streit über die Einbehaltung von Strafgeldern durch den Arbeitgeber. Am Ende forderten die Arbeiter die Auszahlung von insgesamt 276,56 Mark. Als der Arbeitgeber dies verweigerte, trat die gesamte Belegschaft in den Streik. Darüber hinaus verhängte die Ortsverwaltung Berlin des Deutschen Metallarbeiterverbandes eine Sperre für andere Arbeiter über den Betrieb. Der Arbeitgeber verlangte von der Gewerkschaft und am Arbeitskampf führend beteiligten Arbeitern Schadensersatz. Das Reichsgericht[20] unterschied nun ausdrücklich: Der Streik um die Auszahlung der Strafgelder war nicht sittenwidrig, wohl aber der zusätzlich verhängte Boykott,[21] und zwar deshalb: »*Der einbehaltene Betrag belief sich auf 276,56 Mark, der dem Kläger durch die Behinderung seines Fabrikbetriebs entstandene Schaden musste dagegen unverhältnismäßig höher sein.*« Diese Argumentationsfigur begleitet uns seither und ist uns zuletzt begegnet beim Streit um die Rechtmäßigkeit eines Lokführerstreiks im Jahr 2024 (s. u.)!

26.4 Weimarer Republik: Streikfreiheit, Zwangsschlichtung, »Betriebsrisiko«/»Sphärentheorie«

An dieser zivilrechtlichen Situation änderte sich auch nach der Novemberrevolution 1918 nichts. Es wurde zwar die Koalitionsfreiheit in die Reichsverfassung aufgenommen (Art. 159, Kap. 17), woraus die ganz überwiegende Rechtsmeinung jedoch kein Streik*recht* ableiten wollte.[22] Sinzheimer formulierte das bündig: »*Das Koalitionsrecht reicht so weit, als die Koalitionsfreiheit reicht. Es umfaßt also nicht auch die Freiheit der Kampfbetätigung. Dieser Freiheit entspricht kein Kampfrecht wie der Koalitionsfreiheit ein Koalitionsrecht entspricht. Der Koalitionskampf ist im Koalitionsrecht nur insoweit einbegriffen, als er in der Freiheit der Koalition, eine*

18 Vgl. RG 17.3.1904, RGZ 57, 418.

19 Vgl. RG 14.10.1907, RGZ 66, 379; 13.5.1912, JW 1912, 810; 21.11.1912, JW 1913, 91; 13.5.1912, JW 1912, 810.

20 Vgl. RG 21.10.1912, JW 1913, 146.

21 Das war eine erstaunliche Ungleichbehandlung, denn ein erfolgreicher Streik hätte natürlich das gleiche Missverhältnis zur Folge gehabt.

22 Vgl. *Hueck/Nipperdey*, Arbeitsrecht, Bd. 2, 5. Aufl. 1932, S. 498.

Kampfkoalition zu sein, enthalten ist.«[23] Das hieß: Ein Streik entband nicht von den Arbeitsvertragspflichten und konnte mit fristloser Kündigung beantwortet werden; der einzelne Arbeitnehmer musste also, um rechtmäßig streiken zu können, sein Arbeitsverhältnis kündigen. Und für die Gewerkschaften bedeutete dies eine permanente Belastung aller Tarifverhandlungen, weil sie zum Schutz ihrer im Arbeitskampf befindlichen Mitglieder sich stets um sog. Maßregelungsklauseln bemühen mussten (wie nach 1945 im Fall »wilder« Warnstreiks, s. u. 26.6). Was seine Rechtmäßigkeit gegenüber dem Arbeitgeber anging, so wurde sie weiterhin, wie im Kaiserreich, nur in den weiten Grenzen der »Sittenwidrigkeit« nach § 826 BGB beurteilt. Eine Behandlung nach § 823 BGB als Eingriff in den »eingerichteten und ausgeübten Gewerbebetrieb«, so die gängig gewordene Formel für die Schädigung von Unternehmen, wurde allgemein abgelehnt.[24]

Das alles interessierte aber im Grunde niemanden, denn dieses Arbeitskampfrecht spielte in der Praxis so gut wie keine Rolle. Alles wurde überwölbt und überdeckt von der das Tarifgeschehen von Weimar beherrschenden staatlichen Zwangsschlichtung. Sie wurde gleich nach dem Krieg ins Leben gerufen, um der Turbulenzen angesichts Millionen zurückströmender Soldaten Herr zu werden. Der »Vorwärts« vom 24. April 1919 sagte unverhohlen, was jetzt zu geschehen habe: »*Wir leiden unter der Streiknot mehr als irgendein anderes Land. Es müssen obligatorische Schiedsgerichte für Arbeitsstreitigkeiten geschaffen werden, um die Streiks in Zukunft unmöglich zu machen.*«

Das Resultat war die mit der Demobilmachungs-Verordnung vom 3. September 1919[25] geschaffene Möglichkeit verbindlicher Schiedssprüche des Demobilmachungskommissars über »Löhne, Gehälter und sonstige Arbeitsbedingungen« (§ 26) – im Grunde die Fortsetzung der Schlichtung von Arbeitskonflikten auf der Grundlage des Hilfsdienstgesetzes (Kap. 13).[26] Ludwig Preller bilanzierte zu Recht, dass mit dieser Verlängerung des kriegsbedingten Ausnahmerechts der Rubikon überschritten war: »*Das dem sozialliberalen Einigungswesen widersprechende Institut des ›Zwangstarifvertrags‹ wurde demnach als ausgesprochene Demobilmachungsmaßnahme geboren.«*[27]

Danach gab es eine mehrjährige Diskussion über das weitere Schicksal dieser Institution, die schließlich in der – zunächst als Provisorium gedachten – »Ver-

23 Grundzüge des Arbeitsrechts, 2. Aufl. 1927, S. 94.

24 Das galt auch für *Nipperdey*, der in einem Gutachten für den Juristentag formuliert hatte, dass »ein Recht am eingerichteten und ausgeübten Gewerbebetrieb überhaupt, jedenfalls aber für die hier infrage stehenden Arbeitskämpfe, als ein nach § 823 Abs. 1 geschütztes Recht abzulehnen« sei (Verhandlungen des 43. Deutschen Juristentags, 1926, Bd. 1, S. 403).

25 RGBl. I 1500.

26 Vgl. *Däubler/Kittner*, Betriebsverfassung, S. 142.

27 *Preller*, Sozialpolitik in der Weimarer Republik, 1949 (Neudruck 1978), S. 231.

ordnung über das Schlichtungswesen« vom 30. Oktober 1923[28] mündete. Sie machte die kriegs- und nachkriegsbedingte Ausnahme zur Regel:

§ 21 [...]

(5) Für das Zustandekommen des Schiedsspruchs genügt einfache Stimmenmehrheit. Kein Mitglied der Kammer darf sich der Stimme enthalten oder die Abstimmung über eine Frage deshalb verweigern, weil es bei der Abstimmung über eine andere Frage in der Minderheit geblieben ist. Bilden sich bei der Abstimmung mehr als zwei Meinungen, von denen keine mehr als die Hälfte der Stimmen auf sich vereinigt, so ist zu versuchen, die Mehrheit der Stimmen auf eine Meinung zu vereinigen. Gelingt dies nicht, so entscheidet die Stimme des Vorsitzenden.

Die Gewerkschaften erkannten zwar – im Rückblick: bestürzend – klar, welche Folgen eine solche Zwangsschlichtung hatte: »*Wenn es Übung wird, daß die Behörde aus Schiedssprüchen rechtsverbindliche Tarifverträge macht, so werden damit die Gewerkschaften ausgeschaltet und nach vieler Meinung entbehrlich gemacht. Sie tragen für die geltenden Arbeitsbedingungen keine Verantwortung und der Arbeitnehmer glaubt, es ginge auch ohne Gewerkschaften, Beiträge und Disziplin; es genüge, Forderungen zu erheben, und zwar möglichst viel zu fordern, so daß der Schlichter weit genug entgegenkommt, und alles übrige besorgt die Schlichtungsbehörde. Eine solche Entwicklung des künftigen Schlichtungswesens wäre der Ruin der Gewerkschaften.*«[29]

Angesichts der sich bereits abzeichnenden Schwäche vieler Einzelgewerkschaften, die sie schon in Abhängigkeit von staatlichen Lohnregelungen gebracht hatte, lehnte der »Allgemeine Deutsche Gewerkschaftsbund« (ADGB) eine unmittelbar nach Erlass der SchlichtungsVO mit der »Vereinigung Deutscher Arbeitgeberverbände« (VDA) ausgehandelte Vereinbarung zum Vorrang eines freiwilligen Schlichtungsverfahrens ab.[30] Die Begründung des ADGB hierfür spricht Bände: »*Diese Vereinbarung ist nicht zustande gekommen. Die Widerstände in den Gewerkschaften, aufgepeitscht durch das Vorgehen des Unternehmertums gegen den Achtstundentag, die Tarifverträge und die Gewerkschaften, haben sie zu Fall gebracht. Manche erblickten in dem Vorstoß gegen die Zwangsschiedssprüche einen Angriff auf das behördliche Schlichtungswesen überhaupt, andere einen solchen auf den Kollektivvertrag, und nicht wenige beargwöhnten eine solche Vereinbarung*

28 RGBl. I 1043.
29 Vgl. ADGB, Gewerkschaftszeitung vom 29.3.1924, S. 92f.
30 Vgl. *Kittner*, Arbeitskampf, S. 461.

als eine Art von Fortsetzung der Zentralarbeitsgemeinschaft«.[31] Diese Mischung aus rhetorischer Kraftmeierei und praktischer Verzagtheit wurde geradezu zum »Markenzeichen« der Gewerkschaften in den folgenden Jahren.

Damit nahm das Unheil seinen Lauf.[32] Unter den Bedingungen der Zwangsschlichtung, die üblicherweise zur verhältnismäßig raschen Beendigung von Arbeitskämpfen führte, traten die sonstigen Rechtmäßigkeitsanforderungen an Streiks völlig in den Hintergrund. So entging z. B. den zeitgenössischen Beobachtern, speziell bei den Gewerkschaften, dass die Gerichte die Verhältnismäßigkeitsrechtsprechung des RG aus der Kaiserzeit zu Boykotts anlässlich kleinerer Konflikte »klammheimlich« auf Streiks ausweiteten.

Der Einstieg dazu erfolgte schon 1922, und zwar genauso wie im Kaiserreich, zunächst durch eine Entscheidung des RG gegenüber dem Arbeitgeberkampfmittel der Aussperrung.[33] Das senkte vermutlich die Aufmerksamkeitsschwelle der möglichen gewerkschaftlichen Kritiker.[34] Danach entwickelten zunächst das RG 1927 und dann das inzwischen existierende RAG 1930 regelrechte Kriterienkataloge, anhand derer Streiks als »sittenwidrig« erklärt werden konnten:

- *»z. B. bei einem sittenwidrigen Zweck,*
- *bei einem etwaigen Missverhältnis zwischen den erstrebten Vorteilen und dem voraussichtlichen Schaden der Arbeitgeber,*
- *bei Anwendung von Kampfmaßnahmen, die von der Rechtsordnung verboten sind oder*
- *aus ähnlichen Gründen«*[35] und
- *»wenn der beabsichtigte Erfolg als ein berechtigtes Ziel nicht erscheint«* sowie bei
- *»Geltendmachung eines Machtwillens«* der Gewerkschaft.[36]

Mit diesen Formeln konnte jeder Streik – und das ganz unvorhersehbar – für rechtswidrig erklärt werden. Sie gewannen in der Weimarer Republik allerdings keine praktische Bedeutung für größere Konflikte, bei denen die sogleich auf den Plan tretende staatliche Schlichtung alle zivilrechtlichen Implikationen überdeckte.

---

31 Gewerkschaftszeitung 29. 3. 1924, S. 92E.

32 Zur Schlichtungspraxis vgl. *Bähr*, Staatliche Schlichtung in der Weimarer Republik, 1989; *von Brauchitsch*, Staatliche Zwangsschlichtung. Die Aushöhlung der Tarifautonomie in der Weimarer Republik, 1990; *Hartwich*, Arbeitsmarkt, Verbände und Staat 1918 – 1933, 1967; *Steiger*, Kooperation, Konfrontation, Untergang. Das Weimarer Tarif- und Schlichtungswesen während der Weltwirtschaftskrise und seine Vorbedingungen, 1998.

33 Vgl. RG 6. 4. 1922, RGZ 104, 327.

34 Nicht einmal Otto-Kahn-Freund bemerkte dies (s. u.).

35 RG 29. 12. 1927, RGZ 119, 291.

36 RAG 5. 2. 1030, Bens. 68, 266.

Die Zeit der Weimarer Republik brachte allerdings noch einen neuen Aspekt des Arbeitskampfs, dessen kampfstrategische Dimension damals in keiner Weise absehbar war: seine mittelbaren Wirkungen auf unbeteiligte Dritte.[37] Damals resultierten solche ausschließlich aus dem Ausbleiben von Energie (Elektrizität und Kohle). Gleich der erste an das RG gelangte Fall brachte es zu immerwährender Berühmtheit: der »Kieler Straßenbahnfall«. Er war sehr einfach. In Kiel streikten die Arbeiter eines zum Straßenbahnunternehmen gehörenden Elektrizitätswerks, woraufhin die Straßenbahnen nicht mehr fahren konnten. Hatten die Straßenbahnmitarbeiter Anspruch auf ihren Lohn für die ausgefallene Zeit? Das RG fand im geltenden Recht keine Lösung, weder unter dem Gesichtspunkt des Annahmeverzugs des Arbeitgebers (§ 615 BGB) noch einer Unmöglichkeit der Arbeitsleistung (§ 320 BGB):[38] »*Man darf aber, um zu einer befriedigenden Lösung des Streites zu gelangen, überhaupt nicht von den Vorschriften des Bürgerlichen Gesetzbuchs ausgehen, muss vielmehr die sozialen Verhältnisse ins Auge fassen, wie sie sich seitdem entwickelt haben und in der Gesetzgebung der neuesten Zeit auch ausdrücklich Anerkennung gefunden haben*«. Allein, nach welchen Kriterien?

In dieser Hinsicht sah das RG die Notwendigkeit einer Weiterentwicklung des ursprünglich »individualistischen Standpunkts« des BGB: »*Inzwischen hat aber der Gedanke der sozialen Arbeits- und Betriebsgemeinschaft Ausbreitung und Anerkennung gefunden, der das Verhältnis zwischen dem Arbeitgeber und den Arbeitnehmern, wenigstens in größeren Betrieben der hier vorliegenden Art, beherrscht.* […] *Es handelt sich nicht mehr nur um das Verhältnis des einzelnen Arbeiters zum Arbeitgeber, sondern um eine Regelung zwischen zwei Gruppen der Gesellschaft, dem Unternehmertum und der Arbeiterschaft.*« Und weiter: »*Der Arbeitnehmer ist nicht mehr ein bloßes Werkzeug des Unternehmers, sondern ein lebendiges Glied der Arbeitsgemeinschaft. Dem entspricht es dann aber auch, dass, wenn die Arbeitsgemeinschaft aus Gründen, die nicht von Unternehmer ausgehen, versagt, die Folgen nicht nur ihn treffen.*« Daraus folge, dass der Arbeitnehmer auch am sog. Betriebsrisiko teilhabe. Das gelte insbesondere dann, »*wenn die Betriebsstörung nur von einem Teil der Arbeiterschaft ausgeht, während andere Arbeitnehmer des Betriebs arbeitsfähig und -willig bleiben.*«

Diese Entscheidung stand wegen ihres Abstellens auf die als faschismus-ähnlich angesehene »soziale Arbeits- und Betriebsgemeinschaft« im Mittelpunkt der Kritik von Otto Kahn-Freund (Kap. 12). Sie wurde aber bald überholt durch die für die Arbeitskampfpraxis in der Breite wichtigeren Fälle, in denen die mittelbaren Folgen von einem Streik in einem anderen Unternehmen herrührten. Zu deren

37 Vgl. *Kittner*, Mittelbare Arbeitskampffolgen: Geschichte und Perspektive, HSI, Hrsg., Gewerkschaftsrechte heute, HSI-Schriftenreihe Nr. 52, 2024, S. 112f.

38 Vgl. RG 6.2.1923, RGZ 106, 272; vgl. *Rolfs*, 100 Jahre »Kieler Straßenbahnfall«, RdA 2023, 282.

Lösung taugte die »Betriebsgemeinschaft« naturgemäß nicht. Also erfand das RAG die »Sphärentheorie«. Sie besagte, dass das Lohnrisiko den traf, aus dessen »Sphäre« die Störung herrührte. Das hieß: War ein Streik ursächlich, verloren die Arbeiter ihren Lohnanspruch, bei einer Aussperrung musste der Arbeitgeber zahlen.[39] Auch hierzu gab es in der Weimarer Republik kein praktisches Anschauungsmaterial mehr.[40]

26.5 Nationalsozialismus und DDR

Es folgte die Zeit des Nationalsozialismus, in der erstaunlicherweise weder Gewerkschaften noch Streiks ausdrücklich verboten wurden; sie galten als wesensgemäß unvereinbar mit der damaligen Gemeinschaftsideologie (Kap. 12). Das gleiche postulierten die Kommunisten nach Befestigung ihrer Macht in der DDR (Kap. 15). Ihre Unterdrückung war gleichwohl unter beiden Regimes rigoros.

26.6 Schlichtung

Nach 1945 tat sich im eigentlichen Arbeitskampfrecht zunächst nichts (Kap. 14). Jedoch trafen die Alliierten in Bezug auf die Schlichtung eine folgenschwere, bis heute wirksame Entscheidung: Mit dem Kontrollratsgesetz Nr. 45 über »Ausgleichs- und Schiedsverfahren in Arbeitsstreitigkeiten« vom 20. August 1946 führten sie ein neues staatliches Schlichtungswesen ohne Zwangscharakter ein:

Art. X

Mit den in Absatz 2 dieses Artikels vorgesehenen Ausnahmen* bindet ein von einem Schiedsausschuß gefällter Schiedsspruch die Parteien nur dann, wenn beide Parteien seine Annahme erklären.

*Vorabunterwerfung der Parteien und Alliierte Interessen

---

39 Vgl. RAG 20.6.1928, Bens. 3, 116; 23.11.1929, Bens. 7, 467.

40 Ein Fall mit Aussperrungsfolgen gelangte nicht mehr an das RAG. Die Riesenaussperrung der Bergarbeiter im Jahr 1924 wurde zeitgenössisch als Streik angesehen (»Maistreiks«), weil die Arbeitnehmer sich weigerten, auf ein Ultimatum hin weiterzuarbeiten. Die deswegen arbeitslos gewordenen Industriearbeiter erhielten ungeachtet der unklaren Rechtslage keinen Lohn. Da die Arbeitslosenversicherung nach damaligem Recht nicht einsprang, wurden die Kommunen um Hilfe angegangen, was den Druck auf eine rasche Einigung verstärkte (vgl. *Kittner*, Arbeitskampf, S. 477).

Dieses Kontrollratsgesetz gilt noch heute![41] Es ist nach allgemeiner Meinung zunächst in der Bundesrepublik und nach der Wiedervereinigung auch auf dem Gebiet der früheren DDR Bundesrecht im Bereich der konkurrierenden Gesetzgebung geworden. Auf seiner Grundlage sind in Berlin, NRW, Rheinland-Pfalz und Schleswig-Holstein Landesschlichtungsgesetze zur freiwilligen Nutzung geschaffen worden.[42] Sie werden bis heute in seltenen Fällen in kleineren Branchen in Anspruch genommen. Das ist jedoch kein Modell für die Bundesrepublik geworden. Die negativen Erfahrungen mit der staatlichen Schlichtung in Weimar hatten nicht nur deren Zwangscharakter in Misskredit gebracht, sondern die Lust auf eine staatliche Betätigung in diesem Bereich generell schwinden lassen.[43] Die Schlichtung wurde fortan eine Sache der Tarifvertragsparteien selbst.[44]

Grundlage waren Mustervereinbarungen von BDA und DGB, zunächst wenig erfolgreich, aufgrund des »Hattenheimer Übereinkommens«[45] dann des »Margarethenhof«-Übereinkommens vom 7. September 1954.[46] Die wesentlichen Elemente waren:

- Automatische Befassung der Schlichtungsstelle nach Scheitern von Tarifverhandlungen,
- Verlängerung der Friedenspflicht bis zur Beendigung der Schlichtung und
- Freiwilligkeit der Annahme des Schlichtungsergebnisses.

---

41 Vgl. *Lembke*, Staatliche Schlichtung von Arbeitsstreitigkeiten nach dem Kontrollratsgesetz Nr. 35, RdA 2000, 223.

42 Lediglich im früheren Land Baden genehmigten die Alliierten ein Schlichtungsgesetz mit der Möglichkeit einer staatlichen Verbindlicherklärung eines Schlichtungsspruchs. Es verstößt nach allgemeiner Ansicht heute gegen Art. 9 Abs. 3 GG (vgl. *Otto*, Arbeitskampf- und Schlichtungsrecht, 2006, § 22 Rn. 14).

43 Eine andere Sicht vertrat lediglich Anton Storch, zunächst als Direktor der Arbeitsverwaltung im vereinigten Wirtschaftsgebiet, dann als erster Bundesarbeitsminister. 1949 ließ er ohne Rücksicht auf das KRG Nr. 45 einen Gesetzentwurf mit staatlicher Verbindlicherklärung ausarbeiten, der dann aber durch eigene Aktivitäten der Sozialpartner und die Gründung der Bundesrepublik gegenstandlos wurde. Danach legte er Ende 1950 »Vorläufige Grundsätze für den Entwurf eines Schlichtungsgesetzes« vor, die eine staatliche Zwangsschlichtung für den Fall vorsahen, »*dass lebenswichtige Interessen der Allgemeinheit oder dringende soziale Gründe die unverzügliche Regelung der Gesamtstreitigkeit notwendig machen*« (RdA 1951, 15). Allerdings deute alles darauf hin, dass diese Initiative vor allem dazu dienen sollte, die Tarifvertragsparteien zu eigenen Aktivitäten anzuhalten (vgl. *Kittner*, Arbeitskampf, S. 631).

44 Vgl. *Behning*, Die Schlichtung in der kollektiven Arbeitsverfassung der Bundesrepublik Deutschland, 1994; *Knevels*, Das Schlichtungswesen in der Bundesrepublik, Zeitschrift für Tarifrecht 1988, 408; *Löwisch*, Arbeitskampf- und Schlichtungsrecht, 1997; *Seifert*, Die Schlichtung, in Gagel/Weiss, Hrsg., Handbuch des Arbeits- und Sozialrechts, 2002, § 26 A.

45 RdA 1950, 63.

46 Vgl. *Erdmann*, Die Schlichtungsvereinbarung von 7.4.1954, RdA 1955, 1.

Nach diesem Grundmuster wurden danach Schlichtungsvereinbarungen in allen wesentlichen Wirtschaftsbereichen geschaffen.
Eine Sonderrolle nahm dabei die Metallindustrie ein.[47] Dort hatte man in die nach dem Muster des »Margarethenhof«-Abkommens vereinbarte »Schlichtungs- und Schiedsvereinbarung« einen Passus eingefügt, wonach »*Beschlüsse über Durchführung von Kampfmaßnahmen erst 5 Tage nach dem Scheitern der Verhandlungen gefaßt werden*« durften. Was so harmlos klang, sollte sich aber als folgenschwere Falle für die IG Metall erweisen. Denn auf dem Wege in den langen Streik um die Lohnfortzahlung verstieß sie just gegen diese Vorgabe und wurde deshalb zu einem hohen Schadensersatz verurteilt (Kap. 9).[48] Im Zuge der Bereinigung dieses Vorgangs wurde die Schlichtungs- und Schiedsvereinbarung stark zulasten der IG Metall verändert. Danach bemühte sie sich in jahrelangen Verhandlungen um Korrekturen.[49] Dann baute sich bei den Funktionären der IG Metall aus den Betrieben immer größerer Unmut vor allem über die Friedenspflichtregelung auf. Denn wegen deren Verlängerung konnten Warnstreiks nur unter dem Odium der Rechtswidrigkeit als »spontane Arbeitsniederlegungen« erfolgen, und es musste mit jedem Tarifabschluss eine »Maßregelungsklausel« vereinbart werden, um die Beteiligten vor Repressionen zu schützen (nicht selten unter Zugeständnissen beim materiellen Ergebnis). Schließlich beschloss der Gewerkschaftstag der IG Metall 1977 eine Kündigung der Schlichtungsvereinba-

47 Die besondere Behandlung der Metallindustrie beruht nicht auf persönlicher Vorliebe. So wie sie eine herausragende und prägende Rolle im Tarifgeschehen spielt (Kap. 22), steht sie im Mittelpunkt von allem, was mit Arbeitskampf zu tun hat: Bis zur Jahrtausendwende ereigneten sich 80 % allen Arbeitskampfgeschehens in Deutschland in der Metallindustrie. Und alle Schlüsselfragen des Arbeitsrechts bis dahin bezogen sich auf Fallkonstellationen dort (Warnstreiks, Aussperrung, »kalte« Aussperrung). Das hat sich seit der Jahrtausendwende geändert, hin zu dezentraleren Konflikten im Dienstleistungsbereich (s. u. 26.10).

48 Gegen das Urteil des BAG hatte die IG Metall Verfassungsbeschwerde eingelegt. Dazu erstattete Thilo Ramm mehrere Gutachten, die als separate Schriften publiziert wurden (Die Freiheit der Willensbildung, 1960; Kampfmaßnahmen und Friedenspflicht im deutschen Recht, 1962; Der Arbeitskampf und die Gesellschaftsordnung des Grundgesetzes, 1965). Er beklagte später verbittert, dass die IG Metall diese Grundsatzfrage nicht beim BVerfG durchgefochten, sondern vergleichsweise beendet hatte (vgl. *Ramm*, Zeitzeuge, Kritische Vierteljahresschrift für Gesetzgebung und Rechtswissenschaft 2009, 115; dazu *Kittner*, Der »Zeitzeuge« und die Toten, a. a. O., 427).

49 Diese Verhandlungen zu führen, oblag mir seit Aufnahme meiner Tätigkeit bei der IG Metall im Jahr 1972 (vgl. IG Metall, Geschäftsbericht 1971 – 1973, S. 27 f.). Eine der wichtigsten Personen auf der Gegenseite war der damalige Vizepräsident, Hanns-Martin Schleyer. Ich werde immer eine gute Erinnerung an ihn haben, als professionellen Verhandler mit großem persönlichen Charme. Besonders beeindruckt hat mich, wie er mich ungeachtet des für meine Position ungewöhnlich jugendlichen Alters (31 Jahre) als Verhandlungspartner »auf Augenhöhe« behandelt hat.

rung, um Verbesserungen zu erreichen.[50] Ihr Vorstand stellte dies in den Zusammenhang einer »*neuen tarifpolitischen Beweglichkeit*«, was in der Öffentlichkeit fortan zu »neuer Beweglichkeit« verkürzt und zum Synonym für Warnstreiks schlechthin wurde.[51] Vor diesem Hintergrund kam nach langen Verhandlungen 1980 eine völlig neue »Schichtungs- und Schiedsvereinbarung« zustande,[52] mit zwei zentralen Änderungen:

- Der Einlassungszwang entfiel. Es lag im freien Belieben jeder Seite, ob sie sich auf eine von der anderen Seite angerufene Schlichtung einlassen wollte.
- Die Friedenspflicht wurde auf vier Wochen nach Ablauf des gekündigten Tarifvertrags begrenzt. Das eröffnete bereits nach diesem Zeitpunkt die Möglichkeit zu rechtmäßigen Warnstreiks.

Dazu hatte Gesamtmetall freilich auf einer Vorbehaltsklausel bestanden, dass deren arbeitskampfrechtliche Zulässigkeit noch geprüft werden könne. Das geschah mit Urteil des BAG vom 12. September 1984.[53] Darin knüpfte es an ein früheres Urteil vom 17. Dezember 1976[54] an, mit dem kurze, verhandlungsbegleitende Warnstreiks für zulässig erklärt worden waren. Das BAG sah keinen Anlass, davon hinsichtlich der von der IG Metall gewählten Taktik der »neuen Beweglichkeit« abzuweichen (in einer Entscheidung vom 21. Juni 1988[55] stellte es die Warnstreiks dann auf eine ganz neue Grundlage, indem es keinen Unterschied mehr zwischen »Warnstreik« und »Erzwingungsstreik« mehr machte; eine richterliche Beurteilung, ob Verhandlungen ausgereizt seien, wäre unzulässig).
Außerdem musste noch das Schiedsgericht aufgrund der Schlichtungs- und Schiedsvereinbarung tätig werden, weil die Arbeitgeber reklamiert hatten, dass vor einem Warnstreik das »Scheitern der Verhandlungen« erklärt werden müsste. Das Schiedsgericht unter Vorsitz von Spiros Simitis (Kap. 11) wies das zurück.[56] Seither werden Warnstreiks in der Metallindustrie, für die die Teilneh-

---

50 IG Metall, Geschäftsbericht 1977 bis 1979, S. 42.

51 Der Gewerkschafter 1978, Heft 5, S. 25.

52 Vgl. IG Metall Geschäftsbericht 1977 – 1979, S. 42f.; *Kirchner*, Die neue Schieds- und Schlichtungsvereinbarung für die Metallindustrie, RdA 1980, 505.

53 Vgl. BAGE 46, 322. Diesem Urteil waren Verfahren vor vielen Arbeits- und Landesarbeitsgerichten vorausgegangen. Dabei hatte die IG Metall vor dem ersten großen Warnstreikeinsatz nach dem neuen Abkommen im Jahr 1981 (über 3 Mio. Teilnehmer) bei allen Arbeits- und Amtsgerichten (wegen der Möglichkeit einer Beanspruchung an Sonntagen) Schutzschriften hinterlegt, eine bis dahin in Arbeitssachen, zumal in dieser Breite, unbekannte Vorgehensweise (vgl. RdA 1981, 174; insgesamt vgl. *Kittner*, 50 Urteile, S. 327ff.).

54 BAG 17.12.1976, BAGE 28, 295.

55 BAGE 58, 364.

56 Vgl. AP Art. 9 GG Arbeitskampf Nr. 108, Anm. 2.

mer keine Streikunterstützung erhalten, ohne rechtliche Probleme praktiziert. Nicht zuletzt, weil dies inzwischen zu einer Art »Routine« zu verflachen drohte, hat die IG Metall 2015 »Ein-Tages-Streiks« nach vorangegangenen betrieblichen Abstimmungen mit Streikunterstützung in ihr Kampf-Arsenal aufgenommen. 2018 wurden sie erstmals mit 500 000 Streikteilnehmern in 280 Betrieben durchgeführt.[57]

Was die eigentliche Schlichtungsfunktion anging, so musste sie in der Metallindustrie nicht sehr oft bemüht werden (die »normale« Schlichtung 1971 und 1978, die »besondere« Schlichtung während eines Arbeitskampfes 1984). Dabei wurde deutlich, dass es schwierig ist, generalisierende Feststellungen zu treffen. Jedenfalls zeigte sich aber, dass eine Schlichtung dann nicht funktionierte, wenn die Positionen zu weit auseinanderlagen, insbesondere auch die verbandsinternen Konflikt-Dynamiken auf beiden Seiten einen Arbeitskampf unausweichlich machten. Dann aber bewies vor allem der große Arbeitskampf 1984, dass die Tarifvertragsparteien in der Lage waren, auch einen so großen Konflikt mit eigenen Mitteln zu lösen. Ihre im internationalen und historischen Vergleich einzigartige Leistung bestand vor allem auch darin, den Staat aus allen diesen Auseinandersetzungen herauszuhalten. Ob auch das im Vergleich zu Weimar insgesamt erheblich niedrigere Gesamt-Arbeitskampfniveau darauf zurückzuführen ist, ist zwar empirisch nicht belegbar, dass aber das viel intensivere Arbeitskampfgeschehen durch die *Zwangs*schlichtung nicht verhütet wurde, liegt offen zutage.

26.7 Grundlagen des Arbeitskampfrechts

Damit zurück zum eigentlichen Arbeitskampfrecht. In dieser Hinsicht gab es nach 1945 keinen Rückänderungsbedarf. Es galten weiterhin das BGB und (theoretisch) die – freilich wenig aussagekräftige – Weimarer Reichsverfassung (Kap. 17). Es folgte die Episode der Länderverfassungen, von denen klar war, dass sie auf dem Gebiet des Arbeitsrechts keinen Bestand haben würden (Kap. 17; dort auch zum Aussperrungsverbot der hessischen Verfassung). Danach hätte die Schaffung des Grundgesetzes die Möglichkeit geboten, das Streikrecht in der Verfassung zu verankern. Dazu wäre es auch beinahe gekommen; alle Fraktionen des parlamentarischen Rates waren im Grundsatz dazu bereit. Das Vorhaben scheiterte jedoch an den »Details«. Dem Hauptausschuss lag folgender Formulierungsvorschlag eines Art. 9 Abs. 4 vor:

57 Vgl. IG Metall, Pressemitteilung Nr. 21/2018. Auch die Rechtmäßigkeit dieser Kampfform wird von den Arbeitgebern rechtlich in Zweifel gezogen (vgl. *Kittner*, in Geschichte der IG Metall, S. 223; *Schumann/Wankel*, Ganztägige Warnstreiks, in Hofmann/Schaumburg/Smolenski, Hrsg., Miteinander für morgen, 2019, S. 118).

(4) Das Recht der gemeinschaftlichen Arbeitseinstellung zur Wahrung und Förderung der Arbeits- und Wirtschaftsbedingungen wird anerkannt. Seine Ausübung wird durch Gesetz geregelt.

Darüber gab es unvermeidliche Kontroversen über Einzelheiten: Galt das auch für Aussperrungen? Sollte auch der »politische Streik« geschützt sein? Was ist mit Beamten und in lebenswichtigen Betrieben? Auch der DGB kritisierte diesen Entwurf, allerdings aus ganz anderem Grund. Der Vorsitzende Hans Böckler schrieb Ende Oktober 1948 an Konrad Adenauer als Präsidenten des Parlamentarischen Rats: »*Daß das Streikrecht innerhalb der Gesetze anerkannt wird, ist ein inhaltsloser Satz, der überdies dazu führen könnte, die unerwünschten wilden Streiks zu begünstigen*«.[58] Er schlug statt dessen die Formulierung vor, die Nipperdey für den DGB in dessen »arbeitsrechtlichen Grundsätzen« vom 4. August 1947 erarbeitet hatte:[59]

Das Streikrecht der Gewerkschaften ist gewährleistet. Wer sich an einem gewerkschaftlichen, nicht rechtswidrigen Streik beteiligt, handelt nicht rechtswidrig.

Nachdem sie sich in Diskussion mit den größten Fraktionen nicht auf eine alles abdeckende Formel einigen konnten, verständigte sich der Hauptausschuss darauf, *nichts* zu regeln.[60] Damit hatte auch die Bundesrepublik keine Kodifikation des Streikrechts. Man musste sich weiterhin mit dem BGB begnügen.

Die ersten bedeutenden Konflikte, in denen es vor dem Inhaltlichen zunächst um deren rechtliche Zulässigkeit ging, waren nun gerade keine »gewöhnlichen« Arbeitskonflikte: ein 1951 (nur geplanter) Streik in der Stahlindustrie und im Bergbau[61] wegen der dort praktizierten bzw. einzuführenden »Montanmitbestimmung« und der (tatsächlich durchgeführte) »Zeitungsstreik« gegen das

58 Vgl. Quellen, Bd. 7, S. 867.

59 Vgl. Quellen, Bd. 7, S. 851 (vgl. *Kittner/Klengel*, Entstehung des Kündigungsschutzgesetzes, 2022, S. 54, 278 f.).

60 Unmittelbar vor der letzten Sitzung des Hauptausschusses hatte es nochmals ein Gespräch von DGB-Vertretern mit allen Fraktionen (außer der KPD) gegeben. Dort hatten die Gewerkschafter auf eine weitere Verfolgung dieses Themas verzichtet, weil »*diese Angelegenheit nicht von großer Bedeutung*« gewesen sei (so der stellvertretende DGB-Vorsitzende und frühere Vorsitzende des Deutschen Holzarbeiterverbandes, Fritz Tarnow (Quellen, Bd. 7, S. 878; hierzu eingehend *Kittner*, Arbeitskampf, S. 568 f.).

61 Dort hatte es jeweils bereits Urabstimmungen mit Zustimmungsquoten von 98 % (Stahl) und 92,8 % (Bergbau) gegeben.

geplante Betriebsverfassungsgesetz (Kap. 27). In beiden Fällen behaupteten Regierung und Arbeitgeber, die Streiks seien als »politische« unzulässig. Im Fall der Montanindustrie blieb dieser Disput auf einen – allerdings heftigen – Briefwechsel zwischen dem Bundeskanzler, Konrad Adenauer, und dem DGB-Vorsitzenden, Hans Böckler, und gutachterlichen Stellungnahmen von Rolf Dietz für die Arbeitgeber und Hans Carl Nipperdey für den DGB beschränkt.[62] Er wurde gegenstandlos, weil es zu einer Einigung über das Gesetz kam und die Streiks abgeblasen wurden.

Der Zeitungsstreik beschäftigte jedoch die Gerichte. Die bestreikten Zeitungsunternehmer verklagten die IG Druck und Papier bei 13 Arbeitsgerichten auf Schadensersatz. Es kam zu sieben LAG-Entscheidungen, bei denen es dann blieb, da es noch kein oberstes Bundesgericht gab (das BAG wurde erst 1954 eingerichtet, Kap. 28). Sechs LAG-Entscheidungen gingen gegen die IG Druck und Papier aus; sie wurde zu Schadensersatz in unterschiedlicher Höhe verurteilt. Zur Begründung wählten die Gerichte eine neue Rechtsgrundlage: § 823 Abs. 1 BGB mit dem »eingerichteten und ausgeübten Gewerbebetrieb« als Schutzgut, was in Weimar noch einhellig abgelehnt worden war (s. o.).

Die Wende hatte ein für die Arbeitgeber erstattetes Rechtsgutachten von Nipperdey vom 2. Januar 1952 unter einem seither berühmten Titel herbeigeführt: »*Die Ersatzansprüche für Schäden, die durch den von den Gewerkschaften gegen das geplante Betriebsverfassungsgesetz geführten Zeitungsstreik vom 27. – 29. Mai 1952 entstanden sind*«. Dessen Kernthese war ganz einfach: Streiks sind zunächst einmal ein Eingriff in den Gewerbebetrieb; deshalb sind sie rechtswidrig. Das gilt aber nicht, wenn sie »sozialadäquat« sind, sich also im Üblichen eines herkömmlichen Streiks um Arbeitsbedingungen halten. Darunter fiel der »Zeitungsstreik« ersichtlich nicht. Diese Grundmaxime prägt das seither vom BAG fortentwickelte Arbeitskampfrecht bis heute, wenn auch freilich mit verfassungsrechtlich »aufgebohrter« Begründung.

Mit dem Sozialadäquanz-Konzept wurde die Frage der Befugnisse der Gewerkschaft gegenüber dem Arbeitgeber auf eine neue Grundlage gegenüber Weimar gestellt. Das erfolgte auch hinsichtlich der am Streik beteiligten Arbeitnehmer, für die es damals kein »Streik*recht*« gegeben hatte (s. o.). Diesen »blinden Fleck« des Koalitionsrechts von Weimar (s. o.) beseitigte ein Jahr nach der Gründung des BAG dessen Großer Senat. Mit Beschluss vom 28. Januar 1955[63] verfügte er, dass die Teilnahme an einem rechtmäßigen gewerkschaftlichen Streik nicht

62 Vgl. *Müller-List*, Montanmitbestimmung, 1984, Dok. 41, 45, 53 und 55; *Lauschke*, Hans Böckler, Bd. 2, Gewerkschaftlicher Neubeginn 1945 – 1951, 2005, S. 378.

63 BAGE 1, 292. Dieser Beschluss erging aus Anlass des Streiks einer Handvoll von Netzmachern bei der Deutschen Hochseefischerei AG 1953. Es ist gut möglich, dass gerade seine geringe Bedeutung es dem Gericht erleichtert hat, so weittragende Grundsätze »am grünen Tisch« zu entwickeln.

mehr als Vertragsbruch zu gelten habe auf den mit fristloser Kündigung reagiert werden konnte. Damit wurde mit der seit dem Kaiserreich üblichen Praxis gebrochen, dass man, um dem zu entgehen, für einen Streik das Arbeitsverhältnis kündigen musste. Freilich ließ der Große Senat keine Zweifel an seiner reservierten Haltung gegenüber Arbeitskämpfen im Allgemeinen. Sein Credo in dieser Hinsicht ist berühmt: »*Arbeitskämpfe (Streik und Aussperrung) sind im allgemeinen unerwünscht, da sie volkswirtschaftliche Schäden mit sich bringen und den im Interesse der Gesamtheit liegenden sozialen Frieden beeinträchtigen; aber sie sind in bestimmten Grenzen erlaubt, sie sind in der freiheitlichen, sozialen Grundordnung der Deutschen Bundesrepublik zugelassen.*«

Ein zweiter (und bis heute letzter) Beschluss des Großen Senats in Arbeitskampfangelegenheiten vom 21. April 1971[64] brachte diese Neuausrichtung zu Ende: Aus Anlass eines Streiks und einer Aussperrung in der Spielbank Bad Neuenahr wurde entschieden, dass eine Streikbeteiligung die Arbeitspflichten nur suspendiere, den Arbeitgeber also nicht zur fristlosen Kündigung berechtige (die lösende Aussperrung als kollektives Kampfmittel blieb allerdings noch erhalten). Das war ein wichtiger weiterer Beitrag zur »Zivilisierung« von Arbeitskämpfen.

Dieser gänzlich ohne Bezug auf verfassungsrechtliche Argumente hergeleitete Beschluss brachte sich allerdings um die verdiente Anerkennung bei allen für das Streikrecht Engagierten, weil er seine Rechtswohltat mit den fatalen Worten einleitete:

> *Arbeitskämpfe (Streik und Aussperrung) sind im allgemeinen unerwünscht, da sie volkswirtschaftliche Schäden mit sich bringen und den im Interesse der Gesamtheit liegenden sozialen Frieden beeinträchtigen; aber sie sind in bestimmten Grenzen erlaubt, sie sind in der freiheitlichen, sozialen Grundordnung der Deutschen Bundesrepublik zugelassen.*

Dies war und blieb ein leicht zu instrumentalisierender Einstieg in Kritik an Streik-averser BAG-Rechtsprechung. Den Beschluss von 1955 noch überbietend, konnte sich der Große Senat 1972 nicht enthalten, der Arbeitsrechtswelt folgendes ins Stammbuch zu schreiben:[65]

---

64 BAGE 23, 292.

65 In meiner persönlichen Biografie nahm die Auseinandersetzung um ein »Verbot der Aussperrung« ihren Anfang mit diesem Beschluss. Zu dieser Zeit war ich im Justiziariat des DGB-Bundesvorstands beschäftigt und in die von der Abteilung Arbeitsrecht zu verantwortende Presseerklärung des DGB zu diesem Beschluss einbezogen (vgl. DGB-Nachrichten 134/77 vom 21. 4. 1991). Deren Kollegen wollten – völlig zu Recht – diesen Beschluss als Fortschritt für Arbeitnehmer kommentieren, es aber dabei belassen. Es bedurfte intensiver Verhandlungen, um folgende Passage aufzunehmen: »*Der DGB be-*

»Arbeitskämpfe müssen zwar nach unserem freiheitlichen Tarifvertragssystem möglich sein, um Interessenkonflikte über Arbeits- und Wirtschaftsbedingungen im äußersten Fall austragen und ausgleichen zu können. In unserer verflochtenen und wechselseitig abhängigen Gesellschaft berühren aber Streik wie Aussperrung nicht nur die am Arbeitskampf unmittelbar Beteiligten, sondern auch Nichtstreikende und sonstige Dritte sowie die Allgemeinheit vielfach nachhaltig. Arbeitskämpfe müssen deshalb unter dem obersten Gebot der Verhältnismäßigkeit stehen. Dabei sind die wirtschaftlichen Gegebenheiten zu berücksichtigen, und das Gemeinwohl darf nicht offenkundig verletzt werden.«

Diese Sentenz verwenden seither und bis heute alle, die sich um Argumentationsfiguren gegen Streiks bemühen.[66] Außerdem wurde und wird er gegen unliebsame Entscheidungen mit dem Argument ins Feld geführt, das entscheidende Gericht hätte die Sache erneut dem Großen Senat vorlegen müssen.

26.8 Bilanz der »Sozialadäquanz«-Rechtsprechung

Die unvoreingenommene Beurteilung der neuen Rechtslage nach 1953/55 war unvermeidlich davon geprägt, was mit dem Sozialadäquanz-Konzept »genommen« worden war (voran wie im Fall des Zeitungsstreiks das Recht auf »politische« Arbeitsniederlegungen). Hier liegt das zentrale Missverständnis. Denn mit Blick auf den letzten Stand der RG- bzw. RAG-Rechtsprechung (s. o. 26.5) war keineswegs ausgemacht, was davon alles auf Grundlage der allerletzten Entscheidungen des RAG noch gebilligt worden wäre. Das wird allerdings auf ewig hypothetisch bleiben.
Eine solche Gewinn-und-Verlust-Rechnung ist aber nach über 70 Jahren Praxis eine interessante Möglichkeit der Bilanzierung und Bewertung dieses Nipperdey'schen – so darf man das wohl auch heute noch bezeichnen – Arbeitskampfrechts. Seine Haben-Seite ist eindrucksvoll: Für ihr »Kerngeschäft«, die Durchsetzung von Tarifverträgen, resultierten aus dem neuen Recht keine funktionswidrigen Begrenzungen für die Gewerkschaften. Außer in einem eher bizarren Fall einer inzwischen verschwundenen Kleingewerkschaft aus den Anfängen der

---

dauert es ebenfalls, dass das höchste deutsche Arbeitsgericht sich offenbar über die von verschiedenen Seiten vorgebrachten verfassungsrechtlichen Bedenken gegen die Zulassung der Aussperrung überhaupt hinweggesetzt hat«.

66 Z. B. das ArbG Nürnberg in seiner allseits als skandalös empfundenen einstweiligen Verfügung gegen einen Streik der Lokführer im Jahr 2007 (dokumentiert bei *Blanke*, KJ 2008, 218 ff.).

Bundesrepublik,[67] wurde niemals eine Gewerkschaft wegen Verletzung der Sozialadäquanz, denen der Sache nach auch die späteren aus Art. 9 Abs. 3 GG hergeleiteten Rechtmäßigkeits-Kriterien entsprachen – zu Schadensersatz verurteilt. Alle Fälle, in denen die Rechtswidrigkeit eines Streiks von Gerichten festgestellt wurde, beruhten auf einer Verletzung der tarifvertraglichen Friedenspflicht, deren Grenzen die Gewerkschaften mit professioneller Beratung im Regelfall gut einzuschätzen wussten.

Dem stand all das gegenüber, was nicht mehr möglich sein sollte – wohlgemerkt gegenüber eine »lupenreinen«, frühliberalen Auslegung des § 826 BGB (die so aber nicht mehr die Bezugsgröße war). Das mochte, je nach dem politischen Standpunkt des Betrachters, als ein hoher – möglicherweise allzu hoher – Preis für die zweifelsfreien Rechtswohltaten erscheinen. Allerdings müssen wir dies nicht retrospektiv auf den Status in den Jahren 1953/1955 bewerten, sondern haben inzwischen 70 Jahre praktische Erfahrungen. Sie relativieren vieles (und im Übrigen führte die ab 1980 hinzutretende verfassungsrechtliche Dimension der Streikrechtsbegründung zu Korrekturen).

(1) Tariflich regelbare Kampfziele

Wenn man von dem sogleich gesonderten Fall des »politischen« Streiks, dem Anlassfall für den Schwenk hin zur »Sozialadäquanz«, absieht, gibt es eigentlich keine arbeitsbezogenen Themen, deren kampfweise Verfolgung den Gewerkschaften abgeschnitten worden wäre. Bei der Analyse der üblichen Tarifvertragsinhalte wurde vielmehr die »Selbstbeschränkung« der Gewerkschaften auf Entgelt und Arbeitszeit deutlich (Kap. 22), die arbeitskampfrechtlich immer unbestrittene Ziele waren. Außerdem ist die Zurückhaltung gegenüber Inhalten, die man lieber dem Gesetzgeber überließ, seit dem Schleswig-Holstein-Streik unverkennbar (Kap. 9).

Erst in jüngerer Zeit ist die Möglichkeit eines streikweisen Einflusses auf Unternehmerentscheidungen, insbesondere bei Umstrukturierungen, erörtert worden.[68] In dieser Hinsicht ist auf einen markanten Unterschied zu vielen Ländern

---

67 Der »Senefelder Bund« war eine noch aus Zunftzeiten stammende Druckervereinigung. Sie kämpfte gegen einen für allgemeinverbindlich erklärten Tarifvertrag, den die IG Druck und Papier abgeschlossen hatte. Streikziel war die Möglichkeit zum Abschluss von »freien Arbeitsverträgen« ohne Bindung an diese Allgemeinverbindlich-Erklärung (vgl. BAG 4.5.1955, BAGE 2, 75). Das wäre auch ohne Bezug auf »Sozialadäquanz« unter jedem Streikrechts-Regime ein rechtswidriger Streik gewesen.

68 Vgl. *Däubler*, Tarifverträge zur Unternehmenspolitik?, HSI-Schriftenreihe Nr. 16, 2016; *Klein/Klocke/Schlachter*, Standort- und Beschäftigungssicherung in Tarifverträgen und Betriebsvereinbarungen, HSI-Schriftenreihe Nr. 43, 2022; *Rieble/Junker/Giesen*, Hrsg., Ausweitung der Tarifmacht – Zugriff auf Unternehmensautonomie und Marktverhalten, 2012.

mit deutlich höherer Streikaktivität als Deutschland hinzuweisen, wo vielfach um Themen gekämpft wird, die hier durch die Beteiligung des Betriebsrats und/oder auf arbeitsgerichtlichem Wege gelöst werden. So gesehen, machte es keinen Sinn, ein Streikverbot für solche Ziele als »Verlust« zu bilanzieren.

Ein interessanter Fall ist der Solidaritäts- bzw. Sympathie- oder neuestens: Unterstützungsstreik. Er wurde in den Anfangsjahren der Bundesrepublik ganz selbstverständlich als »sozialadäquat« angesehen, weil er immer schon zu der herkömmlichen Arbeitskampfpraxis gehört hatte, und der ja, wenn damit ein anderer Tarifarbeitskampf unterstützt werden sollte, jedenfalls mittelbar ein tarifvertraglich regelbares Ziel habe.[69] Davon ging das BAG im Jahr 1988 ab und hielt einen Sympathiestreik für rechtswidrig, weil er ein tarifliches Ziel eben nicht direkt verfolgte.[70] Das wiederum korrigierte das BAG mit der Begründung, die dazu (auch) zugrunde liegende »Kernbereichs«-Rechtsprechung des BVerfG sei aufgeben worden (Kap. 17). Das ist sicher unter vielerlei Gesichtspunkten interessant. Das Bemerkenswerteste liegt allerdings hinter all diesen Judikaten: Sie handeln von einem »Phantom« der Arbeitskampfgeschichte. Denn nichts fällt schwerer, als einen Solidaritätsstreik zu organisieren, und nichts ist schwieriger, als handfeste Beispiele aufzurufen. Signifikant ist der dem jüngsten BAG-Urteil zugrunde liegende Fall: In einem aus mehreren formal selbstständigen Gesellschaften bestehenden Druckereiunternehmen streikten 40 Redakteure. Zu ihrer Unterstützung rief die Gewerkschaft ver.di die 190 Druckereiarbeiter zum Solidaritätsstreik auf. Diesem Aufruf folgten gerade einmal 20 Arbeiter. Dieser Fall steht für eine – ungeachtet einzelner Ausnahmefälle – Konstante der bisherigen Arbeitskampfgeschichte, dass es außerordentlich schwierig, ja eigentlich unmöglich ist, »entfernte« Beteiligte zu einer Solidaritätsarbeitsniederlegung zu animieren.[71]

(2) Nichtgewerkschaftliche Arbeitsniederlegungen

In dieser Hinsicht wich das neue Recht in der Tat von Weimar ab: Damals galten »wilde Streiks«, wie sie allgemein – eher abwertend – bezeichnet wurden, als zulässige Arbeitskämpfe (mit dem auch für den gewerkschaftlichen Streik geltenden Vorbehalt des Arbeitsvertrags).[72] Solche nicht von den Gewerkschaften

69 *Hueck/Nipperdey*, Arbeitsrecht, 2. Bd., 7. Aufl. 1970. Zu Weimarer Zeiten hatte das RAG einen Sympathiestreik nicht als sittenwidrig angesehen (RAG 10.5.1930, Bens. 10, 100).

70 BAG 12.1.1988, NZA 1988, 474. Dass erst im Jahr 1988 wieder ein Solidaritätsstreik vor das BAG kam, zeigt überdeutlich, wie wenig es diese Kampfform gibt.

71 Nach meiner Erinnerung ist es z. B. der IG Metall niemals gelungen, bei einer bundesweiten Tarifbewegung ihre eigenen Mitglieder außerhalb eines im »richtigen« Streik befindlichen Tarifgebiets zu begleitenden Arbeitsniederlegungen zu bewegen.

72 Vgl. RG 7.11.1931, Bensh. 13, 591; *Hueck/Nipperdey*, Arbeitsrecht, Bd. 2, 3.–5. Aufl. 1932, S. 650 Fn. 6.

ausgerufenen Arbeitsniederlegungen waren für diese zu jeder Zeit ein Problem. Denn ein solcher Streik bedeutete, dass die beteiligten Arbeitnehmer glaubten, einen Konflikt ohne oder gar gegen ihre Gewerkschaft kampfweise lösen zu können – eine Herausforderung für deren Legitimation und Führungsanspruch. Eine ultimative Erfahrung hatten die Gewerkschaften diesbezüglich mit den Munitionsarbeiterstreiks am Ende des Ersten Weltkriegs gemacht.[73] Und in der Weimarer Republik wurden sie zum Mittel der planmäßigen Destruktion der von der »Komintern« befohlenen KPD-Politik der »Revolutionären Gewerkschafts-Opposition« RGO).[74] Diese traumatischen Erfahrungen wurden nach dem Krieg im Westen wieder aufgefrischt durch eine direkt an das RGO-Konzept anknüpfende Gewerkschaftspolitik der KPD. Sie verpflichtete ihre Mitglieder mit einer »These 37« zur Obstruktion in den Gewerkschaften und zur Auslösung von Kampfaktionen an den Gewerkschaftsführungen vorbei.[75] Das erklärt den Zweifel von Hans Böckler an der Formulierung des Parlamentarischen Rats zum Streikrecht (s. o. 26.7) und ist der Hintergrund für eine nahezu hysterische Ablehnung »wilder Streiks« in einer offizösen, im gewerkschaftlichen Bund-Verlag erschienenen Schrift: »*Der wilde Streik aber, unüberlegt und unorganisiert durchgeführt, trägt bereits vor seiner Auslösung den Stempel des Bankerotts. Seine Organisatoren sind die Desperados einer unverantwortlichen illegalen Kampfmaßnahme, die, gewerkschaftsseitig nicht gebilligt, keine Aktion, sondern ein Verbrechen ist*«.[76]

Das neue »Sozialadäquanz«-Recht verkomplizierte die Sache zusätzlich. Denn nun erschien eine Gewerkschaft, die sich gegen einen »wilden Streik« wenden wollte, nahezu unvermeidlich an der Seite des Arbeitgebers, der dessen Rechtswidrigkeit geltend machte. Das brachte sie »zwischen Baum und Borke« und führte für Jahrzehnte zu einer sprachlosen, völlig verkrampften Haltung in dieser Frage. Das wurde erst aufgelöst durch eine Rede von Eugen Loderer, dem 1. Vorsitzenden der IG Metall, auf dem Münchener Kongress »Streik und Aussperrung« 1973: »*Im Gewande eines angeblichen Streikmonopols der Gewerkschaften werden so die Gewerkschaften zwischen die Stühle gebracht und die Kollegen, die an spontanen Arbeitsniederlegungen teilgenommen haben, der Willkür der Un-*

73 Vgl. *Rürup/Kolb/Feldman*, Die Massenbewegungen der Arbeiterschaft in Deutschland am Ende des Ersten Weltkriegs (1917–1920), in Politische Vierteljahresschrift 1972, S. 84ff.

74 Vgl. *Deppe/Roßmann*, Kommunistische Gewerkschaftspolitik in der Weimarer Republik, in Matthias/Schönhoven, Hrsg., Solidarität und Menschenwürde, 1984, S. 209ff. In diese Richtung, allerdings bei weitem nicht so effektiv, wirkte auch die »Nationalsozialistische Betriebszellen-Organisation« (NSBO; vgl. *Mai*, die nationalsozialistische Betriebszellen-Organisation, Vierteljahreshefte für Zeitgeschichte 1983, S. 573ff.

75 Vgl. *Kittner*, Geschichte der IG Metall, S. 159.

76 *Grote*, Der Streik, 1952, S. 81.

ternehmer ausgeliefert (Kündigung, Schadensersatz!). Für die Gewerkschaft kann es nicht darauf ankommen, die eigene organisationspolitische Position durch das Rechtswidrigkeitsurteil des Bundesarbeitsgerichts prägen zu lassen. Hier muß die Bewertung von Fall zu Fall je nach den einzelnen Umständen getroffen werden. So gibt es sicherlich spontane Arbeitsniederlegungen, die unter dem Gesichtspunkt einer geschlossenen solidarischen Handlungseinheit und der taktischen Beschlüsse der Organisation nicht gebilligt werden können. Es gibt aber andere, und eine Vielzahl der Arbeitsniederlegungen des Jahres 1973 waren solche, die durch die Preistreiberei und tarifpolitische Starrköpfigkeit der Arbeitgeber ausgelöst wurden. Und es gibt viele Aktionen, in denen die Kollegen sich legitimerweise gegen Willkür und Übergriffe im betrieblichen Bereich zur Wehr setzen. Schließlich müssen Formen des Protestes völlig ausgeklammert werden als Ausdruck der Freiheit zur wirksamen Meinungsäußerung«.[77] Diese Rede wirkte wie die berühmte Fabel von des »Königs neuen Kleidern«. Nachdem die Dinge beim Namen benannt worden waren, verloren sie ihren Schrecken.

Dazu kam freilich auch, dass nach dem Verschwinden des kommunistischen Einflusses in den Betrieben auch sonst die Anlässe für nichtgewerkschaftliche Arbeitsniederlegungen schwanden: Die »Septemberstreiks« 1969 und vergleichbare Aktivitäten 1973, in denen es um Lohnerhöhungen während der Laufzeit der Tarifverträge ging, blieben Episoden (bis heute), denn die IG Metall reagierte durch kürzere Laufzeiten der entsprechenden Tarifverträge und eine intensivere Beteiligung der betrieblichen Funktionäre in ihren Tarifkommissionen.[78] Auch änderten sich die ökonomischen Rahmenbedingungen: Statt auf eigene Faust zusätzlichen Lohnerhöhungen nachzujagen, mussten die Belegschaften sich durchweg auf Verteidigung des Erreichten verlegen; »Pforzheim« lautet in der neusten Zeit die alles dominierende Chiffre (Kap. 22). Der weitere Block bis dahin typischer spontaner betrieblicher Konflikte bezog sich auf kleinere alltägliche Arbeitsstreitigkeiten der unterschiedlichsten Art. Sie wurden im Laufe der Zeit immer mehr von der betrieblichen Mitbestimmung des doch gegenüber dem BRG 1920 deutlich ausgebauten BetrVG 1952 und noch stärker durch das

77 Vgl. *Loderer*, Begrüßung, in Kittner, Hrsg., Streik und Aussperrung, 1974, S. 20ff. Die Kernsentenz wurde später in den offiziellen Geschäftsbericht der IG Metall übernommen (vgl. Geschäftsbericht 1971 – 1973, S. 29). Heute kann man sich nicht mehr vorstellen, wie delikat diese Sache noch 1973 war: Ich habe mit Eugen Loderer noch unmittelbar, ehe er diese Rede hielt, im Kongresshotel etwa zwei Stunden über diesen Inhalt konferiert, weil er bis zuletzt Zweifel hatte, ob er das sagen solle. Den Ausschlag gab schließlich Anke Fuchs, damals u. a. für Rechtsfragen zuständiges Vorstandsmitglied und später Staatsekretärin im Bundesarbeitsministerium. Sie hatte mit ihrer Herkunft aus hanseatischem »sozialdemokratischem Hochadel« (ihr Vater, Paul Nevermann, war dort bis 1990 Erster Bürgermeister gewesen) sein unbedingtes Vertrauen.

78 Vgl. *Kittner*, Handlungs- und Konfliktfähigkeit von DMV und IG Metall, in Hofmann/Benner, Hrsg., Geschichte der IG Metall, S. 195f.

Gesetz von 1972 abgefangen (Kap. 27).[79] Die bis dahin im Zwielicht der möglichen Illegalität stattfindenden verhandlungsbegleitenden Warnstreiks wurden schließlich durch die Schlichtungs- und Schiedsvereinbarung von 1980 offiziell möglich (s. o.).

(3) »Politischer Streik«

Bleibt schließlich der Streiktyp, der die Nipperdey'sche Wende ausgelöst hatte: der sog. politische Streik. Insofern hat sich seit den LAG-Urteilen und dem Zeitungsstreik-Gutachten eines geklärt: Es war fortan nie mehr die Rede von einer möglichen »Parlamentsnötigung«; es ging – auch in der seitherigen Praxis immer nur um kurzzeitige Demonstrationen während der Arbeitszeit um politische Themen. In dieser Art hat es ungeachtet der seit 1953 produzierten Rechtslage regelmäßig Aufrufe von Gewerkschaften und teils sehr ansehnlichen Beteiligtenzahlen gegeben.[80]

Die neue Rechtslage wirkte also in keiner Weise als prohibitiv. Das Hauptproblem war und blieb die Bereitschaft der Arbeitnehmer »auf die Straße zu gehen«.[81]

---

79 Eine auf die Jahre zwischen 1975 und 1988 beschränkte exzessive Variante waren Betriebsbesetzungen (mit einem Nachzügler 1996 im ostdeutschen Bischofferode), durchweg Verzweiflungstaten wegen überraschend angekündigter Betriebsschließungen (vgl. *Kittner*, a. a. O., S. 198). Sie wurden in gesteigerter Weise rechtswidrig angesehen (»*mit unserer Rechtsordnung unvereinbar*«, BAG 14. 2. 1978, BAGE 30, 43, im Falle des Falles »Seibel/Erwitte«; hierzu *Tschenker*, Die Betriebsbesetzung 1975 in Erwitte und die juristischen Folgen, AuR 2019, G5; *Kittner*, 50 Urteile, S. 304; insgesamt *Treber*, Aktiv produktionsbehindernde Maßnahmen, 1996). Der Beirat der IG Metall hat es in einem Beschluss vom 12. 3. 1985 zu Instrumenten der Arbeitsplatzsicherung abgelehnt, das Mittel der Betriebsbesetzung positiv zu würdigen. Stattdessen hat er auf die beschränkten Möglichkeiten einer Gewerkschaft hingewiesen. Betriebsbesetzungen verschwanden wieder aus dem Repertoire, als eine Betriebsschließung nicht länger als etwas Undenkbares galt, mithin der emotionale Rückhalt auch in der Bevölkerung für derartig ultimative Aktionen schwand.

80 Vgl. Aufzählungen bei *Däubler*, Arbeitskampfrecht, § 13 Rn. 57 *Kissel*, Arbeitskampfrecht, § 24 Rn. 52.

81 Die mit Abstand größte derartige Arbeitsniederlegung in Deutschland war ein Protest gegen die Änderung des § 116 AFG im Jahr 1986 mit etwa 1 000 000 Teilnehmern (s. u.). Sie war nach intensiver Diskussion im Vorstand der IG Metall danach als Aktion aller Gewerkschaften durchgeführt worden. Da der Aufruf dazu an alle Arbeitnehmer gerichtet war, es sich also intentional um den Versuch eines »Generalstreiks« gehandelt hatte, lieferte diese Aktion exemplarisch Chancen und Risiken eines solchen: Für diese Aktion hatte es den allergünstigsten medialen Vorlauf gegeben mit einer freundlich gesonnenen Öffentlichkeit. Und trotzdem beteiligten sich »nur« 1 Mio. Arbeitnehmer. Diese Relativierung ist unausweichlich, wenn an den »Empfängerhorizont« gedacht wird: Die Regierung bekam nämlich von den Gewerkschaften selbst vorgeführt, dass sich 29 Mio. Arbeitnehmer nicht beteiligt hatten! Daraus konnte sie entspannt ihre Schlüsse ziehen.

Dabei war durchweg unverkennbar, dass die Arbeitnehmer in Deutschland diesbezüglich eben doch eine ganz andere DNA haben als die französischen.[82]

26.9 Konsolidiertes Arbeitskampfrecht 1971 – 1996

Die eigentliche Arbeitskampfpraxis um »normale« Tarifforderungen verlief, wie gesagt, unproblematisch unter dem neuen Rechtszustand. Probleme gab es für beide Seiten nur hinsichtlich der Einübung in die neue Freiheit, ohne den staatlichen Schlichter, der früher bei jedem ernsthafteren Konflikt sich sogleich um seine rasche Beendigung bemüht hatte. Natürlich gab es Streiks in der Breite aller privaten Wirtschaftsbereiche, die wichtigsten aber schon von Anfang an in der Metallindustrie. In Hessen und Bayern ersparte die IG Metall den Arbeitgebern eine echte Belastungsprobe, denn sie zog mit unzureichenden »Truppen« in den Kampf. Sie musste beide nach erheblichen Problemen mit Streikbrechern erfolglos beenden, in Hessen mit einem »blauen Auge«, in Bayern als komplette Niederlage mit anschließender Kündigung von über 1000 ihrer wichtigsten betrieblichen Funktionäre.[83] Schleswig-Holstein war ein Sonderfall, denn da wurden praktisch gleich zu Beginn alle für eine Arbeitskampf infrage kommenden Gewerkschaftsmitglieder in den Streik einbezogen. Da ging es für beide Seiten ausschließlich um das Durchhalten des Streiks. Als sich dann das Streikgeschehen in den Südwesten verlagerte, kamen die beiden Komponenten ins Spiel, die bis 1984 das Arbeitskampfgeschehen und die damit zusammenhängenden Rechtsfragen beherrschten: die Aussperrung und die »kalte« Aussperrung genannte Freisetzung mittelbar vom Arbeitskampf betroffener Arbeitnehmer.

Die ersten Vorboten lieferte der Arbeitskampf 1963 in Nordwürttemberg/Nordbaden (das größte von drei Tarifgebieten der Metallindustrie Baden-Württembergs), bei dem die Arbeitgeber gegenüber 80 000 Streikenden 160 000 Arbeitnehmer aussperrten; mittelbar Betroffene wurden nur in Ansätzen registriert. Da der Arbeitskampf im Übrigen nach nur zwei Wochen unter kräftiger Hilfestellung der Politik beendet worden war, hinterließ er keinen besonderen Diskussionsbedarf. 1970 kam dann Claus Noé in einer empirischen Studie über diesen Arbeitskampf zu dem Schluss, *»dass alle Arbeitnehmer durch eine Aussperrung erheblich mehr in ihrer materiellen Existenz betroffenen und bedroht werden als die bestreikten Arbeitgeber.«*[84]

---

82 Zur Wahrheit gehört freilich auch, dass die allermeisten »Generalstreiks« in Frankreich davon abhingen, dass die Gewerkschaften als Erstes die öffentlichen Verkehrsmittel zum Erliegen brachten. Über die Situation in der Privatwirtschaft lag in der Regel ein »Mantel des Schweigens«.

83 Vgl. *Kittner*, Arbeitskampf, S. 616 ff.

84 *Noé*, Gebändigter Klassenkampf? – Tarifautonomie in Deutschland, 1970, S. 223.

Richtig ernst wurde es dann schon im Jahr 1971, dem Jahr des zweiten Beschlusses des »Großen Senats«. Wiederum in Nordwürttemberg/Nordbaden kam es mit ähnlichen Dimensionen von Streik und Aussperrung zum Arbeitskampf; dieses Mal kam allerdings eine völlig neue Dimension hinzu: Außerhalb des umkämpften Tarifgebiets wurden 235 000 Arbeitnehmer von der Arbeit freigestellt, weil wegen des Arbeitskampfs Vormaterial ausblieb oder die eigenen Produkte nicht abgenommen wurden. Diese »kalt« Ausgesperrten (so der rasch gefundene Slogan) verloren nach der »Sphärentheorie« (s. o.) ihren Entgeltanspruch, erhielten aber nach der Satzung der IG Metall auch keine Unterstützungsleistung, sodass sich diese buchstäblich »vor dem Abgrund« sah.

Damit gerieten mögliche Leistungen der (inzwischen sogenannten) »Bundesanstalt für Arbeit« in den Fokus. In dieser Hinsicht hatte sich die Rechtslage mit dem »Arbeitsförderungsgesetz« vom 25. Juni 1969[85] drastisch geändert: In Anschluss an die Rechtlage in der Weimarer Republik hatte die Vorgängerregelung des »Gesetzes über Arbeitsvermittlung und Arbeitslosenversicherung« (AVAVG) vom 3. April 1957[86] keinerlei Leistungen in Arbeitskämpfen vorgesehen. Das AFG grenzte diesen Ausschluss auf unmittelbar an Arbeitskämpfen Beteiligte ein; nach § 116 Abs. 3 sollten auch mittelbar Betroffene im Regelfall Leistungen erhalten (in der Regel Kurzarbeitergeld, da die Arbeitsverhältnisse ja bestehen blieben).

Nun stand diese Neuregelung vor ihrer ersten, von den meisten (vor allem den Unionspolitikern, die sie mit beschlossen hatten) bei ihrer Schaffung so wohl nicht gesehenen Bewährungsprobe. Sie wurde vorderhand einfach und drastisch gelöst: Der Präsident der BA, Josef Stingl, ein früherer CSU-Politiker, lehnte am 22. März 1973 die Zahlung von Kurzarbeitergeld ab, weil es sich in Baden-Württemberg um einen »Modellarbeitskampf« gehandelt habe, dessen Ergebnis auf die übrigen Tarifgebiete übertragen werden sollte. Aus der damit dann völlig desolaten Situation wurde die IG Metall durch den Verwaltungsrat der BA erlöst, der mit der Mehrheit der »öffentlichen« und der Arbeitnehmerbank den »Stingl-Erlass« aufhob und die Leistungen zusprach.[87] Der Arbeitskampf selbst ging dann mit einem für beide Seiten akzeptablen Ergebnis zu Ende.

Die mit ihm eröffneten Perspektiven für künftige Arbeitskämpfe lösten bei der IG Metall einen Schock aus. Denn konnte sie schon eine Aussperrung von längerer Dauer an ihre Grenzen zu bringen, so erschienen diese mit der hinzutretenden »kalten« Aussperrung weit überschritten. Das brachte sie zu einer

85 BGBl. I 852.

86 BGBl. I 321.

87 Gegen diese Entscheidung klagten die Metallarbeitgeber. Das BSG hielt zwar den Verwaltungsrat nicht für seine Entscheidung für zuständig, hielt jedoch die Leistungsgewährung für zulässig. Dabei legte er sehr enge Kriterien für eine Leistungsverweigerung auf (vgl. BSG 9. 9. 1975, BSG 40, 190).

Manöverkritik von historischer Dimension, denn noch nie hatte eine deutsche Gewerkschaft, die rechtlichen Rahmenbedingungen und deren Wirkung auf ihr Handeln so grundsätzlich unter die Lupe genommen.
Der maßgebliche Akteur war Otto Brenner, der damalige 1. Vorsitzende der IG Metall, ein Mann mit weit über die Gewerkschaften ausgreifendem Ansehen, der gerade eben eine prominente Rolle beim Kampf um die Notstandsgesetzgebung und den Schutz des Streikrechts gespielt hatte.[88] Er formulierte für eine Klausurtagung des IG Metall-Vorstands am 24. Februar 1972 Grundsätze, die er dort schon nicht mehr selbst vortragen konnte (er starb am 15. April 1972).[89] Sein »Arbeitskampfvermächtnis«[90] wurde zum Ausgangspunkt der arbeitskampfrechtlichen Entwicklung der nächsten Jahre:

1. Wie kann verhindert werden, daß der § 116 des Arbeitsförderungsgesetzes in einer künftigen Tarifauseinandersetzung negativ für die Gewerkschaften ausgelegt wird?
2. Was muß im Zusammenhang damit seitens der Organisation getan werden, um unseren Mitgliedern klarzumachen, daß ein Streik in einem bestimmten Tarifgebiet unter Umständen auch von ihnen gewisse Opfer erfordert, die im Interesse des Ganzen und eines dann auch für alle befriedigenden Ergebnisses gebracht werden müssen?
3. Welche Gegenstrategie kann gegen die Aussperrung durch die Arbeitgeber entwickelt werden?
4. Was können wir als Gewerkschafter tun, um mit Erfolg etwaigen Betriebsstillegungen als Druckmittel seitens der Arbeitgeber zu begegnen?
5. Was kann getan werden, um die organisatorische Vorbereitung von Arbeitskämpfen und während dieser Arbeitskämpfe die Koordinierung zwischen den Tarifgeboten zu verbessern?
6. Wie kann die ständige Information und Kommunikation der nicht unmittelbar an einem Arbeitskampf Beteiligten sichergestellt werden?
7. Wie läßt sich konkret die Aufgabe des Vorstandes hinsichtlich der Koordinierung von Tarifbewegungen optimal verwirklichen?

---

88 Vgl. *Becker/Jentsch*, Otto Brenner. Eine Biografie, 2007; *Becker*, Otto Brenner 1907 – 15. April 1972 – demokratischer Sozialist und linker Gewerkschafter, in Hofmann/Benner, Hrsg., Geschichte der IG Metall, S. 592ff.

89 Vgl. Archiv der Sozialen Demokratie, 5/IGMA45072200.

90 Vgl. *Kittner*, Otto Brenners Arbeitskampfvermächtnis, AuR 2015, G 5.

Diesen Text habe ich gleich an meinem ersten Arbeitstag bei der IG Metall, am 2. Mai 1972, vom amtierenden, bis dahin 2. Vorsitzenden, Eugen Loderer, erhalten mit dem Auftrag, mich um die darin aufgeworfenen Fragen zu »kümmern«.[91] Das erforderte neben der organisatorischen Seite rechtspolitisch offenkundig Aktivitäten hinsichtlich der beiden virulenten Themen »Aussperrung« und »Kalte Aussperrung«.
Die Rechtslage hinsichtlich der Aussperrung schien einfach: Das BAG behandelte sie – in der Tradition des RAG – mit großer Selbstverständlichkeit als gegebenes Kampfmittel der Arbeitgeber, das »natürliche« Pendant zum Streik. Und: Die Gewerkschaften akzeptierten das als gottgegeben. Das kam recht sinnfällig zum Ausdruck in der Art ihrer Reaktion auf die beiden Beschlüsse des Großen Senats, denen jeweils Aussperrungen zugrunde lagen. Nachdem schon der Beschluss von 1955 nur eine interne rechtstechnische Diskussion nach sich gezogen hatte,[92] wollte die arbeitsrechtliche Abteilung des DGB-Bundesvorstands den Beschluss von 1971 eigentlich nur für den Rechtsfortschritt der suspendierenden Wirkung von Arbeitskampfmaßnahmen loben, es aber dabei belassen. Nach intensiven Diskussionen mit dem Justiziariat wurde dann jedoch folgender abschließende Satz in die hierzu formulierte Presserklärung einbezogen:[93] »*Der DGB bedau-*

91 Ich bin – je länger die Dinge zurückliegen, desto mehr – fasziniert von der Unbekümmertheit des neuen Vorsitzenden hinsichtlich dieses Auftrags. Mir selbst schwante, dass da große Schuhe vor mir standen, und ich bemühte mich rasch, aber leider vergeblich, um fachlichen Beistand. Ich fragte die beiden berühmtesten damals dafür in Frage kommenden Jura-Professoren, Thilo Ramm und Rudolf Wiethölter, ob sie mich beraten könnten (im Sinne von regelmäßigem Gedankenaustausch über anliegende Probleme). Ramm war als »Rebell gegen Nipperdey« (Kap. 25) und Gutachter für die IG Metall dafür prädestiniert, und Wiethölter hatte mit seinem Buch »Rechtswissenschaft« (1968) eine ganze Generation junger Juristen politisiert. Sie reagierten diametral verschieden: Wiethölter fragte, ob das auch bedeuten könne, dass die IG Metall etwas aufgrund seines Ratschlags in die Tat umsetze. Als ich das bejahte, erwiderte er (ziemlich wörtlich): »*Um Himmels willen, das geht nicht. Dann könnte ich nie mehr ruhig schlafen, wenn ich wüsste, dass die große IG Metall etwas getan hat, weil ich dazu geraten habe*«. Ramm antwortete dagegen: »*Das hört sich gut an. Dann machen wir es so: Wenn Sie mal ein Problem haben, dann unterbreiten Sie mir das, und ich sage Ihnen was Sie zu tun haben.*«

92 In einer Vorstandsitzung des DGB am 5. Juli 1955 wurde der erste Beschluss des Großen Senats vom späteren »Staranwalt« der Gewerkschaften, Kurt Thon, ausschließlich unter rechtstechnischen Aspekten referiert. Als einziger Teilnehmer fand der Leiter der Bundesrechtsstelle, Karl Debus, grundlegende Worte: »*Fraglich ist allerdings, ob die vom Bundesarbeitsgericht zum Ausgang gemachte Gleichheit von Streik und Aussperrung wirklich beseht, die eine Gleichbehandlung fordert*« (Quellen, Bd. 11, S. 696, 700). In der Diskussion griff niemand Debus' Bemerkung auf (auch nicht Otto Brenner).

93 Damals war ich Mitarbeiter im Justiziariat des DGB. Das war meine erste berufliche Berührung mit Fragen des Arbeitskampfrechts. Dass diese Themen schon ein Jahr später und dann für lange der Mittelpunkt meiner beruflichen Tätigkeit bei der IG Metall werden sollten, stand in den Sternen. Ich habe mich übrigens bei meiner intensiven

ert ebenfalls, dass das höchste deutsche Arbeitsgericht sich offenbar über die von verschiedenen Seiten vorgebrachten verfassungsrechtlichen Bedenken[94] *gegen die Zulässigkeit der Aussperrung überhaupt hinweggesetzt hat.*«[95] Das war das erste kritische Wort deutscher Gewerkschaften zum Recht der Aussperrung![96]
Mit diesem »Background« konnte ich dem Vorstand der IG Metall schon wenige Wochen nach meiner Arbeitsaufnahme das Konzept für eine Kampagne zum »Verbot der Aussperrung« unterbreiten. Das wurde aufgegriffen und sogleich mit einem entsprechenden Antrag an den zufällig bevorstehenden Bundeskongress des DGB vom 25. bis 30. Juni 1972 getragen.[97] Dort kamen vergleichbare Anträge auch aus anderen Gewerkschaften, für die selbst kein Aussperrungsproblem bestand – offenkundig ein »in der Luft« liegendes« Anliegen.[98] Nach dem entsprechenden Beschluss des DGB wurde das »Verbot der Aussperrung« zu einer von allen Gewerkschaften getragenen Forderung. Seine zentrale Begründung lieferte das Kriterium einer materiellen anstelle einer nur formellen »Parität«.[99] Als Teil der in Aussicht genommenen Kampagne beschloss die IG Metall außerdem die Durchführung eines wissenschaftlichen Kongresses »Streik und Aussperrung« zur kritischen Diskussion der Arbeitskampf-Rechtsprechung des BAG. Er fand im Jahr darauf in München statt (Kap. 44).
Hinsichtlich der »kalten« Aussperrung lag auf der Hand, dass zunächst innerhalb der BA Vorkehrungen getroffen werden mussten, um die Gefahr eines künftigen präsidialen Aktes wie des »Stingl-Erlasses« wenn nicht zu verhindern, so doch

---

publizistischen Tätigkeit im Arbeitskampf- und Tarifrecht jeglicher »Nutzliteratur« im Sinne von Handbüchern oder Kommentaren enthalten, weil ich immer den Fall fürchten musste, dass in einem konkreten Konflikt die Arbeitgeberseite sich darauf beriefe (ob zu Recht oder Unrecht).

94 Das bezog sich auf jüngst erschienene Untersuchungen u. a. zur »Waffengleichheit« (vgl. *Lerche*, Verfassungsrechtliche Zentralfragen des Arbeitskampfes, 1968; *Evers*, Arbeitskampffreiheit, Neutralität, Waffengleichheit und Aussperrung, 1969; *Rüthers*, Zur Kampfparität im Arbeitskampfrecht, Juristische Analyse 1970, 85).

95 DGB-Nachrichten 134/71 vom 21. 4. 1971.

96 Zur Ehrenrettung der Gewerkschaftsjuristen folgte im Sommer 1971 der erste kritische Fachartikel durch einen Hamburger Rechtssekretär des DGB (vgl. *Musa*, Zur Rechtfertigung der Aussperrung, RdA 1971, 364).

97 Der Vorstand der IG Metall war damit ohne größere Diskussionen einverstanden. Lediglich der später zur »Legende« werdende Stuttgarter Bezirksleiter, Willi Bleicher, fuhr mich (außerhalb der Sitzung) an: »*Ja, seid Ihr denn verrückt. Wie glaubt ihr, soll ich ohne Aussperrung 40 000 Leute auf eine Kundgebung bekommen.*«

98 Das gehört möglicherweise zu den schwer fassbaren Elementen dessen, was aus heutiger Sicht die »68er Bewegung« genannt wird. Vielleicht erklärt das neben allem anderen Zufälligen auch das Auftreten und die Relevanz eines jungen Mannes wie mir.

99 Vgl. *Kittner*, Parität im Arbeitskampf? Überlegungen zu einem Verbot der Aussperrung, Gewerkschaftliche Monatshefte 1973, 91. Den Abdruck dieses Artikels hatte die NJW trotz anfänglicher Zusage als »*zu rechtspolitisch*« abgelehnt (a. a. O., 104).

einzugrenzen. Als Mittel der Wahl erschien eine den § 116 AFG konkretisierende Anordnung des Verwaltungsrates. Dazu entwarf ich den Text einer »Neutralitäts-Anordnung«. Er erweiterte einerseits als Kompromissangebot die Ruhenstatbestände über das Gesetz hinaus, war aber andererseits so konzipiert, dass für den Normalfall einer bundesweiten »Tarifbewegung« in allen Tarifgebieten der Metallindustrie beim Streik in einem Tarifgebiet in allen anderen Kurzarbeitergeld gezahlt werden musste. Der für die IG Metall im Verwaltungsrat der BA tätige Karl-Heinz Janzen brachte diesen Vorschlag dort ein, wo er mit der Mehrheit, die schon den »Stingl-Erlass« aufgehoben hatte, weitestgehend unverändert angenommen wurde. Auf diesem Feld tat sich jedoch bis 1984 insofern nichts, als alle bis dahin geführten Streiks sich auf Forderungen bezogen, die nur im umkämpften Tarifgebiet gestellt wurden, die Zahlung von Kurzarbeitergeld also außer Streit stand.

Zur Aussperrung kam es aber bereits 1978 zum Schwur. Da führte die – nur in Baden-Württemberg erhobene – Forderung nach einem »Absicherungstarifvertrag« geradewegs in einen Arbeitskampf (parallel dazu ereignete sich das gleiche in der Druckindustrie wegen Forderungen zum Rationalisierungsschutz). Gegen die in beiden Bereichen verhängten Aussperrungen klagten die IG Metall und die (damalige) IG Druck und Papier.[100] Außerdem griff die IG Metall die noch vor dem Kurzarbeitergeld relevante Frage nach der Lohnzahlung für die mittelbar Betroffenen auf und machte ein Mitbestimmungsrecht des Betriebsrats hinsichtlich der Arbeitseinstellung geltend.

Über die Aussperrungen urteilte das BAG am 19. Juni 1980:[101] Es ließ zwar die Aussperrung im Grundsatz weiterhin zu, aber um einer materiellen Verhandlungsparität willen nur mehr in Grenzen. Sie durfte nur zur Abwehr eines gewerkschaftlichen Schwerpunktstreiks eingesetzt werden; streikten weniger als 25 % der Arbeitnehmer eines Tarifgebiets, durften maximal weitere 25 % ausgesperrt werden (man sprach später von »Quotenrechtsprechung«). Außerdem erklärte das BAG die selektive Aussperrung nur von Gewerkschaftsmitgliedern als unzulässig. Gemessen daran, wurde die Aussperrung in der Druckindustrie

100 Das erfolgte freilich nicht einfach durch postalisch übermittelte Schriftsätze. In beiden Arbeitskämpfen hatten die Gewerkschaften massenhafte Einzelklagen ausgesperrter Mitglieder veranlasst (Metall: 34 000; Druck: 12 000). Die »Tagesschau« zeigte mehrfach zehntausende Menschen, die in langen Demonstrationszügen Klageschriften in Waschkörben zu den Arbeitsgerichten trugen. Das provoziert akademische Grundsatzdiskussionen, ob das nicht ein abzulehnender Missbrauch der Gerichte sei (vgl. *Stürner*, Rechtsprobleme der verbandmäßig organisierten Massenklage, Juristenzeitung 1978, 499) oder umgekehrt die wünschbare Erweiterung des künftigen rechtlichen Handlungsrepertoires der Gewerkschaften (vgl. mit empirischen Details *Reifner*, Kollektiver Rechtsgebrauch: Die Massenklagen der IG Metall gegen die Aussperrung, Zeitschrift für Rechtssoziologie 1981, 88).

101 BAGE 33, 140; 33, 185 (vgl. *Kittner*, 50 Urteile, S. 310 ff.).

für rechtswidrig erklärt, die bei Metall als zulässig.[102] In einem Verfahren zur Aussperrung in der hessischen Druckindustrie erklärte das BAG das Aussperrungsverbot der hessischen Landesverfassung als Verstoß gegen den Vorrang von Bundesrecht.[103] Mehr als eine Fußnote wert ist die Feststellung, dass diese Urteile unter Vorsitz von Gerhard Müller erfolgten, der noch im Beschluss des Großen Senats von 1971 alle Wirklichkeits-Aspekte eines materiellen Paritätsdenkens ausgeblendet hatte.[104]

Das BVerfG billigte diese Rechtsprechung und stellte endgültig die Weichen für eine verfassungsrechtliche Herleitung des Arbeitskampfrechts (zu politischen Initiativen für ein gesetzliches Verbot der Aussperrung siehe Kap. 43).[105] Zugleich entzog es einer möglicherweise mit dem 1971er Beschluss des Großen Senats verbundenen Hoffnung auf Streikrestriktionen qua Verhältnismäßigkeit jede Grundlage:

> *»Bei einer Verhältnismäßigkeitsprüfung, die schon bei den Angriffskampfmitteln einsetzt, wäre eine gerichtliche Kontrolle der Tarifziele kaum zu vermeiden. Eine solche Kontrolle widerspräche aber dem Grundgedanken der Tarifautonomie (BVerfGE 84, 212, 231).«*

In der Folgezeit äußerte das BAG zwar Zweifel an seiner starren Quotenrechtsprechung,[106] aber es deutete sich an, dass diese in der Praxis ohnehin die Obergrenze des für die Arbeitgeberverbände Machbaren beschrieben hatte. Jedenfalls geriet die Aussperrung aus dem Fokus der Aufmerksamkeit; auch ernsthafte Gesetzesinitiativen blieben aus.[107]

---

102 Vgl. *Kittner/Wohlgemuth*, Die Aussperrung nach den Urteilen des Bundesarbeitsgerichts vom 19.6.1980, Schriftenreihe der IG Metall Nr. 90, 1980.

103 Vgl. BAG 10.6.1980, BB 1980, 1525. Dieses Urteil gab Anlass zur Diskussion darüber, ob das Arbeitskampfrecht als Richterrecht wie »richtiges« Gesetzesrecht zu bewerten ist (Kap. 25).

104 Vgl. den Bericht seines damaligen Beisitzers, Thomas Dieterich (*Dieterich*, Ein Richterleben, S. 132).

105 Vgl. BVerfGE 26.6.1991, BVerfGE 84, 212.

106 Vgl. BAG 7.6.1988, BAGE 58, 332.

107 Als die »Grünen« erstmals 1983 in den Bundestag einzogen, wollten sie, um zu demonstrieren, dass sie Arbeitnehmerinteressen besser als die SPD verträten, einen Gesetzentwurf zu einem Verbot der Aussperrung im Bundestag einbringen. Um sie davon abzubringen (was auch gelang), statteten Klaus Lang, der Leiter der Tarifabteilung der IG Metall, und ich ihnen den ersten offiziellen Besuch von Gewerkschaftsvertretern ab. Das war bei der IG Metall intern außerordentlich umstritten. Danach legte der SPD-Vorstand im Vorfeld der Bundestagswahl 1990 ein »Arbeitsrechtliches Sofortprogramm für die ersten 100 Tage« (einer SPD-geführten Bundesregierung) vor, in dem neben anderem für die Aussperrung vorgesehen war, dass Arbeitgeber das Entgelt weiterzahlen

Umso intensiver sollte alsbald ganz zentral ihrer »kalten« Variante gelten, den mittelbaren Arbeitskampffolgen. Zunächst wurde deren arbeitsrechtliche Seite auf eine neue Basis gestellt. Bezogen auf den Arbeitskampf 1978 hatte das BAG nicht nur über die Aussperrung zu entscheiden, sondern auch über dessen mittelbare Folgen.[108] Dabei änderte es die Kriterien zum Entgeltrisiko nach dem Schwenk vom »Betriebsrisiko« zur »Sphärentheorie« (s. o.) ein weiteres Mal: Danach sollte das »Arbeitskampfrisiko« entscheidend sein. Seither entfällt die Entgeltzahlung nur für Arbeitnehmer in Betrieben, die zur selben Branche wie der umstrittene Tarifvertrag gehören. Das bedeutete für den Hauptanwendungsfall der Metallindustrie: die Schlüsselfrage blieb das Kurzarbeitergeld.[109]
Sie wurde zum »Kipppunkt« der Auseinandersetzung 1984 um die 35-Stunden-Woche. Sie mündete in den größten Arbeitskampf in der Geschichte der Bundesrepublik mit 57 500 Streikenden, 155 000 Ausgesperrten und 315 000 mittelbar Betroffenen in der Metallindustrie außerhalb der Arbeitskampfgebiete (dazu 58 000 mittelbar Betroffenen in ihnen).[110] Sein Ausgang hing ganz wesentlich von der Frage ab, ob die BA an diese Kurzarbeitergeld zahlen würde.[111] Nach dem Wortlaut der Neutralitätsanordnung und der Entscheidung des BSG aus dem Jahr 1975 (s. o.) hätte das der Fall sein müssen, aber der Präsident der BA, Heinrich Franke, wiederum ein früherer Unions-Politiker, entschied anders wegen der in allen Tarifgebieten geforderten, dominierenden 35-Stunden-Woche. Dagegen beantragte die IG Metall während des Arbeitskampfes einen Antrag auf einstweilige Verfügung. Damit obsiegte sie vor dem SG Frankfurt und anschließend dem hessischen LSG, die den »Franke-Erlass« für rechtswidrig erklärten.[112]

---

müssten. Die Anregung dazu hatte ich gegeben und ich wirkte danach als »Sekretär« der vom Parteivorsitzenden, Jochen Vogel, eingesetzten und von Rudolf Dressler geleiteten Arbeitsgruppe. Wegen der nicht gewonnenen Wahl blieb die spannende Frage unbeantwortet, was der – nicht einbezogene – Spitzenkandidat, Oskar Lafontaine, als Bundeskanzler daraus gemacht hätte (vgl. *Kittner*, Geschichte der IG Metall, S. 187 f.).

108 Vgl. BAG 22. 12. 1980, BAGE 34, 331.

109 Hinsichtlich der Betriebsratsmitbestimmung unterschied das BAG: Über das »Ob« einer Arbeitseinstellung gab es wegen deren Arbeitskampfbezug keine Mitbestimmung, wohl aber über das »Wie«.

110 Vgl. IG Metall, Geschäftsbericht 1983 – 1985, S. 129 ff. und 281 ff.; Gesamtmetall, 125 Jahre Gesamtmetall, Bd. 1, S 507 ff.; *Kittner*, Handlungs- und Konfliktfähigkeit von DMV und IG Metall, in Hofmann/Benner, Geschichte der IG Metall, S. 189 ff.

111 Vgl. *Glaubitz*, Persönliche Erinnerungen an einen großen Rechtskonflikt zwischen den Tarifparteien in der Metallindustrie, in AuR 2011, Sonderheft zum 70. Geburtstag von Michael Kittner; »Packt Eure Kittel und geht nach Hause« – Erinnerungen an den Arbeitskampf 1984 um die 35-Stunden-Woche, Interview mit Michael Kittner, AuR 2021, G 13.

112 Vgl. HessLSG 22. 6. 1984, DB 1984, 1582). Parallel dazu hatte ein Betriebsrat in Bremen geklagt. Auch dort wurde wie in Hessen entschieden (vgl. LSG Bremen 22. 6. 1984, NZA

Diese Entscheidungen brachten die Wende im Arbeitskampf. Danach kamen die Tarifvertragsparteien rasch zu einem bekannten Ergebnis (Kap. 22.6).

Nach dem Arbeitskampf eröffnete die Bundesregierung 1985 ein Gesetzgebungsverfahren zur Änderung des § 116 AFG. Schon während es noch im Gange war, kursierten öffentlich Gerüchte, die nie dementiert wurden, dass Bundeskanzler Helmut Kohl dies den Metallarbeitgebern zur Vermeidung einer bundesweiten Aussperrung versprochen hatte. Dagegen machten die Gewerkschaften, voran die IG Metall, mobil.[113] Daraus entwickelte sich ein intensiver über einjähriger Konflikt mit maximaler Öffentlichkeitswirkung,[114] darunter nach der Demonstration während der Arbeitszeit am 6. März 1986 (s. o.) noch ein »Arbeitnehmervotum« mit 7,2 Mio. Beteiligten im April 1986. Davon ließ sich die Bundesregierung nicht beeindrucken und der Bundestag beschloss mit der Mehrheit von CDU/CSU und FDP das »Gesetz zur Sicherung der Neutralität der Bundesanstalt für Arbeit in Arbeitskämpfen« vom 25. Mai 1985.[115] Mit ihm wurde § 116 AFG in einer Weise geändert, dass in einer normalen Tarifbewegung in der Metallindustrie[116] im Regelfall kein Kurzarbeitergeld mehr gezahlt werden musste.

Unter diesem neuen Rechtszustand musste die IG Metall fortan ihre Tarifbewegungen planen und durchführen. Jedoch gaben die zunächst anstehenden Themen keinen Anlass zu mehr als routinehaften Warnstreiks. Erst 1995 kam es in Bayern wieder zu einem Streik wegen Entgeltforderungen, den die IG Metall mit Rücksicht auf § 116 AFG nur bei Endproduzenten begann, in der Erwartung, dass mittelbare Wirkungen erst sehr viel später eintreten würden. Dieser Streik

---

1984, 132). Das BSG bestätigte diese Entscheidungen im Hauptsacheverfahren viele Jahre später (vgl. BSG 5. 6. 1991, BSGE 69, 25).

113 Vgl. *Apitzsch/Klebe/Schumann*, Hrsg., § 116 AFG – Kampf um das Streikrecht, 1986. Die IG Metall hatte als Sachverständigen für ihre Position den früheren Verfassungsgerichtspräsidenten Ernst Benda gewonnen; s. Kap. 11; (vgl. Sozialrechtliche Eigentumspositionen im Arbeitskampf. Ein Beitrag zur Diskussion um die Änderung des § 116 Arbeitsförderungsgesetzes, 1986). Er trug das auch in einer großen, dreitägigen Sachverständigenanhörung im Bundestagsausschuss für Arbeit und Sozialordnung am 26./27. Februar und 10. März 1986 vor (vgl. Stenographisches Protokoll der 91./92./93. Sitzung 1986).

114 Die Medien, insbesondere das Fernsehen, spielten den Gewerkschaften insofern in die Karten, als bald nur die Rede vom »Streikparagrafen« 116 AFG war.

115 BGBl. I 740.

116 Auch wenn generell vom »Streikparagrafen« die Rede war und auch alle anderen Gewerkschaften sich an den Protesten gegen die Änderung beteiligt hatten, war stets klar, dass es sich um eine »lex IG Metall« handelte. Die kampfstrategischen Implikationen dieser Vorschrift gab es nur in der Metallindustrie. Auch wenn darüber nie offen geredet wurde und die Aktionen des Jahres 1986 vordergründig etwas anderes nahelegen, liegt hier offenkundig die Achillesferse jeder politischen Mobilisierung für eine Änderung.

wurde nach nur einer Woche mit einem für die IG Metall günstigen Ergebnis beendet – mit der weiteren Folge, dass das inzwischen schon sehr lange angerufene BVerfG, das eine Entscheidung sehr lange hinausgezögert hatte, kühl feststellte, dass die IG Metall offensichtlich auch unter dem geänderten Gesetz erfolgreich Tarifpolitik machen könne. Es entschied am 5. Juli 1996,[117] dass der neue § 116 AFG das Verhandlungsgleichgewicht nicht so drastisch verändert habe, dass man ihn als verfassungswidrig ansehen müsse. Das könne sich allerdings ändern, wenn künftige Erfahrung etwas anderes zeigen würden. Dann müsse »*der Gesetzgeber Maßnahmen zur Wahrung der Tarifautonomie treffen.*« Das ließ zwar einerseits die Möglichkeit offen, dass in einem etwaigen Arbeitskampf der (nunmehrige) § 160 SGB III gleichwohl zugunsten der IG Metall ausgelegt werden konnte. Das auszutesten hätte für diese aber unvermeidlich bedeutet, das Risiko eingehen zu müssen, das sie unbedingt vermeiden wollte. Außerdem musste jede weitere einigermaßen erfolgreiche Tarifrunde die Vermutung bekräftigen, dass § 160 SGB III vom BVerfG weiterhin als »noch verfassungsgemäß« angesehen werden würde.[118]

Nach dem Urteil des BVerfG kam es in der Metallindustrie bislang zu keinen Arbeitskampfsituationen, in denen § 160 Abs. 3 SGB III hätte eine Rolle spielen können. Das mag daran liegen, dass die IG Metall sich seither zurückgehalten hat, aber wahrscheinlicher wohl daran, dass die Konfliktthemen nicht so schwerwiegend waren. Die vollkommen offene Frage ist, ob die IG Metall sich ungeachtet der rechtlichen und damit finanziellen Risiken zu einem Streik unter Inkaufnahme mittelbarer Folgen entscheidet.[119]

Der Befund heute, 40 Jahre nach dem Arbeitskampf 1984, ist eindeutig: Es hat seither keine Arbeitskämpfe in dieser Dimension mehr gegeben. Dies ist jedenfalls nochmals die Gelegenheit, auch auf die anderen Gewerkschaften zu schau-

---

117 BVerfGE 92, 365. Die Bewertung des Bayernstreiks durch das Gericht erfolgte allerdings ohne Kenntnis der tatsächlichen Abläufe, die erst durch eine spätere Publikation von Gesamtmetall selbst öffentlich wurden. Dabei wurde deutlich, dass die IG Metall einen Erfolg nicht wegen ihrer (relativen) Stärke erlangte, sondern wegen praktischen Versagens der Arbeitgeber, die sogar eine bereits beschlossene Aussperrung nicht durchführen konnten (vgl. Gesamtmetall, 125 Jahre Gesamtmetall, Bd. 2, S. 189ff.; *Kittner*, Mittelbare Arbeitskampffolgen: Geschichte und Perspektiven, in HSI, Hrsg., Gewerkschaftsrechte heute, HSI-Schriftenreihe Nr. 52, S. 116ff.). Dieser von Gesamtmetall als »*Katastrophe*« bezeichnete Streik wurde zu einem wichtigen Ausganspunkt der OT-Bewegung in der Metallindustrie (Kap. 22).

118 In diesem Sinne *Kocher*, Immer noch verfassungsgemäß? – das BVerfG entscheidet indirekt zur kalten Aussperrung, in FS Kittner, 2021, S. 218ff.; vgl. zuvor *Kocher u. a.*, Noch verfassungsgemäß? Fernwirkungen bei Arbeitskämpfen in der Automobilindustrie und die Verfassungsmäßigkeit des § 160 SGB III, HSI-Schriftenreihe Nr. 19, 2017.

119 Zu ihren Optionen für diesen Fall vgl. *Kittner*, Mittelbare Arbeitskampffolgen, a. a. O., S. 120f.

en. Es wurde bereits gesagt: Das möglicherweise befremdliche Übergewicht von Metall-Szenarien auch beim Arbeitskampfrecht hat mit der quantitativen Dominanz der IG Metall zu tun. Bei den anderen gab sich hinsichtlich ihre Streikpraxis noch nicht einmal so etwas wie »Epochen«, sondern nur einzelne herausragende Streiks, die aus unterschiedlichen Gründen »Solitäre« blieben.[120] Im öffentlichen Dienst waren es zwei (1974 und 1992), in der Chemie-Industrie nur einer (1971) und nur die Druckindustrie kam aus traurigem Anlass auf vier große Streiks in nur 13 Jahren: Die bis dahin hochkonservative, in alten Zunftstrukturen operierende Druckergewerkschaft (IG Druck und Papier) stand vor dem technologisch bedingten Verschwinden der Berufe ihrer Kernmitgliedschaft, der Arbeitnehmer der sog. Druckvorstufen. Das ließ sie zu einer dezidiert »linken« Kampforganisation mutieren – im Ergebnis allerdings ohne Erfolg, denn die alte Welt der Drucker ging unter.

26.10 Nach der Jahrtausendwende

Es ist unübersehbar: Es waren etwa 25 Jahre von 1971 bis 1996, in denen große Arbeitskämpfe und die Entwicklung des Arbeitskampfrechts ihre Konjunktur hatten. Aus der Entfernung von heute sieht es so aus, dass derartiges nicht wiederkommen wird. Es drängt sich auf, zu fragen: Waren das zum Aussterben verurteilte »Dinosaurier«? Hat das etwas mit dem Ende der »alten Bundesrepublik« ab 1990 zu tun? Jedenfalls ist nicht zu übersehen, dass mit dem neuen Jahrtausend auf diesem Feld neue Zeiten mit neuen Kategorien angebrochen sind. Im Jahr 2005 habe ich in einem Epilog zu meinem Arbeitskampf-Buch geschrieben:

»Alles deutet darauf hin, daß die bisherige Regulierung wie Konfliktaustragung auf der Ebene der großen Einheiten durch Dezentralisierung in jeder Hinsicht abgelöst wird.«[121]

Das ist, allerdings nicht schwer vorherzusehen, so auch eingetreten. Das Streikgeschehen hat sich in kleinere Dienstleistungsbereiche und auf einzelne Unter-

---

120 Eingehend Kittner, Arbeitskampf, S. 668ff. Die Gewerkschaft Bau, Steine, Erden gehörte im Grunde schon seit 1910, als den Arbeitgebern die reichsweite Zentralisierung der Tarifverträge gelang, nicht zum Kreis von für Streiks relevanten Gewerkschaften. Nach 1945 sorgte dafür zudem deren vollkommene Entbehrlichkeit wegen der Baukonjunktur. Dazu ein besonders drastisches Beispiel: Die IG Metall hatte Ende der 1960er Jahre einen kleinen baunahen Wirtschaftsbereich von der IG Bau übernommen. Die für Verhandlungen zuständige Funktionärin der IG Metall wurde bei der ersten Tarifverhandlung in neuer Besetzung vom Verhandlungsführer der Arbeitgeber beiseite gebeten. Es sei ihm unendlich peinlich, aber er müsse sie bitten, ihre Forderungen zu erhöhen, denn seine Mitgliedsunternehmen operierten schon mit höheren Sätzen in ihren Angeboten auf öffentliche Ausschreibungen.

121 *Kittner*, Arbeitskampf, S. 720.

nehmen verlagert.[122] Als spektakuläre Akteure traten zunehmend Spezialistengewerkschaften auf, vor allem im Luftverkehr und bei der Bahn und dort wiederum die Lokführergewerkschaft (GDL). Deren Streiks haben nicht nur die Geduld des Publikums strapaziert,[123] sondern jeweils auch vor Gericht – überwiegend am ArbG Frankfurt und hessischen LAG – die Grenzen des Streikrechts unter Verhältnismäßigkeitsgesichtspunkten ausgetestet.[124] Das hat unvermeidlich Rufe nach einer gesetzlichen Regelung des Streikrechts in Unternehmen der Daseinsvorsorge aufflammen lassen.[125] Darüber hinaus, haben die Jahre seit Anfang des neuen Jahrhunderts keine substanziellen Änderungen gebracht. Auch das Tarifeinheitsgesetz vom 3. Juli 2015[126] hat – anders als die Arbeitgeber bei dessen Schaffung gehofft hatten – zu keinen weiteren Einschränkungen des Streikrechts geführt.[127]

Was das Arbeitskampfgeschehen insgesamt angeht, so wurden die Proportionen nur unwesentlich verschoben. Deutschland bewegte sich auf zwar etwas gestiegenem Niveau, aber weiterhin am unteren Ende in der internationalen Arbeitskampfstatistik:

---

122 *Dribbusch*, Arbeitskämpfe und Streikende in Deutschland seit 2000, 2023; *Renneberg*, Handbuch Tarifpolitik und Arbeitskampf, 5. Aufl. 2024.

123 In dieser Hinsicht drängt sich eine Parallele zur früheren IG Druck und Papier auf: Auch die GDL war hundert Jahre lang eine der konservativsten Gewerkschaften gewesen, getragen vom elitären Berufsstolz von Lokführern. Deren plötzlich auftretende Militanz könnte durchaus damit zu tun haben, dass die technologische Entwicklung sie entbehrlich werden lassen könnte. Nicht zufällig war bei Streiks der GDL stets auch ein Ziel, den Organisationsbereich auch auf andere Beschäftigtengruppen als Lokführer auszudehnen.

124 Vgl. HessLAG 9.1.2024, NZA 2014, 705; 12.3.2024, 711; *Bayreuther,* Lehren aus den Lokführerentscheidungen des LAG Hessen für das Koalitions- und Arbeitskampfrecht, NZA 2024, 649.

125 Vgl. *Thüsing/Waldhoff/Franzen*, Arbeitskampf in der Daseinsvorsorge, Vorschläge zur gesetzlichen Regelung von Streik und Aussperrung in Unternehmen der Daseinsvorsorge, 2012.

126 BGBl. I 1383.

127 So ausdrücklich BVerfG 11.7.2017, BVerfGE 140, 211, Rn. 139ff. (vgl. *Berg/Kocher/Schumann*, Hrsg., Tarifvertragsgesetz und Arbeitskampfrecht, AKR Rn. 167).

Internationaler Vergleich: Arbeitskampfbedingte Ausfalltage pro 1000 Beschäftigte

Land	Ausfalltag
Belgien	103
Frankreich*	92
Finnland	90
Kanada	83
Dänemark	53
Spanien**	43
Norwegen	34
UK***	23
Niederlande	19
Deutschland	18
Polen	16
Irland	16
Portugal****	10
USA	10
Schweiz	2
Österreich	1
Schweden	1
Slowakei	0

* Frankreich: Nur Privatsektor
** Spanien ohne Generalstreiks
*** UK: ohne 2020, 2021
**** Portugal: ohne öffentliche Verwaltung
Quelle: WSI, Eurostat, nationale Statistiken; eigene Berechnungen

Rechtlich hat sich nur sehr wenig getan.[128] In den 50 Jahren bis Ende 2004 gab es etwa 110 BAG-Entscheidungen zum Arbeitskampfrecht (gut zwei pro Jahr); von 2005 bis 2020 kamen nur noch 14 hinzu (knapp eine pro Jahr).[129] Das zeigt, dass die wesentlichen Weichenstellungen Bestand hatten und die Hauptakteure,

128 Insbesondere wird das »Verhältnismäßigkeitsprinzip« – weit weg von Visionen des Großen Senats von 1971 – durchweg nur zur bloßen »Exzesskontrolle« verwendet (vgl. *Greiner*, Das arbeitskampfrechtliche Verhältnismäßigkeitsprinzip, HSI-Schriftenreihe Nr. 25, 2018).

129 Vgl. *Kittner*, Die Rechtsprechung des Bundesarbeitsgerichts zum Arbeitskampfrecht in den Jahren 2005 bis 2020, in FS Schmidt, 2021, S. 207.

Arbeitgeberverbände und Gewerkschaften, keine nennenswerten Anlässe für den »Gang nach Erfurt« mehr sahen. Weil sich das Geschehen hin zu kürzeren und – mit Ausnahme der Bahn – kleiner dimensionierten Konflikten verändert hatte, verlagerte sich das Gerichtsgeschehen auf die unteren Instanzen, vielfach eingegrenzt auf Verfahren um einstweilige Verfügungen.
Zwei Entscheidungen des BAG ragten allerdings hervor: Die erste war der seltene Fall der Änderung einer eingefahrenen Rechtsprechung mit der Zulassung des Solidaritätsstreiks wegen der Aufgabe der »Kernbereichs«-Rechtsprechung durch das BVerfG (Kap. 17); hier liegt die spannendere Frage darin, ob es noch weitere vergleichbare Fälle geben könnte (z. B. hinsichtlich des § 160 SGB III). Die zweite betraf einen Fall, der für große Aufregung gesorgt hatte, die »Flashmob«-Entscheidung vom 22. September 2009.[130] Auch ist der vordergründige Anlass des bizarren Falles, der sich so nicht wiederholen dürfte, uninteressant. Die eigentliche Frage, um die es den Kundigen auch ging, betraf die Frage nach neuen Arbeitskampfmitteln in einer sich verändernden Welt.[131] Dazu stellte das BAG recht eindeutig fest, dass solche (im vorliegenden Fall ein »Flashmob«) nicht deshalb unzulässig seien, weil sie »*bislang kein typisches, in der Geschichte des Arbeitskampfs schon seit längerem bekanntes und anerkanntes, sondern ein neues Arbeitskampfmittel sind. Dem Schutz des Art. 9 Abs. 3 GG unterfällt nicht nur ein historisch gewachsener, abschließender numerus clausus von Arbeitskampfmitteln. Vielmehr gehört es zur verfassungsrechtlich geschützten Freiheit der Koalitionen, ihre Kampfmittel an die sich wandelnden Umstände anzupassen, um dem Gegner gewachsen zu bleiben und ausgewogene Tarifabschlüsse zu erzielen.*« Die nächsten Anwendungsbereiche könnten das Internet, Plattformarbeit bzw. die sog. »Gig-Economy« sein.[132]

27. Mitbestimmung

27.1 Allgemeines

»Mitbestimmung« nennen wir den zweiten Typus von Instrumenten zur Geltendmachung von Arbeitnehmereinfluss auf die Arbeitsbedingungen neben

130 BAGE 132, 140 (vgl. *Kittner*, 50 Urteile, S. 343 ff.).

131 Vgl. dazu grundlegend *Rehder/Deinert/Callsen*, Arbeitskampfmittelfreiheit und atypische Arbeitskampfformen, HSI-Schriftenreihe Nr. 1, 2012.

132 Vgl. *Däubler*, Digitalisierung und Arbeitsrecht, 2018, § 13 Rn. 38 ff.; *Giesen/Kersten*, Der Arbeitskampf in einer digitalisierten Arbeitswelt, NZA 2018, 1; *Wenckebach*, Arbeitskampf 4.0 – Streikrecht in einer Arbeitswelt im Wandel, in FS Klebe, 2018, S. 448 ff.

der Gründung von Gewerkschaften und der Aushandlung, erforderlichenfalls Erkämpfung von Tarifverträgen (Kap. 22, 26). Sie hat die, wie gesehen, ältere Tradition: von informellen Anfängen mit selbstverwalteten betrieblichen Sozialeinrichtungen, über geduldete »Arbeiterausschüsse«, deren gesetzlichen Anfängen im Bergbau und in kriegswichtigen Betrieben während des Ersten Weltkriegs, bis hin zu den zwei »wirklichen« Anfängen mit dem Betriebsrätegesetz 1920 und dem Betriebsverfassungsgesetz 1952 (mit dem weiteren Ausbau durch das BetrVG 1972 und kleineren Reformgesetzen im Westen und den zwei – unterschiedlich lange dauernden Intermezzi im Nationalsozialismus und Sowjetkommunismus, siehe Kap. 12, 15). Diese betriebliche Mitbestimmung haben wir als »Produzentin« der Betriebsvereinbarung als zweiten Typ »autonomen Rechts« neben dem Tarifvertrag kennengelernt (Kap. 23).

Bereits bei Schaffung des BRG 1920 war klar, dass die Ebene des einzelnen Betriebs zu schwach für einen effektiven Arbeitnehmereinfluss ist. Denn in Unternehmen mit mehreren Betrieben wurden die grundlegenden Entscheidungen an höherer Stelle, durch die Unternehmensleitung, getroffen. Dem trug bereits Art. 165 Abs. 1 Satz 1 der Weimarer Reichsverfassung Rechnung, indem eine »*gleichberechtigte*« Mitwirkung der Arbeitnehmer »*an der gesamten wirtschaftlichen Entwicklung der produktiven Kräfte*« proklamiert wurde.

Die damit avisierte Einflussnahme auf der Ebene der Unternehmensleitung wurde auf zweierlei Weise bewerkstelligt:

- Durch die Einrichtung eines Gesamtbetriebsrats (§ 50 BRG) und durch die Entsendung von Betriebsratsmitgliedern in den Aufsichtsrat (§ 70 BRG). Diese betriebsverfassungs-immanente Struktur wurde mit dem BetrVG 1952, wiederum mit der Institution eines Gesamtbetriebsrats (mit größerer Reichweite), fortgeführt (§ 46 BetrVG 1952) sowie durch die eines Wirtschaftsausschusses ergänzt (§ 67 BetrVG 1952). 1972 kam der Konzernbetriebsrat hinzu (§ 54 BetrVG).
- Was die Beteiligung im Aufsichtsrat angeht, wurde § 70 BRG durch das »Gesetz über die Entsendung von Betriebsratsmitgliedern in den Aufsichtsrat« vom 15. Februar 1921[1] konkretisiert. Das war die Geburt der »Unternehmensmitbestimmung«. Ihre eigentliche Stunde sollte aber erst nach dem Zweiten Weltkrieg schlagen: von der Einführung einer paritätischen Mitbestimmung in der in der britischen Zone gelegenen Stahlindustrie im Jahr 1948, deren Sicherung und Einführung auf den Bergbau 1951, die Absage an eine Ausdehnung auf die ganze Großindustrie mit der Drittelbeteiligung durch das BetrVG 1952

1 RGBl. I 209. Im engen Zusammenhang dazu und – anders als der Name suggerierte – ebenfalls auf die Unternehmensebene bezogen, stand das kurz davor verabschiedete »Gesetz über die Betriebsbilanz und die Betriebsgewinne« vom 5.2.1921, RGBl. I 159 (vgl. *Däubler/Kittner*, Betriebsverfassung, S. 206ff.).

und schließlich infolge der Schaffung des MitbestG 1976 mit einer formalen Parität bei Stichentscheid des von Anteilseignern gestellten Aufsichtsratsvorsitzenden. Im weiteren Verlauf trat an die Stelle realistischer Aussichten auf eine Ausdehnung des Erreichten das Bemühen um die Sicherung der Unternehmensmitbestimmung gegen ihre Aufweichung und ihr Unterlaufen, insbesondere durch Fusionen sowie durch Rechtsformwechsel in Europäische Gesellschaftsformen (s. u. 27.2).

Formal sehen wir hier zwei separate Handlungsstränge, die so gut wie nichts miteinander zu tun zu haben scheinen. So werde ich sie auch darstellen (s. u. 27.2 und 3). Inhaltlich haben wir es freilich mit jeweils auf ein Unternehmen bzw. einen Konzern bezogenen Handlungskomplexen zu tun, in denen auf Seiten der betrieblichen Akteure in der Regel die verschiedenen Funktionen von denselben Personen wahrgenommen werden: Der Betriebsrats-, bzw. Gesamtbetriebsrats- bzw. Konzernbetriebsratsvorsitzende ist zugleich Arbeitnehmervertreter im Aufsichtsrat und dort – im Bereich des MitbestG 1976 – üblicherweise stellvertretender Vorsitzender.[2] Dabei haben sich Unternehmen für Unternehmen je eigene Regeln zur praktischen Abstimmung der verschiedenen Handlungsfelder herausgebildet – so, dass ein naiver Sozialforscher meinen könnte, es gelte unterschiedliches Recht.[3] Die Untersuchungen von Werner Pumpe zur

2 Nach Schaffung des MitbestG 1976 war es politisches Ziel der Gewerkschaften, jedenfalls der IG Metall, dass ein nach dem Gesetz nun obligatorischer Gewerkschaftsvertreter stellvertretender Vorsitzender wurde. Das wurde durchweg verfehlt (VW war eine der wenigen Ausnahmen, weil dort der 1. Vorsitzende der IG Metall vertreten war). Ich selbst gehörte als stellvertretender Aufsichtsratsvorsitzender bei Opel auch dazu, weil dort politisch »links« stehende Betriebsräte sich demonstrativ »gewerkschaftstreu« verhielten. Bei AEG überwog zunächst das Misstrauen der Betriebsräte. Sie konnten sich die Gewerkschaftsvertreter der IG Metall nur als subalterne Unterstützer vorstellen. Als ich auf gleichberechtigter Behandlung bestand, besuchte eine Delegation des Gesamtbetriebsrats den Vorstand der IG Metall und forderte (vergeblich) mein Ausscheiden aus dem Aufsichtsrat. Danach »rauften« wir uns nicht zuletzt unter dem Eindruck der drohenden Insolvenz der AEG zusammen, die dann in großer Einigkeit bewältigt wurde.

3 Nach dem Gesellschaftsrecht hängt eine Beschlussfassung im Aufsichtsrat nicht von vorherigen Betriebsverfassungsprozeduren ab. Das kann aber praktisch geboten sein. Z. B. war es im Aufsichtsrat der AEG, dem ich seit 1977 angehörte »ehernes Gesetz«, dass der Aufsichtsrat zu Themen mit unmittelbaren Folgen für Arbeitnehmer erst beschloss, wenn die Sache im Wirtschaftsausschuss zu Ende behandelt war. Zweck war, »kostbare« Zeit im Aufsichtsrat für die Behandlung unternehmenspolitischer Fragen zu sparen. Bei VW war solches nicht vorgesehen, mit einer dramatischen, in der Öffentlichkeit unbekannt gebliebenen Folge: Der Aufsichtsrat hatte 1975, im Gefolge der Ölkrise, unter Beteiligung des gerade frisch gewählten IG Metall-Vorsitzenden, Eugen Loderer, einen Absichtsbeschluss zur Schließung des Audi-Standortes Neckarsulm gefasst, noch ehe der Wirtschaftsausschuss darüber abschließend beraten hatte. Daraufhin drängten die Bezirksleiter und Bevollmächtigten der IG Metall an allen VW-Standorten auf eine Zusammenkunft mit den (mit)zuständigen Vorstandsmitgliedern, auf der vor allem the-

Mitbestimmung in zwei Großkonzernen in der Weimarer Republik vermitteln eine plastischen Eindruck von den auch auf diesem Feld ganz unterschiedlichen Unternehmenskulturen wie -historien.[4]

27.2 Betriebliche Mitbestimmung

Es ist ein gängiges Klischee, die Geschichte der Betriebsverfassung begänne mit dem »Betriebsrätegesetz« vom 4. Februar 1920[5].[6] Das verfehlt die Sache gleich zweimal: einmal wegen der wirklich langen Früh- (nicht *Vor-*)Geschichte, die in jeder Hinsicht zur Gesamtgeschichte des deutschen Arbeitsrechts gehört, ja unter bestimmten Aspekten unerlässlich zum Verständnis deren Spezifika ist (Kap. 2). Zum anderen aber im Hinblick auf die Ereignisse kurz vor und nach der Novemberrevolution 1918, ohne die wiederum der Start des neuen Gesetzes gar nicht zu verstehen ist.

Hier nun endet die gängige Erzählung für das Kaiserreich üblicherweise mit den Arbeiterausschüssen aufgrund des Hilfsdienstgesetzes von 1916, die von den Unternehmern als nach dem Krieg wieder abzuschaffende Ausnahme angesehen wurde, während bei den Gewerkschaften die lange nicht vorhandene Akzeptanz von Arbeiterausschüssen befestigt wurde und man auf deren Fortführung hoffte. Dann kam die Revolution, mit der TarifvertragsVO und dort enthaltenen Arbeiterausschüssen im Gefolge; danach folgte das »wirkliche« Betriebsrätegesetz. Diesbezüglich schlummerte bis vor kurzem eine historische Sensation in den Archiven: der elaborierte Referentenentwurf des kaiserlichen Reichswirtschaftsamtes eines »*Gesetzes über Arbeiterausschüsse und Angestelltenausschüsse in gewerblichen Betrieben*« vom 4. September 1918.[7]

---

matisiert wurde, dass der – ohnehin gegen Widerstände als Nachfolger für Otto Brenner ins Amt gekommene – IG Metall-Vorsitzende »*das Recht gebrochen*« habe, und also eigentlich für den IG-Metall-Vorsitz untragbar geworden sei. Ich war bei dieser Sitzung zunächst nicht dabei, weil ich bei Loderer wegen schwerer Differenzen wegen der Mitbestimmungsgesetzgebung »in Ungnade« gefallen war. Der 2. Vorsitzende, Hans Mayr, rief mich auf dem Höhepunkt dieser »Fronde« hinzu, um, wie er den Versammelten kundtat, »*dem Spuk ein Ende!*« zu bereiten. Das gelang unkompliziert. Dieser Vorgang war mit ursächlich dafür, dass Loderer mich ein Jahr später, als ich auf eine Professur an der Gesamthochschule Kassel wechselte, bat, die IG Metall weiterhin als Justiziar zu beraten.

4 Vgl. *Plumpe*, Betriebliche Mitbestimmung in der Weimarer Republik. Fallstudien zum Ruhrbergbau und zur chemischen Industrie, 1999.

5 RGBl. 147.

6 So die große Festschrift »100 Jahre Betriebsverfassung«, hrsg. von Gräfl u. a. 2020.

7 GStA PK 1, 1. HA Rep. 120 Ministerium für Handel u. Gewerbe, BB VII Nr. 9 adh. 3 Bd. 1. Diesen Entwurf hatte Werner Plumpe aus dem Archiv »ausgegraben«, aber 1999 nur beiläufig über seine Existenz berichtet (vgl. *Plumpe*, Betriebliche Mitbestimmung,

Seinen Ausgang nahm die Sache mit dem Entwurf eines Arbeitskammergesetzes vom 10. April 1918, in dem die Reichsregierung Arbeiterausschüsse für die Nachkriegszeit plante, wenn das Hilfsdienstgesetz aufgehoben werden würde.[8] Nachdem darüber am 1. Mai 1918 mit großem Konsens im Reichstag diskutiert worden war, kam man allgemein zu der Ansicht, dass die Ausschussfrage besser in der Gewerbeordnung als in einem Arbeitskammergesetz aufgehoben wäre. Daraufhin brachte das Reichswirtschaftsamt am 27. Juli 1918 regierungsintern einen »*Gesetzentwurf über pflichtgemäße Errichtung von Arbeiterausschüssen und Angestelltenausschüssen*« auf den Weg. Mit ihm sollte in der GewO nach § 138g ein neuer Abschnitt mit dem Titel »*Bestimmungen für Betriebe, in denen in der Regel mindestens 50 Arbeiter beschäftigt werden,*« eingefügt werden. Seine Verfasser versahen diesen Vorschlag mit der – zunächst nicht beantworteten – Frage, ob »*die Regelung der Materie in einem selbständigen Gesetz vorzuziehen sei.*«
Diese Frage beantwortete das Reichswirtschaftsamt nur sechs Wochen später mit dem genannten Entwurf eines Gesetzes über Arbeiterausschüsse und Angestelltenausschüsse. Aus bislang 21 Paragrafen in der Gewerbeordnung waren 25 geworden, ohne Änderungen in der Substanz. Auch ohne dass es ausdrücklich gesagt worden wäre: Die Aufnahme der Arbeiterausschüsse in ein eigenes Gesetz bedeutete eine enorme öffentliche Aufwertung des Themas und das war eindeutig so gewollt! Alles in allem: Wäre es nicht zur Revolution gekommen und das Gesetz tatsächlich realisiert worden, hätte man von einer substanziellen sozialstaatlichen Weiterentwicklung der Arbeiterausschüsse gesprochen.
Die Begründung des Entwurfs war, da nur für den regierungsinternen Gebrauch bestimmt, von bemerkenswerter Offenheit. So sprachen die Verfasser darüber, dass diese Vorhaben im Reichstag »*eifrige Unterstützung*« seitens der den »*bedeutenden Arbeiterverbänden nahestehenden Parteien, dem Zentrum, der Sozialdemokratie und der fortschrittlichen Volkspartei, erfahren*«. Von den übrigen Parteien sei »*eine wohlwollende Haltung, jedenfalls kaum in nennenswertem Maße eine ausgesprochene Gegnerschaft zu erwarten*«. Erstaunlich optimistisch (aus heutiger Kenntnis ihrer Haltung selbst nach Revolution und verlorenem Krieg) war die Einschätzung der Unternehmer: »*Auch von Seiten des Unternehmertums wird ernstlicher Widerstand nicht zu erwarten sein; denn die auf Grund des Hilfsdienstgesetzes mit den obligatorischen Arbeiterausschüssen und Angestelltenausschüssen gemachten Erfahrungen haben die früher in weiteren Kreisen dagegen gehegten Bedenken vielfach gemindert, zum Teil haben sie sogar zu einer Wandlung der Anschauungen geführt.*«

---

a. a. O., S. 39, Fn. 10). Ich habe ihn dann erstmals 2020 der Öffentlichkeit inhaltlich vorgestellt (vgl. *Däubler/Kittner*, Betriebsverfassung, 2020, S. 166).

8 Zum folgenden eingehend *Däubler/Kittner*, S. 173 ff.

Daraus schlussfolgerte das Reichswirtschaftsamt, »*dass eine solche Einrichtung geschaffen werden muß, um in größeren Betrieben den Arbeitern und Angestellten eine Verständigung mit ihrem Arbeitgeber über ihre Wünsche und Bedürfnisse im Wege der Verhandlung zu ermöglichen und damit dem sozialen Frieden zu dienen, dessen das deutsche Wirtschaftsleben namentlich in der Zeit des Überganges von der Kriegs- in die Friedenswirtschaft dringend bedürfen, der aber dann gerade besonders gefährdet sein wird*«.
Die zentrale Vorschrift beider Entwürfe lautete:

§ 138i

(1) Dem Arbeiterausschusse liegt es ob, das gute Einvernehmen innerhalb der Arbeiterschaft des Betriebs oder der Betriebsabteilung und zwischen der Arbeiterschaft und dem Betriebsunternehmer zu fördern. Er hat Anträge, Wünsche und Beschwerden der Arbeiterschaft, die sich auf die Betriebseinrichtungen, die Löhne und sonstige Arbeitsverhältnisse des Betriebs oder auf die mit dem Betriebe verbundenen Wohlfahrtseinrichtungen beziehen, zur Kenntnis des Betriebsunternehmers zu bringen und sich darüber zu äußern.
(2) Kommt eine Einigung zwischen dem Betriebsunternehmer und dem Arbeiterausschuß nicht zustande, so kann der Ausschuss die im Arbeitskammergesetz vorgesehene Einigungsstelle anrufen.[9]

Dazu kam eine ganze Reihe von prozeduralen Vorschriften, darunter zur Kostentragung für die Ausschussarbeit, eine bezahlte Arbeitsfreistellung der Ausschussmitglieder und einem Behinderungs- und Maßregelungsverbot. Der zweite Entwurf enthielt zusätzlich eine Strafbarkeit des Arbeitgebers bei Behinderung der Ausschusswahlen und -tätigkeit sowie die Möglichkeit der Landeszentralbehörde, »*für bestimmte Bezirke oder Gewerbezweige die Wahlberechtigung oder die Wählbarkeit von Ausländern allgemein oder unter Beschränkungen zuzulassen*« (das spätere BRG gab das aktive Wahlrecht allen Arbeitnehmern, das passive nur Deutschen [§ 20]).
Die Planung der Regierung im Sommer 1918 sah für den 24. September eine »*kommissarische Beratung*« der beteiligten Ressorts vor (geladen sollten werden

9 An dieser Stelle gab es eine – wahrscheinlich bewusst eingebaute – Unklarheit, die noch zur Sollbruchstelle hätte werden können. Der Reichstagsabgeordnete Ickler hatte schon in der parlamentarischen Diskussion des Arbeitskammergesetzes darauf hingewiesen, dass die Fragen von »*Einlassungszwang und Vollstreckbarkeit*« eines Einigungsspruches offen seien (vgl. 155. Sitzung des Reichstags vom 1. 5. 1918, Stenographische Protokolle, S. 4859).

»die Herren Staatssekretäre des Reichs-Marineamts, des Reichs-Justizamts und des Reichs-Postamts, die Herren Minister des Innern, der Justiz, für Handel und Gewerbe, für Landwirtschaft, Domänen und Forsten, des Krieges und der öffentlichen Arbeiten, der Herr Präsident des Reichsbankdirektoriums und das Reichsamt für die Verwaltung der Eisenbahnen« – also »tout le monde« im damaligen Machtsystem, ein Indiz, welche Relevanz man diesem Thema beimaß.

Es kam alles anders. Zwei Monate später machte die Novemberrevolution alle diese Pläne zu Makulatur.[10] Sowohl das Arbeitskammerprojekt als auch die betriebliche Interessenvertretung gingen urplötzlich in der Frage auf, ob »Räte« das ganze Land beherrschen sollten. Dieses riesigen Spagats muss man sich bewusst sein, um zu verstehen, wie daraus das auf seine Weise auch »biedere« Betriebsrätegesetz werden konnte.

Die dazu seit der Revolution führenden Etappen sind wohlbekannt:[11]

- Im Stinnes-Legien-Abkommen vom 15. November 1918 wurden Arbeiterausschüsse vornehmlich als Unterstützungsorgane zur Umsetzung der Kollektivvereinbarungen vorgesehen.
- Mit der TarifvertragsVO vom 23. Dezember 1918 wurden Arbeiter- und Angestelltenausschüsse mit dieser Funktion und ohne substantiierte, darüber hinaus gehende Beteiligungsrechte geschaffen.
- Im Frühjahr 1919 erzwangen Arbeitsniederlegungen im Ruhrbergbau, im mitteldeutschen Bergbau und bei den Angestellten in Berlin in einer »zweiten Revolution« konkrete Mitbestimmungsrechte für nun ausdrücklich »Betriebsräte« genannte betriebliche Gremien.
- Ausgehend von den dort erzielten Verhandlungsergebnissen entstand zunächst auch im Einvernehmen mit den Arbeitgebern der Regierungsentwurf des BRG vom 8. August 1919.
- Dieser Entwurf wurde in parlamentarischen Beratungen unter dem Einfluss der »Deutschen Demokratischen Partei«, die geradezu als »verlängerter Arm« der Arbeitgeber auftrat, weitgehend »entschärft«.

10 Reichold (Rezension Däubler/Kittner, Betriebsverfassung, SR 2020, 233) sieht in dem Gesetzentwurf über Arbeiterausschüsse einen Beleg, dass das Kaiserreich doch nicht der reformunfähige Klassenstaat gewesen sei, als der es gemeinhin dargestellt werde. Das berücksichtigt nicht ausreichend, dass es sich hier um eine Reformidee erst unter dem Eindruck der unmittelbar bevorstehenden Kriegsniederlage handelte, vergleichbar mit der viel zu späten Aufhebung des § 153 GewO (vgl. *Kittner*, Vor 100 Jahren: »Der § 153 der Gewerbeordnung ist aufgehoben«, AuR 2018, G 9; *ders.*, Was heißt hier modern? Das Kaiserreich und die Arbeiterbewegung; vgl. *Kittner*, Merkur, Nr. 871, Dezember 2021, S. 92).

11 Vgl. *Bepler*, Die Entstehung des Betriebsrätegesetzes, in Gräfl u. a., Hrsg., 100 Jahre Betriebsverfassungsrecht, S. 73ff.

- Das »Betriebsrätegesetz« wurde am 18. Januar 1920 in dritter Lesung verabschiedet[12] und galt mit diesem Inhalt unverändert, bis es 1933 faktisch ausgelöscht und 1934 förmlich mit dem AOG aufgehoben wurde (Kap. 12).
- Aus den hochfliegenden Plänen einer Demokratisierung der Wirtschaft durch ein umfassendes Rätesystem auf der Grundlage des Art. 165 WRV wurde indessen nichts. Es blieb bei einem substanzlosen »Sozialisierungsgesetz« vom 23. März 1919.[13] Auf das »bescheidene« Vorhaben der Arbeitskammern kam man nicht mehr zurück (bis heute, mit Ausnahme der Kammern in Bremen und im Saarland).

Mit dem »Betriebsrätegesetz« wurde jedenfalls die Regelung der Arbeitsbeziehungen auf eine neue Stufe gehoben. Der »Betrieb« wurde zu einem kollektiven Bezugspunkt neben dem Tarifrecht.[14] Wie wir heute wissen, sollte diesem neuen Rechtsgebiet nur eine Lebensdauer von 13 Jahren beschieden sein – lang genug, dass diesem bald eine intensive rechtswissenschaftliche Aufmerksamkeit galt und es zu zahlreichen Gerichtsentscheidungen dazu kam (ab 1928 durch Arbeitsgerichte, an der Spitze das Reichsarbeitsgericht), gleichzeitig aber zu kurz, dass es zu einer kohärenten Dogmatik und so etwas wie einer »ständigen Rechtsprechung« hätte kommen können.[15] Gleichzeitig gibt es zur Praxis mit dem Gesetz keine validen empirischen Befunde, sondern nur unzusammenhängende und eher zufällig auf uns gekommene Einzelinformationen. Die aussagekräftigste zeitgenössische Quelle ist die Schrift von Kurt Brigl-Matthiaß aus dem Jahr 1926 »Das Betriebsräteproblem« (s. u.). Dazu kommt aus späterer Zeit die bereits genannte exemplarische Untersuchung von Werner Plumpe über zwei Großbetriebe.[16]

---

12 Am Tag der 2. Lesung, dem 13. Januar 1920, hatten KPD und USPD zu einer Demonstration unmittelbar vor dem Reichstag aufgerufen. Nach einer Konfrontation mit den Sicherheitskräften gab es 42 Tote und etwa 100 Verletzte – eine der blutigsten Demonstrationen in der deutschen Geschichte, über deren Verlauf und die Frage, wer Schuld an der Eskalation trug, bis heute Streit herrschen (vgl. *Weipert*, Die Demonstration am 13. Januar 1920 vor dem Reichstrag, in Jahrbuch für die Forschungen zur Geschichte der Arbeiterbewegung 2012/II, S. 16 ff.). Ein Vierteljahr später verabschiedete die Nationalversammlung das »Gesetz über die Befriedung der Gebäude des Reichstags und der Landtage« vom 8. 5. 1920 (RGBl. 909). Vergleichbares gilt in der Bundesrepublik mit dem »Gesetz über befriedete Bezirke für Verfassungsorgane des Bundes« vom 8. 12. 2008 (BGBl. I 2366; vgl. *Däubler/Kittner*, Betriebsverfassung, S. 184).

13 RGBl. 341. Es wurde begleitet von einem ebenfalls im Ankündigungsmodus verharrenden »Gesetz über die Regelung der Kohlewirtschaft« vom gleichen Tag (RGBl. 342).

14 Vgl. *Reichhold*, Betriebsverfassung als Sonderprivatrecht, 1995, S. 241 ff.

15 Die Arbeit von Reichold berichtet vor allem von Systematisierungsbemühungen, um dieses Gebilde zwischen öffentlichem und Privatrecht verorten zu können (S. 311 ff.) und Anstrengungen, um neuen Kategorien wie »Betrieb« oder »Betriebsvereinbarung« rechtliche Substanz zu geben (S. 244 ff., 287 ff.).

16 Vgl. *Plumpe*, Betriebliche Mitbestimmung in der Weimarer Republik. Fallstudien zum Ruhrbergbau und zur chemischen Industrie, 1999.

Gleichzeitig gilt bezüglich der betrieblichen Interessenvertretung verstärkt, was die Weimarer Republik ganz generell prägt: Es gibt so etwas wie »Normalität« im Grunde nur fünf Jahre lang. Über die ersten Jahre, d.h. von den unmittelbaren Nachkriegswirren zur Hyperinflation Ende 1923, sagt der vielzitierte Satz von Hugo Sinzheimer alles: »*Wir leben im Chaos*«.[17] Ich glaube, dass ganz durchgängig nicht ausreichend gewürdigt wird, vor welchen Herausforderungen ganz speziell Betriebsräte standen, als mit dem Tageslohn von gestern das Brot von morgen nicht mehr bezahlt werden konnte. Und ab 1929 stellte sich ihnen mit der Massenarbeitslosigkeit im Gefolge der Weltwirtschaftskrise erneut eine ganz anders geartete »mission impossible«. Das war – alles in allem – kein Umfeld zur Ausprägung, gar Konsolidierung eines neuen Rechtsgebiets. Vielmehr waren diese Anfänge des Betriebsverfassungsrechts geprägt von den Geburtswehen des Revolutionsgeschehens und dem großen »Spagat« (s.o.). Das äußerte sich vor allem in zwei zentralen systemischen Entscheidungen:

- der dem Betriebsrat in einer »demokratisierten« Wirtschaft zugedachten Stellung als unterstes Glied eines Rätesystems und
- dem Fehlen echter Mitbestimmungsrechte in der Breite des Betriebsalltags.

Zum ersten war die Betriebsverfassung nicht als Fortentwicklung der Arbeiterausschüsse des Kaiserreichs gedacht. Denn nach den Erfahrungen mit sich verselbstständigten betrieblichen Akteuren in den Munitionsarbeiterstreiks der letzten Kriegsjahre und der Revolution selbst hatten weder SPD noch Mehrheitsgewerkschaften ein Interesse daran, betrieblichen Konkurrenzstrukturen Nahrung zu geben. Das ist sicher auch die Erklärung dafür, dass der Referentenwurf von 1918 so ganz vollkommen in der Versenkung verschwand. Stattdessen war die Betriebsverfassung als unterste Ebene eines allumfassenden »Räte«-Systems konzipiert, das in Art. 165 WRV konzipiert wurde.[18]

Nur aus diesem Gesamtkonzept werden die vielen, auf Gemeinsamkeit mit dem Arbeitgeber hin angelegten Pflichten des Betriebsrats verständlich:

- »*Unterstützung des Arbeitgebers in der Erfüllung der Betriebszwecke*« (§ 1);
- Unterstützung der Betriebsleitung, »*um dadurch einen möglichst hohen Stand und möglichste Wirtschaftlichkeit der Betriebsleistungen zu sorgen*« (§ 66 Nr. 1);
- Aufgabe, »*an der Einführung neuer Arbeitsmethoden fördernd mitzuarbeiten*« (§ 66 Nr. 2) sowie – in der aufgeheizten Stimmung der Nachkriegszeit für viele ein Affront – die weiteren Aufgaben;

---

17 *Sinzheimer*, Grundriss des Arbeitsrechts, 1921, S. VII.

18 Als geistiger Vater dieses Artikels kann Hugo Sinzheimer angesehen werden. Er hatte die dazu führenden Gedanken sowohl außerhalb der Nationalversammlung vertreten als auch vor allem dort im zuständigen Ausschuss und im Plenum dafür geworben (vgl. *Sinzheimer*, Das Rätesystem, 1919, abgedruckt in Sinzheimer, Arbeitsrecht und Rechtssoziologie, 1976, S. 325; vgl. *Anschütz*, WRV, 11. Aufl. 1929, Anm. 1).

- *»den Betrieb vor Erschütterungen zu bewahren«*, wozu insbesondere die Pflicht gehörte, bei Streitigkeiten jeder Art eine schlichtende Stelle anzurufen (§ 66 Nr. 3)[19] und
- *»das Einvernehmen innerhalb der Arbeitnehmerschaft sowie zwischen ihr und dem Arbeitgeber zu fördern«* (§ 66 Nr. 6). Dazu kam die Erwartung,
- *»dass von beiden Seiten Forderungen und Maßnahmen unterlassen werden, die das Gemeininteresse schädigen«* (§ 68).

Alle diese Handlungspflichten des Betriebsrats fanden ihre immanente Begründung innerhalb des intendierten Rätesystems, in dem der Arbeitgeber ja nicht mehr der nur von seinem Gewinnstreben geleitete Kapitalist war, sondern aus den Wirtschaftsräten kommenden, gemeinwirtschaftlichen Direktiven folgte. Ab dem Zeitpunkt jedoch, als klar wurde, dass daraus nichts werden würde, (und das war für viele bereits zum Zeitpunkt der Verabschiedung des BRG absehbar), fiel die »Geschäftsgrundlage« all dieser Verpflichtungen weg. Otto Kahn-Freund formulierte dazu im Jahr 1932: *»Diese wirtschaftspolitische Funktion der Betriebsvertretung hat einen Sinn nur als Bestandteil eines Übergangs von der kapitalistischen zur sozialistischen Wirtschaft, bei der zwar noch das Eigeninteresse des Unternehmens erhalten bleibt, jedoch auf verschiedenen Wegen im volkswirtschaftlichen Interesse eine weitgehende Kontrolle des Unternehmens auf die Wahrung seines volkswirtschaftlichen Betriebszweckes stattfindet.* […] *Dadurch, dass die Sozialisierung nicht in Angriff genommen wurde, die wirtschaftspolitische Funktion der Betriebsräte aber doch bestehen blieb, wandelte sich diese in ihr Gegenteil um.«*[20]

Vor diesem Hintergrund musste das BRG als passgenaues Teilstück einer restaurativen Arbeitsrechtsentwicklung erscheinen, für die Kahn-Freund vor allem das Reichsarbeitsgericht verantwortlich machte.[21] In seinem berühmten Aufsatz über »Das soziale Ideal des Reichsarbeitsgerichts«[22] beklagte er, dass die *»Idee des Arbeitsrechts als eines Personenrechts von einem Werkzeug der unterdrückten Klasse zu einem Werkzeug der Beamtenschaft im Dienste eines kleinbürgerlich-wirtschaftsfriedlichen Ideals geworden (ist).«* Aufgrund dieser Fehlentwicklungen unter der Überschrift des um sich greifenden Gedankens von »Betriebsgemein-

19 Dieser Vorschrift wurde eine *»gesetzliche Friedenspflicht«* entnommen (vgl. *Flatow/Kahn-Freund*, 13. Aufl. 1931, BRG, § 66 Anm. 1).

20 *Kahn-Freund*, Funktionswandel des Arbeitsrechts, Archiv zur Sozialwirtschaft und Sozialpolitik, 1932; wieder abgedruckt in *Ramm*, Arbeitsrecht und Politik. Quellentexte 1918 – 1933, 1966, S. 211 ff.

21 Als besonders markantes Beispiel für diese »verdrehte« Auslegung des BRG stand eine Entscheidung des RAG, mit der es die Kündigung eines Betriebsratsvorsitzenden gebilligt hatte, weil dieser Mehrarbeit abgelehnt hatte: *»Der Kläger war als Vorsitzender des Betriebsrats verpflichtet, die Belange des ganzen Betriebs wahrzunehmen nicht denen der Arbeitnehmer den Vorzug zu geben«* (RAG 4. 1. 1928, Bens. 1, 82).

22 Abhandlungen zum Arbeitsrecht, Heft 7, 1931, wieder abgedruckt bei *Ramm*, a. a. O., S. 149 ff.

schaft« (Kap. 12), dem auch die Gewerkschaften anhingen, bestehe die Gefahr einer »*Entpolitisierung in den bereiten Massen*« mit Tendenzen in Richtung des italienischen Faschismus: »*Es führen viele Wege zur Diktatur. Der nächste Weg zum Faschismus jedenfalls geht in unseren gesellschaftlichen Verhältnissen nicht über die Gewalt, sondern über die Anbetung von Ruhe und Ordnung, von Fürsorge und Disziplin, vor allem über den ideellen Einbau der kämpfenden Organisationen in eine schemenhafte nationale Gemeinschaft*«.[23]
Damit tat er, was er sehr viel später freimütig einräumte, den beteiligten Richtern hinsichtlich ihrer subjektiven Vorstellungen sicher unrecht (dieselben Richter standen auch für eine konstruktive Fortentwicklung des Betriebsverfassungsrechts, sogleich unten). Was die große Linie angeht, lag Kahn-Freund allerdings völlig richtig, auch wenn er natürlich keine Vorstellungen von der konkreten Ausprägung des deutschen Nationalsozialismus haben konnte. Spätestens die hier vorgestellten Befunde zu den Kontinuitäten der Weimarer Zeit zum Nationalsozialismus (Kap. 12) belegen, wie sehr er bereits als Zeitgenosse »den Finger auf dem richtigen Loch« hatte.
Die zweite Fundamentalentscheidung zum BRG bestand in der bis heute bei Sozialhistorikern, aber auch nicht wenigen Arbeitsrechtlern unterbelichteten Tatsache, dass das BRG kein »Mitbestimmungs«-Gesetz in dem Sinne, dass der Arbeitgeber eine Angelegenheit nicht ohne Beteiligung des BR wirksam entscheiden konnte bzw. die streitentscheidende Entscheidung einer neutralen Stelle (Schlichtungsausschuss, Arbeitsgericht) erforderlich war. Das gab es nur in Bezug auf die Vereinbarung von Dienstvorschriften und Arbeitsordnung (§§ 75 und 80 Abs. 1) und die Verhängung von Strafen (§ 80 Abs. 2). Soweit sich die Betriebsparteien über irgendeinen anderen Punkt aus den Katalogen der §§ 66 und 78 nicht einigen konnten, konnten sie zwar die Schlichtungsstelle anrufen. Deren Entscheidung war aber stets *unverbindlich*.[24] Das heißt: Die Betriebsräte des BRG waren für die Gesamtheit ihrer über die Regelung von Arbeitsordnung und Dienstvorschriften hinausgehenden laufenden Aktivtäten auf das Entgegen-

23 Damit machte sich *Kahn-Freund* keine Freunde bei den Gewerkschaften. Deren Chefarbeitsrechtler Clemens Nörpel, der sich ad personam angesprochen sah, versuchte durch Schreiben an die führenden Arbeitsrechtler der Zeit eine Publikation der Schrift zu verhindern (hierzu und zu Nörpels Biografie vgl. *Unterhinninghofen*, Der Arbeitsrechtler Clemens Nörpel – vom ADGB zur DAF, AuR 2018, G 1). In der Sache selbst hatte Nörpel das RAG sogar noch vor Kahn-Freund öffentlich kritisiert (vgl. *Nörpel*, Zehn Jahre Betriebsrätegesetz, Gewerkschaftszeitung 1930, 120). Er engagierte sich auch gegen die Berufung Kahn-Freunds als Arbeitsrichter (vgl. *Däubler*, Otto Kahn-Freund, in: Redaktion Kritische Justiz, Hrsg., Streitbare Juristen, Bd. I, 2016, S. 380).

24 Vgl. *Flatow/Kahn-Freund*, BRG, 13. Aufl. 1931, § 78 Nr. 2 Rn. 2; *Hueck/Nipperdey*, Arbeitsrecht, 3./5. Aufl. 1932, S. 368. Dazu kam, dass Gerichtsentscheidungen in Beschlussverfahren nicht vollstreckbar waren (vgl. *Reichold*, Betriebsverfassung als Sozialprivatrecht, 1995, S. 285).

kommen des Arbeitgebers angewiesen. Sie hatten, bei Lichte besehen, keine sehr viel bessere Stellung als die vormaligen Arbeiterausschüsse!

Dazu kam die weitere, hier schon ausgiebig behandelte Schwachstelle der mangelnden Rechtsqualität der Betriebsvereinbarung (Kap. 23): »*Die Betriebsvereinbarung nach § 78 Ziff. 2 BRG ist nicht obligatorisch. Der Arbeitgeber kann auch einzelvertraglich die Regelung (Änderung) der Arbeitsbedingungen herbeiführen.*«[25] Das heißt: Der Arbeitgeber konnte jederzeit am Betriebsrat vorbei handeln und vollendete Tatsachen schaffen, ohne Rechtsnachteile befürchten zu müssen. Ernst Fraenkel glaubte, »*dieses Ergebnis vom Standpunkt der Arbeiterbewegung begrüßen zu müssen, da auf diese Weise auch im Alltag des Betriebes dem einzelnen Arbeiter der Unterschied zwischen Tarifvertrag und Betriebsvereinbarung sinnfällig vor Augen geführt wird.*«[26] Das aber hieß: Der Betriebsrat konnte sich nicht auf die Wirksamkeit einer mit dem Arbeitgeber getroffenen Vereinbarung verlassen, sondern musste tagtäglich auf der Hut sein, ob sie auch wirklich gegenüber allen Arbeitnehmern eingehalten wurde. Ob das tatsächlich erfolgte, war eine direkte Funktion der Einschätzung seiner Stärke und des Kooperationsbedarfs des Arbeitgebers – nicht aber einer rechtlichen Zwangsläufigkeit!

Diese in ihrer vollen Tragweite erstmals von Hermann Reichold diagnostizierte »*Durchsetzungsschwäche der Weimarer Betriebsverfassung*«[27] war bei genauer Betrachtung nicht verwunderlich, vielmehr durchaus naheliegend, spiegelten sich in ihr doch ersichtlich die hier skizzierten fundamentalen Ausgangsprobleme der Weimarer Arbeitsverfassung:

- die anfängliche Zurückhaltung der Gewerkschaften hinsichtlich einer zu starken Stellung der Betriebsräte als potenzieller Konkurrenten und
- die Erwartung, dass das BRG alsbald in ein übergeordnetes System von Wirtschaftsräten aufgrund des Art. 165 WRV eingebettet sein würde; dann würde sich vieles »von oben« her regeln lassen.
- Dass diese Tendenzen von den Arbeitgebern (im Parlament exekutiert von der DDP) befördert wurden, kam hinzu.

Was konnte man von dieser neuen Betriebsverfassung erwarten, unter den ungünstigsten Rahmenbedingungen mit Betriebsräten in einem halb fertigen Haus, ohne richtige Mitbestimmungsinstrumente? Es hat den Anschein, als ob die Dinge doch besser liefen, als man erwarten durfte. Dafür sorgten Praktiker, die das Beste aus dem machten, was sie vorfanden.[28] Ein herausragendes Beispiel

---

25 RAG 22.1.1930, 377/29, Bens. 8, 124.

26 *Fraenkel*, Zehn Jahre Betriebsverfassungsgesetz, Die Gesellschaft 1930, S. 117; wieder abgedruckt in *Ramm*, a.a.O., S. 97, 104.

27 *Reichold*, a.a.O., S. 281.

28 Ein erstes Beispiel waren die Vereinbarungen zwischen Gewerkschaften und Arbeitgeberverbänden über die Neuordnung der Arbeitsordnungen im Laufe des Jahres 1920 (Kap. 23).

lieferte Robert Dißmann, der Vorsitzende des »Deutschen Metallerbeiter-Verbandes«. Er ist in die Geschichte eingegangen vor allem wegen der oppositionellen Rolle in seiner Gewerkschaft während des Krieges, die Hinwendung zur USPD, die Übernahme des Gewerkschaftsvorsitzes und des frühen Austritts aus der »Zentralarbeitsgemeinschaft« – das Modell eines »linken« Gewerkschafters im demokratischen Spektrum.[29] Ausgerechnet er, möchte man sagen, ging voran bei den »Mühen der Ebene« im Umgang mit dem neuen Gesetz. Von ihm sind viel Auftritte überliefert, mit denen er seine Gewerkschaft – gegen die anfängliche Agitation sowohl der Kommunisten als auch der »Unabhängigen« (den Organisatoren der Munitionsarbeiterstreiks) – zu dessen pragmatischen Nutzung anhielt.[30] Den »Ersten Reichsbetriebsrätekongreß für die Metallindustrie« vom 5. bis 7. Dezember 1921 nutzte Dißmann als Plattform dafür. Er machte keinen Hehl aus den Defiziten des BRG, aber statt durchaus naheliegender Verbalradikalismen aus Enttäuschung über ein unzulängliches Gesetz forderte er dessen »Inbesitznahme«: »*Lassen wir uns durch die Kinderkrankheiten nicht abschrecken! Es wäre falsch, aufgrund einzelner unliebsamer Erscheinungen in der Betriebsräte- und Arbeiterbewegung der letzten anderthalb Jahre das Kind mit dem Bade auszuschütten. Welche Bewegung ist in der Menschheitsgeschichte von vorneherein glatt durchgeführt worden? Wir haben die Pflicht, auf das ernsthafteste in dem bisherigen Sinne weiterzuwirken, neben den Tagesnöten der Arbeiter die großen Aufgaben der nächsten Zukunft nicht zu vergessen.*«[31]

Diese praktische Arbeit ist nun durch die unvermeidliche Einschaltung der Arbeitsgerichte keineswegs konterkariert und auf sozialpartnerschaftliche, präfaschistische Harmoniekonzepte hin abgedrängt worden, wie das ein isolierter Blick auf Kahn-Freunds Philippika hätte nahelegen können. Diesem lag daran zu warnen (womit er ja auch nicht falsch lag), um eine Bilanz »sine ira et studio« ging es ihm nicht. Diese sah freilich anders aus, durchweg nicht mit den Schreckensbeispielen der von reaktionären Richtern exekutierten politischen Justiz vergleichbar (z. B. im Prozess gegen die Verleumder des Reichspräsidenten Ebert).[32] Es gibt bis heute keine umfassende Analyse der Rechtsprechung (einschließlich der der Arbeits- und Landesarbeitsgerichte) zum BRG. Meine Bilanz einer langjährigen aus unterschiedlichsten Blickwinkeln erfolgten Lektüre ist die einer »normalen«, dem Zweck des Gesetzes gegenüber loyalen Auslegungsarbeit, in der die allermeisten Beteiligten sich mit überzeitlich »korrekten« Kategorien um dessen rechtsdogmatische Konturierung bemühten.

29 Vgl. *Tosstorff*, Robert Dißmann (8. August 1878 – 30. Oktober 1926) – Ein Linker zwischen den Fronten, in Hofmann/Benner, Hrsg., Geschichte der IG Metall, S. 581 ff.

30 Eingehend *Däubler/Kittner*, Betriebsverfassung, S. 233 ff.

31 Erster Reichsbetriebsrätekongreß für die Metallindustrie. Abgehalten vom 5. bis 7. Dezember 1921 in Leipzig, Protokoll, Nachdruck 1981, S. 120.

32 Vgl. *Kittner*, Arbeitskampf, S. 393.

Insbesondere zeigt eine unvoreingenommene Analyse der vielen Beschlüsse des RAG zum BRG, dass das Gericht auf dem Weg war, das neue Rechtsgebiet durchaus mit Empathie für den Mitbestimmungsgedanken und eine effektive Betriebsratsarbeit mit Leben zu erfüllen. Das äußerte sich z. B. in dem vom Wortlaut des § 95 BRG zunächst nicht zwingend angelegten Schutz für noch nicht gewählte Wahlbewerber und Arbeitnehmer, die die Bestellung eines Wahlvorstands betrieben. Die Freiheit des Arbeitnehmers, zu wählen und sich wählen zu lassen, könnte sonst *»leicht illusorisch werden.«*[33] Auch bei der Auslegung der Vorschriften für ein möglichst unbehindertes Tätigwerden zeigte sich das RAG nicht kleinlich. Das betraf z. B. die Freistellung für Betriebsratsarbeit[34] und die Lohnfortzahlung für diese Zeit. Die von ihm aufgestellten Grundsätze zur Erstattung von Rechtsanwaltskosten,[35] der Beschaffung von Büchern und Kommentaren[36] und die Nutzung eines schwarzen Bretts[37] (auch das alles »Klassiker« unter dem BetrVG) waren durchweg betriebsratsfreundlich.

Vor dem Vergessen auf jeden Fall bewahrt werden sollte die Entscheidung des RAG zur Rechtsstellung von Betriebsratsmitgliedern im Arbeitskampf. Wegen der damals herrschenden Arbeitskampfdoktrin konnten alle streikenden Arbeitnehmer wegen Arbeitsverweigerung gern. § 123 Nr. 3 GewO fristlos entlassen werden; Aussperrungen erfolgten ohnehin als derartige Kündigung. Das galt auch für Betriebsratsmitglieder, die damit gem. § 69 BRG ihr Betriebsratsamt verloren. Sie konnten es erst wieder erlangen, wenn die Gewerkschaft eine entsprechende Maßregelungsklausel hatte durchsetzen können. Hier nun wurde das RAG erfinderisch – und zwar, nachdem der Reichstag es im Jahr 1927 abgelehnt hatte, dies gesetzlich zu regeln (!):[38] Es befand, dass § 69 BRG eine Kündigung voraussetze, die auf ein *endgültiges* Ausscheiden abziele; dies aber sei beim Arbeitskampf nicht der Fall.[39] Also lebe das Betriebsratsamt nach dem Arbeitskampf auch dann wieder auf, wenn es keine entsprechende Maßregelungsklausel gab – eine fürwahr ingeniöse, durchaus rechtsschöpferische Auslegung![40]

---

33 RAG 26. 9. 1928, Bens. 4, 35, 36.

34 Vgl. RAG 13. 4. 1929, Bens. 6,187.

35 Vgl. RAG 24. 6. 1931, Bens. 12, 426; 8. 7. 1931, Bens. 12, 509. Es hat aber den Anschein, als ob das RAG hier zunehmend strengere Anforderungen aufstellte (vgl. RAG 9. 12. 1931, Bens. 13, 503).

36 Vgl. RAG 21. 12. 1927, Bens. 1,75; 28. 6. 1930, Bens. 9, 340; 11. 7. 1931, Bens. 13, 26.

37 Vgl. RAG 28. 3. 1928, Bens. 2, 153.

38 Vgl. »Anträge auf Verbesserung des Betriebsrätegesetzes im Reichstag«, Gewerkschaftszeitung 1927, 144.

39 RAG 3. 10. 1928, Bens. 4, 100.

40 Eine weitere sehr wichtige, hier schon behandelte Frage betraf die Nutzung des »Betriebsgemeinschafts«-Gedankens im Arbeitskampf. Diesbezüglich musste sich das RAG schon bald nach dem Kieler Straßenbahn-Fall mit Fall-Konstellationen befassen, die nicht mehr nur in einem Unternehmen spielten, sondern wo beim Kampf um einen

Mit dieser »Ehrenrettung« des RAG stehe ich – glücklicherweise – nicht allein da, aus der Besserwisserperspektive des Jahres 2025. Bereits 1930 gab es einen Zeitgenossen Kahn-Freunds, später nicht minder berühmt als dieser, für den das Glas nicht »halbleer« sondern »halbvoll« war. Der damals als Rechtsanwalt für Arbeitnehmer und Gewerkschaften tätige Ernst Fraenkel teilte in seiner 10-Jahre-Bilanz des BRG in weiten Teilen die Diagnose von Kahn-Freund, insbesondere was seine Schieflage nach dem Scheitern des »großen« Räte-Projekts und der Nutzung des »Betriebsgemeinschafts«-Gedankens angeht.[41] Er sah aber im BRG, so wie es sich bis 1930 entwickelt hatte, ein sehr volkstümliches Arbeiterschutzgesetz, das im Bewusstsein der Arbeiter einen sehr hohen Stellenwert habe: »*Ja, das Betriebsrätegesetz ist der erste Anlaß gewesen, daß weite Kreise des Volkes wieder Fühlung zu dem staatlich geformten Recht gefunden haben.*«[42] Dazu betonte er den Wert und die Bedeutung der Alltagsarbeit von Betriebsräten (auch wenn er die Reichweite ihrer Rechte zutreffend nicht viel anders als die der früheren Arbeiterausschüsse einschätzte): »*Bei der Bekämpfung der Unfallgefahren, dem Ausbau der Betriebshygiene, dem Frauen- und Schwerbeschädigtenschutz, der Lehrlingsfürsorge bewähren sich Arbeiter- und Angestelltenräte in jener mühevollen Kleinarbeit, deren Durchführung die Grundlage des proletarischen Aufstiegs bildet. Die soziale und kulturelle Kleinarbeit zu unterstreichen ist um so notwendiger, als die Verkennung ihrer Schwierigkeit und ihres Wertes manch einem Intellektuellen der sozialistischen Bewegung den Weg zum Verständnis der Psyche des tätigen Arbeiterfunktionärs versperrt*« (man könnte meinen, Fraenkel habe direkt auf den Kollegen Kahn-Freund gezielt). Jedenfalls sah er noch »*längst nicht alle Möglichkeiten ausgeschöpft, die in dem BRG enthalten sind.*« Er sah denn auch beim RAG »*wertvolle Ansätze*« zu einer konstruktiven Entwicklung des Rechts der Betriebsvertretungen. Als Beispiel nannte er die Entwicklung des Betriebsstrafrechts, wie er das nannte, die Bindung von Disziplinarstrafen an die Mitwirkung des Betriebsrats (Kap. 23).[43]

Die Aussagen Ernst Fraenkels korrelieren nach allem, was wir wissen, mit der Rezeption des BRG jedenfalls bei den Arbeitnehmern.[44] Dafür nannte Brigl-Mat-

Flächentarif mittelbare Arbeitskampffolgen zwischen verschiedenen Betrieben zu beurteilen waren. Hier half eine betriebliche »Gemeinschaft« naturgemäß nicht weiter und das RAG entwickelte in dieser Situation eine »moderne« arbeitskampfrechtliche Argumentationsfigur, die »Sphärentheorie«, wegen der ihm in der Bundesrepublik von konservativen Rechtswissenschaftlern der Vorwurf gemacht wurde, sie beruhe auf »klassenkämpferischen« Gedanken (s. o. 26.2).

41 *Fraenkel*, Zehn Jahre Betriebsverfassungsgesetz, a. a. O., S. 98f.

42 *Fraenkel*, Zehn Jahre Betriebsverfassungsgesetz, a. a. O., S. 109.

43 Vgl. RAG 11. 1. 1928, Bens. 2, 31.

44 Hinsichtlich der Haltung der Arbeitgeber zum BRG gibt es bis auf persönliche Beobachtungen des Personalmanagers Josef Windschuh noch weniger Informationen als über Arbeitnehmer und Gewerkschaften (vgl. *Windschuh*, Betriebsrat oder Gewerkschaft?

thiaß bereits 1921 seine Wirkung als »Gesamtpaket« unabhängig von juristischen Einzelheiten und Finessen: »*Die Demokratisierung des Werksbetriebes prägt sich für die Werksleitung also nicht so sehr in einer konkret abgrenzbaren Einschränkung bestimmter Funktionen, oder gar in einer rationalen Funktionsverteilung zwischen ihr und dem Betriebsrat, als vielmehr in einer Summe einzelner und in ihrer konkreten Bedeutung nur schwer erfaßbarer Hemmungen aus* (Hervorhebung durch den Verfasser)«.[45] Außerdem nannte er als nicht zu unterschätzenden Faktor, dass »*die Behandlung der Belegschaft durch die unteren Betriebsbeamten, die früher zweifellos vielfach übertrieben scharf und oft persönlich verletzend war, grundsätzlich andere Formen angenommen hat, und die Belegschaft vor willkürlichen Maßregelungen nunmehr in starkem Maß geschützt ist.*«
Diese Einschätzung war offenbar zutreffend. Friedrich Sitzler, als Ministerialdirektor im Reichsarbeitsministerium führend an der Entstehung des Gesetzes beteiligt, betonte bei seiner vorsichtigen Bilanz im Jahr 1928 insbesondere die Bedeutung dieser individuellen Ebene:[46] »*Schon heute steht aber fest, daß das Betriebsrätegesetz das Persönlichkeitsgefühl des Arbeiters gestärkt und ihm die Möglichkeit gegeben hat, seine Beschwerden sicher zur Kenntnis der zuständigen Stellen zu bringen, ein Umstand der zweifellos zum Ausgleich der sozialen Spannungen beiträgt.*« Damit ist der insbesondere im Nachhinein nicht mehr fass- und messbare Erfolg des BRG im Interesse der Arbeitnehmer beschrieben. Hier liegt die Erklärung für die Sicht des »halb vollen Glases«, eine doch wohl durchgehende Akzeptanz des Mitbestimmungsgedankens bei den Arbeitnehmern (nicht zuletzt sichtbar an der relativ stabilen Wahlbeteiligung und den Wahlergebnissen bis zum Ende der Republik). Es spricht eine starke Vermutung dafür, dass diese positive Grundstimmung über die Zeit des Nationalsozialismus im Geheimen bewahrt wurde und zur – auf den ersten Blick erstaunlichen – Wiedergründung von Betriebsräten 1945 in großer Breite und Schnelle beitrug.

27.3 Nationalsozialismus

Zu der Zeit des Nationalsozialismus gibt es an dieser Stelle dem schon Gesagten nichts zu hinzuzufügen. Es ist nochmals hervorzuheben, wie anlässlich dessen

---

Beiträge zur Soziologie des Betriebsrätewesens, 1922; *ders.*, 10 Jahre BRG, Soziale Praxis 19930, Sp. 232 – 234, wieder abgedruckt bei *Milert/Tschirbs*, Von den Arbeiterausschüssen zum Betriebsverfassungsgesetz, 1991, S. 134). In seiner 10-Jahre-Bilanz berichtet er von einem breiten Spektrum von Meinungen und Haltungen. Während »*klügere und moderne Unternehmer*« zunehmend Betriebsräte als nützliche Einrichtung schätzten, gebe es aber nach wie vor viele, die sie kategorisch ablehnten. Diese sollten 1933 ihren Erfolg haben (Kap. 12).

45 *Brigl-Mattiaß*, Das Betriebsräteproblem, S. 192.

46 *Sitzler*, Das Werden der Betriebsdemokratie, Reichsarbeitsblatt 1928 II, 204.

Bemühungen zur Zerstörung der Betriebsverfassung die tiefe Verankerung des demokratischen Teilhabegedankens in den Betrieben zum Vorschein kam: Das AOG-Konstrukt der »Vertrauensmänner« wurde wegen anhaltend schlechter Abstimmungsergebnisse klammheimlich eingestellt (Kap. 12).

27.4 Betriebsverfassungsrecht nach 1945

»Nach 1945« – diese Epochenüberschrift für alles, was sich nach dem Zweiten Weltkrieg ereignete (bis hin zur 1949 gegründeten Bundesrepublik), ist im Falle der Betriebsverfassung wörtlich zu nehmen. Lange ehe man auch auf diesem Feld an eine rechtliche Neuordnung dachte, schufen die Beteiligten vor Ort Fakten. Ganz offensichtlich speisten sich die Aktivitäten zur Wiedergeburt der betrieblichen Mitbestimmung aus der Verwurzelung des Mitbestimmungsgedankens bei den Arbeitnehmern in Deutschland. Bei Lichte betrachtet, ist es deshalb eben kein »Wunder«, dass praktisch zeitgleich mit dem Kriegsende in ganz Deutschland wieder Betriebsräte entstanden. Die erste bekannt gewordene Neugründung erfolgte am 18. Dezember 1944 in der Zeche Laurweg in Kohlscheid, nachdem alliierte Truppen das Steinkohlerevier nördlich von Aachen besetzt hatten.[47] Dieser Betriebsrat bestand aus vier Mitgliedern, die diese Funktion schon vor 1933 ausgeübt hatten (zwei verstanden sich als Sozialdemokraten, einer als Kommunist, einer als Zentrumsmann). Nach diesem Muster kam es in den folgenden Monaten in allen Besatzungszonen zu derartigen Betriebsratsgründungen.

Die sich anschließende Nachkriegsgeschichte ist rasch erzählt – teils bezogen auf Vorarbeiten für das Spätere, teils als »Präjudizierung durch Nicht-Präjudizierung« (Kap. 14).

Die – im Übrigen wohldokumentierte – Geschichte dieser Zeit kann hier nicht einmal ansatzweise nachgezeichnet werden. Nach dem Zuschnitt dieses Buches möchte ich also versuchen, einige strukturprägende Stationen und lange Linien aufzuzeigen. Ich sehe dabei acht Schwerpunkte:

(1) KontrollratsG Nr. 22, Ländergesetze;
(2) Entstehung des BetrVG 1952;
(3) Erfolgsbedingungen der Betriebsverfassung;
(4) BetrVG 1972;
(5) Reformen: Gesetze und Vorschläge;
(6) Rolle der Gerichte;
(7) Betriebe ohne Betriebsrat;
(8) internationale Ebene (Europäische und Weltbetriebsräte).

---

47 Vgl. *Däubler/Kittner*, Betriebsverfassung, S. 299.

(1) KontrollratsG Nr. 22; Ländergesetze

Schon ein Jahr nach Kriegsende konnten sich die Alliierten noch auf ein »Betriebsrätegesetz« für alle Besatzungszonen einigen: Das »Kontrollratsgesetz Nr. 22« vom 17. April 1946.[48] Es war allerdings nicht zu vergleichen mit einem Gesetz wie dem BRG mit eingehenden Organisations- und Beteiligungsvorschriften und insbesondere seiner Einbindung in eine – dann nie gekommene – gemeinwirtschaftliche Wirtschaftsordnung. Vielmehr war seine Funktion im Grunde nur, das zu legitimieren, was sich überall vor Ort entwickelt hatte und die Grundlage zu schaffen, auf diesem Wege fortzufahren. Es war in diesem Sinne ein »Ermutigungsgesetz«.[49] Angesicht dieser »luftigen« Struktur konnte es denn auch neben den dann rasch entstehenden Betriebsverfassungsgesetzen der Länder fortbestehen.[50] (Das KRG Nr. 22 endete erst mit dem BetrVG 1952; im öffentlichen Dienst sogar erst 1955 mit dem BPersVG.)[51] Bleibende Wirkungen konnten vom KRG Nr. 22 in der kurzen Zeit seiner exklusiven Wirkung freilich nicht ausgehen.

Nachdem die Zusammenarbeit der Siegermächte Ende 1946 zu Ende gegangen war, gingen sie auch in der Betriebsrätefrage getrennte Wege: Im Osten wurden Betriebsräte zugunsten der Parteiherrschaft wieder abgeschafft (Kap. 15), im Westen kam es dagegen zu einer bemerkenswerten Zweiteilung, resultierend aus den unterschiedlichen Haltungen der Westmächte in der Betriebsrätefrage: In der amerikanischen und französischen Besatzungszone wurden in den meisten Ländern zwischen 1946 bis 1949 Landesbetriebsrätegesetze verabschiedet, die auch das Kündigungsrecht überwiegend wieder in einer Struktur entsprechend dem § 84 BRG regelten (Kap. 31).[52] In der britischen Zone kam es dagegen zu keinen Betriebsrätegesetzen (anders das in der britischen Zone gelegene Bremen, weil es von den USA verwaltet wurde). Dort entzog die Militärregierung den Ländern durch Verordnung vom 1. Dezember 1946 eine Reihe von Zuständigkeiten, die dem künftigen Zentralstaat vorbehalten bleiben sollten. Dazu zählte auch das Betriebsverfassungsrecht.[53] Die Schlüsselfigur für diese Entscheidung war der britische Außenminister, Ernest Bevin, ein früherer Gewerkschaftsvorsitzender und von 1940 bis 1945 Arbeitsminister im Kabinett von Churchill. Zur

---

48 ABl. des Kontrollrats 1946, 133 (abgedruckt in Quellen, Bd. 7, S. 131ff.).

49 Vgl. *Däubler/Kittner*, Betriebsverfassung, S. 314ff.

50 Zu den zum KRG Nr. 22 ergangenen Arbeitsgerichts-Entscheidungen vgl. *Gescher*, Die arbeitsrechtliche Rechtsprechung in den Westzonen, 2001, S. 212ff.

51 Vgl. *Däubler/Kittner*, Betriebsverfassung, S. 329.

52 Vgl. *Plumeyer*, Die Betriebsrätegesetze der Länder 1947 – 1950, 1995; *Hilger*, Übersicht über das Kündigungsverfahren nach den Ländergesetzen. Beilage zu dem Gutachten »Der allgemeine Kündigungsschutz in der neuen Ländergesetzgebung«, BB 1948, S. 534.

53 Vgl. *Plumeyer*, Die Betriebsrätegesetze der Länder 1947 – 1950, S. 19.

Vorliebe für die britischen shop-steward-Strukturen kam bei ihm die Sorge um kommunistische Einflüsse und unkontrollierbare Betriebsräte.[54]
In der amerikanischen und französischen Zone wurden dagegen durchgängig Betriebsrätegesetze verabschiedet.

Landesgesetze zur Betriebsverfassung 1947[55]

- Rheinland-pfälzische Landesverordnung über die Errichtung und Tätigkeit von Betriebsräten v. 15. 5. 1947 (VOBl v. 19. 7. 1947, S. 258)
- Betriebsrätegesetz für das Land Hessen v. 31.5.1948 (GVBl 1948 Nr. 23 S. 117ff.)
- Württemberg-Badisches Gesetz Nr. 726 über die Beteiligung der Arbeitnehmer an der Verwaltung und Gestaltung der Betriebe der Privatwirtschaft v. 18. 8. 1948 (RegBl 1948 S. 136)
- Badisches Landesgesetz über die Bildung von Betriebsräten (Betriebsrätegesetz) v. 24. 9. 1948 (GVBl 1948 S. 209)
- Bremisches Betriebsrätegesetz (»Ausführungsgesetz zu Art. 47 der Landesverfassung der Freien Hansestadt Bremen«) v. 10. 1. 1949 (GBl 1949 S. 7ff.)
- Württemberg-Hohenzollerisches Betriebsrätegesetz v. 21. 5. 1949 (RegBl 1949 S. 153ff.)
- Schleswig-holsteinisches Gesetz zur Regelung vordringlicher Angelegenheiten des Betriebs-Räterechts v. 3. 5. 1950 (GVBl 1950 S. 169)
- Bayerisches Betriebsrätegesetz v. 25. 10. 1950 (GVBl 1950, S. 227)

Quelle: *Däubler/Kittner*, Betriebsverfassung, 2. Aufl., S. 341.

Sie ähnelten ganz überwiegend dem BRG, wiesen aber eine Reihe von Besonderheiten auf. Insbesondere in Hessen, aber auch im Württemberg-Baden und Bremen kam es zu Konflikten mit den USA wegen zu weitgehender Mitbestimmungsrechte in wirtschaftlichen Angelegenheiten (Kap. 14).

54 Vgl. *Dartmann*, Redistribution of Power: Joint Consultation or Productivity Coalitions? Labour and Post-War Reconstruction in Germany and Britain, 1945–53. Bochum: Arbeitskreis Deutsche England-Forschung, 1996, S. 246ff. Um 1947 wurde in Großbritannien erwogen, in der britischen Zone anstelle von Betriebsräten sog. whitely councils einzurichten, in den 1920er Jahren praktizierte, von Arbeitgebern und Arbeitnehmern gemeinsam beschickte Gremien (vgl. *Dartmann*, a.a.O).

55 Das Saarland gehörte zu diesem Zeitpunkt noch zu Frankreich. Dort wurde am 1. 8. 1947 die »VO über die Betriebsräte erlassen (ABl. der Verwaltungskommission des Saarlandes Nr. 39 vom 28. 8. 1947).

(2) Entstehung des BetrVG 1952[56]

Als schwere Hypothek für den Neuanfang erwies sich eine gesetzgebungstechnische Entscheidung: nämlich, die Regelung der Arbeitnehmervertretung im Aufsichtsrat im Betriebsverfassungsgesetz selbst vorzunehmen, statt dafür ein eigenes Gesetz zu schaffen, wie in Weimar (s. o.). Auf diese Weise fiel der gewaltige Schatten des Systemkonflikts um die »Demokratisierung der Wirtschaft«, der nach dem missglückten Zeitungsstreik in der Drittelbeteiligung im Aufsichtsrat (§§ 76, 77 BetrVG 1952) mündete auf das neue BetrVG. Das war aber bei weitem nicht das Schlimmste: Die Gewerkschaften hatten nämlich in ihren Träumen von den »höheren Sphären« der Wirtschaftsdemokratie die »irdischen« Probleme völlig vernachlässigt. Es erscheint irgendwie unfassbar (und wird eigentlich nie recht thematisiert), dass sie zu keinem Zeitpunkt eigene schriftlich fixierte Vorstellungen von einem bundeseinheitlichen Betriebsverfassungsgesetz ausgearbeitet haben, denn dass hier ganz dringlicher Harmonisierungsbedarf angesichts der disparaten Lage in den Ländern herrschte, lag auf der Hand. Auch bleibt unbegreiflich, dass sie dieses Thema bei den Hattenheimer Gesprächen[57] mit den Arbeitgebern völlig ausgespart, sondern sich auch dort auf die völlig aussichtslose Frage der Unternehmensmitbestimmung kapriziert hatten. So wurde das neue Gesetz im Bundesarbeitsministerium vom zuständigen Referenten, Karl Fitting, in einem 52 Punkte umfassenden Vermerk konzipiert, der durch Wilhelm Herschel dem Minister, Anton Storch (Kap. 11), vorgelegt und dann - nach vielen Diskussionen - zur Grundlage des Regierungsentwurfs wurde.[58] Nachträgliche Korrekturversuche der Gewerkschaften blieben erfolglos. Das Resultat war das Betriebsverfassungsgesetz vom 1. Dezember 1952.[59]
Nach diesem Vorlauf wenig verwunderlich, stieß das Gesetz bei ihnen auf wenig Gegenliebe, löste aber auch keine massenhafte Empörung unter den Arbeitnehmern aus, wie kurz zuvor der Versuch, die Montanmitbestimmung wieder abzuschaffen (s. u. 4). Allerdings verhalfen ihm sozial-konservative, dem Anschein nach auf »Wirtschaftsfriedlichkeit« zielende Vorschriften bei engagierten Gewerkschaftern anhaltend zu einer »schlechten Presse«. Das galt vor allem für § 49 BetrVG 1952:

---

56 Eingehend *Däubler/Kittner*, Betriebsverfassung, S. 362ff.

57 Vgl. *Seifert*, Die Hattenheimer Gespräche (1950), Zeitschrift für Neuere Rechtsgeschichte 2017, 187ff.; *Kittner/Klengel*, Entstehung des Kündigungsschutzgesetzes, S. 158ff.

58 BT-Drucks. I/1546 (vgl. *Milert/Tschirbs*, Die andere Demokratie, S. 396).

59 BGBl. I 81. Auf die Bedeutung der Abspaltung der Mitbestimmung im öffentlichen Dienst durch das - zugleich mit dem BetrVG in Arbeit genommene - Personalvertretungsgesetz vom 5. 8. 1955 (BGBl. I 477) kann ich hier nicht eingehen (vgl. *Stammer u. a.*, Verbände und Gesetzgebung. Die Einflußnahme der Verbände auf die Gestaltung des Personalvertretungsgesetzes, 1965, S. 52ff. (zu Sonderregelungen für den öffentlichen Dienst in der Weimarer Republik vgl. *Däubler/Kittner*, Betriebsverfassung, S. 262ff.).

§ 49

(1) Arbeitgeber und Betriebsrat arbeiten im Rahmen der geltenden Tarifverträge vertrauensvoll und im Zusammenwirken mit den im Betrieb vertretenen Gewerkschaften und Arbeitgebervereinigungen zum Wohl des Betriebs und seiner Arbeitnehmer unter Berücksichtigung des Gemeinwohls zusammen.
(2) Arbeitgeber und Betriebsrat haben alles zu unterlassen, was geeignet ist, die Arbeit und den Frieden des Betriebs zu gefährden. Insbesondere dürfen Arbeitgeber und Betriebsrat keine Maßnahmen des Arbeitskampfes gegeneinander durchführen. Arbeitskämpfe tariffähiger Parteien werden hierdurch nicht berührt.

Die Skandalisierung dieser Vorschrift ist erstaunlich, denn sie enthielt gerade nicht mehr die im BRG wegen des Ausbleibens des Gesamt-Rätekonzepts »in der Luft hängenden« Verpflichtungen des Betriebsrats (wie z. B. die »*Unterstützung des Arbeitgebers in der Erfüllung der Betriebszwecke*«). Das Skandalon war offensichtlich das neue Wort »*vertrauensvoll*«. Was ist aus ihm nicht alles heraus (oder hinein) gelesen worden?
Vor allem wohl wegen der turbulenten, für die Gewerkschaften so schmerzlichen Begleitumstände der Entstehung des Gesetzes und – damit zusammenhängend – seiner Stilisierung als konflikt-averses Produkt der Adenauer-Mehrheit, ging völlig unter, welche Fortschritte es gegenüber dem BRG brachte. Der wichtigste war erstmals ein Katalog mitbestimmungspflichtiger Angelegenheiten in § 56 BetrVG 1952, der zwar zunächst durch das Auslegungskunststück einer Unterscheidung zwischen »materiellen« und »formellen« Arbeitsbedingungen entschärft wurde (Kap. 23), aber doch gleichzeitig das Prinzip der »Wirksamkeitsvoraussetzung« enthielt. Damit konnte der Arbeitgeber in einer mitbestimmungspflichtigen Angelegenheit ohne vorangegangene Einigung mit dem Betriebsrat (bzw. deren Ersetzung durch die Einigungsstelle) nicht mehr rechtwirksam gegenüber dem Arbeitnehmer handeln – ein Quantensprung gegenüber dem BRG. Dass dies so wenig be- und geachtet worden war, lag ersichtlich an einer unzureichenden Rezeption der rechtlichen Substanz (oder besser: Nicht-Substanz) des BRG.[60] Allerdings gibt es keine empirischen Befunde zur Befolgung dieser Grundätze in der Praxis.

---

60 Ich selbst muss mich solcher Ignoranz ebenfalls schuldig bekennen. Die erste und zweite Auflage der – in meinen Augen – 50 wichtigsten Gerichtsentscheidungen in Arbeitssachen (50 Urteile, 2019 und 2020) enthielt das hierzu einschlägige BAG-Urteil nicht (vgl. BAG 7. 9. 1956, BAGE 3, 207). Das wurde in der 3. Auflage (2024) korrigiert.

(3) Erfolgsbedingungen der Betriebsverfassung

Anders als zum BRG haben wir zur Praxis unter den Betriebsverfassungen seit 1952 eine Unzahl empirischer Befunde mit den unterschiedlichsten Blickwinkeln und Forschungszielen. Es ist unmöglich, aber auch nicht nötig, auf sie näher einzugehen, denn es einen sie zwei für unseren Zusammenhang zentrale Erkenntnisse, für die vor allem die berühmten Langzeituntersuchungen von Hermann Kotthoff[61] stehen:

- Trotz einheitlicher Rechtsgrundlage war die Praxis in den einzelnen Betrieben denkbar unterschiedlich. Es gleicht kaum ein Betrieb und seine Praxis einem anderen. Das macht generalisierende Aussagen auch über eine lange Zeitdauer hin schwierig bis unmöglich. Wir haben es – so wie bei den Tarifverträgen – um ein Universum mit unzähligen einzelnen Welten zu tun.
- Aufs Ganze gesehen »funktioniert« diese Mitbestimmung. Die zweite Studie von Kotthoff, die Betriebsräte nach allen möglichen Kriterien einer mehr oder weniger »aktiven« Interessenvertretung bis hin zu einem »Organ der Geschäftsleitung« untersucht hat, billigt zwei Dritteln von ihnen eine »wirksame« Mitbestimmung zu.[62]

Die Frage nach den Bedingungen dieses Erfolges – das darf man wohl so sagen – erheischt nochmals einen kurzen Blick auf die für das problematische Entree des BetrVG 1952 mitverantwortliche »vertrauensvolle Zusammenarbeit« des § 49. Sie hat ihn – selbstverständlich – nicht ge- oder gar verhindert. Gleich nach Inkrafttreten des Gesetzes stellte der erste Senat des BAG unter dem Vorsitz von Nipperdey fest:[63] »*§ 49 BetrVG bestimmt: Dass sowohl der Arbeitgeber als auch der Betriebsrat in ihrer Zusammenarbeit das Wohl des Betriebes und das Gemeinwohl als übergeordnete Gesichtspunkte zu beachten haben, dass aber innerhalb dieser Zusammenarbeit der Arbeitgeber seine Interessen, der Betriebsrat hingegen die Interessen der von ihm repräsentierten Arbeitnehmerschaft wahrnehmen darf und evtl. wahrzunehmen hat.*« Damit hatte der Spuk ein Ende (wenn er denn je jemanden wirklich geschreckt hatte). Diese Vorschrift wurde im Folgenden (und auch die im Kern unveränderte[64] Nachfolgeregelung des § 2 Abs. 1 BetrVG 1972) als Festlegung von Nebenpflichten zur wechselseitigen Rücksichtnahme verstanden (vielfach diente sie dazu, den Arbeitgeber zur Achtung der Mitbestim-

---

61 Vgl. *Kotthoff*, Betriebsräte und betriebliche Herrschaft. Eine Typologie von Partizipationsmustern im Industriebtrieb, 1981; *ders.*, Betriebsräte und Bürgerstatus. Wandel und Kontinuität betrieblicher Mitbestimmung, 1994. Zur Situation unter dem BetrVG 1952 vgl. *Blume*, Normen und Wirklichkeit einer Betriebsverfassung, 1964; *Kliemt*, Die Praxis des Betriebsverfassungsgesetzes im Dienstleitungsbereich, 1971.

62 Vgl. *Däubler/Kittner*, Betriebsverfassung, S. 502.

63 BAG 2.11.1955, BAGE 2, 175.

64 1972 wurde das in § 49 BetrVG 1952 enthaltene »Gemeinwohl« gestrichen.

mungsrechte des Betriebsrats anzuhalten).[65] Jedenfalls geht sie nach heutigem Verständnis nicht über allgemeine Grundsätze von Treu und Glauben, wie z. B. Rechtsmissbrauch hinaus.
Die hierzu ideologisch gefärbte Diskussion mutet umso grotesker an, als es bis zum Jahr 2019 gedauert hat, bis das BAG[66] die erste Entscheidung gegen einen offenkundig obstruktiv handelnden, rechtlich denkbar schlecht beratenen Betriebsrat gefällt hat, wobei es eindringlich deren Ausnahmecharakter betonte: »*Wegen der Besonderheiten des durch die Wahrnehmung strukturell gegensätzlicher Interessen gekennzeichneten Rechtsverhältnisses zwischen Arbeitgeber und Betriebsrat kommt eine solche unzulässige Rechtsausübung jedoch nur in besonders schwerwiegenden, eng begrenzten Ausnahmefällen in Betracht.*«
Ganz sicher hat das Gesetz von 1952 die Arbeit der Betriebsräte erleichtert, insbesondere der im Stillen wirkende Hebel einer Mitbestimmung mit »Durchgriff« auf die einzelnen Arbeitsverhältnisse. Aber die dominanten Erfolgsfaktoren dürften dieselben wie hinsichtlich der gesamten Arbeitsverfassung und vor allem der Tarifverträge gewesen sein: Die langanhaltende Prosperität (vom »Wirtschaftswunder« zum »Exportweltmeister«) verbunden mit einer jedenfalls beim repräsentativen Kern der Arbeitgeber nach den Erfahrungen der NS-Wirtschaft (Kap. 12) gewachsenen Akzeptanz der Betriebsverfassung in einer stabilen politischen Demokratie – alles ganz anders als in Weimar. Freilich ist auch hierzu anzumerken, dass nie mehr als die Hälfte der Arbeitnehmer sich der Interessenvertretung durch einen Betriebsrat erfreuen konnten (zum besorgniserregenden aktuellen Trend siehe Kap. 40).
Schließlich ein ganz wesentlicher Faktor ist das Verhältnis zwischen Gewerkschaften und Betriebsräten. Für Weimar hat das auf verhängnisvolle Weise nicht funktioniert. Die auch damals schon mögliche Erkenntnis, dass Zusammenarbeit *beide* stärker machen würde (Fraenkel, s. o.), wurde nach 1945 realisiert. Die seitherige Arbeit ist von einer hohen personellen Verflechtung geprägt: Etwa 70 % der Betriebsratsmitglieder sind gewerkschaftlich organisiert[67] und umgekehrt dominieren Betriebsratsmitglieder die Basisorgane der Gewerkschaften vor Ort und in den Tarifkommissionen. Der Besuch von gewerkschaftlichen Schulungsveranstaltungen und laufender Beratung durch Gewerkschaftsfunktionäre prägen den Arbeitsalltag. Zum strukturell wichtigsten Bindemittel haben sich die zahlreichen Öffnungsklauseln für Betriebsräte in Tarifverträgen auch für

---

65 Vgl. Däubler/Klebe/Wedde-*Berg*, BetrVG, § 2 Rn. 4: zu einer Rechtsprechungsübersicht *Worzalla*, Das Gebot der vertrauensvollen Zusammenarbeit in § 2 Abs. 1 BetrVG – »Lyrik« oder rechtliche Relevanz?, in *Gräfl u. a.*, 100 Jahre Betriebsverfassungsrecht, S. 843 ff.
66 Vgl. BAG 12. 3. 2019, BAGE 166, 79.
67 Das war freilich in Weimar auch schon so (vgl. *Däubler/Kittner*, Betriebsverfassung, S. 226 f.).

wichtige Themen entwickelt (Kap. 22). Sie erfüllen die Tarifverträge mit Leben und vermitteln den Betriebsräten handfeste Rechte – eine win-win-Situation für beide. Dazu kam die ebenfalls andere Orientierung der Gewerkschaftsarbeit auf den Betrieb statt dem Wohnort (wobei Versuche in den 1960er und 70er Jahren, gewerkschaftliche »Vertrauensleute« als eine Art gewerkschaftliche Repräsentanz in den Betrieben zu etablieren, aufs Ganze erfolglos blieben).[68]

(4) BetrVG 1972: Frucht der Reformepoche

Ein Höhepunkt der auf »1968« folgenden Reformepoche, einem der »Hotspots« des Arbeitsrechts insgesamt (Kap. 8), war nach allgemeiner Ansicht das BetrVG vom 15. Januar 1972.[69] Der »Fitting« nennt es eine *»neue Kodifikation«*, keine bloße Novellierung des BetrVG 1952.[70] Dieses von der ab 1969 regierenden sozialliberalen Koalition verabschiedete Gesetz war eines der wenigen in der Geschichte die Bundesrepublik, die in geradliniger Kausalität zu einem entsprechenden Gewerkschaftsvorschlag standen. In diesem Fall hatte der DGB zunächst 1967 einen Gesetzentwurf zur Verbesserung der Betriebsverfassung vorgelegt.[71] Nachdem die Große Koalition ihn nicht aufgegriffen hatte,[72] formulierte der DGB nach der Bundestagswahl 1969 einen erneuten, erweiterten Gesetzentwurf.[73] Dieser wurde weitgehend vom Arbeitsminister der neuen, »sozial-liberalen« Regierung, Walter Arendt, (Kap. 11), aufgegriffen und überstand das parlamentarische Verfahren trotz vehementer Ablehnung durch die Arbeitgeberverbände[74] ohne substanzielle Abstriche. Das BetrVG 1972 brachte eine deutliche Verbesserung der Arbeitsmöglichkeiten der Betriebsräte ebenso wie eine Ausweitung des Mitbestimmungskatalogs.[75] Teils bereits als Ausdruck der allgemeinen Aufbruchsstimmung, teils aufgrund des Gesetzes selbst kam es

68 Vgl. *Koopmann*, Gewerkschaftliche Vertrauensleute, Darstellung und kritische Analyse ihrer Entwicklung und Bedeutung von den Anfängen bis zur Gegenwart unter besonderer Berücksichtigung des Deutschen Metallarbeiter-Verbandes und der IG Metall, 2 Bde., 1979; *ders.* Vertrauensleutevertretung im Betrieb, 1981; *Weiss*, Gewerkschaftliche Vertrauensleute. Tarifvertragliche Verbesserungen ihrer Arbeit im Betrieb, 1978.

69 BGBl. I 13.

70 *Fitting*, BetrVG, Einl. Rn. 10.

71 Abgedruckt in RdA 1967, 462 ff.

72 Vgl. *Deinert/Kittner*, Die arbeitsrechtliche Bilanz der Großen Koalition 2005 – 2009, RdA 2009, 265, 269.

73 Abgedruckt in RdA 1970, 243 ff.

74 Sie hatten eine ungewöhnlich große Zahl von rechtswissenschaftlichen Gutachten aufgeboten, die die Verfassungswidrigkeit des Gesetzesvorhabens begründen sollten (vgl. *Däubler/Kittner*, Betriebsverfassung, S. 437 f). Gegen das verabschiedete Gesetz klagten sie dagegen nicht (anders als im Fall der Unternehmensmitbestimmung, s. u.).

75 Eingehend *Däubler/Kittner*, Betriebsverfassung, S. 439 ff.

zu der bereits angesprochenen Zunahme der Betriebsratsgremien in der Dekade zwischen 1968 und 1978 um 40 % (Kap. 10).

(5) Weitere Reformen: Vorschläge und Gesetze

Die mit dem BetrVG 1972 etablierten Strukturen haben seither die Arbeit der Betriebsparteien bestimmt. Die Betriebsverfassung ist indes eine nie zur Ruhe kommende Zone. Die seitherigen Änderungen erfolgten entlang der Linien der politischen Mehrheitsverhältnisse, angefangen beim Roll-back-Programm der Regierung Kohl/Genscher (Kap. 10).[76] Begleitet wurde dies von DGB-Entwürfen in den Jahren 1985,[77] 1998[78] und 2022[79] und Arbeitgeberpositionen, die sich verschoben haben, von der bloßen Ablehnung gewerkschaftlicher Erweiterungsforderungen zu einer Art Rückbau unter den Deregulierungsüberschriften »Beschleunigung«, »Entzerrung« oder »Passgenauigkeit«.[80]

Reformgesetze zum BetrVG 1972

Jahr	Gesetz	Wesentlicher Inhalt
1974	Gesetz zu § 78a BetrVG	Schutz der Jugendvertreter
1985	Beschäftigungsförderungsgesetz	Abschwächung Sozialplan
1988	Änderungsgesetz	Minderheitenschutz (zusammen mit SprecherausschussG und Sicherung der Montanmitbestimmung)

76 Einer eigenen Untersuchung wäre es wert, dass und warum die meisten der so erfolgten Änderungen bis auf eine Kleinigkeit im »Korrekturgesetz« von 1998 auch von neuen Mehrheiten nicht rückgängig gemacht wurden.

77 DGB, Hrsg., Gesetzesvorschlag des DGB zur Änderung des Betriebsverfassungsgesetzes, 1985; zu korrespondierenden Gesetzesanträgen der SPD im Bundestag vgl. BT-Drucks. 10/3384 und 11/2503 (vgl. *Däubler/Kittner*, Betriebsverfassung, S. 470 ff.).

78 Vgl. DGB, Hrsg., Novellierungsvorschläge des DGB zum Betriebsverfassungsgesetz 1972 (vgl. *Däubler/Kittner*, Betriebsverfassung, S. 478 ff).

79 Vgl. DGB, Gesetzentwurf für ein modernes Betriebsverfassungsgesetz, Sonderausgabe AuR, April/2022, S. 6 ff. (vgl. *Klebe*, Betriebliche Mitbestimmung für das 21. Jahrhundert, a. a. O., S. 2 ff.; *Däubler/Kittner*, Betriebsverfassung, S. 641 ff.; generell *Nielebock*, Gewerkschaften und Mitbestimmung – rechtspolitische Betrachtungen, in Gräfl. u. a., 100 Jahre Betriebsverfassungsrecht, S. 533 ff.).

80 Vgl. *Wolf*, 100 Jahre Betriebsverfassung – Ausblick und Handlungsbedarf, in Gräfl. u. a., 100 Jahre Betriebsverfassungsrecht, S. 829 ff. (Roland Wolf ist Abteilungsleiter für Arbeitsrecht und Tarifpolitik der BDA).

Jahr	Gesetz	Wesentlicher Inhalt
1988	Gesetz zur Bildung von Jugend- und Auszubildenden-vertretungen	Höheres Wahlalter
1996	Arbeitsrechtliches BeschFG	Abschwächung Interessenausgleich
1998	Korrekturgesetz	Teilweise Korrektur des BeschFG 1996
2001	BetriebsverfassungsreformG	Verbesserung der Organisationsstruktur, Verbesserungen bei Mitbestimmungsrechten, vor allem Initiativrechten des BR
2021	BetriebsrätemodernisierungsG	Erleichterung der BR-Wahl, Senkung Wahlalter, Sachverständige bei KI, Mitbestimmung bei mobiler Arbeit
2024	Betriebsratsvergütung	Korrektur der Folgen des BGH-Urteils vom 10.1.2023[81]

(6) Die Rolle der Gerichte

Die Betriebsverfassung ist ersichtlich ein Rechtsgebiet, das dominant von seiner gesetzlichen Regelung lebt. Aber gleichzeitig ist sie davon geprägt, dass der Gesetzgeber nie alles – auch wichtige Fragen – völlig geklärt hat (sei es, dass nicht alle späteren praktischen Probleme gesehen wurden, sei es, dass man absichtsvoll nicht genau hingeschaut hat, weil das Gesetz sonst hätte scheitern können) – ein Paradebeispiel für die unerlässliche gestaltende Rolle der Gerichte (Kap. 25). Weil man es hier mit viel kodifiziertem Gesetzesrecht zu tun hatte, spielte sich freilich alles »Richterrecht« unter der Überschrift »Auslegung« ab. Das galt schon für die dem Mitbestimmungskatalog des § 56 BetrVG beigemessene »Wirksamkeitsvoraussetzung«, seine Begrenzung durch die Erfindung »formeller« Arbeitsbedingungen und auch für die unmittelbare und zwingende Wirkung der Betriebsvereinbarung bis diese in § 77 Abs. 4 BetrVG 1972 ausdrücklich geregelt wurde (Kap. 23). Aufs Ganze gesehen fiel das BAG aber zum BetrVG 1952 nicht als rechtsschöpferische Kraft auf; der Grundzug seiner Rechtsprechung ließe sich als »konservative Verwaltung« beschreiben.

Das änderte sich mit dem Gesetz von 1972 (und wohl auch dem »Zeitgeist«). Wir haben bereits den Zusammenklang von Gesetzgeber und Gerichten hinsichtlich des neuen Katalogs der sozialen Mitbestimmung gesehen: Mit der Aufgabe

81 NZA 2023, 301: Der BGH hielt die Verurteilung von Managern wegen Untreue aufgrund der Gewährung einer überhöhten Vergütung von Betriebsratsmitgliedern für möglich. Daraufhin kam es in zahlreichen Betrieben zur Kürzung der Betriebsratsvergütungen (vielfach nur als Vorwand).

der Unterscheidung von »formellen« und »materiellen« Arbeitsbedingungen wurde der Weg frei für den Zugriff der Mitbestimmung auf die Sphäre der übertariflichen Leistungen (Kap. 24). Die andere große Rechtsprechungsabteilung bezog sich auf das, was man »Effektivierung« der Betriebsverfassung nennen könnte.[82] Ich nenne hier als herausragende Beispiele, die Entscheidungen über die Kostentragung für Betriebsratsschulungen gem. § 40,[83] den Unterlassungsanspruch des Betriebsrats zur Sicherung seiner Mitbestimmungsrechte,[84] den Unterlassungsanspruch der Gewerkschaft gegen tarifwidrige Betriebsvereinbarungen (Kap. 22)[85] und den Beschluss über die Mitbestimmung des Betriebsrats gem. § 87 Abs. 1 Nr. 6 BetrVG bei Einführung eines computergesteuerten Informationssystems (Kap. 32)[86] Es hat den Anschein, dass seit der Jahrtausendwende Empathie und Elan des BAG nachgelassen haben, Lücken und Schwächen mitbestimmungsfreundlich zu schließen (zu den Perspektiven insgesamt Kap. 40).[87]

(7) Betriebe ohne Betriebsrat

Seit es Arbeiterausschüsse bzw. Betriebsräte gab, gibt es das Phänomen der Betriebe, in denen *keine* solchen Vertretungen eingerichtet wurden (was stets von der Initiative der Arbeitnehmer abhängig war und ist). Dabei ist eines richtig: Zu allen Zeiten waren die durch Betriebsräte vertretenen Arbeitnehmer in der Minderheit (s. o.). Exakte Daten zur »Betriebsratsabdeckung« gibt es erst seit jüngerer Zeit aufgrund des sog. IAB-Betriebspanels.[88] Seine Befunde zeigen eindeutig einen »*klaren Abwärtstrend in der Reichweite der betrieblichen Mitbestimmung*«: Der Anteil der von einem Betriebsrat vertretenen Beschäftigten sank auf 39 % im Westen und 34 % im Osten.[89]

Bei einem differenzierten Blick bezogen auf die verschiedenen Betriebsgrößen erscheint das Bild weniger desaströs:

82 Vgl. *Kittner/Klebe*, Die Effektivität der Betriebsverfassung, AuR 2022, 364 ff.

83 BAG 31. 10. 1972, BAGE 24, 459 (vgl. *Kittner*, Ersatz von Kosten für den Besuch von Schulungsveranstaltungen nach § 37 Abs. 6 BetrVG, BB 1972, 96).

84 BAG 3. 5. 1994, BAGE 76, 364 (vgl. *Kittner*, 50 Urteile, S. 230 ff.).

85 BAG 20. 4. 1999, BAGE 91, 210 (vgl. *Kittner*, 50 Urteile, S. 237 ff.).

86 BAG 14. 9. 1984, BAGE 46, 367 (vgl. *Kittner*, 50 Urteile, S. 209 ff.).

87 Vgl. *Kittner/Klebe*, a. a. O.

88 Eine Erhebung des »Instituts für Arbeitsmarkt- und Berufsforschung« (seit 1993 für West-, seit 1996 in Ostdeutschland).

89 Vgl. *Ellguth/Kohaut*, Tarifbindung und betriebliche Interessenvertretung: Ergebnisse aus dem IAB-Betriebspanel 2021, WSI-Mitteilungen 2022, 328 ff.

Verbreitung eines Betriebsrats nach Betriebsgröße

TABELLE 6

Verbreitung eines Betriebsrats nach Betriebsgröße, 2021^A

Angaben in Prozent

	Betriebsgrößenklassen (Anzahl Beschäftigte)							
	5–50	51–100	101–199	200–500	501 u. m.	Insgesamt (ab 5)	*nachrichtlich:* *ab 21*	*ab 51*
	Gesamtdeutschland							
Betriebe mit BR	5	29	45	64	81	8	*23*	*41*
Beschäftigte mit BR	7	29	47	66	86	38	*50*	*61*
	Westdeutschland							
Betriebe mit BR	5	28	45	65	81	8	*23*	*41*
Beschäftigte mit BR	7	29	47	67	86	39	*51*	*62*
	Ostdeutschland							
Betriebe mit BR	4	29	47	62	(82)	8	*23*	*41*
Beschäftigte mit BR	8	30	47	63	(86)	34	*46*	*57*

A Basis: privatwirtschaftliche Betriebe ab 5 Beschäftigte, ohne Landwirtschaft und Organisationen ohne Erwerbszweck

Quelle: IAB-Betriebspanel 2021, eigene Darstellung

WSI Mitteilungen

Quelle: *Ellguth/Kohaut*, WSI-Mitteilungen (mit freundl. Genehmigung des Verlags)

Angesichts des Verschwindens alter Großbetriebe zugunsten deutlich kleinerer Neugründungen könnte das Phänomen der »betriebsratslosen Betriebe«[90] von einem Randproblem für Industriesoziologen zu einem strategischen für Gewerkschaften werden. Vor allem gilt es zu bedenken, dass die Zahl der Betriebe, die weder einer Tarifbindung unterliegen noch einen Betriebsrat haben, ebenfalls ständig zunimmt (Kap. 40).

(8) Internationales: Europäische und Weltbetriebsräte

Eine der wirkungsmächtigsten Erscheinungen der Internationalisierung der Wirtschaft sind multinationale Unternehmen mit Betrieben in verschiedenen Ländern. So war es nur konsequent, dass Wege gesucht wurden, Arbeitnehmerbeteiligung in diesen Strukturen zu etablieren (so wie in der Betriebsverfassung der Konzernbetriebsrat seit dem BetrVG 1972). Die Antwort darauf waren Richtlinien der EG/EU zu Europäischem Betriebsrat und europäischer Aktengesellschaft (Kap. 21). Sie wurden durch das Gesetz über Europäische Betriebsräte

90 Vgl. *Artus/Böhm/Lücking/Trinczek*, Hrsg., Betriebe ohne Betriebsrat, 2006. Dabei kommt es – allerdings in bescheidenem Ausmaß – zu anderen Arbeitnehmervertretungen, vielfach von Arbeitgeber initiiert oder von ihm kontrolliert (eingehend *Däubler/Kittner*, Betriebsverfassung, S. 559ff.; vgl. auch *Artus*, Interessenhandeln jenseits der Norm. Mittelständische Betriebe und prekäre Dienstleistungsarbeit in Deutschland und Frankreich, 2008).

vom 28. Oktober 1996[91] bzw. das Gesetz über die Beteiligung der Arbeitnehmer in einer Europäischen Aktiengesellschaft vom 22. Dezember 2004[92] umgesetzt. Seither gibt es zweierlei Europäische Betriebsräte: solche auf Verhandlungsbasis nach dem EBRG und solche aufgrund des SEBG.
Diese Art der grenzüberschreitenden Arbeitnehmerbeteiligung ist zwar spektakulär und im welthistorischen Maßstab ein Meilenstein. Auf den ersten Blick erscheinen die Zahlen der nur informatorisch und konsultativ wirkenden Gremien bescheiden: 2022 gab es EU-weit insgesamt etwa 1200 aktive Europäische Betriebsräte, davon über 200 mit Leitung in Deutschland. Auch sind in den nahezu 30 Jahren seiner Existenz keine zwei Dutzend arbeitsgerichtlicher Urteile zur Auslegung des EBRG in Deutschland bekannt geworden! Das liegt jedoch an seinem Spezifikum gegenüber dem BetrVG: von ihm wird nur im Konsens Gebrauch gemacht; Europäische Betriebsräte wirken aufgrund von freiwilligen Vereinbarungen. Das macht gerichtliche Auseinandersetzungen weitestgehend entbehrlich und bietet auch einen guten Nährboden für innovative Arrangements. Auch hat es den Anschein, dass die Unternehmen, wenn irgend möglich, Verfahren vor dem EuGH vermeiden wollen. Für eine arbeitsrechtliche Gesamtbetrachtung spielt diese Möglichkeit der Arbeitnehmer-Interessenvertretung allerdings (noch) keine allzu große Rolle – kongruent zur Situation in Bezug auf internationale Tarifverträge (Kap. 21).
Diese Feststellung gilt natürlich gesteigert für sog. Weltbetriebsräte bzw. Weltkonzernausschüsse, für die derzeit nur von Gewerkschaften in wenigen damit einverstandenen Konzernen eingerichtet wurden.[93]

27.5 Unternehmensmitbestimmung

»Unternehmensmitbestimmung« hat, anders als die betriebliche Mitbestimmung, keine unmittelbaren Auswirkungen auf Arbeitsverhältnisse. Sie kann demgemäß als »Meta-Arbeitsrecht« bezeichnet werden, mit dem durch Einflussnahme auf die Willensbildung des Arbeitgebers ein schon im Ansatz »sozialeres« Verhalten gegenüber den Arbeitnehmern herbeigeführt werden soll. Die Unternehmensmitbestimmung wurde zum Mittel der Wahl nach dem Scheitern von sozialdemokratisch-gewerkschaftlichen Vorstellungen von »Sozialisierung« bzw. »Wirtschaftsdemokratie«.[94]

---

91 BGBl. I 1548.

92 BGBl. I 3686.

93 Vgl. *Rüb*, Weltbetriebsräte und andere Formen weltweiter Arbeitnehmervertretungsstrukturen in transnationalen Unternehmen, Hans-Böckler-Stiftung, Arbeitspapier Nr. 27, 2000; Däubler/Klebe/Wedde-*Däubler*, BetrVG, Einl., Rn. 243.

94 Vgl. *Spieker*, Gewerkschaftliche Grundfragen der Mitbestimmung auf Unternehmensebene, in FS Vetter, 1977, S. 323ff.

In der Weimarer Republik spielte sich die diesbezügliche Auseinandersetzung unter den Stichworten »Sozialistisches Programm«,[95] Art. 165 WRV und »WTB-Plan«[96] ab. In der Realität existierte die demgegenüber bescheidene Lösung einer Entsendung von – je nach Größe des Unternehmens – einem oder zwei Betriebsratsmitgliedern in den Aufsichtsrat.[97] Eine amtliche Statistik über die sich anschließende Praxis existiert nicht. Lediglich der DMV führte erstmals 1930 eine Erhebung über die Zahl der Unternehmen mit Betriebsrats-Aufsichtsratsmitgliedern durch: Es waren 562 Unternehmen mit zwei Betriebsräten und 185 mit nur einem.[98]

Mit diesem Konstrukt konnte in Deutschland bequem an die »dualistische« Struktur der Aktiengesellschaften angeknüpft werden. Deren Leitung erfolgte durch zwei Organe: Den Vorstand als Leitungs- sowie den Aufsichtsrat als Kontrollorgan, der auch den Vorstand bestellt. Das erlaubte die Beteiligung von Arbeitnehmervertretern, ohne in die unmittelbare Leitung einzugreifen (was man auf betrieblicher Ebene strikt ausgeschlossen hatte; vgl. § 69 Satz 2 BRG; heute § 77 Abs. 1 Satz 2 BetrVG 1972). Hier liegt gleichzeitig – abgesehen von den Unterschieden in der Organisationsform der nationalen Gewerkschaften[99] – der zentrale Grund, warum die Unternehmensmitbestimmung – bis heute – so schwer »exportfähig« ist: Im dem angloamerikanischen Rechtskreis oder auch in Frankreich herrschte (ebenfalls bis heute[100]) ein »monistisches« Modell der Unternehmensführung mit nur einem Verwaltungsrat bzw. »Board« an der Spitze, was von beiden Seiten aus gesehen prohibitiv für eine Arbeitnehmerbeteiligung

95 So der im Reichsgesetzblatt veröffentliche Aufruf des Rats der Volksbeauftragten vom 12.11.1918 (RGBl. 1303).

96 Auf einem außerordentlichen Kongress am 13.4.1932 beschloss der ADGB auf der Grundlage eines »WTB«-Plans (nach den Verfassern *Woytinsky, Tarnow* und *Baade)* ein Programm zur Wirtschaftsankurbelung und zur Neugestaltung der Wirtschaft mit Anklängen an Rätevorstellungen im Sinne des Art. 165 WRV (vgl. *Schneider,* Höhen, Krisen und Tiefen. Die Gewerkschaften in der Weimarer Republik 1918 bis 1933, in: Tenfelde u.a., Geschichte der deutschen Gewerkschaften, 1987, S. 279, 402ff.). Dazu beigetragen hatte vor allem auch der Wirtschaftsexperte des ADGB, Fritz Naphtali, der 1928 mit einer Kommission, an der auch Hugo Sinzheimer beteiligt war, ein neues an 1919 anknüpfendes Modell der Wirtschaftsdemokratie vorgelegt hatte (vgl. *Naphtali,* Wirtschaftsdemokratie, 1928, Neudruck 1966 mit einer Einführung von *Otto Brenner).*

97 Vgl. *Köstler,* Das stecken gebliebene Reformvorhaben, 1987.

98 DMV, Jahr- und Handbuch 1932, S. 370.

99 Vgl. *Leminsky,* Entwicklung und Formen der Mitbestimmung in einigen westeuropäischen Ländern, in Vetter, Hrsg., Vom Sozialistengesetz zur Mitbestimmung, FS Böckler, 1975, S. 427ff.

100 In Frankreich gibt es seit der Jahrtausendwende einen Trend hin zu Aufsichtsräten (vgl. *Hans-Böckler-Stiftung,* Böckler Impuls 1/2005).

war (die Aufteilung zwischen »internen« und »externen« board-Mitgliedern ist erst jüngeren Datums).[101]
Auch die so »harmlose« Entsendung einzelner Betriebsräte in die Aufsichtsräte stieß anfänglich auf Ablehnung der Arbeitgeber. Ihre Befürchtungen erwiesen sich aber als völlig übertrieben, was auf ganz unerwartete Weise zutage gebracht wurde: Der Reichstag hatte durch »Gesetz über einen Ausschuss zur Untersuchung der Erzeugungs- und Absatzbedingungen der deutschen Wirtschaft« vom 15. April 1926[102] einen damals sogenannten »Enqueteausschuss« eingesetzt. Dieser war denkbar hochrangig und sachkundig besetzt mit Vertretern der Unternehmen (z. B. Carl Friedrich von Siemens), Gewerkschaften (Fritz Naphali) und Politik (Rudolf Hilferding).[103] Er führte dabei »*Sondervernehmungen über den Einfluß des Eintritts der Betriebsräte in den Aussichtsrat*« durch, bei denen Betriebsräte und Manger befragt wurden.[104]
Das Ergebnis war einhellig und – aus Arbeitnehmersicht – niederschmetternd. Die als Sachverständige befragten Aufsichtsratspraktiker äußersten sich einhellig: »*Zur Frage der Mitwirkung von Betriebsräten in Aufsichtsräten kann ich nur bemerken, dass ich bisher vom Einfluß der Betriebsräte nicht sehr viel wahrgenommen habe.*« Und: »*Es ist mir bisher in keiner einzigen Gesellschaft, in der ich Aufsichtsratsmitglied bin, vorgekommen, daß Mitglieder des Betriebsrates zu irgendeiner geschäftlichen Frage das Wort gewünscht haben, es sei denn zu Lohn- und Gehaltsfragen.*« Die befragten Betriebsräte ihrerseits waren von den bisher gemachten Erfahrungen zwar nicht befriedigt, sie glaubten aber »manches erreicht« zu haben.[105] Dazu war eine Beobachtung des Betriebsratsvorsitzenden der Siemens-Schuckert-Werke in Berlin mit 38 000 Arbeitnehmern, dass die Tätigkeit im Aufsichtsrat für Betriebsräte vor allem auch im Verhältnis zur Verwaltung wichtig sei, »*weil sie wissen, daß wir die Möglichkeit haben, mit dem Vorsitzenden des Aufsichtsrates zusammenzukommen und ihn persönlich über dies und jenes zu unterrichten*« (ein Pendant zur segensreichen Wirkung des bloßen

---

101 Deshalb wurde eine »Europäische Aktiengesellschaft« mit Arbeitnehmerbeteiligung nur möglich, weil man auf den Ausweg einer Verhandlungslösung verfiel (s. u.).

102 RGBl. I 195.

103 Von den Verhandlungen dieses Ausschusses wurden Wortprotokolle im Buchhandel publiziert (zu der u. a. für Aufsichtsratsaktivitäten eingesetzten Arbeitsgruppe vgl. »Ausschuß zur Untersuchung der Erzeugungs- und Absatzbedingungen der deutschen Wirtschaft. Verhandlungen und Berichte des Unterausschusses für allgemeine Wirtschaftsstruktur. 3. Arbeitsgruppe Wandlungen der wirtschaftlichen Organisationsform«, 1928).

104 Dieser Teil wurde – zusammen mit anderen zeitgenössischen Publikationen – nachgedruckt in Hans-Böckler-Stiftung, Hrsg., Die Praxis der Weimarer Betriebsräte, mit einem Vorwort von Köstler, 1986.

105 So das Resümee des »Allgemeinen freien Angestelltenbundes« in einer Broschüre von 1930 (abgedruckt bei Hans-Böckler-Stiftung, a. a. O., S. 123, 128).

Vorhandenseins eines Betriebsrats für das Verhalten von Vorgesetzten zu einfachen Arbeitnehmern).

Auch wenn es dazu nur vereinzelte Aussagen gab, konnte man aber doch aus Hinweisen von Betriebsratsmitgliedern aus sehr großen Unternehmen mit kooperativer Mitbestimmungspraxis, wie z. B. Siemens, ablesen, wie sich ein dem heutigen angenähertes Mitbestimmungs-Gesamtsystem herausbildete, in dem Aufsichtsrats- und Betriebsratstätigkeit arbeitsteilig funktionierten.[106] Freilich: Das waren Beispiele aus der chemischen Industrie und der Elektroindustrie.

Eine zentrale Erkenntnis der Enquete-Erhebungen war vor allem auch, dass es in den Aufsichtsräten als Reaktion auf das Hinzutreten von Betriebsratsmitgliedern eine verbreitete Praxis gab, wichtige und als besonders delikat empfundene Angelegenheiten (vor allem Gehaltsfragen der Vorstandmitglieder) in Aufsichtsratsausschüsse oder andere Gesellschaftsgremien auszulagern.[107] Dies war vom Reichsgericht weitestgehend gebilligt worden:[108] »*Das Unternehmen* [ist] *nicht genötigt, die seinen Aufsichtsrat betreffenden Satzungsvorschriften so zu schaffen, zu belassen oder zu ändern, daß sie anderen als den aktienrechtlichen Bestimmungen Genüge leisten. Es ist namentlich nicht verpflichtet, dem Aufsichtsrat solche Aufgabe zuzuweisen, welche die Interessen und Forderungen der Arbeitnehmer (Beamten) sowie deren Ansichten und Wünsche hinsichtlich der Organisation des Betriebes betreffen. Ja, es ist nicht gehindert, dem Aufsichtsrat, wenn er bisher derartige Gegenstände zu erledigen hatte, diese wieder zu entziehen und sie anderen Organen zu überweisen. Auch wenn das in der Absicht geschieht, eine Mitwirkung der Betriebsratsmitglieder bei diesen Angelegenheiten möglichst zu unterbinden. Die Betriebsrätegesetze haben es unterlassen, den Unternehmungen eine solche Anpassung an ihre Zwecke vorzuschreiben.*« Es erscheint nicht allzu vermessen zu mutmaßen, dass in diesem Zuschnitt eine Arbeitnehmerbeteiligung im Aufsichtsrat auch dann keine Zukunft gehabt hätte, wenn sie nicht vom Nationalsozialismus beseitigt worden wäre (Kap. 12).

Die Geschichte der Unternehmensmitbestimmung nach 1945 nahm ihren Ausgang in der Stahlindustrie im Ruhrgebiet.[109] Dort hatte die britische Besatzungsmacht die Stahlkonzerne als den Kern der alten, an der Beseitigung der Weimarer Republik maßgeblich beteiligten Schwerindustrie unter Treuhänderschaft gestellt. Für sie wurde nicht zuletzt auf Forderung der Belegschaften und

---

106 Vgl. *Milert/Tschirbs*, Die andere Demokratie, S. 189.

107 Vgl. *Köstler*, Das stecken gebliebene Reformvorhaben, S. 25ff.

108 RG 11. 1. 1924, RGZ 107, 221, 225 (zur zeitgenössischen Kritik vgl. *Flatow*, Die Rechtsprechung des Reichsgerichts zum Betriebsrätegesetz, Neue Zeitschrift für Arbeitsrecht 1926, Sp. 129ff.).

109 Vgl. *Otto*, Der Kampf um die Mitbestimmung, in FS Vetter, a. a. O., S. 399ff.; *Müller-List*, Montanmitbestimmung, 1984.

Gewerkschaften eine Mitbestimmung mit folgenden zwei Hauptelementen eingeführt:

- eine paritätische Besetzung des Aufsichtsrats[110] mit einem »neutralen Mann« und
- ein »Arbeitsdirektor« als nicht gegen den Willen der Arbeitnehmerseite zu bestellendes Vorstandsmitglied.

Diese Form der Mitbestimmung sollte durch die von der Regierung Adenauer geplante generelle Lösung für die gesamte Wirtschaft abgelöst werden, mit der die Arbeitnehmer nur noch ein Drittel der Aufsichtsratssitze erhalten sollten – die große konfliktgeladene Systementscheidung zur Wirtschaftsdemokratie. Dagegen mobilisierte die vor allem betroffene IG Metall und führte am 29. und 30. November 1950 eine Urabstimmung durch, die eine Zustimmung von 98 % zu einem Streik erbrachte. Die Bergbaugewerkschaft nutzte die Gelegenheit und forderte die Einbeziehung in diese Mitbestimmung; bei ihr ergab eine Urabstimmung am 17. bis 19. Januar 1951 eine Mehrheit von 91,8 %.[111]

Hier griff nun Konrad Adenauer[112] persönlich ein, der vor einem großen Dilemma stand: Er brauchte die Gewerkschaften für die Umsetzung der »Montanunion« auf europäischer Ebene, war aber gegenüber den erbitterten Mitbestimmungsgegnern in der eigenen Koalition (Erhard und die FDP) im Wort. Die Kompromisslösung wurde schließlich in einer Besprechung mit Unternehmervertretern und DGB am 25. Januar 1951 gefunden: Regelung der Montanmitbestimmung in einem Gesetz nur für diesen Wirtschaftsbereich ohne Präjudiz für die übrige Wirtschaft.[113] Nach einigen (Referenten-)Entwürfen brachte die Bun-

110 In der ursprünglichen Form gab es eine »Drittel«-Beteiligung ganz anderer Art: je ein Drittel Aufsichtsratsmitglieder der Anteilseigner, der Arbeitnehmer und des »öffentlichen Interesses«. Eine Spur der letzteren findet sich wieder in den »weiteren« Mitgliedern auf beiden Seiten gem. § 4 Abs. 1c und 2 MontanMitbestG.

111 Vgl. Kittner-*Deinert*, ASO, 50. Aufl. 2025, MontanMitbestG Nr. 27, Einl. III.

112 Im Verlaufe dieses Konflikts kam es zu einem berühmt gewordenen Briefwechsel zwischen Adenauer und Böckler über die Rechtmäßigkeit des angedrohten Streiks (abgedruckt bei *Müller-List*, Montanmitbestimmung, Dok. 41, 45, 51, 53 und 57). Rolf Dietz hatte diese am 10. 1. 1951 in einem Gutachten für die Arbeitgeber NRW für rechtswidrig erklärt (Stiftung Geschichte des Ruhrgebiets, Akte IGBE 144 A). Dazu hatte Nipperdey in einem Brief an den DGB Bundesvorstand (»*Sehr geehrte Herren Kollegen* …«) dargelegt, dass sich der Streik rechtfertigen ließe, wenn der DGB eine Erklärung abgebe, wonach er nicht die Absicht habe, das Parlament zu einem bestimmten Verhalten zu nötigen (AdsD Bestand 101 Sig. Erich Potthoff Nr. 27, Bl. 242–245; insgesamt vgl. *Lauschke*, Hans Böckler, Band 2: Gewerkschaftlicher Neubeginn 1945 – 1951, S. 378).

113 Dazu hatte Adenauer in einer Sondersitzung des Bundeskabinetts vom Vortag erklärt: »*Der Bundeskanzler stellt hierzu fest, daß die Gewerkschaften die Beschränkung auf Kohle und Stahl ausdrücklich anerkannt hatten und für den sonstigen Bereich der Wirtschaft den Wunsch geäußert hätten, nach Zustandekommen einer Einigung bei Kohle und Stahl die Sozialpartnergespräche wieder in Gang zu bringen*« (Kurzprotokoll der Sondersitzung des

desregierung am 30. Januar 1951 einen Regierungsentwurf für das Montanmitbestimmungsgesetz im Bundestag auf den Weg,[114] und am 10. April 1951 wurde dieses in dritter Lesung verabschiedet (der Bundesrat stimmte am 19. April 1951 zu).[115]

Diese, künftig »Montanmitbestimmung« genannte Form der Arbeitnehmerbeteiligung, sollte fortan aus Sicht der Gewerkschaften zum »Goldstandard« der Unternehmensmitbestimmung werden. An ihm orientierten sich künftig alle Forderungen zur Ausdehnung der Mitbestimmung auf die gesamte Privatwirtschaft. Was die Montanindustrie selbst anging, so entwickelte sich ihre Geschichte zu einem Kampf um ihre Erhaltung, denn die Zahl der ihr unterfallenden Unternehmen nahm infolge wirtschaftlicher Veränderungen und gesellschaftsrechtlicher Umstrukturierungen drastisch ab.[116] Dabei intervenierte der Gesetzgeber sechsmal (siebenmal, wenn man das »Korrekturgesetz« nach der BVerfG-Entscheidung mitzählt, s. u.):[117]

(1) Unmittelbar nach Verabschiedung des Gesetzes 1951 kam es zum Zusammenschluss vieler dem MontanMitbestG unterliegender Unternehmen unter der Leitung nicht mitbestimmter Obergesellschaften. Auf Drängen der Gewerkschaften – verstärkt durch Protestkundgebungen und -streiks – wurde schließlich das »Mitbestimmungsergänzungsgesetz« vom 7. August 1956[118] verabschiedet. Es unterwarf eine Konzernobergesellschaft auch dann der Montanmitbestimmung, wenn die Mehrheit der Konzernumsätze montanbestimmt ist.[119]

(2) Aufgrund von Änderungen im Salzgitter-Konzern erging das Gesetz vom 27. April 1967 (»lex Salzgitter«).[120] Es verlängerte die Referenzperiode für das ununterbrochene Überwiegen des Montan-Anteils von drei auf fünf Jahre.

Bundeskabinetts am 24. 1. 1951; vgl. Nr. 1 der zwischen den Sozialpartnern vereinbarten *»Richtlinien über die Mitbestimmung in der Kohle und Eisen schaffenden Industrie vom 26. 1. 1951«, Müller-List,* Montanmitbestimmung, Dok. 95).

114 Zu einer Synopse der verschiedenen Entwürfe vgl. *Müller-List,* Montanmitbestimmung, Dok. 106a-d.

115 Gesetz über die Mitbestimmung der Arbeitnehmer in den Aufsichtsräten und Vorständen der Unternehmen des Bergbaus und der Eisen und Stahl erzeugenden Industrie (Montan-Mitbestimmungsgesetz – MontanMitbestG) vom 21. 5. 1951 (BGBl. I 347).

116 Nach der Wiedervereinigung kam es kurzfristig zu einer Zunahme montanmitbestimmter Unternehmen in den neuen Bundesländern (vgl. *Wendeling-Schröder,* Mitbestimmung, in Kittner, Gewerkschaftsjahrbuch 1993, S. 462).

117 Vgl. *Wlotzke/Wißmann/Koberski/Kleinsorge,* Mitbestimmungsrecht, 6. Aufl. 2024, Vorbem. Rn. 15ff.

118 BGBl. I 707; Kittner-*Deinert,* ASO, 45. Aufl. 2020, MontanMitbestG Nr. 27, Einl. I 2).

119 Das Gesetz erfasste bei seiner Verabschiedung acht Konzernobergesellschaften. Bereits seit 1988 fiel nur mehr die Salzgitter AG darunter (vgl. Kittner-*Deinert,* ASO, 50. Aufl. 2025, MontanMitbestG Nr. 27, Einl. III).

120 BGBl. I 505.

(3) Nach Ablösung der Großen Koalition durch die sozialliberale Koalition 1969 nahm die mitbestimmungspolitische Diskussion Fahrt auf. Um sich hierfür keinem zusätzlichen Druck aus dem Bereich der Montanmitbestimmung auszusetzen, verfügte die Koalition mit dem »Mitbestimmungsfortgeltungsgesetz« vom 29. November 1971[121] eine mitbestimmungsrechtliche Veränderungssperre für alle montanmitbestimmten Unternehmen.
(4) Die spektakulärste »Rettungsaktion« erfolgte mit der »lex Mannesmann« vom 21. Mai 1981.[122] Bei diesem Unternehmen sollte durch die Übertragung der bei der Konzernobergesellschaft (Mannesmann AG) angesiedelten Stahlproduktion auf ein Tochterunternehmen (Mannesmannröhrenwerke AG) bei der Obergesellschaft der Ansatzpunkt für die Anwendung des MontanMitbestG entfallen; und da im gesamten Konzern die Montanumsätze unter 50 % lagen, wäre nicht das MitbestErgG, sondern das MitbestG 1976 zur Anwendung gekommen (die gleiche grundsätzliche Konstellation bestand auch bei anderen Montankonzernen, die sich im Laufe der Zeit einen größeren Weiterverarbeitungsanteil zugelegt hatten). Die IG Metall machte dies zu einer Grundsatzfrage und trat mit Mannesmann in Verhandlungen ein,[123] mit der offen kommunizierten Möglichkeit, für die Erhaltung der Montanmitbestimmung zum Streik aufzurufen.[124] Damit wurde der Fall »Mannesmann« zu einem innenpolitischen Großkonflikt. Wegen der Nähe zu den Bundestagswahlen intervenierte die Politik und es kam zu der

121 BGBl. I 1857.

122 BGBl. I 441.

123 Wegen der mit diesen Verhandlungen verbundenen Streikmöglichkeit hatte der Vorstand der IG Metall mich neben den sonst für Vereinbarungen zur Mitbestimmungssicherung zuständen »Zweigbüros« für Montanmitbestimmung in Düsseldorf beauftragt. Sie wurden zu einem gespenstischen Erlebnis. Mein Gegenüber, der Vorstandsvorsitzende von Mannesmann, Egon Overbeck, ein erzkonservativer Stahlmanager und früherer Generalstabsoffizier der Wehrmacht, beklagte sich darüber, dass »*junge Leute, die in ihrem Leben noch nie etwas richtiges gearbeitet haben*«, ihm vorschreiben wollten, wie er sein Unternehmen zu führen hätte. Meine Kollegen, die Hauptamtlichen aus dem für die Stahlindustrie zuständigen »Zweigbüro« in Düsseldorf, schwiegen und sahen zu Boden. Diese Verhandlungen wurden allerdings wegen der Intervention der Politik obsolet. Das ersparte der IG Metall freilich den Realitäts-Check ihres Tarifvertrags- und Streikkonzepts (praktisch und rechtlich). Der Nachfolger von Overbeck, Frank-Josef Weisweiler, der zur gleichen Zeit mit mir Mitglied des Aufsichtsrates von AEG war, erklärte mir später, dass man es bei Mannesmann danach für einen Fehler gehalten habe, keine Einigung mit der IG Metall versucht zu haben.

124 Um hinsichtlich dieses Streiks nicht vor vergleichbare rechtliche Probleme gestellt zu werden wie 1951, konzipierte ich als zulässiges Arbeitskampfziel einen Tarifvertrag, mit dessen Hilfe ein Übergang der Arbeitsverhältnisse innerhalb des Konzerns ohne Zustimmung von IG Metall und/oder Betriebsräten unmöglich geworden wäre (vgl. »Tarifvertrag über die Zuordnung der Arbeitsverhältnisse im Mannesmannkonzern«, Mitbestimmungs-Gespräch 1980, 172).

vorläufigen gesetzlichen Lösung dieses Konflikts. Ihr zentraler Inhalt ging dahin, dass das MontanMitbestG beim Wegfall der Voraussetzungen der Montanmitbestimmung weitere sechs Jahre angewandt wird. Außerdem wurden die Gewerkschaftsvertreter im Aufsichtsrat von Montanunternehmen nicht mehr von diesen entsandt, sondern auf ihren Vorschlag von den Betriebsräten gewählt.
(5) Danach brachte das »Gesetz über die Verlängerung von Auslaufzeiten in der Montan-Mitbestimmung« vom 23. Juli 1987[125] nochmals eine Atempause bis Ende 1988.
(6) Die endgültige Lösung der Montanmitbestimmung brachte schließlich das Gesetz zur Sicherung der Montanmitbestimmung (zugleich zur Änderung des BetrVG und zur Schaffung von Sprecherausschüssen) vom 20. Dezember 1988.[126] Sein zentraler Inhalt war die Anwendung des MitbestErgG auf Obergesellschaften bei einem Montan-Anteil von 20 % (bislang 50 %) oder wenigstens 2000 Arbeitnehmern in Montanunternehmen im Konzern.
(7) Nachdem das BVerfG[127] das Kriterium von 2000 Arbeitnehmern (§ 3 Abs. 2 Nr. 2 MitbestErgG) als sachwidrige Ungleichbehandlung angesehen hatte, erfolgte mit dem Zweiten Gesetz zur Vereinfachung der Wahl der Arbeitnehmervertreter im Aufsichtsrat vom 15. Mai 2004[128] eine Neuregelung ohne diese Möglichkeit.
2025 unterliegen nur noch weniger als 30 Unternehmen der Montanmitbestimmung (zum großen Teil aufgrund von Vereinbarungen); Kohlebergwerke gibt es überhaupt keine mehr.[129]
Zurück zu den Anfängen: Der Konflikt um die Montanmitbestimmung hatte 1951 die »große« Lösung für die ganze Privatwirtschaft nur um ein Jahr aufgeschoben. 1952 kam die Drittelbeteiligung mit dem BetrVG. Damit waren die Vorstellungen der Gewerkschaften von einer Neuordnung der Wirtschaft bitter enttäuscht worden, was aber nicht hieß, dass sie ihre Träume aufgegeben hätten. So legte der DGB 1960 den Entwurf eines »Gesetzes über die Mitbestimmung der Arbeitnehmer im Großunternehmen und Großkonzern« vor, der freilich unter den gegebenen Mehrheitsverhältnissen im Bundestag keine Aussicht auf Realisierung hatte.[130]
Diese Chance schien sich 1966 mit der Großen Koalition zu eröffnen. Allein der Fraktionsvorsitzende der CDU/CSU, Rainer Barzel, sagte bereits bei Eröffnung der Koalitionsverhandlungen: »*Eine Ausdehnung der Mitbestimmung kann nicht*

125 BGBl. I 1676.
126 BGBl. I 2310.
127 Vgl. BVerfG 2.3.1999, BVerfGE 99, 367.
128 BGBl. I 974.
129 Vgl. Kittner-*Deinert*, ASO, 50. Aufl. 2025, MontanMitbestG Nr. 27, Einl. III.
130 Abgedruckt bei *Schwertfeger*, Mitbestimmung in privaten Unternehmen, 1973, S. 17ff.

Gegenstand unserer Politik sein«,[131] was die Sozialdemokraten unkommentiert stehen ließen. Ungeachtet dessen wiederholte der DGB seinen Vorschlag 1968. Er wurde ungeachtet der fehlenden Realisierungschance demonstrativ flankiert vom SPD-Entwurf im Bundestag zu einem »Gesetz für die Unternehmensverfassung in Großunternehmen«, der eine paritätische Mitbestimmung vorsah. Darauf ging die Union zwar – erwartungsgemäß – nicht ein, aber immerhin setzte die Koalition im selben Jahr eine Mitbestimmungskommission unter dem Vorsitz von Kurt Biedenkopf[132] ein. Deren Früchte konnte die sozial-liberale Koalition ernten, allerdings erst ihre zweite Auflage. Zunächst hatte die Biedenkopf-Kommission ihren Bericht 1970 vorgelegt, allerdings mit einem zwiespältigen Ergebnis: Einerseits berichtete sie über positive Erfahrungen mit der Montanmitbestimmung, schlug allerdings andererseits selbst ein unterparitätisches Modell vor.[133]

Ungeachtet dieser dem aktuellen politischen Hintergrund auch hinsichtlich der personellen Besetzung geschuldeten Restriktionen, hinterließ die erste »Biedenkopf-Kommission« so etwas wie »eherne Grundsätze« der Mitbestimmungsdebatte:

> *»Die Mitbestimmung der Arbeitnehmer leitet sich vielmehr aus dem richtigen Verständnis von der normativen Gestaltung des Arbeitsverhältnisses und der Stellung des Arbeitnehmers im Unternehmen und damit einer Wertentscheidung ab. Gegenstand dieser Wertentscheidung ist die zutreffende Gestaltung der Stellung des Einzelnen in der organisierten Gemeinschaft Unternehmen. Inhaltlich beruht die Wertentscheidung auf dem grundlegenden Bekenntnis zur Würde der Person, zu den unverletzlichen und unveräußerlichen Menschenrechten als Grundlage jeder menschlichen Gemeinschaft und zum Recht auf freie Entfaltung der Persönlichkeit (Art. 1 und 2 GG). Zunächst allgemein ausgedrückt, besagt sie, daß die Unterordnung des Arbeitnehmers unter fremde Leitungs- und Organisationsgewalt im Unternehmen mit seiner Selbstbestimmtheit, der ihm rechtlich zuerkannten Möglichkeit, seine Zwecke selbst zu wählen und eigene Initiativen zu entfalten, nur solange vereinbar ist,*

131 *Schönhoven*, Wendejahre. Die Sozialdemokraten in der Zeit der Großen Koalition 1966 – 1969, 2004, S. 69.

132 Biedenkopf war Universitätsprofessor u. a. für Wirtschafts- und Arbeitsrecht und hatte sich mit einer grundlegenden Arbeit über »Grenzen der Tarifautonomie« (1964) habilitiert. 1968 war er Rektor der Universität Bochum. Später wurde er Generalsekretär der CDU und nach der Wiedervereinigung langjähriger Ministerpräsiden in Sachsen. In dieser Eigenschaft wurde er als Mediator im ersten großen Streik in den neuen Bundesländern tätig (Kap. 22).

133 Vgl. Mitbestimmung im Unternehmen. Bericht der Sachverständigenkommission, BT-Drucks. VI/334; Stellungnahme der Bundesregierung VI/1551.

als sie ihre Entsprechung in Gestalt der Freiheit der Beteiligung an den Entscheidungen findet, die den Arbeitsprozeß regeln und gestalten.« (S. 56)
»Durch die Mitbestimmung der Arbeitnehmer im Unternehmen wird der Forderung Rechnung getragen, daß über Menschen und ihre Schicksale prinzipiell nicht ohne deren Mitwirkung, selbst oder durch gewählte Vertreter, entschieden werden sollte. Der Arbeiter soll nicht »seine Seele in der Garderobe abgeben«, wenn er eine Fabrik betritt (HenryFord I). Er bleibt stets Subjekt, auch wenn er sich durch Arbeitsvertrag zur Ausführung von Weisungen verpflichtet hat. Diese Forderung nach unmittelbarer oder mediatisierter Mitwirkung an Entscheidungen, die den einzelnen betreffen, kann sich nicht nur auf den verfassungsrechtlich gesicherten Grundsatz der menschlichen Würde stützen. Sie entspricht auch theologischen Grundsätzen.« (S. 65)

Das »Fenster der Gelegenheit«[134] für die Erweiterung der Mitbestimmung öffnete sich dann ein Jahr später, mit einem »sozial-liberalen« Schwenk der bis dahin geradezu aggressiv mitbestimmungsfeindlichen FDP: Auf ihrem Freiburger Parteitag im Oktober 1971 beschloss sie ein Grundsatzprogramm und darin Thesen zur Unternehmensmitbestimmung (»Freiburger Thesen«), nach denen der »Faktor Kapital« im Aufsichtsrat mit dem gleichen Gewicht vertreten sein sollte wie die Faktoren »Arbeit« und »Disposition« (= leitende Angestellte). Das Verhältnis sollte lauten 6:4:2.
Vor diesem Hintergrund konnte Willy Brandt in seiner Regierungserklärung vom 18. Januar 1972[135] nach der Bundestagswahl 1972 die Weiterentwicklung des Unternehmensrechts im Sinne einer gleichberechtigten und gleichgewichtigen Mitbestimmung ankündigen. Das mündete genau ein Jahr später in eine »Koalitionseinigung« vom 19. Januar 1974 (dieses eine Jahr ist allerdings auch ein Indikator für das schwierige Binnenverhältnis in der Mitbestimmungsfrage). Danach gab es bis zur Verabschiedung des Gesetzes im Januar 1976[136] einen innenpolitischen Dauerkonflikt von größter Intensität mit immer neu konstruierten Mitbestimmungs-»Modellen«, deren gemeinsame Intention dem Bemühen um die Quadratur des Kreises gleichkamen: Gib den Arbeitnehmern mehr Mitbestimmung, lass diese nach Parität aussehen, aber im Ergebnis vermeiden.[137]

134 Hinsichtlich der Frage, was wann möglich war, darf nicht außer Acht bleiben, dass die neue Koalition in ihrer ersten Legislaturperiode immerhin das BetrVG 1972 zuwege gebracht hatte (s. o. 27.4).
135 Bundestagsprotokoll, 7. Wahlperiode, 7. Sitzung, S. 121 ff.
136 Bundestagsprotokoll, 7. Wahlperiode, 230. Sitzung, 15 997 ff.
137 Wolfgang Däubler legte in dieser Zeit seine große Monografie über das »Grundrecht auf Mitbestimmung« mit der Möglichkeit einer tarifvertraglichen Realisierung der Mitbestimmung vor (vgl. *Däubler*, Das Grundrecht auf Mitbestimmung und seine Realisie-

Diese Zeit bis zur Verkündung der Entscheidung des BVerfG im Jahr 1979 (Kap. 17) hatte für mich eine gesteigerte biografische Bedeutung. Die Mitbestimmungsfrage dominierte neben dem Thema »Arbeitskampf« mein berufliches Leben. Denn die Fronten in der Politik lagen so: Nach der Übernahme der Kanzlerschaft durch Helmut Schmidt und des Fraktionsvorsitzes durch Herbert Wehner wuchs der Druck auf die Fachpolitiker, in der Mitbestimmungsfrage endlich »zu Potte zu kommen«. Das konnte nur bedeuten, dass die SPD sich in der Paritätsfrage bewegen sollte. Dagegen stemmten sich als einzige die Gewerkschaften, und da hing im Grunde alles von der IG Metall ab.[138] Und bei dieser wiederum hatte ich eine Schlüsselrolle für die Formulierung der jeweils einzunehmenden Positionen.[139] Man könnte sagen, ich war der »Scharfmacher vom Dienst«[140] – nach Kräften bemüht, die Kompromisslinien in der Politik im eigenen Sinne zu beeinflussen. Das Resultat dieses Ringens mit derart diametralen Beteiligten war das Mitbestimmungsgesetz vom 4. Mai 1976.[141] Es wurde ein nur was die Zahl der Aufsichtsratssitze anbelangt »paritätisches« Gesetz; inhaltlich war der Anteilseignerseite mit einem Doppelstimmrecht des von ihr gestellten Aufsichtsratsvorsitzenden ein Übergewicht zugestanden worden (dazu kam der/die »leitende Angestellte«).[142]

---

rung durch tarifvertragliche Begründung von Beteiligungsrechten, 1974). Dieser Weg wurde in Deutschland nie ins Auge gefasst.

138 Es gab dazu z. B. ein konfliktreiches Treffen des IG Metall-Vorstands mit allen Mitgliedern unter den Bundestagsabgeordneten (eine stattliche Zahl). Dort ließ ich mich zu einem – man kann ruhig sagen – Fehltritt hinreißen, indem ich bei der Anrede etwa folgendermaßen formulierte: »*Liebe Kollegen, falls man Euch überhaupt noch ›Kollegen‹ nennen kann.*« Dass sowohl die Angesprochenen – darunter gestandene Bevollmächtigte – als auch der IG Metall-Vorstand dies durchgehen ließen, war ein Indikator dafür, wie die Dinge lagen.

139 Nach außen wurde das sichtbar in einem jeweils ganzseitig auf zwei Ausgaben verteilten Artikel in der »Frankfurter Rundschau«, der Flaggschiff-Tageszeitung für Gewerkschafter, vom 9. und 10. Mai 1974, den ich mit dem Leiter der Wirtschaftsabteilung der IG Metall und deren »Chefideologen« Rudolf Kuda, verfasst hatte (»*Daran darf sich der Gesetzgeber nicht vorbeimogeln – Zur Kritik des geplanten Mitbestimmungsgesetzes*«).

140 Das hatte nicht nur die beschriebene Wirkung auf den Zuständigen im Arbeitsministerium, Karl Fitting (Kap. 11), sondern brachte auch intern Probleme im Verhältnis zum 1. Vorsitzenden, Eugen Loderer. Er war, teils auch aus Rücksichtnahme gegenüber dem Bundeskanzler, Helmut Schmidt, nicht an zu großen Zuspitzungen interessiert. Z. B. war er über eine von mir – ohnehin nur im allerkleinsten Kreise – aufgeworfene Option äußerst empört, die IG Metall könne auch öffentlich davon sprechen, dass sie das Gesetz boykottieren werde, wenn es unzureichend ausfalle. Dass ich mich gleichwohl halten konnte, hing daran, dass ich in dieser Frage die uneingeschränkte »vox populi« aller IG Metall-Funktionäre (außer denen mit Bundestagsmandat) vertrat.

141 BGBl. I 1153.

142 Dabei sollte sich die in dieser Lösung angelegte – von vielen durchaus auch erhoffte – Spaltung der Arbeitnehmerbank durchaus nicht als Normalfall etablieren. Vielmehr war

Nachdem die Verfassungsbeschwerde gegen das MitbestG abgewiesen worden war, hat es eine weitere ernsthafte Diskussion über die Frage, ob die Verstärkung der Intensität der Arbeitnehmerbeteiligung verfassungsrechtlich zulässig wäre, nicht gegeben.[143] Das gilt allerdings auch für die politische Diskussion. Die Gewerkschaften haben die paritätische Mitbestimmung zwar immer aufrechterhalten, z. B. in ihren Forderungskatalogen zu Bundestagswahlen,[144] den Adressaten ist aber bewusst, dass das nicht mehr ganz oben auf der Agenda steht. Das hat – möglicherweise eher unbewusst – mit dem Schicksal der Montanmitbestimmung zu tun, die einerseits vortreffliche Dienste in den je konkreten Unternehmenssituationen leistete, andererseits augenscheinlich dem Niedergang einer ganzen Branche nichts entgegenzusetzen hatte.

Stattdessen zeichnet sich spätestens seit dem Beginn der 1990er Jahre ab, dass es eher um die Verhinderung eines Abbaus der Mitbestimmung als um deren Ausweitung ging. 2004 gingen BDA und BDI in die Offensive. Sie forderten das Ende der Arbeitnehmerbeteiligung auch nur nach dem MitbestG 1976. Stattdessen sollte sie einer Vereinbarung in den Unternehmen überlassen bleiben, freilich mit der Maßgabe, dass, wenn es zu keiner Einigung käme, es nur eine Drittelbeteiligung gäbe.[145] Vor diesem Hintergrund musste eine 2005 noch von der Regierung Schröder eingesetzte und von der Kanzlerin Angela Merkel bestätigte zweite Mitbestimmungskommission, erneut unter dem Vorsitz von Kurt Biedenkopf, erfolglos bleiben. Nachdem die jeweils drei Vertreter der Arbeitgeberverbände und Gewerkschaften sich nicht einigen konnten, erstellten die

in vielen Unternehmen ein Schulterschluss der leitenden Angestellten mit den übrigen Beschäftigten zu beobachten. In dem permanent unter Krisendruck sehenden Aufsichtsrat der AEG (das Unternehmen, in dem ich dort tätig war) stimmte der Vertreter der leitenden Angestellten *immer* trotz heftiger Pressionen des Vorstands mit den übrigen Arbeitnehmern (was freilich auch von deren Seite Kompromisse erforderte). Außerdem mussten die unternehmerischen Promotoren der Sprecherausschüsse für leitende Angestellte eine überraschende Erfahrung machen: dass dort nämlich vielfach nur solche Manager tätig wurden, deren Karriere im Unternehmen am Ende angekommen war – mit entsprechenden Folgen für deren Verhalten.

143 Vgl. *Wlotzke/Wißmann/Koberski/Kleinsorge*, Mitbestimmungsrecht, 6. Aufl. 2024, Vorbem. Rn. 46.

144 Vgl. WSI-Projektgruppe, Vorschläge zum Unternehmensrechts, 1981; DGB, Entwurf eines Gesetzes über die Mitbestimmung der Arbeitnehmer in Großunternehmen und Großkonzernen vom 5.10.1982, abgedruckt in *Köstler*, Rechtsleitfaden für AR-Mitglieder nach dem MitbestG, 9. Aufl. 2002, S. 77ff.

145 Vgl. BDA/BSDI, Bericht der Kommission Mitbestimmung, 2004; vgl. *Oetker*, Die Unternehmensmitbestimmung in der rechtspolitischen Diskussion, RdA 2005, 337. Diese Position wurde auf die Spitze getrieben von dem Vorschlag eines »Berliner Netzwerks Corporate Governance« vom selben Jahr, mit dem die Mitbestimmung ganz aus der AG gelöst und auf einen »Konsultationsrat« lediglich mit beratender Funktion übertragen werden sollte.

»wissenschaftlichen Mitglieder« (Biedenkopf, Wißmann, Streeck) auf Wunsch der Bundesregierung ein eigenes Votum.[146]
In dieser jüngeren Entwicklung spielt die Einführung der »Europäischen Aktiengesellschaft« (SE) eine zwiespältige Rolle: Für die europäische Dimension der Unternehmen bedeutete sie zweifelsfrei eine bereichernde Erweiterung. Bezogen auf deutsche Unternehmen lieferte sie mit der Möglichkeit geringerer Beteiligungsintensität Ansätze zu einer »Flucht aus der Mitbestimmung«. Das ist denn seit geraumer Zeit das dominierende Stichwort der Diskussion über die Unternehmensmitbestimmung.
Davon zeugt der jüngste Report des »Instituts für Mitbestimmung und Unternehmensführung« (IMU).[147] Danach hatten 2022 nur noch 50 % aller unter das MitbestG 1965 fallenden Unternehmen einen paritätisch besetzten Aufsichtsrat (2019 noch 67,5 %). Insbesondere Familienunternehmen sowie Handels- und Dienstleistungsunternehmen umgehen oder vermeiden die Mitbestimmung. Besonders krass sind die Defizite bei den SE: Nur jede sechste mit über 2000 Beschäftigten ist paritätisch mitbestimmt. Die Anzahl der drittelbeteiligten Unternehmen[148] ist dagegen mit ca. 1500 seit 2009 nahezu unverändert. Die Anzahl drittelbeteiligter AG ist allerdings zurückgegangen.[149]

28. Arbeitsgerichtsbarkeit

28.1 Von den Zünften zu den »Conseils de Prud'hommes«

Der getreue Schatten aller Normierungen sind Institutionen zur Streitentscheidung, falls die Beteiligten sich nicht einigen. Das waren in der »alten Zeit«, in der

146 Vgl. Kommission zur Modernisierung der deutschen Unternehmensmitbestimmung. Bericht der wissenschaftlichen Mitglieder mit Stellungnahmen der Vertreter der Unternehmen und Vertreter der Arbeitnehmer, Dezember 2006; vgl. *Rüthers*, Ergebnis wie bestellt? – Der Bericht der restlichen Mitbestimmungskommission, NZA 2007, 426.

147 Vgl. *Sick*, Erosion der Mitbestimmung. Zur Mitbestimmung und Mitbestimmungsvermeidung in Deutschland, Mitbestimmungsreport 81, 2024.

148 Die Drittelbeteiligung wurde mit dem »Gesetz für kleine Aktiengesellschaften und zur Deregulierung des Aktienrechts« vom 2. 8. 1994 (BGBl. I 1961) erheblich eingeschränkt: Es wurden nur noch AG mit mindestens 500 Arbeitnehmern erfasst. 2004 wurde sie aus den §§ 77 ff. BetrVG 1952 in das »Drittelbeteiligungsgesetz« vom 18. 5. 2004 (BGBl. I 2211) überführt.

149 Das IMU schätzt, dass aufgrund von Defiziten des Drittelbeteiligungsgesetzes viele Unternehmen mit 501 bis 2000 Beschäftigten überhaupt nicht erfasst sind. Bei Schließung dieser Lücke könnten bis zu 1500 Unternehmen mit über 500 Arbeitnehmern zusätzlich erfasst werden. Hinzu kämen hier mehr als 800 Unternehmen, die das Gesetz rechtswidrig nicht anwendeten (vgl. *Sick*, a. a. O.).

Zunftwirtschaft – von Reichsstadt zu Reichsstadt unterschiedlich geregelt – entweder die Meisterzünfte oder der Rat der Stadt; im autokratisch verfassten Bergbau entschied der Bergbauunternehmer allein (allerdings mit Interventionsrecht des Landesherrn nach dem »Direktionsprinzip«).[1] Nach dem Ende der Zünfte bestand diesbezüglich in den neu entstehenden, nichtregulierten Gewerben ebenfalls ein Vakuum. Das wurde auf dem Kontinent erstmals von den Seidenfabrikanten in Lyon gegenüber Napoleon adressiert.[2] Sie wollten ein mit der Aufhebung der Zunftverfassung im Jahr 1791 aufgelöstes kommunales Gericht wiederbeleben und baten darum, der Staat solle ein »Conseil de Prud'hommes« zur Schlichtung von Streitigkeiten zwischen ihnen und ihren Arbeitern ermöglichen. Dieser verfügte durch Gesetz vom 18. März 1806 die Einrichtung einer solchen Institution, deren Zuständigkeit und Verfahren durch weitere Dekrete in den Jahren 1809 und 1810 geregelt wurden. Sie galten teils direkt in den besetzten deutschen linksrheinischen Gebieten, teils wurden für einzelne Gebiete (Köln, Großherzogtum Berg) eigene Dekrete erlassen.[3] Bis 1813 waren in ganz Frankreich insgesamt 30 derartige »Conseils« errichtet worden.

Die »Conseils« wiesen als Sonderinstitutionen für die Arbeitswelt bereits alle Ingredienzien auf, die zukünftig die Arbeitsgerichtsbarkeit als Sondergerichtsbarkeit ausmachen sollten: Sachnähe durch Einbeziehung der Beteiligten in die Entscheidungsfindung,[4] Geschwindigkeit des Verfahrens sowie Ausschluss von Rechtsanwälten als Prozessvertreter (ein großer Zankapfel für die Zukunft, s. u.). Freilich standen sie noch für »Klassenrecht pur«: Aus dem Kreis der »Arbeitnehmenden« waren nur solche zugelassen, die selbst Arbeitnehmer beschäftigten (»artisans«); einfache Arbeiter und Tagelöhner blieben ausgeschlossen. Eine

1 Nachdem dies im Zuge der Deregulierung des preußischen Bergbaus im 19. Jahrhundert aufgegeben worden war, entzündeten sich die großen Streiks im Ruhrbergbau nicht zuletzt wegen des Wegfalls dieser Appellationsmöglichkeit (vgl. *Kittner*, Arbeitskampf, S. 248).

2 Zum Folgenden vgl. *Germelmann/Matthes/Prütting*, ArbGG, 10. Aufl. 2022, Einleitung, Geschichtliche Entwicklung, Rn. 1 ff.; *Kraushaar*, Die Gewerbegerichte im Deutschen Reich und Vorläuferorganisationen, AuR 1995, 313; *Leinemann*, Die geschichtliche Entwicklung der Arbeitsgerichtsbarkeit bis zur Errichtung des BAG, NZA 1991, 961 ff.; *Söllner*, Die Arbeitsgerichtsbarkeit im Wandel der Zeiten, in Arbeitsgerichtsbarkeit, FS zum 100jährigen Bestehen des Deutschen Arbeitsgerichtsverbandes, 1994, S. 1 ff.; *Sawall*, Die Entwicklung der Arbeitsgerichtsbarkeit, 2007; *Stahlhacke*, Die Entwicklung der Gerichtsbarkeit in Arbeitssachen bis 1880, in Arbeitsgerichtsbarkeit, a. a. O., S. 59 ff.; *Zimmermann*, Die Entwicklung der Gewerbegerichtsbarkeit in Deutschland, 2005.

3 Vgl. *Bernet*, Die französischen Gewerbegerichte und ihre Entstehung in den linksrheinischen Gebieten zwischen 1808 und 1813, in: Scherer/Willoweit, Hrsg., Vom Gewerbe zum Unternehmen, 1982, S. 146; *Globig*, Gerichtsbarkeit als Mittel zur Befriedung, dargestellt am Beispiel der Arbeitsgerichtsbarkeit in Deutschland, 1895, S. 9.

4 Vgl. *Stöhr*, Historische Entwicklung der Laienrichterbeteiligung in der Arbeitsgerichtsbarkeit, AuR 2021, G 13.

hohe Gewerbesteuer als weitere Voraussetzung hielt auch den Kreis der Meister klein. Dazu kam eine Regelung des »Code civil« von 1802:

§ 1781 Code Civil

Dem Dienstherrn wird auf seine eidliche Versicherung geglaubt: 1) In Ansehung des Betrages des Lohnes; 2) in Ansehung des Betrages des Lohnes für das verflossene Jahr; 3) in Ansehung der für das laufende Jahr geleisteten Abschlagzahlungen.[5]

Diese *»mit unserem Rechtsgefühl absolut unvereinbare,«*[6] bis 1868 geltende Möglichkeit, in Deutschland »Meistereid« genannt, machte – zumal beim durchgängigen Fehlen schriftlicher Arbeitsverträge – Verfahren um derartige Fragen für Arbeitnehmer im Grunde sinnlos. Deshalb war es kein Zufall, dass die allermeisten Verfahren die Verhängung von Strafen gegen Arbeiter betrafen.
Des ungeachtet gelten die »Conseils« gemeinhin als Wiege der Arbeitsgerichtsbarkeit auch in Deutschland – aber nicht ganz! Zur gleichen Zeit nämlich, als diese Gedanken in Lyon entwickelt wurden, nämlich 1792, erließ der preußische König ein *»Reglement, wegen des künftigen Verfahrens in Justiz-Sachen, welche die Fabriken in Berlin und Potsdam betreffen«.*[7] Bemerkenswert war die Vorgabe: *»Überhaupt aber muß das Polizeidirektorium sich eine ganz vorzügliche Beschleunigung aller dieser Sachen möglichst angelegen sein lassen.«* Ganz offenkundig lag der Gedanke einer sachnahen, raschen Streiterledigung für die Arbeitswelt in der Luft. Freilich wurde dieses Dekret lange nicht in die Tat umgesetzt. Vielmehr war in Preußen und Sachsen für ein halbes Jahrhundert ein regelrechter Flickenteppich von Konfliktlösungsinstitutionen in regionalen Zentren gewerblicher Entwicklung zu beobachten (die ehemals französischen Gebiete behielten nach Ende der napoleonischen Herrschaft die ihren). Sie alle krankten am Fehlen einer echten Beteiligung der Arbeitnehmer; als bloße »Honoratioren«-Veranstaltung konnten sie deren Vertrauen nie gewinnen.
In dieser Hinsicht brachte die Revolution von 1848 Fortschritte: Zunächst wurde 1849 in Preußen eine Verordnung über die Errichtung von Gewerbegerichten erlassen. Sie schrieb vor, dass die Mitglieder der Gerichte zu einem Teil *»aus der Klasse der selbständigen Handwerker, der Fabrikinhaber, Faktoren, Ausgeber oder*

5 Loersch, Der Code Civil französisch und deutsch (verbesserte Cramer'sche Übersetzung), 3. Aufl. 1893 (*www.e-rara.ch*) CC 5.3.1803.
6 *Stahlhacke*, a. a. O., S. 65.
7 Vgl. *Willoweit*, Die Entstehung der preußischen Fabrikengerichtsbarkeit im späten 18. Jahrhundert, ZNR 1982, 1 ff.

Verleger (Arbeitgeber)«, zum anderen Teil »*aus der Klasse der Gesellen, Gehilfen, Werkführer und Fabrikarbeiter (Arbeitnehmer)*« auf vier Jahre zu wählen seien. Der Vorsitzende wurde seitens der Arbeitgeber gestellt. Die Regelung in Sachsen 1861 führte eine strikte Parität mit Beisitzern von beiden Seiten in gleicher Zahl ein. Auf diese nach Landesrecht bestehenden Institutionen nahm die GewO des Norddeutschen Bundes von 1869 Bezug. Sie schrieb vor, dass Streitigkeiten der selbstständigen Gewerbetreibenden mit ihren Gesellen, Gehilfen oder Lehrlingen bei besonderen Behörden zu entscheiden seien.

28.2 Die Gewerbegerichte

Das Wesentliche, die Errichtung der Gewerbegerichte selbst, war auch nach der Reichsgründung Ländersache geblieben. Es blieb bei dem aufs Ganze ineffizienten Flickenteppich.[8] Das führte schon ab 1871 zu einer langanhaltenden Diskussion innerhalb und außerhalb des Reichstags. Deren Verlauf war geprägt vom politischen Großklima: Zwar drängten zunächst vor allem Unternehmer auf eine reichseinheitliche effektive Gerichtsbarkeit für Arbeitskonflikte, jedoch verschlechterten sich angesichts des generellen »roll back's« gegenüber Sozialdemokratie und Gewerkschaften (Kap. 10) die Chancen für alles, was auf Entgegenkommen an dieser Front hinaus lief. Trotzdem kam es – nach dem zähen Vorlauf durchaus überraschend – zum »Gesetz, betreffend die Gewerbegerichte« vom 29. Juli 1890.[9]
Die Tatsache dieses Gesetzes und der Zeitpunkt seiner Verabschiedung waren kein Zufall. Bismarcks Sozialistengesetz war faktisch gescheitert und er selbst am 17. März 1890 nach dem Konflikt mit dem jungen, neuen Kaiser nicht zuletzt wegen der »Arbeiterfrage« zurückgetreten. Im Anschluss daran hatte Wilhelm II. in seiner Thronrede zur Eröffnung der neuen Reichstagssession am 6. Mai 1890 den Ausbau der Arbeiterschutzgesetzgebung angekündigt. Schon in dieser konstituierenden Sitzung konnte der neue Handelsminister Berlepsch zwei von Theodor Lohmann (Kap. 11) erarbeitete Gesetzentwürfe einbringen: den über Änderungen der Gewerbeordnung (später »Arbeiterschutzgesetz« genannt, Kap. 29, 30) und über »Gewerbegerichte« – der Auftakt zum (kurzlebigen) »Neuen Kurs« in der Sozialpolitik.

8 Vgl. *Vogt*, Arbeit am Konflikt. Die Lösung individueller Arbeitsstreitigkeiten im Deutschen Kaiserreich, 1890 – 1918, 2023, S. 33.

9 RGBl. 141 (vgl. *Reichold*, Der »Neue Kurs« von 1890 und das Recht der Arbeit: Gewerbegerichte, Arbeitsschutz, Arbeitsordnung, ZfA 1990, 5ff.; *Weiss*, Von den Gewerbegerichten zu den Arbeitsgerichten, in FS 100 Jahre Arbeitsgerichtsverband, S. 75ff.; *Brand*, Untersuchungen zur Entstehung der Arbeitsgerichtsbarkeit, Bd. 3, 2008; *Vogt*, a.a.O., 39ff.; *Zimmermann*, a.a.O., S. 104ff.).

Über das Gesetz zu den Gewerbegerichten gab es naturgemäß intensive Auseinandersetzungen im Reichstag mit den zu erwartenden Fronten. Dabei setzten sich die Konservativen in zwei besonders umstrittenen Punkten durch: ein relativ hohes Alter bei der Wahl der Gerichtsbeisitzer (25 Jahre aktiv und 30 Jahre passiv) und die Ablehnung eines Wahlrechts für Frauen (als Thema aber immerhin lange vor dem Konflikt über das Frauenwahlrecht bei politischen Wahlen, Kap. 39). Das Ergebnis aber konnte sich sehen lassen. Hier seine Eckpunkte:

§ 1

Für die Entscheidung von gewerblichen Streitigkeiten zwischen Arbeitern einerseits und ihren Arbeitgebern andererseits, sowie zwischen Arbeitern desselben Arbeitgebers können Gewerbegerichte errichtet werden. Die Errichtung erfolgt für den Bezirk einer Gemeinde durch Ortsstatut nach Maßgabe des § 142 der Gewerbeordnung.

§ 3

Die Gewerbegerichte sind ohne Rücksicht auf den Werth des Streitgegenstandes zuständig für Streitigkeiten:

1. über den Antritt, die Fortsetzung oder die Auflösung des Arbeitsverhältnisses, sowie über die Aushändigung oder den Inhalt des Arbeitsbuches oder Zeugnisses,
2. über die Leistungen und Entschädigungsansprüche aus dem Arbeitsverhältnisse, sowie über eine in Beziehung auf dasselbe bedungene Konventionalstrafe, [...].

§ 5

Durch die Zuständigkeit eines Gewerbegerichts wird die Zuständigkeit der ordentlichen Gerichte ausgeschlossen.

§ 11

Der Vorsitzende sowie dessen Stellvertreter dürfen weder Arbeitgeber noch Arbeiter sein. Sie werden durch den Magistrat und, wo ein solcher nicht vorhanden ist oder das Statut dies bestimmt, durch die Gemeindevertretung, in weiteren Kommunalverbänden durch die Vertretung des Verbandes auf mindestens ein Jahr gewählt.

§ 12

Die Beisitzer müssen zur Hälfte aus den Arbeitgebern, zur Hälfte aus den Arbeitern entnommen werden. Die ersteren werden mittelst Wahl der Arbeitgeber, die letzteren mittelst Wahl der Arbeiter bestellt. Die Wahl ist unmittelbar und geheim. Die Wahl erfolgt auf mindestens ein Jahr und auf höchstens sechs Jahre. Eine Wiederwahl ist zulässig.

§ 29

Rechtsanwälte und Personen, welche das Verhandeln vor Gericht geschäftsmäßig betreiben, werden als Prozeßbevollmächtigte oder Beistände vor dem Gewerbegerichte nicht zugelassen.

§ 55

In den vor die Gewerbegerichte gehörigen Rechtsstreitigkeiten finden die Rechtsmittel statt, welche in den zur Zuständigkeit der Amtsgerichte gehörigen bürgerlichen Rechtsstreitigkeiten zulässig sind. Die Berufung ist jedoch nur zulässig, wenn der Werth des Streitgegenstandes den Betrag von einhundert Mark übersteigt. [...]
Als Berufungs- und Beschwerdegericht ist das Landgericht, in dessen Bezirk das Gewerbegericht seinen Sitz hat, zuständig.

§ 57

Für die Verhandlung des Rechtsstreits vor den Gewerbegerichten wird eine einmalige Gebühr nach dem Werthe des Streitgegenstandes erhoben.
Dieselbe beträgt bei einem Gegenstande im Werthe
bis 20 Mark einschließlich .... 1,00 Mark,
von mehr als 20 Mark bis 50 Mark einschließlich .... 1,50 Mark,
von mehr als 50 Mark bis 100 Mark einschließlich .... 3,00 Mark.
Die ferneren Werthklassen steigen um je einhundert Mark, die Gebühren um je drei Mark. Die höchste Gebühr beträgt dreißig Mark.

Neben dieser Kernaktivität wurden die Gewerbegerichte auch als Schlichtungsstellen (»Einigungsamt«, §§ 61 ff.) zuständig.
Dieses Gesetz war – ich wähle diese Worte bewusst – von atemberaubend sozial- und rechtsstaatlicher Qualität mit seinen vier Kernelementen:

- sachnahe, neutrale Richter,
- rekrutiert aufgrund strikter Parität,
- rasches Verfahren ohne Rechtsanwälte und
- niedrige, nicht-prohibitive Gebühren.

Es hieß nicht »Arbeitsgerichtsgesetz«, aber es war faktisch ein solches! Wenn die Metapher »avant la lettre« einen Sinn machte, dann hier! Gleichwohl erscheint es aus heutiger Sicht – was mir erst bei der Arbeit an diesem Text richtig bewusst geworden ist – irgendwie »unter dem Radar«. Das findet seinen Ausdruck darin, dass es in allen Genealogien der Arbeitsgerichtsbarkeit unter »Vorgeschichte« läuft (wie das Arbeitsrecht von »ganz früher«, Kap. 1) – besonders plastisch im führenden Kommentar zum geltenden ArbGG von Germelmann, Matthes und Prütting: Dort beginnt die Einleitung zur »Geschichtlichen Entwicklung« mit der Überschrift »1. Die Zeit vor 1926«, der dann »2. Das Arbeitsgerichtsgesetz 1926« und alle weiteren Fassungen des ArbGG bis heute folgen. Die damit verbundene, nie explizite Abwertung – oder besser: Nichtwertung – des Gewerbegerichtsgesetzes, hat offenbar damit zu tun, dass die Gewerbegerichte nicht als »richtige« Gerichte erscheinen, weil es sich um kommunale, fakultative Einrichtungen handelte, deren Vorsitzende nicht die Befähigung zum Richteramt besitzen mussten.[10] Außerdem fehlte für diese Zeit das »branding« eines Kohärenz stiftenden gemeinsamen Rechtsstoffes; von »Arbeitsrecht« war noch lange nicht die Rede (Kap. 2, 3). Das stempelte die Gewerbegerichte für Generationen von über sie schreibenden Volljuristen zu einer Art »Kadi-Justiz«.
In der Sache selbst entfalteten die bei Kriegsbeginn 521 Gewerbegerichte eine eindrucksvolle Tätigkeit, inhaltlich von – aus heutiger Sicht – zeitloser Normalität. Die von Dennis Vogt präsentierte Statistik des Gewerbegerichts Worms dürften repräsentativ sein:

Forderungen am Gewerbegericht Worms 1896, 1902, 1908, 1916 und Bad Aibling 1908, 1916 (Prozent)

Gericht	Worms				Bad Aibling	
Jahr	1895	1902	1908	1916	1908	1916
Mehrere Gründe	14,7	15,8	14,0	27,5	13,5	8,3
Ein Grund	85,3	84,2	86,0	72,5	86,5	91,7
Ausstehender Lohn	48,3	39,6	39,1	50,3	33,3	46,2
Entschädigungsforderung nach Kündigung	27,0	42,3	46,9	31,8	35,0	46,2

10 In der Praxis hatten viele Richter diese gleichwohl oder waren juristisch vorgebildet (vgl. *Vogt*, Arbeit am Konflikt, S. 120ff.).

Nicht-Annahme zur Arbeit	7,9	3,1	5,5	1,9	5,0	7,7
Herausgabe Arbeitsbuch und/oder Arbeitszeugnis	3,4	1,2	2,3	5,7	3,3	0,0
Inhalt Arbeitsbuch und/oder Arbeitszeugnis	0,0	0,8	0,0	1,3	3,3	0,0
Ausstellung Arbeitszeugnis	10,1	4,2	0,8	1,9	3,3	0,0
(Summe Sachen zu Arbeitszeugnis und Papieren)	*(13,5)*	*(6,2)*	*(3,1)*	*(8,9)*	*(10,0)*	*(0,0)*
Herausgabe Besitz	1,1	1,5	0,0	1,9	1,7	0,0
Unklar/Sonstiges	2,2	7,3	5,5	5,1	15,0	0,0

Quelle: Die institutionelle Lösung individueller Arbeitskonflikte in Deutschland, 1890–1918, Inauguraldissertation von Dennis Vogt, 2019, S. 258.

Die Gewerbegerichte wurden von den Arbeitern in der Breite angenommen. Das zeigte sich zum einen an der anhaltend hohen Beteiligung – 86 % im Jahr 1900 – an den Beisitzerwahlen.[11] Außerdem bedeuteten die niedrigen Gebühren keinerlei Hemmschwelle für den Gang zum Gericht:[12]

Streitwerte der Gewerbegerichte Worms und Gera 1896–1913

Gewerbegericht	Worms 1896–1913		Gera 1896–1913	
Streitwert	**Prozent**	**kumuliert**	**Prozent**	**kumuliert**
bis zu 20 Mark	47,50 %	47,50 %	49,64 %	49,64 %
über 20 bis zu 50 Mark	35,16 %	82,66 %	33,51 %	83,15 %
über 50 bis zu 100 Mark	10,25 %	92,91 %	9,14 %	92,29 %
über 100 Mark	4,38 %	97,29 %	7,71 %	**100,00 %**
nicht festgelegt	2,71 %	**100,00 %**	-	

Quelle: Die institutionelle Lösung individueller Arbeitskonflikte in Deutschland, 1890–1918, Inauguraldissertation von Dennis Vogt, 2019, S. 268.

11 Vgl. *Weiss*, Von den Gewerbegerichten zu den Arbeitsgerichten, a. a. O., S. 79.

12 Die Gebühren müssen im Kontext der zeitgenössischen Verdienste gesehen werden: Ein Arbeitnehmer verdiente im Jahr 1891 durchschnittlich etwa 60 Reichsmark im Monat (vgl. *de.statista.com*). Im Verhältnis dazu waren sie gering.

Das schlug sich nieder bis zum Anfang des 20. Jahrhunderts in der kräftig steigenden Frequentierung der Gewerbegerichte:[13]

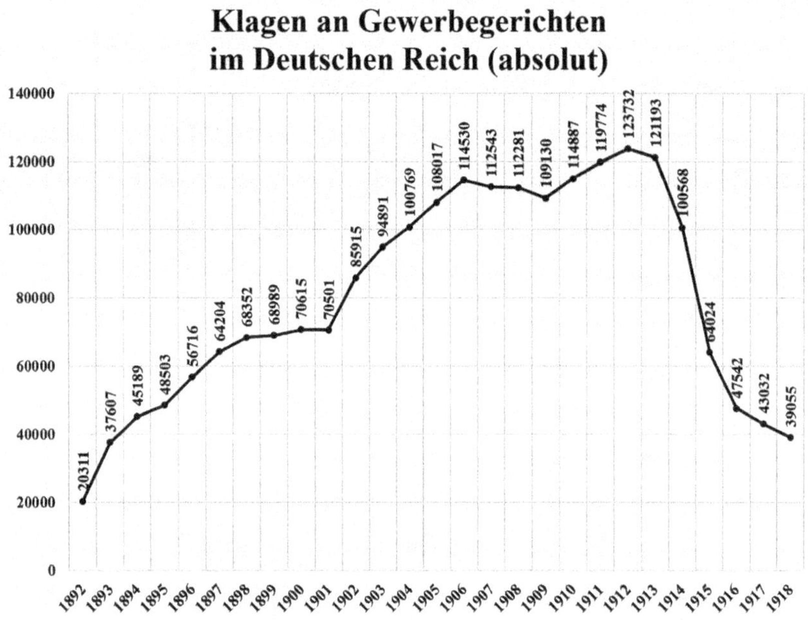

Quelle: Die institutionelle Lösung individueller Arbeits-konflikte in Deutschland, 1890–1918, Inauguraldissertation von Dennis Vogt, 2019, S. 68.

Diese Übersicht zeigt einen kräftigen Schub im Jahr 1901. Er ist zurückzuführen auf die erste Novelle des Gesetzes vom 29. Juli 1901.[14] Mit ihr erhielt es erstmals ausdrücklich einen »richtigen« Namen: »Gewerbegerichtsgesetz«. Neben der Erweiterung der Gerichtszuständigkeit und verfahrensrechtlichen Verbesserungen brachte es vor allem zwei politisch bedeutsame Änderungen: In allen Städten über 20 000 Einwohnern mussten Gewerbegerichte errichtet werden; darauf geht der signifikante Zuwachs ab diesem Jahr zurück. Und bei der Beisitzerwahl wurde das Verhältniswahlrecht eingeführt. Das nutzte an vielen Orten den Sozialdemokraten. Das inzwischen populäre, von Clara Zetkin auf dem SPD-Parteitag in Hannover 1897 geforderte[15] Frauenwahlrecht wurde allerdings

13 Sie ist der der heutigen Arbeitsgerichtsbarkeit durchaus vergleichbar (vgl. Kittner-*Deinert*, ASO, ArbGG, Nr. 5, Übersicht 13).

14 RGBl. 249.

15 Vgl. *Kuczynski*, Die Geschichte der Lage der Arbeiter, Bd. 18, S. 149.

erneut abgelehnt. Schließlich folgte das Kaufmannsgerichtsgesetz vom 6. Juli 1904,[16] mit dem Handelsgehilfen eine dem GewGG angelehnte Gerichtsbarkeit erhielten. Damit gab es zwei unterschiedliche Gerichtsbarkeiten für Arbeiter und Angestellte – ein handfester Beitrag zur Verfestigung dieser Spaltung der Arbeitnehmer (Kap. 35).

Während so die Akzeptanz der Gewerbegerichte auf Seiten der Arbeitnehmer wuchs, gerieten sie im Zuge der Verhärtung der innenpolitischen Fronten bei einer wachsenden Zahl von Arbeitgebern in den Ruch einer »Sozialdemokratisierung«. Und in der Breite der professionellen Juristen wurde sie ohnehin als »Laien«-Veranstaltung missgünstig gesehen und bewertet. In der Tat kann man bei dieser Einrichtung von so etwas wie einer (verfrühten) sozialstaatlichen Oase in der ansonsten »sozialen Wüste« des Wilhelminismus sprechen.[17]

Zu den Gewerbegerichten gilt es zwei Begleiterscheinungen mit Langzeitwirkungen festzuhalten: die verbandsmäßige Organisation der Arbeitsgerichtsbarkeit und die gewerkschaftliche Rechtsberatung, beide mit (kräftigen) Folgewirkungen bis heute.

Schon kurze Zeit nach Errichtung der Gewerbegerichte entstand 1893 auf Initiative des Mainzer Gerichtsvorsitzenden und späteren Oberbürgermeister, Heinrich Gassner, der »Verband deutscher Gewerbegerichte«. Seine maßgeblichen Vertreter in den ersten Jahren wurden der im Arbeitsnachweiswesen engagierte Charlottenburger Sozialpolitiker Ignaz Jastrow und Karl Flesch, Jurist und Sozialpolitiker aus Frankfurt am Main (zu seiner Bedeutung für das Kündigungsschutzrecht, Kap. 31). Dieser Verband organisierte eine nachhaltige Lobby für das neu entstehende Rechtsgebiet des Arbeitsrechts und den Gedanken einer besonderen Gerichtsbarkeit (sein nach Auflösung durch die Nationalsozialis-

16 RGBl. 266.

17 Die Qualität dieses Elements früher »Sozialstaatlichkeit« wird vielleicht besonders begreiflich, wenn man es mit dem Zustand der heutigen USA kontrastiert: Dort haben ca. 60 Mio. oder 54 % aller nichtgewerkschaftlich organisierten Arbeitnehmer überhaupt keinen Zugang zu staatlichen Gerichten. Sie unterliegen einer »mandatory arbitration«, d. h., bei Streitfällen entscheiden von den Arbeitgebern bestellte Schiedsrichter. Und wenn die Anrufung eines Gerichts möglich ist, droht ein existenzbedrohendes Kostenrisiko, sodass das im Wesentlichen nur für höhere Angestellte gegen Erfolgshonorar ihres Anwalts in Frage kommt. Nur die (etwa 13 %) organisierten Arbeitnehmer kommen dort, wo die Gewerkschaft das durchsetzen kann, in den Genuss eines fairen Verfahrens aufgrund einer von der Gewerkschaft vereinbarten Schiedsklausel (vgl. *Colvin*, The growing use of mandatory arbitration, Economic Policy Institute, 2018). Diese Entwicklung wird vom Supreme Court der USA seit der grundlegenden Entscheidung i. S. Gilmer im Jahr 1991 gebilligt (vgl. *Kittner/Kohler*, Kündigungsschutz in Deutschland und den USA, BB 2000, Beilage 4, S. 17).

ten 1948 wieder gegründeter Nachfolger ist der »Deutsche Arbeitsgerichtsverband«).[18]
Da Rechtsanwälte als Prozessvertreter ausgeschlossen waren, gewann natürlich die Frage einer sachkundigen Beratung und Begleitung vor Gericht besondere Bedeutung. Dafür entstanden bei allen möglichen Organisationen und Einrichtungen »Rechtsauskunftsstellen«. Die wichtigsten davon waren solche der »freien« Gewerkschaften. Sie errichteten ab den 1890er Jahren sog. Arbeitersekretariate (als erstes vermutlich ein Berliner »Auskunftsbüro«).[19] Sie berieten gebührenfrei in arbeits-, arbeitsschutz-, miet-, zivil-, sozial- und strafrechtlichen Angelegenheiten, traten auch vor Gewerbegerichten auf.
Seit 1903 wurde bei der Generalkommission der Gewerkschaften ein »Centralarbeitersekretariat« tätig (CAS).[20] Seine Aufgaben umfassten neben der Vertretung vor dem Reichsversicherungsamt die Koordination der Vertretung vor unteren Instanzen sowie Rechtsgutachten für Gewerkschaften und Arbeitersekretariate. Die führenden Mitarbeiter waren Autodidakten, die ihre juristische Qualifikation in der Praxis erworben hatten. Viele von ihnen machten Karriere in den Gewerkschaften und der Politik der Weimarer Republik. Vier ragten heraus:
Gustav Adolf Bauer gründete 1895 den »Zentralverein der Bureauangestellten Deutschlands« und wurde von 1908 – 1918 2. Vorsitzender der Generalkommission. Von 1912 – 1925 war er Reichstagsabgeordneter. Reichskanzler Max von Baden berief ihn im Oktober 1918 zum Staatssekretär des Reichsarbeitsamtes. Am 13. Februar 1919 wurde er Reichsarbeitsminister im Kabinett Scheidemann (verantwortlich für die TVVO, Kap. 22), nach dessen Rücktritt am 21. Juni 1919 Reichskanzler. In dieser Eigenschaft unterzeichnete er den Versailler Vertrag, obwohl er dessen Bedingungen vehement ablehnte. In der Regierung Hermann Müller (SPD) war er Schatz-, von Mai – Juni 1920 auch Verkehrsminister. 1921 war er im 2. Kabinett Wirth (Zentrum) Vizekanzler und Schatzminister.
Julius Hermann Müller-Lichtenberg war von 1905 – 1921 Mitarbeiter des CAS, wurde 1924 stellvertretender ADGB-Vorsitzender, Verwaltungsrat beim Interna-

---

18 Vgl. *Neumann*, Der Deutsche Arbeitsgerichtsverband nach 1945, in 150 Jahre Deutscher Arbeitsgerichtsverband, 1994, S. 129ff.

19 Vgl. *Kehrmann*, Die Entwicklung des gewerkschaftlichen Rechtsschutzes, in FS 100 Jahre Arbeitsgerichtsverband, S. 169, 172; *Shin*, Die Arbeitersekretariate in der deutschen Arbeiterbewegung, 2007; *Tenfelde*, Arbeitersekretäre, 1993; *ders.*, Die Entstehung des gewerkschaftlichen Rechtsschutzes in Deutschland 1894 – 1933, AuR 1995, 289; *Müller*, Arbeitersekretariat und Arbeiterversicherung in Deutschland, 1904; *Reifner*, Gewerkschaften und Rechtshilfe um die Jahrhundertwende in Deutschland, 1978; *ders.*, Gewerkschaftlicher Rechtsschutz – Geschichte des freigewerkschaftlichen Rechtsschutzes und der Rechtsberatung der Deutschen Arbeitsfront, 1979; *Soudek*, Die deutschen Arbeitersekretariate, 1902.

20 Eingehend *Buschmann*, Geschichte des centralen gewerkschaftlichen Rechtsschutzes, AuR 2018, G 13.

tionalen Arbeitsamt in Genf und Mitglied des Staatsgerichtshofs für das Deutsche Reich.
Robert Schmidt war 1903 der erste Sekretär des CAS. 1919 wurde er Ernährungsminister im Kabinett Scheidemann, als Nachfolger von Wissell zugleich Wirtschaftsminister, 1923 Vizekanzler und Minister für Wiederaufbau im Kabinett Stresemann I, 1929 - 1930 Wirtschaftsminister im Kabinett Müller II.
Rudolf Wissell schließlich, war ab 1909 Leiter des CAS. Von 1903 bis in die 20er Jahre redigierte er dessen Arbeiterrechtsbeilage. 1918 wurde er nach Auszug der USPD Mitglied des Rats der Volksbeauftragten; Februar - Juli 1919 Reichswirtschaftsminister, trat aber zurück, weil er sich als Befürworter der Gemeinwirtschaft nicht durchsetzen konnte. 1928 - 1930 Arbeitsminister im Kabinett Hermann Müller (SPD). Im Oktober 1928 bestätigte er im Ruhreisenstreit den Schiedsspruch des Schlichters Wilhelm Joetten. Für seine zum Standard-Werk gewordene Schrift »Des alten Handwerks Recht und Gewohnheit« ernannte ihn die juristische Fakultät der Universität Kiel 1929 zum Dr. h.c. 1933 stimmte er gegen das Ermächtigungsgesetz und war nach Erstürmung der Gewerkschaftshäuser am 2. Mai 1933 für zwei Monate in Haft.[21]

28.3 Erster Weltkrieg: Hilfsdienstgesetz

Der Weltkrieg brachte formal keine Änderungen. Jedoch kam es mit dem Hilfsdienstgesetz von 1916 zu Überlagerungen mit den hierdurch eingerichteten Ausschüssen.[22] Sie wurden nicht nur für die Erteilung von »Abkehrscheinen« tätig, sondern, von den Beteiligten vielfach »über die Bande« operationalisiert, auch als Streitschlichter in allen möglichen Angelegenheiten. Nicht zuletzt wegen der kurzen Dauer dieses Intermezzos gibt es dazu, über anekdotische Einzelgeschichten hinaus, keine verlässlichen, repräsentativen Erkenntnisse.

28.4 Weimarer Republik: ArbGG 1926

Der Neubeginn nach der Novemberrevolution schien in den zu erwartenden Bahnen zu verlaufen:[23] Der »Unterausschuss IV betr. Arbeitsgerichte und Arbeitsorganisationen« des Arbeitsrechtsausschusses beim Arbeitsministerium

---

21 Nach dem Zweiten Weltkrieg publizierte er mit 85 Jahren nochmals zu einem historischen Thema (vgl. *Wissell*, Vom Recht auf Arbeit, AuR 1954, 129).

22 Vgl. *Wroblewski*, Das Gesetz über den vaterländischen Hilfsdienst vom 5.12.1916, AuR 2018, G 21.

23 Zum folgenden vgl. *Graf*, Das Arbeitsgerichtsgesetz 1926, 1993, S. 139ff.; *Leich/Lundt*, Die Entstehung des ArbG 1926, in Gesamtrichterrat der Berliner Gerichte für Arbeitssachen, Hrsg., 60 Jahre Berliner Gerichte für Arbeitssachen, 1987, S. 43 ff; *Michel*, Der Kampf der Gewerkschaften um eine einheitliche Arbeitsgerichtsbarkeit, in Feser u.a.,

(Kap. 33) schlug im April 1920 vor, die Gewerbe- und Kaufmannsgerichte in den bewährten Bahnen zu »Arbeitsgerichten« fortzuentwickeln, jedoch organisatorisch an die Schlichtungsbehörden anzubinden.[24] Das fand die Zustimmung der gesamten Kommission. Jedoch legte das Arbeitsministerium im Oktober 1920 einen neuen Entwurf vor, mit einer größeren organisatorischen Selbstständigkeit der Arbeitsgerichte.[25] Dagegen protestierten Unternehmerverbände und die organisierte Juristenschaft (mit Resolutionen des 4. Deutschen Richtertags und des 32. Deutschen Juristentags im Jahr 1921). Daraufhin – inzwischen war Heinrich Brauns vom Zentrum Arbeitsminister (Kap. 11) – zog das Ministerium den Entwurf zurück und präsentierte im Dezember einen »Referentenentwurf«, aufgrund dessen die Arbeitsgerichtsbarkeit vollständig in die ordentliche Gerichtsbarkeit eingegliedert werden sollte. Dagegen wiederum protestierten sowohl die Gewerkschaften als auch der Gewerbe- und Kaufmannsgerichtsverband, weshalb der Entwurf rasch wieder zurückgezogen wurde.

Der nächste Anlauf kam am 16. Juni 1923. Als »Kompromiss« schlug das Ministerium die Verselbstständigung der Arbeitsgerichte in erster Instanz und ihre Eingliederung in die ordentliche Gerichtsbarkeit in der zweiten und dritten vor.[26] Rechtsanwälte sollten in berufungsfähigen Prozessen zugelassen werden. Auch dagegen protestierten die Gewerkschaften,[27] und Brauns zog den Entwurf mit der gesichtswahrenden Begründung schon am 22. Oktober 1923 zurück, dies erfolge aus finanziellen Gründen.[28] Unmittelbar im Anschluss daran wurden mit der Schlichtungsverordnung vom 30. Oktober 1923 (Kap. 26) »Vorläufige Arbeitsgerichte« eingeführt, denen die Schlichtungskompetenz endgültig zugunsten der neuen Schlichtungsstrukturen entzogen wurden.[29]

Danach wartete das Ministerium zwei Jahre bis zur endgültigen Klärung der Arbeitsgerichtsfrage. Am 24. Juni 1925 wurde ein neuer Regierungsentwurf verabschiedet.[30] Nach einer ungeheuer intensiven öffentlichen Diskussion mit unzäh-

---

Arbeitsgerichtsprotokolle, 1982, S. 29 ff; *Wenzel*, 75 Jahre deutsche Arbeitsgerichtsbarkeit, JZ 750ff.; *Weiss*, Von den Gewerbe- zu den Arbeitsgerichten, a. a. O., S. 75, 83ff.

24 Abgedruckt bei *Potthoff*, Die Arbeitsgerichte vor der Entscheidung, Arbeitsrecht 1922, 220, 226ff.

25 Vgl. Gewerbe- und Kaufmannsgericht 1921, Beilage Nr. 2.

26 Vgl. RArbBl. 1923, 385ff.

27 Vgl. Correspondenzblatt 1923, 321ff.

28 Das war allerdings auch die Begründung für die Beendigung der Arbeit der Arbeitsrechtskommission (Kap. 38) im selben Jahr (vgl. *Kaiser*, Kündigungsschutz ohne Prinzip. Der Weimarer Entwurf eines Arbeitsvertragsgesetzes und seine Bezüge zum heutigen Recht, 2005, S. 44).

29 Zuvor hatten die Gewerbe- und Kaufmannsgerichte ihre Schlichtungskompetenz bereits zugunsten der nach Demobilisierungsrecht eingerichteten Schlichtungsstellen verloren (vgl. DemobilmachungsVO vom 3. 9. 1919, RGBl. 1500).

30 Vgl. RArbBl. 1926, 507ff.

ligen Veröffentlichungen und Veranstaltungen und einem daraufhin veränderten »Regierungsentwurf«[31] wurde das »Arbeitsgerichtsgesetz« vom 23. Dezember 1926[32] verabschiedet. Es trat zum 1. Juli 1927 in Kraft.

Bei diesem Gesetz hatten sich die Juristen insofern durchgesetzt, als es künftig nur noch juristisch qualifizierte Berufsrichter als Vorsitzende,[33] allerdings weiterhin Arbeitgeber- und Arbeitnehmerbeisitzer geben sollte. Die »Puristen« mussten allerdings hinnehmen, dass die Arbeitsgerichte in erster und zweiter Instanz selbstständig blieben, die Revisionsinstanz wurde ein als »Reichsarbeitsgericht« firmierender eigener Senat beim Reichsgericht. Die Laienbeisitzer wurden nicht mehr gewählt, sondern von der höheren Verwaltungsbehörde nach Vorschlagslisten der »wirtschaftlichen Vereinigungen der Arbeitgeber und der Arbeitnehmer« berufen. Neu eingeführt wurde das Beschlussverfahren in Betriebsverfassungssachen. Allerdings waren derartige Entscheidungen nicht vollstreckbar – ein wesentlicher Beitrag zur »Durchsetzungsschwäche« des BRG (Kap. 23, 27).[34] Fortgeführt wurde die Zweiteilung in Arbeiter- und Angestelltenverfahren, indem für beide Gruppen eigene Kammern eingerichtet wurden (§ 17 Abs. 2 ArbGG).

Eine, auch emotional hoch aufgeladene Facette der Auseinandersetzung um das ArbGG 1926 mit den Zügen eines »Kulturkampfes« war die Frage der Zulassung von Rechtsanwälten in der ersten Instanz.[35] Sie waren vor den Gewerbe- und Kaufmannsgerichten ausgeschlossen gewesen und sollten es nach dem Willen der Regierung auch unter dem ArbGG bleiben. Als zentralen Grund dafür nannte der zuständige Referent im Ministerium, Richard Joachim, vorrangig die Eigenschaft der ersten Instanz als einer schnellen, billigen und vorrangig auf gütliche Konfliktbeilegung bedachten Institution. Außerdem bestehe die Gefahr, dass das Gericht die unmittelbare Berührung mit der Arbeitswelt verliere; dessen Eigenart verschwinde »*hinter dem Schleier der Vertretung*«.[36] Die Debatte darüber erhielt eine giftige Note durch den Auftritt des jungen Hans Carl Nipperdey in einer Versammlung des Berliner Anwaltsvereins am 30. Oktober 1925. Dort behauptete er, der wahre Grund sei eine Bevorzugung der gewerkschaftlichen

31 Vgl. RArbBl. 1925, 309ff.

32 RGBl. I 507.

33 Gem. § 18 Abs. 1 und 3 mussten Vorsitzende »auf arbeitsrechtlichem und sozialem Gebiete Kenntnisse besitzen« und »die Befähigung zu Richteramt haben«.

34 Vgl. *Reichhold*, Betriebsverfassungsrecht als Sozialprivatrecht, S. 285. Als »Ausreißer« hat das RAG einmal zum Schutz von Betriebsratswahlvorständen und -bewerbern »*Anordnungen vorläufiger Art in dringenden Fällen*« für zulässig gehalten (vgl. RAG 25.4.1931, Bens. 12, 202).

35 Eingehend *Bepler*, »Die Justiz« und die Prozessvertretung vor den Gerichten für Arbeitssachen, in FS Kittner, 2021, S. 79ff.

36 *Joachim*, Die justizpolitische Bedeutung des Arbeitsgerichtsgesetzes, Die Justiz, 1926/1927, 255, 269ff.

Rechtsberater und der davon auf Nichtorganisierte wirkende Zwang, einer Koalition beizutreten[37] – ein »*Lebensthema*« Nipperdeys.[38] Die Regierungsmehrheit ließ sich davon nicht beeindrucken und blieb beim vorgeschlagenen § 11 ArbGG: Prozessvertreter konnten sein »Mitglieder und Angestellte von wirtschaftlichen Vereinigungen von Arbeitgebern oder von Arbeitnehmern«, wobei dann freilich Arbeitgeberverbände und Gewerkschaften dominierten. Rechtsanwälte blieben dagegen von der Vertretung an den Arbeitsgerichten ausgeschlossen,[39] nicht dagegen von den Landesarbeitsgerichten und dem Reichsarbeitsgericht. Vor den LAG waren auch Gewerkschaftsvertreter zugelassen (selbstverständlich auch nicht-anwaltliche Arbeitgebervertreter).

28.5 Nationalsozialismus

Das nationalsozialistische Regime ließ zwar die Arbeitsgerichtsbarkeit und das ArbGG bestehen, änderte es aber schon mit dem AOG in seinem Sinne (Kap. 12):

- Die Zuständigkeiten für Verbandsstreitigkeiten und betriebsverfassungsrechtliche Streitigkeiten und das Beschlussverfahren wurden beseitigt.
- Die Beisitzer wurden von der DAF ernannt.
- Diese besorgte die Rechtsvertretung, allerdings mit dem Ziel, Gerichtsverfahren zu vermeiden (Kap. 12.4).

Das alles führte zu einem kontinuierlichen Niedergang und Funktionsverlust der Arbeitsgerichtsbarkeit im NS und insbesondere mit dem Krieg (Kap. 13). In einem letzten Akt vor Kriegsende, »*aus Anlaß des totalen Krieges*« im Titel der »Zweiten Kriegsmaßnahmenverordnung« vom 27. September 1944,[40] wurden Rechtsmittel gegen Urteile der Arbeitsgerichte abgeschafft (außer ausdrücklich zugelassenen Revisionen, § 4 Abs. 1 und 2 ArbGG).

28.6 Nachkriegszeit

Der Kontrollrat hatte zunächst durch das Kontrollratsgesetz Nr. 4 (Umgestaltung des Deutschen Gerichtswesens) vom 20. Oktober 1945[41] nur die Amtsgerichte,

---

37 Vgl. *Bendix*, Richter, Rechtsanwälte, Arbeitsgerichte, Die Justiz 1925/1926, 186ff.; Gewerbe- und Kaufmannsgerichte – »Das Arbeitsrecht«, 1925/1926, Sp. 206; vgl. auch *Friedländer*, Arbeitsrecht und Anwaltschaft, Deutsche Juristen-Zeitung 1925, Sp. 1718; »Erklärung der deutschen Hochschullehrer des Zivil- und Arbeitsrechts zum Entwurf des Arbeitsgerichtsgesetzes, Deutsche Juristenzeitung 1925, Sp. 220f.

38 *Bepler*, a.a.O., S. 83, Fn. 14.

39 Es gab auch keinen Anspruch auf Kostenerstattung (§ 61 Abs. 1 Satz 2).

40 RGBl. I, 229.

41 ABl. des Kontrollrats, 26.

Landgerichte und Oberlandesgerichte wiederhergestellt. Sie waren zunächst auch für Arbeitssachen zuständig. Danach richtete er mit Kontrollratsgesetz Nr. 21 vom 30. März 1946[42] auf der Grundlage des ArbGG 1926 Arbeitsgerichte und Landesarbeitsgerichte ein.[43]

28.7 Bundesrepublik: ArbGG 1953

Nach Gründung der Bundesrepublik dauerte es noch verhältnismäßig lange, bis wieder ein vollständiges Arbeitsgerichtsgesetz geschaffen wurde. Das hatte für den Justizalltag insofern keine Bedeutung, als die Arbeitsgerichte und Landesarbeitsgerichte arbeiteten. Es fehlte nur ein gemeinsames Obergericht (spürbar etwa im Falle des »Zeitungsstreiks« 1952, Kap. 26). Ein solches war jedoch bereits in Art. 96 Abs. 1 GG (ursprüngliche Fassung) als »Bundesarbeitsgericht« vorgesehen.[44]

Dementsprechend legte die Bundesregierung 1951 den ersten Entwurf eines neuen Arbeitsgerichtsgesetzes vor.[45] Auf seiner Grundlage kam es nach intensiven Diskussionen im Bundestag und Bundesrat sowie Anrufung des Vermittlungsausschusses zum Arbeitsgerichtsgesetz vom 3. September 1953.[46]

Inhaltlich folgte es im Wesentlichen dem ArbGG 1926. Der Sitz des BAG wurde Kassel.[47] Dort bezog es zusammen mit dem Bundessozialgericht das Gebäude, in dem früher das Generalkommando der Wehrmacht residiert hatte.[48] Das erlaub-

---

42 ABl. des Kontrollrats, 1946, 124.

43 Vgl. *Hilger*, Zur Geschichte der Arbeitsgerichtsbarkeit nach 1945, RdA 1981, 93ff.; *Kissel*, Arbeitsgerichte 1927 bis 1987, in Das Arbeitsrecht der Gegenwart, Bd. 25, S. 19ff.; *Müller*, Zur Geschichte der Arbeitsgerichtsbarkeit seit 1945, in FS Deutscher Arbeitsgerichtsverband, S. 105ff.

44 Vgl. *Rehder*, Die Errichtung des Bundesarbeitsgerichts: alte Konflikte – neue Koalitionen, in Justizministerium des Landes NRW, Hrsg., Weichenstellungen im Arbeits- und Sozialrecht der Bundesrepublik, 2013, S. 95ff.

45 Abgedruckt RdA 1951, 456ff.

46 BGBl. I 1267.

47 Dazu gibt es eine schöne Anekdote bezüglich dreier berühmter Kölner und der Entscheidung über ihre neuen Dienstsitze in der Nachkriegszeit. Verbreitet wird Konrad Adenauer unterstellt, er habe Bonn als Regierungssitz nicht zuletzt wegen der Nähe zu seinem Wohnsitz favorisiert. Das gleiche sagte man von Hans Böckler in Bezug auf den Sitz des DGB in Düsseldorf. Hans Carl Nipperdey kam als erster Präsident des BAG für Derartiges jedenfalls zu spät. Dafür wurde für ihn eine spezielle Bahnverbindung eingerichtet: am Montag von Köln nach Kassel und am Freitag zurück. Im Volksmund war die Rede vom »Nipperdey-Express«.

48 Aus diesem Gebäude verständigte sich in den Tagen der Novemberrevolution der Chef der Obersten Heeresverwaltung, General Wilhelm Groener, telefonisch mit Friedrich Ebert in Berlin über die künftige Zusammenarbeit zwischen der kommenden revolutionären Regierung und dem Militär (»Ebert-Groener-Bündnis«, vgl. *Kittner*, Arbeits-

te einen informellen, aber gerade deshalb fruchtbaren Austausch der beiden Gerichte. 1999 zog das BAG als Folge der Wiedervereinigung nach Erfurt um.[49]
In der in Weimar so umstrittenen Frage der Prozessvertretung durch Rechtsanwälte ging man einen Schritt weiter: Rechtsanwälte durften von den Arbeitsgerichten auftreten, wenn der Streitwert mindestens 300 Deutsche Mark betrug; das war die Grenze der Berufungsfähigkeit. Außerdem konnte der Vorsitzende das zulassen, wenn dies zur Wahrung der Rechte einer Partei für notwendig erachtet wurde (§ 11 Abs. 1 ArbGG). Allerdings war eine Erstattung dieser Anwaltskosten bei einem Obsiegen ausgeschlossen (§ 61 Abs. 1 Satz 1 ArbGG 1953; aktuell § 12a Abs. 1 Satz 1 ArbGG). Mit dem Ansteigen der Streitwerte verlor die Begrenzung auf 300 Mark allerdings ihre Bedeutung und so wurde diese Grenze durch das »Gesetz zur Beschleunigung und Bereinigung des arbeitsgerichtlichen Verfahrens« vom 23. Mai 1979[50] aufgehoben.
Unabhängig von der Rechtsanwaltsfrage, war es – natürlich, möchte man sagen – bei der Prozessvertretung durch Arbeitgeber- und Arbeitnehmerverbände geblieben. Nunmehr wurde der Kreis enger als 1926 gezogen, aber immer noch nicht begrenzt auf Arbeitgeberverbände und Gewerkschaften als den eigentlichen kollektiven Trägern des Arbeitsrechts; auch »selbständige Vereinigungen von Arbeitnehmern mit sozial- oder berufspolitischer Zielsetzung« wurden zugelassen (§ 11 Abs. 1 ArbGG 1953). In dieser Hinsicht trat 1998 eine Komplikation ein, als der DGB seine Rechtsschutzaktivitäten auf eine »DGB-Rechtsschutz GmbH« ausgliederte, an der er alle Gesellschaftsanteile hielt.[51] Da unklar war, ob dieses Konstrukt dem Gesetz Genüge tat, wurde dieses noch im selben Jahr geändert.[52] Im Jahr 2008 gründete die Rechtsschutz-GmbH ein »Gewerkschaftliches Centrum für Revision und Europäisches Recht«,[53] insbesondere zur Vorbereitung und Führung von Verfahren vor dem EuGH.[54]

---

kampf, S. 396f.). Das ist, zwar boshaft-karikierend, aber literarisch hinreißend geschildert in Alfred Döblins Roman »November 1918«.

49 Zum Umzug vgl. *Wißmann*, Vom Generalkommando zur Zitadelle, in FS Schmidt, 2021, S. 11ff. (Wißmann war zu diesem Zeitpunkt Präsident des BAG).

50 BGBl. I 545.

51 Die Rechtsschutz-GmbH, in der etwa 380 Juristinnen und Juristen in 117 Büros tätig sind, ist die größte arbeitsrechtliche »law firm« in Deutschland (*www.dgbrechtsschutz.de*).

52 Vgl. Gesetz zur Änderung der Bundesrechtsanwaltsordnung, der Patentanwaltsordnung und anderer Gesetze vom 31.8.1998, BGBl. I 2600.

53 Vgl. *Buschmann*, Geschichte des centralen gewerkschaftlichen Rechtsschutzes, AuR 2018, G 13.

54 Zu deren Bilanz vgl. *Colneric*, AuR 2018, Der gewerkschaftliche Rechtsschutz vor dem EuGH, AuR 2018, 323 (Ninon Colneric war Richterin am EuGH; vgl. *Kittner*, 50 Urteile, S. 18f.).

Die Vertretung vor den Arbeitsgerichten hat sich in den letzten Jahrzehnten drastisch geändert: Der gewerkschaftliche Rechtsschutz hat zwar eine herausragende Rolle bewahrt, aber die Rolle der Rechtsanwälte ist ungeahnt gewachsen. Dafür gab es zwei wesentliche Gründe:

- in Individualverfahren die Verbreitung von Rechtsschutzversicherungen, deren Kosten nicht wenige Arbeitnehmer in Relation zur Höhe des (eingesparten) Gewerkschaftsbeitrags setzen und
- in Beschlussverfahren die seit dem BetrVG 1972 zunehmend genutzte Möglichkeit von Betriebsräten, einen Rechtsanwalt gem. § 40 BetrVG auf Kosten des Arbeitgebers zu beauftragen.

Auch ist nicht zu übersehen, welch wachsende Rolle auf Unternehmensberatung und -vertretung spezialisierte Rechtsbüros – »law firms« im Wortsinne – spielen. Sie haben inzwischen auch die Arbeitgeberverbände in den Hintergrund gedrängt. Das hat ein schwer fassbares, aber von allen Beteiligten spürbares Zurücktreten des kollektiven Elements in der Fortentwicklung des Arbeitsrechts im Namen um sich greifender »Individualisierung« zur Folge.[55]

Das ArbGG ist seither immer wieder mit dem Ziel einer Beschleunigung und Verbesserung des Verfahrens geändert worden. An seinen Kernelementen und dem Funktionieren der Arbeitsgerichtsbarkeit hat sich dadurch nichts geändert. Wenn man die typische Bilanz eines Jahres mit den bekannten Zahlen für die Gewerbegerichte im Kaiserreich vergleicht, wird man einerseits natürlich veränderte statistische Erhebungsstrukturen bemerken, aber aufs Ganze doch ein sehr ähnliches »Massengeschäft.«

Tätigkeit der Arbeitsgerichte 2022 und 2023

	2022	**2023**
Urteilsverfahren Neuzugänge	259177	282088
Erledigte Urteilsverfahren insgesamt	259438	275550
Davon durch Urteile	19596	16575
Davon durch Vergleich	168600	182351
Davon durch Klagerücknahme	31499	34072
Beschlussverfahren Neuzugänge	8374	7719
Erledigte Beschlussverfahren insgesamt	8350	7566

Quelle: Statistisches Bundesamt

55 Die überall zu beobachtenden Bemühungen der Justizverwaltungen zur »Entschlackung« von kollektivrechtlichen Elementen in der Juristenausbildung dürften in diesem Gesamtzusammenhang zu sehen sein.

Was aber nicht Wenige überraschen dürfte: Ins Verhältnis gesetzt zur Größe der potenziellen Klientel, bedeuten die Zahlen des Jahres 2020 bei etwa 40 Mio. Arbeitnehmern, dass jährlich etwa 0,7 % von ihnen ein Arbeitsgericht in Anspruch nahmen. Im Jahr 1900 waren das 1,2 % von etwa 10 Mio. Arbeitern! Dazu gibt es bislang keine vergleichenden Untersuchungen.[56] Ein möglicher Grund könnte die inzwischen gut funktionierende Betriebsverfassung sein.
Hinsichtlich der Erledigungsgeschwindigkeit kann sich die Arbeitsgerichtsbarkeit sehen lassen: Im Jahr 2021 wurden über 60 % aller Verfahren vor dem Arbeitsgericht in unter drei Monaten erledigt; die durchschnittliche Erledigungsdauer betrug 3,7 Monate. Dass war deutlich weniger als bei den Amtsgerichten in zivilrechtlichen Verfahren.[57] Auch ist die streitschlichtende Funktion der Arbeitsgerichte beachtlich: Die Übersicht für 2020 zeigt, dass es nur in 5,8 % aller Fälle zu einer streitigen Entscheidung kam; ganz überwiegend kam es zu Vergleichen und anderweitigen Erledigungen.
Dieser Punkt führt allerdings zu den Schattenseiten der Rechtsdurchsetzung durch Klage vor den Arbeitsgerichten: insbesondere bei Kündigungsschutzklagen indizieren die fast ausschließlich mit dem Ausscheiden aus dem Betrieb endenden Vergleiche, dass die Arbeitnehmer ihr Klageziel gerade nicht erreichen konnten (Kap. 31). Und ansonsten kann man die Augen nicht davor verschließen, dass für die allermeisten Arbeitnehmer eine gerichtliche Klärung ihrer Rechtsansprüche während des laufenden Arbeitsverhältnisses so gut wie unmöglich erscheint. Thilo Ramm[58] hat schon 1970 festgestellt, dass etwa 80 % aller Klagen vor den Arbeitsgerichten erst nach Beendigung des Arbeitsverhältnisses erfolgen (vielfach in Verbindung mit einer Kündigungsschutzklage). 1976 ergab eine Untersuchung in Berlin, dass von 2000 Klägern wegen Lohnzahlung nur noch einer im Betrieb des beklagten Arbeitgebers beschäftigt war.[59] Außer im öffentlichen Dienst und wenigen Großbetrieben wagen Arbeitnehmer den Gang zum Arbeitsgericht aus Furcht vor Nachteilen nur äußerst selten.[60] Das zeigt die Schlüsselstellung insbesondere der Betriebsräte in der Privatwirtschaft für die Wirksamkeit des geltenden Arbeitnehmerschutzrechts und umgekehrt die Be-

56 Der Unterschied dürfte sogar noch größer sein, wenn man die erst in der Bundesrepublik in so hoher Zahl in der Statistik auftauchenden Bestandsschutzverfahren herausrechnet. Diese wiederum sind in großer Zahl verbunden mit sonstigen Forderungen. Am strukturellen Phänomen ändert das aber nichts.

57 *www.destatis.de.*

58 Vgl. *Ramm*, Zur Bedeutung der Rechtssoziologie für das Arbeitsrecht, in Naucke/Trappe, Hrsg., Rechtssoziologie und Rechtspraxis, 1970, S. 175 ff.

59 Vgl. *Blankenburg/Rogowski/Schönholz*, Phänomene der Verrechtlichung und ihre Folgen. Beobachtungen am Arbeitsgericht, 1977.

60 Vgl. Kittner-*Deinert*, ASO, ArbGG, Nr. 55, Einl. III 1.

drohlichkeit der Zunahme von »betriebsratsfreien« Zonen (Kap. 40).[61] Eine Verbandsklage wie im Verbraucherschutzrecht gibt es im Arbeitsrecht nicht. Die Möglichkeit dazu wurde bei der Eingliederung des Rechts der Allgemeinen Geschäftsbedingungen in das BGB im Jahr 2001 nicht genutzt (§ 15 Unterlassungsklagengesetz) (Kap. 24.8).[62]

Eine Langzeitbetrachtung schärft schließlich das Sensorium dafür, dass die Separierung der Arbeitsgerichte aus der Zivilgerichtsbarkeit zu einer eigenen Fachgerichtsbarkeit keineswegs »in Stein gemeißelt« ist, von der Art einer »Weichenstellung«, von der aus es nur in eine Richtung weitergeht (Kap. 9). Die Zurückdrängung des »Kollektiven« aus der Gerichtspraxis kann man durchaus als eine Art Wetterleuchten begreifen, das von einer fernen Großwetterlage kündet. Ein weiterer Mosaikstein ist handfester: Auf Drängen der FDP hatte die letzte Kohl/Genscher-Mehrheit das »Arbeitsgerichtsänderungsgesetz« vom 26. Juni 1990[63] verabschiedet, mit dem es den Ländern überlassen wurde, die Arbeitsgerichtsbarkeit »umzuressortieren«, d. h. Justiz- anstelle der Arbeitsministerien zuständig zu machen. Auch hier: Richtig gravierende Eingriffe gab es nicht, aber es wurden die personalpolitischen Instrumente geschaffen, um eine sehr allmähliche »Re-Zivilisierung« der hauptberuflichen Richterschaft ins Werk zu setzen. Parallel zu dieser Entwicklung gab es anhaltende Bestrebungen der Justizministerkonferenzen der Länder, den Anteil des Arbeitsrechts am Prüfungsstoff der juristischen Staatsexamina zu verringern. Nicht vergessen werden darf im Übrigen der ganz offene Versuch einer »Rück-Integrierung« der Arbeitsgerichtsbarkeit in die ordentliche Gerichtbarkeit im Jahr 2004 (Kap. 10). Das alles bleibt offenbar nicht ohne Auswirkungen auf die Inhalte der Rechtsprechung (Kap. 40).

---

61 Für den Gesundheitsschutz und Datenschutz gibt es eigene »Beauftragte« bzw. »Fachkräfte«, die für die Einhaltung der entsprechenden Normen im laufenden Betrieb sorgen sollten (Kap. 30, 32).

62 Vgl. *Kocher*, Gesetzentwurf für eine Verbandklage im Arbeitsrecht, edition Hans-Böckler-Stiftung Nr. 72, 2002.

63 BGBl. I 1206. Beim Bund ist das Bundesministerium für Arbeit und Sozialordnung zuständig geblieben, allerdings nur »im Einvernehmen« mit dem Justizministerium (§§ 40, 41, 117 ArbGG).

VI. Große Sachbereiche

29. Arbeitszeitschutz

29.1 Der »blaue Montag« und die zeitlose Arbeitszeit-Problematik

In jeder Zeitrechnung ist die Arbeitszeit der älteste regulierte Sachbereich. Für das »moderne« Arbeitsrecht war das in Deutschland[1] offenkundig und prominent das Preußische »Regulativ über die Beschäftigung jugendlicher Arbeiter« von 1839 (Kap. 2). Für die »ganz alte« Zeit kennen wir eine Jahrtausende alte kulturelle und religiöse Tradition der Unterbrechung des Sieben-Tage-Arbeitsrhythmus um einen Tag, den Sonntag.[2] Die frühe Neuzeit kannte neben der Sonntagsruhe ferner eine Vielzahl arbeitsfreier kirchlicher, staatlich anerkannter Feiertage. An den Wochentagen wurde gearbeitet, solange es Tageslicht gab (oft auch darüber hinaus) im Rahmen eines meist jährlich erneuerten Kontrakts zu festgelegten Lohntaxen. Und sonst nichts? Der Sache nach gab es tatsächlich ein Arbeitszeitregime von drastischem Ausmaß für die abhängig Beschäftigten im städtischen Handwerk, die Gesellen: den »blauen Montag« (Kap. 26). Diese im ganzen Reich praktizierte Verkürzung der wöchentlichen Arbeitszeit um einen zweiten Tag neben dem Sonntag bedeutete eine Errungenschaft, die die modernen Arbeitnehmer erst wieder in der Bundesrepublik ab 1956 erkämpfen konnten (diesmal ging es um den Samstag, s. u.).

Aufgrund der schon beschriebenen geradezu systemisch unzureichenden Quellenlage gibt es so gut wie keine validen Kenntnisse über die tatsächliche Verbreitung des vielfach auch »freien« oder »guten« Montags. Sollte das nichts

---

1 In England, dem Mutterland der industriellen Revolution, war bereits im Factory-Act vom 29. 8. 1833 Kinderarbeit beschränkt und die Fabrikinspektion eingeführt worden.

2 Das erste staatliche Gesetz zum Schutz des Sonntags erließ Kaiser Konstantin am 7. 3. 321 (sog. Konstantinische Wende). Nach dem in den Codex Justinianus aufgenommenen Gesetz sollten »alle Richter sowie das Volk in den Städten und die Ausübung sämtlicher Gewerbe am heiligen Sonntag ruhen« (vgl. *Richardi*, Grenzen industrieller Sonntagsarbeit, S. 20).

weiter als massenhaft geduldetes »Bummelantentum« gewesen sein?[3] (Selbst das gälte nach einem weiten Verständnis von »normativer Ordnung« als Facette eines regulatorischen Regimes, Kap. 16). Es bleibt ein Faszinosum, dass weder die Sozial- noch die Rechtsgeschichte sich dieses, für den städtischen Arbeitsmarkt von Jahrhunderten so einschneidenden Phänomens, auch empirisch vertieft angenommen haben. Es kann sich aber nicht irgendwie in allen städtischen Handwerken »einfach so« ausgebreitet haben, sondern war mit größter Wahrscheinlichkeit – so wie alle anderen formal einseitig von Meistern und/oder Stadtobrigkeit festgelegten Arbeitsinhalte – mit den äußerst engagierten und durchsetzungsstarken Gesellenvereinigungen »verhandelt« (Kap. 2).[4] Christiane Wonzeck hat ihn sogar als Folge eines absichtsvollen arbeitsmarktpolitischen Zugriffs interpretiert.[5] Als eine Folge der Pest kam es im 14. Jahrhundert zu einem Arbeitskräftemangel, der auch das Handwerksgewerbe betraf. Die Gesellen, deren Lohn sich neben Geld aus Kost und Logis zusammensetzte, verlangten höhere Löhne als vor Ausbruch der Seuche. Da eine direkte Lohnerhöhung nicht möglich war, wählten sie eine indirekte Lohnerhöhung, indem sie die Wochenarbeitszeit verkürzten. Da Wochenlöhne üblich waren, hatten sie keine Lohneinbußen. Einen weiteren Schub erhielt die Forderung nach dem »freien Montag« mit der Reformation, die in den Territorien, in denen sie sich durchsetzte, viele Feiertage in Wegfall brachte.[6]

Dieser Konnex wurde umgekehrt ganz offiziell kommuniziert, als es um die Abschaffung des »blauen Montags« ging. Dieses Ziel – neben dem Kampf gegen andere »Handwerksmißbräuche« – hatten sich spätestens ab Anfang des 18. Jahrhundert auch die großen Territorien des Reichs auf Betreiben der Städte zu eigen gemacht. Am 15. Juli 1771 verabschiedete die Reichsversammlung zur Auffrischung der »Reichszunftordnung von 1731 (Kap. 26) ein »*Gutachten des Reichs-Tags, die Abstellung einiger Handwerksmißbräuche, insbesondere des sogenannten blauen Montag betreffend*«. Der Kaiser ordnete in seiner Ratifizierung zur Erhöhung der Durchsetzungschancen an, die Entlohnung der Gesellen von wöchentlichem auf täglichen Lohn umzustellen, was bei einer angestrebten

3 Sie hat in einer etymologischen Arbeit u. a. über Wortbedeutung und Herkunft des Begriffes »Blau« nachgewiesen, dass dies nichts mit der in späterer Zeit von Meistern und Obrigkeiten in die Welt gesetzten Konnotation dieses freien Tags mit notorisch betrunkenen, arbeitsscheuen Gesellen zu tun haben kann (vgl. *Wanzeck*, Zur Etymologie lexikalisierter Farbwortverbindungen, 2003, S. 190 ff.). Einen Erklärungsversuch leitet sie aus der Arbeit von Färbern ab, die zuvor Wolle bzw. Stoffe blau gefärbt und sodann zum Trocknen aufgehängt haben. Somit hätten sie am Montag nichts zu tun gehabt und auch nicht gearbeitet. Das wirkliche »Benennungsmotiv« bleibt aber letztlich unklar.

4 Vgl. *Schneider*, Streit um Arbeitszeit, S. 21.

5 Vgl. *Wanzeck*, a. a. O., S. 169.

6 Vgl. *Schneider*, Streit um Arbeitszeit, S. 21.

Arbeitszeitverlängerung zur proportionalen Lohnerhöhung führen musste – ein Beleg für die umgekehrte Wirkung bei Einführung des »blauen Montags«.[7] Nach allem, was wir wissen, war es weniger diese zentralstaatliche Intervention, die dem »blauen Montag« ein Ende bereitete als der Niedergang der Zünfte aus allgemeinen ökonomischen Gründen (Kap. 26). Das Thema einer Verkürzung der Arbeitswoche sollte erst wieder Mitte des 20. Jahrhunderts aktuell werden, nunmehr mit dem freien Samstag als Ziel (s. u.).
In der beim »blauen Montag« so wichtigen Verschränkung mit der Entgelthöhe wird allerdings schon deutlich, dass es nie um die Dauer der Arbeitszeit allein ging (und geht). Vielmehr haben wir es – mit wechselnder Akzentuierung – mit mehreren zeitlosen Determinanten des Arbeitszeitthemas zu tun:

1. die physisch-psychische Belastung aufgrund der Länge der Arbeitszeit,
2. die Freizeit-Qualität bei kürzerer Dauer bzw. freien Tagen,
3. die Korrelation zur zeitabhängigen Entgelthöhe,
4. der Eingriff in der Verfügungsmacht des Arbeitgebers,
5. die Arbeitsmarktwirkung einer Arbeitszeitverkürzung und
6. die vielfach inkompatiblen »Flexibilisierungs«-Ziele von Arbeitgebern und Arbeitnehmern.

Das macht einsichtig, dass und warum Arbeitszeitfragen zu jeder Zeit hochkontrovers waren. Um sie sollten die beiden größten Arbeitskämpfe in der Weimarer Republik (s. u.) und Bundesrepublik (Kap. 26) geführt werden.

29.2 Bis zum »Arbeiterschutzgesetz« 1891

Am Beginn der neuen Wirtschaftsordnung fehlte jegliche allgemeine Regulierung des Arbeitskräfteeinsatzes, und das hieß: Die Arbeitgeber konnten – wenn dies produktionstechnisch opportun und praktisch machbar war – die Arbeiter an sieben Tage die Woche arbeiten lassen, so lange sie physisch dazu in der Lage waren. Ein drastisches Beispiel für die das ermöglichende rechtliche Grundlage lieferte die Arbeitsordnung der Berliner Schultheiß-Brauerei sogar noch aus dem Jahr 1889:[8]

> Die Arbeitszeiten der Arbeiter sind unbestimmt. Sie werden nach den Erfordernissen des Geschäfts von der Direktion festgestellt. Überstunden werden nicht bezahlt. Für gewöhnlich beginnt die Arbeit morgens um 4 Uhr und endet abends 7 Uhr.

---

7 Vgl. *Kittner*, Arbeitskampf, S. 120f.

8 Abgedruckt bei *Buschak*, Von Menschen, die wie Menschen leben wollen, 1985, S. 69. Im Vergleich dazu war die Arbeitsordnung bei der Fa. Haubold im Jahre 1834 mit einer 72-Stunden-Woche mit freien Sonntagen geradezu »fortschrittlich« (Kap. 23).

Diese völlige Freiheit für die Arbeitgeber führte in den ersten zwei Dritteln des 19. Jahrhunderts zu Arbeitszeiten von durchschnittlich 60 Stunden, mit Spitzen vor allem in der Textilindustrie von 80 – 90 Stunden in der Woche.[9]
Lediglich für Kinder und Jugendliche in Fabriken wurden zunächst durch das »Regulativ« von 1839 Beschäftigungsverbote erlassen,[10] die dann schrittweise verbessert wurden.[11] In der Landwirtschaft blieb aber die Kinderarbeit bis zur Revolution 1918 ohne Beschränkungen. Für erwachsene Arbeiter begann das Zeitalter der Arbeitszeitbegrenzung durch vorsichtige Zurückdrängung (nicht Verbot) der Arbeit an Sonn- und Festtagen[12] durch die preußische Verordnung über die Errichtung von Gewerberäten vom 9. Februar 1849:[13]

§ 49 Abs. 2

Zu Arbeiten an Sonn- und Festtagen ist vorbehaltlich der anderweitigen Vereinbarung in Dringlichkeitsfällen niemand verpflichtet.

Diese noch »windelweiche« Regelung wurde in die GewO des Norddeutschen Bundes vom 21. Juni 1869[14] übernommen (§ 105 Abs. 2 GewO).
Das ist auch etwa der Zeitpunkt, in den die organisierte Arbeiterbewegung auf den Plan trat, zu deren ersten, für ihre Existenz geradezu konstitutiven Forderungen, die nach Begrenzung der Arbeitszeit gehörte. Die theoretische Vorlage lieferte Karl Marx, der 1867 als erster (in seinem »Kapital«)[15] einen »Normalarbeitstag« forderte und dafür die drei fortan relevanten Bestimmungsfaktoren benannte:

- Einhaltung der physischen Grenze der Arbeitsbelastung,
- Zeit für gesellschaftlich-kulturelle Bedürfnisse der Arbeitenden und
- größter wirtschaftlicher Nutzen.

9 Vgl. *Schneider*, Streit um Arbeitszeit, S. 22.

10 Vgl. *Pieper*, Das preußische »Regulativ über die Beschäftigung jugendlicher Arbeiter in Fabriken« von 1839, AuR 2022, G 9; *Düwell*, 150 Jahre gesetzliches Verbot der Kinderarbeit in Deutschland, AuR 1989, 233.

11 Hierzu und zum Folgenden eingehend *Buschmann/Ulber*, Arbeitszeitrecht,2019, Einl. Rn. 7ff.; *Schneider*, Streit um Arbeitszeit, 1984; *Tietje*, Grundfragen des Arbeitszeitrechts, 2000; *Born*, Staat und Sozialpolitik seit Bismarcks Sturz, 1957; *Kaufhold*, 150 Jahre Arbeitsschutz in Deutschland. Das preußische Regulativ von 1839 und weitere Entwicklung, AuR 1989, 25.

12 Vgl. *Richardi*, Grenzen industrieller Sonntagsarbeit, 1988.

13 Gesetz-Sammlung, 93.

14 RGBl. 245.

15 *Marx*, Das Kapital, Bd. 1, 1867, MEW 23, 248f.

Eine konkrete Zahl für eine aus seiner Sicht optimale Arbeitszeit nannte er indessen nicht.[16] Aus anderer Richtung, mit dem Ziel einer Arbeitszeitverkürzung durch Staatsintervention, forderte der prominente 1848er Nationalökonom Carl Rodbertus ebenfalls einen – allerdings branchenspezifischen – »Normalarbeitstag«.[17] Auch die Arbeitsschutzresolution des »Internationalen Arbeiter-Congresses« vom 14. bis 20. Juli 1889 in Paris, der weitgehende Arbeitszeitbegrenzungen für Frauen und Kinder verlangte, nannte dafür nur spezifische Zahlen, nämlich die Festsetzung eines höchstens acht Stunden betragenden Arbeitstages für jugendliche Arbeiter, das Verbot der Arbeit der Kinder unter 14 Jahren und Herabsetzung des Arbeitstages auf sechs Stunden für beide Geschlechter, Verbot der Nachtarbeit für Frauen und jugendliche Arbeiter unter 18 Jahren, ununterbrochene Ruhepause von wenigstens 36 Stunden die Woche für alle Arbeiter.[18]
Bemühungen zu einer Verbesserung des Arbeitsschutzes insgesamt scheiterten am Widerstand der Reichsregierung unter Hinweis auf eine Wettbewerbsfähigkeit der deutschen Industrie. Bismarck selbst stellte sich an die Spitze des Widerstands gegen eine Begrenzung der Arbeitszeit mit dem provokanten Argument, er wolle dem fleißigen Arbeiter nicht verwehren, für seine Familie mehr zu verdienen (Kap. 11). Dabei erklärte er sich vom Prinzip durchaus offen für einen »Normalarbeitstag«, benannte aber – durchaus zeitlose – kollidierende Ziele (»Scylla und Charybdis«): »*Können Sie die Möglichkeit schaffen, daß ein Normalarbeitstag in einer für alle annehmbaren Länge – sagen wir zehn Stunden – geschaffen werde, ohne dass der Arbeiter an Lohn verliert, und ohne daß eine Industrie leistungsunfähig wird, dann thun sie es*«.[19] Taktisch gemeint oder nicht: Das waren bis heute die zwei Pole, zwischen denen letztlich alle Konflikte um Arbeitszeitverkürzung ausgetragen wurden.
Der Weg für ein echtes Verbot der Sonn- und Feiertagsarbeit in bestimmten Gewerben und die Festlegung von Ruhezeiten durch das »Arbeiterschutzgesetz« vom 1. Juni 1891[20] wurde allerdings erst nach dem Abgang Bismarcks frei:

§ 105a GewO

Zum Arbeiten an Sonn- und Festtagen können die Gewerbetreibenden die Arbeiter nicht verpflichten. Arbeiten, welche nach den Bestimmungen die-

16 Vgl. *Schneider*, Streit um Arbeitszeit, S. 33.
17 Vgl. *Rodbertus*, Der Normalarbeitstag, 1871.vgl. *Wolfsteller*, Vom Vierzehnstundentag zur Vierzigstundenwoche, Zur Geschichte und Problematik der Arbeitszeit in Deutschland, 1963.
18 Abgedruckt bei *Schneider* a. a. O., Dokument 4, S. 201.
19 Stenographische Berichte über die Verhandlungen des Reichstags, VI. Legislaturperiode, 1. Session 1884/85, 15. 1. 1885, S. 631 f.
20 RGBl. 261.

ses Gesetzes auch an Sonn- und Festtagen vorgenommen werden dürfen, fallen unter die vorstehende Bestimmung nicht. Welche Tage als Festtage gelten, bestimmen unter Berücksichtigung der örtlichen und konfessionellen Verhältnisse die Landesregierungen.

§ 105b GewO

Im Betriebe von Bergwerken, Salinen, Aufbereitungsanstalten, Brüchen und Gruben, von Hüttenwerken, Fabriken und Werkstätten, von Zimmerplätzen und anderen Bauhöfen, von Werften und Ziegeleien, sowie bei Bauten aller Art dürfen Arbeiter an Sonn- und Festtagen nicht beschäftigt werden. Die den Arbeitern zu gewährende Ruhe hat mindestens für jeden Sonn- und Festtag vierundzwanzig, für zwei aufeinander folgende Sonn- und Festtage sechsunddreißig, für das Weihnachts-, Oster- und Pfingstfest achtundvierzig Stunden zu dauern. Die Ruhezeit ist von zwölf Uhr nachts zu rechnen und muß bei zwei aufeinander folgenden Sonn- und Festtagen bis sechs Uhr Abends des zweiten Tages dauern. In Betrieben mit regelmäßiger Tag- und Nachtschicht kann die Ruhezeit frühestens um sechs Uhr Abends des vorhergehenden Werktages, spätestens um sechs Uhr Morgens des Sonn- oder Festtages beginnen, wenn für die auf den Beginn der Ruhezeit folgenden vierundzwanzig Stunden der Betrieb ruht.
Im Handelsgewerbe dürfen Gehülfen, Lehrlinge und Arbeiter am ersten Weihnachts-, Oster- und Pfingsttage überhaupt nicht, im Uebrigen an Sonn- und Festtagen nicht länger als fünf Stunden beschäftigt werden.

Dazu kam ein Vorgriff auf künftige Zeiten. Gemäß § 120e Abs. 3 GewO konnten Landesbehörden für stark belastete Arbeiter eine Begrenzung der täglichen Arbeitsdauer und Ruhepausen festlegen:

Durch Beschluß des Bundesraths können für solche Gewerbe, in welchen durch übermäßige Dauer der täglichen Arbeitszeit die Gesundheit der Arbeiter gefährdet wird, Dauer, Beginn und Ende der zulässigen täglichen Arbeitszeit und der zu gewährenden Pausen vorgeschrieben und die zur Durchführung dieser Vorschriften erforderlichen Anordnungen erlassen werden.

Davon wurde für einzelne Bereiche Gebrauch gemacht (z. B. Bäckereien, Getreidemühlen, Gastwirtschaften, Steinbrüche, Steinhauereien).[21] Für den überwiegenden Teil der Beschäftigten, für die keine spezifischen Schutzvorschriften galten, blieb die Arbeitszeit abgesehen von den Regelungen zur Arbeit an und um Sonn- und Feiertage ohne staatliche Grenzen. Was immer in dieser Hinsicht bis zur Revolution 1918 erfolgte, geschah aufgrund punktueller Tarifverträge und betrieblicher Vereinbarungen. Dabei kristallisierte sich als das erstrebte »Normal«-Maß ein Acht-Stunden-Tag heraus.[22] Es waren nicht zufällig Heinrich Freese und Ernst Abbe, die sich auch in dieser Hinsicht als Arbeitgeber-Pioniere erwiesen (Kap. 11). Der Erste Weltkrieg brachte auch für die Arbeitszeitentwicklung eine Zäsur. Nachdem mit »Gesetz, betreffend Ausnahmen von Beschäftigungsbeschränkungen« vom 4. August 1914[23] der Reichskanzler zu Ausnahmen von Obergrenzen der Arbeitszeit ermächtigt worden war, stieg die Arbeitszeit insgesamt drastisch an (auch eine Folge des durch das HilfsdienstG nicht behebbaren Arbeitskräftemangels, Kap. 13).

29.3 Weimarer Republik

Die Novemberevolution 1918 brachte das Stinnes-Legien-Abkommen mit dem von den Gewerkschaften ersehnten Acht-Stunde-Tag.[24] Der Rat der Volksbeauftragten erließ am 23. November 1918 die »Anordnung über die Regelung der Arbeitszeit gewerblicher Arbeiter«:[25]

> Auf Grund des Erlasses des Rates der Volksbeauftragten über die Errichtung des Reichsamts für die wirtschaftliche Demobilmachung (Demobilmachungsamt) vom 12. November 1918 (Reichs-Gesetzbl. S. 1304) ergeht hiermit folgende Anordnung über die Regelung der Arbeitszeit gewerblicher Arbeiter:

21 Vgl. *Kohte*, Ein Rahmen ohne Regulierungsinhalt. Kritische Anmerkungen zur Auslegung des § 87 Abs. 1 Nr. 7 BetrVG, AuR 1984, 263, 266.

22 *Leuchten*, Der Kampf um den Achtstundentag, Diss. Augsburg 1978.

23 RGBl. 333.

24 Zur Sonntagsarbeit bestimmte die Weimarer Reichsverfassung in Art. 139: »*Der Sonntag und die staatlich anerkannten Feiertage bleiben als Tage der Arbeitsruhe und der seelischen Erhebung gesetzlich geschützt*«. Diese Vorschrift wurde durch Art. 140 GG in das Verfassungsrecht der Bundesrepublik übernommen.

25 RGBl. 1334. Am selben Tag, noch vor der Hauptanordnung publiziert, war eine weitestgehend gleichlautende »Verordnung« für Gesellen und Lehrlingen in gewerblichen Bäckereien und Konditoreien ergangen (RGBl. 1329). Für Angestellte erging eine solche erst am 18. 3. 1919 (RBGl. 315).

I.

Die Regelung umfasst die gewerblichen Arbeiter in allen gewerblichen Betrieben einschließlich des Bergbaus, in den Betrieben des Reichs, des Staates, der Gemeinden und Gemeindeverbände, auch wenn sie nicht zur Gewinnerzielung betrieben werden, sowie in landwirtschaftlichen Nebenbetrieben gewerblicher Art.

II.

Die regelmäßige tägliche Arbeitszeit ausschließlich der Pausen darf die Dauer von acht Stunden nicht überschreiten. Wenn in Abweichung hiervon durch Vereinbarung eine Verkürzung der Arbeitszeit an Vorabenden der Sonn- und Festtage herbeigeführt wird, kann der Ausfall der Arbeitsstunden an diesen Tagen auf die übrigen Werktage verteilt werden.

Diese Anordnung hatte freilich einen gewaltigen Widerhaken: Sie war gewissermaßen »auflösend bedingt«, denn die Arbeitgeber hatten in einer – von den Gewerkschaften öffentlich nie kommunizierten – Sonderabrede zum Stinnes-Legien-Abkommen durchgesetzt, dass Ernst Borsig und Carl Legien gemeinsam in einem Brief an die Volksbeauftragten baten, den Acht-Stunden-Tag in die Friedensverhandlungen einzubringen, denn: »*Die Vereinbarung kann nur dann dauerhaft durchgeführt werden, wenn der Achtstundentag für alle Kulturländer durch internationale Vereinbarungen festgesetzt wird.*«[26] Für die Unternehmerseite stellte der Hauptgeschäftsführer des »Vereins Deutscher Eisen- und Stahlindustrieller«, Jakob Reichert, bereits Ende Dezember 1918 fest: »*Ist das nicht durchzusetzen, dann werden wir aus dem Achtstundentag wieder heraus müssen*«.[27]
So kam es denn auch: Es wurde zwar am 22. November 1919 in Washington das Abkommen der Internationalen Arbeitsorganisation Nr. 1 »betr. die Festsetzung der Arbeitszeit in industriellen Anstalten auf 8 Stunden am Tag und 48 Stunden in der Woche« vereinbart (»Washingtoner Abkommen«). Es wurde jedoch von den meisten Staaten, auch Deutschland, nicht ratifiziert (Frankreich ratifizierte unter dem Vorbehalt der Annahme durch Deutschland und Großbritannien) – ein Musterbeispiel für das Problem des Arbeitnehmerschutzes im internationalen Wettbewerb (Kap. 19).

---

26 Abgedruckt bei Gesamtmetall, Hrsg., Das Stinnes-Legien-Abkommen, 2018, S. 139.
27 Vgl. *Peters/Gorr*, Anerkennung und Repression. Dokumente zur Tarifpolitik in der Metallindustrie 1918 – 1945, 2009, S. 154.

Darauf beriefen sich die Arbeitgeber für ihre ab 1920 einsetzende Politik der Arbeitszeitverlängerung, zu der sie durch die inzwischen bürgerlich geführte Reichsregierung unter Kanzler Marx mit dem Arbeitsminister Brauns (Kap. 11), vor allem mit der »Verordnung über die Arbeitszeit« vom 21. Dezember 1923[28] unterstützt wurden:

§ 1

Die Anordnung über die Regelung der Arbeitszeit gewerblicher Arbeiter vom 23. November 1918/17. Dezember 1918 – Reichsgesetzbl. S. 1334/1436 – und die Verordnung über die Regelung der Arbeitszeit der Angestellten während der Zeit der wirtschaftlichen Demobilmachung vom 18. März 1919 – Reichgesetzbl. S. 315 – erhalten mit den nachstehenden Änderungen und Ergänzungen von neuem Gesetzeskraft. Insbesondere darf bei den in Ziffer I der Anordnung vom 23. November 1918 und in den §§ 11 ff. der Verordnung vom 18. März 1919 bezeichneten Arbeitnehmern die regelmäßige werktägliche Arbeitszeit, ausschließlich der Pausen, die Dauer von 8 Stunden nicht überschreiten. Jedoch kann der an einzelnen Werktagen für den Betrieb oder eine Betriebsabteilung eintretende Ausfall von Arbeitsstunden nach Anhörung der gesetzlichen Betriebsvertretung durch Mehrarbeit an den übrigen Werktagen der gleichen oder der folgenden Woche ausgeglichen werden.

§ 2

Für Gewerbezweige oder Gruppen von Arbeitnehmern, bei denen regelmäßig und in erheblichem Umfang Arbeitsbereitschaft vorliegt, kann durch Tarifvertrag oder, soweit ein solcher nicht besteht oder doch Arbeitsverhältnisse dieser Art nicht berücksichtigt, durch den Reichsarbeitsminister nach Anhörung der beteiligten wirtschaftlichen Vereinigungen der Arbeitgeber und Arbeitnehmer eine vom § 1 Satz 2 und 3 abweichende Regelung getroffen werden.[29]

Über diese Kernvorschriften hinaus gab es jedoch viele personenbezogene und branchenspezifische Ausnahmen, die das Acht-Stunden-Prinzip weiter aufweichten. Mit diesem Rückenwind setzten die Arbeitgeber zunächst in der Eisen- und

28 RGBl. I 1249.

29 Ein bemerkenswerter Beitrag zur Ermöglichung von Arbeitszeitverlängerung bestand in § 11 Abs. 3 darin, dass der Arbeitgeber unter leicht darstellbaren Umständen wegen »Duldung oder Annahme von freiwilliger Mehrarbeit« von Strafe freigestellt wurde.

Stahlindustrie und dann im Bergbau massive Arbeitszeitverlängerungen durch, jeweils im Zusammenspiel von staatlicher Schlichtung und eigenen Aussperrungen. Im Bergbau kam es zum größten Tarifarbeitskampf in der deutschen Geschichte mit etwa 500 000 Ausgesperrten und gleich viel mittelbar Betroffenen (Kap. 26).[30] Dabei fällt auf, dass die Verordnung eigentlich Arbeitszeitverlängerungen nur dort zuließ, wo in größerem Ausmaß »Arbeitsbereitschaft« vorlag, jedoch hatte man diese Restriktion offenbar nicht so genau genommen. Jedenfalls wird für die Jahre nach 1924 wieder von einem wöchentlichen Stunden-Durchschnitt der Industriearbeiter von 50,4 Stunden berichtet.[31]

Von bleibender Bedeutung, eine der üblicherweise weniger beachteten Weichenstellungen (Kap. 9), war jedoch der Mechanismus als solcher: Von einem Gesetz zum Arbeitnehmerschutz konnte durch Tarifvertrag zuungunsten der Arbeitnehmer abgewichen werden. Das gehört bis heute zum Repertoire unseres Normierungs-Gebäudes (Kap. 16, 18). Das offizielle Kalkül war (und ist), dass von den Tarifvertragsparteien erwartet werden könnte, dass sie davon nur in verantwortlichem Ausmaß und gegebenenfalls mit Kompensationen für die Arbeitnehmer an anderer Stelle Gebrauch machen würden. Die Wirklichkeit aber war (und ist), dass hier ein – von manchen durchaus mit einkalkulierter – Anreiz vorlag, sich Deregulierungs-Vorteile mit Hilfe von Pseudogewerkschaften zu verschaffen. Für die Weimarer Republik wird von der Gründung von Werkvereinen nur zu dem Zweck berichtet, »Tarifverträge« für einzelne Betriebe mit längerer Arbeitszeit zu ermöglichen (so wie in der Bundesrepublik zur Abweichung etwa vom »equal-pay-Prinzips« bei der Arbeitnehmerüberlassung, Kap. 36).[32]

Ab 1927 kam es auf Drängen der Gewerkschaften zu einem partiellen Politikwechsel in der Arbeitszeitfrage, die vor allem die Zurückdrängung der vielen Überstunden und die Aufgabe der vielen Ausnahmetatbestände zur Arbeitszeit-VO von 1923 verlangten. Daraufhin wurde das sog. Arbeitszeit-Notgesetz vom 14. April 1927[33] verabschiedet. Mit ihm blieb einerseits die ArbeitszeitVO im Kern unverändert, andererseits kam es zu zwei bemerkenswerten Änderungen; die eine sollte sich als langlebige Innovation erweisen: ein 25-prozentiger Zuschlag für Mehrarbeit (das wurde auch in der nationalsozialistischen Arbeitszeitordnung beibehalten und erst mit dem Arbeitszeitgesetz von 1994 im Hinblick auf die nun ausgebaute Tarifpraxis aufgegeben). Außerdem wurde die Aufhebung der Strafbarkeit wegen der Annahme freiwilliger Mehrarbeit aufgehoben (ein Indiz für die Arbeitsmarktwirksamkeit dieses »Schlupflochs«). Angesichts

30 Eingehend *Kittner*, Arbeitskampf, S. 476 ff.

31 Vgl. *Tietje*, Grundfragen des Arbeitszeitrechts, S. 35.

32 Vgl. *Flatow/Kahn-Freund*, Betriebsrätegesetz, 13. Aufl. 1931, § 8 Anm. 5, S. 73 f.; *Matthes*, Unklarheiten zu § 7 AZO, AuR 1963, 369.

33 RGBl. I 109.

der 1929 einsetzenden Massenarbeitslosigkeit war das alles aber völlig belanglos. Von einer durch die 2. NotVO des Reichspräsidenten vom 5. Juni 1931[34] eröffnete Möglichkeit die Arbeitszeit auf 40 Stunden wöchentlich zu begrenzen und Mehrarbeit von einer Genehmigung abhängig zu machen, wurde auf Druck der Arbeitgeber kaum Gebrauch gemacht.

29.4 Nationalsozialismus

Der NS brachte in der Arbeitszeitfrage zunächst substanziell keine Änderungen. Die »Arbeitszeitordnung« vom 26. Juli 1934[35] und dann vom 30. April 1938[36] beließ es – nach Tilgung von »Tarifvertrag« u. ä. und nunmehr mit NS-Begriffen – im Wesentlichen beim Inhalt der ArbeitszeitVO von 1927. Bei Kriegsbeginn wurde der Arbeitszeitschutz für über 18jährige Männer durch die »VO zur Abänderung und Ergänzung von Vorschriften auf dem Gebiet des Arbeitsrechts« vom 1. September 1939[37] beseitigt (Kap. 12):

> Nachfolgende Gesetze und Verordnungen und die aufgrund dieser Gesetze und Verordnungen erlassenen Bestimmungen treten, soweit in ihnen die Dauer der werktäglichen Arbeitszeit der Beschäftigten geregelt wird, für männliche Arbeiter und Angestellte über achtzehn Jahre bis auf weiteres außer Kraft:
> Arbeitszeitordnung vom 30. April 1938 (Reichsgesetzbl. I S. 447)
> [...]

29.5 Nach 1945/Bundesrepublik

Nach Kriegsende ging die Karriere der langlebigen »AZO« weiter: Als man wieder an »normale« Arbeitsprozesse denken konnte, setzten die Alliierten sie durch Kontrollratsdirektive vom 26. Januar 1946[38] wieder in Kraft. Das wurde vom Bundestag durch »Gesetz über die Aufhebung von Vorschriften auf dem Gebiet des Arbeitsschutzes« vom 21. März 1952[39] ausdrücklich wiederholt. Das BVerfG

34 RGBl. I 279.
35 RGBl. I 804.
36 RGBl. I 447.
37 RGBl. I 1681.
38 ABl. des Kontrollrats 1946, Nr. 5, 115.
39 BGBl. I 146. Mit diesem Gesetz wurde die VO vom 1.9.1939 aufgehoben, d.h. die Suspendierung der AZO rückgängig gemacht.

bestätigte später die Fortgeltung der AZO als Bundesrecht gem. Art. 125 GG[40] (zum generellen Kontinuitätsproblem von NS-Recht siehe Kap. 12).

So wie für das Arbeitsrecht insgesamt wurde die Bundesrepublik für das Arbeitszeitrecht zum Nährboden, auf dem es sich in großer Breite entwickelte. Dabei erscheint es sinnvoll, drei Stränge zu unterscheiden:

- das allgemeine Arbeitszeitrecht,
- arbeitszeitrechtliche Einzelgesetze und
- das autonome Recht (Tarifverträge, Betriebsvereinbarungen).

(1) Hinsichtlich der allgemeinen Arbeitszeitregelung lagen die Dinge denkbar einfach: Die AZO galt bis auf kleine Anpassungen (im Zusammenhang mit anderen Gesetzen, z. B. zu Ladenschluss) unverändert bis 1994. Das bedeutete: Der Kern des Arbeitszeitregimes war von der Kriegszeit abgesehen seit der ArbeitszeitVO von 1923 der gleiche geblieben! Erst dann wurde sie durch das »Arbeitszeitgesetz« vom 6. Juni 1994[41] abgelöst. Es war, ungeachtet schon vorher erhobener Reformforderungen,[42] vor allem durch die »Richtlinie 93/104/EG über bestimmte Aspekte der Arbeitszeitgestaltung« vom 23. November 1993 (Kap. 21)[43] erforderlich geworden.[44] Allerdings verstieß das 1994 verabschiedete Gesetz von Anfang an in einem zentralen Punkt gegen die Richtlinie, in dem es den sogenannten Bereitschaftsdienst aus dem Arbeitszeitbegriff ausklammerte und damit sektoral Arbeitszeitverlängerungen größeren Ausmaßes zuließ. Weiterhin ignorierte dieses Gesetz zahlreiche von Deutschland ratifizierte Bestimmungen des Arbeitsvölkerrecht wie des UN-Sozialpakts, der Internationalen Arbeitsorganisation und der europäischen Sozialcharta (Kap. 20).[45] Im Jahr 2003 wurde es im Rahmen des »Gesetzes zu Reformen am Arbeitsmarkt« vom 24. Dezember 2003[46] europarechtlich angepasst, ohne Bereitschaftsdienste substanziell zu be-

40 BVerfG 3.5.1967, BVerfGE 22, 1.

41 BGBl. I 1170.

42 Vgl. »Aufruf für ein fortschrittliches Arbeitszeitgesetz« von 48 Hochschullehrern und -lehrerinnen (AiB 1984, 64). Die Forderungen richteten sich u. a. an feste Arbeitszeitbestimmungen zur Sicherung von Arbeitsplätzen, engere Begrenzungen der Mehrarbeit und Verbot der KAPOVAZ. Dieser Aufruf blieb ohne jede politische Reaktion – ein Beleg für die hier vertretene These des begrenzten Einflusses von Wissenschaftlern (Kap. 11).

43 ABl. L 307/18.

44 Außerdem musste nach Entscheidungen des EuGH und BVerfG das bisher nur für Frauen geltende Nachtarbeitsverbot zu einer für Frauen und Männer gleichermaßen geltenden Regelung geändert werden (vgl. EuGH 25.7.1991 (C-345/89; abgedruckt bei *Buschmann/Ulber*, Arbeitszeitrecht, Anhang G; BVerfG 28.1.1992, BVerfGE 85, 191; vgl. *Kittner*, 50 Urteile, S. 160ff.; zur Geschlechterproblematik Kap. 39).

45 Ausführlich *Buschmann*, Völker- und europarechtsnotwendige Korrekturen im Arbeitszeitrecht, Jahrbuch des Arbeitsrechts, 2025 (im Erscheinen).

46 BGBl. I 3002.

grenzen. An Stelle der Nichtanerkennung als Arbeitszeit trat nun die sogenannte Opt-Out Regelung des § 7 Abs. 2a ArbZG.[47]

Das ArbZG hat nicht für mehr Arbeitsschutz gesorgt: Es blieb beim Acht-Stunden-Tag als Regel, allerdings mit noch mehr Ausnahmemöglichkeiten, vor allem durch Tarifverträge und auf deren Grundlage durch Betriebs- bzw. Dienstvereinbarungen (§ 7 ArbZG). Ein Blick auf die Aufstellung aller Ausnahmemöglichkeiten lässt das Bild vom »Schweizer Käse« (mit großen Löchern) nicht abwegig erscheinen:

Ausnahmen vom Acht-Stunden-Tag

Checkliste 26: Dauer der werktäglichen Höchstarbeitszeit

I. Grundsatz:

Die werktägliche **Höchstarbeitszeit** beträgt **acht Stunden** (§§ 3 I, 6 II ArbZG).

II. Ausnahmen:

- Verkürzung der Höchstarbeitszeit durch RVO bei **gefährlichen Arbeiten** (§ 8).
- Verlängerung auf bis zu zehn Stunden bei ungleichmäßiger Verteilung der Arbeitszeit in einem **Ausgleichszeitraum** (§§ 3 II, 6 II).
- Verlängerung der Höchstarbeitszeit über zehn Stunden hinaus durch TV oder aufgrund eines TV durch **BV,** wenn in die Arbeitszeit regelmäßig und in erheblichem Umfang **Arbeitsbereitschaft** oder **Bereitschaftsdienst** fällt und ein **Zeitausgleich** geregelt ist (§ 7 I Nr. 1 und 4).
- Abweichende Regelung bei **Rufbereitschaft,** in der **Landwirtschaft,** bei der **Behandlung, Pflege und Betreuung von Personen,** im **öffentlichen Dienst** durch **TV** oder aufgrund eines TV durch **BV** (§ 7 II Nr. 2–4).
- Verlängerung der Höchstarbeitszeit über acht Stunden hinaus auch **ohne Zeitausgleich** durch TV oder aufgrund eines TV durch BV, wenn in die Arbeitszeit regelmäßig und in erheblichem Umfang **Arbeitsbereitschaft** oder **Bereitschaftsdienst** fällt und durch besondere Regelungen sichergestellt wird, dass die **Gesundheit der Arbeitnehmer nicht gefährdet** wird (§ 7 II a) und der Arbeitnehmer **schriftlich eingewilligt** hat (§ 7 VII).
- Verlängerung der Höchstarbeitszeit in einem **nicht tarifgebundenen Betrieb,** wenn ein TV, in dessen Geltungsbereich der Betrieb liegt, durch BV oder einzelvertragliche Vereinbarung übernommen wird (§ 7 III).
- Abweichende Regelung bei **Kirchen** und **Religionsgesellschaften** (§ 7 IV).
- Verlängerung der Höchstarbeitszeit durch Bewilligung der **Aufsichtsbehörde** in Bereichen, in denen tarifliche Regelungen üblicherweise nicht getroffen werden (§ 7 V).
- Verlängerung der Höchstarbeitszeit in Bereichen, in denen Ausnahmen durch **RVO** zugelassen worden sind (§ 7 VI).
- Verlängerung der Höchstarbeitszeit ohne Bewilligung der Aufsichtsbehörde möglich in **Notfällen** und **außergewöhnlichen Fällen** (§ 14 I).
- Verlängerung der Höchstarbeitszeit ohne Bewilligung der Aufsichtsbehörde (geringe Anzahl von Arbeitnehmern, Gefährdung des Arbeitsergebnisses bzw. unverhältnismäßiger Schaden und Unzumutbarkeit anderer Vorkehrungen) (§ 14 II 1).
- Verlängerung der Höchstarbeitszeit ohne Bewilligung der Aufsichtsbehörde bei **Forschung und Lehre,** bei unaufschiebbaren **Vor- und Abschlussarbeiten,** bei unaufschiebbaren Arbeiten zur **Behandlung, Pflege und Betreuung von Personen** sowie zur **Behandlung und Pflege von Tieren** und zudem Unzumutbarkeit anderer Vorkehrungen (§ 14 II 2).
- Verlängerung der Höchstarbeitszeit durch Bewilligung der Aufsichtsbehörde im Falle von **Kontischicht,** bei Arbeit auf **Bau- und Montagestellen** und in **Saison- und Kampagnebetrieben** (§ 15 I 1 und 2).
- Verlängerung der Höchstarbeitszeit durch Bewilligung der Aufsichtsbehörde, wenn das im **dringenden öffentlichen Interesse** nötig ist (§ 15 II).
- Verlängerung der Höchstarbeitszeit möglich aus **zwingenden Gründen der Verteidigung** aufgrund einer Rechtsverordnung (§ 15 III).

Quelle: Kittner-*Deinert*, ASO, 50. Aufl. 2025.

47 Vgl. *Buschmann/Ulber*, Arbeitszeitrecht, Einl. Rn. 40 f.

Ungeachtet dieser schon sehr umfangreichen Möglichkeiten, stand und steht eine weitergehende »Flexibilisierung« der Arbeitszeit auch nach Verabschiedung des ArbZG stets ganz oben auf der Agenda der Arbeitgeberverbände. CDU/CSU und FDP haben sich diese Position durchweg als Verhandlungsgegenstand für Regierungskoalitionen zu eigen gemacht.[48] Und der – nicht Wirklichkeit gewordene – Koalitionsvertrag der »Ampelkoalition« von 2021 deutete darauf hin, dass die Forderung nach »Arbeitszeitflexibilisierung« ein Thema auch für die Zukunft bleiben wird: »*Wir halten am Grundsatz des Acht-Stunden-Tages im Arbeitszeitgesetz fest. Im Rahmen einer im Jahre 2022 zu treffenden, befristeten Regelung mit Evaluationsklausel werden wir es ermöglichen, dass im Rahmen von Tarifverträgen Arbeitnehmerinnen und Arbeitnehmer unter bestimmten Voraussetzungen und in einzuhaltenden Fristen ihre Arbeitszeit flexibler gestalten können. Außerdem wollen wir eine begrenzte Möglichkeit zur Abweichung von den derzeit bestehenden Regelungen des Arbeitszeitgesetzes hinsichtlich der Tageshöchstarbeitszeit schaffen, wenn Tarifverträge oder Betriebsvereinbarungen, auf Grund von Tarifverträgen, dies vorsehen (Experimentierräume).*«[49]

(2) Dieser vor allem der täglichen bzw. wöchentlichen Dauer der Arbeitszeit geltende Arbeitsschutz wurde im Laufe der Zeit durch eine Vielzahl von Gesetzen zu anderen Aspekten der Arbeitszeit ergänzt, zu denen es teilweise Vorläufer im Nationalsozialismus gab (Kap. 12):

- Mutterschutzgesetz vom 30. Januar 1952,[50]
- Jugendarbeitsschutzgesetz vom 9. August 1960,[51]
- Bundesurlaubsgesetz vom 12. Januar 1963,[52]
- Vorruhestandsgesetz vom 13. April 1984,[53]
- Beschäftigungsförderungsgesetz 1985 vom 26. April 1984[54] mit Regelungen über Teilzeitarbeit, befristete Arbeit und Arbeit auf Abruf (»Kapazitätsorientierte variable Arbeitszeit« – KAPOVAZ),

48 Vgl. zuletzt *Deinert/Kittner*, Die arbeitsrechtliche Bilanz der Großen Koalition, RdA 2021, 257.

49 *https://www.spd.de/fileadmin/Dokumente/Koalitionsvertrag/Koalitionsvertrag_2021-2025.pdf.*

50 BGBl. I 69.

51 BGBl. I 665.

52 BGBl. I 2.

53 BGBl. I 601. Dieses Gesetz war auf Betreiben des Arbeitsministers Blüm (Kap. 11) als Konkurrenz zu der dieser Zeit von der IG Metall und IG Druck und Papier geforderten 35-Stunden-Woche verabschiedet worden (vgl. *Kurz-Scherf*, Tarifpolitik und Arbeitskämpfe, in Kittner, Gewerkschaftsjahrbuch 1984, S. 69ff., 101f.; *Bosch*, Arbeitsmarkt, a.a.O., S. 244f.

54 BGBl. I 710.

- Altersteilzeitgesetz vom 23. Juli 1996[55] und
- Teilzeit- und Befristungsgesetz vom 21. Dezember 2000.[56]

Diese gut dokumentierte und reichhaltig kommentierte Regelungsvielfalt behandle ich hier nicht vertieft (zum BeschFG 1985 im »Deregulierungs«-Kontext siehe Kap. 10).

(3) Tarifverträge und Betriebsvereinbarungen: In dieser Hinsicht kann ich es an dieser Stelle besonders kurz machen – in völligem Kontrast zur tatsächlichen Bedeutung dieses Komplexes: Denn in Arbeitszeitfragen spielt hier die Musik! Das staatliche Arbeitszeitrecht hat seit jeher Tarifverträgen und inzwischen auch betrieblichen Regelungen den Vortritt gelassen, und so präsentiert sich in dieser Hinsicht wie zu keinem anderen arbeitsrechtlichen Thema eine vollkommen unüberschaubare Vielfalt an dezentralen Regelungen[57] – das Charakteristikum unserer Arbeitsrechtsordnung insgesamt. Sie können nicht unter einen Hut gebracht werden. Für sie gilt das in den Kapiteln über Tarifvertrag und betriebliche Regelungen Gesagte.

Über alle branchen- und unternehmensbezogenen Unterschiede hinweg kam es allerdings zu einer säkularen Verkürzung der Arbeitszeit:

Dabei konnten drei große Etappen ausgemacht werden:

- Die Verkürzung der wöchentlichen Arbeitszeit mit dem Ziel eines freien Samstags; sie wurde eingeleitet mit dem Aufruf des DGB zum 1. Mai 1956 »*Samstags gehört Vati mir!*«[58] Das Ziel wurde in mehreren Stufen ab 1967 erreicht.[59]
- Die Durchsetzung der 35-Stunden-Woche;[60] der Einstieg dazu gelang der IG Metall und der IG Druck und Papier nach großen Arbeitskämpfen im Jahr 1984. Die Vollendung erfolgte für die Metall- und Elektroindustrie im Jahr 1995.[61]

---

55 BGBl. I 1078.

56 BGBl. I 1966.

57 Es sei daran erinnert, dass die bei weitem überwiegenden betrieblichen Abweichungen von Tarifverträgen nach dem »Pforzheimer Modell« Arbeitszeitfragen betrafen (Kap. 22).

58 Vgl. *Schneider*, Streit um Arbeitszeit, S. 157.

59 Vgl. *Buschmann/Ulber*, Arbeitszeitrecht, Einl. Rn. 25.

60 Als produktiver »Umweg« dahin erwies sich der (einzige) Arbeitskampf in der Stahlindustrie 1978/79, wo die 35-Stunden-Woche erstmals in großem Maßstab gefordert worden war, als Ergebnis aber die Verlängerung des Urlaubs auf sechs Wochen herauskam (vgl. *Herb*, Verlauf und Ergebnis des Arbeitskampfes in der Eisen- und Stahlindustrie, Gewerkschaftliche Monatshefte 1979, 137 ff.). Das wurde zum Standard für den größten Teil der deutschen Wirtschaft und auch im öffentlichen Dienst (vgl. *Ohl*, Wem gehört die Zeit? Arbeitszeit als Kampfterrain, in Hofmann/Benner, Geschichte der IG Metall, S. 285).

61 Vgl. *Ohl*, a. a. O., S. 290.

- Danach stand, als Folge der vorangegangenen Arbeitszeitverkürzung logischerweise verschärft,[62] das Bemühen der Arbeitgeber um eine größere »Flexibilisierung« der Arbeitszeit, was einerseits in eine permanente Auseinandersetzung um Binnen-Flexibilisierung der Tarifverträge (»Pforzheim«, Kap. 22) und entsprechende Forderungen an den Gesetzgeber (s. o.) mündete.
- Schließlich kam, während dieses Buch geschrieben wurde, eine weitere Etappe der wöchentlichen Arbeitszeitverkürzung auf die Tagesordnung: eine Vier-Tage-Woche als Abhilfe gegen drohende Arbeitsplatzverluste.[63]

30. Arbeitsschutz

Dieses Kapitel fällt mehrfach aus dem Rahmen der »longue durée«. Obenan steht der Satz von Wilhelm Herschel, der diesem Rechtsgebiet im 20. Jahrhundert sein konzeptionelles Gesicht gegeben hat; »*Arbeitsschutz ist die Urzelle des Arbeitsrechts*«.[1] Dabei ist nicht unmittelbar eindeutig, was davon eigentlich erfasst wird: *Arbeits*schutz oder *Arbeiter*schutz (und davon abgesetzt, gleich mit der allerersten Regelung, das Arbeits*zeit*recht, Kap. 29).
Dazu kommt, dass »Arbeitsschutz« aus einem Normierungsgebäude von unvergleichlicher Komplexität besteht, dem Nebeneinander und Zusammenwirken von staatlichen, autonomen und privaten Regelungsstrukturen in einer »Mehr-Ebenen-Ordnung« eigener Art innerhalb der großen des Arbeitsrechts (Kap. 16). Daher müssen, neben dem »Arbeiter-« bzw. »Arbeitsschutz« in der Form des staatlichen Rechts, weitere Entwicklungsstränge einbezogen werden, die sich in der zweiten Hälfte des 19. Jahrhunderts aus der politischen Gesamtkonstellation Preußen-Deutschlands sowie aus der industriellen Praxis ergaben:
- Zentral ist der staatliche Arbeitsschutz, beginnend mit dem preußischen Regulativ von 1839 (s. u. 30.1),

62 Verschärft hatte sich naturgemäß auch das Problem der Mehrarbeit, die durch die die Arbeitszeit verkürzenden Tarifverträge in größerem Umfang zugelassen wurden (werden mussten). In der Praxis dürften die effektiven Arbeitsstunden kaum in einem Betrieb bei 35 Stunden gelegen habe. Die Bundestatistik weist für 2020 eine durchschnittliche tatsächliche Arbeitszeit von deutlich über 40 Stunden aus (vgl. Deinert/Wenckebach/Zwanziger-*Wenckebach*, Arbeitsrecht, § 27 Rn. 6). Die Akzeptanz der Arbeitszeitverkürzung bei den Arbeitnehmern dürfte denn auch zu einem erheblichen Teil darauf zurückzuführen sein, dass sie im Ergebnis darauf hinauslief, dass für einen Teil der so oder so anfallenden Arbeit dann Mehrarbeitsvergütung fällig wurde.

63 Derartiges hatte VW bereits einmal von 1994 bis 2006 praktiziert (vgl. *Ohl*, a. a. O., S. 291).

1 *Herschel*, RdA Zur Dogmatik des Arbeitsschutzrechts, RdA 1978, 69.

- dazu treten ab 1884 die öffentlich-rechtlich verfasste, »autonome« Tätigkeit der Berufsgenossenschaften als Träger der gesetzlichen Unfallversicherung (s. u. 30.2),
- ab 1866 die privatrechtlich begründeten Aktivitäten der Industrie zur Anlagensicherheit (s. u. 30.3) und
- ab 1917 die Tätigkeit der Vorläuferorganisationen des DIN Deutschen Instituts für Normung e. V. (s. u. 30.4).

Komplettiert wird dies seit 1900 durch die privatrechtliche Regelung des § 618 BGB (s. u. 30.5).

30.1 Staatliches Recht

Im Anschluss an seine Vorläufer in Preußen und im norddeutschen Bund war das »Gesetz, betreffend die Gewerbeordnung« von 1891[2] ein wesentlicher Meilenstein für die Entwicklung des staatlichen Arbeiter- bzw. Arbeitsschutzes. Dieses Änderungsgesetz wurde und wird dementsprechend auch als »*Arbeiter*schutzgesetz« bezeichnet[3] (daneben auch, nach seinem politischen Mentor, als »lex Berlepsch«; s. Kap. 11) – eine zutreffende Titulierung, denn es ging ja in der Tat um den Schutz des Lebens sowie der Gesundheit der Arbeiter. Wie verbunden mit dieser Zwecksetzung auch ein 100 Jahre jüngeres Gesetz benannt werden kann, zeigt das Beispiel Österreich: »Bundesgesetz über Sicherheit und Gesundheitsschutz bei der Arbeit (ArbeitnehmerInnenschutzgesetz – ASchG)« vom 17. Juni 1994.[4]

Ohne Begründung für die demgegenüber geänderte Titulierung legte in der Weimarer Republik (s. u. 30.7) die Reichsregierung im Zusammenhang mit der beabsichtigten Kodifizierung des Arbeitsrechts 1926 den ersten Entwurf eines »*Arbeits*schutzgesetzes« vor.[5] Anlässlich eines zweiten Entwurfs im Jahr 1928[6] verlautbarte dazu Reichsarbeitsminister Rudolf Wissell (Kap. 11, 28): »*Das Reich schafft ein einheitliches Arbeitsrecht. Eines seiner wichtigsten Teilgebiete ist das des Arbeitsschutzes, und dieses Gebiet bedarf besonders dringend des Um- und Neubaus. Das Bedürfnis des Neubaus ergibt sich vor allem aus der Buntscheckigkeit und aus der Zersplitterung, die wir hier wie wohl auf keinem Gebiete der sozial-*

---

2 RGBl. 261.

3 »›Arbeiterschutzgesetz‹ nannte [bereits 1873] der Gewerkschafter und Mitbegründer des Allgemeinen Deutschen Arbeitervereins (ADAV) Friedrich Wilhelm Fritzsche einen Gesetzentwurf, den er […] in der Zeitung seines Tabakarbeiterverbands ›Der Botschafter‹ veröffentlichte« (vgl. *Ayass*-Bearb., Quellengeschichte der deutschen Sozialpolitik 1867 bis 1914, I. Abteilung, 3. Band, XIX).

4 Bundesgesetzblatt Nr. 45/1994.

5 Abgedruckt in RArbBl. 1926, Sonderheft 37.

6 Vgl. Deutscher Reichstag, IV. Wahlperiode, 1928, Bd. 434, Nr. 753, 1 ff.

politischen Gesetzgebung herrschen.«[7] Die sprachlich eigentümliche Bezeichnung (zwar können die Arbeiter, Arbeitnehmer oder Beschäftigten bei der Arbeit im Hinblick auf ihr Leben und ihre Gesundheit geschützt werden, nicht aber der Prozess der »Arbeit« selbst) hat sich erhalten, wie auch, in Teilen bis heute, die von Wissell benannte »*Buntscheckigkeit und Zersplitterung*« des Rechtsgebiets. In der Bundesrepublik (s. u. 30.8) wurde die Begrifflichkeit weiterverwendet, insbesondere mit der Kurzform des zwei Jahre nach dem erwähnten österreichischen Gesetz verabschiedeten Gesetzes »über die Durchführung von Maßnahmen des Arbeitsschutzes und zur Verbesserung der Sicherheit und des Gesundheitsschutzes der Beschäftigten bei der Arbeit« vom 7. August 1996,[8] nämlich: »Arbeitsschutzgesetz – ArbSchG«. Die angesichts des vollständigen Titels auch denkbare Verwendung »Beschäftigtenschutzgesetz« (vgl. die Begriffsbestimmung gemäß § 2 Abs. 2 ArbSchG) schied schon deshalb aus, da zu diesem Zeitpunkt das von 1994 bis 2006 geltende Beschäftigtenschutzgesetz in Kraft war, das den Schutz der Beschäftigten vor sexueller Belästigung am Arbeitsplatz bezweckte (2006 abgelöst durch das AGG, Kap. 39).
Ende des 19. Jahrhunderts legte der 1891 in die GewO eingefügte § 120a die Grundlage dafür, was bis zum Arbeitsschutzgesetz von 1996 als »technischer Arbeitsschutz« bezeichnet wurde (gegenüber dem »sozialen Arbeitsschutz«, als zusammenfassender Begriff für den Schutz besonders schutzbedürftiger Beschäftigtengruppen sowie für den Arbeitszeitschutz):

§ 120a

Die Gewerbeunternehmer sind endlich verpflichtet alle diejenigen Einrichtungen herzustellen und zu unterhalten, welche mit Rücksicht auf die besondere Beschaffenheit des Gewerbebetriebes und der Betriebsstätte zu thunlichster Sicherheit gegen Gefahr für Leben und Gesundheit nothwendig sind.
Insbesondere ist für genügendes Licht, ausreichenden Luftraum und Luftwechsel, Beseitigung des bei dem Betriebe entstehenden Staubes, der dabei entwickelten Dünste und Gase, sowie der dabei entstehenden Abfälle Sorge zu tragen.
Ebenso sind diejenigen Vorrichtungen herzustellen, welche zum Schutze der Arbeiter gegen gefährliche Berührungen mit Maschinen oder Maschinentheilen oder gegen andere in der Natur der Betriebsstätte oder des Betriebes liegende Gefahren, namentlich auch gegen die Gefahren, welche aus Fabrikbränden erwachsen können, erforderlich sind.

7 Deutscher Reichstag, 43. Sitzung, 7. Februar 1929, Sten. Prot., 1093.
8 BGBl. I 1246.

Endlich sind diejenigen Vorschriften über die Ordnung des Betriebes und das Verhalten der Arbeiter zu erlassen, welche zur Sicherung eines gefahrlosen Betriebes erforderlich sind.

Diese allgemeine Vorschrift bedurfte operationalisierbarer Konkretisierungen. Mit § 120e GewO wurde, wie schon in vorherigen Fassungen, die Möglichkeit dafür gegeben, verbunden mit einer Auffangmöglichkeit in Satz 2:

§ 120e

Durch Beschluß des Bundesraths können Vorschriften darüber erlassen werden, welchen Anforderungen in bestimmten Arten von Anlagen zur Durchführung der in den §§ 120a bis 120c enthaltenen Grundsätze zu genügen ist.
Soweit solche Vorschriften durch Beschluß des Bundesraths nicht erlassen sind, können dieselben durch Anordnung der Landes-Zentralbehörden oder durch Polizeiverordnungen der zum Erlaß solcher berechtigten Behörden erlassen werden.

Von dieser Ermächtigung wurde in den nach 1891 folgenden Jahrzehnten zunehmend Gebrauch gemacht. Der Bundesrat, in der Weimarer Republik die Reichsregierung, erließ bis 1927 zweiundzwanzig Verordnungen; auf der Grundlage der Verwaltungs- und Polizeigesetze der Länder waren es sogar ca. 1400 Verordnungen.[9]
Das »Arbeiterschutzgesetz« von 1891 passte auch die Regelungen über den staatlichen Vollzug[10] der Vorschriften an, die mit der Änderung der GewO von 1878 zwar reichsweit, mit Ausnahme von Elsass-Lothringen, ausgedehnt wurden, aber in der damaligen Fassung von § 139b noch auf »Fabriken«, d. h. auf die »Verhältnisse der Fabrikarbeiter«, beschränkt waren:[11]

9 Vgl. *Hoffmann*, Die Reichsgewerbeordnung, 31. und 32. Auflage, 1929, S. 444ff.

10 Zur Entwicklung der staatlichen Fabrikinspektion, der späteren Gewerbeaufsicht, vgl. *Boentert*, Kinderarbeit im Kaiserreich 1871–1914, 2007, S. 129ff.; *Buck-Heilig*, Die Gewerbeaufsicht. Entstehung und Entwicklung, 1989, S. 88ff.

11 Zur Vorgeschichte der Novelle von 1878 und dem Widerstand, den Bismarck dieser entgegensetzte vgl. *Ayass*, a. a. O., XXXIIIff.

§ 139b GewO 1891

Die Aufsicht über die Ausführung der Bestimmungen der §§ 105a, 105b Absatz 1, 105c bis 105h 120a bis 120e, 134 bis 139a ist ausschließlich oder neben den ordentlichen Polizeibehörden besonderen von den Landesregierungen zu ernennenden Beamten zu übertragen. Denselben stehen bei Ausübung dieser Aufsicht alle amtlichen Befugnisse der Ortspolizeibehörden, insbesondere das Recht zur jederzeitigen Revision der Anlagen zu. Sie sind, vorbehaltlich der Anzeige von Gesetzwidrigkeiten, zur Geheimhaltung der amtlich zu ihrer Kenntniß gelangenden Geschäfts- und Betriebsverhältnisse der ihrer Revision unterliegenden Anlagen zu verpflichten.
Die Ordnung der Zuständigkeitsverhältnisse zwischen diesen Beamten und den ordentlichen Polizeibehörden bleibt der verfassungsmäßigen Regelung in den einzelnen Bundesstaaten vorbehalten.
Die erwähnten Beamten haben Jahresberichte über ihre amtliche Thätigkeit zu erstatten. Diese Jahresberichte oder Auszüge aus denselben sind dem Bundesrath und dem Reichstag vorzulegen.
Die auf Grund der Bestimmungen der §§ 105a bis 105h, 120a bis 120e, 134 bis 139a auszuführenden amtlichen Revisionen müssen die Arbeitgeber zu jeder Zeit, namentlich auch in der Nacht, während des Betriebes gestatten.
Die Arbeitgeber sind ferner verpflichtet, den genannten Beamten oder der Polizeibehörde diejenigen statistischen Mittheilungen über die Verhältnisse ihrer Arbeiter zu machen, welche vom Bundesrath oder von der Landes-Zentralbehörde unter Festsetzung der dabei zu beobachtenden Fristen und Formen vorgeschrieben werden.

Ein spätes Beispiel für eine spezielle Vorschrift auf der Grundlage von § 120e GewO, hier in Fassung vom 1. Oktober 1973, war die ArbeitsstättenVO von 1975, die erst im Dezember 1996 an das neue Arbeitsschutzgesetz angepasst wurde (s. u. 30.8).

30.2 Gesetzliche Unfallversicherung

Im Zeitraum von der Änderung der Gewerbeordnung 1878 bis zum »Arbeiterschutzgesetz« 1891 kam es im staatlichen Arbeitsschutz zu keiner wesentlichen rechtlichen Weiterentwicklung, was nicht zuletzt dem Widerstand Bismarcks gegen staatliche Eingriffe in die von ihm so verstandene Freiheit der Unternehmer und Arbeiter geschuldet war.[12] Stattdessen wurde, politisch bewusst als Struktur neben dem staatlichen Recht und als Teil des Bismarck'schen Konzepts der »Kaiserlichen Botschaft« von 1881,[13] mit dem Unfallversicherungsgesetz (UVG) vom 6. Juli 1884[14] das erste Gesetz in der Reihe der darauf folgenden zur Sozialversicherung verabschiedet (Kap. 33).[15]

Zweck des Gesetzes war es, in Anbetracht der Defizite des Reichshaftpflichtgesetzes von 1871 und vor dem Hintergrund des gesellschaftlichen Erstarkens der Arbeiterbewegung, den Unternehmern bzw. Arbeitgebern das Haftungsrisiko für Arbeitsunfälle abzunehmen und dieses auf eine durch sie finanzierte öffentliche Pflichtversicherung übertragen. Mit dem UVG entstand die zweite Säule des bis heute bestehenden »dualen Arbeitsschutzsystems«.[16]

Die nach Wirtschaftsbranchen gebildeten Träger der Unfallversicherung, die »Berufsgenossenschaften«, erhielten zugleich »autonome«[17] Rechtssetzungsbefugnisse (Unfallverhütungsvorschriften) und damit einhergehende Aufsichtsbefugnisse:

§ 78

Die Genossenschaften sind befugt, für den Umfang des Genossenschaftsbezirkes oder für bestimmte Industriezweige oder Betriebsarten oder bestimmt abzugrenzende Bezirke Vorschriften zu erlassen:

---

12 Vgl. *Ayass*, a. a. O., XXXVIII ff.

13 »*Schon im Februar dieses Jahres* [Eröffnungssitzung des Reichstags vom 15. 2. 1881, Sten. Ber. RT 4. LP IV. Session 1881, vgl. den (Teil-)Abdruck unter Nr. 203 in Band 2 der I. Abteilung der Quellensammlung] *haben Wir Unsere Überzeugung aussprechen lassen, daß die Heilung der sozialen Schäden nicht ausschließlich im Wege der Repression sozialdemokratischer Ausschreitungen, sondern gleichmäßig auf dem der positiven Förderung des Wohles der Arbeiter zu suchen sein werde.*« (Deutscher Reichs-Anzeiger und Königlich Preußischer Staats-Anzeiger Nr. 270 vom 17. 11. 1881; vgl. auch Sten. Ber. RT 5. LP I. Session 1881/1882, 1–4, Eröffnungssitzung).

14 RGBl. 69.

15 Vgl. umfassend *Wickenhagen*, Geschichte der gewerblichen Unfallversicherung. Textband I und Anlagenband II, 1980, (I); *Krasney*, Die gesetzliche Unfallversicherung – Bestand und Wandel in mehr als 100 Jahren, Neue Zeitschrift für Sozialrecht 1993, 89; *Pieper*, Das Arbeitsschutzrecht in der deutschen und europäischen Arbeits- und Sozialordnung, 1998, S. 54 ff.; *Ricke*, 125 Jahre gesetzliche Unfallversicherung, 2010.

16 Zur Schilderung der Praxis der Aufsicht durch die Berufsgenossenschaften vgl. Verein Deutscher Revisions-Ingenieure, Hrsg., 75 Jahre VDRI. Chronik des VDRI 1894 bis 1969, 1969.

17 Infolge der staatlichen Rechtsaufsicht durch das (heute) »Bundesamt für Soziale Sicherung« (BAS) sowie des Erfordernisses einer ministeriellen Genehmigung der Unfallverhütungsvorschriften durch das (heute) BMAS (Fachaufsicht) war und ist dies eine relative Autonomie.

1. über die von den Mitgliedern zur Verhütung von Unfällen in ihren Betrieben zu treffenden Einrichtungen unter Bedrohung der Zuwiderhandelnden mit der Einschätzung ihrer Betriebe in eine höhere Gefahrenklasse, oder falls sich die letzteren bereits in der höchsten Gefahrenklasse befinden, mit Zuschlägen bis zum doppelten Betrage ihrer Beiträge. Für die Herstellung der vorgeschriebenen Einrichtungen ist den Mitgliedern eine angemessene Frist zu bewilligen;
2. über das in den Betrieben von den Versicherten zur Verhütung von Unfällen zu beobachtende Verhalten unter Bedrohung der Zuwiderhandelnden mit Geldstrafen bis zu sechs Mark.
Diese Vorschriften bedürfen der Genehmigung des Reichs-Versicherungsamts.

§ 82

Die Genossenschaften sind befugt, durch Beauftragte die Befolgung der zur Verhütung von Unfällen erlassenen Vorschriften zu überwachen, von den Einrichtungen der Betriebe, soweit sie für die Zugehörigkeit zur Genossenschaft oder für die Einschätzung in den Gefahrentarif von Bedeutung sind, Kenntniß zu nehmen und behufs Prüfung der von den Betriebsunternehmern auf Grund gesetzlicher oder statutarischer Bestimmungen eingereichten Arbeiter- und Lohnnachweisungen diejenigen Geschäftsbücher und Listen einzusehen, aus welchen die Zahl der beschäftigten Arbeiter und Beamten und die Beträge der verdienten Löhne und Gehälter ersichtlich werden.

Weiterhin wurden im UVG auf Repräsentation zielende Beteiligungsrechte der Arbeiter verankert:

§ 41

Zum Zweck der Wahl von Beisitzern zum Schiedsgericht (§ 46), der Begutachtung der zur Verhütung von Unfällen zu erlassenden Vorschriften (§§ 78, 81) und der Theilnahme an der Wahl zweier nichtständiger Mitglieder des Reichs-Versicherungsamts (§ 87) werden für jede Genossenschaftssektion und, sofern die Genossenschaft nicht in Sektionen getheilt ist, für die Genossenschaft Vertreter der Arbeiter gewählt.
[...]

Obwohl zunächst nur fakultativ vorgesehen, hatten bis zum Jahr 1909 alle Berufsgenossenschaften Unfallverhütungsvorschriften als »autonomes« Satzungsrecht erlassen.[18] Diese Vorschriften bildeten, als Teil des öffentlichen Rechts, seither im Bereich des Arbeitsschutzes einen wesentlichen Teil des für die abhängige Arbeit relevanten Normen-Korpus (Kap. 16, 18). Die nachfolgend abgedruckte Vorschrift[19] steht als Beispiel für die vielen jener Zeit (ihre Affinität zu den im gleichen Zeitraum entstehenden Arbeitsordnungen etc. ist unübersehbar, Kap. 23):

Unfallverhütungsvorschriften der Rheinisch-Westfälischen Hütten- und Walzwerks-Berufsgenossenschaft vom 21. Dezember 1887 [Auszug]

Ausführungsbestimmungen

Der Betriebsunternehmer ist verpflichtet, die Ausführung der von der Berufsgenossenschaft erlassenen Unfallverhütungsvorschriften anzuordnen und zu überwachen.
Die für die einzelnen Betriebsabteilungen für die Arbeiter gültigen Sicherheitsvorschriften sowie die allgemeinen Unfallverhütungsvorschriften (Abschnitt 1b) nebst den Strafbestimmungen (Abschnitt XXIVb) sind in Plakatform zur Kenntnisnahme der Versicherten auszuhängen.
Außerdem ist jedem Arbeiter bei seinem Dienstantritt ein Exemplar der Verhaltungsmaßregeln für die Arbeiter der Betriebsabteilungen, der allgemeinen Unfallverhütungsvorschriften für Arbeiter (Abschnitt I b) und der Strafbestimmungen für letztere (Abschnitt XXIVb) einzuhändigen; der Empfang muß schriftlich bescheinigt werden.
Unter Arbeiter sind sämtliche versicherte Personen verstanden.
[…]

1. Allgemeine Unfallverhütungsvorschriften

a. Für Betriebsunternehmer

§ 1. Fußboden. Der Fußboden ist an Verkehrs- und Arbeitsstellen von Unebenheiten, umherliegendem Material, Abfall, schlüpfrigen Stoffen und dergleichen tunlichst frei und in gutem Zustand zu erhalten.
§ 2. Beleuchtung. Arbeits- und Verkehrsstellen, wenn und solange an ihnen nachts oder bei ungenügendem Tageslicht gearbeitet wird, oder welche re-

18 Vgl. Amtliche Nachrichten der Reichsversicherungsanstalt 1910, S. 390 (vgl. *Wickenhagen*, a. a. O., Bd. I, S. 115).

19 *Ayaß*, Quellensammlung a. a. O., Band 2, 2. Teil: Die Ausdehnungsgesetzgebung und die Praxis der Unfallversicherung, Dokument Nr. 329.

gelmäßig zum Zweck der Arbeit als Durchgang dienen, sind ausreichend zu beleuchten.
§ 3. Geländer. Alle gefährlichen Stellen, wie Treppen, Luken, Gruben, Aufzüge, Laufbühnen, vertieft liegende Bassins, insbesondere solche mit ätzendem oder erhitztem Inhalt sind mit sicherem Geländer zu versehen, soweit dies der Betrieb zuläßt.
Treppen. Die Treppenstufen sind in gutem Zustand zu erhalten.
§ 4. Leitern. Die zur Verwendung kommenden Leitern müssen der Beschaffenheit des Fußbodens und dem oberen Stützpunkt entsprechend ausgerüstet sein, so daß ein Ausrutschen derselben tunlichst verhütet wird.
§ 5. Schutzbrillen. Den Arbeitern sind Augenschutzmittel (Schutzbrillen, Masken oder Drahtgitter) zur Verfügung zu stellen.
§ 6. Trunkene, Kranke. Trunkene sind sofort aus den Arbeitsräumen zu entfernen. Arbeiter, welche bekanntermaßen an Epilepsie, Krämpfen oder Ohnmachten leiden, oder bekanntermaßen aus anderen Gründen (z. B. Geistesschwäche) nicht immer die vollständige Herrschaft über ihre Bewegungen haben, dürfen an Maschinen und gefährlichen Stellen nicht beschäftigt werden.
§ 7. Schlechte Luft, Ofengase. Die Fabrikräume sind so einzurichten, daß die schlechte Luft oder die beim Ofenbetrieb sich bildenden Gase abziehen können.
Gasleitungen. Rauchkanäle etc. Arbeiten in Brunnen, Senkgruben, Gasleitungen, Rauchkanälen und Räumen, welche erfahrungsgemäß Stickgase oder explosive Gase enthalten können, müssen ständig kontrolliert und muß dafür gesorgt werden, daß die Räume, bevor sie befahren werden, in geeigneter Weise (Einführung von Licht, Sicherheitslampen etc.) auf das Vorhandensein schädlicher Gase untersucht und daß bei dem geringsten Zweifel die Befahrer vor Beginn der Arbeit an eine Rettungsleine befestigt werden.
[…]

b. Für Arbeiter
§ 10. Antritt der Arbeit. Der Arbeiter hat seinen Dienst erst dann anzutreten, wenn er ein Exemplar dieser allgemeinen sowie der etwaigen speziellen Unfallverhütungsvorschriften in Empfang genommen, sich von dem Inhalt derselben unterrichtet und darüber eine Bescheinigung ausgestellt hat.
§ 11. Revision der Werkzeuge etc. Jeder Arbeiter ist verpflichtet, bei Beginn der Schicht darauf zu achten, daß sämtliche Werkzeuge und Maschinerien, mit denen er zu arbeiten hat, sowie die in Gebrauch befindlichen Schutzvorrichtungen in ordnungsmäßigem Zustand vorhanden sind. Jeder

Arbeiter hat darauf zu achten, daß der Fußboden (Plattenbelag) von Unebenheiten, umherliegendem Material, Abfällen, schlüpfrigen Stoffen und dergleichen frei sei. Etwaige Mängel hat er sofort zu beseitigen oder, falls dies nicht möglich ist, seinem Vorgesetzten sogleich anzuzeigen.
[...]

Im Gefolge der Novemberrevolution 1918 und der Konstituierung der Weimarer Republik beschloss der »Verband der Deutschen Berufsgenossenschaften« die Wahl von betrieblichen »Unfallvertrauensmännern« durch die Arbeitnehmer (den späteren, seit 1963 auf gesetzlicher Grundlage, vom Unternehmer bzw. Arbeitgeber zu bestellenden »Sicherheitsbeauftragten«).[20]

30.3 Industrielle Selbsthilfe I: Technische Überwachung

Am Anfang der in den 1860er Jahren aufkommenden Selbsthilfe-Aktivitäten der Industrie standen Unfälle mit Dampfkesseln, einem wesentlichen technischen Element der industriellen Entwicklung im 19. Jahrhundert bis zur Elektrifizierung. Die Explosion einer solchen Anlage konnte ganze Gebäude in Schutt und Asche legen, bedrohte Leben und Gesundheit von Arbeitern und gefährdete zudem die Bevölkerung in der Nachbarschaft.[21] Einen letzten Anstoß für die erste organisierte Selbsthilfe in Deutschland gab eine schwere Dampfkessel-Explosion mit Toten und Verletzten in einer Brauerei in Mannheim, nach der 22 badische Unternehmer, auch auf Betreiben des Vereins Deutscher Ingenieure (VDI)[22] (s. u. 30.4), am 6. Januar 1866 die »Gesellschaft zur Überwachung und Versicherung von Dampfkesseln« gründeten.[23] Sie wurde zur Keimzelle einer rasch expandierenden Branche von privatrechtlich organisierten, ingenieurwissenschaftlich ausgerichteten Prüf- und Überwachungsorganisationen (der be-

---

20 Vgl. § 14a der sogenannten »Normal-Unfallverhütungsvorschrift«, als Standard für alle Berufsgenossenschaften (Niederschrift über die Sitzung des Geschäftsführenden Ausschusses des Verbandes der Deutschen Berufsgenossenschaften am 20. Oktober 1919, in: Die Berufsgenossenschaft. Zeitschrift für die Reichs-Unfallversicherung, Ausgabe 1/1920, 5.

21 Hieraus entwickelte sich auch das Umweltrecht als spezielles Rechtsgebiet und insbesondere die Vorsorge und der Schutz vor besonders schweren Industrieunfällen, das heutige Immissions- und mit diesem verbundene Recht der genehmigungsbedürftigen Anlagen sowie das Störfallrecht (vgl. *Kloepfer*, Umweltrecht, 4. Aufl., 2016, S. 76ff.).

22 Vgl. *www.vdi-nachrichten.com/technik/technikgeschichte/wie-die-industrie-sicherer-wurde/*.

23 Vgl. *Uekötter*, Entstehung des TÜV, in: Grunwald Simonidis-Puschmann, Hrsg., Handbuch Technikethik, 2012, S. 50ff.

kannte Organisationsname »Technischer Überwachungsverein – TÜV« wurde 1938 einheitlich eingeführt).
Vom »förmlichen« Rechtssystem[24] wurde die 1866 initiierte Selbsthilfe der Industrie in Form einer »privat-staatlichen Regelungsstruktur«[25] über die Gewerbeordnung inkorporiert, was bei der Rechtsetzung – bis heute – nicht ohne Konflikte insbesondere mit den Länderbehörden verlief.[26] Ihre heutigen Nachfolgeorganisationen werden infolge der Änderungen des »Gerätesicherheitsgesetzes« (GSG) mit Art. 1 des Gesetzes vom 27. Dezember 2000[27] und in der Folge auch gem. der »Betriebssicherheitsversordnung« (BetrSichV) vom 27. September 2002[28] übergreifend als »zugelassene Überwachungsstellen« (ZÜS) bezeichnet und üben nach wie vor im dementsprechend rechtlich definierten Rahmen Prüffunktionen bei »überwachungsbedürftigen Anlagen« aus. Aktuell regeln dies § 2 Abs. 13, 14 und Abschnitt 3 i. V. m. Anhang 2 BetrSichV in der Fassung vom 3. Februar 2015[29] sowie das »Gesetz über überwachungsbedürftige Anlagen« (ÜAnlG) vom 27. Juli 2021,[30] das noch, in Verbindung mit weiteren Änderungen des geltenden Rechts der Anlagensicherheit, durch eine Verordnung konkretisiert werden soll.[31]

30.4 Industrielle Selbsthilfe II: Normung

Im Gefolge der Gründung des »Vereins Deutscher Ingenieure« e. V. (VDI) im Jahr 1856 sowie des »Verbandes Deutscher Elektrotechniker« und heutigen »Verbandes der Elektrotechnik Elektronik Informationstechnik« e. V. (VDE) im Jahr 1893 entwickelten sich die ersten Aktivitäten zur technischen Standardisierung.[32]

---

24 Vgl. *Hilliger*, Die Bestimmungen über die Anlegung, Genehmigung und Untersuchung der Dampfkessel in Preußen, 1920, S. 1 ff., dort auch zur Geschichte der privatrechtlichen Überwachungsvereine (vgl. auch *Buck-Heilig*, a. a. O., S. 243, bis zum Ende der 1980er Jahre).

25 Vgl. *Collin*, Privat-staatliche Regelungsstrukturen im frühen Industrie- und Sozialstaat, 2016.

26 Vgl. *Uekötter*, a. a. O., S. 51 f.; *vom Feld*, Staatsentlastung durch Technikrecht: Dampfkesselgesetzgebung und -überwachung in Preußen 1831–1914, 2007; *Collin*, a. a. O., S. 29.

27 BGBl. I 2048.

28 BGBl. I 3777.

29 BGBl. I 49.

30 BGBl. I 3146.

31 Der derzeitige Katalog überwachungsbedürftiger Anlagen geht zurück auf das Gesetz zur Änderung der Gewerbeordnung vom 29. 9. 1953 (BGBI. I 1459; vgl. *Buck-Heilig*, a. a. O., S. 54 ff., dort auch zur Vorgeschichte).

32 1884 wurde die erste VDI-Richtlinie »Grundsätze und Anleitung für die Untersuchung an Dampfkesseln und Dampfmaschinen zur Ermittlung ihrer Leistungen«, 1895 die ers-

Ab 1917, im Zuge von Aktivitäten zur Rationalisierung der Rüstungsproduktion und einer Initiative des »Königlichen Fabrikationsbüros für Artillerie« (Fabo-A), entstand die privatrechtlich getragene Normungstätigkeit des heutigen »DIN Deutsches Institut für Normung«, zunächst gegründet am 22. Dezember 1917 als »Normenausschuss der Deutschen Industrie«, neun Jahre später in »Deutscher Normenausschuss« umbenannt.[33] Die Umbenennung in »DIN« erfolgte im Kontext mit dem Bund-DIN-Vertrags vom 5. Juni 1975.[34] Als erste »Deutsche Industrie-Norm« (später DIN-Normen), legte die »DI-Norm 1« vom 1. März 1918 Maße und Stoffe für Kegelstifte fest (konische Verbindungselemente für Maschinenteile).

Wesentlich für die Normung sind dementsprechend auch sicherheitstechnische Aspekte in Bezug auf die Standardisierung der Anforderungen an die Herstellung bzw. das Inverkehrbringen von Produkten. Heute hat die Normung auf europäischer Ebene (CEN, gegründet 1961, sowie CENELEC, gegründet 1973 als Zusammenschluss der Vorläufer CENELCOM und CENEL[35]), in welche auch das DIN als nationale Einrichtung einbezogen ist, insbesondere die Aufgabe einer Konkretisierung allgemeiner Sicherheitsanforderungen in Bezug auf das Inverkehrbringen von Produkten in EU-Binnenmarktvorschriften, z. B. von Maschinen, Bauprodukten, Medizinprodukten oder persönlicher Schutzausrüstung (PSA) sowie zur »Künstlichen Intelligenz (KI)« (Kap. 32). Weiterhin ist auf die Bedeutung der internationalen Normung hinzuweisen, d. h. die Rolle der am 23. Februar 1947 gegründeten »International Standardisation Organisation« (ISO).

DIN-Normen wurden vom BGH wie folgt bestimmt: *»Die DIN-Normen sind keine Rechtsnormen, sondern private technische Regelungen mit Empfehlungscharakter. Sie können die anerkannten Regeln der Technik wiedergeben oder hinter diesen zurückbleiben.«*[36] Im Sinne eines weiten Verrechtlichungs-Verständnisses (Kap. 16) sind sie kraft ihrer jedenfalls faktischen Wirksamkeit konstitutiver Teil der Normen-Pyramide des Arbeitsschutzes.

---

te VDE-Regel, die VDE 0100 zur sicheren Erstellung elektrotechnischer Anlagen (heute: DIN VDE Norm 100 »Niederspannungsanlagen«) publiziert.

33 Vgl. *Luxbacher*, DIN von 1917 bis 2017. Normung zwischen Konsens und Konkurrenz im Interesse der technisch-wirtschaftlichen Entwicklung, 2019.

34 Vertrag zwischen der Bundesrepublik Deutschland, vertreten durch den Bundesminister für Wirtschaft, und dem DIN Deutsches Institut für Normung e. V., vertreten durch dessen Präsidenten (Bundesanzeiger Nr. 114 vom 27. Juni 1975, Beilage Nr. 19/75).

35 Dazu ist noch das ESTI zu erwähnen (Europäisches Institut für Telekommunikationsnormen), gegründet 1988 und hervorgegangen aus dem CEPT.

36 BGH 14.5.1998, BGBZ 139, 16; vgl. auch Wissenschaftliche Dienste des Deutschen Bundestages, Vertrag zwischen der Bundesrepublik Deutschland und dem Deutschen Institut für Normung e. V. (DIN), Dokumentation WD 5 – 3000 – 106/20, 2020.

30.5 »Arbeiterschutz« im BGB?

Der erste Entwurf des BGB (1888, erarbeitet von 1874 bis 1887) hatte auf die Aufnahme einer Pflicht zur »Fürsorge« mittels Schutzmaßnahmen für die »Dienstverpflichteten« verzichtet, weil sich dies aus der Natur des Dienstvertrages ohnehin ergebe; und für Arbeiter gelte § 120a GewO (Kap. 4).[37] Dagegen protestierte insbesondere Friedrich Menger.[38] Daraufhin gab es intensive Debatten bei allen Stationen des Gesetzgebungsprozesses unter Beteiligung von Philip Lotmar[39] mit – wie nahezu immer – erfolglosen Interventionen der SPD-Abgeordneten im Reichstag, Karl Frohme und Arthur Stadthagen (Kap. 4).[40] Das Ergebnis war 1896 ein abgespecktes zivilrechtliches Pendant zum öffentlich-rechtlichen § 120a GewO: der auch heute noch geltende § 618 BGB (vertragsrechtlich geschützt durch § 619 BGB und inhaltsgleich auch gem. § 62 HGB geregelt):

§ 618 Satz 1 und 3[41]

Der Dienstberechtigte hat Räume, Vorrichtungen oder Geräthschaften, die er zur Verrichtung der Dienste zu beschaffen hat, so einzurichten und zu unterhalten und Dienstleistungen, die unter seiner Anordnung oder seiner Leitung vorzunehmen sind, so zu regeln, daß der Verpflichtete gegen Gefahr für Leben und Gesundheit soweit geschützt ist, als die Natur der Dienstleistung es gestattet.
[...]
Erfüllt der Dienstberechtigte die ihm in Ansehung des Lebens und der Gesundheit des Verpflichteten obliegenden Verpflichtungen nicht, so finden auf seine Verpflichtung zum Schadensersatze die für unerlaubte Handlungen geltenden Vorschriften der §§ 842 bis 846 entsprechende Anwendung.

§ 619 BGB

Die dem Dienstberechtigten nach den §§ 617, 618 obliegenden Verpflichtungen können nicht im voraus durch Vertrag aufgehoben oder beschränkt werden.

---

37 Zum folgenden eingehend *Rückert*, BGB, §§ 617–619, Rn. 46ff.

38 Vgl. *Menger*, Das bürgerliche Recht und die besitzlosen Volksklassen, a. a. O., S. 161ff.

39 Vgl. *Lotmar*, Der Dienstvertrag des zweiten Entwurfs, 1895 (wiederabgedruckt bei *Rückert*, Hrsg., Philip Lotmar – Schriften zu Arbeitsrecht, Zivilrecht und Rechtsphilosophie, 1992, S. 33ff.).

40 Sie hatten die vollkommene Übernahme aller für Arbeiter geltenden Schutzvorschriften aus der GewO gefordert und damit eine Angleichung »nach oben« für die Angestellten.

41 RGBl. 1896, 195, in Kraft seit 1.1.1900.

Man hat § 618 BGB mit den von Gierke so bezeichneten »*Tropfen sozialistischen Öls*« (Kap. 4) in Verbindung gebracht,[42] und es gibt in der Tat über die 1930er Jahre bis heute Entscheidungen des RAG und BAG, die diese Vorschrift in den Dienst eines Schutzes vor Gefahren für Leben und Gesundheit der Arbeitnehmer stellen.[43] Aber: Es zwar nicht zu verkennen, dass ein solches Vertragsverständnis – zumal heute, unter verfassungsrechtlich-sozialstaatlichen Vorgaben (Kap. 17) – geradezu zwingend ist, aber andererseits keine allgemein operativ wirksame Stütze eines funktionierenden Arbeitsschutzes darstellen konnte und kann. Was für § 120a GewO galt, der, beginnend mit dem Regulativ 1839/1853, durch die Fabrikinspektion, die spätere allgemeine Gewerbeaufsicht, flankiert wurde, und der sich ab 1884 die Aufsichtspersonen der Unfallversicherungsträger hinzugesellten, war für § 618 BGB von vornherein unausweichlich. Ohne wirksamen öffentlich-rechtlichen Vollzug musste eine solche privatvertragliche Regelung weitgehend »in der Luft hängen« (man denke hierbei an die sehr begrenzte Möglichkeit, Arbeitsgerichtsverfahren zur Rechtswahrung im laufenden Arbeitsverhältnis zu nutzen, s. Kap. 28). Sie lieferte allerdings einen Grundbaustein für eine wissenschaftliche Konturierung des neuen Rechtsgebiets »Arbeitsschutzrecht« (s. u. 30.7), wie auch für die Rechtsprechung des BAG in Bezug auf die Transformation öffentlich-rechtlicher Arbeitsschutzvorschriften in das private Arbeitsvertragsrecht.[44]

30.6 Weitere Entwicklung im Kaiserreich

Das Ende des »Neuen Kurses« unter Wilhelm II. im Arbeitsrecht im Allgemeinen bedeutete auch für den Arbeitsschutz Stillstand bis zur Jahrhundertwende. Danach, bis zum Ersten Weltkrieg, kam es immerhin noch zu einigen substanziellen Weiterentwicklungen:

- Ausdehnung des Kinder- bzw. Jugendarbeitsschutzes auf alle gewerblichen Betriebe mit Ausnahme der Land- und Forstwirtschaft durch das »Gesetz betreffend Kinderarbeit in gewerblichen Betrieben« vom 30. März 1903[45];
- Einführung von obligatorischen Arbeiterausschüssen im Bergbau (auf Preußen begrenzt) durch § 80f des Gesetzes, »betreffend die Abänderung einzelner

42 Vgl. *Benöhr*, Fast vier Tropfen sozialen Öls, in FS Kroeschell, 1997, S. 17ff.; *Rückert*, Historisch-kritischer Kommentar zum BGB, §§ 617 – 619, Rn. 1.

43 Vgl. RG 12. 5. 1902, Gruchots Sammlung 46, 928; BAG 8. 5. 1996, BAGE 83, 105.

44 Vgl. BAG 10. 3. 1976, DB 1976, 827 sowie, für einem zentralen Punkt des Arbeitsschutzes, die Gefährdungsbeurteilung: BAG 12. 8. 2008, DB 2008, 2546: »Arbeitnehmer haben nach § 5 Abs. 1 ArbSchG in Verbindung mit § 618 Abs. 1 BGB Anspruch auf eine Beurteilung der mit ihrer Beschäftigung verbundenen Gefährdung.«

45 RGBl. 113.

Bestimmungen des Allgemeinen Berggesetzes vom 24. Juni 1865/1892« vom 14. Juli 1905[46] (in Bayern bereits im Jahr 1900);

- Einführung des Zehnstundentages für weibliche, gewerblich beschäftigte Arbeitnehmer durch das »Gesetz, betreffend die Abänderung der Gewerbeordnung« vom 28. Dezember 1908[47];
- Verabschiedung des »Hausarbeitsgesetzes« vom 20. Dezember 1911 (des späteren Heimarbeitsgesetzes, s. Kap. 36);[48]
- Integration der gesetzlichen Unfallversicherung in das »Dritte Buch Reichsversicherungsordnung« (RVO) (§§ 537ff. RVO 1911),[49] wobei dessen Anwendungsbereich (auch im weiteren Verlauf) erweitert und der Erlass von Unfallverhütungsvorschriften sowie die Anstellung von »Technische Aufsichtsbeamten« (zuvor »Beauftragte«) von einer freiwilligen zu einer verpflichtenden Aufgabe der Berufsgenossenschaften wurde (§ 848 und 875ff., s. Kap. 33).

30.7 Weimarer Republik und Nationalsozialismus

In den von Sinzheimer als »Chaos« bezeichneten Anfangsjahren der Weimarer Republik, nach dem Ersten Weltkrieg und der Novemberrevolution 1918,[50] standen Fragen der elementaren Versorgung der Bevölkerung sowie, arbeits- und sozialpolitisch, der rasch aufgebrochene Großkonflikt um die Arbeitszeit im Vordergrund (Kap. 29). So kann es nicht überraschen, dass der nunmehr durchgehend als »Arbeitsschutz« titulierte »Arbeiterschutz« über § 120a GewO und § 618 BGB hinaus keine Berücksichtigung in den Kommissionsberatungen für ein (nicht realisiertes) Arbeitsvertragsgesetz fand (Kap. 38).

Die privatrechtliche Seite des Arbeitsschutzes (Kap. 30.5) stand dementsprechend, nach der erstmaligen fundamentalen dogmatischen Bestimmung der Disziplin »Arbeitsschutz« als öffentliches und privates Recht durch Walter Kaskel im Jahr 1914,[51] noch ganz im Hintergrund des ersteren. 1929 befestigte Nipperdey die Rechtsfigur einer Inkorporierung der öffentlichen Arbeitsschutzpflichten des Arbeitgebers – wie auch der Arbeitnehmer – in das private Arbeitsvertrags-

46 RGBl. 307 (vgl. *Däubler/Kittner*, Betriebsverfassung, S. 112ff.).

47 RGBl. 667.

48 RGBl. 976.

49 Vgl. *Gitter*, Grundlagen der Unfallversicherung im Wandel der Zeit, Sozialgerichtsbarkeit 1993, S. 297; *Wickenhagen*, a.a.O., Bd. I, S. 51ff.

50 Zur Rolle der in Zusammenhang mit dem Versailler Vertrag am 11.4.1919 gegründeten ILO s. Kap. 20.

51 Vgl. *Kaskel*, Die rechtliche Natur des Arbeitsschutzes, in FS Heinrich Brunner, S. 163ff., Sonderdruck, 1914.

recht,[52] woran in der Bundesrepublik durch Wilhelm Herschel und Otfried Wlotzke angeknüpft werden sollte und sich auch in der Rechtsprechung des BAG niederschlug (s. o. 30.5).

Zwischen 1924 und 1929 – der »guten« Zeit der Weimarer Republik, nach der großen Inflation und vor der Weltwirtschaftskrise – führten u. a. stoffliche sowie technisch-organisatorische Entwicklungen der industriellen Produktion zu Diskussionen auch beim Arbeitsschutz. Die damit verbundene Entwicklung bei den Arbeitsunfällen und arbeitsbedingten Erkrankungen lösten Rechtsetzungsaktivitäten aus.

Dabei scheiterte zwar der »große Wurf«: Die schon genannten (Kap. 30.1) Entwürfe eines »Arbeitsschutzgesetzes« von 1926 und 1928 wurden nicht realisiert.[53] Ein bei gegebenem politischen Wollen unschwer überwindbarer Grund lag in der schon erörterten Konstruktion des »dualen Arbeitsschutzsystems« und dem damit verbundenen Konflikt zwischen der Gewerbeaufsicht (also den Ländern) und den Berufsgenossenschaften als Träger der gesetzlichen Unfallversicherung.[54] Mit dem Ausbruch der Weltwirtschaftskrise und der beginnenden Zerstörung der Weimarer Republik war die Zeit für derartige Strukturreformen ohnehin schon abgelaufen. Reichsarbeitsminister Wissell stand auf verlorenem Posten.[55]

Weiterentwicklungen gab es in den »guten Jahren« aber doch und zwar einige inhaltlich wesentliche und bis heute fortwirkende: Es wurde die Berufskrankheitenverordnung vom 12. Mai 1925[56] erlassen, mit der gesundheitliche Schädigungen durch Berufsarbeit neben Arbeitsunfällen in die Entschädigungspflicht der gesetzlichen Unfallversicherung einbezogen wurden.[57] In diesen Kontext gehört auch das »Zweite Gesetz über Änderungen in der gesetzlichen Unfallversicherung« vom 14. Juli 1925.[58] Dieses Gesetz wurde von Wickenhagen, dem Chronisten der Unfallversicherung für den Zeitraum bis 1980, als das be-

52 Vgl. *Nipperdey*, Die privatrechtliche Bedeutung des Arbeiterschutzrechts, in: Schreiber (Hrsg.) Festschrift 50 Jahre Reichsgericht, Bd. IV, 1929, S. 203 ff.

53 Vgl. *Pieper*, a. a. O., 1998, S. 77 ff.

54 Vgl. hierzu Vortrag und Aussprache zu einem Referentenentwurf aus dem Reichsarbeitsministerium vom 20. 4. 1929 eines parallel zum Arbeitsschutzgesetz geplanten »Gesetzes über Unfallverhütung in der Unfallversicherung« im Rahmen einer geschlossenen Mitgliederversammlung des VDRI am 21. 9. 1929 in Lübeck (VDRI Jahrbuch 1930, S. 128 ff.).

55 Von Februar bis Juli 1919 war Rudolf Wissell der erste Wirtschaftsminister der Weimarer Republik und gehörte von 1928 bis 1930 dem Kabinett Müller II an (Kap. 11).

56 RGBl. I 69; erweitert durch VO vom 11. 2. 1929, RGBl. I 27. Heute gilt die BerufskrankheitenVO vom 31. 10. 1997 (BGBl. I 2623) mit regelmäßigen Erweiterungen (vgl. Kittner-*Deinert*, ASO, 50. Aufl. 2025, Nr. 30 VIII a).

57 Vgl. *Milles/Müller*, Berufsarbeit und Krankheit, 1985.

58 RGBl. I 97.

deutendste Gesetz neben dem Sechsten Änderungsgesetz vom 9. März 1942[59] (Kap. 12) und dem Unfallversicherungs-Neuregelungsgesetz von 1963 (s. u. 30.8) bezeichnet: Es brachte »*auf fast allen Gebieten wesentliche Fortschritte, z. B. durch Einbeziehung der Wegeunfälle, Verstärkung der Unfallverhütung, Ausbau des Heilverfahrens, Verpflichtung für Berufsfürsorge und vieles anderes.*«[60] In der Folge des Gesetzes von 1925 wurden – anstelle einer, bis in die heutige Zeit immer wieder heftig diskutierten Änderung des »dualen Arbeitsschutzsystems«[61] – Regelungen zur Zusammenarbeit der institutionalisierten Träger des Arbeitsschutzes bestimmt:[62]

- Staatliche Gewerbeaufsicht und technische Aufsichtsbeamte der Unfallversicherungsträger wurden durch das Reichsversicherungsamt (RVA) zur Zusammenarbeit verpflichtet.[63]
- Ein solches Gebot galt für die gesetzlichen Krankenkassen im Verhältnis zu den Unfallversicherungsträgern.[64]
- Schließlich wurden die technischen Aufsichtsbeamten zur Zusammenarbeit mit den aufgrund des Betriebsrätegesetzes (BRG) von 1920 seitens der Arbeitnehmer gewählten Betriebsräten verpflichtet (ein Scharnier zwischen arbeits- und sozialrechtlichem Schutz, s. Kap. 33).[65] Diese Regelung korrespondierte mit durch das BRG erstmals geschaffenen Rechten und Pflichten des Betriebsrats beim betrieblichen Arbeitsschutz (§§ 66 Nr. 8, 77 und 78 Nr. 6 BRG). Flatow und Kahn-Freund konstatierten freilich, dass diese Bestimmungen in

59 RGBl. I 107.

60 *Wickenhagen*, a. a. O., Bd. I, 193.

61 Vgl. »Entgegnung der im Verein deutscher Revisionsingenieure [VDRI] zusammengeschlossenen technischen Aufsichtsbeamten gewerblicher Berufsgenossenschaften auf die dem Reichsarbeitsamt am 5. Februar 1919 überreichte Denkschrift des Vereins deutscher Gewerbeaufsichtsbeamter [VDGAB] zur Neuregelung der Gewerbeaufsicht in Deutschland« vom 27. 10. 1919 (*www.vdri.de/fileadmin/user_upload/Dokumente/Historisches/Neuregelung_Gewerbeaufsicht_Entgegnung_1919_kompakt.pdf;* vgl. VDRI, Sozial-Technik, XVIII. Jahrgang 1919, S. 89f., 113ff., 151f.). Der (»staatliche«) VDGAB war offiziell am 7. 9. 1919 gegründet worden (vgl. *https://vdgab.de/wp-content/uploads/2020/12/Broschuere_100-Jahre-VDGAB_14-06-2019.pdf*). Der (»berufsgenossenschaftliche«) VDRI bereits am 22. 3. 1894 (vgl. VDRI, 75 Jahre VDRI 1894 bis 1969; *www.vdri.de/fileadmin/user_upload/Dokumente/Historisches/75_Jahre_VDRI_kompakt.pdf*).

62 Eingehend *Pieper*, a. a. O., 1998, S. 84ff.

63 Vgl. »Vereinbarungen über die Gemeinschaftsarbeit bei der Durchführung von Unfallverhütungsvorschriften« vom 28. 12. 1925, Runderlaß des RVA vom 26. 2. 1926, Allgemeine Nachrichten des RVA 1926, 184, vom 13. 10. 1926, 453 sowie vom 22. 2. 1927, 223.

64 Bestimmungen des RVA über die Unterstützungspflicht der Krankenkassen und Unternehmer gegenüber den Trägern der Unfallversicherung vom 12. 10. 1926, Allgemeine Nachrichten des RVA 1926, 453.

65 Runderlaß des RVA für technische Aufsichtsbeamte über ihre Zusammenarbeit mit den Betriebsvertretungen vom 26. 2. 1926, Allgemeine Nachrichten des RVA 1925, 360.

der Praxis oft verkannt und nicht genügend gewürdigt würden.[66] Das sollte auch zu einem wesentlichen Aspekt des betrieblichen Arbeitsschutzes in der Bundesrepublik werden.

Diese Fortschritte im Kleinen, trotz Lähmung bezogen auf die allgemeinen Gestaltungsfragen, machen abermals deutlich, dass der Arbeitsschutz ein Rechtsgebiet ist, bei dem vor allem produktions- und organisationsgetriebene Anforderungen für Weiterentwicklung sowie für darauf bezogene Debatten sorgten. Ein Beispiel dafür ist die in den USA schon vor dem Ersten Weltkrieg entwickelte »Wissenschaftliche Betriebsführung« (Taylor),[67] die »Zeit- und Bewegungsstudien« (Gilbreth) sowie die damit verknüpfte »Fließarbeit« (Ford). Dies dokumentiert sich beispielhaft in einem Entschließungsantrag aus der SPD-Reichstagsfraktion anlässlich von Beratungen zum Reichshaushalt 1927,[68] deren Inhalt erst ab den 1970er Jahren sukzessive zum Gegenstand des Vorschriften- und Regelwerks des Arbeitsschutzes und der Betriebsverfassung wurden:

»Der Reichstag wolle beschließen, die Reichsregierung zu ersuchen:
a.) auf geeignetem Wege die Beamten der Gewerbeaufsicht anzuweisen, eine spezielle Beobachtung der Betriebe vorzunehmen, in den die moderne Produktionsmethode, insbesondere die Fließarbeit, zur Einführung gelangte, um […] aufgrund dieser Beobachtungen mitzuteilen, welche Ergänzungen und Erweiterungen der Bestimmungen der Gewerbeordnung erforderlich sind, um den gesetzlichen Arbeitsschutz auch nach der Durchführung der Rationalisierung wirksam zu machen;
b.) die Einstellung einer größeren Zahl speziell ausgebildeter Gewerbeärzte zu veranlassen, die neben den direkten Unfall- und Gesundheitsgefahren die Schädigungen durch physische und psychische Ermüdungserscheinungen besonders zu beobachten hätten.«

Die enge Kopplung von Arbeitsschutz und Produktivkraftentwicklung erklärt auch das in seinem technisch-organisatorischen Kernbereich wie auch im »dualen Arbeitsschutzsystem« hohe Ausmaß an Kontinuität für den Zeitraum des Nationalsozialismus (Kap. 12).[69]

66 Vgl. *Flatow/Kahn-Freund*, BRG, 13. Aufl. 1931, § 66 Ziff. 8, Rn. 1.

67 Vgl. *Taylor*, Shop Management, 1911, deutsch: Die Grundsätze wissenschaftlicher Betriebsführung, 1977 (vgl. *Weber*, Arbeitssicherheit, 1988, S. 126ff.).

68 Reichstag, III. 1924/27. Drucks.-Nr. 3071, 10.3.1927 (vgl. *Waffenschmidt/Gerbis/Eibel*, Arbeiterschutz und Rationalisierung, Beiheft 14 zum Zentralblatt für Gewerbehygiene und Unfallverhütung, 1929).

69 So legte z.B. das Reichsarbeitsministerium 1941 den Entwurf eines Gesetz über den Betriebsschutz vor, der auch Regelungen zu »Betriebsschutzwarten«, Sicherheitsinge-

30.8 Neubeginn in der Bundesrepublik[70]

Nach 1945 verlief die Entwicklung des Arbeitsschutzes in den ersten Jahren ähnlich wie nach dem Ersten Weltkrieg: Es wurden zunächst andere Prioritäten gesetzt. Dazu kam, dass die Bedingungen nach dem militärisch erzwungenen Ende des Nationalsozialismus andere waren als nach 1918 (Kap. 14). Die Alliierten hatten Deutschland besetzt und in Zonen aufgeteilt. Erst mit Inkrafttreten des Grundgesetzes entstand die Möglichkeit, dass sich in der Gesetzgebung Wesentliches ändern konnte. Doch anders als in der Weimarer Republik, kam der Arbeitsschutz auch nach dem erneuten Einsetzen einer »guten Zeit«, nunmehr der des »Wirtschaftswunders«, zunächst nicht auf einen ihm angemessenen Platz der arbeits- und sozialpolitischen Tagesordnung. Obwohl z. B. die Zahl der Arbeitsunfälle von 1950 bis 1960 von ca. 980 000 auf über 2,5 Mio. anstieg, sah sich der Gesetzgeber bis zum Ende der 1960er Jahre nur zu kleineren Schritten veranlasst, die zwar nicht unwesentlich waren, aber nicht zu einer umfassenden Reform führten.

Während hinsichtlich Jugend- und Mutterschutz (Kap. 39) sowie Heimarbeit (Kap. 36) an das seit Weimar und der Zeit des Nationalsozialismus Vorhandene angeknüpft wurde, ließ eine Novellierung der Gewerbeordnung auf sich warten. Die Bundesregierung wies in ihrem Gesetzentwurf zur Änderung der Titel II, III, IV und X der Gewerbeordnung vom 9. März 1953[71] darauf hin, dass das ganze Gebiet »*in ihrem Aufbau und in formaler und materieller Hinsicht dringend einer Revision*« bedürfe.[72] Kein Thema war dabei die Schaffung eines Arbeitsschutzgesetzes. Der Faden aus der Weimarer Zeit wurde an dieser Stelle nicht wieder aufgenommen. § 120a GewO wurde nicht einmal angesprochen. Die Gesetzgebung beschränkte sich dementsprechend auf einzelne Aspekte, insbesondere auf das Recht der überwachungsbedürftigen Anlagen, geregelt in § 24 GewO.

Auch hinsichtlich der zweiten Säule des »dualen Arbeitsschutzsystems« kam es mit dem nach mehreren Anläufen realisierten »Unfallversicherungs-Neuregelungsgesetz« vom 30. April 1963[73] (s. o. 30.7) nur – aber immerhin – zu einigen

nieuren und Betriebsärzten enthielt (§§ 26ff.; abgedruckt bei *Wienhold*, Zwischen Anspruch und Wirklichkeit – Historischer Abriss zum Arbeitsschutz in der SBZ/DDR, 2011, S. 49f. und Anlagen, S. 45ff. sowie bei *Schubert*, Akademie für Deutsches Recht, Bd. XXII, Ergänzungen und Nachträge (1934–1942), Protokolle und Materialien der Ausschüsse für Filmrecht, das Recht der Handelsvertreter, Bodenkulturrecht, Wehrstaatsrecht, Arbeits- und Arbeitsschutzrecht und Völkerrecht, 2015).

70 Zur Geschichte des Arbeitsschutzes in der DDR vgl. Wienhold, a. a. O. sowie: ders., Arbeitsschutz in der DDR: Kommunistische Durchdringung fachlicher Konzepte, 2014.

71 BT-Drs. I/4170.

72 Ebd., S. 8.

73 BGBl. I 241.

kleineren Neuerungen und Verbesserungen vieler Details.[74] Hervorzuheben ist die Verpflichtung, in Unternehmen mit mehr als 20 Beschäftigten Sicherheitsbeauftragte zur Unterstützung des Unternehmers zu bestellen (§ 719 RVO). Dies gab der bisherigen Regelung in der UVV »Allgemeine Vorschriften« (VBG 1) zu den »Unfallvertrauensmännern« eine gesetzliche Grundlage.[75] Weiterhin wurden die »Runderlasse« aus der Weimarer Zeit zur Zusammenarbeit der technischen Aufsichtsbeamten der Berufsgenossenschaften mit den Gewerbeaufsichtsbeamten und den Betriebsvertretungen durch entsprechende »Allgemeine Verwaltungsvorschriften« auf eine neue Grundlage gestellt (§ 717 RVO).[76] Schließlich wurde mit dem Gesetz die Pflicht zu einem durch die Bundesregierung dem Bundestag vorzulegenden »Unfallverhütungsbericht« eingeführt – eine jährliche öffentliche Bilanz des Arbeitsschutzes und zugleich Aufforderung, Arbeitsunfällen, Berufskrankheiten und arbeitsbedingten Erkrankungen präventiv entgegenzuwirken (§ 722 RVO).

Schließlich knüpfte man an die über 40 Jahre dauernde, in die Weimarer Zeit zurückreichende Diskussion um ein »Maschinenschutzgesetz« an.[77] Mit dem »Gesetz über technische Arbeitsmittel« (GtA) vom 24. Juni 1968[78] (ab 1979: »Gerätesicherheitsgesetz« (GSG), ab 2004 »Geräte und Produktsicherheitsgesetz« (GPSG) und seit 2011 »Produktsicherheitsgesetz« (ProdSG) wurde die Anwendung von entsprechenden Vorgaben in Unfallverhütungsvorschriften ins Vorfeld des betrieblichen Arbeitsschutzes verlagert: Hersteller oder Einführer mussten diese Vorschriften, wie auch etwaige staatliche Arbeitsschutzvorschriften sowie die »anerkannten Regeln der Technik« (s. o.) schon bei der Konstruktion der Maschinen beachten. Auch mit diesem Gesetz wurde ein beratender Ausschuss eingesetzt, der heutige »Ausschuss für Produktsicherheit«.

---

74 Vgl. *Wickenhagen*, Die reformierte Unfallversicherung, Arbeit und Sozialpolitik, 5/1963, 131 ff.

75 Im Bundestag wurde in diesem Zusammenhang, neben der Unfallverhütung im Allgemeinen, über ein »Gesetz über hauptamtliche Sicherheitsbeauftragte und Sicherheitsingenieure« wie auch zum Thema »Betriebsärzte« debattiert (62. Sitzung vom 6. 3. 1963, S. 2845 ff.), was sich 10 Jahre später materialisierte (s. u. 30.10).

76 Vgl. Arbeitsschutz 1968, S. 195 und 246.

77 Ausgehend von einem gescheiterten Entwurf für ein Maschinenschutzgesetz von 1922 enthielten die Entwürfe des Reichsarbeitsministeriums zu einem Arbeitsschutzgesetz von 1926 bzw. 1928 eine »Maschinenschutz-Klausel« (§ 6 Abs. 3 bzw. § 8a). Eine solche war – als Konflikt im Konflikt – bereits 1922 auf Widerstand insbesondere der Maschinenhersteller gestoßen (vgl. *Pieper*, a. a. O., 1998, S. 80 ff.). Ein neuer Anstoß kam 1963 seitens der ILO, die sich ebenfalls bereits in den 1920er Jahren mit dem Thema befasst hatte, mit der »Empfehlung betreffend den Maschinenschutz« und dem »Übereinkommen 119 über den Maschinenschutz« (*www.ilo.org/sites/default/files/wcmsp5/groups/public/@ed_norm/@normes/documents/normativeinstrument/wcms_c119_de.htm*).

78 BGBl. I 717.

30.9 Konzeptionelle Grundlage: Wilhelm Herschel

Angesichts des Stillstands bei den »ganz großen Themen« des Arbeitsschutzes machte Wilhelm Herschel, der ab 1949 oberste für Arbeitsrecht und Arbeitsschutz zuständige Beamte des Bundesarbeitsministerium, im Jahr 1955 darauf aufmerksam, dass »*in der geradezu märchenhaften Entwicklung der Technik* [...] *eine Gefahrenquelle für Leben, Körper und Gesundheit*« bestehe.[79] Das war auch die Meinung bei den Gewerkschaften, z. B. der IG Metall: »*Die heutige Arbeitsschutzgesetzgebung und ihre Anwendung* [hat] *mit der ungeahnten technischen Entwicklung nicht Schritt gehalten*«.[80] Herschel nahm sich nach Klärung der »großen« Themen (Mitbestimmung, Kündigungsschutz. Kap. 27, 31) mit besonderer Intensität des Arbeitsschutzrechts an. Er arbeitete noch lange nach seinem Ausscheiden aus dem Ministerium (1960) an einer rechtsdogmatischen Klärung dieser Materie[81] (wie nach ihm nur noch Otfried Wlotzke, sein Nach-Nachfolger im Ministerium, von 1977 bis 1991).[82]
Der Fokus lag bei Herschel auf der Weiterführung der von Nipperdey (s. o. 30.7), bearbeiteten Frage des Verhältnisses der privat- und öffentlich-rechtlichen Elemente des Arbeitsschutzes.[83] Eine wichtige Ergänzung ist das von Herschel vorgebrachte Argument für eine Transformation der dafür geeigneten Vorschriften des öffentlich-rechtlichen Arbeitsschutzes in das private Arbeitsvertragsrecht: Dass sich »*in dem Maße, in dem der Arbeitnehmer von einem Objekt zu einem Subjekt der Sozialpolitik aufrückte,* [...] *ein modernes Arbeitsrecht, ein autonomes Vertragsrecht* [entwickelte], *durch das der Arbeitnehmer instand gesetzt wurde, weitgehend sein Schicksal selbst in die Hand zu nehmen und dadurch selbst die Dinge mitzuformen*«; der Arbeitnehmer soll aus einem Objekt »*zu einem Subjekt des Arbeitsschutzes heranwachsen*«.[84]
Weiterführend, im Hinblick auf das Arbeitsschutzrecht als normatives Viel-Ebenen-Gebilde (Kap. 16), war auch die von Herschel akzentuierte Einbeziehung des-

---

79 *Herschel*, Rationalisierung des Rechts und der Rechtspflege, namentlich im Arbeitsrecht, RdA 1955, 201; *ders.*, Arbeitsschutz im Wandel der Zeiten, BArbBl. 1955, S. 101; *ders.*, Arbeitsschutz im sozialen Rechtsstaat, BArbBl. 1955, S. 571.

80 IG Metall, Zeitgemäße Fragen des Arbeitsschutzes, 1958, S. 103.

81 Vgl. *Herschel*, Die Bedeutung schutzgesetzlicher Vorschriften im Arbeitsrecht, RdA 1964, 7 und 44; zuletzt: Zur Dogmatik des Arbeitsschutzrechts, RdA 1978, 69.

82 Vgl. umfassend: *Anzinger/Wank* (Hrsg.), Entwicklungen im Arbeitsrecht und Arbeitsschutzrecht. Festschrift für Otfried Wlotzke zum 70. Geburtstag, 1996.

83 Vgl. *Herschel*, a. a. O.; vgl. *Wlotzke*, Öffentlich-rechtliche Arbeitsschutznormen und privatrechtliche Rechte und Pflichten des einzelnen Arbeitnehmers; in: Festschrift für Hilger/Stumpf, 1983.

84 *Herschel*, RdA 1964, 11 und BArbl 1955, S. 581.

sen, was er »staatsentlastende Tätigkeit« nannte.[85] Die Impulse aus den »Dampfkessel«-Aktivitäten (Kap. 30.3) aufgreifend, betonte er die Bedeutung der Tätigkeit der technischen Überwachungsvereine sowie der Erarbeitung der »Regeln der Technik« durch private Institutionen (Kap. 30.4).[86] Diese staatliche Indienstnahme privatrechtlich organisierter Fachkompetenz erwies sich als regulierungs-technisch unverzichtbares Element eines wirksamen Arbeitsschutzes und zwar mittels der Maßstäbe der »Allgemein anerkannten Regeln der Technik« sowie insbesondere des weitergehenden »Stands der Technik«. Das BVerfG bezeichnete eine solche Vorgehensweise in seinem, sich auf das Umweltrecht beziehenden, sogenannten »Kalkar-Beschluss« von 1978,[87] als eine prinzipiell dem Gesetzgeber offen stehende Option, »*um die Erkenntnisse und Entwicklungen von Wissenschaft und Technik im Wege einer Normgebung, die damit Schritt hält, rechtlich verbindlich werden zu lassen*«. Wie parallel in den Verordnungen zu den überwachungsbedürftigen Anlagen auf Grundlage der Gewerbeordnung (s. o.) wurde 1968 mit dem »Gesetz über technische Arbeitsmittel« (sogleich) bestimmt, dass Technische Arbeitsmittel nur in Verkehr gebracht werden durften, wenn sie u. a. nach den »anerkannten Regeln der Technik« hinreichend sicher waren. Hierauf bezog sich auch das BVerfG:[88]

> »*Bei dieser Art der Verknüpfung von Recht und Technik können die Behörden und Gerichte sich darauf beschränken, die herrschende Auffassung unter den technischen Praktikern zu ermitteln, um festzustellen, ob das jeweilige technische Arbeitsmittel in den Verkehr gebracht werden darf oder nicht. Der Nachteil dieser Lösung besteht jedoch darin, daß die Rechtsordnung mit dem Maßstab der allgemein anerkannten Regeln stets hinter einer weiterstrebenden technischen Entwicklung herhinkt.* […] *Mit dem ›Stand der Technik‹ [wird] der rechtliche Maßstab für das Erlaubte oder Gebotene* […] *an die Front der technischen Entwicklung verlagert, da die allgemeine Anerkennung und die praktische Bewährung allein für den Stand der Technik nicht ausschlaggebend sind.*«

85 Vgl. *Herschel*, Staatsentlastende Tätigkeit im Arbeitsschutz, in FS Nipperdey II, 1965, S. 221 ff.

86 Vgl. *Herschel*, Regeln der Technik, NJW 1968, S. 617.

87 BVerfG 8. 8. 1978, BVerfGE 81, 30.

88 Da es im Kalkar-Beschluss um das Atomrecht als Teilgebiet des Umweltrechts ging, definierte das BVerfG auch den »Stand von Wissenschaft und Technik«: »*Mit der Bezugnahme auch auf den Stand der Wissenschaft übt der Gesetzgeber einen noch stärkeren Zwang dahin aus, daß die rechtliche Regelung mit der wissenschaftlichen und technischen Entwicklung Schritt hält. Es muß diejenige Vorsorge gegen Schäden getroffen werden, die nach den neuesten wissenschaftlichen Erkenntnissen für erforderlich gehalten wird. Läßt sie sich technisch noch nicht verwirklichen, darf die Genehmigung nicht erteilt werden; die erforderliche Vorsorge wird mithin nicht durch das technisch gegenwärtig Machbare begrenzt.*« Dies gilt heute z. B. auch im Gentechnikrecht.

30.10 »Humanisierung des Arbeitslebens« I: Das »normale« Arbeitsschutzprogramm

Die Vision einer »Humanisierung des Arbeitslebens« (HdA) war ein signifikanter Teil des »1968er«-Aufbruchs.[89] In die Politik transportiert wurde sie mit der Regierungserklärung von Bundeskanzler Willy Brandt vom 28. Oktober 1969: »*Zur Humanisierung des Arbeitslebens haben Gesetzgeber und Tarifparteien den Schutz der Arbeitnehmer am Arbeitsplatz zu garantieren. Die Arbeitssicherheit und die gesundheitliche Betreuung am Arbeitsplatz werden ausgebaut.*«[90] In der ersten wegen des Misstrauensvotums gegen Brandt und der anschließenden Neuwahlen verkürzten Legislaturperiode beließ man es allerdings bei Einzelschritten,[91] noch ohne ein ausformuliertes Generalprogramm.

Für die Zukunft bedeutsame Änderungen erfolgten gewissermaßen auf Umwegen, auf dem Feld der Mitbestimmung. Das BetrVG 1972 enthielt nämlich zwei Neuerungen, die das Potenzial hatten, den betrieblichen Arbeitsschutz effektiv zu verbessern:

- das erzwingbare Mitbestimmungsrecht gem. § 87 Abs. 1 Nr. 7 sowie
- das Beteiligungsrecht und das ebenfalls erzwingbare, gleichwohl bedingte und daher im Ergebnis bis heute wirkungslose Mitbestimmungsrecht gem. § 90 bzw. § 91 mit der Rechtsfigur der »gesicherten arbeitswissenschaftlichen Erkenntnisse über die menschengerechte Gestaltung der Arbeit« als verbindlicher Richtschnur.[92]

---

89 Vgl. *Matthöfer*, Humanisierung der Arbeit und Produktivität in der Industriegesellschaft, 1977; *Kleinöder/Müller/Uhl*, Hrsg., »Humanisierung der Arbeit«. Aufbrüche und Konflikte in der rationalisierten Arbeitswelt des 20. Jahrhundert, 2019.

90 Bundestag, Stenographischer Bericht VI/71, S. 29.

91 Z. B. die ArbeitsstofffVO vom 17. 9. 1971, der Vorläuferin der heutigen GefahrstoffVO. Ein wichtiger institutioneller Schritt war die Gründung der »Bundesanstalt für Arbeitsschutz und Unfallforschung« (BAU) in Dortmund im Jahr 1971 (Erlass des BMA vom 15. 12. 1971, BAnz. Nr. 239 vom 23. 12. 1971), der heutigen »Bundesanstalt für Arbeitsschutz und Arbeitsmedizin« – BAuA (Erlass –Neufassung – des BMAS vom 29. 6. 2020, BAnz AT 6. 8. 2020 B2). Damit entstand eine für den Arbeitsschutz wichtige Ressortforschungseinrichtung des Bundes, die in den Bereichen der Produkt- und Stoffsicherheit auch bestimmte hoheitliche Aufgaben wahrnimmt und die »Deutsche Arbeitsschutzausstellung« (DASA) betreibt. Sie kooperiert mit einer Reihe anderer staatlicher Einrichtungen mit Fragestellungen im Arbeitsschutz (*www.dguv.de/forschungseinrichtungen/index.jsp*).

92 In der Regierungsbegründung zum BetrVG 1972 heißt es: »*Durch das Unterrichtungs- und Beratungsrecht des Betriebsrats nach § 90 soll sichergestellt werden, daß bei den dort aufgezählten unternehmerischen Entscheidungen schon im Planungsstadium die berechtigten Belange der Arbeitnehmer hinsichtlich der Auswirkungen dieser Entscheidungen auf die Art der Arbeit und die Anforderungen an die Arbeitnehmer berücksichtigt werden. Tragender Gesichtspunkt sollen dabei die gesicherten Erkenntnisse der Arbeitswissenschaft*

Insbesondere das Mitbestimmungsrecht nach § 87 Abs. 1 Nr. 7 BetrVG 1972 ermöglichte nunmehr dem Betriebsrat potenziell eine wesentliche Einflussnahme bei der Mitgestaltung des betrieblichen Arbeitsschutzes und der Arbeitsorganisation[93] (allerdings erst ab den 1990er Jahren mit der Umsetzung der EWG-Richtlinien (s. u. 30.12). Denn nach der ständigen Rechtsprechung des BAG greift dieses Mitbestimmungsrecht überall da ein, wo der Arbeitgeber bei der Festlegung und Durchführung einer Arbeitsschutzvorschrift einen Regelungs-, Beurteilungs- oder Ermessenspielraum hat.[94] Vor 1996 konnte davon nicht die Rede sein.[95]
1973 kam es zum schon länger in Vorbereitung befindlichen »Gesetz über Betriebsärzte, Sicherheitsingenieure und andere Fachkräfte für Arbeitssicherheit« (Arbeitssicherheitsgesetz – ASiG) vom 12. Dezember 1973.[96] Das schon 1955 von Wilhelm Herschel angemahnte und vom Bundestag in Zusammenhang mit dem »Unfallversicherungs-Neuregelungsgesetz« 1963 (s. o. 30.8) diskutierte »*Recht der Sicherheitsingenieure und der Werksärzte*«[97] war nun endlich gesetzlich verankert, nachdem am 10. Juni 1966 seitens des BMA lediglich zwei rechtlich unverbindliche Richtlinien zur werksärztlichen Betreuung der Arbeitnehmer sowie zur Einrichtung werksärztlicher Dienste und Unternehmen erlassen worden waren.[98] Mit dem ASiG entstand die gesetzliche Grundlage für die Organisation des Arbeitsschutzes im Betrieb – das betriebliche Fundament im Gefüge der sich auf den Arbeitsschutz beziehenden Institutionen. Dabei konnte an praktische Erfahrungen in Teilen der Industrie seit den 1920er Jahren (Sicherheitsingenieure sowie Werks- und Betriebsärzte) und die unfallversicherungsrechtlich verankerten Sicherheitsbeauftragten (s. o. 30.7, 30.8) angeknüpft werden. Das ASiG ist derzeit das einzige staatliche Arbeitsschutzgesetz, das durch Unfallhütungsvorschriften konkretisiert wird, d. h. durch die heutige DGUV Vorschrift 2 »Betriebsärzte und Fachkräfte für Arbeitssicherheit«, ursprünglich VBG 122, 123).[99]

---

einschließlich der Arbeitsmedizin, -physiologie und -psychologie über eine menschengerechte Gestaltung der Arbeit sein.« (BT-Drs. VI/1786, S. 49 f.).

93 Vgl. *Kittner*, Mitbestimmung der Arbeitnehmer über die Arbeitsorganisation und über die Ausgestaltung und Umgebung des Arbeitsplatzes, WSI-Mitteilungen 1975, S. 256 ff.

94 Vgl. insbesondere BAG 8. 6. 2004, BAGE 111, 36; BAG 28. 3. 2017, NZA 2017, 1132; BAG 13. 8. 2019, NZA 2019, 1717; BAG 7. 12. 2021 – 1 ABR 25/20, AP Nr. 29 zu § 87 BetrVG 1972 Gesundheitsschutz, m. Anm. *Pieper*.

95 Vgl. BAG 28. 7. 1981, BAGE 36, 138.

96 BGBl. I 1885.

97 *Herschel*, BArbBl. 1955, 582.

98 Diese Richtlinien sind überdies auf sozialpolitische Erwägungen der EWG zurückzuführen (vgl. *Hauf*, Die arbeitsmedizinische Betreuung der Arbeitnehmer im Bereich der europäischen Gemeinschaft, in: DGB (Hrsg.), DGB-Denkschrift zur arbeitsmedizinischen Betreuung der Arbeitnehmer, Bad Godesberg, 17 ff., 1969).

99 *www.dguv.de/de/praevention/vorschriften_regeln/dguv-vorschrift_2/index.jsp.*

Von der gleichfalls bestehenden Möglichkeit einer Konkretisierung durch eine staatliche Rechtsverordnung gem. § 14 ASiG hat die Bundesregierung seitdem keinen Gebrauch gemacht.

30.11 »Humanisierung des Arbeitslebens« II: Das große Programm

Beflügelt durch den fulminanten Wahlerfolg Willy Brandts 1972, ging die Koalition das »Humanisierungs«-Thema nun denkbar engagiert an. 1974 legten BMA und das BMFT ein »Aktionsprogramm zur Humanisierung des Arbeitslebens« vor.[100] Zu seinen allgemeinen Zielen wurden erklärt:

- die Erarbeitung von Schutzdaten, Richtwerten, Mindestanforderungen an Maschinen, Anlagen und Arbeitsstätten;
- die Entwicklung von menschengerechten Arbeitstechnologien;
- die Erarbeitung von beispielhaften Vorschlägen und Modellen für die Arbeitsorganisation und die Gestaltung von Arbeitsplätzen sowie
- die Verbreitung und Anwendung wissenschaftlicher Erkenntnisse.[101]

In der »Restlaufzeit« der sozial-liberalen Koalition blieb vieles davon Programm. Die Koalition konnte sich (seit 1974, nach dem Rücktritt Brandts, bis zu ihrem Ende 1982 unter Schmidt-Genscher) aus eigener Kraft (zum Impulsgeber EWG s. u.) noch zur Vorlage und Durchsetzung von drei wesentlichen – zudem auch nachhaltig wirkenden – Rechtsetzungsakten durchringen:

- Im Bereich des betrieblichen Arbeitsschutzes zur »Arbeitsstättenverordnung« (ArbStättV) vom 20. März 1975[102] und
- zum novellierten »Jugendarbeitsschutzgesetz« vom 12. April 1976[103] sowie
- im Bereich der Produktsicherheit zum schon genannten »Gerätesicherheitsgesetz« (GSG) vom 13. August 1979.[104]

100 Vgl. BMA/BMFT, Sozialpolitische Informationen vom 8. 5. 1974 (Sonderausgabe). Das Programm wurde unter dem Titel »Arbeit und Technik« ab 1989 bis 1998 in reduzierter Form weitergeführt (vgl. Sachverständigenkommission Arbeit und Technik, Arbeit und Technik: Ein Forschungs- und Entwicklungsprogramm, 1988). Seit 2001: Programm »Innovative Arbeitsgestaltung – Zukunft der Arbeit« des BMBF (vgl. aktuell: *www.bmbf.de/DE/Forschung/Gesellschaft/ZukunftDerArbeit/zukunftderarbeit_node.html*). Daneben sind weitere Aktivitäten und Programme entstanden (vgl. insgesamt Kleinöder, »Humanisierung der Arbeit«. Literaturbericht zum »Forschungsprogramm zur Humanisierung des Arbeitslebens«, 2016).

101 Vgl. auch im Sinne einer Bilanzierung: *Altmann/Düll/Lutz*, Zukunftsaufgaben der Humanisierung des Arbeitslebens: Eine Studie zu sozialwissenschaftlichen Forschungsperspektiven, 1987; vgl. aktuell: *www.boeckler.de/de/tagungsberichte-18029-humanisierung-des-arbeitslebens-hda-die-geschichte-eines-forschungsprogramms-39220.htm.*

102 BGBl. I 729 (vgl. *Pieper*, Arbeitsschutzrecht, 7. Aufl. 2022, S. 445 ff.).

103 BGBl. I 965.

104 BGBl. I 1432.

Arbeitsminister Herbert Ehrenberg (1976–1982[105]), sah zwar 1980 noch eine Vielzahl von Aufgaben vor sich: »*So groß die Erfolge im Arbeitsschutz auch gewesen sind, gemessen an der Größe dieser Aufgabe müssen wir sagen: Wir stehen vielfach immer noch erst am Anfang. Nicht nur was die Durchsetzung und Durchführung, sondern auch was unser Wissen über den Menschen in der Arbeitswelt angeht.*«[106] Demgemäß legte er 1981 den Entwurf eines Arbeitsschutzgesetzes vor.[107] 1982 folgte ein verschlankter zweiter Entwurf.[108] Übrig blieb am Ende ein einstimmiger, doch folgenloser Beschluss des Bundestages aus dem Jahr 1981.[109] Im Übrigen war der – ohnehin begrenzte – Vorrat an arbeitspolitischen Gemeinsamkeiten zwischen SPD und FDP zu Ende gegangen. Angekündigt hatte sich diese Entwicklung bereits Mitte der 1970er Jahre: Arbeitsminister Walter Arendt (1969–1976) hatte im Oktober 1974 kundgetan: »*nun leben wir in einer Phase der Konsolidierung*«.[110]

30.12 Impulse aus Brüssel

Nach dem Bruch der sozial-liberalen Koalition im September 1982 folgte unter der konservativ-liberalen Regierung eine Phase intensivierter Austeritätspolitik verbunden mit Deregulierungsmaßnahmen beim Arbeitsrecht im Allgemeinen (Kap. 10). Für den gesamten Zeitraum dieser Koalition (bis 1998) war Norbert Blüm der zuständige Arbeits- und Sozialminister (Kap. 11).[111] Vor diesem Hintergrund war auch für den Arbeitsschutz auf nationaler Gesetzgebungsebene zunächst nichts zu erwarten.

105 Sein Nachfolger, Heinz Westphal, amtierte nach ihm noch für ein knappes halbes Jahr.

106 BArbBl. I/1980, S. 26; vgl. auch die Antwort der Bundesregierung auf die Große Anfrage der Fraktion der CDU/CSU »Menschengerechte Gestaltung der Arbeitsbedingungen« vom 24. 3. 1980, BT-Drucks. 8/3576 sowie Große Anfrage der Fraktion der SPD und der FDP »Humanisierung des Arbeitslebens« vom 21. 3. 1980, BT-Drucks. 8/3844; dazu Plenarprotokoll 8/217 vom 14. 5. 1980.

107 Zusammenfassung bei *Hinrichs*, AiB 1982, 41 ff.; diesem Entwurf war u. a. eine umfassende Bestandsaufnahme (in fünf Bänden) im Auftrag der Bundesanstalt für Arbeitsschutz und Unfallfallforschung (BAU) vorausgegangen: *Deppe/Kannengießer/Kikuth*, Arbeitsschutzsystem. Untersuchung in der Bundesrepublik Deutschland (1980).

108 Abgedruckt in IG Chemie-Papier-Keramik, Arbeitsschutz und Menschenwürde im Betrieb, 1982.

109 Deutscher Bundestag, Stenographischer Bericht, 45. Sitzung, 24. 6. 1981, S. 2562; vgl. auch BT-Drucks. 9/555 vom 5. 6. 1981.

110 Zitiert nach *Geyer*, Gesamtbetrachtung: Die Logik sozialpolitischer Reformen, in: Geschichte der Sozialpolitik in Deutschland seit 1945. Band 6 1974–1982 (Hrsg.: BMA/Geyer), 2008, S. 888.

111 Vgl. hierzu »Kurs der Vernunft«, DER SPIEGEL 51/1983.

Impulse kamen aber aus Brüssel.[112] Diese wiederum – ein bemerkenswertes Wechselspiel – hatten ihren Anstoß aus dem deutschen HdA-Programm erfahren. Das nahm seinen Anfang schon 1974 mit einem »Sozialpolitischen Aktionsprogramm« als Entschließung des EWG-Rates vom 21. Januar 1974.[113] Es zielte nahezu wortgleich auf:

- Verbesserung der Sicherheit und des Gesundheitsschutzes am Arbeitsplatz;
- schrittweise Beseitigung physischer und psychischer Belastungen am Arbeitsplatz, vor allem durch die Verbesserung der Umweltbedingungen und die Suche nach Möglichkeiten zur vielfältigeren Gestaltung der Arbeit;
- eine Reform der Arbeitsorganisation, durch die dem Arbeitnehmer größere Möglichkeiten, vor allem zur Eigenverantwortung, zu eigenen Aufgaben und zu weiterer Qualifizierung gegeben werden, etc.

Dies mündete in einer Reihe von Einzelrichtlinien mit sehr handfesten Schutzzielen (Blei, Asbest, Lärm am Arbeitsplatz sowie zum Verbot bestimmter Stoffe bzw. Arbeitsverfahren), die alle in deutsches Recht übersetzt wurden In dieser Zeit wurde außerdem die Zuständigkeit der gesetzlichen Krankenkassen für Gesundheitsprävention in den Betrieben geschaffen (erstmals § 20, heute § 20b SGB V). Danach sind sie verpflichtet, »*mit Leistungen zur Gesundheitsförderung in Betrieben (betriebliche Gesundheitsförderung) insbesondere den Aufbau und die Stärkung gesundheitsförderlicher Strukturen zu fördern.*«[114]

Eine geradezu säkulare Beschleunigung erfuhr die Regulierung des Arbeitsschutzes durch die Schaffung eines (damals noch: west-)europäischen Binnenmarkts und seiner »Sozialen Dimension«.[115] Rechtliche Grundlage dafür war die über mehrere Jahre erarbeitete und am 1. Juli 1987 in Kraft getretene »Einheitliche Europäische Akte« (EEA) (Kap. 21). Auf ihrer Grundlage wurden die Organe der EU in zweierlei Hinsicht tätig:

- beim betrieblichen Arbeitsschutz (Richtlinien nach Art. 153 AEUV zum Schutz der Sicherheit und der Gesundheit der Beschäftigten) und
- beim vorgelagerten Arbeitsschutz (EU-Binnenmarktrichtlinien bzw. EU-Verordnungen mit sicherheitstechnischen Anforderungen an das Inverkehrbringen von Produkten und Stoffen, Art. 114 AEUV).

In beiden Bereichen hat die EWG/EG/EU seit dem Ende der 1980er Jahre eine Vielzahl von Vorschriften erlassen, die seither die Grundlage für das gesamte deutschen Arbeitsschutzrecht bilden.[116] Obenan steht die Rahmenrichtlinie 89/391/EWG über Maßnahmen zur Verbesserung der Sicherheit und der Ge-

112 Zum folgenden eingehend *Pieper*, a. a. O., 1998, S. 211 ff.

113 ABl. Nr. C 12. 2. 1974, S. 1 ff.

114 Vgl. *Faller*, Lehrbuch Betriebliche Gesundheitsförderung, 3. Auflage, 2017.

115 EWG-Kommission, Weißbuch zur Vollendung des Binnenmarktes, 1985; *Marin*, Die soziale Dimension des Binnenmarktes, 1988 (»Marin-Bericht«).

116 Vgl. Kittner-*Deinert*, ASO, ArbSchG Nr. 7, Einl I 2.

sundheit der Arbeitnehmer bei der Arbeit (»Rahmenrichtlinie Arbeitsschutz«). Sie wurde in Deutschland mit dem Arbeitsschutzgesetz vom 7. August 1996[117] umgesetzt.[118] Eine große Vielzahl von Einzelrichtlinien wurde zur Grundlage entsprechender Verordnungen in Deutschland.[119] Parallel dazu wurden die Unfallverhütung und Prävention durch die gesetzliche Unfall- und Krankenversicherung (SGB VII und SGB V) sowie die Selbsthilfeaktivitäten der Wirtschaft intensiviert. Das alles und seine Entwicklung kann hier nicht dargestellt werden. Die Veränderungen der letzten 30 Jahre bestätigen aber die seit den Anfängen des Arbeitsschutzes feststellbare Grundtendenz seiner technik- und ökonomiegetriebenen Entwicklung. Es stellt sich heraus, dass insbesondere für Schlüsselindustrien, wie z. B. den Maschinenbau, ein hoher Arbeitsschutzstandard zugleich ein bedeutender positiver Wettbewerbsfaktor ist. Unabhängig davon folgte das Auf und Ab an der Oberfläche den Arbeitgeber- bzw. Arbeitnehmerprävalenzen der jeweiligen politischen Mehrheiten.

30.13 Arbeitsschutzprobleme bis heute

Ein repräsentatives Beispiel für die Verschränkung der verschiedenen politischen Motiv-Ebenen lieferte die ab 2003 geführte Auseinandersetzung um das »duale Arbeitsschutzsystem«. Ein wesentlicher Initiator war das Bundesland Bayern mit dem »Entwurf eines Gesetzes zur Neuordnung der Zuständigkeiten der Unfallversicherungsträger« vom 4. November 2003, eingebracht in den Bundesrat.[120] Es machte sich dabei offen und unverhohlen zum Fürsprecher einer Unternehmer-Lobby und beklagte, dass »*die immer größere Zahl der Unfallverhütungsvorschriften* [...] *zwischenzeitlich* [...] *zu einer Beeinträchtigung unternehmerischer Tätigkeit geführt*« habe. Ziel war es, »*diese Belastungen für die Unternehmen durch eine Einschränkung der Zuständigkeiten der Berufsgenossenschaften als Unfallversicherungsträger zu beseitigen.*« Deren Präventionstätigkeit sollte auf Beratung beschränkt werden, die Kompetenz zum Erlass von Unfallverhütungsvorschrif-

---

117 BGBl. I 1246.

118 Zum ArbSchG gab es noch ein europarechtliches »Nachspiel«: Der ursprüngliche § 6 Abs. 1 Satz 3 hatte Arbeitgeber mit zehn oder weniger Beschäftigten von der Pflicht befreit, die Gefährdungsbeurteilung nach § 5 zu dokumentieren. Dies hatte die EG-Kommission im Jahr 2000 zu einem Vertragsverletzungsverfahren veranlasst (Rs. C-5/00). 2002 hat dazu der EuGH entschieden, dass die Bundesrepublik Deutschland damit gegen Verpflichtungen des damaligen EG-Vertrages und der EG-Arbeitsschutz-Rahmenrichtlinie 89/391/EWG verstoßen hatte (Abl. C 84 vom 6. 4. 2002, S. 1718). Förmlich aufgehoben wurde die beanstandete Vorschrift nach einer Übergangsregelung erst 2013.

119 Dazu gibt es eine ausführliche Kommentarliteratur (vgl. *Pieper*, a. a. O., 2022; *Kohte/Faber/Feldhoff* (Hrsg.) Gesamtes Arbeitsschutzrecht, 3. Aufl. 2022; *Kollmer/Klindt/Schucht*, Hrsg., ArbSchG, 4. Aufl. 2021).

120 BR-Drucks. 820/03.

ten wegfallen; Rechtsetzung und Vollzug nur noch durch staatliche Vorschriften und die zuständigen staatlichen Behörden erfolgen. Aus diesen Vorstellungen ist nichts geworden. Vielmehr kam, mitten in der größten Krise der Weltökonomie nach der Weltwirtschaftskrise 1929ff., das »Unfallversicherungsmodernisierungsgesetz« (UVMG) vom 30. Oktober 2008[121] zustande, das Effizienzsteigerungen durch organisatorische Veränderungen im »dualen Arbeitsschutzsystem« bewirken sollte.[122]

Einen anderen Konflikt konnte man bei der Änderung der Arbeitsstättenverordnung einschließlich einer Integration der Bildschirmarbeitsverordnung und von Regelungen zur Gestaltung von »Telearbeitsplätzen« im Jahr 2016 beobachten. Da wurde ein schon weit gediehenes parlamentarisches Verfahren auf Intervention der BDA gestoppt, der folgende Inhalte ein Dorn im Auge waren: »[...] *das Betreiben von Telearbeitsplätzen, bürokratische Dokumentationspflichten für Unterweisungen, das Erfordernis abschließbarer Kleiderablagen an jedem Arbeitsplatz und umfassende Regelungen zu Tageslicht und ›Sichtverbindungen nach außen‹ in Arbeits- und Sozialräumen*«.[123] Nach einigem Hin und Her samt Drängen des Bundesrats beschloss die Bundesregierung schließlich die »Verordnung zur Änderung von Arbeitsschutzverordnungen« vom 30. November 2016.[124]

Die SARS-CoV-2-Pandemie (»Corona«) vom März 2020 bis zum Mai 2023 wurde schließlich zu der wohl schwersten Belastungsprobe für das deutsche Arbeitsschutzsystem außerhalb von Kriegszeiten. Die dabei getroffenen Maßnahmen des Arbeits- und Infektionsschutzes waren temporär und wurden an die

121 BGBl. I 2130 und BGBl. 2010 I 252 (vgl. hierzu die Entwürfe: BR-Drucks. 113/08 und BT-Drucks. 16/9154).

122 Vorausgegangen war der Gesetzgebung ein »Gutachten zur Neuorganisation der gesetzlichen Unfallversicherung«, im Auftrag des BMAS, durch die Sachverständigen Rürup, Steinmeyer und Ostwald vom 30.3.2006. Unabhängig davon hatte der europäische »Ausschuss hoher Aufsichtsbeamter« (Senior Labour Inspektor Committee – SLIC) am 6.2.2006 einen Evaluationsbericht über das deutsche Arbeitsaufsichtssystem vorgelegt (vgl. BGZ-Info »Internationales« Nr. 007 v. 12.7.2006; vgl. auch *SLIC*, Gemeinsame Grundsätze für Arbeitsaufsichtsbehörden im Hinblick auf Inspektionen für Sicherheit und Gesundheitsschutz bei der Arbeit (2004) sowie für den Umweltschutz: Empfehlung 2001/331/EG vom 4.4.2001 zur Festlegung von Mindestkriterien für Umweltinspektionen in den Mitgliedstaaten (ABl. L 118/41). 2017 bestätigte das SLIC dem »dualen Arbeitsschutzsystem« Fortschritte (vgl. Abschlussbericht zur SLIC-Revision 2017 des staatlichen Arbeitsschutzsystems der Bundesrepublik Deutschland, hrsg. von der Geschäftsstelle des Länderausschusses für Arbeitsschutz und Sicherheitstechnik – LASI, 2019).

123 BDA, Neue Arbeitsstättenverordnung darf nicht zu bürokratischen Mehrbelastungen führen, 9.2.2015; vgl. Arbeitgeber Aktuell, April 2015, 1, 8.

124 BGBl. I 2681.

Pandemieentwicklung angepasst.[125] Einen bleibenden Effekt dürfte allerdings die sprunghaft gestiegene Tätigkeit im »Homeoffice« hinterlassen haben. Inzwischen ist ein regelrechter »Kulturkampf« im Gange zwischen Unternehmen, die die Belegschaften aus Produktivitätsgründen in größerem Umfang wieder zurück in die Büros haben möchten, und den Arbeitnehmern, die die neu gewonnene Freiheit nicht aufgeben möchten. Für den Arbeitsrechtler liegt hier eine der offenen Entwicklungslinien, insbesondere für den Betriebs-Begriff (Kap. 40).

Schließlich gab es einen für den Arbeitsschutz dauerhaften »Nebeneffekt« der Pandemie, das »Arbeitsschutzkontrollgesetz« vom 22. Dezember 2020.[126] Es entstand nach hygienischen Skandalen bei der Fleischverarbeitung im Gefolge des Ausbruchs der Pandemie und führte zur umstandslosen Überschreitung »roter Linien« der Arbeitgeber beim Verbot der Leiharbeit und von Werkverträgen (Kap. 36). Auch hinsichtlich des Arbeitsschutzes wurden, über die Dauer der Pandemie und über die Fleischwirtschaft hinaus, Strukturen verändert: So wurde eine jährliche Mindestbesichtigungsquote für staatliche Behörden verankert, *»die schrittweise ansteigend im Jahr 2026 ihren Zielwert erreichen soll.«*[127] (vgl. § 21 Abs. 1a ArbSchG). Zudem wurde eine Verpflichtung zum Datenaustausch über den betrieblichen Arbeitsschutz zwischen den für den Vollzug des ArbSchG zuständigen staatlichen Behörden und den Trägern der gesetzlichen Unfallversicherung bestimmt (vgl. § 21 Abs. 3a ArbSchG bzw. § 20 Abs. 1a SGB VII). Die neu eingerichtete »Bundesfachstelle für Sicherheit und Gesundheit bei der Arbeit« bei der BAuA soll insbesondere die Auswertung der Jahresberichte der Länder einschließlich der Besichtigungsquote nach § 21 Abs. 1a ArbSchG realisieren.[128] Schließlich wurde mit § 24a ArbSchG der »Ausschuss für Sicherheit und Gesundheitsschutz bei der Arbeit« (ASGA) auf der Ebene des ArbSchG eingerichtet.

Ausweislich der empirischen Befunde war und ist das Arbeitsschutzsystem denkbar erfolgreich. Die Zahlen der Arbeitsunfälle sanken säkular auf vergleichsweise niedrige Größenordnungen. Demgegenüber ist die Entwicklung bei den Berufs-

---

125 Vgl. *Kollmer*, Pflichtenkanon für Arbeitgeber nach der neuen SARS-CoV-2-Arbeitsschutzverordnung, NJW 2022, 3177.

126 BGBl. I 3334 (vgl. *Kohte*, Das Arbeitsschutzkontrollgesetz – Schritte zur besseren Rechtsdurchsetzung, Arbeitsschutz in Recht und Praxis 2021, S. 2; *Cremer/Deinert*, Fremdpersonalverbot in der Fleischwirtschaft auf dem Prüfstand des Verfassungsrechts, HSI-Schriftenreihe Nr. 59, 2023).

127 BT-Drucks. 19/21978, 1 f.

128 Zu entsprechenden Aktivitäten der *Gemeinsamen Deutschen Arbeitsschutzstrategie (GDA)* vgl. BT-Drucks. 20/370 (vgl. auch Allgemeine Verwaltungsvorschrift zur Mindestbesichtigungsquote und zur quotenbegleitenden Datenübermittlung an die Bundesfachstelle für Sicherheit und Gesundheit bei der Arbeit nach § 24 Nr. 1 und 2 ArbSchG vom 19. 3. 2024, BAnz AT 28. 3. 2024 B2).

krankheiten differenzierter zu betrachten.[129] Die insgesamt beeindruckenden Befunde bedürfen zudem insoweit der Ergänzung, als im Zuge der Internationalisierung bzw. Globalisierung viele gefährliche Tätigkeiten in andere Länder, vor allem in den globalen »Süden«, ausgelagert wurden. Diesbezüglich regelt das »Lieferkettensorgfaltspflichtengesetz« vom 16. Juli 2023, kurz »Lieferkettengesetz«, die unternehmerische Verantwortung für die Einhaltung von Menschenrechten in globalen Lieferketten.[130]

31. Bestandsschutz

31.1 Bestandsschutz als Königsdisziplin des Arbeitnehmerschutzes

Das ganze Buch handelt bislang vom Schutz des Arbeitnehmers als abhängig Beschäftigten in einem Arbeitsverhältnis. Die Regulierung der Umstände seiner Beendigung, das was wir »Bestandsschutz« nennen, ist die Königsdisziplin des Arbeitsrechts.[1] Sein Vorhandensein bzw. seine Ausgestaltung liefern zugleich die Grundlage dafür, ob und mit welcher Intensität Arbeitnehmer ihre Rechte während des Bestands eines Arbeitsverhältnisses auch praktisch durchsetzen können. Er ist nach der konkreten Arbeitsmarktlage eine Schlüsselvariable für die Machtverteilung im Betrieb. Der »Ausschuss für ein einheitliches Arbeitsrecht« beschrieb diesen Zusammenhang in seiner Denkschrift zum Entwurf eines Arbeitsvertragsgesetzes 1923 denkbar plastisch und drastisch: »*Der Arbeitgeber* (hat) *in der Androhung einer Entlassung ein wirkungsvolles Mittel den Arbeitnehmer seinen Wünschen gefügig zu machen*«.[2]
Dieser Zusammenhang ist schwer messbar,[3] wird aber allein schon durch die Intensität belegt, mit der Arbeitgeber in dieser Hinsicht ihre unternehmerische

129 Vgl. *Ricke* (Hrsg.: DGUV), 125 Jahre Gesetzliche Unfallversicherung in Deutschland – Streiflichter, 2010, S. 252ff., 282ff.

130 BGBl. I 2959 (vgl. *Zimmer*, Das Lieferkettensorgfaltsgesetz, HSI-Schriftenreihe Nr. 48, 2023). Eine »Corporate Sustainability Due Diligence Directive (CSDDD)«, an die das nationale Recht noch angepasst werden muss, ist am 5.7.2024 als Richtlinie 2024/1760 im EU-Amtsblatt veröffentlicht worden.

1 Zum folgenden eingehend *Kittner/Klengel*, Entstehung des Kündigungsschutzgesetzes, 2022, S. 15ff.

2 Abdruck bei *Ramm*, Entwürfe zu einem Deutschen Arbeitsvertragsgesetz, 1992, S. 227. *Dorndorf* sprach von der »*Gefahr, […] dass der Arbeitnehmer durch unbeschränkte Kündigungsmöglichkeit zu überobligationsmäßigem Verhalten genötigt wird*« (*Dorndorf*, Vertragsdurchsetzung als Funktion des Kündigungsschutzes, ZfA 1989, 345, 375).

3 Ein aussagekräftiger Indikator ist und bleibt die Tatsache, dass Arbeitsgerichtsverfahren um Arbeitnehmerrechte während eines ungekündigten Arbeitsverhältnisses überwie-

Freiheit gegen systempolitische Grenzziehungen verteidigen (s. unten 31.10 zur Auseinandersetzung um die Zulässigkeit sachgrundlos befristeter Arbeitsverhältnisse).

Man muss auch nur einen Blick auf das Kernland der kapitalistischen Unternehmerfreiheit, die USA, werfen. Dort gibt es aufgrund der von den Gerichten etablierten »at will«-Doktrin über Diskriminierungsverbote hinaus keinen Kündigungsschutz.[4] Dieses Dogma wurde 1884 im grundlegenden Fall »*Payne v. The Western Et Atlantic Railroad Co*« mit der klassischen, bis heute gültigen Formel beschrieben, dass der Arbeitgeber bei unbefristeten Arbeitsverhältnissen »*seine Arbeitnehmer frei kündigen kann, ob diese zahlreich oder nicht sind, aus gutem Grund, ohne Grund und selbst aus verwerflichem Grund, ohne deswegen eines rechtlichen Fehlverhaltens schuldig zu sein*«.[5] Jeglicher Versuch, dieses Prinzip anzutasten, würde dort als »Revolution« zurückgewiesen werden. Aus diesem Grund ließen die internationalen Arbeitgeberverbände die ILO-Experten-Gespräche zur Zukunft des Übereinkommens 158 über den Kündigungsschutz scheitern.[6] Das verdeutlicht die ganze Bandbreite des systempolitischen Konfliktstoffs.

31.2 Paradigmenwechsel: Vom Arbeitszwang zum Schutz vor Arbeitsplatzverlust

»Bestandsschutz« im Sinne von Regeln über die Beendigung von Arbeitsverhältnissen, sei es durch Kündigung, sei es durch Fristablauf, macht nun allerdings fundamentale Probleme bei dem Versuch, eine »longue durée« unter Einbeziehung eines »Arbeitsrechts avant la lettre« zu konstruieren. Das Ausgreifen auf die »alten«, vorkapitalistischen Zeiten mochte nämlich Sinn machen für das Verhältnis von Lohn und Leistung, für die Arbeitszeit und auch für Arbeitskonflikte (Kap. 2, 26, 29). Für die Beendigung von »Arbeitsverträgen« funktioniert das jedoch nicht. Denn für all die Jahrhunderte, von denen wir da reden, bis zum Ende des 19. Jahrhunderts, machte sich niemand Gedanken um den Schutz der

---

gend nur von Arbeitnehmern geführt werden, die im öffentlichen Dienst beschäftigt sind (Kap. 28).

4 Vgl. *Kittner/Kohler*, Kündigungsschutz in Deutschland und den USA, BB 2000, Beilage 4; *Stieber/Blackburn/Pratt*, Hrsg., Protecting unorganized Employees against unjust discharge, School of Labor an Industrial Relations, Michigan State University, 1983. Eine Ausnahme gilt in Montana, wo allerdings befristete Verträge einschließlich automatischer befristeter Verlängerungen ohne Weiteres möglich bleiben (vgl. *https://archive.legmt.gov/bills/mca/title_0390/chapter_0020/part_0090/sections_index.html*).

5 *Payne v. The Western & Atlantic RR. Co.*, 31 Tenn. 507 (1884).

6 Vgl. *Lörcher*, Firing at Will – the Employers' Response to the Crisis, Global Labour University, 2011.

arbeitenden Menschen vor dem Verlust ihrer Arbeit, sondern ihrer Arbeitgeber vor der Aufgabe der Arbeit durch die Arbeitnehmer.

Thorsten Keiser hat den Grund dafür in einem alle Arten von Beschäftigungsverhältnissen in allen möglichen Konstellationen umspannenden Ordnungskonzept ausgemacht:[7] »*Ab etwa 1400 fand in den deutschen Territorien und Städten eine neuartige starke Überlagerung von Dienstverhältnissen mit obrigkeitlichen Normen statt. Der frühneuzeitliche Staat projizierte seine Gemeinwohlvorstellungen auf die Dienstverhältnisse der abhängig arbeitenden Menschen. Ein reibungsloses Funktionieren von Landwirtschaft und Produktion wurde zu einem wichtigen Anliegen der Obrigkeit. Dienstverträge waren damit keine Angelegenheit zwischen zwei Parteien, sondern ein Politikum ersten Ranges, das unmittelbar übergeordnete Interessen betraf. Konsequenz war die Ausübung von rechtlichem Zwang zur Erfüllung dienstvertraglicher Leistungen von Handarbeitern.*«

Das hatte zur Konsequenz, dass es für alle Arten von abhängiger Beschäftigung zum zentralen Ziel gemacht wurde, die Arbeitenden von einer unerwünschten Beendigung ihrer Tätigkeit (z. B. durch »Entlaufen«) abzuhalten. Das erfolgte mit Sanktionen vielfältigster Art, von zivilen Vertragsstrafen und strafrechtlicher Verfolgung bis hin zu brachialen Methoden, wie der gewaltsamen Rückführung an die Arbeitsstätte oder in ein Arbeitshaus. Diesem Zweck dienten auch »Arbeitsbücher« jedweder Art, die die Aufnahme einer neuen Arbeit von einer Art »Wohlverhaltensbescheinigung« des alten Arbeitgebers abhängig machten. Für Handwerksgesellen wurde dies erstmals im »Reichsgutachten« von 1672 unter den Begriff »Kundschaft« oder »Attestat« thematisiert; in der »Reichszunftordnung« von 1731 wurde dazu sogar ein Formular mit genauem Wortlaut vorgeschrieben.[8] Die Beseitigung derartiger Bindungen wurde daher auch als eine Art von Befreiung angesehen, als Art. 1780 des Code Napoléon vorsah, dass man sich »nur auf bestimmte Zeit, oder für eine bestimmte Unternehmung, verdingen« könne.

Nachdem diese Ordnung an ihr Ende gekommen war, schlug das Pendel jedoch in die andere Richtung aus: »*Als Aufgabe der Rechtsordnung sah man nun vorrangig eine Korrektur der wirtschaftlichen Chancenasymmetrie durch soziale Schutznormen zugunsten der Arbeitnehmer an. Kaum war die alte Gemeinwohlvorstellung der Mobilisierung von Arbeitskraft beseitigt, trat der Schutz arbeitender Menschen vor dem Verlust der Lebensgrundlage als eine neue Gemeinwohlvorstel-*

7 *Keiser*, Vertragszwang und Vertragsfreiheit im Recht der Arbeit von der Frühen Neuzeit bis in die Moderne, 2013, S. 393.

8 Vgl. *Kittner*, Arbeitskampf, S. 103, 113f. Für Handwerksgesellen war dieser Reichspolitik wegen deren Mobilitätsmöglichkeiten im Alten Reich kein Erfolg beschieden (Kap. 26).

lung und prägendes Merkmal eines neuen Arbeitsrechts hervor. [...] *Das Zukunftsmodell war der sozial gebundene Dienstvertrag.*«[9]
Damit kam es zu einem »Paradigmenwechsel« vom Leitbild des befristeten zu dem eines unbefristeten Vertrages.[10] Dieser wurde zunächst eingeleitet für Handelsgehilfen aufgrund des »Allgemeinen Deutschen Handelsgesetzbuchs« (ADHGB) von 1861, mit zwei für die Zukunft prägenden Komponenten: Zum einen die beiderseitige freie Kündigung eines Dienstverhältnisses mit sechswöchiger Frist zum Quartalsende und zum anderen zum Schutze der Handlungsgehilfen die Bindung einer vorzeitigen, außerordentlichen Kündigung an »wichtige, beispielhaft aufgeführte Gründe« (§§ 62ff. ADHGB). Diese Grundstruktur wurde im »Handelsgesetzbuch« (HGB) des Norddeutschen Bundes, später des Deutschen Reichs fortgeführt (§§ 61ff., später §§ 70ff. HGB) und später Bestandteil des BGB. Für die ordentliche Kündigung machte § 621 BGB die Frist davon abhängig, wonach die Vergütung bemessen wurde: bei Bemessung nach Tagen täglich für den nächsten Tag, nach Wochen: wöchentlich usw. (bis sechs Wochen bei vierteljährlicher Entgeltzahlung; bei »Diensten höherer Art« nur zum Quartalsschluss, § 622 BGB). Für »Gesellen und Gehülfen« sah es auf dem Papier des Gesetzblatts ähnlich aus: Es galt eine vierzehntägige ordentliche Kündigungsfrist und enumerative Gründe für eine außerordentliche Kündigung (§§ 110, 111GewO). Das war allerdings eine nahezu fiktive Auffanglösung, denn für Arbeiter war die Vereinbarung einer täglichen Kündigungsfrist gang und gäbe (noch in den Musterarbeitsordnungen aufgrund des BRG von 1920 war das als Option vorgesehen, siehe Kap. 23).

31.3 Arbeitskräftelenkung I: Demobilmachungsrecht

Der Kipppunkt für den epochalen Paradigmenwechsel sollte erst nach dem Ersten Weltkrieg und der von seinem Ende ausgelösten Novemberrevolution kommen (sogleich 31.4). Im Krieg selbst wurde eine kündigungsrelevante Kriegsfolge besonderer Art geboren: die Abhängigkeit der Beendigung eines Arbeitsvertrages von einer staatlichen Genehmigung. Die erste Maßnahme dieser Art traf zunächst die Arbeitnehmer. Nach den ersten beiden Kriegsjahren, mit den nicht vorhergesehenen, unvorstellbaren Menschenopfern im Stellungskrieg, kam es zur Knappheit an Soldaten einerseits ebenso wie von Arbeitern andererseits; es entwickelte sich ein permanentes Tauziehen zwischen Arbeitgebern und Mi-

9 *Keiser*, a. a. O., S. 404f.; *ders.*, Status und Vertrag als Strukturelemente der Arbeitsrechtsgeschichte seit dem Mittelalter, in FS Kittner, 2021, S. 201.

10 Vgl. *Deutsch/Keiser*, Historischer Kommentar zum BGB, §§ 620 – 630, Rn. 113. Verträge auf Lebenszeit wurden allerdings nach fünf Jahren mit halbjähriger Frist kündbar (a. a. O., Rn. 24).

litärbehörden. Daraus entwickelten die Militärs 1916 im »Hindenburgplan« zunächst die Idee einer Arbeitspflicht für alle erwachsenen Männer, aus dem dann eine Dienstverpflichtung mit der Ausnahmemöglichkeit durch eine »Abkehrbescheinigung« aufgrund des »Gesetzes über den vaterländischen Hilfsdienst« erwuchs.[11]

Nach dem Kriege wurde die Wiedereingliederung der aus dem Krieg zurückkehrenden Soldaten zum arbeitsmarktpolitischen Hauptproblem, dem eine Vielzahl von Vorschriften unter der Überschrift »Demobilmachung« gewidmet wurde.[12] Bereits am 4. Januar 1919 erging die erste kündigungsrelevante »Demobilmachungsverordnung«, die »Verordnung über die Einstellung, Entlassung und Entlohnung gewerblicher Arbeiter während der Zeit der wirtschaftlichen Demobilmachung«.[13] Sie hatte gerade nicht den Schutz von Arbeitern gegen Kündigungen zum Ziel, sondern verpflichtete den Arbeitgeber dazu, vorhandenen Arbeitern zu kündigen, um Arbeitsgelegenheit für zurückkehrende Soldaten zu schaffen: Dazu schrieb sie vor:

§ 7 Abs. 1 DemobilmachungsVO 1919

Für die Auswahl der zu entlassenden Arbeiter sind zunächst die Betriebsverhältnisse, insbesondere die Ersetzbarkeit des einzelnen Arbeiters zu prüfen. Sodann sind das Lebens- und Dienstalter sowie der Familienstand des Arbeiters derart zu berücksichtigen, dass die älteren, eingearbeiteten Arbeiter und die Arbeiter mit versorgungsberechtigter Familie zu belassen sind. Die Kriegshinterbliebenen sind angemessen zu berücksichtigen.

Das wurde zum Vorbild für den künftig einzig relevanten umgekehrten Fall der »Sozialauswahl« bei einer Kündigung wegen Wegfalls der Arbeitsgelegenheit, der später sogenannten »betriebsbedingten« Kündigung (s. u. 31.7).

Die Demobilmachungsvorschriften solcher Art – Wiedereinstellung von Soldaten in Kombination mit Entlassungsverpflichtung – liefen nach mehrfachen

---

11 Als Gegenleistung brachte das HilfsdienstG die Anerkennung der Gewerkschaften und Beteiligungsrechte für ständige Arbeiterausschüsse (Kap. 27).

12 Vgl. *Weller*, Arbeitslosigkeit und Arbeitsrecht, 1969, S. 37 ff. Mit seiner ersten legislativen Sachentscheidung schuf der Rat der Volksbeauftragten noch am 12. 11. 1918 das »*Reichsamt für die wirtschaftliche Demobilmachung (Demobilmachungsamt)*«, dessen Leiter, Oberstleutnant *Köth*, zu diesem Zweck umfassende, nahezu diktatorische Vollmachten erteilt wurden (RBGl. 1304). Das inzwischen in »*Reichsministerium für wirtschaftliche Demobilmachung*« umbenannte Amt wurde bereits am 14. 4. 1919 wieder aufgelöst (RGBl. 438).

13 RGBl. 8. Am 24. 1. 1919 erging eine entsprechende VO für Angestellte (RGBl. 100).

Änderungen Ende 1922 aus.[14] Sehr bald nach Kriegsende stand aber wieder der Normalfall, dass Arbeitnehmer vor Kündigungen geschützt werden mussten, im Mittelpunkt. Schon in der 4. Version der Demobilmachungsverordnung vom 3. September 1919[15] wurde folgender § 12 eingefügt:

> Entlassungen zur Verminderung der Arbeitnehmerzahl dürfen nur vorgenommen werden, wenn der Arbeitgeber nach den Verhältnissen des Betriebs keine Vermehrung der Arbeitsgelegenheit durch Verkürzung der Arbeitszeit (Streckung der Arbeit) zugemutet werden kann. Hierbei braucht jedoch die Wochenarbeitszeit eines Arbeitnehmers nicht unter 24 Stunden herabgesetzt zu werden.

Darin liegt die erstmalige Verankerung des »Ultima-ratio-Prinzips« im Kündigungsschutzrecht.[16]
Kurz darauf erging die »Verordnung über Betriebsstillegungen und Arbeitsstreckungen« vom 13. Oktober 1920.[17] Sie brachte eine Pflicht zur Anzeige von Betriebsabbrüchen und -stilllegungen, die die Entlassung einer größeren Zahl von Arbeitnehmern zur Folge haben würden. Solche Maßnahmen durften vor Ablauf von vier bzw. sechs Wochen nicht ohne Genehmigung der Demobilmachungsbehörde getroffen werden. Das bedeutete mittelbar den Schutz vor entsprechenden Kündigungen.[18] Mit dieser »Stilllegungsverordnung« wurde vorgezeichnet, was im Kündigungsschutzgesetz bis heute als »Massenkündigungsschutz« geregelt ist. Im Jahr 1923 erhielt sie ihre für die Zeit der Weimarer Republik abschließende Fassung.[19] Diese Regelung wurde, so wie der individuelle Kündigungsschutz, in § 20 AOG fortgeführt (Kap. 12).

---

14 Vgl. *Wüllenweber*, Die Entwicklung des Kündigungsschutzrechts seit dem ersten Weltkrieg, S. 41 f.
15 RGBl. 1500.
16 Vgl. *Preis*, in Ascheid/Preis/Schmidt, Hrsg., Großkommentar zum Kündigungsschutzrecht, Grundlage A, Rn. 7.
17 RGBl. 1901.
18 Das war umstritten, wurde aber in Praxis und Theorie – gegen Reichsarbeits- und -wirtschaftsministerium – überwiegend so gesehen (vgl. *Weller*, Arbeitslosigkeit und Arbeitsrecht, S. 65).
19 Verordnung über Betriebsstillegungen und Arbeitsstreckung vom 15. 10. 1923, RGBl. I 983.

31.4 »Kündigungsschutz« in der Weimarer Republik

Mit Blick auf die große Zweiteilung der Arbeitnehmer im Hinblick auf ihr Bestandsinteresse an einem Arbeitsverhältnis nahm der gesetzliche Kündigungsschutz in Deutschland folgerichtig seinen Anfang bei den Angestellten,[20] und zwar dort, wo es die meisten von ihnen gab: in der Hauptstadt Berlin. Nach der Novemberrevolution 1918 kam es im Frühjahr 1919 zu so etwas wie einer »zweiten Revolution« mit ausgedehnten Arbeitsniederlegungen im Ruhrgebiet, in Mitteldeutschland und bei Angestellten in Berlin. Dort streikten etwa 40 000 Angestellte in der Metallindustrie mit Unterstützung durch die Angestellten der Banken – der größte Streik nur von Angestellten in der ganzen deutschen Geschichte.[21] Dabei ging es vor allem um die Mitbestimmungsrechte der Angestelltenausschüsse, besonders bei Einstellungen und Kündigungen – inhaltlich ein völliges Novum in der Arbeitsrechtsgeschichte.

Für die Lösung des grundlegenden Problems »Eingrenzung bzw. Unterbindung einer Arbeitgeber-Kündigung« gab es zum damaligen Zeitpunkt im Grunde keine Vorbilder, sondern nur zwei unterschiedliche, allerdings sehr punktuelle arbeitsrechtliche Konzepte: einmal eine materielle Kompensation für eine von der Arbeitnehmerin/vom Arbeitnehmer nicht zu vertretende Kündigung (Typ 1), auf der anderen Seite die Unzulässigkeit einer solchen Kündigung (Typ 2). Zum allerersten Mal in der deutschen Rechtsgeschichte finden wir den Typ 1 im von Ernst Abbe verfügten Statut der Carl-Zeiss-Stiftung in Jena vom 30. Juni 1891:[22]

§ 77 Abs. 1

Die in kündbaren Verträgen stehenden Beamten, Geschäftsgehilfen und Arbeiter der Stiftungsbetriebe haben nach im Ganzen dreijähriger seit Vollendung des 18ten Lebensjahres im Dienst der Stiftung verbrachter Dienstzeit einen klagbaren Anspruch gegen ihre Firma auf Gewährung

---

20 Neben dem allgemeinen für alle Arbeitnehmer geltenden Kündigungsschutz gab es seit dem Gesetz über Kündigungsfristen für Angestellte vom 9. 7. 1926 (RGBl. I 399) verlängerte Kündigungsfristen für ältere Angestellte. Die damit verbundene unterschiedliche Anrechnung der Beschäftigungszeiten vor dem 35. Lebensjahr wurde erst 1982 vom BVerfG als ungerechtfertigte Besserstellung der Angestellten gegenüber den Arbeitern verworfen (BVerfG 16. 11. 1982, BVerfGE 62, 256). Nachdem das BVerfG auch die Unterschiedlichkeit der Fristen selbst für verfassungswidrig erklärt hatte (BVerfG 30. 5. 1990, BVerfGE 82, 126), wurden sie für beide Personengruppen gleich im heutigen § 622 BGB geregelt (zur Angestellten/Arbeiter-Problematik s. Kap. 34).

21 Vgl. *Kittner*, Arbeitskampf, S. 415 ff. Dieser Streik wurde beendet durch die Drohung der Obleute aller Angestellten-Ausschüsse für insgesamt etwa 150 000 Angestellte mit einem Generalstreik.

22 *https://abbeverein.de/wp-content/uploads/2019/01/statut_1896.pdf.*

einer Entschädigung für Verlust ihrer Stellung, wenn die Auflösung des Dienstverhältnisses seitens der Firma erfolgt, ohne dass sie zur Fortsetzung der vertragsmäßigen Thätigkeit unfähig geworden sind oder ihrerseits schuldbare Veranlassung zur Vertragsauflösung gemäß § 79 dieses Statuts gegeben haben.

Dieses Konzept wurde im größeren Stil von Heinz Potthoff im Jahr 1914 als Bestandteil des »*Entwurfs eines Gesetzes über den Dienstvertrag der Angestellten (Angestelltengesetz)*« aufgriffen.[23] Sein Vorschlag war: Mit steigender Beschäftigungszeit wurden strengere Anforderungen an die Berechtigung einer ordentlichen Kündigung gestellt, bis »*nicht ohne triftigen Grund*« nach 10 Jahren. Ergänzend sah er nach drei Jahren die Zahlung einer Abfindung bei einer Kündigung vor, »*ohne daß der Angestellte einen Grund dazu verschuldet hat.*«
Eine Kündigungsreglementierung vom Typ 2 entwickelte erstmals der Frankfurter hauptamtliche Magistrat Karl Flesch,[24] der 1901 Vorschläge zur Kodifizierung des Arbeitsvertrages und dabei auch zur Eingrenzung willkürlicher Kündigungen unterbreitete.[25] Sein Bezugspunkt war die dem Unternehmer durch die unbeschränkte Freiheit zur Kündigung über den Arbeitnehmer eingeräumte Macht, deren willkürliche Ausübung eingegrenzt werden müsse. Er formulierte als erster Anforderungen an die Berechtigung einer Kündigung, und zwar:[26]

---

23 Vgl. *Potthoff H.*, Arbeitsrecht: Jahrbuch für das gesamte Dienstrecht der Arbeiter, Angestellten und Beamten, 1914/15, S. 31, 48.

24 Vgl. *Hermel*, Karl Flesch (1853 – 1915): Sozialpolitiker und Jurist (zugleich Diss. Frankfurt), Baden-Baden 2004; *Sinzheimer*, Der Sozialpolitiker Karl Flesch und seine literarisch-wissenschaftliche Tätigkeit, in: Kahn-Freund/Ramm (Hrsg.), Hugo Sinzheimer, Arbeitsrecht und Rechtssoziologie, Bd. 1, S. 378.

25 Vgl. *Flesch*, Zur Kritik des Arbeitsvertrags, seine volkswirtschaftlichen Funktionen und sein positives Recht, 1901; vgl. *ders.*, Die Beschränkung der Macht zur Aufhebung des Arbeitsvertrages, Zeitschrift für das Gewerbe- und Kaufmannsgericht 1909, 378. Auf Betreiben von *Flesch* brachte die Fortschrittliche Volkspartei, der er angehörte, im Jahr 1913 sowohl im Reichstag als auch im Preußischen Landtag (erfolglose) Anträge zur Gestaltung des Arbeitsverhältnisses der in den Staatsbetrieben beschäftigten Arbeiter und Angestellten als Muster für ein allgemeines Arbeitsrecht ein (vgl. Resolution zur zweiten Beratung des Reichshaushalts am 19. 4. 1913, Reichstagsdrucks. Nr. 912; Antrag im Preuß. Landtag vom 25. 4. 1913, Drucks. Nr. 1501). Sie sahen hinsichtlich einer Kündigung folgendes vor: »*Arbeitern und Angestellten, die mindestens 10 Jahre ununterbrochen beschäftigt waren, darf nur von der Leitung und nur aus wichtigen Gründen gekündigt werden*« (*Flesch*, Die Stellung der politischen Parteien zum Arbeitsrecht, Arbeitsrecht: Jahrbuch für das gesamte Recht der Arbeiter, Angestellten und Beamten 1914/15, S. 108).

26 *Flesch*, Zur Kritik des Arbeitsvertrages, a. a. O., S. 21 f.

> *»1. Der Unternehmer muss Arbeitsverträge, die er geschlossen hat, lösen, wenn sich der Betrieb ändert oder wenn er den Betrieb einstellt.*
> *2. Der Unternehmer muß aber den Vertrag auch lösen können, wenn in der Person des Arbeitnehmers sich Änderungen ergeben: wenn dieser seine Pflicht versäumt, die bei Abschluß des Vertrages vorausgesetzten Kenntnisse nicht hat, arbeitsunfähig wird.«*

Das war die konzeptionelle Geburtsstunde der künftigen Einteilung in betriebs-, personen- und verhaltensbedingte Kündigungen, wie sie aber erst nach dem Zweiten Weltkrieg in der britischen Besatzungszone von der dortigen Arbeitsverwaltung aufgegriffen werden sollte (s. u. 31.7).
Das Ergebnis des Angestellten-Streiks in Berlin war eine dritte Variante, die sich situations-logisch anbot, nämlich die Verknüpfung einer durch bestimmte Gründe berechtigten Kündigung (Typ 2) mit der Mitbestimmung des Angestellten-Ausschusses (zum darüber hinaus gehenden Schutz für Ausschussmitglieder s. u.):[27]

> Der Angestelltenausschuß ist berechtigt, der Kündigung von Angestellten, von der ihm Kenntnis zu geben ist, ohne aufschiebende Wirkung zu widersprechen, wenn er der Ansicht ist, daß wichtige Gründe der Entlassung entgegenstehen, welche die Entlassung als gegen die berechtigten Interessen der Angestelltenschaft des Betriebes verstoßend oder als eine nicht durch die Verhältnisse des Betriebes bedingte unbillige Härte gegen den betroffenen Angestellten erscheinen lassen.
> Der Angestelltenausschuß ist verpflichtet, die Gründe und das Beweismaterial bereits in der Verhandlung mit der Geschäftsleitung zum Vortrag zu bringen. Ist eine Einigung nicht zu erzielen, so kann der Angestelltenausschuß nach Beendigung der Verhandlungen den Schlichtungsausschuss anrufen. Dieser entscheidet endgültig.

Dieser Tarifvertrag wurde leicht modifiziert zur Grundlage des Regierungsentwurfs eines Betriebsrätegesetzes vom 16. August 1919.[28] Der Regierungsentwurf wurde dann in den parlamentarischen Beratungen vor allem auf Betreiben der

---

27 Vereinbarung zwischen dem Verband der Berliner Metallindustriellen und der Vertretung der beteiligten Angestelltenverbände und der Streikleitung, betreffend das Mitbestimmungsrecht bei Einstellungen und Entlassungen vom 19. 4. 1919 (abgedruckt in *Hoeniger/Wehrle*, Arbeitsrecht, 1920, S. 264).

28 Nationalversammlung 1919, Drucks. Nr. 928.

den Unternehmern nahestehenden »Deutschen Demokratischen Partei« (DDP) kräftig »abgespeckt« – und ganz besonders hinsichtlich des Mitbestimmungsrechts bei Kündigungen. Die bedeutendsten Veränderungen: Dem Arbeitgeber wurde im Falle, dass ein Kündigungseinspruch berechtigt war, die Möglichkeit eröffnet, eine Weiterbeschäftigung des Arbeitnehmers durch Zahlung einer Abfindung abzuwenden. Außerdem entschied über die Einspruchsberechtigung in letzter Instanz eine Schlichtungsstelle (später das Gericht, s. u.):

§ 84 BRG

Arbeitnehmer können im Falle der Kündigung seitens des Arbeitgebers binnen fünf Tagen nach der Kündigung Einspruch erheben, indem sie den Arbeiter- oder Angestelltenrat anrufen:

1. wenn der begründete Verdacht vorliegt, daß die Kündigung wegen der Zugehörigkeit zu einem bestimmten Geschlechte, wegen politischer, militärischer, konfessioneller oder gewerkschaftlicher Betätigung oder wegen Zugehörigkeit oder Nichtzugehörigkeit zu einem politischen, konfessionellen oder beruflichen Verein oder einem militärischen Verband erfolgt ist;
2. wenn die Kündigung ohne Angabe von Gründen erfolgt ist;
3. wenn die Kündigung deshalb erfolgt ist, weil der Arbeitnehmer sich weigerte, dauernd andere Arbeit, als die bei der Einstellung vereinbarte, zu verrichten;
4. wenn die Kündigung sich als eine unbillige, nicht durch das Verhalten des Arbeitnehmers oder durch die Verhältnisse des Betriebs bedingte Härte darstellt.

§ 87

(1) Über den Einspruch (§ 84) wird im gesetzlichen Schlichtungsverfahren endgültig entschieden.
(2) Geht die Entscheidung dahin, daß der Einspruch gegen die Kündigung gerechtfertigt ist, so ist zugleich für den Fall, daß der Arbeitgeber die Weiterbeschäftigung ablehnt, ihm eine Entschädigungspflicht aufzuerlegen.

Damit war man der Sache nach beim »Modell Abbe« gelandet, freilich mit zwei Besonderheiten, deren zweite ungeahnte Probleme für die künftige Rechtswendung auslösen sollte:

- Der »Kündigungsschutz« galt nur beim Vorhandensein eines ab 20 Arbeitnehmern möglichen Betriebsrats, wenn dieser sich der Sache der gekündigten

Arbeitnehmer annahm. Das bedeutete im Ergebnis, dass er nur für ca. 30 % der Arbeitnehmer galt.

- Im Streitfall sollte im Schlichtungsverfahren abschließend über die Berechtigung des Einspruchs entschieden werden, soweit keine Arbeitsvertragspartei ein gerichtliches Verfahren herbeiführte. Mit dem ArbGG 1926 wurde diese Zuständigkeit auf das Arbeitsgericht übertragen (§ 112 Nr. 7). Damit wurde, was ursprünglich hauptsächlich eine nicht justiziable Leitlinie für einen Schlichtungsausschuss sein sollte, zu einem auslegungsbedürftigen Rechtsbegriff. Das sollte bei den »Verhältnissen des Betriebs«, später der »betriebsbedingten« Kündigung, größte Unklarheiten (bis heute) auslösen (unten 31.10).

Diese Rechtslage galt unverändert während der Dauer der Weimarer Republik. Es gab jedoch eine interessante Diskussion zur Fortentwicklung des Kündigungsschutzes im 1919 eingesetzten »Ausschuss für ein einheitliches Arbeitsrecht« (Kap. 38).[29]

Der Ausschuss legte 1923 den Entwurf eines Arbeitsvertragsgesetzes vor,[30] mit einem eigenen Abschnitt über Kündigungsschutz.[31] Darin wurden Beschränkungen der ordentlichen Kündigung normaler Arbeitnehmer sowie das Recht zur Kündigung und Versetzung von Betriebsratsmitgliedern geregelt. Hinsichtlich einer Einzelkündigung wich der Vorschlag nicht allzu sehr von der vorhandenen Regelung des § 84 BRG ab, verzichtete aber darauf, einen Kündigungseinspruch von der Beteiligung des Betriebsrats abhängig zu machen. Kündigungsschutz wurde damit zu einer strikt individualrechtlichen Angelegenheit zwischen Arbeitnehmer und Arbeitgeber mit Streitentscheidung durch das Arbeitsgericht. Abgesehen von allen methodischen Erwägungen hätte eine solche Konzeption automatisch zu einem breiteren Geltungsbereich des Kündigungsschutzes geführt, weil er nicht vom Vorhandensein eines Betriebsrats abhängig gewesen wäre. Außerdem wurde die Nichtberücksichtigung des Betriebsrats damit gerechtfertigt, dass auf diese Weise mögliche sachwidrige Motive auf jeden Fall hätten vermieden werden können. Das wurde damals vehement von Alfred Hueck kritisiert; wenige Missbrauchsfälle dürften nicht für einen so weitgehenden Schritt herhalten. Man könne dem Arbeitnehmer eine Klagemöglichkeit auch dann einräumen, wenn der Betriebsrat sich seiner Beschwerde nicht angenommen habe.[32]

---

29 Vgl. eingehend *Kaiser*, Kündigungsschutz ohne Prinzip. Der Weimarer Entwurf eines Arbeitsvertragsgesetzes und seine Bezüge zum heutigen Recht, 2005.

30 RArbBl. 1923, Amtlicher Teil, S. 488ff.

31 Speziell zu den Kündigungsvorschriften des Entwurfs vgl. *Welslau*, Befristete Arbeitsverhältnisse und Kündigungsschutz, Diss. Bielefeld 1988, S. 226ff.; *Wüllenweber*, Die Entwicklung des Kündigungsschutzes seit dem ersten Weltkrieg, Diss. Köln 1965, S. 130ff.

32 Vgl. *Hueck*, Juristische Betrachtungen zum Entwurf eines Allgemeinen Arbeitsvertragsgesetzes, RArbBl. 1924, Nichtamtlicher Teil, S. 260, 264.

Im Mittelpunkt der Ausschussberatungen standen, wie könnte es anders sein, die zwei Facetten eines Kündigungsschutzes im Wortsinne, ob nämlich

- bei Nichterfüllung der verlangten Kriterien eine Kündigung rechtsunwirksam ist und
- der Arbeitgeber ein Wahlrecht zwischen der Weiterbeschäftigung des Arbeitnehmers und der Zahlung einer Abfindung hat.

Für einen Kündigungsschutz ohne Loskaufrecht des Arbeitgebers votierte nur Heinz Potthoff in einem von ihm als Beratungsgrundlage eingebrachten Entwurf:[33] »*Eine Kündigung des Arbeitgebers ist unzulässig, wenn sie sich als unbillige, nicht durch das Verhalten des Arbeitnehmers oder durch Verhältnisse des Betriebs bedingte herausstellt.*«

Der Ausschuss entschied sich jedoch mit den Stimmen aller übrigen Mitglieder dagegen und für eine Kontinuität im Verhältnis zum BRG: Der Arbeitgeber sollte ein Wahlrecht zwischen Weiterbeschäftigung und Abfindung erhalten, sich mithin »freikaufen« können. Die Substanz des Potthoff'schen Entwurfs sollte erst mit den Anläufen zu einem neuen Kündigungsschutzgesetz nach 1945 neu belebt werden (s. u.).

Dazu ist die von Hugo Sinzheimer in und außerhalb des Arbeitsrechtsausschusses eingenommene Haltung interessant, denn sie verdeutlicht die systempolitische Dimension dieser Grundentscheidung. So bezweifelte er schon 1915 die Realisierbarkeit der Vorschläge von Karl Flesch zur Beschränkung der freien Auflösung des Arbeitsvertrages: »*Denn es ist zum mindesten zweifelhaft, ob überhaupt allgemein eine gesetzliche Beschränkung der freien Auflösbarkeit des Arbeitsvertrages für erwerbswirtschaftlich betriebene Unternehmen möglich ist.*«[34]

Davon ließ er sich auch in den Beratungen des Arbeitsrechtsausschusses leiten. Sinzheimer schloss sich der Mehrheitsmeinung – Beibehaltung des Wahl- bzw. »Loskaufrechts« – mit der resignierten Feststellung an: »*In der Frage, ob Unzulässigkeit der Kündigung oder Einspruch, spreche er sich für ein Einspruchsrecht als Gestaltungsrecht aus. Wenn man hier ein dingliches Recht des Arbeitnehmers auf seine Arbeitsstelle begründen wolle, dann müsse man zunächst die Voraussetzungen wirtschaftlicher Natur dafür schaffen. Solange man die privat-kapitalistische Wirtschaft habe, sei die äußerste Grenze ein Einspruchsrecht, aber das müsse aufrecht erhalten bleiben.*«[35]

Eine Gesamtwürdigung dieses Entwurfs und vor allem der Tatsache, dass er während der Dauer der Weimarer Republik nie irgendeine politische Relevanz erlan-

---

33 Vgl. *Kaiser*, Kündigungsschutz ohne Prinzip, S. 157, Textabdruck S. 366.

34 *Sinzheimer*, Der Sozialpolitiker Karl Flesch und seine literarisch-wissenschaftliche Tätigkeit, in: Kahn-Freund/Ramm (Hrsg.), Hugo Sinzheimer, Arbeitsrecht und Rechtssoziologie, Bd. 1, S. 380f.

35 A. a. O., S. 158.

gen sollte, muss immer bedenken, dass nach seiner Vorlage Extremsituationen auf dem Arbeitsmarkt praktisch das Normale waren: »*Ob in der unmittelbaren Nachkriegszeit, in der es um die Reintegration der Kriegsteilnehmer ging, ob in der auf die Hyperinflation folgenden Stabilisierungskrise von 1923/24, ob in der Rationalisierungskrise von 1926, stets näherte sich die Arbeitslosigkeit der 25-Prozent-Grenze und erreichte damit Höhen, die denen in der ersten Phase der großen Krise durchaus glichen.*«[36] Das waren Umstände, deren Linderung von einer wie auch immer gearteten Gestaltung des Kündigungsschutzrechts niemand erwartete.

Schließlich seien noch zwei in die Kommissionsberatungen eingebrachte konzeptionell originelle Überlegungen angesprochen, die dort keine Mehrheit fanden, jedoch nach 1945 virulent werden sollten und noch heute aktuell sind:

1. Der Vorschlag Sinzheimers für einen Einspruch gegen betriebsbedingte Kündigungen: »*Wenn der Arbeitgeber den Arbeitnehmer entlassen hat, trotzdem Arbeitsgelegenheiten für ihn vorhanden waren oder durch die Wirtschaftlichkeit des Betriebes nicht schädigende Anordnungen (hätten) geschaffen werden können, ohne dass die Entlassung durch das Verhalten des Arbeitnehmers bedingt war*«.[37] Sinzheimer selbst ist darauf außerhalb der Ausschusstätigkeit nicht mehr zurückgekommen und später auch sonst niemand.[38]
2. Die Gleichsetzung einer Klage gegen die Kündigung eines Arbeitsverhältnisses mit der eines Mietverhältnisses durch den Reichsgerichtsrat Bewer:[39] Dieser Vorschlag hätte dazu geführt, dass der Arbeitgeber auf Anerkennung der Wirksamkeit seiner Kündigung hätte klagen müssen – eine fundamentale Lösung dessen, was später unter dem Stichwort »aufschiebende Wirkung des Kündigungseinspruchs« bzw. »vorläufige Weiterbeschäftigung« diskutiert werden sollte und wenigstens in einem Bundesland, nämlich Bremen, geltendes Recht werden sollte (s. u.).

31.5 Nationalsozialismus

Der Nationalsozialismus beseitigte zwar die kollektive Arbeitsverfassung der Weimarer Republik. Hinsichtlich des individuellen Arbeitsrechts zeichnete ihn jedoch eine große Kontinuität aus (Kap. 12). Dementsprechend überrascht es nicht, dass durch das »Gesetz zur Ordnung der nationalen Arbeit« (AOG) zwar

---

36 *Bender*, Arbeitsvermittlung und Arbeitslosenversorgung in der Weimarer Republik, in: Benöhr (Hrsg.), Arbeitsvermittlung und Arbeitslosenversorgung in der neueren Rechtsgeschichte, 1991, S. 137, 138.

37 *Kaiser*, a. a. O., S. 127.

38 Für diejenigen, die sich nach 1945 mit einer Neukonzeption befassten, stand Sinzheimers zeitlos innovative Formulierung mangels Archiverschließung nicht zur Verfügung – bis zur Arbeit von *Kaiser* im Jahre 2005!

39 *Kaiser*, a. a. O., S. 151.

das BRG als Ganzes aufgehoben, jedoch die Substanz des »Kündigungsschutzes minus Betriebsrat« bewahrt wurde:

§ 56 Klage auf Widerruf der Kündigung. Voraussetzungen

Wird einem Angestellten oder Arbeiter nach einjähriger Beschäftigung in dem gleichen Betrieb oder dem gleichen Unternehmen gekündigt, so kann er, wenn es sich um einen Betrieb mit in der Regel mindestens zehn Beschäftigten handelt, binnen zwei Wochen nach Zugang der Kündigung beim Arbeitsgericht mit dem Antrag auf Widerruf der Kündigung klagen, wenn diese unbillig hart und nicht durch die Verhältnisse des Betriebes bedingt ist.
[...]

§ 57 Widerruf der Kündigung. Wahlrecht des Unternehmers

(1) Erkennt das Gericht auf Widerruf der Kündigung, so ist im Urteil von Amts wegen eine Entschädigung für den Fall festzusetzen, daß der Unternehmer den Widerruf ablehnt.

Außerdem überführte das AOG die für den Ausnahmezustand der Demobilisierung eingeführte Anzeigepflicht für eine größere Zahl von Entlassungen in eine Regelung für »normale« Zeiten:

§ 20 Entscheidungen bei größeren Entlassungen

Der Unternehmer eines Betriebes ist verpflichtet, dem Treuhänder der Arbeit schriftlich Anzeige zu erstatten, bevor er

a) In Betrieben mit in der Regel weniger als einhundert Beschäftigten mehr als neun Beschäftigte,
b) in Betrieben mit in der Regel mindestens einhundert Beschäftigten zehn vom Hundert der im Betrieb regelmäßig Beschäftigten oder aber mehr als fünfzig Beschäftigte innerhalb von vier Wochen entläßt.

Entlassungen, deren Bevorstehen nach Abs. 1 anzuzeigen ist, werden vor Ablauf von vier Wochen nach Eingang der Anzeige beim Treuhänder der Arbeit nur mit dessen Genehmigung wirksam. [...]

Diese Regelung wurde nach dem Ende des NS-Regimes mit Modifikationen hinsichtlich Größenordnungen in der Substanz unverändert weitergeführt; im KSchG 1951 (unten 31.7) fand sie ihren Platz als »Dritter Abschnitt. Kündigungs-

schutz bei Massenentlassungen« (§§ 11 bis 16; heute: §§ 17ff. KSchG) – einer von vielen Kontinuitätssträngen im Arbeitsrecht (Kap. 12).
Im Kapitel über den Nationalsozialismus wurde aufgezeigt, wie wenig das am Kündigungsschutzalltag der Arbeitsgerichte änderte (Kap. 12). Den Anteil an NS-spezifischen Kündigungsgründen abgerechnet, hätte das einzige Handbuch des Kündigungsrechts aus der damaligen Zeit als eines aus den Jahren 1930 oder 1950 durchgehen können. Der ideologische Hintergrund dieses Befunds macht ihn aus heutiger Sicht nichts weniger als verwirrend.
Die Nationalsozialisten behielten nämlich den individuellen Kündigungsschutz aus dem BRG nicht nur als unvermeidliches Zugeständnis an die Arbeitnehmer bei, sondern begründeten ihn sogar gesteigert aus seiner Gemeinschaftsideologie (ein Umstand, der Übereifrige noch zu unseren Zeiten dazu verleitet, »Kündigungsschutz« schlechthin als NS-kontaminierte Rechtsmaterie abzutun).[40] Der Schöpfer des neuen NS-Arbeitsrechts, Werner Mansfeld (Kap. 11) behauptete in seinem – quasi offiziellen – Kommentar zum AOG: »*Der neue Kündigungsschutz des einzelnen Betriebsangehörigen geht über den Kündigungsschutz hinaus, den das Betriebsrätegesetz gewährt hat.*«[41]
Der Zufall (oder doch nicht?) will es, dass zur Erhellung dieses Zusammenhangs niemand besser beitragen kann als zwei der späteren Haupt-Protagonisten des Kündigungsschutzrechts nach 1945: Wilhelm Herschel (Kap. 11) und Alfred Hueck. Im Jahr 1934, gleich nach Inkrafttreten des »Gesetzes zur Ordnung der nationalen Arbeit«, erläuterten sie dessen Vorschriften über den Kündigungsschutz als Ausfluss des neuen Rechts. Herschel[42] zog dabei zunächst die Verbindung zu den großen Linien: »*Obgleich das Gesetz zur Ordnung der nationalen Arbeit mit dem Gedanken des Kollektivismus radikal bricht, so ist es doch weit entfernt davon, zu einem individualistischen Arbeitsrecht zurückzukehren. Es will aus den weltanschaulichen Grundlagen des Nationalsozialismus heraus eine ganz neue Ordnung der deutschen Arbeit gestalten, eine Ordnung, die auf dem Führerprinzip aufgebaut ist und die zugleich den arbeitenden Menschen als Glied des Betriebsorganismus und als Volksgenossen erfaßt. Nur aus diesem Grundgedanken heraus können seine Bestimmungen über den Kündigungsschutz verstanden werden.*« Das konkretisierte Hueck:[43] »*Soll aber der Arbeitnehmer alle Kräfte für seinen Betrieb einsetzen, soll er sich als Mitarbeiter fühlen, so muß er dagegen gesichert sein, ohne triftigen Grund seine Arbeitsstelle zu verlieren. Nur dann kann er das Gefühl der*

40 Vgl. *Rüthers*, Arbeitsrecht und ideologische Kontinuitäten? Am Beispiel des Kündigungsschutzes, NJW 1998, 1433; dagegen *Preis*, Arbeitsrecht und »unbegrenzte Auslegung«, NJW 1998, 1889; vgl. *Kittner/Klengel*, Entstehung des Kündigungsschutzgesetzes, S. 237.
41 Vgl. *Mansfeld/Pohl/Steinmann/Krause*, AOG, 1934, Einl. S. 30.
42 Der neue Kündigungsschutz im Arbeitsrecht, Soziale Praxis 1934, 362.
43 Der Kündigungsschutz im neuen Arbeitsrecht, Juristische Wochenschrift 1934, 1022.

Zugehörigkeit zum Betriebe haben, nur dann wird er den Betrieb als seinen Betrieb ansehen, für den er sich rückhaltlos einsetzen soll und kann. So führt der Grundgedanke des neuen Gesetzes von selbst zum Kündigungsschutz«.
Zwar konnte das neue Kündigungsrecht zu Kündigungen aus ideologischen Gründen genutzt werden (Kap. 12), die Arbeitsgerichte hatten aber darüber hinaus einen großen Spielraum, Kündigungen für unzulässig zu erklären. Das hatte Mansfeld schon gleich nach Inkrafttreten des neuen Gesetzes in Aussicht gestellt: »*Sie* [die Arbeitsgerichte, M.K.] *werden in jedem einzelnen Falle in Ausübung dieses Überwachungsrechtes die schutzbedürftigen wirtschaftlichen und arbeitstechnischen Belange des Unternehmers gegenüber den schutzbedürftigen wirtschaftlichen und sozialen Interessen des Gefolgsmannes unter Berücksichtigung des Geistes des neuen Rechtes sorgfältig abzuwägen haben.*«[44] Das konnte man auch noch nach knapp 10-jähriger Praxis der 4. Auflage des AOG-Kommentars von Hueck, Nipperdey und Dietz aus dem Jahr 1943 entnehmen.[45] Dort wurde z. B. dem Gericht die Beurteilung zugebilligt, ob bei den Rationalisierungsmaßnahmen die sozialen Gesichtspunkte gebührend berücksichtigt worden seien: »*Wohl aber hat das Gericht abzuwägen, ob die nach Ansicht des Unternehmers für den Betrieb zu erwartenden Vorteile nicht durch die für die gekündigten Gefolgsmänner entstehenden Härten überwogen werden*«. Auch könne eine Entlassung bei Arbeitermangel viel eher sozial zulässig erscheinen als bei starker Arbeitslosigkeit. Mit anderen Worten: Die neue Generalklausel des § 56 AOG diente zwar bestimmungsgemäß einer dem Nationalsozialismus gemäßen Auslegung von »Unternehmerfreiheit«, sie ließ aber zugleich den Gerichten eine bemerkenswert freie Hand, Kündigungen im Einzelfall ganz ohne ideologischen Bezug als unzulässig zu erklären.[46]

31.6 Arbeitskräftelenkung II: ArbeitswechselVO

Das NS-Regime stand im Zweiten Weltkrieg vor dem gleichen Problem wie das kaiserliche Militär: der Knappheit an wehr- und arbeitsfähigen Männern (Kap. 13). Bei allen sonstigen Unterschieden: Es ging vor allem um die Sicherung der staatlichen Verfügungsmacht über den Arbeitskräfteeinsatz. Das erfolgte ab 1939 – system-typisch – ohne Kompromisse (Kap. 13). Unmittelbar kündigungsrelevant war davon die »Verordnung über die Beschränkung des Arbeitsplatz-

44 *Mansfeld u. a.*, a.a.O, § 56 Anm. 2e, S. 497.

45 Vgl. *Hueck/Nipperdey/Dietz*, Gesetz zur Ordnung der nationalen Arbeit, 4. Aufl. 1943, § 56 Rn. 10.

46 Vgl. *Kiefer*, Unbillige Härte und Betriebsbedingtheit nach § 56 ArbOG, 1941; *Dorn*, Unbillige Härte und Verhältnisse des Betriebs, 1936; hierzu auch *Kittner*, Entwicklungslinien der Rechtsprechung zur »Unternehmerentscheidung« – nur noch Rechtsgeschichte?, in FS Preis, 2021, S. 615, 618.

wechsels« vom 1. September 1939.[47] Mit ihr wurden alle Kündigungen von der vorherigen Zustimmung des Arbeitsamtes abhängig gemacht. Zugleich wurde der Reichsarbeitsminister ermächtigt, Wirtschaftszweige, Betriebe, Haushaltungen und Personen von den Vorschriften dieser Genehmigungspflicht auszunehmen (§ 10 ArbeitswechselVO). Er konnte diese Befugnis auch auf die Präsidenten der Landesarbeitsämter übertragen. Bedeutende Bereiche, z. B. der öffentliche Dienst und die NSDAP sowie ihre angeschlossenen Verbände, wurden durch eigene Durchführungsverordnungen von dieser Genehmigungspflicht ausgenommen.[48]
Kriterien für die Arbeitsamtsentscheidung waren nach § 6 ArbeitswechselVO
»a) staatspolitische und soziale Gesichtspunkte,
b) die allgemeinen Richtlinien des Arbeitseinsatzes, der Berufsnachwuchslenkung und der Lohnpolitik und
c) die Gesichtspunkte der beruflichen Entwicklung der Arbeiter und Angestellten.«
Das konnte im Einzelfall durchaus zugunsten des Arbeitnehmers auf die Verhinderung einer beabsichtigten Kündigung hinauslaufen, auf eine Art zusätzlichen Kündigungsschutzes über § 56 AOG hinaus. Darauf konnten die Arbeitnehmer jedoch keineswegs bauen. In dieser Hinsicht war es für sie bedeutsamer, dass der Krieg zwangsläufig die Arbeitsmarktposition der nicht an der Front befindlichen Arbeitskräfte stärkte.

31.7 Auf dem Weg zum KSchG 1952

Die Zeit nach dem Kriegsende 1945 hat am treffendsten Bernhard Weller charakterisiert: »*In wenigen arbeitsrechtlichen Fragen bestand nach dem Zweiten Weltkrieg ein solches Durcheinander wie beim individuellen Kündigungsschutz.*«[49] Zunächst sorgten die Alliierten für eine gewisse Kontinuität, denn sie ließen das AOG weiter in Kraft; es wurde erst durch das Kontrollratsgesetz Nr. 40 vom 30. November 1946 mit Wirkung ab dem 1. Januar 1947 aufgehoben. Zwar gab es eine Diskussion darüber, ob es nicht insgesamt entsprechend der »Radbruch-Formel« als nationalsozialistisches Unrecht von selbst unwirksam geworden sei,[50] jedoch galt das nicht für seine kündigungsrechtlichen Vorschriften.[51] Der

47 RGBl. I 1685. Unter demselben Datum, dem Tag des Angriffs auf Polen, wurden 26 weitere Verordnungen erlassen – eine ganze Seite im Inhaltsverzeichnis des Reichsgesetzblatts.
48 Vgl. 2. DVO vom 7.3.1941 (RGBl. I 126) und 5. DVO vom 10.4.1942 (RGBl. I 172).
49 *Weller*, Arbeitslosigkeit und Arbeitsrecht, S. 130.
50 Vgl. *Däubler/Kittner*, Betriebsverfassung, S. 281.
51 Vgl. Begründung zum Regierungsentwurf eines Kündigungsschutzgesetzes (Anhang I, Dok. 26).

nationalsozialistische Gesetzgeber hatte sie ja selbst erklärtermaßen aus der Vorgängerregelung des BRG übernommen (s. o. 31.5). Von diesem Kündigungsrecht ist allerdings für die kurze Zeit seiner Weitergeltung keine praktische Relevanz überliefert.[52] Das hing wohl auch damit zusammen, dass eine Arbeitsgerichtsbarkeit erst wieder mit Kontrollratsgesetz Nr. 21 vom 30. März 1946 eingeführt wurde.

Parallel dazu galt die Arbeitswechselverordnung aus dem Jahr 1939 weiter;[53] sie endete erst mit Inkrafttreten des KSchG (s. u.; der Vollständigkeit halber: Der dritte Fall, in dem die Alliierten NS-Arbeitsrecht weitergelten ließen, war der erst 1948 aufgehobene Lohnstopp).[54] Und obendrein erließen die Alliierten mit dem Kontrollratsbefehl Nr. 3 vom 17. Januar 1946[55] eigene Regelungen zur Arbeitsmarktkontrolle, die kurzfristig in einzelnen Ländern zu Gesetzen entsprechend den Demobilmachungsvorschriften nach dem Ersten Weltkrieg führten. Diese Gemengelage kriegs- und nachkriegswirtschaftlicher Bestimmungen sorgte, solange sie galten, wegen ihrer Rechtsunklarheit und unterschiedlichen Handhabung für ein permanentes Ärgernis.[56] Z. B. blieb immer unklar, wie Entscheidungen der Arbeitsämter und arbeitsrechtliches Kündigungsrecht aufeinander wirkten und wie das zu einem angemessenen Rechtsschutz führen sollte.[57] Wenn man die – spärliche – Literatur zu der Zeit bis zur Schaffung des KSchG überblickt, so kann man herauslesen, dass vor allem das Ungenügen an diesem Rechtszustand eine der Triebfedern zur Schaffung eines neuen, einheitlichen Rechts war.

Zunächst kam es wieder zur Bildung der durch das AOG abgeschafften Betriebsräte; das Kontrollratsgesetz Nr. 22 vom 10. April 1946 schuf hierfür die formale Grundlage (Kap. 27). Es wies zunächst für Entlassungen den Weg zu Vereinbarungen zwischen Arbeitgebern und Betriebsräten und ermöglichte im Übrigen Gesetze auf Landesebene mit Genehmigung der Besatzungsbehörden.[58] Diese dezentral organisierte Staatlichkeit Deutschlands bestimmte in den Jahren

52 Vgl. *Ascher*, Die Anwendung nationalsozialistischen Arbeitsrechts in der amerikanischen Besatzungszone, 2018, S. 39ff.

53 Vgl. *Wüllenweber*, Die Entwicklung des Kündigungsschutzrechts seit dem ersten Weltkrieg, S. 162ff.

54 Vgl. Gesetz zur Aufhebung des Lohnstopps vom 3. 11. 1948, GBl. der Verwaltung des Vereinigten Wirtschaftsgebiets, S. 117.

55 Amtsblatt des Kontrollrats 1946, S. 131 (= *Dersch*, Textsammlung zum Arbeitsrecht, Bd. 2, 1948, S. 368).

56 Vgl. *Weller*, Arbeitslosigkeit und Arbeitsrecht, S. 115ff., 130ff.

57 Vgl. *Wüllenweber*, Die Entwicklung des Kündigungsschutzrechts seit dem ersten Weltkrieg, S. 169ff. Als abschreckendes Beispiel s. Bescheide der amerikanischen und britischen Militärregierung im Jahr 1949 (RdA 1949, 216).

58 Vgl. *Fitting*, Kontrollratsgesetz Nr. 22 und Deutsche Betriebsräte-Gesetzgebung, RdA 1948, 89.

bis zur Gründung der Bundesrepublik und der DDR die Handlungsfelder auch der Arbeitsrechtspolitik und zwar aggregiert auf Zonenebene (Kap. 14).
In allen Ländern der amerikanischen und französischen Zone kam es ab 1947 zu gesetzlichen Regelungen des Kündigungsschutzes und zwar indem – mit inhaltlichen und prozeduralen Modifikationen – die Substanz der §§ 84ff. BRG aufgriffen wurde (dazu kam es in Bayern,[59] Württemberg-Baden[60] und Rheinland-Pfalz[61] zu eigenen Gesetzen über den Massenkündigungsschutz). Das geschah in den meisten Fällen dergestalt, dass das jeweilige Landesbetriebsrätegesetz eine derartige Kündigungsregelung enthielt (Baden,[62] Bremen,[63] Hessen,[64] Rheinland-Pfalz[65] und Württemberg-Hohenzollern[66]). In Bayern[67] und Württemberg-Baden[68] erfolgten diese betriebsverfassungs-kündigungsschutzrechtlichen Regelungen zunächst in Form eigener Gesetze unter der Überschrift »Kündigungsschutzgesetz«. In beiden Ländern gab es ansatzweise eine Beschränkung des freien Wahlrechts des Arbeitgebers zwischen Weiterbeschäftigung und Abfindung: Wenn die Kündigung offenbar willkürlich oder aus nichtigen Gründen unter Missbrauch seiner Machtstellung erfolgte, konnte das Gericht die Möglich-

---

59 Gesetz gegen mißbräuchliche Massenentlassungen und Betriebsstillegungen vom 22.10.1948 (BGVBl. 240).

60 Gesetz Nr. 728 zum Schutz der Arbeitnehmer bei Entlassungen größeren Umfanges vom 16.8.1948 (RegBl. 116).

61 Landesgesetz zur Sicherung der Arbeitsplätze vom 21.6.1948, GVBl. I 241.

62 Landesgesetz über die Bildung der Betriebsräte vom 24.9.1948, GVBl. 215 (vgl. *Meves*, Kündigungsschutz im Badischen Betriebsrätegesetz, RdA 1949, 247; *Rappenecker*, Die badischen Gesetze über Betriebsräte und Fachkommissionen, RdA 1949, 41).

63 Ausführungsgesetz zu Art. 47 der Landesverfassung der Freien Hansestadt Bremen – Bremisches Betriebsrätegesetz vom 10.1.1949, GBl. 7 (vgl. *Hilmer*, Hrsg., Gewerkschaft ÖTV, Das Bremische Betriebsrätegesetz, 1950; *Galperin*, Das Bremische Betriebsrätegesetz, RdA 1949, 91).

64 Betriebsrätegesetz für das Land Hessen vom 31.5.1948, BVGl. 117 (vgl. *Engler*, HessBRG, 1949; *ders.*, Das Hessische Betriebsrätegesetz, RdA 1948, 15; *Müller*, Das Mitbestimmungsrecht der Betriebsräte nach Kontrollratsgesetz Nr. 22, BB 1948, 534).

65 LandesVO über die Errichtung und Tätigkeit von Betriebsräten vom 15.4.1947, VOBl. 258. Ende 1949 war im Landtag auf Veranlassung des DGB-Landesbezirks von der SPD-Fraktion der Entwurf eines »Kündigungsschutzgesetzes« eingebracht worden. Dafür bat der DGB-Landesbezirk am 25.1.1950 beim DGB-Bundesvorstand um eine Abstimmung mit dem Hattenheimer Entwurf. Ein solches Landesgesetz könne ein »*Modellgesetz*« auch für den Bund sein; es sei bekannt, »*daß Koll. Prof. Nipperdey dieselbe Auffassung vertritt*«. Dieses Gesetz ist nicht realisiert worden (vgl. *Kittner/Klengel*, Entstehung des Kündigungsschutzgesetzes, S. 46).

66 Betriebsrätegesetz vom 21.5.1949, RegBl. 153 (vgl. *Schäffer* 1949, S. 251).

67 Gesetz vom 1.8.1948, BayGVBl. 165 (vgl. *Fitting*, Quelle 1948, S. 241).

68 Gesetz vom 18.8.1948, RegBl. der Regierung Württemberg-Baden, 134 (vgl. *Kleinknecht/Ruess*, Betriebsräte-Handbuch zum Württ.-Bad. Gesetz Nr. 726, 2. Aufl. 1949; *Hueck*, Das Württemberg-Badische Kündigungsschutzgesetz, RdA 1948, 169).

keit einer Abfindung ausschließen (Art. 7 Abs. 2 Bayern; § 7 Abs. 2 Württemberg-Baden).[69] In Bayern wurde dieses »Kündigungsschutzgesetz« noch 1950 landesrechtlich durch das »Bayerische Betriebsrätegesetz«[70] abgelöst; auch Schleswig-Holstein folgte noch in diesem Jahr.[71] Eine Folge dieser relativ frühen legislativen Befriedung des Kündigungsschutzthemas war, dass aus diesen großen süddeutschen Ländern keine Impulse für eine zonenübergreifende Kodifikation kamen.

Drei Länder nahmen aus inhaltlichen Gründen eine Sonderstellung ein: Baden und Hessen mit Elementen aus der Zeit vor Verabschiedung des BRG, Bremen als einziges mit einer Reglung, die sich als der archimedische Punkt allen Kündigungsschutzrechts erweisen sollte: der vorläufigen Weiterbeschäftigung des gekündigten Arbeitnehmers.

Das Badische Gesetz[72] war insofern das »radikalste«, als es im Wortsinne an die Wurzel derartiger Regelungen zurückging: den Tarifvertrag für die Metallindustrie in Berlin (s. o. 31.2). Dort konnte eine Kündigung nur nach vorheriger Zustimmung des Betriebsrats erfolgen, die der Arbeitgeber durch das Arbeitsgericht ersetzen lassen musste (im Berliner Tarifvertrag war dafür die Schlichtungsstelle zuständig).

In Hessen hatte der Arbeitgeber im Falle eines erfolgreichen Einspruchs gegen die Kündigung kein Wahlrecht zwischen Weiterbeschäftigung und Abfindung.

Das Bremische Betriebsrätegesetz[73] statuierte als einziges eine vorläufige Weiterbeschäftigungspflicht des gekündigten Arbeitnehmers, falls der Betriebsrat einer Kündigung seine Zustimmung versagte und der Arbeitnehmer den Klageweg beschritt.[74]

---

69 Vgl. *Hueck*, a. a. O., 170.

70 Bayerisches Betriebsrätegesetz vom 25. 10. 1950, BayGVBl. 227 (vgl. *Meissinger/Raumer*, Das Bayerische BRG, 1951).

71 Gesetz zur Regelung vordringlicher Angelegenheiten des Betriebsräterechts vom 3. 5. 1950, GVBl. 169 (vgl. *Gramm/Gäde*, Schleswig-Holsteinisches Betriebsrätegesetz, 1950).

72 Vgl. *Meves*, Der Kündigungsschutz im Badischen Betriebsrätegesetz, RdA 1949, 247.

73 In einer ersten Fassung enthielt es eine weitgehende Mitbestimmung in wirtschaftlichen Angelegenheiten, weshalb es so wie in Hessen zum Konflikt mit der Besatzungsmacht kam. Eine Zuspitzung wurde jedoch vermieden, weil diese Bestimmungen vor der endgültigen Abstimmung wieder aus dem Gesetz genommen worden waren (vgl. *Plumeyer*, Die Betriebsrätegesetze der Länder 1947 – 1950, S. 545).

74 Das Zustandekommen dieser Vorschrift kann nicht mehr genau nachvollzogen werden: Bemerkenswerterweise war sie im dem ganzen Gesetzgebungsverfahren zugrundeliegenden Entwurf des DGB-Ortsausschusses Bremen noch nicht enthalten; es hieß vielmehr, wie in vielen anderen entsprechenden Landesgesetzen ausdrücklich, dass *keine* aufschiebende Wirkung eintrete. Die aufschiebende Wirkung ist dann im Bürgerschafts-Ausschuss eingefügt worden, wovon es jedoch nur noch den Beschlusstext vom 31. 5. 1948, nicht aber eine Dokumentation der Beratungen gibt (vgl. Staatsarchiv

§ 40 Abs. 2

Die Versagung der Zustimmung zur Kündigung und die Anrufung des Arbeitsgerichts haben aufschiebende Wirkung.

Die Redaktion der Zeitschrift »Betriebs-Berater« sah darin einen Anreiz für Arbeitnehmer, in jedem Fall gegen eine Kündigung bis zum LAG zu klagen, und: »*Diese eigenartige Regelung ist u.W. in dem vielseitigen deutschen Kündigungsschutzrecht Deutschlands einmalig.*«[75] Der Vorsitzende des Landesarbeitsgerichts Bremen, Hans Galperin, ließ ebenfalls kein gutes Haar an dieser in seinen Augen »*ausgesprochen unglücklich*[en]« Bestimmung: »*Es ist anzunehmen, daß in Bremen die Widerrufsklagen lawinenartig anwachsen werden, wenn diese Bestimmung nicht alsbald beseitigt wird*« (wovon freilich bis zur Ablösung des Gesetzes durch das KSchG nichts bekannt geworden ist).[76] Diesem – wie die künftige Entwicklung zeigen sollte – für die Effektivität des materiellen Kündigungsschutzrechts essenziellen Aspekt wurde in der weiteren Diskussion erstaunlich wenig Aufmerksamkeit zuteil.

31.8 Die Entstehung des Kündigungsschutzgesetzes

In den Ländern der britischen Zone gab es wegen des Fehlens von Betriebsratsgesetzen (Kap. 27) nach Aufhebung des AOG ab 1. Januar 1946 kein gesetzliches Kündigungsschutzrecht. Man musste sich also mit den Generalklauseln des BGB (§§ 138, 242) behelfen, was naturgemäß zu erheblicher Rechtsunsicherheit führte.[77] Deshalb erschien es folgerichtig, dass die britische Zone zum Ort wurde, wo sich die relevante Entwicklung hin zum KSchG vollzog. Nicht zu übersehen ist zudem (natürlich erst in der Rückschau so deutlich), dass von dort die für künftige bundesrepublikanische Strukturen maßgeblichen Akteure kamen. Das gilt für die Politik (Adenauer), für die Arbeitsverwaltung zunächst der britischen Zone, dann des Vereinigten Wirtschaftsgebiets und schließlich das Bundesarbeits-

---

Bremen 3-V.1.Nr. 100 [13] I). Der Ausschussbericht enthielt übrigens noch ein vollständiges Mitbestimmungsrecht in wirtschaftlichen Angelegenheiten, wie es in Hessen zur Suspendierung durch die amerikanische Militärregierung geführt hatte. Im endgültigen Gesetzesbeschluss wurde das dann aber gestrichen (vgl. *Plumeyer*, a.a.O., S. 483ff.).

75 BB 1949, 160. Immerhin hatten die Arbeitgeber in Baden das in ihrem Entwurf zu einem Betriebsrätegesetz vorgeschlagen (vgl. *Plumeyer*, a.a.O., S. 415).

76 *Galperin*, Das Bremische Betriebsrätegesetz, RdA 1949, 91, 92. Der einzige Kommentar zum BremBRG (aus der Feder eines ÖTV-Gewerkschaftssekretärs) maß der vorläufigen Weiterbeschäftigung keine herausragende Bedeutung bei (vgl. *Arnold*, Das Bremische Betriebsräte-Gesetz, 1950, S. 46, Ziff. 5).

77 Vgl. *Hueck*, Die Gefahr der Rechtszersplitterung, RdA 1948, 194.

ministerium (Herschel), die Gewerkschaften (Böckler und seine Fachleute in der britischen Zone) und – last but not least – Nipperdey (aus Köln, wie Adenauer und Böckler).

So wurde Lemgo, der Sitz der Arbeitsverwaltung der britischen Zone, zum Ausgangspunkt des »Gründungsdokuments« des Kündigungsschutzes für die Zeit nach 1945: Der Präsident des Zentralamtes für Arbeit veröffentlichte am 23. Januar 1947 im Amtsblatt eine »Auslegungshilfe« zur Bewältigung von kündigungsschutzrechtlichen Fragen.[78] Das war formal an sich nichts weiter als seine Ansicht zur materiellen Rechtslage, hatte aber unter den damaligen Umständen doch erhebliches Gewicht. Bei genauer Betrachtung erweist sich dieser Erlass als konzeptionelle Geburtsstunde des »modernen« Kündigungsschutzrechts:

> Eine Kündigung ist, selbst wenn sie die Zustimmung des Betriebsrates und des Arbeitsamtes gefunden hat, jedenfalls dann nichtig, wenn sie sich als Rechtsmissbrauch darstellt (§ 242 BGB). Ein Missbrauch der formalen Kündigungsbefugnis durch den Arbeitgeber liegt immer dann vor, wenn die Kündigung nicht notwendig, also willkürlich ist. Es obliegt dem Arbeitgeber, in jedem einzelnen Streitfall den Nachweis zu erbringen, dass die Kündigung entweder durch die Person des Arbeitnehmers (Leistungsfähigkeit usw.) oder durch sein Verhalten (Diebstahl usw.) oder durch die Verhältnisse des Betriebes (Arbeitsmangel usw.) zwingend geboten ist. Wo dieser Nachweis nicht gelingt, erweist sich die Kündigung als eine unrichtige Rechtsausübung, die vor dem Gesetz keinen Bestand haben kann, d. h. sie ist ohne Recht erfolgt und nichtig.

Diese in ihrem Kern auf das Konzept von Flesch (s. o. 31.2) zurückgehenden Aussagen enthalten nichts weniger als die Substanz des späteren § 1 KSchG.[79] Von ihnen ging eine – jedenfalls sieht es im Nachhinein so aus – ziemlich geradlinige Entwicklung geografisch/politisch von der britischen Zone über das Vereinigte Wirtschaftsgebiet zur Bundesrepublik und sachpolitisch vom ersten Entwurf des DGB über die Sozialpartner-Gespräche in Bad Münster am Stein, den Gesetzesbeschluss des Wirtschaftsrats und den Vorschlag der Sozialpartner in Hattenheim zum Kündigungsschutzgesetz von 1951:

---

78 Auszugsweise abgedruckt in BB 1947, 86.

79 Das ist als einzigem Ulrich Preis aufgefallen, wenn er sagt, dass der Inhalt des Erlasses der Arbeitsverwaltung *»eine erstaunliche Nähe zum heutigen § 1 KSchG aufweist«* (in Ascheid/Preis/Schmidt, Hrsg., KSchG, Grundlagen A Rn. 15).

Zeittafel zur Entstehung des KSchG

Zeitpunkt	Akteure	Akt
23.1.1947	Arbeitsverwaltung der britischen Zone	»Auslegungshilfe« für Kündigungsrecht
23.5.1948	DGB	»Krefelder Entwurf« eines KSchG
31.3.1949	Zentralstelle der Arbeitgeber und DGB	Gespräche über ein KSchG in Bad Münster am Stein
20.7.1949	Wirtschaftsrat	Gesetzesbeschluss ohne Genehmigung der Militärregierungen
11.1.1951	BDA und DGB	»Hattenheimer Gespräche« – Gesetzesvorschlag eines KSchG
10.8.1951	Bundestag	Beschluss des KSchG

So geradlinig war es aber nicht und das weiß man erst seit zwei Jahren! Bis dahin galt dieses Kündigungsschutzgesetz als Paradestück des gemeinsamen Aufbauwillens der Sozialpartner, vereinbart in den berühmten »Hattenheimer Gesprächen« von 1959, das der Staat nur aufgreifen und umsetzen musste – ein Musterbeispiel für funktionierendes Ineinandergreifen der verschiedenen Akteure in unserem Mehr-Ebenen-System unter dem Vorzeichen staatsentlastender Subsidiarität (Kap. 16). Achim Seifert brachte dieses allseits gepflegte Narrativ auf den Punkt, als Versuch der Sozialpartner, *»das Heft selbst in die Hand zu nehmen und die wesentlichen Fragen der Arbeits- und Sozialordnung gemeinsam zu gestalten.«*[80]

Der erstmalige Blick in alle noch verfügbaren Akten und Archive zeitigte 2022 Verblüffendes: Das alles war nicht so![81]

Vor allem stimmte das goldgeränderte Bild von zu gemeinsamem Aufbauwerk entschlossenen Sozialpartnern nicht, die dem Staat die Vorgaben für die Regulierung des Arbeitslebens vorgezeichnet hätten. Abgesehen vom Kündigungsschutzthema hatten sie sich nämlich nur auf zwei Feldern geeinigt, wo es ihnen darum ging, den Staat aus den von ihnen beanspruchten Autonomie-Bezirken herauszuhalten: der Schlichtung und der Selbstverwaltung der Arbeitslosenversicherung.[82] Hinsichtlich der gesellschaftspolitischen Hauptfrage der Mit-

80 *Seifert*, Die Hattenheimer Gespräche, Zeitschrift für neuere Rechtsgeschichte, 2017, 187.

81 Vgl. *Kittner/Klengel*, Die Entstehung des Kündigungsschutzgesetzes, 2022.

82 Hinsichtlich der Schlichtung wendeten sie mit dem Muster einer tarifvertraglichen Schlichtungsordnung ein vom Arbeitsminister angedrohtes Gesetz ab, und hinsichtlich der Selbstverwaltung versuchten sie, eine staatliche Beteiligung in den Selbstverwaltungsgremien abzuwehren (vgl. *Kittner/Klengel*, a. a. O., S. 168).

bestimmung – sei es in den Unternehmen, sei es den Betrieben – kamen sie nicht zusammen. Hier konnten sich die Arbeitgeber auf die Regierung Adenauer verlassen, die sehr früh Partei für den status quo ergriffen hatte (Kap. 27).

Zum Kündigungsschutz seien hier nur die zentralen Erkenntnisse zusammengefasst:

- Die Initiative kam nicht von den Sozialpartnern, sondern von der Arbeitsverwaltung, deren »Gängelband« von Anfang bis zum Ende spürbar blieb;
- Konzeption und Umsetzung hingen an zwei Personen: Wilhelm Herschel und Hans Carl Nipperdey (Kap. 11);
- Arbeitgeber und Gewerkschaften legten eine diametral verschiedene Herangehensweise an den Tag: Für die Arbeitgeber war Kündigungsschutz ein strategisches Großthema der Arbeitsverfassung und damit von der ersten Minute an »Chefsache« mit einer geradezu dramatischen internen Richtungsentscheidung über das Verhältnis zu den Gewerkschaften; die Gewerkschaften, deren Chef Böckler und der Gesamtvorstand des DGB sich davon konsequent fernhielten, betrachteten es als nachrangige Angelegenheit für Arbeitsrechtstechniker unter Ausschluss jeglicher Öffentlichkeit.

Der zentrale »Knackpunkt« der zweijährigen überaus komplexen Verhandlungen über das Kündigungsschutzgesetz zwischen den Sozialpartnern und der Politik (zunächst im Wirtschaftsrat, dann der Bundesregierung und dem Bundestag) war von Anfang an die Frage, ob es – wie immer das Gesetz ausfallen würde – bei einer unberechtigten Kündigung die Wahlmöglichkeit für den Arbeitgeber gebe sollte: statt einer Weiter- bzw. Wiederbeschäftigung die Lösung des Arbeitsverhältnisses gegen eine Abfindung (wie in § 87 BRG, § 57 AOG und den meisten Länder-Betriebsrätegesetzen).[83] Obwohl die Gewerkschaftsvertreter in der entscheidenden Hattenheimer Sitzung hier auf den »letzten Metern« schon aufgegeben hatten, gelang es Herschel und Nipperdey unter Assistenz von Hueck in einer raffinierten Operation, dass es nur zu einer gerichtlich überprüfbaren »Unzumutbarkeit« der Weiterbeschäftigung kam (§ 7 Abs. 1 KSchG).[84] Damit hatte diese Regelung ihrem »Charme« für den Normalfall verloren.

83 Daneben ging es bis zuletzt vor allem um die Größe der einzubeziehenden Betriebe und eine Wartefrist bis zum Einsetzen des Kündigungsschutzes und ein Mindestalter der zu schützenden Arbeitnehmer. Das Mindestalter wurde nach zwischenzeitiger Senkung im Jahr 1976 aufgehoben (Gesetz vom 6.7.1976, BGBl. I 1769), die Mindestbeschäftigtenzahl auf 10 angehoben (Arbeitsrechtliches Beschäftigungsförderungsgesetz vom 25.9.1996, BGBl. I 1476). Das BVerfG hat die damalige Kleinbetriebsklausel nur bei verfassungskonformer Auslegung von »Betrieb« als »Unternehmen« gebilligt und dem kündigenden Arbeitgeber gerichtlich überprüfbare, soziale Erwägungen abverlangt (BVerfGE 27.1.1998, BVerfGE 84, 133; zu Schwellenwerten allgemein Kap. 33).

84 Vgl. *Kittner/Klengel*, a. a. O., S. 172

Danach wurde das Gesetz[85] – nach schweren, vor der Öffentlichkeit verborgenen Turbulenzen in der Regierungskoalition und vor allem innerhalb der Unions-Bundestagsfraktion – am 10. Juli 1951 im Bundestag verabschiedet;[86] der Bundesrat sah »*trotz schwerer Bedenken*« von einer Anrufung des Vermittlungsausschusses ab.[87] Es ist zwar in Randbereichen immer wieder einmal geändert worden, sein Kern, der Schutz vor ungerechtfertigten verhaltens-, personen- und betriebsbedingten Kündigungen ist seither unverändert geblieben. Die Entwicklung dieses Rechtsgebiets als Ganzes ist hier nicht nachzuzeichnen.[88]
Wir sehen jedoch eine ähnliche Situation wie beim TVG: ein sehr knapp gehaltenes Gesetz, zumal dessen Hauptvorschrift des § 1 einen ungeheuren Auslegungsbedarf zeitigte[89] – ein Feld par excellence für Auslegung/Gestaltung durch das BAG. Zuständig für Bestandsschutz war und ist seit seiner Gründung dessen zweiter Senat. In dieser Hinsicht kam es zu einer einzigartigen Demonstration von Richterrecht mit den beiden Polen Kontinuität und Flexibilität (bei systempolitischem Bekenntnis zur »Unternehmerfreiheit«, s. u.).[90]

---

85 Kündigungsschutzgesetz vom 10. 8. 1951, BGBl. 499.

86 15. Sitzung des Bundestages am 10. 7. 1951, S. 6362ff.

87 65. Sitzung des Bundesrats vom 26./7. 7. 1951.

88 Eine wichtige Ergänzung erfolgte 1969: Mit dem »Ersten Arbeitsrechtlichen Bereinigungsgesetz« vom 14. 8. 1969 (BGBl. I 1106) ist § 2 eingefügt worden. Damit musste der Arbeitnehmer nicht mehr den Bestand des Arbeitsverhältnisses riskieren, wenn er gegen die Berechtigung einer Änderungskündigung klagen wollte (vgl. *Schaub*, Der Kündigungsschutz bei Änderungskündigungen, RdA 1970, 230).

89 Vgl. *Ascheid/Preis/Schmidt*, Hrsg., Großkommentar zu Kündigungsschutzrecht, 5. Aufl. 2017; *Bader/Fischermeier/Gallner*, Gemeinschaftskommentar zum KSchG, 13. Aufl. 2022; *Däubler/Deinert/Zwanziger*, Kündigungsschutzrecht, 11. Aufl. 2020; *Linck/Krause/Bayreuther*, KSchG, 16. Aufl. 2019; *Stahlhacke//Preis/Vossen*, Kündigung und Kündigungsschutz im Arbeitsverhältnis, 11. Aufl. 2015.

90 Neben nach dem KSchG zu überprüfenden ordentlichen Kündigungen gab es daneben weiterhin das »zeitlose« Problem außerordentlicher Kündigungen. Die schier uferlose Kasuistik ist hier nicht nachzuzeichnen. Die Chronistenpflicht gebietet es aber, auf den Fall »Emmely« hinzuweisen: Eine Supermarktkassiererin hatte zwei Leergutbons im Wert von 1,30 Euro an sich gebracht und eingelöst. Daraufhin wurde sie fristlos, hilfsweise ordentlich, entlassen. Das BAG hielt beide Kündigungen unter Verhältnismäßigkeitsgesichtspunkten für unzulässig; mit Blick auf eine lange beanstandungsfreie Beschäftigung und Besonderheiten des Einzelfalls hätte eine Abmahnung gereicht (vgl. BAG 10. 6. 2010, 134, 349). Damit bereitete das BAG einer langjährigen Praxis ein Ende, dass der Diebstahl auch geringwertiger Gegenstände immer eine fristlose Kündigung rechtfertige (eine Art »absoluter« Kündigungsgrund neben vergleichbaren Tatbeständen). Die Emmely-Entscheidung fand ein ungewöhnlich großes Echo in der fachlichen wie allgemeinen Öffentlichkeit – pro und contra (vgl. *Hinrichs*, Emmely und das »Schandurteil«, in FS Kittner, 2021, S. 154, 158ff.; *https://de.wikipedia.org/wiki/Fall_Emmely*).

31.9 Vom Kündigungsschutz zur Praxis der Abfindungsvergleiche

Für eine Langzeitbetrachtung drängt sich eine der abgegriffensten historiografischen Metaphern auf, die es gibt: diejenige von der »Ironie der Geschichte«. Denn die Praxis unter dem KSchG nahm im Ergebnis genau den Verlauf, um den die Arbeitgeber bei seiner Schaffung so erbittert wie vordergründig juristisch vergeblich gerungen hatten. Obwohl dies im letzten Moment abgeschwächt wurde und ungeachtet der beschwörenden Worte des BAG,[91] wonach das KSchG *»ein Bestandschutzgesetz und kein ›Abfindungsgesetz‹«* sei, ist genau das eingetreten.

Schon zeigte sich nämlich, dass – was sich schon bei den Gewerbe- und Kaufmannsgerichten abgezeichnet hatte (Kap. 28) – die allermeisten Gerichtsverfahren durch Vergleich oder auf sonstige Weise endeten. Die aktuelle Verfahrensstatistik weist für 2020 bei 325 000 eingereichten Individualklagen (davon 200 000 Bestandsstreitigkeiten) 220 000 Vergleiche aus und nur 42 000 streitige Urteile. Wie diese ausfielen, ins besondere, wie viele Arbeitnehmer aufgrund eines Arbeitsgerichtsurteils wieder in den Betrieb zurückkehrten ist unbekannt.[92] Jedenfalls gilt es als ausgemacht, dass Kündigungsschutzprozesse bis auf wenige Ausnahmen keine Verfahren um den Bestand des Arbeitsverhältnisses sind, sondern im Ergebnis um die Höhe der Abfindung im Vergleichswege.[93] Die Rechtslage, oder besser: die Frage, wer bessere Chancen hätte, den Prozess zu gewinnen, lieferte nur die Orientierung für die Höhe der Abfindung. In der Praxis entwickelte sich eine örtlich und teilweise nach Spruchkörpern unterschiedliche »Regelabfindung« – häufig ein halbes Bruttomonatsgehalt pro Beschäftigungsjahr, die bei offenem Prozessausgang den »Eingangswert« darstellt; bei guten Aussichten für die Arbeitnehmerseite wird sie erhöht, bei schlechten verringert.[94]

Die Ursache für diese Entwicklung lag offen zutage: Es war die Tatsache, dass ein gekündigter Arbeitnehmer spätestens nach Ablauf der Kündigungsfrist den Betrieb verlassen musste. Was das bedeutet, hat niemand anderer mit größter Eindringlichkeit formuliert als der Große Senat des BAG[95] selbst: *»Muss der*

---

91 BAG 5.11.1964, BAGE 16, 285, 291.

92 Zu einer ersten empirischen Untersuchung zur Praxis des Kündigungsschutzes vgl. *Falke/Höland/Rhode/Zimmermann*, Kündigungspraxis und Kündigungsschutz in der Bundesrepublik Deutschland, 2. Bde., 1981.

93 Vgl. *Höland/Ullmann/Zeibig*, Recht und Wirklichkeit der Kündigung von Arbeitsverhältnissen: erste Erkenntnisse aus der Forschung, WSI-Mitteilungen 2004, 145; *Pfarr/Zeibig*, Abfindung statt Kündigung?, WSI-Mitteilungen 2006, 419; *Bothfeld/Ullmann*, Kündigungsschutz in der betrieblichen Praxis, WSI-Mitteilungen 2004, 262; *Pallasch*, Weiterbeschäftigung von Arbeitnehmern nach Vertragsbeendigung, NZA 2017, 351.

94 Ausführlich zur Abfindungspraxis *Hümmerich*, Die arbeitsgerichtliche Abfindung, NZA 1999, 342ff.

95 BAG-GS 27.2.1985, BAGE 48, 122 (vgl. *Kittner*, 50 Urteile, S. 125ff.).

gekündigte Arbeitnehmer nach Ablauf der Kündigungsfrist oder bei einer fristlosen Kündigung nach deren Zugang den Betrieb verlassen und kann er während der Dauer des von ihm angestrengten Kündigungsschutzprozesses seine Weiterbeschäftigung nicht verlangen, so stehen seiner späteren Rückkehr in den Betrieb, wenn er im Kündigungsrechtsstreit letztlich obsiegt, häufig erhebliche Schwierigkeiten entgegen. Das liegt einmal daran, dass der gekündigte und nicht weiterbeschäftigte Arbeitnehmer sich sofort um eine neue Arbeitsstelle bemühen muss[96] *und, wenn er bei einem anderen Arbeitgeber einen angemessenen Arbeitsplatz gefunden hat, es auch nach gewonnenem Kündigungsschutzprozess häufig vorzieht, auf dem neuen Arbeitsplatz zu bleiben und nicht in seinen früheren Beschäftigungsbetrieb, von dem er sich inzwischen entfremdet hat, zurückzukehren. Aber auch wenn der gekündigte Arbeitnehmer arbeitslos geblieben ist, scheitert seine Rückkehr in den Betrieb nicht selten ebenfalls an der zwischenzeitlich eingetretenen Entfremdung zwischen ihm und seinem Arbeitgeber, seinem alten Betrieb und seinen Arbeitskollegen oder auch daran, dass sein Arbeitsplatz mittlerweile von einem anderen Arbeitnehmer besetzt oder durch Rationalisierungsmaßnahmen weggefallen ist.«*

Diese einigermaßen bedrückende Situationsbeschreibung – noch dazu aus dem Munde des Großen Senats eines obersten Bundesgerichts – hatte in der deutschen Arbeitsrechtsgeschichte nur einmal ein Sachverständigenherz gerührt: Reichsgerichtsrat Bewer in der ersten Arbeitsrechtskommission (s. o.); und einmal hatte ihr das kleinste der Länder, Bremen, in seinem Betriebsrätegesetz Rechnung getragen. Niemand hatte dazu rechtspolitische Fantasie entwickelt.

Eine erste gesetzliche Regelung gab es erst mit dem BetrVG 1972 (§ 102 Abs. 5 und entsprechend § 79 Abs. 2 BPersVG). Dort wurde ein Weiterbeschäftigungsanspruch allerdings nur aus den für einen ordnungsgemäßen Widerspruch des Betriebsrats bzw. Personalrats möglichen Gründen gewährt; gegen die Berechtigung der Kündigung selbst konnte sich der Widerspruch nicht richten. Damit war diese Möglichkeit praktisch weitestgehend wertlos.

Ungeachtet dessen erklärte der Zweite Senat des BAG, dass diese Regelung abschließend sei und es darüber hinaus keinen Weiterbeschäftigungsanspruch geben könne.[97] Unmittelbar im Anschluss daran eröffnete die IG Metall mit zwei Kündigungsschutztagungen im Oktober 1977 und im März 1978 die Diskussion.[98] Sie wurde vom 52. Deutschen Juristentag im September 1978[99] und

96 Das ergibt sich aus § 615 Satz 2 BGB und § 138 Abs. 1 SGB III.

97 Vgl. BAG 26. 5. 1977, BAGE 29, 195.

98 Vgl. IG Metall (Hrsg.), Protokoll der Kündigungsschutztagungen 1977 und 1978, Schriftenreihe der IG Metall, 1978.

99 Vgl. *Zöllner* (Gutachten) und *Simitis* (Referat), Sind im Interesse einer gerechteren Verteilung der Arbeitsplätze Begründung und Beendigung der Arbeitsverhältnisse neu zu regeln? Gutachten D, sowie die Protokolle der Verhandlungen des 52. Deutschen Juristentages 1978. Die arbeitsrechtliche Abteilung war von ca. 1000 Mitgliedern be-

von der Mitgliederversammlung der BDA am 13. und 14. Dezember 1978 fortgeführt.[100] Schließlich brachten die Länder Hamburg und Hessen im Bundesrat einen Entschließungsantrag mit der allgemein gehaltenen Aufforderung an die Bundesregierung ein, den Entwurf eines Gesetzes zur Ausdehnung des Weiterbeschäftigungsanspruchs während des Kündigungsschutzprozesses vorzulegen.[101] Er wurde in der Plenarsitzung des Bundesrates vom 7. Oktober 1983 von der Bundesratsmehrheit abgelehnt.[102] Noch im selben Jahr legte der Siebte Senat des BAG[103] diese Frage dem Großen Senat vor, nachdem die Entscheidung des Zweiten Senats auf breite Kritik gestoßen war und viele LAG nicht bereit waren, ihm zu folgen.

Der Große Senat distanzierte sich zwar von der rigiden Weigerung des Zweiten Senats, irgendeinen Anspruch über § 102 Abs. 5 BetrVG hinaus zuzulassen; die grundsätzliche Anerkennung eines arbeitsvertraglichen Beschäftigungsanspruchs entspreche der Wertentscheidung des GG für »*diese ideellen Interessen des Arbeitnehmers*«. Aber in der Frage eines *vorläufigen Weiter*beschäftigungsanspruchs gab er »Steine statt Brot«: Ein solcher existiere nur nach einem Urteil, mit dem die Kündigung für rechtsunwirksam erklärt worden sei. Das aber hieß: Zu diesem Zeitpunkt war der Arbeitnehmer schon lange nicht mehr im Betrieb mit allen vom Großen Senat selbst beschworenen Konsequenzen.

Die Folgen für die Praxis waren (und sind) entsprechend. Eine 2007 vorgelegte empirische Untersuchung von Höland, Kahl und Zeibig[104] kam zu dem Ergebnis, dass nur vier von 10 000 gekündigten Arbeitnehmern (= 0,04 %) nach Ablauf der Kündigungsfrist bis zum rechtskräftigen Abschluss des Rechtsstreits vorläufig weiterbeschäftigt wurden. Diese Zahlen haben eine nahezu gespenstische Konsequenz: Es geht am Ende nur in den allerseltensten Ausnahmefällen um die Rechtmäßigkeit einer Kündigung und statt dessen um ihre Berechtigung als Parameter für die Höhe einer Abfindung. Soll man – eine eigene Kategorie – von »virtuellem Recht« sprechen? Jedenfalls liegt es nahe, die systempolitische Aufladung der Diskussion insbesondere über die betriebsbedingte Kündigung in diesem Licht zu überdenken.

---

sucht, überwiegend von der BDA mobilisierte Juristen aus Unternehmens-Personalabteilungen. Entsprechend fielen alle Abstimmungen aus (vgl. »Eine Diskussion unter Gehörlosen?«, *https://library.fes.de*).

100 Vgl. Bundesvereinigung der Deutschen Arbeitgeberverbände, Wirtschafts- und gesellschaftspolitische Perspektiven, Vorträge und Referate der Mitgliederversammlung 1978, 1979.

101 BR-Drucks. 273/83.

102 BR-Prot. 527. Sitzung S. 357 ff.

103 BAG 21. 12. 1983, BAGE 44, 370.

104 Vgl. *Höland/Kahl/Zeibig*, Kündigungsschutzpraxis und Kündigungsschutz im Arbeitsverhältnis, 2007.

31.10 »Unternehmerentscheidung«[105]

Schon für den »Erfinder« des heutigen Kündigungsschutzkonzepts, Karl Flesch, war klar, dass ein Arbeitsverhältnis keinen Bestand haben konnte, wenn, auf den Kern gebracht, keine Arbeit (mehr) vorhanden war. Das war auch im Grundsatz allseits anerkannt, wie z. B. Sinzheimers pragmatische Einlassungen zeigten (s. o.), und die dafür verwendeten Formeln – »durch die Verhältnisse des Betriebs bedingt«, »dringende betriebliche Erfordernisse« – waren in den jeweiligen Gesetzgebungsverfahren unhinterfragter Konsens. Allerdings hatte sich niemand so recht Gedanken über deren rechtliche Operationalisierung gemacht, denn eigentlich sollte zunächst ein Schlichtungsausschuss entscheiden und kein Gericht, mit Instanzen bis zum RAG. Alfred Hueck machte als erster auf dogmatische Folgen eines solchen Wechsels aufmerksam.[106]

Dementsprechend diffus äußerten sich die führenden BRG-Kommentare. So verlangten die leitenden Beamten des Arbeitsministeriums, Feig und Sitzler (Kap. 11), »*eine umfassende, unter sozialen und wirtschaftlichen Gesichtspunkten erfolgende Abwägung des Einzelfalls. Auf der einen Seite sind die persönliche Lage des Gekündigten, insbesondere seine wirtschaftlichen und Familienverhältnisse und die aus der Kündigung für ihn erwachsenden Folgen zu berücksichtigen, auf der anderen Seite die technischen und wirtschaftlichen Verhältnisse des Betriebs.*«[107] In gleichem Sinne äußerte sich ihr Kollege Flatow.[108] Dabei wurde kaum noch ein Unterschied gemacht zwischen der Frage, ob und in welchem Umfang das Gericht die Berechtigung einer unternehmerischen Entscheidung nachprüfen konnte und einer anschließenden Interessenabwägung. Das RAG hinterließ keine Entscheidung hierzu.

Es gibt allerdings eine Diskussion zu einem Urteil des ArbG Berlin mit (jedenfalls im Rückblick) denkbar prominenten Beteiligten: als Richter Otto Kahn-Freund, als Kritiker der spätere Chef-Arbeitsrechtler des NS-Regimes, Werner Mansfeld,[109] und im Sinne der Argumentation des Gerichts, Hans Carl Nipperdey. Das ArbG Berlin[110] hatte für die Prüfung einer betriebsbedingten Kündigung verlangt, dass die Gehälter der Vorstands- und Aufsichtsratsmitglieder sowie

---

105 Zum folgenden eingehend *Kittner*, Entwicklungslinien der Rechtsprechung des Bundesarbeitsgerichts zu »Unternehmerentscheidung« – nur noch Rechtsgeschichte?, FS Preis, S. 615ff.

106 Vgl. *Hueck*, Das Kündigungsrecht gegenüber kaufmännischen Angestellten nach dem Betriebsrätegesetz, Zeitschrift für das gesamte Handelsrecht und Wirtschaftsrecht 1921, 368, 391; hierzu *Reichold*, Betriebsverfassung als Sozialprivatrecht, S. 273ff.

107 *Feig/Sitzler*, BRG, 13./14. Aufl. 1931, § 84 Anm. 8.

108 Vgl. *Flatow/Kahn-Freund*, 13. Aufl. 1931, § 84 Anm. V, S. 456.

109 Vgl. *Mansfeld*, Beweislast in Einspruchsverfahren wegen unbilliger Härte, Neue Zeitschrift für Arbeitsrecht 1931, 416.

110 22.12.1930 – 15 AC 1322/39 (referiert bei *Mansfeld*, a. a. O.).

der leitenden Angestellten dargelegt und in die Interessenabwägung einbezogen würden. Diese Entscheidung griff Mansfeld mit ausdrücklichem Hinweis auf ihren »*dem Arbeitsrechtler nicht unbekannten Verfasser, AGR Dr. Kahn-Freund*« auf (nur daher wissen wir von ihm als Richter in diesem Fall) und nutzte das zu einer grundlegenden Argumentation: »*Das Arbeitsgericht ist nicht befugt, die vom Arbeitgeber für richtig befundene Maßnahme auf ihre Zweckmäßigkeit und wirtschaftliche Notwendigkeit nachzuprüfen.*«[111]

Dieser Meinung trat Nipperdey (noch 1933!) entschieden entgegen.[112] Eine genaue Nachprüfung der Arbeitgeberentscheidungen sei keinesfalls »*eine für die Arbeitsgerichte zu schwierige und fast unmögliche Aufgabe. [...] Oft müssen die Gerichte schwierige tatsächliche Feststellungen treffen (man denke nur an Muster- oder Patentrechtsstreitigkeiten), und es ist Sache der praktischen Rechtsanwendung, bei der Prüfung schwieriger tatsächlicher Fragen den Bogen nicht zu überspannen und einen vernünftigen Weg zu gehen. [...] Jedenfalls aber können vom Gericht befürchtete praktische Schwierigkeiten nie dazu führen, eine vom Gesetz dem Richter an die Hand gegebene Generalklausel (hier ›unbillige Härte‹ i. S. des § 84 Abs. 1 Nr. 4 BRG) zur Vermeidung der Schwierigkeit eng auszulegen, obwohl das Gesetz eine gerechte Interessenabwägung unter Berücksichtigung der Betriebsverhältnisse will.*«

Das beschrieb exakt den Frontverlauf der Diskussion später in der Bundesrepublik.

Dort trat das BAG erst ab 1956 mit einschlägigen Entscheidungen auf den Plan – bemerkenswerterweise sämtlich zum öffentlichen Dienst. Zur Privatwirtschaft äußerte es sich erst in einem obiter dictum im Jahr 1960. Danach gab es zur Frage »betriebsbedingte Kündigung in der Privatwirtschaft« eine regelrechte »Flaute« – korrelierend zur Entwicklung im wirklichen Leben. Denn dort ereignete sich das »Wirtschaftswunder«, dessen Kennzeichen ein anhaltender Personalaufbau war: Dementsprechend gingen die Arbeitslosenzahlen von 10,4 % im Jahr 1951 auf 0,8 % im Jahr 1961 zurück. Erst 1975 stiegen sie wieder auf über 4 % und erreichten erst im Jahr 1984 wieder 9 %.[113] Diese Rahmenbedingungen zeigten: Für betriebsbedingte Kündigungen gab es mangels beschäftigungspolitischer Relevanz keine öffentliche Aufmerksamkeit. Das ist vielleicht eine der Erklärungen für die »Geräuscharmut« der Implementierung der neuen BAG-Rechtsprechung ab 1978. Entsprechend akademisch-abstrakt verlief die erste Auslegungsrunde in der Literatur.

Im Laufe der Zeit wurde zunehmend überwiegend nur noch die Meinung vertreten, dass es nicht Sache der Gerichte sei, die Zweckmäßigkeit einer zur Kün-

111 A. a. O., 436.
112 Anm. zu LAG Augsburg 17. 2. 1933, Bensh. 18, LAG 61.
113 Zahlenreihen des Statistischen Bundesamts.

digung führenden organisatorischen Maßnahme nachzuprüfen.[114] Die entscheidende Weichenstellung lieferte der Große Senat des BAG bereits im Jahr 1956, als er mit der Frage angerufen wurde, ob Haushaltspläne der öffentlichen Hand mit Stelleneinsparungen von den Gerichten überprüft werden könnten. Dabei verneinte er, dass ein entsprechender Parlamentsbeschluss von den Arbeitsgerichten überprüft werden könne[115] – also gerade kein Präzedenzfall für die Überprüfbarkeit von Entscheidungen privater Unternehmer. Desungeachtet deutete der Erste Senat 1960 in einem obiter dictum an, dass Derartiges auch für die Privatwirtschaft gelten könne.[116]

Ganz anders war das Meinungsbild zur Frage der Interessenabwägung. Da war man sich sowohl bei den Gerichten als auch in der Literatur einig, dass eine solche auf jeden Fall stattzufinden habe. Als repräsentativ sei wiederum Hueck angeführt, der nach der Feststellung, dass das Gericht nicht nachzuprüfen habe, ob eine Rationalisierungsmaßnahme zweckmäßig war, fortfuhr: »*Wohl aber unterliegt seiner Beurteilung, ob bei den Rationalisierungsmaßnahmen die sozialen Gesichtspunkte gebührend berücksichtigt worden sind. Das Gericht kann also eine Kündigung für sozial unberechtigt erklären, weil die durch die Beschaffung der Maschine für den Betrieb erhofften Vorteile in keinem rechten Verhältnis zu den für die betroffenen Arbeitnehmer entstehenden Härten stehen.*«[117]

Diese Meinung vertraten in der Folgezeit alle mit Kündigungsfragen befassten Senate des BAG.[118] Der Dritte Senat entschied im Jahr 1960, dass dem Arbeitgeber Kündigungen dann verwehrt seien, »*wenn die zu erwartenden Vorteile zu den Nachteilen, die sich für die betroffenen Arbeitnehmer ergeben, in keinem vernünftigen Verhältnis stehen.*«[119] Das blieb für zwei Jahrzehnte Konsens, zuletzt durch den Siebten Senat 1980[120]: »*Eine betriebsbedingte Kündigung ist daher nicht sozial gerechtfertigt, wenn die zu erwartenden Vorteile des Arbeitgebers zu den Nachteilen, die sich für den Arbeitnehmer daraus ergeben, in keinem vernünftigen Verhältnis stehen.*« Auch der Vierte Senat lag noch 1978 auf dieser Linie. Er verlangte, dass nach der Feststellung, ob ein betriebsbedingter Grund für die Kündigung vorlag, zu prüfen sei, »*ob dieser Grund auch gewichtig genug ist, die*

---

114 Vgl. *Colneric*, Richterliche Kontrolle von Kündigungen aus unternehmensbezogenen Gründen –ein deutsch-französischer Rechtsvergleich, in: Blank, Hrsg., Betriebsbedingte Kündigungen im Widerstreit, Schriftenreihe der Otto-Brenner-Stiftung Nr. 73, 1998, S. 23f.

115 BAG-GS 28.11.1956 – GS 3/56, AP KSchG AP Nr. 20; zu weiteren Entscheidungen bezogen auf den öffentlichen Dienst vgl. BAG 21.5.1957 – 3 AZR 79/55; 4.2.1960 – 3 AZR 25/58, AP KSchG § 1 Betriebsbedingte Kündigung Nr. 5.

116 BAG 18.11.1960 – 1 AZR 70/58, AP Truppenvertrag Art. 44 Nr. 28.

117 KSchG, 1. Aufl. 1951, Rn. 37.

118 Aus der Rspr. der LAG vor Existenz des BAG vgl. LAG Hamm 12.2.1952, BB 1952, 376.

119 BAG 4.2.1960 – 3 AZR 25/58, BAGE 9, 36.

120 BAG 7.3.1980 – 7 AZR 1093/78, AP § 1 KSchG 1969 Betriebsbedingte Kündigung Nr. 9.

Kündigung als sozial gerechtfertigt erscheinen zu lassen. Dazu bedarf es einer Interessenabwägung.«[121] (Zur Erinnerung: Das entsprach nahezu wörtlich dem von Hueck, Nipperdey und Dietz zur Auslegung des § 56 AOG wiedergegebenen Konsens im Jahr 1943!)

Das änderte sich mit dem Eintritt von Wilfried Hillebrecht in den zweiten Senat, der in dieser Zeit eine große Zahl von Entscheidungen zur betriebsbedingten Kündigung traf.[122] Hillebrecht vertrat diese Rechtsprechung als die »seine« auch literarisch ungewöhnlich offensiv (Kap. 25).[123] Für die vorliegende Fragestellung zentral waren vor allem drei Entscheidungen vom 7. Dezember 1978, vom 24. Oktober 1979 und vom 30. April 1987. Die ersten beiden befestigten die Immunisierung der »Unternehmerentscheidung« gegen jeglichen gerichtlichen Zugriff und mit der dritten wurde die »Interessenabwägung« als Korrektiv abgeschafft.

Mit der Entscheidung vom 7. Dezember 1978[124] wurde die Unterscheidung von »außerbetrieblichen« (z.B. Auftragsmangel) und »innerbetrieblichen« (z.B. Rationalisierungsmaßnahmen) Gründen einer betriebsbedingten Kündigung systematisch ausgebaut. Die Entscheidung vom 24. Oktober 1979[125] verlieh den »innerbetrieblichen« Gründen den klangvollen Namen »Unternehmerentscheidung« – eine semantisch wichtige Weichenstellung (klingt der Begriff doch nach unantastbarer »Tatsachenentscheidung« des Schiedsrichters im Fußball). Aber wichtiger noch: Der Zweite Senat leitete daraus die systempolitisch untermauerte Zentralaussage für alles Weitere ab: *»Nach der gegenwärtigen Wirtschafts- und Sozialordnung trägt der Arbeitgeber das wirtschaftliche Risiko für die zweckmäßige Einrichtung und Gestaltung seines Betriebes. Die Gerichte wären überfordert, wenn sie dem Arbeitgeber eine »bessere« betriebliche Organisation vorschreiben sollten.«* (Wiederum zur Reminiszenz: eine nahezu wörtliche Paraphrase Mansfelds in dessen AOG-Kommentar). Sieben Jahre später eliminierte der Zweite Senat – nunmehr unter Vorsitz von Hillebrecht – die bis dahin als unumgängliches Element der Überprüfung einer betriebsbedingten Kündigung verlangte

121 BAG 3.5.1978 – 4 AZR 698/76, AP § 1 KSchG 1969 Betriebsbedingte Kündigung Nr. 5.

122 Vgl. *Katharina Gamillscheg*, Die Beendigung des Arbeitsverhältnisses, Bestandsschutz und Mobilitätsinteresse des Arbeitnehmers in Abwägung zum Organisationsinteresse des Arbeitgebers, 2001.

123 Vgl. seine Kommentierung im »Kündigungsschutzrecht (KR)« sowie vor allem Dringende betriebliche Erfordernisse (§ 1 Abs. 2 KSchG) zur Kündigung des Arbeitsverhältnisses durch den Konkursverwalter, Zeitschrift für Wirtschaftsrecht und Insolvenzpraxis 1985, 257. Hillebrecht schreckte z.B. nicht davor zurück, für die Kernaussage eines fundamentalen Urteils als einzigen Beleg auf einen Zeitschriftenaufsatz von sich selbst zu verweisen (vgl. BAG 30.4.1987, BAGE 55, 264, 266).

124 Vgl. BAG 7.12.1978, AP KSchG 1969 Betriebsbedingte Kündigung Nr. 6.

125 BAG 24.10.1979, AP KSchG 1969 Betriebsbedingte Kündigung Nr. 8.

»Interessenabwägung«:[126] »*Ist eine Kündigung wegen einer bindenden Unternehmerentscheidung ›an sich‹ betriebsbedingt, dann kann die immer notwendige umfassende Interessenabwägung sich nur in seltenen Ausnahmefällen*[127] *zugunsten des Arbeitnehmers auswirken.*« Das Gericht sagte aber selbst, dass es sich eigentlich nicht um »Ausnahmen von der Regel« handele: »*Danach ergeben sich die Ausnahmen, bei denen die innerbetrieblichen Maßnahmen nicht bindend sind, aus dem allgemeinen Verbot des Rechtsmissbrauchs.* [...] *Das ist nicht schon dann anzunehmen, wenn eine Maßnahme offensichtlich unzweckmäßig ist.*«
Damit waren betriebsbedingte Kündigungen – jedenfalls wenn sie in sich folgerichtig waren und bei korrektere Sozialauswahl – weitestehend »gerichtsfest« geworden.

31.11 Grenzen des Arbeitsrechts: Kurzarbeit

Gleich wie man zu dieser Rechtsprechung des Zweiten Senats steht, sie führt anschaulich vor Augen, wie begrenzt die Möglichkeiten des Arbeitsrechts sind, Arbeitnehmer vor großen betrieblichen Veränderungen zu schützen. Dass das Kündigungsschutzrecht letztlich keine Dämme gegen wirtschaftliche Krisen und damit Massenarbeitslosigkeit errichten kann, liegt auf der Hand. Aber dass er Einfluss auf die Geschwindigkeit hat, in der solche Prozesse ablaufen (»Volatilität«), ist ebenfalls plausibel. Auch das ist naturgemäß schwer fassbar. An welche Grenzen das Arbeitsrecht dabei gebracht wird, zeigt in diesem Zusammenhang immer wieder die Frage, ob eine Kündigung durch die Möglichkeit einer »Arbeitsstreckung« (so die frühere Bezeichnung für Kurzarbeit) abgewandt werden könnte.

---

126 Vgl. BAG 30.4.1987, BAGE 55, 264. Zu einer Anrufung des Großen Senats kam es nicht. Eine Anfrage beim 3. und 4. Senat war nicht erforderlich, »*weil diese Senate für Beendigungsstreitigkeiten nicht mehr zuständig sind*«. Der 7. Senat wiederum ersparte dem 2. Senat die Anrufung des Großen Senats, ja auch nur eine Anfrage, ob er an seiner Rechtsprechung festhalten wollte. Ohne hierzu ausdrücklich aufgefordert zu sein und ohne nähere Begründung erklärte er vielmehr in einem nicht veröffentlichten Urteil vom 6. Januar 1987 (7 AZR 495/85): »*Sofern aus den Senatsurteilen vom 7. März 1980 – 7 AZR 1093/77 – und vom 17. Oktober 1980 – 7 AZR 675/78 – abweichende Maßstäbe für die Interessenabwägung bei einer betriebsbedingten Kündigung entnommen werden könnten, hält der erkennende Senat hieran nicht fest.*«

127 Zu diesen seltenen Beispielen in der BAG-Rspr. vgl. *Däubler*, Die Unternehmerfreiheit im Arbeitsrecht, HSI-Schriftenreihe Bd. 5, 2012, S. 17. Das ArbG Gelsenkirchen hat in einem rechtskräftig gewordenen, weithin als sensationell empfunden Urteil eine betriebsbedingte Kündigung wegen des Missverhältnisses zum Gewinn des Arbeitgebers und seiner Konzernspitze als rechtswidrig behandelt (ArbG Gelsenkirchen 28.10.1997, AuR 1999, 38 mit Anm. *Däubler;* vgl. *Kittner*, 50 Urteile, S. 151).

In der Weimarer Republik bejahten viele Landesarbeitsgerichte das und hielten darauf gestützte Kündigungseinsprüche für berechtigt. Andere verlangten nur, dass der Arbeitgeber die Möglichkeit von Kurzarbeit ernsthaft geprüft hatte.[128] Vom RAG ist hierzu keine Entscheidung überliefert.[129]

Die Rechtsprechung unter dem KSchG schien sich zunächst innerhalb der Generallinie zur betriebsbedingten Kündigung im Allgemeinen mit einer gewissen »Großzügigkeit« zu bewegen. In diesem Sinne wird immer wieder die Entscheidung des Zweiten Senats vom 25. Juni 1964 verstanden, der dem Arbeitgeber im Sinne des »ultima-ratio«-Grundsatzes aufgegeben habe, die Möglichkeit von Kurzarbeit auszuloten.[130] Das Gericht hat allerdings auch gesagt, dass der Arbeitnehmer das Risiko zu tragen habe, dass Kurzarbeit auch möglich sei, und wies dazu z. B. auf die Anspruchsvoraussetzungen für Kurzarbeit aus der Arbeitslosenversicherung hin. Erweitert wurde diese Konditionierung durch den Ersten und den Zweiten Senat im Jahr 1986. Beide stellten nun auf den Umstand ab, dass über die Einführung von Kurzarbeit ja der Betriebsrat gem. § 87 Abs. 1 Nr. 3 BetrVG mitzubestimmen habe. Die daraus resultierende Lage sei im Kündigungsschutzprozess hinzunehmen.[131]

Diese Rechtsprechung machte mit einer gewissen Unerbittlichkeit deutlich, wie begrenzt die Reichweite des Arbeitsrechts in dieser Konstellation ist: Wenn die Arbeitnehmer keine Kompensation für den unumgänglichen Lohnverlust durch Kurzarbeitergeld erhalten (heute in §§ 95ff. SGB III geregelt) ist dieses Instrument wertlos. Das ist eine der bedeutendsten Schnittstellen zum Sozialrecht (Kap. 33). Natürlich war in Zeiten des Wirtschaftswunders nach dem Ende des Zweiten Weltkriegs das Thema Kurzarbeit kaum relevant. Das änderte sich jedoch schlagartig, als in den späten 1960er Jahren die erste Wirtschaftskrise abgefedert werden musste. Wieder war das Kurzarbeitergeld das Mittel der Wahl, was eine erneute Modernisierung der Gesetzeslage mit sich brachte. Höhepunkte des Einsatzes von Kurzarbeit in der jüngsten Geschichte waren die globale Finanzkrise in den Jahren 2008 und 2009 und die Corona-Pandemie ab 2020.

Bezüglich letzterer haben wir Daten zu ihrer diametral unterschiedlichen Verarbeitung in den USA und Deutschland. In beiden Ländern wurde über Nacht etwa ein Viertel der Arbeitnehmer beschäftigungslos (USA: 36 Mio. von 148 Mio.;

---

128 Vgl. LAG Kiel 18.2.1931, Sammlung Arbeitsrechtlicher Entscheidungen (SAE) 1931, 254; LAG Dresden 20.11.1931, SAE 1932, 21; LAG Frankfurt 11.2.1932, Bensh., 14, LAG 17; LAG Augsburg 17.2.1933, Bensh. 18, LAG 55.

129 In einem Verfahren nach § 97 BRG (Kündigung eines Betriebsratsmitglieds) äußerte das RAG lediglich Bedenken, ob man die Möglichkeit von Kurzarbeit in einem solchen Verfahren sinnvoll prüfen könne (RAG 27.2.1932, Bensh. 14, 546, 548).

130 Vgl. BAG 25.6.1964, BAGE 16, 134; ähnlich auch BAG 17.10.1980, NJW 1981, 1686.

131 Vgl. BAG 4.3.1986, BAGE 51, 187; 11.9.1986, BB 1987, 1882.

Deutschland: 12 Mio. von 40 Mio.).[132] In den USA wurden *alle* diese Menschen sofort entlassen und meldeten sich arbeitslos, in Deutschland wurde für 11 Mio. Arbeitnehmer Kurzarbeit angemeldet; die Zahl der Arbeitslosen stieg in dieser Zeit (nur) um 1 Mio. Für diesen drastischen Unterschied ist sicher die Existenz der deutschen Kurzarbeitergeldregelung bedeutsam. Wie weit die Existenz bzw. Nicht-Existenz eines Kündigungsschutzrechts relevant war, ist diesen Daten allerdings nicht zu entnehmen.

31.12 Das Befristungsproblem

Solange es nur kurze Kündigungsfristen gab, stellten befristete Arbeitsverträge kein besonderes Problem dar. Das änderte sich mit der Schutzgesetzgebung in der Weimarer Republik. Seither wurde es für Arbeitgeber interessant, Arbeitsverträge durch eine von vorneherein vereinbarte Befristung statt durch Kündigung enden zu lassen.

Ausgangspunkt war dabei, dass befristete Arbeitsverträge aufgrund von § 620 Abs. 1 BGB zulässig waren und zwar auch wiederholt hintereinander (»Kettenbefristungen«). Dieses Recht stand aber, wie alle Berechtigungen, unter dem Vorbehalt des Rechtsmissbrauchs. Ein solcher wurde zunächst vom RG,[133] dann vom RAG[134] darin gesehen, dass mehrmalige Befristungen vom Arbeitgeber zu nichts anderem genutzt wurden, als den Kündigungsschutz ins Leere laufen zu lassen. Dieses Ergebnis wurde später, nach Konsolidierung des nationalsozialistischen Gedankenguts, auf eine andere argumentative Grundlage gestellt: den aus § 2 Abs. 2 AOG gewonnenen Fürsorge-Gedanken (Kap. 12). Als erstes hat dies das LAG Düsseldorf in einer Entscheidung vom 2. Juli 1937 getan.[135] Seine Entscheidung ist vom Reichsarbeitsgericht ausdrücklich gebilligt worden.[136]

Nach Gründung der Bundesrepublik gab es zunächst bis zur Einrichtung des BAG 1954 zu den »Kettenverträgen«, so wie zu allen anderen Rechtsfragen nur LAG-Entscheidungen. Für sie setzte das LAG Kiel bereits aus dem Jahr 1949 das Zeichen für eine Weiterentwicklung der RAG-Rechtsprechung: »*Für die Feststellung, wann im Einzelfall eine Umgehung vorliegt, ist es zunächst unerheblich, ob den Parteien die Umgehung bewusst oder ob sie gar bezweckt war. Auch ohne*

132 Vgl. *Gould/Kassa*, Low-wage, low-hour workers were hit hardest in the COVID-19 recession, Economic Policy Institute, Mai 2021; *https://de.statista.com/statistik/daten/studie/165742/umfrage/erwerbstaetige-in-den-usa/.*

133 Vgl. RG 19. 5. 1928, Bensh. 3, 3 mit Anm. *Hueck.*

134 Vgl. RAG 22. 12. 1928, Bensh. 4, 360; 9. 4. 1930, Bensh. 9, 350.

135 LAG Düsseldorf v. 2. 7. 1937, Bensh. 32, LAG Nr. 10.

136 RAG 5. 1. 1938 – RAG 181/37, Bensh. 32, 174; das RAG hat dabei neben § 2 Abs. 2 AOG auch die Umgehung der Kündigungsvorschrift des § 59 AOG thematisiert. Dies war die letzte zu »Kettenverträgen« veröffentlichte Entscheidung des RAG.

die Umgehungsabsicht kann eine Umgehung vorliegen, wenn sie objektiv gegeben ist.«[137]

Das BAG nahm sich der Befristungsfrage praktisch unmittelbar nach seiner Gründung an. Der Zweite Senat entschied am 21. Oktober 1954 über zwei Fälle: eine Kettenbefristung im öffentlichen Dienst[138] und die Vereitelung des Mutterschutzes durch ein Industrieunternehmen.[139] Er knüpfte in der ersten Entscheidung zwar an die Rechtsprechung des Reichsarbeitsgerichts an, machte aber auf die neue Rechtslage nach Verabschiedung des Kündigungsschutzgesetzes 1951 aufmerksam: Wenn § 1 Abs. 1 KSchG bei einer mehr als sechsmonatigen Zugehörigkeit des Arbeitnehmers zum gleichen Betrieb oder Unternehmen eine Sicherung des Arbeitsplatzes gebe, so enthalte diese Vorschrift den allgemeinen Rechtsgedanken, dass der Arbeitnehmer sich ein Recht auf die Arbeitsstelle erworben habe. Und daraus folgerte der Zweite Senat, dass der Grundsatz der Sozialstaatlichkeit, die Rechtsprechung zur entsprechenden Rechtsfortbildung verpflichte.

Diese Rechtsfortbildung erfolgte schließlich mit der Entscheidung des Großen Senats vom 12. Oktober 1960 auf Vorlage durch den Dritten Senat.[140] Der zugrunde liegende Fall war so einfach wie typisch: Beim Regierungspräsidenten in Wiesbaden waren verschiedene weibliche Schreibkräfte auf ein halbes Jahr befristet angestellt worden. Eine von ihnen teilte der Behörde nach vier Monaten mit, dass sie schwanger geworden sei. Die Behörde lehnte daraufhin eine Weiterbeschäftigung über das Vertragsende hinaus ab, verlängerte aber mit allen anderen zugleich eingestellten Schreibkräften und übernahm diese unbefristet auf freigewordene Planstellen.

Der Große Senat (wie immer damals unter Vorsitz von Nipperdey) schloss sich der vom Zweiten Senat im Jahr 1954 vorgezeichneten Argumentation an. Es komme nicht auf eine Umgehungsabsicht des Arbeitgebers an, entscheidend sei vielmehr die »*objektive Funktionswidrigkeit des Rechtsgeschäfts*«. Auch der Große Senat sah einen »*grundsätzlichen Zweck der Rechtsordnung* […], *dem Arbeitnehmer seinen Arbeitsplatz zu erhalten, das freie Kündigungsrecht des Arbeitnehmers zu begrenzen und zwingend in bestimmten Formen zu regeln.*« Befristete Arbeitsverträge sollten keineswegs unzulässig sein. Aber sie müssten im Gefüge der Grundprinzipien des deutschen Arbeitsrechts einen verständigen sachlich gerechtfertigten Grund haben. Das mündete in den schlichten ersten Leitsatz:[141]

---

137 LAG Kiel v. 26. 11. 1949, AP 52 Nr. 119 (zur Gesamtsituation im Jahre 1953 vgl. *Hueck*, RdA 1953, 85).

138 BAG 21. 10. 1954, BAGE 1, 128.

139 BAG 21. 10. 1954, BAGE 1, 136.

140 BAG 12. 10. 1960, BAGE 10, 65.

141 Dieses Ergebnis war insofern bemerkenswert, als Wilhelm Herschel, der das KSchG zusammen mit Nipperdey konzipiert hatte, im Gesetzgebungsverfahren in einer Ressort-

Die Befristung eines Arbeitsvertrages ist rechtswirksam, es sei denn, dass bei Abschluss des Vertrages für die Befristung keine sachlichen Gründe vorgelegen haben.

Der Große Senat nannte auch eine Reihe von Konstellationen, in denen er einen solchen »sachlichen Grund« für die Befristung sah:

- Arbeitsverträge zur Probe,
- Aushilfsverträge,
- Arbeitsverträge im Saisongewerbe,
- befristete Verträge im Baugewerbe,
- Verträge mit Künstlern, Musikern, Schauspielern, Sängern usw.,
- Verträge auf besonderen Wunsch des Arbeitnehmers.

Wenn sich herausstelle, dass eine Befristung unwirksam sei, dann trete anstelle des befristeten Arbeitsvertrages ein Arbeitsverhältnis auf unbestimmte Dauer. Auf dieser Grundlage wurden sachgrundlose Befristungen unter Herausarbeitung immer besser konturierter Fallgruppen 25 Jahre lang gehandhabt.[142]
Diese »Idylle« hatte ein jähes Ende mit dem Beschäftigungsförderungsgesetz 1985 (Kap. 10). Mit ihm wurde eine Ausnahme vom Richterrecht zur sachlichen Begründung gemacht: Mit Geltung vom 1. Mai 1985 bis zum 1. Januar 1990 wurde bei Neueinstellungen eine einmalige sachgrundlose Befristung zulässig. Dieses Gesetz wurde mehrfach verlängert, dabei modifiziert (u. a. Zulassung von Mehrfachbefristungen sowie Entfallen der Begrenzung auf Neueinstellungen) und ab 2001 in das bis heute gültige »Teilzeit- und Befristungsgesetz« vom 12. Dezember 2000 überführt.[143] Ein Kernstück seiner Regelungen war die Unzulässigkeit einer sachgrundlosen Befristung, wenn der Arbeitnehmer bereits vorher bei diesem Arbeitnehmer beschäftigt gewesen war (§ 14 Abs. 2 TzBfG). Diese Regelung wurde vom Siebten Senat des BAG im Jahr 2011 entgegen dem Wortlaut des Gesetzes und abweichend vom Willen des Gesetzgebers dahingehend eingeschränkt, dass nur eine Vorbeschäftigung in den letzten drei Jahren vor Abschluss des befristeten Arbeitsvertrages zu dieser Folge führen sollte,[144] was wiederum 2018 vom

besprechung mit dem Justizministerium zur Beschwichtigung noch etwas ganz anderes gesagt hatte: »*Weiterhin führte Prof. Herschel aus, dass das Gesetz den Abschluss befristeter Arbeitsverhältnisse nicht entgegenstehe und dass das Arbeitsministerium die Auffassung vertrete, auch der mehrmalige Abschluss befristeter Arbeitsverträge (sogen. Kettenverträge) müsse nicht unbedingt als eine Umgehung des Gesetzes und deshalb unwirksam angesehen werden.*« (vgl. *Kittner/Klengel*, Entstehung des Kündigungsschutzgesetzes, S. 192, Fn. 507).

142 Vgl. *Jobs/Bader*, Der befristete Arbeitsvertrag, DB 1981, Beilage 2.

143 BGBl. I 1966.

144 Vgl. BAG 6.4.2011, BAGE 137, 275. Das Gericht kreierte dabei den Begriff des »Vorbeschäftigungsverbots.«

BVerfG[145] wegen Überschreitung der Grenzen der Rechtsfortbildung verworfen wurde (Kap. 25).[146]

Seither geriet die Frage der sachgrundlosen Befristungen zum permanenten Zankapfel, ein wiederkehrendes Thema in Koalitionsverhandlungen zur Bildung von Bundesregierungen. 2018 verabredeten CDU/CSU und SPD in ihrem Koalitionsvertrag zur Bildung einer neuen Regierung substanzielle Einschränkungen.[147] Danach sollen Arbeitgeber mit mehr als 75 Beschäftigten noch maximal 2,5 % der Belegschaft sachgrundlos befristen dürfen. Die einzelne Befristung soll nur bis zu einer Höchstdauer von 18 Monaten möglich sein, darin eingeschlossen die Möglichkeit einer einmaligen Verlängerung. Um Kettenbefristungen auszuschließen, sollen Befristungen unzulässig sein, wenn mit demselben Arbeitgeber zuvor bereits ein Arbeitsverhältnis mit einer Gesamtdauer von fünf oder mehr Jahren bestanden hat (mit Ausnahme für Künstler und Sportler). Außerdem soll ein Arbeitnehmer nach drei Jahren wieder bei demselben Arbeitgeber ein befristetes Arbeitsverhältnis abschließen dürfen.

Ungeachtet der detaillierten Vorgaben des Koalitionsvertrages leistete die CDU/CSU dagegen auf Betreiben der BDA so nachhaltig Widerstand, dass das Vorhaben am Ende der Legislaturperiode sang- und klanglos, ohne jegliche öffentliche Erklärung dazu fallen gelassen wurde.[148] Die seit Ende 2021 gebildete »Ampelkoalition« wollte einen ganz neuen Weg gehen: Sachgrundlose Befristungen sollten bis zu fünf Jahre beim selben Arbeitgeber erlaubt sein, ihr übermäßiger Einsatz im öffentlichen Dienst dagegen eingedämmt werden.[149] Auch das ist nicht umgesetzt geworden.[150]

Die Praxis der sachgrundlosen Befristungen hat einerseits Befürchtungen nicht wahr werden lassen, dass unbefristete Arbeitsverhältnisse in großem Stil durch befristete verdrängt würden (Kap. 36). Diese haben sich vielmehr bei deutlich unter 10 % eingependelt (zuletzt 7,5 %),[151] natürlich immer noch eine stattliche Zahl mit erheblichem Missbrauchspotenzial. Sachgrundlose Befristungen machen davon knapp die Hälfte aus, in der Privatwirtschaft sogar etwa 60 %. Die maßgeblichen Befristungsmotive öffentlicher Arbeitgeber sind Vertretungen

---

145 Vgl. BVerfG 6. 6. 2018, BVerfGE 149, 126.

146 Vgl. *Kittner*, 50 Urteile, S. 348 ff.

147 Vgl. *Deinert/Kittner*, Die arbeitsrechtliche Bilanz der Großen Koalition 2018 – 2021, RdA 2021, 257, 259; *Arnold/Romero*, NZA 2018, 329.

148 Vgl. *Deinert/Kittner*, a. a. O., 267.

149 Vgl. *Bauer/Roll*, NZA 2021, 1685; *Fuhlrott/Ritz*, ArbRAktuell 21, 649; *Kittner*, AuR 2022, 1; *Schiefer*, DB 2022, 53; *Wenckebach*, AiB 2/2022, 22.

150 Vgl. *Deinert/Kittner*, Die arbeitsrechtliche Bilanz der Ampelkoalition 2021 – 2025, RdA 2025, 1.

151 Vgl. *www.destatis.de*. Deutschland liegt damit im europäischen Mittelfeld.

und fehlende Planstellen, während Befristungen in der Privatwirtschaft häufiger der Erprobung neuer Arbeitnehmer dienen.[152]

31.13 Besonderer Kündigungsschutz

Die Absicht der Gewerkschaften bei der Schaffung des Angestellten-Tarifvertrags 1919 in Berlin war eine doppelte: einen Schutz von unberechtigten Kündigungen für die »normalen« Arbeitnehmer und einen zusätzlichen für besonders gefährdete, die Mitglieder des Angestelltenausschusses.

> Betrifft die Kündigung ein Mitglied des Angestelltenausschusses, so hat dieses Anspruch auf Fortsetzung des Dienstverhältnisses bis zur endgültigen Entscheidung durch den Schlichtungsausschuß, auch wenn diese sich über den Entlassungstermin hinaus verzögert.

Diese Sonderregelung trug den Erfahrungen der Interessenvertreter mit den Arbeiter- und Angestelltenausschüssen aufgrund des Hilfsdienstgesetzes Rechnung. Sie hatten keinen besonderen Schutz genossen und waren vielfach Repressalien ausgesetzt gewesen, bis hin zu Kündigungen wegen dieser Aktivität. (Man beachte, dass die Urheber dieser Regelung bereits die spätere Achillesferse des Kündigungsschutzes ins Visier genommen hatten: dass ein Arbeitgeber nicht durch Entfernung des Gekündigten aus dem Betrieb vollendete Tatsachen schaffen konnte, s. o. 31.7).
Dieser Gedanke wurde im BRG in die in ihrer Grundstruktur bis heute gleich gebliebene Regelung überführt: Betriebsratsmitglieder konnten nur mit Zustimmung des Betriebsrats gekündigt werden und diese Zustimmung konnte auf Antrag des Arbeitgebers vom Arbeitsgericht ersetzt werden (§§ 96ff. BRG; heute §§ 15 KSchG und 103 BetrVG). Später kamen Wahlbewerber und Wahlvorstände hinzu.[153]
Das war das Modell für andere Fälle, in denen Arbeitnehmer aufgrund einer persönlichen Eigenschaft oder exponierter Aktivitäten einem höheren Kündigungs-

---

152 Vgl. *Hohendanner/Lobato/Ostmeier*, Befristete Beschäftigung im öffentlichen Dienst, IAB-Forschungsbericht 4/2016.

153 Mit dem Schutz dieses Personenkreises musste sich bereits das RAG befassen (vgl. RAG 26. 9. 1928, Bensh. 4, 35), und die Kommentarliteratur zum BetrVG und KSchG hierzu dokumentiert eine unendliche Zahl von Streitfällen (vgl. Däubler/Deinert/Zwanziger-*Deinert*, Kündigungsschutzrecht, § 15 KSchG Rn. 20ff.). Mit dem Betriebsrätemodernisierungsgesetz vom 14. 6. 2021 (BGBl. I 1762) wurde teilweise Abhilfe geschaffen, aber es besteht weiterer Schutzbedarf (vgl. zum DGB-Entwurf für ein modernes Betriebsverfassungsgesetz *Klebe*, Betriebliche Mitbestimmung für das 21. Jahrhundert, AuR 2022, Sonderheft).

risiko ausgesetzt waren: vor allem Frauen während und nach der Schwangerschaft und schwerbehinderte Menschen (dazu kamen später Wehrdienstleistende, Arbeitnehmer in Elternzeit und Pflegezeit). Den Betriebsratsmitgliedern folgten Angehörige vergleichbarer Gremien, und Personen mit Aufgaben, die sie in Konflikte mit dem Arbeitgeber bringen konnten: »Beauftragte« aller Art, für Daten-, Immissions-, Störfall- oder Gewässerschutz.
Dazu kam die große Gruppe von Arbeitnehmern mit einer sog. tariflichen »Unkündbarkeit«.[154] Das sind in der Regel ältere, langjährig beschäftigte Arbeitnehmer, denen gegenüber eine ordentliche Kündigung durch Tarifvertrag ausgeschlossen ist. Derartige Regelungen gab es zunächst im öffentlichen Dienst, wo die Arbeitgeber sich gehalten sahen, den privatrechtlich Beschäftigten Äquivalente zu den Beamten anzubieten. Die erste große Regelung dieser Art erfolgte im »Reichsangestellten-Tarifvertrag« (RAT) vom 2. Mai 1924:[155]

§ 42

(2) Nach einer ununterbrochenen Dienstzeit von 10 Jahren darf eine Kündigung nur beim Vorhandensein eines wichtigen Grundes erfolgen, der sowohl in der Person des Angestellten wie in den Verhältnissen der Verwaltung liegen kann; als solcher gilt insbesondere Wegfall oder erhebliche Einschränkung der dienstlichen Aufgaben oder der zu ihrer Erfüllung im Haushaltsgesetz bewilligten Mittel. [...]

Das wurde – auf der generellen Kontinuitätslinie liegend (Kap. 12), jedoch deutlich verschlechtert – fortgesetzt durch die »Tarifordnung A für Gefolgschaftsmitglieder im öffentlichen Dienst (TO A)« vom 1. April 1938:[156]

§ 16 Kündigung

(2) Nach einer Dienstzeit (ATO § 7) von 25 Jahren ist das Gefolgschaftsmitglied unkündbar, wenn es Reichsbürger ist.[157] Die Zulässigkeit der fristlosen Entlassung aus wichtigem Grunde (ATO § 17) bleibt bestehen.

---

154 Vgl. *Däubler*, Die Unkündbarkeit von Arbeitsverhältnissen – ein Fremdkörper im Arbeitsrecht?, Gedächtnisschrift Heinze, 2005, S. 120 ff.

155 Reichsbesoldungsblatt 1924, 113.

156 RArbBl. VI 1938, 471 (vgl. *Melcher/Schilling*, Allgemeine Tarifordnung nebst Tarifordnung A für Gefolgschaftsmitglieder im öffentlichen Dienst, 1938).

157 »Reichsbürger« im Sinne des damaligen Sprachgebrauchs war nach § 2 Abs. 1 des »Reichsbürgergesetzes« vom 15. 9. 1935 als Teil der Nürnberger Gesetze »nur der Staats-

Diese Tarifordnung galt bis 1961 und wurde dann durch den »Bundesangestellten-Tarifvertrag« vom 23. Februar 1961[158] abgelöst:

§ 55 Unkündbare Angestellte

(1) Dem unkündbaren Angestellten (§ 53 Abs. 3) kann aus in seiner Person oder in seinem Verhalten liegenden wichtigen Gründen fristlos gekündigt werden.
(2) Andere wichtige Gründe, insbesondere dringende betriebliche Erfordernisse, die einer Weiterbeschäftigung des Angestellten entgegenstehen, berechtigen den Arbeitgeber nicht zur Kündigung. In diesen Fällen kann der Arbeitgeber das Arbeitsverhältnis jedoch, wenn eine Beschäftigung zu den bisherigen Vertragsbedingungen aus dienstlichen Gründen nachweisbar nicht möglich ist, zum Zwecke der Herabgruppierung um eine Vergütungsgruppe kündigen.
[...]

Die Bestimmung wurde inzwischen durch den »Tarifvertrag für den öffentlichen Dienst (TVöD) – Allgemeiner Teil« vom 13. September 2005[159] ersetzt:

§ 34 Abs. 2 Satz 1

Arbeitsverhältnisse von Beschäftigten, die das 40. Lebensjahr vollendet haben und für die die Regelungen des Tarifgebiets West[160] Anwendung finden, können nach einer Beschäftigungszeit (Absatz 3 Satz 1 und 2) von mehr als 15 Jahren durch den Arbeitgeber nur aus einem wichtigen Grund gekündigt werden.

---

angehörige deutschen oder artverwandten Blutes, der durch sein Verhalten beweist, daß er gewillt und geeignet ist, in Treue dem Deutschen Volk und Reich zu dienen«. Die Vorschrift lag also auf der Linie der nationalsozialistischen Ausgrenzung ganzer Bevölkerungsgruppen (Kap. 12).

158 RdErl. d. Finanzministers – B 4100 – 660/IV/61 – u. d. Innenministers – II A 2 – 27.14.36 – 15101/61 v. 24.2.1961 (vgl. *Ambrosius/Fischer*, Bundesangestelltentarifvertrag, 1962; *Ballerstedt*, Bundesangestelltentarifvertrag, 1962).

159 Die Vorschrift gilt nur für den Bund und die Gemeinden; für die Länder gilt der wortgleiche § 34 Abs. 2 Satz 1 des »Tarifvertrags für den öffentlichen Dienst der Länder (TV-L)« vom 12.10.2006.

160 Dass damit die tarifliche »Unkündbarkeit« nicht im Osten gilt, ist Teil der Problematik der arbeitsrechtlichen Bewältigung der deutschen Einheit (Kap. 8).

Diese »Unkündbarkeit« im öffentlichen Dienst wurde zum »role model« für die Privatwirtschaft. Dort wurden vergleichbare Regelungen auf Drängen der Gewerkschaften nach und nach vor allem in großen Wirtschaftsbereichen übernommen. Erkämpft werden mussten diese dort vielfach »Alterssicherung« genannten Regelungen freilich nicht, denn für Arbeitgeber hatten derartige Tarifinhalte den immer erwünschten Anreiz zu einer langen Betriebsbindung. Bei Lichte besehen, änderte das an der sonst geltenden Rechtlage nicht übermäßig viel: Denn bei Anwendung des KSchG wäre eine ordentliche Kündigung gegenüber diesem Personenkreis, die es bei der Sozialauswahl als Letzte träfe, nur sehr schwierig zu begründen; und eine außerordentliche Kündigung war immer möglich.
Allerdings hat der Gesetzgeber des arbeitsrechtlichen Beschäftigungsförderungsgesetzes 1996 (Kap. 10) den gesetzlichen Schutz älterer Arbeitnehmer innerhalb der sozialen Auswahl durch die Einführung der sogenannten »Leistungsträgerklausel« in § 1 Abs. 3 Satz 2 KSchG reduziert, was wiederum die Bedeutung des tariflichen Kündigungsschutzes gesteigert hat. Ob die seitdem häufig anzutreffende Bildung von sog. Altersgruppen in Interessenausgleichen mit sog. Namenslisten gem. § 1 Abs. 5 KSchG mit dem europarechtlichen Verbot der Altersdiskriminierung im Einklang steht, ist bis heute gerichtlich ungeklärt.
Es bleibt die Beobachtung, dass die Gewerkschaften in allen bedeutenden Tarifbereichen ersichtlich nie den Versuch gemacht haben, das geltende Normal-Recht zu verbessern (etwa durch erweiterte inhaltliche Kündigungsanforderungen, prozedurale Erfordernisse oder Geldleistungen). Das lag offenbar am Zusammentreffen von zwei sich gegenseitig verstärkenden Gründen: Für Arbeitgeber waren Eingriffe in ihre Kündigungsfreiheit immer »tabu«, was sowohl ihre Verhandlungspositionen bei der Schaffung des KSchG (oben 31.4) als auch ihre Haltung zu sachgrundlosen Befristungen (oben 31.12) belegen. Und es scheint wenig wahrscheinlich, dass Gewerkschaften ihre Mitglieder für derartige Inhalte zu Streiks motivieren könnten – zusammengenommen »KO-Kriterien« für Innovationen auf diesem Gebiet.

32. Digitalisierung und Arbeitsrecht

32.1 Digitale Revolution

In der Gliederungslogik dieses Buches hätte es gelegen, den Abschnitt über die »großen Sachbereiche« hier abbrechen zu lassen. Die Alternative wäre gewesen, das »große« zu streichen und – aneinandergereiht – all die in sich mehr oder weniger abgeschlossenen Themen mit eigener Sachgesetzlichkeit und Entwicklung

zu präsentieren. Das wäre eine Kleinbibliothek als »Buch im Buche« geworden – was ich im Interesse der Lesbarkeit nicht wollte. In einer solche Reihung hätte natürlich auch das Thema »Datenschutz« seinen Platz haben müssen neben bzw. nach Arbeitsschutzthemen wie insbesondere Mutter-, Jugend-, Schwerbehinderten- oder Vertragsschutz sowie Betriebsrenten oder Arbeitnehmererfinderrecht. Also keine Behandlung, weil kein »großes« Thema?
Hier hilft der berühmte »zweite Blick«. Denn er zeigt, dass »Datenschutz« eben kein sachlich abgegrenztes Gebiet ist, dessen nach eigenen Sachgesetzlichkeiten erfolgende Entwicklung es nachzuzeichnen gilt. Vielmehr war er nur Anfang und Teil von umfassenden Veränderungen: der »digitalen Revolution«, vielfach als dritte große Umwälzung der Menschheitsgeschichte nach der »Neolithischen« und der »Industriellen« Revolution bezeichnet.[1] (Es würde auch reichen, in ihr einen dritten Technologiesprung im Rang von Dampfmaschine und Elektrizität zu sehen). Diese »Digitalisierung« – im ursprünglichen Sinne der Überführung von analogen Informationen in Bits und Bytes – hat die »Verwandlung der Welt«[2] durch den Einsatz der Computer fortgesetzt. Die damit einhergehenden Kommunikations- und Steuerungsmöglichkeiten[3] haben nicht allein die Arbeitswelt verändert, die Arbeit selbst, sondern sind mit den diesbezüglichen Veränderungen in Lebenswelten verknüpft. Sie ist technologischer Ausdruck für eine tiefgreifende Disruption, wobei die Entwicklung der letzten Dekaden bislang nur eine Gewissheit brachte: die exponentielle Geschwindigkeit der Transformation.

---

1 Vgl. *Stengel/van Looy/Wallaschkowski*, Hrsg., Digitalzeitalter – Digitalgesellschaft: Das Ende des Industriezeitalters und der Beginn einer neuen Epoche, 2017, S. 3 ff.

2 So der berühmte Titel des Buches von Martin Osterhammel über die Auswirkungen der industriellen Revolution des 19. Jahrhunderts.

3 In einer frühen Phase habe ich habe ich mich, in der Eigenschaft als Aufsichtsratsmitglied bei Opel, aktiv in diesen Prozess eingeschaltet: Im Jahr 1986 hatte die Muttergesellschaft der Adam Opel AG, General Motors, das EDV-verarbeitende Unternehmen EDS des berühmten Ross Perrot gekauft und ihr die gesamte Datenverarbeitung von Opel übertragen. Die Arbeitnehmervertreter fürchteten, dass GM dies nutzen würde, um das Unternehmen an den aktienrechtlich vorgegebenen Strukturen vorbei unter Umgehung der Mitbestimmung zu lenken und klagten dagegen. Der Prozess wurde in allen Instanzen wegen mangelnder aktienrechtlicher Klagebefugnis verloren (vgl. BGH 28.11.1988, BGHZ 106, 54). Die spätere Entwicklung zeigte, dass sowohl unsere Befürchtungen als auch möglicherweise entsprechende Hoffnungen von GM verfrüht waren. Für anspruchsvolle Operationen von solcher Komplexität war die EDV damals noch in keiner Weise in der Lage (zum ganzen Vorgang und dem Stand der EDV-Vernetzung in der Arbeitswelt der 1980er Jahre vgl. *Klebe/Roth*, Information ohne Grenzen. Computernetze und internationale Arbeitsteilung, 1987). Auf heutigem technischen Niveau ist das handfest praktisch bei Geschäftsmodellen unter dem Namen »Software as a Service« (vgl. *Gerst/Klebe*, Digitalisiertes Personalmanagement, AuR 2024, 362, 367).

Ich bin gewiss nicht der Richtige, die technologische wie ökonomische und politische Seite dieses Prozesses zu vertiefen.[4]
Dazu eine methodische Bemerkung: Nach den allerjüngsten Kriterien der historiografischen Epochenbezeichnungen hätten wir es beim Datenschutz mit einem modellhaften Stoff für eine »Zeitgeschichte« mit den Anfängen in den 1960er/70er Jahren zu tun.[5] Dazu kommen, gewissermaßen als »Grundrechtsschutz durch Verfahren«,[6] neuartige Kontrollmöglichkeiten von Arbeitgebern über Arbeitnehmer sowie physische und psychische Belastungen durch das Arbeiten am Bildschirm. Für all das gibt es einen inzwischen durchaus »gesettelten« Corpus an Regulierungen mit eigener Geschichte. Wolfgang Däubler hat dazu das seit 1990 erscheinende Handbuch mit dem sprechenden Titel »Gläserne Belegschaften« herausgegeben, das Zeugnis vom inzwischen elaborierten Stand dieses Rechtsgebiets ablegt. Das gilt auch für das Lebenswerk vom Thomas Klebe bezüglich des Einsatzes der EDV im Arbeitsleben, als Pionier der ersten Stunde noch vor dem »Volkszählungsurteil«: von ersten Publikationen seit 1981,[7] der Begleitung des PAISY-Verfahrens beim BAG[8] bis zu integrierten Technik-und-Recht-Modulen für den Umgang mit KI.[9]

---

4 Nicht zuletzt wegen der nahliegenden Alliteration zu den vorangegangenen Kapiteln über »Arbeitszeit-, Arbeits- und Bestandsschutz« war ich auf den Gedanken gekommen, die Gesamtheit des hier darzustellenden »Digitalisierungsschutzes« zu nennen. Davon hat mich Thomas Klebe abgebracht mit dem überzeugenden Hinweis auf die Chancen des Digitalisierungsprozesses (man denke z. B. an die damit verbundenen neuen Arbeitsplätze; die EU-Kommission spricht von zig. Millionen aufgrund von Plattformarbeit). Besser wäre also: »Arbeitnehmerschutz unter den Bedingungen der Digitalisierung« – aber wie klingt das?

5 Vgl. *Doering-Manteuffel/Raphael*, Nach dem Boom. Perspektiven auf die Zeitgeschichte nach 1970, 2016.

6 Vgl. BVerfG 7.12.1977, BVerfGE 46, 325; vgl. *Däubler*, Gläserne Belegschaften. Handbuch zum Beschäftigtendatenschutz, 9. Aufl. 2021, Rn. 628.

7 Vgl. *Klebe*, Technischer Wandel und Schutz vor Verhaltenskontrollen, AiB 1981, 170; *ders.*, Einstweilige Verfügung gegen Bildschirmarbeitsplätze, AiB 1982, 143; *ders.*, Betriebsratsrechte bei neuen Technologien – Zum Stand der juristischen Auseinandersetzung, AiB 1983, 8; *ders.*, Mitbestimmung bei technischer Überwachung, NZA 1986, 44; *ders.*, Personaldatenverarbeitung und Verhaltenskontrolle, DB 1986, 380; *Klebe/Roth*, Information ohne Grenzen, 1987.

8 Um die Mitbestimmung beim zu seinerzeit verbreitetsten Personalinformationssystem »PAISY« bei Opel wurde nach spektakulären Auseinandersetzungen in den Betrieben von Opel mit dem Rechtsschutz durch die IG Metall ein weithin bekannter Prozess bei den Arbeitsgerichten geführt (vgl. BAG 11.3.1986, BAGE 51, 217).

9 Vgl. *Gerst/Klebe*, Digitalisiertes Personalmanagement, AuR 2024, 363; *Scholle*, Digitalisierung, Kapitalismus und Arbeitsrecht, KJ 2024, 522.

Nur freilich ist dies eine Geschichte im Fluss, von der nicht auszuschließen ist, ja eher nahe liegt, dass der größere Teil dieser »Epoche« erst noch kommen wird.[10] Einige Elemente davon haben bereits klare Konturen gewonnen, andere Aspekte stehen noch am Anfang:

- die Auflösung des klassischen Betriebs hin zu Matrixstrukturen, mobiler Arbeit, »Homeoffice« und Plattformarbeit (Kap. 33),
- damit einhergehende Infragestellung des Schutzpotenzials des herkömmlichen Arbeitnehmerbegriffs (Kap. 33) und schließlich
- die aktuellen Herausforderungen durch Systeme der »Künstlichen Intelligenz« (KI).[11] Ihnen wird man offenkundig nur durch eine integrierte technisch-juristisch Herangehensweise gerecht werden können.[12]

Diese jüngsten Entwicklungen (einschließlich der bereits »alten« Materie Datenschutz) haben bemerkenswerterweise bereits Antworten auf EU-Ebene ausgelöst (Kap. 21).

32.2 Datenschutz

»Die Geschichte der Datenschutzgesetzgebung beginnt mit dem 30. September 1970, dem Tag der Verabschiedung des 1. Hessischen Datenschutzgesetzes (GVBl. I 1970, 625).«[13] Diesen Satz schrieb Spiros Simitis ohne falsche Bescheidenheit selbst zur Einleitung des ersten großen, vom ihm (mit)herausgegebenen Kommentars zum späteren Bundesdatenschutzgesetz. Und in der Tat wäre Zurückhaltung an dieser Stelle nicht nur unangebracht gewesen, sondern hätte die Geschichte verfälscht: Simitis war der »Erfinder« dieses neuen Rechtsgebiets (Kap. 11)![14]

---

10 Damit möchte ich mich nicht auf den schwankenden Boden der Diskussion um eine von Foucoult zur Mode gebrachte »Geschichte der Gegenwart« begeben (vgl. *Schieder/Nützenadel*, Hrsg., Zeitgeschichte als Problem, 2004; *Thießen*, Zeitgeschichte als Zumutung und Zugabe. Praxis, Probleme und Potenziale einer besonderen Epoche, 2011). Statt Einsichten für die Bewältigung von im Fluss befindlichen Gegenwartsentwicklungen zu gewinnen, besteht die Gefahr, der Geschichte »von früher« die Begriffe von heute zu unterlegen (vgl. *Martschukat*, Eine kritische Geschichte der Gegenwart, Werkstatt Geschichte, Heft 61, 2012, S. 15 ff.; *Sarasin*, Eine kurze Geschichte der Gegenwart, 2021).

11 Vgl. *Däubler*, Digitalisierung und Arbeitsrecht, Künstliche Intelligenz, Homeoffice, Arbeit 4.0, 8. Aufl. 2022; *Waas*, Künstliche Intelligenz und Arbeitsrecht, HSI-Schriftenreihe Nr. 46, 2023; *Chibanguza/Kuß/Steege*, Hrsg., Künstliche Intelligenz. Recht und Praxis automatisierter und Autonomer Systeme, 2. Aufl. 2025; *Kaulartz/Merkle*, Rechtshandbuch Künstliche Intelligenz, 2. Aufl. 2025.

12 Vgl. in einer solchen Kombination erstmals *Gerst/Klebe*, Digitalisiertes Personalmanagement: Zwischen evidenzbasierter HR-Arbeit und Überwachungskultur, AuR 2024, 362 ff.

13 Vgl. *Simitis* u. a., BDGG, 1992, § 1 Vorbem. Rn. 1.

14 Vgl. *Simitis*, 19. Tätigkeitsbericht des Hessischen Datenschutzbeauftragten, 2000, S. 138 ff.; s. auch 1. Tätigkeitsbericht, 1971.

Das hessische Gesetz galt vorerst nur bei der Datenverarbeitung durch den Staat. Aber die Diskussion griff zeitgleich über auf den privaten Sektor. Simitis selbst war einer der ersten, die dies forderten.[15] Schon 1971 lag dem Bundestag ein großes, vom Innenminister mit diesem Ziel in Auftrag gegebenes Gutachten vor.[16] 1974 nahm sich der Deutsche Juristentag des Themas an.[17] Danach wurde das erste »Bundesdatenschutzgesetz« vom 1. Februar 1977 verkündet.[18] Dieses Gesetz erhielt zwar eine allgemeine Vorschrift über Datenverarbeitung in privaten Vertragsverhältnissen, aber noch keine Spezialregelungen für Arbeitsverhältnisse (außerdem wurde die Institution des Bundes-Datenschutzbeauftragen eingeführt):

§ 23 Datenspeicherung

Das Speichern personenbezogener Daten ist zulässig im Rahmen der Zweckbestimmung eines Vertragsverhältnisses oder vertragsähnlichen Vertrauensverhältnisses mit dem Betroffenen oder soweit es zur Wahrung berechtigter Interessen der speichernden Stelle erforderlich ist und kein Grund zur Annahme besteht, daß dadurch schutzwürdige Belange des Betroffenen beeinträchtigt werden.

§ 28 Bestellung eines Beauftragten für den Datenschutz

(1) Die in § 22 Abs. 1 und 2 genannten Personen, Gesellschaften und anderen Personenvereinigungen, die personenbezogene Daten automatisch verarbeiten und hierbei in der Regel mindestens fünf Arbeitnehmer ständig beschäftigen, haben spätestens binnen eines Monats nach Aufnahme ihrer Tätigkeit einen Beauftragten für den Datenschutz schriftlich zu bestellen. Das gleiche gilt, wenn personenbezogene Daten auf andere Weise verarbeitet werden und soweit hierbei in der Regel mindestens zwanzig Arbeitnehmer ständig beschäftigt sind.

---

15 Vgl. *Simitis*, Chancen und Gefahren der elektronischen Datenverarbeitung, NJW 1971, 673ff.

16 Vgl. *Steinmüller/Lutterbeck/Mallmann/Harbort/Kolb/Schneider*, Grundfragen des Datenschutzes, BT-Drucks. VI/3826.

17 Deutscher Juristentag, Grundsätze für eine gesetzliche Regelung des Datenschutzes, Bericht der Datenschutzkommission des DJT, 1974.

18 BGBl. I 201 (vgl. *Simitis*, Bundesdatenschutzgesetz: Ende der Diskussion oder Neubeginn?, NJW 1977, 729).

Als das BDSG geschaffen wurde, war bereits klar, dass in der Arbeitswelt mit dem Aufkommen elektronischer Personalinformationssysteme besondere Schutzbedürfnisse entstanden waren. Hier war es wiederum als erster – und dann nachhaltig – Simitis, der die Forderung nach einem speziellen Arbeitnehmer-Datenschutz artikulierte.[19] Diese Bewegung erhielt – nicht überraschend – Auftrieb durch das Volkszählungsurteil des BVerfG 1983, das mit dem »informationellen Selbstbestimmungsrecht« die Diskussion unumkehrbar auf ein höheres Anspruchsniveau brachte (Kap. 17).[20]

Es dauerte aber noch bis 1992, dass ein eigenes Beschäftigtenschutzrecht für Beamte geschaffen wurde,[21] und nochmals 17 Jahre, bis es mit dem »Gesetz zur Änderung datenschutzrechtlicher Vorschriften« vom 14. August 2009[22] zu einer eigenen Vorschrift zum Arbeitnehmerdatenschutz kam:

§ 32 Datenerhebung, Verarbeitung und -nutzung für Zwecke des Beschäftigungsverhältnisses

(1) Personenbezogene Daten eines Beschäftigten dürfen für Zwecke des Beschäftigungsverhältnisses erhoben, verarbeitet oder genutzt werden, wenn dies für die Entscheidung über die Begründung eines Beschäftigungsverhältnisses oder nach Begründung des Beschäftigungsverhältnisses für dessen Durchführung oder Beendigung erforderlich ist. Zur Aufdeckung von Straftaten dürfen personenbezogene Daten eines Beschäftigten nur dann erhoben, verarbeitet oder genutzt werden, wenn zu dokumentierende tatsächliche Anhaltspunkte den Verdacht begründen, dass der Betroffene im Beschäftigungsverhältnis eine Straftat begangen hat, die Erhebung, Verarbeitung oder Nutzung zur Aufdeckung erforderlich ist und das schutzwürdige Interesse des Beschäftigten an dem Ausschluss der Erhebung, Verarbeitung oder Nutzung nicht überwiegt, insbesondere Art und Ausmaß im Hinblick auf den Anlass nicht unverhältnismäßig sind.

---

19 Vgl. *Simitis*, Datenschutz und Arbeitsrecht, AuR 1977, 97; *ders.*, Der Schutz der Arbeitnehmerdaten: Regelungsdefizite – Lösungsvorschlag, 1980; *ders.*, Mitbestimmung als Regulativ einer technisierten Kontrolle von Arbeitnehmern, NJW 1985, 401; *ders.*, Arbeitnehmerdatenschutzgesetz – realistische Erwartungen oder Lippenbekenntnis?, AuR 2001, 429.

20 Das BVerfG hat dies erneut auf ein der technischen Entwicklung entsprechendes höheres Niveau gebracht und 2008 ein »*Grundrecht auf Gewährleistung der Vertraulichkeit und Integrität informationstechnischer Systeme*« formuliert (vgl. BVerfG 27.2.2008, BVerfGE 120, 274).

21 Vgl. Gesetz zur Änderung dienstrechtlicher Vorschriften vom 11.6.1992, BGBl. I 1030.

22 BGBl. I 2814.

§ 32 BDSG war allerdings erst als Reaktion auf zahlreiche Datenskandale bei bekannten Großunternehmen (Bahn, Lidl, Telekom)[23] während des Gesetzgebungsverfahrens in das Gesetz aufgenommen worden und nicht viel mehr als ein »restatement«, d. h. die Festschreibung der bis dahin ergangenen Rechtsprechung.[24] So war es nicht überraschend, dass der Bundesrat schon bei seiner Stellungnahme auf die Arbeit an einem »Arbeitnehmerdatenschutzgesetz« drängte.[25] Der damalige Bundesarbeitsminister, Olaf Scholz, legte zwar noch einen Diskussionsentwurf für ein »Gesetz zum Datenschutz im Beschäftigungsverhältnis« vor,[26] der jedoch nicht zuletzt wegen heftiger Kritik der Arbeitgeber in dieser Legislaturperiode nicht mehr realisiert wurde.[27]

Nach der Bundestagswahl im September 2009 kündigte die neue CDU/CSU/FDP-Koalition in ihrem Koalitionsvertrag eine datenschutzrechtliche Initiative an:[28] »*Wir setzen uns für eine Verbesserung des Arbeitnehmerdatenschutzes ein und wollen Mitarbeiterinnen und Mitarbeiter vor Bespitzelungen an ihrem Arbeitsplatz wirksam schützen.*« Allerdings schloss sie gleichzeitig ein eigenes Gesetz aus: »*Hierzu werden wir den Arbeitnehmerdatenschutz in einem eigenen Kapitel im Bundesdatenschutzgesetz ausgestalten.*« Zur Umsetzung brachte die Bundesregierung – auf der Grundlage eines Referentenentwurfs des Innenministeriums – am 23. August 2010 den Entwurf eines »Gesetzes zur Regelung des Beschäftigtendatenschutzes« im Bundestag ein.[29] Dieser Entwurf löste eine breite Diskussion aus, wobei voran die Enttäuschung zum Ausdruck gebracht wurde, dass wiederum nur die bereits bis dahin geltenden Regeln und Grundsätze kodifiziert würden.[30] Außerdem wurde er zwischen den Sozialpartnern geradezu paradigmatisch gegenläufig beurteilt: den Gewerkschaften ging der Datenschutz der Arbeitnehmer nicht weit genug, für die Arbeitgeber dagegen zu weit.[31]

---

23 Dazu ausführlich *Däubler*, Gläserne Belegschaften, Rn. 2aff.

24 Vgl. Beschlussempfehlung und Bericht des Innenausschusses, BT-Drucks. 16/13657, S. 34ff., 35.

25 A. a. O.

26 Referentenentwurf vom 28. 5. 2009. Die SPD-Bundestagsfaktion brachte die Substanz dieses Entwurfs nach der verlorenen Bundestagswahl demonstrativ nochmals – und vorhersehbar vergeblich – im November 2009 im Bundestag ein (BT-Drucks. 17/69).

27 Vgl. *Deinert/Kittner*, Die arbeitsrechtliche Bilanz der Großen Koalition 2005–2009, RdA 2009, 265 ff., 273f.

28 Vgl. *Deinert/Kittner*, Die arbeitsrechtliche Bilanz der schwarz-gelben Koalition 2009–2013, RdA 2013, 257ff., 260.

29 Vgl. BT-Drucks. 17/4230.

30 Vgl. *Tinnefeld/Petri/Brink*, Aktuelle Fragen um ein Beschäftigtendatenschutzgesetz – Eine erste Analyse und Bewertung, Multimedia und Recht 2010, 727ff.; *Körner*, Regierungsentwurf zum Arbeitnehmerdatenschutz, AuR 2010, 416ff.; Simitis-*Seifert*, BDSG, 8. Aufl. 2016, § 32 Rn. 3.

31 Vgl. *Deinert/Kittner*, RdA 2013, 264.

Das war ein Grund, warum es in dieser Legislaturperiode zu keinem Gesetz mehr kam. Möglicherweise wichtiger, jedenfalls aber nicht unwillkommen waren Signale aus Europa: Zum einen waren nach einer Entscheidung des EuGH[32] zur Datenschutzrichtlinie von 1995 Zweifel über den Gestaltungsspielraum des deutschen Gesetzgebers aufgekommen. Und zum anderen hatte die EG-Kommission 2012 die Aufnahme von Arbeiten an einer EG-Verordnung zum Datenschutz angekündigt,[33] die es vollends unklar ließen, ob es hier überhaupt noch Kompetenzen für die Mitgliedstaaten geben würde. Von da an bis zur endgültigen Verabschiedung der Verordnung im Jahr 2016[34] wartete man in Deutschland ab.[35]
Dieses Warten brachte einen vollständigen »reset«: Wegen unüberbrückbarer Diskrepanzen konnte man sich in der EU nicht auf die Inhalte eines für alle verbindlichen Arbeitnehmerdatenschutz einigen. Also landete man bei einer »Öffnungsklausel« für die Mitgliedstaaten (mit wenigen materiellen Sonderregelungen). Diese allerdings wurde im Laufe des Gesetzgebungsverfahrens mit inhaltlichen Vorgaben angereichert, damit es nicht zu einer allzu großen Zersplitterung dieses Rechtsgebiets kommt:[36]

Art. 88 Datenverarbeitung im Beschäftigungskontext

(1) Die Mitgliedstaaten können durch Rechtsvorschriften oder durch Kollektivvereinbarungen spezifischere Vorschriften zur Gewährleistung des Schutzes der Rechte und Freiheiten hinsichtlich der Verarbeitung personenbezogener Beschäftigtendaten im Beschäftigungskontext, insbesondere für Zwecke der Einstellung, der Erfüllung des Arbeitsvertrags einschließlich der Erfüllung von durch Rechtsvorschriften oder durch Kollektivvereinbarungen festgelegten Pflichten, des Managements, der Planung und der Organisation der Arbeit, der Gleichheit und Diversität am Arbeitsplatz, der Gesundheit und Sicherheit am Arbeitsplatz, des Schutzes des Eigen-

32 Vgl. EuGH 24.11.2011, NZA 20111, 1409.

33 Vorschlag der Kommission für eine DatenschutzgrundVO vom 25.1.2012, KOM 2012, 11. Vorangegangen waren eingehende Konsultationen mit einem 2009/2010 vorgestellten »Gesamtkonzept« der Kommission (KOM, 2010, 699 endg.).

34 Verordnung (EU) 2016/679 des Europäischen Parlaments und des Rates vom 27. April 2016 zum Schutz natürlicher Personen bei der Verarbeitung personenbezogener Daten, zum freien Datenverkehr und zur Aufhebung der Richtlinie 95/46/EG (Datenschutz-Grundverordnung); vgl. *Däubler/Wedde/Weichert/Sommer*, EU-DSGVO und BDSG, 3. Aufl. 2024; *Brink/Düwell*, Beschäftigtendatenschutz nach der Umsetzung der Datenschutzgrundverordnung: Viele Änderungen und wenig Neues, NZA 2017, 1081.

35 Zur Entstehungsgeschichte vgl. *Ehmann/Selmayr*, Datenschutz-Grundverordnung, 2017, Einf. Rn. 7.

36 Vgl. Simitis-*Seifert*, BDSG, § 32 Rn. 3b.

tums der Arbeitgeber oder der Kunden sowie für Zwecke der Inanspruchnahme der mit der Beschäftigung zusammenhängenden individuellen oder kollektiven Rechte und Leistungen und für Zwecke der Beendigung des Beschäftigungsverhältnisses vorsehen.
(2) Diese Vorschriften umfassen angemessene und besondere Maßnahmen zur Wahrung der menschlichen Würde, der berechtigten Interessen und der Grundrechte der betroffenen Person, insbesondere im Hinblick auf die Transparenz der Verarbeitung, die Übermittlung personenbezogener Daten innerhalb einer Unternehmensgruppe oder einer Gruppe von Unternehmen, die eine gemeinsame Wirtschaftstätigkeit ausüben, und die Überwachungssysteme am Arbeitsplatz.

Diese Gestaltungsform implizierte zweierlei: Zum einen war sie notwendig, um national bereits weitergehenden Schutz bestehen zu lassen, was für Deutschland insbesondere für die Rechtspraxis in Bezug auf § 87 Abs. 1 Nr. 6 BetrVG und darauf basierende Betriebsvereinbarungen wichtig war (s. u. 32.3). Zum anderen sollten Öffnungsklauseln den Mitgliedstaaten keine Freibriefe ausstellen, sondern nur nationale Modifikationen unter Bindung an das durch die VO geschaffene neue und höhere Datenschutz-Niveau erlauben.
Jedenfalls lag der Ball wieder im Feld des nationalen Gesetzgebers. Das war nach der Bundestagswahl von 2013 erneut eine »Große Koalition« zwischen CDU/CSU und SPD. Sie hatte sich angesichts der laufenden europäischen Entwicklungen in ihrem Koalitionsvertrag vom 27. November 2013 darauf verständigt, diese abzuwarten.[37] Dann geriet man mit Blick auf das Inkrafttreten der Europäischen Verordnung mit der Umsetzung ins nationale Recht erneut ans Ende der Legislaturperiode. Das führte zu großer Zeitknappheit im Gesetzgebungsverfahren; Kritiker sprachen von einem erneuten »*Schnellschuss-Anpassungsgesetz*« im Bereich des Datenschutzes.[38] Das Ergebnis war das »Gesetz zum Schutz vor Missbrauch personenbezogener Daten bei der Datenverarbeitung« vom 30. Juni 2017[39] mit deutlicher Ausweitung des Arbeitnehmerdatenschutzes, nunmehr in § 26.[40]
Ganz unvermeidlich wurde angesichts der Verschränkung mit den europäischen Vorgaben ein neues und weites Feld von Auslegungsstreitigkeiten eröffnet. Dabei

37 Vgl. *Deinert/Kittner*, Die arbeitsrechtliche Bilanz der Großen Koalition 2013–2017, RdA 2017, 342ff., 343.
38 *Hoeren*, IT- und Internetrecht – Kein Neuland für die NJW, NJW 2017, 1587, 1590.
39 BGBl. I 2097.
40 Vgl. *Deinert/Kittner*, a. a. O., S. 349f.; *Däubler/Wedde/Weichert/Sommer*, EU-DSGVO und BDSG, BDSG, Einl. Rn. 5aff.; *Wedde*, Beschäftigtendatenschutz, Basiskommentar, 2022; *Körner*, Die Auswirkungen der Datenschutz-Grundverordnung (DSGVO) in der betrieblichen Praxis, HSI-Schriftenreihe Nr. 28, 2019.

begrenzte eine Entscheidung des EuGH vom 30. März 2023[41] auf Vorlageersuchen des VG Wiesbaden in einem Streit über eine Videokonferenz im hessischen Schuldienst den Spielraum für nationale Öffnungen: Das Gericht verlangte, dass nationale Regelungen gem. Art. 88 Abs. 2 DSGVO die inhaltlichen Vorgaben des Absatz 1 einhalten müssen. Das und weil es sich möglicherweise um keine ausreichende nationale Modifikation handele, könnte zur Folge haben, dass § 26 BDGS, der inhaltsgleich mit der hessischen Regelung ist, gar nicht oder zu wesentlichen Teilen nicht mehr anzuwenden ist. Deshalb haben das Bundesarbeits- und -innenministerium noch am 8. Oktober 2024, kurz vor dem Zerbrechen der »Ampel«-Koalition einen gemeinsamen Referenten-Entwurf vorgelegt.[42]
In einem ganz neuen Urteil vom 19. Dezember 2024 hat der EuGH die DSGVO dahin gehend ausgelegt, dass Betriebsvereinbarungen zur Datenverarbeitung nicht nur die Anforderungen des Art. 88, sondern auch solche aus anderen Artikeln der DSGVO (Art. 5, 6 Abs. 1, 9 Abs. 1 und 2) erfüllen müssen.[43] Diese Entscheidung könnte noch nicht absehbare Folgen für die Ausübung der Mitbestimmung aus § 87 Abs. 1 Nr. 6 BetrVG nach sich ziehen.[44]

32.3 Mitbestimmung des Betriebsrats

Die Überwachung von Leistung und Verhalten der Arbeitnehmer durch Maschinen war zunächst einmal nichts, das erst mit dem Aufkommen von Computern spruchreif geworden wäre. Es gehörte vielmehr zu den ältesten Zankäpfeln des Arbeitsrechts. Nachdem das BetrVG 1952 die »Ordnung des Betriebs und Verhalten der Arbeitnehmer« mitbestimmungspflichtig gemacht hatte (§ 56 Abs. 1 Buchst. f), landete unvermeidlich die Frage beim BAG, ob ein sog. Produktograph mitbestimmungspflichtig ist. Im zu entscheidenden Fall ging es um Apparaturen, die die verschiedensten Werte aus dem Lauf und der Bedienung von Druckmaschinen, wie Lauf und Stillstand, Taktfolge, Fertigungsmenge, Leerlauf- und Verlustzeiten, Störzeiten, fortlaufend mechanisch registrierte und über ein Kabelnetz im Betriebsbüro zentral aufzeigte. Das BAG[45] verneinte das Be-

41 NZA 2023, 487; vgl. *Wedde*, Beschäftigtendatenschutz – gesetzlos?, Personalrat 2023, 22ff.
42 Abgedruckt in NZA 2024, Heft 22 S. IXff. (vgl. *Krause*, Weiterer Schritt auf dem Weg zu einem Beschäftigtendatenschutzgesetz, AuR 2025, 1; *Wünschelbaum/Sorber*, Beschäftigtendatenschutz (wieder) gescheitert?, NZA 2024, 1540; *Heine/Köhler*, Das Beschäftigtendatengesetz als Blaupause der KI-Regulierung, NZA 2024, 1547). Zum Beleg für den Zustand dieser Koalition: Der damalige Finanzminister, Lindner (FDP), lehnte den Referenten-Entwurf umgehend öffentlich ab (*https://ogy.de/FDPGS*).
43 Vgl. EuGH 19.12.2024, NZA 2025, 38 »Workday«.
44 Vgl. *Janko*, Richtungswechsel in der IT-Mitbestimmung und beim Datenschutz durch die EuGH »Workday-Entscheidung«?, NZA 2025, 154.
45 BAG v. 27.5.1961 – 1 ABR 11/59, BAGE 9, 238.

stehen eines Mitbestimmungsrechts, weil der Arbeitnehmer ohnehin aufgrund des Arbeitsverhältnisses verpflichtet sei, dem Arbeitgeber auf dessen Verlangen von den Gründen des Stillstands der Maschine Nachricht zu geben. Ein Teil seiner Begründung mutet für unsere Ohren »prähistorisch« an: »*Kontrollmittel und Kontrollfunktionen (sind) im Arbeitsleben allgemein üblich. Wer sich in ein Arbeitsverhältnis begibt, unterwirft sich damit auch insoweit einer Kontrolle durch den Arbeitgeber. In welcher Weise eine solche Kontrolle ausgeübt wird, ist letzten Endes dem Arbeitgeber kraft seines im Rahmen der Rechtsordnung auszuübenden Weisungsrechts hinsichtlich der Ausführung der Arbeitsleistung selbst überlassen.*«

Dann kam das BetrVG 1972 mit seinen neuen Mitbestimmungstatbeständen, darunter § 87 Abs. 1 Nr. 6:

§ 87 Mitbestimmungsrechte

(1) Der Betriebsrat hat, soweit eine gesetzliche oder tarifliche Regelung nicht besteht, in folgenden Angelegenheiten mitzubestimmen:
[…]
6. Einführung und Anwendung von technischen Einrichtungen, die dazu bestimmt sind, das Verhalten oder die Leistung der Arbeitnehmer zu überwachen;
[…]

Die Begründung des Regierungsentwurfs[46] war, ohne dass Konkreteres gesagt wurde, jedenfalls so zu verstehen, dass Phänomene wie Produktographen zukünftig mitbestimmt sein sollten:

Nummer 6 ist neu und sieht ein Mitbestimmungsrecht des Betriebsrats bei der Einführung und Anwendung solcher technischer Einrichtungen vor, die den Zweck haben, das Verhalten oder die Leistung der Arbeitnehmer zu überwachen, da derartige Kontrolleinrichtungen stark in den persönlichen Bereich der Arbeitnehmer eingreifen.

Diese »alte« Fabriken-Welt wurde gründlich verändert durch das Aufkommen der EDV. Sie ermöglichte nicht nur gesteigerte Kontrollmöglichkeiten, sondern solche von neuer Qualität (die mit ihr möglichen Organisationsleistungen führten auch zum Einsetzen der Bewegung zur »Flexibilisierung des Arbeitsrechts«

46 Vgl. BT-Drucks. VI/1786.

(Kap. 36). Die beiden Haupteigenschaften »Geschwindigkeit« und »Kontextverlust« veranlassten das BVerfG 1983 zur Entwicklung eines adäquaten Schutzes durch das Grundrecht auf »informationelle Selbstbestimmung« (Kap. 17). Die damit ausgelösten Probleme waren natürlich nicht nur solche der öffentlichen Verwaltung. In der Privatwirtschaft verlangte die neue Qualität von Überwachung aufgrund von integrierten Personalinformationssystemen neue rechtliche Antworten. Hier leistete Wolfgang Kilian mit ersten Arbeiten in den Jahren 1976/77 wissenschaftliche Pionierdienste.[47]

Beim BAG kamen diese Probleme zum ersten Mal auf den Tisch mit der Pan-Am-Entscheidung vom 6. Dezember 1983.[48] In ihr ging es – neben Arbeitsschutzproblemen der Bildschirmarbeit – um die Mitbestimmung gem. § 87 Abs. 1 Nr. 6 BetrVG hinsichtlich des Überwachungspotenzials eines zentralen Buchungssystems dieser Fluggesellschaft. Dieser Entscheidung des Ersten Senats fehlte notwendigerweise die argumentative Weite und Wucht des nur eine Woche später ergangenen Volkszählungsurteils. Gleichwohl legte sie den Grund für die seitherige Mitbestimmungspraxis auf diesem Gebiet, denn dort wurde erstmals die fundamentale Maxime aufgestellt, dass es »*nicht auf die subjektive Überwachungsabsicht des Arbeitgebers ankomm*[t], *sondern allein entscheidend* [ist], *ob die technische Einrichtung objektiv geeignet ist, Verhalten und Leistung der Arbeitnehmer zu überwachen.*« Vielmehr ergebe sich die Bestimmung einer technischen Einrichtung zur Erhebung von Verhaltens- und Leistungsdaten aus dem verwendeten Programm.

Ein dreiviertel Jahr später konnte der Erste Senat dieser Materie nunmehr auf der Grundlage des »Volkszählungs«-Urteils verfassungsrechtlich abgestützt die bis heute gültigen Konturen verleihen. Er hatte über die Mitbestimmung bei einem Technikerberichtssystem der Fa. Rank Xerox zu entscheiden. Es beruhte – wie im klassischen Produktographen-Fall – auf manuell eigegebenen Daten, die dann aber auf Datenträgern gespeichert wurden. Aufgrund des dem System zugrundeliegenden Verarbeitungsprogrammes konnten diese Daten in verschiedener Weise (nach unterschiedlichen Kriterien, etwa bezogen auf verschiedene Ebenen, auf einzelne Produkte, Aktivitäten oder Einsatzarten) zu sogenannten SPAR-Reports verarbeitet und ausgedruckt werden. Ganz anders fiel nun die rechtliche Bewertung aus, nachdem jetzt die EDV zur Auswertung zur Verfügung stand:

---

47 Vgl. *Kilian*, Integrierte Personalinformationssysteme und Mitbestimmung, in Lenk, Hrsg., Informationsrechte und Kommunikationspolitik, 1976, S. 322 ff.; *ders.*, Arbeitsrechtliche Probleme automatisierter Personalinformationssystem, JZ 1977, 481 (dort auch eine Dokumentation der bis dahin erschienenen Beiträge zur Praxis; dazu auch *Klebe*, Technischer Wandel und Schutz vor Verhaltenskontrollen, AiB 1981, 170; *Klebe/Schumann*, Die Rechte des Betriebsrats bei der Einführung und Anwendung von Personalinformationssystemen, AuR 1983, 40).

48 Vgl. BAG 6. 12. 1983, BAGE 44, 285.

»Jedenfalls die notwendige Selektion der Daten und der damit verbundene Kontextverlust sowie die unbegrenzt mögliche Erstreckung der Verarbeitung auf alle Daten einschließlich solcher, die weit zurückliegen und einen gegenwärtigen Aussagewert möglicherweise nicht mehr haben, können Einsichten in Leistung und Verhalten von Arbeitnehmern möglich machen, die einmal bei herkömmlicher Überwachung nicht gegeben waren und zum anderen – was bedeutsamer erscheint – einer persönlichen, individualisierenden Beurteilung entbehren, was den Arbeitnehmer zu einem bloßen »Beurteilungsobjekt« machen kann. Das Wissen um eine derartige Verarbeitung von Verhaltens- und Leistungsdaten erzeugt einen Anpassungsdruck, der zu erhöhter Abhängigkeit des Arbeitnehmers führt und damit die freie Entfaltung seiner Persönlichkeit hindern muss. Gerade die Objektstellung des Arbeitnehmers und dessen Behinderung in der Entfaltung seiner Persönlichkeit stellen sich aber nach der Rechtsprechung des Bundesverfassungsgerichts als Eingriffe in sein Persönlichkeitsrecht dar.«

Aus dieser »Grundsatzerklärung« zog der Erste Senat in Fortführung der Pan-Am-Entscheidung das operative Fazit:

»Eine technische Einrichtung ist daher zur Überwachung von Verhalten oder Leistung von Arbeitnehmern bestimmt, wenn sie verhaltens- und/oder leistungsbezogene Daten der Arbeitnehmer zu Aussagen über bestimmte Verhaltensweisen und/oder Leistung verarbeitet, die eine Beurteilung von Verhalten oder Leistung ermöglichen. Darauf, ob der Arbeitgeber eine solche Beurteilung auch ermöglichen will und anschließend vornimmt, kommt es nicht an.«

Die Einführung und Anwendung einer solchen technischen Einrichtung unterliege daher der Mitbestimmung des Betriebsrats. Damit formulierte das BAG für das Verhältnis zwischen Arbeitgeber und Arbeitnehmer fundamentale, auf eine lange Zukunft im Computer-Zeitalter wirkende Sentenzen.

Seit dem Technikerberichtssystem-Fall sind mehr als 30 Jahre vergangen. In Computerangelegenheiten gelten sie wie 300 Jahre in der Menschheitsgeschichte. Zahl, Art und Qualität der seither entwickelten Arbeitsmittel, Programme und Anwendungen sind exponentiell gewachsen.[49] Für alle, die – wie peripher auch

49 Zum Stand der Digitalisierungspraxis vgl. *Däubler*, Digitalisierung und Arbeitsrecht, § 1 Rn. 17ff.; *Maas/Schmitz/Wedde*, Datenschutz 2014, Probleme und Lösungen, HSI-Schriftenreihe Nr. 9, 2014.

immer – mit menschlicher Arbeit zu tun haben, stellen sich die fundamentalen Kontroll- und Überwachungsprobleme noch immer im Zusammenhang mit § 87 Abs. 1 Nr. 6 BetrVG als »Universalinstrument«.[50]
Dazu kommen ganz neue Probleme der nun vom »Personal Computer« (PC) ins Internet, die »Cloud«, ausgreifenden Technologien. Das ermöglich die Verknüpfung von ITK- und Produktionstechnologien, z. B. die Technik des »M2M«: Maschinen »kommunizieren« direkt miteinander und mit Werkstücken; geben sich »Anweisungen« über Dateninfrastruktur; »lernende« Aufbereitung (»Smart Data«) führt zur Optimierung von Arbeitsabläufen, zeitnaher Anpassung an Auftragslage und Kundenwünsche, präventive Wartung. Die menschliche Zusammenarbeit erfolgt in »agilem Arbeiten«, »Scrum« oder isoliert im jeweiligen »Homeoffice[51]«. In jüngster Zeit sind Systeme Künstlicher Intelligenz (KI)[52] hinzugetreten, z. B. unter der Bezeichnung »People Analytics«. Damit können Unternehmen bspw. automatisiert Lebensläufe analysieren und Jobinterviews durchführen lassen. Die Software kann aus den gewonnenen Daten ein Bewerberranking erstellen, sie kann Vorschläge für die Weiterbildung und Karrieren der Beschäftigten berechnen. People Analytics ermöglichen auch die Analyse von Einflüssen auf die Leistung von Beschäftigten oder einen vertieften Einblick in die Leistung von Organisationen, Teams und Personen.[53]
Das alles unterliegt auf irgendeine Weise der Mitbestimmung des Betriebsrats, bzw. es gibt ein permanentes Ringen darum.[54] Die das ermöglichende Rechtsprechung des BAG steht folgerichtig seit Jahren zunehmend wie einige andere arbeitsrechtliche Themen im Fokus von Änderungsbemühungen der Arbeitgeber.[55] Unabhängig davon stellen die neuen digitalen Arbeitsstrukturen die

50 Zur den schier uferlosen Anwendungsfällen vgl. *Klebe/Wenckebach*, Die Rechtsprechung des 1. Senats zu § 87 Abs. 1 Nr. 6 BetrVG, in FS Schmidt, S. 223 ff.; Däubler/Klebe/Wedde-*Klebe*, BetrVG, § 87 Rn. 198 ff.

51 Der Begriff »scrum« = Gedränge entstammt dem Rugby-Sport (vgl. *Bachner*, Betriebsverfassungsrechtliche Fragestellungen bei der Einführung agiler Arbeitsmethoden am Beispiel von Scrum, in Gräfl u. a., Hrsg., 100 Jahre Betriebsverfassungsrecht, S. 17 ff.; *Krause*, Agile Arbeit und Betriebsverfassung, HSI-Schriftenreihe Nr. 37, S. 19 ff.

52 Vgl. *Deinert*, Rechtsfragen künstlicher Intelligenz im Arbeitsrecht, AuR 2025, 6; *Waas*, Künstliche Intelligenz und Arbeitsrecht, HDI-Schriftenreihe Nr. 46, 2013; *Schröder/Höfers*, Praxishandbuch Künstliche Intelligenz, 2022.

53 Vgl. *Peters/Krieger*, People Analytics – Technologien zur Auswertung von Beschäftigtendaten, Themenkurzprofil Nr. 64, 2023; *Gerst/Klebe*, Digitalisiertes Personalmanagement, AuR 2024, 363.

54 *Däubler*, Interessenvertretung durch Betriebsrat und Gewerkschaften im digitalen Betrieb, HSI-Schriftenreihe Nr. 41, 2022.

55 Vgl. *Wolf*, 100 Jahre Betriebsverfassung – Ausblick und Handlungsbedarf, FS Schmidt, S. 829, 836. Das BVerwG hat am 4. 5. 2023 über diese Frage für das Personalvertretungsrecht mit abweichender Begründung entschieden (BVerwGE 4. 5. 2023, 178, 271). Aller-

Betriebsratsarbeit generell vor neue Herausforderungen, insbesondere angesichts der Frage der weiteren Tauglichkeit des herkömmlichen Betriebsbegriffs (Kap. 35).[56]

32.4 Arbeitsschutz bei Bildschirmarbeit

Das Spezifikum der elektronischen Datenverarbeitung (EDV) bzw. inzwischen Informations- und Kommunikationstechnologie (IT) ist das körperlose Software-Programm, ihre Schnittstelle zur körperlichen Welt der Verwender, ein Bildschirmgerät mit Eingabemittel – ein Signum dieser Technologie. Dieses neue Arbeitsmittel – scheinbar ohne Kraftbedarf, fast spielerisch zu bedienen – hatte in Kombination mit der Arbeitsumgebung Folgen, die man ihm nicht so ohne Weiteres ansah, vor allem

- physische und psychische Belastungen aus der Kombination von ununterbrochener Aufmerksamkeit bei angespannter Bewegungslosigkeit und
- Strahlenbelastungen (ein vieldiskutiertes Thema bis zur Einführung des Flachbildschirms).

Es dauerte nicht lange und es stellte sich die Frage, ob ein Schutz gegen solche Auswirkungen nicht auch über das Mitbestimmungsrecht des Betriebsrats gem. § 87 Abs. 1 Nr. 7 BetrVG bewirkt werden könne.

Auch diese Frage gelangte mit dem Pan-Am-Fall an das Bundesarbeitsgericht.[57] Dabei spitzte sich alles auf eine Auslegung des damals noch geltenden § 120a GewO zu (Kap. 30).[58] Das BAG legte diese Vorschrift sehr eng dahingehend aus, dass es nur um den Schutz vor Gefahren für Leben und Gesundheit, die unmittelbar aus dem erlaubten Betrieb und einer zulässigen Beschäftigung von Arbeitnehmern herrührten. Folglich sah er darin keine Grundlage für ein Mitbestimmungsrecht.

Zehn Jahre später, nunmehr unter Vorsitz von Thomas Dieterich räumte der Erste Senat im Hinblick auf die zwischenzeitig intensive Kritik am damaligen Beschluss ein, dass er im Jahr 1983 vielleicht doch zu restriktiv verfahren sei: »*Die seit einigen Jahren wohl überwiegende Auffassung, dass auch § 120a GewO zu den Rahmenvorschriften im Sinne des § 87 Abs. 1 Nr. 7 BetrVG gehöre (z. B. Klebe in*

---

dings hat es keine Divergenz gegenüber dem BAG festgestellt und deshalb von einer Anrufung des Gemeinsamen Senats der Obersten Gerichtshöfe des Bundes abgesehen (Art. 96 Abs. 3 GG).

56 Vgl. *Krause*, Zur Basis der betrieblichen Interessenvertretung bei digitalen Arbeitsstrukturen, JZ 2024, 466.

57 Vgl. BAG 6. 12. 1983, BAGE 44, 285.

58 Diese Vorschrift wurde im Zuge der Schaffung des Arbeitsschutzgesetzes vom 7. 8. 1996 (BGBl. I 1246) aufgehoben.

Däubler/Kittner/Klebe, BetrVG, 5. Aufl., § 87 Rn. 177ff. [...]), *hat die besseren Argumente für sich.*«[59] Freilich blieb dies praktisch folgenlos, denn inzwischen hatte die EWG die sog. Bildschirmrichtlinie erlassen (Kap. 21) deren Frist zur nationalen Umsetzung am 31. Januar 1993 ergebnislos abgelaufen war. Damit müsse bei der Anwendung von § 120a GewO auch die Bildschirmrichtlinie berücksichtigt werden und man brauche sich nicht länger darüber streiten, ob Bildschirmarbeit tatsächlich mit Gefahren für die Gesundheit der Arbeitnehmer verbunden sei, denn die von der Bildschirmrichtlinie verlangten Maßnahmen und Regelungen dienten ausschließlich dem Zweck ihrer Vermeidung.
Danach verlor die Rechtsprechung zu § 120a GewO ihre Bedeutung, weil das Thema »Bildschirmarbeit« erschöpfend in der »Bildschirmarbeits-Verordnung« vom 4. Dezember 1996[60] geregelt wurde (freilich immer noch mit einer Fülle von ausfüllungsbedürftigen und damit mitbestimmungspflichtigen Einzelvorschriften). Seit 2016 wurde sie durch die »VO zur Änderung von Arbeitsschutzverordnungen« vom 30. November 2016[61] aufgehoben. Ihr Inhalt wurde in die ArbeitsstättenVO überführt.[62]

59 BAG 2.4.1996, BAGE 82, 349.
60 BGBl. I 1841.
61 BGBl. I 2681.
62 Vgl. *Pieper*, Arbeitsschutzrecht, 7. Aufl. 2022, § 2 ArbStättV § 2 Rn. 4 ff.; Anhang Nr. 6; *ders.*, Arbeitsstättenverordnung, Basiskommentar, 2024, Anhang 6, Rn. 1ff.

VII. Querschnittsthemen

Gleich, ob man Geschichte als chronologische erzählt oder sich um andere Zugänge bemüht, wie hier: Es bleiben stets Strukturelemente und Rechtsfiguren, die an allen Stationen präsent sind, ganz überwiegend zeitgenössisch formiert und damit auf ihre Weise Seismographen des geschichtlichen Wandels. Ich spreche von »Querschnittsthemen«. Ein Thema ist allerdings größer, es hat als gesamtgesellschaftliches seinen Anteil auch im Arbeitsrecht: das Geschlechterverhältnis mit der seit Beginn der Industrialisierung ungelösten Frage der »Geschlechtergerechtigkeit«; ihr soll ein eigenes, das letzte Sachkapitel gewidmet sein (Kap. 39).

33. Arbeitnehmer und arbeitnehmerähnliche Personen

Von der Frage, ob jemand ein Arbeitnehmer« ist, hängt viel ab – für den »Arbeitenden« der ganze Kosmos des Arbeitnehmerschutzrechts, für den »Arbeitgebenden« die daraus resultierenden Kosten. Das legt das eine große Folgeproblem nahe: ob man nicht das eine haben könne, ohne das andere in Kauf nehmen zu müssen. Damit sind wir beim Uraltproblem von Vermeidungs- bzw. Umgehungsstrategien, zuletzt unter dem Stickwort »Scheinselbständigkeit« (s. u. 33.2). Gleichzeitig drängt sich die Überlegung auf, ob eine solche »manichäische« Fallhöhe unumgänglich sei. Denn es gibt vielfältige Formen von Abhängigkeit bzw. Schutzbedarf, bei denen sich die Frage aufdrängt, ob es nicht wenigsten »etwas Arbeitsrecht« geben könne. Das führt zu den Phänomenen »Heimarbeit«, »Arbeitnehmerähnliche Personen« und dem Schutz von »Soloselbständigen« (s. u. 3).

33.1 Arbeitnehmerbegriff

»Der Arbeitnehmerbegriff ist der Schlüssel für die Anwendung des Arbeitsrechts«.[1] Dieses Diktum von Ulrich Preis beim Wort genommen, macht eher noch größere Probleme als die Frage, wann »Arbeitsrecht« beginnt (Kap. 1). Denn die Metapher »avant la lettre«, mit der man sich dabei behelfen konnte, läuft hier ins Leere: Denn man sprach eben erst ab einem bestimmten Zeitpunkt von »Arbeitnehmern« (von »Arbeitgebern« war schon lange vorher die Rede, etwa in der GewO von 1891).[2] Konkret war es die Tarifvertrags-Verordnung vom 23. Dezember 1918, die sie gleich im ersten Satz zusammen mit all den anderen neuen Begriffen auf die Bühne der Geschichte treten ließ: »*Sind die Bedingungen für den Abschluß von Arbeitsverträgen zwischen Vereinigungen von Arbeitnehmern und einzelnen Arbeitgebern oder Vereinigungen von Arbeitgebern durch schriftlichen Vertrag geregelt (Tarifvertrag), so* […]«. Dabei haben sich die Mitglieder des »Rates der Volksbeauftragten« nicht von der berühmten Polemik von Friedrich Engels beirren lassen: »*Es konnte mir nicht in den Sinn kommen, in das ›Kapital‹ den landläufigen Jargon einzuführen, in welchem deutsche Ökonomen sich auszudrücken pflegen, jenes Kauderwelsch, worin z. B. derjenige, der sich für bare Zahlung von andern ihre Arbeit geben lässt, der Arbeitgeber heißt, und Arbeitnehmer derjenige, dessen Arbeit ihm für Lohn abgenommen wird.*«[3]
Vorher gab es nur einzelne Gruppen von abhängig Beschäftigter, für die es jeweils eigene normative Ordnungen gab:

- »Gesellen« (Zunftordnung),
- »Knappen« (Bergordnung),
- »Gesinde« (Gesindeordnung),
- »Handlungsgehilfen« (HGB) und
- »Arbeiter« (GewO).

»Angestellte« (näher u. 33.2) kamen 1911 hinzu, aber nicht in einem arbeitsrechtlichen Kontext, sondern bei der Sozialversicherung mit dem »Versicherungsgesetz für Angestellte« vom 20. Dezember 1911 – aus dem gleichen Jahr, in dem die Sozialversicherung für Arbeiter in der »Reichsversicherungsordnung« vom 19. Juli 1911[4] zusammengefasst wurde. Dort sprach man von »Versicherten«, »Beschäftigung« und »Beschäftigungsverhältnis« (vgl. §§ 14, 153 und 154

---

1 *Preis*, ErfK, 25. Aufl. 2025, § 611a BGB Rn. 3.
2 Vgl. *Karassek*, »Arbeitnehmer« und »Arbeitgeber«, in: Arbeit – Bewegung – Geschichte, Heft II/2017, S. 206.
3 Vorwort zur 3. Aufl. von »Das Kapital«, in: Marx, Das Kapital, Bd. 1, Neudruck 1968, S. 34.
4 RGBl. 839.

RVO).[5] Das BGB kannte überhaupt weder Arbeiter noch Arbeitnehmer und auch keine berufs- oder branchenspezifischen Sonderrechte, sondern nur den »Dienstvertrag« in Abgrenzung zum »Werkvertrag«.[6]

Erst nach der Revolution von 1918 und der Herausbildung einer neuen Arbeitsverfassung wurden wichtige Gesetze verabschiedet, deren Adressaten »Arbeitnehmer« im umfassenden Sinne waren: nach der TarifvertragsVO 1918 das BRG 1920 und schließlich das Arbeitsgerichtsgesetz vom 23. Dezember 1926.[7] Die Weimarer Reichverfassung selbst sprach im »Räte-Artikel« 165 noch von »Arbeitern« und »Angestellten« – offenkundig, um von »Arbeiter- und Wirtschaftsräten« (Abs. 5) sprechen zu können. Der Kommentar zu Art. 159 benannte dagegen ohne Umstände »Arbeitnehmer« als Grundrechtsträger der Koalitionsfreiheit.[8]

Das ArbGG gab dann dem neu eingerichteten RAG rasch Anlass zur begrifflichen Klärung des neuen Begriffs. Das erfolgte – nicht zufällig – im gleichen Bereich, in dem schon das Reichsversicherungsamt »Angestellte« von selbstständiger Tätigkeit abzugrenzen hatte: Ein konzessionierter Buchmacher in Frankfurt am Main hatte einen Kaufmann am 23. November 1925 mit Genehmigung des Regierungspräsidenten in Wiesbaden als »Buchmacherstellvertreter« für eine Zweigstelle angestellt. Als Entlohnung sollte er 50 % des in diesem Wettbüro erzielten Reinertrages erhalten. Im Anstellungsvertrag waren die Dienstpflichten des Gehilfen und die Zeit, innerhalb welcher er an Werk- und Sonntagen in den Büroräumen anwesend sein musste, eingehend geregelt. Die Wettbücher durften nicht im Besitze des Gehilfen bleiben, sondern wurden vom Chef vor Beginn des ersten Rennens abgeholt. Wetten über 50 Mark durfte der Gehilfe nur nach vorheriger Zustimmung und sog. »Kreditwetten« überhaupt nicht abschließen. Von Krankheits- oder Verhinderungsfällen hatte er sofort Mitteilung zu machen. Für den Fall, dass in der Zweigstelle der Wettumsatz in einem Monat unter einer bestimmten Summe blieb, konnte der Gehilfe in andere Geschäftsräume versetzt werden. Ihm konnte jederzeit mit einer Frist von sechs Wochen gekündigt werden. Am 10. Mai 1926 wurde er fristlos entlassen. Er hielt dies für unberechtigt und klagte vor dem – gerade erst geschaffenen – Arbeitsgericht auf Rechnungs-

5 Auch wenn in den meist noch aus dem Kaiserreich stammenden Gesetzen nicht von »Arbeitnehmern« die Rede war, sondern von »Arbeitern« und »Angestellten«, musste doch auch dort eine Abgrenzung von selbstständiger und unselbstständiger Arbeit erfolgen. Dies geschah durch Entscheidungen des »Reichsversicherungsamtes«.

6 Dabei lehnte die Reichstagsmehrheit Vorstellungen der sozialdemokratischen Abgeordneten *Frohme* und *Stadthagen* (Kap. 11) ab, Vorkehrungen gegen Missbrauch zu treffen (z. B. durch Zwischenschaltung von Strohmännern; vgl. *Kocher*, Das BGB von 1896/1900: Regelungen gegen Bauschwindler?, AuR 2015, G 1).

7 RGBl. I 507.

8 Vgl. *Anschütz*, WRV, Art. 159 Anm. 2.

legung und Zahlung des ihm zustehenden Reingewinns. Die erste Frage lautete: Ist die Arbeitsgerichtsbarkeit zuständig?
Das war sie gem. § 2 Nr. 2 ArbGG 1926 für »bürgerliche Rechtsstreitigkeiten zwischen Arbeitgebern und Arbeitnehmern aus dem Arbeits- oder Lehrverhältnis«. Dazu bestimmte § 5 unter der Überschrift »Begriff des Arbeitnehmers«: »*Arbeitnehmer im Sinne des Gesetzes sind Arbeiter und Angestellte einschließlich der Lehrlinge*«.[9] Diese tautologische Vorschrift war keine Hilfe, wie das RAG ironisch anmerkte: »*Dass diese Begriffsbestimmung im Einzelfalle nicht jeden Zweifel über die Arbeitnehmereigenschaft einer Partei auszuschließen vermag, liegt auf der Hand*«.[10] Also machte es sich auf die Suche nach einem »Arbeitnehmerbegriff«, der den Gesetzen gewissermaßen vorgegeben war. Diesbezüglich kam das RAG noch zurückhaltend zu einer ersten »amtlichen« Begriffsbestimmung:

> *»Die Arbeitnehmereigenschaft wird aber immer dann vorhanden sein, wenn ein persönlich und wirtschaftlich von dem Arbeitgeber abhängiger Dienstverpflichteter innerhalb des Rahmens eines privatrechtlichen Dienstvertrages nach dessen Bestimmungen eine unselbständige Tätigkeit für den Dienstherrn auszuüben hat.«*

Dies war der Beginn einer bis heute nicht abreißenden intensiven Auseinandersetzung zunächst des Reichs- dann des Bundesarbeitsgerichts mit dem Begriff des Arbeitnehmers. Gleich zu Beginn, als Kommentator in der quasi-amtlichen Urteilssammlung trat ein Akteur auf den Plan, der auf einzigartige Weise dieses Rechtsproblem prägen sollte: Alfred Hueck. Er konnte dabei auf intellektuelle Vorarbeiten zum Arbeitnehmerbegriff verweisen: »*Das deckt sich im Wesentlichen mit der von mir bei Hueck/Nipperdey, Lehrbuch des Arbeitsrechts Bd. I S. 33ff. entwickelten Begriffsbestimmung. Nur in einem Punkte ist die Definition des RAG m. E. zu eng, insofern sie nämlich neben den persönlichen auch noch eine wirtschaftliche Abhängigkeit des Arbeitnehmers verlangt. Eine solche wirtschaftliche Abhängigkeit ist zwar in der Regel, aber doch nicht begriffsnotwendig mit der Arbeitnehmerstellung verbunden.*«[11]
Damit sprach Hueck den entscheidenden Punkt an, der fortan und bis heute diese Frage prägt. Das RAG, das sich ursprünglich möglicherweise auch an der

9 So steht es auch heute noch im Kern unverändert in §§ 2 Abs. 1 Nr. 2 und 5 Abs. 1 ArbGG 1953ff.
10 RAG 7. 11. 1928, RAGE 4, 143.
11 Bensh. 7, 146. In etwas anderem Gewand ist die Frage der »wirtschaftlichen Abhängigkeit« seit den 80er Jahren nochmals mit einem eigenen Konzept von Wank wiederbelebt worden (Arbeitnehmer und Selbständige, 1988). Es hat sich jedoch nicht durchgesetzt (vgl. *Preis*, a. a. O., § 611a BGB Rn. 54).

sozialrechtlichen Behandlung durch das Reichsversicherungsamt orientiert hatte,[12] folgte ihm dabei zunehmend.

Der Nationalsozialismus beseitigte zwar die kollektive Arbeitsverfassung der Weimarer Republik, ließ aber das individuelle Arbeitsrecht weitestgehend unverändert (Kap. 12). So wurden zwar Begriffe geändert, nicht aber die rechtserheblichen Aufgreifkriterien für deren Wirken, wie dem Kommentar von Mansfeld zu § 1 AOG zu entnehmen ist:[13]

> *»Arbeiter und Angestellte eines Betriebes pflegte man früher als »Belegschaft« oder »Arbeitnehmerschaft« zu bezeichnen. An die Stelle dieser unschönen, mit dem dennoch propagierten Gedanken der Gleichberechtigung nur schwer zu vereinenden Bezeichnungen ist der Begriff der »Gefolgschaft« getreten, die wie der Begriff des »Führers« deutschrechtlichen Anschauungen über den Treudienstvertrag entstammt. Sie umfasst die Arbeiter und Angestellten des Betriebes, die mit dem Unternehmer als ihrem Führer in der Betriebsgemeinschaft zusammengeschlossen sind.«*

Und damit landete man doch wieder bei den aus Weimar überlieferten Abgrenzungskriterien.

Nach dem Krieg nahm das BAG nahtlos den Faden aus Weimar wieder auf. Gleich seine erste Entscheidung im Jahr 1962 zu diesem Thema formulierte als Leitsatz den Hueck'schen Kerngedanken:[14]

> *»Wesentliches Merkmal des Arbeitsverhältnisses ist die persönliche Abhängigkeit des Arbeitnehmers vom Arbeitgeber bei der Arbeitsleistung.«*

Später verband das BAG diese Begriffsbestimmung – neben einer bemerkenswerten Hommage an ihren Begründer – mit der historischen Einordnung von Arbeitsrecht schlechthin: »*Die persönliche Abhängigkeit eines Mitarbeiters war einer der wesentlichen Gründe, die zur Entwicklung und zum Ausbau des Arbeitsrechts geführt haben (vgl. A. Hueck, in Hueck/Nipperdey, Lehrbuch des Arbeits-*

---

12 Für das Reichsversicherungsamt (RVA) war »wirtschaftliche Abhängigkeit« ein zentrealer Indikator für die Versicherteneigenschaft (vgl. RVA 15.7.1887, Amtliche Nachrichten 1887, S. 213; 15.12.1891, AN 1891, S. 184. Die beiden Entscheidungen waren auch insofern interessant, als es sich um ausgesprochen »moderne« Fallkonstellationen handelte: formal Selbstständige, die in einem fremden Arbeitszusammenhang tätig wurden, ein Binnenlotse und ein Schlachter).

13 *Mansfeld u. a.*, AOG, § 1 Anm. 3.

14 BAG 28.2.1962 – 4 AZR 141/61, BAGE 12, 303.

rechts, 7. Aufl. Bd. I, § 9 III 3, S. 41ff.). Sie besteht – kurz gefasst – darin, dass ein Arbeitnehmer fremdbestimmte Arbeit zu leisten hat, während der Selbständige, der Dienstverträge abschließt, in größerem Maße selbstbestimmte Arbeit leistet.«[15] Dazu hat die Rechtsprechung des BAG die Kriterien immer mehr verfeinert und seit 2017 sind die Ergebnisse, basierend auf der klassischen Definition von Alfred Hueck, in § 611a BGB kodifiziert.[16]

§ 611a Arbeitsvertrag

Durch den Arbeitsvertrag wird der Arbeitnehmer im Dienste eines anderen zur Leistung weisungsgebundener, fremdbestimmter Arbeit in persönlicher Abhängigkeit verpflichtet. Das Weisungsrecht kann Inhalt, Durchführung, Zeit und Ort der Tätigkeit betreffen. Weisungsgebunden ist, wer nicht im Wesentlichen frei seine Tätigkeit gestalten und seine Arbeitszeit bestimmen kann. Der Grad der persönlichen Abhängigkeit hängt dabei auch von der Eigenart der jeweiligen Tätigkeit ab. Für die Feststellung, ob ein Arbeitsvertrag vorliegt, ist eine Gesamtbetrachtung aller Umstände vorzunehmen. Zeigt die tatsächliche Durchführung des Vertragsverhältnisses, dass es sich um ein Arbeitsverhältnis handelt, kommt es auf die Bezeichnung im Vertrag nicht an.

Im Hinblick auf die Belastungen nicht nur aufgrund des Arbeitsrechts, sondern auch durch Lohnsteuer und Sozialversicherungsbeiträge, lag die Versuchung nahe, das alles durch Etikettierung des Arbeitsvertrags mittels einfacher Umbenennung zu vermeiden. Dem hat das BAG schon 1967 einen Riegel vorgeschoben: *»Maßgebend ist in erster Linie nicht, welche rechtliche Wertung die Parteien ihren Vertragsbeziehungen angedeihen lassen, sondern wie diese bei objektiver Betrachtung in Wahrheit rechtlich einzuordnen sind.«*[17] Es kommt auf den tatsächlichen Geschäftsinhalt und nicht auf seine Etikettierung an. Ungeachtet dessen, ebben die Umgehungsversuche mit »Scheinselbstständigen« nicht ab.[18] Die Kommentare und Handbücher zeugen von einer unerschöpflichen Gestal-

15 BAG 15. 3. 1978 – 5 AZR 819/76, BAGE 30, 163.

16 Vgl. die umfassende Kommentierung von *Preis* im ErfK zu § 611a.

17 BAG 8. 6. 1967, BAGE 19, 324, 329.

18 1996 hatte die SPD-Bundestagsfraktion den Entwurf eines »Gesetzes zur Bekämpfung der Scheinselbständigkeit« eingebracht (BT-Drucks. 13/6549; Beschlussempfehlung und Bericht des Ausschusses für Arbeit und Sozialordnung, BT-Drucks. 13/10269). Er wurde jedoch von der CDU/CSU/FDP-Mehrheit abgelehnte (BT-Plenarprotokoll 13/233, S. 14405C).

tungsphantasie.[19] In jüngerer Zeit haben DV-gestützte Technologien eine große Varietät von Arbeitsgestaltungen ermöglicht, die zu neuen Abgrenzungsproblemen geführt haben (z. B. »Crowdworker«[20] oder »work on demand« in der sog. Gig Economy[21]). Für derartige Arbeitsformen hat die EU 2022 die »Richtlinie zur Verbesserung der Arbeitsbedingungen in der Plattformarbeit« erlassen (Kap. 21).[22] Sie enthält eine Vermutung für eine Arbeitnehmereigenschaft beim Vorliegen bestimmter Kriterien.[23]
Eine parallele Entwicklung zum Beschäftigtenbegriff hat es im Sozialversicherungsrecht gegeben. Nach der enumerativen Aufzählung von Angestelltengruppen in § 1 RVO kam mit dem »Sozialgesetzbuch Viertes Buch – Gemeinsame Vorschriften für die Sozialversicherung« vom 23. Dezember 1976[24] ein für alle Versicherungszweige geltender »Beschäftigten«-Begriff:

§ 7

(1) Beschäftigung ist die nichtselbständige Arbeit, insbesondere in einem Arbeitsverhältnis.

Das brachte in der Kernfrage nichts als den Verweis auf die vorhandene Spruchpraxis des Reichsversicherungsamts und später des BSG und dazu die Feststellung, dass der sozialrechtliche Versichertenbegriff weiter als der arbeitsrechtliche Arbeitnehmerbegriff war. Später wurden die rechtlichen Instrumente sowohl inhaltlich als auch verfahrensmäßig verfeinert. Mit dem »Gesetz zur Verbesserung der Rahmenbedingungen für die Absicherung flexibler Arbeitszeitregelungen

---

19 Vgl. ErfK-*Preis*, § 611a Rn. 57ff.; Deinert/Wenckebach/Zwanziger-*Ulber*, Arbeitsrecht, § 2 Rn. 7.

20 Vgl. *Däubler*, Crowdworker – Schutz auch außerhalb des Arbeitsrechts?, in: Benner (Hrsg.), Crowdwork – zurück in die Zukunft?, 2015, S. 243; *Waas/Liebman/Lyubarsky/Kezuka*, Crowdwork – A Comparative Law Perspective, HSI-Schriftenreihe Nr. 22, 2017; siehe auch die Beiträge von *Hlava, Risak, Schubert, Darcy du Troit, Verhulp* und *Waas* in FS Klebe, 2018; *Schneider-Dörr*, Von Arbeitnehmern und Plattformen. Was hat die »Crowdworker-Entscheidung« des BAG vom 1. 12. 2020 mit sich gebracht?, KJ 2024, 481.

21 Vgl. *Prassl*, The Gig Economy before the Court of Justice, in FS Klebe, S. 308ff.; *Waas*, AuR 2018, 548.

22 Richtlinie (EU) 2022/2041, ABl. I 275/33.

23 Vgl. *Fischels/Sokol*, Der Arbeitnehmerbegriff – Entwicklungen und Impulse aus der Plattformarbeit, NZA 2024, 656; *dies.*, Die EU-Richtlinie in der Plattformarbeit – Entwicklungen und Impulse zum Arbeitnehmerbegriff aus der Plattformarbeit, NZA 2024, 721; *Hiessl*, Statusfragen in der Plattformarbeit. Europäische Arbeitnehmer- und Arbeitgeberkonzepte auf dem Prüfstand, SR 2024, 128; *Höller/Klengel*, Auf den Spuren der (digitalen) Tagelöhner*innen, in FS Kittner, 2021, S. 186ff.

24 BGBl. I 3845.

und zur Änderung anderer Gesetze« vom 21. Dezember 2008[25] wurde § 7 Abs. 1 SGB IV um aus der arbeitsrechtlichen Welt stammende Elemente erweitert:

> § 7
>
> Beschäftigung ist die nichtselbständige Arbeit, insbesondere in einem Arbeitsverhältnis. Anhaltspunkte für eine Beschäftigung sind eine Tätigkeit nach Weisungen und eine Eingliederung in die Arbeitsorganisation des Weisungsgebers.

Die wichtigsten Fälle in der Praxis, in denen arbeitsrechtliche und sozialversicherungsrechtliche Bewertung auseinandergingen, betrafen sog. Honorarärzte in Kliniken[26] und GmbH-Geschäftsführer.[27] Durch das »Gesetz zur Förderung der Selbstständigkeit« vom 20. Dezember 1999[28] wurde ein Statusfeststellungsverfahren eingeführt, mit dem Vertragsparteien vorab Klarheit über den sozialversicherungsrechtlichen Status ihrer Beziehung schaffen konnten. Es ist nicht bekannt, wie häufig dieses Verfahren praktiziert wird.[29]

Schließlich hat der EuGH seit 1986 einen eigenen europarechtlichen Arbeitnehmerbegriff entwickelt, um eine einheitliche Auslegung des europäischen Rechts sicherzustellen. Dabei war zu berücksichtigen, dass die in Deutschland geläufige Definition des Arbeitnehmerbegriffs nicht auf alle Sprachfassungen zu übertragen ist. So ist in zahlreichen europäischen Vorschriften die Rede von »Worker« oder »Travailleur«, was viel umfassender zu verstehen ist als der deutsche arbeitsrechtliche Arbeitnehmerbegriff. Dieser europäische Begriff ist (möglicherweise weil er für die Frage entstanden ist, wer in den Genuss der Freizügigkeit kommt) außerordentlich weit: »*Das wesentliche Merkmal des Arbeitsverhältnisses besteht aber darin, daß jemand während einer bestimmten Zeit für einen anderen nach dessen Weisung Leistungen erbringt, für die er als Gegenleistung eine Vergütung erhält.*«[30] Das führt dazu, dass Geschäftsführer einer abhängigen GmbH

25 BGBl. I 2940.

26 Vgl. BSG 4.6.2019, BSGE 128, 191; anders für das Arbeitsrecht BAG 4.6.2019, NZA 2016, 344.

27 Vgl. BSG 14.3.2018, BSGE 125, 183; anders für das Arbeitsrecht BAG 21.1.2019, BAGE 165, 61.

28 BGBl. 2000 I 2. Dafür wurde zunächst § 7b in das SGB IV eingefügt, der später zu § 7a wurde.

29 Vgl. *Schlegel/Kania*, Vorschläge für ein schnelles und weitgehend digitalisiertes Statusfeststellungsverfahren, NZA 2025, 65.

30 EuGH 3.7.1986 – Lawrie Blum, NJW 1987, 1138 (vgl. *Deinert/Treber*, IntASO, Nr. 1, Einl. V).

europarechtlich als Arbeitnehmer angesehen werden[31] – so wie sie im deutschen Sozialrecht als Versicherte gelten können.[32]

33.2 Schutzbedürftige Selbstständige: Heimarbeit, arbeitnehmerähnliche Personen, »Soloselbstständige«

Das Recht zur Bestimmung der Arbeitnehmer- bzw. Beschäftigteneigenschaft ist von manichäischer Härte: Liegen die Voraussetzungen dafür vor, gilt »das volle Programm«; beim Fehlen gibt es gar nichts und die Betroffenen sind als Selbstständige auf sich selbst verwiesen. Dabei gibt es viele Fälle im Grenzbereich, in denen die »Arbeitenden« mindestens so schutzbedürftig sind wie Arbeitnehmer.[33] Dieser Konstellation hat das Recht bislang nur sehr eingeschränkt Rechnung getragen. Neben allgemeinen Regeln über Missbrauchskontrolle, insbesondere bei monopolartigen Vertragskonstellationen, gibt es nur zwei hierfür gedachte Rechtsinstitute: das Recht der Heimarbeit und Schutzvorschriften für »arbeitnehmerähnliche Personen«.

(1) »Arbeitnehmerähnliche Personen«

»Arbeitnehmerähnliche Personen« sind gekennzeichnet von ihrer wirtschaftlichen, nicht jedoch persönlichen Abhängigkeit (also einer Situation, die in den Anfangsjahren des RAG noch zur Arbeitnehmereigenschaft geführt hatte, s. o. 33.1).[34] Dieser Begriff wurde zum ersten Mal von Erich Melsbach im Jahr 1923 gebraucht.[35] Im selben Jahr tauchte er im Entwurf des Arbeitsvertragsgesetzes auf (Kap. 38). Im Arbeitsgerichtsgesetz von 1926 (Kap. 28) wurde arbeitnehmerähnlichen Personen unter Benutzung dieses Begriffs der Rechtsweg zu den Arbeitsgerichten eröffnet, ohne sie aber näher zu definieren:

31 Vgl. EuGH 9.7.2015 – Balkya, NZA 2015, 861.

32 Das führt z. B. auch dazu, dass auch Beamte den Schutz der Arbeitszeitrichtlinie genießen, obwohl deren deutsche Fassung nur von »Arbeitnehmern« spricht.

33 In Großbritannien gibt es einen »abgestuften« Arbeitnehmerbegriff: die »employees« mit mehr, die »workers« mit weniger Schutz (vgl. *https://www.davidsonmorris.com/employee-or-worker/#elementor-toc__heading-anchor-0*).

34 Vgl. eingehend *Pfarr*, Die arbeitnehmerähnliche Person, in FS Kehrmann, 1997, S. 75 ff.; *Annerfelt*, Geschichte und Perspektive des § 12a TVG, AuR 2024, G 21.

35 Vgl. *Melsbach*, Deutsches Arbeitsrecht, 1923 (Reprint 2019), S. 24.

§ 5

(1) Den Arbeitnehmern stehen Personen gleich, die, ohne in einem Arbeitsverhältnisse zu stehen, im Auftrag und für Rechnung bestimmter anderer Personen Arbeit leisten (Hausgewerbetreibende und sonstige arbeitnehmerähnliche Personen) [...]

Diese Legaldefinition erfolgte dann 1934 im »Arbeitsgerichtsgesetz« in der Fassung vom 10. April 1934:[36]

§ 5

(1) [...] sonstige nicht mit gewerblicher Hausarbeit beschäftigte Personen, die, ohne in einem Arbeitsverhältnis zu stehen, im Auftrag und auf Rechnung bestimmter anderer Personen Arbeit leisten und wegen wirtschaftlichen Unselbstständigkeit als arbeitnehmerähnlich anzusehen sind.

Diese Definition wurde 1953 wortgleich in die heute noch geltende Fassung des § 5 Abs. 1 Satz 2 ArbGG übernommen. Sie brachte den »Begünstigten« freilich nur den Zugang zu den Arbeitsgerichten, nicht aber materielle Berechtigungen. Solche gab es erstmals nach 1945 in Urlaubsgesetzen der Länder (außer Bayern und Berlin) mit dem Bundesurlaubsgesetz vom 8. Januar 1963.[37] In der Begründung des dem endgültigen Gesetz zugrunde liegenden Antrages der CDU/CSU hieß es: »*Zu den arbeitnehmerähnlichen Personen gehören in erster Linie die Heimarbeiter und die ihnen Gleichgestellten; in Betracht kommen ferner Handelsvertreter, Künstler, Musiker, Schriftsteller, Zeitungsberichterstatter usw., soweit sie in einem entsprechenden wirtschaftlichen Abhängigkeitsverhältnis zu einem Auftraggeber stehen.*«[38] Danach kam es noch zur Einbeziehung von Arbeitnehmerähnlichen in einige wenige Gesetze: § 2 Abs. 2 Nr. 3 ArbSchG, § 1 Abs. 1 Nr. 3 JugendarbeitsschutzG, § 7 Abs. 1 Nr. 3 PflegezeitG, § 6 Abs. 1 Nr. 3 AGG, § 17 Abs. 1 Satz 1, 2 des Betriebsrentengesetzes und § 26 Abs. 8 Nr. 6 BDSG.

Die spektakulärste Behandlung erfuhren die »Arbeitnehmerähnlichen« mit § 12a TVG. Damit sollten für Personen, die wirtschaftlich ganz überwiegend für einen Auftraggeber tätig waren, Tarifverträge möglich werden.[39] Das erfolgte in

36 RGBl. I 319.

37 BGBl. I 2.

38 BT-Drucks. IV/207, S. 4.

39 Zu den Gestaltungsmöglichkeiten der Tarifvertragsparteien: BAG 15. 2. 2005, BAGE 113, 343.

nennenswertem Umfang nur bei öffentlichen Rundfunk- und Fernsehanstalten; einige wenige Tarifverträge gibt es mit Arbeitgeberverbänden des Verlagswesens sowie Designstudios und Werbeagenturen. Sie enthielten üblicherweise Regelungen zur Entgeltfortzahlung im Krankheitsfall und Kündigungsschutz. Außerdem werden Urheber- und Nutzungsrechte geregelt. Darüber hinaus hat § 12a TVG bislang keine Rolle gespielt.

(2) Heimarbeiter

Die älteste schutzbedürftige Nicht-Arbeitnehmer-Gruppe bildeten »Heimarbeiter«, also Personen, die im eigenen Haushalt für andere arbeiteten. Sie standen am Anfang der Änderung vom Verlagswesen zur Manufakturfertigung, mit den »schlesischen Webern«[40] als ikonische Figuren für »Ausbeutung« im 18. und 19. Jahrhundert, neben dem »Manchestertum« in den frühen Fabriken. Einen eigenen Schutz erhielten sie bereits in der Gewerbeordnung vom 21. Juni 1869:[41]

> **§ 136**
>
> Unter Arbeitern (§ 134) werden hier auch diejenigen verstanden, welche außerhalb der Fabrikstätten für Fabrikinhaber oder die ihnen gleichgestellten Personen die zu deren Gewerbebetriebe nöthigen Ganz- oder Halbfabrikate anfertigen oder solche an sie absetzen, ohne aus dem Verkaufe dieser Waren an Konsumenten ein Gewerbe zu machen.

Dieses Recht galt unverändert während der Dauer des Kaiserreichs. Durch das »Hausarbeitsgesetz« vom 20. Dezember 1911[42] wurde es nur unwesentlich fortentwickelt.

Seine bis heute geltende Struktur erhielt das Heimarbeiterrecht mit dem »Heimarbeiterlohngesetz« vom 27. Juni 1923.[43] Das heißt insbesondere: Es wurden von Arbeitgebern und Gewerkschaften beschickte Fachausschüsse eingerichtet, die den Abschluss von Tarifverträgen fördern, aber auch bindende Mindestentgelte festsetzen konnten. Damit waren sie Vorläufer der heutigen »Heimarbeitsausschüsse«. Dieses Recht wurde im Nationalsozialismus weiterentwickelt[44]

---

40 Zu ihrem »Aufstand« vgl. *Kittner*, Arbeitskampf, S. 184ff.; *von Hodenberg*, Aufstand der Weber. Die Revolte von 1844 und ihr Aufstieg zum Mythos, 1997.

41 BundesGBl. des Norddeutschen Bundes 1869, 245.

42 RGBl. 976.

43 RGBl. I 467 (zum folgenden eingehend *Schmidt/Koberski/Tiemann/Wascher*, Heimarbeitergesetz, 4. Aufl. 1998, Einl. Rn. 4ff.).

44 Vgl. Heimarbeitsgesetz vom 14.3.1934, RGBl. I 214; dazu VO vom 23.3.1934, RGBl. I 225; vom 20.2.1935, RGBl. I 261.

(Kap. 12) und nach 1945 mit dem »Heimarbeitsgesetz« vom 14. März 1951[45] in der Bundesrepublik fortgeführt. Zur Rechtsgeschichte trug es insofern einen besonderen Aspekt bei, als das BVerfG sich zur Verfassungsmäßigkeit der bindenden Entgeltfestsetzung äußern musste – eine für die Möglichkeit der staatlichen Mindestlohnpolitik grundsätzlich wichtige Entscheidung (Kap. 22).
Praktisch bedeutsam ist das Hausarbeitsrecht schon lange nicht mehr. Die letzte bekannte Zählung im Jahr 2016 ergab 27 605 »klassische« Heimarbeiter.[46] Ein »Revival« deutet sich mit häuslicher Arbeit im Computer-Zeitalter an, mit Schreib- und Programmierarbeiten als »Telearbeit«.[47] Andererseits stellen sich mit der Zunahme von Arbeit im »Homeoffice« (drastisch seit der Corona-Pandemie 2020) und häuslichen Arbeitsformen auf Online-Plattformen und »Crowdworking« neue Fragen der Abgrenzung zwischen selbstständiger und abhängiger Arbeit. Offenkundig ist auch, dass z. B. das Heimarbeitsgesetz dem damit erwachsenden Schutzbedarf nicht recht entspricht.[48]

(3) »Soloselbstständige«

In jüngster Zeit sind Schutzmaßnahmen für »Soloselbstständige« diskutieret worden, das sind wirtschaftlich schwache Selbstständige, die keine Arbeitnehmer beschäftigen.[49] Dieses Thema könnte aus der europäischen Ebene einen neuen Schub erhalten, denn die EU-Kommission hat am 9. Dezember 2021 »Richtlinien über die Anwendung des EU-Wettbewerbsrechts auf Kollektivverträge über Beschäftigungsbedingungen für Soloselbstständige« vorgeschlagen.[50] Ob damit § 12a TVG zu einer breiteren nationalen Praxis verholfen werden kann, wird die Zeit zeigen. Möglicherweise wird die Lust auf neues Digitalisierungs-Recht (Kap. 32) auch in dieser Hinsicht für neuen Schwung sorgen.

---

45 BGBl. I 191.

46 Gemeinsames Ministerialbl. 2016, 510.

47 Zur Qualifizierung solcher Arbeiten als Heimarbeit vgl. BAG 14. 6. 2016, NZA 2016.

48 Vgl. *Deinert*, Die heutige Bedeutung des Heimarbeitsgesetzes, RdA 2018, 359.

49 Vgl. *Deinert*, Soloselbständige zwischen Arbeitsrecht und Wirtschaftsrecht: zur Notwendigkeit eines erweiterten Sonderrechts für Kleinunternehmer als arbeitnehmerähnliche Personen, 2015; *Bayreuther*, Sicherung von Leistungsbedingungen von (Solo-) Selbständigen, Crowdworkern und anderen Plattformbeschäftigten, HSI-Schriftenreihe Nr. 26, 2018.

50 Dabei geht es darum, der Regelungssperre des Art. 101 AEUV zum Kartellverbot zu entgehen (vgl. *Seifert*, Kollektivverträge für wirtschaftlich abhängige Selbständige und unionsrechtliches Kartellverbot, HSI-Schriftenreihe Nr. 42, 2022, S. 116; *Klengel*, Tarifverträge für Solo-Selbständige: Modelle für die digitale Plattformwirtschaft, KJ 2024).

34. Angestellte und leitende Angestellte

Die Schaffung des BGB und die Arbeitsverfassung aufgrund der Novemberrevolution 1918 hatten eines gemeinsam, die Zusammenführung bisheriger Sonderrechte zu dem einen umfassenden, uniformen Beschäftigten-Typ: zunächst »Dienstnehmer« aufgrund eines »Dienstvertrags«, dann »Arbeitnehmer« aufgrund eines »Arbeitsvertrags«. Allein der Anschein trügt: Im gleichen Zeitpunkt, in dem diese große Vereinheitlichung einsetzte, machten sich speziellere Regulierungsbedarfe geltend. Joachim Rückert[1] hat eine stattliche Anzahl von Teilregelungen sei es in der Zeitspanne zwischen Inkrafttreten des BGB und der Revolution, sei es für die Weimarer Republik aufgelistet: vom »Kinderarbeitsgesetz« vom 30. März 1903 zur preußischen Berggesetznovelle vom 14. Juli 1905 über das Gesetz über Arbeitszeit im Bergbau vom 14. Juli 1922, dem Mutterschutzgesetz vom 17. Mai 1924 zum Gesetz über Kündigungsfristen von Angestellten vom 9. Juli 1926 – alle diese gruppenbezogenen Regelungen waren ein Beleg für eine Konstante in diesem »Geschäft«. Sobald die Politik einen spezifischen Regulierungsbedarf ausgemacht hatte, kam ein bereichsbezogener »besonderer Teil« zum – wenn auch nicht kodifizierten – »Arbeitsrecht für alle« hinzu. Das sollte sich in die jüngste Zeit fortsetzen, wobei das »Arbeitsschutzkontrollgesetz« für Fleischbetriebe einen besonders drastischen Anschauungsunterricht für die Abfolge von Skandal und ad-hoc-Abhilfe durch ungewöhnliche Maßnahmen lieferte.[2]

Davon haben viele personenbezogene Arbeitsschutzgesetze überdauert: vor allem zum Jugendarbeits-, Mutter- und Schwerbehindertenschutz (Kap. 30). Die besonderen Regelungen für Angestellte gerieten dagegen zu einem geschichtlichen Intermezzo, einem sehr langen zwar, aber eben doch mit klarem Ende ohne Wahrscheinlichkeit auf Wiederaufleben.

Mit diesen »Angestellten« war es wie mit dem »Arbeitsrecht«: Es gab sie, ehe es das Wort für sie gab; »avant la lettre« ist die unvermeidlich vielgebrauchte Metapher in diesem Buch. Thorsten Keiser verortet die Herausbildung von Angestellten noch in die Zeit, in der Arbeitsrecht in erster Linie berufsständisch geprägtes Statusrecht war: »*›Angestellter‹ war in der ökonomisch-sozialwissenschaftlichen Terminologie ein Begriff, der sich erst nach dem des Arbeiters im allgemeinen Sprachgebrauch als Sammelbezeichnung für verschiedene, nicht körperliche Arbeiten etabliert hatte.*«[3] Bevor sie zu solchen im neueren Rechtssinne wurden

1 Vgl. *Rückert*, BGB, Vor § 611 Rn. 104 und 106.

2 Vgl. *Deinert/Kittner*, Die arbeitsrechtliche Bilanz der Großen Koalition 2018–2021, RdA 2021, 257, 262ff.

3 *Keiser*, Angestellte zwischen Rechts- und Sozialgeschichte: Forschungsfragen zur Entstehung einer Arbeitnehmerkategorie, Rechtsgeschichte 30, 2022, S. 173ff.; *Pierenkämper*,

(bemerkenswerterweise durch ein Sozialversicherungsgesetz, das »Versicherungsgesetz für Angestellte« vom 20. Dezember 1911),[4] hatten sie als dauerhaft beschäftigte Handelsgehilfen nach dem ADHG bzw. HGB schon Rechte besessen, die sie von den Arbeitern abhoben.[5] Das war vor allem eine Dauerbeschäftigung mit sechswöchiger Kündigungsfrist zum Quartalsende und die Entgeltfortzahlung im Krankheitsfall (§§ 133a und c GewO bzw. §§ 63 und 66 HGB).[6] Hier lag auch der Grund für ihr exponiertes Engagement für Kündigungsschutz (Kap. 31). Als dann eine tageweise Beschäftigung für Arbeiter außer Gebrauch kam, machte sich das Fehlen vergleichbarer Regelungen schmerzlich bemerkbar. Mit dem schon genannten Gesetz von 1926, mit dem ältere Angestellte längere Kündigungsfristen erhielten, wuchs diese Diskrepanz noch. Mit der (Not-)»Verordnung des Reichspräsidenten zur Sicherung von Wirtschaft und Finanzen« vom 1. Dezember 1930[7] wurde zur Entlastung der Krankenversicherungsträger der Entgeltfortzahlungsanspruch im Krankheitsfalle unabdingbar.

Vom letzten Viertel des 19. Jahrhunderts bis zum Ende der Weimarer Republik entwickelte sich die Gruppe/Schicht der Angestellten stürmisch: von 400 000 im Jahr 1882 auf 4 Mio. im Jahr 1925.[8] Das schlug sich bald auch in den kollektiven Vertretungsstrukturen nieder: Bereits das Hilfsdienstgesetz von 1916 brachte einen besonderen Angestelltenausschuss, wenn ein Betrieb mehr als 50 versicherungspflichtige Angestellte beschäftigte. Es fand seine Fortsetzung in den »Arbeiterräten« und »Angestelltenräten« des Betriebsrätegesetzes von 1920 (was mit einer entsprechenden Gruppenaufteilung in allen Mitbestimmungsgesetzen der Bundesrepublik wieder aufgegriffen werden sollte).

Arbeitsmarkt der Angestellten im Deutschen Kaiserreich 1880 – 1913, 1987; *Schulz*, Die Angestellten seit dem 19. Jahrhundert, 2000.

4 RGBl. 989 (vgl. *Glootz*, Geschichte der Angestelltenversicherung des 20. Jahrhunderts, 1952). Von Anfang an bestand die Schwierigkeit der Abgrenzung zwischen Arbeitern und Angestellten. Das AVG fing mit einem Katalog an (§ 1 AVG), der aber bald nicht ausreichte. Das Reichsversicherungsamt unterschied schließlich 1928 danach, ob jemand überwiegend »*körperliche oder geistige Tätigkeit*« verrichtete (RVA, Angestelltennachrichten 1928, 67). Die separate Organisation der Sozialversicherung lieferte einen zusätzlichen Schub für ein neues Gruppenbewusstsein – Nährboden auch für die Bildung und Befestigung eigener Gewerkschaften für Angestellte.

5 Vgl. *Hromadka*, Arbeiter und Angestellte – ein Nachruf, RdA 2015, 65; Das Recht der leitenden Angestellten, 1979.

6 Zum Verständnis der ursprünglichen Ungleichheit ist unverzichtbar, dass zu jener Zeit Arbeiter durchweg mit eintägiger Kündigungsfrist bzw. als »Taglöhner« beschäftigt waren.

7 RGBl. I 517, 521. Mit der »Zweiten (Not-)Verordnung des Reichspräsidenten zur Sicherung von Wirtschaft und Finanzen« vom 5. Juni 1931 (RGBl. I 279, 281) wurde der 6-Wochen-Zeitraum auf alle Angestelltengruppen erstreckt.

8 Vgl. *Hromadka*, a. a. O., 69.

Für das Arbeitsleben hatte diese Entwicklung die bekannten dissoziierenden Folgen: Angestellte blieben den Arbeitern und deren Gewerkschaften fern; sie hielten sich für etwas »Besseres«. Auch wenn das für die unteren Angestelltengruppen insbesondere nach der Weltwirtschaftskrise längst nicht mehr der Realität entsprach, beschreibt Wolfgang Hromadka treffend des Angestelltenethos der Zeit: »*Dennoch blieben Angestelltenmentalität – das Karrierebewusstsein, das Vertrauen auf die eigene Kraft, die Distanz zu den Arbeitern, das Gefühl, etwas Besseres zu sein – und Angestelltenverhalten – Bildung, Berufsbildung, Erziehung der Kinder usw. – weitgehend erhalten.*«[9]
Als Folge dieses eigenen Angestelltenbewusstseins bildeten sich bald in allen wichtigen Wirtschaftsbereichen eigene Gewerkschaften für Angestellte, typischerweise als Pendant der jeweiligen weltanschaulich ausgerichteten Arbeitergewerkschaft.[10] Das führte zwangsläufig zum Aufkommen und raschen Wachstum von eigenen Tarifverträgen für Angestellte: von etwa 250 Tarifverträgen für bis zu 15 000 Angestellte im Jahr 1914 auf 3000 im Jahr 1925 für mehr als 1,8 Mio. Angestellte.[11]
Getragen von dieser arbeits- und sozialrechtlichen Infrastruktur schien in soziologischer Sicht ein »Jahrhundert der Angestellten« seinen Anfang zu nehmen – erstmals analysiert von Siegfried Kracauer in seinem berühmtem Buch »Die Angestellten« von 1930[12] – mit einem düsteren Ausgang in der signifikant höheren Unterstützung des Nationalsozialismus durch Angestellte gegenüber Arbeitern.[13] Freilich zeigt sich im Rückblick auch, dass für diese Entwicklung »*der Scheitelpunkt zum Ende der Weimarer Republik erreicht war*«.[14]
In der Bundesrepublik zogen als erste die Gewerkschaften die Konsequenzen aus den desaströsen Folgen ihrer weltanschaulichen und gruppenbezogenen Aufspaltung in der Weimarer Republik.[15] Sie gründeten »Einheitsgewerkschaften« – freilich mit dem für den vorliegenden Zusammenhang fatalen Defizit, dass hin-

9 *Hromadka*, a. a. O., 71.

10 Das führte in der Praxis dazu, dass in jedem größeren Wirtschaftsbereich in jedem Betrieb typischerweise sechs Gewerkschaften tätig wurden. Die Gewerkschaften identifizierten das selbst als großes Defizit, insbesondere gegen Ende der Republik im Kampf gegen die Nationalsozialisten.

11 Vgl. *Hromadka*, a. a. O., 70 (zum »Generalstreik« der Angestellten in Berlin 1919 s. Kap. 31).

12 Vgl. *Schulz*, Die Angestellten seit dem 19. Jahrhundert, 2000.

13 Vgl. *Gebauer*, Angestellte und der Nationalsozialismus, 2007; *Prinz*, Angestellte und Nationalsozialismus. Ein Gespräch mit Hans Speier, Geschichte und Gesellschaft, 1989, S. 552 ff.; *Speier*, Die Angestellten vor dem Nationalsozialismus, 1977 (geschrieben 1932/33).

14 *Hromadka*, a. a. O., 65.

15 Im April 1933, als es schon zu spät war, hatte sich ein »Führerkreis der vereinigten Gewerkschaften« zu einem solchen Schritt verabredet (vgl. *Mielke*, Die Neugründung der

reichend viele Angestellte diesen Schritt nicht mitgehen wollten und sich in der in allen Wirtschaftsgebieten tätigen »Deutschen Angestellten-Gewerkschaft« (DAG) zusammenfanden.[16] Dieser Zustand sollte erst mit der Gründung der »Vereinigten Dienstleistungs-Gewerkschaft« (ver.di) im Jahr 2001 sein Ende finden. Für die Arbeiter-Angestellten-Frage als Rechtsproblem wirkten die Existenz und das Wirken der DAG naturgemäß retardierend gegenüber den alsbald einsetzenden Bemühungen zur Einebnung der tradierten Unterschiede.

In dieser Hinsicht wurden zunächst alle Strukturen aus der Weimarer Republik weitergeführt: im Arbeitsvertragsrecht, in den Mitbestimmungsgesetzen und der Sozialversicherung. Zunehmend aber entsprachen die rechtlichen Differenzierungen nicht den soziologischen Kategorien. Angestellten- und Arbeitertätigkeiten ließen sich tatsächlich immer weniger mit so schlichten Einteilungen wie höher/niedriger qualifiziert, innen/außen, blauer/weißer Kittel einordnen. Deshalb forderten die DGB-Gewerkschaften 1954 eine unabdingbare sechswöchige Lohnfortzahlung auch für Arbeiter. Die SPD-Fraktion griff dies 1956 im Bundestag auf, scheiterte damit jedoch. Dann führte die IG Metall darum den berühmten Streik in Schleswig-Holstein 1956/57 (Kap. 9), dessen lange Dauer ein Indikator für die gesellschaftspolitische Brisanz des Themas war. Gleichzeitig wurde sichtbar, welche agitatorische Wucht das Gleichheitspostulat als Gerechtigkeitsfrage entfaltete. Das Ende des Streiks war jedenfalls der Anfang vom Ende der Unterschiede zwischen beiden Beschäftigtengruppen. Der Gesetzgeber wurde danach in mehreren Etappen tätig – vom Arbeiterkrankheitsgesetz vom 26. Juni 1957[17] bis zum in der Großen Koalition durchgesetzten Lohnfortzahlungsgesetz vom 27. Juli 1969.[18] Am Ende stand auf diesem Feld die Gleichbehandlung von Arbeitern und Angestellten. Individualarbeitsrechtlich blieben so nur noch Unterschiede hinsichtlich der Kündigungsfristen (§ 622 BGB); in der Betriebsverfassung wurde das Gruppenprinzip erst mit dem »Betriebsverfassungsreformgesetz« vom 23. Februar 2001[19] abgeschafft.

Da der Gesetzgeber diese auch im Arbeitsrechtsbereinigungsgesetz vom 14. August 1969[20] aufrechterhalten hatte, schlug die Stunde der Gerichte. Auf Vorlage

---

Gewerkschaften in den westlichen Besatzungszogen, in Hemmer/Schmitz, hrsg., Geschichte der Gewerkschaften in der Bundesrepublik Deutschland, 1990, S. 19, 22).

16 Vgl. *Halberstadt*, Die Angestellten und ihre Gewerkschaft. Stationen einer bewegten Geschichte, 1991; *Müller*, Die Deutsche Angestellten-Gewerkschaft im Wettbewerb mit dem DGB. Geschichte der DAG 1947 – 2001, 2011.

17 BGBl. I 659.

18 BGBl. I 946.

19 BGBl. I 1852.

20 BGBl. 1106.

des ArbG Reutlingen[21] aus den Jahren 1975 und 1979 befasste sich das BVerfG[22] zunächst mit der Unterschiedlichkeit der Berechnung von Betriebszugehörigkeitszeiten zwischen Angestellten und Arbeitern. In diesem Verfahren wurden alle arbeitsrechtlich und sozialpolitisch in Frage kommenden Institutionen gehört: Bundesregierung, BDA, BDI und Deutsche Angestelltengewerkschaft hielten eine Ungleichbehandlung von Arbeitern und Angestellten für verfassungsgemäß und notwendig, der DGB nicht.

Bemerkenswert war das Auftreten des BAG: Gleich vier Senate äußersten sich. Zwei von ihnen – der Zweite und Vierte – äußerten keine, der Dritte und Fünfte – jedoch vorsichtige Bedenken gegen die überkommene Differenzierung. Der Fünfte Senat wies allerdings darauf hin, dass er für den Fall der Freistellung zur Pflege eines erkrankten Kleinkindes in verfassungskonformer Gesetzesauslegung entschieden hatte, dass für alle Arbeitnehmer dieselbe Rechtsgrundlage in Betracht komme (nur § 616 Abs. 1 BGB und nicht §§ 63 HGB, 133c GewO).[23] Seine für das Arbeitsrecht bahnbrechende Entscheidung zur Unzulässigkeit der Differenzierung bei Weihnachtsgratifikationen zwischen Arbeitern und Angestellten kam in diesem Verfahren nicht zur Sprache (vielleicht war die Äußerungsfrist schon abgelaufen). Unter dem Vorsitz von Hilger (ein halbes Jahr vor ihrem altersbedingten Ausscheiden aus dem Gericht) hatte der Fünfte Senat eine solche Differenzierung als »*eine vom Zweck dieser Zuwendung nicht gerechtfertigte Differenzierung zwischen diesen beiden Arbeitnehmergruppen*« und damit nicht zulässig gehalten.[24] Das hat sicher, auch wenn die Entscheidung nach der Anhörung beim BVerfG erfolgte, dort seine Wirkung nicht verfehlt.

Die schließlich entscheidende Empirie dürfte aber von der Bundesanstalt für Arbeit geliefert worden sein: Die durchschnittliche Beschäftigungsdauer von Angestellten und Arbeitern bei demselben Arbeitgeber im Jahr 1979 weiche innerhalb vergleichbarer Beschäftigungs- bzw. Funktionsebenen in den einzelnen Altersgruppen nicht wesentlich voneinander ab. Dafür zeigten die altersspezifischen Arbeitslosenquoten, dass die Beschäftigungslage für Angestellte in den Altersgruppen ab 35 Jahren günstiger sei als für Arbeiter. Die Bundesanstalt für

---

21 Der dafür zuständige Richter, der Direktor des ArbG Reutlingen, Bernhard Kraushaar, berichtete, er sei dazu vom damaligen Vorsitzenden des Dritten Senats des BAG, Stumpf (unter Beteiligung von dessen Partnerin Hilger), angeregt worden, bei dem er als wissenschaftlicher Mitarbeiter tätig gewesen war (vgl. *Bernhard Kraushaar/Martin Kraushaar*, Die Grundrechte in der Rechtsprechung des Bundesverfassungsgerichts und ihr Einfluss auf die Entwicklung des individuellen Arbeitsrechts, 2003, S. 322ff.).

22 Vgl. BVerfG 16.11.1982, BVerfGE 62, 256 (hierzu eingehend *Kittner*, 50 Urteile, S. 117ff.).

23 BAG 20.6.1979, BAGE 32, 32.

24 BAG 5.3.1980, BAGE 33, 57.

Arbeit zog diesen Schluss zwar selbst nicht, aber es war klar, dass die genannten Fakten kürzere Kündigungsfristen für Arbeiter nicht stützten.
Das Bundesverfassungsgericht tat hinsichtlich des § 622 Abs. 2 BGB das, was der Fünfte Senat des BAG zum Unterschied bei der Weihnachtsgratifikation getan hatte: Es fragte konkret, ob der Zweck der Regelung eine Differenzierung zwischen Arbeitern und Angestellten rechtfertige (dass es sich um einen »*historisch zu erklärenden Unterschied*« handele, ließ es dabei von vorne herein nicht als Argument zu).[25] In der Sache fiel die Antwort eindeutig aus:

»Sachlich ist es nicht einleuchtend, dass der noch nicht 40 Jahre alte Arbeiter mit langen Beschäftigungszeiten wegen seiner manuellen Tätigkeit keinen Anspruch auf eine verlängerte Kündigungsfrist hat, wohl aber der dreißigjährige Angestellte mit gleich langer Betriebszugehörigkeit. Die vom Lebensalter unabhängige unterschiedliche Berücksichtigung der Dienstjahre bei Arbeitern und Angestellten entspricht nicht einer sachgemäßen Bestandssicherung der Arbeitsverhältnisse der länger beschäftigten, in der Regel älteren, Arbeitnehmer. […]
Auch aus dem vorliegenden Zahlenmaterial kann nicht geschlossen werden, dass jüngere Arbeiter leichter eine neue Stelle finden als gleichaltrige Angestellte. Vielmehr lässt alles zusammengenommen nur den Schluss zu, dass gerade ältere und länger beschäftigt gewesene Arbeitnehmer, gleichgültig ob Angestellte oder Arbeiter, schwerer vermittelbar sind.«

Nachdem das BVerfG deshalb – nur – eine unterschiedliche Berechnung von Beschäftigungszeiten für unzulässig erklärte, kam es so, wie es die DAG in ihrer Stellungnahme als argumentum ad absurdum an die Wand gemalt hatte: »*Teile man die Ansicht des vorlegenden Arbeitsgerichts, müssten alle Rechtsnormen, die unterschiedliche Regelungen für Arbeiter und Angestellte enthielten, verfassungswidrig sein.*«
Es folgte am 30. Mai 1990 eine Entscheidung des BVerfG zur Verfassungswidrigkeit der unterschiedlichen Kündigungsfristen selbst.[26] Daran schloss sich das Urteil vom 28. Januar 1992 über das Verbot der Nacharbeit für Frauen:[27] § 19 Abs. 1 Arbeitszeitordnung verstoße »*außerdem gegen Art. 3 Abs. 1 GG, weil die Regelung Arbeiterinnen ohne zureichenden Grund anders behandelt als weibliche Angestellte.*«

---

25 BVerfG6. 11. 1982, BVerfGE 62, 256.
26 BVerfG 30. 5. 1990, BVerfGE 82, 126.
27 BVerfG 28. 1. 1992, BVerfGE 85, 191.

Der Gesetzgeber vollzog zunächst die Angleichung der Beschäftigungszeiten mit dem »Arbeitsgerichts-Angleichungsgesetz« vom 26. Juni 1990.[28] Danach folgte die Angleichung der Kündigungsfristen selbst (auf einem mittleren Niveau) durch das »Kündigungsfristengesetz« vom 7. Oktober 1993,[29] die Beseitigung von letzten Unterschieden bei der Entgeltfortzahlung mit dem »Entgeltfortzahlungsgesetz vom 29. Mai 1994[30] und von Ausnahmen für Arbeiterinnen bei der Arbeitszeit.[31] Schlussendlich gab es keine Berechtigung mehr für eine unterschiedliche Behandlung bei der Mitbestimmung.[32] Symbolträchtiger Schlusspunkt war die Zusammenlegung der Arbeiter- und Angestelltenversicherung zur »Deutschen Rentenversicherung« ab 2005.[33]

Die gleiche Entwicklung spielte sich im Bereich der Tarifverträge ab. Nach den Entscheidungen des BVerfG war klar, dass auch die Tarifvertragsparteien nicht mehr schematisch nach Arbeitern und Angestellten differenzieren durften, sondern nur noch nach funktionalen Gesichtspunkten. Mit diesem Ziel sind in den großen Industriebereichen Chemie und Metall sowie im öffentlichen Dienst gemeinsame Entgelttarifverträge geschaffen worden.[34]

Wie tief freilich die Einteilung der Menschen in »Arbeiter« und »Angestellte« informell nach wie vor verwurzelt ist, zeigen Rekrutierungs- und Statistikprobleme der Gewerkschaften. Die IG Metall z. B. fragt in ihrem Beitrittsformular nach sechs Beschäftigungsarten:

- Produktion/Fertigung
- DV/IT
- Forschung/Entwicklung
- Verwaltung/Dienstleistungen
- Materialwesen/Lager/Logistik
- Vertrieb

Alle nicht in »Produktion/Fertigung« Tätigen werden für die Organisationspraxis zusammenfassend als »Angestellte« bezeichnet – mit signifikant niedrigerem

28 BGBl. I 1206.

29 BGBl. I 1668.

30 BGBl. I 1014. Allerletzte Gleichstellungsaktivitäten gab es noch 2005: Mit dem Aufwendungsausgleichgesetz vom 22. 12. 2005 (BGBl. I 3686) wurden auch Aufwendungen für Angestellte in das Ausgleichsverfahren einbezogen.

31 Arbeitszeitrechtsgesetz vom 6. 6. 1994 (BGBl. I 1170).

32 Vgl. Betriebsverfassungs-Reformgesetz vom 23. 7. 2001 (BGBl. I 1852); für die Personalvertretung Gesetz vom 14. 9. 2005 (BGBl. I 2746).

33 Gesetz zur Organisationsreform in der gesetzlichen Rentenversicherung vom 9. 12. 2004 (BGBl. I 3242).

34 Vgl. *Brunkhorst/Burkhard/Scherbaum*, Hrsg., Eine neue AERA, 2006; *Bossemeyer* u. a., ERA. Der neue Entgeltrahmen der Metall- und Elektroindustrie, 2005; insgesamt *Lang/Schaumburg*, S. 272 ff.

Organisationsgrad.[35] 100 Jahre Konditionierung verschwinden nicht so einfach aus den Köpfen!
Eine »Angestellten«-Gruppe gibt es freilich nach wie vor von Gesetzes wegen: die »leitenden Angestellten«.[36] Ihre Abgrenzung war ursprünglich dafür gedacht, um festzulegen, für welche Beschäftigtengruppen ein arbeitsrechtliches Gesetz *nicht* gelten sollte (neben dem im Vordergrund stehenden Mitbestimmungsrecht z. B. in § 13 Buchst. c KSchG und § 1 Abs. 1 Nr. 2 AZO; eigene Rechte wurden leitenden Angestellten erst später zugedacht).
Zu allererst wurde so im Hilfsdienstgesetz von 1916 verfahren, allerdings noch ohne moderne Begrifflichkeit, mit der schlichten Festlegung, dass das Gesetz nur für sozialversicherungspflichtige Angestellte gelten sollte. (§ 11 Abs. 3). Das BRG nahm Geschäftsführer und Betriebsleiter mit Personalbefugnissen oder Prokura aus (§ 12 Abs. 2).
Der Begriff »leitender Angestellter« wurde in der Nachkriegsgeschichte zum ersten Mal in § 4 Abs. 2 Buchst. c BetrVG 1952 verwendet, um die hierarchisch höchstgestellte Gruppe der Angestellten aus dem Kreis der durch einen Betriebsrat vertretenen Personen auszunehmen:

§ 4 BetrVG 1952

(2) Als Arbeitnehmer im Sinne dieses Gesetzes gelten nicht
[…]
c) die leitenden Angestellten, wenn sie zur selbständigen Einstellung und Entlassung von im Betrieb oder in der Betriebsabteilung beschäftigten Arbeitnehmern berechtigt sind oder wenn ihnen Generalvollmacht oder Prokura erteilt ist oder wenn sie nicht angestelltenversicherungspflichtig sind und Aufgaben wahrnehmen, die regelmäßig wegen ihrer Bedeutung für den Bestand und die Entwicklung des Betriebs nur auf Grund besonderen persönlichen Vertrauens des Arbeitgebers bestimmten Personen im Hinblick auf deren besondere Erfahrungen und Kenntnisse übertragen werden;

Der Begriff des leitenden Angestellten galt als im Gesetz selbst nicht definierter »Oberbegriff«, dessen Merkmale die Gerichte aus Wortlaut, Sinn und Zweck des Gesetzes zu entnehmen hatten. Der Kommentar von Fitting sah das Kernelement *»in der funktionalen Stellung im Betrieb und der sich daraus ergebenden Interes-*

35 Vgl. zum Gesamtproblem IG Metall, Geschäftsbericht 2011–2014, S. 230 ff.; *Errichiello/Zschiesche*, Die Angestellten im 21. Jahrhundert, 2005.
36 Vgl. *Hromadka*, 100 Jahre leitende Angestellte? In 100 Jahre Betriebsverfassungsrecht, S. 225 ff.

senfremdheit gegenüber der Belegschaft«.[37] Mit diesem Verständnis entwickelte sich eine problemlose Praxis unter diesem Rechtszustand, wofür die wenigen Gerichtsentscheidungen sicher ein Indiz sind. Das änderte sich schlagartig mit dem BetrVG 1972. Dessen Abgrenzung der leitenden Angestellten war gar nicht so verschieden von der des BetrVG 1952:[38]

§ 5 Arbeitnehmer

[...]

Dieses Gesetz findet, soweit in ihm nicht ausdrücklich etwas anderes bestimmt ist, keine Anwendung auf leitende Angestellte, wenn sie nach Dienststellung und Dienstvertrag

1. zur selbständigen Einstellung und Entlassung von im Betrieb oder in der Betriebsabteilung beschäftigten Arbeitnehmern berechtigt sind oder
2. Generalvollmacht oder Prokura haben oder
3. im wesentlichen eigenverantwortlich Aufgaben wahrnehmen, die ihnen regelmäßig wegen deren Bedeutung für den Bestand und die Entwicklung des Betriebs im Hinblick auf besondere Erfahrungen und Kenntnisse übertragen werden.

Die Abgrenzung der »Leitenden« nach diesem Gesetz wurde – auf den ersten Blick überraschend – zu einem der Hauptkampfplätze bei der Implementierung des neuen Gesetzes. Es kam zu Tausenden von Verfahren vor den Gerichten mit einem Schwerpunkt in der Metallindustrie mit über 2000 Verfahren, in denen vor allem der damalige »Staranwalt« der Gewerkschaften, Kurt Thon, die Szene mit »Massenverfahren« der besonderen Art dominierte.[39] Auf den zweiten Blick war das aber gar nicht so verwunderlich: Als Nachwirkung der massiven Agitation gegen das Gesetz (Kap. 27) versuchten die Arbeitgeber seine Wirkungen nach Inkrafttreten so weit wie möglich zu minimieren. Dazu gehörte u. a. der Versuch, den Kreis der leitenden Angestellten so weit wie möglich zu ziehen und so die Betriebsratsarbeit zu schwächen. Das machte diesen »Kulturkampf« unausweichlich.

---

37 Vgl. *Fitting/Kraegeloh/Auffarth*, 7. Aufl. 1966, § 4 Rn. 13b.

38 Vgl. *Kock*, »Wir müssen leider draußen bleiben« – der Leitendenbegriff in § 5 Abs. 3 BetrVG, in 100 Jahre Betriebsverfassungsrecht, S. 335 ff.

39 Dieser Verfahrenskomplex würde sich vorzüglich zu einer empirischen sowohl Justiz- als auch Wirkungsforschung eignen.

Seine Härte verdeutlicht der Geschäftsbericht der IG Metall:[40] »*Mit Hilfe der Betriebsräte und Gesamtbetriebsräte ist es gelungen, auf breiter Front Verfahren einzuleiten. Die Arbeitgeber wurden in der Mehrzahl der Fälle gezwungen, die von ihnen eingenommene Haltung aufzugeben. Gleichzeitig konnten wir dadurch politische Positionen aufzeigen und die Grenzen der Interessenvertretung der Betriebsräte mit klaren Konturen versehen. Eine Ausweitung des Kreises der leitenden Angestellten und die Bildung von Sprecherausschüssen werden aufgrund der damit für die Betriebsräte verbundenen Konsequenzen auch in Zukunft auf den entschiedenen Widerstand der IG Metall stoßen.*«

Schon etwas früher hatte auf diesem Felde eine ganz anders geartete Entwicklung begonnen: die Formierung der leitenden Angestellten zu einer Gruppe mit eigenen Interessen gegenüber dem Arbeitgeber. Das führte ab Ende der 1960er Jahre zur Bildung freiwilliger »Sprecherausschüsse« für leitende Angestellte, flankiert vor eigenen Organisationen mit dem Dachverband »Union der leitenden Angestellten« (ULA) – merkwürdigen Hybriden zwischen Gewerkschaft und »gelben« Werkvereinen.[41] Diese Entwicklung wurde im politischen Raum in der nach der Schaffung des BetrVG 1972 anlaufenden Diskussion um die Unternehmensmitbestimmung vor allem von der FDP, danach aber auch der CDU/CSU aufgriffen mit zwei Facetten: ein nicht platt Unternehmer-orientiertes Gegengewicht zum Paritäts-Modell der Gewerkschaften sowie, durchaus ernst gemeint, Klientel-Sympathien für diese zukunftsträchtige Gruppierung.

Das führte zu zwei Neuerungen von Dauer bis heute: Den leitenden Angestellten wurde in Aufsichtsräten nach dem MitbestG 1976 ganz unproportional zu ihrer Zahl ein Sitz garantiert (als »Faktor Disposition«) und sie erhielten mit dem »Sprecherausschussgesetz« (SprAuG) vom 20. Dezember 1988[42] eine eigene betriebliche Interessenvertretung.[43] In diesem Kontext wurde auch die Definition des leitenden Angestellten in § 5 Abs. 3 und einem neuen Abs. 4 BetrVG neu geregelt.[44]

Die ganze Bewegung war zunächst durchaus erfolgreich: Unmittelbar vor Schaffung des SprAuG soll es rund 400 freiwillige Sprecherausschüsse gegeben haben, und die ULA glaubte, bei den ersten Wahlen mit 700 bis 800 Ausschüssen rech-

---

40 Vgl. IG Metall, Geschäftsbericht 1974–1976, S. 359.

41 Immerhin billigte das BAG dem »Verband der oberen Angestellten der Eisen- und Stahlindustrie« (VOE) den Status eine Gewerkschaft zu (vgl. BAG 16.11.1982, AP § 2 TVG Nr. 32). Ob das nach den strengeren Kriterien der neueren Rechtsprechung heute noch so erfolgen würde, erscheint zweifelhaft.

42 BGBl. I 2312, 2316.

43 Vgl. *Hromadka/Sieg*, SprAuG, 5. Aufl. 2022; *Hanau*, Zur Neuregelung der leitenden Angestellten und des Minderheitenschutzes in der Betriebsverfassung, AuR 1988, 261; *Steindorf*, Nochmals: Neubestimmung der leitenden Angestellten, AuR 1988, 266.

44 Vgl. Däubler/Klebe/Wedde-*Trümner*, BetrVG, 19. Aufl. 2024, § 5 Rn. 221 ff.

nen zu können.[45] Nach Feststellung des »Instituts der deutschen Wirtschaft« (IW) waren es nur 568 Sprecherausschüsse.[46] 1994 wurden nur noch 540 gemeldet;[47] für die Zeit seither gibt es keine verlässlichen Angaben. Das gleiche gilt für die Zahl bzw. den Anteil der leitenden Angestellten. Die letzten Zahlen datieren aus den 1970er Jahren und schwanken zwischen 0,4 und 5 %.[48]
Das heißt jedenfalls: Die Dinge haben sich beruhigt.[49] Weder die mit der »Ermächtigung« der leitenden Angestellten verbundenen Hoffnungen noch die damit korrespondierenden Befürchtungen sind nicht Wirklichkeit geworden. Das gilt zu allererst für die quantitativ nüchternen Befunde, aber wohl auch für die inhaltliche Seite. Zwar gibt es auch in dieser Hinsicht, wie generell in Bezug auf die Betriebsverfassung, keine validen empirischen Befunde, aber es ist doch deutlich geworden, dass weder Sprecherausschüsse noch Aufsichtsratsmandate für »Leitende« der Wirksamkeit der Interessenvertretung für die »einfachen« Arbeitnehmer Abbruch getan hätten. Im Gegenteil, nicht wenige unter der Hand vermittelte Informationen legen es nahe, dass jedenfalls die großen Unternehmen mit dieser Leitenden-Repräsentanz nicht durchweg glücklich sind. Denn es hat sich herauskristallisiert, dass vielfach nur solche Führungskräfte ein Wahlmandat im Ausschuss oder Aufsichtsrat anstreben, die für sich keine weiteren Karriereschritte erwarten (mit naheliegenden Konsequenzen für die Art der Interessenvertretung). Außerdem hat die Praxis der Unternehmensmitbestimmung gezeigt, dass in den großen Fragen eines Unternehmens sich leitende Angestellte durchaus oft »im selben Boot« mit der übrigen Belegschaft sehen.[50]

---

45 Vgl. *Borgwardt/Fischer/Janert*, SprAuG, 2. Aufl. 1990, S. 276; *Hromadka/Sieg*, SprAuG, Einl. Rn. 60, Fn. 133.

46 Vgl. *Niedenhoff*, Gewerkschaftsreport 7/90, S. 20f.

47 Vgl. IW, Presseinformation Nr. 34 vom 8.9.1994.

48 Vgl. Däubler/Klebe/Wedde-*Trümner*, BetrVG, 19. Aufl. 2024, § 5 Rn. 225.

49 Ein untrüglicher Indikator ist auch, dass es seit den 1990er Jahren nur noch einen Kommentar zum SprAuG gibt, mit Neuauflagen jeweils in knapp 10 Jahren.

50 Dazu kann ich aus eigener Erfahrung ein – in dieser Ausprägung freilich unübliches – Beispiel nennen: Ich war von 1977 bis zu deren Auflösung als Vertreter der IG Metall Mitglied im Aufsichtsrat der AEG. Der dort ebenfalls so lange tätige Vertreter der leitenden Angestellten hat in den langen Jahren krisenhaften Niedergangs dieses traditionsreichen Großunternehmens mit maximalen Konfliktsituationen auch im Aufsichtsrat immer mit den übrigen Arbeitnehmervertretern gestimmt (was natürlich nicht ohne interne Kooperationsbereitschaft auch von ihrer Seite möglich war). Das hat die Verhandlungsposition der Arbeitnehmerseite ungemein gestärkt, denn bei Stimmengleichheit hätte der Aufsichtsratsvorsitzende sein Doppelstimmrecht bemühen müssen, was der vom Großaktionär Daimler kommende Aufsichtsratsvorsitzende (zuletzt Edzard Reuter) durchweg zu vermeiden trachtete.

35. Betrieb und Unternehmen

Der zweite Schlüsselbegriff des Arbeitsrechts neben dem »Arbeitnehmer« ist der »Betrieb«. Er ist ein Ort, an dem eine Vielzahl von Arbeitnehmern zusammenarbeitet, an dem sie die Erfahrung gemeinsamer Arbeit unter der Leitungsgewalt des einen Arbeitgebers machen. Hier möchte ich – ausnahmsweise – ein Zitat von Sinzheimer ein zweites Mal aufrufen (Kap. 3): »*Die vielen Angelegenheiten des Arbeitslebens, die Pausen, die Lage der Arbeitszeiten, die Überstunden, der Urlaub können nicht besonders für den Einzelnen, sondern müssen im ganzen für den Betrieb festgesetzt werden.*«[1] Damit ist der Betrieb zugleich der geborene, organische Ansatzpunkt für solidarische kollektive Einflussnahme (Kap. 27). Hier sind, um Sinzheimer nochmals zu bemühen, die Arbeitnehmer »*zu einer in sich verbundenen Einheit zusammengeschlossen* [...], *die die Aufgabe hat, die gemeinsamen Interessen der Arbeitnehmerschaft dem Arbeitgeber gegenüber zu vertreten*« (Kap. 5).[2] Sie befinden sich als Angehörige eines Betriebs aber auch in einer »*Zwangssolidarität auf Betriebsebene*«,[3] wie sie besonders drastisch zum Ausdruck kommt in der Sozialauswahl bei Kündigungen. Betriebsnormen im Tarifvertrag sollen der vom Arbeitgeber bewirkten arbeitsteiligen Organisation der betrieblichen Arbeit Schranken setzen. Schließlich demonstriert das Recht des Betriebsübergangs die Abhängigkeit des Bestandsschutzes vom Bestand des jeweiligen Betriebes, auch wenn der Betrieb dort leicht abweichend vom klassischen deutschen Betriebsbegriff als »wirtschaftliche Einheit« aufgefasst wird.[4]

Als arbeitsrechtlicher Rechtsbegriff taucht der des Betriebs erstmals mit dem Betriebsrätegesetz von 1920 auf, das auf die Frage, was denn ein »Betrieb« sei, nur eine tautologische Nicht-Antwort gab:[5]

> **§ 9**
>
> (1) Als Betriebe im Sinne des Gesetzes gelten alle Betriebe, Geschäfte und Verwaltungen des öffentlichen und privaten Rechtes.

---

1 *Sinzheimer*, Grundzüge des Arbeitsrechts, 2. Aufl. 1927, S. 8f.

2 A. a. O., S. 169.

3 *Bender*, »Regieren durch Solidarität«, Rechtsgeschichte 5, S. 13 Fn. 15.

4 Für die EU-Betriebsübergangsrichtlinie 2001/23/EG z. B. EuGH 11. Juli 2018 – C-60/17 – Somoza Hermo und Ilunión Seguridad, Rn. 29ff.; für § 613a BGB BAG 28.2.2019, BAGE 166, 54, Rn. 26ff.

5 Die Entstehungsgeschichte gibt ebenfalls nichts her. Man bediente sich des Worts »Betriebs« als ein umgangssprachlich vorhandener, dem Gesetz vorausgesetzter Begriff (vgl. *Flatow/Kahn-Freund*, BRG, § 9 Anm. 4a).

Die Begründung zum Gesetz trug auch nicht zu größerer Klarheit bei: »*Der Betrieb ist noch nicht das Unternehmen. Vielmehr sind außerordentlich häufig mehrere, in den neuzeitlichen Riesenunternehmungen zahlreiche Betriebe Bestandteile eines und desselben Unternehmens und durch den Produktionsprozeß miteinander verbunden. Soweit diese Betriebe an einem und demselben Orte oder in Nachbarorten belegen sind, werden vielfach gemeinsame Arbeitnehmerinteressen bestehen, vor allem aber sind die Betriebsleistungen, an deren Förderung auch der Betriebsrat teilnehmen soll, eng miteinander verknüpft und voneinander abhängig. Es besteht also auch in diesem Falle das Bedürfnis nach einer zusammenfassenden Vertretung*«.[6]
Nicht viel weiter half der Blick zurück auf den ersten revolutionären Rechtsakt auf dem Gebiet des Arbeitsrechts, der TarifvertragsVO vom 23. Dezember 1918:

§ 7

In allen Betrieben, in denen auf Grund des § 1 des Gesetzes über den vaterländischen Hilfsdienst ständige Arbeiterausschüsse oder Angestelltenausschüsse bestehen, sind, vorbehaltlich des § 12,[7] die Mitglieder dieser Ausschüsse und deren Ersatzmänner neu zu wählen.

Die hier angesprochene unmittelbar vorangegangene Etappe des Hilfsdienstgesetzes von 1916 verhieß denn nur auf den ersten, von heutiger Semantik gelenkten Blick größere Klarheit:

§ 11

(1) In allen für den vaterländischen Hilfsdienst tätigen Betrieben, für die Titel VII der Gewerbeordnung gilt und in denen in der Regel mindestes fünfzig Arbeiter beschäftigt werden, müssen ständige Arbeiterausschüsse bestehen.

Im damaligen Sprachgebrauch, der aus dem Gewerbe- und Versicherungsrecht stammte, wurde auf begriffliche Schärfe keinen Wert gelegt, insbesondere macht man keinen Unterschied zwischen den Begriffen »Unternehmen« und »Betrieb«,

6 Verhandlungen der Verfassunggebenden Deutschen Nationalversammlung, 1919, Bd. 338, Anlagen Nr. 928, S. 24.

7 § 12 bezog sich auf »*eine andere Vertretung der Arbeiter oder der Angestellten eines Betriebs*« aufgrund eines allgemeinverbindlich erklärten Tarifvertrags.

die vielfach synonym verwendet wurden.[8] In einer Untersuchung im Jahr 1925 über »Betrieb, Unternehmung, Konzern« stellte der Autor, Richard Passow, einen »*Begriffswirrwar*« fest; das Wort »Betrieb« sei ein »*Allerweltswort*«.[9]
Das führte bei größeren Unternehmen mit mehreren Betrieben (in heutiger Terminologie) zwangsläufig zu Problemen. Das wird sehr plastisch am Beispiel der »Friedrich Krupp Aktiengesellschaft«.[10] Sie bestand 1917 aus 120 Einzelbetrieben, die hinsichtlich des Umfangs und der technischen Aufgaben die größten Verschiedenheiten aufwiesen; neben ganz kleinen Betrieben fanden sich solche mit 1000 Arbeitern und es wären ungefähr 120 Ausschüsse von je 5 bis 10 Mitgliedern zu bilden gewesen. Es wurde jedoch nur ein Arbeiterausschuss bei der Gussstahlfabrik errichtet. Jedes Mitglied des Arbeiterausschusses wurde zum Sprecher für eine »Gruppe von Betrieben« bestellt. Um aber die Fühlung dieses Ausschusses mit allen Teilen der Belegschaft aufrechtzuerhalten, gab man ihm eine Art Unterbau in den einzelnen Betrieben, die gewissermaßen eine untere Instanz des Ausschusses darstellten. Dazu wurden in den Betrieben »Betriebsvertretungen« mit zwei bis drei Vertrauensleuten gebildet, um die Zusammenarbeit mit dem Arbeiterausschuss zu erleichtern. Ob das mit dem Hilfsdienstgesetz vereinbar war, fragte niemand. Für Deutungen des Betriebsbegriffs unter dem BRG lieferte es jedenfalls keine Anhaltspunkte.[11]
So musste – und zwar zurecht – ein auf die Zwecke des BRG zugeschnittener Begriffsinhalt entwickelt werden. Die grundlegende und folgenreichste Arbeit hierzu erfolgte durch Erwin Jacobi mit der Schrift »Betrieb und Unternehmen als Rechtsbegriffe« im Jahr 1926.[12]
Es ist nicht belegt, ob und inwieweit er sich dabei auf Max Weber bezog, aber frappierend ist schon, was dieser vier Jahre zuvor für die Wirtschaftswissenschaf-

---

8 Vgl. eingehend zum Gesetzgebungsprozess *Joost*, Betrieb und Unternehmen als Grundbegriffe im Arbeitsrecht, 1988, S. 23ff.

9 Vgl. *Passow*, Betrieb, Unternehmung, Konzern, 1925, S. 26, 35f.

10 Vgl. Werksarchiv Krupp, in *Adelmann*, Quellensammlung zur Geschichte der sozialen Betriebsverfassung, Ruhrindustrie, Bd. 2, 1965, 374ff.; *Schwenger*, Betriebliche Sozialpolitik in der westdeutschen Großeisenindustrie, 1934, S. 97ff.; *Joost*, a. a. O., S. 25f.

11 Auch das Sozialversicherungsrecht war keine Hilfe. Zwar bezog sich das Unfallversicherungsgesetz vom 6. Juli 1884 unentwegt auf »Betriebe«, aber vor allem im Zusammenhang mit der von ihnen ausgehenden spezifischen Unfallgefahr und der daraus folgenden Einstufung in Gefahrklassen (§ 28). Die noch frühere Praxis und Gesetzgebung hatten Arbeiterausschüsse auf der Ebene von »Fabriken« angesiedelt. Das war schon so im entsprechenden Vorschlag des Volkswirtschaftlichen Ausschusses des Paulskirchenparlaments, in der zeitgenössischen Praxis freiwilliger Arbeiterausschüsse und auch bei ihrer erstmaligen Erwähnung in der GewO 1891 (vgl. *Däubler/Kittner*, Betriebsverfassung, S. 72ff., 89ff. und 139ff.; *Joost*, a. a. O., S. 13ff.).

12 Überblick zum Stand der zeitgenössischen Theorien bei *Joost*, a. a. O., S. 61ff. Hugo Sinzheimers Vorstellung vom Betrieb als »*Herrschaftsverband*« (Grundzüge des Arbeitsrechts, S. 214ff.) war für die Rechtsanwendung nicht tauglich (vgl. *Joost*, a. a. O., S. 64).

ten[13] präzisiert hatte:[14] »›*Betrieb*‹ *ist auf dem Gebiet des wirtschaftlich orientierten Handelns an sich eine* technische [Hervorhebung im Original], *die Art der kontinuierlichen Verbindung bestimmter Arbeitsleistungen untereinander und mit sachlichen Beschaffungsmitteln bezeichnende Kategorie*«. Das Unternehmen sei eine »*Art der* wirtschaftlichen *Orientierung* [am Gewinn].« Damit wurde erstmals über die rein formale Verwendung des Unternehmensbegriffs als Oberbegriff für die Zusammenfassung mehrerer Betriebe hinaus eine inhaltliche Unterscheidung von Betrieb und Unternehmen ermöglicht.[15]

Auch wenn Weber hier vor allem auf das Handeln der Akteure zielte und weniger auf die daraus resultierenden Gebilde, waren doch die entscheidenden Kategorien in der Welt, aus denen sich Jacobis fortan kanonische Begriffsbezeichnung speiste:[16]

> *»Betrieb ist danach die Vereinigung persönlicher, sächlicher und immaterieller Mittel zur fortgesetzten Verfolgung eines unmittelbaren, in diesem Sinne technischen Zwecks; Unternehmen ist die Vereinigung der genannten Mittel durch das von einem Rechtssubjekt verfolgte Ziel, ein bestimmtes Bedürfnis zu befriedigen.«*

Als »Unternehmen« wurde demgegenüber auf die »wirtschaftliche Einheit« in den Händen des Unternehmers (als natürliche oder juristische Person) abgestellt.[17] Diesen Begriffsdefinitionen sollte die Zukunft gehören, wobei der Unternehmensbegriff wegen seiner Anknüpfung an juristische Eigenschaften des »Unternehmers« keine besonderen Angrenzungsschwierigkeiten aufwarf. An sie sollte sich nach dem Krieg die Rechtsprechung des BAG zum BetrVG 1952 anschließen (s. u.).

In der Weimarer Zeit bot die Rechtsprechung ein wenig konsistentes Bild. Nur kurz vor Jacobis Schrift und vor Schaffung des RAG hatte das RG am 16. Februar 1926 entschieden:[18]

---

13 Die zu dieser Zeit entstehende »Betriebswirtschaftslehre« verdankt ihren bis heute verwendeten Namen der damals herrschenden Begriffsunschärfe.

14 *Weber*, Wirtschaft und Gesellschaft, 1922, S. 63f.

15 Vgl. *Joost*, a. a. O., S. 49.

16 *Jacobi*, Betrieb und Unternehmen als Rechtsbegriffe, S. 5ff.; vgl. *Flatow/Kahn-Freund*, BetrVG, § 9 Anm. 4a.

17 Vgl. *Flatow/Kahn-Freund*, BetrVG, § 9 Anm. 4b.

18 RGZ 113, 87, 89.

»Unter Betrieb im Sinne des Betriebsrätegesetzes ist nicht das Geschäftsunternehmen in seinem äußeren Bestande, nicht die Betriebsanlage, sind auch nicht die in Tätigkeit befindlichen Maschinen oder die Gesamtheit der Betriebsmittel zu verstehen. Er ist vielmehr ein lebendiger Organismus, innerhalb dessen Unternehmer und Arbeiter zu einer Produktionsgemeinschaft zusammengeschlossen sind und in gemeinsamer Tätigkeit demselben Ziele, der Erreichung eines möglichst hohen Standes und möglichster Wirtschaftlichkeit der Betriebsleistungen zustreben.«

Das bedeutete ersichtlich »Steine statt Brot« und war ersichtlich schon nicht hilfreich bei der für die tägliche Rechtsanwendung unerlässliche Unterscheidung zwischen »Betrieb« und Unternehmen. Auch das ab Ende 1926 tätige RAG brachte in der kurzen Zeit seiner Tätigkeit keine größere Klarheit.[19]
Für eine solche kam die Gelegenheit mit der Wiedererrichtung der Betriebsverfassung nach dem Krieg. Zwei Länder, Bayern[20] und Hessen,[21] machten den Versuch, im Gesetz selbst zu definieren, was ein »Betrieb« ist:

Bayern:

Betrieb im Sinne dieses Gesetzes ist jede auf räumlicher Einheit beruhende Sammlung von Arbeitnehmern zur fortgesetzten Erzielung von Arbeitsergebnissen ohne Rücksicht darauf, ob der Betrieb wirtschaftlichen oder anderen Zwecken dient.

Hessen:

Unter Betrieb ist jede auf die Erzeugung, Herstellung oder Verteilung von Gütern oder auf sonstige gewerbliche Leistungen [...] gerichtete Einheit sachlicher Betriebsmittel zu verstehen, in der Arbeitnehmer tätig sind.

Diesen Vorbildern wollte der Bundesgesetzgeber bei der Schaffung des BetrVG 1952 folgen. Auch er hielt eine Legaldefinition für notwendig. Der Regierungsentwurf sah in § 3 Abs. 1 folgendes vor:[22]

---

19 Vgl. *Joost*, a. a. O., S. 66ff.
20 § 6 Abs. 1 des Gesetzes vom 25. 10. 1950 (BayGVBl. S. 227).
21 § 5 Abs. 1 des Gesetzes vom 31. 5. 1948 (HessGVBl. S. 117).
22 BT-Drucks. 1/1546, S. 2, 37.

> Betrieb im Sinne dieses Gesetzes ist der Arbeitsverband von Arbeitgebern und Arbeitnehmern, der mit Hilfe von Arbeitsmitteln bei räumlicher Zusammenfassung bestimmte nichthoheitliche Aufgaben fortgesetzt verfolgt.

Der Bundesrat hielt die Bestimmung des Regierungsentwurfs für »unverständlich« und schlug ihre Streichung vor, »*da eine eindeutige begriffliche Abgrenzung im Gesetz nicht möglich*« sei.[23] Dem schloss sich der Bundestagsausschuss für Arbeit an; man könne »*auf dem von Rechtsprechung und Wissenschaft entwickelten Betriebsbegriff aufbauen*«, sodass eine ausdrückliche Klärung im Gesetz entbehrlich sei.[24] Damit lag eine Klärung, wie schon nach 1920, an den Gerichten, in erster Linie am Bundesarbeitsgericht. Dieses nutzte schon die erste Gelegenheit zu grundsätzlichen Ausführungen:[25]

> *»Die Begriffe: ›Betrieb‹ und ›Unternehmen‹ sind durch die Wissenschaft und Praxis des Arbeitsrechts so geklärt, daß der Senat keinen Anlaß hat, über die Unterscheidung längere Ausführungen zu machen. Der Betrieb ist die organisatorische Einheit von Arbeitsmitteln, mit deren Hilfe jemand allein oder in Gemeinschaft mit seinen Mitarbeitern einen bestimmten arbeitstechnischen Zweck fortgesetzt verfolgt. Im Betrieb steht der Arbeitgeber den Arbeitnehmern gegenüber. Der Betrieb ist ein arbeitsrechtlicher Grundbegriff. Im Gegensatz zum Betrieb wird das Unternehmen durch die Einheit des hinter dem technischen Zweck des Betriebes liegenden Zweckes und die Einheit der dieser Zweckerreichung dienenden Organisation bestimmt. In aller Regel ist es ein wirtschaftlicher Zweck. Das Unternehmen[26] ist in erster Linie ein wirtschaftsrechtlicher und wirtschaftsverfassungsrechtlicher Begriff. Soweit er für das Arbeitsrecht in Frage kommt, stehen sich hier der (wirtschaftliche) Inhaber des Unternehmens, der Unternehmer und die Arbeitnehmer gegenüber.«*

Was bei unbefangener Lektüre gar nicht auffallen würde: Das BAG vermied sorgsam einen Bezug zur vorangegangenen Rechtsprechung; es begnügte sich mit »*Wissenschaft und Praxis*«. Das hieß im Klartext: Man wollte an die Tradition von Jacobi anschließen. Das sollte der dogmatische Boden bis heute bleiben, auf dem sich das BAG bewegte – mit vielfältigen, situationsabhängigen Variationen.

---

23 BT-Drucks. 1/1546, S. 71.
24 Vgl. BT-Drucks. 1/3585, S. 3 (abgedruckt in RdA 1952, 281 ff.).
25 Vgl. BAG 3.12.1954, BAGE 1, 75.
26 Vgl. *Raiser*, Das Unternehmen als Organisation, 1969.

Die Rechtslage unter dem BetrVG 1952 war zudem gegenüber dem BRG dadurch komplizierter geworden, dass gem. § 3 auch räumlich weit vom »Hauptbetrieb« entfernte »Nebenbetriebe« und »Betriebsteile« als »selbständige Betriebe« galten und einen eigenen Betriebsrat bilden konnten.[27] Dazu hat das BAG 1963 einen Katalog von Umständen und Erwägungen entwickelt, die für die Abgrenzung maßgeblich sein könnten.[28]

Diese Grundstruktur ist von seitherigen Gesetzesänderungen unberührt geblieben. Das galt insbesondere für das BetrVG 1972, das sonst kaum einen Stein auf dem anderen gelassen hatte (ein gerade als »restatement« der Rechtsprechung taugender Antrag der Unions-Fraktion zu einer Legaldefinition wurde nicht angenommen).[29] Allerdings wurde mit der durch § 3 neugeschaffenen Möglichkeit, abweichende Vertretungsstrukturen durch Tarifvertrag, hilfsweise durch Betriebsvereinbarung, einzuführen, ein Ventil für Unzulänglichkeiten des Betriebsbegriffs eröffnet. Solche Tarifverträge mit einem noch schmalen Anwendungsbereich waren noch von einer staatlichen Genehmigung abhängig. Das wurde mit dem »Betriebsverfassungs-Reformgesetz« 2001 fallengelassen.

Ob diese Möglichkeit ausreicht, um Veränderungen der Unternehmenswirklichkeit, vor allem den durch EDV-Einsatz möglichen neuen Steuerungsmethoden gerecht zu werden, lässt sich noch nicht abschließend beurteilen. Die vom BAG in jüngerer Zeit in den Mittelpunkt gerückte Kategorie der »Leitungsorganisation«[30] stößt nämlich insbesondere bei digitalen Arbeitsstrukturen,[31] insbesondere dadurch ermöglichten »Matrixorganisationen« an ihre Grenzen.[32] So attraktiv allerdings eine – zumal autonome – Regelung durch die Tarifvertragsparteien erscheint, so offenkundig ist deren Defizit: Es bedarf beider Tarifvertragsparteien zu ihrer Gestaltung, und es ist – jedenfalls bis zur Stunde – ebenso klar, dass Gewerkschaften bei Verhandlungen darüber in aller Regel keine realistische Streikdrohung ins Feld führen können.

---

27 Diese Regelung wurde durch das »Betriebsverfassungs-Reformgesetz« (Kap. 27) in die heute geltende, praktikablere Form des § 4 gebracht.

28 Vgl. BAG 1.2.1963, BAGE 14, 82 (vgl. *Joost*, a.a.O., S. 149f.).

29 Vgl. *Joost*, a.a.O., S. 76.

30 BAG 14.9.1988, BAGE 59, 319.

31 Vgl. *Krause*, Zur Basis der betrieblichen Interessenvertretung bei digitalen Arbeitsstrukturen, KJ 2024, 466; Henssler, Betriebsverfassung ohne Betrieb, in FS Kittner, 2021, S. 146ff.

32 Vgl. *Schubert*, Betriebliche Mitbestimmung in Unternehmen und Konzernen mit Matrixorganisation, HSI-Schriftenreihe Nr. 23, 2017; *Schweibert/Heimann*, Wahrung der Beteiligungsrechte in Matrixstrukturen, NZA 2024, 366.

Das ist u. a. der Hintergrund einen abermaligen Anlauf für eine neue Legaldefinition des Betriebsbegriffs im »Gesetzentwurf für ein modernes Betriebsverfassungsgesetz« des DGB von 2022:[33]

> Der Betrieb ist eine unterscheidbare Einheit, die zur Erledigung einer oder mehrerer Aufgaben bestimmt ist und die über eine Gesamtheit von Arbeitnehmer*innen sowie in der Regel über technische Mittel sowie über eine organisatorische Struktur zur Erfüllung dieser Aufgaben verfügt.
> Bei der Bestimmung des Betriebs sind die Ausübung der arbeitgeber- und belegschaftsbezogenen Aufgaben des Betriebsrats zu berücksichtigen mit dem Ziel, dass eine umfassende Wahrnehmung seiner Beteiligungsrechte ermöglicht wird.

Mit diesem Entwurf sollte auch einem Phänomen Rechnung getragen werden, das dem herkömmlichen Betriebsbegriff definitionsgemäß inhärent war und mit den technisch-organisatorischen Umbrüchen der jüngeren Zeit zunehmend zum Problem für eine effektive Betriebsratsarbeit wurde: die Tatsache, dass der organisatorische Zuschnitt eines Betriebs ausschließlich in den Händen des Arbeitgebers liegt; er konnte und kann jedem Betriebsrat die Existenzgrundlage durch einseitige Organisationsentscheidungen entziehen.[34] Einseitig determinierte Ausgliederungen, Spaltungen, Umstrukturierungen können die Identität von Betrieben verändern und damit das Substrat der Arbeitnehmervertretung. Gesetzliche Übergangsmandate für Betriebsräte bieten dann nur einen schwachen Schutz.

Das unterscheidet einen deutschen »Betrieb« z. B. kategorial von einer »bargaining unit« aufgrund des US-amerikanischen »Labour Relations Act«;[35] dort definiert eine »community of interests« auf Arbeitnehmerseite deren Zuschnitt. Der Neuregelungsvorschlag des DGB bedeutet mit der stärkeren Berücksichtigung der Betriebsratsbedürfnisse bei Definition eines Betriebs einen Schritt in diese Richtung.

---

33 Vgl. AuR 2022, Sonderausgabe April. In diesem Entwurf werden für eine bessere Einbeziehung von Matrixorganisationen auch Änderungen des § 3 vorgeschlagen (vgl. *Klebe*, a. a. O., S. 3).

34 Vgl. Däubler/Klebe/Wedde-*Trümner*, BetrVG, § 1 Rn. 53.

35 Vgl. *Gamillscheg*, »Betrieb« und »Bargaining unit« – Versuch des Vergleichs zweier Grundbegriffe, ZfA 1975, 357.

36. »Flexibilisierung« des Arbeitsrechts

36.1 »Normalarbeitsverhältnis« vs. »atypische Arbeitsverhältnisse«

»Normalarbeitsverhältnis« ist inzwischen ein denkbar geläufiger Begriff, dessen Entstehung, ja man kann sagen: Erfindung, man sehr genau datieren kann; sogar der »Erfinder« steht fest: Es war Ulrich Mückenberger mit seiner Arbeit »*Die Krise des Normalarbeitsverhältnisses*« aus dem Jahr 1985.[1] Er reagierte damit auf die von der Regierung Kohl/Genscher seit 1984 eingeleitete Phase der »Deregulierung«, mit der, stark vereinfacht, auf eine größere »Flexibilität« des Personaleinsatzes gezielt wurde (Kap. 10). Auch das Arbeitsrecht sollte »flexibilisiert« werden. Daraus resultierte die Befürchtung, der Arbeitsmarkt könne sich zwischen »Normalarbeitsverhältnissen« für »Kernbelegschaften« einerseits und einer Zone »atypischer« Arbeit für »Randbelegschaften« andererseits spalten,[2] wobei man unter »atypisch« im Wesentlichen folgende Kategorien verstand: Befristungen, Teilzeitarbeit (inkl. »Minijobs«), Leiharbeit und das Problem der Auslagerung von Arbeit, sei es offen im Sinne von »Outsourcing«, sei es verdeckt durch Verschleierung tatsächlicher Arbeitsverhältnisse durch vorgeschobene Selbstständigkeit (z. B. durch angebliche Werkverträge).[3] Dies war das Gegenteil dessen, was sich Rudolf Buschmann und Jürgen Ulber unter dem Begriff des »solidarisch-emanzipierten Normalarbeitsverhältnisses« vorgestellt hatten.[4] Danach steigerte sich das Interesse an diesem vermeintlich neuen Phänomen in wenigen Jahren exponentiell sowohl in der Arbeitsmarktforschung als auch im Arbeitsrecht.

Das ist eine gute Gelegenheit für Bemerkungen zur Bedeutung des Jahres »1984«: Wer alt genug ist, sich an diese titelgebende Zahl aus dem Orwell-Roman noch als Chiffre für Horrorvisionen einer nebulösen Zukunft zu erinnern, wird sich auch noch gewärtigen, wie banal und bedeutungsarm das dann tatsächlich erreichte Jahr 1984 erschien. Und doch: Bei einem Rückblick aus 40 Jahren kann nicht übersehen, werden, dass nicht exakt in diesem Jahr, aber doch in dieser Dekade die DV-technischen Möglichkeiten ihre Anwendungsreife für die Steuerung von Arbeitsprozessen erhielten (»PAISY« u. a.). Erst jetzt wurde das organisatorisch möglich, was dem »human-resources«-Management schon lange vorgeschwebt

1 Zeitschrift für Sozialreform 1985, S. 415ff. und 457ff.

2 Vgl. *Deinert*, Kernbelegschaften – Randbelegschaften – Fremdbelegschaften, RdA 2014, 65; *Keller/Seifert*, Regulierung atypischer Beschäftigungsverhältnisse, WSI-Mitteilungen 1093, 538.

3 Vgl. *Boockmann/Hagen*, Befristete und andere »atypische« Beschäftigungsverhältnisse: Wird der Arbeitsmarkt funktionsfähiger?, Zeitschrift für Arbeitsmarktforschung – Journal for Labour Market Research, 2005, S. 305ff.

4 Vgl. *Buschmann/Ulber*, Flexibilisierung – Arbeitszeit, Beschäftigung, 1989.

hatte. Es ist weder ein Wunder noch Zufall, dass die Kapitel »Digitalisierung und Arbeitsrecht« mit dem Aufblühen des Datenschutzes (Kap. 32) und »Flexibilisierung« zeitgleich einsetzen.

Die wohl produktivste Definition des Schlüsselbegriffs haben Edeltraud Hoffmann und Ulrich Walwei vom IAB geliefert: *»Das ›Normalarbeitsverhältnis‹ stellt ein Denkkonstrukt dar und charakterisiert eine spezifische Organisation der Arbeit. Es basiert auf einem auf Dauerhaftigkeit angelegten Arbeitsvertrag, einem festen an Vollzeitbeschäftigung orientierten Arbeitszeitmuster, einem tarifvertraglich normierten Lohn oder Gehalt, der Sozialversicherungspflicht sowie der persönlichen Abhängigkeit und Weisungsgebundenheit des Arbeitnehmers vom Arbeitgeber. Es fungiert als ein Leitbild, an dem sich Gesetzgebung, Rechtsprechung und Exekutive noch immer orientieren.«*[5] Das ist produktiv vor allem wegen des Hinweises, dass dieser Begriff ein »Konstrukt« zur Bewältigung von Empirie darstellte.

Bei der nunmehr möglichen Distanz vom mehreren Jahrzehnten und zumal in einer »longue-durée«-orientierten Gesamtsicht fällt die »Geschichtsvergessenheit« dieses Konstrukts auf. Es spiegelt nämlich auf verblüffende Weise wider, mit welch grenzenlosem Optimismus man den Nachkriegsaufschwung im Wirtschaftswunderland für »normal«, nahezu ewig gehalten hatte.

Was nunmehr, einem wirtschaftlichen Abschwung geschuldet, von den Unternehmen als »Beweglichkeit an den Rändern« eingefordert wurde, war die Realität des Wirtschaftens im Kapitalismus seit es ihn gab: Wenn Karl Marx 1890 im »Kapital« den Heimarbeitsbetrieb als *»das auswärtige Departement der Fabrik, der Manufaktur oder des Warenmagazins«* bezeichnete,[6] so könnte das in einer beliebigen Outsourcing-Broschüre stehen. Zu erinnern ist daran, dass es bis Anfang der 1920er Jahre für Arbeiter insofern nichts zu »flexibilisieren« gab, als bis dahin noch tägliche Kündigungsfristen die Regel waren (Kap. 23). Faktisch spielten bereits ausländische Arbeitskräfte, vor allem aus Polen, sei es als Wanderarbeiter in »Ostelbien«, sei es als Billiglohnkräfte im Ruhrgebiet eine nicht zu unterschätzende Rolle als »Randbelegschaften«.[7] Während diese Problematik in der Weimarer Republik durch das »Chaos« (Sinzheimer) in den ersten fünf Jahren und die Massenarbeitslosigkeit in den letzten überdeckt wurde, löste sie der Nationalsozialismus auf die ihm eigene, brutale Weise: Zu erinnern ist an die gewaltige Zahl von ausländischen Zwangsarbeitern, ohne die die Kriegsproduktion überhaupt nicht möglich gewesen wäre – eine »Randbelegschaft« von atemberaubender Größe (Kap. 12). Und schließlich wieder Arbeiter aus dem

---

5 Mitteilungen aus der Arbeitsmarkt- und Berufsforschung 1998, S. 409, 410.

6 *Marx*, Das Kapital, Bd. 1, Neudruck 1968, S. 485.

7 Vgl. *Blazek*, Polacy Westfalii – Polen in Westfalen. Polnische Migration ins Ruhrgebiet zur Zeit des Deutschen Kaiserreichs, 2021; *Kleßmann*, Polnische Bergarbeiter im Ruhrgebiet: 1870 – 1945, 1978; rbb Preußenchronik/Thema preußische Minderheit in Preußen (*https://www.preussenchronik.de/themajsp/key=thema_westfaczy*).

Ausland: die »Gastarbeiter« aus dem Süden seit den 1960er Jahren. Das konnte der einheimischen »Stammbelegschaft« das Gefühl von Beschäftigungsverhältnissen nahe am öffentlichen Dienst vermitteln. Vor einem solchen Hintergrund konnte Mückenbergers »Entdeckung« reüssieren.
Sie war gespeist von den korrelierenden Erwartungen und Befürchtungen jener Phase des ersten richtigen »Rücksetzers« nach den Reformjahren: Befreiung von den zunehmend als beengend empfundenen Fesseln des immer weiter ausgebauten Arbeitsrechts als Hoffnung auf der einen Seite, die Furcht vor einer »Zerstörung des Normalarbeitsverhältnisses« auf der anderen (so der Titel eines für diese Haltung repräsentativen Artikels von Ulrich Zachert).[8] Auch insoweit ist die seither zurückgelegte zeitliche Distanz hilfreich. Sie eröffnet den Blick auf, man kann nun sagen, »eingeschwungene« Strukturen mit einer klaren Zweiteilung: die Instrumente eines im Wortsinne »flexiblen« Personaleinsatzes, befristete Arbeitsverhältnisse (s. u. 36.2) und Leiharbeit (s. u. 36.3) haben nicht zur Ersetzung von Dauerarbeitsverhältnissen durch modernes Tagelöhnertum geführt. Sie sind in moderaten quantitativen Dimensionen Personaleinsatz zum Schwankungsausgleich an den Rändern geblieben. Insbesondere die seit den 1970er Jahren aufblühende gewerbsmäßige Arbeitnehmerüberlassung hat keinesfalls in der Breite zu einem Ersatz von Dauerarbeitsverhältnissen durch Leiharbeit geführt (s. u. 36.4). Einen großen Aufschwung hat dagegen Teilzeitarbeit erfahren, und dabei besonders die mit den »Hartz«-Reformen von 2000 (Kap. 10) in ihre heute Form gebrachte »geringfügige Beschäftigung« (s. u. 36.2).
Daraus sind neue Konfliktlinien und Problemlagen auch für das Arbeitsrecht erwachsen, denen hier nicht nachgegangen werden kann. Tatsächlich war es aber so, dass alle ab 1985 diskutierten und/oder verstärkt ins Werk gesetzten Instrumente nicht »vom Himmel fielen«, d. h. ab diesem Zeitpunkt von Grund auf neu »erfunden« wurden, sondern ihrerseits eine zum Teil lange Geschichte besaßen. Sie darf nicht untergehen (s. u. 36.2 bis 5).
Was jedoch jetzt schon herausgehoben sei, ist die Tatsache, dass diese Entwicklungen in auffälligem Maße Geschlechts-konnotiert waren (und sind), was Ulrike Kress in ihrem ersten großen Literaturbericht zum »Normalarbeitsverhältnis« herausstellte: »*Das Normalarbeitsverhältnis weist außerdem einen ›männlichen Zuschnitt‹ auf, da Frauen den Kriterien des Normalarbeitsverhältnisses (z. B. ununterbrochene Erwerbsbiographie) nur in geringerem Umfang als Männer genügen können. Es bildete sich die Norm vom Familienlohn heraus. Diese sichert spiegelbildlich zur Hausfrauenehe den Familienunterhalt über nur ein Erwerbseinkommen*« (Kap. 39)[9] Danach generierte das neue Massenphänomen »Teilzeit-

8 AuR 1988, 129.
9 *Kress*, Vom Normalarbeitsverhältnis zur Flexibilisierung des Arbeitsmarktes – Ein Literaturbericht, Mitteilungen für Arbeitsmarkt- und Berufsforschung 1998, 488.

arbeit« – auf demselben Wurzelgrund – erneute Genderprobleme: Da Teilzeitarbeit typischerweise überwiegend von Frauen ausgeübt wurde, stellte sich hier zu allererst die Frage, wie dies im Verein mit den auch sonst für derartige Beschäftigungen einhergehenden Benachteiligungen (s. u. 36.4) zu bewerten sei – das Konzept der »mittelbaren Diskriminierung« (bzw. des Kampfes dagegen) war geboren (Kap. 39).

36.2 Teilzeitarbeit

Durch und durch ein Kind der Zeit seit den 1960er Jahren, besaß Teilzeitarbeit eine sie teils bis heute prägende Ambivalenz: einerseits wie geschaffen für das Modell der »zuverdienenden« Ehefrau, andererseits für viele überhaupt eine Chance, am Erwerbsleben teilzunehmen. 1985 wurden mit dem BeschFG die ersten knappen Regelungen dazu verabschiedet: im Grunde nur eine Definition von »Teilzeitarbeit« und ein Diskriminierungsverbot und dazu die Pflicht des Arbeitgebers, freie Vollzeitarbeitsplätze anzuzeigen (§ 3):

§ 2 Verbot der unterschiedlichen Behandlung

(1) Der Arbeitgeber darf einen teilzeitbeschäftigten Arbeitnehmer nicht wegen der Teilzeitarbeit gegenüber vollzeitbeschäftigten Arbeitnehmern unterschiedlich behandeln, es sei denn, daß sachliche Gründe eine unterschiedliche Behandlung rechtfertigen.
(2) Teilzeitbeschäftigt sind die Arbeitnehmer, deren regelmäßige Wochenarbeitszeit kürzer ist als die regelmäßige Wochenarbeitszeit vergleichbarer vollzeitbeschäftigter Arbeitnehmer des Betriebes. Ist eine regelmäßige Wochenarbeitszeit nicht vereinbart, so ist die regelmäßige Arbeitszeit maßgeblich, die im Jahresdurchschnitt auf eine Woche entfällt.

Diese rudimentäre Regelung ist im Laufe der Jahre immer weiter mit dem Ziel eines größeren Schutzes der Teilzeit-Arbeitenden ausgebaut worden, insbesondere um den Wechsel zwischen Voll- und Teilzeitarbeit und umgekehrt zu erleichtern, wobei das mit den sog. Hartz-Reformen eingeführte »Teilzeit- und Befristungsgesetz« vom 21. Dezember 2000[10] (mit dem das BeschFG abgelöst wurde) einen deutlichen Höhepunkt darstellte.[11]
Die Regulierung von Teilzeitarbeit betraf seit jeher ein Segment des Arbeitsmarktes, in dem neben dem Arbeitsrecht das Sozialrecht eine große verhaltens-

10 BGBl. I 1966.

11 Vgl. Kittner-*Deinert*, ASO, Nr. 32, Teilzeit- und Befristungsgesetz, Einl. I; *Buschmann/Stevens-Bartol*, Das Recht der Teilzeitarbeit, 2. Aufl. 2001.

lenkende Funktion einnahm und zwar bezüglich der am wenigsten Verdienenden, im heutigen Jargon bei den »Minijobs«.[12]
Eine solche »Subvention« durch Befreiung von Sozialabgaben gab es seit der RVO von 1911, als durch §§ 168, 1232 vorübergehende Dienstleistungen in der Kranken- und Invalidenversicherung versicherungsfrei bleiben konnten. Mit Schaffung des SGB IV 1977 wurde der Begriff der »geringfügigen Beschäftigung« eingeführt, wonach bei Arbeitsverhältnissen unter einer bestimmten Dauer und einem niedrigen Verdienst (zu Beginn drei Monate bzw. ein Fünftel der monatlichen Bezugsgröße) weder Arbeitgeber noch Arbeitnehmer Beiträge zur gesetzlichen Sozialversicherung zahlten. Das bedeutete Einnahmeausfälle bei der Sozialversicherung und fehlende Leistungen für in Teilzeit Arbeitende.
Die sozial-liberale Koalition wollte dies 1981 abschaffen, aber nach Protesten insbesondere von Wohlfahrtsverbänden und Zeitungsverlegern wurde diese Einrichtung der »Minijobs« beibehalten. Ab 1999 mussten Arbeitgeber pauschal Sozialversicherungsbeiträge in Höhe von 10 % für die Krankenversicherung und 12 % für die Rentenversicherung tragen; die Beschäftigten erhielten die Möglichkeit auf die Versicherungsfreiheit in der Rentenversicherung zu verzichten.[13] Mit den Hartz-Reformen wurde 2003 eine Gleitzone für Beschäftigungsverhältnisse mit einem Arbeitsentgelt zwischen 400 und 800 Euro eingeführt (»Midijobs«), in der der Arbeitnehmerbeitrag zur Sozialversicherung allmählich bis zur vollen Beitragshöhe ansteigt; der Arbeitgeber hatte die Differenz zum Gesamtbeitrag zu leisten. Dieses »Minijob«-Recht ist seither regelmäßig verändert worden. Damit wurde ganz offenkundig rechtlich für einen stabilen untersten Sektor des Teilzeitarbeitsmarktes gesorgt (mit sozialen Korrekturen durch die Teilzeitrichtlinie 97/81/EG und das Konzept der mittelbaren Diskriminierung, Kap. 39).
Teilzeit hat sich im Lauf der Jahre zu einem festen Bestandteil des deutschen Arbeitsmarkts entwickelt, und lag zuletzt nahezu bei 40 %.[14] Von »anormalen« Arbeitsverhältnissen kann keine Rede mehr sein. Die enorme Zunahme von Teilzeitarbeit jeder Art ist offenkundig auch auf entsprechende Bedürfnisse der Arbeitnehmer zurückzuführen. »Flexibilität« hat sich nicht nur als im Arbeitgeberinteresse liegend erwiesen, sondern geht auf viele in der persönlichen Lebenssituation der Arbeitnehmer liegende Gründe (auch erzwungene) zurück.

12 Vgl. *Walwei*, Geringfügige Beschäftigung: Ausweiten oder Abschafffen?, IAB-Stellungnahme 1/2021; *Klinger/Weber*, Deutschland – Nebenjobberland, WSI-2019, 247; *Voss/Weinkopf*, Niedriglohnfalle, WSI-Mitteilungen 2012, 5; »Ausschließlich geringfügig entlohne Beschäftigung«, WSI-Arbeitsmarkt im Wandel, Juni 2023; »Minijobs sind ein Irrweg«, böckler-impuls 5/2022, S. 4.

13 Vgl. Gesetz zur Neuregelung er geringfügigen Beschäftigung vom 24. 3. 1999, BGBl. I 388.

14 Vgl. IAB, Pressemitteilung vom 5. 6. 2024 (*iab.de*).

Schließlich müssen noch der guten Ordnung halber zwei Fallgestaltungen erwähnt werden, von denen sich die Urheber des Gesetzes viel versprochen hatten, um die viel Aufregung herrschte: die Möglichkeit, dass sich zwei oder mehrere Arbeitnehmer einen Arbeitsplatz teilen (»Jobsharing«; § 5) und die Anpassung der Arbeitszeit an den Arbeitsanfall (»Kapazitätsorientierte variable Arbeitszeit« – KAPOVAZ; § 4). Beiden Modellen war kein großer Erfolg beschieden. Sie stießen sowohl bei Unternehmen als auch den Beschäftigten auf wenig Gegenliebe. KAPOVAZ ist auf bescheidene Volumina im Gastgewerbe, Einzelhandel, Logistik und in der Landwirtschaft und Aushilfstätigkeiten begrenzt geblieben. Etwas ganz anderes sind Rufbereitschaft und Bereitschaftsdienst als Bestandteil bestimmter Berufsbilder in Dauerarbeitsverhältnissen.[15] Jobsharing wiederum beginnt erst in neuerer Zeit interessant für Führungspositionen zu werden.[16]

36.3 Befristung

Diese Flexibilisierungsvariante ist Bestandteil einer ganz langen Zeitreihe: Im Kontext von »Bestandsschutz« war vom »Paradigmenwechsel« die Rede, der die alte Zeit mit befristeten Arbeitsverhältnissen als Regel von der neuen mit dem Leitbild der Dauerbeschäftigung unterschied, in der Befristung zum Ausnahmephänomen wurde. Zum Rechtsproblem wurde sie mit dem Einsetzen von Kündigungsschutz als dessen mögliche Umgehung (d. h. bei Arbeitern ab Verschwinden der täglichen Kündigungsfrist als Regel, Kap. 31). Die mit dem BeschFG 1985 eröffnete Auseinandersetzung um die sachgrundlose Befristung kann zwar nicht als »viel Lärm um nichts« bezeichnet werden, aber die nackten Tatsachen stützen die Befürchtung nicht, dass sachgrundlose Befristungen auf lange Sicht zum Ersatz unbefristeter durch befristete Arbeitsverhältnisse genutzt würden.[17]

Der Hauptteil der Befristungen entfiel auch nach Freigabe der sachgrundlosen Befristung auf die Bindung an Haushaltspläne im öffentlichen Dienst und Vertretungstätigkeit in der Privatwirtschaft. Darüber hinaus wurden sachgrundlose Befristungen überwiegend zur Erprobung genutzt, als eine Verlängerung der sonst wegen § 1 Abs. 1 KSchG üblichen sechsmonatigen Probezeit (mit einem »Klebeeffekt«, d. h. einer Anschlussbeschäftigung in einem Dauerarbeitsverhältnis von ca. 40 %). Als wichtige Leitplanke hierfür erwies sich das mit dem Teilzeit- und Befristungsgesetz im Jahr 2000 eingeführte »Abschlussverbot sach-

15 Vgl. *Hank/Stegmaier*, Wenn die Arbeit ruft. Arbeit auf Abruf, Rufbereitschaft und Bereitschaftsdienst, IAB-Kurzbericht 14/2016.

16 Vgl. *Bellmann*, Warum Jobsharing mehr Chancen als Risiken bietet, IAB-Forum H, 18-7-2019.

17 Vgl. *Gürtzgen/Kubis/Küfner/Popp*, Befristungen bei Neueinstellungen 2022, IAB 3.7.2023 (*doku.iab.de*).

grundloser Befristung nach Vorbeschäftigung« (für das sich umgangssprachlich der Begriff »Vorbeschäftigungsverbot« eingebürgert hat). Damit wurde »Kettenbefristungen« ein Riegel vorgeschoben (Kap. 31). Die Daten geben jedenfalls nichts dafür her, dass auf diesem Weg für die allermeisten Arbeitnehmer eine Erosion der Dauerbeschäftigung als »Normalarbeitsverhältnis« flächendeckend eingeleitet worden wäre.

36.4 Leiharbeit

Dieses spezifische »Flexibilisierungs«-Instrument geht zurück auf die Weimarer Republik. Damals war, als Reaktion auf die im Kaiserreich zur Maßregelung von Arbeitern genutzten »Arbeitsnachweise« der Arbeitgeber[18] die Arbeitsvermittlung in die öffentliche Hand gegeben worden. Das »Arbeitsnachweisgesetz« vom 22. Juli 1922[19] verbot private Arbeitsvermittlung ab dem 1. Januar 1931 (mit der Möglichkeit von Ausnahmegenehmigungen durch den Reichsarbeitsminister) und dabei erstreckte sich dies ausdrücklich auf Vorformen der gewerblichen Arbeitnehmerüberlassung:

§ 48

Als gewerbsmäßige Stellenvermittlung gilt ferner die Zuweisung von Arbeitnehmern, deren Arbeitskraft der Zuweisende dritten Personen für vorübergehende Beschäftigung zur Verfügung stellt, ohne selbst die Ausrüstung mit den erforderlichen Werkzeugen und die sozialen Versicherungslasten des Arbeitgebers für die vermittelten Personen zu übernehmen.

Diese Regelung wurde wörtlich in § 54 des »Gesetzes über Arbeitsvermittlung und Arbeitslosenversicherung« (AVAVG) vom 16. Juli 1927[20] übernommen. Weil sie Leiharbeit als unvereinbar mit ihrem Führer- und Gefolgschafts-Verständnis ansahen, hoben die Nationalsozialisten § 54 wegen der verbliebenen Ausnahmemöglichkeiten schon 1935 gänzlich auf.[21] Die Arbeitsämter wurden 1941 angewiesen, noch vorkommendes »Ausleihen« von Arbeitnehmern zu verhindern und darauf hinzuwirken, dass ausgeliehene Arbeitnehmer unmittelbare

18 Die ungewöhnlich lange Übergangszeit bis zum Wirksamwerden des Verbots ist begründet in der Furcht vor Schadensersatzforderungen der privaten Vermittler, die eine gültige Erlaubnis besaßen.

19 RGBl. I 657.

20 RGBl. I 187.

21 VO vom 26.11.1935, RGBl. I 1361.

Arbeitsverhältnisse mit dem Einsatzbetrieb erhielten.[22] Bei Wiederherstellung des AVAVG im Jahr 1957[23] lebte der frühere § 54 nahezu unverändert wieder als § 37 Abs. 3 auf.

Diese Rechtslage änderte sich zehn Jahre später abrupt und dramatisch: Auf Verfassungsbeschwerde der Fa. »Adia-Interim« hob das BVerfG mit Urteil vom 4. April 1967[24] das Verbot der Leiharbeit wegen Unvereinbarkeit mit deren Grundrecht der Berufsfreiheit auf; das staatliche Arbeitsvermittlungsmonopol wurde dabei ausdrücklich bestätigt. Das löste eine bis heute anhaltende Rechtsentwicklung mit vielen Konflikten und Wendungen aus, die – mit durchaus unterschiedlichen Problemen und Akzenten – aber doch im Ergebnis große Ähnlichkeit mit der Befristungsthematik aufwies. Aller gut dokumentierten Missbrauchsfälle ungeachtet, hat sich nämlich eine Befürchtung nicht bewahrheitet, dass im großen Stile Dauerarbeitsplätze durch Leiharbeit ersetzt würden.[25]

Die Langzeitzahlen weisen aus, dass Leiharbeit mit (aktuell) einem Anteil von 2 % der Gesamtbeschäftigung aufs Ganze in der Tat nur ein Flexibilisierungsinstrument der Arbeitgeber an den Rändern des Arbeitsmarkts ist. Knapp 8 von 10 Arbeitslosen, die aus Arbeitslosigkeit eine Beschäftigung in der Zeitarbeit aufgenommen haben, sind nach 12 Monaten sozialversicherungspflichtig beschäftigt, teilweise auch in anderen Branchen (was also nicht unbedingt auf einen »Klebeeffekt« beim selben Arbeitgeber schließen lässt).

Dieser weiterhin randständige Stellenwert der Leiharbeit ermutigt mich, auch ihrer Geschichte über das Nötigste hinaus nicht mehr Raum zu geben als einen knappen Bericht über ihre »Highlights«.[26] Sie ereignete sich – im Rückblick besonders eindrucksvoll – als Tauziehen innerhalb der vom BVerfG für die wirtschaftliche und soziale Rechtfertigung von Leiharbeit beschriebenen Kategorien: »*Arbeitnehmer-Überlassungsverträge* [können] *ein besonderes wirtschaftliches Bedürfnis erfüllen können. Sie mobilisieren die Arbeitskraft solcher Arbeitnehmer, die aus verschiedenen Gründen keine Dauerstellung, auch nicht für eine Teilzeitbeschäftigung, annehmen können oder wollen. Dies gilt namentlich für Arbeitskräfte, die einerseits auf eine besonders elastische Gestaltung der Arbeitszeit Wert legen, andererseits, wenn sie zur Verfügung stehen, sofort in einer ihren individuellen Fähigkeiten entsprechenden Weise eingesetzt werden möchten und durch die Beziehung zu dem ihnen bekannten, zuweisenden Unternehmer gesichert sein wollen.*«

---

22 Erlass des Reichsarbeitsministers vom 20.12.1941 (RArbBl. I, 6).

23 Vgl. Gesetz vom 23.12.1965 (BGBl. I 1018; Neubekanntmachung 3.4.1957, BGBl. I 321).

24 BVerfGE 21, 261.

25 Vgl. *Singer/Fleischer*, Entwicklungen in der Zeitarbeit, IAG Berichte: Blickpunkt Arbeitsmarkt, 2024.

26 Eingehend bei *Ulber/Ulber*, AÜG, 6. Aufl. 2023, Einl. Rn. 5ff.

Dabei sah das BVerfG noch kein fundamentales Missbrauchspotenzial: »*Bei diesen Unterschieden sind Arbeitnehmer-Überlassungsverträge kein geeignetes Mittel, um die Arbeitsvermittlung in nennenswertem Umfang zu umgehen. Offenbar ist der Raum, innerhalb dessen sie die wirtschaftliche Funktion der Arbeitsvermittlung ersetzen könnten, sehr begrenzt; sie sind überhaupt nur dann wirtschaftlich sinnvoll, wenn ein Betrieb aus gewissen Gründen, z. B. wegen des Ausfalls eines ständigen Arbeitnehmers infolge Urlaubs, Krankheit oder Kündigung oder wegen vorübergehender, aber dringender Arbeiten mit den eigenen Arbeitskräften nicht auskommt. Dafür, daß in Betrieben längere Zeit hindurch fremde Arbeitnehmer tätig sind, die ihnen von anderen Unternehmern überlassen sind, weiterhin nur zu diesen Unternehmern in Rechtsbeziehungen stehen und der Weisungsbefugnis des Unternehmers, in dessen Betrieb sie tatsächlich arbeiten, nicht unterstehen, spricht kaum eine Lebenserfahrung.*«

Soweit es bei der Praktizierung von Leiharbeit zu Missständen käme, sei es Sache der Gerichte, dem abzuhelfen. Gelegenheit dazu kam sehr bald nach Freigabe der Leiharbeit, nach der die Zahl der Leiharbeitsfirmen sprunghaft anstieg.[27] Und ganz rasch kam es zu den vom BVerfG nur abstrakt in den Raum gestellten Missbräuchen: z. B. Vermittlung ausländischer Arbeitnehmer ohne Arbeitserlaubnis und Vorenthaltung von Lohn.[28]

Als Reaktion kam es zum »Gesetz zur Regelung der Arbeitnehmerüberlassung (Arbeitnehmerüberlassungsgesetz – AÜG)« vom 7. August 1972.[29] Seine Konzeption hatte zwei Ziele: die Abgrenzung der Arbeitnehmerüberlassung von der Arbeitsvermittlung und die Unterbindung des allergröbsten Missbrauchs. Dazu übernahm das Gesetz die bereits vom BVerfG in seiner Grundsatzentscheidung und dem BSG[30] entwickelte »Schwerpunktheorie«, wonach das Arbeitsverhältnis mit dem Verleiher auch während des Arbeitseinsatzes fortbestand und der Verleiher bei fehlenden Einsatzmöglichkeiten zur Lohnzahlung verpflichtet blieb. Das neue Gesetz sicherte das ab durch das sog. Synchronisierungsgebot, wonach ein Arbeitsverhältnis nicht auf einen Arbeitseinsatz befristet sein durfte. Um seinen Vorschriften Nachdruck zu verleihen war es als Verbot der Arbeitnehmerüberlassung mit Erlaubnisvorbehalt ausgestaltet und der Drohung, dass bei bestimmten Verstößen ein Arbeitsverhältnis zwischen Entleiher und Arbeitnehmer fingiert wird. Daneben gab es eine Reihe von Vorkehrungen zum arbeitsrechtlichen Schutz des Leiharbeitnehmers:

---

27 Vgl. *Ulber/Ulber*, AÜG, Einl. B Rn. 11ff.

28 Vgl. zur gesamten Entwicklung des AÜG seit diesem Zeitpunkt bis heute Kittner-*Deinert*, ASO, AÜG, Nr. 4, Einl.

29 BGBl. I 1393.

30 Vgl. BSG 29.7.1970, BSGE 31, 235.

§ 3 Versagung

(1) Die Erlaubnis oder ihre Verlängerung ist zu versagen, wenn Tatsachen die Annahme rechtfertigen, daß der Antragsteller

1. die für die Ausübung der Tätigkeit nach § 1 erforderliche Zuverlässigkeit nicht besitzt, insbesondere weil er die Vorschriften des Sozialversicherungsrechts, über die Einbehaltung und Abführung der Lohnsteuer, über die Arbeitsvermittlung, über die Anwerbung im Ausland oder über die Arbeitserlaubnis, die Vorschriften des Arbeitsschutzrechts oder die arbeitsrechtlichen Pflichten nicht einhält;
2. nach der Gestaltung seiner Betriebsorganisation nicht in der Lage ist, die üblichen Arbeitgeberpflichten ordnungsgemäß zu erfüllen;
3. mit dem Leiharbeitnehmer einen befristeten Arbeitsvertrag abschließt, es sei denn, daß sich für die Befristung aus der Person des Leiharbeitnehmers ein sachlicher Grund ergibt;
4. mit dem Leiharbeitnehmer jeweils unbefristete Arbeitsverträge abschließt, diese Verträge jedoch durch Kündigung beendet und den Leiharbeitnehmer innerhalb von drei Monaten nach Beendigung des Arbeitsverhältnisses erneut einstellt;
5. die Dauer des Arbeitsverhältnisses mit dem Leiharbeitnehmer auf die Zeit der erstmaligen Überlassung an einen Entleiher beschränkt, oder
6. einem Entleiher denselben Leiharbeitnehmer länger als drei aufeinanderfolgende Monate überläßt; der Zeitraum einer unmittelbar vorangehenden Überlassung durch einen anderen Verleiher an denselben Entleiher ist anzurechnen.

§ 9 Unwirksamkeit

Unwirksam sind:

1. Verträge zwischen Verleihern und Entleihern sowie zwischen Verleihern und Leiharbeitnehmern, wenn der Verleiher nicht die nach § 1 erforderliche Erlaubnis hat,
2. Befristungen des Arbeitsverhältnisses zwischen Verleiher und Leiharbeitnehmer, es sei denn, daß sich für die Befristung aus der Person des Leiharbeitnehmers ein sachlicher Grund ergibt,
3. Kündigungen des Arbeitsverhältnisses zwischen Verleiher und Leiharbeitnehmer durch den Verleiher, wenn der Verleiher den Leiharbeitnehmer innerhalb von drei Monaten nach Beendigung des Arbeitsverhältnisses erneut einstellt,

4. Vereinbarungen, die dem Entleiher untersagen, den Leiharbeitnehmer zu einem Zeitpunkt einzustellen, in dem dessen Arbeitsverhältnis zum Verleiher nicht mehr besteht,
5. Vereinbarungen, die dem Leiharbeitnehmer untersagen, mit dem Entleiher zu einem Zeitpunkt, in dem das Arbeitsverhältnis zwischen Verleiher und Leiharbeitnehmer nicht mehr besteht, ein Arbeitsverhältnis einzugehen.

§ 10 Rechtsfolgen bei Unwirksamkeit

(1) Ist der Vertrag zwischen einem Verleiher und einem Leiharbeitnehmer nach § 9 Nr. 1 unwirksam, so gilt ein Arbeitsverhältnis zwischen Entleiher und Leiharbeitnehmer zu dem zwischen dem Entleiher und dem Verleiher für den Beginn der Tätigkeit vorgesehenen Zeitpunkt als zustande gekommen, tritt die Unwirksamkeit erst nach Aufnahme der Tätigkeit beim Entleiher ein, so gilt das Arbeitsverhältnis zwischen Entleiher und Leiharbeitnehmer mit dem Eintritt der Unwirksamkeit als zustande gekommen. […]

§ 11 Sonstige Vorschriften über das Leiharbeitsverhältnis

(5) Der Leiharbeitnehmer ist nicht verpflichtet, bei einem Entleiher tätig zu sein, soweit dieser durch einen Arbeitskampf unmittelbar betroffen ist.[31] In den Fällen eines Arbeitskampfes nach Satz 1 hat der Verleiher den Leiharbeitnehmer auf das Recht, die Arbeitsleistung zu verweigern, hinzuweisen.

Diese Regelung ist im Laufe der Zeit immer wieder geändert worden, insbesondere wurde die Komponente Arbeitnehmerschutz in der Deregulierungsphase der Regierung Kohl/Genscher immer mehr zurückgedrängt, um den Unternehmen einen größeren Spielraum zum Einsatz von Leiharbeitnehmern zu geben und dadurch – so die Begründung des Regierungsentwurfs zum BeschFG 1985 – zusätzliche Arbeitsplätze zu schaffen (Kap. 10).[32] Diese Zielsetzung wurde nicht erreicht.[33]

31 Eine Verfassungsbeschwerde gegen diese Vorschrift ist vom BVerfG zurückgewiesen worden (vgl. BVerfG 19.6.2020, NJW 2020, 2636; *Klein/Leist*, Kein Einsatz von Leiharbeitern als Streikbrecher, AuR 2017, 100; *Bauer/Haußmann*, Arbeiten verboten! – Das neue Streikbrecherverbot für Leiharbeitnehmer, NZA 2016, 803.

32 Vgl. BT-Drucks. 10/2102, S. 18, 42; *Wahsner u. a.*, »Heuern und Feuern« – Arbeitsrecht nach der Wende, 1985.

33 Vgl. Bericht der Bundesanstalt für Arbeit vom 14.5.1992 zum 7. Erfahrungsbericht der Bundesregierung über Erfahrungen bei der Anwendung des Arbeitnehmerüberlassungsgesetzes – AÜG, S. 25.

Nach einem nochmaligen Deregulierungs-Schub mit dem »Gesetz zur Reform der Arbeitsförderung – Arbeitsförderungs-Reformgesetz – AFR« vom 24. März 1997,[34] der erheblicher Kritik ausgesetzt war,[35] vollzog die rot-grüne Koalition einen regelrechten Paradigmenwechsel: Mit dem »Ersten Gesetz für moderne Dienstleistungen am Arbeitsmarkt« (»Hartz I«) vom 28. April 2011[36] wurden mit Wirkung ab dem 1. Januar 2003 die meisten besonderen Schutzrechte für Leiharbeitnehmer aufgehoben (bis auf eine Befristung auf 18 Monate), dafür wurde der Entleiher zur Gewährung des gleichen Entgelts wie für die Stammarbeitnehmer verpflichtet (»equal pay«). Durch Tarifvertrag wurde allerdings eine Verlängerung der Höchstdauer und eine Abweichung vom equal-pay-Grundsatz bis zu 15 Monaten zugelassen:

§ 1 Arbeitnehmerüberlassung, Erlaubnispflicht

[…]
(1b) Der Verleiher darf denselben Leiharbeitnehmer nicht länger als 18 aufeinander folgende Monate demselben Entleiher überlassen; der Entleiher darf denselben Leiharbeitnehmer nicht länger als 18 aufeinander folgende Monate tätig werden lassen.

§ 8 Grundsatz der Gleichstellung

(1) Der Verleiher ist verpflichtet, dem Leiharbeitnehmer für die Zeit der Überlassung an den Entleiher die im Betrieb des Entleihers für einen vergleichbaren Arbeitnehmer des Entleihers geltenden wesentlichen Arbeitsbedingungen einschließlich des Arbeitsentgelts zu gewähren (Gleichstellungsgrundsatz). […]
(2) Ein Tarifvertrag kann vom Gleichstellungsgrundsatz abweichen, soweit er nicht die in einer Rechtsverordnung nach § 3a Absatz 2 festgesetzten Mindeststundenentgelte unterschreitet. […]
(3) Ein Tarifvertrag im Sinne des Absatzes 2 kann hinsichtlich des Arbeitsentgelts vom Gleichstellungsgrundsatz für die ersten neun Monate einer Überlassung an einen Entleiher abweichen. Eine längere Abweichung durch Tarifvertrag ist nur zulässig, wenn

34 BGBl. I 594.
35 Vgl. *Feuerborn/Hamann*, Liberalisierung der Arbeitnehmerüberlassung durch das Arbeitsförderungs-Reformgesetz, BB 1997, 2530; *Groeger*, Arbeitsrechtliche Aspekte des neuen Arbeitnehmerüberlassungsgesetzes, DB 1998, 470; *Ulber*, Von der vorübergehenden Arbeitnehmerüberlassung zur entgeltlichen Arbeitsvermittlung auf Dauer – Überlegungen zum Job-Aqtiv-Gesetz, AuR 2001, 451.
36 BGBl. I 642.

1. nach spätestens 15 Monaten einer Überlassung an einen Entleiher mindestens ein Arbeitsentgelt erreicht wird, das in dem Tarifvertrag als gleichwertig mit dem tarifvertraglichen Arbeitsentgelt vergleichbarer Arbeitnehmer in der Einsatzbranche festgelegt ist, und
2. nach einer Einarbeitungszeit von längstens sechs Wochen eine stufenweise Heranführung an dieses Arbeitsentgelt erfolgt.

Die Möglichkeit der Abweichung vom equal-pay-Grundsatz durch Tarifvertrag sah vordergründig danach aus, dass wegen der unterstellten Gleichgewichtigkeit der Tarifvertragsparteien in der Summe ein irgendwie ausgewogenes »paritätisches« Gesamtpaket zustande kommen würde. Das war schon bei Tarifverträgen der großen DGB-Gewerkschaften oder von diesem selbst eine problematische Unterstellung. Denn gerade im Bereich der Arbeitnehmerüberlassung fiel es auch diesen »Groß«-Gewerkschaften schwer, einen substanziellen Verhandlungsdruck aufzubauen.[37] Viel schlimmer war, dass diese Gesetzeskonstruktion zum Anlass zur Nutzung bzw. Neugründung einer Reihe von »gelben« Mini-Gewerkschaften unter dem Dach einer »Tarifgemeinschaft Christlicher Gewerkschaften für Zeitarbeit und Personalserviceagenturen« CGZP) wurde, die für Gefälligkeitstarifverträge zur Verfügung standen.[38] Es dauerte eine Zeit, bis all diesen Organisationen nach und nach von den Arbeitsgerichten die Gewerkschaftseigenschaft bzw. Fähigkeit zum Abschluss von Tarifverträgen aberkannt wurde,[39] was wiederum eine Vielzahl von Rechtsproblemen hinsichtlich der Rückabwicklung der von diesen abgeschlossenen, nunmehr nichtigen Tarifverträgen nach sich zog.[40]
Als neues Instrument zur Entgeltsicherung hat das Änderungsgesetz die Möglichkeit einer Art »Leiharbeitnehmer-Mindestlohn« eingeführt, der nur ganz geringfügig über dem gesetzlichen Mindestlohn liegt (§ 3a; Kap. 22.13). Außerdem wurden die Behörden der Zollverwaltung verstärkt in die Kontrolle der Einhaltung des Gesetzes einbezogen. Gleichwohl ist es – ebenso so wie das ursprüngliche Modell – weiterhin starker Kritik wegen der Möglichkeit seiner missbräuchlichen Nutzung ausgesetzt; außerdem wird seine Vereinbarkeit mit

37 Übersicht abgeschlossener Tarifverträge zur Arbeitnehmerüberlassung bei *Ulber/Ulber*, AÜG, § 8 Rn. 231.

38 Eingehend, auch zu den korrespondierenden Strukturen auf Arbeitgeberseite *Ulber/Ulber*, AÜG, § 8 Rn. 233ff.; 239ff.

39 Zur CGZP vgl. BAG 23.5.2012, NZA 2012, 625. Die dagegen gerichtete Verfassungsbeschwerde wurde nicht zur Entscheidung angenommen (vgl. BVerfG-Kammer, NZA 2015, 757).

40 Vgl. BAG 13.3.2013, BAGE 144, 306 (vgl. *Ulber/Ulber*, AÜG, § 8 Rn. 268ff.).

der EG-Richtlinie über Leiharbeit (Kap. 21) in Frage gestellt.[41] Das Recht der gewerbsmäßigen Arbeitnehmerüberlassung hat sich seither zu einer ungeheuer komplexen Materie mit einer regen Rechtsprechungspraxis entwickelt.[42]

Ungeachtet aller bezogen auf den einzelnen Fall berechtigten Kritik an der Ausgestaltung dieses Gesetzes, bleibt doch, spannt man den Bogen von der ersten Version im Jahr 1972 zur Praxis unter dem Gesetz von 2011, ein dem zum Befristungsrecht sehr ähnlicher Befund: Die Befürchtung, das Leiharbeiterrecht werde dazu führen, dass Stammarbeitsplätze in größerer Zahl durch Leiharbeit substituiert werden, hat sich nicht bewahrheitet. Offenkundig haben die Eigengesetze des Arbeitsmarktes zusammen mit den Planken des Gesetzes (möglicherweise auch des Mindestlohnes, Kap. 22.13) dafür gesorgt, dass Arbeitnehmerüberlassung aufs Ganze ein Instrument für Beschäftigungsschwankungen in Ausnahmefällen geblieben ist, ziemlich genau so, wie vom BVerfG im Jahr 1967 erwartet. Dessen Formulierungen decken sich auf frappierende Weise mit der Bestandsaufnahme des IAB im Jahr 2023 (s. o.).

Als Einfallstor für Umgehungen hat sich jedoch die im Einzelfall schwierige Grenzziehung zwischen (legaler) Arbeitnehmerüberlassung und (illegaler) Vortäuschung einer solchen durch (Schein-)Werkverträge erwiesen (zum vergleichbaren Problem von »Scheinselbstständigen« bei einzelnen Arbeitnehmern s. Kap. 33). In zwei Wirtschaftsbereichen haben sich deren Strukturen als besonders missbrauchsanfällig erwiesen: die Bau- und die Fleischwirtschaft. Für den Bau wurde deshalb schon mit dem Arbeitsförderungs-Konsolidierungsgesetz vom 22. Dezember 1981[43] ein Verbot der Leiharbeit für Arbeiten am Bau verhängt, die gewöhnlich von Arbeitern verrichtet werden (§ 12a AFG). Dieses Verbot wurde vom BVerfG gebilligt[44] und durch den bis heute geltenden § 1b AÜG fortgeführt.

§ 12a

Gewerbsmäßige Arbeitnehmerüberlassung in Betriebe des Baugewerbes für Arbeiten, die üblicherweise von Arbeitern verrichtet werden, ist unzulässig.

---

41 Vgl. *Ulber/Ulber*, AÜG, Einl. F Rn. 119ff.

42 Die beiden wichtigsten Kommentare von Schüren/Hamann und Ulber/Ulber sind auf Umfänge von über 1100 bzw. 1400 Seiten angewachsen.

43 BGBl. I 1497.

44 Das BVerfG hat diese Regelung für verfassungsgemäß erachtet (BVerfG 6.10.1987, BVerfGE 77, 84; vgl. *Ulber/Ulber*, AÜG, § 1b, Rn. 6f.).

Nach einem großen Hygiene-Skandal in der Corona-Pandemie im Jahr 2020 wurde ein solches Verbot auch für die Fleischwirtschaft erlassen.[46] Außerdem wurden dort auch Werkverträge mit Arbeitnehmergestellung verboten und den Unternehmen die Fleischverarbeitung nur mit bei ihnen selbst angestellten Arbeitnehmern gestattet. Auch diese Regelung wurde vom BVerfG nicht beanstandet.[47]

§ 6a Einschränkungen des Einsatzes von Fremdpersonal

(1) Der Inhaber darf im Bereich der Schlachtung einschließlich der Zerlegung von Schlachtkörpern sowie im Bereich der Fleischverarbeitung Arbeitnehmerinnen und Arbeitnehmer nur im Rahmen von mit ihm bestehenden Arbeitsverhältnissen und im Rahmen einer Arbeitnehmerüberlassung tätig werden lassen. Er darf in diesen Bereichen keine Selbstständigen tätig werden lassen. Ein Dritter darf in diesen Bereichen unbeschadet der Zulässigkeit der Überlassung von Leiharbeitnehmerinnen und Leiharbeitnehmern nach Satz 1 keine Arbeitnehmerinnen und Arbeitnehmer und keine Selbstständigen tätig werden lassen.

37. Arbeitsrecht mit Abschlägen

Wir haben bislang von »dem« Arbeitsrecht für »die« Arbeitnehmer gesprochen. Das ist trifft die Sache nicht ganz. Denn es gibt arbeitsrechtliche Regelungen, die von bestimmten Voraussetzungen wie Betriebsgrößen, Wartezeiten oder Altersgrenzen[1] abhängig sind (s. u. 37.1). Daneben gibt es ganze Tätigkeitsbereiche,

46 Vgl. die Änderung des »Gesetzes zur Sicherung von Arbeitnehmerrechten in der Fleischwirtschaft« vom 17.7.2017 (BGBl. I 2541) durch das »Gesetz zur Verbesserung des Vollzugs im Arbeitsschutz« – Arbeitsschutzkontrollgesetz« vom 22.12.2022 (BGBl. I 3334).

47 Vgl. BVerfG 1.6.2022, NZA 2022, 1045 (vgl. *Cremer/Deinert*, Fremdpersonalverbot in der Fleischwirtschaft auf dem Prüfstand des Verfassungsrechts, HSI-Schriftenreihe Nr. 50, 2023).

1 Im vorgerückten Alter gibt es aber auch ein »Mehr« an Arbeitnehmerschutz: durch Ausschluss der ordentlichen Kündigung in sog. Alterssicherungs-Verträgen (Kap. 31) und die sozialrechtliche Absicherung eines »gleitenden Übergangs« in die Altersrente (vgl. Altersteilzeitgesetz vom 23.7.1996, BGBl. I 1078). Gegen Diskriminierung wegen des Alters soll das »Allgemeine Gleichbehandlungsgesetz« vom 14.8.2006 (BGBl. I 1897) schützen, das der deutsche Gesetzgeber nolens volens erlassen musste, um der europäischen Gleichbehandlungsrahmenrichtlinie 2000/78/EG nachzukommen. Aber auch Diskriminierung wegen der »Jugend« ist eine Diskriminierung wie die »wegen des Alters«.

in denen das staatliche Arbeitsrecht nur mit Abschlägen oder gar nicht gilt. Das betrifft sog. Tendenzunternehmen, und hier ganz besonders die Kirchen, denen eine sehr weitgehende »Befreiung« von der Geltung des allgemeinen Arbeitsrechts zugestanden wurde. Bei ihnen gilt ein »Arbeitsrecht light« (s. u. 37.2).

37.1 Betriebsgrößen, Wartezeiten und Altersgrenzen

Die älteste Form der Ausnahme von einer Schutzvorschrift kam zugleich mit deren erstmaligen Einsetzen in die Welt. Der Gesetzgeber des »Arbeiterschutzgesetzes« von 1891 verfügte die Einführung einer Arbeitsordnung erst für Fabriken mit *»in der Regel mindestens zwanzig Arbeitern«* (§ 134a GewO). Dabei sollte es auch bleiben, als später Arbeiterausschüsse und schließlich Betriebsräte geschaffen wurden:

Betriebsgrößen (Arbeitnehmeranzahl) zur betrieblichen Mitbestimmung

Gesetz	Sächs. GewO 1861	Preuß. GewO 1891	Bayer. BergG 1900	Preuß. BergG 1904	HDG 1916	TVVO 1918	BRG 1920	BetrVG 1952
AN-Zahl	20	20	20	100	50	20	20	5

Diese Form der abgestuften Geltung von Arbeitsrecht wurde zu einem ständigen Element des politischen Tauziehens bei der Einführung von neuen Arbeitnehmerschutzgesetzen, wobei sog. KMU (»Kleine und mittlere Unternehmen«) bzw. deren Verbände stets im Interesse ihrer Wettbewerbsfähigkeit um Ausnahmen kämpften. Von Anfang an ging es um einen solchen »Abschlag« beim Kündigungsschutzgesetz.[2] Die sog. Kleinbetriebsklausel gehörte und gehört zu den meist umstrittenen Einzelregelungen neben der Frage einer begründungslosen Auslösung gegen Abfindung (Kap. 31).[3] Der Regierungsentwurf[4] hatte in seinem § 21 nur Betriebe und Verwaltungen ausgenommen, in denen in der Regel drei oder weniger Arbeitnehmer ausschließlich der Lehrlinge beschäftigt werden. Im Gesetz wurden es dann fünf. In den Jahren 1996 bis 2003 ist die Vorschrift (jetzt

2 Nach der EU-Empfehlung 2003/361/EG sind dies Unternehmen, die weniger als 250 Mitarbeiter beschäftigen und einen Jahresumsatz von höchstens 50 Mio. Euro erzielen oder eine Bilanzsumme von höchstens 43 Mio. Euro ausweisen (ABl. EU 20.5.2003, L 124/36).

3 Vgl. *Weigand*, Kleine Geschichte der Kleinbetriebsklausel im Kündigungsschutzrecht, FS Etzel, 2011, S. 437 ff.; zur Entstehung des KSchG *Kittner/Klengel*, Kündigungsschutzgesetz, S. 91 ff.

4 Gesetzentwurf der Bundesregierung vom 27. 3. 1951, BT-Drucks. Nr. 2090.

§ 23 KSchG) mehrfach hin und her geändert worden (von fünf auf zehn, zurück zu fünf und wieder auf zehn in der aktuellen Fassung).[5] Teilzeitbeschäftigte werden in dieser Fassung nur anteilig angerechnet, sodass im Einzelfall auch 20 Beschäftigte als Kleinbetrieb gelten können. Mit dieser Heraufsetzung sind nicht nur zahlreiche Dienstleistungsbetriebe sondern auch große Teile der Bauwirtschaft aus dem Geltungsbereich des Gesetzes herausgefallen. Das *BVerfG* hat eine solche Herausnahme aus dem Arbeitnehmerschutz nur für zulässig gehalten im Hinblick auf die spezifische Situation in Kleinbetrieben:

- die enge persönlichen Zusammenarbeit mit dem Arbeitgeber,
- die größere Bedeutung des einzelnen für den betrieblichen Zusammenarbeitsprozess, das Betriebsklima sowie
- die geringere Finanzausstattung und Verwaltungskapazität eines Arbeitgebers mit einem Kleinbetrieb.[6]

Das IAO-Übereinkommen Nr. 158 über den Kündigungsschutz sowie Art. 24 der Revidierten Europäischen Sozialcharta erlauben derartige pauschalen Kleinbetriebs-Ausnahmen nicht. Dies gehört mit zu den Gründen, warum Deutschland diese Vorschriften bis heute nicht ratifiziert hat (Kap. 20).

Nach dem KSchG sind in einer ganzen Reihe von Gesetzen sog. Schwellenwerte eingeführt worden, in der Regel kaum sachlich zwingend begründbar, sondern in der Regel Ausfluss eines »Kuhhandels« mit den jeweiligen Lobby-Gruppen. Die »Arbeits- und Sozialordnung« listet etwa 70 davon auf.[7]

Die zweitälteste Grenzziehung betraf das Alter, einsetzend ebenfalls in der Mitbestimmung. Nach dem HilfsdienstG 1916 waren die Arbeiterausschüsse *»von den volljährigen Arbeitern* [...] *aus ihrer Mitte« zu wählen«* (das Gleiche galt für die Angestellten). Diese Altersgrenze – nach damaligem Recht 21 Jahre – wurde mit dem BRG 1920 differenziert in aktives und passives Wahlrecht: Die erste wurde bei 18 Jahren angesetzt, die zweite bei 24 Jahren (§ 20). Beim passiven Wahlrecht kam die dritte dann geläufig werdende Kategorie hinzu, eine Warte-

---

5 Vgl. Däubler/Deinert-*Callsen*, § 23 KSchG Rn. 9ff.

6 Vgl. BVerfG 27.1.1998, BVerfGE 97, 169. Diese Entscheidung ist von beiden Seiten unterschiedlich kritisiert worden. Den Argumenten des BVerfG ist entnommen worden, dass der Begriff »Betrieb« im Sinne von »Unternehmen« (Kap. 35) zu interpretieren sei (vgl. *Callsen*, a.a.O., Rn. 11; *Kittner*, Neues Kündigungsschutzrecht außerhalb des Kündigungsschutzgesetzes, NZA 1998, 731). Das BVerfG hat betont, dass sich diejenigen nicht auf die Kleinbetriebsklausel berufen können, für die sie nicht gedacht ist, nämlich größere Unternehmen mit vielen kleineren Betrieben. In der Rechtsprechung des 2. Senats des BAG ist diese Vorgabe ohne Folgen geblieben. Der EuGH hat die Herausnahme von Kleinbetrieben aus dem Kündigungsschutz nicht als unzulässige staatliche Beihilfe gewertet (vgl. EuGH 30.11.1993 – Kirsammer-Hack, DB 1994, 50).

7 Vgl. Kittner-*Deinert*, ASO, Einführung, Übersicht 7: Schwellenwerte im Arbeitsrecht – Arbeitsrechtliche Vorschriften in Abhängigkeit von der Arbeitnehmerzahl im Betrieb oder Unternehmen.

zeit von mindestens sechs Monaten Unternehmens- und drei Jahre Gewerbe- oder Berufszugehörigkeit (§ 20 Abs. 2). Das ist nach einer Reihe von Änderungen prinzipiell auch heute noch so (die »jungen Leute« erhielten mit dem BetrVG 1952 eine eigene »Jugendvertretung«, die 1972 zur »Jugend- und Auszubildendenvertretung« ausgebaut wurde). Im Kündigungsschutzrecht gehörte das Alter neben der Betriebsgröße und Wartezeit zu den umstrittensten Geltungskriterien (nach geltendem Recht gibt es keine Altersgrenze mehr).[8]
Schließlich gibt es Arbeitnehmerrechte, die (wie beim passiven Wahlrecht), von der Dauer der zurückgelegten Betriebszugehörigkeit – eben einer »Wartezeit« – abhängig gemacht wurden.
Der erste derartige Fall betraf den Anspruch des Arbeiters auf einen Zuschuss im Krankheitsfall nach dem »Gesetz zur Verbesserung der wirtschaftlichen Sicherung im Krankheitsfalle« vom 26. Juni 1957.[9] Er war von einer »*vierwöchigen ununterbrochenen Dauer des Arbeitsverhältnisses*« abhängig (§ 1 Abs. 2). Dann folgte das Bundesurlaubsgesetz vom 6. Januar 1963[10] Dort wurde der volle Urlaubsanspruch »nach sechsmonatigem Bestehen des Arbeitsverhältnisses« erworben (§ 4).
Das Gesetz mit der intensivsten Kombination von Lebensalter und Wartezeit stellte das »Gesetz zur Verbesserung der betrieblichen Altersversorgung« vom 19. Dezember 1974[11] dar. Es machte in seiner ursprünglichen Fassung die gesetzliche Unverfallbarkeit einer Versorgungszusage davon abhängig, dass der Arbeitnehmer das 35. Lebensjahr vollendet und die Zusage mindestens 10 Jahre bestanden hatte (§ 1 Abs. 2 der Ursprungsfassung).[12] Diese Vorschriften wurden nach und nach entschärft (jetzt § 1a BetrAVG), um damit europäischen Vorgaben aus der Mobilitätsrichtlinie 2014/50/EU nachzukommen. Derzeit setzt die gesetzliche Unverfallbarkeit voraus, dass das Arbeitsverhältnis nach dem 21. Lebensjahr endet und das Arbeitsverhältnis mindestens drei Jahre bestanden hat (§ 1b Abs. 1 Satz 1 BetrAVG).[13]

37.2 Tendenzbetriebe

Der Begriff »Tendenzbetrieb« ist als ein gesetzlicher verhältnismäßig jung. Er wurde erstmals im BetrVG 1972 in der Überschrift des »Dritten Abschnitts« des

8 Vgl. *Kittner/Klengel*, Kündigungsschutzgesetz, a. a. O.
9 BGBl. I 649. Das Gesetz war das Resultat des Streiks der IG Metall in Schleswig-Holstein 1956/57 (Kap. 9).
10 BGBl. I 2.
11 BGBl. I 3610.
12 BGBl. I 1974, S. 3610.
13 Die Rechtsentwicklung kann grob der Übergangsregelung in § 30f BetrAVG entnommen werden.

»Fünften Teils. Besondere Vorschriften für einzelne Betriebsarten« verwendet: »Tendenzbetriebe und Religionsgemeinschaften« (dann auch als Überschrift des einschlägigen § 119 BetrVG). Der damit verfolgte Zweck war: Weniger oder gar keine Mitbestimmung wegen der »Tendenz« des Arbeitgebers, d.h. eine mitbestimmungsrechtliche Variante des Phänomens »Arbeitsrecht mit Abschlägen«.

Das war aufs Ganze noch kein Thema in der Weimarer Republik. Die Tür zu so etwas wie »Tendenzschutz« (jedoch ohne das Wort »Tendenz«[14]) öffnete lediglich § 67 BRG 1920:

§ 67

Auf Betriebe, die politischen, gewerkschaftlichen, militärischen, konfessionellen, wissenschaftlichen, künstlerischen und ähnlichen Bestrebungen dienen, findet § 66 Ziffer 1 und 2 keine Anwendung, soweit die Eigenart dieser Bestrebungen es bedingt.

Das betraf allerdings nur einen ganz schmalen Ausschnitt aus dem Aufgabenbereich der Betriebsräte (Beratung der Betriebsleitung und Einführung neuer Arbeitsmethoden) und hatte offenbar keine Auswirkungen auf die Praxis. Noch 1932 fand sich im nur eine halbe Seite füllenden Kommentar von Flatow und Kahn-Freund keine einzige sich darauf beziehende Gerichtsentscheidung.

Das änderte sich gründlich mit dem BetrVG 1952. Der Anwendungsbereich wurde ähnlich gefasst (nur ohne den Begriff »militärisch«), jedoch die Mitbestimmungsrechte deutlich weitergehend beschnitten:

§ 81

(1) Auf Betriebe, die politischen, gewerkschaftlichen, konfessionellen, karitativen, erzieherischen, wissenschaftlichen, künstlerischen und ähnlichen Bestimmungen dienen, finden die §§ 67 bis 77 keine Anwendung. Die sonstigen Bestimmungen dieses Gesetzes finden nur insoweit Anwendung, als nicht die Eigenart des Betriebes dem entgegensteht.
(2) Dieses Gesetz findet keine Anwendung auf Religionsgemeinschaften und ihre karitativen und erzieherischen Einrichtungen unbeschadet deren Rechtsform.

---

14 Diese Wortschöpfung blieb der Kommentarliteratur vorbehalten (vgl. *Flatow/Kahn-Freund*, Überschrift vor § 67).

Der Erste Senat des BAG[15] mit den Berufsrichtern Schilgen, König und Schulz sah diese Vorschrift ganz mit den Augen der Tendenz-Arbeitgeber:

> *»Der Sinn des § 81 Abs. 1 BetrVG ist darin zu sehen, dass Unternehmen mit einer politischen, gewerkschaftlichen, konfessionellen, karitativen, erzieherischen, wissenschaftlichen oder ähnlichen Tendenz, d. h. also mit einer ideellen Zwecksetzung, der sonst vorgeschriebenen gesetzlichen Mitbestimmung durch die Arbeitnehmerschaft entrückt bleiben sollen. Die Verfolgung solcher Zwecke, also praktisch die Pflege und Verbreitung derartiger kultureller Werte, soll dem Unternehmer allein und in eigener Verantwortung überlassen bleiben, wenn er seinem Unternehmen diese Aufgabe gesetzt hat. Dies erfordern bereits mehr oder weniger die im Grundgesetz festgelegten Grundrechte der freien Entfaltung der Persönlichkeit (Art. 2 Abs. 1), der Gewissens- und Bekenntnisfreiheit (Art. 4 Abs. 1), der freien Meinungsäusserung (Art. 5 Abs. 1 S. 1), der Freiheit der Presse und der Berichterstattung durch Rundfunk und Film (Art. 5 Abs. 1 S. 2) und der Freiheit von Kunst, Wissenschaft, Forschung und Lehre (Art. 5 Abs. 3). Unter den zuwiderlaufenden Interessen, die diese verfassungsmässigen Freiheiten unter Umständen einschränken können, wie z. B. Schutz der Jugend und der persönlichen Ehre in Art. 5 Abs. 2 GG, ist ein irgendwie geartetes Mitbestimmungsrecht der Arbeitnehmerschaft im Grundgesetz nicht genannt.«*

Insbesondere zu diesem letzten Satz fällt einem heute, aus 70 Jahren Distanz, wirklich nichts ein! Es ist ein müßiges, gleichwohl anregendes Gedankenspiel sich vorzustellen, wie der an dieser Entscheidung »seines« Ersten Senats nicht beteiligte Hans Carl Nipperdey sich geäußert hätte (wenn er sich überhaupt auf ein solches, von der Entscheidungsfindung nicht gefordertes »Commitment« eingelassen hätte).

Ganz unabhängig von dieser verfassungsrechtlichen Fundierung des § 81 BetrVG führte das Abhängigmachen der Mitbestimmung von der »Eigenart des Betriebes« zu Auslegungsstreitigkeiten über jede Nuance im Einzelfall – keine glückliche gesetzliche Lösung, wie der Blick auf die lange Liste der Gerichtsentscheidungen zeigt.

An dieser Struktur wie Substanz änderte auch das BetrVG 1972 nichts. Der nunmehr in § 118 enthaltende Tendenzschutz wurde allerdings nicht auf die wirtschaftliche Seite der neu eingeführten Instrumente »Interessenausgleich« und »Sozialplan« erstreckt (§ 118 Abs. 2). Die Schaffung des neuen BetrVG wurde begleitet von einer, sicherlich »1968er-induzierten«, Diskussion über eine spezifische Mit-

15 Vgl. BAG 13.7.1955, BAGE 2, 91.

bestimmung innerhalb von Presseunternehmen, der sog. inneren Pressefreiheit.[16] Das zielte insbesondere auf eine verstärkte Beteiligung der Journalisten und Journalistinnen durch »Redaktionsstatute«. Dem widmete sich z.B. der 49. Deutsche Juristentag 1972 mit der Fragestellung »*Empfiehlt es sich, zum Schutze der Pressefreiheit gesetzliche Vorschriften über die innere Ordnung von Presseunternehmen zu erlassen?*«[17] Diese Bewegung ist insgesamt versandet. Geblieben ist aber eine Reihe solcher Statute (vor allem im öffentlich-rechtlichen Rundfunk).[18]
Das Bundesarbeitsgericht hat bestätigt, dass solche Redaktionsstatute weder gegen die Meinungsfreiheit nach Art. 5 GG noch gegen Betriebsverfassungsrecht verstoßen, soweit sie sich auf Tendenzangelegenheiten beschränken, und – soweit sie Bestandteil des Arbeitsvertrages sind – nur mit den Mitteln des Arbeitsvertragsrechts aufgehoben werden können.[19]

37.3 Religionsgemeinschaften

Für die Kirchen waren im Arbeitsrecht der Weimarer Republik zwei Vorschriften relevant, neben der bescheidenen Tendenzausnahme in § 67 BRG noch Art. 137 Abs. 3 der Verfassung:

Art. 137 WRV

[...]
(3) [...]
Jede Religionsgemeinschaft ordnet und verwaltet ihre Angelegenheiten selbständig innerhalb der Schranken des für alle geltenden Gesetzes. Sie verleiht ihre Ämter ohne Mitwirkung des Staates oder der bürgerlichen Gesellschaft.

16 Vgl. *Hensche/Kittner*, Mitbestimmung in Presseunternehmen, Zeitschrift für Rechtspolitik 1972, 177. Gelegentlich dieser einzigen gemeinsamen Publikation erinnere ich an Detlef Hensche, der bis zu seinem Tod im Jahr 2024 mein lebenslanger Freund geblieben ist. Bei seiner späteren Karriere als Vorsitzender zunächst der IG Druck und Papier und dann der IG Medien darf nicht übersehen werden, dass er vor seiner gewerkschaftlichen Tätigkeit wissenschaftlicher Assistent bei Kurt Ballerstedt gewesen war und, wäre er in der Universität geblieben, mit Sicherheit einer der führenden Arbeits- und Wirtschaftswissenschaftler Deutschlands geworden wäre. Von ihm habe ich in unserer Zusammenarbeit in den Jahren 1969 bis 1972 in Düsseldorf beim DGB bzw. WSI unendlich viel gelernt.

17 Vgl. das gleichlautende Gutachten von *Kübler*, 1972; *Gerhard*, Eindrücke vom 49. Deutschen Juristentag, ZRP 1972. 241.

18 Vgl. *Hoffmann-Riem*, Redaktionsstatute im Rundfunk. 1972; *Stock*, Innere Medienfreiheit: ein modernes Konzept der Qualitätssicherung, 2001.

19 BAG 19. Juni 2001 – 1 AZR 463/00, BAGE 98, 76ff.

Mit dieser Rechtsgrundlage waren für das Nebeneinander von Staat und Kirchen jedenfalls im Arbeitsrecht keine Schwierigkeiten überliefert (aus § 67 BRG ohnehin nicht). Der Kommentar von Anschütz enthält nicht einmal ansatzweise Reflexionen zu diesbezüglichen kirchenrechtlichen Problemen.

Das änderte sich grundlegend in der Bundesrepublik. Das BetrVG 1952 nahm die Kirchen vollständig von der Mitbestimmung aus. Erstaunlicherweise war das im Regierungsentwurf vom 31. Oktober 1950 noch nicht vorgesehen gewesen,[20] sondern erfolgte erst in den Beratungen des Ausschusses für Arbeit und Sozialordnung nach Protest der Kirchen[21] mit einer denkwürdigen offiziellen Begründung: Diese Regelung erfolge »*nicht zuletzt im Hinblick auf die Tatsache, dass diese Stellen selbst in der sowjetischen Besatzungszone nicht unter das dortige Betriebsverfassungsrecht fallen, da man ihnen eine gewisse Autonomie eingeräumt habe.*«[22] Man müsse daher verhindern, dass sich wegen der Einbeziehung in die gesetzliche Betriebsverfassung »*die Lage der kirchlichen Einrichtungen in der Westzone verschlechtere.*« Mit einer solch eindeutigen Absage an jegliche Mitbestimmung gab es wenig Anlass zu Rechtsstreitigkeiten, außer der akademisch erörterten Abgrenzungsfrage, ob ein kirchlicher Betrieb religiös oder wirtschaftlich geprägt sei.[23]

Was das sonstige Arbeitsrecht angeht, gab es in der Bundesrepublik, so wie in Weimar, aber über eine noch längere Zeit keinen Anlass für Streitigkeiten. Wiederum zum Beweis: In der 7. Auflage des »Hueck/Nipperdey« von 1963 gab es kein Stichwort »Kirche«, und in der AP bis zum Jahr 1970 war nur eine einzige einschlägige BAG-Entscheidung vermerkt. Sie befasste sich mit dem Rechtsverhältnis von kirchlichen Amtsträgern, wozu das BAG lediglich unspektakulär feststellte, dass eine Landeskirche berechtigt sei, »*die Dienstverhältnisse ihrer Geistlichen und sonstigen Amtsträger durch eigene Gesetze selbständig und in eigener Verantwortung zu regeln.*«[24] Zu dieser Zeit hielt das BVerfG[25] die Entscheidung, was als »*eigene Angelegenheit der Kirche*« anzusehen sei, für »*danach* [zu entscheiden], *was materiell, der Natur der Sache nach als eigene Angelegenheit der Kirche anzusehen*« sei.

Vor diesem Hintergrund schien auch der über Art. 140 GG in das GG inkorporierte Art. 137 WRV unproblematisch zu sein. Das änderte sich ab den 1980er Jahren. Inzwischen hatten die Kirchen neben ihrer eigentlichen Organisation umfangreiche karitative und erzieherische Aktivitäten aufgebaut. In diesen Be-

20 Vgl. § 98 des Entwurfs, BT-Drucks, 1546, S. 32 (= RdA 1950, 349).

21 Vgl. *Richardi/Spelge*, Arbeitsrecht in der Kirche, 9. Aufl. 2025, S. 227ff.; Richardi-*Thüsing*, BetrVG, § 118 Rn. 182.

22 BT-Drucks. Nr. 3585, S. 18 (= RdA 1952, 295f.).

23 Vgl. *Fitting/Kraegeloh/Auffarth*, BetrVG, 9. Aufl. 1970, § 81 Rn. 27ff.

24 BAG 21.10.1970, BAGE 23, 1.

25 BVerfG 12.2.1965, BVerfGE 18, 385.

reichen wurden sie zu einem der größten Arbeitgeber Deutschlands (zuletzt etwa 1,3 Mio.).[26] Unvermeidlich stellten sich über § 81 bzw. § 118 BetrVG hinausgehenden Fragen, etwa, ob für diese Arbeitnehmer Tarifverträge abgeschlossen werden konnten und ob man dafür streiken könne. Und unter allen denkbaren individualrechtlichen Problemen[27] machten das meiste Aufsehen die Grundsatzkonflikte der katholischen Kirche um die Frage, welchen besonderen Verhaltenspflichten kirchliche Arbeitnehmer unterlägen. Dabei ging es vor allem darum, ob Geschiedene für sie arbeiten dürften und was ein Kirchenaustritt für das Arbeitsverhältnis bedeutete.

Die Beurteilung all der damit im Zusammenhang stehenden Konflikte wurde »angereichert« durch das sich entfaltende Anti-Diskriminierungsrecht, sei es Art. 4 der Richtlinie 2000/78/EG (Kap. 21), sei es § 9 des Allgemeinen Gleichbehandlungsgesetzes.

Dabei hat sich eine Diskrepanz zwischen dem europäischen und dem deutschen Recht aufgetan. Art. 4 Abs. 1 der Gleichbehandlungsrahmenrichtlinie billigte den Kirchen nämlich lediglich eine Ungleichbehandlung ihrer Arbeitnehmer zu, wenn die konkreten Umstände ihr Arbeit das bedingten, was von den Gerichten voll nachprüfbar sein muss. Demgegenüber nahm § 9 Abs. 1 AGG Rücksicht auf das autonome, gerichtlich nicht überprüfbare »Selbstverständnis« der Kirchen. Das führte zu vielen, teils äußerst komplexen Gerichtsverfahren mit justizpolitisch spektakulären Konflikten zwischen BAG, BVerfG, EuGH und EGMR in Bezug auf zwei Sachkomplexe: kirchliche Arbeitsordnungen und Verhaltenspflichten kirchlicher Arbeitnehmer.[28]

(1) Kirchliche Arbeitsordnungen und Konfliktlösung

Das BAG[29] hat den Kirchen die Wahl gelassen, ob sie sich auf normale Tarifverträge einlassen wollen[30] oder eigene Arbeitsrechtsordnungen aufstellen. Entscheiden sie sich für die ersteren, müssen sie Streiks hinnehmen. Beide große Kirchen haben die zweite Variante gewählt. Sie haben höchst unterschiedliche

26 Das Herausfallen dieser Einrichtungen aus der Betriebsverfassung führt zu dramatischen Situationen, wenn Krankenhausbeschäftigte feststellen mussten, dass sie bei Übernahme ihres Hauses durch einen kirchlichen Träger ihren Betriebsrat verlieren sollten.

27 Vgl. *Stein*, Das kirchliche Selbstbestimmungsrecht im Arbeitsrecht und seine Grenzen, HSI-Schriftenreihe Nr. 47, 2023, S. 177 ff.

28 Vgl. eingehend *Kittner*, 50 Urteile, S. 131 ff.; *Nebeling/Lankes*, »Kirchliches Arbeitsrecht in Deutschland« und das Wechselspiel zwischen Unionsrecht und nationalem Recht, RdA 2023, 33.

29 BAG 20.11.2012, BAGE 143, 354.

30 Vgl. *Klute/Segbers*, Zukunftsfähig und identifizierbar: Tarifverträge plus Dienstgemeinschaft, in dies., Hrsg., »Gute Arbeit verlangt gerechten Lohn«. Tarifverträge in der Kirche, 2006, S. 13 ff.

»Dienstordnungen« entwickelt, den sog. »Dritten Weg«.[31] Für diesen Fall sah das BAG freilich einen Konflikt des kirchlichen Selbstbestimmungsrechts mit der Koalitionsfreiheit der Arbeitnehmer und Gewerkschaften. Dieser könne nur unter dem Gesichtspunkt »*praktischer Konkordanz*« aufgelöst werden. Dazu bedürfe es einer möglichst gleichgewichtigen Einbeziehung der Arbeitnehmer und ihrer Gewerkschaften:

> *»Ein Regelungsmodell, das den Arbeitskampf ausschließt, muss diese Funktionsbedingung eines angemessenen und sachlich richtigen Interessenausgleichs durch entsprechende Verfahrensgestaltung gewährleisten. Dazu muss es darauf angelegt sein, die strukturelle Verhandlungsschwäche der Dienstnehmer auszugleichen. Paritätische Besetzungsregeln genügen hierfür allein nicht. Vielmehr bedarf es weiterer Instrumente, die geeignet sind, Verhandlungsblockaden zu lösen und die Kompromissbereitschaft der Gegenseite zu fördern. Dieser Erkenntnis verschließt sich der Dritte Weg grundsätzlich nicht. Auch er ist letztlich darauf angelegt, ein Verhandlungsgleichgewicht zu schaffen. Kommt es in den Arbeitsrechtlichen Kommissionen nicht zu einer Einigung, werden die gescheiterten Verhandlungen paritätisch besetzten Schiedskommissionen übertragen, die ein unabhängiger und neutraler Dritter leitet und mit seiner Stimme zu einem Ergebnis führt.«*

Solange Derartiges nicht gewährleistet sei, dürften Streiks nicht verboten werden.

Die beiden großen Kirchen haben seit der BAG-Entscheidung ihre Dienstordnungen geändert. Ob es für deren Anforderungen reicht, wird kritisch gesehen.[32] Freilich ist nicht zu übersehen, dass sie in dieser Frage nicht wirklich gefordert werden, denn der gewerkschaftliche Organisationsgrad in kirchlichen Einrichtungen ist denkbar gering.

---

31 Als »Ersten Weg« hatte man die weitgehende Übernahme des öffentlichen Rechts durch die Kirchen bezeichnet: Der »Zweite Weg« hätte darin bestanden, Tarifverträge mit absoluter Friedenspflicht und einem Schlichtungsabkommen abzuschließen. Beides hat sich nicht durchgesetzt (vgl. ErfK-*Schmidt*, GG, Art. 4 Rn. 51; Deiner/Wenckebach/Zwanziger-*Mayer*, Arbeitsrecht, Kirchen § 1214 Rn. 43; *Segbers*, Der »Dritte Weg« der Kirchen – ein Weg zur Deregulierung von Beschäftigungsverhältnissen?, in Dahme/Trube/Norbert Wohlfahrt, Hrsg., Arbeit in Sozialen Diensten: flexibel und schlecht bezahlt? Zur aktuellen Entwicklung der Beschäftigungsbedingungen im Sozialsektor, 2007, S. 77ff.).

32 Vgl. *Stein*, a.a.O., S. 182ff.; *Segbers*, Kein Streikrecht in den Kirchen? Der kompensatorische Gehalt der Koalitionsfreiheit, in Bsirske/Paschke/Schickart-Witsch, Hrsg., Streiks in Gottes Häusern. Protest, Bewegung, Alternativen in kirchlichen Betrieben, 2013, S. 184ff.

(2) Verhaltenspflichten

Dieser Komplex wird geprägt durch die Entscheidung des BVerfG vom 4. Juni 1985.[33] Mit ihr legte das Gericht Art. 137 WRV ganz anders aus, als es der Wortlaut nahegelegt hätte. Das »für alle geltende Gesetz« unterliege nämlich von vorneherein einer Aufladung durch das kirchliche Selbstbestimmungsrecht: »*Die Einbeziehung der kirchlichen Arbeitsverhältnisse in das staatliche Arbeitsrecht hebt indessen deren Zugehörigkeit zu den ›eigenen Angelegenheiten‹ der Kirche nicht auf. Sie darf deshalb die verfassungsrechtlich geschützte Eigenart des kirchlichen Dienstes, das spezifisch Kirchliche, das kirchliche Proprium, nicht in Frage stellen. Die Verfassungsgarantie des Selbstbestimmungsrechts bleibt für die Gestaltung dieser Arbeitsverhältnisse wesentlich.*« Damit hatte das BVerfG den kirchlichen Institutionen eine Art »Kompetenz-Kompetenz« eingeräumt.[34] Um dem gerecht zu werden, war der deutsche Gesetzgeber bei der Schaffung des AGG von der europäischen Richtlinie abgewichen. Die Europäische Kommission hatte dies zwar gegenüber der deutschen Regierung moniert, jedoch von der Einleitung eines Vertragsverletzungsverfahrens abgesehen.[35]

Diese Diskrepanz zwischen europäischem und deutschem Recht musste zwangsläufig bei den ersten größeren Gerichtsverfahren zum Problem werden. 2018 war es so weit; der EuGH hatte über die ersten daraus resultierenden Fälle zu entscheiden (wobei das erzähltechnische Problem darin besteht, dass der zur ersten Grundsatzentscheidung führende Rechtsstreit aus einem Vorgang jüngeren Datum resultierte). Ein als Verein gegründetes Werk der Evangelischen Kirche in Deutschland schrieb 2012 eine Referentenstelle für einen nationalen Bericht zu rassistischer Diskriminierung aus, und machte die Besetzung von der Mitgliedschaft in einer evangelischen Kirchengemeinschaft abhängig. Darauf bewarb sich die keiner Konfession angehörende Frau Egenberger (nach der den EuGH-Gepflogenheiten zufolge das spätere Verfahren benannt wurde). Sie wurde wegen ihrer Konfessionslosigkeit abgelehnt und klagte daraufhin auf Schadensersatz. Nachdem das Verfahren bis an das BAG gelangt war, legte dieses die Sache dem EuGH vor, weil sie von der europarechtlichen Auslegung des § 9 AGG abhängig sei. Dieser billigte nun zwar den Kirchen die Bestimmung ihres eigenen Ethos zu, verlangte aber eine wirksame gerichtliche Kontrolle darüber, ob Glaubensanfor-

---

33 Vgl. BVerfG 4.6.1985, BVerfGE 70, 13. Vorangegangen waren Gerichtsverfahren, in denen das BAG die Kündigung kirchlicher Mitarbeiter wegen kirchlich missbilligter Meinungsäußerungen bzw. eines Kirchenaustritts für unwirksam gehalten hatte (vgl. *Kittner*, 50 Urteile, S. 132).

34 Zu diesem Begriff *Stein*, a. a. O., S. 50.

35 Vgl. *Bohlender/Deppisch/Feuerhahn/Jung/Lübeke/Schleitzer*, Praxis der Mitarbeitervertretung von A bis Z. Das Lexikon für die Evangelische Kirche und Diakonie«, 6. Aufl. 2025, Stichwort »Gleichbehandlung (AGG)«.

derungen hinsichtlich der konkreten Tätigkeit gerechtfertigt sind.[36] Aus diesen Gründen stellte dann das BAG am 25. Oktober 2018 fest, dass Frau Egenberger unzulässig diskriminiert worden war.[37] Dagegen legte die beklagte Kirche Verfassungsbeschwerde ein, über die aber bislang noch nicht entschieden wurde. Um eine plastische Vorstellung von dem »Mühlen der Justiz« in einem solchen Fall zu geben, liste ich die gerichtlichen Stationen bis heute auf (daneben die des sogleich dargestellten zweiten berühmten Prozesskomplexes, des »Chefarzt«-Falles):

»Egenberger«	»Chefarzt«
• ArbG Berlin, 18.12.2013 – 54 Ca 6322/12 • LAG Berlin-Brandenburg, 28.5.2014 – 4 Sa 157/14 • BAG, 17.3.2016 – 8 AZR 501/14 • Generalanwalt beim EuGH, 9.11.2017 – C-414/16 • EuGH, 17.4.2018 – C-414/16 • BAG, 25.10.2018 – 8 AZR 501/14 • BVerfG – 2 BvR 934/19 (anhängig)	• ArbG Düsseldorf, 30.7.2009 – 6 Ca 2377/09 • LAG Düsseldorf, 1.7.2010 – 5 Sa 996/09 • BAG, 8.9.2011 – 2 AZR 543/10 • BVerfG, 22.10.2014 – 2 BvR 661/12 • BAG, 28.7.2016 – 2 AZR 746/14 • Generalanwalt beim EuGH, 31.05.2018 – C-68/17 • EuGH, 11.9.2018 – C-68/17 • BAG, 20.2.2019 – 2 AZR 746/14

Der zweite Fall ist komplizierter und justiz- wie europapolitisch brisanter, weil es zur offenen Konfrontation zwischen BVerfG und EuGH kam (mit dem BAG »in der Mitte«). Er handelt von einem Chefarzt in einem katholischen Krankenhaus, der bei Abschluss seines Arbeitsvertrages verheiratet gewesen war. Später ließ er sich scheiden und heiratete erneut. Daraufhin kündigte das Krankenhaus ihm fristgemäß zum 30. September 2009. Seine Kündigungsschutzklage hatte in allen Instanzen Erfolg. Auf die Verfassungsbeschwerde des Krankenhauses hob der Zweite Senat[38] die BAG-Entscheidung unter Bekräftigung der Grundsätze seiner

36 EuGH 17.2.2018, NZA 2018, 569 (vgl. *Junker*, Gleichbehandlung und kirchliches Arbeitsrecht – ein deutscher Sonderweg endet vor dem EuGH, NJW 2018, 1850).

37 Vgl. BAG 25.10.2018, NZA 2019, 455.

38 Vgl. BVerfG 22.10.2014, BVerfGE 137, 273. Ich nenne hier bewusst den Zweiten Senat als Spruchkörper, weil der damalige Präsident des BVerfG, Vosskuhle, dort den Vorsitz führte. Er galt als maßgeblich verantwortlich für die Konfrontation mit dem EuGH im Rechtsstreit um Staatsanleihen der Europäischen Zentralbank. Dabei hatte das BVerfG dem EuGH eine »*objektiv willkürliche*« Auslegung der europäischen Verträge vorgeworden, der es an »*demokratischer Legitimation*« fehle, und für sich ein Letztentscheidungsrecht reklamiert (vgl. BVerfG 5.5.2022, BVerfGE 154, 17; s. Kap. 21). Die Begründung dieser Entscheidung wurde allgemein wegen der als unangemessen empfunden verbalen Schärfe kritisiert. Ihre Problematik zeigte sich auch darin, dass sie umgehend von der

Entscheidung von 1985 auf. Damit hatte sich der Fall aber nicht erledigt. Denn das BAG legte bei der neuerlichen Verhandlung nach Zurückverweisung vom BVerfG die Sache dem EuGH mit der Frage vor, ob nicht eine europarechtlich verbotene Diskriminierung wegen der Religionszugehörigkeit vorliege. Denn die Kirche hatte den Arzt damit schlechter behandelt als konfessionslose Kolleginnen und Kollegen, die von ihr ohne Rücksicht darauf angestellt worden waren.[39] Der EuGH bejahte diese Frage,[40] und das BAG entschied anders als vom BVerfG (scheinbar?) vorgegeben.[41] Zu einem Konflikt zwischen diesem und dem EuGH kam es nicht, weil die betroffene katholische Kirche die Frist zur Anrufung verstreichen ließ.
Inzwischen hat das BAG allerdings einen weiteren derartigen Fall (die Kündigung einer Hebamme wegen ihres Kirchenaustritts) dem EuGH vorgelegt.[42] Man wartet gespannt, ob es ein weiteres Mal zu einer Konfrontation zwischen BVerfG und EuGH kommen wird.

38. Kodifizierung des Arbeitsrechts

Zur Geschichte des Arbeitsrechts gehören auch solche Vorhaben, aus denen nichts geworden ist (Kap. 6). Wir finden sie in den Momenten, in denen Weichen in die eine oder andere Richtung gestellt wurden (z. B. für ein Tarifvertragssystem ohne Staatseinfluss oder gegen Arbeits- bzw. Arbeitnehmerkammern, Kap. 22). Die Kenntnis davon lässt die Eigenarten dessen, was sich durchgesetzt hat, umso deutlicher hervortreten. Eines solcher Projekte sticht heraus, denn es stand wiederholt auf der Tagesordnung der Geschichte und wiederholt wurde nichts aus ihm: die Kodifikation des Arbeitsrechts in einem »Arbeitsgesetzbuch« oder – deutlich abgespeckt – in einem »Arbeitsvertragsgesetz«.[1] Das sollte neugierig machen, ob es möglicherweise systemische Gründe für das Scheitern gibt.

PIS-Regierung in Polen zur Rechtfertigung der Beseitigung der Unabhängigkeit der eigenen Gerichte genutzt wurde.

39 Vgl. BAG 20.7.2016, NZA 2017, 388.

40 Vgl. EuGH 17.4.2018, NZA 2018, 1187.

41 Vgl. BAG 20.2.2019, NZA 2019, 901 (zum ganzen Verfahren vgl. *Stein*, Katholische Chefärzte, AuR 2020, 7).

42 Vgl. BAG 21.7.2022, NZA 2022, 1074.

1 Zum folgenden eingehend *Iannone*, Die Kodifikation des Arbeitsvertragsrechts – ein Jahrhundertprojekt ohne Erfolgsaussicht, 2009; *Becker*, Arbeitsvertrag und Arbeitsverhältnis in Deutschland vom Beginn der Industrialisierung bis zum Ende des Kaiserreichs, 1995; *Ramm*, Hrsg., Entwürfe zu einem Deutschen Arbeitsvertragsgesetz, 1992.

Was vorab schon für alle diese Anläufe gesagt werden kann, ist, dass die ernstgemeinten sämtlich nicht über das Stadium von Kommissionsentwürfen hinaus gelangt sind; keines hat je das Stadium eines Referentenentwurfs des dafür zuständigen zentralstaatlichen Arbeitsministers erreicht (zu dem kurzlebigen »Arbeitsgesetzbuch« der DDR nach der »Wende und den unter anderen Vorzeichen betriebenen Projekten dreier Bundesländer s. u.). Damit ist auch schon das Wesentliche gesagt: Es handelt sich mehr um ein ideengeschichtliches Phänomen der Arbeitsrechtswissenschaft, denn um ein Realproblem der Arbeitsrechtsgeschichte.

Das war noch anders, als es um die Kodifikation des bürgerlichen Rechts als eines Ganzen ging. Dies bezog sich auch auf die Frage der Behandlung des Arbeitsrechts im BGB, wo sich aus vielerlei Gründen die von Gottlieb Planck, dem »Vater des BGB« propagierte Maxime durchsetzte, dass es nur fzw. BVFrt (vgl. BVerfG 5.5.2022 darum ginge, »*das bestehende Recht zu codifizieren;* [...] *umfassende soziale Neuerungen sind daher der Spezialgesetzgebung des Reiches oder der einzelnen Bundesstaten zu überlassen*«.[2] Das wies auf lange Zeit – im Grunde bis heute – den Weg einer eigenen Kodifikation des Arbeitsrechts neben dem BGB.[3]

Nach einer ersten schon 1889 erhobenen Forderung von Anton Menger nach einer »*umfassenden Kodifikation*« des Arbeitsrechts[4] gab es in der Debatte um das BGB seitens der sozialdemokratischen Protagonisten Frohme und Stadthagen zwar die bekannten Forderungen nach besserer Ausgestaltung des Arbeitsrechts (Kap. 4). Die ausdrückliche Forderung nach einer Kodifikation erhoben sie jedoch nicht. Gleichwohl stellte die bürgerliche Reichstagsmehrheit in einer Resolution zusammen mit der Verabschiedung des BGB in Aussicht, dass die Arbeitsverträge »*baldthunlichst einheitlich geregelt*« werden sollten, um die Sozialdemokraten doch noch für das BGB zu gewinnen.[5] Das reichte nicht, um diese von ihrer Ablehnung des BGB abzubringen. Zu Aktivitäten in dieser Frage kam es jedoch bis zum Ende des Kaiserreichs nicht mehr.

Bemerkenswert ist allerdings eine Intervention von Heinz Potthoff. Auf einer Generalversammlung der »Gesellschaft für soziale Reform« im Jahr 1909 sprach er von der »Notwendigkeit eines sozialen Arbeitsvertragsrechts«, das im Rahmen

---

2 *Planck*, Zur Kritik des Entwurfs eines bürgerlichen Gesetzbuchs für das Deutsche Reich, Archiv für civilistische Praxis, Neue Folge 25, 1889, S. 406f.

3 Vgl. *Söllner*, Arbeitsrechtskodifikation und Bürgerliches Recht, Gedächtnisschrift Rödig, 2012, S. 91ff.

4 *Menger*. Das bürgerliche Recht und die besitzlosen Volksklassen, 1890, S. 173.

5 Stenographische Berichte über die Verhandlungen des Reichstages, 9. Legislaturperiode IV. Session 1895/96, 1. Bd., S. 3846.

eines »allgemeinen Reichsgesetzes« verwirklicht werden sollte.[6] Seine Überlegungen zur Realisierung dieses Vorschlags waren aufschlussreich. Er war zutiefst skeptisch hinsichtlich der politischen Machbarkeit und bezweifelte deshalb, dass »*aus dem heutigen Reichstage mit seiner Zerrissenheit, mit dem Mangel einer einheitlichen Mehrheit ein Werk wie ein soziales Recht des Dienstvertrages* [...] *geboren werden*« könne. Man könne nicht hoffen, »*dass die Regierung hier die Initiative ergreifen*« würde. Deshalb empfahl Potthoff, »*die Initiative von außen her, von dritter Seite*« einzuleiten: »*Durch Heranziehung hervorragender Männer der Wissenschaft und Praxis*« sollte dieses Vorhaben unter der Schirmherrschaft der Gesellschaft für soziale Reformen vorbereitet werden. Hier ist möglicherweise der Grund für alle späteren Missverständnisse bis heute gelegt worden: dass Wissenschaftler glauben, sie könnten Defizite des politischen Prozesses ausgleichen.

Bewegung kam in die Frage nach einem Arbeitsrechtsgesetz – wie konnte es anders sein – mit der Novemberrevolution. Art. 157 Abs. 2 der Reichsverfassung formulierte einen Verfassungsauftrag hierzu:

Art. 157

(1) Die Arbeitskraft steht unter dem besonderen Schutz des Reichs.
(2) Das Reich schafft ein einheitliches Arbeitsrecht.

Das Arbeitsministerium setzte noch 1920 einen »Arbeitsrechtsausschuss« ein, in dem alle Berühmtheiten dieses sich gerade erfindenden neuen Rechtsgebiets vertreten waren.[7] Er legte 1923 einen Entwurf vor, der aber politisch nicht weiterverfolgt wurde.[8] Der Ausschuss wurde noch 1923 mit der in jeder Hinsicht lächerlichen Begründung aufgelöst, dem Reich fehlten für die Fortführung dessen Arbeit wegen der Inflation die nötigen finanziellen Mittel. Tatsächlich waren zu diesem Zeitpunkt die nötigen Gemeinsamkeiten für ein solches Vorhaben längst aufgebraucht (als nächstes stand das Ende der »Zentralarbeitsgemeinschaft« 1924 ins Haus, s. Kap. 8). Bei einer Bewertung dieses Versuchs aus heutiger

---

6 *Potthoff*, Das Recht der Privatbeamten und die Pensionsversicherung der Privatbeamten, Verhandlungen der 4. Generalversammlung der Gesellschaft für Soziale Reform, 1909, S. 41.

7 Vgl. *Kaiser*, Kündigungsschutz ohne Prinzip? Der Weimarer Entwurf eines Arbeitsvertragsgesetzes und seine Bezüge zum heutigen Recht, 2005; *Siefart*, Zur Geschichte der Entstehung eines deutschen Arbeitsgesetzbuches, Neue Zeitschrift für Arbeitsrecht, 1921, S. 262.

8 Vgl. *Kreller*, Zum Entwurf eines Allgemeinen Arbeitsvertragsgesetzes, Archiv für civilistische Praxis, 123, 263.

Sicht, mit der kodifikations-immanenten Frage nach seiner Notwendigkeit oder Nützlichkeit, ist offenkundig, welches nach vorne gewandte Signal für eine neue Arbeitsverfassung ein solches Gesetz zum damaligen Zeitpunkt bedeutet hätte. Sein Scheitern stand für das der ganzen Republik (zum Schicksal auch der Entwürfe für ein Arbeitsschutzgesetz s. Kap. 30).

Der Nationalsozialismus griff die Kodifikationsidee wieder auf. Nach der Beseitigung der kollektiven Arbeitsverfassung der Weimarer Republik durch das AOG sollte das Arbeitsrecht mit der Perspektive einer Überführung in ein »Volksgesetzbuch« zusammengefasst werden. Auf dem Weg dahin wurden vom Arbeitsrechtsausschuss der »Akademie für Deutsches Recht«[9] im Jahr 1938 ein »Gesetz über das Arbeitsverhältnis« und 1942 eine »Regelung der Arbeit« vorgelegt. Mit der fortschreitenden Radikalisierung des Regimes im Laufe des verloren gehenden Krieges schwand insbesondere Hitlers Interesse an Selbstbindung durch ziviles Recht.

Nach 1945 griffen lediglich die Verfassungen von Bremen[10] und Hessen[11] die Frage des einheitlichen Arbeitsrechts wieder auf. In der Bundesrepublik wurde sie erst Ende der 1950er Jahre wieder aufgeworfen,[12] und zwar, man reibt sich die Augen, durch einen Antrag der FDP vom 15. Oktober 1959 im Bundestag.[13] Die Begründung war nüchtern, technokratisch und zeitlos gültig: »*Das geltende Arbeitsrecht ist weitgehend zersplittert. Neben besonderen arbeitsrechtlichen Einzelgesetzen, wie Tarifvertragsgesetz, Betriebsverfassungsgesetz, Urlaubsgesetze der Länder, Seemannsgesetz, Arbeitsgerichtsgesetz usw., gibt es viele arbeitsrechtliche Einzelbestimmungen oder Vorschriftengruppen, die in zahlreichen anderen Gesetzen verstreut sind.* […] *Das Arbeitsrecht ist daher eine recht unübersichtliche Rechtsmaterie, da einmal seine verstreuten Einzelvorschriften nicht immer aufeinander abgestimmt sind und zum anderen wichtige Rechtsgrundsätze nur*

---

9 Unter Beteiligung der »üblichen Verdächtigen«: Gerhard Erdmann, Alfred Hueck, Arthur Nikisch, Hans Carl Nipperdey, Georg Steinmann (zu ihrer Rolle vor dem, während des und nach dem Nationalsozialismus s. Kap. 12).

10 Art. 50 Abs. 1: »Für alle Personen in Betrieben und Behörden ist ein neues soziales Arbeitsrecht zu schaffen.«

11 Art. 29 Abs. 1: »Für alle Angestellten, Arbeiter und Beamten ist ein einheitliches Arbeitsrecht zu schaffen«.

12 Zum gleichen Zeitpunkt wurde in Österreich der Entwurf eines allgemeinen Rechts des Arbeitsverhältnisses auf den Weg gebracht (vgl. Entwurf RdA 1960, 455; Begründung Das Recht der Arbeit (Österreich) 1961, 49ff.; *Martinek*, Bestrebungen zur Schaffung eines Arbeitsgesetzbuches in Österreich, AuR 1961, 74). Auch dort sollte es bis zum Jahr 1974 dauern, bis das »Arbeitsverfassungsgesetz« zustande kam (vgl. *Cerny*, 50 Jahre Arbeitsverfassungsgesetz, in Mosler, Hrsg., 50 Jahre Arbeitsverfassungsgesetz, 2024, S. 33ff.).

13 BT-Drucks., 3. Wahlperiode, Nr. 563.

aus einer schwer überschaubaren Fülle von Rechtsprechung und Lehrmeinungen entnommen werden können. Die Arbeiten an einem Arbeitsgesetzbuch geben Gelegenheit, reformbedürftige Teile des Arbeitsrechts neu zu fassen oder zu ergänzen, bestehende Lücken in der arbeitsrechtlichen Gesetzgebung zu schließen und sachlich zusammenhängende Vorschriften in einem Gesetz zu vereinigen.«
Nach nur leichten Modifikationen durch den Ausschuss für Arbeit und Sozialordnung[14] beschloss der Bundestag einstimmig:[15]

»Die Bundesregierung wird beauftragt, mit der Einleitung der Vorbereitung zu einem Entwurf eines Deutschen Arbeitsgesetzbuchs zu beginnen.«

Die Einstimmigkeit des Bundestags musste an sich stutzig machen. Offenkundig empfanden alle den Wunsch nach einem einheitlichen Arbeitsrecht als schlechthin Gutes und Wünschbares, wie etwa den nach »Weltfrieden«, sodass niemand genau hinsehen, gar widersprechen mochte. Das tat aber Wilhelm Herschel. Im Jahr seines Ausscheidens als leitender Beamter für das Arbeitsrechts goss er noch kräftig Wasser in den Wein:[16] Beim Arbeitsrecht handele es sich um eine Materie, welche »*organisch*« wachse, mithin »*dynamisches Recht*« sei und sich »*zu sehr im Fluss befinde*«, was einer grundsätzlichen Fixierung derselben entgegenstehe.
Wie zu erwarten, passierte – nichts! Auf eine Anfrage des SPD-Abgeordneten Jahn, stellte Bundesarbeitsminister Blank die Schwierigkeiten dar, denen man bei der Aufnahme dieser Arbeiten begegnet sei:[17] Eine systematische Gliederung des gesamten Arbeitsrecht habe rund 2000 für die Kodifikation des Arbeitsrechts bedeutsame Rechtskomplexe herausgearbeitet; man habe sie in eine systematische Ordnung gebracht und an namhafte Wissenschaftler Forschungsaufträge erteilt. Und was die Einsetzung einer Kommission aus Wissenschaft, Rechtsprechung, Verwaltung und seitens der Sozialpartner angehe, so bereite eine ausgewogene Zusammensetzung des Gremiums gewisse Schwierigkeiten.
Praktisch wurde es dann erst unter der sozial-liberalen Koalition ab 1969. Willy Brandt kündigte in seiner Regierungserklärung vom 28. Oktober 1969[18] an, »*als Ausfluß des Verfassungsauftrags des sozialen Rechtsstaats das unübersichtlich gewordene Arbeitsrecht in einem Arbeitsgesetzbuch zusammenzufassen*«. Auch

14 BT-Drucks., 3. Wahlperiode, Nr. 1401.
15 110. Sitzung, 5.2.1964, 5038,
16 Vgl. *Herschel*, Gesetzbuch der Arbeit – heute?, DB 1959, 1444; dagegen sein aktiver Ministerial-Kollege *Schelp*, Es muß ein Anfang gemacht werden, RdA 1950, 127.
17 Deutscher Bundestag, 4. Wahlperiode, 110. Sitzung, 5.2.1964, S. 5039.
18 Vgl. Deutscher Bundestag, 6. Wahlperiode, 5. Sitzung, 28.10.1969, S. 28.

jetzt gab es prominente Kritik an diesem Kodifikationsvorhaben, gegenüber Herschels Bedenken von 1959 sogar noch grundsätzlicher. Friedrich Kübler sah eine Kodifikation als »*unter den in der Bundesrepublik gegebenen wirtschaftlichen, gesellschaftlichen und politischen Voraussetzungen* [...] *als ein Instrument rechtlicher Gestaltung und Ordnung nicht mehr verfügbar*« an.[19] Desungeachtet wurde eine Arbeitsgesetzbuch-Kommission mit eingesetzt.[20] Sie legte 1977 den Entwurf eines Arbeitsvertragsgesetzes vor; das kollektive Arbeitsrecht war zurückgestellt worden. Ein Erfolg war ihr nicht beschieden: Der Entwurf wurde nicht aufgegriffen und zu weiteren Arbeitsergebnissen kam die Kommission nicht. Sie wurde 1981 mit der Begründung aufgelöst, dass sich eine gesetzliche Kodifikation doch als nicht zweckmäßig erwiesen habe. Es wurde auf die flexibleren Möglichkeiten von Tarifverträgen und Rechtsprechung verwiesen.

Über die Arbeitsergebnisse der Arbeitsgesetzbuchkommission und ihr Ende ist viel diskutiert worden, meist mit Bedauern darüber und weil aus ihren Ergebnissen nichts geworden ist.[21] Ich kann dazu die Sicht eines kritischen Kommissionsmitglieds beitragen. Ein in der Öffentlichkeit bislang gar nicht thematisierter Aspekt solcher Kommissionsarbeit lag an den Beteiligten aus den »antagonistischen« Lagern. Und in dieser Hinsicht hatten sowohl die Vertreter der Arbeitgeberverbände als auch der Gewerkschaften von Anfang an keine Zweifel daran gelassen, dass sie zwar ihren Sachverstand einbringen würden, ihre Verbände sich aber in keiner Weise an mehrheitlich getroffene, aber gegen sie ausgefallene Entscheidungen gebunden fühlen würden. Sollten derartige Voten in den politischen Prozess gelangen, würden sie sich mit aller Kraft über die jeweilige politische »Schutzmacht« dagegen wenden. Damit war ein auf Mehrheitsvoten beruhendes Kommissionsergebnis für die Politik praktisch wertlos,[22] und das emsige Ringen um Mehrheiten für konkrete Formulierungen (im Modus

---

19 Vgl. *Kübler*, Kodifikation und Demokratie, JZ 1969, 648.

20 Trotz seiner grundsätzlichen Bedenken gegen eine Kodifikation hatte Wilhelm Herschel den Vorsitz übernommen (Kap. 10). Ich war in diese Kommission als Vertreter der IG Metall für den 1972 verstorbenen Olaf Radke, Vorstandsmitglied der IG Metall für Sozialpolitik und Arbeitsrecht, nachberufen worden.

21 Vgl. *Dieterich*, Die Kodifikation des Arbeitsrechts, RdA 1978, 329; *Hanau*, Der Kommissionsentwurf eines Arbeitsvertragsgesetzes, Zeitschrift für Rechtspolitik, 1978, 215; *ders.*, Die Leistung der Arbeitsgesetzbuchkommission im Rückblick, in FS Stahlhacke, 1995, S. 149ff.

22 Wenn man zudem bedenkt, dass angesichts der Zusammensetzung der Kommission die entscheidenden Voten bei den Wissenschaftlern liegen mussten (eine Zurückhaltung der Mitglieder mit einem öffentlichen Dienstherrn unterstellt), lief das auf den Konsens der vier »echten« Arbeitsrechtler – Dütz, Gamillscheg, Rüthers und Söllner – hinaus. Selbst Potthoff in seinem Vertrauen auf die »hervorragenden Männer« hätte das wohl als arg schmale Legitimationsbasis angesehen.

eines »Kinderparlaments«)[23] empfand jedenfalls ich als so nutzlos wie unwürdig.[24] Einen sehr prompten Nachweis dieser Gefechtslage lieferte die Arbeitsrechts-Abteilung des DGB mit einem eigenen, noch vor Veröffentlichung des Kommissionsentwurfs platzierten Gesetzentwurf.[25]

Das sahen meine Kollegen (richtig: Damals war noch keine Frau beteiligt) anders. Kaum hatten sie ihren Bericht zum Arbeitsvertragsrecht abgeliefert, wandten sie sich dem Recht der Koalitionen zu – ohne Not und Anlass. Sie hatte der Demiurgen-Ehrgeiz gepackt und sie wollten jetzt gleich alles richtig ordnen. Den einerseits weiten, andererseits bescheidenen Ansatz des Auftrags von 1959 – »*reformbedürftige Teile des Arbeitsrechts neu zu fassen oder zu ergänzen, bestehende Lücken in der arbeitsrechtlichen Gesetzgebung zu schließen*« – hatten sie gänzlich aus den Augen verloren. Das veranlasste mich zu einer mündlichen Intervention bei der Staatssekretärin im Bundesarbeitsministerium, Anke Fuchs, die ich auf die darin liegenden Gefahren hinwies. In der Folge beendete das Ministerium die Arbeit der Kommission. Da ich darüber mit niemandem mehr sprach, weil ich nicht, ob meiner Demarche tatsächlich ursächlich dafür geworden war – falls ja, wäre ich heute noch zufrieden mit mir! Seither hat es keine Initiativen zu einer Art Verbändegesetz oder einer Generalkodifikation des Arbeitskampfrechts gegeben.

Damit sollte es auf der Ebene des Bundes mit dem Vorhaben eines Arbeitsgesetzbuchs und auch nur eines Arbeitsvertragsgesetzes sein Bewenden haben. Die weiteren Vorstöße beruhten auf privater Initiative, allerdings mit »amtlicher Ermunterung«. Sie resultierte aus der deutschen (Wieder-)Vereinigung. Der Einigungsvertrag hatte es als Aufgabe des gesamtdeutschen Gesetzgebers bezeichnet, »*das Arbeitsvertragsrecht sowie das öffentlich-rechtliche Arbeitszeitrecht einschließlich der Zulässigkeit von Sonn- und Feiertagsarbeit und den besonderen Frauenarbeitsschutz möglichst bald einheitlich neu zu kodifizieren*« (Art. 30 Abs. 1 Nr. 1, s. Kap. 8). Das war offenkundig vor dem Hintergrund entstanden, dass die DDR

---

23 Ich erinnere mich gut an eine Situation, als nach einem Mehrheitsbeschluss über einen Paragrafen ein Arbeitgebervertreter trocken bemerkte: »*Sie wissen hoffentlich, dass Sie gerade so und so viele Millionen Mark umverteilt haben.*« Da hätten allen eigentlich die Relationen klar sein müssen.

24 Etwa zur gleichen Zeit hatte die Bundesregierung eine »Unternehmensrechtskommission« unter dem Vorsitz des früheren DGB-Justiziars, Otto Kunze, einberufen, zu der ich ebenfalls gehörte. Ausgehend von diesen Erfahrungen in der Arbeitsgesetzbuchkommission, schlug ich dort vor, auf durch Mehrheitsentscheidungen zustande gekommene Formulierungen zu verzichten, sondern stattdessen für verschiedene politische Optionen eine Art »Werkzeugkasten« zu erarbeiten. Dem stimmten die übrigen Kommissionsmitglieder einhellig zu (vgl. Bundesministerium der Justiz, Bericht der Unternehmensrechtskommission, 1980).

25 Er stimmte – honi soit, qui mal y pense – in großen Teilen wörtlich mit dem späteren Kommissionsentwurf überein (Abdruck in RdA 1977, 166).

ja ein dem Namen nach »Arbeitsgesetz« besessen hatte, das nach dem »Vertrag über die Währungs-, Wirtschafts- und Sozialunion« noch rasch um die gröbsten DDR-Inhalte bereinigt worden war, allerdings nur knapp zwei Monate in Geltung blieb.[26] So erschien dieser Auftrag als elegante Möglichkeit, eine Reverenz an dieses mit dem unerledigten Kodifikationsthema der alten Bundesrepublik zusammenzubinden. Ebenfalls ist unübersehbar, dass sich – wie zu Zeiten der »neuen Ostpolitik« mit den »Materialien zur Lage der Nation – niemand Gedanken über die Inkommensurabilität eines freien Arbeitsvertragsrechts mit den sowjet-kommunistischen Instrumenten zur Arbeitskräftelenkung gemacht zu haben schien (Kap. 15).

Während die Regierung keine Anstalten machte, das als realen Handlungsauftrag zu begreifen,[27] wurde eine Gruppierung aktiv, die bereits deutlich vor dem Mauerfall in »Arbeitsrechts«-Angelegenheiten kooperiert hatte: ein von Wera Thiel[28] und Thilo Ramm geleiteter Arbeitskreis »Deutsche Rechtseinheit im Arbeitsrecht«. Dieser Arbeitskreis wurde vom 59. Deutschen Juristentag 1992 eingeladen, einen von ihm erstellten Entwurf für ein Arbeitsvertragsgesetz als Gutachten vorzulegen.[29] Als Referenten nahmen Ursula Köbl und Dirk Neumann, der frühere BAG-Vizepräsident, und Manfred Weiss Stellung dazu unter der Überschrift »*Welche wesentlichen Inhalte sollte ein nach Art. 30 des Einigungsvertrages zu schaffendes Arbeitsvertragsgesetz*« haben?[30] Ihre Meinungen bildeten das ganze mögliche Spektrum ab: Neumann sprach sich für das Vorhaben aus, Weiss dagegen, und Köbl riet zu »kleiner Flamme«. Den wirkungsmächtigsten Beitrag leistete Manfred Weiss. Er hielt eine nationale Kodifikation mit Blick auf Europa nicht nur für untunlich, sondern sogar für schädlich.[31] Auf dem Ju-

26 Vgl. *Ramm*, Hrsg., Entwürfe zu einem Deutschen Arbeitsvertragsgesetz, 1992, S. 86ff.

27 Das Arbeitszeitrecht wurde allerdings aufgrund der Initiativen und Vorgabe aus Europa (Kap. 29) und des BVerfG zum Nacharbeitsverbot (Kap. 39) mit dem ArbZG 1996 neu geordnet.

28 Thiel war die Co-Vordenkerin des DDR-Arbeitsrechts neben Fritjof Kunz (Kap. 15).

29 Vgl. Verhandlungen des Deutschen Juristentages Hannover 1992, Bd. I D, Gutachten zum Arbeitsvertragsgesetz (vgl. *Hanau*, Der Entwurf eines Arbeitsvertragsgesetzes des Arbeitskreises »Deutsche Rechtseinheit im Arbeitsrecht« aus heutiger Sicht, FS Richardi, 2007, S. 247ff.).

30 Zum Verlauf der Diskussion vgl. *Iannone*, Die Kodifikation des Arbeitsvertragsrechts – ein Jahrhundertprojekt oder eine weitere Fußnote?, AuR 2008, 197ff.

31 Vgl. Verhandlungen des Deutschen Juristentages Hannover 1992, Bd. II, Sitzungsberichte, P 8ff.; In diesem Sinne auch *Buschmann*, Das Verhältnis des Entwurfs zum europäischen Arbeitsrecht, AuR 2008, 203; *Däubler*, Ein Arbeitsvertragsgesetz, AuR 1992, 130; *Stevens-Bartol*, Arbeitsvertragsrecht ohne Umweltschutz, AuR 1992, 262. *Preis* hatte demgegenüber schon lange die Ansicht vertreten, gerade die europäische Einigung mache ein deutsches Arbeitsvertragsgesetz nötig (vgl. *Preis*, Ist die Kodifikation des Arbeitsverhältnisrechts im Zuge der deutsch-deutschen und europäischen Rechtsangleichung erforderlich? Zeitschrift für Rechtspolitik 1990, 311).

ristentag machte er jedenfalls sofort »Punkte« beim zuständigen Ressortleiter im Bundesarbeitsministerium, Anton Wirmer, der ohne Scheu vor dem Einigungsvertrag äußerste Zurückhaltung in seinem Hause bekundete. Das ist dort seither die Grundstimmung geblieben.[32]
Desungeachtet gab es in dieser Sache noch einen Nachklapp. Die Länder Sachsen und Brandenburg brachten jeweils einen eigenen Entwurf eines Arbeitsvertragsgesetzes[33] im Bundesrat ein.[34] Das waren aber ersichtlich keine in der Sache ernstgemeinten Vorstöße, sondern eine Art »beauty contest« dafür, wer sich mehr um die Deutsche Einheit und die Verpflichtungen aus dem Einigungsvertrag kümmere. Nachdem dieser Demonstrationseffekt pari ausgegangen war, ließen die politischen »Patrone«, Biedenkopf (CDU) und Müntefering (SPD), die Sache sofort fallen und versanden. Beide hätten selbstverständlich die Möglichkeit gehabt, das ernsthaft mit ihren Parteien weiterzuverfolgen.[35]
Die Bundesregierung ging ebenfalls auf Distanz. Befragt, wie sie zur Umsetzung des Auftrags aus dem Einigungsvertrag zu einem einheitlichen Arbeitsvertragsgesetz stehe, antwortete sie im Jahr 2004: »*Ein so hoch komplexes und politisch sensibles sozialpolitisches Vorhaben (könne) letztlich nur im Konsens aller gesellschaftlich relevanten Kreise verwirklicht werden.*« Für einen »*solchen Konsens*« *bestehe jedoch* »*derzeit keine Grundlage*«.[36] Davon nicht abschrecken ließen sich Martin Henssler und Ulrich Preis.[37] Gesponsert durch die Bertelsmann-Stiftung

32 Der Juristentag selbst votierte nahezu einstimmig gegen nur wenige »Abweichler« (neben Manfred Weiss noch Spiros Simitis) für ein Vorantreiben des Kodifikationsvorhabens. Wie der Gang der Geschichte lehren sollte, hatte Weiss zwar diese »Schlacht« verloren, aber den »Krieg« gewonnen.

33 Deren Zustandekommen ist eine Geschichte besonderer Art. Franz-Josef Düwell und Ulrich Preis schildern, wie nach dem Juristentag sie beide den NRW-Minister Müntefering und Dirk Neumann den sächsischen Ministerpräsidenten Biedenkopf dafür interessieren konnten. Daraus wurden jeweils Gesetzentwürfe, aber NRW zog es vor, den eigenen nicht selbst zu präsentieren, sondern überließ ihn Brandenburg, um der Biedenkopf-Initiative etwas »Ostdeutsches« entgegenzusetzen (vgl. Friedrich-Ebert-Stiftung, Beschäftigungsfördernd? Sozialverträglich? Zukunftsfähig? – ein Entwurf für ein Arbeitsvertragsgesetz, Dokumentation eines Expertengesprächs der FES am 15. und 16. Februar 2008).

34 Vgl. BR-Drucks. 293/95 und BR-Drucks. 671/96.

35 Ich gehe hier nicht auf die unübersehbaren inhaltlichen Differenzen zwischen beiden Entwürfen ein. Elemente des sächsischen Entwurfs fanden Eingang in das sog. arbeitsrechtlichen Beschäftigungsförderungsgesetz 1996 der CDU/CSU/FDP-Koalition (Kap. 10; zu kritischen Stellungnahmen in AuR 2008 vgl. *Buschmann*, 203; *Müller*, 206; *Fricke*, 209; *Koll*, 2010; *Schubert*, 212; *Bender*, 216; *Kahl*, 217; *Sehrbrock*, 291; *Schüren*, 293; darauf wiederum *Preis*, AuR 2009, 109).

36 BT-Drucks. 15/4602, S. 3.

37 Vgl. *Preis*, Die Aktualität des Arbeitsvertragsgesetzes, Friedrich-Ebert-Stiftung, fes-library, Oktober 1999.

legten sie 2008 den bislang letzten derartigen Entwurf[38] vor. Er erhielt zwar einen »Preis für gute Gesetzgebung« durch die »Deutsche Gesellschaft für Gesetzgebung«,[39] wurde allerdings von keiner politisch relevanten Kraft aufgegriffen. Viele Jahre später berichtete Ulrich Preis über ein Gespräch, das er mit dem damaligen Bundesarbeitsminister, Olaf Scholz, über den Entwurf geführt hatte. Da habe ihm dieser gesagt, dass er das Vorhaben sofort anpacken würde, wenn man ihm die Zustimmung der BDA und des DGB bringe.[40] Das war freilich nicht »spitzfindig«, wie Preis anmerkte, sondern nichts weniger als realistisch.[41]

38 Abgedruckt in NZA 2007, Beil. 1. Ein Entwurf für ein Arbeitsvertragsgesetz.

39 Deutscher Bundestag, Pressemitteilung vom 20.4.2007.

40 Vgl. *Preis*, Nachlese der gescheiterten Kodifikation des Arbeitsvertragsrechts, FS Henssler, 2023, S. 483, 484.

41 Eben auf diese Konstellation hatte ich Martin Henssler und Ulrich Preis im Arbeitsstadium vergeblich hingewiesen. Sie hatten mich um meine Meinung zu ihrem Vorhaben gebeten und ich sagte ihnen, dass ich es für aussichtslos hielte, insbesondere, da sie es ohne Beteiligung der wichtigsten Akteure, der BDA und des DGB, betrieben. Außerdem hielt ich einen über die ganze Breite des Arbeitsvertragsrechts angelegten Entwurf für überladen. Wenn überhaupt, könne man zum Einstieg den Versuch des »Restatements« für einen begrenzten »Nukleus« von Vorschriften im Umfeld des § 611 BGB machen. Henssler und Preis haben sich, wie gesehen, nicht darauf eingelassen. Ich habedanach ein Gespräch mit den wichtigsten Arbeitsrechtlern der Gewerkschaften geführt und musste feststellen, dass sie selbst einem so bescheidenen Ansatz keine Erfolgsaussichten beimaßen (zu ähnlichen Erfahrungen vgl. *Däubler*, Arbeitsvertragsgesetz – ein Angebot an die deutschen Gewerkschaften, Entwürfe von Arbeitsgesetzen, *www.daeubler.de*).

VIII. Geschlecht und Arbeitsrecht

An dieser Stelle will ich meine Leserinnen und Leser an den konzeptionellen Überlegungen teilhaben lassen, wo und wie diese Materie in diesem Buch zu platzieren sei. »Frauenarbeitsschutz« allein wäre im gewählten Zuschnitt der »longue durée« kein »großer« Sachbereich. Aber es gehörte ja noch das Gleichbehandlungsthema, eben »Geschlechtergerechtigkeit«, diese sogar noch vorrangig, dazu. Aber wäre das ein »Querschnittsthema« des Arbeitsrechts?[1]
Bei genauem Zusehen wird nämlich deutlich, dass die damit aufgeworfenen Fragen im strengen Sinne keine arbeitsrechtlichen sind. Sie betreffen eine zentrale Fragestellung für alle gesellschaftlichen Bereiche: die der Gleichheit aller Menschen[2] und der Reaktion des Rechts auf die Verletzung dieses Grundsatzes. Dass die Geschlechterfrage[3] in dieser Hinsicht ein zentrales Thema ist, muss nicht betont werden. Sie betrifft, um das eigentlich Selbstverständliche zu betonen, nicht eine benachteiligungsbedrohte Minderheit, sondern die Hälfte der Menschen. Es ist nicht zu übersehen, wie problematisch es deshalb schon immer war, in Bezug auf die abhängige Arbeit von einem »Hauptwiderspruch« zwischen »Arbeit und Kapital« zu reden. Das davon handelnde Recht ist, bei Lichte besehen, eigentlich kein *Ar-*

---

1 Dass ich mich von neuer Begrifflichkeit (»Gender«) und der Diskussion darum fernhalte, sollte dem Zweck einer hinlänglichen historischen Information nicht abträglich sein (vgl. *Kocher*, Das Andere des Arbeitsrechts. Perspektiven feministischen Rechtsdenkens, 2024, S. 16ff.; im Folgenden zit. als »*Kocher*, Das Andere«; es handelt sich um eine Sammlung von Einzelveröffentlichungen Eva Kochers).

2 Vgl. *Kocher*, Das Andere, S. 15.

3 Die aktuell – zu Recht – thematisierte Problematik ganz anderer sexueller Orientierungen (»queer«) muss ich in einem historischen Werk noch nicht berücksichtigen. Seit der Entscheidung des BVerfG vom 10. 10. 2017 (BVerfGE 147, 1) steht fest, dass Art. 3 Abs. 3 Satz 1 GG auch Menschen vor Diskriminierungen wegen ihres Geschlechts schützt, »*die sich dauerhaft weder dem männlichen noch dem weiblichen Geschlecht zuordnen lassen*« (vgl. *Hoffmann*, Drittes Geschlecht, die »Gleichbehandlung von Männern und Frauen« und das AGG, JZ 2021, 484; *Fornasier*, Jenseits von männlich und weiblich – Menschen mit Varianten der Geschlechtsentwicklung im Arbeitsrecht und öffentlichen Dienstrecht des Bundes, 2020, *https://news.rub.de; Wolter*, Das dritte Geschlecht in Betriebsratswahlen, RdA 2024, 356).

*beits*recht sondern ein im Arbeitsleben spielendes Anti-Diskriminierungsrecht als Teil eines großen und langwierigen Emanzipationsprozesses. Diese Überlegungen führten zur Entscheidung für einen eigenen, das Ganze übergreifenden Abschnitts, abgesetzt von den arbeitsrechts-immanenten »Querschnittsthemen«.
Spätestens jetzt wird deutlich, welches Problem darin liegt, den arbeitsrechtlichen Anteil dieses Jahrhundert- und Menschheitsthemas auf nur wenigen Seiten zu umreißen. Ich unternehme es trotzdem, freilich nur bezüglich der großen Linien und anhand spektakulärer wie repräsentativer Einzelkomplexe.

39. Arbeitsschutz für Frauen und Diskriminierung von Frauen bei der Arbeit

39.1 Arbeit und Geschlecht

Was alles auch immer unter die Überschrift »Geschlecht und Arbeitsrecht« subsummiert werden mag, es wurzelt alles in seit der frühneuzeitlichen Gesellschaft entwickelten und im 19. Jahrhundert sich herausbildenden geschlechtsdifferenzierenden Prinzipien. Karin Hausen hat sie benannt:[1]

> *»Erstens gilt nach wie vor, daß Menschen weiblichen Geschlechts – zumindest dann, wenn sie nicht in Einpersonenhaushalten leben – vorrangig und im weitesten Sinne für die alltäglichen Haus- und Familienarbeiten de facto zuständig sind. Es wird darüber hinaus von ihnen erwartet bzw. ihnen erlaubt, diese Zuständigkeit zu akzeptieren und arbeitend einzulösen. Die von Frauen ausgeübte Erwerbstätigkeit erscheint demgegenüber als sekundäre, allenfalls temporär oder phasenweise relevante Beschäftigung.*
> *Zweitens ist in den zurückliegenden beiden Jahrhunderten mit unterschiedlichen Verfahren erfolgreich als weiteres Grundprinzip der Geschlechterordnung sichergestellt worden, daß Menschen männlichen Geschlechts ungeachtet aller ökonomischen und technologischen Umwälzungen und aller Demokratisierungs- und Individualisierungstendenzen weiterhin ganz im Sinne der alten Hausvater-Position ihre gesellschaftliche Dominanz gegenüber den Menschen weiblichen Geschlechts behauptet haben. Für den Bereich der Erwerbsarbeit und den Arbeitsmarkt ist inzwischen gut erforscht, wie deren offensichtliche geschlechterhierarchische Strukturierung produziert und reproduziert worden ist und weiterhin wird.«*

1 *Hausen*, Arbeit und Geschlecht, in Kocka/Offe, Hrsg., Geschichte und Zukunft der Arbeit, 1999, S. 343, 351.

Auch wenn dieser Befund für männliche Ohren harsch klingen mag, noch für das Jahr 2000 und vor allem für die Zeit davor bringt er die Dinge auf den Punkt (das AGG kam 2006 und das neue MuSchG 2017, s. u.). In diesem Lichte wird verständlich, was sich seit dem letzten Drittel des 19. Jahrhunderts ereignet hat, und das in gut zwei Dekaden.

Dabei gilt es zwei vordergründig entgegengesetzt motivierte Ereignisstränge auseinanderzuhalten:

1. das Recht, mit dem Frauen vor speziell ihnen geltenden Gefährdungen bei der Arbeit geschützt werden sollen (unten 39.2), und
2. all die Regulierungen, die ihre Diskriminierung zur Folge haben oder gar intendieren, und die sich im Laufe der Geschichte steigernden Aktivitäten zur Überwindung dieses Zustands (unten 39.3).

Verkompliziert wird das dadurch, das sich Regelungen zum Schutz von Frauen – manchmal erst nach langer Zeit – als sie in Wahrheit diskriminierend herausstellten (zum Nachtarbeitsverbot s. u. 39.3). In neuerster Zeit kommt dazu das Verständnis dafür, dass es wiederum scheinbar neutrale Schutzvorschriften gibt, die für Männer und Freuen gleichermaßen gelten, aber für Frauen mittelbar diskriminierend wirken (s. u. 39.2). Das alles ist – zumal seit der Jahrtausendwende – so differenziert und verwickelt, dass man die großen Linien und epochalen Besonderheiten kaum ausmachen kann. Deshalb stelle ich das »große Bild« vorab dar.

Nochmals: Ausgangspunkt ist die Tatsache, dass Frauen in der Männerarbeitswelt des 19. Jahrhunderts unerwünscht waren. Ausführungen des Reichstagsabgeordneten Julius Motteler in der zweiten Plenardebatte zur Gewerbeordnungsnovelle von 1878 waren zu dieser Zeit durchaus repräsentativ, als er sagte, die Sozialdemokraten seien »*total gegen industrielle Frauenarbeit. […] Wir wollen das Weib zurückgegeben haben ihrer eigentlichen Bestimmung, und deshalb fordern wir ihre Befreiung von dem moralischen und physischen Joch der Fabrikarbeit, von den Gefahren, die damit verknüpft sind.*«[2] Als man sich in einer Art

2 43. Sitzung des Reichstags vom 8. 5. 1878, Stenographische Berichte, 3. Legislaturperiode, 11. Sess. 1878, S. 1146 (abgedruckt in Quellengeschichte der deutschen Sozialpolitik 1867 bis 1914, I. Abteilung 3. Band, 1996, Bearbeiter *Ayass*, S. XXV). Diese Position wurde später von Clara Zetkin auf dem Internationalen Arbeiter-Kongress in Paris 1889 vehement zurückgewiesen (vgl. *Zetkin*, Ausgewählte Reden und Schriften, Bd. 1, 1957, S. 80 ff.). August Bebel und Friedrich Engels sahen in der Überwindung des Kapitalismus die notwendige Bedingung für die Gleichberechtigung der Frauen auch in der Arbeit (vgl. *Bebel*, Die Frau und der Sozialismus, 1879; *Engels*, Der Ursprung der Familie, des Privateigenthums und des Staats, 1884). Eine denkbar hellsichtige Perspektive formulierte dagegen Karl Marx in seinem »Kapital«. Dort attestiert er dem Kapitalismus, dass er die Grundlagen schaffe für eine »*neue ökonomische Grundlage für eine höhere Form der Familie und das Verhältnis beider Geschlechter*«. An der gleichen Stelle prognostiziert er, dass »*die Zusammensetzung kombinierten Arbeitspersonals aus Individuen beiderlei*

Kompromiss doch darauf einlassen musste, galt es als ausgemacht, dass Frauen überwiegend nur als »Zuverdienerin« arbeiten sollten. Es galt: *»Richtige Arbeit ist Männerarbeit«*.[3] In dieser Hinsicht gab es einen breiten Konsens, dass Bezugspunkt von allem die vom Alleinernährer unterhaltene »Normalfamilie« war, wie dies die Gewerbeinspektoren in einer 1899 von Reichstag in Auftrag gegebenen Enquete bekundeten:[4]

> *»Die Nachtheile, welche für die Gesundheit der verheiratheten Frauen aus der Fabrikbeschäftigung erwachsen, sowie die etwaigen sittlichen Bedenken und Schädigungen treten, so erheblich sie im Einzelnen auch sein mögen, im Ganzen an Bedeutung bei Weitem zurück gegenüber dem Umstande, daß die Frau durch die fragliche Thätigkeit dem häuslichen Berufe entzogen wird und daß infolgedessen das Familienleben sowie das Hauswesen einer sehr großen Zahl von Arbeiterfamilien die empfindlichste Schädigung erfährt.«*

Wenn man bedenkt, dass zu diesem Zeitpunkt die Zahl der in Fabriken arbeitenden Frauen noch unter 20 % aller Arbeitenden lag (sie stieg erst 1907 auf 28 % an),[5] wird die These plausibel, dass Symbolpolitik mindestens auch eine große Rolle gespielt hat.[6] In jedem Fall war, wie Sabine Schmitt diesen Prozess bilanziert, Arbeiterinnenschutz *»durch ein komplexes Verhältnis von Geschlechts- und Klasseninteressen bestimmt«*.[7] Er war stets getragen von den zwei Aspekten: dem des Schutzes der Frau in der Erwerbsarbeit und der Sorge, sie könne ihrer eigentlichen »Bestimmung als Mutter und Hausfrau« nicht mehr gerecht werden.
Das Resultat war ein – zunächst rudimentärer, sich allmählich steigernder – »Schutz« in dreierlei Hinsicht: (1) Arbeitsbefreiung nach der Entbindung, (2) Verbot bestimmter Arbeiten und (3) Verbot der Nachtarbeit. Alle diese drei Aspekte waren Gegenstand in der ersten gesamtstaatlichen Regelung des Arbeitsschutzes für Frauen, dem »Gesetz, betreffend die Abänderung der Gewerbeordnung« vom 17. Juli 1878:[8]

Geschlechts und der verschiedenen Altersstufen […] *zur Quelle humaner Entwicklung umschlagen muß«* (MEW, Bd. 23, S. 514) – eine »diversity«-Vision an unerwarteter Stelle.

3 Vgl. *Hausen*, a. a. O., S. 346.

4 Vgl. *Schmitt*, Der Arbeiterinnenschutz im Kaiserreich, 1995, S. 38.

5 Vgl. *Schmitt*, a. a. O., S. 26.

6 Hinzu kam, dass wie hinsichtlich des allgemeinen Arbeitsschutzes dessen Kontrolle durch die Aufsichtsbehörden denkbar lax war (vgl. *Schmitt*, a. a. O., S. 134 ff.).

7 *Schmitt*, a. a. O., S. 214.

8 RGBl. 199.

§ 135

[...]
(5) Wöchnerinnen dürfen während drei Wochen nach ihrer Niederkunft nicht beschäftigt werden.

§ 139a

(1) Durch Beschluß des Bundesraths kann die Verwendung von jugendlichen Arbeitern sowie von Arbeiterinnen für gewisse Fabrikationszweige, welche mit besonderen Gefahren für Gesundheit und Sittlichkeit verbunden sind, gänzlich untersagt oder von besonderen Bedingungen abhängig gemacht werden. Insbesondere kann für gewisse Fabrikationszweige die Nachtarbeit der Arbeiterinnen untersagt werden.

Diese Struktur wurde in dem »Arbeiterschutzgesetz« von 1891 fortgeführt und blieb bis zum Ende des Kaiserreichs unverändert. Begleitet wurde das von einer wie ein Naturgesetz hingenommenen Konstante: Der Lohn von Frauen war nicht nur niedrig, sondern er war durchweg *niedriger* als der der Männer. Das blieb rechtlich unangetastet bis in die 1950er Jahre.
Wie diese Entgeltfrage schon anzeigt: In der Weimarer Republik tat sich in der Frage der Frauenbeschäftigung nicht wirklich etwas. Zwar hatte die Novemberrevolution das Frauenwahlrecht gebracht, allein das Gebot der Gleichheit zwischen Frauen und Männern war auf den staatlichen Bereich beschränkt geblieben (Art. 109 WRV). Bezogen auf das Arbeitsleben zeigte sich zumindest ein erstes Problembewusstsein im Betriebsrätegesetz: Nach der Wahlrechtsentscheidung im staatlichen Bereich nicht überraschend, wurden mindestens achtzehnjährige »männliche und weibliche Arbeitnehmer« wahlberechtigt (§ 20 Abs. 1 BRG; im Hilfsdienstgesetz 1916 waren es noch nur »volljährige Arbeiter« gewesen).
Frauen waren allerdings damals in den Betriebsräten deutlich unterrepräsentiert.[9] Dementsprechend fällt es schwer, allzu viele Ausnahmen namhaft zu ma-

9 Vgl. *Trapp*, Die Frau in der Betriebsvertretung. Nach den Jahresberichten der Preußischen Gewerbeaufsichtsbeamten für die Jahre 1923 und 1924, RArbBl. 1925, Nichtamtl. Teil, S. 719; die Gewerbeaufsichtsbeamten begründeten das mit Desinteresse, Fluktuation durch Heirat und geringe Konfliktfähigkeit. (*Däubler/Kittner*, Betriebsverfassung, S. 228).

chen.[10] Entsprechend gering war der gewerkschaftliche Organisationsgrad von Frauen.[11]

Inhaltlich brachte das BRG eine auf den ersten Blick säkulare Neuerung. § 84 Abs. 1 Nr. 2 BRG gab dem Betriebsrat das Recht zum Einspruch gegen eine Kündigung, wenn der begründete Verdacht vorlag, dass sie »*wegen der Zugehörigkeit zu einem bestimmten Geschlechte*« erfolgt war (neben anderen politischen, konfessionellen, gewerkschaftlichen oder militärischen Gründen).

Freilich indizierte schon die Entstehungsgeschichte dieser Vorschrift die Relativität des damit verbundenen Fortschritts.[12] Sie war nämlich »auf den letzten Drücker«, völlig unspektakulär und beiläufig in der 3. Lesung am 18. Januar 1920 ins Gesetz geraten.[13] Die Abgeordnete Marie-Elisabeth Lüders[14] von der Deutschen Demokratischen Partei (DDP) brachte den Vorschlag dazu ohne erkennbaren parlamentarischen Vorlauf und Begründung ein. Dazu merkte der Sitzungsleiter an, dass einige andere Abgeordnete der DDP Gewicht darauf legten, ebenfalls als Unterstützer genannt zu werden: die weiblichen Abgeordneten Dr. Schirmacher und von Gierke sowie der später für die Kapp-Lüttwitz-Putschisten als Innenminister auftretende Schiele – alles bürgerliche Frauenrechtlerinnen und ein männlicher »fellow traveller«. Die Abstimmung verlief ohne Diskussion, indem sich eine Abgeordnetenmehrheit nach Frage des Präsidenten von den Sitzen erhoben hatte.

Was das in der Praxis bedeutete, verdeutlicht die Kommentierung dieser Vorschrift durch Georg Flatow und Otto Kahn-Freund. Ich zitiere sie vollständig, denn sie ist ein historisches Dokument für sich:[15]

---

10 Vgl. *Fuhrmann*, Frauen in der Geschichte der Mitbestimmung, HSI-Schriftenreihe Nr. 51.

11 Vgl. *Kurz-Scherf*, Eine eigene Geschichte. Frauen in der IG Metall, in Hofmann/Benner, Geschichte der IG Metall, S. 485, 492; *Kassel*, Frauen in einer Männerwelt. Frauenerwerbsarbeit in der Metallindustrie und ihre Interessenvertretung durch den Deutschen Metallarbeiterverband (1891 – 1933), 1997; *Lossef-Tillmanns*, Frauenemanzipation und Gewerkschaften, 1978.

12 Auf diesen Vorgang hat mich Johanna Wolf, meine Kollegin im Arbeitskreis der »Initiative Arbeitsrechtsgeschichte« des HSI und des Max-Planck-Institut für Rechtsgeschichte und Rechtstheorie, aufmerksam gemacht, wofür ich ihr vor allem im Sinne der Leserinnen und Leser danke.

13 Vgl. Nationalversammlung, Stenographische Berichte, 140. Sitzung, 18. Januar 1920, S. 4508.

14 Sie gehörte nach 1945 zu den Gründerinnen der FDP und fungierte u. a., nachdem Konrad Adenauer auf diese Ehre verzichtet hatte, 1953 als Alterspräsidentin des Deutschen Bundesstages.

15 *Flatow/Kahn-Freund*, BRG, 13. Aufl. 19321, § 84 Anm. V 1.

»Ziff. 1 ist unanwendbar, wenn der Arbeitgeber systematisch Frauen, deren Mann im gesicherten Erwerb steht und bei denen der standesgemäße Familienunterhalt schon durch den bloßen Erwerb des Mannes dauernd gewährleistet ist (Doppelverdienerinnen), entläßt, um anderen sozial schutzwürdigeren Arbeitnehmern (z. B. Ehemännern mit kinderreichen Familien) Platz zu machen. [...] *Dass dem Arbeitgeber nach dem Gedanken der Ziff. 4 (»unbillige Härte«) zugemutet wird, in erster Linie die Frau, nicht den ebenfalls verdienenden Mann zu entlassen, ist in der herrschenden Sozialanschauung begründet, wonach der Erwerb des Familienunterhalts in erster Linie Sache des Mannes ist; es entspricht auch den §§ 1358, 1360 BGB:*
Ebenfalls ist Ziff. 1 nicht anzuwenden, wenn der Arbeitgeber einer Frau nicht wegen ihrer Doppelverdiener-Eigenschaft, sondern mit Rücksicht auf die Tatsache der beabsichtigten oder vollzogenen Eheschließung kündigt, da er befürchtet, daß die Frau durch Haushaltsführung oder spätere Schwangerschaft und Kindererziehung von dem Interesse für die Berufsarbeit abgelenkt wird. Hier erfolgt die Kündigung ebenfalls nicht wegen der Geschlechtszugehörigkeit, sondern wegen der Heirat.«

Das ist Ausdruck der zeitgenössischen Reflexion der Frauenfrage, arglos und ohne Rankünе vorgetragen von den »linken« Exponenten des Arbeitsrechts (auf das Problem des »Doppelverdienertums« werde ich sogleich eingehen (s. u. 39.4). Auf andere Weise ernüchternd ist der Blick in die 2. Auflage des Arbeitslehrbuchs von Hugo Sinzheimer. Dort tauchen Frauen im Text und Stichwortverzeichnis nur insoweit auf, als – aus Vollständigkeitsgründen – auf die Existenz der verschiedenen Schutzvorschriften hingewiesen wurde. Auch unser großer Ahnherr war in dieser Hinsicht ein Kind seiner Zeit. Insofern haben sich die vom BVerfG 1953 mit folgendem Beitrag zitierten Mitglieder des Parlamentarischen Rates 1949 kräftig in die Tasche gelogen: »*Unter allseitiger Zustimmung erklärte das Mitglied des Parlamentarischen Rates Dr. Strauß in der 42. Sitzung des Hauptausschusses vom 18. Januar 1949 (StenoProt. S. 529ff. [538, 539]): ›*[...] *ich sage, daß der Grundsatz der Gleichberechtigung von Mann und Frau uns zum mindesten seit 1918 bereits* [...] *in Fleisch und Blut übergegangen ist‹.«*[16]
Bewegung kam in diesen Komplex erst mit Art. 3 Abs. 2 und 3 des Grundgesetzes. Diese vor allem dem Engagement von Elisabeth Selbert[17] zu verdankende Vorschrift erwies sich als ein tatsächlicher »Gamechanger«. Auf seiner Grundlage setzte ab den 1950er Jahren eine seither nicht mehr abgerissene – aber eben

16 Vgl. BVerfG 18.12.1953, BVerfGE 3, 225, 238.
17 Vgl. *Meyer*, Elisabeth Selbert (1896–1986), »Gleichberechtigung ohne Wenn und Aber«, in Kritische Justiz, Hrsg., Streitbare Juristen, 1988, S. 427ff.

auch nicht vollendete – Entwicklung ein, mit den Mitteln des Rechts »Geschlechtergerechtigkeit« in den Arbeitsbeziehungen herzustellen. Dazu kamen Impulse aus dem Internationalen Recht, vor allem aus EWG/EG/EU (Kap. 21), aber auch der UN (Kap. 20).[18]

Diese Entwicklung kann angemessen nur gewürdigt werden, wenn ihre zeitlich aufeinander folgenden Komponenten auseinandergehalten werden.[19]

- Die erste Etappe diente der Überwindung »direkter«, historisch gewachsener Ungleichheit.
- Danach kam die Bewältigung der »mittelbaren« Diskriminierung. Das war und ist ein wesentlich komplexerer Vorgang, der im Ergebnis dazu führte, dass buchstäblich der ganze Fundus des Arbeitsrechts auf den Prüfstand geriet, ob nicht im Gewande vordergründigen Arbeitnehmerschutzes in Wahrheit geschlechtsbezogene (oder andere) Diskriminierung erfolgt (39.6).[20] Dabei sind die Hauptschauplätze immer wieder diese zwei Themen: der Zugang zur Beschäftigung bzw. die ausdrücklichen und indirekt wirkenden Beschränkungen für Frauen (s. u. 39.2 bis 4) und die Frage der Entgeltgleichheit (39.5).

In dieser Hinsicht kann ich nur versuchen, Schwerpunkte zu setzen und die »Highlights« aufzurufen. Insbesondere werde ich mich in diesem historischen Werk der aktuellen, eher breiter als entbehrlich werdenden Diskussion über Instrumente für die weiterhin bestehenden Gleichheitsdefizite (»Gender-Gap«) nicht zuwenden können.

39.2 Mutterschutz

So selbsterklärend dieser elementarste Teil des Frauenarbeitsschutzes war, so wenig Fortschritte gab es seit den bescheidenen Anfängen von 1887/91. Der Grund liegt auf der Hand: es gab keine ausreichende »Lobby«, wie man heute sagen würde. Zur Erinnerung: Als 1905 der zweite große Bergarbeiterstreik ausbrach, nicht zuletzt wegen der 1891 nach dem ersten Streik vermiedenen Zusagen, da wurde Abhilfe schnell und geräuschlos geschaffen – »*gegen die sozialdemokratischen Bestrebungen*« und »*für die Monarchie*«, wie der Reichskanzler und preußische

18 Vgl. *Lörcher*, Ein Schlaglicht auf Frauendiskriminierung in Deutschland – Zum aktuellen Bericht des UN-Sachverständigenausschusses gegen Frauendiskriminierung, AuR 2023, 459.

19 Zu einem Überblick *Graue*, Arbeitsrecht und Frauenerwerbstätigkeit. Problemstellungen der Geschlechter(un)gerechtigkeit in der Bundesrepublik, in Justizministerium des Landes NRW, Hrsg., Weichenstellungen im Arbeits- und Sozialrecht der Bundesrepublik, 2013, S. 180 ff.

20 Vgl. die unfassbar vielfältigen Möglichkeiten der Diskriminierung hinsichtlich des Erscheinungsbildes bei *Lasserre*, Erscheinungsbild von Arbeitnehmerinnen, 2024.

Ministerpräsident, Bülow, bei der Verabschiedung des Preußischen Berggesetzes mit erstmaligen obligatorischen Arbeiterausschüssen betonte.[21]
Obwohl seit der Jahrhundertwende eine intensive Bewegung zur Verbesserung der Situation Schwangerer auch vor der Entbindung eingesetzt hatte, tat sich im Kaiserreich dazu nichts und in der Weimarer Republik kam es erst spät zum »Gesetz über die Beschäftigung von Frauen vor und nach der Niederkunft« vom 16. Juli 1927.[22] Zugleich mit diesem Gesetz wurde das diesbezügliche ILO-Übereinkommen von 1919 ratifiziert.[23] Zu den erweiterten Beschäftigungsverboten vor und nach der Geburt kam ein bescheidener Kündigungsschutz.[24] Außerdem wurden Leistungen aus der gesetzlichen Krankenversicherung gewährt.
Dieser Schutz wurde im Nationalsozialismus – nunmehr argumentativ mit der NS-Mutterschaft-Ideologie unterfüttert (Kap. 12) – mit dem »Gesetz zum Schutze der erwerbstätigen Mutter (Mutterschutzgesetz)« vom 17. Mai 1942[25] kräftig ausgeweitet. Zum einen wurde ein grundsätzliches Kündigungsverbot während der ganzen Schwangerschaft und bis vier Monate nach der Niederkunft eingeführt.[26] Zum anderen brachte dieses Gesetz erstmals Beschäftigungsverbote während der Schwangerschaft (s.u. 39.3). Daran knüpfte die Bundesrepublik inhaltlich weitestgehend unverändert, nur der NS-Terminologie entkleidet, mit dem »Mutterschutzgesetz« vom 24. Januar 1952[27] nahtlos an (Kap. 12).
Substanzielle Änderungen gab es hier lange nicht, jedoch wurde auch diese – vor allem auch in den Augen von Feministinnen – »konservative« Facette der Geschlechterproblematik von veränderten Beschäftigungsstrukturen wie gesellschaftlichen Wertvorstellungen erfasst. Starke Impulse kamen auch für sie von der europäischen Gesetzgebung zur Lohngleichheit und dann vor allem zur »mittelbaren Diskriminierung« (s.u. 39.5). Auf diesem Boden wuchs auch die Erkenntnis, dass »Mutterschutz« der traditionellen Art neben dem unbezweifelbar notwendigen Gesundheitsschutz ein überschießendes Element Diskriminierung enthielt, indem es Frauen von ihnen physiologisch eigentlich möglichen Arbeiten ausschloss. Die markanteste frühe Intervention in diese Richtung (den sonstigen Frauenarbeitsschutz einschließend) kam 1976 von Marliese Dobbert-

21 Vgl. *Kittner*, Arbeitskampf, S. 359.
22 BGBl. I 184.
23 Bereits das 3. Übereinkommen der gerade gegründeten ILO »über die Beschäftigung der Frauen vor und nach der Niederkunft« vom 29.11.1919 forderte die Möglichkeit, nach ärztlichem Attest die Arbeit sechs Wochen vor der Niederkunft zu verlassen, sowie eine Unterstützungsleitung für diese Abwesenheitszeiten.
24 Verbot der ordentlichen Kündigung sechs Wochen vor und nach der Geburt.
25 RGBl. I 321.
26 Gem. § 6 Satz 4 konnte der Reichstreuhänder Ausnahmen zulassen, »wenn ein wichtiger Grund die Lösung des Beschäftigungsverhältnisses erfordert.«
27 BGBl I 69.

hien, einer der profiliertesten Akteurinnen auf diesem Feld.[28] Jürgen Karasch brachte das Problem 1985 auf den Punkt: »*Frauenarbeitsschutz – Schutz für Frauen oder Schutz vor Frauen?*«[29]
Hier erfolgte schließlich im Jahr 1992 die »Mutterschutzrichtlinie« der EG (Kap. 21)[30] ein fundamentaler »Leitbildwechsel«:[31]

> »*Der Schutz der Sicherheit und der Gesundheit von schwangeren Arbeitnehmerinnen, Wöchnerinnen und stillenden Arbeitnehmerinnen darf Frauen auf dem Arbeitsmarkt nicht benachteiligen; er darf ferner nicht die Richtlinien zur Gleichbehandlung von Männern und Frauen beeinträchtigen.*«

Dieser Richtlinie wurde in Deutschland erst 1997, und das nur denkbar halbherzig, mit einer Verordnung zum MuSchG, Folge geleistet.[32]
Die dem Reformgeist der Richtlinie entsprechende Kurskorrektur erfolgte erst weitere zehn Jahre später mit dem »Gesetz zum Schutz der erwerbstätigen Mutter« vom 23. Mai 2017[33] durch die dritte »Große Koalition«. Dessen § 9 Abs. 1 Satz 3 etabliert den unumgänglichen Spagat als Leitlinie des Mutterschutzes:[34]

> **§ 9 MuSchG**
>
> (1) […] Soweit es nach den Vorschriften dieses Gesetzes verantwortbar ist, ist der Frau auch während der Schwangerschaft, nach der Entbindung und in der Stillzeit die Fortführung ihrer Tätigkeiten zu ermöglichen. Nachteile aufgrund der Schwangerschaft, der Entbindung oder der Stillzeit sollen vermieden werden.

28 *Dobberthien*, Kritik des Frauenarbeitsschutzes, Zeitschrift für Rechtspolitik 1976, 106, 107. Dobberthien war u.a. SPD-Bundestagsabgeordnete und als Staatsrätin im Hamburger Senat Leiterin der dort erstmals eingerichteten »Leitstelle zur Gleichstellung der Frau«.

29 *Karasch*, Sozialer Fortschritt 1985, 210.

30 Richtlinie 92/85/EWG vom 19.10.1992, ABl. L 348, 1.

31 9. Erwägungsgrund der Richtlinie 92/85/EWG (vgl. ErfK-*Schlachter*, MuschG, § 1 Rn. 3).

32 Vgl. »Verordnung zur ergänzenden Umsetzung der EG-Mutterschutz-Richtlinie (Mutterschutzrichtlinienverordnung – MuSchRiV)« vom 15.4.1997, BGBl. I 782.

33 BGBl. I 1228 (vgl. *Deinert/Kittner*, Die arbeitsrechtliche Bilanz der Großen Koalition 2014–2017, RdA 2017, 342, 348).

34 Vgl. *Graue/Nebe*, Die Reform des Mutterschutzgesetzes, AuR 2017, 437; *Nebe*, Arbeitsschutzakteure und Verantwortung für einen diskriminierungsfreien Mutterschutz, in FS Kittner, 2021, S. 280ff.

Auf dieser Basis soll der Mutterschutz seither drei Zielen dienen:[35]

- Gesundheitsschutz für Schwangere, junge Mütter und deren Kinder,
- Vermeidung von Nachteilen im beruflichen Fortkommen von schwangeren und stillenden Frauen und
- Diskriminierungsschutz für schwangere und stillende Frauen.

39.3 Beschäftigungsverbote zum »Schutze« der Frauen

Das zweite Element von Frauenarbeitsschutz war ihr genereller Ausschluss von Arbeiten in bestimmten »Fabrikationszweigen« und zu bestimmten Zeiten (Dauer, Pausen, Wochenende, Feiertage, Nachtarbeit). Seit der Gewerbeordnung von 1878 war das einer gesonderten Beschlussfassung des Bundesrates überlassen (§ 139a GewO).[36] Dieser Rechtszustand galt nicht nur während des ganzen Kaiserreichs, sondern auch noch in der Weimarer Republik; die Verordnungsermächtigung für den Bundesrat war auf den Reichsarbeitsminister übertragen worden. Das änderte sich erst mit der Arbeitszeitordnung von 1938 (Kap. 12, 29). Mit ihr wurden die wichtigsten solcher für Frauen gesperrte Gewerbe (z. B. Bergwerke, Transport von Roh- und Werkstoffen bei Bauten) neben den Arbeitszeiten für Frauen im Gesetz geregelt. Das Verbot des Transports von Materialien auf dem Bau wurde 1908 auf Vorschlag einer Reichstagskommission eingefügt. Diese hatte festgestellt, dass solche Arbeiten hauptsächlich in München und Oberschlesien vorkämen. Aber: »*Im übrigen Deutschland werde die Heranziehung von Arbeiterinnen zum Tragen von Mörtel, Steinen usw. nicht bloß als unschicklich, sondern noch mehr als der Gesundheit nicht zuträglich empfunden. Das treffe vor allem bei schwangeren Frauen zu.*«[37]

Die Gesamtheit dieser Normen wurde nach Gründung der Bundesrepublik übernommen (Kap. 12) und wurde unter der Maxime »Besonderer Schutz wegen besonderer Belastungen« vom BVerfG nicht als gleichheitswidrig beanstandet: »*Insbesondere ist im Hinblick auf die objektiven biologischen oder funktionalen Unterschiede von Mann und Frau nach der Natur des jeweiligen Lebensverhältnisses auch eine besondere rechtliche Regelung erlaubt oder sogar notwendig. Um eine solche Regelung, die der biologischen Besonderheit der Frau im Rahmen ihres Arbeitsverhältnisses schützend Rechnung trägt, handelt es sich in § 17 Abs. 2 Satz 2*

35 Nach *Zmarzlik/Zipperer/Viethen/Vieß*, Mutterschutzgesetz, Mutterschaftsleistungen, 9. Aufl. 2005, Vor §§ 1 und 2, Rn. 6; vgl. *Graue*, MuSchG, 3. Aufl. 2018, § 1 Rn. 1.

36 Zu den erfassten Gewerbezweigen vgl. *Schmitt*, a. a. O., S. 110ff.; vgl. *Hueck-Nipperdey*, Arbeitsrecht, Bd. 1, 3. Bis 5. Aufl. 1931, S. 466ff.

37 Vgl. *Landmann*, GewO, 6. Aufl. 1912, § 137a, Anm. 8b.

AZO [Höchstarbeitszeit, M.K.]. *Dasselbe gilt für § 19 AZO* [Verbot der Nachtarbeit, M.K.].«[38]

Mit dieser Grundhaltung erwiesen sich alle derartigen »Schutz«-Normen als außerordentlich zählebig,[39] bis das BVerfG dieser ganzen »Denke« mit der Entscheidung zum Verbot der Nachtarbeit ein Ende bereitete (s. u. 39.5). Danach verschwanden all die Arbeitsbeschränkunken für Frauen mit der Aufhebung der Arbeitszeitordnung durch das Arbeitszeitgesetz von 1994 (Kap. 29). Hinsichtlich der Geschlechtsbezogenheit von Arbeitsschutz formulierte dann ab 1996 § 4 Nr. 8 des Arbeitsschutzgesetzes (Kap. 30) die nunmehrige Leitlinie:

§ 4 Nr. 8

Mittelbar oder unmittelbar geschlechtsspezifisch wirkende Regelungen sind nur zulässig, wenn dies aus biologischen Gründen zwingend geboten ist.

Inzwischen ist unter dem Begriff des »Gender Mainstreaming«[40] eine nächste Stufe der Geschlechterproblematik erreicht: das Problem einer durchgängigen Beachtung der Geschlechterperspektive im Beschäftigungssystem mit der Frage »Schützt Arbeitsschutzrecht Frauen und Männer gleichermaßen«?[41] Das ist im Rückblick bemerkenswert, als es allen Fortschritts ungeachtet, ja sogar zunehmend – überproportionale Belastungen (»Doppelbelastung«) berufstätiger Frauen nahezu üblich sind. Heute spricht man von »care-Arbeit«, die vor allem von ihnen getragen wird. Dem so Rechnung zu tragen, dass es nicht erneut in Diskriminierung mündet, grenzt an die »Quadratur des Kreises«.

---

38 BVerfG 25.5.1956, BVerfGE 5, 9 (unter Verweis auf BVerfG 18.12.1953, BVerfGE 3, 225).

39 Bei allen diesen Vorschriften kam noch das Problem der prohibitiven Wirkung auf dem Arbeitsmarkt hinzu (vgl. *Pfarr*, Besondere Arbeitnehmerschutzrechte zwischen sozialpolitischer Zielsetzung und arbeitsmarktpolitischer Dysfunktionalität, in Kittner, Hrsg., Arbeitsmarkt – ökonomische, soziale und rechtliche Grundlagen, 1982, S. 259ff.).

40 Vgl. *Kannegießer*, Arbeitsschutz für Frauen. Ein Leitfaden für die Praxis, 2005, S. 9ff.

41 *Nebe/Weg*, in Weg/Stolz-Willig, Hrsg., Agenda Gute Arbeit: geschlechtsgerecht!, 2014, S. 210ff.; *Weg*, Warum geschlechtergerechter Arbeitsschutz? Teil 1, Arbeitsmedizin, Sozialmedizin, Umweltmedizin 5/2023; *dies.*, Geschlechtergerechter Arbeitsschutz: von Worten zu Taten, Teil 2, Arbeitsmedizin, Sozialmedizin, Umweltmedizin 6/2023.

39.4 Exkurs I: Hausarbeitstag

An diese Stelle passt eine längst vergangene, als regionales Kuriosum (und dies noch mit NS-Odium) eher belächelte Einrichtung: der »Hausarbeitstag« (umgangssprachlich auch »Haushaltstag«).[42] In vier Bundesländern – Bremen, Hamburg, Niedersachsen und NRW – hatten berufstätige Frauen (nicht Männer) einmal im Monat Anspruch auf einen freien Tag, um hauswirtschaftliche Tätigkeiten zu erledigen. Das gab es seit 1952 auch in der DDR.[43] Diese Regelungen waren jeweils auf Initiative der Kommunistischen Partei (KPD) mit großen Mehrheiten eingeführt worden. Vorläufer war im Nationalsozialismus zunächst ein ab 1939 eingeführter monatlicher »Waschtag« für in der Rüstungswirtschaft zwangsverpflichtete Frauen, dem 1943 ein »Haushaltstag« folgte.[44]

Eine derartige, Frauen vordergründig nur begünstigende Regelung landete in der Bundesrepublik unvermeidlich bald bei den Gerichten mit dem Argument, es sei gleichheitswidrig, dass Männer den Anspruch nicht hätten. Beim gerade erst gegründeten BAG wies der erste Senat (unter Vorsitz von Nipperdey) dies zunächst zurück.[45] Der Große Senat des BAG folgte im Jahr 1962.[46] Seine Begründung knüpfte an die Entscheidung des BVerfG zur AZO an, mit der ein »Arbeitsschutz nur für Frauen« gebilligt worden war (s. o. 39.3). Bemerkenswerterweise räumte er den Argumenten der namentlich nicht genannten (kommunistischen) Abgeordneten einen breiten Raum ein: Mit dem »*Gesetz solle einem ›Raubbau an der Gesundheit und an der Arbeitskraft der erwerbstätigen Frauen‹ vorgebeugt werden, damit sie nicht in Kürze arbeitsunfähig werden. Es stehe dabei ›die ganze Volksgesundheit auf dem Spiel‹; man müsse die ›Gesundheit und Kraft‹ der erwerbstätigen Frauen erhalten, damit sie ihren Haushalts- und Mutterpflichten nachkommen könnten.*« Mit dieser Zielsetzung sei das Gesetz am 27. Juli 1948 mit großer Mehrheit beschlossen und von der britischen Militärregierung gebilligt worden.[47] Das war für den Großen Senat die Vorlage, um die vom frühen BVerfG geprägte Sicht auf den Frauenarbeitsschutz für das Arbeitsrecht »festzuzurren«:

---

42 Vgl. *Sachse*, Der Hausarbeitstag, 2002; zur Entstehungsgeschichte auch *Binder-Wehberg*, Ungleichbehandlung von Mann und Frau, 1970, S. 128 ff.

43 VGl. VO über die Wahrung der Rechte der Werktätigen und über die Regelung der Entlohnung der Arbeiter und Angestellten vom 20. 5. 1952 (GBl. 377).

44 FreizeitAO vom 22. 10. 1943, RAB III, S. 525.

45 Vgl. BAG 14. 7. 1954, BAGE 1, 51. Der Wikipedia-Eintrag zum »Hausarbeitstag« ist hinsichtlich der Gerichtsverfahren unvollständig und inhaltlich unpräzise. Er bezeichnet Nipperdey (offenbar um daraus eine Ursächlichkeit für das Urteil zu insinuieren) als »Jurist des Nationalsozialismus«. Dass der Große Senat des BAG tätig wurde, wird nicht angesprochen.

46 Vgl. BAG-GS 16. 3. 1962, BAGE 13, 1.

47 Gesetz vom 12. 2. 1949, GV0Bl. NRW 1949, 3.

> *»Frauenarbeitsschutzrecht erfüllt eine Hilfsfunktion für die echte Verwirklichung der Gleichberechtigung der Geschlechter im Arbeitsleben. Es knüpft an die vorhandenen biologischen und funktionalen Geschlechtsunterschiede und Unterschiedlichkeiten der Lebensumstände an und ist nach den historisch überkommenen Kulturvorstellungen und den auch heute noch gegebenen Realitäten notwendig, um die Voraussetzungen zu schaffen, unter denen für die Frau durch sachgemäßen Ausgleich ihrer schwächeren Position eine Gleichberechtigung der Geschlechter im Arbeitsleben entstehen und gewährleistet sein kann.«*

Diese Begründung hielt noch 17 Jahre. Dann trug das BVerfG den gewandelten gesellschaftlichen Verhältnissen auf diesem Feld ein erstes Mal Rechnung. Es erklärte § 1 des NRW-Gesetzes als mit Art. 3 Abs. 3 GG unvereinbar, *»soweit der Hausarbeitstag weiblichen, aber nicht männlichen alleinstehenden Arbeitnehmern mit eigenem Hausstand gewährt wird.«*[48]

Das war ein Zwischenschritt. Das BVerfG stellte sich zwar noch hinter die bisherige Rechtfertigung von nur Frauen betreffendem Arbeitsschutzrecht, sprach dem Hausarbeitstag aber eine solche Qualität ab. Und was die Zuweisung von Hausarbeit nur an Frauen anging, sorgte es mit geradezu barschem Ton für frischen Wind:

> *»Es gehört nicht zu den geschlechtsbedingten Eigenheiten von Frauen, Hausarbeit zu verrichten. Wenn in diesem Bereich gleichwohl in erster Linie die Tätigkeit von Frauen erwartet wird, beruht dies allein auf der herkömmlichen Vorstellung, daß es der Frau zufällt, den Haushalt ganz oder mindestens überwiegend zu besorgen.«*

Danach dauerte es (nur) noch 13 Jahre bis zum vollständigen Paradigmenwechsel mit dem Nachtarbeitsverbots-Urteil. In der Sache »Hausarbeitstag« stand das Land NRW vor der Alternative: Hausarbeitstag für alle oder für niemand? Die Entscheidung überraschte nicht. Diese »Errungenschaft« gehörte fortan der Vergangenheit an. Das formale Ende der Hausarbeitsgesetze in NRW und in den anderen Ländern kam mit Art. 9 des Arbeitszeitgesetzes von 1994, der alle diese Gesetze aufhob.[49] Bei etwas Distanz und im Lichte der aktuellen Diskussion über

48 BVerfG 13.11.1979, BVerfGE 52, 369.

49 Damit fand auch der in den Ländern der früheren DDR weitergeltende »Anspruch auf einen Hausarbeitstag« ein Ende (vgl. Einigungsvertrag, Anlage II Kap. VIII, Sachgebiet C: Sozialer Arbeitsschutz, Abschnitt III Nr. 4, BGBl II, 1990, 885).

Belastungen durch »care«-Arbeit wird es nicht überraschen, wenn ich einen vertieften, von den Schlacken der alten Rollenverteilung gereinigten Blick auf diese regional und zeitlich eingegrenzte Episode für interessant halte.

39.5 Exkurs II: »Zölibatsklausel«

Unter »Zölibatsklauseln« verstand man Bestimmungen in Arbeitsverträgen, wonach das Arbeitsverhältnis einer Frau mit ihrer Heirat aufgelöst wurde. Diese zweite abgeschlossene historische Episode, deren Einsetzen nach dem Ersten Weltkrieg ich zur Demonstration des »Zeitgeistes« dokumentiert habe, hat keine Chance auf Wiederbelebung. Wenn ich sie und ihre Beendigung durch das BAG[50] gleichwohl aufrufe, dann zu drei Zwecken:

- als Parade-Beispiel für die neue Doktrin von der »Drittwirkung der Grundrechte«, noch vor dem Lüth-Urteil des BVerfG,
- als Teil der gleichzeitig ablaufenden gewaltigen Umwälzung beim Familienrecht und
- als beeindruckendes Beispiel dafür, wie konservative Richter sich auf das alles »mit zusammengebissenen Zähnen« einließen.

Zu allererst ist der Fall bedeutsam, weil wir hier Nipperdey in seiner neuen Rolle als BAG-Präsident bezüglich der ganz grundlegenden Frage der neuen Verfassung der frühen Bundesrepublik wirken sehen. Er galt als einer der Hauptprotagonisten der Lehre von der »Drittwirkung« der Grundrechte (Kap. 17).[51] Hauptvertreter der Gegenmeinung war der Tübinger Verfassungs- und Völkerrechtler Günter Dürig.[52] Nach dessen Vorstellung gab es eine Eigenständigkeit des Zivilrechts gegenüber dem verfassungsrechtlichen Grundrechtssystem, die es allenfalls erlaubte, diesem über die Generalklauseln des BGB (§§ 138 und 242) Geltung zu verschaffen. Es ist amüsant zu lesen, wie Nipperdey keinen Skrupel kannte, diesen Wissenschaftler-Streit nun in amtlicher Funktion zu entscheiden: »*Das Bundesverfassungsgericht, der Bundesgerichtshof und das Bundesarbeitsgericht sind daher mit Recht der von Dürig vertretenen Auffassung nicht gefolgt.*«

Die Entscheidung zu den Zölibatsklauseln setzte gewissermaßen den Schlusspunkt einer Entwicklung, die seit der Geltung des Gleichheitsgebots im Grundgesetz auch für das Arbeitsleben zur Beseitigung der drückendsten herkömm-

50 Vgl. BAG 10.5.1957, BAGE 4, 274.

51 Vgl. *Nipperdey*, Die Würde des Menschen, in: Neumann/Nipperdey/Scheuner, Hrsg., Die Grundrechte, Bd. 2, 1957, S. 40.

52 Dürig war Mitbegründer des für lange Zeit führenden Grundgesetz-Kommentars »Maunz/Dürig«.

lichen Ungleichheiten führte.[53] Dem Gleichheitsgebot entgegenstehendes Recht sollte nach der Übergangsvorschrift des Art. 117 Abs. 1 GG einstweilen in Kraft bleiben, aber nicht länger als bis zum 31. März 1953. Nachdem ein Gleichberechtigungsgesetz bis dahin nicht zustande gekommen war, wurde dieses entgegenstehende Recht als nichtig behandelt. Das betraf nach allgemeiner Meinung u. a. § 1358 Abs. 1 alter Fassung BGB. Danach konnte der Mann ein von seiner Frau eingegangenes Arbeitsverhältnis ohne Einhaltung einer Kündigungsfrist kündigen, wenn er auf seinen Antrag von dem Vormundschaftsgericht dazu ermächtigt worden war. Das Vormundschaftsgericht hatte die Ermächtigung zu erteilen, wenn sich ergab, dass die Tätigkeit der Frau die ehelichen Interessen beeinträchtigte. Förmlich aufgehoben wurde diese Vorschrift im Zuge des Gleichberechtigungsgesetzes vom 18. Juni 1957 (also zum Zeitpunkt des Zölibatsklausel-Urteils).[54]

Die Geschichte der »Zölibatsklauseln« selbst ist rasch erzählt. Sie waren eine typische Begleiterscheinung des Vordringens von Frauen in Männerberufe, vor allem im öffentlichen Dienst. Zunächst unmittelbar nach dem Ersten Weltkrieg, dann mit Ansteigen der Arbeitslosigkeit entwickelten sich zunächst eine Stimmung und dann eine regelrechte Kampagne gegen »Doppelverdiener« (s. o. 39.2). Diese Bewegung kam im Nationalsozialismus allerdings relativ rasch an ihr Ende, nachdem Aufrüstung und Krieg den verstärkten Arbeitseinsatz von Frauen erforderten (1939 war der Frauenanteil an der Gesamtbeschäftigtenzahl schon doppelt so hoch wie 1933).[55] Nach dem Krieg kam es nochmals kurz zu Aktivitäten gegen »Doppelverdiener«, d. h., gegen berufstätige Frauen, vor allem gegenüber höher qualifizierten Frauen im öffentlichen Dienst.[56]

Dazu gab es seit Beginn der 1950er Jahre eine wissenschaftliche Diskussion, die um drei Fragen kreiste: Sind Zölibatsklauseln ein Verstoß gegen Art. 3 Abs. 2 GG, wenn sie nur Frauen treffen? Sind sie sittenwidrig gem. § 138 BGB? Oder ein Gesetzesverstoß gem. § 134 BGB?[57] Das BAG stellte sich auf den Standpunkt, dass

53 Vgl. *Degener*, Der Streit um Gleichheit und Differenz in der Bundesrepublik Deutschland seit 1945, in: Gerhard, Hrsg., Frauen in der Geschichte des Rechts, 1997, S. 871.

54 BGBl. I 609.

55 Vgl. *Kompisch*, Täterinnen: Frauen im Nationalsozialismus, 2008, S. 21.

56 Vgl. *Ruhl*, Verordnete Unterordnung. Berufstätige Frauen zwischen Wirtschaftswachstum und konservativer Ideologie in der Nachkriegszeit (1945–1963), 1994, S. 118.

57 Zum zeitgenössischen Stand der Diskussion vgl. *Molitor*, Die Unzulässigkeit von Zölibatsklauseln in Einzelarbeitsverträgen, AuR 1953, 353. Apitzsch referiert mit deutlichem Unverständnis, dass damals sogar der Chefjustiziar des DGB, Otto Kunze, Zölibatsklauseln nicht für sittenwidrig gehalten habe (60 Jahre Arbeit und Recht – ein Streifzug, AuR 2014, 172, 174). Zu dessen Ehrenrettung sei zum einen gesagt, dass er sich damals im Einklang mit der nicht etwa heftig befehdeten herrschenden Meinung bewegte. Zum anderen zeigte Kunze einen »fortschrittlichen« Ausweg, indem der für den Regelfall dem Arbeitgeber eine Berufung auf die Klausel als Verstoß gegen »Treu und Glauben« gem.

sie unter keinem Gesichtspunkt zu retten seien; als Verstoß gegen Art. 6 Abs. 1 GG seien sie unheilbar nichtig.
Die Begründung lässt in rechtlicher Hinsicht keine Zweifel und ist unerbittlich. Die durch Art. 6 GG geschützte Freiheit der Eheschließung lasse eine solche privatrechtliche Verpflichtung nicht zu. Bei dieser Argumentation kam es auf die Frage der Frauen-Diskriminierung nicht an. Vorsorglich stellte das BAG aber klar: »*Würde daher in Tarifverträgen eine Zölibatsklausel nur für Arbeitnehmerinnen vereinbart werden, so läge eine Benachteiligung der weiblichen Arbeitnehmer vor, die nach Art. 3 GG zur Nichtigkeit der Vereinbarung führen würde.*« Gleiches gelte, wenn Einzelarbeitsverträge schematisch nur für Arbeitnehmerinnen verabredet würden.
Interessant ist aber, wie schwer sich die Richter damals mit dem Phänomen von Frauenerwerbstätigkeit taten. Für sie galt als Normalität und Ideal eine Ehe, in der der Mann das Geld verdiente und die Frau den Haushalt führte: »*In vielen Fällen kann heute, mag man das auch bedauern, die Ehe erst ermöglicht werden, wenn die Ehefrau mitverdient. Auch gibt es Fälle, in denen die Frau allein die neu zu gründende Familie ernähren muss, wie etwa bei der Eingehung der Ehe mit einem Erwerbsunfähigen, einem noch nicht arrivierten Künstler, einem Studenten.*« Wenngleich also eine Zölibatsklausel als »*grundsätzlich ehefeindlich*« abgelehnt werden müsse, »*soll damit nicht in Abrede gestellt werden, dass es wünschenswert sein kann, wenn eine Ehefrau sich nur der Familie widmet.*« Aber es sei allein Sache der Frau – »*und ihres verständnisvollen Ehemannes*« – wie sie ihre beruflichen Pflichten mit ihrem privaten Leben in Einklang bringe.

39.6 Nachtarbeitsverbot

Das Verbot der Nachtarbeit für Frauen war keine deutsche Spezialität. Im Jahr 1911 verständigten sich alle europäischen Staaten (einschließlich Großbritannien und der Schweiz) auf ein solches in dem »Internationalen Abkommen über das Verbot der Nachtarbeit der gewerblichen Arbeiterinnen« (»Berner Abkommen)«.[58] Die ILO griff das unmittelbar nach ihrer Gründung mit dem »Übereinkommen Nr. 4 über die Nachtarbeit der Frauen« vom 29. Oktober 1919 auf.
Sein Ende fand es erst mit einer Entscheidung des BVerfG[59] im Jahr 1992. Auf die Verfassungsbeschwerde einer Unternehmerin, die wegen unerlaubter

§ 242 BGB verwehrte (vgl. *Kunze*, Die »Zölibatsklauseln« in Einzelarbeitsverträgen, AuR 1953, 76, 78).

58 RGBl. 5. Das Abkommen wurde durch Deutschland erst 1993 infolge der Entscheidung des BVerfG gekündigt (vgl. *Buschmann/Ulber*, Arbeitszeitrecht, 2. Aufl. 2025, Einl. Rn. 10).

59 Vgl. BVerfG 28.1.1992, BVerfGE 85, 191.

Nachtarbeit einiger Arbeiterinnen zu einem Bußgeld verurteilt worden war, entschied es:

> *»1. § 19 AZO verstößt gegen den Gleichheitssatz des Art. 3 GG, weil Frauen und Männer aus nicht zu rechtfertigendem Grund unterschiedlich behandelt werden.*
> *2. § 9 AZO ist gleichheitswidrig auch wegen ungerechtfertigter Ungleichbehandlung von Arbeiterinnen und weiblichen Angestellten.*
> *3. Der Gesetzgeber muss seiner Schutzpflicht für eine wirksame Grundrechtsausübung nachkommen, indem er auskömmliche Arbeitsschutzbestimmungen für alle Arbeitnehmergruppen schafft.«*

Der vom BVerfG festgestellte Faktenhintergrund zeigte zwar einerseits die beschränkte praktische Relevanz dieses Nachtarbeitsverbot (nur 6,5 % aller Arbeiterinnen und 7,6 % aller weiblichen Angestellten arbeiteten ständig, regelmäßig oder gelegentlich nachts). Andererseits stand dies zugespitzt für die Bewertung von Frauenerwerbsarbeit generell.

Der BGH und die Mehrzahl der Oberlandesgerichte hielten die angegriffene Regelung für verfassungsgemäß. Die Frau verdiene aufgrund ihrer biologisch begründeten Rolle als Mutter einen erhöhten Schutz, der sich nicht in den Bestimmungen erschöpfe, die unmittelbar dem Mutterschutz dienten. Schließlich: Das Nachtarbeitsverbot beuge auch einer Gefährdung der Arbeiterinnen durch nächtliche Straßenüberfälle und sexuelle Belästigungen auf dem Weg von und zu ihrer Arbeitsstelle vor. Interessant ist die völlige Verkennung der Fakten hinsichtlich der Angestellten: Die Zivilgerichte hielten es nicht für erforderlich, das Nachtarbeitsverbot auf weibliche Angestellte zu erstrecken, weil diese Berufsgruppe nur selten Nachtarbeit leisten müsse. Das Nachtarbeitsverbot diene in erster Linie dem Schutz vor körperlicher Nachtarbeit.

Der DGB verteidigte das Nachtarbeitsverbot auch damit, dass Frauen durch Kinderbetreuung und Haushaltsführung zusätzlich belastet würden. Partnerschaftliche Lebensgemeinschaften, in denen sich Mann und Frau Berufs- und Hausarbeit gerecht aufteilten, seien in der gesellschaftlichen Realität nur selten anzutreffen. Die herkömmliche Rollenverteilung sei im Arbeitermilieu noch stärker verankert als unter Angestellten. Die Arbeiterinnen selbst empfänden das Nachtarbeitsverbot nicht als diskriminierend.

Bei den Frauenverbänden gab eine bemerkenswerte Nuancierung: »Juristinnenbund« und »Frauenring« hielten § 19 AZO zwar gleichermaßen für eine nicht (mehr) zu rechtfertigende Diskriminierung, vor allem weil Arbeiterinnen Tätigkeitsfelder verschlossen blieben, die Männern offen stünden, und *»weil es nicht zu den geschlechtsbedingten Eigenschaften der Frau gehöre, Hausarbeit zu* *verrichten«* (was das BVerfG schon zum Hausarbeitstag festgestellt hatte, s.o.). Die »Juristinnen« wiesen allerdings darauf hin, dass ein ersatzloser Wegfall des Nachtarbeitsverbotes ebenfalls grundgesetzwidrig sei.

Die Bundesregierung hielt das Nachtarbeitsverbot zwar nach wie vor für verfassungsgemäß und zwar überwiegend aus pragmatischen Erwägungen, wie etwa der DGB: »*Frauen seien aber weitaus häufiger als Männer neben ihrer Berufsarbeit mit der Betreuung von Kleinkindern und mit Hausarbeit belastet. Sie könnten dann auch tagsüber nicht durchschlafen. Es bestehe der begründete Verdacht, dass Nachtarbeit unter diesen Umständen zu besonders gravierenden gesundheitlichen Schäden führe.*« Die Bundesregierung räumte jedoch ein, dass die unterschiedliche Regelung der Nachtarbeit für Arbeiterinnen und weibliche Angestellte durch die fortschreitende Technisierung der Arbeit fragwürdig geworden sei; heute seien die Arbeiterinnen im Allgemeinen nicht mehr mit schweren körperlichen Arbeiten befasst. Im Übrigen gebe es keine Anhaltspunkte dafür, dass geistige Nachtarbeit weniger belastend sei als körperliche. Deshalb wolle die Bundesregierung eine Neuregelung der Nachtarbeit vorschlagen, in der nicht mehr nach dem Geschlecht unterschieden werde.

Aus dem Rahmen fiel die Stellungnahme von BDA und BDI: Auch sie hielten § 19 AZO für verfassungswidrig, aber nicht wegen unzulässiger Ungleichbehandlung zwischen Frauen und Männern oder Arbeiterinnen und Angestellten, sondern »*weil besondere gesundheitliche Belastungen von Arbeiterinnen durch Nachtarbeit nicht nachweisbar seien. [...] Zu weitgehende Schutzmaßnahmen würden die Berufsfreiheit der Unternehmer verletzen.*«

Das BVerfG räumte mit dem früheren – wohlgemeinten – Argument auf, die zusätzliche Belastung mit Hausarbeit und Kinderbetreuung rechtfertige eine Ungleichbehandlung von Frauen und Männern– dies sei kein hinreichend geschlechtsspezifisches Merkmal: »*Diese Doppelbelastung trifft aber in ihrer ganzen Schwere nur Frauen mit betreuungsbedürftigen Kindern, soweit sie alleinstehen oder der männliche Partner ihnen trotz ihrer Nachtarbeit die Kinderbetreuung und den Haushalt überlässt. In gleicher Weise trifft sie alleinerziehende Männer und in abgemilderter Form Männer und Frauen, die sich die Arbeit im Haus und mit den Kindern teilen.*« Dem nicht zu leugnenden Schutzbedürfnis für Nachtarbeiterinnen und Nachtarbeiter, die zugleich Kinder zu betreuen und einen Mehrpersonenhaushalt zu führen haben, könne sachgerechter durch Regelungen Rechnung getragen werden, die an diesen Tatbestand anknüpfen.

Seine fallübergreifende Bedeutung gewann die Entscheidung des BVerfG aber durch die nun »amtliche« Erkenntnis, dass nur für Frauen geltender »Schutz« eine schwerwiegende Diskriminierung sein könne:

»Frauen werden dadurch bei der Stellensuche benachteiligt. Arbeit, die mindestens zeitweise auch nachts geleistet werden muss, können sie nicht annehmen. In einigen Branchen hat das zu einem deutlichen Rückgang der Ausbildung und des Einsatzes von weiblichen Arbeitskräften geführt. Darüber hinaus werden Arbeiterinnen daran gehindert, über ihre Arbeitszeit frei zu disponieren. Nachtarbeitszuschläge können sie nicht verdienen. All das kann auch zur Folge haben, dass Frauen weiterhin in größerem Umfang als Männer neben einer Berufsarbeit noch mit Kinderbetreuung und Hausarbeit belastet werden und dass sich damit die überkommene Rollenverteilung zwischen den Geschlechtern verfestigt. Insofern erschwert das Nachtarbeitsverbot einen Abbau von gesellschaftlichen Nachteilen der Frau.«

Der Nachtarbeitsfall musste wegen der von niemandem bestrittenen Gesundheitsbelastungen von Nachtarbeit andere Konsequenzen haben als die Entscheidung über den NRW-Hausarbeitstag. Das BVerfG nutzte die Gelegenheit, um seine in den »Handelsvertreter«- und »Bürgschafts«-Fällen konzipierte Schutzpflicht-Rechtsprechung (Kap. 17) zu befestigen.

»Der Gesetzgeber ist verpflichtet, den Schutz der Arbeitnehmer vor den schädlichen Folgen der Nachtarbeit neu zu regeln. Eine solche Regelung ist notwendig, um dem objektiven Gehalt der Grundrechte, insbesondere des Rechts auf körperliche Unversehrtheit (Art. 2 Abs. 2 Satz 1 GG), Genüge zu tun. Eine Schutzpflicht des Staates besteht gerade im Hinblick auf dieses Grundrecht.«

Welche Regelungen erforderlich seien, müsse zunächst der Gesetzgeber selbst im Rahmen seines weiten Wertungs- und Gestaltungsfreiraums bestimmen. Das gesetzgeberische Resultat war schließlich die völlige Neuregelung der Nachtarbeit für alle Arbeitnehmergruppen im neu-konzipierten Arbeitszeitgesetz von 1994 (Kap. 29). Es ist umstritten, ob die seitherige Regelung in § 6 ArbZG die Vorgaben des BVerfG und der Arbeitszeit-Richtlinie 2003/00/EG (Kap. 21) gerecht werden.[60]

39.7 Entgeltgleichheit

Das materielle und emotionale Zentrum der Gleichheitsfrage bildete die Frage des Arbeitsentgelts, die »Lohngleichheit«, wie man ein Jahrhundert lang sagte.

60 Vgl. *Buschmann/Ulber*, Arbeitszeitrecht, § 6 Rn. 4.

Auch diesbezüglich fange ich am zweckmäßigsten mit einem »Sittengemälde« an, erneut mit einem »fortschrittlichen« Exponenten. Von Philipp Lotmar stammte das erste große Handbuch des neuen Rechtsgebiets: »Der Arbeitsvertrag« von 1908. Darin beschreibt er Prinzipien der Lohnfindung:[61] »*Der Zeitlohn (wird) oft nach Geschlecht, Lebens- oder Dienstalter abgestuft* [...], *indem durch diese Unterschiede der Grad der Leistungsfähigkeit bedingt ist. Der Arbeitgeber kann sich einen höheren Lohn für den gleichen lohnmessenden Zeitabschnitt zu bewilligen entschließen, wenn er erwarten darf, daß in diesen Zeitabschnitt eine größere Leistung fallen werde. Dies kann einer der Gründe sein, daß die Stunde Männerarbeit mit höherem Lohn entgolten wird, als die Stunde Frauen- oder Kinderarbeit bei gleicher Arbeitsart*«.

Nicht genug damit. Lotmar beschrieb auch die Möglichkeit, beim Akkordlohn, der eigentlich per se die Leistungsunterschiede im Ergebnis abbilden sollte, obendrein noch bei den Akkordsätzen zu differenzieren: »*Wenn es gleichwohl nicht selten vorkommt, daß Frauen für gleiche Akkordarbeit kleinerer Lohn bewilligt wird als Männern, so sind hierbei andere Gründe geltend als der Unterschied Leistungsfähigkeit, namentlich der, daß den Frauen herkömmlich ein geringeres Verdienstbedürfnis zugestanden wird als den Männern.*«

Das war der Stand der Dinge im Jahr 1908 – ohne kritischen Kommentar. Und das sollte so bleiben bis nach 1945. Insbesondere in der durch Männerarbeit geprägten Industrie waren schematische Lohnabschlagsklauseln für Frauen das Übliche. Die Gewerkschaften, mit einem damals noch nur einen sehr geringen Anteil von Frauen,[62] lehnten derartige Klauseln inzwischen zwar ab,[63] konnten deren Abschaffung in Tarifverhandlungen jedoch nie durchsetzen (wobei stets der Vorwurf – begründet oder nicht – im Raum stand, die männlichen Verhandlungsführer würden dies nicht energisch genug betreiben).[64] 1955 kam dazu die Hilfe der Gerichte.

---

61 *Lotmar*, Der Arbeitsvertrag, Bd. 2, 1908, S. 443.

62 10 % der Arbeiter-Mitglieder bei der IG Druck und Papier sowie der IG Metall (vgl. *Hemmer/Schmitz*, Hrsg., Geschichte der Gewerkschaften in der Bundesrepublik Deutschland, 1990, S. 472, 475).

63 »Der gewerkschaftliche Wiederaufbau nach dem Kriege. Das Problem der Frauenerwerbsarbeit«, Correspondenzblatt« 1918, S. 183 ff.

64 Zur Übergabe einer Festschrift über »Geschlechtergerechtigkeit« an Heide Pfarr (*Hohmann-Dennhardt/Körner/Zimmer*, Hrsg., Geschlechtergerechtigkeit, 2010) gab es ein Symposium, auf dem die namhaftesten anderen »Celebrities« auf diesem Feld (Jutta Allmendiger, Leiterin des Wissenschaftszentrums Berlin für Sozialforschung, Christine Hohmann-Dennhardt, Bundesverfassungsrichterin, und Ingrid Schmidt, Präsidentin des Bundesarbeitsgerichts) die Benachteiligung von Frauen auf dem deutschen Arbeitsmarkt beklagten. Ich meinte, mich in der »Höhle der Löwinnen« mit der Bemerkung zu Wort melden zu sollen, dass mir das eigene Engagement der Frauen zu kurz gekommen sei, z. B. durch Mitgliedschaft in einer Gewerkschaft. Die Antwort kam prompt, von

Der erste Senat des BAG[65] unter Vorsitz von Nipperdey benutzte gleich den ersten zu ihm gelangenden Fall. Erneut konnte er dies unter Rückgriff auf eigene Vorarbeiten als Wissenschaftler tun. Hinsichtlich der »Drittwirkung« des Art. 3 Abs. 2 GG konnte sich der erste Senat zudem bereits auf BVerfG beziehen (s. o. 39.4, 5): »*Die Verfassungssätze, dass Männer und Frauen gleichberechtigt sind (Art. 3 Abs. 2 GG), und dass niemand wegen seines Geschlechts benachteiligt werden darf (Art. 3 Abs. 3 GG), sind geltende, echte Rechtsnormen und keine bloßen Programmsätze.*«
Daraus leitete der Senat die nötigen Umsetzungsschritte für das Arbeitsrecht ab. Seine Leitsätze dazu waren unmissverständlich:

»*Der Gleichberechtigungsgrundsatz und das Benachteiligungsverbot umfassen auch den Grundsatz der Lohngleichheit von Mann und Frau bei gleicher Arbeit.*
Der Lohngleichheitsgrundsatz bindet als Grundrecht nicht nur die staatliche Gewalt, sondern auch die Tarifvertragsparteien.
Eine Tarifklausel, die generell und schematisch weiblichen Arbeitskräften bei gleicher Arbeit nur einen bestimmten Hundertsatz der tariflichen Löhne als Mindestlohn zubilligt, verstößt gegen den Lohngleichheitsgrundsatz und ist nichtig.
Nur solche Lohndifferenzierungen sind zulässig, die auch bei Männern vorgenommen werden, wenn und soweit es sich um Arbeiten handelt, die in gleicher Weise für Männer und Frauen tariflich vorgesehen sind.«

Diese Entscheidung war für die damalige Zeit ein gewaltiger Fortschritt. Sie hatte, für die erste BAG-Zeit nicht ganz ungewöhnlich, eine persönliche Gutachter-Geschichte als Vorlauf. 1950 gab es einen regelrechten Gutachterstreit zwischen BDA und DGB.[66] Dabei hatte Nipperdey für den DGB, dem er damals als arbeitsrechtlicher Chef-Berater Hans Böcklers eng verbunden war, ein Rechtsgutachten unter dem Titel »Gleicher Lohn der Frau für gleiche Leistung« erstellt.[67]

Christine Hohmann-Dennhardt: Das komme daher, dass die Gewerkschaften so wenig für sie täten! Etwa 10 Jahre später hatte ver.di über eine Million weiblicher Mitglieder; bei einem Frauenanteil von über 50 %. Bei der IG Metall – inzwischen mit einer Frau, Christiane Benner, als 1. Vorsitzende – wiederum entsprach der Frauenanteil dem in der Metallindustrie insgesamt (etwa 20 %).

65 Vgl. BAG 15. 1. 1955, BAGE 1, 258.

66 Vgl. *Ruhl*, Verordnete Unterordnung. Berufstätige Frauen zwischen Wirtschaftswachstum und konservativer Ideologie in der Nachkriegszeit 1945–1963, 1994, S. 268 ff.

67 RdA 1950, 121.

Der prominenteste Arbeitsrechtler auf der Gegenseite war ausgerechnet Alfred Hueck, sein langjähriger Partner![68]
Nipperdeys Gutachten löste nun allerdings zuerst bei den Gewerkschaften große Unruhe aus. In einer Vorstandssitzung der IG Metall am 8. Juni 1950 bezeichnete Walter Freitag, einer der beiden Vorsitzenden, das Gutachten als »*abwegig*«. Und: »*Eine Realisierung des Nipperdeyschen Gutachtens würde größte Arbeitslosigkeit unter den Frauen zur Folge haben. Deshalb sei auch die Herausstellung des Gutachtens durch den DGB zu beanstanden*«.[69] Das Plädoyer eines weiblichen Vorstandsmitglieds, Meta Rothe, für eine »*Arbeitsplatzbewertung, die jeder Tätigkeitsbewertung ohne Unterschied des Geschlechts gerecht werden würde*«, erntete den »*Widerspruch Freitags und Petersens*«. Daraufhin kam der Vorschlag, Nipperdey zu einem Gespräch einzuladen (die Anregung, seinen Antipoden Hueck miteinzuladen, wurde abgelehnt). Nipperdey referierte dann einen Monat später beim Beirat (wobei sich Freitag nicht traute, seine Anwürfe Aug in Auge zu wiederholen; er beteiligte sich nicht einmal an der Diskussion).[70]
Bereits auf dieser Sitzung wurde das später nach der Entscheidung zu direkten Lohnabschlägen virulent werdende Thema der »Frauenlöhne« angesprochen. Nipperdey selbst hielt deren Festlegung für möglich, »*wenn die Tarifparteien aufgrund von Erfahrungen der Ansicht seien, daß diese typischen Frauenberufe leistungsmäßig nicht denen der Männerberufe entsprechen.*« Der andere (gleichberechtigte) Vorsitzende, Hans Brümmer, »*bedauerte, daß Prof. Nipperdey nicht konkret auf die Frage eingegangen sei, ob nach dem GG die typische Frauenarbeit unterschiedlich behandelt werden könne.*« Sie sollte erst viele Jahre später eine Antwort finden.[71]

---

68 Hueck musste es ertragen, dass sein »Opponent« in dieser Sache den Gutachter-Streit später kraft Amtes als BAG-Präsident entscheiden konnte und erwies sich als schlechter Verlierer. Im Lehrbuch von 1963, firmierend unter ihren beiden Namen, konnte er sich nicht enthalten nachzukarten. Er sprach von einer »*in einigen neueren Entscheidungen sich anbahnenden Ausdehnung des allgemeinen Gleichheitssatzes*« und: »*Wie ein männlicher Arbeitnehmer nicht schon deshalb einen höheren Lohn, als er mit ihm vereinbart worden ist, fordern kann, weil andere Arbeitnehmer desselben Betriebes auf Grund besonderer Vereinbarung einen höheren Lohn erhalten, so kann auch eine Frau einen derartigen Anspruch nicht stellen, denn sie würde dadurch den männlichen Arbeitnehmern nicht gleichgestellt, sondern sie würde, da männliche Arbeitnehmer einen solchen Gleichstellungsanspruch nicht haben, besser als ein männlicher Arbeitnehmer behandelt, sofern dieser die gleiche Lohnvereinbarung wie sie getroffen hätte*« (*Hueck/Nipperdey*, Arbeitsrecht, 7. Aufl. 1963, S. 285).

69 Vgl. Quellen, Bd. 10, S. 46f.

70 Vgl. Quellen, Bd. 10, S. 80f.

71 Die nächste – ebenfalls erfolgreiche – Lohngleichheits-Klage warf die Frage auf, was denn an die Stelle der nichtigen Abschlagsklausel gelten solle. Das BAG ließ vielmehr den Tarifvertrag teilnichtig sein und entschied gem. § 139 BGB (Teilnichtigkeit), dass geklärt werden müsse, ob er noch als Ganzes aufrechterhalten werden könne oder neu verhandelt werden müsse. Inzwischen gewährt das BAG üblicherweise eine Angleichung

Immerhin erinnerte sich Nipperdey nun, da er über diesen Komplex als Richter zu befinden hatte, an die bereits 1950 bei der IG Metall angestellten Überlegungen. Nicht anders ist zu verstehen, wenn in der Entscheidung von 1955 über die Möglichkeiten der Tarifvertragsparteien zur Folgenbewältigung räsoniert wird: *»Es ist nach dem Gesagten möglich und notwendig, genauere Lohnkategorien zu bilden, insbesondere auch für leichtere und schwerere Arbeiten, die näher bezeichnet werden. Diese Lohnkategorien müssen aber für Mann und Frau gleich sein. Selbst bei den Fachgebieten, in denen vielfach ein Wechsel zwischen solchen leichteren und schwereren Arbeiten eintritt, ist es möglich, darauf abzustellen, ob der betreffende Arbeitnehmer überwiegend leichtere oder schwerere Arbeit verrichtet und danach in die betreffende Lohngruppe gehört. Sollte eine solche Methode dazu führen, dass die Frauen alsdann deshalb geringer entlohnt werden, weil gerade sie es sind, die die leichtere Arbeit oder die überwiegend leichtere Arbeit leisten, so bestehen dagegen keine rechtlichen Bedenken.«* Das war die Einladung zu den später sogenannten »Leichtlohn«-Gruppen, zu deren rechtlicher Bewältigung eine Rechenart »höherer Ordnung« erforderlich wurde, das damals allen Beteiligten ferne Konzept der »mittelbaren« Diskriminierung.

Direkte Diskriminierungen traten immer mehr in den Hintergrund. Ein später, dafür umso spektakulärer Fall, war der der »Heinze-Frauen« im Jahr 1979.[72] Sie hatten bei der Einführung von Nachtschicht gegenüber Männern weniger oder gar keine Zulagen erhalten. Auf ihre Klage entschied das ArbG Gelsenkirchen[73] für sie, das LAG Hamm[74] gegen sie und schließlich das BAG[75] für sie. Die »Heinze-Frauen« hatten eine außerordentlich große mediale Aufmerksamkeit erfahren, mit viel Zuspruch bis hin zum Bundeskanzler, Willy Brandt.[76] Die Stadt Gelsenkirchen benannte am 8. März 2023, dem Internationalen Frauentag, einen Platz nach ihnen.[77]

»nach oben« (vgl. BAG 9.12.2020, BAGE 173, 2005), sofern nicht ausnahmsweise die ganze Regelung nichtig ist (vgl. BAG NZA 1997, 101; vgl. Berg/Kocher/Schumann-*Schuman*, Tarifvertragsgesetz und Arbeitskampfrecht, § 1 TVG Rn. 390).

72 *Kaiser*, »Wir wollen gleiche Löhne!« Dokumentation zum Kampf der 29 »Heinze«-Frauen, 1980; Haffert, 40 Jahre Urteil zur Lohngleichheit. Der Kampf der »Heinze-Frauen« *(https://www.lto.de)*.

73 ArbG Gelsenkirchen 10.5.1979 – Az. 3 Ca 58/79.

74 LAG Hamm 9.9.1979 – Az. 12 Sa 767/79.

75 BAG 9.9.1981, BAGE 36, 187.

76 Noch im Jahr 2018 waren die Ereignisse um die Heinze-Frauen Gegenstand eines Fernsehfilms in der ARD »Keiner schiebt uns weg« (vgl. *Kaever*, »Keiner schiebt uns weg« in der ARD: Dat muss gerechter werden!, *spiegel.de*, 13. November 2018).

77 Vgl. »Platz der Heinze-Frauen am Justizzentrum feierlich eröffnet«, *gelsenkirchen.de*, 23.3.2023.

39.8 Mittelbare Diskriminierung

Nachdem das BAG im Jahr 1955 direkten Lohnabschlagsklauseln im Namen des Art. 3 GG ein Ende gesetzt hatte, ereignete sich nichts Spektakuläres auf diesem Feld. Das BAG hatte selbst den Ausweg gewiesen – die Einführung sog. Leichtlohnklauseln mit vermeintlich eigener Sachgerechtigkeit.

Danach wechselte das Momentum der Bemühungen um Lohngleichheit auf die europäische Ebene und dort besonders an den Europäischen Gerichtshof. Sehr früh hatte sich die EWG mit Art. 119 Abs. 1 des EWG-Vertrages die Lohngleichheit auf die Fahnen geschrieben (nunmehr Art. 157 AEUV) und 1975 durch die Richtlinie 75/117/EWG konkretisiert (Kap. 21).[78]

Der Begriff der »mittelbaren Diskriminierung« und der Kampf dagegen wurden vielmehr in Europa entwickelt.[79] Die Richtlinie 76/207/EWG (Kap. 21) statuierte diese Unterscheidung erstmals in Art. 2 Abs. 1: »*Der Grundsatz der Gleichbehandlung im Sinne der nachstehenden Bestimmungen beinhaltet, dass keine unmittelbare oder mittelbare* [Hervorhebung von mir, M.K.] *Diskriminierung auf Grund des Geschlechts – insbesondere unter Bezugnahme auf den Ehe- oder Familienstand – erfolgen darf.*«[80]

Von da an wurde der EuGH zum Motor der Entwicklung. Bereits in seiner »Defrenne II«-Entscheidung vom 8. April 1976,[81] die vor allem dafür berühmt geworden ist, dass der EuGH eine unmittelbare innerstaatliche Geltung des Art. 119 Abs. 1 EWG-Vertrag feststellte (Kap. 21), sprach er vom Unterschied zwischen »*offenen, unmittelbaren*« und »*mittelbaren, versteckten Diskriminierungen*« (wobei er aber wahrscheinlich noch nicht das spätere, elaborierte Konzept vor Augen hatte). Ziel des Art. 119 sei die »*Beseitigung aller unmittelbaren und mittelbaren Diskriminierungen.*« Schon ein Jahr später bald bekam er im Falle »Jenkins« aus Großbritannien die Gelegenheit, dies zu konkretisieren: Ein Textilhersteller zahlte Teilzeitarbeitern 10 % weniger Lohn als Vollzeitarbeitnehmern. Es handelte sich jedoch – bis auf einen gerade in Rente gehenden Kollegen – ausschließlich um Teilzeitarbeiterinnen! Die hiergegen gerichtete Klage der Arbeiterin Jenkins erreichte den EuGH, der in dieser Lohngestaltung dann eine verbotene Diskriminierung zu erkennen gewillt war, »*wenn es in Wirklichkeit nur ein indirektes*

---

78 Vgl. *Schuster/Jacobsohn*, Entgeltgleichheit zwischen Primärrecht, Richtlinie und deutschem Recht, RdA 2024, 270.

79 Vgl. *Sievers*, Die mittelbare Diskriminierung im Arbeitsrecht, 1997.

80 In Deutschland wurden diese und andere Richtlinien zur Gleichbehandlung mit dem »Arbeitsrechtlichen EG-Anpassungsgesetz« vom 13.8.1980 (BGBl. I 1308) in nationales Recht umgesetzt. Der daraufhin geschaffene § 611a BGB enthielt allerdings den Begriff einer »mittelbaren« Diskriminierung nicht ausdrücklich, sollte sie nach allgemeiner Auffassung aber gleichwohl umfassen (vgl. *Pfarr/Bertelsmann*, Diskriminierung im Erwerbsleben, 1989, S. 111).

81 Vgl. EuGH 8.4.1976, Slg. 1976, 455.

Mittel dafür ist, das Lohnniveau der Teilzeitarbeitnehmergruppe aus dem Grund zu senken, weil diese Arbeitnehmergruppe ausschließlich oder überwiegend aus weiblichen Personen besteht.«[82] Die damit sehr praktisch gewordene Figur der »mittelbaren« Diskriminierung gewann danach rasch europaweite Bedeutung.[83] (Daneben war im Fall Jenkins eine zweite Ebene von Diskriminierung angelegt, die der Teilzeitarbeitenden gegenüber dem Vollzeitabreitenden, unabhängig vom Geschlecht, die inzwischen ein eigenes Rechtsprechungsgebiet ausmacht[84]).
Auf dieser Grundlage entschied der EuGH fünf Jahre später den aus Deutschland kommenden, jedenfalls hier berühmten Fall »Bilka«.[85] Ihm lag die Klage einer Teilzeitbeschäftigten zugrunde, die von der betrieblichen Altersversorgung ausgeschlossen worden war, weil die geforderte Betriebszugehörigkeit nur in Vollzeitbeschäftigung erworben werden konnte. Beim beklagten Arbeitgeber, dem Kaufhaus »Bilka« waren von allen in Teilzeitarbeit Beschäftigten 90,5 % Frauen und nur 9,5 % Männer. Hierzu entschied der EuGH:

»Ein Kaufhausunternehmen, das Teilzeitbeschäftigte von der betrieblichen Altersversorgung ausschließt, verletzt Art. 119 EWG-Vertrag, wenn diese Maßnahme wesentlich mehr Frauen als Männer trifft, es sei denn, das Unternehmen legt dar, dass diese Maßnahme auf Faktoren beruht, die objektiv gerechtfertigt sind und nichts mit einer Diskriminierung aufgrund des Geschlechts zu tun haben.«

Mit der Bilka-Entscheidung war für Deutschland die Grundlage für die weitere rechtliche Behandlung mittelbarer Diskriminierungen gelegt. Klaus Bertelsmann und Heide Pfarr haben dafür vor allem drei Sachbereiche ausgemacht: Ungleichbehandlung von Teilzeitbeschäftigten,[86] Betriebsrentensysteme und tarifliche Eingruppierungssysteme.[87]
Neben der Diskriminierung der überwiegend von Frauen erbrachten Teilzeitarbeit waren Eingruppierungsschemata, die den Einsatz von Muskelkraft bzw. besondere physische Belastungen prämierten, eben die »Leichtlohngruppen«,

82 EuGH 31. 3. 1981, Slg. 1981, 911.
83 Vgl. *Gamillscheg*, Die mittelbare Benachteiligung der Frau im Arbeitsleben, in FS Floretta, 1983, S. 171 ff.
84 Vgl. zuletzt BAG 5. 12. 2024 – 8 AZR 370/20.
85 Vgl. EuGH 13. 5. 1986, Slg. 1986, 1607 (zum ganzen Verfahren im Verhältnis zwischen BAG, LAG Frankfurt und EuGH vgl. *Dieterich*, Ein Richterleben, 2016, S. 159).
86 Übersicht über die Entwicklung bei tarifvertraglichen Teilzeitregelungen bei *Buschmann/Dieball/Stevens-Bartol*, Das Recht der Teilzeitbeschäftigten, 2. Aufl. 2001, § 4 TzBfG, Rn. 7–16.
87 *Pfarr/Bertelsmann*, a. a. O., Fn. 5, S. 112.

ein Dauerbrenner. Die Gewerkschaften waren – teils aus Schwäche, teils aus Desinteresse – aus eigener Kraft nicht in der Lage, diese Regelungen gegen den Willen der in dieser Frage besonders hartnäckigen Arbeitgeber abzuschaffen.[88]
Hier half der EuGH in seiner Entscheidung vom 1. Juli 1986.[89] Die Klägerin Rummler begehrte von ihrem Arbeitgeber eine Höhergruppierung von Lohngruppe III in IV, insbesondere weil sie Pakete mit über 20 kg Gewicht verpacken müsse, was für sie eine schwere körperliche Arbeit darstelle. Das ArbG Oldenburg legte dazu dem EuGH am 25. Juni 1985 mehrere Fragen vor, die alle um die Thematik kreisten, ob eine zu große Berücksichtigung muskulärer Belastungen nicht automatisch zum Nachteil für Frauen führen müsse.[90] Der EuGH ließ zwar die Berücksichtigung von muskulärer Belastung grundsätzlich zu, es dürfe dabei aber nicht von Werten ausgegangen werden, »*die der durchschnittlichen Leistungsfähigkeit der Arbeitnehmer nur des einen Geschlechts entsprechen.*« Außerdem stellte er fest, dass »*bei einem System der beruflichen Einstufung, wenn es nicht in seiner Gesamtheit diskriminierend sein soll, soweit die Art der in dem Unternehmen zu verrichtenden Tätigkeiten es zulässt, Kriterien zu berücksichtigen sind, hinsichtlich deren die Arbeitnehmer beider Geschlechter besonders geeignet sein können.*«
Das war das rechtliche Ende der klassischen »Leichtlohngruppen«.[91] Arbeitgeberverbände und Gewerkschaften entwickelten fortan in dieser Hinsicht weitestgehend diskriminierungsfreie Tarifverträge.[92] Freilich machen Klaus Lang und Stefan Schaumburg auf die Tatsache aufmerksam, dass, bei welcher Arbeitsbewertung und Entgeltdifferenzierung auch immer, zur Zeit der Anteil der Frauen an jeweils unteren Entgeltgruppen durchweg überproportional höher ist – eine der Ursachen für das weiterhin bestehende »Gender-Pay-Gap« (s. u. 39.10).[93]

---

88 Im Jahr 1968 hatte die IG Metall auf ihrem Gewerkschaftstag deren Abschaffung gefordert (vgl. die detaillierten Anträge 269 und 270 in Verbindung mit der allgemeiner gehaltenen Entschließung VIII, Protokoll des 9. Ord. Gewerkschaftstages 1968, S. 269, 304ff., 470).

89 Vgl. EuGH 1.7.1986, Slg. 1986, 2101 Rummler.

90 ArbG Oldenburg 25.6.1985 – 5 Ca 2999/84. Die hauptamtliche Richterin war Ninon Colneric, die später als Präsidentin des LAG Schleswig-Holstein nochmals für die Vorlage an den EuGH in einem anderen, noch berühmteren Fall verantwortlich werden sollte: den Betriebsübergangs-Fall »Christel Schmidt« (Kap. 21). Colneric wurde später selbst Richterin am EuGH.

91 1995 gab es dann nur noch 26 Tarifverträge mit »Leichtlohngruppen« mit Geltung für 21 000 Frauen und 13 000 Männer (BT-Drucks. 14/227, S. 3).

92 Vgl. *Lang/Schaumburg*, Handbuch Tarifvertrag, S. 441f.; *Czicha*, Gendergerechtigkeit stärken – Entgeltgleichheit sicherstellen. Ein ILOI-Leitfaden für genderneutrage Tätigkeitsbewertung, hrsg. von der ILO, 3. Aufl. 2016.

93 *Lang/Schaumburg*, a. a. O., S. 442.

39.9 Vom Gleichbehandlungsgesetz 1980 zum Allgemeinen Gleichbehandlungsgesetz 2006

Nachdem die Frage der Geschlechtsdiskriminierung vor allem bei Entlohnungssystem so lange nur eine Sache der Rechtsprechung gewesen war, ergriff die zweite sozial-liberale Koalition unter Kanzler Schmidt die Initiative zu legislativen Schritten. Die Gelegenheit dazu bot die Notwendigkeit, die Richtlinie zum Betriebsübergang (Kap. 21) in nationales Recht umzusetzen. Damit band die Koalition die Absicht, den Stand der Lohngleichheitsrechtsprechung des BAG rechtssicher zu kodifizieren (Kap. 38). Gleichzeitig wurde erstmals die Problematik der Diskriminierung bei Einstellungen und Beförderungen angepackt. Dem dazu mit dem Regierungsentwurf[94] konzipierten § 611a BGB (der später im AGG aufging und zum Ort der Definition eines Arbeitsverhältnisses wurde, Kap. 33) stellte sich der CDU/CSU-dominierte Bundesrat[95] vehement entgegen. Er behauptete, dass die EG-Vorgabe keineswegs derart weitgehende Schritte verlange, und brachte geradezu paradigmatisch die bis dahin herrschende Sicht des »ancienne regime« zusammen:[96]

»Es wäre z. B. nicht mehr möglich, als Verkaufspersonal in bestimmten Fachbereichen aus Zweckmäßigkeitsgesichtspunkten nur Männer öder nur Frauen zu beschäftigen, oder bei körperlich besonders anstrengenden und deshalb besser bezahlten Tätigkeiten Männern den Vorzug zu geben, sofern nicht ein gesetzliches Beschäftigungsverbot für Frauen besteht. Ein solches Ergebnis wäre nicht sachgerecht und wird vom Grundsatz der Gleichbehandlung nicht gefordert. [...]
Insoweit beachtet der Entwurf nicht hinreichend die durch Artikel 2 Abs. 1 GG geschützte Vertragsfreiheit des Arbeitgebers (BVerfGE 8, 328), deren Kern die Abschlußfreiheit und die auch negative Auswahlfreiheit in bezug auf einen bestimmten Arbeitnehmer und den von ihm zu besetzenden Arbeitsplatz

94 BT-Drucks. 8/3317.
95 A.a.O., S. 12.
96 Die Bundesratsmehrheit konnte sich auf eine damals durchaus noch entsprechende Meinung in der Rechtsliteratur stützen. Vertreten wurde z. B., dass im Vorzimmer eines Chefs eine blonde 25-Jährige sitzen solle (*Eich*, Das Gesetz über Gleichbehandlung von Männern und Frauen am Arbeitsplatz, NJW 1980, 2329), dass ein Privatbankier männliche Kassierer bevorzugen dürfe (*Adomeit*, Gleichbehandlung von Mann und Frau bei der Einstellung von Arbeitnehmern, DB 1980, 2388), oder dass erschöpften Geschäftsleuten in Flugzeugen nur Stewardessen, nicht aber Stewards zugemutet werden dürften (*Gamillscheg*, Die mittelbare Benachteiligung der Frau im Arbeitsleben, in FS Floretta, 1983, S. 171, 179; weitere Beispiele bei *Pfarr/Bertelsmann*, Gleichbehandlungsgesetz. Zum Verbot der unmittelbaren und mittelbaren Diskriminierung von Frauen im Erwerbsleben, o.J. [1985], S. 49).

bildet. Diese Freiheit der personellen Entschließung […] sollte im allgemeinen Arbeitsvertragsrecht – ohne daß eine besondere Pflichtigkeit, wie etwa im Falle einer Monopolstellung des Arbeitgebers, gegeben ist – nicht so weit zurückgedrängt werden, daß der Arbeitgeber in die Lage kommen könnte, praktisch jede Entscheidung über die Besetzung eines Arbeitsplatzes mit einem Mann oder einer Frau dahin rechtfertigen zu müssen, daß sie aus allgemein anzuerkennenden oder gar unverzichtbaren Gründen getroffen worden ist.

Die Bundestagsmehrheit ließ sich davon nicht beeindrucken und beschloss das »Gesetz über die Gleichbehandlung von Männern und Frauen am Arbeitsplatz und über die Erhaltung von Ansprüchen bei Betriebsübergang (Arbeitsrechtliches EG-Anpassungsgesetz)« vom 13. August 1980.[97]

§ 611a BGB

(1) Der Arbeitgeber darf einen Arbeitnehmer bei einer Vereinbarung oder einer Maßnahme, insbesondere bei der Begründung des Arbeitsverhältnisses, beim beruflichen Aufstieg, bei einer Weisung oder einer Kündigung, nicht wegen seines Geschlechts benachteiligen. Eine unterschiedliche Behandlung wegen des Geschlechts ist jedoch zulässig, soweit eine Vereinbarung oder eine Maßnahme die Art der vom Arbeitnehmer auszuübenden Tätigkeit zum Gegenstand hat und ein bestimmtes Geschlecht unverzichtbare Voraussetzung für diese Tätigkeit ist. […]
(2) Ist ein Arbeitsverhältnis wegen eines von dem Arbeitgeber zu vertretenden Verstoßes gegen das Benachteiligungsverbot des Absatzes 1 nicht begründet worden, so ist er zum Ersatz des Schadens verpflichtet, den der Arbeitnehmer dadurch erleidet, daß er darauf vertraut, die Begründung des Arbeitsverhältnisses werde nicht wegen eines solchen Verstoßes unterbleiben. Satz 1 gilt beim beruflichen Aufstieg entsprechend, wenn auf den Aufstieg kein Anspruch besteht.

Danach passierte lange nichts. Unter der Regierung Kohl/Genscher kam es nur zum »Gesetz über die Gewährung von Erziehungsgeld und zur Elternzeit« vom 6. Dezember 1985.[98] Es litt unter schweren, der arbeitsrechtlichen Grundausrichtung der Koalition (Kap. 10) geschuldeten Mängeln (Lockerung des Kündigungsschutzes, Bevorzugung von Teilzeitarbeit, kein angemessener Lohnersatz).

97 BGBl. I 1308.
98 BGBl. I 2154.

In einer langen Perspektive ist ihm aber zugute zu halten, dass es erstmals an einem der »crucial points« ansetzte: der Vereinbarkeit von Familie und Beruf für junge Mütter (was die aktuelle Diskussion belegt, s. u. Kap. 39.10). Eine zweite, ebenfalls sehr wichtige derartige Rahmenbedingung packte die Koalition erst sehr spät an: 1995 wurde erstmals ein Rechtsanspruch auf den Besuch eines Kindergartens geschaffen (§ 24 SGB VIII;[99] das Lebensalter für einen solchen Anspruch wurde fortan kontinuierlich gesenkt).
Einen großen Schub brachte dann die Deutsche Einigung. In ihrem Gefolge, vor dem Hintergrund des hohen Stands der Frauenbeschäftigung in der DDR,[100] legte die mit dem Einigungsvertrag angeregte »Gemeinsamen Verfassungskommission«[101] einen Vorschlag zur Frauenförderung vor (Art. 3 Abs. 2 Satz 2 GG). Er wurde als Teil eines großen »Gesetzes zur Änderung des Grundgesetzes« vom 27. Oktober 1994[102] verabschiedet:

Art. 3 GG

(2) [...] Der Staat fördert die tatsächliche Durchsetzung der Gleichberechtigung von Frauen und Männern und wirkt auf die Beseitigung bestehender Nachteile hin.

Damit war eine verfassungsrechtliche Grundlage für aktive Fördermaßnahmen[103] geschaffen. Zeitgleich wurde das »Gesetz zur Durchsetzung der Gleichberechtigung von Frauen und Männern (Zweites[104] Gleichberechtigungsgesetz)« vom 24. Juni 1994[105] geschaffen.[106] Es enthielt gleich einen ganzen Strauß von Neuerungen – angesichts des ideologischen Hintergrunds der Regierungskoalition ein eindrucksvoller Schritt, bei aller Zaghaftigkeit aber mit zum Ausbau einladenden Ansätzen. Es enthielt

99 Vgl. Zweites Gesetz zur Änderung des Achten Buches Sozialgesetzbuch vom 15. 12. 1995, BGBl. I 1775.
100 Vgl. *Kaminsky*, Frauen in der DDR, 2. Aufl. 2017.
101 Zu ihrem Bericht BR-Drucks. 800/93 = BT-Drucks. 12/6000 (vgl. *Fischer*, Reform statt Revolution. Die Gemeinsame Verfassungskommission von Bundestag und Bundesrat, 1995; *Rohn/Sannwald*, Zeitschrift für Rechtspolitik 1994, 65).
102 BGBl. I 3146 (Beschlussempfehlung des Vermittlungsausschusses BT-Drucks. 12/8423).
103 Die z. B. in den USA als »affirmative action« hoch umstritten sind (vgl. *Peters/Birkhäuser*, Affirmative Action à l'Americaine – Vorbild für Europa?, Zeitschrift für ausländisches öffentliches Recht und Völkerrecht 2005, 1).
104 Das »Erste« Gleichberechtigungsgesetz war das »Gesetz über die Gleichberechtigung von Mann und Frau auf dem Gebiet des bürgerlichen Rechts« vom 18. 6. 1957 (BGBl. I 609).
105 BGBl. I 1406.
106 Regierungsentwurf vom 21. 7. 1993, BT-Drucks. 12/5468.

- ein Gesetz zur Förderung von Frauen und der Vereinbarkeit von Familie und Beruf in der Bundesverwaltung und in den Gerichten des Bundes (Frauenfördergesetz);
- eine Verschärfung des gesetzlichen Verbotes der Benachteiligung wegen des Geschlechts im Arbeitsleben – bei der Stellenausschreibung, Einstellung und dem beruflichen Aufstieg (Weiterentwicklung des arbeitsrechtlichen EG-Anpassungsgesetzes);
- Gesetz zum Schutz der Beschäftigten vor sexueller Belästigung am Arbeitsplatz (Beschäftigtenschutzgesetz);
- Gesetz über die Berufung und Entsendung von Frauen und Männern in Gremien im Einflussbereich des Bundes (Bundesgremienbesetzungsgesetz); damit sollte der Bund in den Gremien von ihm kontrollierter Einrichtungen auf eine »gleichberechtigte Teilhabe« von Frauen und Männern hinwirken. Dieses Gesetz war der »Vorbote« für die 2001 eingeführte Quotenregelung in der Privatwirtschaft.[107]

In das BetrVG (und entsprechend das BPersVG) wurde Frauenförderung als Aufgabe des Betriebsrats (und Personalrats) eingefügt:

§ 80

[…]
2a. die Durchsetzung der tatsächlichen Gleichberechtigung von Frauen und Männern, insbesondere bei der Einstellung, Beschäftigung, Aus-, Fort- und Weiterbildung und dem beruflichen Aufstieg, zu fördern;

Mit dem »Betriebsverfassungsreformgesetz« vom 23. Juli 2001[108] wurde das durch eine verpflichtende anteilige Repräsentanz der Geschlechter im Betriebsrat (Personalrat) fortgeführt (§ 15 Abs. 2; als Soll-Vorschrift gab es das bereits seit § 10 Abs. 4 BetrVG 1952).

Das Jahr 2000 wurde zum Startpunkt einer »Anti-Diskriminierungs-Offensive« der (damals noch) EG. In diesem Jahr wurden die Richtlinie 200/78/EG für Gleichbehandlung in Beschäftigung und Beruf, 2000/43/EG gegen rassistische

107 Vgl. Gesetz zur Ergänzung und Änderung von Regelungen für die gleichberechtigte Teilhabe von Frauen an Führungspositionen in der Privatwirtschaft und im öffentlichen Dienst vom 7.7.2021, BGBl. I 3311 (vgl. *Waas*, Geschlechterquoten für die Besetzung der Leitungsgremien von Unternehmen, HSI-Schriftenreihe Nr. 3, 2012). Bei Einstellungen hat der EuGH eine automatische Bevorzugung von Frauen als unzulässige Diskriminierung der ausgeschlossenen Männer gewertet (vgl. EuGH 6.7.2000, C-407/98, Europäische Grundrechte Zeitschrift 2000, 540), es sei denn, es gibt eine Öffnungsklausel zur Berücksichtigung individueller Umstände (vgl. EuGH 11.11.1997, DB 1997, 2383).

108 BGBl. I 1852.

und ethnische Diskriminierung und 2002/73/EG (vom 22. November 2000) erlassen. Nachdem deren Umsetzung durch die rot-grüne Koalition in der 15. Wahlperiode gescheitert war,[109] holte die darauf folgende Große Koalition das mit dem »Allgemeinen Gleichbehandlungsgesetz« (AGG) vom 14. August 2006[110] nach.

§ 1 Ziel des Gesetzes

Ziel des Gesetzes ist, Benachteiligungen aus Gründen der oder wegen der ethnischen Herkunft, des Geschlechts, der Religion oder Weltanschauung, einer Behinderung, des Alters oder der sexuellen Identität zu verhindern oder zu beseitigen.

§ 2 Anwendungsbereich

Benachteiligungen aus einem in § 1 genannten rund sind nach Maßgabe dieses Gesetzes unzulässig in Bezug auf:
1. die Bedingungen, einschließlich Auswahlkriterien und Einstellungsbedingungen, für den Zugang zu unselbstständiger und selbstständiger Erwerbstätigkeit, unabhängig von Tätigkeitsfeld und beruflicher Position, sowie für den beruflichen Aufstieg,
2. die Beschäftigungs- und Arbeitsbedingungen einschließlich Arbeitsentgelt und Entlassungsbedingungen, insbesondere in individual- und kollektivrechtlichen Vereinbarungen und Maßnahmen bei der Durchführung und Beendigung eines Beschäftigungsverhältnisses sowie beim beruflichen Aufstieg,
[…]

§ 22 Beweislast

Wenn im Streitfall die eine Partei Indizien beweist, die eine Benachteiligung wegen eines in § 1 genannten Grundes vermuten lassen, trägt die andere Partei die Beweislast dafür, dass kein Verstoß gegen die Bestimmungen zum Schutz vor Benachteiligung vorgelegen hat.

109 Gesetzentwurf vom 16. 12. 2004, BT-Drucks. 15/4538.
110 BGBl. I 1897.

Dieses Gesetz, das Diskriminierungen wegen der in § 1 festgelegten Merkmale im Rechtsverkehr entgegenwirken soll, ist seither die zentrale Grundlage für die Bekämpfung geschlechtsbezogener Ungleichbehandlungen aller Art.[111] Inhaltlich geht es allerdings nicht über die bis dahin entwickelten Rechtsgrundsätze hinaus.[112] Die aufgrund des AGG eingerichtete Antidiskriminierungsstelle des Bundes hat nach Evaluierung von 10 Jahren Praxis unter dem Gesetz vor allem bemängelt, dass seine Durchsetzung von individuellen Klagen abhängig sei und eine Verbandsklagemöglichkeit fehle.[113]

39.10 »Gender-Pay-Gap«/Entgeltransparenzgesetz

Ungeachtet aller nach der Gesetzeslage und dem Stand der Rechtsprechung erfolgten Vorgaben hat sich in der Praxis bei weitem keine Entgeltgleichheit eingestellt. Auch nach Schaffung des AGG wurden Frauen deutlich schlechter bezahlt. Der amtliche Befund der Bundesregierung dazu im Evaluationsbericht zum Entgelttransparenzgesetz von 2023[114] benannte Zahlen und Ursachen: »*In Deutschland beträgt die statistische Entgeltlücke zwischen Frauen und Männern, bezogen auf das durchschnittliche Bruttostundenentgelt, immer noch rund 18 (Ost: 7%/West: 19%). Hinter dieser sogenannten unbereinigten Entgeltlücke stehen strukturelle Faktoren und erwerbsbiografische Unterschiede zwischen Frauen und Männern. Insbesondere führen eine geschlechtsspezifische Berufswahl verbunden mit einer traditionell schlechteren Bezahlung von sogenannten typischen Frauenberufen, eine geringere Präsenz von Frauen in Führungspositionen, familienbedingte Erwerbsunterbrechungen sowie länger andauernde Teilzeittätigkeit zu unterschiedlichen durchschnittlichen Entgelten von Frauen und Männern. Dahinter stehen*

111 Vgl. Deinert/Wenckebach/Zwanziger-*Zwanziger*, Arbeitsrecht, § 93 (Gleichbehandlung); *Däubler/Beck*, AGG, 5. Aufl. 2022; *Dieckerhoff-Borello/Nollert-Borasio/Wenckebach*, AGG, 5. Aufl. 2019; *Schleusener/Suckow/Plum*, AGG, 6. Aufl. 2022.

112 In der Anfangsphase des Gesetzes machten professionelle »AGG-Hopper« von sich reden, d.h. Pseudo-Bewerber, die bei AGG-widrigen Stellenausschreibungen nur auf Entschädigung aus waren. Das wurde vom BAG als rechtsmissbräuchlich behandelt (vgl. BAG 11.8.2016, NZA 2017, 310).

113 Vgl. Antidiskriminierungsstelle des Bundes, Evaluation des Allgemeinen Gleichbehandlungsgesetzes, 2016; *Herberger*, Verbandsklageverfahren für diskriminierungsrechtliche Ansprüche, RdA 2022, 220. Einen bescheidenen Ansatz enthält § 17 Abs. 2 AGG, wonach Betriebsräte und Gewerkschaften unter bestimmten Voraussetzungen ein Kollektivverfahren wegen Verletzung des Gesetzes einleiten können. Davon wird aber nur mäßiger Gebrauch gemacht (überwiegend gegen diskriminierende Stellenausschreibungen, vgl. Däubler/Beck-*Buschmann*, AGG, § 17 Rn. 26ff.).

114 Zweiter Bericht der Bundesregierung zur Wirksamkeit des Gesetzes zur Förderung der Entgelttransparenz zwischen Frauen und Männern sowie zum Stand der Umsetzung des Entgeltgleichheitsgebots in Betrieben mit weniger als 200 Beschäftigten vom 24.8.2023, BT-Drucks. 20/8100.

tradierte Rollenstereotype, strukturelle Hemmnisse und (Fehl-)Anreize sowie eingeschränkte Aufstiegsmöglichkeiten für Frauen. Aber auch bei gleicher formaler Qualifikation und im Übrigen gleichen Merkmalen beträgt der statistisch messbare Entgeltunterschied nach Angaben des Statistischen Bundesamtes von 2023 immer noch 7 Prozent (sogenannte bereinigte Entgeltlücke).«
Dieses »Gender-Pay-Gap«[115] war Anlass für das »Gesetz zur Förderung der Transparenz von Entgeltstrukturen« (Entgelttransparenzgesetz) vom 30. Juni 2017.[116] Sein Kernelement ist ein Auskunftsanspruch für einzelne Arbeitnehmer und Arbeitnehmerinnen über die Kriterien der Bezahlung im Betrieb und Berichtspflichten der Unternehmen. Das Gesetz fasst die Kriterien für eine Diskriminierung beim Entgelt zusammen:

§ 1 Ziel des Gesetzes

Ziel des Gesetzes ist es, das Gebot des gleichen Entgelts für Frauen und Männer bei gleicher oder gleichwertiger Arbeit durchzusetzen.

§ 2 Anwendungsbereich

Dieses Gesetz gilt für das Entgelt von Beschäftigten nach § 5 Absatz 2, die bei Arbeitgebern nach § 5 Absatz 3 beschäftigt sind, soweit durch dieses Gesetz nichts anderes bestimmt wird.

§ 3 Verbot der unmittelbaren und mittelbaren Entgeltbenachteiligung wegen des Geschlechts

(1) Bei gleicher oder gleichwertiger Arbeit ist eine unmittelbare oder mittelbare Benachteiligung wegen des Geschlechts im Hinblick auf sämtliche Entgeltbestandteile und Entgeltbedingungen verboten.
(2) Eine unmittelbare Entgeltbenachteiligung liegt vor, wenn eine Beschäftigte oder ein Beschäftigter wegen des Geschlechts bei gleicher oder gleich-

---

115 Daneben wird das »Lifetime Earning Gap« (Differenz des Gesamteinkommens im Lebensverlauf) und das »Gender Pension Gap« (Differenz der Alterssicherung) gemessen. Beide bewegen sich bei etwa 50 % (vgl. *Schmidt*, Frauen und die Welt der Arbeit, AuR 2018, 320).

116 BGBl. I 2152 (vgl. *Oerder/Wenckebach*, Entgelttransparenzgesetz, 2018; *Kocher*, Das Entgelttransparenzgesetz: ein Gesetz (nur) für Betriebsräte?, AuR 2018, 8; *Lillemeier*, Entgeltgleichheit – Anforderungen einer geschlechtsneutralen Arbeitsbewertung und Entlohnung, AuR 2018, 119; *Wank*, Das Entgelttransparenzgesetz – Prämissen und Umsetzung, RdA 2018, 34; *Zimmer*, Rechtsprechung zum Auskunftsanspruch nach dem Entgelttransparenzgesetz, AuR 2021, 202).

wertiger Arbeit ein geringeres Entgelt erhält, als eine Beschäftigte oder ein Beschäftigter des jeweils anderen Geschlechts erhält, erhalten hat oder erhalten würde. Eine unmittelbare Benachteiligung liegt auch im Falle eines geringeren Entgelts einer Frau wegen Schwangerschaft oder Mutterschaft vor.
Eine mittelbare Entgeltbenachteiligung liegt vor, wenn dem Anschein nach neutrale Vorschriften, Kriterien oder Verfahren Beschäftigte wegen des Geschlechts gegenüber Beschäftigten des jeweils anderen Geschlechts in Bezug auf das Entgelt in besonderer Weise benachteiligen können, es sei denn, die betreffenden Vorschriften, Kriterien oder Verfahren sind durch ein rechtmäßiges Ziel sachlich gerechtfertigt und die Mittel sind zur Erreichung dieses Ziels angemessen und erforderlich. Insbesondere arbeitsmarkt-, leistungs- und arbeitsergebnisbezogene Kriterien können ein unterschiedliches Entgelt rechtfertigen, sofern der Grundsatz der Verhältnismäßigkeit beachtet wurde.

In der damaligen »Großen Koalition« gab es – der üblichen Rollenverteilung in Koalitionsregierungen entsprechend – ein heftiges Tauziehen um dieses Gesetz, die Schwellenwerte für derartige Ansprüche bzw. Pflichten ebenso wie die inhaltlichen Anforderungen.[117] Man einigte sich auf 200 Beschäftigte für individuelle Ansprüche und 500 für Berichtspflichten (§ 12 Abs. 1 und 21 Abs. 1). Der Auskunftsanspruch richtete sich an den Betriebsrat, und dieser hatte die nötigen Informationen vom Arbeitgeber zu beschaffen. Der bereits genannte Evaluationsbericht der Bundesregierung machte nunmehr deutlich, dass das Gesetz in seiner derzeitigen Form keine wirksamen Anstöße zur Verringerung des »Gender-Pay-Gaps« liefern konnte.[118]
In dieser Situation kam – wie durchgängig auf diesem Felde – ein neuer Impuls aus Europa. 2023 hat die EU die »Richtlinie zur Stärkung der Anwendung des Grundsatzes des gleichen Entgelts für Männer und Frauen bei gleicher oder gleichwertiger Arbeit durch Entgelttransparenz und Durchsetzungsmechanismen« erlassen (Kap. 21).[119] Diese »Entgelttransparenz-Richtlinie«, die bis Ende 2026 umgesetzt sein muss, verlangt eine praktikablere Ausgestaltung der Auskunftsansprüche, eine Senkung der Schwellenwerte und sieht vor allem vor, dass bei Überschreiten eines Gefälles von 5 % ohne Rechtfertigung (gemeint ist wohl

117 Vgl. *Deinert/Kittner*, Die arbeitsrechtliche Bilanz der Großen Koalition 2013 – 2017, RdA 2017, 342, 347.
118 Vgl. auch *Emmler/Klenner*, Wie wird das Entgelttransparenzgesetz in Betrieben umgesetzt?, WSI-Report Nr. 84, 2024.
119 Richtlinie vom 10. 5. 2023, ABl. L 132/21:

das »bereinigte Gender-Pay-Gap«) Maßnahmen zusammen mit der Arbeitnehmervertretung ergriffen werden müssen.
Die Umsetzung der Richtlinie könnte für Deutschland ein Problem für Tarifverträge aufwerfen. Das EntgTranspG sieht für Tarifverträge eine »Angemessenheitsvermutung« vor (§ 4 Abs. 5). Das europäische Recht kennt eine solche allenfalls in Ansätzen und unterzieht Tarifverträge grundsätzlich genau so einer Gleichheitsüberprüfung wie andere Regelungen.[120]

120 Vgl. EuGH 3.6.2021, NZA 2021, 1414; ausführlich BAG 19.1.2011, BAGE 137, 19.

IX. Arbeitsrecht im 21. Jahrhundert

40. Entwicklungslinien

Im Vorwort habe ich mich zu der Minimalmaxime bekannt, dass Rechtsgeschichte eine Gegenwartsbedeutung haben könne. Damit wollte ich mich absetzen von einer plakativen utilitaristischen Sicht von »Aus der Geschichte lernen« – denn platte Handlungsanleitungen sind ihr nicht zu entlocken. Allerdings ist auch das von mir verwendete Bild problematisch, denn »Gegenwart« gibt es genaugenommen nicht; sobald man über sie spricht, ist sie Vergangenheit. Was sollte also für sie noch nützlich sein?

Das ist keine bloße Sophisterei, sondern lenkt die Sicht auf eine produktive Ambivalenz von »Gegenwart«. Denn ebenso, wie sie unvermeidlich und fortlaufend zu Vergangenheit wird, ist sie stets auch das Scharnier nach vorne, in die Zukunft. Mit diesem »approach« kann Geschichtskenntnis produktiv werden. Nicht mit dem Versuch, ausgestattet mit historischem Material, in die Glaskugel zu schauen, sondern für eine Momentausnahme aller aus der Vergangenheit destillierten Entwicklungen mit Potenzial auf die Relevanz für das Morgen. Für dessen Bewältigung ist die Kenntnis von Geschichte und der Pfadabhängigkeit aller Handlungsfelder nicht nur irgendwie »nützlich«, sondern unerlässlich.

In diesem Sinne sehe ich zehn Schwerpunkte aus der Fülle der Ereignisse und des Materials:

1. Gesellschaftliche Bedeutung des Arbeitsrechts

Am Anfang, konstituierend für das moderne Arbeitsrecht, stand die existenzielle Wucht des zugrunde liegenden Klassenkonflikts mit dem Befund von Mestitz: *»Durch Arbeitsrecht wird letztlich der die Gesellschaft beherrschende Klassenkonflikt in dem oder jenem Sinne entschieden oder vertagt«* (Kap. 1). In einem historischen Moment, der Novemberrevolution 1918, schien der Ausgang dieses Konflikts über das Schicksal des ganzen Landes zu entscheiden. Das ist vorbei. Obwohl – und das ist ein im Grunde nicht recht erklärtes Paradox – wir gerade jetzt einen Allzeithöchststand an sozialversicherungspflichtiger Beschäftigung sehen, wir also eine »Arbeitnehmer-Gesellschaft« durch und durch sind, sind die daraus resultierenden Probleme an den Rand gerückt. Nachdem zunächst der Ost-West-System-Konflikt 45 Jahre lang für eine gewisse Konkurrenz-Aufmerksamkeit gesorgt hatte,[1] rangieren nun Groß-Themen anderer Art weit vor allem Arbeitsrecht: Globalisierung, Umwelt und Klima, und (neuerdings wieder) Krieg. Sie schaffen Probleme der Arbeitsbeziehungen zwar nicht aus der Welt, relativieren sie in der Wahrnehmung jedoch drastisch. Das hat Folgen für die knappe Ressource politischer Aufmerksamkeit und will für rechtspolitische Schwerpunktsetzungen wohlbedacht sein.

2. »Konjunkturabhängigkeit« des Arbeitsrechts

Der Lauf der Geschichte hat gezeigt, dass und wie Arbeitsrecht abhängig von den wirtschaftlichen Konjunkturen ist. Es ist geradezu ein Musterbeispiel für den Satz »Die Flut hebt alle Boote«, vor allem aber auch für dessen Kehrseite, dass die »Ebbe sie trockenfallen lässt«. Das hat auf die besonders zugespitzte Weise die Weltwirtschaftskrise 1929 gezeigt, die dazu beitrug, mit dem System des kollektiven Arbeitsrechts die ganze Republik zum Einsturz zu bringen. Umgekehrt hat eine scheinbar endlose »Nachkriegs«-Konjunktur vielen den Sinn dafür vernebelt, dass diese möglicherweise eine historische Ausnahme war. Das zwingt zu einem gründlicheren Blick auf den ganz aktuellen »Fall VW«, der mit dramatischen Folgen für die Arbeitsverhältnisse die Grenzen auch einer solchen »Ikone der deutschen Industrie« anzeigt.

3. »Internationalisierung«

Das Beispiel von VW hat ultimativ deutlich gemacht, was seit Jahren zu beobachten war und auch punktuell als »Outsourcing über die Grenze« thematisiert wurde, dessen Verallgemeinerung für die Totalität der Wirtschaft aber verdrängt wurde: Es gibt in der Welt der Warenproduktion nichts, das nicht ebenso gut, aber möglicherweise billiger an anderen Orten der Welt hergestellt werden könnte – sogar Autos aus Wolfsburg. Unter Hinweis darauf können Geltung und Wirkung des Arbeitsrechts jederzeit zur Disposition gestellt werden (mit Wirkung als unübersehbare »fleet in being«[2]). Abgesehen von dieser Negativ-Wirkung mangelt es internationalen Unternehmens- und Arbeitsbeziehungen aus der Natur der Sache heraus weitestgehend an verbindlicher Regulierung.

4. Europäisierung des Arbeitsrechts

Die Bedeutung des Inputs aus Europa auf das nationale Arbeitsrecht ist ständig gewachsen. Zwar sind der EU nach wie vor dessen Kernfunktionen verschlossen,

1 Man lese das KPD-Urteil des BVerfG (Kap. 17).

2 Das war die Maxime der britischen Flottenpolitik vor dem Ersten Weltkrieg: Die Marine sollte durch ihre bloße Existenz abschreckend wirken.

aber gerade bei den »modernen« Themen haben sie sich als überraschend handlungsfähig erwiesen (Kap. 21, 32). Ob das so bleiben wird, zumal unter dem Druck der geopolitischen Herausforderungen, ist offen. Hier könne es sich sogar als hilfreich erweisen, dass arbeitsrechtliche Fragen so gar nichts mehr mit fundamentaler Gesellschaftsveränderung zu tun haben. Ziemlich sicher scheint jedenfalls, dass die Europäisierung (auch) des deutschen Arbeitsrechts umfassende nationale Kodifikationsvorhaben zunehmend obsolet machen dürfte.

5. Infragestellung des Modells freiwilliger Selbsthilfe

Es ist nicht zu übersehen: Die Zonen ohne Tarifbindung und Betriebsratsabdeckung nehmen zu

Betriebe und Beschäftigte –
Weder Tarifbindung noch Betriebs- oder Personalrat

Anteile in Prozent

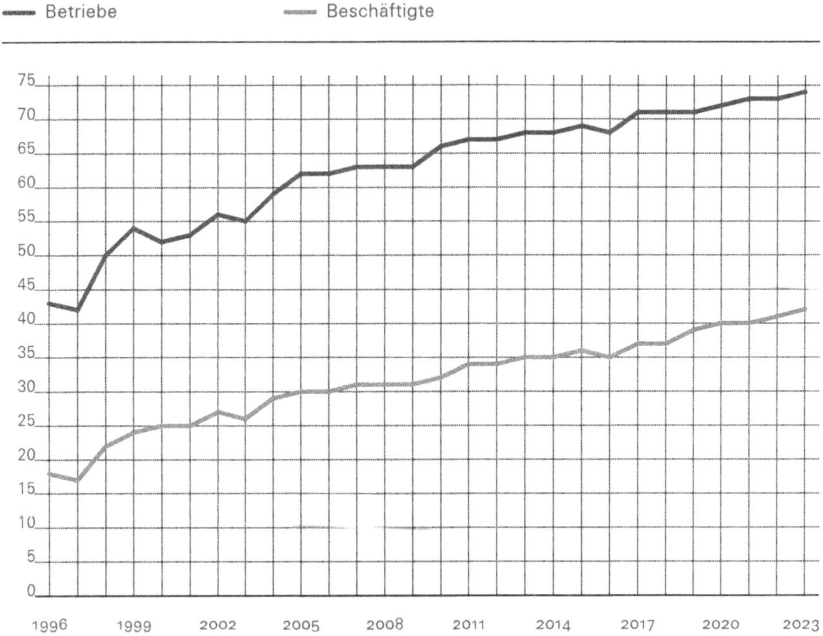

Quelle: WSI Mitteilungen 4/2024, S. 294, mit freundlicher Zustimmung der Redaktion.

Vielen Initiativen zum Trotz, fehlen derzeit wirksame Ansätze, wie diese Entwicklung zum Halten gebracht werden kann. Dazu ist zu bedenken, dass aufgrund der schier uferlosen Ausnahmen auf Grund von »Schwellenwerten« (Kap. 37) viele kleine und teilweise auch mittlere Unternehmen von der Geltung zentraler Vorschriften des Arbeitsrechts ausgenommen werden. Dem korrespondiert das rasche Wachsen des Mindestlohnsektors« (Kap. 22). Hier liegen die wohl größten Herausforderungen für das Arbeitsrecht, als dessen konstitutive Eigenart gerade diese Selbstverwaltung durch »autonomes« Recht beschrieben wurde (Kap. 3).

6. Geschlechterproblematik
Trotz inzwischen annähernd 50 Jahren vor allem aus Europa vorangetriebenen Anti-Diskriminierungsrechts besteht nach wie vor ein »Gender-Pay-Gap« von beachtlichem Ausmaß. Mit der »Entgelttransparenz-Richtlinie« unternimmt die EU derzeit eine Art »letzten Versuch«, um dieses Phänomen zu bannen. Es stellt sich unweigerlich die Frage, ob nicht Grenzen der arbeitsrechtrechtlichen Möglichkeiten erreicht sind; ob nicht eine Lösung aus einer Änderung des Geschlechterverständnisses der Privaten kommen müsse.

7. »Flexibilisierung« und »Digitalisierung«
Die Front »nach vorne« wird unzweifelhaft von diesen beiden Überschriften beherrscht. Dieses Buch zeugt an vielen Stellen davon und berichtet von vielen Versuchen, dem mit dem vorhandenen Recht beizukommen, und der Entwicklung neuer Instrumente. Vieles davon, insbesondere auf dem Feld der »Künstlichen Intelligenz«, ist erst zu erahnen. Hier wird ein Schwerpunkt der praktischen Arbeit von morgen liegen.

8. Arbeitnehmerbegriff
Der Arbeitnehmerbegriff als »Eintrittskarte« in die Welt des Arbeitsrechts ist unvermeidlich immer an der Bewältigung des Neuen beteiligt. Das gilt aktuell z. B. für Stichworte wie »Plattformarbeit« oder »Soloselbstständige«. Auf den ersten Blick sieht es so aus, als bestünden hier größere Probleme. Bei genauerem Zusehen dürfte sich herausstellen, dass es sich um zu allen Zeiten auftauchende Probleme an den Rändern des Beschäftigungssystems handelt, die so oder so bewältigt werden können. Ein Indikator für diesen Optimismus mag der nochmals bemühte historische Höchststand bei sozialversicherungspflichtigen Beschäftigungsverhältnissen sein.

9. Betriebsbegriff
Anders sieht es hinsichtlich des Betriebsbegriffs aus. Offenkundig erodiert er im Zuge von »Flexibilisierung« und »Digitalisierung.« Er ist nur noch wenig

bis gar nicht für Formen »mobiler« oder »fluider« Arbeit geeignet. IT-gestützte Organisationstechniken erlauben das Tätigwerden von hunderten Arbeitnehmern eines Konzerns unter einem Dach, aber dank Matrix-Strukturen separiert in verschiedenen »Betrieben« herkömmlicher Definition. Unter diesen neuen Bedingungen gerät auch die bislang eher nicht hinterfragte Abhängigkeit von einseitigen Organisationsentscheidungen des Arbeitgebers in die Diskussion.

10. Rolle der Gerichte

Das ganze Buch ist durchzogen von Beispielen für die Wirksamkeit der Gerichte, die in über 70 Jahren Bundesrepublik einen unübersehbaren Korpus an »Richterrecht« produziert haben. Diese Rolle haben sie – bei unvermeidlicher Diskussion über Ergebnisse und Methoden – dem Schutzzweck des Arbeitsrechts entsprechend insgesamt angemessen ausgefüllt. Zu denken ist an die hier eingehend dargestellten vier Bereiche: Arbeitskampf (Kap. 26), Betriebsverfassung (Kap. 27), Freiwillige Arbeitgeberleistungen (Kap. 24) und Anti-Diskriminierung (Kap. 39). Allerdings sind in letzter Zeit Zweifel aufgekommen, ob dies durchgängig weiterhin so sein wird. Hier ist nicht der Ort das zu vertiefen, aber es gibt zum Nachlesen empfohlene Beispiele für empathiefreie Dogmatik, die an ungute Reichsgerichtentscheidungen erinnern.[3] Vielleicht wäre es an der Zeit, ein weiteres Mal über das »Soziale Ideal des Bundesarbeitsgerichts« zu schreiben.

Diese »Top Ten« von aus dem Vergangenen herausreichenden für die Zukunft bedeutsamen Sachbereichen zeigen, dass die »longue durée« des Arbeitsrechts noch lange nicht zu Ende erzählt ist.

---

3 Beispielhaft nenne ich eine Entscheidung zu einem Auflösungsvertrag und eine zum Versuch eines Betriebsrats, sich gegen willkürliche Gehaltskürzungen zu wehren. Im ersten Fall wurde eine Arbeitnehmerin einer Straftat beschuldigt und man holte sie in ein Büro allein mit dem Geschäftsführer und einem Rechtsanwalt. Dort eröffnete man ihr die Alternative: Entweder Abschluss eines Aufhebungsvertrags oder Anzeige bei der Polizei. Darüber sollte sie nach einer kurzen Bedenkzeit in diesem Raum entscheiden, ohne mit jemandem Rücksprache nehmen zu dürfen. Der Sechste Senat erklärte dies als »faires Verhandeln« und akzeptierte den so zustande gekommenen Aufhebungsvertrag (vgl. BAG 24.2.2022, NZA 2022, 779). Im zweiten Fall hatte ein Arbeitgeber Betriebsratsmitgliedern einseitig das Gehalt gekürzt und diese versuchten sich dagegen gerichtlich zu wehren. Zu diesem Zweck stellten sie insgesamt acht anderslautende Anträge bei Gericht. Hier nun verwandte der Siebte Senat seine Energie darauf, akribisch über viele Seiten hin zu begründen, warum alle diese Anträge unzulässig seien; man meint eine gewisse Genugtuung zu spüren, dass es ihm gelungen ist zu vermeiden, auf die Sache selbst einzugehen (vgl. BAG 13.3.2024, NZA 2024, 1146).

Stichwortverzeichnis